ESTUDIOS
DE
DERECHO CIVIL

Academia de Ciencias Políticas y Sociales

ENRIQUE URDANETA FONTIVEROS

ESTUDIOS
DE
DERECHO CIVIL

Serie Estudios
152

UCAB Universidad Católica Andrés Bello

editorial jurídica venezolana internacional

Caracas, 2024

U2

Urdaneta Fontiveros, Enrique

Estudios de Derecho Civil / Enrique Urdaneta Fontiveros; prólogo de Rafael Bernard Mainar. -- Caracas: Academia de Ciencias Políticas, 2024
920 p.
Serie Estudios, 152

ISBN: 978-980-416-066-0

1. OBLIGACIONES Y CONTRATOS 2. RESPONSABILIDAD CIVIL
3. INSTITUCIONES FAMILIARES 4. DERECHO COMPARADO I. Título

urdanetafontiveros@gmail.com

Queda hecho el depósito de Ley.
Depósito Legal: DC2024001583
ISBN: 978-980-416-066-0

Portada: Evelyn Barboza Vásquez
Diagramación: Oralia Hernández

ÍNDICE

OBLIGACIONES Y CONTRATOS

EL DEBER DEL ACREEDOR PERJUDICADO DE EVITAR O MITIGAR EL DAÑO

CONTRATOS BAJO PRESIÓN: LA DISCIPLINA DE LA *VIS COMPULSIVA* EN LA LEGISLACIÓN VENEZOLANA

CONSIDERACIONES SOBRE LA
EXCEPTIO NON ADIMPLETI CONTRACTUS

LAS FUNCIONES INDEMNIZATORIA Y DE GARANTÍA DE LA CLÁUSULA PENAL

LA CABIDA EN LA COMPRAVENTA DE BIENES INMUEBLES

LA PROHIBICIÓN DEL PACTO COMISORIO EN EL CÓDIGO CIVIL VENEZOLANO

EL DERECHO DE DESISTIMIENTO DEL CONSUMIDOR EN LA LEY PARA LA DEFENSA DE LAS PERSONAS EN EL ACCESO A LOS BIENES Y SERVICIOS DE 2010

CONSIDERACIONES SOBRE LAS CLÁUSULAS ARBITRALES ESCALONADAS

RESPONSABILIDAD CIVIL

CONTORNOS ACTUALES DE LA RESPONSABILIDAD CIVIL

CONSIDERACIONES SOBRE LAS CLÁUSULAS ARBITRALES ESCALONADAS

RESPONSABILIDAD CIVIL

CONTORNOS ACTUALES DE LA RESPONSABILIDAD CIVIL

LA RESPONSABILIDAD DEL DEUDOR POR SUS AUXILIARES

DAÑOS PUNITIVOS ¿UNA QUIEBRA DEL SISTEMA DE RESPONSABILIDAD CIVIL?

INSTITUCIONES FAMILIARES

RÉGIMEN DEL DIVORCIO Y RECIENTES SENTENCIAS DEL TRIBUNAL SUPREMO DE JUSTICIA

DERECHO COMPARADO

CONSIDERACIONES GENERALES SOBRE LA ALTERACIÓN SOBREVENIDA DE LAS CIRCUNSTANCIAS CONTRACTUALES EN EL DERECHO COMPARADO

PRINCIPALES INNOVACIONES EN MATERIA DE VICIOS DEL CONSENTIMIENTO EN LA REFORMA DEL CÓDIGO CIVIL FRANCÉS DE 2016

EL RÉGIMEN DE LA DURACIÓN DEL CONTRATO EN LA REFORMA DEL CÓDIGO CIVIL FRANCÉS DE 2016

EL RÉGIMEN DE *LA EXCEPTIO NON ADIMPLETI CONTRACTUS* EN LA REFORMA DEL CÓDIGO CIVIL FRANCÉS DE 2016

PRÓLOGO

Aun cuando la tradicional y genuina *summa divisio* romana del derecho -*IUS*- distinguía enfáticamente entre *ius publicum* y *ius privatum* en función, principalmente, del protagonista y sujeto de las relaciones jurídicas entabladas por su través, ya lo fuera la *civitas*, la *Res publica* o el *Imperium* en el primer caso, según la etapa histórica de la civilización romana de la que se tratara, o bien lo fuera el ciudadano particular -*civis privatus*- como expresión emblemática del *ius privatum*, lo cierto es que tal significativo binomio queda diluido en la actualidad por la cada vez mayor injerencia del poder público en los asuntos de los particulares, merced a la invocación de un pretendido interés general omnicomprensivo que se autoproclama verdadero paladín de la sociedad en detrimento de principios tales como la autonomía de la voluntad y la libertad civil, otrora ejes por antonomasia del tráfico jurídico.

No obstante la matización hecha anteriormente, todavía la dualidad derecho público/derecho privado mantiene su importancia, toda vez que alberga el punto de referencia sistemático y metodológico de la técnica jurídica que permite valorar e interpretar las normas de un apartado u otro de forma distinta, lo que llega a traducirse en la práctica judicial en jurisdicciones diferentes que enjuician los conflictos planteados, puesto que la tutela de los intereses colectivos se fragua y articula diferenciadamente de la correspondiente a la de los intereses particulares. A tal fin, la preponderancia del criterio de la personalidad o de la comunidad decantará la balanza en aras de la adscripción de las normas e instituciones jurídicas al ámbito del derecho privado o público, respectivamente.

Aun así, la complejidad de la sociedad lleva al derecho a bordear los linderos tradicionales, si no a traspasarlos, pues no podemos olvidar que el derecho no solo es un ser vivo en constante evolución, sino que representa y esgrime con fervor su cualidad de ciencia social, que debe atender las necesidades de su entorno y darles cobertura jurídica. Ello contribuye, sin duda alguna, a desnaturalizar o cuando menos relativizar la dupla derecho público/derecho privado, pues han surgido nuevos derechos de difícil catalogación, circunstancia que ha propiciado el surgimiento y reconocimiento de nuevas ramas y ámbitos del derecho (derecho de la comunicación, de la inteligencia artificial, de la seguridad, de los animales, de la sostenibilidad, …).

En todo caso y, a pesar de todos los cambios y novedades suscitados sobre la materia, así como las líneas intermedias que se entrecruzan, seguimos manteniendo que el derecho civil constituye el núcleo duro del derecho privado, de la misma manera que lo es el derecho administrativo respecto del derecho público, y que el contenido del derecho civil sigue gravitando en torno a los pilares que lo sustentan, esto es, la persona y la personalidad, la familia, las relaciones patrimoniales y la sucesión hereditaria. Todo ello sin perjuicio de poder agregar en cualidad de contenido residual un conjunto de normas de diversa naturaleza que rebasan los linderos propiamente del derecho civil y que inciden en otras materias jurídicas, integradas en lo que se denomina la parte general del derecho civil, que engloba las normas sobre las fuentes del derecho, aplicación y eficacia de las leyes, conflicto de leyes, prescripción y caducidad, derecho transitorio.

Frente a la ordenación sistemática romano-francesa del derecho civil, con origen en las *Instituta* de Gayo y Justiniano, que lo divide en tres partes (personas, cosas, acciones o modos de adquirir la propiedad y otros derechos reales), detectamos la ordenación sistemática romano-germánica creada por Savigny y adoptada por la pandectística alemana, en cuya virtud el derecho civil se divide en una parte general, de carácter introductorio, que acoge el estudio del sujeto de derecho (persona física y jurídica) amén de las nociones comunes a todas las instituciones jurídicas civiles, y una parte especial, más extensa, desglosada en el derecho de cosas, el derecho de obligaciones, el derecho de familia y el derecho de sucesiones.

A modo de síntesis superadora, la ordenación sistemática del derecho civil actual sigue más la estela de la vertiente germánica sugerida por Savigny, si bien matizando, por un lado, la distinción entre parte general y especial a través del desglose de la parte general en dos subapartados (Introducción y Derecho de la persona), así como también reforzando, por otro lado, la unidad e indisolubilidad del derecho civil patrimonial anclada en cuatro patas bien armonizadas y complementadas que enumeramos en función de su mayor dosis de patrimonialidad (Derecho de cosas o derechos reales; Derecho de las obligaciones, incluyendo aquí a lo contratos, fuente por excelencia de la relación jurídica obligatoria; Derecho de sucesiones; y Derecho de familia).

Sirva de preámbulo lo afirmado para justificar la presentación de esta obra "*Estudios de Derecho civil*" del jurista, académico y profesor Enrique Urdaneta Fontiveros, pues constituye una recopilación de trabajos, cuyo nexo de unión e hilo conductor es el derecho civil, rama principal del derecho privado, que unifica temáticas diversas dentro del amplio espectro que el derecho civil alberga, aglutina y condensa.

En efecto, la presente obra comprende dieciséis estudios encuadrados en cuatro grandes bloques temáticos: I. Obligaciones y contratos; III. La responsabilidad civil en el ámbito contractual como consecuencia del incumplimiento de las obligaciones; III. El divorcio, institución jurídica perteneciente al derecho de familia, a tenor de la última jurisprudencia del Tribunal Supremo venezolano; y IV: Derecho comparado, ya tomando como objeto de estudio la teoría de la imprevisión en los distintos ordenamientos jurídicos a partir del triste acontecimiento mundial representado por la pandemia Covid-19, o bien otros tópicos propios de la figura del contrato con motivo de la reforma del *Code civil français* de 2016.

Por lo que respecta al primero de ellos, concerniente a las obligaciones y los contratos (I), reseñamos brevemente cada uno de los ocho estudios que lo conforman:

- I.1. El deber del acreedor perjudicado de evitar o mitigar el daño, como clara expresión del principio de la buene fe contractual que preside la contratación.
- I.2. Contratos bajo presión: la disciplina de la vis compulsiva en la legislación venezolana, en una aproximación a la violencia moral como vicio del consentimiento a la hora de contratar.
- I.3. Consideraciones sobre la *exceptio non adimpleti contractus*, institución jurídica correlativa y estrechamente relacionada con la acción resolutoria de los contratos, ambas sustentadas en los principios de buena fe y reciprocidad contractual.
- I.4. Las funciones indemnizatoria y de garantía de la cláusula penal, a partir del estudio de esta cláusula, que no solo pretende asegu-

rar el cumplimiento de una obligación principal (función de garantía), sino que también pretende intimar al deudor al cumplimiento de la obligación principal ante el deber de cumplir la pena (función intimatoria), así como determinar mediante la regulación convencional el *quantum* indemnizatorio derivado del incumplimiento de la obligación (función evaluadora del daño).

- I.5. La cabida en la compraventa de bienes inmuebles, uno de los tópicos clásicos en sede de compraventa cuando se aborda una de las obligaciones del vendedor respecto del comprador, cual es la entrega de la cosa vendida y el objeto de esta *traditio* o entrega.
- I.6. La prohibición del pacto comisorio en el Código civil venezolano, conforme a la tradición jurídica romanista, que también lo prohibía ante sus drásticas consecuencias y por encubrir en muchas ocasiones negocios usurarios (al respecto, Constitución del emperador Constantino en *Codex* 8, 34, 3) cuando el acreedor pignoraticio adquiriría la propiedad de la cosa pignorada si el deudor no pagaba la deuda al vencimiento de esta, incluso cuando su valor excediera del monto de la deuda asegurada.
- I.7. El derecho de desistimiento del consumidor en la Ley para la Defensa de las Personas en el Acceso a los Bienes y Servicios de 2010 (Ley PADEPABIS), una de las pruebas más evidentes de la incidencia actual de la Convención de Viena en sede de compraventa, y el correlativo estrechamiento del ámbito de aplicación de las acciones edilicias en el supuesto de saneamiento por vicios ocultos.
- I.8. Consideraciones sobre las cláusulas arbitrales escalonadas, donde se pone en relación el contrato de arbitraje con la obligación de llegar a un acuerdo antes de poner en práctica el arbitraje.

Respecto al segundo bloque, contentivo de aspectos relacionados sobre todo con la responsabilidad civil contractual indirecta (II), enumeramos los siguientes estudios:

- II.1. Contornos actuales de la responsabilidad civil, donde se presentan las principales tendencias actuales sobre el sistema actual de responsabilidad civil, tales como la ampliación de los daños indemnizables, su progresiva objetivización, el proceso de socialización del daño, la extensión de la legitimación activa ante la demanda de reclamación de daños, el incremento de los que responden civilmente por los daños

ocasionados, la reducción de la carga probatoria para la víctima del daño (*in dubio por damnato*), la aparición de mecanismos sustitutivos o complementarios para garantizar el pago de la indemnización por daños, así como el reforzamiento del criterio preventivo del daño en línea con el aforismo "más vale prevenir que curar".

- II.2. La responsabilidad del deudor por sus auxiliares, estudio novedoso en el derecho venezolano, que contempla el supuesto desde la doble vertiente de la responsabilidad civil contractual y extracontractual, con una referencia especial a la acción directa en el caso de la responsabilidad civil contractual.
- II.3. Daños punitivos ¿una quiebra del sistema de responsabilidad civil?, a propósito de la función preventiva de la responsabilidad civil, que asumida en exclusiva por el agente del daño no solo pudiera ser contraproducente para la actividad económica en general, sino también para la víctima, en caso de una eventual insolvencia del agente del daño. A tal efecto, surge la teoría de los daños punitivos, por la cual el agente del daño pudiera sufrir un coste añadido en calidad de una reparación civil extraordinaria ante el daño infligido, de tal manera que rebase el *quantum* meramente compensatorio propio de la función reparadora de la responsabilidad civil, toda vez que el efecto disuasor fruto de la indemnización del daño -daños compensatorios- no resulta suficientemente efectivo, en la medida que el beneficio obtenido por el agente del daño supere con creces el monto el monto satisfecho en concepto de indemnización, convertida en este caso en un gasto más en la contabilidad de la inversión efectuada.

En cuanto al bloque correspondiente a las instituciones familiares (III), el autor realiza un tratamiento crítico de la reciente jurisprudencia del Tribunal Supremo venezolano en torno a la institución jurídica del divorcio (III.1), pues en este caso el poder judicial asume funciones legislativas y rebasa los límites de la legislación civil y procesal actual sobre la materia.

Por fin, el último bloque (IV) recurre al sugerente contacto con el derecho para traer a colación algunos aspectos novedosos de la teoría general del contrato abordados por otros ordenamientos jurídicos, ya de la familia jurídica del *common law*, ya de la familia jurídica del *civil law*, a los efectos de establecer puntos de contacto y diferencias entre ellas, así como del Código civil francés a propósito de su importante reforma de 2016:

- IV.1. Consideraciones generales sobre la alteración sobrevenida de las circunstancias contractuales en el derecho comparado, donde confluyen dos versiones diferentes del derecho de los contratos, por un lado, la que abandera el principio romano-canónico *pacta sunt servanda* de respeto absoluto al contrato como expresión de la voluntad de los contratantes, elevada a ley entre las partes y, por otro, la cláusula *rebus sic stantibus*, que permitiría revisar y modificar el contrato en atención a la concurrencia de circunstancias extraordinarias, sobrevenidas e imprevisibles.
- IV.2. Principales innovaciones en materia de vicios del consentimiento en la reforma del Código civil francés de 2016, donde se abordan las novedades más significativas aportadas por el *Code civil* tras su reforma en lo que al error, dolo y violencia concierne en su cualidad de vicios del consentimiento, con referencia especial a la denominada violencia contextual, que adquiere sustantividad respecto de la violencia humana (sea física o moral).
- IV.3. El régimen de la duración del contrato en la reforma del Código civil francés de 2016, un tópico contemplado a partir de la prohibición de los compromisos perpetuos, que trata tanto los contratos a tiempo indeterminado como a tiempo determinado, así como la institución jurídica de prórroga en conexión con la renovación y la tácita reconducción del contrato.
- IV.4. El régimen de la *exceptio non adimpleti contractus* en la reforma del Código civil francés de 2016, bien aplicada en casos particulares, bien consagrada legalmente como sanción general frente al incumplimiento del contrato en el ámbito de los contratos sinalagmáticos y conexos, con un tratamiento especial de la figura en los casos de inejecución efectiva e inejecución anticipada

En suma, nos encontramos ante un recorrido por diversas ramas del derecho civil (obligaciones y contratos, responsabilidad civil y familia), a través de un análisis pormenorizado de distintas instituciones jurídicas referenciales a partir de sus antecedentes históricos con la finalidad de poder comprender su evolución hasta su expresión y configuración actuales. En su virtud, las labores profesional y académica del profesor

Urdaneta Fontiveros se ven aquí refrendadas en la del jurista doctrinario, al lograr cristalizar por su través tanto su dilatada trayectoria como su buen hacer jurídico.

RAFAEL BERNAD MAINAR

Vicedecano del Grado en Derecho de la
Universidad San Jorge, Zaragoza, España.
Académico de Número de la
Academia Aragonesa de Jurisprudencia y Legislación.

NOTA PRELIMINAR

Con frecuencia los autores de ensayos individuales los agrupan en uno o más volúmenes facilitando así su ubicación y lectura. Esta recopilación es fundamental ya que de otra manera sería complicado o incluso imposible acceder a estos textos dispersos. Esta circunstancia me llevó a reunir en esta obra diversos estudios sueltos que he venido publicando sobre temas de Derecho civil, desde que ingresé a la Academia de Ciencias Políticas y Sociales, en revistas jurídicas especializadas, libros homenaje y otras publicaciones similares. Además, de este modo, respondo a las numerosas peticiones que me han sido dirigidas para dar a los trabajos realizados una más amplia difusión.

Los estudios que se recogen en esta obra han sido clasificados en cuatro grandes grupos en función de los temas que abordan. El primero abarca ocho trabajos sobre obligaciones y contratos donde incluyo, por razones de orden sistemático, un estudio sobre las cláusulas arbitrales escalonadas; el segundo reúne tres trabajos relativos a la responsabilidad civil incluyendo un reciente estudio sobre la responsabilidad contractual indirecta del deudor, materia esta que no había sido objeto de un tratamiento monográfico omnicomprensivo en la doctrina nacional; el tercer grupo versa sobre las instituciones familiares y comprende el examen de las recientes sentencias del Tribunal Supremo de Justicia que han sacudido los propios fundamentos del divorcio y la manera como se concibe este instituto en nuestro ordenamiento; el cuarto reproduce los tres estudios de Derecho comparado que publiqué con ocasión de la promulgación de la reforma del Código Civil francés de 2016 y un trabajo sobre la teoría de la imprevisión en los diversos sistemas jurídicos elaborado para buscar soluciones a los problemas causados en la contratación entre particulares por la pandemia del COVID 19. De este modo la presente obra pretende ser un recorrido por algunas materias significativas del Derecho civil tomando en cuenta las tendencias contemporáneas manifestadas en los ordenamientos más modernos.

No incluyo aquí mis monografías que se encuentran publicadas en la Serie Estudios de la Academia de Ciencias Políticas y Sociales y disponibles en su página web. Quedan aparte, además, los trabajos relativos al Derecho registral agrupados en mis *Estudios de Derecho Inmobiliario Registral* ya publicados en un volumen por la Universidad Católica Andrés Bello. Tampoco aparecen recogidas en esta obra mis aportaciones sobre temas de Derecho mercantil.

Al presentar esta obra que trata en forma particularizada algunas figuras jurídicas de gran relevancia y actualidad, se persigue despertar la curiosidad y el interés de los estudiantes y estudiosos del Derecho civil ofreciendo una referencia que les sirva como punto de partida para ulteriores análisis y desarrollos que rebasen las nociones esenciales que contienen las obras generales. Si logramos estimular la consideración detallada, el tratamiento reflexivo y la profundización de los institutos jurídicos concretos plasmados en este volumen, nos daremos por bien servidos al haber cumplido el modesto propósito que nos trazamos al presentar esta recopilación.

Para no retrasar la publicación de esta obra, he decidido presentar los diferentes estudios agrupados aquí tal como fueron originalmente publicados, excepto en aquellos casos en los que he considerado indispensable añadir ligeras ampliaciones o introducir correcciones puntuales.

Quiero en este momento rendir homenaje a la memoria de algunos distinguidos académicos que han sido una fuente de inspiración de los trabajos presentados aquí. En particular, menciono a mis amigos ya fallecidos, los grandes maestros y cultores del Derecho civil, José Mélich-Orsini, Enrique Lagrange y José Luis Aguilar Gorrondona, cuya influencia y recuerdo son imborrables para mí. Sus enseñanzas me orientaron y estimularon a escribir sobre estos temas. Les dedico mi profundo aprecio, afecto y reconocimiento.

Además, a lo largo de más de 35 años, mis alumnos de Derecho civil en la Universidad Católica Andrés Bello, con sus ideas e inquietudes, han sido un constante motivo de estímulo y de renovados conocimientos. Por lo tanto, vaya también para ellos mi sincero agradecimiento.

Agradezco, por último, al profesor Rafael Bernad Mainar, actualmente Vicedecano del Grado en Derecho de la Universidad San Jorge, Zaragoza, España, y Académico de Número de la Academia Aragonesa de Jurisprudencia y Legislación, por el prólogo de esta obra, que sirve de guía para la lectura de la misma.

ENRIQUE URDANETA FONTIVEROS

Caracas, 30 de julio de 2024.

OBLIGACIONES Y CONTRATOS

EL DEBER DEL ACREEDOR PERJUDICADO DE EVITAR O MITIGAR EL DAÑO*

SUMARIO

I. INTRODUCCIÓN. II. EL RECONOCIMIENTO DEL DEBER DE EVITAR O MITIGAR EL DAÑO EN EL DERECHO COMPARADO. 1. Derecho inglés. 2. Derecho norteamericano. 3. Código Civil alemán (B.G.B.). 4. Código Civil italiano de 1942. 5. Código Civil de Quebec. 6. Códigos Civiles de Bolivia y Perú y Código Civil y Comercial argentino. 7 Código Civil francés. 8. Código Civil belga. 9. Código Civil español. III. EL DAÑO EVITABLE EN LOS PRINCIPALES INSTRUMENTOS DE UNIFICACIÓN DEL DERECHO DE LOS CONTRATOS. 1. La Convención de Viena sobre los Contratos de Compraventa Internacional de Mercaderías. 1.1. Consagración del deber de mitigar el daño. 1.2. Razonabilidad de las medidas de mitigación. 1.3. Compraventa de reemplazo. 1.4. Otras medidas. 1.5. Aceptación de nuevas condiciones de contratación para mitigar daños. 1.6. *Compensatio lucro cum danno*. 1.7. Carga de la prueba. 1.8. Consecuencias de la aplicación del principio de mitigación. 1.9. Reembolso de los gastos de mitigación. 2. Los *Principios de Unidroit* y los Principios del Derecho Europeo de los Contratos. 2.1. Disposiciones aplicables. 2.2. Fundamento del principio de mitigación. 2.3. Carga mitigadora del daño. 2.4 Medidas razonables. 2.5. Apreciación del esfuerzo mitigador. 2.6. Efectos de la carga mitigadora. 2.7. Reembolso de los gastos de mitigación. 2.8. Carga de la prueba. 2.9. Concurrencia de culpas y deber de mitigar. IV. CONTENIDO Y RÉGIMEN DEL DEBER DE EVITAR O MITIGAR EL DAÑO. 1. Concepto. 2. Naturaleza. 3. Contenido. 4. Criterios de apreciación de la conducta del perjudicado. 5. Efectos. 6. Carga de la Prueba. V. EL DEBER DE EVITAR O MITIGAR EL DAÑO EN EL DERECHO VENEZOLANO. 1. Doctrina y jurisprudencia. 2. Culpa de la víctima y deber de mitigar el daño. 3. Incidencia en el contrato de seguro. 4. Fundamento. 4.1. Los dos planos de la causalidad: el *an debeatur y el quantum respondeatur*. 4.2. La buena fe objetiva y la interrupción del nexo causal. 4.3. El principio de la reparación integral coexiste con el deber de mitigar el daño. 4.4. La determinación y la cuantificación del daño en el momento de la sentencia. 5. Alcance. 5.1. Grado de diligencia exigible. 5.2. Conducta del acreedor perjudicado. a. Medidas de conservación. b. Medidas de reparación. c. Medidas de sustitución. c.1. Sustitución de la compraventa mercantil. c.2. Operación de reemplazo para la ejecución forzosa (indirecta) de la obligación de hacer. 6. Reembolso de los costos de mitigación. 7. Recapitulación.

---

* Estudio publicado en la *Revista Venezolana de Legislación y Jurisprudencia,* No 6, Caracas, 2016. Recoge la ponencia que presenté en el Congreso sobre Nuevas Tendencias en el Derecho de los Contratos celebrado en la Universidad Metropolitana en Caracas los días 7 y 8 de mayo de 2015.

I. INTRODUCCIÓN

Con frecuencia después de haber sufrido el daño, la víctima se encuentra en la situación de poder mitigarlo mediante una conducta suya que resulte razonable y lógica, en atención a las circunstancias. Esto ocurre no solo en la responsabilidad extracontractual, sino también en la contractual donde muchas veces el acreedor perjudicado por el incumplimiento puede disminuir el daño con una simple actividad o diligencia suya.

Los ejemplos son abundantes. Señalemos algunos: 1) Una persona es víctima de un daño corporal, pero una intervención quirúrgica sin riesgo mayor, permite la reparación de gran parte de las disminuciones físicas sufridas. 2) Una persona le encomienda a otra la construcción de una bodega. Por un defecto de construcción el techo de la bodega se derrumba y el dueño deja allí las mercancías. A los pocos días cae una fuerte lluvia que produce el deterioro o perecimiento de la mercancía. El dueño de la obra pretende recuperar la pérdida sufrida, incluso la resultante del deterioro o perecimiento de la mercancía. 3) Una persona se obliga a vender a otra determinadas mercancías y las transporta al país donde tiene su domicilio el comprador. Este no se presenta a recibir las mercancías. El vendedor las deja en el puerto y las mismas perecen o se deterioran. El vendedor pretende recuperar la totalidad de sus pérdidas, incluyendo el precio total de los bienes deteriorados por la espera. 4) A una persona se le encomienda la construcción de un puente que unirá dos tramos de una nueva carretera cuya construcción se realiza paralelamente. Debido a un cambio de planes, el gobierno decide no continuar con la construcción de la carretera y comunica de inmediato su decisión a la empresa encargada de la construcción del puente para que cese la obra, pero esta continúa los trabajos de construcción, completa el puente y demanda a su cocontratante por la totalidad de los gastos en que incurrió.

Todos estos casos tienen un común denominador: la víctima o el acreedor perjudicado por el incumplimiento estaba en condiciones de adoptar medidas razonables para mitigar el daño. En el primer caso, la víctima podía someterse a una intervención quirúrgica no riesgosa mitigando el daño corporal sufrido; en el segundo caso, el acreedor ante la caída del techo podía llevar la mercancía a otro lugar para ponerla a salvo; en el tercer caso, el vendedor estaba en condiciones de celebrar una venta de reemplazo evitando así la pérdida de las mercaderías; y, en el cuarto caso, la empresa constructora podía paralizar las obras para no aumentar sus gastos.

En todos estos casos –y en muchos más– la cuestión que se plantea es la de saber si esa circunstancia habrá de tenerse en cuenta por el juez, al momento de determinar el monto de la reparación, de modo que el demandado no deba pagar por todo el daño inicialmente causado, sino solo por aquel que la víctima o el acreedor perjudicado no pueda mitigar o evitar mediante su propia actividad. Surge entonces la interrogante de si puede colocarse al acreedor en la situación de tener que actuar para aminorar o impedir la propagación del daño una vez realizado el hecho ilícito o verificado el incumplimiento del contrato. Es decir, de lo que se trata es de establecer si en el monto de la indemnización deben quedar incluidos o no aquellos daños efectivamente sufridos por la víctima o el acreedor perjudicado, pero que habrían podido evitarse o mitigarse si este hubiera desplegado alguna actividad dirigida a limitar la amplitud del daño. ¿Debe el perjudicado permanecer inerte ante la situación perniciosa o debe actuar a fin de impedir que el hecho ilícito o el incumplimiento del contrato le ocasione mayores daños y perjuicios que los inevitables?

Pareciera que por razones de orden lógico, moral y económico debería imponerse al afectado el deber de evitar o mitigar el daño[1]. Desde el punto de vista lógico, no se comprende la razón de permitir que la víctima o el perjudicado permanezca cruzado de brazos frente al daño que se le cause, so pretexto de que en definitiva el agente del daño deberá indemnizar la totalidad del perjuicio sufrido. Desde el punto de vista moral, existe un imperativo de atender al cuidado de los intereses propios; y desde el punto de vista económico, se justifica el deber de minimizar las pérdidas puesto que con ello se evitan costos innecesarios y se logra una mayor eficiencia en la asignación de los recursos. Sin

---

1 Ramón Domínguez Águila, "Notas sobre el deber de minimizar el daño", en *Revista Chilena de Derecho Privado,* N° 5, 2005, pp. 88-90.

embargo, al menos desde el punto de vista jurídico, estas razones no son suficientes y se plantea entonces la cuestión de si sobre el perjudicado pesa o no el deber de actuar para evitar o mitigar el daño[2].

Debemos comenzar por advertir que cuando en este trabajo nos referimos al *deber* de evitar o mitigar el daño, empleamos este término en un sentido muy amplio. Como es bien sabido, la doctrina ha diferenciado los deberes entre obligaciones y cargas. El instituto objeto de nuestro estudio es, en rigor, una *carga* y no una obligación puesto que, por un lado, la sujeción del acreedor perjudicado o de la víctima a la necesidad de evitar la extensión del daño o disminuirlo se impone en favor de un interés propio y no ajeno; y por el otro, no existe la posibilidad de exigir coactivamente el cumplimiento de este deber (*infra*, Nº IV,2).

Por lo que respecta al ámbito de aplicación de este instituto, bueno es también advertir que si bien la cuestión se plantea tanto cuando el sujeto afectado es víctima de un hecho ilícito como cuando resulta perjudicado por el incumplimiento de un contrato, en el marco del temario de este ciclo de conferencias que versa sobre las nuevas tendencias en el Derecho de los contratos, en este trabajo nos referiremos fundamentalmente a la carga del acreedor de evitar o mitigar los daños derivados del incumplimiento contractual.

El deber de evitar o mitigar el daño es una de las bases fundamentales del Derecho de los contratos en el *Common Law*, encontrándose reconocido desde hace muchos años por la jurisprudencia y por diversos cuerpos normativos. En cambio, esta institución ha sido largamente ignorada por los sistemas tradicionales de *Derecho Civil* que siguiendo la orientación del Código Napoleón no consagran, al menos en términos expresos, el deber del acreedor perjudicado por la inejecución de un contrato de desarrollar una conducta dirigida a aminorar los daños y perjuicios sufridos como consecuencia del incumplimiento (*infra*, Nº II,7,8 y 9 y Nº V).

No obstante, este principio ha ido ganando reconocimiento expreso en algunos códigos de la familia continental como el Código Civil alemán (B.G.B.) (§ 254), el Código suizo de las Obligaciones (art. 44),

2 Lilian C. San Martín Neira, *La carga del perjudicado de evitar o mitigar el daño. Estudio histórico-comparado*, Universidad Externado de Colombia, Bogotá, 2012, p. 28.

el Código Civil italiano de 1942 (art. 1.227), el Código Civil holandés (art. 6:101), el Código Civil de la Provincia de Quebec (art. 1.479), el Código Civil egipcio (art. 221), el Código Civil sirio (art. 222), el Código Civil libio (art. 224), el Código Civil algeriano (art. 182) y el Código Civil rumano de 2011 (art. 1.531).

En el Derecho Civil latinoamericano solo consagran expresamente el deber de mitigar el daño los Códigos Civiles boliviano (art. 348), peruano de 1985 (art. 1.327) y el nuevo Código Civil y Comercial argentino (art. 1.710). Empero, en algunos países latinoamericanos, a pesar de no existir en sus respectivas legislaciones una disposición de alcance general que consagre explícitamente el deber del perjudicado de evitar o mitigar el daño, en la doctrina y la jurisprudencia reciente se revela una preocupación por reconocer, con diversa fundamentación, la procedencia del principio de mitigación tanto en materia contractual como extracontractual y, por ende, la irresarcibilidad del daño evitable por el acreedor perjudicado por la inejecución del contrato o por la víctima del hecho ilícito[3].

---

[3] En la doctrina latinoamericana, además de la obra de la profesora Lilian San Martín citada en la nota anterior, véase: Eduardo Gamboa Mahecha, "La carga de mitigar los daños en el régimen colombiano de la responsabilidad contractual", en *Revista de Derecho Privado de la Universidad de los Andes,* N° 51, Enero-junio 2014. Disponible en: https://derechoprivado.uniandes.edu.co/components/com_revista/archivos/derechoprivado/pri498.pdf; Carlos Jaramillo, "*Los deberes de evitar y mitigar el daño*", Pontificia Universidad Javeriana y Editorial Temis, Bogotá, 2013; Carlos Pizarro Wilson, "Contra el fatalismo del perjuicio. A propósito del deber de mitigar el daño", en *Revista de Derecho de la Pontifica Universidad Católica de Valparaíso,* N° XLI, Valparaíso, 2013, pp. 69-82; José Suescún Melo, "La obligación de mitigar los propios daños", en *Derecho Privado. Estudios de Derecho Civil y Comercial Contemporáneo*, Legis, Bogotá, 2013; Carmen Domínguez Hidalgo, "Deber de minimizar los daños de la víctima o del acreedor", en *Responsabilidad civil. Derecho de Seguros y Filosofía del Derecho. Homenaje al profesor Javier Tamayo* Jaramillo, Medellín, 2012; María Isabel Troncoso, "La obligación de tomar medidas razonables para evitar la extensión del daño", en *Revista de Derecho Privado,* N° 21, Universidad Externado de Colombia, Bogotá, 2011, pp. 353-391; Álvaro Vidal Olivares, "La carga de mitigar las pérdidas del acreedor y su incidencia en el sistema de remedios por incumplimiento", en *Incumplimiento Contractual, Resolución e Indemnización de Daños,* Colección de Textos de Jurisprudencia, Universidad del Rosario, Bogotá, 2010; Cristián Gandarillas Serani, "Algunas consideraciones acerca del deber de mitigación o minimización del daño frente al incumplimiento contractual", en *Estudios de Derecho Civil IV* a cargo de Carlos Pizarro Wilson, Legal Publishing, Santiago, 2009, pp. 431-439; Maximiliano Rodríguez Fernández, "Concepto y alcance del deber de mitigar el daño en el derecho internacional de los

En el ámbito internacional este deber ha sido explícitamente recogido en los principales instrumentos internacionales sobre unificación del Derecho contractual como la Convención adoptada por las Naciones Unidas en 1980 sobre los Contratos de Compraventa Internacional de Mercaderías, mejor conocida como la Convención de Viena (artículo 77), los Principios sobre los Contratos Comerciales Internacionales preparados por el Instituto para la Unificación del Derecho Privado en 1994 y posteriormente ampliados en 2004, 2010 y 2016, denominados Principios Unidroit (art. 7.4.8) y los Principios del Derecho Contractual Europeo preparados por la Comisión de Derecho Contractual Europeo bajo la presidencia del profesor doctor Ole Lando y publicados en 1995 (art. 9:505) (*infras*, N°s III,1 y III,2).

En este trabajo, primero, haremos una breve reseña del desarrollo que ha tenido el llamado deber de evitar o mitigar el daño en el Derecho comparado y en los principales instrumentos internacionales de unificación del Derecho de los contratos. A continuación examinaremos la naturaleza jurídica, características, contenido y alcance de este deber, así como las consecuencias derivadas de su aplicación. Por último, nos referiremos a la posible fundamentación del deber de evitar o mitigar el daño en el Derecho venezolano.

II. EL RECONOCIMIENTO DEL DEBER DE EVITAR O MITIGAR EL DAÑO EN EL DERECHO COMPARADO

Conviene hacer una breve referencia a los orígenes y el desarrollo que ha tenido el deber evitar o mitigar el daño en otros sistemas en donde se configuró este deber como actualmente lo conocemos.

contratos", en *Revista de Derecho Privado*, N° 15, Universidad Externado de Colombia, Bogotá, 2008, pp. 109-142; Juan Benítez Caorsi, "La obligación de minimizar el daño", en *Legislación, Jurisprudencia y Doctrina*, La Ley, Montevideo, 2008; Maximiliano Rodríguez Fernández, "El deber de mitigar el daño en la Convención de Viena de 1980 sobre compraventa internacional de mercaderías. Una breve aproximación al tema", en *Revista Mercatoria*, Vol. 6, N° 2, Colombia, 2007. Disponible en: www.emarcatoria.edu.co/paginas/volumen6/pdf02/deber.pdf; Rodrigo Fuentes Guínez, "El deber de evitar o mitigar el daño", en *Revista de Derecho Universidad de Concepción*, N°s. 217-218, Concepción, 2005, pp. 223-248; Ramón Domínguez Águila: ob. cit.

1. Derecho inglés

En el Derecho inglés el deber de mitigar el daño es de vieja data. Su origen es jurisprudencial. Farnsworth cita una sentencia dictada en 1677 en el famoso caso *Vertue v Bird* que ya aplicaba el *duty to mitigate*, a propósito de una persona que se había obligado a transportar ciertas mercancías para su entrega a una hora y en un lugar determinados. Después de llegar al lugar de la entrega, el demandado solo apareció seis horas después, de modo que los caballos del demandante estando muy cansados y sudorosos por el viaje y tras permanecer cargados todo el tiempo se enfriaron con la lluvia durante la espera y por ello murieron. El transportador demandó los daños derivados del incumplimiento del contrato por parte del demandado, incluyendo el valor de los caballos. La corte denegó la indemnización por este concepto porque el demandante pudo haber dejado la carga en ese lugar y trasladado los caballos a otro lugar, mientras esperaba al demandado, evitando su enfriamiento[4].

Al instituto objeto de nuestro estudio, en el Derecho inglés, se le denomina *duty to mitigate*, aunque esta denominación ha sido criticada como inexacta debido a que no describe la verdadera naturaleza de este deber, puesto que su inobservancia no engendra una acción para exigir su cumplimiento. La consecuencia de su infracción consiste en que no se le permite a la víctima o al acreedor perjudicado reclamar dentro del monto de la indemnización por el perjuicio sufrido, los daños que podían ser evitados[5].

No debe confundirse el *duty to mitigate* con la *contributory negligence* que equivale en nuestro sistema a la culpa de la víctima que se produce cuando la negligencia del demandante concurre con la del demandado en la producción del daño, siendo ambas causas del daño producido[6]. La culpa de la víctima (la *contributory negligence* del Derecho inglés) interviene en el momento en que el daño se origina, mientras

---

4 E. Allan Farnsworth y Alfred McCormack, *Farnsworth on contracts*, Vol. III, Aspen Publishers, Nueva York, 2004, p. 229.

5 P. Atiyah y S. Smith, *Atiyah's Introduction to the Law of Contract*, Clarendon press, Oxford University, Nueva York, 2006, p. 139.

6 Richard Stone, *The Modern Law on Contract*, Cavendish Publishing Limited, Londres, 2002, p. 451; Harvey McGregor, *On Damages*, Sweet & Maxwell, Londres, 1980, p. 153.

que el deber de mitigar el daño (*duty to mitigate*) se refiere a la conducta subsecuente de la víctima, una vez que se ha generado el daño. La culpa de la víctima se produce cuando el perjudicado concurre en la producción del evento lesivo; mientras que el deber de mitigar se refiere solo al daño consecuencia, es decir, a la actuación que se le exige al sujeto perjudicado una vez que se ha producido el daño y que tiene conocimiento de esta situación, para contener los efectos del hecho lesivo o evitar la propagación del daño.

El deber de mitigar en el Derecho inglés comprende dos aspectos: 1) el acreedor perjudicado debe tomar todas las medidas razonables para minimizar sus pérdidas; y 2) el acreedor perjudicado no debe incurrir en gastos no razonables como consecuencia del incumplimiento del contrato[7].

Respecto de la carga del actor de adoptar las medidas razonables para minimizar sus pérdidas, lo primero que hay que destacar es que el deber de mitigar el daño solo surge cuando el actor adquiere conocimiento del incumplimiento; por consiguiente, si el acreedor no tiene conciencia del incumplimiento, el deber de mitigar no pesa sobre él ni siquiera cuando debido a su negligencia no se haya impuesto de la inejecución del contrato por parte del deudor, aunque en este último caso dicha negligencia, según las circunstancias, pudiera ser relevante, por ejemplo, para determinar que una parte de la pérdida experimentada sea considerada como consecuencia mediata o remota del incumplimiento, o a los efectos de que se configure un cuadro de concurrencia de culpas que determine una reducción del monto de la indemnización en la medida en que el acreedor haya concurrido con su propia culpa a la producción del daño[8].

Solo cuando el acreedor perjudicado se ha apercibido de la inejecución del contrato y no hace nada, entra en funcionamiento el deber de mitigar el daño en sus dos vertientes y no se le indemnizarán las pérdidas debidas al incumplimiento de este deber. Por consiguiente, si el actor no adopta las medidas razonables para minimizar o limitar sus pérdidas o incurre en gastos no razonables para contener el daño, no

---

7 Edwin Peel, *The Law of Contract*, Sweet & Maxwell, Thompson Reuters, p. 1058.

8 *Ídem.*

tendrá derecho a una indemnización por las pérdidas adicionales que experimente en razón de la inejecución de su deber de mitigación.

En su primera vertiente, como se dijo, el principio de mitigación requiere del perjudicado que adopte las medidas razonables para evitar la agravación del daño. En un célebre caso resuelto por los tribunales ingleses en 1879 (*Dunkirk Colliery Co. v. Lever)* se consagró el deber de mitigar los daños en su formulación clásica en los siguientes términos:

> A los demandantes se les debe reconocer el derecho a obtener la reparación integral del perjuicio que hayan experimentado en razón de la inejecución del contrato; pero al mismo tiempo, el deudor incumpliente no debe estar sujeto a una pérdida suplementaria proveniente de la circunstancia de que los demandantes no hicieron lo que debían razonablemente hacer para limitar la extensión del perjuicio[9].

En otro caso (*British Westinghouse y Manufacturing Co. Ltd. v. Underground Electric Railways Co Company of London Ltd.*) decidido por la Alta Corte de Justicia de la Cámara de los Lores en 1912 se dejó claramente establecido que:

> el principio fundamental en la materia es que el perjudicado debe ser resarcido pero este primer principio está calificado por un segundo principio, en virtud del cual el perjudicado tiene el deber de adoptar todas las medidas razonables a fin de evitar los daños consecuentes, y que le impide reclamar cualquier parte de los daños que sean producto de su pasividad en adoptar dichas medidas[10].

Con frecuencia, el acreedor perjudicado debe realizar un contrato de reemplazo para mitigar el daño. Por ejemplo, si el vendedor incumple con su obligación de entregar la cosa vendida, el comprador debe ir al mercado y comprar bienes sustitutos, esto es, los bienes que no le

---

9 Extracto del texto de la decisión tomado de Chesire, Fifoot y Funston's, *Law of Contract*, Butterworth, Londres, 1986, p. 596.
Observación: Todas las citas de fragmentos en idiomas extranjeros que recojo en este trabajo son traducidas por mí en forma libre.

10 *Ibíd.*, p. 598.

fueron entregados por el vendedor; y si no lo hiciere, no podrá recuperar del deudor las pérdidas adicionales que experimente por el hecho de que el mercado de esos bienes continúe al alza, o por privarse de la oportunidad de realizar una ganancia por el uso o la reventa de dichos bienes[11]. No obstante, los tribunales ingleses han decidido que no se le exige al acreedor celebrar una compra de reemplazo cuando se trata de bienes que no son objeto de fácil adquisición en el mercado. Así, en un caso en que el vendedor demandado incumplió con su obligación de entregar piel de serpiente y alegó que el comprador pudo efectuar la compra de reemplazo en la India y debió hacerlo, se decidió que el deber de mitigación no requería del comprador este comportamiento[12].

A su vez, el vendedor de unas acciones que ante la falta de pago del precio por parte del comprador conserve sus acciones en lugar de venderlas, no podrá recuperar del comprador la pérdida que experimente debido a una caída posterior del precio de esas acciones en el mercado. Del mismo modo, el empleado que haya sido objeto de un despido injustificado debe hacer esfuerzos razonables para obtener un trabajo similar[13].

En todo caso, no se le puede imponer al actor un rigor excesivo en el cumplimiento de este deber, sino por el contrario, se debe juzgar con suficiente flexibilidad. En este sentido, en el caso *Wroth v. Tyler*, los tribunales ingleses decidieron que la falta de recursos financieros es un razonable motivo para no ir al mercado y hacer una compra alternativa[14].

El deber de mitigar los daños, en su segunda vertiente, prohíbe al acreedor incurrir en gastos no razonables como consecuencia del incumplimiento, es decir, no debe el acreedor para mitigar el daño incurrir en desembolsos que supongan un despilfarro y que en definitiva contribuyan a aumentar las consecuencias del daño inicial. Así, se considera que el perjudicado para subsanar los efectos del incumplimiento o

---

11 Edwin Peel, ob. cit., p. 1059.

12 Caso citado y reseñado por Giovanni Criscuoli, "Il dovere de mitigare il danno subito (The duty of mitigation: A comparative approach)", en *Rivista di Diritto Civile* diretta de Enrico Allorio, Luigi Carraro, Franco Carresi, Gustavo Minervini, Giorgio Oppo, Pietro Rescigno, Gerardo Fantini, Renato Scognamiglio e Alberto Trabucchi, Parte prima, Cedam, Padua, 1972, pp. 592-593.

13 Edwin Peel, loc. cit., p. 1059.

14 Harvey McGregor, ob. cit., p. 157.

del cumplimiento defectuoso no debería, al menos en principio, efectuar erogaciones que excedan del valor que tenía la prestación, de haberse esta ejecutado conforme a los términos del contrato[15].

Si el actor en sus esfuerzos para contrarrestar o neutralizar la propagación del daño no actúa como debía hacerlo, no podrá recuperar la pérdida adicional que dichos esfuerzos mitigadores le signifiquen. Desde luego, determinar lo razonable o irrazonable de la acción y el comportamiento exigible al acreedor perjudicado es una cuestión de hecho que depende de las circunstancias particulares del caso concreto sometido a la consideración y decisión del juez.

En todo caso, los tribunales ingleses han decidido que debe indemnizarse el costo de las medidas ruinosas cuando juzgadas *ex ante*, esto es, al momento de ser adoptadas por el acreedor, pudieran considerarse razonables[16].

Conforme a los lineamientos anteriores, los tribunales ingleses han resuelto que el demandante puede recuperar las cantidades pagadas en ejecución de una transacción razonable celebrada con un tercero como consecuencia del incumplimiento. Del mismo modo, si el demandante resuelve hacer frente a una acción introducida por un tercero en razón del incumplimiento, podría recuperar los costos del juicio introducido contra él. Por ejemplo, el comprador puede reclamar de su vendedor los costos y gastos del juicio iniciado contra el primero por un subadquirente por vicios o defectos de la cosa vendida de los cuales sea responsable el vendedor. En cualquier caso, debe tratarse de costos razonables; por lo cual, el demandante no puede pretender recuperarlos si insiste en llevar adelante un litigio, cuando resulte claro que no tendrá ninguna posibilidad de triunfar en el juicio[17].

El deber de mitigar el daño, consagrado y desarrollado por los tribunales ingleses, fue incluido en el año 1979 en los artículos 50 y 51 de la *Sales of Goods Act* en los siguientes términos:

> Artículo 50. (3) Cuando haya un mercado disponible para la mercadería en cuestión, la medida del daño para el vendedor,

15 *Ídem*.
16 Edwin Peel, loc. cit.
17 Edwin Peel, ob. cit., p. 1061.

en primer lugar, debe determinarse mediante la diferencia entre el precio del contrato y el precio de mercado al momento o momentos en que la mercadería debieron haber sido aceptados por el comprador o (si no se fijó tiempo para aceptar) al momento en que el comprador se negó a aceptar.

. . .

Artículo 51. (3) Cuando haya un mercado disponible para la mercadería en cuestión, la medida del daño para el comprador, en primer lugar, debe determinarse mediante la diferencia entre el precio del contrato y el precio del mercado al momento o momentos en que la mercancía debió haber sido entregada al comprador o (si no se fijó tiempo para la entrega) al momento en que el vendedor se negó a efectuar el envío.

De acuerdo con estas disposiciones, en caso de inejecución del contrato de compraventa, el contratante inocente, comprador o vendedor según el caso, tiene el deber de mitigar los daños sufridos procurando celebrar un contrato de reemplazo; y si no lo hiciere, el acreedor negligente verá reducido el monto de su indemnización. Si quien incumple es el vendedor, los daños y perjuicios que tendrá derecho a reclamar el comprador por falta de entrega de la mercancía corresponden al precio de mercado a la fecha de la entrega contractualmente prevista menos el precio establecido en el contrato; cuando quien incumple es el comprador que se niega a recibir la mercancía, el vendedor puede reclamarle por concepto de daños y perjuicios el precio contractualmente establecido menos el precio de mercado a la fecha prevista en el contrato para la aceptación de la mercancía.

Si existe un precio de mercado de los bienes objeto del contrato incumplido y el acreedor perjudicado realiza una operación de reemplazo por un valor menor al precio de mercado no tendrá derecho a exigir la diferencia de precio al deudor de la indemnización[18].

---

18 El Derecho inglés no adopta específicamente el "precio de sustitución" como medida del daño sino el precio de mercado. No obstante, en los casos en que no hay salida para la prestación y no sea posible establecer un precio corriente de mercado, los tribunales ingleses consideran el precio de cobertura como una prueba importante para cuantificar el monto de la pérdida. H.G. Beale, *Remedies for breach of contract*, Sweet & Maxwell, 1980, pp. 196-197.

Como puede apreciarse de lo antes expuesto, los daños y perjuicios se establecen en función de otro contrato a precio de mercado que, según el caso, el comprador o el vendedor debería haber celebrado, es decir, la cuantía de la indemnización se establece según los principios que derivan de la teoría de la mitigación de los daños. Se trata al contratante perjudicado como si hubiera mitigado los perjuicios experimentados por el incumplimiento de su contraparte. Concretamente, si no se le entrega la mercadería, el comprador debe procurársela mediante una operación de reemplazo al precio de mercado. A la inversa, en caso de rechazo de las mercaderías, el vendedor debe procurar su venta a ese mismo precio. En ambos casos se establece pues que en caso de incumplimiento no se responde sino por la diferencia entre el precio de los bienes vendidos y el precio corriente de mercado en caso de que en el mercado existan bienes sustitutos que satisfagan el interés del acreedor perjudicado, sea este el vendedor (artículo 50) o el comprador (artículo 51). De modo que, como principio del carácter general, se establece la necesidad de celebrar operaciones de reemplazo para evitar el aumento de los daños.

De acuerdo con las precitadas normas, debe existir un mercado disponible o "*available market*" para las cosas vendidas, lo que quiere decir que exista libertad para comprarlas o venderlas, esto es, que no se trate de bienes de circulación restringida y, además, que exista una demanda suficiente que permita reemplazar esos bienes en forma rápida[19].

Según un sector de la doctrina inglesa, el llamado *duty to mitigate* no constituye, en realidad, una carga, deber u obligación que deriva del contrato celebrado por las partes, sino que es una regla de cuantificación del daño que tiene como destinatario al juez. En virtud del principio de mitigación, se afirma, la indemnización debe ser calculada por el juez como si el demandante hubiera mitigado los daños y perjuicios resultantes del incumplimiento[20].

---

19 Stéphan Reifegerste, *Pour une obligation de minimiser le dommage*, Presses Universitaires Daix-Marseilles-Puam, 2002, p. 203, especialmente, la nota 685; Bernard Hanotiau, "Régime juridique et portée de l'obligation de modérer le dommage dans les ordres juridiques nationaux et le droit du commerce international", en *Revue de Droit des Affaires Internationales*, Nº 4, 1987, p. 402.

20 Stephen Smith, *Contract Theory*, Oxford University Press, Oxford, 2007, pp. 428-429.

Por otra parte, algunos autores consideran que el *duty to mitigate* no es más que una aplicación específica de la regla según la cual el demandado solo responde de las pérdidas que podían razonablemente preverse al tiempo de la celebración del contrato. Se vincula el principio de mitigación con el problema de la previsibilidad del daño y se afirma que a la hora de determinar qué pérdidas son razonablemente previsibles, hay que suponer que las partes actuarán de manera razonable y mitigar los daños es algo que las personas razonables hacen. De ahí que los llamados daños evitables, esto es, los daños causados por el incumplimiento del contrato que pudieron ser evitados mediante la adopción de medidas razonables no pueden recuperarse mediante el ejercicio de una acción por incumplimiento. *A fortiori*, tampoco responde el demandado por los daños que el demandante efectivamente evitó.

2. Derecho norteamericano

En el Derecho norteamericano en la actualidad, la regla de la mitigación del daño se ha convertido en un principio muy general y se aplica pacífica y reiteradamente por la jurisprudencia de los tribunales norteamericanos, tanto en materia contractual como en materia extracontractual[21]. El demandante, por un lado, no puede obtener reparación por los daños y perjuicios que pudo razonablemente evitar; pero, por el otro, puede obtener la restitución de los gastos razonables en que incurrió para minimizar el daño.

Esta regla está establecida en los artículos 2.708 y 2.713 del *Uniform Commercial Code* de manera bastante similar a las disposiciones de la *Sales of Goods Act* inglesa a que antes nos referimos. En caso de inejecución del contrato por parte del comprador, de acuerdo con el artículo 2.708, los daños y perjuicios debidos al vendedor equivalen a la diferencia entre el precio contractualmente previsto y no pagado y el precio de mercado de los bienes que son materia del contrato a la fecha prevista para la entrega. Simétricamente, de acuerdo con el artículo 2.713, en caso de inejecución por parte del vendedor los daños y perjuicios que el comprador tiene derecho a reclamar corresponden a la

21 E. Allan Farnsworth y Alfred McCormack, loc. cit.; Ion Fuller, Melvin Eisenberg y George Mark, *Basic* Contract *Law*, American Casebook Series, West Publisting Corporation, St. Paul. Minnesota, 2013, pp. 297-304.

diferencia entre el precio de mercado de los bienes objeto del contrato al momento en que el comprador obtuvo conocimiento de la inejecución del contrato y el precio contractualmente previsto.

Otras disposiciones del *Uniform Commercial Code* consagran igualmente aplicaciones particulares del deber de mitigación. El artículo 2.712, por ejemplo, le concede al comprador al que su vendedor no le entrega las mercancías vendidas, el derecho a reclamar la indemnización de los gastos causados por la celebración de un contrato de reemplazo. Según el artículo 2.715, los daños consecuenciales que resulten del incumplimiento del vendedor no incluyen las pérdidas que el acreedor podría haber evitado por medio de medidas razonables.

Por otra parte, a diferencia del Derecho inglés en el cual el principio de la mitigación del daño solo se aplica en caso de incumplimiento efectivo, es decir, cuando la inejecución del contrato se haya consumado, el Derecho norteamericano extiende el campo de aplicación del deber de mitigar a los supuestos en los cuales una parte es culpable de incumplimiento anticipado (*anticipatory breach*), es decir, cuando le comunica a la otra que no cumplirá el contrato llegado el momento en que debería cumplir. El perjudicado no debe asumir gastos innecesarios a partir de ese anuncio que se le haga y debe llevar a cabo las acciones necesarias para reducir sus pérdidas. Por ejemplo, el fabricante que decide continuar con la producción de la mercancía objeto del contrato celebrado con su cliente, a pesar de que este le haya comunicado claramente que no aceptará la entrega llegado el momento en que debería ser recibida puede, según las circunstancias, verse privado del derecho de obtener una indemnización por los costos y gastos asociados a la continuación de la producción de dicha mercancía[22]. Según el artículo 2.704, tendrá derecho en tal caso a obtener la indemnización por estos conceptos, solo si su decisión de continuar con la producción fue razonable; en caso contrario, no. Por ejemplo, si la mayor parte del proceso productivo se hubiere ya adelantado y le sería fácil encontrar un nuevo comprador que adquiriera dicha mercancía por un precio razonable. Aunque el contrato se haya resuelto por incumplimiento anticipado (*anticipatory breach*), parece razonable que el fabricante continúe con

---

22 Stéphan Reifegerste, ob. cit., pp. 400-401.

la producción de la mercancía y la reventa. En tal caso tendría derecho a una indemnización por daños y perjuicios por la diferencia entre el precio del contrato original y el precio de reventa, más los costos que suponga el hecho de la reventa.

De lo anterior resulta que en el Derecho norteamericano, en algunas ocasiones se impulsa al acreedor a celebrar una operación de reemplazo aun antes del incumplimiento[23].

El principio de la mitigación del daño también está reconocido mediante una formulación de carácter general en el *Restatement Second on Contracts*[24]. Según las § 350 (1) y (2), la víctima del incumplimiento contractual no puede obtener el pago de los daños y perjuicios por las pérdidas que habría podido evitar sin incurrir en cargas o gastos injustificados o sin que resulte para ella alguna humillación[25]. En estas disposiciones se establece el derecho a la indemnización cuando la víctima tomó medidas para mitigar el daño, aunque estas no hayan sido exitosas. No son, por tanto, recuperables los daños que no fueron evitados y que no implicaban riesgos, cargas o humillaciones por parte del acreedor perjudicado que podía evitarlos. Pero, dentro del monto indemnizable a que este tiene derecho se incluyen los gastos incurridos para mitigar el daño, aunque los esfuerzos de mitigación hayan resultado infructuosos.

La actuación del perjudicado por el daño inicial se aprecia conforme al estándar del hombre razonable colocado bajo las mismas circunstancias del acreedor perjudicado por el incumplimiento. Por lo cual, si una persona razonablemente sensata, habría evitado las consecuencias ulteriores del daño, dichos daños no serán indemnizados. En cualquier caso, a la víctima no se le exige que realice esfuerzos de mitigación que resulten extraordinarios o impracticables[26].

---

23 *Ídem.*

24 Cabe hacer notar que a diferencia del *Uniform Commercial Code* que es vinculante por ser una ley que forma parte del Derecho positivo, el *Restatement Second on Contracts*, como los demás *restatements of the law*, no es una ley sino una recopilación de *principios* que rigen determinadas áreas del derecho que, en esencia, han sido extraídos de las sentencias de los tribunales; no forman parte del Derecho positivo y, por ende, no son vinculantes.

25 La § 918 del *Restatement Second of Torts* también establece esta regla.

26 E. Allan Farnsworth, ob. cit., p. 232, especialmente, las notas 13 y 14 y la jurisprudencia de los tribunales norteamericanos allí citada.

La doctrina discute si el acreedor está obligado a aceptar una oferta de cumplimiento distinta de la convenida como medida de mitigación[27].

En la doctrina norteamericana Hillman señala que el acreedor perjudicado incumple su carga de mitigar el daño si no acepta la nueva oferta de cumplimiento, siempre y cuando se cumplan las siguientes condiciones: 1) la aceptación de dicha oferta pueda efectivamente reducir el daño; 2) la nueva oferta de cumplimiento sea conforme a los intereses del perjudicado; 3) dicha oferta sea la mejor oferta disponible; 4) el acreedor pueda hacer valer el incumplimiento del contrato original por parte del deudor, a pesar de aceptar la nueva oferta; y 5) el deudor ofrezca garantías de que cumplirá[28]. Si se cumplen estas condiciones, según Hillman, el acreedor debería aceptar la oferta de cumplimiento con el objeto de minimizar el daño, sin perjuicio de que con posterioridad pueda hacer valer íntegramente su derecho. Es decir, el acreedor debe consentir en una modificación transitoria de la prestación con el objeto de aminorar el perjuicio al deudor, lo que en la práctica se asimila a una revisión del contrato.

La aceptación de la nueva oferta de cumplimiento, se afirma, no hace presumir la satisfacción del acreedor con un acto de ejecución diferente ni implica una renuncia por parte de este a prevalerse de la inejecución parcial o del cumplimiento irritual y exigir los daños y perjuicios que dicho incumplimiento le produzca; solo tiene por objeto minimizar el daño. Sin embargo, para evitar problemas e inconvenientes que puedan presentarse en razón de una interpretación diferente de la conducta del acreedor, se afirma que lo más aconsejable es que al aceptar la oferta de cumplimiento modificada, el acreedor perjudicado haga reserva expresa de su derecho a reclamar la repara-

---

27 Para un examen de las posiciones de la doctrina y la jurisprudencia italianas sobre la materia véase: Giovanni Criscuoli, ob. cit., pp. 589 y ss.; Carlo Rosello, "Il danno evitabile con l'ordinaria diligenza", en *Risarcimento del Danno Contrattuale ed Extracontrattuale* a cura di Giovanna Visintini, Milán, 1984, pp. 55 y ss. En la doctrina española, véase: Rodrigo Fuentes Guínez, *La extensión del daño contractual*, La Ley, Madrid, 2009, pp. 260-262. Por lo que al Derecho venezolano concierne, véase lo que se expone en la nota 124 *ut infra*.

28 R. Hillman, "Keeping the deal together after breach. Common Law Mitigation Rules-The U.C.C. and the Restatement (Second) on Contracts", en *University of Colorado Law Review*, Nº 47, 1976, pp. 598 y ss.

ción del daño derivado de la inejecución de la obligación exactamente como había sido contraída[29].

En el sistema del *Common Law*, especialmente en el Derecho norteamericano, la finalidad de las medidas de mitigación del daño es principalmente económica. Se persigue evitar las pérdidas económicas derivadas del incumplimiento del contrato que puedan ser subsanadas o atenuadas por medio de esfuerzos razonables del perjudicado con lo cual se evitan gastos inútiles y una perdida innecesaria de recursos[30]. Se explica así que se incentive la celebración de contratos de reemplazo, incluso antes que el incumplimiento se haya consumado, que le permitan al acreedor alcanzar de igual manera la satisfacción de su interés económico. Son pues, en definitiva, consideraciones de eficiencia y de minimización de los costos del intercambio de bienes y servicios los que fundamentan la existencia del deber de minimizar el daño en el sistema del *Common Law*.

3. Código Civil alemán

El párrafo 254 del Código Civil alemán (B.G.B.) dice textualmente lo siguiente:

> 1. Si cualquier tipo de culpa por parte de la persona dañada ha contribuido a causar el daño, la obligación de indemnizar a la parte perjudicada y el alcance de la indemnización a realizar depende de las circunstancias; sobre todo hasta que punto el daño ha sido causado predominantemente por una u otra parte.
> 2. Esto se aplica incluso si la culpa del perjudicado consistió solo en una omisión a la hora de llamar la atención del deudor acerca del peligro de un daño anormal que el deudor no conocía ni debiera haber conocido o en una omisión a la hora de evitar o mitigar el daño. La disposición del § 278 se aplica *mutatis mutandi*.

Esta disposición, se afirma, consagra tres supuestos de culpa del perjudicado: 1) cuando el perjudicado concurre causalmente a la producción del daño; 2) cuando *ex ante* omite avisar al deudor acerca de un

---

29 Al respecto, en la doctrina francesa, véase: Jérôme Ortscheidt, *La réparation du dommage dans l`arbitrage commercial internacional*, Editions Dalloz, Paris, 2001, pp. 151-152.

30 R. Hillman, ob. cit., p. 558.

riesgo que este no conocía ni debía conocer y del cual se pueden derivar ingentes perjuicios para aquel; c) cuando el perjudicado *ex post* incurre en una omisión al momento de evitar o mitigar el daño[31].

La doctrina alemana fundamenta el deber de mitigar el daño en la buena fe que preside todas las relaciones obligatorias (B.G.B. § 242). Cuando el perjudicado no evita el daño que amenaza o bien no aminora aquel que ya se ha producido, incurre en culpa, puesto que infringe un deber jurídico de actuar impuesto por la buena fe[32].

Conviene recordar que en el Derecho alemán la obligación de resarcimiento es autónoma y el B.G.B. no distingue entre obligación de resarcimiento contractual y obligación de resarcimiento extracontractual; solo existe una obligación general de resarcir el daño causado. Como el deber de mitigar el daño se encuentra consagrado dentro de las normas generales que rigen el Derecho de las obligaciones, dicha regla se aplica tanto en materia contractual como extracontractual. En fin, tanto el acreedor de una obligación surgida de un contrato que haya sido incumplida como el acreedor del resarcimiento que surge de un hecho ilícito, tienen el deber de contener el daño a fin de no agravar la posición del demandado[33].

Por último, en la doctrina alemana se considera que el llamado deber de mitigar el daño es, en realidad, una carga, pues no existen lesiones al derecho de otro, sino meramente el incumplimiento de mandatos establecidos en interés propio. Por tanto, el deber de mitigar el daño es, en definitiva, una carga derivada de la buena fe establecida en consideración a los intereses de la contraparte[34].

4. Código Civil italiano de 1942

A diferencia del Código Civil italiano de 1865 que no establecía en una disposición de alcance general el deber de la parte agraviada por el

---

31 Dieter Medicus, *Tratado de las relaciones obligacionales*, Vol. I, Traducción castellana de Ángel Martínez Sarrión, Bosch Casa Editorial, Barcelona, 1995, pp. 310-311; Karl Larenz, *Derecho de obligaciones*, Tomo I, Traducción castellana de Jaime Santos Briz, Editorial Revista de Derecho Privado, Madrid, 1958, p. 219.

32 Karl Larenz, ob. cit., p. 223.

33 Franz Wieacker, *El principio general de la buena fe*, Traducción castellana de José Luis Carro, Ediciones Civitas, Madrid, 1977, pp. 88-92.

34 Karl Larenz, loc. cit.

incumplimiento de su contraparte contractual de evitar los perjuicios derivados de la inejecución del contrato, el *Codice* contiene una disposición especial en la cual se consagra explícitamente el deber del acreedor perjudicado de evitar la propagación de las consecuencias dañosas del hecho lesivo. El artículo 1.227 del *Codice* después de regular, en el inciso primero, el efecto de la culpa del acreedor en la producción del daño, en forma semejante a nuestro artículo 1.189[35], establece, en el inciso segundo, la no indemnización del daño que el acreedor habría podido evitar con la ordinaria diligencia, en los términos siguientes:

> El resarcimiento no se debe por el daño que el acreedor habría podido evitar empleando la diligencia ordinaria.

Esta disposición prevé la exoneración de responsabilidad, es decir, la exclusión del resarcimiento del daño evitable por el acreedor perjudicado.

Por otra parte, conviene tener en cuenta que, de acuerdo con el artículo 1.223 del *Codice*:

---

35 El inciso primero del artículo 1.227 del Código Civil italiano se refiere a la concurrencia del hecho culposo del acreedor perjudicado en la producción del daño en los siguientes términos: "Si el hecho culposo del acreedor ha concurrido a causar el daño, el resarcimiento se disminuye en atención a la gravedad de la culpa y la entidad de las consecuencias que derivan de ellas". El artículo 1.189 del Código Civil venezolano, por su parte, dice lo siguiente: "Cuando el hecho ilícito de la víctima ha contribuido a causar el daño, la obligación de repararlo se disminuirá en la medida en que la víctima ha contribuido a aquel". Aunque esta disposición regula el supuesto de la concurrencia de la culpa de la víctima con la culpa del agente en la producción del daño en materia de responsabilidad civil por hecho ilícito, la doctrina admite que sus efectos se producen igualmente en materia contractual cuando la culpa del acreedor concurre con la culpa del deudor en el incumplimiento de una obligación derivada de un contrato, en cuyo caso la obligación de reparar el daño que tiene el deudor se ve reducida en la medida en que la culpa del acreedor contribuyó al mismo, lo que consagra expresamente el inciso primero del artículo 1.227 del *Codice* antes transcrito. En la doctrina nacional véase: José Mélich-Orsini, *Doctrina General del Contrato*, Academia de Ciencias Políticas y Sociales, Serie Estudios, Nº 61, Caracas, 2012, p. 505, especialmente, la nota 93; Eloy Maduro Luyando y Emilio Pittier Sucre, *Curso de obligaciones. Derecho Civil III*, Tomo I, Universidad Católica Andrés Bello, Caracas, 2001, pp. 234-235; Gert Kummerow, "Esquema del daño contractual resarcible según el sistema normativo venezolano", en AA.VV., *Indemnización de daños y perjuicios*, Ediciones Fabreton, Reimpresión 1998, p. 332.

> El resarcimiento del daño por la inejecución o retardo debe comprender tanto la pérdida sufrida por el acreedor como la utilidad de que se haya privado, siempre y cuando sean su consecuencia inmediata y directa.

Al comentar esta disposición, en la doctrina italiana moderna Visintini expresa que la misma consagra un criterio de delimitación del *quantum respondeatur* que excluye del monto del daño indemnizable las consecuencias dañosas mediatas e indirectas de la falta de cumplimiento de la obligación. Según Visintini esta norma tiene su origen en el artículo 1.229 del Código Civil italiano de 1.865 que, a su vez, recogió el artículo 1.151 del *Code*, los cuales vinculaban la irresarcibilidad del daño evitable al criterio de la exclusión del resarcimiento de las consecuencias mediatas e indirectas del incumplimiento. La única diferencia de la formulación legal actual respecto de las disposiciones de las cuales deriva consiste en que solo en el Código Civil de 1.942 se consagra autónomamente la regla que excluye la resarcibilidad del daño evitable por el acreedor actuando con la diligencia ordinaria (art. 1.227, inciso 2º). En cambio, bajo el sistema del *Code* (art. 1.151) y del Código Civil italiano de 1.865 (art. 1.229), el no resarcimiento del daño evitable por el acreedor perjudicado se vinculaba al criterio de la causalidad directa, es decir, a la norma que limitaba el resarcimiento a las consecuencias directas e inmediatas del hecho lesivo. Por lo cual, afirma Visintini, al no existir en el Código Civil italiano de 1.865 una disposición autónoma, el fundamento del deber de evitar o mitigar el daño se encontraba en la exigencia del daño directo[36].

Esta justificación de la carga mitigadora en la exigencia del daño directo que contiene el artículo 1.229 del Código Civil italiano de 1865, idéntico al artículo 1.275 del Código Civil venezolano, debe tenerse especialmente en cuenta al examinar el fundamento del deber de limitar la amplitud del daño en los ordenamientos como el nuestro que, tomando como modelo el Código Civil francés de 1.804 y el Código Civil italiano de 1.865, tampoco consagran en términos positivos de manera

[36] Giovanna Visintini, *Trattato Breve de la Responsabilità Civile*. (Fatti illeciti. Inadempimento. Danno risarcibile), Cedam, Padua, 2005, pp. 680-681.

explicita el deber de mitigación por parte del acreedor perjudicado. Nos referiremos de nuevo a este tema al examinar la fundamentación del deber de evitar o mitigar el daño en nuestro ordenamiento (*infra*, Nº V,4).

La doctrina italiana se ha encargado de señalar que el comportamiento que el inciso 2º del artículo 1.227 del *Codice* exige al acreedor perjudicado consiste no solamente en no agravar el daño con la propia acción, sino también en una conducta activa dirigida a evitar las consecuencias dañosas del comportamiento del agente. El perjudicado, se afirma, esta llamado, primero que todo, a la abstención de conductas que puedan llevar a un agravamiento de los daños generados por el agente, en segundo lugar, a una conducta positiva tendiente a evitar los daños que todavía no se han generado, pero que amenazan con verificarse[37]. La infracción de cualquiera de estos deberes se traduce en una exclusión del resarcimiento de los mayores daños *ex* artículo 1.227, segundo inciso, del *Codice*[38].

Según un sector de la doctrina italiana a estos dos deberes debe añadirse un tercero, a saber, el deber de mitigar el daño que consiste en el deber positivo que se impone al acreedor perjudicado de reducir o remover los daños ya producidos, en la medida en que ello sea posible[39].

En opinión de un importante sector de la doctrina italiana, el deber de evitar el daño se fundamenta en la buena fe y en el principio de la corrección (*correttezza*)[40]. Igualmente, en la jurisprudencia italiana, aunque con algunas vacilaciones, se ha ido asentando la idea de que la evitación del daño es una expresión del deber objetivo de la buena fe que impone al acreedor perjudicado por el incumplimiento de su contraparte contractual no solo abstenerse de agravar su daño, sino también

37 Natalino Sapone, *Il concorso di colpa del danneggiato*, Giuffrè Editore, Milán, 2007, p. 293; Giovanna Visintini, "Risaracimento del danno", en *Trattato di Diritto Privatto* diretto da P. Rescigno, Vol. IX, Turín, 1984, pp. 205 y ss.

38 Bianca C., Massimo, *Diritto Civile*, Vol. V, (La Responsabilità), Giuffrè Editore, Milán, 2012, pp. 159-160; Adriano De Cupis, *El Daño* (Teoría general de la responsabilidad civil), Traducción castellana de Ángel Martínez Sarrión, Bosch Casa Editorial, S.A., Barcelona, 1975, pp. 283-287; En contra, Rescigno citado por Adriano De Cupis, ob. cit., p. 287, nota 87.

39 Adriano De Cupis, loc. cit.

40 Giovanna Visintini, *Trattato Breve*... cit., p. 145; C. Massimo Bianca, loc. cit.; Giovanni Criscuoli, ob. cit., p. 572.

realizar una actividad destinada a evitar la propagación de los efectos del daño o a disminuir su impacto, dentro del límite de la diligencia ordinaria[41].

Como el artículo 2.056 del *Codice* ordena aplicar a la evaluación del daño extracontractual, las reglas sobre el *quantum respondeatur* establecidas en sede contractual, el deber de evitar el daño corresponde tanto al acreedor perjudicado por el incumplimiento de una obligación contractual como a la víctima de un hecho ilícito. La doctrina italiana es conteste al respecto[42].

El deber de mitigación se refiere a una conducta obligatoria para el perjudicado de acuerdo con un criterio de diligencia ordinaria que se aprecia según las circunstancias particulares de cada caso.

5. Código Civil de Quebec

Bajo el imperio del antiguo Código Civil de 1860 inspirado en el Código Civil francés de 1804, la jurisprudencia de los tribunales, influenciada por las decisiones de los países del *Common Law*, había ya reconocido la existencia del deber de minimizar el daño, lo que mereció comentarios muy favorables por parte de la mayoría de la doctrina[43].

El Código Civil de Quebec que fue votado en 1991 entró en vigencia el 1° de enero de 1994. Uno de los objetivos de sus redactores fue integrar la responsabilidad contractual y la extracontractual, a cuyo efecto el Código contiene un capítulo de disposiciones comunes aplicables a estas dos esferas de la responsabilidad civil (arts. 1.457-1.481). Entre estas, el artículo 1.479 establece que "la persona que debe reparar un daño no responde de la agravación de este cuando la víctima se encontraba en la situación de evitar dicha agravación". En esta disposición el legislador reconoce de manera implícita el deber de minimizar el daño. Al liberar al responsable de indemnizar los daños no mitigados por el perjudicado, se consagra en forma indirecta la carga que pesa sobre este

---

41 Alessandra Pinori, *Il danno contrattuale. I principi generali e tecniche di limitazione giudiziale del danno*, Cedam, Padua, 1998, pp. 369 y ss. y la jurisprudencia de los tribunales italianos allí citada.

42 Por todos, véase: Adriano De Cupis, ob. cit., p. 283.

43 Faribault y De Lorimier citados por Stéphan Reifegerste, ob. cit., p. 47, nota 97.

de mitigar los daños. De esta forma, bajo el ángulo de la sanción, la regla de la mitigación del daño tiene un alcance de carácter general[44].

6. Códigos Civiles de Bolivia y Perú y Código Civil y Comercial argentino

En los Códigos Civiles de América Latina, con la excepción de Bolivia y Perú cuyos códigos se inspiraron en el Código Civil italiano de 1.942, y de la Argentina cuyo Código Civil y Comercial promulgado el 7 de octubre de 2014 entrará en vigencia el 1° de agosto de 2015, no existen disposiciones que establezcan expresamente que el daño que podía ser evitado por el perjudicado no debe ser resarcido.

De acuerdo con el artículo 348 del Código Civil boliviano de 1976:

> I. Si un hecho culposo del acreedor hubiere concurrido a ocasionar el daño, el resarcimiento se disminuirá en proporción a la gravedad del hecho y a la importancia de las consecuencias derivadas de él.
> II. No hay lugar al resarcimiento por el daño que el acreedor hubiera podido evitar empleando la diligencia ordinaria.

El artículo 1.327 del Código Civil peruano de 1984, por su parte, prescribe que:

> El resarcimiento no se debe por los daños que el acreedor habría podido evitar usando la diligencia ordinaria, salvo pacto en contrario.

Esta disposición después de consagrar el principio general del no resarcimiento del daño evitable, admite la posibilidad de que las partes en sus convenciones agraven la responsabilidad del deudor incluyendo dentro del *quantum respondeatur* la indemnización del daño que el acreedor hubiera podido evitar. Como las reglas sobre la extensión del resarcimiento no son de orden público, en virtud del principio de la autonomía de la voluntad las partes pueden, al menos en principio,

---

44 Stéphan Reifegerste, ob. cit., p. 48.

incrementar la responsabilidad del deudor incluyendo dentro del daño indemnizable al daño evitable.

Por último, el artículo 1.710 del Código Civil y Comercial argentino incluido dentro de las disposiciones generales sobre la responsabilidad civil dice lo siguiente:

> Deber de prevención del daño. Toda persona tiene el deber, en cuanto de ella dependa, de:
> a. evitar causar un daño no justificado;
> b. adoptar, de buena fe y conforme a las circunstancias, las medidas razonables para evitar que se produzca un daño, o disminuir su magnitud; si tales medidas evitan o disminuyen la magnitud de un daño del cual un tercero sería responsable, tiene derecho a que este le reembolse el valor de los gastos en que incurrió, conforme a las reglas del enriquecimiento sin causa;
> c. no agravar el daño, si ya se produjo.

7. Código Civil francés

En el Derecho Civil francés la situación es diferente. El Código Civil de los franceses (Código Napoleón) no consagra expresamente el deber del acreedor perjudicado de mitigar el daño y la jurisprudencia ha sido bastante reticente a reconocer la existencia de este deber. La doctrina francesa, por su parte, se encuentra muy dividida respecto del reconocimiento de este deber en el *Code*.

En la doctrina francesa clásica, ya Pothier en el terreno de la responsabilidad contractual se planteaba el problema de la extensión de los daños resarcibles por el deudor doloso y para excluir la reparación del daño indirecto se refería al "daño necesario", a cuyo efecto trae el famoso ejemplo del comerciante que a sabiendas le vende a un agricultor una vaca que padece una enfermedad contagiosa: el animal muere a consecuencia de la enfermedad; este contagia a los demás animales del agricultor, los cuales también mueren; por la falta de animales el agricultor no puede cultivar sus tierras; la falta de cultivo hace que no pueda hacer frente a sus obligaciones, por lo tanto, sus acreedores le embargan y luego rematan a precio vil sus bienes. De todos esos daños Pothier afirma que el vendedor debe responder por la pérdida de la vaca

y de los animales contagiados por haber sido el dolo del comerciante el que causó todo ese perjuicio.

Respecto de si corresponde o no el resarcimiento por el defecto de cultivo de las tierras del comprador, Pothier señala que el defecto de cultivo no es una consecuencia absolutamente necesaria de la pérdida del ganado puesto que el agricultor habría podido, a pesar de la pérdida del ganado, obviar ese defecto de cultivo haciendo cultivar sus tierras por otros animales que podía comprar o, en caso de que no pudiera comprarlos, por otros animales que hubiese podido alquilar, o bien subarrendado sus tierras si no tenía medios para hacerlas producir por sí mismo. En síntesis el no cultivo de las tierras no debe serle resarcido por el vendedor o, al menos, no debe este resarcirlo en su integridad por tratarse de una consecuencia innecesaria de la pérdida del ganado ya que la actividad diligente del comprador lo hubiera podido evitar.

Luego se pregunta si la responsabilidad se extiende al remate de la finca a muy bajo precio por parte de los acreedores del agricultor a quien este no pudo pagar por la falta de cultivo de la tierra. Pothier señala que el vendedor no estará obligado por el remate que el agricultor sufrió en sus bienes ya que este daño es solamente una consecuencia muy alejada y muy indirecta y no hay una relación necesaria entre este hecho y la pérdida del ganado, pues aunque la pérdida de las vacas haya influido en el trastorno de la fortuna del comprador, bien pudo haber tenido otras causas. Por consiguiente, el vendedor solo estaba obligado a indemnizar por la muerte de la vaca y los animales muertos por contagio (*daño directo)* pero no por la falta de cultivo y los embargos (*daños indirectos*).

Pothier sienta el principio de que no deben comprenderse dentro de la indemnización los daños que además de ser una consecuencia remota del dolo no son una consecuencia necesaria y pueden tener otras causas. En conclusión, según Pothier, el daño evitable es atribuible más bien a la negligencia del acreedor que al incumplimiento de la obligación y por esto no debe ser resarcido y se excluye del *quantum respondeatur*[45].

La doctrina francesa clásica siguió en términos generales las enseñanzas de Pothier y consideró que la posibilidad de evitar el daño

---

45 R. J. Pothier, *Tratado de las obligaciones*, Traducción castellana, Editorial Heliasta, Buenos Aires, 1978, pp. 98-99.

era un aspecto particular de la causalidad. En el ejemplo propuesto por Pothier, concluye que los daños por defectos de cultivo al igual que el embargo de las tierras no eran resarcibles por no ser una consecuencia cierta o necesaria de la culpa del deudor[46]. Por su parte, Mazeaud, al examinar cuándo un perjuicio es directo y cuándo es indirecto afirma "el perjuicio es indirecto cuando falta la certidumbre de la existencia del ligamen de causalidad... por consiguiente, el autor de la falta inicial no responde en la cadena de los perjuicios, sino de aquellos que son la consecuencia cierta, necesaria de esa falta"[47].

En la doctrina francesa moderna, Larroumet sostiene que el fundamento del deber de minimizar el daño se encuentra en la causalidad: la conducta del acreedor que pudiendo adoptar medidas para contener las consecuencias del daño derivadas del incumplimiento y no lo hace, interrumpe el nexo causal entre el daño inicial y el perjuicio final, independientemente de que dicha inacción obedezca o no a la culpa del acreedor. Por lo cual, los mayores daños que este experimente en razón de su inacción no le serán indemnizados por tratarse de daños que no son una consecuencia directa y necesaria del incumplimiento. En tal sentido, expresa Larroumet:

> Desde un punto de vista jurídico el mejor fundamento de la obligación de moderar el daño se encuentra en la causalidad. Cuando como consecuencia de un comportamiento dañino se producen daños en cadena, siempre se ha admitido que el deudor solo debe reparar aquellos que son una consecuencia inmediata y directa y, debe agregarse, necesaria, del daño inicial. Cuando interviene un evento cuyo efecto consiste en producir una ruptura en el encadenamiento de causas, el deudor no está obligado a la reparación de los daños que derivan de este evento...debe admitirse la misma solución cuando el acreedor permanece inactivo no obstante que podía adoptar medidas para limitar el daño experimentado por

---

46 C. Demolombe, "Traité des contrats", Tome I, en *Cours de Code Napoleon*, Vol. XXIV, París, 1868, p. 599; V. Marcadé, *Explication théorique et pratique du Code Civil*, Tome IV, De la notte et Fils, París, 1873, p. 445; G. Baudry-Lacantinerie, *Précis de Droit Civil*, Tome II, Recueil Sirey. París, 1921, p. 77; Marcel Planiol, *Traité Élémentaire de Droit Civil*, Tome II, París, 1926, pp. 93-94.

47 Henri Mazeaud, *Cours de Droit Civil*, Les Cours de Droit, Paris, 1949-1950, p. 560.

> el hecho del incumplimiento por parte del deudor. La idea es, en efecto, exactamente la misma cuando se producen daños en cadena. Cuando el acreedor tiene la posibilidad de actuar, es decir, de adoptar medidas que limiten las consecuencias dañosas por las cuales demanda reparación al deudor y no lo hace, hay que tomar en consideración dicha inacción que pone de manifiesto una ruptura del vínculo causal...entiéndase bien, se trata de un mero problema de causalidad, de ruptura del encadenamiento de causas. Esta solución no tiene nada que ver con la culpa del acreedor. Poco importa que el acreedor haya incurrido o no en culpa al no haber adoptado las medidas que habrían permitido limitar su daño... en fin de cuentas el deber de mitigación es inherente a la causalidad en la responsabilidad civil[48].

Otro sector de la doctrina francesa sostiene que el deber de mitigar el daño deriva del deber de cooperación impuesto por la buena fe que sujeta a las partes a la necesidad de colaborar entre sí para

---

[48] Christian Larroumet, "Obligation de modérer le dommage et arbitrage du point de vue du droit français", en *Gazette du Palais*, París, 16 octobre de 2008, num 290, p. 8. En la doctrina francesa moderna, la profesora Geneviève Viney se muestra igualmente partidaria de excluir el resarcimiento del daño evitable. Al referirse a esta cuestión, la ilustre profesora emérita de la Universidad de París, a pesar de manifestar su disconformidad con la inclusión en el Derecho francés de un deber general de mitigación en términos tan amplios y con el mismo contenido que tiene este deber en los ordenamientos de los países del *Common Law*, se pregunta "¿puede no obstante afirmarse que el Derecho francés no contenga disposición alguna que permita reducir la indemnización en razón de la actitud de la víctima que ha dejado que el daño se propague, no obstante haber podido contenerlo dentro de límites más estrechos?" La profesora Viney responde que no, puesto que el Derecho francés contiene disposiciones con cuya aplicación puede perfectamente hacerse frente a esta situación. En su criterio, "la primera de ellas es el artículo 1.151 del Código Civil según el cual aun en caso de que medie dolo por parte del deudor, los daños y perjuicios no deben comprender más que la pérdida experimentada por el acreedor y la utilidad de que este se haya privado que sean consecuencias inmediatas y directas de la inejecución del contrato. Una aplicación rigurosa de esta disposición podría, al menos en materia contractual, privar al acreedor de obtener indemnización por la agravación del daño que se deba a cualquier otra causa distinta de la propia inejecución, especialmente, por aquella que obedezca a su propia negligencia en la gestión de las consecuencias del incumplimiento... existen, por tanto, en el Derecho francés medios nada desdeñables para sancionar mediante una disminución de la indemnización, la actitud negligente de la víctima o del acreedor que haya dejado que el daño se propague sin reaccionar" (Geneviève Viney, "Rapport de synthèse. Faut il moraliser le droit francais de la reparation du dommage?", en *Les Petites Affiches*, N° 232, Novembre, 2002, p. 3).

superar las dificultades que puedan surgir durante la vida de la relación obligatoria.

Exponente de esta corriente de opinión en la doctrina francesa clásica es el autor René Demogue quien sostenía que como consecuencia del deber de colaboración entre las partes, el acreedor (incluido el perjudicado por un hecho ilícito) debe prevenir los daños y si no lo hace su resarcimiento se verá reducido en la medida del daño que podía ser evitado. En este sentido expresa Demogue:

> Cuando la falta se produce causando un daño de cierta magnitud, ¿podríamos decir que la víctima comete una falta si ella no toma las medidas necesarias para disminuir el daño? Una respuesta afirmativa no deja la menor duda. Aquel cuya casa se está incendiando por causa de un tercero debe adelantar los actos necesarios para apagar el incendio. La persona que recibe una lesión se encontrará en falta si no toma las medidas necesarias para cuidar de sus heridas y no se somete a las operaciones necesarias, salvo si ellas son graves y entrañan un riesgo alto. La victima comete una falta si deja inútilmente los bienes (que recibieron el impacto dañoso) en ese estado por un tiempo prolongado. La utilidad social crea entonces un deber de frenar el daño en la medida de lo posible. Pero la víctima podrá cobrar los gastos de esta gestión contra el autor del daño. De acuerdo con el principio así expuesto, podemos concluir que en caso de traumatismo psíquico o psicológico causado por un accidente, la víctima debe tener voluntad para reaccionar. Si no lo hace comete una falta. El juez deberá entonces negarle la indemnización salvo si constata un estado psíquico o sicológico de la víctima que le impida reaccionar... así, a un derecho rígido (orientado solo a la satisfacción de las partes del contrato), se sustituye un derecho solidario, obligando a la víctima a trabajar moderadamente en nombre del interés general, es decir, para impedir que el daño continúe[49].

Poco más o menos en el mismo sentido, un sector de la doctrina francesa moderna fundamenta el deber de mitigar el daño en materia

49 R. Demogue, *Traité des Obligations en Géneral,* Tome IV (Sources des obligations), París, 1924, p. 127.

contractual en el principio general de la buena fe que rige la contratación[50]. Aun el acreedor de una obligación contractual incumplida, se afirma, se encuentra sometido a las exigencias de la buena fe *ex* artículo 1.134 (*in fine*) del *Code* y, por ende, a la necesidad de minimizar el perjuicio derivado de dicha inejecución. De ahí que la inobservancia del deber de mitigación constituye una conducta culposa del acreedor que tiene como consecuencia la reducción del *quantum repondeatur*[51].

Sin embargo, una parte de la doctrina francesa todavía afirma que en Francia no existe un deber general de evitar o mitigar el propio daño. Antes por el contrario, se afirma que la irresarcibilidad del daño evitable por el acreedor es un principio ajeno al Derecho francés que no se compadece con las disposiciones del *Code* que consagran el principio de la integridad del resarcimiento[52]. Si además de soportar el daño, el acreedor perjudicado tuviese que hacer lo necesario para mitigarlo, resultaría que, contrariamente al principio de la reparación integral, se haría pesar sobre él un deber hacia el responsable. La víctima, por tanto, no tiene obligación de minimizar su daño en provecho del responsable.

Siguiendo esta orientación, la jurisprudencia francesa, como se dijo, ha sido muy reacia a la inclusión del deber de mitigar el daño en el sistema de la responsabilidad civil, sobre todo en materia extracontractual. Tres sentencias recientes de la Casación francesa han negado expresamente la admisión de la obligación de mitigar el daño en el Derecho francés.

La primera se refiere a una decisión de la Segunda Sala de la Corte de Casación de fecha 19 de julio de 2003 que invalidó una sentencia de la Corte de Apelación que había reducido el monto de la indemnización a la víctima de un accidente de tránsito que se había negado rotundamente a seguir la recomendación de sus médicos de someterse a un

50 Beatrice Jaluzot, *La bonne foi dans les contrats. Etudes comparatives des droit français, allemand et japonais.* Dalloz, París, 2001, pp. 521 y ss.; Stéphan Reifegerste, ob. cit., pp. 15 y ss.

51 Desgorces citado por Stéphan Reifegerste, ob. cit., p. 137.

52 Christophe André, *Le fait du créancier contractual*, L.G.D.J., París, 2002, pp. 232-233. Respecto a las reservas que para la admisión del deber de mitigar el daño le merece a la jurisprudencia francesa el principio de la integridad de la reparación, véase: Geneviève Viney y Patrice Jourdain, “Les Effets de la Responsabilité”, en Jacques Ghestin, *Traité de Droit Civil.* (Les Obligations) Tome VI, L.G.D.J., París, 2001, pp. 121-122.

tratamiento dirigido a mejorar su condición. En criterio de la Corte de Apelación el rechazo de la víctima a someterse a dichos tratamientos constituía una culpa que contribuía a la persistencia de sus problemas.

La Corte de Casación decidió que la víctima no había incurrido en culpa puesto que no estaba obligada a actuar conforme a las recomendaciones de sus médicos; nada le imponía esta obligación y su omisión, por tanto, no podía calificarse de *culpa*. Más aún, se afirma en la sentencia que el autor de un accidente está obligado a reparar todas las consecuencias dañosas y que "la víctima no tiene la obligación de limitar sus perjuicios en interés del responsable". Por esta razón la Corte de Casación casó la sentencia.

La segunda decisión de la Corte de Casación se refiere a una mujer dueña de una panadería que había sido víctima de un accidente de tránsito. Como consecuencia del accidente no había podido explotar su panadería durante varios años y demandó la indemnización por la pérdida de su negocio debido a la falta de la explotación. La Corte de Apelación desestimó la demanda por este concepto por considerar que la pérdida del negocio no era una consecuencia del accidente de tránsito, por cuanto la víctima había podido ceder a un tercero su explotación con lo cual no se habría perdido la panadería. La causa del daño había sido pues, en criterio de la Corte de Apelación, la actitud de la víctima. La Corte de Casación en su decisión del 19 de julio de 2003 casó la sentencia y estableció un vínculo causal directo entre el accidente sufrido por la víctima y la pérdida de su negocio. El accidente era la causa del daño y "la víctima no tenia obligación de minimizar sus perjuicios en interés del responsable".

Nuevamente, mediante sentencia del 22 de enero del 2009 la Corte de Casación ordenó al autor de un accidente reparar la totalidad de las consecuencias dañosas y reiteró su jurisprudencia en el sentido de que el perjudicado no tiene un deber de actuar a fin de mitigar sus daños[53].

---

53 Sentencias de la Casación francesa reseñadas por Lilian San Martín Neira, ob. cit., pp. 196-201. Cabe hacer notar, sin embargo, que algunas sentencias de los tribunales franceses que no reconocen expresamente el principio de mitigación llegan a resultados similares aplicando los principios generales de la culpa en materia contractual. Así, en una sentencia de la Corte de Casación dictada el 22 de abril de 1982 se redujo la indemnización por daños por considerarse que fue una "falta" o culpa del acreedor no evitar las pérdidas debidas a

Para terminar, cabe hacer notar que aun cuando un sector de la doctrina y buena parte de la jurisprudencia francesas todavía rechazan la idea de imponer a la víctima de forma general el deber de mitigar su propio daño, en los proyectos que se han propuesto en Francia con la finalidad de reformar el Derecho de las Obligaciones y los Contratos se incluye expresamente este deber[54].

8. Código Civil belga

La situación es distinta en Bélgica, no obstante haber adoptado ese país en su legislación interna el *Code*. A pesar de la inexistencia de una disposición del Código Civil que consagre expresamente y con carácter general el deber de la víctima de mitigar su propio daño, la doctrina y la

---

un incumplimiento negligente del deudor. También se cita un caso decidido el 7 de enero de 1924 en el cual el tribunal decidió que el acreedor no podía permitir que aumentaran las pérdidas sin comunicárselo al deudor, de manera que este pudiera interrumpir el suministro de mercancías defectuosas. Al respecto, véase: Ole Lando y Hugh Beale, *Principios de Derecho Contractual Europeo*, Partes I y II (Los Trabajos de la "Comisión de Derecho Contractual Europeo"), Edición Española a cargo de Pilar Barres Benlloch, José Miguel Embrid Iraujo y Fernando Martínez Sanz, Colegios Notariales de España, Madrid, 2003, pp. 659 y 660, especialmente, la nota 1a y la jurisprudencia de los tribunales franceses allí citada. Sin embargo, la jurisprudencia francesa, como se dijo, es reticente a imponer estas cargas o deberes a la parte perjudicada.

54 Así, en el Anteproyecto de Reforma del Código Civil francés preparado por un grupo de trabajo bajo la presidencia del profesor Pierre Catala y remitido al Ministerio de Justicia el 22 de septiembre de 2005 bajo el título "Avant – projet de réforme du droit des obligations (Articles 1.101 à 1.386 du Code Civil) et du droit de la prescription (Articles 2.234 a 2.381 du Code Civil)", conocido como el Proyecto Catala, se lee "cuando la víctima tenga la posibilidad, por medios seguros, razonables y proporcionados, de reducir la extensión de su perjuicio o evitar su agravación, se tomará en cuenta su abstención para una disminución de su indemnización, salvo que las medidas tengan como consecuencia un atentado a su integridad física". El texto completo del Proyecto Catala puede consultarse en la página web: http://www.justice.gouv.fr/art_pix/RAPPORTCATALASEPTEMBRE2005.pdf. El artículo 121 del denominado Proyecto Terré preparado en Francia por un grupo de trabajo por iniciativa de la Academia de Ciencias Morales y Políticas, bajo la presidencia del profesor François Terré, establece que "el acreedor que faltando a sus deberes contractuales haya contribuido a la inejecución o a sus consecuencias dañosas, verá sus daños y perjuicios reducidos en proporción a su contribución a la inejecución o a sus consecuencias. Lo mismo se aplicará cuando el acreedor no haya adoptado las medidas seguras, razonables y adecuadas para evitar, moderar o reducir su perjuicio. El acreedor tendrá derecho al reembolso de todos los gastos razonables en que haya incurrido por este concepto". El texto propuesto se encuentra en la obra colectiva *Pour une réforme du droit des contrats*, bajo la dirección de François Terré, Dalloz, París, 2009, pp. 11-33.

jurisprudencia, fuertemente influenciadas por una larga tradición en el campo del Derecho de seguros, admiten la existencia de este deber[55].

En el ámbito de los seguros ya en la ley del 11 de junio de 1874 se establecía que "en todo contrato de seguros, el asegurado debe hacer todos aquellos actos que corresponden a una persona diligente, para prevenir o atenuar el daño (art. 17). En la actualidad, solo se menciona la mitigación del daño como un deber separado en el artículo 20 de la Ley de Contrato de Seguro de 1992. No obstante, la doctrina y la jurisprudencia belgas han hecho aplicación de este deber con carácter general y lo han extendido a las demás relaciones contractuales y extracontractuales. En una obra clásica se afirma "es conforme con el espíritu del Derecho Civil belga que el perjudicado actúe como un buen padre de familia para limitar en cuanto sea posible el daño"[56].

En materia contractual, se afirma que el acreedor que no adopta medidas razonables para limitar el daño causado por el incumplimiento del deudor, infringe el deber de ejecutar el contrato de buena fe e incurre en una culpa de naturaleza contractual[57].

Otros fundamentos como la gestión de negocios, la equidad, el abuso de derecho y la interrupción del nexo causal por el hecho de la víctima han sido también invocados para fundamentar la existencia del deber de mitigar el daño por parte del acreedor perjudicado por la inejecución del contrato[58].

Como expresiones concretas de este deber se afirma que, en caso de incumplimiento por parte del proveedor, el comprador debe procurar realizar una compra de reemplazo en las mejores condiciones posibles; la misma solución se aplica cuando quien incumple el contrato es el cliente comprador. Del mismo modo, el dueño de la obra, se afirma, debe adoptar medidas de conservación cuando advierta defectos o diversidades en la ejecución del contrato por parte del contratista,

---

[55] Robert Kruithof, "L'obligation de la partie lésée de restreindre le dommage", en *Revue Critique de Jurisprudence Belge*, Nº 7, Bruylant, Bruselas, 1989, pp. 18-19.

[56] Nos referimos a la obra de Pirson y Deville, *Traité de la responsabilité civile extra-contractuelle*, citada por Stéphan Reifegerste, ob. cit., p. 50, nota 111.

[57] Bernard Hanotiau, ob. cit., p. 400; Pierre Van Ommeslaghe, *Droit des Obligations*, Tome II, (Deuxième Partie), Bruylant, Bruselas, 2010, p. 1.604.

[58] Robert Kruithof, ob. cit., pp. 22-36.

para evitar mayores perjuicios por los vicios o desperfectos de la obra contratada; el propietario de la cosa que se deteriora o destruye debe adoptar las medidas requeridas para su oportuna reparación o sustitución, etc.[59].

Según la doctrina y la jurisprudencia dominantes, en la responsabilidad extracontractual este deber se fundamenta en la noción de culpa aquiliana: la víctima del hecho ilícito que no adopta las medidas razonables para limitar el daño causado viola el deber general de prudencia y diligencia consagrado en el artículo 1.382 (sustancialmente equivalente a nuestro artículo 1.185). La inobservancia del deber de mitigación se considera pues una subespecie de la culpa de la víctima[60].

Se admite que los gastos razonables en que incurra el acreedor perjudicado para mitigar el daño deben serle reembolsados[61].

9. Código Civil español

En la legislación civil española tampoco existe un texto legal con alcance general que consagre expresamente el deber de mitigar el daño. No obstante, la jurisprudencia ha aplicado expresa o tácitamente este principio.

Se considera como emblemático el caso resuelto por el Tribunal Supremo de Justicia mediante sentencia del 6 de mayo de 1960. El actor había convenido con la RENFE en el traslado de un circo a una determinada ciudad para las fiestas de Navidad. Transportados los elementos del circo, la empresa ferroviaria exigió una tarifa muy superior a la que el actor estimaba aplicable, por lo que este se negó a pagar. Como consecuencia de esta discusión, el actor no retiró los objetos y no instaló el circo en la Navidad de aquel año. Pedía en su demanda, por demora en la entrega del circo, el lucro cesante del negocio que hubiera obtenido por su instalación en las fechas navideñas. El Tribunal Supremo español rechazó la solicitud de indemnización de estos daños y perjuicios. En el texto de la sentencia se lee que se fundamentó en un criterio restrictivo

[59] Bernard Hanotiau, ob. cit., pp. 402-403; Pierre Van Ommeslaghe, ob. cit., Tome II, pp. 1.604-1.605.

[60] Bernard Hanotiau, *Ídem*.

[61] Stéphan Reifegerste, ob. cit., pp. 51-52, especialmente, la nota 119 y la jurisprudencia belga allí citada.

del lucro cesante. Sin embargo, la doctrina española que comenta esta sentencia afirma que no cabe duda que la regla aplicable en este caso fue la de excluir el resarcimiento pedido, porque el perjuicio pudo haberse evitado si el actor, en cumplimiento de su deber de mitigar el daño, hubiese actuado diligentemente aceptando la mayor tarifa exigida por la RENFE y reclamado después la restitución de lo pagado en exceso[62].

En otro caso en el cual se había terminado anticipadamente por desahucio el contrato de arrendamiento de un bar, la actora demandó, además del pago de unos cánones de arrendamiento adeudados, la indemnización de los daños provocados por la falta del material inventariado y por desperfectos en el material que se encontraba en el local, así como los daños causados en las instalaciones. El Tribunal Supremo español mediante sentencia del 28 de octubre de 2005 desestimó el recurso de casación interpuesto por la actora y denegó la indemnización por desperfectos sufridos por parte del material existente y daños en las instalaciones. En la decisión del Tribunal Supremo español se lee:

> La actitud del arrendador a quien se ofrecen las llaves durante el juicio de desahucio y las rehúsa... impediría poner a cargo del arrendatario los daños que se hayan producido después de que quien los ha sufrido pudiera haberlos evitado al asumir el control y la salvaguarda de la cosa, cumpliendo así un deber, anclado en la regla de la buena fe, de evitar o de mitigar el daño, así cabe entenderlo teniendo presente que el ejercicio de todos los derechos se ha de realizar de buena fe[63].

La doctrina española, al igual que lo hace el Tribunal Supremo español, fundamenta el deber de mitigación en la buena fe[64]. Díez-Picazo agrega a esta fundamentación que el incumplimiento del deber de miti-

---

62 Sentencia del Tribunal Supremo Español del 6 de mayo de 1960 reseñada por Luis Díez-Picazo, *Fundamentos de Derecho Civil Patrimonial*, Vol. II (Las Relaciones Obligatorias), Editorial Aranzadi, Pamplona, 2008, p. 784.

63 Extracto de la sentencia del Tribunal Supremo Español de fecha 28 de octubre de 2005 tomado de Rodrigo Fuentes Guínez, *El deber de evitar*... cit., pp. 223-224.

64 Ricardo De Ángel Yágüez, *Tratado de responsabilidad civil*, Madrid, 1993, p. 845-846; Ana Soler Presas, *La valoración del daño en el contrato de compraventa*, Editorial Aranzadi, Navarra, 1998, pp. 64-65; Mariano Izquierdo Tolsada, *Sistema de responsabilidad civil contractual y extracontractual*, Editorial Dykinson, Madrid, 2001, p. 499.

gar el daño constituye un factor que rompe la relación de causalidad entre el incumplimiento y el mayor daño experimentado por el acreedor[65].

III. EL DAÑO EVITABLE EN LOS PRINCIPALES INSTRUMENTOS DE UNIFICACIÓN DEL DERECHO DE LOS CONTRATOS

El principio del no resarcimiento del daño evitable ha sido ampliamente reconocido en el Derecho internacional de los contratos y en los principales instrumentos de unificación del Derecho privado contractual. A continuación nos referiremos brevemente a la manera como se ha regulado el daño evitable por el acreedor perjudicado en la Convención de Viena sobre los Contratos de Compraventa Internacional de Mercaderías, los *Principios de Unidroit* y los Principios del Derecho Europeo de los Contratos.

En el arbitraje internacional el deber de mitigar el daño constituye un principio de derecho generalmente aceptado y una de las reglas esenciales de la *lex mercatoria*[66].

1. La Convención de Viena sobre los Contratos de Compraventa Internacional de Mercaderías

La Convención de Viena sobre los Contratos de Compraventa Internacional de Mercaderías, en lo sucesivo denominada la Convención de Viena o, simplemente, la Convención, ha sido ratificada por setenta países. Venezuela la firmó el 28 de septiembre de 1981, pero aún no la ha ratificado[67].

En principio, la Convención se aplica a los contratos de compraventa de mercaderías suscritos entre las partes que tengan su estable-

---

65 Luis Díez-Picazo, ob. cit. Vol. II, pp. 783-784.

66 Yves Derains, "L 'obligation de mimimiser demmage dans la jurisprudence arbitrale", en *Revue de Droit des Affaires Internationales,* 1987, pp. 378-381. Disponible en: http://memoire.jm.u-psud.fr/docannexe/file/3974/L-obligation-de-minimiser-le-dommage-dans-la-jurisprudence-arbitrale.pdf; Christian Larroumet, ob. cit., p. 6; Jérôme Ortscheidt, ob. cit., pp. 110-113, especialmente, las notas 490-498 y las decisiones de la jurisprudencia arbitral internacional allí citadas.

67 El texto de la Convención de Viena puede consultarse en la página web: http://www.uncitral.org/pdf/spanish/texts/sales/cisg/V1057000-CISG-s.pdf.

cimiento en dos Estados contratantes de la Convención, esto es, que hayan incorporado ese cuerpo normativo a su legislación nacional. Pero adicionalmente se aplica en aquellos casos en los cuales las normas de Derecho internacional privado (normas de conflicto) refieran la controversia a una ley de un Estado que haya ratificado la Convención. Por tanto, si la norma de conflicto de un Estado dictaminara la aplicación del derecho de un país miembro de la Convención, resultará esta de aplicación y no el derecho interno de aquel Estado. Además, la voluntad de las partes puede determinar la aplicación de la Convención o de cualquiera de sus disposiciones a sus contratos de compraventa de mercaderías[68].

Por lo antes expuesto, un juez de un Estado que no sea parte de la Convención como, por ejemplo, Venezuela (por aplicación de lo dispuesto en los artículos 29 al 31 de la Ley de Derecho Internacional Privado), puede verse en la necesidad de tener que aplicar la Convención aun cuando su país no la hubiera ratificado.

1.1. Consagración del deber de mitigar el daño

El deber de mitigar el daño está previsto en el artículo 77 de la Convención que dice lo siguiente:

> La parte que invoque el incumplimiento del contrato deberá adoptar las medidas que sean razonables, atendidas las circunstancias, para reducir la pérdida, incluido el lucro cesante, resultante del incumplimiento. Si no adopta tales medidas, la otra parte podrá pedir que se reduzca la indemnización de los daños y perjuicios en la cuantía en que debía haberse reducido la pérdida.

De manera general, esta disposición establece la obligación para la parte que invoca el incumplimiento del contrato de compraventa internacional de mercaderías, en la medida de lo posible, de tratar de reducir los efectos negativos que genera el incumplimiento de su contraparte. La parte víctima del incumplimiento o que sufre sus consecuencias tiene pues el deber de adoptar las medidas necesarias y razonables, según

[68] Javier San Juan Crucelaegui, *Contrato de compra-venta internacional de mercaderías. Convención de Viena de 1980 y otros textos complementarios*, Editorial Aranzadi, Navarra, 2005, pp. 56-57.

las circunstancias, tendientes a mitigar la pérdida, incluido el lucro cesante, que resulte de ese incumplimiento.

Con la inclusión del *lucro cesante* en el objeto de la mitigación, se pretende dejar claro que el acreedor perjudicado no solo debe adoptar las medidas mitigadoras del impacto del daño en sentido estricto, es decir, el daño ya producido, sino también evitar las consecuencias lesivas inminentes que pudieran derivarse del incumplimiento[69]. Este debe pues adoptar medidas razonables tanto para contener el alcance de las pérdidas causadas como para evitar cualquier incremento del daño.

1.2. Razonabilidad de las medidas de mitigación

Ahora bien, para que surja la obligación de mitigar el daño, deberá existir el conocimiento acerca del incumplimiento de las obligaciones por la contraparte. Igualmente, será necesario que las medidas disponibles para el obligado a mitigar el daño, sean razonables atendidas las circunstancias. Es decir, el afectado deberá tener conocimiento del incumplimiento que genera el daño y la mitigación de ese daño tiene que ser razonable en atención a las circunstancias[70].

Por *razonables*, se afirma, deben entenderse aquellas medidas que un comerciante cauteloso en la posición del acreedor hubiera adoptado[71]. De acuerdo con la opinión más aceptada, una medida tendiente a mitigar el daño es razonable cuando de buena fe pueda esperarse, de acuerdo con las circunstancias que rodean el contrato, la ejecución de dicha conducta o medida. La obligación que se establece en el artículo 77 debe interpretarse tomando en consideración los intereses de ambas partes, las prácticas comerciales y el principio de la buena fe[72]. De acuerdo con lo anterior, la parte que invoca el incumplimiento deberá adelantar las medidas que un comerciante promedio del ramo adelantaría. Es decir, deberá adelantar todas las acciones posibles con el propósito de mitigar o disminuir la pérdida o incluso evitar que la misma se incremente.

---

69 Ana Soler Presas, "Comentario al Artículo 77", en *La compraventa internacional de mercaderías. Comentario de la Convención de Viena,* Coordinador Luis Díez-Picazo y Ponce De León, Editorial Aranzadi, Navarra, 1997, p. 625.

70 Maximiliano Rodríguez Fernández, *El deber de mitigar*... cit., p. 15.

71 Ana Soler Presas, ob. cit., p. 625.

72 Maximiliano Rodríguez Fernández, ob. cit., p. 19, especialmente, la nota 73.

1.3. Compraventa de reemplazo

Se admite que en el tráfico internacional de mercaderías, la medida mitigadora por excelencia es la celebración de un negocio de cobertura en el mercado[73]. Por lo cual, esas acciones o medidas frecuentemente incluirán *la celebración de una venta o compra de reemplazo*. De ahí que el artículo 77 de la Convención debe complementarse con los artículos 75 y 76 que establecen las reglas de indemnización en aquellos casos en los cuales la parte que sufre el incumplimiento ha acudido a una compra o a una venta de reemplazo o, inclusive, en aquellos casos en los cuales no lo ha hecho.

De acuerdo con el artículo 75 de la Convención de Viena:

> Si se resuelve el contrato y si, de una manera razonable y dentro de un plazo razonable después de la resolución, el comprador procede a una compra de reemplazo o el vendedor a una venta de reemplazo, la parte que exija la indemnización podrá obtener la diferencia entre el precio del contrato y el precio estipulado en la operación de reemplazo, así como cualesquiera otros daños y perjuicios exigibles conforme al artículo 74.

El artículo 76 de la Convención de Viena, por su parte, dice lo siguiente:

> Si se resuelve el contrato y existe un precio corriente de las mercaderías, la parte que exija la indemnización podrá obtener, si no ha procedido a una compra de reemplazo o a una venta de reemplazo conforme al artículo 75, la diferencia entre el precio señalado en el contrato y el precio corriente en el momento de la resolución, así como cualesquiera otros daños y perjuicios exigibles conforme al artículo 74. No obstante, si la parte que exija la indemnización ha resuelto el contrato después de haberse hecho cargo de las mercaderías, se aplicará el precio corriente en el momento en que se haya hecho cargo de ellas en vez del precio corriente en el momento de la resolución.

---

[73] Se entiende por *negocio de cobertura* el contrato que sustituye el incumplido y que se celebra con la finalidad de satisfacer el interés de cumplimiento del acreedor. Al respecto, véase: Rodrigo Fuentes Guínez, *La extensión*… cit., pp. 249-250.

> A los efectos del párrafo precedente, el precio corriente es el del lugar en que debiera haberse efectuado la entrega de las mercaderías o, si no hubiere precio corriente en ese lugar, el precio en otra plaza que pueda razonablemente sustituir ese lugar, habida cuenta de las diferencias de costo del transporte de las mercaderías.

De acuerdo con estas disposiciones, el acreedor perjudicado deberá, en la medida de lo posible y acatando el criterio de razonabilidad, buscar una compra de reemplazo en el caso del comprador o una venta de reemplazo si es el vendedor, toda vez que la indemnización a que tendrá derecho la parte víctima del incumplimiento, será la diferencia entre el precio del contrato y el precio de la compra o venta de reemplazo que realizó o debió haber realizado en aquellos casos en que no lo hizo. De lo anterior resulta que estas disposiciones consagran implícitamente el deber de la parte víctima del incumplimiento de mitigar el daño celebrando y ejecutando una compra o una venta de reemplazo.

Conviene tener en cuenta que el artículo 75 de la Convención exige que la compra o la venta de reemplazo sea ejecutada "de una manera razonable y en un tiempo razonable después del incumplimiento". Un tribunal arbitral internacional declaró que para dar satisfacción a esta exigencia, el comprador afectado tenía que actuar como un comerciante del ramo prudente y cuidadoso[74], lo que implica que el precio pactado para la compra o venta de reemplazo sea razonable. Por su parte, una Corte alemana concluyó que el vendedor actuó equivocadamente al haber revendido las mercaderías (en el caso concreto, tocino) a un precio equivalente a una cuarta parte del valor de la venta original. La Corte señaló en su decisión que el precio de la operación de remplazo no era razonable y como tal no se le podía aplicar la norma del artículo 75[75]. Además, la venta de reemplazo debe realizarse en un tiempo prudente, para así evitar la perdida o deterioro de las mercaderías.

El acreedor perjudicado debe pues procurar celebrar un negocio de reemplazo que verse sobre los mismos bienes y bajo análogas

[74] Laudo de la Corte Internacional de Arbitraje de la Cámara de Comercio Internacional de París dictado en 1995 (Caso Nº 8128). Disponible en: http://cisgw3.law.pace.edu/cases/958128i1.html.

[75] Sentencia dictada el 22 de septiembre de 1992 por la Corte de Apelación de Hamm. Disponible en: http://cisgw3.law.pace.edu/cases/920922g1.html.

condiciones a las del contrato incumplido, comportándose como lo haría un comerciante prudente del ramo. Si el acreedor no celebró una operación de reemplazo (ni debió haberlo hecho en cumplimiento de la carga de mitigación que le incumbe) y existe un *precio corriente* para las mercaderías objeto del contrato[76], tendrá derecho a reclamar la diferencia entre el precio convenido y el precio corriente al momento de la resolución, así como los demás daños y perjuicios que resulten del incumplimiento.

1.4. Otras medidas

Pero la compra o venta de reemplazo no es la única medida de mitigación del daño. Estas pueden incluir otras tales como la reparación de las mercancías entregadas, la eliminación de sus defectos, la reutilización de la maquinaria vendida o el retorno de las mercaderías a su lugar de origen para luego efectuar en ese lugar una operación sustituta. En un caso decidido por un tribunal arbitral de la República Popular de China en el cual el comprador se había negado a recibir las mercancías, el tribunal consideró que transportar de vuelta dichas mercancías a su lugar de origen había sido una medida razonable adoptada por el vendedor para mitigar los daños, conforme a la práctica internacional; por lo cual, en el monto de la indemnización el tribunal incluyó no solo la diferencia entre el precio de la venta de reemplazo y el precio del contrato original, sino además los costos de almacenamiento y el flete pagado por el vendedor para transportar las mercancías hasta el lugar donde debía realizarse la entrega, así como el flete cancelado para retornar dichas mercancías a su lugar de origen[77].

---

76 Por *precio corriente* se entiende el precio al que normalmente se compran o venden las mercaderías objeto del contrato en la plaza de cumplimiento. El artículo 32 de la Ley Uniforme sobre la venta internacional de bienes muebles corporales adoptada por la Convención de la Haya el 1° de julio de 1964 establece que "el precio de mercado no es exclusivamente el precio resultante de cotización oficial o tasada de los bienes, sino también cualquier otro que pudiera determinarse atendiendo el tráfico comercial". Se admite que lo mismo puede predicarse de la Convención de Viena, aunque no cuente con un precepto similar. Al respecto, véase: Ana Soler Presas, *Comentario al Artículo 77...* cit., p. 618, especialmente, la nota 32.

77 Laudo de fecha 7 de marzo de 1997 de la Comisión Internacional Económica y Comercial China de fecha 6 de marzo de 1997 (CIETAC Arbitration Proceding. Men´s shirts case) (Caso CISG/1997/01). Disponible en: http://cisgw3.law.pace.edu/cases/970306c1.html.

Por otra parte, las medidas adoptadas por el acreedor perjudicado por el incumplimiento no deben implicar gastos innecesarios o riesgosos como, por ejemplo, costos de sustitución excesivos o medidas cuyo costo exceda el valor de las ventajas derivadas del contrato. Así lo ha dejado establecido la jurisprudencia arbitral internacional[78].

1.5. Aceptación de nuevas condiciones de contratación para mitigar daños

La jurisprudencia extranjera registra algunos casos interesantes respecto de si para mitigar el daño, conforme a lo dispuesto en el artículo 77 de la Convención, el acreedor perjudicado está obligado a aceptar nuevas condiciones o términos impuestos por la parte que incumple el contrato. Así, un tribunal de los Países Bajos en fecha 1° de marzo de 2006 se pronunció por la negativa. Los hechos fueron los siguientes: El vendedor ante el aumento del precio del acero en los mercados internacionales informó al comprador que no cumpliría su obligación de entrega al menos que este aceptara un pago adicional del cinco por ciento del valor del contrato. El comprador no aceptó esta proposición. El vendedor no entregó el acero prometido y el comprador demandó la indemnización de los daños y perjuicios causados por el incumplimiento. El vendedor alegó que el comprador había incumplido con su deber de mitigar el daño al no haber aceptado comprar las mercaderías del mismo vendedor a un precio mayor. El tribunal desestimó esta pretensión y consideró inaceptable la teoría según la cual una medida para mitigar los daños causados por el incumplimiento de la entrega de las mercaderías por parte del vendedor era la compra al mismo vendedor de un material de las mismas calidades por un valor mayor al inicialmente pactado[79].

---

78 En tal sentido, una corte suiza en fecha 3 de diciembre de 2002 decidió que el deber de mitigar el daño obliga a la parte afectada por el incumplimiento a adelantar los gastos necesarios para evitar la propagación de las consecuencias lesivas del incumplimiento, siempre y cuando los mismos sean razonables y no impliquen desembolsos excesivos. Decisión de la Corte Comercial de St. Gallen de fecha 3 de diciembre de 2002. Disponible en: http://cisgw3.law.pace.edu/cases/021203s1.html.

79 Sentencia de fecha 1° de marzo de 2006 de la Corte del Distrito de Arnhem del Reino de los Países Bajos. Caso *Skoda Kovarn v B van Dijk Jr. Staalhandelmaat Schappi j B.V.* Disponible en: http://cisgw3.law.pace.edu/cases/060301n1.html.

Esta decisión colide con la posición de un sector de la doctrina que, al comentar el artículo 77 de la Convención de Viena y examinar el alcance del deber de mitigar, sostiene que el esfuerzo razonablemente exigible para mitigar las pérdidas puede llegar incluso a imponer al acreedor perjudicado la aceptación de la modificación de los términos contractuales o la financiación de una adquisición adicional en caso de haber anticipado el precio de compra[80]. Siguiendo esta orientación, un tribunal arbitral de la Cámara de Comercio Internacional en marzo de 1999 resolvió que las medidas razonablemente exigibles pueden imponer a la víctima del incumplimiento considerar y posiblemente aceptar una oferta alternativa de cumplimiento de su contraparte incumpliente[81]. Siendo esto así, para evitar problemas es aconsejable que el acreedor perjudicado que reciba de su cocontratante incumpliente una oferta de cumplimiento alternativa, considere seriamente dicha oferta, conjuntamente con otras medidas de mitigación del daño, y que no la rechace de plano *ab initio*.

1.6. *Compensatio lucro cum danno*

La doctrina discute si debe reducirse la pérdida experimentada por la víctima del incumplimiento que cumplió con su carga de mitigación *ex* artículo 77 de la Convención de Viena, cuando ella obtuvo un beneficio como consecuencia de la inejecución del contrato por su contraparte.

Según algunos autores, cuando una persona ha mitigado la pérdida y obtiene de esa actividad una ventaja comparativa, tal ventaja debe reducirse de los daños y perjuicios que se originaron directamente del incumplimiento, por aplicación de la regla *compensatio lucro cum danno*. Por ejemplo, cuando el vendedor ante el incumplimiento por parte del comprador de retirar las mercancías vendidas queda relevado de su obligación de entrega y vende dichas mercancías a un mejor precio[82].

---

80 Ana Soler Presas, *Comentario al Artículo 77...* cit., pp. 625-626.

81 Extracto del laudo arbitral de la Corte Internacional de Arbitraje de la Cámara de Comercio Internacional de marzo de 1999 (Caso ICC Nº 9594) reseñado por Ewan Mc Kendrick, "Section 4. Damages. Article 7.4.8 of the PICC", en *Commentary on the Unidroit Principles of International Commercial Contracts (PICC)*, Edición a cargo de Stefan Vogenauer y Jan Kleinheisterkamp, Oxford University Press, 2009, pp. 902-903.

82 J. Beadson, *Anson's Law of Contract*, Oxford University Press, 2002, p. 616.

Otros, en cambio, consideran que la regla *compensatio lucro cum danno* es totalmente ajena al principio de mitigación que recoge el artículo 77 de la Convención de Viena que solo comprende los resultados de las medidas de mitigación *exigibles*. Como la cobertura *a precio de mercado* celebrada por el acreedor de la indemnización determina el alcance del perjuicio indemnizable a que tiene derecho dicho acreedor *ex* artículo 76 de la Convención de Viena por la pérdida experimentada en razón de no haber obtenido la prestación esperada de su contraparte, no puede pretender el responsable del incumplimiento disminuir del monto de la indemnización los beneficios que haya obtenido el acreedor por el hecho de haber realizado una operación de cobertura en *condiciones más ventajosas* que las del mercado ya que, se afirma, dicho acreedor no está en absoluto obligado a cubrirse en estas condiciones y no existe principio alguno por el que deba imputarse al deudor incumplidor el lucro obtenido[83].

La jurisprudencia inglesa, por su parte, ha limitado el monto de los daños y perjuicios indemnizables compensando este monto con los beneficios generados, siempre y cuando dichos beneficios hayan sido consecuencia directa del incumplimiento. Pero en aquellos casos en los cuales el beneficio se habría generado independientemente de que se hubiese producido o no el incumplimiento e independientemente de las medidas de mitigación del daño adoptadas por el acreedor perjudicado, este tendrá derecho a la indemnización completa de los perjuicios causados[84].

1.7. Carga de la prueba

La prueba del incumplimiento del deber de mitigar el daño corresponde al deudor de la indemnización que alegue dicho incumplimiento para beneficiarse de él u obtener una disminución del *quantum respondeatur*.

---

83 Ana Soler Presas, ob. cit., pp. 626-627.

84 Sentencia dictada en 1912 en el caso *British Westinghouse Ltd. v. Underground Electric Railway Co.*, reseñada en Edwin Peel, ob. cit., pp. 1062-1064.

1.8. Consecuencias de la aplicación del principio de mitigación

De acuerdo con la segunda disposición del artículo 77 de la Convención de Viena, si el acreedor perjudicado no adopta las medidas de mitigación, la otra parte puede pedir que se reduzca la indemnización de los daños y perjuicios en la cuantía en que debía haberse reducido la pérdida. Se excluye pues del resarcimiento toda pérdida que pudiera haberse evitado mediante la adopción de medidas razonables.

Por consiguiente, la parte que haya incumplido el contrato puede reclamar una reducción de la cuantía de los daños y perjuicios indemnizables equivalente al monto por el cual su contraparte hubiese podido reducir o mitigar los daños derivados del incumplimiento y no lo hizo efectivamente. La jurisprudencia extranjera registra un caso interesante en el cual el tribunal arbitral dividió la pérdida entre el comprador afectado y el vendedor que había incumplido parcialmente su obligación de entregar las mercancías vendidas, por cuanto el comprador no había procedido a mitigar los daños derivados del incumplimiento. Los hechos fueron los siguientes: Un comprador austríaco (demandado) y un vendedor húngaro (demandante) celebraron un contrato de compraventa de cerezas. El vendedor entregó una parte de los productos vendidos. Se produjo después un aumento significativo del precio de las cerezas en el mercado internacional. El vendedor manifestó su disposición de soportar las consecuencias del incremento del precio de las cerezas ya entregadas, pero dio por terminado el contrato respecto de las cerezas no entregadas, alegando que el comprador había aceptado dicha terminación anticipada del contrato. El comprador alegó que no había consentido en poner fin al contrato y que la falta de entrega (parcial) por parte del vendedor le había causado daños y perjuicios superiores al valor de las cerezas que había recibido de este. El vendedor reclamó el pago del precio de las cerezas entregadas y el comprador contrademandó por los daños y perjuicios experimentados por no haberle entregado el vendedor las cerezas faltantes de acuerdo con el contrato. El tribunal en su decisión de fecha 25 de mayo de 1999 declaró parcialmente con lugar la demanda y condenó al comprador a pagar el precio de las cerezas ya entregadas. Pero como el vendedor no logró demostrar que el comprador había convenido en la terminación del contrato, el tribunal declaró que aquel era responsable por los daños y perjuicios derivados de su incumplimiento. El tribunal declaró igualmente que el comprador podía perfectamente haber realizado oportunamente una compraventa de reemplazo en el mercado y que al no hacerlo no había cumplido con su deber de mitigación. Por lo cual, el tribunal declaró también parcialmente con lugar la contrademanda y dividió la pérdida entre el vendedor incumpliente y el comprador perjudicado que no observó su carga de mitigación[85].

1.9. Reembolso de los gastos de mitigación

Aunque la Convención de Viena, a diferencia de los *Principios de Unidroit* y los PDEC (*infra*, Nº III,2,2.7.), no incluye previsión alguna que disponga la inclusión dentro del resarcimiento del monto de los gastos de mitigación, se admite su reembolso siempre y cuando dichos gastos sean razonables y no impliquen un despilfarro[86], lo que nos parece justo ya que si la reducción de las pérdidas conlleva un costo para el acreedor perjudicado, el mismo debe ser soportado por el contratante responsable del incumplimiento.

2. Los *Principios de Unidroit* y los Principios del Derecho Europeo de los Contratos

2.1. Disposiciones aplicables

La exclusión del resarcimiento del daño evitable por el acreedor perjudicado ha sido igualmente prevista en los *Principios de Unidroit*[87]

---

85 Sentencia dictada en fecha 25 de mayo de 1999 en el caso Nº vb 99142 *Budapest Arbitration Award*. Disponible en: http://cisgw3.law.pace.edu/cases/990525h1.html. Un resumen del caso puede consultarse en Maximiliano Rodríguez Fernández, *El deber de mitigar*... cit., p. 22, nota 86.

86 Schlechtriem y Sholl citados por Ana Soler Presas, *Comentario al Artículo 77*... cit., p. 628.

87 Los Principios de Unidroit son los principios o reglas generales sobre los contratos comerciales internacionales preparados por el Instituto Internacional para la Unificación del Derecho Privado ("Unidroit") en 1994 y ampliados, posteriormente, en 2004, 2010 y en 2016. Persiguen la unificación o armonización del derecho aplicable a la contratación mercantil internacional y sirven como modelo para la legislación en el campo nacional e internacional. El texto de estos principios puede consultarse en idioma español en la página

y en los Principios del *Derecho Europeo de los Contratos* (PDEC)[88] en los siguientes términos:

> Principios de Unidroit
> Art. 7.4.8 (Atenuación del daño)
> (1) La parte incumplidora no es responsable del daño sufrido por la parte perjudicada en tanto que el daño pudo haber sido reducido si esa parte hubiera adoptado medidas razonables.
> (2) La parte perjudicada tiene derecho a recuperar cualquier gasto razonablemente efectuado en un intento por reducir el daño.
>
> PDEC
> Art. 9:505 (Deber de mitigar el daño)
> (1) La parte que incumple no responde de las pérdidas sufridas por el perjudicado en la medida en que este hubiera podido mitigar el daño adoptando medidas razonables.
> (2) El perjudicado tiene derecho a recuperar el importe de los gastos razonables que tuvo que hacer al intentar mitigar el daño.

Como resulta evidente del tenor literal de las disposiciones transcritas, la exclusión del daño evitable del *quantum respondeatur*, está

---

web: www.unidroit.org. Los comentarios oficiales a estos principios están disponibles en los idiomas inglés y francés en la página web: www.unidroit.org/english/principales/civilprocedure/main. Los ejemplos utilizados en esta sección han sido tomados del comentario oficial al artículo 7.4.8 de los *Principios de Unidroit*. En la doctrina nacional, en relación con los Principios de Unidroit, James-Otis Rodner, "Los Principios de Unidroit. Su aplicación en Venezuela y en el Arbitraje Internacional", en *Arbitraje comercial interno e internacional. Reflexiones teóricas y experiencias prácticas*, Academia de Ciencias Políticas y Sociales, Serie Eventos, Nº18, Caracas, 2005, pp. 147 y ss.; Jaime Martínez, "Anotaciones sobre los Principios de Unidroit", en *Revista de la Facultad de Derecho de la Universidad Católica Andrés Bello,* Nº 51, Caracas, 1997, pp. 199 y ss.

88 En el año 1999 se publicó la obra *Principles of European Contract Law* que fue el resultado del trabajo llevado a cabo por la Comisión sobre Derecho Contractual Europeo, más conocida como Comisión Lando, en honor a su presidente, el profesor Ole Lando. El propósito de la Comisión fue redactar un documento con los principios generales de un futuro derecho europeo de los contratos para regir las relaciones entre sujetos pertenecientes a los diferentes estados miembros de la Unión Europea. Estos principios aspiran a convertirse en el punto de partida del proceso de codificación del derecho contractual europeo. El texto de estos principios puede consultarse en idioma español en la página web: http://campus.usal.es/~derinfo/Material/LegOblContr/PECL%20I+II.pdf. Los comentarios a estos principios están disponibles en idioma español en la obra *Principios de Derecho Contractual Europeo* de los profesores Lando y Beale citada en la nota 53 *ut supra*. Los ejemplos utilizados en esta sección han sido tomados de los comentarios al artículo 9:505 de los PDEC.

prevista en términos sustancialmente idénticos en ambos instrumentos de unificación del Derecho privado[89].

2.2. Fundamento del principio de mitigación

La necesidad de actuar para limitar o mitigar el impacto del daño o impedir la propagación de las consecuencias del incumplimiento constituye una manifestación del principio general de buena fe en la contratación y en el comercio internacional. Se afirma que no se compadece con las exigencias de la corrección y la buena fe responsabilizar a quien incumple un contrato por las pérdidas que la parte perjudicada podía evitar o mitigar mediante una conducta razonable. La regla sobre mitigación del daño es pues una consecuencia del deber general de actuar de buena fe y correctamente prevista en los artículos 1.7(1) de los *Principios de Unidroit* y 1:201 de los PDEC. La regla de la mitigación es una expresión de estos principios y del deber de cooperación entre las partes contratantes y entre los actores del comercio internacional consagrado también en ambos instrumentos internacionales (*Principios de Unidroit*, art. 5.1.3 y PDEC art. 1:202), que implica la obligación de tener en cuenta el interés legítimo de la otra parte. Esta fundamentación se invoca con frecuencia en el arbitraje internacional[90].

A lo que puede agregarse que, según el Comentario Oficial al artículo 7.4.8 de los *Principios de Unidroit*, el objetivo de estas disposiciones es "evitar que la parte perjudicada permanezca inactiva y aguarde pasivamente el resarcimiento del daño que pudo evitar y cuyas consecuencias pudo atenuar" porque si así lo hiciere "no será resarcido todo daño que ella pudo evitar adoptando medidas razonables". También está establecida esta regla para promover la eficiencia económica puesto que

---

89 Los *Principios de Unidroit* al igual que los PDEC –y a diferencia de la Convención de Viena que es un tratado internacional– son una recopilación de principios en materia de contratos. Sin embargo, los primeros tienen una aspiración global; en cambio, los segundos han sido dictados para el ámbito europeo. No obstante, desde otro punto de vista, los PDEC son más amplios que los *Principios de Unidroit*, pues ellos no se limitan a los contratos mercantiles internacionales, sino que se refieren a los contratos en general, sean domésticos o internacionales, mercantiles o no mercantiles.

90 Stefan Eberhard, *Les sanctions de l'inexécution du contrat et les Principes Unidroit*, Lausanne, 2005, p. 215.

"tampoco resulta sensato desde un punto de vista económico permitir el incremento de un perjuicio que pudo reducirse adoptando medidas razonables"[91].

2.3. Carga mitigadora del daño

El artículo 9:505 de los PDEC lleva por título "Deber de mitigar el daño" y en el Comentario Oficial al artículo 7.4.8 de los *Principios de Unidroit* se habla del "deber que debe adoptar la parte perjudicada para limitar la amplitud del daño". Se admite que lo que consagran estos instrumentos internacionales es, en realidad, una *carga* de mitigación del daño, toda vez que no se trata de una obligación jurídica en sentido estricto, cuyo cumplimiento pueda ser exigido por el deudor que ha incumplido el contrato y cuyo incumplimiento lleve aparejado una sanción. Estamos ante una mera carga –*obliegenheit*– o deber jurídico atenuado que pesa sobre quien pretenda el resarcimiento de un daño precluyendo el mismo en la medida en que las pérdidas sufridas pudieron haber sido minoradas. Lo que corroboran las disposiciones transcritas cuando en su texto refieren los efectos de su inobservancia a la extensión del daño indemnizable a cargo del deudor incumpliente.

En fin, el deber de mitigar el daño que recogen estos instrumentos internacionales es una carga –*onere*– que obliga al acreedor del resarcimiento a adoptar todas aquellas medidas que, atendidas las circunstancias objetivas y subjetivas del caso, se estimen razonables en orden a reducir la extensión del perjuicio sufrido y evitar la propagación de las consecuencias lesivas del incumplimiento. No es estrictamente una obligación, pues no es coercible, su infracción no genera responsabilidad, sino que solo excluye del daño resarcible el perjuicio evitable. Está pues establecido en interés del mismo perjudicado[92].

---

[91] Principios de Unidroit. Comentario oficial N° 1 al artículo 7.4.8, en *Unidroit Principles of International Commerciale Contracts,* International Institute for the Unification of Private Law, Roma, 2010, p. 277.

[92] Como expresa Saidov "la mitigación es un acto que la parte perjudicada debe tomar en su propio interés para que no se le impida recuperar daños por la pérdida que habría podido reducir o evitar" (Djakhongir Saidov, *The law of damages in international sales. The CISG and other international instruments,* Oxford y Portland, 2008, p. 131).

2.4. Medidas razonables

En las disposiciones transcritas se exige al acreedor que adopte las *medidas razonables* para contener el daño con lo cual se hace referencia a la actitud del hombre sensato que deberá adecuar su conducta a las circunstancias del caso. En este sentido el artículo 1:302 de los PDEC trae la siguiente definición de lo razonable:

> Para los presentes principios, lo que se entienda por razonable se debe juzgar según lo que cualquier persona de buena fe, que se hallare en la misma situación que las partes contratantes, consideraría como tal. En especial para determinar aquello que sea razonable, habrá de tenerse en cuenta la naturaleza y objeto del contrato, las circunstancias del caso y los usos y prácticas del comercio o del ramo de actividad a que el mismo se refiera.

De donde resulta que el acreedor debe realizar todas aquellas actividades que, con base en las circunstancias y conforme a la experiencia, se presenten verosímilmente aptas para mitigar el daño y que, además, sean económicamente adecuadas (proporcionadas) a las condiciones del contrato o del perjuicio sufrido[93]. Así, por ejemplo, en la celebración de un contrato de reemplazo deberá procurar condiciones similares al contrato original, la sustitución del bien dañado por el deudor que ha incumplido el contrato deberá realizarla el acreedor perjudicado con un bien de características similares, etc.

Como se indica poco más adelante, el incumplimiento del deber de mitigar el daño puede proceder tanto de unos gastos innecesarios o irrazonables por parte del perjudicado, como de no haber actuado de manera adecuada y razonable para reducir las pérdidas (*infra*, Nº III,2.6. y 2.7.).

Como se dijo, en el Derecho internacional de los contratos se considera que una de las medidas más oportunas para mitigar el daño es la celebración de un *contrato de reemplazo* sobre todo en aquellos casos en los cuales el contrato tiene por objeto mercaderías o servicios fácilmente adquiribles en el mercado[94]. Los artículos 7.4.5 de los *Principios*

---

93 Bernard Hanotiau, ob. cit., p. 401.

94 En la jurisprudencia arbitral internacional puede consultarse con provecho la obra de Yves Derains citada en la nota 66 *ut supra*, pp. 376 y ss.

de Unidroit y 9:506 de los PDEC se refieren a la situación en que la parte perjudicada ha realizado una operación de reemplazo, en cuyo caso el perjuicio sufrido se considera que es la diferencia entre el precio del contrato y el precio de la operación de reemplazo.

Pero adicionalmente de acuerdo con estas disposiciones, la parte perjudicada puede también obtener el resarcimiento por el *daño adicional* que demuestre haber sufrido, por ejemplo, los gastos incurridos para obtener y organizar un contrato de reemplazo. De donde resulta que la diferencia entre los dos precios de los contratos es una *indemnización mínima* a que tiene derecho el acreedor perjudicado. El Comentario Oficial N° 2 al artículo 7.4.5 de los *Principios de Unidroit* trae el siguiente ejemplo ilustrativo de daños adicionales cubiertos por el resarcimiento: "A", un astillero, se compromete a ajustar un buque perteneciente a "B", un naviero, para lo cual se conviene en que las reparaciones se llevarán a cabo a partir del 1° de julio en el muelle de "A", a un costo de US$ 500,000. El 1° de junio "B" se entera que el muelle solo estará disponible a partir del 1° de agosto. "B" resuelve el contrato y después de largas y costosas negociaciones celebra un contrato con "C", otro astillero de características idénticas al de "A", a un costo de US$ 700.000. "B" tiene derecho a ser indemnizado por "A" no solo por la diferencia del precio de US$ 200,000, sino también por los gastos en que incurrió y la compensación por el período más prolongado durante el cual no podrá disponer del buque[95].

En cualquier caso, la operación de reemplazo debe llevarse a cabo dentro de un tiempo razonable y de una manera razonable, a fin de evitar que la parte incumplidora sea perjudicada por una conducta apresurada o maliciosa. Dicho en otras palabras, el negocio de reemplazo debe ser una *sustitución razonable*. La parte perjudicada no puede pretender que se le compense por una diferencia entre el precio del contrato y el precio de una operación alternativa que sea tan diferente del contrato original en cuanto a su valor o su clase que no se traduzca en una sustitución razonable[96].

---

95 Principios de Unidroit. Comentario oficial N° 1 al artículo 7.4.5., en *Unidroit Principles of International Commercial Contracts,* International Institute for the Unification of Private Law, Roma, 2010, p. 273.

96 Principios de Derecho Contractual Europeo. Comentario al artículo 9:506 en Ole Lando y Hugh Beale, ob. cit., Partes I y II, p. 662.

Tal y como se prevé en la Convención de Viena (*supra,* Nº III,1,1.3), con el objeto de facilitar la prueba del daño cuando no hubo una operación de reemplazo pero existe un precio corriente para la prestación contratada, tanto los *Principios de Unidroit* como los PDEC presuponen que el daño resarcible en tales casos equivale a la diferencia entre el precio del contrato y el precio corriente en el momento de resolver el contrato.

De acuerdo con el artículo 7.4.6 (2) de los *Principios de Unidroit*, se entiende por precio corriente:

> el precio generalmente cobrado por mercaderías entregadas o servicios prestados en circunstancias semejantes en el lugar donde el contrato debió haberse cumplido o, si no hubiere precio corriente en ese lugar, el precio corriente en otro lugar que parezca razonable tomar como referencia.

2.5. Apreciación del esfuerzo mitigador

El perjudicado deberá adoptar las medidas razonables para evitar o mitigar la pérdida que el mismo sufra como consecuencia del incumplimiento del deudor. La carga de minimizar la pérdida impone al acreedor que pretenda su resarcimiento la adopción de todas aquellas medidas que puedan ser útiles al respecto y que se estimen razonablemente exigibles. Así, en un caso resuelto por la Corte Internacional de Arbitraje de la Cámara de Comercio Internacional en marzo de 1999, un acreedor hindú que había comprado determinadas instalaciones industriales que adolecían de algunas fallas, rechazó los términos de una transacción propuesta por su vendedor, un comerciante español, mediante la cual este le ofrecía en términos razonables reparar dichas instalaciones. La Corte Internacional de Arbitraje consideró que el comprador había incumplido con el deber de mitigar sus pérdidas por cuanto continuó utilizando las instalaciones vendidas sin haber tomado medidas adecuadas para reparar dichas instalaciones y rehusó entrar en negociaciones con su vendedor. Por lo cual, resolvió denegarle al acreedor demandante una compensación por los daños y perjuicios que había podido evitar con las reparaciones que le había ofrecido efectuar el vendedor[97].

---

[97] Laudo Nº 9594 de marzo de 1999 de la Corte Internacional de Arbitraje de la Cámara de Comercio Internacional transcrito en Michael Joachim Bonell, *The Unidroit Principles*

En todo caso, la valoración del esfuerzo mitigador exigible debe hacerse sin excesivo rigor o, si se prefiere, con suficiente flexibilidad. Así lo admite la doctrina y lo ha dejado establecido la jurisprudencia arbitral internacional[98].

Las medidas en concreto exigibles dependen del contrato particular incumplido. La determinación de la razonabilidad de la conducta que se le exige al acreedor perjudicado para mitigar el daño es, por supuesto, una cuestión de hecho, no de derecho. Así, a la víctima del incumplimiento puede exigírsele que adopte medidas razonables para impedir el deterioro del objeto del contrato; y si no lo hiciere, puede concluirse que no ha observado su carga de mitigar el daño. Por ejemplo, si el constructor suspende súbitamente los trabajos de construcción encomendados cuando la obra estaba a punto de ser concluida y el comitente busca otro constructor que finalice la construcción, pero no toma las medidas adecuadas para proteger la construcción realizada, la cual se deteriora por fuertes lluvias. El comitente no podría entonces reclamar indemnización por los daños a la construcción derivados de las lluvias[99].

La conducta exigible, se afirma, será tanto más eficiente cuanto más arriesgado sea el contrato en concreto incumplido, sin que por ello se llegue al extremo de entender exigible que el contratante arriesgue su propia reputación comercial, cause daño a un tercero o se involucre en complicados litigios, cuando solo se trata de disminuir la responsabilidad de la parte que ha incumplido[100]. Tampoco son razonables las medidas que constituyan una carga excesiva en relación con el valor del contrato[101].

En algunas ocasiones una parte puede tomar medidas que, juzgadas en el momento de su adopción, lucen razonables para reducir las

---

in Practice. Caselaw and bibliography on the principles of commercial contracts, Transnational Publishers Ardsley, Nueva York, 2006, pp. 794-797. Para un examen crítico del laudo, véase: Ewan Mc Kendrick, ob. cit., pp. 902-903.

98 Ewan Mc Kendrick, *Ídem*; Laudo N° 10346 de diciembre de 2000 de la Corte Internacional de Arbitraje de la Cámara de Comercio Internacional citado y transcrito en Michael Joachim Bonell, *Ibíd*., pp. 883-894.

99 Principios de Unidroit. Comentario oficial N° 1 al artículo 7.4.5., en *Unidroit Principles*... cit., p. 274.

100 Ewan Mc Kendrick, ob. cit., p. 902.

101 Jorge Adame Goddard, *El contrato de compraventa internacional*, Mc Graw Hill, Ciudad de México, 1994, pp. 212. y ss.

pérdidas, pero en realidad, las aumentan. No obstante, se admite que será indemnizable, en tal caso, la totalidad de la pérdida. El Comentario Oficial al artículo 9:505 de los PDEC trae el siguiente ejemplo ilustrativo: "G" celebra un contrato de suministro a largo plazo para comprar petróleo a "H"; las entregas deberán comenzar en el plazo de seis meses. Tres meses después sube mucho el precio del petróleo a causa de la amenaza de guerra en el Golfo y "H" se niega a seguir con el contrato. "G" resuelve el contrato rápidamente y celebra un negocio de sustitución con "J" al precio que se encuentra establecido en ese momento para los suministros a entregar tres meses después. Llegado el momento de la entrega, la amenaza de guerra ha desaparecido, lo que significa que "G" podría haber comprado el petróleo al precio original. De todos modos, "G" actúo de manera razonable al celebrar el contrato de sustitución y tiene derecho a una indemnización por daños y perjuicios basándose en la diferencia entre el precio originalmente pactado en el contrato y el precio que tuvo que pagarle a "J".

En fin, el juicio de razonabilidad de la conducta es un juicio *ex ante*. El juzgador debe tener en consideración aquello que conforme a las circunstancias que rodeaban al acreedor era razonable al momento de adoptar la decisión. Lo importante es que el sujeto realice el análisis de razonabilidad y actúe conforme a sus conclusiones. Si así lo hiciere, es irrelevante que, en definitiva, la decisión adoptada demuestre no haber sido la más oportuna[102].

2.6. Efectos de la carga mitigadora

Como consecuencia de la exigencia del deber de minimizar el daño, como se dijo, el acreedor perjudicado no podrá recuperar la pérdida que mediante medidas razonables y una conducta diligente, pudo haber evitado o reducido y no lo hizo. Por consiguiente, cuando el acreedor podía haber evitado el daño sufrido este no debe ser resarcido, es decir, está excluido del resarcimiento. Así lo dicen expresamente los artículos 7.4.8 de los *Principios de Unidroit* y 9:505 de los PDEC.

Según algunos autores, en virtud de estas disposiciones el daño evitable lleva a una solución "todo o nada" que lo diferencia de la culpa

102 Lilian San Martín Neira, ob. cit., p. 392.

de la víctima, pues esta conlleva la repartición de responsabilidades. Es decir, el deber de mitigar excluye el resarcimiento de la pérdida en toda su extensión, sin que proceda analizar qué parte o cuota de la misma es atribuible a la conducta del acreedor puesto que, en puridad, no lo es ninguna[103].

En cambio, otros autores consideran que no es correcto afirmar que en todo caso la omisión del perjudicado lleva a una exclusión de la responsabilidad del contratante que ha incumplido el contrato, pues no siempre es así[104]. Por ejemplo, la celebración de un contrato de reemplazo no siempre conlleva la supresión o eliminación de todos los perjuicios provocados por el incumplimiento; por tanto, si el acreedor no lo celebra omite suprimir o eliminar aquella parte de los daños que habría podido evitar, no todo el daño sufrido.

A nuestro modo de ver, cuando se dice que el daño evitable no tiene el carácter de resarcible, ello significa que si todo el daño podía ser evitado no hay resarcimiento alguno, pero si solo una parte de él era evitable, el resarcimiento se excluye solo por esa parte, subsistiendo el derecho a reclamar el restante.

2.7. Reembolso de los gastos de mitigación

A diferencia de la Convención de Viena que no trae disposición expresa sobre la materia (*supra*, Nº III,1,1.9), tanto en los *Principios de Unidroit* como en los PDEC se hace expresa referencia al derecho que tiene la parte perjudicada de recuperar los gastos razonables

---

103 En tal sentido, Mc Kendrick afirma que "cuando haya quedado establecido que la parte perjudicada no ha tomado medidas razonables para reducir el perjuicio, la parte incumpliente *no es responsable* del perjuicio que es atribuible a la falta de adopción de medidas razonables. El juzgador no tiene discreción alguna sobre la materia. En tal caso, la parte incumpliente *no es responsable* y no lo es por la totalidad de la pérdida que se atribuye a la no adopción de medidas razonables. El juzgador en tal caso no puede repartir la pérdida (Ewan Mc Kendrick, ob. cit., p. 903).

104 En este sentido, en la doctrina italiana, puede consultarse a Bianca quien a propósito del inciso 2º del artículo 1.227 del *Codice* expresa: "No compartimos… la idea de que la norma sobre el daño evitable excluya del todo el resarcimiento de este daño. Debe decirse más bien que el resarcimiento queda totalmente excluido solo cuando la producción del daño se encuentre íntegramente bajo la esfera de control del perjudicado y la omisión se erija ahora en la causa próxima y absorbente del daño interrumpiendo el nexo etiológico entre el incumplimiento o el ilícito y el daño" (C. Massimo Bianca, ob. cit., Vol. V (La Responsabilità), p. 124).

que conlleve la evitación del daño. Ocurre con frecuencia que la parte perjudicada tiene que llevar a cabo algunos gastos para mitigar sus pérdidas. Siempre que se trate de una cantidad razonable, estos gastos adicionales pueden recuperarse.

El acreedor perjudicado puede pues recuperar de la parte incumplidora los gastos efectuados para evitar la extensión del daño. De tal manera que los gastos en que incurra el acreedor perjudicado para concluir un contrato de reemplazo, subsanar defectos, efectuar reparaciones o restituir mercaderías, etc. deben ser soportados por el responsable. La regla se compadece con el principio de la reparación integral del perjuicio experimentado por el acreedor. Es perfectamente lógico y natural que estos gastos los soporte en definitiva el deudor que ha incumplido el contrato[105].

El acreedor perjudicado debe sufragar con su propio peculio los gastos asociados a las medidas mitigadoras del daño, pudiendo luego reclamar su reembolso al responsable del incumplimiento. Pero se admite que aquel puede recurrir a un financiamiento externo en aquellos casos en los cuales, de acuerdo con las circunstancias como, por ejemplo, la falta de medios del acreedor o el excesivo costo de la medida, ello sea razonable[106].

En todo caso, la víctima no puede evitar el daño a cualquier costo: su actuación debe ajustarse a los límites de lo razonable. El deudor deberá solo hasta el monto de lo razonable. Determinar qué es lo razonable en un caso concreto es siempre una cuestión de hecho que no puede ser determinada anticipadamente. Como se dijo, no se consideran razonables aquellos gastos que constituyan una carga excesiva en relación con el valor del contrato[107].

---

105 Stefan Eberhard, ob. cit., p. 216; Jérôme Ortscheidt, ob. cit., p. 170, especialmente, la nota 742 y la jurisprudencia de la Corte Internacional de Arbitraje de la Cámara de Comercio Internacional allí citada.

106 Principios de Unidroit. Comentario oficial Nº 2 al artículo 7.4.8. (Ejemplo Nº 4), en *Unidroit Principles...* cit., p. 278; *Principios de Derecho Contractual Europeo.* Comentario al artículo 9:505 (Ejemplo Nº 1), en Ole Lando y Hugh Beale, ob. cit., Partes I y II, pp. 656-657. A propósito del artículo 77 de la Convención de Viena véase: Ana Soler Presas, *Comentario al Artículo 77…* cit., p. 626.

107 Principios de Unidroit. Comentario oficial Nº 2 al artículo 7.4.8. (Ejemplo Nº 4), en *Unidroit Principles...* cit., p. 278; *Principios de Derecho Contractual Europeo.* Comentario

De acuerdo con los *Principios de Unidroit* (art. 7.48) y los PDEC (art. 9:505), la parte perjudicada tiene derecho a recuperar cualquier gasto razonablemente efectuado *en un intento por reducir el daño*. De donde resulta que el costo razonable de las medidas adoptadas para evitar o mitigar el daño le debe ser reembolsado al acreedor perjudicado, independientemente de que dichas medidas en la práctica hayan efectivamente evitado o mitigado el perjuicio o no lo hayan hecho. Por ejemplo, si el acreedor perjudicado incurre en gastos para lograr la celebración de un contrato de reemplazo, tendrá derecho al reembolso de los mismos aun en el caso de que los esfuerzos emprendidos para llevar a cabo la respectiva operación de cobertura no resulten exitosos[108].

En resumidas cuentas, por un lado, el deber de mitigación implica la exclusión del resarcimiento de la pérdida que el acreedor pudo haber evitado mediante la adopción de medidas razonables y la limitación de la indemnización al costo de dichas medidas que debieron haberse adoptado; pero, por el otro, como contrapartida, el resarcimiento debe incluir el costo de las medidas adoptadas aunque en definitiva dichas medidas no resultaron eficaces para contener las pérdidas, siempre y cuando las mismas juzgadas *ex ante* cuando el acreedor las adoptó parecían razonables[109].

2.8. Carga de la prueba

Corresponde al contratante incumpliente demostrar que su cocontratante perjudicado por el incumplimiento no adoptó las medidas razonables para contener el daño y que de haberlas tomado, se habría reducido el perjuicio por él experimentado.

Si la víctima del incumplimiento hubiere celebrado un contrato de reemplazo, esta deberá acreditar su derecho a dar por terminado el contrato y que la operación de reemplazo se efectuó dentro de un tiempo y de manera razonable. Debido a que en algunas ocasiones resulta difícil probar que la operación realizada fue efectivamente un

---

al artículo 9:505 (Ejemplo Nº 1), en Ole Lando y Hugh Beale, ob. cit., (Partes I y II), pp. 656-657.

108 Ewan Mc Kendrick, ob. cit., p. 903.

109 D.B. Dobbs, *Handbook on the Law of Remedies, Equity, Restitution*, St Paul, Minnesota, 1973, p. 267.

negocio de reemplazo, para evitar problemas e inconvenientes es aconsejable que el acreedor perjudicado notifique a su contraparte acerca de su disposición de celebrar un negocio de cobertura[110].

Cuando no se celebró una operación de reemplazo, pero existe un precio corriente por la prestación contratada, el acreedor perjudicado deberá aportar prueba del precio corriente al tiempo de la resolución del contrato. Para probar el precio corriente se suele recurrir a organizaciones profesionales, cámaras de comercio, etc.

2.9. Concurrencia de culpas y deber de mitigar

Para terminar, conviene tener en cuenta que tanto los *Principios de Unidroit* como las PDEC distinguen claramente entre la concurrencia de la culpa de la víctima del incumplimiento en la producción del daño (artículos, 7.4.7 y 9:504, respectivamente) y el deber de mitigación que corresponde al acreedor perjudicado (artículos, 7.4.8 y 9:505, respectivamente). Mientras que los primeros artículos tratan de la conducta imputable a la parte perjudicada en relación con la causa que originó el daño inicial, los segundos se refieren a la conducta posterior que observa o pudo observar la parte perjudicada.

Cuando la conducta del acreedor contribuyó al incumplimiento del contrato como, por ejemplo, cuando le indica al transportista una dirección equivocada, el perjudicado no podrá percibir una indemnización por las pérdidas resultantes de su conducta.

Tampoco podrá el perjudicado que no sea responsable del incumplimiento pero que con su actuación aumentó sus efectos adversos, recuperar el importe de los daños que resulten de pérdidas adicionales (*Principios de Unidroit*, artículo 7.4.7 y PDEC, artículo 9:504). El Comentario Oficial al artículo 9:504 del los PDEC incluye el siguiente ejemplo que ilustra lo que son pérdidas imputables a la parte perjudicada por haber contribuido a las pérdidas derivadas del incumplimiento: "A" toma en alquiler un ordenador que, conforme al contrato, es adecuado y se encuentra listo para su uso en Inglaterra, donde el voltaje es de 240v. El ordenador que se le suministra puede operar en diferentes niveles de voltaje e, incumpliendo el contrato, se encuentra fijado a

[110] Ewan Mc Kendrick, ob. cit., pp. 893 y 904.

110v. En la pantalla del ordenador se encuentra pegado un cartel muy evidente que advierte de la necesidad de comprobar el voltaje antes de usar el ordenador. "A" no hace caso de esta advertencia y enciende el ordenador sin comprobar el voltaje. El ordenador sufre importantes daños cuya reparación supone a "A" un importe de 1.500 £. El tribunal puede adoptar la postura de que, al menos, la mitad de la culpa es de "A" y concederle únicamente una indemnización de 750 £.

Se trata en ambos casos de pérdidas imputables a la parte perjudicada por haber dado lugar o favorecido el incumplimiento o contribuido con su conducta a las pérdidas derivadas de dicho incumplimiento (*concurrencia de culpas o contributory negligence*)[111].

En cambio, cuando el acreedor perjudicado no actúa adecuadamente para mitigar los daños o reducir las pérdidas (como, por ejemplo, cuando no adopta medidas adecuadas de conservación, de reparación o no celebra oportunamente y en condiciones razonables una operación de reemplazo), no podrá percibir una indemnización por los daños que podrían haberse evitado o mitigado de haber adoptado el perjudicado medidas razonables (*Principios de Unidroit*, artículo 7.4.8 y PDEC, artículo 9:505). Se trata de la inobservancia del deber de mitigar el daño por no haber actuado adecuadamente para mitigar la pérdida sufrida o reducir su impacto (*deber de mitigar o duty to mitigate)*.

En el primer caso la conducta del acreedor influye en el incumplimiento o contribuye a aumentar sus efectos adversos; en el segundo, su conducta consiste en no haber actuado adecuadamente para reducir las pérdidas o mitigar el daño ya producido. La solución legal es diferente en uno y otro caso. Cuando el acreedor es corresponsable del incumplimiento o concurre con su culpa en la producción del daño, el juzgador disminuirá el monto de la indemnización en la medida en que la conducta del acreedor haya contribuido al incumplimiento o a la producción del daño. En cambio, cuando el acreedor incumple con su deber de mitigar el daño, se excluyen del resarcimiento todas las consecuencias dañinas que la observancia de este deber podía haber evitado.

---

[111] Principios de Unidroit. Comentario oficial Nº 4 al artículo 7.4.7., en *Unidroit Principles...* cit., p. 277; Principios del Derecho Europeo de los Contratos. Comentario B al artículo 9:504, en Ole Lando Ole y Hugh Beale, *Principios...* cit., (Partes I y II), pp. 655-656.

IV. CONTENIDO Y RÉGIMEN DEL DEBER DE EVITAR O MITIGAR EL DAÑO

Como se dijo, en Francia al igual que en la gran mayoría de los países que siguen la orientación del *Code*, no existe una disposición de carácter general que consagre explícitamente el deber de evitar o mitigar el daño. No obstante, la jurisprudencia ha hecho aplicación del principio de mitigación con bastante frecuencia. Por su parte la doctrina, ante la falta de una disposición legal de alcance general, se ha ocupado de examinar la naturaleza jurídica, fundamento, contenido, alcance y consecuencias de este deber. Asimismo, la doctrina de los países en los cuales la irresarcibilidad del daño evitable tiene un reconocimiento legal expreso también ha examinado los presupuestos, características y efectos del principio de mitigación.

1. Concepto

En términos generales, el deber de evitar o mitigar el daño es el deber del sujeto que ha experimentado un daño por un hecho ilícito o por el incumplimiento de un contrato de reaccionar frente al mismo para evitar que el daño se extienda o para atenuar sus consecuencias, sin que por ello tenga el acreedor que exponerse a riesgo innecesarios o incurrir en gastos excesivos[112].

En el campo de la responsabilidad civil contractual, materia esta que nos ocupa aquí, es el deber del acreedor perjudicado por el incumplimiento de un contrato de activarse adoptando las medidas razonables para impedir la propagación de las consecuencias dañosas del incumplimiento o disminuir su impacto.

2. Naturaleza

El llamado deber de evitar o mitigar el daño es, en realidad, una carga y no una obligación[113]. La doctrina ha diferenciado los deberes

---

112 Poco más o menos en el mismo sentido, véase: Bernard Hanotiau, ob.cit., p. 394; Jérôme Ortscheidt, ob. cit., pp. 127-128; Cristián Gandarillas Serani, ob. cit., p. 433.

113 La doctrina es conteste al respecto. Véase, en tal sentido: Robert Kruithof, ob. cit., p. 22; Carlo Rosello, *Il danno evitabile. La misura della responsabilità tra diligenza ed*

entre obligaciones y cargas. Las obligaciones son deberes impuestos a un sujeto para la tutela de un interés ajeno y a quien corresponde un derecho subjetivo y una acción para la ejecución en especie, o en su defecto, el resarcimiento del daño. En cambio, las cargas son deberes impuestos a un sujeto para la tutela de un interés propio, cuya observancia es necesaria si se quiere alcanzar un determinado resultado y cuya inobservancia provoca la pérdida del resultado mismo[114].

La principal diferencia entre una obligación y una carga radica en el sujeto cuyo interés es protegido mediante la realización de una u otra. En la obligación el sujeto cuyo interés se protege es un tercero, mientras que la carga implica la protección de un interés propio, de donde deriva el carácter incoercible de esta[115].

Cuando hay una obligación, el vínculo se establece en pro de un interés ajeno. Por ello, en caso de incumplimiento de una obligación surge una responsabilidad frente a la otra parte. En cambio, cuando hay una carga, el vínculo se impone en pro de un interés propio. De ahí que cuando quien tiene la carga no la observa, no incurre en responsabilidad frente a la otra parte, sino que se perjudica a sí mismo privándose de un beneficio. Por eso se dice que la carga es un imperativo del propio interés. Por ejemplo, quien se compromete frente a otro a ejecutar una obra tiene la obligación de ejecutarla porque el vínculo se establece en interés del dueño o comitente. En cambio, el demandante que tiene que probar los hechos que alega, no tiene la obligación de probarlos sino la carga de la prueba, ya que con esta no satisface más que su propio interés de triunfar en el juicio, para lo cual es necesario que produzca esa prueba.

---

efficienza, Cedam, Padua, 1990, pp. 40 y ss.; Ana Soler Presas, *La valoración del daño…* cit., p. 64.

114 Antígono Donati, *Los Seguros Privados. Manual de Derecho*, Traducción castellana, Librería Bosch, Barcelona, 1960, pp. 280-282. En la doctrina nacional, véase: Alfredo Morles Hernández, *Derecho de Seguros*, Universidad Católica Andrés Bello, Caracas, 2013, pp. 359-360; José Mélich-Orsini, *Doctrina General…* cit., p. 315; Leoncio Landaez Otazo, "Las cargas de salvamento y de aviso en el contrato de seguro", en *Temas de Seguros*, Editorial Jurídica Alva, Caracas, 1991, p. 140; José Luis Aguilar Gorrondona, *Derecho Civil. Personas*, Universidad Católica Andrés Bello, 1984, p. 55.

115 Antonio Cabanillas Sánchez, *Las cargas del acreedor en el Derecho civil y mercantil*, Editorial Montecorvo, Madrid, 1988, pp. 47-50.

La obligación supone que el sujeto pasivo de la relación obligatoria pueda ser constreñido a cumplirla, con el consiguiente resarcimiento para el caso de incumplimiento. La carga, en cambio, es incoercible. La parte sobre la cual pesa no puede ser constreñida a observarla ni a resarcir a la contraparte en caso de inobservancia. La única consecuencia que se sigue de la inobservancia de la carga es que la parte que tiene la carga se ve privada de un beneficio a que tiene derecho.

El incumplimiento de una obligación compromete la responsabilidad del deudor, lo que produce una serie de consecuencias jurídicas. Si el deudor no cumple la obligación, el acreedor es titular de una facultad que le permite reclamar judicialmente la realización de la conducta debida. La facultad de exigir la prestación va acompañada del poder de agresión que tiene el acreedor sobre los bienes del deudor, los cuales quedan sujetos al cumplimiento de la obligación pudiendo el acreedor trabar ejecución sobre ellos[116].

El acreedor tiene el derecho de exigirle al deudor que satisfaga su interés en especie, o sea, a que se realice la prestación que se pactó; o por equivalente, o sea, recibiendo una prestación compensatoria destinada a resarcir o compensar al acreedor del no cumplimiento en especie de la obligación. Además, el acreedor puede pedir la indemnización de los daños y perjuicios que el incumplimiento le ha causado conforme a las reglas que gobiernan la responsabilidad civil contractual.

Es evidente que estas consecuencias relativas a la exigibilidad de la obligación y las consecuencias derivadas de su incumplimiento no pueden predicarse respecto de la inobservancia de la carga, ya que el deudor carece de acción para exigir al acreedor el cumplimiento de la conducta en que consiste la carga y tampoco puede solicitar la indemnización de los daños y perjuicios que derivan de su inobservancia[117].

El deber de mitigar el daño que impone al acreedor perjudicado realizar actos razonables para evitar la propagación de las consecuencias dañosas del incumplimiento y reducir su impacto no es coercible; no puede ser objeto de ejecución forzosa y su inobservancia no faculta a

116 Antonio Palermo, Voz "Onere", en *Novissimo Digesto Italiano* diretta da Antonio Azara e Ernesto Eula, Unione Tipografico-Editrice Torinese, Vol. XI, Turín, 1959, p. 916.

117 Antonio Palermo, Voz "Obbligo giuridico", en *Novissimo Digesto Italiano*... cit., Vol. XI, p. 704.

la otra parte a solicitar el resarcimiento de los daños y perjuicios que la inercia de su cocontratante le produzca. En fin, la conducta de mitigación no puede ser coactivamente exigida a la víctima de la inejecución del contrato, ni genera ningún tipo de responsabilidad a cargo de esta frente al deudor incumpliente.

El incumplimiento de este deber solo determina una limitación del resarcimiento a los daños y perjuicios que no pudieron razonablemente evitarse. Al excluirse de la indemnización el importe de las pérdidas susceptibles de haber sido evitadas o atenuadas solo se priva al acreedor perjudicado de un beneficio en el sentido de que si no observa la carga de mitigar el daño que pesa sobre él, no podrá ya obtener una ventaja que normalmente habría podido aprovechar[118].

De lo anterior resulta que el deber de evitar o mitigar el daño no constituye una obligación en sentido estricto sino una carga o deber de cumplimiento jurídicamente inexigible y cuyo incumplimiento únicamente precluye el resarcimiento de las consecuencias dañosas que la observación del deber podía haber evitado.

3. Contenido

La doctrina extranjera señala que el deber de evitar o mitigar el daño comprende, en realidad, dos deberes: un deber de evitar la verificación de un daño que aún no se ha producido y un deber de mitigar un daño que ya se ha producido[119].

El deber de evitar el daño impone al perjudicado una actuación meramente negativa que consiste en no agravar el daño con el propio comportamiento; *el deber de mitigar el daño*, en cambio, exige del acreedor perjudicado una intervención activa dirigida a atenuar las consecuencias dañosas provocadas por el incumplimiento. El primero de estos deberes, se afirma, guarda relación con los daños y perjuicios que aún no se han producido e impone al acreedor perjudicado una conducta negativa que se observa con la inercia; el segundo, está referido a los

---

118 Giovanni Criscuoli, ob. cit., pp. 562-563; Carlo Rosello, loc. cit.; Lilian San Martín Neira, ob. cit., pp. 312-313.

119 Giovanni Criscuoli, ob. cit., pp. 560 y ss.; Ana Soler Presas, *La valoración del daño*... cit., p. 64; Rodrigo Fuentes Guínez, *El deber de evitar*... cit., p. 226.

daños y perjuicios ya producidos e impone a la víctima una conducta positiva que se viola con la inercia[120].

En ambos casos deben encontrarse reunidos los requisitos de la responsabilidad; por lo que tiene que existir la certeza de que el daño ya se produjo o se va a producir. En la evitación, el acreedor perjudicado debe abstenerse de realizar actuaciones que agraven las consecuencias del daño; en la mitigación, la actuación del acreedor perjudicado está dirigida a aminorar el daño limitando las consecuencias negativas del incumplimiento[121].

La doctrina italiana trae algunos ejemplos ilustrativos:

Si una persona vende una viga defectuosa debe responder no solo del valor de la viga sino también del daño producido al edificio destruido por causa de la viga defectuosa. Pero si con el empleo de la diligencia ordinaria se pudiese conocer el defecto de la viga y ser evitada su utilización en la edificación, el daño posterior consistente en la ruina del edificio no sería resarcible (deber de evitar el daño). El daño posterior sería imputable al acreedor perjudicado y solo una consecuencia indirecta del hecho del sujeto responsable.

Un médico en una intervención quirúrgica mal practicada a un paciente le causa una lesión anatómico-funcional en el oído que le hace perder gran parte de su capacidad auditiva lo que repercute gravemente en su capacidad para trabajar, pero este daño puede reducirse con la ordinaria diligencia, por ejemplo, usando la víctima un aparato de prótesis acústico. Se produce aquí por culpa de una persona un daño que puede reducirse por el paciente con la ordinaria diligencia (deber de mitigar el daño). El daño en su totalidad ha sido causado por el sujeto responsable,

---

120 Giovanni Criscuoli, ob. cit., p. 560.

121 Según un sector de la doctrina no puede afirmarse que en la evitación basta la mera inactividad para dar por cumplido el deber, y únicamente en la mitigación se requiere una actuación positiva. En ambos casos será exigible casi siempre una actividad de parte del afectado, no bastando su mera abstención y los ejemplos que se dan para explicar el contenido de este deber así lo confirman. Al respecto, véase: Carlo Crosello, *Il danno evitabile con l'ordinaria diligenza*... cit., p. 61; Rodrigo Fuentes Guínez, *La extensión del daño*... cit., p. 234. Por lo cual, Soler Presas afirma que este deber impone al acreedor del resarcimiento una carga de mitigación de las consecuencias del daño ya manifestado y evitación de la propagación de sus efectos ulteriores. (Ana Soler Presas, *Comentario al artículo 77*... cit., p. 625).

pero hay una parte del daño cuyas consecuencias pudieron removerse por la víctima, mediante una actuación positiva. Esa porción del daño que habría podido ser eliminada por el perjudicado no debe ser resarcida por el sujeto responsable[122].

En fin, este deber comprende tanto la evitación del daño como la mitigación del daño. El acreedor perjudicado debe no solo abstenerse de realizar actuaciones que agraven las consecuencias del daño, sino que debe actuar positivamente para impedir la extensión del daño o disminuir su impacto. Tal y como lo dejó establecido la Corte Suprema de Justicia de Colombia en sentencia del 16 de febrero de 2010 "ante la ocurrencia de un daño, quien lo padece... debe procurar de serle posible,... desplegar las conductas que, siendo razonables, tiendan a que la intensidad del daño no se incremente o, incluso, a minimizar sus efectos perjudiciales"[123].

La doctrina extranjera señala algunas medidas de evitación o mitigación del daño que requieren del acreedor perjudicado un comportamiento activo dirigido a aminorar las consecuencias del incumplimiento tales como la celebración de un contrato de reemplazo, la aceptación de una prestación inexacta o incompleta[124], la reutilización de los bienes

122 Los ejemplos que se incluyen en el texto son tomados de Adriano De Cupis, ob. cit., pp. 285-286.

123 Extracto de la sentencia de la Corte Suprema de Justicia de Colombia de fecha 16 de febrero de 2010, citada y transcrita en Carlos Jaramillo ob. cit., p. 185.

124 La doctrina extranjera incluye entre las medidas mitigadoras del daño exigibles al acreedor perjudicado, la aceptación de una prestación inexacta o incompleta. Así, en la doctrina italiana, Bianca señala que si bien el acreedor puede perfectamente rechazar el cumplimiento parcial o inexacto que le ofrezca el deudor, esta prerrogativa debe ser coordinada con el deber que se le impone de evitar el daño, y la aceptación de la prestación inexacta o incompleta puede revelarse como la actuación adecuada para limitar el perjuicio (C. Massimo Bianca, ob. cit., Vol. V (La responsabilità), pp. 166-167). En el mismo sentido en la doctrina española Soler afirma que: "puede resultar conveniente y exigible que el acreedor, en cumplimiento del deber de mitigación que le incumbe, acepte proposiciones abusivas del deudor, como puede ser la modificación de los términos contractuales (Ana Soler Presas, *Comentario al artículo 77...* cit., p. 625). Como se dijo, la jurisprudencia española registra un caso emblemático, conocido como el caso RENFE, de daños y perjuicios contractuales evitables por el acreedor de haber este aceptado la modificación de las condiciones del contrato, que fue resuelto por el Tribunal Supremo de Justicia español mediante sentencia de fecha 6 de mayo de 1960 y al cual nos referimos en su oportunidad (*supra*, Nº II,9). *Por lo que al Derecho venezolano concierne*, no podría imponerse al acreedor sin su consentimiento la aceptación de una oferta de cumplimiento que modifique los términos de lo

y servicios de la parte incumplidora del contrato, el traslado de bienes a otro lugar, la adquisición de otro proveedor de repuestos que reemplacen las piezas dañadas, la reparación de la cosa, el aviso del daño, los cuidados médicos, el pago de los gastos asumidos por transporte y almacenamiento de una mercancía no recibida por el comprador, el ejercicio de las acciones legales, etc.[125].

---

convenido, so pretexto de minimizar el daño. El contrato es ley entre las partes (Código Civil, artículo 1.160) y las obligaciones deben cumplirse exactamente como han sido contraídas (artículo 1.264). El acreedor, por tanto, tendría que haber consentido en los nuevos términos de la contratación propuestos por el deudor, aunque se trate de una modificación transitoria de la prestación con el objeto de aminorar el perjuicio al deudor. No puede el deudor imponerle al acreedor unilateralmente una revisión del contrato o nuevas obligaciones. Solo en la contratación administrativa, la doctrina y la jurisprudencia nacionales admiten la inclusión de las llamadas cláusulas exorbitantes que le dan a la Administración contratante derechos no contemplados por el Derecho común, incluyendo el *ius variandi*. Pero esta posibilidad no está contemplada para los contratos de Derecho privado.

125 C. Massimo Bianca, ob. cit., pp. 162-167. La jurisprudencia extranjera, por su parte, registra algunos casos interesantes en donde también se ha requerido un comportamiento activo del acreedor perjudicado dirigido a aminorar las consecuencias dañosas del incumplimiento, siempre y cuando ello no signifique para él incurrir en gastos excesivos o exponerse a riesgos. Así, por lo que respecta a la celebración de un contrato de reemplazo la Casación italiana mediante sentencia del 12 de octubre de 1967 sostuvo que "si teniendo en cuenta las circunstancias de hecho, el procurarse de otro modo el bien o el servicio no cumplido por el deudor constituye una medida requerida por la ordinaria diligencia, para evitar o contener el daño, la parte que haya descuidado la adopción de tal medida no puede escapar a las consecuencias previstas por la ley". Asimismo, mediante sentencia del 13 de mayo de 1968 la Casación italiana decidió que "no procurarse en el mercado las mercaderías no entregadas por el vendedor infringe la carga de mitigar el daño, cuando acudir al mercado sea un procedimiento sencillo en atención a las circunstancias". Sin embargo, en sentencia del 6 de agosto de 1983 la Casación italiana sostuvo exactamente la posición contraria que "el acreedor no está obligado, en caso de incumplimiento del deudor, a conseguir *aliunde* la prestación misma; no puede ser considerado culposo o, en todo caso, no diligente el comportamiento del comprador que omita adquirir de otro la mercadería que el vendedor estaba obligado a entregarle en virtud del contrato". En un caso de daños causados a un taller mecánico por el sacudimiento de las columnas de los pisos superiores del edificio, situación esta que configuraba un peligro inminente de ruina, en conocimiento como estaba el afectado del riesgo que corrían sus maquinarias, la Casación italiana mediante sentencia del 7 de abril de 1983 decidió que no podría este reclamar la indemnización por los perjuicios posteriores sufridos por las maquinarias que pudo haber trasladado oportunamente a otro lugar. En otro caso, una empresa encargada de construir un puente tuvo que modificar el proyecto original (incurriendo en una serie de costos adicionales) para poder evitar el daño que le generaría la construcción del puente en las condiciones originalmente pactadas, debido a que las aguas del río sobre el cual se levantaría el puente habían sido contaminadas por sustancias corrosivas arrojadas por otra empresa. La Casación italiana

En todo caso no es posible efectuar una enumeración taxativa de las medidas que deben adoptarse para evitar o mitigar el daño. Todo dependerá de las circunstancias particulares de cada caso.

4. Criterios de apreciación de la conducta del perjudicado

En lo concerniente a la manera o modo de apreciar el comportamiento impuesto al acreedor perjudicado para evitar o mitigar el daño, en algunos ordenamientos se sigue el criterio de la *razonabilidad*: la victima del incumplimiento en la evitación del daño debe adecuar su conducta al estándar objetivo de la razonabilidad. Por tanto, la carga de mitigar las pérdidas exige al acreedor adoptar aquellas medidas que sean razonables según las circunstancias para atenuar el impacto del daño y evitar la propagación de sus consecuencias. Es el patrón seguido

---

mediante sentencia del 12 de abril de 1980 determinó que la decisión adoptada por la empresa constructora había sido acertada y, con base en un análisis de costo-beneficio, obligó a la empresa contaminadora a correr con los mayores costos y gastos asociados a la modificación del proyecto, por cuanto el daño representado por el incumplimiento o por la construcción del puente conforme a lo originalmente proyectado habría sido mucho mayor. También ha resuelto la Casación italiana mediante sentencia del 18 de febrero de 1980 que el trabajador despedido sin justa causa debe procurar encontrar un trabajo nuevo en el mercado para reducir el perjuicio sufrido por el despido y, si no lo hace, debe detraerse del resarcimiento correspondiente al trabajador lo que pudo ganar en otro empleo usando una diligencia normal. Del mismo modo se ha decidido que en un contrato de construcción forma parte de la diligencia razonable que el dueño de la obra, ante problemas surgidos por vicios de la obra, tome él mismo medidas para mitigar su daño, sin esperar que intervenga el constructor, el puente habían sido contaminadas por sustancias corrosivas arrojadas por otra empresa. La Casación italiana mediante sentencia del 12 de abril de 1980 determinó que la decisión adoptada por la empresa constructora había sido acertada y, con base en un análisis de costo-beneficio, obligó a la empresa contaminadora a correr con los mayores costos y gastos asociados a la modificación del proyecto, por cuanto el daño representado por el incumplimiento o por la construcción del puente conforme a lo originalmente proyectado habría sido mucho mayor. También ha resuelto la Casación italiana mediante sentencia del 18 de febrero de 1980 que el trabajador despedido sin justa causa debe procurar encontrar un trabajo nuevo en el mercado para reducir el perjuicio sufrido por el despido y, si no lo hace, debe detraerse del resarcimiento correspondiente al trabajador lo que pudo ganar en otro empleo que habría podido obtener usando una diligencia normal. Del mismo modo se ha decidido que en un contrato de construcción forma parte de la diligencia razonable que el dueño de la obra, ante problemas surgidos por vicios de la obra, tome el mismo medidas para mitigar su daño, sin esperar que intervenga el constructor, con riesgo de agravar el daño en el intermedio. Al respecto, véase: Giovanna Visintini, *Trattato Breve*... cit., pp. 696-699, especialmente, las notas 179-184 y la jurisprudencia de la Casación italiana allí citada.

por el *Common Law* y adoptado en los *Principios de Unidroit* y en los PDEC (*supra*, Nº III,2,2.5).

En el Derecho italiano, en cambio, se ha adoptado el estándar de la *diligencia ordinaria*: el resarcimiento no se debe por el daño que el acreedor habría podido evitar empleando la diligencia ordinaria, siendo de advertir que esta pauta no siempre coincide con el criterio de la razonabilidad[126]. No siempre, se afirma, lo que es "ordinario" es también razonable. El criterio inglés de la razonabilidad es neutro. Lo que es razonable en un caso puede no serlo en otro. La razonabilidad puede ser más o menos exigente según los casos. Ella no conoce solo un modelo de referencia, sino varios según la naturaleza de la actividad. Se deja a la conciencia del juez determinar su variación en el tiempo y su valoración según las circunstancias del caso concreto[127]. El criterio de la ordinaria diligencia adoptado por el *Codice*, en cambio, está determinado por un estándar de responsabilidad fijado *a priori* que vincula al juez[128].

Por lo que al Derecho venezolano concierne, a falta de disposición expresa pensamos que el acreedor está llamado a la adopción de medidas mitigadoras útiles y razonablemente exigibles, atendiendo al modelo del *bonus pater familiae*[129]. Para determinar cuál es la conducta que se le impone al acreedor perjudicado, se compara su comportamiento con el que habría observado un buen padre de familia, esto es, deberá

---

[126] Giovanni Criscuoli, ob. cit., pp. 587-588; Carlos Jaramillo, ob. cit., p. 181, especialmente, la nota 113.

[127] Geneviève Viney y Patrice Jourdain, "Les Conditions de la Responsabilité", en Jacques Ghestin, *Traité de Droit Civil.* (Les Obligations), Tome V, L.G.D.J., París, 2001, pp. 402-403; Stéphan Reifegerste, ob. cit., p. 189.

[128] En lo que sí están de acuerdo los juristas ingleses e italianos es en reconocer que en sus respectivos ordenamientos, las condiciones de "razonabilidad" y de "diligencia ordinaria" son índices de comportamiento no solo mínimos sino también máximos, de modo que si bien se exige al perjudicado que no actúe en menor medida que la impuesta por el patrón de referencia, tampoco se le impone una conducta que vaya más allá de esos límites. Giovanni Criscuoli, loc. cit. En tal sentido, Schitmoff, citado por Criscuoli, afirma que "el demandante solo está obligado a hacer lo razonable para mitigar daño, no todo lo que sea posible" (*Ídem*). De Cupis, por su parte expresa que "más allá de la ordinaria diligencia ninguna carga de reducción del daño pesa sobre el sujeto perjudicado" (Adriano De Cupis, ob. cit., p. 283). Poco más o menos en el mismo sentido, véase: C. Massimo Bianca, ob. cit., Vol. V, (La Responsabilità), p. 161, especialmente, la nota 126.

[129] En el mismo sentido, refiriéndose al Derecho chileno, véase: Rodrigo Fuentes Guínez, *El deber de evitar...* cit., p. 227; Lilian San Martín Neira, ob. cit., p. 384.

actuar tal y como lo haría una persona normalmente cuidadosa y diligente colocada en las mismas circunstancias en que se encontraba el perjudicado al momento de limitar la amplitud del daño. Además, a la hora de valorar los esfuerzos de mitigación adelantados por la víctima del incumplimiento, el juez deberá tomar en cuenta las circunstancias particulares del caso, el sentido común y la buena fe. El juez deberá evaluar las circunstancias del mercado al momento del incumplimiento y al momento en el que la víctima debe tomar las medidas mitigadoras, las circunstancias que rodean la situación de la propia víctima y su conducta a la hora de tomar tales medidas, para poder establecer si desarrolló la debida diligencia en la observancia de su carga de mitigación[130].

Como se dijo, los esfuerzos de mitigación deben medirse con flexibilidad. No se debe ser riguroso en la conducta impuesta al acreedor, porque debe tenerse siempre en cuenta que él es la víctima del incumplimiento[131].

La doctrina y la jurisprudencia extranjeras señalan algunas reglas que sirven de criterios orientadores para valorar la conducta del perjudicado al momento de mitigar el daño. En tal sentido se afirma que el perjudicado: a) no está llamado a someter a riesgos excesivos su capital; b) no está llamado a arriesgar excesivamente su persona en manos de cirujanos; c) no necesita asumir el riesgo de un litigio incierto contra un tercero; d) no necesita destruir o sacrificar sus propios bienes o derechos; e) no se le exige tampoco que tenga consideración frente a las personas que le han irrogado el daño, particularmente en lo referente a intentar su resarcimiento; f) no está llamado a perjudicar su reputación comercial; g) no necesita perjudicar a personas inocentes; h) no debe resultar perjudicado por su incapacidad financiera por el hecho de cumplir con las labores de mitigación[132].

---

130 Al respecto, haciendo alusión al Derecho colombiano, véase: María Isabel Troncoso, ob. cit., p. 375.

131 Rodrigo Fuentes Guínez, loc. cit.

132 Harvey Mc Gregor, ob. cit., pp. 169 y ss. En el mismo sentido, en la doctrina italiana, Criscuoli enumera los siguientes principios que deben tomarse en consideración para fijar los justos límites del deber de mitigación: a) el perjudicado no debe colocar en riesgo su propia vida sometiéndose a una intervención quirúrgica objetivamente peligrosa; b) el perjudicado no debe sacrificar su reputación moral o comercial; c) el perjudicado no debe adoptar comportamientos que puedan dañar a terceras personas; d) el perjudicado no está llamado

Desde luego, las reglas anteriores solo sirven como guía ya que no hay que olvidar que, en última instancia, la razonabilidad de la medida solo se podrá determinar atendiendo a las circunstancias concretas del caso.

5. Efectos

La aplicación del deber de mitigar el daño produce las siguientes consecuencias en la extensión de la indemnización:

1) Excluye el resarcimiento de los daños que pudieron haberse evitado[133]. La indemnización, por tanto, se limita al importe de los daños no susceptibles de haber sido razonablemente evitados[134]. Si el acreedor perjudicado no evitó la propagación de las consecuencias del daño pudiendo hacerlo actuando razonablemente o como un buen padre de familia, o no atenuó sus efectos de acuerdo con las circunstancias, el deudor incumpliente no estará obligado a resarcir la totalidad del daño experimentado por aquel, sino que procederá una reducción en el *quantum respondeatur*, excluyéndose del mismo el monto de los daños que pudieron evitarse o mitigarse.

El deudor del resarcimiento, por tanto, tendrá derecho a una reducción de los daños y perjuicios indemnizables en un monto equivalente a aquel en que en cumplimiento de la carga mitigadora, el perjudicado podía haberlos evitado o reducido y no lo hizo efectivamente. El daño no evitado por la víctima pudiendo haberlo sido no se considera indemnizable. Quedan pues excluidos del resarcimiento los daños y perjuicios que pudieron haberse evitado conforme a los criterios antes

---

a mitigar el daño sufrido si su condición económica no se lo permite; e) el perjudicado no está llamado a afrontar litigios complicados y riesgosos; f) el perjudicado no debe someter a riesgos excesivos su propia capital (Giovanni Criscuoli, ob. cit., pp. 589 y ss.). Por su parte, Rosello expresa que el comportamiento impuesto al acreedor perjudicado viene fijado por la ordinaria, pero no la extraordinaria diligencia en el sentido de que la actividad que desarrolle es para evitar el daño no se traduzca en una carga gravosa o extraordinaria que le signifique riesgos considerables o grandes sacrificios (Carlo Rosello, "Sull'onero del creditore di ridurre le conseguenze dell'inadempimento", en *Rivista Trimestrale di Diritto e Procedura Civile diretta da Tito Carnacini,* 1983, N° 3, Giuffrè Editore, Milán, 1983, p.1165).

133 Robert Kruithof, ob. cit., p. 21.

134 Lilian San Martín Neira, ob. cit., p. 392; Ana Soler Presas, *Comentario al artículo 77…* cit., p. 628; Ana Soler Presas, *La valoración del daño…* cit., p. 72.

examinados. Por supuesto, los daños efectivamente evitados quedan igualmente excluidos del resarcimiento.

2) Impone el resarcimiento del costo razonable de las medidas mitigadoras adoptadas por el acreedor perjudicado[135]. Comoquiera que adoptar medidas para contener el daño frecuentemente conlleva gastos, no es justo que el acreedor perjudicado los soporte sino que dentro de las partidas a indemnizarse se incluya el costo de dichas medidas[136]. Por consiguiente, si este incurre en erogaciones para evitar o mitigar el daño, tendrá derecho a su reembolso. Se trata, en definitiva, de gastos derivados del incumplimiento y, por tanto, deben incluirse en el *quantum respondeatur.* Por ejemplo, los gastos incurridos para celebrar un contrato de reemplazo, subsanar defectos o restituir las mercaderías deben serle reembolsados al acreedor.

Desde luego, el acreedor perjudicado no puede limitar la amplitud del daño a cualquier costo. Su actuación estará limitada por un criterio de razonabilidad[137]. Ahora bien, determinar qué es lo razonable en cada caso concreto es, en definitiva, una cuestión de hecho reservada al poder de apreciación de los jueces de instancia y que escapa a la censura de casación. Evidentemente que no se consideran razonables aquellos gastos que impliquen una carga excesiva o un despilfarro[138]. El perjudicado tiene pues derecho a recuperar los gastos razonables en que incurra para reducir las pérdidas.

Conviene tener en cuenta, por último, que el acreedor tendrá derecho a este reembolso aunque las medidas adoptadas para evitar o mitigar el daño hayan resultado en definitiva infructuosas y el daño se haya agravado, siempre y cuando, de acuerdo con las circunstancias consideradas al momento de su adopción, dichas medidas parecían razonables[139]. No parece justo que el acreedor del resarcimiento que haya incurrido en un error excusable en la elección de la medida más oportuna y adecuada para impedir la extensión del perjuicio, deba soportar las

135 Robert Kruithof, ob. cit., pp. 46-49.
136 Ramón Domínguez Águila, ob. cit., p. 95.
137 Bernard Hanotiau, ob. cit., p. 403; Jérôme Ortscheidt, ob. cit., p. 170.
138 Jorge Adame Goddard, ob. cit., pp. 112 y ss.
139 D.B. Dobbs, ob. cit., p. 187; Giovanni Criscuoli, ob. cit., pp. 589 y ss.; Ana Soler Presas, *La valoración del daño…* cit., p. 627.

consecuencias de su error, a instancias del deudor incumpliente cuando *ex ante* su elección parecía razonable. Por consiguiente, el acreedor tiene derecho a recuperar todos los gastos razonables que perseguían la evitación del daño, independientemente de que sus esfuerzos de mitigación hayan tenido éxito o no en la contención del daño[140].

6. Carga de la prueba

Como el daño evitable opera como una excepción en sentido sustancial, su prueba corresponde a quien resulte obligado al resarcimiento (*reus in excipiendi fit actor*). Por consiguiente, el demandado por la indemnización de los daños y perjuicios tendrá la carga de demostrar la inobservancia del deber de mitigación por parte del acreedor perjudicado[141]. A tales efectos, deberá indicar las medidas que la víctima del incumplimiento habría podido adoptar y no adoptó o, en su caso, que las medidas adoptadas para mitigar el daño no fueron razonables y que había otras a su disposición, demostrando cuáles eran estas. Por ejemplo, si el vendedor alega que el comprador pagó un precio demasiado alto por las mercancías de reemplazo, deberá acreditar que este podía haberlas adquirido por un precio menor.

V. EL DEBER DE EVITAR O MITIGAR EL DAÑO EN EL DERECHO VENEZOLANO

Tal y como ocurre en el Derecho francés, no existe en el Derecho venezolano una disposición de alcance general que consagre explícitamente el principio de la no resarcibilidad del daño evitable por el acreedor. En el Código Civil no encontramos una norma que le imponga al acreedor perjudicado por el incumplimiento de un contrato el deber expreso de actuar con el fin de contener el daño y evitar que la inejecución le siga causando perjuicios. Sin embargo, como se indica poco más adelante, esto no quiere decir que su reconocimiento sea incompatible

---

[140] Robert Kruithof, ob. cit., pp. 46-49. Es la regla que consagran los artículos 7.4.8 de los *Principios de Unidroit* y 9:505 de los PDEC (*supra*, N° III,2,2.7.).

[141] Ana Soler Presas, *Comentario al artículo 77*... cit., p. 627; María Isabel Troncoso, ob. cit., p. 378.

con los principios que gobiernan el cumplimiento de las obligaciones en nuestro sistema jurídico

1. Doctrina y jurisprudencia

Ni la doctrina ni la jurisprudencia nacionales han sido especialmente prolíficas en cuanto al deber del acreedor perjudicado de evitar o mitigar el daño proveniente del incumplimiento de un contrato. No obstante, la escasa doctrina referente al tema admite, con diversa fundamentación, la existencia de este deber.

Así, el profesor Gert Kummerow, siguiendo de cerca a Gatica Pacheco, trata al deber de evitar o mitigar el daño como un supuesto de conculpabilidad del acreedor al referirse a la interrupción de la cadena causal y a los daños a cuya causación ha contribuido el acreedor.

En criterio de Kummerow, la conculpabilidad puede tener lugar tanto en forma coetánea con el origen del daño cuando el acreedor contribuye a su causación inicial, o posteriormente mediante la agravación del daño ya producido, es decir, cuando el acreedor no emplea la ordinaria diligencia para impedir la propagación del daño. En tal sentido expresa Kummerow:

> La concurrencia del hecho culposo del acreedor afecta en diversos grados el proceso causal y llega hasta neutralizarlo por completo. La conculpabilidad, en esta forma, puede ocurrir tanto en el nacimiento de la obligación de reparar (cuando el acreedor haya contribuido al desencadenamiento del evento productor del perjuicio), como en el desarrollo normal del proceso lesivo (al omitir el acreedor las precauciones aconsejables para aminorar el daño). Apuntando a un criterio subjetivo, el acreedor quedaría obligado a emplear la ordinaria diligencia para impedir que el acto antijurídico (incumplimiento) se desenvuelva de un modo más perjudicial.
>
> La actividad del acreedor –de acuerdo al orden anterior de ideas–, encaminada a evitar el daño en una magnitud superior a la normalmente previsible, se transformaría en un deber jurídico a su cargo en la medida en que una actitud diversa pueda convertirse en el presupuesto del no resarcimiento del mayor daño experimentado. Únicamente a través de este procedimiento se comprende que la

> culpa interfiera en la relación creadora de la sanción dirigida contra el patrimonio del incumpliente, excluyéndose la reparación de los perjuicios que no deriven de la inejecución del contrato sin el concurso de nuevas causas[142].

Por su parte, el profesor Mélich-Orsini, aunque no se refiere expresamente al deber de evitar o mitigar el daño, cuando examina la relación de causalidad como elemento de la responsabilidad civil, al comentar el artículo 1.275 del Código Civil refiriéndose al daño indirecto, sigue el criterio de Henri Mazeaud y Henri De Page y señala que la expresión daño directo es equivalente a *daño necesario*. Cuando un daño engendra nuevos daños, se pregunta Mélich-Orsini, si la persona responsable del daño inicial debe responder por los daños sucesivos. Luego de traer a colación el famoso ejemplo de Pothier (la venta de una vaca enferma que contagia a las demás vacas del comprador que mueren; el comprador deja de cultivar sus tierras y no teniendo ya recursos para pagar a sus acreedores, estos embargan sus tierras y las venden a vil precio), concluye que el vendedor solo debe responder del daño que sea consecuencia cierta y necesaria de su falta, pero no de los demás que tienen el carácter de daños indirectos (el no cultivo de las tierras y su remate a vil precio). Este ejemplo de Pothier, concluye el profesor Mélich-Orsini nos pone de manifiesto que:

> el problema del daño indirecto es solo un aspecto particular del problema de la pluralidad de causas. Debe, pues, resolverse a partir de los mismos principios anteriormente expuestos. Todo se reduce en última instancia a la cuestión de la certeza del nexo causal entre el daño que se reclama y la conducta culposa del demandado[143].

---

142 Gert Kummerow, ob. cit., pp. 330-331.

143 José Mélich-Orsini, *La responsabilidad civil por hechos ilícitos*, Academia de Ciencias Políticas y Sociales, Serie Estudios, N°s 45-46, Caracas, 2006, pp. 143-145. Si bien el profesor Mélich-Orsini trata el problema de la relación de causalidad al examinar la responsabilidad por hecho ilícito, las consideraciones que hace sobre el daño indirecto son plenamente aplicables a los daños y perjuicios derivados del incumplimiento de una obligación contractual, tanto más cuanto que el ejemplo de Pothier que invoca Mélich-Orisini para fundamentar su posición respecto al daño indirecto, es uno referente a la esfera contractual.

El profesor Enrique Lagrange en sus clases de Obligaciones en la Universidad Central de Venezuela, al referirse a la liquidación del daño, explicaba que si el acreedor había agravado, con su actuación u omisión culposa el daño, la indemnización a cargo del deudor incumplidor debía reducirse:

> [Cuando] la negligencia del acreedor agravó el daño... la medida del resarcimiento se reducirá. Por ejemplo, cuando el acreedor se ha abstenido culposamente de hacer algo para evitar la magnitud del daño. Él podía hacer algo para impedir que el daño continuara agravándose y no lo hizo; o en positivo, el acreedor hizo algo que ha agravado el daño[144].

Los profesores Annicchiarico Villagrán y Madrid Martínez, por su parte, fundamentan la carga del acreedor de minimizar los daños en la buena fe que rige la ejecución de los contratos. En tal sentido afirman:

> No existe en nuestro derecho norma alguna que establezca una carga semejante. Mas la buena fe que acompaña la fase de ejecución contractual arroparía esta carga[145].

Por último, en la doctrina nacional, el profesor Annicchiarico Villagrán en un reciente trabajo que enriquece la escasa bibliografía nacional sobre la materia y que tuvo la amabilidad de enviarnos después que habíamos presentado el presente trabajo en el Congreso sobre las Nuevas Tendencias en el Derecho de los Contratos celebrado en Caracas durante los días 7 y 8 de mayo de 2015, fundamenta el deber de mitigar el daño en el principio de la buena fe que preside la ejecución de los contratos cuando expresa:

---

144 Extracto de la lección sobre la reparación del daño dictada por el profesor Enrique Lagrange como parte de su curso Derecho Civil III (Obligaciones) en la Universidad Central de Venezuela, que gentilmente nos suministrara su discípula la profesora María Candelaria Domínguez Guillén.

145 José Annicchiarico Villagrán y Claudia Madrid Martínez, "El Derecho de los Contratos en Venezuela: Hacia los Principios Latinoamericanos de Derecho de los Contratos", en *Derecho de las Obligaciones. Homenaje a José Mélich-Orsini,* Coordinadora Claudia Madrid Martínez, Academia de Ciencias Políticas y Sociales, Serie Eventos, Nº 2, Caracas, 2012, p. 101.

> … pareciera una norma de buen sentido en ejecución del contrato, como patrón de conducta, según el cual, las personas deben proceder de forma leal y honesta en sus tratos con los demás, y en el deber de las partes de cooperar con lealtad entre ellas a los fines de asegurarse el logro de sus expectativas legítimas, el que el acreedor esté obligado a mitigar y evitar aquellos daños producto del incumplimiento que pueden evitarse con una diligencia ordinaria a través de medidas razonables.
> En este sentido, puede decirse que el artículo 1160 impone al acreedor el deber concreto de gestionar en forma diligente y razonable las consecuencias negativas del incumplimiento[146].

Pero adicionalmente, en criterio de este autor:

> la reducción de la indemnización podría justificarse en la ausencia de causalidad entre el daño mayor y el incumplimiento del deudor, pues si el acreedor estaba situado en la mejor posición de moderar los daños mayores del incumplimiento, tal actuación corresponde un hecho culposo del cual deriva dicho daño y, en consecuencia, la obligación al deber de buena fe por parte del deudor constituye la causa directa del daño mayor[147].

Por tanto, el fundamento del deber de mitigar el daño, en criterio de Annicchiarico Villagrán, podría encontrarse en las exigencias de la buena fe y en el principio de causalidad.

Por su parte, la jurisprudencia de nuestros tribunales registra un caso reciente decidido por el Juzgado Segundo de Primera Instancia Civil, Mercantil, Agrario y Tránsito del Primer Circuito de la Circunscripción Judicial del Estado Bolívar mediante sentencia de fecha 2 de abril de 2012 en el cual el sentenciador en su decisión se refirió al deber de mitigar el daño que corresponde al acreedor perjudicado por la conducta del demandado.

---

146 José Annicchiarico Villagrán, *La Carga del Acreedor de Mitigar los Daños del Incumplimiento Contractual en el Derecho Venezolano*, Caracas, 2015, p. 17. Consultado en original. Este trabajo del profesor Annicchiarico Villagrán fue preparado como contribución al Libro Homenaje de la Academia de Ciencias Políticas y Sociales que se publicó con motivo del centenario de la creación de dicha Academia.

147 *Ibíd.*, pp. 17 y 18.

Los hechos fueron los siguientes: El actor había comprado un vehículo que alegó presentaba defectos y desperfectos mecánicos y eléctricos. Denunció este hecho ante el Instituto para la Defensa de las Personas en el Acceso a los Bienes y Servicios (INDEPABIS) el cual constató la existencia de los defectos y desperfectos de los cuales adolecía el automóvil. Las partes acordaron por vía de conciliación ante el INDEPABIS la reparación gratuita de los defectos del vehículo por parte de la empresa vendedora. El demandante no entregó el vehículo para su reparación en los términos acordados y demandó solidariamente por ante los tribunales de justicia a la empresa concesionaria vendedora y a la empresa ensambladora por la reposición del vehículo o la devolución de la cantidad pagada a su valor actual, así como por la correspondiente indemnización de los daños y perjuicios.

El tribunal después de constatar que el demandante no había entregado el automóvil defectuoso a la empresa concesionaria vendedora para que esta procediera a repararlo, condenó alternativamente a las empresas demandadas a reparar gratuitamente el vehículo dentro de los siete días siguientes a su entrega por parte del demandante, o a la reposición del vehículo o a la devolución de la cantidad pagada, todo ello a elección de las demandadas.

Además, en otra parte del fallo, el tribunal desechó algunos rubros del daño indemnizable reclamados por el actor, concretamente, el pago de honorarios profesionales pagados a una abogada para la defensa de los derechos e intereses del demandante por ante el INDEPABIS.

El sentenciador consideró que estos daños no eran indemnizables porque eran daños indirectos no imputables a las demandadas toda vez que para presentar una denuncia por ante el INDEPABIS e intervenir en el procedimiento administrativo correspondiente, la ley no requiere la utilización de abogados que asistan o representen al denunciante; de modo que si el demandante consideró que, para la mejor defensa de sus derechos e intereses, se hacía necesaria la contratación de una abogada que lo aconsejara o ejerciera su representación, el daño que supuso la erogación de honorarios profesionales cuantiosos obedeció a una pura elección del demandante; por lo cual, el pago de honorarios profesionales que reclamaba el demandante no era una consecuencia necesaria de la conducta de las demandadas, ya que no derivaba de la puesta en circulación del producto defectuoso.

El tribunal, siguiendo el criterio del profesor Mélich-Orsini, acogió en su fallo el significado propio que corresponde a la expresión *daño directo* y declaró que:

> *La expresión daño directo es equivalente a la de daño necesario* y, por consiguiente, el autor de la falta inicial no responde en la cadena de perjuicios, sino de aquellos que son la consecuencia cierta, necesaria de esta falta.
>
> Entonces como el pago efectuado a la abogada de la actora no es un daño necesario que pueda ser imputado a la demandada por un nexo causal por cuanto aquel pago no es una consecuencia forzosa de la comercialización de un producto defectuoso ya que el se produjo por una pura elección efectuada por el demandante,... se desestima la indemnización reclamada por este concepto[148].

Como fundamento de su decisión el juzgador se refirió a los límites del daño indemnizable "para no agravar al agente del daño con la carga de reparar *ad infinitum* toda especie de daños sufridos por la víctima que según esta han sido causados por la conducta u omisión de aquel".

En otra parte de la decisión el tribunal se refirió al deber del acreedor perjudicado de mitigar el daño en virtud del principio de la buena fe en los siguientes términos:

> *En virtud del principio de buena fe la víctima tiene el deber de mitigar los daños*. La buena fe es un principio que órbita alrededor de todos los ámbitos de nuestro ordenamiento positivo. El artículo 1160 del Código Civil lo consagra expresamente como principio que debe observarse en el cumplimiento de los contratos. Los artículos 556, 557 y 559, 790, 791, 792, 793, 1.179, 1.180, 1.183, entre muchos, del Código Civil, el artículo 170 del Código Procesal Civil, son indicadores de que *la buena fe es un*

[148] Sentencia del Juzgado Segundo de Primera Instancia Civil, Mercantil, Agrario y Tránsito del Primer Circuito de la Circunscripción Judicial del Estado Bolívar de fecha 2 de abril de 2012. Disponible en: http://cfr.tsj.gob.ve/decisiones/2012/abril/2177-2-FP02-V-2009-001750-PJ0192012000066.html.

> *principio que debe ser observado por las partes y considerado por el Juez para aminorar o agravar las consecuencias dañinas de las conductas humanas*[149].

Para concluir con base en el principio de la buena fe, que el acreedor perjudicado tiene el deber de mitigar el daño derivado del incumplimiento, el tribunal trajo a colación el siguiente ejemplo:

> Si un sujeto ocasiona a otro unas lesiones leves, una herida en un brazo, por ejemplo, que puede ser tratada en cualquier sanatorio local, pero la víctima elige ser tratada en el extranjero, en un centro de salud privado de forma intencional, a cargo de renombrados cirujanos, alojándose mientras dura el tratamiento en un lujoso hotel, contratando un vehículo de lujo y un chofer para su traslado diario al centro de salud, pareciera injusto cargar al agente del daño con la obligación de indemnizar a la víctima por los costos de los pasajes aéreos, impuestos aeroportuarios, gastos de alojamiento, transporte y comida, honorarios médicos, gastos por el uso de la clínica u hospitales privados, etc.
> En esta hipótesis el juez puede y debe acordar una reducción de la indemnización a cargo del causante de la lesión pues un elemental respeto al principio de buena fe exige que la víctima no se aproveche del perjuicio agravando la responsabilidad del demandado. Ese deber de mitigar los efectos nocivos del daño aparece consagrado en el artículo 40 del Decreto con Fuerza de Ley Orgánica del Contrato de Seguros[150].

De las referencias que trae el fallo sobre el deber de mitigar el daño, pareciera que en Venezuela la jurisprudencia de nuestros tribunales comienza a reconocer la carga de evitar o mitigar el daño que pesa sobre la víctima del incumplimiento, fundamentándola en los requerimientos de la buena fe conforme a la cual deben cumplirse los contratos y en la exigencia del daño directo que trae el artículo 1.275 del Código Civil.

---

149 *Ídem.*

150 *Ídem.*

2. Culpa de la víctima y deber de mitigar el daño

En nuestro ordenamiento, tal como ocurre en la mayoría de los países, la culpa de la víctima o, en su caso, del acreedor es una circunstancia que puede ser eximente o atenuante de responsabilidad civil contractual. Como la culpa de la víctima guarda algunas semejanzas con el deber del perjudicado de evitar o mitigar el daño, conviene diferenciar ambos institutos.

Cuando la víctima contribuye a la generación de su propio daño hay culpa de la víctima en la producción del daño; cuando el comportamiento de la víctima despliega su eficacia en un momento posterior a la producción del daño, agravándolo o no atenuando su impacto, entra en juego el principio de mitigación[151]. Por tanto, la diferencia entre la culpa de la víctima y el deber de evitar el daño radica en que mientras la primera se refiere a un comportamiento imputable que contribuye a la generación del propio daño, el deber de evitar el daño consiste en el deber jurídico que sujeta al perjudicado a la necesidad de actuar a fin de evitar la propagación del daño inicial y reducir su impacto[152].

Hay culpa de la víctima cuando la conducta del perjudicado concurre en la producción de la lesión inicial, en cuyo caso la obligación de reparar el daño se reduce en la medida en que el hecho (culposo) de la víctima ha contribuido a causarlo. Es una variante del concurso de varios autores en la producción del hecho lesivo (artículo 1.195). Solo que uno de los coautores es el propio perjudicado; por lo cual, este no puede reclamar aquella parte del daño causada por el mismo (artículo 1.189). En cambio, el deber de evitar el daño presupone que el evento dañoso ya se ha producido y es atribuible al agente o al deudor incumpliente; pero hay ciertas consecuencias dañosas que el acreedor perjudicado podía evitar usando la ordinaria diligencia y están, por tanto, excluidas del resarcimiento *ex* artículo 1.275 del Código Civil por no ser consecuencia directa e inmediata, esto es, necesaria del incumplimiento (*infra*, N° V,4,4.2).

---

151 André Christophe, ob. cit., pp. 232-234; Giovanna Visintini, *La Responsabilità contrattuale...* cit., p. 54; Natalino Sapone, *Il concorso di colpa...* cit., p. 7; Adriano De Cupis, ob. cit., pp. 283 y ss.; Ramón Domínguez Águila, ob. cit., p. 85. Es el criterio recogido en los Principios de Unidroit y en los PDEC (*supra*, N° III,2,2.9).

152 Karl Larenz, ob. cit., p. 223.

El deber de mitigar el daño no puede tratarse pues como un caso de concurrencia de culpas porque en esta segunda hipótesis se requiere que tanto la conducta del acreedor como la del deudor concurran a causar el daño antes de que este se produzca. En el caso del deber de mitigar el daño, la conducta del acreedor que incumple esta carga *presupone* que el daño ya se produjo. Por tanto, la carga de mitigar el daño es una institución que repercute en las consecuencias posteriores del daño que previamente se ha ocasionado por culpa del deudor[153].

La culpa de la víctima se vincula a la atribución del evento lesivo a una o varias personas, es decir, está referida al *an debeatur* (primera función de la causalidad); el daño evitable es un problema de la extensión del resarcimiento, esto es, referido al *quantum respondeatur* (segunda función de la causalidad) (*infra,* Nº V,4,4.1.)[154].

En materia contractual, cuando la culpa del acreedor concurre con la culpa del deudor en la inejecución del contrato o en la causación del daño inicial proveniente de la falta de cumplimiento de una obligación, la obligación de reparar el daño se verá reducida en la medida en que la culpa del acreedor contribuyó al mismo (arg.: *ex* art. 1.189 del Código Civil). Pero cuando el comportamiento del acreedor despliega su eficacia en un momento posterior a la causación del daño, propagando las

153 Un sector de la doctrina italiana para distinguir la culpa de la víctima del deber de evitar el daño se refiere al "daño evento" y al "daño consecuencia". El primero, se afirma, está constituido por el evento lesivo. Hay culpa de la víctima cuando el evento lesivo es producido por la concurrencia de la culpa de la propia víctima con la culpa del agente, en cuyo caso la obligación de reparar el daño se disminuye en la medida en que la víctima haya contribuido a aquel. En cambio, el daño consecuencia comprende todos aquellos daños posteriores al evento lesivo y que si el acreedor perjudicado podía evitar constituyen daños evitables que deben ser soportados por el mismo y, por tanto, no son resarcibles. Hay pues culpa de la víctima o del acreedor cuando este participa culposamente en la producción del evento lesivo; en cambio, el daño evitable se refiere a los daños que surgen después del evento lesivo (daño evento) y que sean atribuibles a la conducta activa u omisiva del perjudicado. Para el primer supuesto, el inciso primero del artículo 1.227 del Codice prevé una repartición de la responsabilidad entre el acreedor y el deudor; para el segundo supuesto, el inciso segundo de esta disposición prevé la exclusión del resarcimiento del daño evitable. Giovanna Visintini, loc. cit.; Carlo Rosello, *Il danno evitabile. La misura...*cit., p. 37; Adriano De Cupis, loc. cit. En contra, Bianca, quien afirma que tanto la culpa de la víctima como el deber de mitigar el daño, pueden referirse a supuestos de daño evento o de daño consecuencia (C. Massimo Bianca, ob. cit., Vol. V, (La responsabilità), p. 138).

154 Rodrigo Fuentes Guínez, *La extensión del daño...* cit., p. 243; Lilian San Martín Neira, ob. cit., p. 298.

consecuencias del daño causado o no atenuando su impacto, el daño no evitado o mitigado por el acreedor perjudicado pudiendo haberlo sido, será excluido del *quantum respondeatur* por no ser una consecuencia directa e inmediata, esto es, necesaria de la falta de cumplimiento de la obligación (arg.: *ex*. art. 1.275 del Código Civil) (*infra*, Nº V,4,4.1.).

3. Incidencia en el contrato de seguro

Como se dijo, el deber de mitigación no se encuentra expresamente recogido en nuestro Código Civil. Sin embargo, en materia de seguros, tal y como ocurre en la mayoría de los países, existen disposiciones especiales relativas a la obligación del asegurado de mitigar el daño.

Los artículos 20 (numerales 3 y 4) y 40 de la Ley del Contrato de Seguro de 2001[155] dicen lo siguiente:

> Artículo 20. Obligaciones del tomador, del asegurado o del beneficiario.
> El tomador, el asegurado o el beneficiario, según el caso, deberán:
>
> ...
>
> 3. Emplear el cuidado de un diligente padre de familia para prevenir el siniestro.
> 4. Tomar las medidas necesarias para salvar o recobrar las cosas aseguradas o para conservar sus restos.
>
> Artículo 40. Obligación de aminorar las consecuencias del siniestro.
> El tomador, el asegurado o el beneficiario debe emplear los medios a su alcance para aminorar las consecuencias del siniestro.
> El incumplimiento de este deber dará derecho a la empresa de seguros a reducir la indemnización en la proporción correspondiente, teniendo en cuenta la importancia de los daños derivados del mismo y el grado de culpa del tomador, el asegurado o el beneficiario.
> Si este incumplimiento se produjera con la manifiesta intención de perjudicar o engañar a la empresa de seguros, esta quedará liberada de toda prestación derivada del siniestro.

---

[155] La Ley del Contrato de Seguro a que se refiere este trabajo corresponde a la que fue publicada en la Gaceta Oficial Nº 5553 (Extraordinario) de fecha 12 de noviembre de 2001.

> Los gastos que se originen por el cumplimiento de la citada obligación, siempre que no sean inoportunos o desproporcionados a los bienes salvados, serán por cuenta de la empresa de seguros hasta el límite fijado en el contrato, e incluso si tales gastos no han tenido resultados efectivos o positivos. En ausencia de pacto, se indemnizarán los gastos efectivamente originados, sin que esta indemnización, aunada a la del siniestro, pueda exceder de la suma asegurada.
>
> La empresa de seguros que en virtud del contrato solo deba indemnizar una parte del daño causado por el siniestro, deberá reembolsar la parte proporcional de los gastos de salvamento, a menos que el tomador, el asegurado o el beneficiario hayan actuado siguiendo las instrucciones de la empresa de seguros y haya demostrado que dichos gastos no eran razonables, en cuyo caso los gastos serán a costa de esta.

De ahí que por el solo hecho de que el asegurador deba responder, el asegurado no queda autorizado para permanecer inactivo, sino que debe activarse a fin de contener el daño o aminorar sus efectos (*deber de salvamento*)[156].

Para fundamentar el deber de salvamento se invocan las siguientes razones: la defensa de los intereses del asegurador, la defensa de los intereses del asegurado, la ejecución de un mandato dado por el asegurador al asegurado y las exigencias de la buena fe que no toleran la actitud pasiva del asegurado que no adopta medidas de salvamento que adoptaría si él no estuviera amparado por una póliza de seguro. En la doctrina nacional, el profesor Morles Hernández afirma que "ninguna de las explicaciones es excluyente sino que todas ellas concurren para suministrar motivos para una conducta razonable de quien es parte en un contrato"[157].

Una vez ocurrido el siniestro, el asegurado tiene el deber de limitar sus consecuencias y, por lo mismo, de limitar los daños hasta donde sea posible. Así, el asegurado debe cuidar que los restos de la cosa asegurada queden debidamente resguardados ya que, en la mayoría de los

---

156 Carlos Jaramillo, ob. cit., p. 152.

157 Alfredo Morles Hernández, ob. cit., p. 375.

casos, será posible obtener de ellos algún valor que pueda imputarse a la indemnización y, además, con frecuencia con los restos del bien dañado se puede reconstruir o reparar la cosa[158].

Pero adicionalmente el asegurado tiene el deber de actuar con la debida diligencia para evitar el siniestro cuando este amenaza concretarse. Aun cuando el artículo 40 solo se refiere a la obligación (*rectius*: carga) de *aminorar* las consecuencias del siniestro y no alude a la actividad que debe desarrollar el asegurado para evitar que se produzca el siniestro, esta disposición tiene que interpretarse en concordancia con el artículo 20 (numeral 3) que impone al asegurado el deber de emplear el cuidado de un buen padre de familia para *prevenir* el siniestro. De lo anterior resulta que el asegurado debe realizar aquellos actos precisos para prevenir la ocurrencia de un siniestro que amenaza producirse, desplegando una debida diligencia. Por consiguiente, la no adopción de medidas preventivas adecuadas constituye un incumplimiento del deber de salvamento con las consecuencias para tal caso previstas; y si se adoptan tales medidas, con el fin de prevenir la producción de un siniestro inminente, el asegurador deberá igualmente restituir los gastos generados por este concepto[159].

La carga que le impone la Ley del Contrato de Seguro al asegurado consiste pues en la realización de aquellas actividades orientadas a evitar la ocurrencia del siniestro próximo o inminente y, si este ha

---

158 Ramón Domínguez Águila, ob. cit., p. 152; Leoncio Landaez Otazo, ob. cit., p. 142.

159 En la doctrina italiana, bajo el Código de Comercio de 1882, Vivante sostuvo que "los gastos reembolsables al asegurado son los hechos para *evitar* o disminuir los daños del siniestro", es decir, incluyendo ambos (César Vivante, *Del Contrato de Seguro*, Traducción castellana, Ediar, Buenos Aires, 1952, p. 373). En la doctrina nacional el profesor Alfredo Morles Hernández considera que el deber de prevenir el siniestro contemplado en el artículo 20 (numeral 3) de la Ley del Contrato de Seguro se asimila al deber de mantener el estado de riesgo que consagraba más explícitamente el derogado artículo 559 del Código de Comercio (Alfredo Morles Hernández, ob. cit., p. 358). A nuestro modo de ver, se trata de una carga de contenido distinto al de la de mantener el estado de riesgo. La carga de mantener el estado de riesgo consiste en evitar un cambio arbitrario en consideración al aumento de probabilidades de la producción del siniestro, pero sin referencia a su acaecimiento efectivo. En cambio, la carga de prevenir el siniestro implica adoptar medidas que reduzcan el peligro para cuando este se concrete o amenaza concretarse; por lo que tiene también como objeto evitar total o parcialmente el daño. En el mismo sentido, Halperín citado por Carlos Jaramillo, ob. cit., p. 268.

tenido lugar, a evitar el daño o al menos atenuarlo[160]. Este, por tanto, está obligado a actuar con mediana diligencia para prevenir el acaecimiento del siniestro. Asimismo, está obligado, una vez ocurrido este, a evitar la extensión y propagación del mismo.

De acuerdo con el artículo 40 de la Ley del Contrato de Seguro, los gastos derivados de las medidas tomadas por el asegurado para mitigar las consecuencias del siniestro son asumidos por el asegurador cuando aquel se ha comportado como un buen padre de familia, a pesar de que las gestiones realizadas no hubieran tenido éxito. El asegurador debe pues reembolsar al asegurado los gastos razonables realizados en cumplimiento de lo dispuesto por el artículo 40, aun cuando las diligencias realizadas no hubieran producido ningún resultado. Los gastos inoportunos o desproporcionados no son debidos por el asegurador y serán, en consecuencia, asumidos en forma exclusiva por el asegurado, no procediendo entonces su reembolso, salvo por supuesto que previamente hayan sido autorizados por aquel. El reembolso no podrá exceder la suma asegurada (Ley del Contrato de Seguro, artículo 40, tercera parte).

Si el asegurado incumple la carga de evitar la extensión y propagación del siniestro, el asegurador podrá deducir de la indemnización el monto de los perjuicios que le cause dicho incumplimiento, salvo que el asegurado haya procedido de mala fe en cuyo caso perderá el derecho a percibir la indemnización *in toto* (Ley del Contrato de Seguro, artículo 40, segunda parte).

Ahora bien, las reglas antes examinadas responden a las características particulares del contrato de seguro, encontrándose normas más o menos similares en la generalidad de los ordenamientos. Sin embargo, con base en estas disposiciones exclusivamente no es posible extraer por vía inductiva un principio general que imponga el deber de evitar o mitigar el daño[161]. A lo sumo, solo podría afirmarse que en estas normas

160 En el mismo sentido, en la doctrina italiana, se afirma: "El asegurado tiene la obligación de hacer lo posible para evitar el daño o disminuirlo... en aplicación del principio de autoresponsabilidad" (Fanelli De Gregorio y La Torre, citados por Carlos Jaramillo, ob. cit., p. 276).

161 Tanto más cuanto que producido el siniestro las partes del contrato de seguro se encuentran en una posición diferente de la que vincula al acreedor perjudicado con su contraparte que ha incumplido el contrato (o, en su caso, a la víctima del hecho ilícito con el agente del daño). En la relación jurídica derivada del seguro, la parte que debe indemnizar el daño no es la persona responsable del daño sino un tercero que actúa en forma de "garante" del

se consagra un supuesto concreto de aplicación del principio general de mitigación del daño, cuyo fundamento en nuestro derecho habrá de encontrarse en las normas generales sobre la responsabilidad civil contractual, tal y como pasamos a explicarlo a continuación.

4. Fundamento

Según algunos autores, el deber de evitar o mitigar el daño se fundamenta en la buena fe contractual y en el principio de corrección[162]; otros sostienen que es una derivación de las reglas de la causalidad[163], concretamente, de la exigencia del daño directo[164]; según un sector de la doctrina, se trata de un supuesto de autoresponsabilidad del perjudicado que conlleva el no resarcimiento del daño autogenerado[165]; otros autores, en cambio, tratan el daño evitable al hablar de la culpa de la víctima[166] o la culpa del acreedor y lo consideran como un problema de concurrencia de causas en la producción del daño o en su agravación a la que contribuyen el deudor incumplidor y el acreedor perjudicado por el incumplimiento[167]. Por último, se ha sostenido que este deber guarda relación con un aspecto jurídico del *quantum respondeatur*[168].

Generalmente la posición de los autores respecto de la fundamentación del deber de mitigar el daño varía según el área de la responsabi-

patrimonio de la víctima ante la ocurrencia del siniestro. Los intereses de las partes no se encuentran aquí en "pugna" como ocurre en la relación que vincula al responsable con la víctima, ya que la víctima ha pagado una prima de acuerdo con las condiciones de una póliza de seguros para asegurar sus intereses; por lo cual, sobrevenido el siniestro, al asegurado simplemente le corresponde cumplir con la prestación a su cargo, de acuerdo con el contrato. Al respecto, véase: Jérôme Ortscheidt, ob. cit., p. 168; María Isabel Troncoso, ob. cit., p. 367.

162 Giovanni Criscuoli, ob. cit., pp. 560 y ss.; Giovanna Visintini, *La Responsabilità Contrattuale*... cit., pp. 143-144; C. Massimo Bianca, ob. cit., Vol. V, (La responsabilità), p. 159; Stéphan Reifegerste, ob. cit., pp. 128-138; Bernard Hanotiau, ob. cit., p. 400. Como dijimos en su oportunidad, esta fundamentación se invoca con frecuencia en la jurisprudencia arbitral internacional (*supra*, Nº III,2,2.2).

163 Carlos Pizarro Wilson, ob. cit., p. 77.

164 Christian Larroumet, ob. cit., p. 8.

165 Lilian San Martín Neira, ob. cit., pp. 323 y ss.

166 Fernando Hinestrosa, *Tratado de las obligaciones: Concepto, estructura, vicisitudes*. Universidad Externado de Colombia, Bogotá, 2002, p. 779.

167 Gert Kummerow, ob. cit., pp. 330-331.

168 Alessandra Pinori, ob. cit., pp. 341 y ss.; Carlo Rosello, *Il danno evitabile. La misura*... cit., p. 175 y ss.; Rodrigo Fuentes Guínez, *La extensión del daño*... cit., p. 243.

lidad civil que sea objeto de estudio. Cuando se trata de la responsabilidad contractual, la mayoría de los autores consideran que se trata de un problema de buena fe contractual. En cambio, cuando se trata de la responsabilidad extracontractual, sostienen que se trata de un problema de culpa de la víctima. Por nuestra parte, nos referiremos al fundamento del deber de evitar o mitigar el daño en nuestro ordenamiento por parte del acreedor perjudicado por la inejecución del contrato.

De otro lado, consideramos que buena parte de la disparidad de opiniones acerca del fundamento del instituto objeto de nuestro estudio obedece a la diferente noción de la causalidad que manejan los autores. Por lo cual, para una adecuada solución del problema planteado conviene, en primer lugar, distinguir las dos funciones de la relación de causalidad como elemento de la responsabilidad civil y precisar en cuál de ellas encuentra acomodo el deber de mitigación. Esto nos permitirá a continuación encontrar la fundamentación del deber de mitigar el daño en las reglas y principios que rigen la responsabilidad civil contractual.

4.1. Los dos planos de la causalidad: el *an debeatur* y el *quantum respondeatur*

Como es bien sabido, la función de la causalidad no es única, sino doble. En primer lugar, sirve para determinar el *an debeatur*, es decir, para establecer una conexión causal entre el hecho del agente y el daño. En segundo término, la causalidad permite fijar el *quantum respondeatur*, es decir, sirve para determinar cuáles daños efectivamente sufridos por el demandante, deben ser soportados por el demandado, en otras palabras, fija la extensión de la obligación de resarcimiento[169]. En nuestro país se acepta pacíficamente que la relación de causalidad cumple dos funciones: 1) establecer si el hecho que se reprocha al demandado es causa del daño; y 2) fijar la extensión del resarcimiento, o sea, establecer cuales de los daños sufridos por el actor son causalmente atribuibles al demandado[170].

[169] Giovanna Visintini, *Trattato Breve*... cit., p. 629; Carlo Rosello, ob. cit., pp. 9 y ss.; Adriano De Cupis, ob. cit., pp. 246 y ss.

[170] Eloy Maduro Luyando y Emilio Pittier Sucre, ob. cit., Tomo I, p. 196; José Mélich-Orsini, *La responsabilidad civil*... cit., pp. 133-134; Oscar Palacios Herrera, *Apuntes de obligacio-*

De modo que la causalidad, por un lado, sirve para imputar el hecho generador de responsabilidad, esto es, para determinar si el incumplimiento o el evento dañoso puede o no ser atribuido a un sujeto determinado; pero además, la causalidad permite fijar la extensión del perjuicio indemnizable, el *quantum respondeatur*, esto es, selecciona entre los daños producidos cuáles serán resarcibles y cuáles no.

En fin, la primera función del nexo causal busca establecer si el resultado dañoso puede ser atribuido o no a un sujeto determinado, o a uno o varios sujetos. La llamada segunda función de la causalidad ya no busca determinar la persona del responsable, sino fijar la extensión del daño indemnizable[171].

Una vez afirmada la existencia de la responsabilidad y precisados el o los sujetos que habrán de asumir la obligación de indemnizar, entra en funcionamiento esta segunda cuestión que se refiere al *quantum respondeatur*. Aquí se trata de delimitar hasta dónde se extiende la responsabilidad, es decir, sirve para establecer desde el punto de vista jurídico qué consecuencias dañosas pueden considerarse como derivadas del incumplimiento contractual o, en su caso, del hecho ilícito. Para cumplir esta función el ordenamiento proporciona los denominados criterios jurídicos de delimitación del daño resarcible en los artículos 1.274 y 1.275 del Código Civil, entre los cuales se encuentran los contenidos bajo la expresión *consecuencia inmediata y directa de la falta de cumplimiento de la obligación* que trae el artículo 1.275.

De ahí que el problema del daño indirecto es solo un aspecto particular del problema de la pluralidad de causas y debe resolverse a partir de los principios que rigen la relación de causalidad[172]. Como afirma el

---

nes, Versión taquigráfica de Rafael Maldonado Gutiérrez, Ediciones Centro de Estudiantes. Universidad del Zulia, Maracaibo, 1982, pp. 53-54.

171 Rodrigo Fuentes Guínez, *La extensión del daño*... cit., pp. 188-193.

172 A los fines de la determinación del nexo causal en nuestro ordenamiento, en la doctrina y la jurisprudencia nacionales parece advertirse una tendencia hacia el reconocimiento de la teoría de la causa adecuada o de algunos criterios restrictivos similares. Es decir, dentro de la cadena de hechos determinantes del daño se ha de determinar cuál de los hechos de la cadena es el jurídicamente apto, objetiva y normalmente, para propiciar el daño, esto es, aquel hecho tan relevante que, de no existir, no se hubiera producido el daño. Solo ha de estimarse como causa jurídica el hecho que según su naturaleza aparezca como adecuado para engendrar el daño. Al respecto, véase: Carlos Eduardo Acedo Sucre, *La función de la culpa en la responsabilidad por hecho ilícito en derecho venezolano, comparado con los*

profesor Mélich-Orsini, al referirse al daño indirecto: "todo se reduce en última instancia a la cuestión de la certeza del nexo causal entre el daño que se reclama y la conducta culposa del =perjudicado"[173].

Teniendo en cuenta lo antes expuesto, es importante destacar que el deber de evitar o mitigar el daño entra en juego una vez resuelta la primera función del nexo causal. El deber de mitigación es, en definitiva, un criterio jurídico de la extensión del perjuicio indemnizable, es decir, un principio propio de la causalidad en su segunda función y que se encuentra recogido en el artículo 1.275 del Código Civil en la expresión *consecuencia inmediata y directa del incumplimiento*[174]. Aun cuando lo que se le atribuye al perjudicado que permanece inactivo no es el haber materialmente ocasionado el daño, sino el no haber impedido que se verificase, cuando su acción seguramente hubiera evitado el daño[175], en

---

derechos francés e italiano, Editorial Jurídica Venezolana, Caracas, 1993, pp. 293-298; José Mélich-Orsini, *La responsabilidad civil...* cit., pp. 137-140; Magaly Carnevali De Camacho, *Analisis legislativo, doctrinario y jurisprudencial de la responsabilidad civil extracontractual por hecho ilícito,* Ediciones Magón, Mérida, 1982, pp. 86 y ss.; Sentencia de la Sala Civil de la Corte Suprema de Justicia de fecha 18 de noviembre de 1992, en Pierre Tapia. Jurisprudencia de la Corte Suprema de Justicia, 1992, Tomo II, p. 154. Todo ello, sin perjuicio de que los autores que se han ocupado del asunto terminan diciendo que el vínculo de causalidad es un problema que escapa a toda solución lógica, concluyendo que "para determinar si hay o no vínculo de causalidad, todas las teorías constituyen un valioso elemento, pero el juez tiene que atenerse en gran parte a su sensibilidad, a tomar en cuenta las circunstancias objetivas y pragmáticas para llegar a una conclusión adecuada" (Eloy Maduro Luyando y Emilio Pittier Sucre, ob. cit., Tomo I, p. 201). Aplicando la teoría de la causalidad adecuada a la segunda función del nexo causal, es decir, al *quantum respondeatur*, la doctrina italiana moderna llega a la conclusión de que deben excluirse del resarcimiento por no existir regularidad causal entre el incumplimiento y el perjuicio, los daños evitables por el acreedor y aquellos anormales o irregulares que no pueden imputarse al sujeto porque serían efectos que respecto a su misma acción aparecen como anormales o atípicos por no responder al curso normal de los acontecimientos y, por tanto, al que suministra la experiencia. Al respecto, véase lo que expongo en la nota 188 *ut infra*.

173 José Mélich-Orsini, *La responsabilidad civil...* cit., p. 145.

174 Rodrigo Fuentes Guínez, *La extensión del daño...* cit., p. 243. En el mismo sentido, en la doctrina italiana, Visintini refriéndose al artículo 1.229 del derogado Código Civil italiano de 1865, idéntico a nuestro artículo 1.275, expresa que en su significado original la expresión daño indirecto y mediato que contenía dicha norma comprendía los daños evitables con un mínimo de diligencia por parte del acreedor, pero que en el actual *Codice* el criterio de la evitabilidad viene formulado en forma autónoma en el inciso 2° del artículo 1.227 (Giovanna Visintini, *Trattato Breve...* cit., p. 681).

175 Giovanni Fiandaca, Voz "Rapporto di Causalità", en *Digesto delle discipline Privatistiche* (Sezione Civile), Vol. IV, Publicación de la Unione Tipografico-Editrice Torinese, Turín, 1988, p. 127.

definitiva, el deber de evitar el daño nos coloca frente a un problema de causalidad.

Hechos los señalamientos anteriores pasamos a examinar el fundamento del deber de evitar o mitigar el daño en el Derecho venezolano.

4.2. La buena fe objetiva y la interrupción del nexo causal

Ante la ausencia de una disposición de alcance general que consagre expresamente en nuestro ordenamiento el deber de mitigación, entre nosotros la fundamentación legal de la irresarcibilidad del daño evitable se plantea en términos similares a los asumidos por la doctrina italiana bajo la vigencia del Código Civil de 1865 que tampoco consagraba, al menos explícitamente, el deber del acreedor perjudicado de evitar o mitigar el daño producido por el incumplimiento.

Recogiendo las enseñanzas de Pothier (*supra*, N° II,7), la doctrina clásica italiana consideró que la expresión "consecuencia inmediata y directa" empleada en el artículo 1.229 del Código Civil italiano de 1.865, debía ser interpretada en el sentido de "consecuencias necesarias" del incumplimiento[176]. Esta disposición limita los daños y perjuicios resarcibles a los que sean "consecuencia inmediata y directa del incumplimiento"[177]. La doctrina italiana que comenta el artículo 1.229 del Código Civil italiano de 1865, sustancialmente idéntico al

[176] Jorge Giorgi, *Teoría de las Obligaciones en el Derecho Moderno*, Vol. II, Traducción al castellano por la redacción de la Revista General de Legislación y Jurisprudencia, Editorial Reus, Madrid, 1929, pp. 144-149; Dino Mandroli, "Le consequenze immediate e dirette dell' inadempimento doloso", en *Rivista del Diritto Commerciale e del Diritto Generale delle Obbligazioni*, 1921, I, p. 35. La misma orientación se sigue en la doctrina francesa y belga cuando se afirma que la expresión "consecuencia inmediata y directa" que trae el artículo 1.151 del *Code* debe sustituirse por la de "consecuencia necesaria y directa". Al respecto, véase: Henri Mazeaud, ob. cit., p. 560; Henri Mazeaud, Léon Mazeaud y André Tunc, *Tratado Teórico y Práctico de la Responsabilidad Civil Delictual y Contractual*, Tomo II, Vol. II, Traducción castellana de Luis Alcalá Zamora y Castillo, Ediciones Jurídicas Europa y América, Buenos Aires, 1977, p. 278. En el mismo sentido, en la doctrina nacional, véase: José Mélich-Orsini, *La responsabilidad civil...* cit., p. 145.

[177] Cabe hacer notar que la doctrina sostiene pacíficamente que la limitación del resarcimiento a los solos daños directos se aplica también en caso de responsabilidad extracontractual. Al respecto, véase: Philippe Le Tourneau, *La responsabilidad civil*, Traducción castellana de Javier Tamayo Jaramillo, Legis, Bogotá, 2004, p. 88. En la doctrina nacional, véase, José Mélich-Orsini, *La responsabilidad civil...* cit., pp. 52-54; Eloy Maduro Luyando y Emilio Pittier Sucre, ob. cit., Tomo I, p. 156.

artículo 1.275[178] del Código Civil venezolano, llegó a la conclusión que la expresión consecuencia inmediata y directa debía interpretarse en el sentido de consecuencias necesarias, esto es, debía tratarse de un daño cuya causa radicara únicamente en el incumplimiento o cuando, para el caso de que se tratara de un daño indirecto, la nueva causa fuera, a su vez, una consecuencia necesaria de la anterior. De ahí que no debían indemnizarse aquellos perjuicios ulteriores que no derivaran exclusivamente de la inejecución, o de una consecuencia necesaria de esta, sino del concurso con otras causas, entre las cuales se incluía precisamente el hecho del acreedor que habría podido comportarse mejor.

Exponente de esta corriente de opinión en la doctrina clásica italiana es el autor Giorgio Giorgi quien expresa:

> Pero lo cierto es que [con la expresión consecuencia inmediata y directa del incumplimiento] el legislador ha querido excluir del resarcimiento todos aquellos daños ulteriores que no se derivarían del incumplimiento sin el concurso de nuevas causas: *ex nova causa*.
>
> Pero ¿cuándo se dice que concurre una nueva causa? Esto es una cuestión de hecho o buen sentido más que de ciencia o de estricto derecho... la *nova causa* surge cuando para llegar desde el incumplimiento a los daños en litigio, se requiere una serie prolongada de actos o de eventos que no sean todos efectos necesarios del incumplimiento. Puede consistir, o en el hecho mismo del acreedor, o bien en un caso fortuito, como el hecho de un tercero extraño, o bien un accidente natural. Si la nueva causa consiste en el comportamiento del acreedor, que hubiera podido portarse mejor, los nuevos daños no pueden ciertamente atribuirse al deudor, por no ser lícito al acreedor aumentar, con su malicia y su descuido, la suma de daños para ponerla a cargo del deudor[179].

[178] El artículo 1.229 del Código Civil italiano de 1865 dice lo siguiente: "Aunque la falta de cumplimiento de la obligación resulte de dolo del deudor, los daños y perjuicios relativos a la pérdida sufrida por el acreedor y a la utilidad de que se le haya privado, no deben extenderse sino a los que son consecuencia inmediata y directa de la falta de cumplimiento de la obligación". El legislador venezolano en el artículo 1.164 del Código Civil de 1.873 reprodujo al pie de la letra esta disposición la cual fue incluida en los mismos términos en nuestros Códigos Civiles de 1880 (art. 1.174), 1896 (art. 1.174), 1904 (art. 1.174), 1916 (art. 1.295), 1992 (art. 1.295), 1942 (art. 1.275) y cuyo texto tampoco fue modificado en la Ley de Reforma Parcial del Código Civil de 1982.

[179] Jorge Giorgi, ob. cit., Vol. II, p. 145.

Como los mayores daños consistentes en una agravación por parte del acreedor no eran una consecuencia necesaria del incumplimiento sino de la conducta del acreedor, debían considerarse *daños indirectos* respecto del incumplimiento del deudor y, por ende, no resarcibles. De esta forma, el juez al momento de determinar los daños y perjuicios que deben ser indemnizados por el responsable excluirá del monto de la indemnización aquellos que, si bien pueden estar ligados con el incumplimiento, tienen como origen la conducta negligente de la víctima y, por tanto, no son una consecuencia directa e inmediata del incumplimiento. Dicha conducta es un nuevo evento que interviene y cuyo efecto es la ruptura en el encadenamiento de efectos y, por tanto, el deudor no deberá responder por los daños que resulten de este evento.

La opinión de Giorgi fue objeto de algunas críticas por parte de un sector de la doctrina clásica italiana que señalaba que esta argumentación era aceptable cuando se trataba de una conducta positiva del acreedor que agravaba el daño, pero cuando dicha conducta consistía en una mera *omisión* negligente por parte del acreedor perjudicado que habría podido comportarse mejor y evitar la propagación de las consecuencias dañosas, dicha omisión para interrumpir el nexo causal debía traducirse en *una infracción de una regla de conducta de orden legal* que pudiera serle exigible al acreedor: la de desarrollar una actividad diligente, de acuerdo con las circunstancias, para evitar los daños o que estos aumenten. La omisión solo tiene relevancia causal, se afirma, cuando ella se traduce en la inobservancia de una norma jurídica[180].

Para fundamentar el principio de que los mayores daños que fueron producto de una omisión negligente del acreedor no debían ser resarcidos, se consideró entonces que *sobre el acreedor perjudicado por el incumplimiento pesa una carga derivada de la buena fe contractual consagrada* en el artículo 1.124 del Código Civil[181] que le

[180] Riccardo Fubini, "Sul comportamento del creditore nel caso di inadimpienza del debitore", en *Scritti giuridici dedicati ed offerti a Gian Pietro Chironi*, Vol. I, Fratelli Bocca, Milano, 1915, p. 133. En el mismo sentido, en la doctrina que se refiere al *Codice* de 1942, Guiseppe Cricenti, *Il problema della colpa omissiva.* Cedam, Padua, 2002.

[181] El artículo 1.124 del Código Civil italiano de 1865 dice textualmente lo siguiente: "Los contratos deben ejecutarse de buena fe y obligan no solamente a cumplir lo expresado en ellos, sino a todas las consecuencias que se derivan de los mismos contratos, según la equidad, el uso o la Ley". El legislador venezolano en el artículo 1.069 del Código Civil

impone activarse a fin de contener los daños y si no lo hace su omisión produce una interrupción del nexo causal entre el incumplimiento y los perjuicios que habría evitado si hubiera actuado diligentemente[182].

En fin, los mayores daños consistentes en una "agravación" por parte del acreedor fueron considerados por la doctrina clásica italiana *daños indirectos* respecto del incumplimiento del deudor y, por ende, no resarcibles, pues la conducta omisiva del acreedor al no hacer lo necesario para limitar la extensión del perjuicio o evitar la propagación de sus consecuencias, se traduce en la transgresión de una regla derivada de las exigencias de la buena fe que rompe el nexo de causalidad entre el incumplimiento y el daño final y, por tanto, justifica su exclusión del *quantum respondeatur*, conforme a lo dispuesto en el artículo 1.124 del Código.

En nuestro concepto, estas consideraciones de la doctrina y la jurisprudencia referentes a los artículos 1.124 y 1.229 del Código Civil italiano de 1.865, idénticos a los artículos 1.160 y 1.275 del Código Civil venezolano, son perfectamente trasladables a nuestro ordenamiento y nos suministran una fundamentación legal del deber de evitar o mitigar el daño a cargo del acreedor perjudicado por el incumplimiento del contrato.

En nuestro ordenamiento, por tanto, el deber de limitar la extensión del perjuicio sufrido tiene un fundamento mixto. Hay, en primer lugar, una regla de conducta derivada de las exigencias de la buena fe de evitar la propagación de los daños, adoptando para ello las precauciones que la diligencia ordinaria exige[183]. En efecto, el principio de la buena fe objetiva se extiende al cumplimiento como al incumplimiento del contrato. Como afirma Betti:

---

de 1873 reprodujo *ad pedem litterae* esta disposición la cual fue incluida en los mismos términos en nuestros Códigos Civiles de 1880 (art. 1.077), 1896 (art. 1.098), 1904 (art. 1.104), 1.916 (art. 1.199), 1922 (art. 1.199) y 1942 (art. 1.160) y cuyo texto tampoco fue modificado en la Ley de Reforma Parcial del Código Civil de 1982.

182 Emilio Betti, "Influenza dell' alienazione da parte del compratore sulla responsabilità del venditore per vizio redibitorio", en *Rivista del Diritto Commerciale e del Diritto Generale delle Obbligazioni*, 1925, II, pp. 348-351.

183 Pierre Van Ommeslaghe, ob. cit., Tome II, p. 1604. En el mismo sentido, véase la doctrina citada en la nota 162 *ut supra*.

> La buena fe entra en juego en la fase patológica del incumplimiento, en la que ya no se trata de satisfacer las expectativas recíprocas, y, por tanto, la buena fe ya no puede jugar como función positiva, como compromiso de cumplir, pero sin embargo sigue existiendo un contacto social entre las dos esferas contiguas del acreedor y el deudor; el acreedor aun cuando no queden satisfechas sus expectativas no puede considerarse como en estado de guerra con el deudor y comportarse de tal modo que aumente el daño del incumplimiento (...) hay aquí una exigencia de corrección que le impone, incluso en esta fase, buscar el modo de limitar los daños derivados del incumplimiento[184].

De lo anterior resulta que el acreedor, no obstante haber sido víctima de un incumplimiento por su contraparte, sigue estando obligado a comportarse de buena fe y, por ende, a observar una conducta diligente que limite la amplitud del daño sufrido[185].

Pero es en última instancia en un principio de la causalidad en su segunda función y, concretamente, en la exigencia del daño directo como criterio de delimitación del *quantum respondeatur*, donde debe encontrarse el reconocimiento legal de la irresarcibilidad del daño evitable. En nuestro ordenamiento, que sigue en esta materia la orientación del *Code* y del Código Civil italiano de 1865, la expresión "consecuencia inmediata y directa" debe ser entendida del mismo

[184] E. Betti, *Teoría General de las Obligaciones*, Traducción castellana, Editorial Revista de Derecho Privado, Madrid, 1969, p. 117.

[185] Según algunos se estira demasiado la noción de buena fe contractual cuando se la invoca como fundamentación legal de la irresarcibilidad del daño evitable, ya que no hay que olvidar que ha sido precisamente el deudor quien incumplió el contrato y pretende ahora ampararse en el comportamiento desleal de su cocontratante para reducir el monto de los perjuicios indemnizables. Al respecto, véase: Christian Larroumet, ob. cit., p. 8; Carlos Pizarro Wilson, ob. cit., p. 77. A nuestro modo de ver, no existe en este caso ningún empleo impropio o más allá de lo razonable de la noción de buena fe puesto que aun cuando no queden ya satisfechas las expectativas del acreedor en razón de la inejecución del contrato, este no puede comportarse de modo tal que aumente el daño derivado de dicha inejecución. En cambio, se desnaturaliza el concepto de buena fe cuando se emplea para abusar del ejercicio de una prerrogativa contractual, alterar las estipulaciones de un contrato, desconocer cláusulas contractuales expresamente previstas para el caso concreto o, en general, para desvirtuar estipulaciones que reflejan el interés de las partes o el propósito de la contratación. Por supuesto, tampoco puede recurrirse a esta noción para exigir el cumplimiento de un contrato que colide con disposiciones imperativas de la ley.

modo como lo entendían Pothier y la doctrina clásica italiana, es decir, como aquellas consecuencias inevitables por el acreedor. De ahí que no sean reparables los daños que el perjudicado hubiera podido evitar, los cuales son consecuencias no necesarias del incumplimiento. En conclusión, el daño evitable es atribuible más bien a la negligencia del acreedor que a la falta de cumplimiento de la obligación, por esto no merece ser resarcido y se excluye del *quantum respondeatur*.

En nuestro ordenamiento la exclusión del resarcimiento del daño evitable es, en definitiva, una derivación de las reglas de la causalidad. El daño que podía ser evitado no debe resarcirse porque no es una consecuencia directa del incumplimiento sino de la inactividad del acreedor[186]. La indemnización comprende todo el daño causado por el incumplimiento, siempre que sea una consecuencia inmediata y directa, es decir, necesaria, del incumplimiento, esto es, no evitable por el acreedor utilizando la mediana diligencia[187]. Con la expresión consecuencia inmediata y directa del incumplimiento que contiene el artículo 1.275 se excluye pues la indemnización de los daños evitables[188].

---

[186] En el mismo sentido, en la moderna doctrina italiana, véase: Carlo Rosello, "Concorso del fatto colposo del creditore", en *Tratatto de la Responsabilità Contrattuale* diretto da Giovanna Visintini, Vol. II...cit., p. 417.

[187] Paolo Forchielli, *Il rapporto di causalità nel illicito civile,* Cedam, Padua, 1960, pp. 47 y ss.

[188] El otro criterio delimitador del daño indemnizable comprendido en la expresión "*consecuencia inmediata y directa* de la falta de cumplimiento de la obligación" es la exclusión del *daño anormal.* De acuerdo con un sector importante de la doctrina italiana, la expresión *consecuencia inmediata y directa* que traen los artículos 1.229 del Código Civil italiano de 1865 y 1.223 del *Codice*, además del daño evitable por el acreedor, excluye el resarcimiento de aquellos daños que si bien fueron causados por el incumplimiento, son ciertamente anormales o irregulares en su producción. Según Bianca, se trata de daños que por su anormalidad o atipicidad no pueden considerarse consecuencias regulares del incumplimiento (C. Massimo Bianca, *Dell'inadempimento delle obbligazioni*, Boloña-Roma, 1967, p. 252) o, como afirma De Cupis, "no puede imputarse al sujeto aquel efecto que respecto a su misma acción, aparece anormal o atípico, por no responder al curso normal de los acontecimientos y, por tanto, a lo que suministra la experiencia" (Adriano De Cupis, ob. cit., p. 264). En la misma dirección, pero siguiendo otra línea argumental, Realmonte afirma que en virtud de la exclusión del resarcimiento de los daños y perjuicios que no sean *consecuencia inmediata* y *directa* de la inejecución de la obligación, hay que excluir de él las consecuencias dañosas que no constituyen la realización de un riesgo normalmente conectado con el incumplimiento. Por lo tanto, no se indemnizarán los perjuicios que, si bien han sido causados por el incumplimiento, no son realización del riesgo propio de la prestación incumplida, lo que indica que para este autor daño anormal es aquel que si bien

Dicho en otras palabras, el daño que el acreedor hubiera podido evitar no es resarcible porque su omisión negligente produce la interrupción del nexo causal entre el incumplimiento y el daño[189]. No constituye una consecuencia inmediata y directa del incumplimiento del acreedor.

Hay pues un deber derivado de la buena fe[190], en razón del comportamiento leal y diligente exigible al acreedor una vez verificado el incumplimiento, de evitar la extensión de los daños adoptando para ello las medidas que la razonable diligencia exige. Por otra parte, la inobservancia de este deber introduce un factor que rompe la relación de causalidad, pues el aumento de los daños no es ya consecuencia directa, inmediata y necesaria del incumplimiento, sino de la inacción o de la pasividad del acreedor[191].

En resumidas cuentas, en nuestro ordenamiento el deber de mitigar el daño tiene dos fundamentos interrelacionados: la buena fe objetiva que impone el deber al acreedor y la causalidad que explica el efecto de la inobservancia de este deber.

4.3. El principio de la reparación integral coexiste con el deber de mitigar el daño

Entre las razones adelantadas, especialmente por la jurisprudencia francesa, para negar que exista un deber de evitar o mitigar el daño se invoca el principio de la integridad de la reparación[192]. En efecto, una

es causado por el incumplimiento no constituye un riesgo propio de él (Francesco Realmonte, *Il problema del rapporto di causalità nel risarcimento del danno,* Giuffrè Editore, Milán, 1984, pp. 204-208) Sea como fuere, la expresión *consecuencia inmediata y directa* exige regularidad causal entre el incumplimiento y el perjuicio; por lo cual, además del daño evitable, excluye el daño anormal, atípico o irregular. En la doctrina española, poco más o menos en el mismo sentido, véase: Fernando Pantaleón, "Causalidad e imputación objetiva. Criterios de imputación", en *Centenario de la Ley del Notariado*, AA.VV., Editorial Reus, Madrid, 1990, pp. 1590-1591; Mariano Izquierdo Tolsada, ob. cit., p. 196.

189 Ramón Domínguez Águila, ob. cit., pp. 90-91.

190 Respecto de la justificación del principio de la buena fe como principio general de derecho en nuestro ordenamiento, véase: Luciano Lupini Bianchi, *La responsabilidad precontractual en el Derecho comparado moderno y en Venezuela*, Academia de Ciencias Políticas y Sociales, Serie Discursos, N° 5, Caracas, 2014, pp. 210-219.

191 Luis Díez-Picazo, *Fundamentos*... cit., Vol. II, pp. 783-784.

192 El principio de la integridad de la reparación del daño de acuerdo con el cual la reintegración del patrimonio lesionado debe ser integral, es decir, cubrir "todo" el daño es un principio fundamental del Derecho de la responsabilidad civil. Al respecto, en la doctrina

vez producido el daño, se afirma, su reparación integral corresponde al autor y no debería la víctima tener obligación alguna de aliviar la carga del agente. Si además de soportar el daño, el acreedor perjudicado tuviese que hacer todo lo posible para evitar su extensión o mitigarlo, resultaría que, contrariamente al principio de la reparación integral, se haría pesar sobre la víctima del incumplimiento un deber hacia el responsable.

Sin embargo, el principio de la reparación integral no es absoluto y admite excepciones[193]. El resarcimiento no abarca la totalidad de los daños sufridos por el acreedor, sino que se limita a ciertos daños, que se determinan en función de los criterios establecidos en los artículos 1.275 y 1.276 del Código Civil (*supra*, N° V,4,4.1). De ahí que el principio de la reparación integral no se opone al deber de mitigar el daño, en tanto y en cuanto puede perfectamente afirmarse que el deudor no debe reparar íntegramente más que el daño que sea imputable a su conducta, lo que excluye aquel que se origina en la inacción o en la conducta insuficiente o irrazonable del acreedor.

Ciertamente, la víctima tiene derecho a la reparación integral del daño. El agente tiene que reparar todos los daños y perjuicios pero siempre y cuando los mismos sean consecuencia inmediata y directa, es decir, necesaria, del incumplimiento; no aquellos que no estén conectados causalmente con la conducta del agente[194]. Por consiguiente, la exigencia de que el daño sea directo determina que la carga de mitigar

---

francesa, véase: Geneviève Viney y Patrice Jourdain, ob. cit., Tome VI, pp. 111-125; Philippe Le Tourneau y L. Cadiet, *Droit de la Responsabilité,* Dalloz, París, 1996, pp. 356 y ss.; François Terré, Philippe Simler y Yves Lequette, *Droit Civil. Les Obligations,* Dalloz, París, 2005, pp. 878-880. En la doctrina italiana, véase: Giovanna Visintini y Alessandra Pinori, "La nozione di danno e le tecniche risarcitorie", en *Il Risarcimento del Danno Contrattuale ed Extracontratualle* a cura de Giovanna Visintini, Giuffrè Editore, Milán, 1999, p. 5. En la doctrina nacional, véase: José Mélich-Orsini, *La responsabilidad civil...* cit., pp. 200-202.

193 *Ídem.*

194 Como dijimos en su oportunidad, al comentar las decisiones de la Corte de Casación francesa que, con fundamento en el principio de la reparación integral, se pronuncian en contra del deber del acreedor perjudicado de mitigar el daño, Larroumet afirma que puede perfectamente sostenerse que el deudor debe reparar íntegramente el daño que sea atribuible a su actividad, pero no aquel que derive de la inacción o actividad irrazonable o insuficiente del acreedor perjudicado (Christian Larroumet, ob. cit., p. 5).

los daños coexiste armónicamente con el principio de la reparación integral.

4.4. La determinación y cuantificación del daño en el momento de la sentencia

Pero adicionalmente, en nuestro ordenamiento, el momento al que debe referirse la determinación y la valoración de los daños es el del pronunciamiento de la sentencia[195]. La indemnización se fija al momento de dictar el fallo[196]. El juez determina los daños y perjuicios indemnizables al momento de la sentencia pudiendo, por tanto, observar lo ocurrido entre el momento en que tuvo lugar el incumplimiento y la fecha del pronunciamiento del fallo[197]. De ahí que el juez podría considerar otros daños y perjuicios o, incluso, la participación del acreedor en el agravamiento de los mismos[198].

Por consiguiente, si entre la fecha del incumplimiento o de la producción del daño hasta el día en que recaiga el fallo, lo cual puede ocurrir meses o años después, se hubiere producido una agravación de los daños, el juez en su determinación deberá tener en cuenta esta situación y considerar las posibles variaciones del daño posteriores a su producción. El juez tiene que considerar lo que le ocurra al daño inicial entre el momento de su producción y el de la sentencia que ordena su reparación[199]. Como el daño reparable es el existente al momento en que se aprecia por el juez al sentenciar, este valorará, al momento de referirse a la determinación y la cuantificación de los daños comprobados por él, el papel que tuvo la víctima del incumplimiento en su agravación[200].

---

195 En la doctrina nacional se considera que el momento de la sentencia debe ser el empleado por el juez tanto para la determinación de los elementos o capítulos constitutivos del daño, como para valorar el daño comprobado por él. Al respecto, véase: José Mélich-Orsini, *La responsabilidad civil...* cit., p. 222.

196 Gert Kummerow, ob. cit., p. 339; Sentencia de la Sala Constitucional del Tribunal Supremo de Justicia de fecha 20/03/2006. Disponible en: http://www.tsj.gov.ve/decisiones/scon/marzo/576-200306-05-2216.htm.

197 En la doctrina italiana sobre el Código Civil de 1865, véase: Gian Pietro Chironi, ob. cit., Vol. II, p. 340. En la doctrina italiana sobre *el Codice* de 1942, véase: Adriano De Cupis, ob. cit., pp. 324-325.

198 Enrique Lagrange, loc. cit., Carlos Pizarro Wilson, ob. cit., p. 74.

199 Christian Larroumet, loc. cit.

200 Geneviève Viney, *Rapport de synthèse...* cit., p. 3.

Ya hemos dicho que al no haber hecho esta lo necesario para limitar la amplitud del daño o evitar sus consecuencias ulteriores, su conducta omisiva es claramente culpable, interviene causalmente en la producción del daño final (*daño consecuencia*), aunque no haya intervenido antes en la producción del daño inicial e interrumpe el nexo causal entre el hecho del demandado que inicialmente causa todo el daño y el daño final (*supra*, Nº V,4,4.2.).

Como los daños y perjuicios indemnizables son solo los que resultan directa e inmediatamente de la falta de cumplimiento de la obligación debiendo el juez determinarlos y valorarlos al momento de la sentencia, no es reparable el perjuicio que haya sido agravado *medio tempore* por la actuación u omisión culposa del acreedor perjudicado. La carga del acreedor perjudicado de evitar o mitigar el daño coexiste armónicamente con el principio de la reparación integral del daño debidamente apreciado por el juez en su consistencia y determinado en su cuantía al momento de dictar la sentencia.

5. Alcance

5.1. Grado de diligencia exigible

En lo concerniente al *grado de diligencia* que debe desarrollar el acreedor perjudicado en la observancia de la carga de mitigación del daño en el Derecho venezolano, a falta de norma expresa, estimamos que se debe imponer al acreedor la adopción de aquellas medidas mitigadoras útiles y razonablemente exigibles, atendiendo al modelo del buen padre de familia. De ahí que las actuaciones exigibles al acreedor dependerán del caso concreto, tomando en consideración lo que habría hecho el *bonus pater familiae* que se encontrare en las mismas circunstancias en que se encontraba, al momento de mitigar el daño, la víctima del incumplimiento cuya conducta se trata de calificar (*supra*, Nº IV,4).

Además, como dijimos en su oportunidad, se debe tener siempre presente que el alcance del esfuerzo mitigador debe medirse con flexibilidad, sin ser riguroso en la conducta exigida al acreedor, porque no debe olvidarse que es una carga que se impone a la víctima del incumplimiento, incluso a favor del contratante que incumple dolosamente el contrato.

5.2. Conducta del acreedor perjudicado

Por lo que respecta a la conducta a ser desarrollada por el acreedor perjudicado para que se considere que ha cumplido con su carga mitigadora, pueden serle exigibles medidas de conservación, de reparación o de sustitución o reemplazo, según las circunstancias[201].

a. Medidas de conservación

A veces pueden ser necesarias *medidas de conservación* de la cosa dañada para no agravar el daño o, incluso, para mitigarlo. Por ejemplo, el asegurado, sobrevenido el siniestro, deberá vigilar, o trasladar o depositar en un lugar adecuado los bienes muebles que se salvaron del incendio que destruyó el inmueble donde ellos se encontraban (arg.: *ex* art. 20, numeral 4 de la Ley del Contrato de Seguro). Otro ejemplo del deber de conservación sería el tener que retirar el mobiliario situado en una casa de habitación cuyo techo presenta problemas de filtración debido a deficiencias del constructor. Asimismo, si el comprador se demora en la recepción de las mercancías vendidas, corresponde al vendedor custodiarlas y proveer a su conservación[202].

b. Medidas de reparación

Otras veces el perjudicado debe adoptar *medidas de reparación* para contener el perjuicio. De ahí que, si el daño se puede evitar con una reparación, se imputará al acreedor el no haberla realizado o la tardanza en la misma y este no podrá pretender ser indemnizado, sobre todo cuando con una pequeña suma habría sido posible reparar el bien e impedir la propagación de las consecuencias del daño[203].

En el Código Civil se contemplan algunas medidas de este tipo. Así, el caso contemplado en el artículo 607, donde se permite al usufructuario efectuar reparaciones mayores que son de cargo del propietario, cuando este no las realice como, por ejemplo, cuando estas resulten necesarias para la subsistencia de la cosa. Asimismo, en materia de

---

201 Stéphan Reifegerste, ob. cit., pp. 195 y ss.

202 A las medidas de conservación se refieren los artículos 85 al 88 de la Convención de Viena.

203 C. Massimo Bianca, ob. cit., Vol V, (La responsabilità), pp. 164-165; Rodrigo Fuentes Guínez, *La extensión del daño...* cit., pp. 248-249.

contrato de obras, aunque el artículo 1.637 establece la responsabilidad del arquitecto y del empresario por defectos o vicios de construcción, nada impide que el dueño de la obra actúe, sin esperar que intervenga el obligado a ello, para de esa forma evitar la expansión del daño[204].

c. Medidas de sustitución

Otras veces se impondrán al acreedor perjudicado medidas de sustitución o reemplazo que mitiguen el daño causado por el incumplimiento del deudor como, por ejemplo, la celebración de otro contrato que cumpla el fin económico perseguido. Así, el arrendador dejaría de observar su carga de mitigar el daño en caso de terminación unilateral

---

204 Si bien, en general, la reparación de daños materiales no ofrece mayores problemas, la doctrina al referirse especialmente a los daños corporales ocasionados por el *hecho ilícito*, discute si puede exigírsele a la víctima que se someta a tratamientos médicos o intervenciones quirúrgicas para mitigar el daño. Por ejemplo, cuando el hecho ilícito causa una lesión a la víctima que repercute gravemente en su capacidad de trabajo, surge el problema de si al momento de cuantificar el resarcimiento, debe tomarse en consideración la totalidad de los daños y perjuicios o solo aquella parte del daño a que podría haber quedado reducido de haberse sometido la víctima a la terapia adecuada como, por ejemplo, al uso de una prótesis siguiendo las recomendaciones de sus médicos. Al respecto se afirma que si bien la inviolabilidad del cuerpo humano es un derecho de la personalidad establecido en atención a la dignidad de la persona humana y, por ende, nadie puede ser obligado a someterse a un tratamiento clínico o quirúrgico o a exámenes médicos o de laboratorio, excepto cuando se encontrare en peligro su vida o por otras circunstancias que determine la ley (Constitución Nacional, artículo 46, numeral 3), la oposición infundada o caprichosa de la víctima a someterse a estas medidas, claro está, cuando no conlleven riesgos excesivos, trae como consecuencia que los daños ulteriores que puedan mitigarse mediante tratamiento médico se consideren daños evitables y, por ende, excluidos del *quantum respondeatur.* Al respecto, en la doctrina italiana sobre el Código Civil de 1865, véase: Plácido Benigni, "La così detta compensazione delle colpe", en *Rivista Critica di Diritto e Giurisprudenza* Anno XIV, G.M. Priore, Napoli, 1906, p. 49. En la doctrina italiana sobre el *Codice* de 1942, véase: Adriano De Cupis, ob. cit., p. 287; *Carlo* Rosello, *Il danno evitabile...*cit., p. 54. En la doctrina chilena, véase: Ramón Domínguez Águila, ob. cit., pp. 92-93; Rodrigo Fuentes Guínez, *La extensión* del daño… cit., pp. 248-249; Lilian San Martín Neira, ob. cit., pp. 397-398. A nuestro modo de ver, esta solución es plenamente aceptable para el Derecho venezolano. Desde luego, nadie puede ser intervenido contra su voluntad. Pero si la víctima decide rehusarse a un tratamiento u operación que no sea objetivamente peligroso ni excesivamente arriesgado, no obstante que lo prudente, atendidas las circunstancias del caso concreto, habría sido aceptar el tratamiento en cumplimiento del deber de mitigación, la consecuencia de tal negativa será que no va a tener derecho a la totalidad de la indemnización, la cual se verá reducida en función de los daños y perjuicios que se habrían podido reducir o evitar sin riesgo para la salud del lesionado.

del contrato por parte del arrendatario antes de vencimiento del plazo, cuando pudiendo celebrar otro contrato de arrendamiento en las mismas o mejores condiciones rápidamente y sin mayores dificultades, permanezca cruzado de brazos sin hacer nada invocando el derecho que le confiere el artículo 1.616. En tal caso no haber celebrado un contrato de reemplazo constituye una infracción del deber de mitigación. Del mismo modo, en un contrato de construcción, no porque el artículo 1.637 del Código Civil imponga al arquitecto o al empresario la responsabilidad por los daños causados por la ruina de un edificio, el dueño de la obra podrá permanecer pasivo frente a deterioros cuando una medida suya de sustitución podría fácilmente disminuir el daño[205].

Como principio de carácter general, la celebración de un contrato de reemplazo implica la resolución del contrato[206] la cual requiere que el juez la decrete, salvo que las partes hayan pactado una cláusula resolutoria expresa[207], o que la ley contemple la resolución de pleno

[205] Bernard Hanotiau, ob. cit., p. 402; Pierre Van Ommeslaghe, ob. cit., Tome II, p. 1605; Carlo Rosello, *Il danno evitabile...* cit., p. 56; Ramón Domínguez Águila, ob. cit., pp. 94-95.

[206] C. Massimo Bianca, ob. cit., Vol V, (La Responsabilità), p. 163.

[207] La doctrina nacional y extranjera admiten pacíficamente la validez de la cláusula resolutoria expresa que le da el derecho al acreedor de declarar unilateralmente resuelto el contrato sin necesidad de acudir a los tribunales de justicia, cuando así lo hayan previsto las partes, siempre y cuando el incumplimiento se refiera a una o más obligaciones individualizadas en el contrato (*pacto comisorio*). En nuestro ordenamiento la validez de esta cláusula se basa en el principio de la autonomía de la voluntad de las partes para convenir en las reglas aplicables a sus contratos (Código Civil, artículo 1.159) y en la circunstancia de no ser de orden público la necesidad de la intervención judicial prevista en el artículo 1.167 *ejusdem*. Al respecto, véase: José Mélich-Orsini, *La resolución del contrato por incumplimiento*. Academia de Ciencias Políticas y Sociales, Serie Estudios, Nº 59, Caracas, 2003, pp. 69-75; Gert Kummerow, "Anotaciones sobre la estructura y el mecanismo de la cláusula resolutoria expresa", en *Studia Iuridica,* Nº 2, Universidad Central de Venezuela, Caracas, 1958, pp. 171 y ss. No obstante, la Sala Constitucional del Tribunal Supremo de Justicia en sentencia de fecha 4 de marzo de 2005 declaró, de manera infundada, que en nuestro ordenamiento no es posible ni válido que en un contrato se establezca la posibilidad de que una de las partes decida ponerle fin a la relación contractual, sin que medie intervención judicial. Para un análisis crítico de esta sentencia, así como para un detenido examen de la validez y procedencia de la cláusula resolutoria expresa en nuestro ordenamiento, véase: Guillermo Gorrín, "Desnaturalización de la cláusula resolutoria expresa", en *Derecho de las Obligaciones en el nuevo milenio,* Academia de Ciencias Políticas y Sociales y Asociación Venezolana de Derecho Privado, Serie Eventos, Nº 23, Caracas, 2007, pp. 433-485. Para un examen crítico de la aludida sentencia, véase: Allan R. Brewer-Carías, *Contratos Administrativos, Contratos Públicos, Contratos del Estado*, Editorial Jurídica Venezolana, Caracas, 2013, pp. 411 y ss.

derecho del contrato, tal como ocurre, por ejemplo, en el artículo 1.531 del Código Civil en materia de venta de bienes muebles, en cuyo caso la resolución de la venta se verifica de pleno derecho en interés del vendedor, si el comprador no se ha presentado a recibir la cosa antes de que haya expirado el término para su entrega o si habiéndose presentado no ha ofrecido el precio a menos que se le haya otorgado un plazo más largo para dicho pago.

No obstante, para obtener la ejecución coactiva de la compraventa mercantil y, en general, a los fines del cumplimiento forzoso de las obligaciones de hacer, la ley trae disposiciones especiales que le permiten al acreedor celebrar operaciones de sustitución con un tercero por cuenta del deudor, tal y como se explica a continuación. En tanto y en cuanto el acreedor pretenda acumular a su pretensión de ejecución coactiva de la obligación, los daños y perjuicios derivados del incumplimiento, interesa determinar la procedencia de dichas operaciones de reemplazo como medida mitigadora del daño.

c.1. Sustitución de la compraventa mercantil

La posibilidad de un contrato de sustitución para la *ejecución coactiva de la compraventa mercantil* aparece evocada en el artículo 142 del Código de Comercio según el cual:

> Si el comprador no cumple su obligación, el vendedor tiene derecho a hacer vender la cosa que es objeto del contrato o depositarla en una acreditada casa de comercio y, en defecto de esta, en persona de responsabilidad, todo por cuenta del comprador.
> La venta se hará en almoneda o al precio corriente si la cosa que es objeto del contrato tiene precio de bolsa o de mercado, por medio de un vendutero o corredor, según el caso; y a falta de estos, por medio de la persona designada por el Juez de Comercio.
> El vendedor tiene derecho de exigir al comprador el pago de la diferencia entre el precio obtenido y el pactado en el contrato y el resarcimiento de los daños. Si el vendedor no cumple su obligación, el comprador tiene derecho a comprar la cosa en la forma arriba establecida, por cuenta del vendedor y a ser resarcido de los daños.
> El contratante que ejerce los derechos expresados debe dar inmediatamente aviso de ello al otro contratante.

Aun cuando la celebración de una operación de reemplazo para la ejecución forzosa de la compraventa mercantil[208] constituye de acuerdo con esta disposición, al menos en principio, una *facultad* para el comprador o el vendedor que sea víctima del incumplimiento de su contraparte contractual[209], esto no significa que el acreedor pueda sustraerse de la carga de mitigar el perjuicio causado por la parte incumplidora. Reconocer la libertad que tiene el acreedor perjudicado de acudir o no a estos procedimientos, se afirma, se explica porque en caso contrario, esto es, de haberse establecido con carácter obligatorio la operación de reemplazo, el acreedor habría estado siempre obligado a comprar o vender sin poder optar, de acuerdo con las circunstancias, por otras medidas para mitigar el daño. Por consiguiente, no obstante la libertad que el artículo 142 del Código de Comercio le reconoce al acreedor para celebrar una compra o una venta de reemplazo, si no la efectúa, deberá sufrir las consecuencias de no haber observado su carga de mitigar el daño experimentado por el incumplimiento de su cocontratante[210].

---

208 En la doctrina nacional Mélich-Orsini sostiene que el artículo 142 del Código de Comercio no presupone la resolución de la compraventa mercantil sino que consagra un supuesto de ejecución coactiva del contrato y de comprobación de los daños causados al contratante inocente por su contraparte infiel (José Mélich Orsini, *La resolución del contrato*... cit., pp. 65-66).

209 La doctrina y la jurisprudencia italianas, al referirse al artículo 68 del Código de Comercio italiano de 1882 (Código Zanardelli), sustancialmente idéntico al artículo 142 del Código de Comercio venezolano, han entendido que aun cuando el procedimiento contemplado en dichas disposiciones para el reemplazo (definitivo) de la prestación incumplida constituye *una facultad y no una obligación* para el acreedor del contrato de compraventa perjudicado por el incumplimiento del otro contratante, sin embargo ello no quiere decir que dicho acreedor pueda sustraerse a su deber de mitigación. En tal sentido, la Corte de Casación de Turín en sentencia de fecha 1° de julio de 1921 en un caso en que el comprador había dejado pasar varios meses antes de proceder a la celebración de un contrato de reemplazo, haciendo aplicación del artículo 68 del Código de Comercio de 1882, (que en su inciso 3° decía: "si el incumplimiento tiene lugar por parte del vendedor, el comprador tiene derecho de hacer comprar la cosa por medio de un oficial público autorizado a celebrar esta especie de actos, por cuenta y a expensas del vendedor y a ser resarcido de los daños") sostuvo: "si bien es cierto que se trata de una facultad y no de una obligación del comprador, este no puede, sin embargo prevalerse de su inercia para procurarse un mayor lucro" (Sentencia de la Corte de Casación de Turín de fecha 1° de julio de 1921, en *Rivista del Diritto Commerciale e del Diritto Generale delle Obblgazioni*, Milán, 1922, II, pp. 109-123 con nota de Filippo Pestalozza intitulada "Danni da mancata consegna della merce venduta").

210 Para la doctrina del Código de Comercio italiano de 1882, puede consultarse con provecho a Chironi quien afirma que: "el ordenamiento general en materia contractual requiere que el acreedor de la indemnización se comporte de modo tal de no agravar el perjuicio

Dicho en otras palabras, si bien la celebración de una compraventa de reemplazo constituye una facultad para la parte no incumplidora, en caso de que el ejercicio de esta facultad constituya, de acuerdo con las circunstancias, la medida razonable requerida por la ordinaria diligencia para limitar la extensión del daño, ella deviene en una carga para el acreedor perjudicado en el sentido de que este tendrá que soportar los ulteriores perjuicios que deriven de no haber celebrado oportunamente dicha operación de reemplazo. Por consiguiente, el acreedor perjudicado que haya descuidado la adopción de esta medida soportará las consecuencias de su conducta omisiva y los daños y perjuicios resarcibles por este concepto se limitarán a la diferencia entre el precio del contrato y el precio que habría podido obtener en la operación de reemplazo. Por ejemplo, si el comprador no realiza la compra de reemplazo en tiempo oportuno y el precio de la mercancía aumenta, solo tendrá derecho a la diferencia entre el precio acordado en el contrato y el que alcanzó el día en que habría podido y debido realizar dicha compra de reemplazo y no se tomará en cuenta el precio en definitiva pagado, salvo por supuesto que pruebe que, atendidas las circunstancias del caso, su carga de mitigación se cumplía mejor de otra manera, o que tenía razones para así suponerlo en el momento de tomar la decisión[211].

Cabe hacer notar que cuando el bien vendido tenga precio corriente, fijado en la bolsa o por el mercado, de acuerdo con el artículo 142 del Código de Comercio, la compraventa de reemplazo deberá hacerse por ese precio. Se trata, por tanto, de una regla de mercado que el legislador recoge con la evidente finalidad de imponerla como criterio de estimación de la indemnización que siempre tendrá derecho a obtener el acreedor por la pérdida resultante de la ejecución coactiva de la

sufrido más allá de los límites dentro de los cuales el mismo debe contenerse… tanto, si el acreedor puede valerse del medio que el artículo 71 del Código de Comercio pone a su disposición para observar el comportamiento a que viene obligado, podrá valerse también de cualesquiera otros medios que puedan conducir al mismo resultado" (Gian Pietro Chironi, "Colpa e risarcimento" Nota a la sentencia de la Corte de Casación de Turín de fecha 13 de octubre de 1914, en *Rivista del Diritto Commerciale e del Diritto Generale delle Obbligazioni*, Milano, 1915, II, pp. 321). Para la doctrina del *Codice* de 1942, véase: Giovanni Criscuoli, ob. cit., pp. 580 y ss.

211 Giovanni Criscuoli, *Ídem*; Rodrigo Fuentes Guínez, *La extensión del daño…* cit., pp. 251-252.

compraventa mercantil mediante la realización de una operación de reemplazo efectuada por cuenta del deudor incumpliente *ex* artículo 142 del Código de Comercio[212]. Por consiguiente, cuando se trata de una compraventa mercantil de bienes de precio corriente, la *indemnización mínima* a que tiene derecho la parte cumplidora del contrato, de acuerdo con la ley, es la diferencia entre el precio pactado y el precio de adquisición de mercado que tengan esos bienes[213].

Si como principio general en este caso se considera que la indemnización a que siempre tiene derecho la parte cumplidora del contrato es precisamente dicha diferencia de precios, se afirma, es porque el acreedor no debió permanecer inactivo, sino que debió actuar acudiendo al mercado para procurarse un bien de reemplazo. Dicho en otros términos, la regla presume el daño que sufre un acreedor que ha cumplido con su deber de mitigación.

c.2. Operación de reemplazo para la ejecución forzosa (indirecta) de la obligación de hacer

De acuerdo con el primer párrafo del artículo 1.266 del Código Civil, "en caso de no ejecución de la obligación de hacer, el acreedor puede ser autorizado para hacerla ejecutar él mismo a costa del deudor". Esta disposición le permite al acreedor obtener la ejecución

---

212 El acreedor (comprador o vendedor, según el caso) tiene derecho, además, de acuerdo con el artículo 142 del Código de Comercio, a obtener el resarcimiento del daño adicional que demuestre haber experimentado como, por ejemplo, los gastos incurridos para obtener y organizar la operación de reemplazo, la compensación por el período más prolongado durante el cual no puede disponer de la cosa vendida o el precio, etc.

213 En otros ordenamientos también existen, sobre todo en materia de compraventa de mercaderías, disposiciones que consagran, en determinados casos, la regla de mercado como criterio para valorar la pérdida que la falta de cumplimiento del contrato le ocasiona al acreedor. Por ejemplo, la Sección 51 (2) de la *Sales of Goods Act* del Reino Unido, la Sección 2.713 (1) del *Uniform Commercial Code* de los Estados Unidos de América, el § 376 (II) del Código de Comercio alemán (H.H.B), el artículo 191 del Código suizo de las Obligaciones, el artículo 1.518 del Código italiano de 1942 y el artículo 36 del Código Civil holandés. En el Derecho venezolano, tal como se indica en el texto, el artículo 142 del Código de Comercio puede perfectamente servir de fundamento legal para que la jurisprudencia aplique en caso de ejecución coactiva de la compraventa mercantil la regla de mercado como criterio de fijación de la indemnización mínima a que tiene derecho el comprador cuando no se le ha entregado el bien, o el vendedor cuando no se le ha pagado el precio.

forzosa a costa del deudor de la obligación de hacer (que no implique la realización de una conducta personalísima por parte de este último), lo que incluye la posibilidad para el acreedor de obtener en el mercado mediante una operación de reemplazo que celebre por cuenta del deudor la ejecución coactiva de la obligación de entregar una cosa genérica incumplida por este último. Esto, por supuesto, sin perjuicio del derecho del acreedor de obtener el cumplimiento forzoso (directo) –en especie o por equivalente– de la obligación de entrega por parte del propio deudor, conforme a lo dispuesto en el artículo 528 del Código de Procedimiento Civil.

La operación de reemplazo debe autorizarla, al menos en principio, el deudor o la persona que este indique a cuyo efecto conviene prever en el contrato que ante el simple retardo en el cumplimiento de la obligación de entrega de una cosa genérica, el acreedor podrá celebrar una operación de reemplazo, sobre todo en aquellos casos en los cuales el deudor no esté en condiciones de efectuar la entrega y ese retardo pueda acarrear perjuicios considerables al acreedor. Si el deudor no autoriza al acreedor a celebrar una operación de reemplazo con un tercero a costa de aquel, este tendrá que solicitar y obtener autorización de la autoridad judicial competente para celebrar dicha operación de reemplazo, conforme a lo dispuesto en el primer párrafo del artículo 1.266 del Código Civil en concordancia con el artículo 529 del Código de Procedimiento Civil[214].

---

[214] Como no existe ninguna disposición en nuestro ordenamiento procesal que permita al juez, mediante un procedimiento no contencioso, autorizar al acreedor a efectuar dicha operación de reemplazo con un tercero a costa del deudor, al primero no le quedará más remedio, si desea insistir en la operación de reemplazo, que solicitar en un procedimiento contencioso el cumplimiento forzoso de la obligación por parte del deudor a través de este medio indirecto de ejecución. En la práctica, una vez intentada la demanda por cumplimiento de la obligación, el acreedor puede obtener la autorización del juez para que se ejecute la obligación de hacer o la entrega de la cosa por parte de un tercero a costa del deudor (Código Civil, artículo 1.266) mediante una medida cautelar innominada conforme a lo dispuesto en el parágrafo primero del artículo 588 del Código de Procedimiento Civil. Al respecto, véase: Eloy Maduro Luyando y Emilio Pittier Sucre, ob. cit., Tomo I, p. 114. A nuestro modo de ver, la solución legal no es satisfactoria. De *lege ferenda*, convendría contemplar que el deudor, al menos en ciertos casos, no pueda paralizar el ejercicio de la acción del acreedor que desee obtener la entrega de la cosa a costa del deudor, por medio de una operación de reemplazo con un tercero cuando el primero, por uno u otro motivo, no esté en condiciones de efectuar dicha entrega.

En la doctrina francesa, Reifegerste, al referirse a la facultad del acreedor de realizar una operación de reemplazo en el mercado de acuerdo con el artículo 1.144 del *Code*, sustancialmente idéntico al primer párrafo del artículo 1.266 del Código Civil venezolano, expresa que para proceder a celebrar dicha operación a costa del deudor que no haya cumplido voluntariamente con su obligación de hacer, el acreedor debe obtener, con carácter previo, una autorización judicial. No obstante en caso de urgencia, o cuando se trate de contratos mercantiles, o de la entrega de bienes perecederos o de cosas *in genere*, el acreedor puede anticiparse a la decisión judicial y proceder a celebrar la operación de reemplazo a costa del deudor a fin de evitar que el transcurso del tiempo le ocasione mayores perjuicios derivados de la inejecución del contrato. Este criterio ha sido seguido por la jurisprudencia de los tribunales franceses que no han vacilado en declarar que en tales casos el acreedor puede proceder a realizar dicha operación de reemplazo en el mercado a costa del deudor incumpliente[215].

Más aun, de acuerdo con un sector de la doctrina y la jurisprudencia francesas, la *facultad* de proceder a una operación de reemplazo conforme a la precitada disposición legal se convierte, en la práctica, muchas veces en un verdadero *deber* que se le impone al acreedor de celebrar perentoriamente un contrato de sustitución, o al menos de adoptar otras medidas adecuadas para mitigar el daño causado por la inejecución del contrato y evitar su extensión, sobre todo cuando se trata de entrega de cosas sujetas a bruscas y repentinas oscilaciones de precio[216].

En Bélgica la doctrina y la jurisprudencia se orientan en la misma dirección[217].

En nuestra *legislación civil* no está prevista la posibilidad de que el acreedor ante la falta de autorización del deudor pueda celebrar una

---

215 Stéphan Reifegerste, ob. cit., pp. 205-206, especialmente, las notas 701-703 y la jurisprudencia de los tribunales franceses allí citada; Philippe Malaurie; Laurent Aynès y Pierre-Yves Gautier, "Les Contrats Spéciaux", en *Cours de Droit Civil*, Éditions Cujas, París, 2005, pp. 209-210; François Collart Dutilleul y Philippe Delebecque, *Contrats Civils et Commerciaux,* Éditions Dalloz, París, 1.991, p. 74, especialmente, la nota 6 y la jurisprudencia francesa allí citada.

216 Le Gall, Alter, Michaud y Fages citados por Stéphan Reifegerste, loc. cit.

217 Stéphan Reifegerste, ob. cit., p. 207, especialmente, la nota 709 y la jurisprudencia belga allí citada.

operación de reemplazo por cuenta de este antes del proceso judicial y exigir después al deudor su importe[218]. Es decir, ante la negativa del deudor a consentir en la ejecución de la prestación de hacer por parte de un tercero a costa de aquel, el acreedor solamente puede ser autorizado judicialmente para celebrar la operación de reemplazo y exigirle después al deudor el reembolso de los costos asociados a dicha operación. Desde luego, ante la negativa del deudor, los mayores daños que el acreedor experimente, por no poder celebrar oportunamente dicha operación de reemplazo, correrán por cuenta de aquel.

6. Reembolso de los costos de mitigación

Desde luego el deudor que incumple el contrato debe reembolsar al acreedor perjudicado los gastos de las medidas de conservación, reparación o sustitución requeridas para mitigar el daño y adoptadas por la víctima del incumplimiento. Por ejemplo, en materia de seguros ya vimos que el artículo 40 de la Ley de Contrato de Seguro impone al asegurador el reembolso de los gastos en que incurra el asegurado para aminorar las consecuencias del siniestro (*supra,* Nº V,3).

Este mismo principio debe extenderse a otros contratos. En efecto, dichos gastos, claro está, si son razonables, son siempre una consecuencia del incumplimiento y, por tanto, causados por el deudor y como tales, deben ser incluidos en el *quantum respondeatur*. No hay duda que los gastos realizados en ejecución del deber de mitigar el daño están motivados por el incumplimiento del deudor cuya conducta reprochable los hizo necesarios[219]. Por ser una consecuencia del incumplimiento, no es necesaria una disposición expresa que imponga su reembolso, pues este está comprendido dentro de la expresión "consecuencia inmediata y directa" del incumplimiento, y en cuanto tal, dichos gastos deben ser

---

[218] Respecto de la celebración de una operación de reemplazo para la ejecución coactiva de la compraventa *mercantil*, véase lo que expongo en la sección V,5,5.2,c,c.1. *ut supra* al referirme a la solución prevista en el artículo 142 del Código de Comercio. Soluciones similares trae también el Código de Comercio contra el accionista moroso (art. 295) y a favor del comisionista (art. 397), del depositario (art. 534) y del acreedor prendario (art. 539).

[219] Bernard Hanotiau, ob. cit., p. 403; Robert Kruithof, ob. cit., p. 47; Stéphan Reifegerste, ob. cit., pp. 279 y ss.

soportados por quien causó inicialmente el perjuicio, conforme a lo dispuesto en el artículo 1.275 del Código Civil.

Los gastos de conservación y las reparaciones necesarias, esto es, aquellas que se hacen para conservar la cosa y evitar su perecimiento se reembolsan íntegramente, por razones de equidad y para evitar un enriquecimiento de una de las partes del contrato a expensas de la otra[220]. Desde luego, si se trata de gastos inútiles y no razonables, deben ser excluidos del *quantum respondeatur,* puesto que, en tal caso, el acreedor no habría cumplido cabalmente con su carga de evitar o mitigar el daño. La falta de razonabilidad de los gastos rompe el nexo de causalidad entre dichos gastos y el incumplimiento lo que hace que no puedan ya imputarse al deudor y tengan que ser soportados por el acreedor[221].

Para excluir el resarcimiento de los gastos realizados por el demandante para evitar o mitigar el daño, no puede invocarse su imprevisibilidad; por el contrario, deben ser incluidos precisamente por ser previsibles: el hecho de que ante un incumplimiento el acreedor deba realizar gastos para limitar la extensión del daño es completamente previsible, tanto al momento del incumplimiento como al momento del contrato[222].

Tampoco para excluirlos del resarcimiento puede alegarse que las medidas adoptadas para evitar o mitigar el daño no fueron exitosas[223]. La estructura de la carga de mitigación en nuestro ordenamiento coincide con las obligaciones de medio; por lo cual, el acreedor perjudicado no asegura el resultado de la mitigación del daño, sino que se compromete a desarrollar la diligencia debida y a emplear los medios razonablemente adecuados para contener el daño o aminorarlo. De ahí que tendrá derecho al reembolso de los gastos razonables en que haya incurrido para ello, independientemente de que las medidas de mitigación hubiesen sido o no fructíferas para lograr este resultado.

---

220 Lilian San Martín Neira, ob. cit., p. 404.

221 Robert Kruithof, ob. cit., p. 49; Jérôme Ortscheidt, ob. cit., p. 170; Ramón Domínguez Águila, ob. cit., p. 98.

222 Lilian San Martín Neira, ob. cit., p. 406.

223 Jérôme Ortscheidt, ob. cit., pp. 170-171; Ana Soler Presas, *Comentario al artículo 77...* cit., p. 627. Como dijimos en su oportunidad es la solución que recogen los Principios de Unidroit y los PDEC (*supra*, Nº III,2.7).

7. Recapitulación

El deber de evitar o mitigar el daño en nuestro ordenamiento comprende tanto las medidas de conservación, reparación o sustitución destinadas a evitar la extensión del daño como aquellas encaminadas a aminorar el daño ya producido, conforme a lo antes expuesto. Las exigencias de la buena fe conforme a la cual debe ejecutarse el contrato y que fundamentan el deber de mitigación imponen realizar actividades no solo para impedir el desarrollo de ulteriores perjuicios, sino también para aminorar las consecuencias del daño sufrido mediante la adopción de medidas mitigadoras razonables, actuando con la diligencia ordinaria del *bonus pater familiae*. La violación de este deber, sea por acción u omisión del acreedor perjudicado, constituye una conducta culposa que configura un *novus actus interviniens* que rompe la relación causal entre el incumplimiento que inicialmente causa todo el daño y el daño final. En razón de la carga de evitar o mitigar el daño que corresponde al acreedor, se excluyen del resarcimiento *ex* artículo 1.275 del Código Civil los daños que este podía haber evitado. El acreedor tiene derecho al reembolso de los gastos razonables incurridos para evitar o mitigar el daño.

La carga de la prueba de la inobservancia del deber de mitigación por parte del acreedor perjudicado corresponde al deudor del resarcimiento (*supra*, Nº IV,6).

CONTRATOS BAJO PRESIÓN: LA DISCIPLINA DE LA *VIS COMPULSIVA* EN LA LEGISLACIÓN VENEZOLANA*

SUMARIO

---

* Estudio publicado en el Libro Homenaje a Aníbal Dominici, Coordinadores Irene de Valera y José G. Salaverría, Caracas, 2008.

I. LOS VICIOS DEL CONSENTIMIENTO

1. Introducción

La validez del contrato presupone que las manifestaciones de voluntad de los contratantes estén exentas de vicios o irregularidades que invaliden el consentimiento otorgado por las partes. Se requiere pues que las manifestaciones de voluntad de las partes contratantes sean libremente emitidas y que ellas actúen con conocimiento de causa. Si una de las partes se ve obligada a celebrar el contrato bajo el influjo del error, o en razón de una maniobra desleal, o en virtud de una amenaza o presión ilegítima proveniente de su contraparte contractual o de un tercero, su voluntad estará viciada, según los casos, por error, dolo o violencia. La ley le permite en estos casos pedir la anulación del contrato.

El error, el dolo y la violencia son los tres vicios del consentimiento (*rectius*: de la voluntad)[1] que le permiten al contratante víctima de cualquiera de estas circunstancias impugnar el contrato. En tal sentido, los artículos 1142 (ordinal 2°) y 1146 del Código Civil dicen textualmente:

> Artículo 1142. El contrato puede ser anulado:
>
> ...
>
> 2° Por vicios del consentimiento.
>
> ...
>
> Artículo 1146. Aquel cuyo consentimiento haya sido dado a consecuencia de un error excusable, o arrancado por violencia o sorprendido por dolo, puede pedir la nulidad del contrato.

En realidad, los vicios de la voluntad no solo afectan a los contratos, sino a todos los negocios y actos jurídicos. Por lo cual, su estudio no constituye un capítulo de la doctrina general del contrato sino que

---

1 La mayoría de los autores se refiere a este tema con la expresión "vicios del consentimiento", pero la terminología correcta es "vicios de la voluntad" porque, por su naturaleza subjetiva, tales vicios solamente pueden afectar la formación de voluntades singulares; por lo cual, actúan sobre un sujeto singular, es decir, uno solo de los contratantes y no sobre el consentimiento que es el resultado de la combinación de dos o más declaraciones de voluntad. Además, únicamente la parte que ha sufrido el vicio, y no el otro contratante, puede hacerlo valer e invocar sus efectos (Código Civil, artículo 1146), lo que ratifica que no es el consentimiento, sino la voluntad lo que se encuentra viciada.

forma parte de la teoría general del acto jurídico. No obstante, el Código Civil venezolano, al igual que la mayoría de los códigos civiles europeos que se inspiran en el Código Napoleón, regula los vicios del consentimiento cuando se refiere a *los requisitos para la validez de los contratos*. En cambio, en otros códigos civiles como los códigos alemán, argentino y brasileño, los vicios de la voluntad han sido tratados como defectos de los actos y declaraciones de voluntad. Este enfoque muestra con mayor claridad el carácter general de las disposiciones referentes a los vicios de la voluntad que se extiende a todos los actos jurídicos, aun cuando tales vicios no se manifiesten en todos los casos con los mismos caracteres, por ser distinta la significación que tiene la voluntad en las distintas clases de actos y negocios jurídicos. En todo caso, en el presente trabajo vamos a limitarnos al estudio de los vicios de la voluntad en el campo de los contratos.

2. Protección del consentimiento y seguridad de las transacciones

En el Derecho positivo no siempre los vicios de la voluntad producen como consecuencia la anulación del contrato. El Código Civil limita la nulidad del contrato por vicios del consentimiento. El error, el dolo y la violencia no determinan la anulación del contrato sino cuando se cumplen las condiciones que, con todo rigor, señala la ley en cada uno de estos casos. De lo contrario se afectaría la indispensable seguridad que debe prevalecer en el intercambio de bienes y servicios.

Al referirse a la rigurosidad con que el legislador venezolano ha regulado las condiciones que deben cumplirse para invocar los vicios del consentimiento como fundamento de la anulación de un contrato, la doctrina venezolana ha observado:

> Un abuso de teoría en el derecho positivo podría llegar a resultados contrarios al interés que tiene la sociedad en la estabilidad de los contratos, y aun a resultados injustos y propicios al triunfo de la mala fe entre los propios contratantes, ya que a propósito de todo acto de asentimiento podrá siempre observarse la existencia de algún vicio y concluirse que el mismo no ha sido fruto de una reflexión completa y perfecta. En vista de ello el Derecho ha

tenido que regular con todo cuidado las condiciones de anulación de un contrato por vicios del consentimiento[2].

En el mismo sentido, más recientemente, en la doctrina nacional el profesor Rafael Bernad Mainar expresa:

> Permitir indiscriminadamente la nulidad de los contratos ante cualquier vicio que pudiera haber influido en la voluntad, además de instaurar una inseguridad jurídica alarmante, podría conducir a soluciones injustas contrarias a la buena fe; razones por las que el legislador ha debido regular meticulosamente las condiciones de anulación de los contratos ante la presencia de vicio en el consentimiento[3].

Ciertamente, hay que proteger a quien celebra un contrato bajo la influencia del error, el dolo o la violencia, pero sin sacrificar la estabilidad de las relaciones económicas[4]. Todas las disposiciones legales en esta materia se proponen lograr un justo equilibrio entre estas dos exigencias contradictorias[5].

3. La lesión no es un vicio del consentimiento

Los únicos vicios del consentimiento a los cuales se refiere la ley que permiten invalidar el contrato son el error, el dolo y la violencia. *La lesión* no constituye un vicio del consentimiento sino *un vicio objetivo* que resulta del desequilibrio económico existente entre las prestaciones de las partes en el momento de la celebración del contrato[6].

---

2 José Mélich-Orsini, *Doctrina General del Contrato*, Cuarta Edición, Academia de Ciencias Políticas y Sociales, Serie Estudios, N° 61, Caracas, 2006, p.145.

3 Rafael Bernad Mainar, *Derecho Civil Patrimonial, Obligaciones*, Tomo II, Universidad Central de Venezuela, Facultad de Ciencias Jurídicas y Políticas, Caracas, 2006, p. 72.

4 Giovanni D'Amico, Voz "Violenza" (Diritto Privato), en *Enciclopedia del Diritto*, Vol. XLVI, Arese Giuffrè, 1993, § 4. Consultada en versión electrónica.

5 Christian Larroumet, *Teoría General del Contrato*, Vol. I, Traducción castellana de Jorge Guerrero R., Editorial Temis S.A., Santa Fe de Bogotá, 1999, p. 250; Philippe Malaurie, Laurent Aynès y Philippe Stoffel-Munck, *Les Obligations*, Defrénois, París, 2005, p. 254.

6 François Terré, Philippe Simler e Yves Lequette, *Droit Civil, Les Obligations,* Dalloz, París, 2005, pp. 320-321. Cabe observar, sin embargo, que un sector de la doctrina y de la jurisprudencia francesa reconduce los supuestos de lesión no previstos expresamente en

La lesión produce como consecuencia *la rescisión* del contrato que solo se admite en los casos y bajo las condiciones expresamente contempladas en la ley (Código Civil, artículo 1350)[7]. En los demás casos, si el contrato ha sido el producto de la libre voluntad de las partes, tiene que ser respetado y las partes deben atenerse a lo estipulado, aunque alguno de los contratantes resulte perjudicado por la falta de equivalencia en las prestaciones recíprocas acordadas. Así resulta de la letra del artículo 1350 y del *principio del contrato-ley* (Código Civil, artículo 1159).

A la inversa, la lesión da lugar a la rescisión en los casos previstos en la ley, sin que se requiera examinar si el consentimiento de la parte perjudicada por el acto lesivo fue libremente emitido o no. Es exclusivamente el perjuicio derivado de la desproporción inicial entre las prestaciones surgidas de un contrato lo que caracteriza a la lesión, independientemente de las causas que la originen. Por lo cual, la inexistencia de un vicio en la voluntad de la parte que resulte perjudicada por el acto lesivo no impide que la lesión produzca los efectos que le señala la ley. En fin, ni la lesión ni la rescisión que ella determina derivan de un vicio en la voluntad porque la ley no las vincula a ningún presupuesto de esta índole sino a la desproporción entre las prestaciones[8]. Y esto es así aunque en una de las formas de lesión previstas en la ley (*lesión*

---

la ley a la teoría de los vicios del consentimiento. Al respecto, véase: Henri Mazeaud, Léon Mazeaud, Jean Mazeaud y François Chabas, *Leçons de Droit Civil*, Tome II, Premier Volume, (Obligations. Théorie Générale), Montchrestien, París, 1998, pp. 206-210 y la jurisprudencia francesa allí citada. En el mismo sentido expuesto en el texto, en la doctrina italiana, véase: Ludovico Barassi, *La teoria generale delle obligazioni*, Vol. III, Giuffrè Editore, Milán, 1948, pp. 443-444.

7 La doctrina nacional es conteste en el sentido de que la *rescisión por causa de lesión* es un remedio excepcional que solo puede invocarse en los casos expresamente contemplados por la ley. En ningún otro. Al respecto, véase: José Mélich-Orsini, ob. cit., p. 145; Eloy Maduro Luyando y Emilio Pittier Sucre, *Curso de Obligaciones, Derecho Civil III*, Tomo II, Universidad Católica Andrés Bello, Caracas, 2001, pp. 757-758; Rafael Bernad Mainar, ob. cit., Tomo II, pp. 315-316. Para un análisis de los supuestos de lesión expresamente previstos en la legislación venezolana, véase: James-Otis Rodner, *El Dinero. Obligaciones de dinero y de valor. La inflación y la deuda en moneda extranjera*, Academia de Ciencias Políticas y Sociales, Centro de Investigaciones Jurídicas, Caracas, 2005, pp. 644-665.

8 Francesco Messineo, *Doctrina General del Contrato*, Tomo II, Traducción española de R.O. Fontanarosa, S. Sentis Melendo y M. Volterra, Ediciones Ejea, Buenos Aires, 1952, p. 304.

subjetiva genérica)[9], *el estado de necesidad* en que se encuentre alguno de los contratantes pueda influir sobre su ánimo en el momento de la celebración del contrato (*infra*, Nº III,4,4.3).

II. LA VIOLENCIA

1. Noción

En el Código Civil venezolano no hay una definición de la violencia. La doctrina nacional ha definido la violencia en los siguientes términos:

> Toda coacción de tipo físico o de tipo moral destinada a obtener el consentimiento de una persona a fin de que celebre un determinado contrato[10].
> Es toda coacción física o moral ejercida sobre una persona, o sobre sus bienes, o sobre la persona o bienes de sus parientes, a fin de arrancarle su consentimiento para un contrato contrario a su voluntad interna[11].

En fin, la violencia se traduce en vías de hecho o amenazas ejercidas sobre una persona para obligarla a celebrar un acto que no quería realizar. Implica forzar física o moralmente (*constreñir o conminar*) a alguien para que emita una declaración de voluntad o celebre un contrato en contra de su voluntad interna. Es un principio elemental del derecho que cuando el consentimiento ha sido arrancado bajo la presión de una violencia física o moral, el contrato debe ser anulado puesto que de lo contrario el orden jurídico sería reemplazado por la fuerza.

---

9 La lesión subjetiva genérica está prevista en el encabezamiento del artículo 1º del Decreto sobre Represión de la Usura del 9 de abril de 1946 en los siguientes términos: "Cualquiera que intencionalmente se valga de las necesidades apremiantes de otro para obtener para sí o para un tercero una prestación, cesión, garantía, o algo análogo que implique una ventaja o beneficio que, tomando en cuenta las circunstancias concomitantes, resultare notoriamente desproporcionada a la contraprestación o entrega que por su parte verifique, será castigado con prisión hasta de dos años o multa hasta de Bs. 10.000".

10 Eloy Maduro Luyando y Emilio Pittier Sucre, ob. cit., Tomo II, p. 656.

11 Francisco López Herrera, *La Nulidad de los Contratos en la Legislación Civil Venezolana*, Empresa El Cojo S.A., Caracas, 1952, p. 192.

Se admite que el término *temor*[12] sería más apropiado que el de violencia debido a que pone el acento sobre el influjo que debe ejercer la violencia sobre el consentimiento[13]. En definitiva, la violencia que la ley previene es la que inspira un temor.

2. Clases

En el lenguaje jurídico, el término violencia se emplea de dos maneras diferentes.

En un primer significado denota la idea del empleo directo de la fuerza para constreñir a una persona a emitir una declaración de voluntad. Se habla entonces de violencia física o absoluta (*vis absoluta o vis physica*). La hipótesis de una declaración de voluntad obtenida de este modo es teórica: así, por ejemplo, cuando a una persona le llevan su mano para obligarla a firmar o por la fuerza le obligan a asentir con la cabeza[14]. En estos casos se excluye totalmente la voluntad. El consentimiento ni siquiera existe. El acto es absolutamente nulo.

En un segundo significado, la palabra violencia alude a la intimidación o amenaza injusta empleada por una persona para determinar a otra a emitir una declaración de voluntad. Se habla entonces de

12 Era el término utilizado en derecho romano (*metus*, que quiere decir miedo). Si el Código Civil italiano utiliza el vocablo *violencia*, el Código Civil del Bajo Canadá emplea indiferentemente los términos *violencia y temor* (arts. 994 y ss.), mientras que el Código suizo de las Obligaciones (arts. 29 y 30) utiliza la palabra *temor*.

13 "En sustancia, -escribe Messineo- lo que es verdaderamente relevante no es la violencia, sino *el temor (metus)* que la misma determina *-y en cuanto lo determine-* en la persona objeto de la amenaza". (Francesco Messineo, ob. cit., Tomo I, p. 141). En el mismo sentido, en la doctrina francesa, véase: Eugene Gaudemet, *Teoría General de las Obligaciones*, Traducción española de Pablo Macedo, Editorial Porrúa, México, 1974, p. 80; Jacques Ghestin, "Les obligations – Le Contrat: Formation", en *Traité de Droit Civil,* Tome II, L.G.D.J., París, 1988, p. 489; Jacques Flour, Jean-Luc Aubert y Éric Savaux, *Droit Civil. Les Obligations, L'acte juridique*, Dalloz, 2006, p. 171. En la doctrina nacional el profesor José Mélich Orsini expresa: "Tampoco es propiamente la violencia, sino el *temor* que ella infunde, lo que genera aquí el consentimiento viciado". (José Mélich-Orsini, ob. cit., p. 186).

14 La doctrina francesa e italiana añade a la tradicional coacción física que determina una falta absoluta de voluntad indicada en el texto, la hipótesis de la suscripción de un contrato bajo el efecto de la hipnosis o de la embriaguez absoluta. Al respecto, véase: Henri Mazeaud, Léon Mazeaud, Jean Mazeaud y François Chabas, ob. cit., Tome II, Premier Volume, p. 191; Pietro Trimarchi, *Istituzioni di Diritto Privatto*, Giuffrè Editore, Milán, 2007, p. 184. En estas hipótesis no hay tampoco consentimiento alguno y el contrato resulta absolutamente nulo.

violencia moral (*vis compulsiva* o *vis animo illata*). Dicho en otros términos, el amenazado es colocado en la alternativa de celebrar un determinado contrato o soportar el mal injusto con el que se le amenaza. La violencia moral, con el temor que ella infunde, genera un estado de libertad incompleta en la persona. No excluye ni suprime totalmente la voluntad ya que es posible siempre elegir entre el mal amenazado y la declaración[15]. Hay consentimiento, pero viciado. El contrato es, por consiguiente, anulable (*nulidad relativa*).

III. LA VIOLENCIA MORAL (*VIS COMPULSIVA*) EN EL CÓDIGO CIVIL VENEZOLANO

1. Introducción

En esta sección nos referiremos a la violencia como vicio del consentimiento y, por tanto, como causa de invalidez del contrato.

En el Derecho venezolano la regulación de la violencia como vicio del consentimiento susceptible de provocar la anulación de un contrato está contenida en los artículos 1150 al 1153 del Código Civil que dicen textualmente:

> Artículo 1150. La violencia empleada contra el que ha contraído la obligación es causa de anulabilidad, aun cuando haya sido

---

[15] En tal sentido, en la doctrina italiana, Betti expresa: "La violencia que aquí nos interesa (*vis compulsiva*), no es más que una de las formas de coacción psicológica cuya influencia puede sufrir quien celebra un negocio jurídico. Es una coacción que no excluye, como la violencia física (*vis ablativa*), ni la voluntad del acto ni la determinación causal, pero *mengua la libertad* de esta *determinación*". (Emilio Betti, *Teoría General del Negocio Jurídico,* Traducción española de A. Martín Pérez, Editorial Revista de Derecho Privado, Madrid, 1959, p. 342). En contra: G. Funaioli, *La Teoria della Violenza nei Negozi Giuridici*, Roma, 1927, p. 19, especialmente, la nota 3 y p. 26. Igualmente, en contra, en la doctrina francesa, Larroumet afirma: "no parece que haya lugar para distinguir entre coacción física y coacción moral… porque en todo caso lo que resulta afectado, tanto en la violencia física como en la moral, es la libertad del consentimiento. Por lo tanto, con respecto a la violencia, como con respecto a la demencia o a la edad, no hay que distinguir entre el consentimiento inexistente y el consentimiento que no es libre". (Christian Larroumet, ob. cit., Vol. I, p. 276). A nuestro modo de ver, tal y como se indica en el texto, la violencia moral, psíquica o compulsiva no debe confundirse con la violencia física o absoluta, puesto que en la primera *no hay falta de voluntad sino vicio* en el proceso de formación *de la voluntad*, el cual es perturbado por una amenaza. *Coactus volui, sed volui.*

ejercida por una persona distinta de aquella en cuyo provecho se ha celebrado la convención.
Artículo 1151. El consentimiento se reputa arrancado por violencia, cuando esta es tal que haga impresión sobre una persona sensata y que pueda inspirarle justo temor de exponer su persona o sus bienes a un mal notable. Debe atenderse en esta materia a la edad, sexo y condición de las personas.
Artículo 1152. La violencia es también causa de anulabilidad del contrato, cuando se dirige contra la persona o los bienes del cónyuge, de un descendiente o de un ascendiente del contratante. Si se trata de otras personas, toca al Juez pronunciar sobre la anulabilidad, según las circunstancias.
Artículo 1153. El solo temor reverencial, sin que se haya ejercido violencia, no basta para anular el contrato.

Los artículos 1150 y 1152 antes transcritos son una réplica de los artículos 17 y 19 del Proyecto Franco-Italiano de las Obligaciones y de los Contratos, respectivamente. Los artículos 1151 y 1153 del Código Civil venezolano son idénticos a los artículos 1112 y 1114 del Código Civil italiano de 1865. A su vez, estas disposiciones son muy similares a los artículos 1111 al 1114 del Código Civil francés conocido como el Código Napoleón. Por último, la regulación de la violencia contenida en los artículos 1434 al 1438 del Código Civil italiano de 1942 recoge el texto de las precitadas disposiciones del Código Civil italiano de 1865 y del Proyecto Franco-Italiano de las Obligaciones y de los Contratos, con muy pocas modificaciones.

Debido a que las decisiones de la jurisprudencia venezolana sobre la materia son muy escasas, para la cabal interpretación de estas disposiciones los aportes de la doctrina y de la jurisprudencia italiana y francesa son muy útiles dado que se refieren a normas legales que tienen, en esencia, el mismo contenido.

Vale la pena destacar que la regulación de la violencia es bastante más detallada que la referente a los otros vicios del consentimiento (error y dolo), lo que pone de manifiesto la clara intención del legislador de establecer con todo rigor los requisitos que debe reunir la violencia para invalidar el consentimiento. Se evita de esta forma el ejercicio abusivo de esta figura para lograr la anulación de un contrato con lo cual se busca salvaguardar la seguridad jurídica y la estabilidad de las relaciones surgidas al amparo de un contrato.

La extensión y precisión de la regulación legal de la violencia ha sido descrita en la moderna doctrina francesa por el profesor Christian Larroumet así:

> El Código Civil se extiende mucho más sobre la violencia que sobre el dolo y el error, a pesar de que ella constituye un vicio del consentimiento de una aplicación mucho menos frecuente. En efecto le consagra cinco artículos (arts. 1111 a 1115). La razón de ello está en que la violencia se debía considerar con precisión, por cuanto una noción demasiado elástica podría ser utilizada abusando de ella[16].

Sustitúyase la referencia a los artículos 1111 a 1115 del *Code* por la remisión a los artículos 1150 al 1153 del Código Civil venezolano y el señalamiento del profesor Larroumet es perfectamente aplicable al tratamiento de la violencia como vicio del consentimiento en nuestro ordenamiento.

2. Definición

Como se dijo, la violencia moral (*vis compulsiva*), que constituye el tema que nos ocupa en este trabajo, consiste en una coacción de tipo moral, psíquica o compulsiva ejercida sobre un sujeto de derecho para determinarle a celebrar un contrato.

En el Código Civil venezolano no hay una definición de violencia moral. Esta definición resulta de la combinación de las disposiciones del Código antes transcritas en virtud de las cuales se debe considerar que la violencia es un vicio del consentimiento que supone el ejercicio de una coacción ilegítima, amenaza o intimidación sobre una persona para persuadirla a celebrar un contrato que no habría estipulado sin el temor que la asaltaba. Nuestro código utiliza el término violencia para referirse a la intimidación o coerción ejercida por medio de amenazas. Quedan comprendidas dentro de este vocablo todas las formas

[16] Christian Larroumet, ob. cit., Vol. I, p. 275. En el mismo sentido, véase: Philippe Malaurie, Laurent Aynès y Philippe Stoffel-Munck, ob. cit., p. 254.

de amenaza dirigidas a un sujeto determinado, desde las más primitivas hasta las más refinadas. La amenaza puede ejercerse de todas las maneras psicológicamente idóneas de coartar la voluntad de un sujeto: directa o indirectamente, o a través de intermediario; de viva voz o por teléfono, correo o mediante cualquier medio de comunicación; de manera real o simbólica; manifiesta o encubierta; mediante palabras, consejos, comportamientos, exhortaciones o plegarias, etc.[17].

Esa intimidación o coacción de tipo moral puede consistir en la amenaza de causarle un daño al contratante o a su patrimonio, o a la persona o bienes de su cónyuge, ascendientes o descendientes. También cabe la posibilidad de que el mal con el que se amenace se refiera a la persona o a los bienes de otros allegados al sujeto cuyo consentimiento quiera obtenerse, pero en tales circunstancias compete al juez la correspondiente apreciación (Código Civil, artículo 1152).

La doctrina italiana moderna, al referirse a la violencia como causa de nulidad relativa de un contrato, ha observado que:

> consiste en arrebatar el consentimiento de un sujeto bajo la amenaza de que, si no presta el consentimiento, se inferirá un mal a su persona o a sus bienes o a la persona o a los bienes de sus familiares... la violencia moral es el medio con el que se constriñe a una persona a manifestar su voluntad, situándola ante la alternativa de no prestar el consentimiento y sufrir (o arriesgarse a sufrir) el mal con que se la amenazó o bien sustraerse de tal mal prestando su consentimiento (es aquello que, en el lenguaje corriente, se define como *chantaje*)[18].

En definitiva, la razón por la cual se anula el contrato es porque la voluntad del contratante inducida por la violencia no puede considerarse formada de modo libre y consciente, sino bajo el influjo de motivos perturbadores.

---

17 Giovanni D'Amico, ob. cit., § 4.

18 Francesco Galgano, *El Negocio Jurídico*, Traducción castellana de Francisco de P. Blasco Gascó y Lorenzo Prats Albentosa, Tirant Lo Blanch, Valencia, 1992, p. 312.

3. Requisitos de la violencia

Para que la violencia constituya un vicio del consentimiento susceptible de producir la anulación del contrato es necesario: 1) que sea causa determinante del contrato; 2) que sea injusta; y 3) que sea grave. Pasamos a examinar cada uno de estos requisitos.

3.1. La violencia debe ser causa determinante del contrato

El temor que infunde la violencia debe ser tal que sin él no se hubiera celebrado el contrato[19]. No toda amenaza invalida el consentimiento. Al igual que el error y el dolo, para producir la anulación del contrato la violencia debe haber determinado el consentimiento[20].

Para que la violencia configure un vicio del consentimiento debe existir entre la amenaza real y efectivamente inferida al contratante y su manifestación de voluntad una relación de causa a efecto. Es decir, se requiere que aquella haya sido empleada para obtener esta y que esta última sea el resultado de aquella[21]. La violencia vicia el consentimiento cuando quien la sufre contrata bajo el influjo del temor y la amenaza. Es necesario pues que la amenaza del mal, cualquiera que sea la persona de quien provenga, vaya dirigida a constreñir a una persona a celebrar un contrato, que de otro modo no hubiera realizado[22].

---

19 Henri Mazeaud, Léon Mazeaud, Jean Mazeaud y François Chabas, ob. cit., Tome II, Premier Volume, p. 194; Jacques Flour, Jean-Luc Aubert y Éric Savaux, ob. cit., p. 172.

20 Jacques Ghestin, ob. cit., Tome II, p. 498.

21 C. Aubry y C. Rau, *Cours de Droit Civil Français*, Tome IV, Sixème édition, París, *s.d*,. § 343 bis, p. 440; Marcelo Planiol y Jorge Ripert, *Tratado Práctico de Derecho Civil Francés,* Tomo VI, Traducción castellana de Mario Díaz Cruz, Cultural S.A., Habana, 1946, p. 262; Jorge Giorgi, *Teoría de las obligaciones en el Derecho moderno*, Traducción al castellano por la redacción de la Revista General de Legislación y Jurisprudencia, Editorial Reus, Madrid, 1930. Vol. IV, pp. 101-102; Roberto De Ruggiero, *Instituciones de Derecho Civil",* Tomo I, Traducción al castellano de Ramón Serrano Suñer y José Santa-Cruz Teijeiro, Instituto Editorial Reus, Madrid, *sd.*, p. 266; José Castán Tobeñas, *Derecho Civil Español Común y Foral,* Tomo III, Derecho de Obligaciones, Editorial Reus, Madrid, 1992, p. 263. En la doctrina nacional, Rafael Bernad Mainar, ob. cit., Tomo II, p. 87.

22 Nicolás Coviello, *Doctrina General del Derecho Civil*, Traducción al castellano de Felipe de J. Tena, Unión Tipográfica Editorial Hispano-Americana, México, 1949, p. 441. Para un análisis de los criterios que deben seguirse en esta materia para el establecimiento de la relación de causalidad, véase: Giovanni D'Amico, ob. cit., § 5.

Para la configuración del nexo causal entre la violencia y el contrato se requiere: 1) que a la víctima de la amenaza para evitar el mal con el que se le amenaza (mal mayor) no le quede más remedio que celebrar el contrato considerado por el sujeto como un mal menor; y 2) que exista una relación directa entre la violencia ejercitada y la celebración del contrato[23].

Desde luego, tratándose de los requisitos de validez del consentimiento donde tanta influencia tienen los aspectos psicológicos como el temor, no se requiere que la celebración del contrato haya sido exigida explícitamente mediante la amenaza. Basta que la intimidación dé lugar a la declaración de voluntad no querida pudiendo ello resultar evidente de las circunstancias que acompañan la amenaza[24]. La valoración del carácter determinante de la violencia es, en definitiva, una cuestión de hecho reservada al poder soberano de apreciación de los jueces de instancia y que escapa a la censura de casación.

3.2. La violencia debe ser injusta

La *violencia* debe ser *injusta*. La amenaza debe ser ilícita. En caso contrario no puede invalidarse el consentimiento so pretexto de violencia.

Aunque el Código Civil solamente trae una aplicación particular de este principio en el artículo 1153 que considera legítimo *el temor reverencial*, tanto la doctrina como la jurisprudencia admiten que en cualquier hipótesis en que pueda hablarse de una violencia legítima debe excluirse la acción de impugnación de un contrato[25].

---

23 G. Baudry-Lacantinerie y L. Barde, "Des Obligations", Vol. I, en *Traité Théorique et Pratique de Droit Civil*, París, Recueil, 1900, Tome XI, p. 114.

24 Alberto Trabucchi, Voz "Violenza" (Diritto Civile), en *Nuovo Digesto Italiano*, T. XII, p. 2ª, UTET, Torino, 1940, p. 1061; Jorge Giorgi, ob. cit., Vol. IV, pp. 101-102.

25 Por todos, en la doctrina francesa, véase: François Terré, Philippe Simler e Yves Lequette, ob. cit., p. 247. En la doctrina italiana, véase: Guido Alpa, *Corso di Diritto Contrattuale*, Cedam, Padua, 2006, pp. 137-138. En la doctrina nacional, véase: José Mélich-Orsini, ob. cit., p. 196. En el mismo sentido, la jurisprudencia de nuestros tribunales, al referirse al carácter injusto que debe revestir la violencia, ha dejado establecido que: "La violencia justa, o sea, la simple manifestación de que se va a ejercer un derecho, no constituye violencia, ni es por lo tanto vicio capaz de invalidar el consentimiento". (Sentencia del 12-06-61, en *Jurisprudencia de los Tribunales de la República*, Vol. IX, p. 609).

Por *violencia injusta* se entiende aquella que es contraria a derecho. La coacción es ilegítima cuando se ejerce por medio de un acto ilícito o bajo la amenaza de ejercitarlo, pero no cuando consiste en realizar una actuación permitida por la ley.

A continuación pasamos a referirnos al temor reverencial, al ejercicio de un derecho y al cumplimiento de un deber como supuestos de violencia lícita o justa.

a. Temor reverencial

De acuerdo con el Código Civil, el mero *temor reverencial* no configura una situación de violencia susceptible de invalidar el consentimiento. "El solo temor reverencial –dice el artículo 1153– sin que se haya ejercido violencia, no basta para anular un contrato". El legislador excluye pues el llamado temor reverencial, o sea, aquel originado en el sentimiento de respeto, alta consideración y obediencia debida en la vida social a determinadas personas como los padres, preceptores, sacerdotes, autoridades públicas, etc.[26]. La violencia moral está aquí tolerada porque se considera legítima[27].

Por consiguiente, no es causa de anulación del contrato el simple temor consistente en no atreverse alguien a decir *no* como consecuencia de la situación de sujeción psicológica en la cual pueda encontrarse una persona respecto de otra a causa de su poder o de su influencia o de su autoridad o de su riqueza (por ejemplo, es un ministro o un alto funcionario o un banquero importante), o por la especial relación que tenga con ella (es el padre o su patrono). En casos como estos, no se configura

26 Philippe Malaurie, Laurent Aynès y Philippe Stoffel-Munck, ob. cit., p. 255. En la doctrina clásica francesa, Pothier, por temor reverencial entiende "el temor de disgustar a las personas a quienes se respeta por afecto y por deber". (R. J. Pothier, "Traité des Obligations", Tome I, en *Oeuvres* de Pothier publiée par M. Siffrein, París, 1821, p. 101). En la doctrina clásica italiana, Giorgi, al referirse al temor reverencial expresa: "La obediencia respetuosa con que el hijo doblega temeroso su cabeza a los requerimientos del padre, el criado a los mandatos de su patrono, todo inferior a la voz de su superior, no es coacción injusta… ya que de otro modo se borrarían los fines de sujeción doméstica y social, que son los principales sostenedores del orden doméstico y del orden público". (Jorge Giorgi, ob. cit., Vol. IV, p. 106).

27 La doctrina es conteste al respecto. Por todos véase: François Terré, Philippe Simler e Yves Lequette, ob. cit., p. 248; Henri Mazeaud, Léon Mazeaud, Jean Mazeaud y François Chabas, ob. cit., Tome II, Premier Volume, p. 191; Guido Alpa, ob. cit., p. 137.

una violencia ilegítima o injusta ni tampoco un supuesto de violencia grave, puesto que el hombre medio encuentra el valor para decir *no*. Quien por excesiva cobardía no lo encuentra, no está protegido por el derecho.

Sin embargo, como ha observado la moderna doctrina italiana:

> Del mero temor reverencial, que solo es una condición psicológica interna de una parte, se diferencia la hipótesis en la que el personaje importante, sin pronunciar tan siquiera amenazas, deja entender sin lugar a dudas que de que sea aceptada su propuesta depende la carrera de la otra parte (no tendrá la promoción que él espera) o la celebración del negocio al que aspira (no obtendrá la contratación publica a la que concurre)[28].

Por lo cual, si bien como principio de carácter general, la situación de obediencia y sometimiento en que se encuentra una persona respecto de otra (*temor reverencial*) no es causa capaz de configurar una situación de violencia, puede crear el clima psicológico propicio para un abuso de autoridad o de influencia que revista las características propias de una violencia ilegítima[29]. La jurisprudencia belga registra un caso interesante: la justicia belga consideró que había violencia en un caso en que una madre, estando su hija embarazada la amenazaba con abandonarla en los momentos del parto si no firmaba el contrato de cesión que se le presentaba puesto que la madre se había excedido de los límites del justo ejercicio de su autoridad[30].

Asimismo, si un funcionario público prevaliéndose de su cargo oficial amenaza a una persona con hacerla detener a menos que le venda un inmueble de su propiedad conviniendo la víctima de esta amenaza en hacerlo, habrá violencia ilegítima (*abuso de autoridad o desviación de poder*) que haría procedente la anulación del contrato[31]; o si un

---

28 Francesco Galgano, ob. cit., p. 314.

29 François Terré, Philippe Simler e Yves Lequette, ob. cit., p. 248; Jacques Ghestin, ob. cit., Tome II, p. 500; Emilio Betti, ob. cit., pp. 344-345; Nicolás Coviello, ob. cit., p. 440.

30 Al respecto, véase: F. Laurent, *Principios de Derecho Civil*, Traducción castellana, Tomo XV, Habana, 1917, p. 642 y la jurisprudencia belga allí citada.

31 Con mayor razón, si esa persona es detenida injustamente y se le indica que permanecerá privada de su libertad a menos que convenga en la venta en cuestión accediendo ella

sacerdote prevaliéndose de su ministerio abusa de los temores de un penitente para imponerle realizar una donación o un legado[32].

El Código Civil considera legítimo *el solo temor reverencial*; pero agrega: "sin que intervenga violencia" (artículo 1153). Por consiguiente, si el consentimiento para la celebración del contrato ha sido determinado solamente por el temor de no disgustar a la persona a quien se debe respeto y obediencia, no hay nada ilegítimo que afecte la validez del contrato. Pero, si a este temor reverencial se suman verdaderas violencias o amenazas injustas por parte del ascendiente, preceptor, superior, etc., el contrato puede ser anulado[33]. Corresponde, en definitiva, al poder de apreciación de los jueces de instancia valorar si en el caso concreto sometido a su consideración y decisión hubo una simple presión legítima producto de un mero temor reverencial o si, por el contrario, se ejerció una violencia injusta por haberse excedido el superior de los límites del ejercicio legítimo de la autoridad.

b. Ejercicio de un derecho

Si la amenaza consiste en ejercer un derecho como, por ejemplo, intentar una acción judicial para persuadir a alguien a celebrar un contrato, la misma no reviste carácter ilegítimo, salvo que haya abuso de derecho[34]. Así, el miedo justo como, por ejemplo, el que pueda tener un deudor moroso a que le embarguen sus bienes, no es causa de anulabilidad de una garantía para el pago que otorgue; puesto que aquí no existe la intimidación, a no ser que haya abuso en la amenaza por parte del acreedor. Por lo cual, si A, acreedor de B, lo llama por teléfono intimándole, con voz amenazante, a pagarle lo que le adeude dentro del término convenido, so pena de que vencida la deuda procederá al embargo de

a hacerlo, podrá impugnar el contrato invocando la violencia de que fue víctima en el momento de su celebración. Al respecto, véase: Sentencia del 13 de agosto de 1964, en *Ramírez & Garay*, Tomo X, pp. 56-61.

32 Henri De Page, *Traité Élémentaire de Droit Civil Belge*, Tome I, (Introduction), Bruylant, Bruselas, 1948, p. 69.

33 Eugene Gaudemet, ob. cit., p. 82.

34 La doctrina es unánime sobre el particular. Al respecto, por todos, véase: Philippe Malaurie, Laurent Aynès y Philippe Stoffel-Munck, ob. cit., p. 255; Ferdinando Di Blassi, "Il libro delle obligazioni", (Parte Generale), en *Commento al Nuovo Códice Civile Italiano*, Societá Editrice Libraria, Milán, 1950, p. 472; Alberto Trabucchi, ob. cit., p. 1062.

sus bienes a menos que B constituya una hipoteca sobre un inmueble de su propiedad para garantizar el pago, accediendo B a hacerlo, la coacción ejercida sobre este último es jurídicamente irrelevante puesto que se trata de una amenaza legítima y justa.

Asimismo, si el autor de un delito de acción privada conviene con la parte ofendida en repararle los daños y perjuicios que efectivamente le causó el delito, bajo la amenaza de que, de no hacerlo, esta última promoverá en su contra la acción penal, el convenio respectivo no podría impugnarse por violencia puesto que se trataría en el caso concreto de una amenaza lícita. La doctrina tampoco considera injusta la amenaza consistente en trabar ejecución sobre el patrimonio del deudor, o en pedir su quiebra, o en promover el procedimiento expropiatorio contra quien se desea adquirir algo[35].

Desde luego, si hubiere *abuso de derecho*, esto es, si quien amenaza a otro ejerciendo un derecho, en su actuación excede los límites fijados por la buena fe o por el objeto en vista del cual le ha sido conferido ese derecho (Código Civil, artículo 1185, primer aparte), habrá que concluir que la coacción ejercida en estas condiciones es ilegítima[36].

Así, por tratarse de una violencia injusta, la amenaza dirigida a obtener, una prestación o ventaja indebida, o que no guarde relación con el derecho con cuyo ejercicio se amenaza, daría lugar a la anulación del contrato. Por ejemplo, si A, haciendo valer su condición de acreedor de B, lo obliga a venderle a un precio de ocasión un apartamento bajo la amenaza de ejecutarle sus bienes si este no le paga la deuda en la fecha de su vencimiento, la ventaja obtenida por A es injusta puesto que el contrato de compra-venta celebrado no guarda relación directa con

---

35 Al respecto, en la doctrina italiana, Coviello expresa: "La amenaza también debe ser injusta, es decir, el mal con que se amenaza no debe consistir en el ejercicio de un derecho (como cuando el acreedor amenaza al deudor con la ejecución o la declaración de quiebra)". (Nicolás Coviello, ob. cit., p. 439). En el mismo sentido, véase: Ferdinando Di Blassi, loc. cit., Por su parte, Galgano afirma: "Tampoco es amenaza de un mal injusto la amenaza realizada por quien quiere adquirir de que promoverá, en caso de que se niegue a vender, el procedimiento de expropiación forzosa". (Francesco Galgano, ob. cit., p. 313, especialmente, la nota 107 y la jurisprudencia italiana allí citada).

36 Los artículos 30 (numeral 2°) del Código suizo de las Obligaciones y 1438 del Código Civil italiano de 1942 prevén expresamente que la amenaza de hacer valer un derecho puede producir la anulación de un contrato solamente si va dirigida a obtener ventajas injustas o excesivas.

el derecho con cuyo ejercicio A amenazó a B, ni B habría convenido en venderle su apartamento a A en las condiciones en que lo hizo, de no mediar dicha amenaza. La adquisición respectiva sería, por tanto, anulable[37]. Del mismo modo, si el patrono amenaza a su empleado que ha patentado un invento suyo que si no le cede dicha patente lo despedirá por reducción de personal, esa amenaza de despido, aunque se configuren los requisitos de ley para su procedencia, constituye una violencia ilegítima, puesto que tiende a obtener una ventaja injusta y no hay ninguna relación directa entre la amenaza de despido y la cesión de la patente[38].

De acuerdo con la doctrina y la jurisprudencia italianas, la amenaza de hacer valer un derecho es lícita cuando va dirigida a obtener la estipulación de *un contrato instrumental* con respecto al derecho ejercido[39]. Así, si, el acreedor le dice a su deudor "si no me das una prenda o constituyes a favor mío una hipoteca sobre un bien de tu propiedad, te demandaré a fin de lograr la ejecución coactiva de mi crédito sobre tu patrimonio", conviniendo el deudor en hacerlo, obtiene con esta amenaza una garantía que es instrumental respecto de su derecho, es decir, logra un refuerzo para el pago de su crédito mediante la afectación patrimonial de un determinado bien al cumplimiento de la obligación del deudor y nada más. Esta ventaja que obtiene el acreedor no puede, por consiguiente, ser calificada como una ventaja injusta.

Igualmente, se considera lícita la amenaza del acreedor de trabar ejecución sobre el patrimonio de su deudor para obtener de este el compromiso de pagarle por las cantidades adeudadas intereses a la tasa corriente del mercado hasta la cancelación total de la deuda. Con esto el

37 Al respecto, en la doctrina y en la jurisprudencia italianas, véase: Guido Alpa, ob. cit., p. 138; Francisco Messineo, ob. cit., Tomo I, pp. 143-144; Emilio Betti, ob. cit., p. 344, especialmente, la nota 12, y la jurisprudencia italiana citada por estos autores. En la doctrina italiana, la llamada *teoría de la relación directa o inherencia*, según la cual la ventaja obtenida es justa cuando es inherente al ejercicio del derecho con el cual se amenaza al deudor o guarde relación directa con ese derecho, ha sido sostenida, igualmente, por Santoro Passarelli. Al respecto, véase: F. Santoro Passarelli, *Doctrinas Generales del Derecho Civil*, Traducción al castellano de Luna Serrano, Editorial Revista de Derecho Privado, Madrid, 1964, p. 196. Para un análisis crítico de esta posición: Giovanni D'amico, ob. cit., § 8.

38 Francesco Galgano, ob. cit., p. 313.

39 Pietro Trimarchi, ob. cit., pp. 185-186; Francesco Galgano, loc. cit., y las recientes decisiones de los tribunales italianos citadas por estos autores.

acreedor solamente aspira una justa compensación por la prórroga que le concede a su deudor para el pago. Pero, la justicia italiana no ha vacilado en anular un contrato cuando mediante la amenaza de hacer valer un derecho, el acreedor obtiene de su deudor una ventaja injusta como el compromiso de pagarle una cantidad superior a la debida; o algo que no represente un simple refuerzo de su crédito; o una justa compensación por la prórroga del plazo para el pago de la deuda que le conceda, o por la renuncia a ejercer su derecho contra el deudor[40].

La jurisprudencia francesa registra igualmente algunos casos interesantes: por considerar que se trataba de una violencia ilegítima, los tribunales franceses han declarado que la promesa de pago a favor del agraviado, por parte de quien ha cometido un delito de apropiación indebida, obtenida bajo la amenaza de persecución penal, es anulable cuando mediante dicha promesa aquel haya convenido en pagarle a este por concepto de daños y perjuicios una cantidad muy superior al daño efectivamente causado[41].

Asimismo, los tribunales franceses han declarado la nulidad del reconocimiento de una deuda otorgado por la mujer adúltera a favor de su marido bajo la amenaza por parte de este de intentar contra ella una acción penal por considerar que se trataba de una declaración de voluntad viciada por violencia[42]. Desde luego, el marido tiene el derecho de acusar penalmente a su mujer por el delito de adulterio, pero si aprovechándose de esa situación intenta obtener de ella bajo la amenaza de ejercer ese derecho una ventaja excesiva, desnaturaliza ese derecho de su finalidad y su conducta configura, por tanto, un abuso de derecho.

En fin, es el *ejercicio regular de un derecho* lo que no configura una situación de violencia por injustas amenazas. Pero, cuando no se trata simplemente de ejercer un derecho sino de abusar de su ejercicio, esto es, cuando so pretexto de ejercitar un derecho el acreedor se aprovecha

---

40 Pietro Trimarchi, ob. cit., p. 185, especialmente, la nota 4 y la jurisprudencia italiana allí citada.

41 Al respecto, véase: Henri Mazeaud, Léon Mazeaud, Jean Mazeaud y François Chabas, ob. cit., Tome II, Premier Volume, pp.192-193, especialmente, las notas 14 y 15; Jacques Flour, Jean-Luc Aubert y Éric Savaux, ob. cit., p. 174, especialmente, la nota 6; Philippe Malaurie, Laurent Aynès y Philippe Stoffel-Munck, ob. cit., p. 255, especialmente, la nota 79, y la jurisprudencia francesa citada por estos autores.

42 Jacques Ghestin, ob. cit., Tome II, p. 501 y la jurisprudencia francesa allí citada.

de las circunstancias para obtener más de lo que se le debe, o para arrancarle al deudor amenazado un convenio que le reporte al acreedor una prestación indebida, o para explotar o agravar su situación, entonces, las amenazas pueden llegar a ser injustas y servir de base para la nulidad del contrato como, por ejemplo, cuando el acreedor amenazando al deudor con la ejecución de su patrimonio consigue que este convenga en pagarle intereses usurarios o que reconozca que le adeuda una cantidad mayor que la debida o que le dé en pago una cosa de valor muy superior al monto del crédito; o cuando una persona que sorprende *in fraganti* a otra cometiendo un delito se aprovecha de las circunstancias y amenazándolo con denunciarlo, consigue que le venda un inmueble de su propiedad que de otra forma no le habría vendido[43].

En Venezuela, la doctrina y la jurisprudencia admiten que la amenaza de utilizar las vías de derecho no configura, en principio, una violencia ilícita[44]. Solo si ello se hiciere para obtener una ventaja indebida podría ser anulado el contrato por abuso de derecho[45]. Además nuestros tribunales, en los pocos casos de violencia que registra la jurisprudencia nacional, han declarado que constituye una violencia injusta la intimidación que supone una denuncia penal utilizada, en el caso concreto, para zanjar un asunto de carácter evidentemente mercantil con el objeto de forzar a alguien a celebrar una transacción[46].

---

43 François Terré, Philippe Simler e Yves Lequette, ob. cit., p. 248; Nicolás Coviello, ob. cit., pp. 439-440.

44 La doctrina nacional es conteste sobre el particular. Al respecto, por todos, véase: Eloy Maduro Luyando y Emilio Pittier Sucre, ob. cit., Tomo II, p. 660; Rafael Bernad Mainar, ob. cit., Tomo II, p. 185. En la jurisprudencia nacional, véase: Sentencia del 12 de junio de 1961, en *Jurisprudencia de los Tribunales de la República*, Vol. IX, p. 609.

45 José Mélich-Orsini, *Doctrina General...*, cit., p. 196; José Mélich-Orsini, *La Transacción*, Academia de Ciencias Políticas y Sociales, Serie Estudios, N° 65, Caracas, 2006, pp. 113-114, especialmente, la nota 228.

46 Sentencia del 6 de marzo de 2001, en *Ramírez & Garay*, Tomo CLXXIV, pp. 521-526. Como todo contrato, la transacción puede ser anulada cuando el consentimiento de alguno de los transigentes se hubiere prestado bajo el influjo de una violencia ilegítima. La admisión de la anulabilidad de la transacción por un vicio del consentimiento, incluyendo la violencia, ha sido admitida pacíficamente por la jurisprudencia de nuestros tribunales. Al respecto, véase: Sentencia del 16 de octubre de 2002, en *Ramírez & Garay*, Tomo CXCII, pp. 376-377; Sentencia del 18 de febrero de 1988, en *Ramírez & Garay*, Tomo CIII, pp. 417-418; Sentencia del 14 de agosto de 1962, en *Ramírez & Garay*, Tomo V, pp. 41-42. Pero, por razones obvias, la transacción no puede ser impugnada por causa de *lesión*. José Mélich-Orsini, *La Transacción...*, cit., pp. 115-116.

Pero, no han considerado como supuesto de violencia la amenaza del acreedor de solicitar y obtener el decreto de una medida preventiva[47]. Tampoco, según la jurisprudencia nacional, constituye ejercicio de violencia psíquica o psicológica el hecho de estar el absolvente de posiciones juradas obligado a responder bajo juramento porque la confesión es un medio de prueba contemplado y regulado por la ley y el compromiso para el interpelado de decir fielmente la verdad se asume voluntariamente[48].

c. Cumplimiento de un deber

Por último, por no revestir carácter ilegítimo, se admite que puede usarse la *vis compulsiva* para cumplir un deber impuesto por la ley[49].

Como es bien sabido, la ejecución de actos ordenados por la ley no reviste carácter ilegítimo. Quien ejecuta lo que la ley le ordena no realiza ningún hecho ilícito; por el contrario, su conducta es completamente lícita y no tiene nada de reprochable. Sería ilógico que el ordenamiento

---

47 Sentencia del 7 de septiembre de 2004, en *Ramírez & Garay*,Tomo CCXV, pp. 527-529 que declaró improcedente el recurso de casación interpuesto en contra de la sentencia del Juzgado Superior Primero en lo Civil, Mercantil y del Tránsito de la Circunscripción Judicial del Área Metropolitana de Caracas de fecha 08 de noviembre de 2002.

48 Al respecto, véase: Sentencia del 19 de junio de 1953, en *Gaceta Forense*, Segunda Etapa, N° 14, p. 78. En el mismo sentido se pronunció la Sala de Casación Civil del Tribunal Supremo de Justicia en sentencia de fecha 6 de junio de 2002. En dicha sentencia la Sala, además, declaró: "el juramento, como formalidad intrínseca de algunos actos procesales, no puede considerarse sinónimo de coacción…., no es más que una solemnidad que compromete más bien la moral del absolvente, en consecuencia, la veracidad o no de lo declarado dependerá en grado más de la calidad ética de quien declare, que del hecho de haber prestado juramento…significa, además del compromiso moral de decir fielmente la verdad, una *carga* de la parte de contestar a las posiciones que le formule la contraparte, pues de no hacerlo se le tendrá por confeso…". (Sentencia del 6 de junio de 2002, en *Ramírez & Garay*, Tomo CLXXXIX, pp. 553-555). Este criterio fue posteriormente ratificado por dicha Sala en sentencia de fecha 14 de junio de 2005 (Sentencia del 14 de junio de 2005, en *Ramírez & Garay*, Tomo CCXXIII, pp. 545-548). En contra, en la doctrina italiana, Ricci afirma que si el interrogatorio se hace bajo juramento se coloca al confesante en la dura alternativa de decir la verdad y soportar las consecuencias desfavorables de su respuesta lo que puede llevarlo a sucumbir en la causa, o decir lo contrario a la verdad, esto es, perjurar y exponerse a la acción penal "por lo que hay verdadera coacción sobre su conciencia" (RICCI, Francisco, *Tratado de las Pruebas*, Tomo II, Traducción castellana, Madrid, *s.d.*, pp. 130-135).

49 Marcelo Planiol y Jorge Ripert, ob. cit., Tomo VI, p. 267, especialmente, la nota 4 y la jurisprudencia francesa allí citada.

jurídico imponga a un sujeto la obligación de actuar y luego invalide la acción realizada por dicho sujeto o lo obligue a responder por la misma.

Desde luego, la expresión *deber* no tiene aquí un sentido ético ni se refiere al cumplimiento de deberes morales, religiosos o sociales sino al de deberes impuestos por la ley.

Por consiguiente, el temor que provoca la amenaza proveniente de quien cumple como *deber jurídico* con la ejecución de un determinado acto no configura un supuesto de violencia ilegítima que sirva de fundamento para invalidar el consentimiento prestado por la parte amenazada. Dicho en otros términos, no es ilegítima la violencia moral que resulta inherente al cumplimiento de un deber legal. Así, supongamos que una persona intenta asumir el control de una sociedad cuyas acciones se cotizan en bolsa y promueve a tal efecto una oferta pública de adquisición (OPA) de las acciones emitidas por dicha sociedad. En el informe de la oferta que el iniciador tiene que poner a disposición de los accionistas de acuerdo con la ley, este manifiesta su intención y planes respecto de la compañía una vez que asuma su control. Pues bien, aun cuando estos planes y propósitos no sean del agrado de alguno de los accionistas y le causen el temor de sufrir pérdidas patrimoniales en el caso de que opte por conservar la propiedad de sus acciones porque, por ejemplo, no considere los planes del iniciador cónsonos con los intereses de la sociedad, si aquel inducido por estos temores decide vender sus acciones al iniciador de la oferta no podrá quejarse después y pretender invalidar la venta, so pretexto de que su consentimiento al aceptar la oferta fue determinado por una situación de violencia. No habría en tal caso amenaza ilegítima o presión indebida que sancionar con la anulación del contrato puesto que el iniciador, al promover la oferta estaría ejerciendo un derecho que le consagra la ley y al revelar sus planes y propósitos respecto de la sociedad, no habría hecho más que cumplir con un deber legal contemplado en las normas dictadas por la Comisión Nacional de Valores para garantizar la indispensable transparencia con que deben realizarse las operaciones que se realizan en el mercado de capitales, a fin de que los inversionistas puedan aceptar o no la oferta de compra de sus acciones, con perfecto conocimiento de causa y con toda la información relevante a su disposición, tal y como lo exige un mercado ordenado y transparente.

3.3. La violencia debe ser grave

a. Significado de este requisito

La amenaza, coacción o intimidación debe ser tal "que haga impresión sobre una persona sensata y que pueda inspirarle justo temor de exponer su persona o sus bienes a un mal notable" a cuyo efecto debe tomarse en consideración "la edad, sexo y condición de las personas" (Código Civil, artículo 1151). De donde resulta que si la violencia no reviste carácter grave deja de tener influencia sobre la validez del contrato.

De la explícita exigencia legal de que la violencia debe exponer al contratante o a sus bienes a un mal notable, resulta que el mal debe tener en sí mismo una cierta entidad objetiva. Por lo cual, hay que excluir las acciones de impugnación de un contrato basadas en amenazas de poca significación[50]. Las amenazas vagas o imprecisas tampoco tienen la entidad suficiente para configurar una situación de violencia. El temor debe tener un fundamento razonable.

El mal con que se amenaza debe ser *notable* (Código Civil, artículo 1151). En general esta exigencia se satisface cuando el mal que se teme es de gravedad superior al daño que el contrato conseguido mediante la amenaza causa en el contratante. Así, cuando la amenaza afecta a los bienes, este requisito se cumple si la pérdida que se teme y con la cual se intimida al sujeto es de mayor gravedad que el sacrificio que le significa al amenazado la celebración del contrato[51]. Para hacer esta valoración hay que tomar en consideración la impresionabilidad del hombre medio: la amenaza debe ser de tal naturaleza que pueda efectivamente impresionar a una persona seria, tomando en cuenta la edad, el sexo, y demás condiciones de quien la sufre. (*infra*, N° III, 3,3.3,b).

La amenaza y el temor que ella infunde debe ser *presente*, esto es, existente al momento de la celebración del contrato. Pero, no se

---

[50] José Mélich-Orsini, "Obligaciones. Derecho Civil III" (citado en *El Código Civil de Venezuela,* (art. 1151), publicación del Instituto de Derecho Privado, Facultad de Ciencias Jurídicas y Políticas, Universidad Central de Venezuela, Caracas, 1978, pp. 158-159); Julio César Cotton, *El dolo*, Tipografía Americana, Caracas, 1926, pp. 10 y 11.

[51] Marcelo Planiol y Jorge Ripert, ob. cit., Tomo VI, p. 261; Alberto Trabucchi, ob. cit., p. 1061; Francesco Galgano, ob. cit., pp. 313-314.

requiere que *el mal* con el cual se amenace configure un peligro presente o inminente; *puede ser futuro*[52], esto es, más o menos próximo siempre que no pueda evitarse a tiempo. Solo el peligro lejano o remoto está excluido de este concepto[53]. Esta es una cuestión de hecho que, en definitiva, queda sujeta a la prudente apreciación de los jueces de instancia sin que la determinación respectiva sea censurable en casación.

Con base en lo dispuesto en el artículo 1151 del Código Civil, la violencia ha de ser de tal entidad y significación que provoque en el contratante que la invoca el temor racional de exponer su persona o sus bienes a un mal de consideración (notable), lo que implica que la amenaza sea verdadera y seria, esto es, que el temor que se infunde se base en la suposición verosímil y racional de que será verdaderamente irrogado[54]. Por lo cual, las amenazas poco serias o de difícil realización son irrelevantes. En fin, la violencia solo puede servir de base para la invalidación del contrato cuando la misma sea de entidad suficiente, seria, verdadera y grave[55]. Solamente cuando sea de tal magnitud, podrá la perspectiva de su realización viciar el consentimiento y dar pie a la nulidad del contrato[56].

La mera *dependencia económica* en que se encuentre una de las partes de un contrato respecto de la otra no configura una presión indebida que invalide el consentimiento y determine la nulidad del contrato. La jurisprudencia francesa en este sentido ha declarado que

---

52 C. Aubry y C. Rau, ob. cit., Tome IV, p. 438, especialmente, la nota 11; G. Baudry-Lacantinerie y L. Barde, Tome X, pp. 109-110; Marcelo Planiol y Jorge Ripert, loc. cit., Tomo VI, p. 261; F. Laurent, ob. cit., Tomo XV, p. 638; Henri De Page, ob. cit., Tomo I, p. 67; Jacques Flour, Jean-Luc Aubert y Éric Savaux, ob. cit., p. 172; Jorge Giorg, ob. cit., Vol. IV, p. 113; Roberto De Ruggiero, ob. cit., Tomo I, p. 265.

53 En el mismo sentido, en la doctrina clásica nacional, Anibal Dominici expresa: "No es suficiente, pues,…. la amenaza o fuerza, que no está significada por hechos próximamente realizables, de manera que sea difícil precaverse de ellos". (Aníbal Dominici, *Comentarios al Código Civil Venezolano,* Tomo II, Editorial Rea, Caracas, 1962, p. 550).

54 Roberto De Ruggiero, loc. cit.,

55 Rafael Bernad Mainar, ob. cit., Tomo II, p. 86.

56 En la doctrina italiana, al referirse a la gravedad de la violencia, Trabucchi expresa: "La amenaza debe ser cierta y revestir, al menos, apariencia de seriedad. Por consiguiente, no hay vicio de la voluntad si la amenaza solamente existe en la imaginación de la víctima, o cuando la misma no sea hecha con una intención que sea seria, por lo menos, en apariencia. A la inversa, la amenaza con una pistola que no esté cargada produce todos sus efectos cuando la víctima ignore esta circunstancia". (Alberto Trabucchi, ob. cit., p. 1059).

la subordinación económica del trabajador respecto a su patrono no es un motivo de violencia susceptible de invalidar un contrato mediante el cual aquel se comprometa frente a este a no competir con él[57] al término de la relación de trabajo[58].

Tampoco la simple *presión comercial* ejercida sobre una de las partes para que celebre un contrato es suficiente para viciar el consentimiento y producir la anulación del contrato. Si no existe una verdadera coacción (*vis compulsiva*), los meros señalamientos o advertencias, o el uso de una posición contractual dominante para inducir a la conclusión de un contrato no pueden servir de base para invalidar el consentimiento otorgado[59].

En fin, no toda presión constituye una violencia que pueda acarrear la anulación del contrato. Por un lado, el consentimiento absolutamente libre no existe y el Derecho positivo no puede tener en cuenta todas las presiones económicas o sociales que puedan influir en la voluntad

---

57 Cabe anotar, sin embargo, que en nuestro ordenamiento la obligación de no concurrencia no puede ser absoluta ni ilimitada, puesto que ello implicaría una lesión a la libertad de trabajo y a la libertad de comercio consagradas en el artículo 112 de la Constitución. Pero, ese es otro problema.

58 François Terré, Philippe Simler e Yves Lequette, ob. cit., pp. 252-253, especialmente, la nota 1 y la jurisprudencia francesa allí citada. No obstante, algunas decisiones más recientes de los tribunales franceses admiten que la *dependencia económica* en que se encuentre alguno de los contratantes respecto del otro en el momento de la celebración del contrato puede configurar un supuesto de violencia susceptible de invalidar el consentimiento, siempre y cuando concurran los siguientes requisitos: 1°) que exista una explotación abusiva de dicha situación de dependencia; 2°) con el objeto de extraer del contratante que se encuentre en esta situación una ventaja indebida. Al respecto, véase: Philippe Malaurie, Laurent Aynès y Philippe Stoffel-Munck, ob. cit., p. 235, especialmente, la nota 80 y la jurisprudencia francesa allí citada. En la doctrina italiana, véase: A. Villella, *Abuzo di dependenza economica e obbligo a contrarre*. Edizioni Scientifiche Italiana, 2008.

59 La Ley para Promover y Proteger el Ejercicio de la Libre Competencia de 1992 prohibió las prácticas restrictivas de la libre competencia y, entre ellas, el abuso de la posición de dominio en todo o parte del mercado nacional (artículo 13). Cabe anotar, sin embargo, que esta ley no prohíbe la posición de dominio en sí misma, sino *el abuso de la posición de dominio* y no tanto porque esta conducta altere el equilibrio del contrato sino más bien porque afecta la libre competencia que es el bien jurídico tutelado por dicha ley, lo que limita su impacto sobre el Derecho de los contratos. El Derecho de la competencia está –o, al menos, debe estar– al servicio del normal funcionamiento de una economía de mercado; por lo cual, no protege al débil jurídico frente a la parte más fuerte de la relación contractual sino en tanto y en cuanto la posición de dominio de esta última pueda incidir negativamente en el mercado.

de contratar[60]. Como indicamos con anterioridad, la estabilidad de las relaciones económicas impone subordinar la nulidad del contrato por vicios del consentimiento a la concurrencia de estrictos requisitos de ineludible cumplimiento. Hay que tener en cuenta, además, que en la negociación de un contrato es normal que se utilicen ciertos medios de presión para inducir a su celebración. En las operaciones de la vida diaria y en las transacciones comerciales siempre existe alguna forma de presión para lograr una declaración de voluntad. Adoptar una posición de fuerza en una negociación no es contrario al principio de la buena fe y de la lealtad contractual. La ley no requiere que siempre exista una absoluta igualdad entre las partes contratantes aun cuando muchas veces, para evitar desequilibrios muy acentuados, prohíbe ciertas prácticas sobre todo en materia de protección al consumidor[61].

Corresponderá, en definitiva, al poder soberano de apreciación de los jueces de instancia en el examen de las circunstancias particulares del caso sometido a su consideración y decisión trazar, con mesura y ponderación, la línea divisoria entre un cuadro de violencia susceptible de invalidar el consentimiento y una legítima incitación comercial a contratar (por más severa que sea la presión ejercida sobre el cocontratante), perfectamente admitida, reconocida y tolerada en la práctica de los negocios.

---

60 Es un hecho fácilmente constatable que los sujetos de derecho siempre actúan influenciados por las circunstancias. En el Derecho de los negocios, en la gran mayoría de los casos, una de las partes impone su voluntad a la otra que se limita a aceptar. Al respecto, véase: Henri De Page, ob. cit., Tomo I, p. 67. Como expresa Trabucchi, "en el eterno conflicto de intereses presente en el tráfico de bienes y servicios nunca puede garantizarse la existencia de una voluntad formada de manera absolutamente libre, al margen de toda influencia que derive de las fuerzas económicas hábilmente puestas en funcionamiento o explotadas a su conveniencia por algún interesado". (Alberto Trabucchi, ob. cit., p. 1062).

61 Las disposiciones del Decreto Nº 6.092 con Rango, Valor y Fuerza de Ley para la Defensa de las Personas en el Acceso a los Bienes y Servicios publicado en la Gaceta Oficial Nº 5.889 Extraordinario del 31 de julio de 2008 que consagraban la prohibición de métodos comerciales coercitivos o desleales que distorsionen la libertad de elegir por parte del consumidor (artículo 7º, ordinal 8º); la prohibición de actos o conductas que tengan por objeto o como efecto la imposición de condiciones abusivas en relación con los consumidores (artículo 15); la regulación de los contratos de adhesión (artículos 69 y ss.); los deberes de información (artículos 7º,<ordinal 3º>, 9º, 40 y ss.); la regulación de la publicidad (artículos 58 y ss.); y el derecho de retractación que asistía al consumidor (artículo 72) son mecanismos que procuraban, entre otras cosas, asegurar el consentimiento libre e informado por parte de los consumidores (ahora denominados *personas*) en sus relaciones con los proveedores.

b. Criterios para apreciar la gravedad de la violencia

Se pueden utilizar dos criterios para apreciar la violencia: 1) El criterio de la apreciación individual, esto es, *in concreto*, en cuyo caso lo que hay que determinar es la influencia ejercitada por la violencia sobre el ánimo del contratante que la experimentó. Es decir, aplicando este criterio lo que hay que preguntarse es si, de no haberse ejercitado la violencia, *este contratante* de todas maneras habría consentido en celebrar el contrato; y 2) El criterio de la apreciación general, esto es, *in abstracto*, en cuyo caso lo que hay que determinar es la influencia que habría tenido la violencia sobre la voluntad de un contratante medianamente impresionable. Es decir, si este ser ideal y abstracto sin el influjo de la violencia ejercitada habría consentido en celebrar el contrato.

Ahora bien, el artículo 1151 del Código Civil se refiere a ambos criterios: en su primera oración considera, *in abstracto*, la impresión que habría causado la violencia sobre una *persona sensata*; pero, a continuación, la segunda frase de esta disposición prescribe tener en cuenta, *in concreto, la edad, el sexo y la condición de las personas*[62]. De acuerdo con el Código Civil, se tiene pues que el juez debe analizar si el acto configurativo de la violencia sometido a su consideración es susceptible de impresionar a una *persona sensata*, esto es, ni demasiado fuerte ni demasiado débil, pero *atendiendo a la edad, sexo y condición de la persona* víctima de la violencia (Código Civil, artículo 1151).

---

[62] Según algunos autores, esta aparente contradicción de la ley puede conciliarse de la siguiente manera: la primera frase del artículo 1151 indica el grado de gravedad suficiente que se requiere para que la violencia haga anulable el contrato. Basta que la amenaza pueda impresionar a una persona sensata, aun en el caso de que la víctima sea una persona más fuerte y menos impresionable que el hombre medio. Pero, este nivel de intensidad de la violencia no es siempre necesario. En efecto, si la víctima es una persona más fácilmente influenciable que el hombre medio, no se requiere que la violencia alcance el nivel de intensidad mínimo fijado por la primera frase del artículo 1151, puesto que en tal caso habrá que analizar las características personales de la víctima para determinar si, habida cuenta de estas condiciones particulares, la violencia ejercitada pudo razonablemente impresionarla y determinar su consentimiento aunque no impresione a un hombre medio, esto es, a una persona sensata. Al respecto, véase: Eugene Gaudemet, ob. cit., pp. 83-84. En contra, Baudry-Lacantinerie y Barde expresan que esta ingeniosa construcción nunca pasó por la mente de los redactores del *Code* (G. Baudry-Lacantinerie y L. Barde, ob. cit., Tome XI, pp. 107-109).

En el Derecho romano era necesario que la violencia tuviera un carácter tal que incluso un hombre de coraje (*hominem constantissimum*), esto es, una persona animosa y vigorosa debiera ceder a ella[63]. En cambio, en el Derecho moderno la violencia no se aprecia ya en relación con un hombre fuerte y corajudo sino en relación con una *persona sensata*, teniendo en cuenta las condiciones personales de la víctima. Nuestro ordenamiento, como se dijo, sigue esta orientación.

El criterio de la capacidad de resistir a la amenaza no viene dado pues en relación con una persona de gran firmeza sino que debe establecerse caso por caso atendiendo a la edad, sexo y condición del sujeto[64]. Así, las personas ancianas, son más impresionables que los jóvenes; las mujeres se asustan más fácilmente que los hombres; una persona gravemente enferma puede temer por su vida incluso ante la simple amenaza de un puñetazo; lo que no intimida a una persona culta puede amedrentar a un ignorante; una amenaza que no infunde temor a una persona acomodada puede atemorizar a un menesteroso, etc. La gravedad de la violencia debe deducirse pues de las cualidades y condiciones personales de la persona que fue su víctima[65]. El concepto de la persona sensata u hombre medio a que se refiere la ley se articula en función de las condiciones personales del sujeto que sufre la violencia[66]. De donde resulta que, en definitiva, la apreciación de la violencia

63 *Digesto*, IV, II, 6.

64 Como expresa Di Blassi: "Tratándose de un vicio de la voluntad no se puede aquí hacer abstracción de las condiciones especiales en que se encuentre aquel que concluye un contrato impulsado, por el temor" (Ferdinando Di Blassi, ob. cit., Parte Generale, p. 469, especialmente, la nota 4). En el mismo sentido, véase: Guido Alpa, ob. cit., p. 137.

65 En la doctrina francesa la mayoría de los autores se inclinan por el criterio de la apreciación *in concreto* de la violencia. Al respecto, véase: C. Aubry y C. Rau, ob. cit., Tome IV, p. 440, especialmente, la nota 16; G. Baudry-Lacantinerie y L. Barde, loc. cit.; Marcelo Planiol y Jorge Ripert, ob. cit., Tomo VI, pp. 262-263; Louis Josserand, *Derecho Civil*, Tomo II, Vol. I, Traducción castellana de Santiago Cunchillos y Manterola, Bosch y Cia Editores, Buenos Aires, 1950, pp. 65-66; Jacques Ghestin, ob. cit., Tome II, p. 497; Philippe Malaurie, Laurent Aynès y Philippe Stoffel-Munck, ob. cit., p. 256. Es igualmente la orientación que siguen los tribunales franceses. Al respecto, véase: François Terré, Philippe Simler e Yves Lequette, ob. cit., p. 254; Jacques Ghestin, loc. cit., y la jurisprudencia francesa citada por estos autores. En la doctrina italiana, véase: Ferdinando Di Blassi, loc. cit.; Alberto Trabucchi, ob. cit., p. 1062.

66 Al respecto, en la doctrina italiana: véase a Santoro Passarelli quien se refiere a "un criterio objetivo ponderado" para apreciar la violencia (F. Santoro Passarelli, ob. cit., p. 195).

se hace tomando como término de comparación no a una persona ideal, sino a una del mismo sexo, edad y condición que la víctima[67].

En fin, para saber si la violencia ha viciado o no el consentimiento hay que tener en cuenta las condiciones físicas, la salud mental, los conocimientos, la firmeza y carácter, el grado de experiencia y de educación, la condición social y económica, las características personales, etc., de la persona, todo lo cual puede hacerla más o menos propensa a dejarse atemorizar por la amenaza concreta de que se trate. Al momento de valorar si la violencia es jurídicamente relevante para determinar la anulación del contrato, deben considerarse las condiciones particulares de la persona que la sufre para apreciar si la amenaza ejercida sobre ella es de tal entidad y significación que ha debido racionalmente hacerle una fuerte impresión inspirándole un justo temor de ver expuesta su persona o sus bienes a un mal notable. El criterio de valoración variará en función de las circunstancias antes indicadas[68].

De allí que para apreciar si el consentimiento de una persona en el momento del contrato ha sido prestado bajo el influjo de la violencia hay que tener muy en cuenta su experiencia y madurez en el ramo de negocios en el cual se desempeña. Así un inversionista sofisticado con una trayectoria ampliamente reconocida en el manejo de inversiones y con conocimiento de los mercados de valores es, sin duda, menos susceptible de dejarse influir por presiones o amenazas y está en mejor capacidad para precaverse de ellas, en el momento de celebrar una operación de compra-venta de valores en el mercado bursátil, que un pequeño inversionista sin experiencia en el manejo de estos negocios.

En realidad, el legislador otorga al juez amplias facultades para la apreciación de la violencia. En definitiva, la valoración de la gravedad

---

67 Henri Mazeaud, Léon Mazeaud, Jean Mazeaud y François Chabas, ob. cit., Tome II, Premier Volume, pp. 194-195; Alberto Trabucchi, loc. cit.; Giovanni D'amico, ob. cit., § 5. En la doctrina nacional, véase: José Mélich-Orsini, ob. cit., pp. 189-190.

68 Esto ha llevado a una buena parte de los autores a afirmar que la violencia es esencialmente relativa y que debe, por tanto, ser apreciada por el juez según las circunstancias particulares de la víctima. Al respecto, véase: F. Laurent, ob. cit., Tomo XV, p. 639; Jacques Ghestin, loc. cit; Philippe Malaurie, Laurent Aynès y Philippe Stoffel-Munck, ob. cit., p. 256; Jorge Giorgi, ob. cit., Vol. IV, p. 110; Alberto Trabucchi, loc. cit. En la doctrina nacional, véase: Luis Sanojo, *Instituciones de Derecho Civil Venezolano*, Tomo III, Imprenta Nacional, Caracas, 1873, p. 225.

de la violencia es una cuestión de hecho reservada a la soberanía de los jueces de instancia, conforme a los criterios antes expuestos. Así lo ha dejado establecido la jurisprudencia de nuestros tribunales[69].

c. ¿Sobre qué debe recaer y a quién debe dirigirse?

De acuerdo con el artículo 1151 del Código Civil, la violencia puede emplearse *contra la persona o los bienes* del sujeto contratante. El artículo 1152 agrega que la violencia es igualmente causa de anulabilidad del contrato cuando el mal con que se amenace se refiera a "la persona o los bienes del cónyuge, de un descendiente, o de un ascendiente del contratante. Si se trata de otras personas, toca al juez pronunciar sobre la anulabilidad según las circunstancias".

En lo concerniente al *destinatario de la violencia* hay que tener presente, para evitar confusiones, que la amenaza jurídicamente relevante es la que se dirige al sujeto del negocio cuya manifestación de voluntad se quiere obtener (*arrancar*, según la expresión utilizada en el artículo 1146 del Código Civil). Pero, esto no quiere decir que dicha amenaza consista en causarle un daño a su persona o a sus bienes: el daño puede igualmente recaer sobre la persona o los bienes de los sujetos a que se refiere el artículo 1152. En efecto, como la violencia se ejercita para determinar la voluntad de un sujeto para que celebre un contrato, resulta claro que la misma dcbe dirigirse a ese sujeto[70]. Por lo cual, hay que distinguir entre el sujeto contra quien se dirige la amenaza que es quien manifiesta su voluntad de contratar y la persona contra la cual o contra cuyo patrimonio puede recaer el mal con el cual se amenaza que puede ser el propio contratante o cualquiera de las personas señaladas en el artículo 1152.

La doctrina admite que cuando el legislador se refiere a la *persona* no solo alude a la persona física, a su vida o integridad física, sino también a su personalidad moral incluyendo las manifestaciones de su vida afectiva, sentimientos, etc. La expresión *bienes* no comprende

[69] Al respecto, véase: Sentencia del 19 de enero de 1965, en *Gaceta Forense*, Segunda Etapa, N° 47, p. 219.

[70] Alberto Trabucchi, ob. cit., p. 1059.

necesariamente la totalidad de su patrimonio sino todo valor de alguna importancia para la víctima[71].

Por consiguiente, el mal con que se amenaza puede ser un mal a la persona, como la amenaza a la vida o a la integridad física (si no firmas el contrato serás asesinado, serás golpeado), o la amenaza de lesionar otros derechos de la persona: el derecho al honor (iniciaré una campaña difamatoria en tu contra), el derecho a la intimidad (revelaré los secretos concernientes a tu vida íntima, lo que constituye un chantaje), el derecho a la libertad (si no firmas el contrato no te dejo salir de aquí). En otros casos, puede ser un mal que amenace los bienes (incendiaré tu casa, mataré tu ganado); y puede afectar a la persona o a los bienes del contratante, de su cónyuge, ascendientes (padres, abuelos) o descendientes (hijos, nietos). Si se trata de otras personas, toca al juez apreciar la violencia, según las circunstancias (Código Civil, artículo 1152).

De donde resulta que cuando la violencia afecta a la persona o a los bienes del cónyuge, de los ascendientes o descendientes del contratante, el legislador considera que esta situación equivale a una amenaza dirigida al propio contratante. En cambio, cuando el mal con el cual se amenaza afecta a otras personas, como al novio, a un amigo o allegado, le corresponderá al juez, antes de pronunciar la nulidad del contrato, valorar si la relación existente entre el contratante y estas otras personas es tal que pueda razonablemente inferirse, según las circunstancias, que el sujeto de derecho al emitir su declaración de voluntad lo hizo bajo la influencia de la violencia[72].

En todo caso, se insiste, cuando la violencia se utiliza contra la persona o los bienes de un tercero, *lo relevante es el temor del contratante, no el del tercero*, salvo por lo que respecta a la influencia que este pueda tener en el ánimo del contratante que, como se dijo, deberá apreciarse con mayor rigor cuando el mal con el que se amenaza

71 Jacques Ghestin, ob. cit., Tome II, p. 493; Henri Mazeaud, Léon Mazeaud, Jean Mazeaud y François Chabas, ob. cit., Tome II, Premier Volume, p. 195. En la doctrina nacional, véase: José Mélich-Orsini, *Doctrina General...*, cit., p. 191.

72 Nicolás Coviello, ob. cit., p. 439; Francesco Galgano, ob. cit., p. 312; Pietro Trimarchi, ob. cit., p. 185.

afecte a las personas distintas del cónyuge, de un ascendiente, o de un descendiente del contratante[73].

Por último, cuando el sujeto contrata a través de un *representante*, como este último es quien realiza el acto y emite la declaración de voluntad la violencia ha de referirse a él y no al representado (Código Civil, artículo 1172, primer aparte). Pero, la violencia ejercitada contra el *dominus* puede viciar la fuente de la representación, esto es, el negocio del apoderamiento de donde deriva el poder del representante. En cambio, si se trata de un *nuncio* y este no hace más que expresar la voluntad del representado, la única violencia relevante será la que se dirija contra aquel (Código Civil, artículo 1172, segundo aparte).

4. El agente de la violencia

4.1. Introducción

Cumplidas las condiciones antes examinadas, quien haya contratado bajo el influjo de la violencia puede invocar esta circunstancia para pedir la anulación del contrato, sea que la violencia provenga del otro contratante o de un tercero y, en este último caso, independientemente de que la misma se hubiese ejercido con o sin el consentimiento del cocontratante. Así resulta del artículo 1150 del Código Civil: "La violencia empleada contra el que ha contraído la obligación es causa de anulabilidad, aun cuando haya sido ejercida por una persona distinta de aquella en cuyo provecho se ha celebrado la convención".

4.2. Violencia proveniente de un tercero

El artículo 1150 del Código Civil admite la violencia como vicio del consentimiento, incluso cuando la intimidación procede de un tercero ("aun cuando haya sido ejercida por una persona distinta de aquella en cuyo provecho se ha celebrado la convención"). Para que la violencia produzca la anulabilidad del contrato no se requiere que el cocontratante de quien emitió su declaración bajo la influencia de la amenaza haya sido cómplice o haya tenido conocimiento de que se haya producido la violencia.

---

73 G. Baudry-Lacantinerie y L. Barde, ob. cit., Tome XI, p. 124; Marcelo Planiol y Jorge Ripert, ob. cit., Tomo VI, p. 264; Alberto Trabucchi, ob. cit., p. 1062.

La solución legal se explica porque la nulidad derivada de la violencia resulta de un vicio del consentimiento de la persona que ha sido víctima de ella y ese vicio es idéntico sea quien sea el agente de la violencia. Además, el vicio de la voluntad subsiste aunque el cocontratante ignore la violencia procedente de un tercero[74].

Aquí hay una diferencia con el dolo puesto que cuando las maquinaciones dolosas provienen de un tercero, para la procedencia de la anulación del contrato es necesario que el contratante de la víctima del dolo haya tenido conocimiento de ellas (Código Civil, artículo 1154). No encontramos que exista justificación para esta diferencia de tratamiento[75]. Tanto la violencia como el dolo son actos ilícitos y maliciosos que impiden mediante una actuación externa la recta y libre formación del consentimiento. De *lege ferenda* sería deseable permitirle a quien contrate engañado pedir la nulidad del contrato, sea que las maquinaciones dolosas provengan de su contraparte contractual o de un tercero y, en este último caso, independientemente de que su cocontratante haya tenido o no conocimiento acerca de las mismas.

Para que la violencia proveniente de un tercero sea susceptible de producir la anulación del contrato, se requiere que la amenaza se dirija a la celebración del contrato. Por ejemplo, si A amenaza a B conminándole a que celebre un contrato por el cual B convenga en venderle a C un terreno de su propiedad y B, cediendo a la presión ejercida conviene en ello, el contrato de venta entre A y C sería anulable por violencia *ex* artículo 1146 del Código Civil. En cambio, si A amenaza a B para que le entregue una cantidad de dinero y B para procurársela le vende un terreno de su propiedad a C, dicha venta no sería anulable por violencia[76]. C podría eventualmente incurrir en el delito de usura si teniendo conocimiento de las necesidades apremiantes en que B se encontraba,

---

74 Eugene Gaudemet, ob. cit., p. 83; Jacques Ghestin, ob. cit., Tome II, p. 494.

75 Algunos autores han pretendido justificar esta distinción entre el dolo y la violencia por razones de defensa social y por la circunstancia de que la violencia es más grave y más difícil de probar que el dolo. Al respecto, véase: Marcelo Planiol y Jorge Ripert, ob. cit., Tomo VI, p. 264; Henri Mazeaud, Léon Mazeaud, Jean Mazeaud y François Chabas, ob. cit., Tome II, Premier Volume, p. 193; Ferdinando Di Blassi, ob. cit., <Parte Generale>, p. 468. A nuestro modo de ver, tal y como se indica en el texto, estas consideraciones carecen de fundamento y no se adecuan a la realidad de nuestros tiempos.

76 Pietro Trimarchi, ob. cit., p. 185.

se aprovechó de esta situación para convenir en adquirir el terreno en cuestión por un precio muy por debajo de su valor real, conforme a lo dispuesto en el artículo 1° del Decreto sobre Represión de la Usura del 9 de abril de 1946. De determinarse que la conducta de C es configurativa de un delito, el objeto de la obligación que consista en esa conducta tendría carácter ilícito pudiendo entonces B pedir la nulidad del contrato por objeto ilícito o por ausencia parcial de causa, sin perjuicio de la acción de responsabilidad civil que tenga contra A como autor de la violencia y contra C (*infra*, N° III,4,4.3).

4.3. La llamada "violencia de los acontecimientos"

a. Introducción

Debido a que el Código Civil considera que la violencia debe ser "*ejercida por una persona*" (artículo 1150), se está fuera del ámbito de la violencia cuando el temor que ha inducido a alguien a contratar ha sido provocado por un acontecimiento natural como, por ejemplo, un incendio o un naufragio; o por un hecho humano, pero no encaminado a obtener el consentimiento del sujeto para que celebre un contrato como, por ejemplo, un saqueo o un motín. Es la situación que se presenta con la llamada *violencia de los acontecimientos* o *aprovechamiento del estado de necesidad del cocontratante*.

El ejemplo clásico es el de una persona víctima de un naufragio que presionada por la situación en que se encuentra se obliga a pagar sumas exorbitantes a alguien por su salvamento, o el de una persona que al ser atacada por unos bandidos le pide socorro a alguien prometiéndole toda su fortuna por su auxilio. Aquí la víctima contrata bajo el influjo del temor. Pero, la violencia no se ha ejercitado con el objeto de imponerle la celebración de un contrato: en el primer caso, no proviene de un acto del hombre sino de un evento fortuito; y en el segundo, no deriva de un acto humano dirigido a obtener el consentimiento de la víctima para que celebre un contrato, sino de un hecho ilícito cometido por otros sujetos.

En el Derecho venezolano no es posible equiparar el estado de necesidad a la violencia que, como se dijo, supone una coacción proveniente de una persona dirigida a obtener el consentimiento de otra para determinarle a celebrar un contrato. Desde luego, quien contrató encontrándose su persona o sus bienes en una situación de peligro grave e inminente no expresa libremente su consentimiento. Pero, la ley solamente contempla la anulación de un contrato por *violencia* cuando la amenaza es ejercida por una persona que actúa de esta forma para obtener (*arrancar*, según el artículo 1146 del Código Civil), el consentimiento de otra para la celebración de un contrato lo que, a nuestro modo de ver, excluye la denominada *violencia de los acontecimientos*, puesto que aquí la violencia que lleva a alguien a contratar no resulta de las amenazas de una persona[77].

b. La cuestión en otros ordenamientos

En Francia y en Bélgica, donde la regulación de la violencia es muy similar a la de nuestro Código Civil, un sector de la doctrina y de la jurisprudencia considera que el consentimiento de un sujeto está viciado por violencia aun cuando el peligro proceda de acontecimientos externos, si su cocontratante o un tercero, abusando de la situación, ha ejercido presión para obtener dicho consentimiento e impuesto de ese modo el contrato. Algunos autores asimilan el estado de necesidad en que se encuentra uno de los contratantes a una situación de violencia cuando su contraparte contractual se ha aprovechado de esta situación para obtener de aquel ventajas patrimoniales excesivas[78]. Se afirma, en tal sentido, que si la violencia puede resultar de la amenaza (abusiva) de ejercer un derecho con mayor razón debe asimilarse a una situación de violencia la que resulta de la explotación del estado de necesidad en que se encuentra una de las partes del contrato en el momento de su celebración[79]. Se argumenta, además, que sería muy grave desde el

---

[77] En el mismo sentido, en la doctrina clásica francesa y belga, véase: C. Aubry y C. Rau, ob. cit., Tome IV, p. 438, especialmente, la nota 10; G. Baudry-Lacantinerie, *Précis de Droit Civil*, Tome II, Recueil Sirey, París, 1921, pp. 22-23; Eugene Gaudemet, ob. cit., p. 84; F. Laurent, ob. cit., Tomo XV, p. 648. En la doctrina francesa moderna, véase: Jean Carbonnier, *Derecho* Civil, Tomo II, Vol. II, Traducción española de Manuel Mª Zorrilla Ruiz, Editorial Bosch, Barcelona, 1971, p. 208; Philippe Malaurie, Laurent Aynès y Philippe Stoffel-Munck, ob. cit., p. 255. En la doctrina italiana, véase: Alberto Trabucchi, ob. cit., p. 1060; Ludovico Barassi, ob. cit., Vol. III, p. 446; F. Santoro Passarelli, ob. cit., pp. 196-197.

[78] Jacques Flour, Jean-Luc Aubert y Éric Savaux, ob. cit., pp. 175-176; Jacques Ghestin, ob. cit., Tome II, pp. 495-496.

[79] François Terré, Philippe Simler e Yves Lequette, ob. cit., pp. 249-250.

punto de vista social reconocer eficacia a un contrato celebrado bajo el imperio de la necesidad[80]. Por lo cual, el contrato concluido en estas circunstancias es anulable[81].

Otros tratadistas franceses consideran que si se demuestra que el contratante cuando emitió su declaración de voluntad no gozaba de la plenitud de sus facultades mentales y contrató víctima de un extravío momentáneo sin darse cuenta del acto jurídico que estaba celebrando, cabría igualmente una acción de nulidad absoluta por ausencia del consentimiento. El estado de necesidad en que se encontraba el sujeto y el carácter excesivo del compromiso contraído serían indicios de la situación de ofuscación que lo afectaba al momento del contrato[82].

En algunos ordenamientos, para atacar el contrato concluido en condiciones injustas debido al estado de necesidad en que se encontraba alguno de los contratantes en el momento de su celebración, se recurre a la figura de la *rescisión por lesión* que le permite al afectado obtener judicialmente la terminación del contrato o, en su caso, la modificación y el reajuste de las prestaciones surgidas del mismo. Esta es la solución que contemplan los artículos 1447 y 1450 del Código Civil italiano de 1942[83]. En otros ordenamientos como el alemán, el Código Civil

---

80 Henri Mazeaud, Léon Mazeaud, Jean Mazeaud y François Chabas, ob. cit., Tome II, Premier Volume, p. 193.

81 Marcelo Planiol y Jorge Ripert, ob. cit., Tomo VI, p. 266, especialmente, la nota 1 y la jurisprudencia francesa allí citada; Ambrosio Colin y Henri Capitant, *Curso Elemental de Derecho Civil*, Tomo III, Traducción castellana, Instituto Editorial Reus, Madrid, 1955, pp. 620-621; Louis Josserand, ob. cit., Tomo II, Vol. I, p. 63; Henri De Page, ob. cit., Tomo I, p. 69. Algunos autores como Josserand y Planiol y Ripert consideran que declarada la nulidad, la parte que se ve perjudicada por la anulación puede intentar contra su contraparte contractual una acción fundada en *el enriquecimiento sin causa* para obtener una remuneración por los servicios prestados a quien contrató en estado de necesidad (Louis Josserand, *Ídem*; Marcelo Planiol y Jorge Ripert, *Ídem*). En cambio, otros tratadistas como Marcadé fundamentan dicha acción en la gestión de negocios (V. Marcadé, *Explication Théorique et Pratique du Code Civil*, Tome IV, comentario al artículo 1114, París, 1873, p. 356).

82 Marcelo Planiol y Jorge Ripert, ob. cit., Tomo VI, pp. 233-234; Eugene Gaudemet, ob. cit., p. 185.

83 Los artículos 1447 y 1450 del Código Civil italiano de 1942, dicen textualmente: "*Contrato concluido en estado de peligro*. El contrato mediante el que una de las partes hubiese asumido obligaciones en condiciones inicuas, por la necesidad conocida por la otra parte de salvarse a sí misma o salvar a otros del peligro actual de un daño grave a la persona, podrá rescindirse a instancia de la parte que se haya obligado. El juez, al pronunciar la rescisión, podrá, según las circunstancias, asignar a la otra parte una retribución equitativa por la obra prestada". (Artículo 1447). "*Oferta de modificación del contrato*. El

considera nulo un contrato mediante el cual una persona, explotando la necesidad de otra, haga que se le prometan, a cambio de una acción, ventajas patrimoniales notoriamente desproporcionadas con la propia prestación[84].

c. El contrato celebrado en estado de necesidad en el Derecho venezolano

Por lo que al Derecho venezolano concierne, como indicamos en su oportunidad, la rescisión por lesión solamente procede en los casos expresamente contemplados por la ley (Código Civil, artículo 1350) (*supra*, I,3). El Código Civil contempla los siguientes casos de lesión susceptibles de producir la terminación del acto lesivo o, en su caso, la modificación en más o en menos de las prestaciones surgidas del mismo: la lesión en la partición de la herencia (artículos 1120 y 1132); la lesión en la partición de una comunidad (artículos 183 y 770); la lesión en la liquidación de la sociedad (artículo 1680); la lesión en la venta de un bien inmueble pactada con expresión de la cabida a razón de tanto por medida (artículo 1496, tercer aparte); y la lesión en la venta de un fundo limitado y determinado en el supuesto previsto en el artículo 1497 del Código Civil. Además, en el artículo 1746 del Código Civil, complementado por los artículos 1° (único aparte) del Decreto sobre la Usura del 9 de abril de 1946 y 143 (único aparte) del Decreto Ley para la Defensa de las Personas en el Acceso a los Bienes y Servicios de 2004 (idéntico al artículo 58, segundo aparte, del Decreto Ley Orgánica de Precios Justos de 2015), se contempla otro supuesto de lesión: la usura en el cobro de intereses en las obligaciones pecuniarias, que acarrea como consecuencia la reducción de los intereses convenidos al máximo legal permisible[85].

---

contratante contra quien se demandare la rescisión podrá evitarla ofreciendo una modificación del contrato suficiente para reducirlo a la equidad". (Artículo 1450).

84 El párrafo 138 (numeral 2°) del Código Civil alemán dice así: "Un negocio jurídico mediante el cual una persona, explotando la necesidad, falta de sentido común o inexperiencia de otra, haga que se le prometan o garanticen a sí misma o a un tercero, a cambio de una acción, ventajas patrimoniales que estén en obvia desproporción con la prestación también es nulo".

85 Al respecto, véase: James-Otis Rodner, ob. cit., p. 654; Eloy Maduro Luyando y Emilio Pittier Sucre, ob. cit., Tomo II, p. 702.

Pero, nuestra legislación no contempla, como sí lo hace el *Codice* italiano de 1942, la rescisión por lesión del contrato celebrado en condiciones inicuas hallándose una de las partes en estado de necesidad o de peligro. Por lo cual, no puede recurrirse a la rescisión del contrato por lesión en este supuesto no previsto en la ley por más que el contrato en cuestión no se habría celebrado, o lo habría sido en condiciones muy diferentes, de no haber mediado el estado de necesidad.

En nuestro ordenamiento, la explotación que haga un contratante de la necesidad en que se encuentre su contraparte en el momento de la celebración del contrato, no puede encuadrarse dentro del ámbito de la *violencia* susceptible de producir la anulación del contrato porque, como se dijo, el temor no resulta aquí de las amenazas de una persona sino de un suceso externo[86], ni dar lugar a la rescisión por no estar prevista expresamente en la ley esta situación como un supuesto de lesión que produzca esta consecuencia.

Según los casos, esta situación podría configurar el delito de usura previsto en los artículos 1° (encabezamiento) del Decreto sobre Represión de la Usura del 9 de abril de 1946 y 143 del Decreto Ley para la Defensa de las Personas en el Acceso a los Bienes y Servicios, sin perjuicio de la acción de daños y perjuicios que corresponda a la víctima contra quien se hubiere aprovechado de la situación de necesidad en que aquella se encontraba para extraerle ventajas indebidas o beneficios desproporcionados. El artículo 1° del Decreto-Ley sobre Represión de la Usura considera que comete el delito de usura quien se valga intencionalmente de las necesidades apremiantes de otro para obtener para sí o para un tercero una prestación, cesión, garantía o algo análogo que

86 Se ha sostenido que en algunos de los supuestos examinados, como en el caso del náufrago que cede a la presión del propietario del barco conviniendo en pagarle sumas exorbitantes por su salvamento, hay una amenaza del agente consistente en amenazar con no actuar (abstención antijurídica) susceptible de invalidar el consentimiento de la víctima que accede a contratar encontrándose en esta situación. En tal sentido, en la doctrina nacional, véase: José Mélich-Orsini, ob. cit., pp. 194-195; Rafael Bernad Mainar, ob. cit., Tomo II, pp. 87-88. Cabe hacer notar, sin embargo, que esta opinión no es unánime. En la doctrina italiana Barassi, criticando a los autores italianos que sostuvieron este criterio bajo la vigencia del Código Civil italiano de 1865, afirma que no existe una *obligación legal* de actuar en este caso. Por lo cual, la amenaza de no actuar puede ser censurable moralmente, pero no es antijurídica ni constitutiva de un supuesto de violencia que solo puede provenir de una actuación humana y no de sucesos externos. (Ludovico Barassi, ob. cit., Vol. III, pp. 446-447, especialmente, la nota 3).

implique una ventaja o beneficio que resultare notoriamente desproporcionada a la contraprestación o entrega que por su parte verifique (*lesión subjetiva genérica*). Por su parte, de acuerdo con lo dispuesto en el artículo 143 del Decreto Ley para la Defensa de las Personas en el Acceso a los Bienes y Servicios (idéntico en cuanto a los elementos del tipo al delito previsto en el encabezamiento del artículo 58 del Decreto Ley Orgánica de Precios Justos), incurre en el delito de usura quien obtenga para sí o para un tercero una prestación que implique una ventaja o beneficio notoriamente desproporcionado a la prestación que por su parte realiza (*lesión objetiva genérica*).

En estos dos últimos casos al limitarse la ley a sancionar penalmente a quien infrinja la prohibición legal y no contemplar, desde el punto de vista civil, la posibilidad de que la parte perjudicada por haber contratado en estas circunstancias obtenga la rescisión o la modificación del contrato, hay que concluir que esta última puede pedir la *nulidad total o parcial del contrato por objeto ilícito* porque el mismo colide con disposiciones prohibitivas de la ley dirigidas a la protección del orden público y a la salvaguarda de las buenas costumbres. Bien sabido es que el objeto de todo contrato tiene que ser lícito (Código Civil, artículo 1155) y el objeto de una obligación surgida de un contrato que configure un delito tiene carácter ilícito, lo que determina la nulidad absoluta del contrato en cuestión[87]. La acción respectiva sería una de nulidad absoluta por objeto ilícito del contrato o por ausencia parcial de causa, pero no una de rescisión que nuestro ordenamiento no contempla expresamente para este supuesto.

En fecha más reciente, en nuestra legislación, la Ley de Comercio Marítimo[88] contempla un supuesto especial: *el contrato de salvamento marítimo de bienes* puede ser anulado (*nulidad relativa*) por decisión judicial, cuando: 1) la celebración del contrato fue producto de presión indebida o se concertó bajo influencia del peligro; 2) sus condiciones no son equitativas; y 3) el pago pactado en el contrato es excesivamente

---

[87] En el mismo sentido, en la doctrina nacional, véase: Carlos Acedo Sucre, "Cláusulas abusivas", en *El Código Civil Venezolano en los Inicios del siglo XXI*, Academia de Ciencias Políticas y Sociales, Caracas, 2005, pp. 276-277; Eloy Maduro Luyando y Emilio Pittier Sucre, ob. cit., Tomo II, pp. 700-701.

[88] La Ley de Comercio Marítimo fue publicada en la Gaceta Oficial N° 38.351 del 5 de enero de 2006.

alto o excesivamente bajo en relación con los servicios efectivamente prestados (artículo 338).

Por consiguiente, si el capitán o el propietario del buque hubieren celebrado en nombre del propietario de los bienes que se encuentren a bordo de este *un contrato para el salvamento de dichos bienes bajo la influencia del peligro* podrán pedir al juez la anulación del contrato, *si lo convenido no estuviese de acuerdo con la equidad o si el pago estipulado resulta desproporcionado* en relación con los servicios de salvamento prestados. Rige aquí el principio de la buena fe en toda su extensión[89]. Se trata de un supuesto especial de *nulidad relativa* del contrato de salvamento concluido en estado de peligro y en condiciones inequitativas, o que haya dado lugar a un pago desproporcionado determinado por la situación de necesidad que impulsó a una de las partes a celebrar el contrato. Es ese uno de los rarísimos casos en los cuales el legislador venezolano admite la ineficacia de un contrato por causa de *lesión*.

Para delimitar el supuesto de hecho de esta disposición, conviene tener en cuenta que la Ley de Comercio Marítimo establece la obligación del capitán de un buque de prestar auxilio a todo buque o persona que se encuentre en situación de peligro (artículo 342). Para que surja la obligación de asistencia se requiere que las cosas se encuentren en peligro *en el mar*. De acuerdo con la jurisprudencia anglo-sajona no es necesario que el peligro sea absoluto, sino que se trate de una dificultad razonable[90]. La Ley de Comercio Marítimo no define el peligro ni determina su intensidad. En nuestro concepto, la asistencia o auxilio procede cuando se trate de cualquier grado de dificultad en el mar.

En este caso, quien realice una operación de salvamento tiene derecho a una remuneración (*recompensa*) cuando dicha operación haya producido un resultado útil, esto es, cuando haya sido exitosa (artículo 343). Por consiguiente, para que el salvamento dé origen a la acción de remuneración, es necesario que se haya obtenido éxito, esto es, que las cosas hayan sido salvadas. En el argot inglés se emplea la fórmula

89 Raúl Cervantes Ahumada, *Derecho Marítimo*, Editorial Herrero S.A., México, 1977, p. 919.

90 Al respecto, véase: Martín J. Norris, *The Law of Salvage*, New York, 1958, p. 221 y la jurisprudencia de los tribunales ingleses allí citada.

"*no cure no pay*" (si no hay remedio, no hay remuneración). Si la retribución no ha sido fijada en el contrato, la fijará el juez[91].

Los salvados en su propia persona no están obligados a retribuir a sus salvadores. Sin embargo, estos tendrán derecho a una parte equitativa de la remuneración concedida al salvador por salvar el buque, su cargamento y sus accesorios (artículo 349). La acción para exigir el pago de la remuneración prescribe a los dos (2) años (artículo 360). Por su carácter excepcional, estas disposiciones no pueden aplicarse por analogía.

5. Prueba de la violencia

De acuerdo con el Derecho común, como es bien sabido, la prueba de un hecho corresponde a quien afirme su existencia. Quien alegue un hecho tiene la carga de demostrarlo (Código de Procedimiento Civil, artículo 506). Es una derivación de la regla *actor incumbit probatio*. Por tanto, la carga de la prueba de la violencia y de los requisitos que deben concurrir para que la misma configure un vicio del consentimiento susceptible de producir la anulación del contrato corresponde a quien la invoca[92].

[91] De acuerdo con la Ley de Comercio Marítimo, esta remuneración se fijará tomando en cuenta los siguientes criterios: 1) el valor del buque y otros bienes salvados. 2) La pericia y los esfuerzos desplegados por el salvador o los salvadores para evitar o reducir al mínimo los daños al medio ambiente. 3) La medida del éxito logrado por el salvador o los salvadores. 4) La naturaleza y el grado del peligro. 5) La pericia y los esfuerzos desplegados por el salvador o los salvadores para salvar vidas humanas, el buque, y otros bienes. 6) El tiempo empleado, los gastos efectuados y las pérdidas sufridas por el salvador o los salvadores. 7) El riesgo de incurrir en responsabilidad y demás riesgos que hayan corrido el salvador, los salvadores o sus equipos. 8) La prontitud con que se hayan prestado los servicios. 9) La disponibilidad y la utilización de buques o de otros equipos destinados a operaciones de salvamento, así como el valor de los mismos y 10) El grado de preparación y la eficiencia de los miembros del equipo del salvador o de los salvadores (artículo 344). En todo caso, la recompensa, excluidos los intereses y las costas judiciales exigibles en virtud del fallo judicial, no excederá del valor del buque y demás bienes salvados (artículo 356).

[92] En la doctrina italiana moderna, D'Amico afirma que si se demuestra que la violencia cumple con los requisitos antes examinados no es necesario dejar establecido que la amenaza, en el caso concreto, provocó una efectiva alteración del proceso de formación de la voluntad de la víctima, sino que esta circunstancia se presume *iuris et de iure* (Giovanni D'amico, ob. cit., § 5, p. 2). En nuestro concepto, al englobar la ley a la violencia dentro de los *vicios del consentimiento*, se concluye que la violencia no incide de manera alguna sobre la validez del contrato cuando resulte que sin haberse ejercido la amenaza, el sujeto de todas maneras habría manifestado su voluntad de contratar. Por lo cual, la amenaza solo es

La violencia se puede demostrar por cualquier medio de prueba, incluso por presunciones *hominis*[93].

6. Efectos de la violencia

Los efectos fundamentales de la violencia que llene los requisitos antes examinados son los siguientes: 1) La violencia produce la anulabilidad del contrato; y 2) la violencia compromete la responsabilidad civil de su autor.

6.1. Anulabilidad del contrato

La violencia faculta al sujeto que ha contratado bajo su influencia a pedir la nulidad del contrato (Código Civil, artículo 1146). Se trata de una nulidad relativa y la acción respectiva está sometida a un lapso de prescripción de cinco años contados a partir del momento en que cese la violencia (Código Civil, artículo 1346). La nulidad puede ser total o parcial según que la violencia haya inducido al contratante a consentir en la totalidad del contrato, o solamente en una parte de sus cláusulas.

No se puede renunciar anticipadamente a ejercer la acción de anulación del contrato por violencia, ya que las normas de protección del consentimiento son de carácter imperativo y su aplicación no puede ser excluida por la voluntad de los particulares[94]. Pero, la víctima de la violencia puede confirmar el contrato después que la violencia haya cesado. La confirmación puede ser expresa o tácita y debe provenir de una voluntad que no se encuentre viciada por la violencia u otra causa. La confirmación o convalidación del contrato nulo impide ejercer la acción u oponer la excepción de nulidad relativa (Código Civil, artículo 1351).

6.2. Responsabilidad civil del agente de la violencia

Pero, adicionalmente, el autor de la violencia comete un hecho ilícito (arg.: *ex* art. 1185 del Código Civil) y compromete su responsabilidad civil conforme a las reglas que gobiernan la *responsabilidad civil*

---

jurídicamente relevante cuando, en el caso concreto, haya determinado el consentimiento de la víctima, lo que debe demostrarse tal y como se indica en el texto (*supra*, N° III,3,3.1).

93 François Terré, Philippe Simler e Yves Lequette, ob. cit., p. 254; Alberto Trabucchi, ob. cit., p. 1062.

94 Enrique Urdaneta Fontiveros, *Vicios Redhibitorios y Saneamiento*, Academia de Ciencias Políticas y Sociales, Serie Estudios, N° 73, Caracas, 2008, p. 42.

extracontractual[95]. Así lo ha dejado establecido la jurisprudencia de nuestros tribunales[96]. La víctima de la violencia puede obtener de aquel la reparación de los daños y perjuicios ocasionados por la celebración del contrato nulo. Si la violencia fue ejercida por un tercero con conocimiento de la parte a quien favorece, ambos son solidariamente responsables por los daños y perjuicios sufridos por la víctima[97].

Con respecto a la cuantía de la indemnización de los daños y perjuicios, se aplican aquí las reglas generales del hecho ilícito: depende del daño sufrido por la víctima de la violencia, con motivo de la anulación del contrato[98].

Se aplican en esta materia, *mutatis mutandi*, los principios que gobiernan los efectos del dolo en la formación de los contratos.

IV. LA VIOLENCIA MORAL SEGÚN LOS PRINCIPIOS DE UNIDROIT

1. Introducción

Los *Principios de Unidroit* consagran que la víctima de la violencia puede obtener la anulabilidad del contrato cuando lo haya celebrado inducido por una amenaza grave, inminente e injustificada. En tal sentido, el artículo 3.9 de los *Principios de Unidroit* de 2004, idéntico al artículo 3.2.6 de los *Principios de Unidroit* ampliados en 2016, establece:

> Una parte puede anular un contrato si fue inducida a celebrarlo mediante una amenaza injustificada de la otra parte, la cual tomando en consideración las circunstancias del caso, fue tan inminente y grave como para dejar a la otra parte sin otra alternativa razonable. En particular, una amenaza es injustificada si

95 Henri De Page, ob. cit., Tome I, p. 71; Ferdinando Di Blassi, ob. cit., <Parte Generale>, p. 456.

96 Sentencia del 6 de marzo de 2001, en *Ramírez & Garay*, Tomo CLXXIV, p. 528.

97 No hay discusión doctrinaria sobre el particular. Al respecto, véase: Marcelo Planiol y Jorge Ripert, ob. cit., Tomo VI, p. 270; Henri Mazeaud, Léon Mazeaud, Jean Mazeaud y François Chabas, ob. cit., Tome II, Premier Volume, p. 196; Jacques Ghestin, ob. cit., Tome II, p. 492; François Terré, Philippe Simler e Yves Lequette, ob. cit., p. 255; Alberto Trabucchi, ob. cit., p. 1068; Eloy Maduro Luyando y Emilio Pittier Sucre, ob. cit., Tomo II, pp. 660-661; Rafael Bernad Mainar, ob. cit., Tomo II, p. 88.

98 Henri De Page, loc. cit.; Francisco López Herrera, ob. cit., p. 212.

la acción u omisión con la que el promitente fue amenazado es intrínsecamente incorrecta, o resultó incorrecto recurrir a dicha amenaza para obtener la celebración del contrato.

2. Condiciones de la violencia

De acuerdo con la disposición antes transcrita, que para que proceda la anulabilidad del contrato por violencia, según los principios, se requiere: 1) que la amenaza que haya inducido a una de las partes a contratar sea *grave e inminente*; y 2) que dicha amenaza sea *injustificada*.

Se entiende por *amenaza grave e inminente* aquella que deje a quien la sufre *sin otra alternativa razonable* diferente a la celebración del contrato, lo que debe evaluarse en función de criterios objetivos, tomando en consideración las circunstancias particulares de cada caso[99]. La inminencia y gravedad exigen, por supuesto, una certidumbre del mal con que se amenaza. No hay verdadera amenaza si se trata de un peligro incierto, remoto o inconcreto[100].

Pero, adicionalmente, la *violencia* debe ser *injustificada*[101]. A título enunciativo, el artículo 3.9 antes transcrito establece que constituyen una amenaza injustificada los actos u omisiones provenientes de la otra parte que son *per se* ilegítimos como, por ejemplo, cuando una parte para inducir a la otra a celebrar un contrato la amenaza con causarle un daño en su persona o en su patrimonio.

En un caso reciente decidido por la jurisprudencia arbitral internacional, el tribunal arbitral consideró que una transacción concluida por la República de Yemen con una empresa constructora internacional bajo la amenaza de ataques a las instalaciones físicas de la empresa, unidos

99 En criterio del profesor Stephen Smith la violencia invalida el consentimiento cuando: 1) haya dejado a la víctima sin otra alternativa; y 2) haya sido eficaz para determinar la celebración del contrato (Stephen Smith, "Contracting under Pressure: A Theory of Duress", en *Cambridge Law Journal, 56(2)* July, 1997, p. 361). En todo caso, tal y como se indica en el texto, la disponibilidad de las opciones alternativas, de existir, así como su razonabilidad, son cuestiones de hecho reservadas al poder de apreciación del juzgador quien deberá tomar en cuenta las circunstancias del caso sometido a su consideración y decisión.

100 Luis Díez-Picazo y Antonio Gullón, *Sistema de Derecho Civil*, Vol. II, Editorial Tecnos, Madrid, 1998, p. 57.

101 Al respecto, véase: Matthew Conaglen, "Duress, Undue Influence and Unconscionable Bargains – The Theoretical Mesh", en *New Zealand University Law Review,* Vol. 18, N° 4, Diciembre, 1999, p. 510.

a la falta de pago de las cantidades adeudadas por obra ejecutada, que colocaron a la empresa contratista en una delicada situación financiera, que le impidió cumplir con los compromisos adquiridos con sus subcontratistas, había sido una transacción concluida bajo el influjo de actos de coacción moral, injustificados e ilegales; por lo cual, el tribunal arbitral le negó toda eficacia internacional a dicha transacción[102].

Además, la violencia es injustificada cuando la acción u omisión con la cual se haya amenazado al sujeto contratante es en sí misma lícita, pero se persigue con ella una ventaja indebida o injusta (*supra*, Nº III, 3, 3.2,b). Así, si A le adeuda a B una cantidad de dinero líquida y exigible y B, haciendo valer su condición de acreedor, amenaza a A con ejercer una acción de cobro contra él, o con la ejecución judicial de su patrimonio, para inducirle a que le alquile un almacén en términos y condiciones muy ventajosas. Si A cediendo a la presión conviene en ello y firma el contrato de arrendamiento, puede pedir la nulidad del contrato.

De donde resulta que la amenaza de hacer valer un derecho, si bien supone una presión, no es en sí misma injusta; por lo cual, no vale como violencia a menos que, como en el ejemplo antes señalado, vaya dirigida a conseguir ventajas ilegítimas en el contrato o una prestación indebida, lo que equivale a un chantaje.

Con respecto al *objeto sobre el cual debe recaer la violencia*, de acuerdo con los *Principios de Unidroit*, se admite que la amenaza puede ejercerse no solamente contra la persona o los bienes del sujeto contratante, sino también sobre su reputación o sus intereses económicos.

---

[102] Al respecto, véase: Laudo del Centro Internacional de Arreglo de Diferencias Relativas a Inversiones (CIADI) dictado el 6 de febrero de 2008. Caso Desert Line Projects, LLC contra la República de Yemen (Caso CIADI Nº ARB/05/17) (¶¶ 165 y 166, p. 42 y ¶185, p. 46). (Consultado en la página Web http://ita.law.uvic.ca/alphabetical_list.htm). Cabe hacer notar que en el laudo dictado por el tribunal arbitral se afirma claramente que: 1) no toda presión financiera equivale a violencia, puesto que para ello se requiere que exista una verdadera coacción moral que vicie el consentimiento (¶155, p. 40); y 2) tampoco el mero hecho de que una de las partes le pague a la otra una cantidad inferior a las sumas adeudadas o a la que esta última considere que se le deben, configura un cuadro de violencia (¶152, p. 40). Fueron, en definitiva, las circunstancias particulares del caso, incluyendo *las actuaciones abusivas* de una de las partes que determinaron que la otra consintiera en la transacción propuesta, las que llevaron al tribunal arbitral a concluir que, en el caso concreto, el consentimiento de la empresa contratista había sido arrancado por violencia (¶151, p. 39).

En los comentarios oficiales de los *Principios de Unidroit* se incluye el siguiente ejemplo: supongamos que A, dueño de un club de deportes es amenazado con una huelga por parte de los jugadores del equipo de baseball a menos que convenga en pagarles una bonificación extraordinaria, muy superior a la que ellos tendrían derecho a obtener en el supuesto de que ganaran los restantes partidos de la serie. Si A bajo esta amenaza conviene en el pago del bono solicitado, puede obtener la nulidad del nuevo contrato suscrito con los jugadores, puesto que la huelga habría determinado que el equipo quedara excluido de la serie o relegado a una liga de categoría inferior lo que, en el caso concreto, representa una amenaza grave e inminente a la reputación y situación financiera del club[103].

Asimismo, la amenaza de revelar un secreto industrial o comercial que, si llegara a conocerse, perjudicaría al contratante amenazado, configura un supuesto de violencia injusta (*supra*, Nº III, 3,3.3,c).

La violencia alegada debe ser clara y cabalmente demostrada[104].

3. El agente de la violencia

3.1. Violencia procedente de un tercero

El agente de la violencia puede ser una de las partes contratantes o un tercero por cuyos hechos aquella deba responder. En ciertas circunstancias, sin embargo, el agente puede ser un tercero por cuyos hechos no responda la otra parte. En tal sentido, el artículo 3.11 de los *Principios de Unidroit*, idéntico al artículo 3.2.8 de los *Principios de Unidroit* ampliados en 2016, dice textualmente:

> (1) Cuando el dolo, la intimidación, excesiva desproporción o el error sean imputables o sean conocidos o deban ser conocidos por un tercero de cuyos actos es responsable la otra parte, el contrato puede anularse bajo las mismas condiciones que si dichas anomalías hubieran sido obra suya.

---

103 Principios de Unidroit, Comentario oficial Nº 3 al artículo 3.9, en *Principes d'Unidroit Relatifs aux Contrats du Commerce International*, Insititut International pour l'Unification du Droit Privé, Roma, 2004, pp. 109-110.

104 Laudo del Centro Internacional de Arreglo de Diferencias Relativas a Inversiones (CIADI) citado en la nota 104 *ut supra*. (¶153, p. 40).

> (2) Cuando el dolo, la intimidación o la excesiva desproporción sean imputables a un tercero de cuyos actos no es responsable la otra parte, el contrato puede anularse si dicha parte conoció o debió conocer el dolo, la intimidación o la excesiva desproporción, o bien si en el momento de anularlo dicha parte no había actuado todavía razonablemente de conformidad con lo previsto en el contrato.

De lo cual resulta que cuando la violencia proviene de un tercero por cuyos hechos es responsable el sujeto contratante, la misma se le atribuye al propio contratante.

La expresión "terceros de cuyos actos es responsable la otra parte" que emplea el artículo 3.11 antes transcrito se interpreta en forma muy amplia para englobar no solamente las amenazas procedentes de los agentes, representantes, mandatarios y, en general, de aquellas personas por cuyos hechos la ley obligue al contratante a responder, sino también las amenazas empleadas por otros terceros que hayan actuado por su propia iniciativa, pero en beneficio del contratante, o de las cuales este se haya aprovechado. En todos estos casos se justifica imputar las actuaciones de estos terceros, o su conocimiento real o presunto, al sujeto contratante, independientemente de que este estuviese o no en cuenta de las mismas[105].

En cambio, cuando la intimidación o amenaza proviene de un tercero por cuyos actos no es responsable el sujeto contratante, solamente puede anularse el contrato cuando este último haya conocido o debido conocer, según las circunstancias, la violencia empleada por el tercero. No obstante, hay una excepción a esta regla: es indiferente que la violencia proveniente de un tercero se haya ejercitado con o sin el conocimiento del sujeto contratante, cuando este último, para el momento en que la víctima de la violencia haga uso de su derecho a prevalerse de la nulidad, no hubiere aún actuado razonablemente según las disposiciones del contrato, lo que se justifica porque en este supuesto el sujeto contratante no tiene necesidad de la protección legal[106].

---

105 Al respecto, véase: Principios de Unidroit, Comentario oficial Nº 1 al artículo 3.11, en *Principes d'Unidroit Relatifs aux Contrats du Commerce International*, Insititut International pour l'Unification du Droit Privé, Roma, 2004, p. 113.

106 *Ibíd.*, Comentario oficial Nº 2, pp. 113-114.

3.2. Aprovechamiento del estado de necesidad del cocontratante

Con respecto al aprovechamiento del estado de necesidad del cocontratante, los *Principios de Unidroit*, siguiendo las orientaciones del moderno Derecho de la contratación, contemplan como remedios a favor de la parte afectada, la nulidad del contrato lesivo o su adaptación y ajuste para hacer desaparecer la excesiva desproporción inicial existente entre las prestaciones recíprocas.

A estos efectos, el artículo 3.10 de los *Principios de Unidroit* de 2004, idéntico al artículo 3.2.7 de los *Principios de Unidroit* ampliados en 2016, establece que una parte puede obtener la nulidad total o parcial del contrato si, en el momento de su celebración, el contrato o alguna de sus cláusulas otorga a la otra parte una ventaja excesiva, a cuyo efecto se debe tener en cuenta, entre otros factores, la circunstancia de que dicha otra parte se haya aprovechado injustificadamente de la dependencia, aflicción económica o necesidades apremiantes de su cocontratante (el artículo 3.10 agrega "o de su falta de previsión, ignorancia, inexperiencia o falta de habilidad en las negociaciones")[107].

El supuesto de hecho que desencadena la aplicación de esta disposición es la *lesión patrimonial* que experimenta una de las partes de un contrato comercial internacional consistente en el desequilibrio entre la prestación que ha dado o prometido y la de menor entidad que recibió o debe recibir, desequilibrio este que depende del estado de necesidad en que se encontraba y del cual se ha aprovechado injustificadamente su contraparte para obtener una ventaja excesiva.

Desde luego, el estado de necesidad, la dependencia o aflicción económica deben entenderse aquí referidos a una situación que disminuya la libertad de elección y que induzca al comerciante en el área del comercio internacional a concluir el contrato; no es necesario que el sujeto esté en estado de peligro o de indigencia. Tampoco es

---

[107] Según el artículo 3.10 de los *Principios de Unidroit*, para determinar si el contrato concede a una de las partes una ventaja excesiva e injustificada, hay que tomar en consideración, además, la naturaleza y finalidad del contrato. Pero, esta es una condición objetiva y no subjetiva que no tiene nada que ver con la situación particular en que se encuentre alguna de las partes en el momento de la celebración del contrato.

elemento relevante la escasa potencialidad económica del deudor que se dice lesionado.

De acuerdo con el artículo 3.10, a solicitud de cualquiera de las partes, el tribunal podrá adaptar el contrato o la cláusula respectiva, a fin de ajustar su contenido a criterios comerciales razonables de lealtad negocial. De allí que la acción de nulidad puede ser eventualmente neutralizada por la contraparte del contratante lesionado mediante una oferta de modificación del contrato que procure reducirlo a lo que resulte justo según los usos y prácticas comerciales, sea mediante la renuncia a una parte de la prestación, o mediante un suplemento de contraprestación que reestablezca el equilibrio entre las prestaciones.

Para que proceda la nulidad o, en su caso, el ajuste de las prestaciones derivadas del contrato, se requiere no solamente que exista un notorio desequilibrio entre las prestaciones recíprocas de las partes, sino además que el contratante se haya aprovechado injustificadamente de la situación en que se encontraba su contraparte contractual para obtener de ella una ventaja excesiva, lo que le corresponde a la autoridad judicial competente apreciar, según las circunstancias particulares del caso sometido a su consideración y decisión.

Si las partes no llegan a un acuerdo respecto de los términos y condiciones del ajuste del contrato, le corresponderá al juez competente resolver si el contrato en cuestión debe ser anulado o modificado y, en este último caso, sobre los términos y condiciones de su modificación.

4. Efectos de la violencia

De acuerdo con los *Principios de Unidroit* de 2004, el sujeto que ha contratado inducido por una amenaza o intimidación grave, inminente e injustificada, en las condiciones antes indicadas, puede obtener la anulación (total o parcial) del contrato (artículo 3.9), previa notificación cursada a su contraparte contractual de su voluntad de prevalerse de la nulidad (artículo 3.14). La notificación de anular el contrato debe realizarse dentro de un plazo razonable, teniendo en cuenta las circunstancias, después de que la parte impugnante conoció o no podía ignorar los hechos o pudo obrar libremente (artículo 3.15). La anulación tiene efectos retroactivos (artículo 3.17). La anulación del contrato queda excluida si la parte facultada para pedirla lo confirma, expresa o tácitamente, una vez que haya comenzado a correr el plazo para notificar a su contraparte acerca de su intención de prevalerse de dicha anulación (artículo 3.12). Los precitados artículos 3.9, 3.14, 3.15, 3.17 y 3.12 son idénticos a los artículos 3.2.6, 3.2.11, 3.2.12, 3.2.14 y 3.2.9 de los *Principios de Unidroit* ampliados en 2016.

Cabe hacer notar, sin embargo, que en una reciente decisión de la jurisprudencia arbitral internacional, aun cuando el tribunal arbitral concluyó que una transacción había sido suscrita bajo el influjo de la violencia moral, el tribunal no hizo pronunciamiento alguno en relación con la anulación de dicha transacción. El tribunal arbitral, en cambio, declaró que en el caso concreto al haberse celebrado la transacción con el Estado bajo violencia, esta situación era una violación al trato justo y equitativo a que tienen derecho los inversionistas internacionales conforme a los principios del Derecho internacional y, por ende, le negó toda eficacia internacional a la transacción en cuestión[108].

Por último, independientemente de que el contrato sea anulado o no, la parte que conoció o debía haber conocido la intimidación o amenaza se encuentra obligada a resarcir a la otra los daños y perjuicios causados, colocándola en la misma situación en que se encontraría de no haber celebrado el contrato (artículos 3.18 y 3.2.16, respectivamente).

[108] Laudo del Centro Internacional de Arreglo de Diferencias Relativas a Inversiones (CIADI) citado en la nota 104 *ut supra.* (¶194, p. 48).

CONSIDERACIONES SOBRE LA *EXCEPTIO NON ADIMPLETI CONTRACTUS**

SUMARIO

I. NOCIÓN. II. CONSAGRACIÓN LEGAL. III. FUNDAMENTO. IV. FUNCIONES. V. CAMPO DE APLICACIÓN. VI. SUPUESTOS DE PROCEDENCIA. 1. La existencia de obligaciones recíprocas nacidas de un contrato bilateral. 1.1. La obligación del *excipiens.* 1.2. La obligación del demandante. 2. El incumplimiento de la parte a quien se le opone la excepción. 2.1. Incumplimiento total o parcial. Cumplimiento defectuoso. 2.2. Carácter culposo del incumplimiento. 2.3. El incumplimiento debe haberse consumado. 2.4. No es necesario que el incumplimiento tenga carácter resolutorio. 3. Las obligaciones deben ser de cumplimiento simultáneo. 4. La oposición de la *exceptio* debe ajustarse al principio de la buena fe. 4.1. El principio general y sus consecuencias. 4.2. La gravedad de la inejecución y el poder de apreciación del juez. VII. EFECTOS. 1. Efecto suspensivo de la excepción. 2. Efectos derivados de la suspensión del deber de cumplimiento. 2.1. En principio, la *exceptio* suspende totalmente la ejecución de la prestación. 2.2. Impide toda ejecución forzosa de la obligación. 2.3. No coloca al excepcionante en *mora solvendi* ni al excepcionado en *mora credendi.* 2.4. El *excipiens* no debe hacer imposible la reanudación del contrato. 2.5. No interrumpe ni suspende la prescripción. VIII. RENUNCIA. IX. EXTINCIÓN.

---

* Estudio publicado en la *Revista de Derecho Público*, No 173-174, Caracas, 2023.

I. NOCIÓN

Con frecuencia una de las partes de un contrato bilateral no cumple con sus obligaciones y pretende, a su vez, que la otra parte ejecute las suyas. La ley le concede entonces a esta última un medio de defensa para paralizar la acción de aquella. Este remedio defensivo que le permite al contratante denegar la ejecución de la prestación por él debida en tanto no se cumpla la contraprestación que se le adeude es la *exceptio non adimpleti contractus* (también llamada excepción de incumplimiento contractual, o excepción de contrato no cumplido o de toma y daca)[1]. Su finalidad es preservar el equilibrio durante la vida del contrato. En síntesis, "no cumplo porque tú no cumples".

La *exceptio non adimpleti contractus* es la facultad que tiene una de las partes de un contrato bilateral de negarse a ejecutar su obligación si la otra parte le exige el cumplimiento sin haber ejecutado la suya, salvo que aquella esté obligada a cumplir con carácter previo.

La excepción de incumplimiento contractual se funda en la idea de que no es justo que una de las partes exija a la otra el cumplimiento de su obligación sin a su vez haber cumplido con su propia obligación. Por consiguiente, si una de las partes de un contrato bilateral exige la ejecución de su crédito sin a su vez cumplir con su propia deuda, la otra puede negarse oponiendo la excepción de incumplimiento.

En el Derecho venezolano, *la exceptio non adimpleti contractus* es una defensa cuya alegación debe hacer el interesado en la oportunidad fijada para la contestación de la demanda; y si no lo hiciere, se entenderá tácitamente renunciada puesto que el juez no puede hacerla valer de oficio. Es una *verdadera excepción perentoria o defensa de fondo* que pospone la pretensión del contratante que reclama el cumplimiento y cuya eficacia consiste en una suspensión de la ejecución contractual, sin que afecte para nada la validez del contrato o la subsistencia de sus efectos[2].

---

1 En este trabajo se hace referencia a la *exceptio non adimpleti contractus*, tanto cuando se utiliza esta expresión en forma completa en latín, como también cuando se emplean los términos excepción de incumplimiento contractual, excepción de incumplimiento o, simplemente, excepción o *exceptio*.

2 José Mélich-Orsini, *Doctrina General del Contrato*, Quinta Edición, Academia de Ciencias Políticas y Sociales, Serie Estudios, N° 61, Caracas, 2012, pp. 776-777; Sentencia

II. CONSAGRACIÓN LEGAL

El artículo 1.168 del Código Civil dice textualmente lo siguiente:

> En los contratos bilaterales, cada contratante puede negarse a ejecutar su obligación si el otro no ejecuta la suya, a menos que se hayan fijado fechas diferentes para la ejecución de las dos obligaciones.

Esta disposición que consagra en términos generales la excepción de incumplimiento contractual fue incluida por primera vez en el Código Civil de 1942 siguiendo la orientación del Proyecto franco-italiano de las Obligaciones y de los Contratos.

Nuestros Códigos Civiles anteriores siguiendo el modelo francés no consagraban con carácter general la excepción de incumplimiento contractual y se limitaban a establecer concretas aplicaciones de la *exceptio* en algunos casos particulares en materia de venta (artículos 1.535, 1.570 y 1.572 del Código Civil de 1922), así como en la permuta (artículo 1.604 del Código Civil de 1922). Además, existían en dichos códigos numerosas disposiciones que consagraban el llamado derecho de retención que si bien tiene algunos puntos de contacto con la excepción de incumplimiento, existen diferencias sustanciales entre ambos institutos.

III. FUNDAMENTO

En el Derecho moderno se han desarrollado diversas teorías para explicar la razón de ser de la *exceptio non adimpleti contractus* y justificar su existencia.

De acuerdo con *la teoría clásica de la causa*, el cumplimiento de la obligación de uno de los contratantes es la causa de la obligación del otro. Por lo cual, si una de las partes no cumple, la obligación de su

---

del 23 de noviembre de 1988 en *Jurisprudencia de la Corte Suprema de Justicia. Pierre Tapia*, N° 11, noviembre 1988, p. 350; Sentencia del 8 de junio de 1960 en *Gaceta Forense. Segunda Etapa*, N° 28, p. 255. Cabe hacer notar, sin embargo, que en la doctrina francesa Malecki afirma que en estricto rigor no puede afirmarse que la *exceptio* sea una excepción perentoria "puesto que su procedencia no tiene por efecto arruinar *definitivamente* la pretensión del demandante, sino *impugnarla*" (Catherine Malecki, *L'Exception d'Inexécution*, L.G.D.J., París, p. 282).

contraparte carecería de causa y en consecuencia no podría exigirse su cumplimiento. Se explica así que cada uno de los contratantes puede negarse a ejecutar su prestación si el otro le exige su cumplimiento, sin a su vez haber cumplido con su propia obligación.

A la teoría de la causa se le critica que la causa es una condición de validez de los contratos y su ausencia puede constituir un obstáculo para la formación de la obligación, pero de ningún modo para su ejecución[3]. Se afirma, además, que no es necesario acudir a esa teoría, pues su aceptación implicaría postular la ausencia de causa de la obligación de quien opone la excepción, lo que es inexacto, desde que esa parte puede ejecutar la prestación u ofrecer hacerlo; esto demuestra que la causa de la obligación aún subsistiría.

Según otros autores, *la exceptio non adimpleti contractus se fundamenta en la interdependencia de las prestaciones.*

En los contratos sinalagmáticos, se afirma, las obligaciones son recíprocas e interdependientes. La obligación asumida por uno de los contratantes constituye la razón de ser de la obligación impuesta al otro contratante, de donde se deduce que cada uno está obligado porque el otro está a su vez obligado con él. Por consiguiente, no hay ninguna razón para obligar a uno de los contratantes a ejecutar su obligación con el otro, si este no ejecuta la suya. Admitir que uno de los contratantes esté obligado a cumplir mientras que el otro no cumpla, sería romper la interdependencia de las obligaciones que es la esencia del contrato sinalagmático[4].

En el fondo, la idea de reciprocidad o interdependencia que explican los anticausalistas franceses y parte de la doctrina española reproduce en casi los mismos términos la noción de causa empleada por los partidarios de la teoría de la causa. Por tanto, las mismas críticas que se le hacen a la teoría que fundamenta la *exceptio non adimpleti contractus* en la noción de causa, pueden hacerse igualmente a quienes la

---

3 Boris Starck, *Droit Civil (Obligations)*, Librairies Techniques, París, 1972, p. 648.

4 Marcelo Planiol y Jorge Ripert, *Tratado Práctico de Derecho Civil Francés*, Tomo VI, Traducción al castellano de Mario Díaz Cruz, Cultural S.A, Habana, 1946, p. 58; Henri De Page, *Traité Élémentaire de Droit Civil Belge*, Tomo II (Les Obligations) (Primera Parte), Bruylant, Bruselas, 1.948/1952, pp. 761-763; Pierre Van Ommeslaghe, *Droit des Obligations*, Tomo I (Primera Parte), Bruylant, Bruselas, 2010, p. 855.

fundamentan en la noción de interdependencia entre las obligaciones que surgen de un contrato bilateral.

Según otros, la *exceptio non adimpleti contractus reposa en el sinalagma funcional*.

El sinalagma se distingue en genético y funcional. El primero consiste en un nexo causal que liga a las obligaciones en el momento del perfeccionamiento del contrato. El sinalagma funcional, en cambio, consiste en una conexión causal que existe entre las obligaciones nacidas del contrato sinalagmático, no ya en el momento de su nacimiento, sino en el de su ejecución. La *exceptio non adimpleti contractus*, la resolución por incumplimiento y la teoría de los riesgos en los contratos bilaterales serían manifestaciones del sinalagma funcional.

A esta teoría se le critica que no es necesario acudir a la noción de sinalagma funcional para poner de relieve el nexo de interdependencia entre las prestaciones. Pero adicionalmente se le critica a esta teoría que no adelanta un paso en la indagación del fundamento de la *exceptio* y de los demás efectos en orden al cumplimiento de las respectivas obligaciones surgidas de un contrato bilateral. Se afirma que es precisamente porque existe la excepción, la resolución por incumplimiento y la teoría de los riesgos por lo que puede afirmarse que las obligaciones nacidas de los contratos sinalagmáticos son interdependientes, pero no al contrario, y que no entenderlo así supone confundir causa y efecto[5].

Algunos autores afirman que *la exceptio constituye un derivado de la resolución por incumplimiento* que está implícita en las disposiciones del Código Civil que consagran la resolución del contrato. Como lo menos está comprendido en lo más, se afirma, sería un contrasentido del legislador haber acordado el derecho de resolución y no el más simple de negarse a ejecutar la propia prestación hasta que por lo menos, el contrato llegue a cumplirse[6]. Quien con la resolución puede recuperar lo entregado, con mayor razón puede negarse a prestarlo.

---

5 Enrico Dell'Aquila, *La Resolución del Contrato Bilateral por Incumplimiento*, Salamanca, 1981, pp. 165-166.

6 Gabriel Baudry-Lacantinerie y Louis Barde, Des Obligations. Tomo II, en *Traité Théorique et Pratique de Droit Civil*, Vol. XII, París. 1902, pp. 136-137; Henri De Page, ob. cit., Tomo II, p. 777; Jorge Giorgi, *Teoría de las Obligaciones en el Derecho Moderno*, Vol. IV, Traducción al castellano por la redacción de la Revista General de Legislación y Jurisprudencia, Editorial Reus, Madrid, 1929, p. 206.

A esta teoría se le critica que nada autoriza a considerar que la *exceptio* esté implícita en la resolución puesto que ambas figuras, aunque obedecen en última instancia al mismo principio, se articulan de forma diferente, tienen un campo de aplicación distinto, cumplen diferente función y producen efectos distintos[7].

Según algunos autores la *exceptio non adimpleti contractus es una consecuencia del principio de la buena fe* que las partes deben desarrollar en la ejecución de todo contrato (Código Civil, artículo 1.160), muy especialmente en los contratos bilaterales[8]. Según otros, *son razones de equidad las que justifican la existencia de la exceptio*, puesto que resulta claramente contrario a la equidad que un contratante que no cumple ni ofrece cumplir su obligación pretenda, aunque tenga derecho a ello, el cumplimiento de su crédito[9].

Otros autores alegan como fundamento de la excepción *la voluntad presunta de los contratantes.*

A esta teoría se le critica que tendría como consecuencia limitar la excepción a los contratos sinalagmáticos perfectos, con lo cual se reduciría considerablemente su campo de aplicación impidiéndose su extensión a algunas situaciones extracontractuales en las cuales existe identidad de razón para aplicar la *exceptio*[10].

A nuestro modo de ver, cada una de estas teorías aporta elementos útiles para explicar la razón de ser de la excepción por incumplimiento.

---

7 Si con la resolución se busca la terminación del vínculo, con la *exceptio* se busca preservar el equilibrio durante la vida de la relación, en el curso de su ejecución. Como afirma Barassi, a través de la posibilidad que se concede al acreedor de optar entre el cumplimiento o la resolución, se le procura una tutela directa e inmediata para obtener la satisfacción de su crédito; en cambio, la tutela que procura la *exceptio* es mediata e indirecta en cuanto que se limita a impedir la satisfacción del crédito del cocontratante mediante la presión que sobre él ejerce el *excipiens* para inducirle al cumplimiento; tratándose de dos institutos que en cierto sentido inciden de modo contrario sobre el vínculo, no puede entenderse el uno implícito dentro del otro. (Ludovico Barassi, *La Teoria Generale delle Obbligazioni*, Vol. III, Giuffrè Editore, Milán, 1948, p. 434).

8 Carlo Lessona, "Legitimità della massima inadimpleti non adimplendum", en *Rivista del Diritto Commerciale e del Diritto Generale delle Obbligazioni* dirigida por A. Sraffa e C. Vivante, Vol. XVI, (Primera Parte), Casa Editrice Francesco Vallardi, Milán, 1918, p. 383.

9 José Luis La Cruz Berdejo, *Elementos de Derecho Civil,* Tomo II (Derecho de Obligaciones), Vol. I, Dykinson, Madrid, 2007, pp. 192-193.

10 Jacques Ghestin y Marc Billau, "Les obligations - Les effets du contrat," en *Traité de Droit Civil*, Tome III, L.G.D.J., París, 1992, p. 349.

El fundamento de la excepción está en la reciprocidad, es decir, como entre las obligaciones hay una dependencia que no solo existe al principio (sinalagma genético), sino que perdura aún después de la formación del contrato (sinalagma funcional), si una de las partes no cumple sus obligaciones, la otra podrá suspender el cumplimiento de las que le incumben. Se trata de una consecuencia natural que resulta de la regla del cumplimiento simultáneo de las obligaciones sinalagmáticas. A esta habría que añadir como fundamentación, principios generales en materia del Derecho de obligaciones, como el de la buena fe (Código Civil, artículo 1.160), e incluso principios generales del derecho como la equidad que mediante la *exceptio non adimpleti contractus* se concretan en el principio de la preservación del equilibrio del contrato en el momento de su ejecución. Son todas estas las razones que explican la consagración de la *exceptio* en el artículo 1.168 del Código Civil.

IV. FUNCIONES

La excepción de incumplimiento contractual cumple una función de garantía y sirve de medida indirecta de presión al cumplimiento.

La *exceptio* desempeña una importante función de garantía en el sentido de que al tener a su alcance la facultad de denegar el cumplimiento de su propia prestación hasta tanto la otra parte cumpla con su respectiva contraprestación, cada contratante se asegura el pago de su crédito[11].

Pero adicionalmente la *exceptio non adimpleti contractus* sirve de medida indirecta de presión para constreñir al deudor recíproco al cumplimiento. Como la *exceptio* suspende la ejecución del contrato y paraliza la pretensión del contratante que reclama el cumplimiento hasta tanto este cumpla con su respectiva contraprestación, la *exceptio* sirve de mecanismo inductor al cumplimiento[12]. Por supuesto este mecanismo de presión será tanto más eficaz cuanto mayor sea el interés que tenga el demandante en obtener la prestación que le adeude el *excipiens*.

---

[11] Al respecto, véase: Marcelo Planiol y Jorge Ripert, ob. cit., Tomo VI, p. 612; María Cruz Moreno, *La Exceptio non Adimpleti Contractus*, Tirant lo Blanch, Valencia, 2004, p. 38.

[12] Al respecto, véase: René Cassin, *De l'exception tirée de l'inexécution dans les rapports synallagmatiques (exceptio non adimpleti contractus)*, Tesis, París, 1914, p. 348; Giovanni Persico, *L'Eccezione d'Inadempimento*, Giuffrè, Milán, 1955, p. 8.

V. CAMPO DE APLICACIÓN

Para indicar el campo de aplicación de la *exceptio non adimpleti contractus*, el artículo 1.168 del Código Civil se refiere explícitamente al "contrato bilateral" y el artículo 1.134 *ejusdem* establece que "el contrato es unilateral, cuando una sola de las partes se obliga; y bilateral, cuando se obligan recíprocamente".

Se admite, como regla general, que la excepción de incumplimiento no debe aplicarse sino a los *contratos bilaterales* pues su fundamento se basa en la propia estructura de las obligaciones recíprocas que derivan de estos contratos; por ello parece natural, en principio, limitar a dichos contratos el ámbito de aplicación de la *exceptio*[13].

La *exceptio non adimpleti contractus* no se aplica a los *contratos unilaterales* ni a los *contratos bilaterales imperfectos*, esto es, aquellos contratos que inicialmente solo producen obligaciones para una de las partes, pero que durante la vida del contrato hacen o pueden hacer surgir obligaciones para ambas partes como, por ejemplo, el depósito, el comodato y el mandato[14].

La *exceptio non adimpleti contractus* prevista en el artículo 1.168 se aplica solo en el caso de los contratos bilaterales, por ser precisamente consecuencia de la reciprocidad e interdependencia de las obligaciones. Por lo cual, en un contrato bilateral imperfecto el que se ha convertido en acreedor durante el curso de la ejecución del contrato, en caso de inejecución de la otra parte, solo podrá invocar las sanciones del derecho común tales como la acción de cumplimiento o el cumplimiento por equivalente, salvo en ciertos casos la posibilidad de

---

13 Así lo consagran de modo expreso, entre otros, los Códigos Civiles alemán, suizo de las Obligaciones y venezolano.

14 El contrato de depósito engendra ordinariamente solo una obligación de restituir la cosa depositada a cargo del depositario, no quedando inicialmente el depositante obligado a nada, sino en el caso en el que el depositario tenga que realizar gastos para la conservación de la cosa y eventualmente cuando el depositante deba indemnizar al depositario por daños causados por la cosa depositada (Código Civil, artículo 1.773). En el comodato, en principio, solo el comodatario queda obligado a restituir al comodante la cosa recibida en calidad de comodato (Código Civil, artículo 1724), pero el comodante puede resultar obligado a reembolsar al comodatario los gastos extraordinarios, necesarios o urgentes que este se hubiese visto obligado a efectuar (Código Civil, artículo 1.733). En el mandato, en su inicio solo el mandatario se obliga a realizar la gestión encomendada (Código Civil, artículo 1.684), pero el mandante quedará obligado a reembolsar al mandatario los avances y gastos efectuados por este en la ejecución del mandato (Código Civil, artículo 1.699).

ejercer el derecho de retención cuando así lo establece la ley como, por ejemplo, en el caso del contrato de mandato y del contrato de depósito. Pero este derecho, aunque guarda puntos de contacto con la *exceptio non adimpleti contractus*, no puede confundirse con esta última, porque existen diferencias importantes ente uno y otra[15].

Ahora bien, en virtud del principio de la autonomía de la voluntad, las partes pueden acordar que un contrato que solo hace surgir normalmente obligaciones a cargo de una de las partes, pueda en el caso concreto producirlas también para la otra parte como ocurre en el caso del mandato remunerado o del depósito remunerado. Por convenio, las partes pueden pues transformar un contrato que por su naturaleza es unilateral en un contrato bilateral, o sea, en un contrato con obligaciones recíprocas en cuyo caso, en razón de la interdependencia creada por la voluntad de los contratantes entre las obligaciones a cargo de cada uno de ellos, cabría la aplicación de la *exceptio*[16].

Tampoco vemos obstáculo a que los particulares, de acuerdo con el principio de la autonomía de la voluntad, puedan crear un nexo de interdependencia entre contratos distintos con lo cual el campo de aplicación de la *exceptio* quedaría ampliado a las obligaciones recíprocas derivadas de los *contratos enlazados* que ellos celebren.

En tales casos la inejecución de la obligación nacida de uno de esos contratos puede justificar la suspensión de la obligación derivada del otro. Por ejemplo, el incumplimiento de una obligación a cargo del franquiciante establecida en el contrato de franquicia puede justificar la suspensión del pago de los cánones de arrendamiento adeudados por el franquiciado en razón de un contrato de arrendamiento concluido con el franquiciante[17].

---

15 Al respecto, véase: Enrique Urdaneta Fontiveros, *Régimen Jurídico de la Exceptio Non Adimpleti Contractus,* Academia de Ciencias Políticas y Sociales, Serie Estudios, Nº 103, Caracas, 2013, pp. 35-40.

16 Al respecto, véase: Henri De Page, ob. cit., Tomo II, pp. 411-412; José Mélich Orsini, *Doctrina General...* cit., pp. 762-763.

17 Al respecto, véase: Bernard Dubuisson y Jean-Marc Trigaux, "L'exception d'inexécution en droit belge (Rapport Belge)", en *Les Sanctions de l'Inexécution des Obligations Contractuelles. Études de Droit Comparé* dirigida por Marcel Fontaine y Geneviève Viney, Bibliothèque de la Faculté de Droit de l'Université Catholique de Lovain, Bruylant, Bruselas, 2001, pp. 71-73, especialmente, la nota 40 y la jurisprudencia de los tribunales belgas allí citada.

Para que exista reciprocidad se requiere, por supuesto, que los diversos contratos enlazados o conexos hayan sido celebrados entre las mismas partes; por lo cual, no puede el arrendatario suspender el pago del canon de arrendamiento por el hecho de que el sub-arrendatario no pague el canon del sub-arrendamiento.

De acuerdo con un sector de la doctrina nacional y la jurisprudencia de nuestros tribunales, en materia de *contratos administrativos* el cocontratante de la Administración no puede oponer la *exceptio non adimpleti contractus* para dejar de cumplir sus obligaciones cuando la Administración contratante le exija el cumplimiento sin a su vez haber cumplido sus propias obligaciones[18].

Se afirma, en este sentido, que la relación jurídica de subordinación en que se encuentra el particular que contrata con la Administración aunada a la primacía del interés público que preside el contrato administrativo excluye la aplicación a este tipo de contrato de la regla contenida en el artículo 1.168 del Código Civil. Así lo dejó establecido la antigua Corte Federal y de Casación en sentencia de fecha 5 de diciembre de 1944 en los siguientes términos:

> Antes de examinar este alegato… cabe observar… que en los contratos administrativos que interesan a un servicio público, el particular contratista no puede oponer a la autoridad pública con

---

[18] Al respecto, véase: Rafael Badell Madrid, *Régimen Jurídico del Contrato Administrativo*, Caracas, 2001, pp. 163-165; María Amparo Grau, "Principios generales de los contratos administrativos," en *VIII Jornadas Internacionales de Derecho Administrativo "Allan Randolph Brewer Carías" (Los Contratos Administrativos "Contratos del Estado")*, Fundación Estudios de Derecho Administrativo (FUNEDA), Caracas, 2006, pp. 37-39. La doctrina y la jurisprudencia nacionales, en esencia, siguen en esta materia las orientaciones de la doctrina administrativa francesa clásica expuesta por Jean Rivero en los siguientes términos: "Si es la Administración la que está en falta, se descarta el derecho común que permite al cocontratante ampararse detrás de la *exceptio non adimpleti contractus* para suspender la ejecución de sus propias obligaciones: el particular permanece obligado a ejecutar, sea cual sea la falta de la Administración; solo puede dirigirse al juez en caso de una acción de compensación por daños y perjuicios, o pedir la rescisión en caso de falta muy grave." (Jean Rivero, *Derecho Administrativo*, Traducción al castellano, Instituto de Derecho Público, Facultad de Ciencias Jurídicas y Políticas, Universidad Central de Venezuela, Caracas, 1984, p. 137). En el mismo sentido, también en la doctrina francesa, véase: Gastón Jèze, *Principios Generales de Derecho Administrativo*, Tomo VI. Traducción al castellano, Buenos Aires, 1950, p. 229.

> quien ha contratado la regla *inadimplenti non est adimpledum*, partiendo no solo del carácter de subordinación de la actividad del contratista, al supremo interés público del servicio, que autoriza, como se ha visto, no considerar intangible el contrato cuando dicho interés lo exige, sino también partiendo de un nuevo concepto de la causa en los contratos bilaterales cuando se trata de contratos administrativos de la índole ya indicada[19].

En diversas sentencias de nuestro máximo tribunal se ha reiterado este criterio[20].

Por consiguiente, de acuerdo con la jurisprudencia nacional, el principio general según el cual cada una de las partes de un contrato bilateral puede negarse a cumplir su obligación si la otra parte no ejecuta la suya (claro está, si se llenan los requisitos para la procedencia de la *exceptio*) resulta alterado en el ámbito de la contratación administrativa. El interés público al cual queda sujeta la actividad contractual de la Administración determina que el contratista debe prestar el servicio con la continuidad requerida y que no puede, por tanto, amparándose en el incumplimiento de las obligaciones de la Administración, suspender la ejecución del contrato para dejar de cumplir las suyas[21].

De ahí que, según esta dirección jurisprudencial, la demora en el pago por parte de la Administración contratante o cualquier otra falta de la Administración no le permite al contratista suspender el cumplimiento del contrato quedando a salvo, por supuesto, la posibilidad de

---

19 Sentencia de la Corte Federal y de Casación de fecha 5 de diciembre de 1944 en *Memoria de la Corte Federal y de Casación* (1945), Tomo I, Imprenta Nacional, Caracas, 1945, p. 290.

20 Sentencia de la Sala Político Administrativa de la Corte Suprema de Justicia de fecha 14 de agosto de 1998 (Expediente Nº 14.695) (Consultada en original); Sentencia del 11 de abril de 2000, en *Ramírez & Garay*, Tomo CLXIV, p. 388; Sentencia del 14 de julio de 2004 en *Ramírez & Garay*, Tomo CCXIII, pp. 300-302; Sentencia del 17 de julio de 2008, en *Ramírez & Garay*, Tomo CCLVI, pp. 423-424.

21 En cambio, nuestro máximo tribunal sí ha estimado procedente la *exceptio non adimpleti contractus* cuando esta es opuesta por el ente público contratante en razón del incumplimiento del contrato por parte de su contraparte contractual. Al respecto, véase: Sentencia de la Sala Político Administrativa de la Corte Suprema de Justicia de fecha 16 de febrero de 1995, *Jesús Barrios Barco vs Corporación de Mercadeo Agrícola* (Consultada en original); Sentencia de la Sala Político Administrativa del Tribunal Supremo de Justicia del 26 de febrero de 2002, *Empacando C.A. vs. Ministerio de Agricultura y Cría.* Disponible en: http://www.tsj.gov.ve/decisiones/spa/febrero/00331-260202-16560.htm.

reclamar – sin excepcionarse del cumplimiento de sus obligaciones – la compensación debida por los daños y perjuicios causados por la actuación de la Administración[22].

La doctrina moderna se orienta en el sentido de atemperar el rigor de este criterio mantenido por nuestros tribunales para admitir que si la falta de la Administración es de tal magnitud que le impide al cocontratante cumplir el contrato, este tiene el derecho de suspender su ejecución.

Exponente de esta corriente de opinión en la doctrina nacional es el autor Mauricio Subero Mujica cuando afirma que "tanto el interés de la Administración (equivalente al interés general) en que el servicio o

---

[22] Cabe hacer notar, sin embargo, que tanto el Decreto Nº 1.821 mediante el cual se dictaron las Condiciones Generales de Contratación para la Ejecución de Obras publicado en la Gaceta Oficial Nº 34.797 del 12 de septiembre de 1991, como el Decreto Nº 1.417 mediante el cual se reformaron dichas Condiciones publicado en la Gaceta Oficial Nº 5.096 Extraordinario de fecha 31 de julio de 1996, consagraron el derecho de quien contratara con el Poder Nacional la ejecución de una obra de paralizar la ejecución del contrato en caso de retraso significativo en el pago del precio por parte del ente contratante. En efecto, en el artículo 53 del precitado Decreto Nº 1.417 se establece: "El Contratista tendrá derecho a paralizar la obra, en caso de que el Ente Contratante tenga un atraso mayor de treinta (30) días calendario en el límite establecido en el párrafo anterior (para la entrega del anticipo del precio de la obra), hasta tanto se realice el pago del anticipo." Asimismo, según el artículo 60 *ejusdem*: "Cuando el Ente Contratante tenga un atraso en los pagos de valuaciones por más de sesenta (60) días calendario por cantidades superiores al diez por ciento (10%) del monto total del contrato más el porcentaje que represente el saldo no amortizado del Anticipo, el Contratista tendrá derecho a paralizar la ejecución de la obra hasta tanto se realice el pago y en este caso se considerará otorgada una prórroga automática por tiempo igual al de la paralización de la obra." No obstante, la jurisprudencia del máximo tribunal, como hemos dicho atrás, se orientó en otra dirección rechazando totalmente la posibilidad de que quien hubiera celebrado un contrato administrativo con la Administración pudiese válidamente invocar la *exceptio non adimpleti contractus* para suspender el cumplimiento de sus obligaciones en caso de incumplimiento de las suyas por parte de la Administración contratante. El Decreto Nº 1.417 fue derogado expresamente por el Reglamento de la Ley de Contrataciones Públicas publicado en la Gaceta Oficial Nº 39.181 del 19 de mayo de 2009. En la actualidad, ni la Ley de Contrataciones Públicas publicada en la Gaceta Oficial Nº 6.154 Extraordinario del 19 de noviembre de 2014 ni el precitado Reglamento de la Ley reconocen el derecho del cocontratante de la Administración de suspender la ejecución del contrato, ni siquiera tratándose de un contrato de obra. La solución legal es diferente en otros ordenamientos. Así, en España de acuerdo con lo dispuesto en el artículo 100.5 de la Ley de Contratos de las Administraciones Públicas se reconoce expresamente el derecho del contratista de suspender la ejecución del contrato, en caso de incumplimiento o demora en el pago por parte de la Administración.

la obra se presten o ejecuten de manera eficiente (lo que supone la solvencia del contratista), así como el interés en no hacer excesivamente onerosa o imposible la contratación de la Administración, impone la necesidad de que, en ciertas condiciones extremas, que se erigen en una total imposibilidad de ejecución de las obligaciones del contratista o que lo colocan en riesgo o precariedad, se admita la posibilidad de oponer a la Administración la *exceptio non adimpleti contractus*"[23].

Más recientemente, el autor José Antonio Muci Borjas ha criticado la posición de la jurisprudencia de nuestros tribunales sobre la materia y sostiene que "es inexacto afirmar que la contraparte contractual de la Administración tiene prohibido invocar la *exceptio* sin más ni más cuando media -o medió- un contrato administrativo"[24].

Por otra parte, en atención a la exigencia de la interdependencia de las obligaciones para la admisibilidad de la *exceptio*, se admite que este medio de defensa es procedente en algunas *situaciones extracontractuales.*

Así, la doctrina y la jurisprudencia admiten la aplicación de la *exceptio non adimpleti contractus* respecto de las obligaciones surgidas de la disolución, anulación o resolución de un contrato bilateral. La *disolución* de un contrato bilateral es también un acto bilateral tendiente a ponerle fin a un contrato por mutuo acuerdo, de modo que si una de las partes no cumple con sus obligaciones derivadas de la disolución, la otra parte puede negarse a cumplir con sus obligaciones hasta que la primera cumpla con las suyas, salvo que se hayan establecido fechas diferentes para la ejecución de las dos obligaciones[25].

En los supuestos de *nulidad o resolución de un contrato bilateral* existe una identidad de razón para aplicar analógicamente la *exceptio non adimpleti contractus* y exigir que las obligaciones de restitución

---

23 Mauricio Subero Mujica, "Sobre la oponibilidad de la excepción de contrato no cumplido por parte del contratista de la administración en los contratos administrativos," en *Revista de Derecho Administrativo*, N° 18, Editorial Sherwood, Caracas, 2004, p. 140.

24 José Antonio Muci Borjas, "La *exceptio inadimpleti contractus* y los contratos de la administración pública. La necesaria clarificación de una vetusta e incomprendida regla del Derecho administrativo venezolano," en *Libro Homenaje al profesor Eugenio Hernández-Bretón,* Tomo III, Academia de Ciencias Políticas y Sociales, Caracas, 2019, p.1973.

25 Al respecto, véase: Jacques Ghestin, ob. cit., Tomo III, p. 353; Bernard Dubuisson y Jean-Marc Trigaux, ob. cit., p. 860; José Mélich Orsini, *Doctrina General*...cit., pp. 764-765.

surgidas de la nulidad o resolución se cumplan simultáneamente[26]. Por lo cual, en el caso de que se declare la nulidad o resolución y las partes queden obligadas mutuamente a devolverse las prestaciones recibidas, si una de ella se niega a hacerlo la otra podrá alegar la *exceptio*. Como las obligaciones de restitución son el reverso de las obligaciones surgidas del contrato, si una de las partes exige la restitución a la otra sin restituir a su vez, esta última le puede oponer la excepción de incumplimiento, aunque tales obligaciones no emanan de un contrato sino de una sentencia.

Desde luego no cabe alegar la excepción de incumplimiento respecto de las obligaciones de indemnizar surgidas del *hecho ilícito*, ni siquiera cuando dichas obligaciones surjan de un mismo accidente. No obstante provenir de una misma fuente, no existe interdependencia entre las obligaciones impuestas por la ley que no coexisten sino como consecuencia de un hecho accidental[27].

Se excluye la aplicación de la *exceptio non adimpleti contractus* en el ámbito de *las relaciones jurídicas de carácter familiar* como, por ejemplo, el matrimonio. No cabe tampoco invocar la *exceptio* en las relaciones surgidas entre el tutor y el pupilo por cuanto aquí tampoco se da una verdadera reciprocidad e interdependencia entre las obligaciones a cargo de uno y otro.

La *exceptio non adimpleti contractus* presupone la coexistencia de *derechos de crédito*; no se aplica en el campo de los *derechos reales*. Por lo cual, la jurisprudencia extranjera ha resuelto que no cabe invocar la *exceptio* cuando las partes han convenido en la constitución de una servidumbre *non aedificandi* a cambio de una remuneración y después el titular del fundo sirviente pretenda suspender, por falta de pago, los deberes que nacen de la servidumbre[28].

---

26 Al respecto, véase: Henri De Page, ob. cit., Tome II, p. 781. En la doctrina nacional, Francisco López Herrera, *La Nulidad de los Contratos en la Legislación Civil Venezolana*, Empresa El Cojo S.A., Caracas, 1952, p. 205. Según el artículo 1.308 del Código Civil español: "Mientras que uno de los contratantes no realice la devolución de aquello a que en virtud de la declaración de nulidad está obligado, no puede el otro ser compelido a cumplir por su parte lo que le incumba".

27 Bernard Dubuisson y Jean-Marc Trigaux, ob. cit., p. 63.

28 En tal sentido, véase: François Terré, Philippe Simler e Yves Lequette, *Droit Civil. Les Obligations*, Dalloz, París, 2005, p. 624, especialmente, la nota 1 y la jurisprudencia francesa allí citada.

VI. SUPUESTOS DE PROCEDENCIA

Para la procedencia de la *exceptio non adimpleti contractus* se requiere que concurran determinados requisitos o supuestos de procedencia. Estos requisitos son los siguientes: 1) la existencia de obligaciones recíprocas nacidas de un contrato bilateral; 2) el incumplimiento de la parte a quien se opone la excepción; 3) las obligaciones deben ser de cumplimiento simultáneo; y 4) la invocación de la excepción no debe ser contraria a la buena fe.

Pasamos a referirnos a cada uno de estos requisitos.

1. La existencia de obligaciones recíprocas nacidas de un contrato bilateral

El artículo 1.168 del Código Civil requiere para la procedencia de la excepción de incumplimiento que se trate de un contrato bilateral, lo que presupone que las partes se hayan obligado recíprocamente en virtud del contrato (Código Civil, artículo 1.134).

Conviene tener en cuenta, sin embargo, que no todas las obligaciones que surgen de un contrato bilateral son recíprocas. La excepción procede únicamente cuando se exige el cumplimiento de una de las obligaciones recíprocas del contrato bilateral, es decir una de las obligaciones a cargo del demandado que tenga por correlativa otra obligación a cargo del demandante. Por consiguiente, no puede oponerse la *exceptio* cuando la prestación cuyo cumplimiento se persigue no es correlativa a la obligación de la otra parte. Por ejemplo, en el contrato de arrendamiento cuando el arrendatario es demandado por devolución de la cosa por vencimiento del término, no puede este negarse al cumplimiento de esa obligación alegando que el actor no le conservó la cosa en estado de ser usada o disfrutada, porque esta obligación tiene como correlativa la del pago del canon y aquella la de recibir la cosa[29].

Nos toca ahora referirnos a las obligaciones (recíprocas) del *excipiens* y de la parte a quien se opone la *exceptio*.

---

[29] En tal sentido, véase: Andreas Von Tuhr, *Tratado de las Obligaciones*, Traducción al castellano de W. Roces, Editorial Comares, Granada, 2007, p. 305.

1.1. La obligación del *excipiens*

Desde luego, si el *excipiens* no es efectivamente deudor de la obligación que le reclama su cocontratante, no cabe invocar la *exceptio*. Si la obligación cuyo cumplimiento se le exige no existe, por ejemplo, por estar sometida a una condición suspensiva aún no cumplida; o no es exigible por estar sometida a un término inicial que aún no ha llegado; o se extinguió, por pago, novación, compensación o por cualquier medio de extinción de las obligaciones, no hay lugar a la oponibilidad de la *exceptio*.

La obligación del *excipiens* puede tener por objeto una *prestación de dar* como, por ejemplo, la transmisión de la propiedad u otro derecho real sobre un bien mueble o inmueble, o *una prestación de hacer* como, por ejemplo, la realización de un servicio, la entrega de una cosa, el transporte de determinadas mercancías, etc.

Cuando la obligación del *excipiens* tiene por objeto una prestación de no hacer, se admite que solo es posible invocar la *exceptio* para suspender el cumplimiento de dicha obligación, cuando la negativa al cumplimiento no conduzca a un estado irreversible de incumplimiento[30]. Así, por ejemplo, si alguien se somete a una prohibición de concurrencia a cambio de una remuneración y esta no se le paga, no tiene porque cumplir su promesa y, por tanto, podrá realizar los actos de competencia prohibidos en el contrato hasta tanto la parte contraria cumpla lo prometido[31]. Pero si el demandado se ha comprometido, por ejemplo, a no enajenar una cosa a cambio de una remuneración, no podría, si no se le ha pagado esa remuneración, proceder a enajenar la cosa porque, al hacerlo ya habrá incumplido definitivamente su obligación. La naturaleza misma de la obligación de no hacer, se afirma, impide en este caso oponer la *exceptio*.

30 Bernard Dubuisson y Jean-Marc Trigaux, ob. cit., p. 95; María Cruz Moreno, ob. cit., p. 56.

31 René Cassin, ob. cit., p. 485; Gioachino Scaduto, "L'exceptio non adimpleti contractus nel diritto civile italiano," en *Annali del Seminario Giuridico della R. Università di Palermo*, Vol. VIII, Palermo, 1921, pp. 128-129.

1.2. La obligación del demandante

Respecto a la obligación del demandante, tiene que ser correspectiva a la obligación del *excipiens*.

La obligación del demandante debe existir, ser válida y exigible.

Debe *existir* en el momento en que se opone la *exceptio* y no haberse extinguido por el pago o de otro modo.

Debe ser *válida* lo que excluye a las obligaciones nulas y anulables.

La doctrina ha discutido la posibilidad de que la obligación del demandante cuya inejecución alega el demandado como fundamento de la *exceptio* sea una *obligación natural*. Como es bien sabido, las obligaciones naturales se caracterizan porque una vez pagadas espontáneamente no dan lugar a la repetición de lo pagado (*solutio retentio*) (Código Civil, artículo 1.178), pero sin que pueda ejercerse coacción para su cumplimiento. Por lo cual, debe excluirse la posibilidad de alegar la *exceptio* cuando la obligación del demandante sea una obligación natural; en caso contrario, la *exceptio* se convertiría en un modo coercitivo para constreñir al obligado naturalmente a cumplir la prestación, puesto que solo así podrá obtener lo que se le debe. Se trata pues de un modo coercitivo incompatible con el pago espontáneo que supone la obligación natural[32].

La obligación del demandante debe ser *exigible* en el sentido de que debe haber sido contraída en forma pura y simple y no estar sometida a un término inicial aún no vencido o a una condición suspensiva aún no cumplida, porque de estar sometida a tales modalidades, el cumplimiento no podría exigirse todavía al deudor, lo que excluye la posibilidad de oponer la *exceptio*.

En cambio, no se requiere que la obligación del demandante sea cierta ni que sea líquida. Así, se admite que el demandado pueda oponer la *exceptio* por el crédito que tenga por concepto de *indemnización de daños y perjuicios* derivados del incumplimiento de la obligación por parte del demandante, aunque ese crédito no sea ni cierto ni líquido.

Por otra parte, la doctrina y la jurisprudencia italianas admiten que la obligación del demandante que legitime la oposición de la

---

32 Al respecto, véase: Giovanni Persico, ob. cit., pp. 71-72; José Mélich Orsini, *Doctrina General...* cit., p. 767.

exceptio puede estar claramente expresada en el contrato o resultar de las exigencias de la buena fe que preside la ejecución de los contratos *ex* artículo 1.160 del Código Civil[33].

Por último, el contenido de la obligación del demandante (al igual que el de la del *excipiens*) puede consistir en una *prestación de dar, de hacer o de no hacer*; no se requiere que sea de la misma clase que la prestación debida por el *excipiens*. Desde luego, si ambas prestaciones tienen por objeto una suma de dinero o cantidades determinadas de cosas de la misma especie, se producirán los efectos de la compensación si concurren los demás requisitos para la procedencia de este medio de extinción de las obligaciones.

2. El incumplimiento de la parte a quien se le opone la excepción

En los contratos bilaterales, de acuerdo con lo dispuesto en el artículo 1168 del Código Civil, cuando una de las partes de un contrato bilateral exige la ejecución de su crédito sin cumplir su propia deuda, la otra parte puede rehusarse a cumplir oponiendo la *exceptio*. Por consiguiente, el incumplimiento de la parte demandante es el requisito básico para poder alegar con éxito la excepción.

Respecto del incumplimiento, conviene hacer algunas precisiones para evitar ulteriores confusiones.

2.1. Incumplimiento total o parcial. Cumplimiento defectuoso

El incumplimiento, como sabemos, puede ser *total*, cuando el deudor nada ha satisfecho al acreedor, es decir, no ha cumplido en absoluto la obligación que el contrato le imponía; o *parcial*, cuando el deudor ejecuta en parte la obligación, es decir, realiza actos de ejecución de la prestación, pero sin que esta se haya cumplido en su totalidad.

El caso más claro de incumplimiento es el total. Cuando la obligación principal a cargo del demandante ha sido totalmente inejecutada,

---

33 Francesco Galgano, *Diritto Civile e Commerciale*, Vol. II, Tomo I, Casa Editrice Dott. Antonio Milani, Padua, 1990, p. 572, especialmente, la nota 21 y la jurisprudencia de los tribunales italianos allí citada.

la cuestión no presenta ninguna dificultad y es aplicable a esta situación todo lo dicho hasta aquí. Cuando el deudor no ha cumplido en forma alguna, el acreedor puede oponerle la excepción cualquiera que sea la magnitud del incumplimiento de la otra parte, revista o no carácter resolutorio. Por ejemplo, si el vendedor no entrega la mercancía el día uno, pero reclama el precio el día dos, el comprador, suponiendo que no exista acuerdo en cuanto a la fecha de cumplimiento, puede negarse a pagar conforme al artículo 1.168 del Código Civil, aunque de hecho no pudiera resolver la compra-venta por el retraso de un día. Esto por cuanto la *exceptio non adimpleti contractus* no presupone que el accionante esté incurso en un incumplimiento que revista carácter resolutorio, bastando para que prospere la *exceptio* que a la fecha de su reclamación el actor no haya cumplido la obligación a su cargo.

Pero también cabe alegar la *exceptio* en caso de incumplimiento parcial. La inejecución parcial del contrato o su cumplimiento defectuoso permite al demandado oponer la llamada *exceptio non rite adimpleti contractus*. Esto es un corolario del fundamento mismo de la *exceptio*, puesto que cada parte lo que quiere es obtener las prestaciones de la otra íntegramente y sería desconocer su voluntad obligarle a cumplir su obligación cuando solamente recibe una parte de lo que se le prometió[34].

Ahora bien, en caso de incumplimiento parcial o de cumplimiento defectuoso, en algunos casos podría ser contrario al equilibrio del contrato durante la fase de su ejecución que el demandado se niegue a ejecutar la totalidad de su prestación ante cualquier incumplimiento parcial o defecto de cumplimiento por parte del actor, por pequeño que este sea. De ahí que, en caso de inejecución parcial o cumplimiento defectuoso, el juez tendrá que examinar cuidadosamente la situación para evitar que la oposición de la *exceptio non adimpleti contractus* sea contraria a las exigencias de la buena fe.

---

34 Henri Capitant, *De la Causa de las Obligaciones*, Traducción al castellano de Eugenio Torragato y Contreras, Ediciones Góngora, Madrid, pp. 280-281; Diego Espín Cánovas, "La excepción de incumplimiento contractual," en *Anuario de Derecho Civil*, Tomo XVII, Fascículo III, Madrid, 1964, p. 568.

2.2. Carácter culposo del incumplimiento

Como la *exceptio non adimpleti contractus* se basa en la equidad, se requiere para su procedencia que el incumplimiento del actor sea imputable. Por tanto, no cabe su invocación cuando la otra parte rehúsa cumplir por una causa que no le sea imputable[35]. Este es el criterio seguido por la jurisprudencia de nuestros tribunales[36].

Por lo cual, en caso de que el incumplimiento se deba a una causa extraña no imputable, se aplican las soluciones que aporta *la teoría de los riesgos*: la parte a quien su contraparte no le pueda cumplir su obligación debido a un caso fortuito o de fuerza mayor, puede pedir ser liberada de la suya.

2.3. El incumplimiento debe haberse consumado

La *exceptio non adimpleti contractus* presupone que el incumplimiento alegado por el *excipiens* se haya producido para el momento de la oposición de la *exceptio*. Ello excluye aquellas situaciones en las cuales el incumplimiento todavía no se ha producido, sino que solo existe la posibilidad de que pueda ocurrir. El simple hecho de que exista la perspectiva de que uno de los contratantes en el futuro va a incumplir sus obligaciones no justifica la oposición de la *exceptio*. No puede pues el demandado utilizar este remedio defensivo para precaverse de una inejecución eventual o simplemente temida. Nuestro Código Civil no consagra como principio de carácter general la noción de *anticipatory breach of contract* del *common law*. Por ejemplo, el asegurado no podría negarse a pagar la prima ante el temor de que la empresa

---

35 Bernard Dubuisson y Jean-Marc Trigaux, ob. cit., p. 83; Mario Zana, "La regola della buona fede nell'eccezione di inadempimento," en *Rivista Trimestrale di Diritto e Procedura Civile diretta da Tito Carnacini* (1972), Giuffrè, Milán, 1972, p. 1380.

36 Así, la Sala Político Administrativa en sentencia de fecha 26 de febero de 2002 declaró que "la procedencia de la excepción *non adimpleti contractus* requiere de condiciones especialísimas para que pueda prosperar, tales como las siguientes: … v. que se trate de un incumplimiento culposo, esto es, que la conducta ilícita de la demandante sea la causa y justificación para que la demandada no cumpla o se niegue a cumplir con las obligaciones a su cargo." (Sentencia de la Sala Político Administrativa del Tribunal Supremo de Justicia del 26 de febrero de 2002, *Empacando C.A. vs. Ministerio de Agricultura y Cría*. Disponible en: en http://www.tsj.gov.ve/decisiones/spa/febrero/00331-260202-16560.htm).

aseguradora no pague la indemnización debida en caso de producirse un eventual siniestro.

El artículo 1.493 (segunda parte) del Código Civil según el cual "el vendedor no está obligado a hacer la entrega aun cuando haya acordado plazo para el pago del precio, si después de la venta el comprador se hace insolvente o cae en estado de quiebra, de suerte que el vendedor se encuentre en peligro inminente de perder el precio, a menos que se dé caución de pagar en el plazo convenido" no constituye una derogación a esta regla ya que la insolvencia y la quiebra producen la caducidad del término conforme a lo dispuesto en los artículos 1.215 del Código Civil y 943 del Código de Comercio. Por lo cual, en estos casos el pago del precio se hace inmediatamente exigible.

En cambio, el artículo 1.530 del Código Civil sí constituye una excepción a esta regla toda vez que le permite al comprador suspender el pago del precio cuando "tuviere justo temor" de ser "perturbado por una acción, sea hipotecaria, sea reivindicatoria" hasta que el vendedor haya hecho cesar el peligro, salvo que se otorgue caución suficiente.

2.4. No es necesario que el incumplimiento tenga carácter resolutorio

Para la procedencia de la excepción de incumplimiento no es necesario que el incumplimiento sea de tal gravedad que justifique la resolución del contrato. No solo el incumplimiento que revista carácter resolutorio autoriza a oponer la *exceptio*. Esto por una razón fundamental: la resolución y la *exceptio* son institutos que cumplen diferente función y producen efectos distintos. Por consiguiente, no es correcto exigir para la excepción por incumplimiento los mismos requisitos que para la resolución.

La resolución produce la terminación del contrato y, por tanto, requiere como supuesto de procedencia que el incumplimiento sea de particular gravedad. La resolución es una medida grave que pone fin a la relación contractual. Por lo cual, también debe ser particularmente grave la inejecución requerida para producir la resolución. Tiene que existir una correlación entre la entidad del incumplimiento de una de las partes y el grave efecto de la resolución. De ahí que un incumplimiento leve o la inejecución de una obligación meramente accesoria no debe justificar un efecto tan grave como la resolución[37].

En cambio, la *exceptio* solo suspende la ejecución del contrato. Con su oposición lo que se busca es preservar el equilibrio durante la vida del contrato. Como el *excipiens* continúa obligado al cumplimiento, lo que hay que ponderar es la proporción entre la inejecución del demandante y la negativa del *excipiens* de ejecutar *ahora* su obligación. De ahí que sea posible alegar la *exceptio* y permitir al demandado suspender su prestación, aunque la misma sea objetivamente superior a la inejecutada por el demandante[38].

No se requiere, por tanto, que el incumplimiento de una de las partes tenga carácter esencial para que la otra tenga derecho a suspender el cumplimiento de su propia prestación. En determinados casos puede pues ser legítima la oposición de la excepción, no obstante no revestir el incumplimiento del demandante la gravedad requerida para la resolución, tomando en consideración todas las circunstancias que rodeen el caso concreto[39].

3. Las obligaciones deben ser de cumplimiento simultáneo

En los contratos bilaterales, dice el artículo 1.168, cada contratante puede negarse a ejecutar su obligación si el otro no ejecuta la suya, *a menos que se hayan fijado fechas diferentes para la ejecución de*

---

37 Respecto de la gravedad del incumplimiento requerida para la resolución de los contratos en nuestro ordenamiento, véase: José Mélich-Orsini, *La Resolución del Contrato por Incumplimiento*, Academia de Ciencias Políticas y Sociales, Serie Estudios, Nº 59, Caracas, 2003, pp. 197-203.

38 Una cuestión diferente es si la alegación de la *exceptio non adimpleti contractus* debe considerarse, en el caso concreto, abusiva y contraria a las exigencias de la buena fe, sobre todo cuando el demandado ya recibió la mayor parte de la prestación y pretende suspender totalmente el cumplimiento de su obligación.

39 Siguiendo esta orientación, la Casación italiana ha sostenido que no incurre en contradicción alguna el juez de mérito que aprecia un incumplimiento como contrario a la buena fe a los fines de justificar la oposición de la *exceptio non adimpleti contractus* y que luego lo considere de escasa importancia a los fines de la proponibilidad de una acción de resolución de contrato por incumplimiento (Sentencia de la Casación italiana del 26 de enero de 2006 reseñada por Francesco Caringella y Giuseppe De Marzo, *Manuale di Diritto Civile*, Vol. III (*Il Contratto*), Giuffrè, Milán, 2008, p. 956, especialmente, la nota 82). En el mismo sentido expuesto en el texto, véase: Catherine Malecki, ob. cit., pp. 280-282.

las dos obligaciones. Para la procedencia de la excepción de incumplimiento se requiere, por tanto, que el *excipiens* no esté obligado a pagar primero, es decir, antes que el excepcionado.

La *exceptio* presupone que las dos prestaciones recíprocas deben cumplirse coetáneamente; que la obligación del demandante no esté sujeta a plazo. Si, en efecto, el demandante gozara en el momento de trabarse la litis de un plazo no vencido para cumplir sus obligaciones no habría incumplimiento de su parte y, por tanto, la *exceptio* sería improcedente. El *excipiens* no debe estar obligado pues a pagar primero. La excepción de incumplimiento supone que quien la invoca todavía no haya ejecutado su obligación y que no deba ejecutarla antes que el otro contratante ejecute la suya[40].

Desde luego, en estos casos de cumplimiento previo para una de las partes se excluye la invocación de la *exceptio non adimpleti contractus* solo para la parte obligada a cumplir primero. Pero quien está obligado a pagar solo después que lo haya hecho su cocontratante, puede invocar la *exceptio* si este le exige el cumplimiento sin haber cumplido previamente su propia obligación[41].

4. La oposición de la *exceptio* debe ajustarse al principio de la buena fe

4.1. El principio general y sus consecuencias

En los distintos sistemas jurídicos que reconocen la existencia de la *exceptio non adimpleti contractus* se admite que su alegación no puede ser contraria a las exigencias de la buena fe.

En algunos ordenamientos como el italiano y el alemán, cuando se regula el instituto objeto de nuestro estudio, se establece expresamente que la *exceptio* debe ser opuesta de buena fe[42]. En nuestro Derecho este

---

40 Arturo Dalmartello, "Voz 'Eccezione di inadempimento'", en *Novissimo Digesto Italiano* dirigida por Antonio Azara e Ernesto Eula, Vol. VI, Unione Tipografico-Editrice Torinese. Turín, 1960, p. 358.

41 *Ídem.*

42 El Código Civil italiano de 1.942 después de consagrar la posibilidad de invocar la *exceptio*, en el artículo 1.460 (segunda parte) agrega "sin embargo no puede rechazarse la ejecución si, habida cuenta de las circunstancias la negativa es contraria a la buena fe". También el Código Civil alemán en el párrafo 320 recoge el principio de la buena fe como límite a

principio se fundamenta en el artículo 1.160 del Código Civil según el cual los contratos deben ejecutarse de buena fe. De acuerdo con la jurisprudencia de nuestros tribunales, la *exceptio non adimpleti contractus* no debe ser opuesta en condiciones contrarias a la buena fe[43].

La doctrina italiana se ha encargado de señalar que la buena fe que limita la alegación de la *exceptio* a que alude el artículo 1.460 del *Codice* no es la buena fe subjetiva consistente en la ignorancia o creencia equivocada que tiene un sujeto de obrar bien o conforme a derecho, sino *la buena fe objetiva* que consiste en el comportamiento leal y honesto (*correttezza*) en la ejecución de las obligaciones, lo que se aprecia teniendo en cuenta todas las circunstancias concurrentes[44].

En la doctrina francesa y belga se deducen las siguientes consecuencias de este principio que limita el campo de aplicación de la *exceptio*: 1) La excepción solo puede ser invocada en caso de falta grave a las obligaciones principales del contrato; pero no en caso de inejecución de obligaciones secundarias; 2) La excepción no puede ser alegada cuando el que la alega ha motivado el incumplimiento de la otra parte o ha faltado él mismo a sus obligaciones; y 3) En general, debe rechazarse también la excepción, cuando el contratante a quien se le opone, puede invocar una causa legítima para no cumplir[45].

En la doctrina italiana, Galgano cita sentencias recientes de la Casación italiana que establecen lineamientos generales respecto a que la oposición de la *exceptio* tiene que ser conforme a la buena fe, tales como aquel según el cual "la parte que opone la excepción puede considerarse de buena fe solo si la negativa a la ejecución del contrato se traduce en un comportamiento que resulte objetivamente razonable y lógico, en el sentido que encuentre concreta justificación en la relación entre las prestaciones inejecutadas y prestaciones denegadas, en relación a los cánones legales de reciprocidad y contemporaneidad de las mismas", agregando que la Casación italiana en sus decisiones se ha

---

la válida alegación de la excepción, pero con especial referencia al caso de su alegación frente al incumplimiento parcial, es decir, como límite a la *exceptio non rite adimpleti contractus*.

43 Sentencia del 16 de enero de 1979, en *Ramírez & Garay*, Tomo LXIV, pp. 28-29.

44 Al respecto, véase: Mario Zana, ob. cit., pp. 1381 y ss.

45 Jacques Ghestin, ob. cit., Tomo III, pp. 362-364; Henri De Page, ob. cit., Tomo II, p. 782.

atenido a los siguientes criterios: a) la excepción es contraria a la buena fe cuando no existe proporcionalidad entre la prestación inejecutada y la prestación denegada; b) la excepción es contraria a la buena fe cuando la falta de ejecución de la prestación es debida a razones excusables; y c) la excepción es contraria a la buena fe cunado se ha consentido en el incumplimiento de la contraparte[46].

Con base en lo antes expuesto, no hay buena fe cuando el excepcionante fue el primero en incumplir provocando con su actuación el incumplimiento del demandante, o cuando fue el propio excepcionante con su conducta el que impidió el cumplimiento del demandante[47]. Por ejemplo, cuando el arrendatario pretende suspender el pago del canon de arrendamiento, no obstante haber causado él mismo el incendio del inmueble. Tampoco hay buena fe si el *excipiens* se ha colocado él mismo en la imposibilidad de cumplir, como ocurre cuando el vendedor de un inmueble que luego lo ha enajenado a un tercero pretende hacer valer la *exceptio* contra el primer adquirente. Por otra parte, no hay tampoco buena fe cuando el incumplimiento que motiva la alegación de la *exceptio* está causado por error u omisión involuntaria o cuando el demandante justifica el retardo con motivos objetivos y proporciona convincentes seguridades de cumplir oportunamente[48].

---

46 Francesco Galgano, ob. cit., Vol. II, Tomo I, pp. 573-575, especialmente las notas 26-31 y las decisiones de la Casación italiana allí citadas.

47 Al respecto, véase: Bernard Dubuisson y Jean-Marc Trigaux, ob. cit., p. 82, especialmente, la nota 80.

48 Al respecto, véase, Gustavo Ordoqui Castilla, *Buena Fe en la Ejecución de los Contratos*, Biblioteca Iberoamericana de Derecho, Editoriales Temis, Ubijus, Zavalia y Reus, Madrid, 2011, pp. 153-154. La doctrina italiana moderna se ha encargado de señalar que, como principio de carácter general, la regla de la buena fe no entra en juego como una norma que prescribe un comportamiento determinado apriorísticamente, sino más bien como un límite a la actuación de un sujeto, concretamente determinable solo en función de una valoración *a posteriori* tomando en cuenta todas las circunstancias que rodean al caso concreto sometido a la consideración del juzgador (Mario Zana, ob. cit., p. 1382, especialmente, la nota 24). En el mismo sentido, en la doctrina francesa moderna Malecki afirma que solo *a posteriori* podrá el juez decidir si la *exceptio non adimpleti contractus* se hizo valer fuera de los límites de la buena fe. Quien opone la excepción es consciente de correr este riesgo (Catherine Malecki, ob. cit., pp. 288-301).

4.2. La gravedad de la inejecución y el poder de apreciación del juez

Para valorar si la alegación de la *exceptio non adimpleti contractus* es conforme a la buena fe, los jueces deben apreciar fundamentalmente la *gravedad de la inejecución*[49]. Cuando el demandante ha cumplido solo en parte o de un modo defectuoso, la oposición de la *exceptio* puede resultar contraria al principio de la buena fe en la contratación consagrado en el artículo 1.160 del Código Civil atendidas las circunstancias del caso, sobre todo cuando lo mal realizado u omitido carezca de suficiente entidad respecto a lo demás bien ejecutado.

El incumplimiento es grave, se afirma, cuando le causa un perjuicio considerable al *excipiens*; y no lo es, en caso contrario. Incluso cabe oponer la excepción por el incumplimiento de una obligación accesoria o cuando la inejecución sea de escasa gravedad, puesto que lo relevante es que la prestación cuyo cumplimiento suspenda el *excipiens* sea proporcional al incumplimiento de la otra parte[50]. El fundamento de la excepción debe apreciarse según un criterio de equivalencia y proporcionalidad entre la prestación denegada por el *excipiens* y el incumplimiento de su contraparte contractual[51].

---

49 En cualquier caso, no basta un incumplimiento insignificante o anodino para oponer la excepción. Así lo ha dejado establecido la jurisprudencia de nuestros tribunales. Al respecto, véase: Sentencia del 30 de junio de 1969, en *Ramírez & Garay*, Tomo XXI, pp. 217-218.

50 Al respecto, véase: Bernard Dubuisson y Jean-Marc Trigaux, ob. cit., pp. 87-88; Francesco Realmonte, "Importanza dell'inadempimento e *exceptio non adimpleti contractus*", en *Rivista Trimestrale di Diritto e Procedura Civile* dirigida por Tito Carnacini, Giuffrè, Milán, 1963, p. 321. En relación con la gravedad del incumplimiento, la doctrina italiana ha procurado establecer algunos criterios orientadores. Así, Roppo afirma que para determinar si un incumplimiento es grave el caso concreto debe ser examinado a la luz de dos criterios de aplicación conjunta: En primer lugar, un criterio objetivo, el cual no se refiere a calificaciones abstractas (prestación principal o accesoria), sino a la función y al peso que la obligación incumplida tiene dentro del conjunto de obligaciones del contrato, evaluada en concreto. En segundo lugar, se debe atender al criterio subjetivo, fundado sobre la base de los intereses de la parte que soporta el incumplimiento, es decir, sobre el específico interés que esta le daba a la obligación incumplida y en el modo en que tal interés resulta afectado por el incumplimiento. (Vincenzo Roppo, *Il Contratto*, Giuffrè, Milán, 2001, pp. 961-962). En la misma dirección parece orientarse la jurisprudencia italiana. Al respecto, véase: Mario Zana, ob. cit., p. 1.386, especialmente, la nota 38 y la jurisprudencia de la Casación italiana allí citada.

51 En este sentido, véase: Francesco Caringella y Giuseppe De Marzo, ob. cit., Vol. III, p. 956. En la doctrina francesa, Malecki rechaza este criterio y considera que no siempre puede graduarse la excepción en proporción a la gravedad del incumplimiento del actor

De ahí que si bien el *excipiens* tiene normalmente el derecho de negarse a ejecutar la totalidad de la prestación a su cargo, cualquiera que esta sea, aun cuando su contraparte contractual haya cumplido parcial o defectuosamente su propia prestación, en algunas ocasiones en caso de inejecución parcial o cumplimiento defectuoso, cuando el demandado opone la *exceptio non rite adimpleti contractus*, no se justifica la denegación total del cumplimiento de su prestación, sino que convendrá, según las circunstancias, ajustarla a la entidad del incumplimiento del actor, para evitar situaciones abusivas y satisfacer las exigencias de la buena fe. Por ejemplo, si la perturbación del goce del inmueble por hecho del arrendador no afecta más que una parte del inmueble arrendado, se considera que lo procedente es la reducción parcial del canon de arrendamiento[52]. La proporcionalidad entre la parte que falta por cumplir y la denegación parcial de la propia prestación en virtud de la excepción alegada, se afirma, representa la más exacta justificación de la *exceptio* en los casos de incumplimiento solo parcial[53].

---

y que "su eficacia como medio coercitivo de presión exige frecuentemente traspasar los límites de la proporcionalidad" (Catherine Malecki, ob. cit., pp. 300-301).

52 Al respecto, véase: Henri Mazeaud, Léon Mazeaud, Jean Mazeaud y François Chabas, *Leçons de Droit Civil*, Tomo II, Primer Volumen (*Obligations. Théorie Générale*), Montchrestien, París, 1998, p. 1171, especialmente, la nota 2 y las sentencias de los tribunales franceses allí citadas.

53 Cabe hacer notar, sin embargo, que la cuestión no está exenta de discusiones y ha sido objeto de opiniones contrapuestas en la doctrina italiana. Por un lado, Persico afirma que, en caso de cumplimiento defectuoso, la parte que voluntariamente recibe la prestación puede retener la contraprestación a su cargo solo dentro del límite del daño experimentado. Así, en la hipótesis de que se trate de un cumplimiento parcial o inexacto, la parte que advierte el cumplimiento cuantitativa o cualitativamente defectuoso y no obstante retiene la prestación, demuestra con su actuación tener algún interés, siquiera limitado a obtener la prestación defectuosa. Por consiguiente, afirma Persico, se compadece con las exigencias de la buena fe que la otra parte, dentro de los límites marcados por ese interés, sea compensada con una cuota de contraprestación (Giovanni Persico, ob. cit., p. 146). Pero no faltan voces autorizadas que no comparten esta posición. Así, Roppo afirma que "el incumplimiento de uno de los contratantes puede justificar el incumplimiento (provisorio no definitivo), pero no el cumplimiento cuantitativa o cualitativamente inexacto por parte del *excipiens*". Por lo cual, para evitar situaciones abusivas que podrían fácilmente presentarse, este autor concluye que la *exceptio* solo puede ser opuesta en caso de inejecución total de la prestación por parte del demandante, pero no en caso de cumplimiento parcial o defectuoso (Vincenzo Roppo, ob. cit., p. 989).

Nuestros tribunales han admitido la procedencia de la *exceptio non adimpleti contractus* en caso de inejecución parcial o cumplimiento defectuoso. En una sentencia del 26 de

Corresponde al poder soberano de apreciación de los jueces de instancia valorar, si en el caso concreto sometido a su consideración y decisión, frente al cumplimiento parcial o defectuoso del demandante, la alegación de la *exceptio non adimpleti contractus* es abusiva, en cuyo caso la autoridad judicial podrá, en atención a las circunstancias, limitar los alcances de la excepción y acordar solo la denegación parcial de la prestación a cargo del demandado, tomando en cuenta para ello la medida de lo que aún le adeude el demandante o el defecto de la contraprestación.

Desde luego, si la ejecución total de la contraprestación fue determinante del consentimiento de la otra parte, esta podrá siempre oponer la *exceptio non rite adimpleti contractus* para suspender la totalidad de la prestación a su cargo. Por ejemplo, supongamos que X celebre un contrato de compra-venta con Y para adquirir el 51% de las acciones representativas del capital social de una compañía anónima para así tomar el control de dicha compañía. Si Y solo le transfiere el 49% de las acciones, es evidente que X podrá suspender el pago total del precio hasta que Y cumpla con la totalidad de la contraprestación a su cargo, ya que la razón determinante que llevó a X a celebrar el contrato fue la adquisición del 51% de las acciones de la sociedad.

En fin, la apreciación de la magnitud y gravedad del incumplimiento es, en definitiva, una cuestión que queda sujeta al poder de apreciación de los jueces de instancia, quienes en su determinación deberán tener en cuenta los criterios que impone la buena fe en la ejecución del contrato y la prohibición de un ejercicio abusivo del derecho a hacer valer la *exceptio non adimpleti contractus*.

---

enero de 1956 el Juzgado Superior Segundo Civil y Mercantil de la Primera Circunscripción Judicial consideró que, ante el incumplimiento parcial, el demandado puede oponer la *exceptio non rite adimpleti contractus* para denegar parcialmente el cumplimiento de la obligación a su cargo por cuanto "es de libre apreciación del Tribunal aquilatar si el incumplimiento de una parte compensa el incumplimiento de la otra". En el caso concreto la demandada se había negado a pagar el saldo del precio de la obra porque el contratista no le había colocado los acabados convenidos. El tribunal consideró que el incumplimiento parcial de la demandada estaba "compensado "por el incumplimiento del actor para concluir que "estaba probado en el presente caso a favor de la demandada, la excepción prevista en el citado artículo 1.168 del Código Civil" (Sentencia del 26 de enero de 1956 en *Jurisprudencia de los Tribunales de la República*, Vol. V, pp. 225-226).

Las condiciones antes indicadas son las únicas que se requieren para la procedencia de la *exceptio non adimpleti contractus*. Es suficiente pues con que se trate de un contrato bilateral, que una de las partes exija el cumplimiento sin haber cumplido a su vez con su propia obligación, que las obligaciones sean de cumplimiento simultáneo y que la invocación de la excepción se ajuste a las exigencias de la buena fe conforme a lo antes expuesto. La oposición de la *exceptio* no exige la concurrencia de ningún otro requisito. Así, no se requiere que el oponente haya constituido en mora a su contraparte contractual puesto que aquí no se trata de exigir el cumplimiento, sino de paralizar la acción del demandante[54]. Tampoco es necesaria la intervención judicial. El deudor puede oponer la *exceptio* extrajudicialmente y al ser demandado por cumplimiento le corresponderá a la autoridad judicial determinar si se han cumplido o no los requisitos de procedencia antes examinados[55].

VII. EFECTOS

1. Efecto suspensivo de la excepción

El efecto principal que produce la excepción de incumplimiento contractual es suspender provisionalmente el cumplimiento de la obligación por parte del *excipiens* hasta que el reclamante cumpla con su propia obligación. El contratante demandado se ve pues relevado del cumplimiento, pero solo mientras su contraparte no cumpla con la obligación a su cargo. La *exceptio* neutraliza temporalmente el derecho del actor, pero sin extinguirlo. Así lo ha dejado establecido la jurisprudencia de nuestros tribunales[56].

La procedencia de la excepción de incumplimiento conduce necesariamente a la desestimación de la demanda, pero el actor podrá intentar un nuevo juicio luego de cumplir con la prestación a su cargo, porque la sentencia no declara que el actor carece del derecho reclamado,

---

54 Al respecto, véase, Catherine Malecki, ob. cit., p. 263;

55 Pierre Van Ommeslaghe, Tomo I, p. 871; Eloy Maduro Luyando y Emilio Pittier Sucre, *Curso de Obligaciones. Derecho Civil III*, Tomo II, Universidad Católica Andrés Bello, Caracas, 2009, p. 971.

56 Sentencia del 23 de noviembre de 1988, en *Jurisprudencia de la Corte Suprema de Justicia. Pierre Tapia*, N° 11, noviembre 1988, pp. 350-351.

solo que lo ha hecho valer extemporáneamente sin cumplir requisitos previos, los cuales una vez cumplidos le permiten nuevamente intentar su acción[57]. Acogida la *exceptio* (defensa de fondo), no cabe otro pronunciamiento que el rechazo de la demanda sin que pueda el juez condenar al demandado a cumplir con su obligación, pero supeditando dicho cumplimiento a la simultánea ejecución de la prestación debida por el actor, porque ello implicaría el pronunciamiento de una sentencia condicional prohibida por el artículo 244 del Código de Procedimiento Civil. Además, tampoco puede la autoridad judicial ordenar el cumplimiento recíproco si ninguna de las partes lo ha pedido y, de hecho, no basta que ello sea pedido por el demandante, sino por el propio demandado, cosa que no hace cuando se limita a oponer la *exceptio non adimpleti contractus*. Desde luego, si el demandado reconviene al actor para que cumpla con su propia obligación, al dictar sentencia el juez podrá admitir ambas pretensiones en cuyo caso condenará a las dos partes a cumplir con sus respectivas prestaciones.

2. Efectos derivados de la suspensión del deber de cumplimiento

Son fundamentalmente los siguientes:

2.1. En principio, la *exceptio* suspende totalmente la ejecución de la prestación

El *excipiens* puede, en principio, denegar el cumplimiento de la totalidad de la prestación, aunque su cocontratante haya ejecutado una parte de la contraprestación a su cargo y, *a fortiori*, puede negarse a la ejecución parcial que falte para completar su prestación, mientras no reciba íntegramente la contraprestación, salvo el poder del juez de limitar el alcance de la excepción a solo una parte de la prestación debida por el deudor cuando, en atención a las circunstancias, su actuación sea contraria a las exigencias de la buena fe.

De ahí que el vendedor a quien no se le pague el precio, pueda negarse no solo a la entrega de la cosa sino también a la de sus frutos,

[57] Al respecto, véase, Eloy Maduro Luyando y Emilio Pittier Sucre, ob.cit., pp. 971 y 973; José Mélich Orsini, *Doctrina General*...cit., pp. 775-776 y 782-783.

aunque no se haga propietario de los mismos porque, de acuerdo con la ley, dichos frutos le pertenecen al comprador desde el día de la venta (Código Civil, artículo 1.494, segunda parte).

2.2. Impide toda ejecución forzosa de la obligación

La alegación exitosa de la *exceptio* impide toda ejecución forzosa en especie o por equivalente, de la obligación cuyo cumplimiento se reclama. Las medidas cautelares que se hubieren dictado para asegurar las resultas del juicio de conformidad con el artículo 585 del Código de Procedimiento Civil deben levantarse, como consecuencia del impedimento del ejercicio actual del derecho[58].

2.3. No coloca al excepcionante en *mora solvendi* ni al excepcionado en *mora credendi*

El que opone la excepción no incurre en mora ya que mientras el actor no cumpla con su obligación, el retardo en el cumplimiento por parte del deudor se encuentra justificado[59].

De ahí que, durante el tiempo de la suspensión del cumplimiento que produce la *exceptio*, el *excipiens no ve agravada su responsabilidad*. Por lo cual, no asume riesgos nuevos sino que continuará soportando los que ya estaban a su cargo en virtud del contrato. Tampoco debe intereses moratorios por el retardo, porque este se encuentra justificado[60].

---

[58] Bernard Dubuisson y Jean-Marc Trigaux, ob. cit., p. 95, Héctor Masnatta, *Excepción de Incumplimiento Contractual*, Abeledo Perrot, Buenos Aires, 1967, p. 89.

[59] Se ha sostenido que en un contrato bilateral. la parte constituida en mora no puede invocar la *exceptio*, porque su morosidad previa le impediría alegar la mora del cocontratante. Por nuestra parte, pensamos que nadie puede ser constituido en mora cuando la contraparte, en los contratos bilaterales, no cumple sus obligaciones correspectivas. La mora no opera cuando aparece un factor impeditivo como el incumplimiento por parte del acreedor de sus propias obligaciones correlativas. En consecuencia, el demandado requerido para que ejecute la prestación a su cargo no queda constituido en mora por este solo requerimiento, pues será necesario para ello que el demandante ya haya satisfecho la contraprestación que le corresponda, tal y como se indica en el texto.

[60] Marcelo Planiol y Jorge Ripert, ob. cit., Tomo VI, p. 633; Francesco Messineo, *Doctrina General del Contrato*, Tomo II, Traducción al castellano de R.O. Fontanarosa, S. Sentís Melendo y M. Volterra, Ediciones Ejea, Buenos Aires, 1952; Gioachino Scaduto, ob. cit., p. 204.

Ahora bien, tampoco el demandante excepcionado por el hecho de la oposición de la *exceptio* se encuentra en una situación de *mora credendi*. De ahí que *tampoco ve el deudor excepcionante disminuida su responsabilidad* durante el tiempo en que subsisten los efectos de la *exceptio*.

Durante el tiempo que media entre la fecha de la exigibilidad de las recíprocas obligaciones y su cumplimiento ulterior, que no es calificable de mora de ninguna de las partes, se mantiene, por tanto, el *statu quo ante*, prolongándose la condición de recíprocos deudores de obligaciones aún no exigibles que corresponde a los contratantes.

2.4. El *excipiens* no debe hacer imposible la reanudación del contrato

Durante el período de espera, por supuesto, el *excipiens* debe abstenerse de realizar actos que lo coloquen en la imposibilidad de cumplir con sus obligaciones una vez que su contraparte cumpla con las suyas. De ahí que el vendedor a quien el comprador no le hubiere pagado el precio no podría, salvo en circunstancias excepcionales, liquidar los inventarios que mantenga para la ejecución del contrato. Tampoco podría el dueño de la obra durante el período de suspensión del contrato de obras sustituir al contratista.

Como principio de carácter general, las exigencias de la buena fe le imponen al *excipiens* el deber de no agravar la situación durante el período de espera y evitar que con su conducta se torne imposible la reanudación de la relación contractual.

2.5. No interrumpe ni suspende la prescripción

La *exceptio* planteada como simple medio de defensa no interrumpe la prescripción del crédito del *excipiens*, puesto que su alegación no constituye un acto de ejercicio de su derecho ni entraña reclamación alguna tendiente a exigir el cumplimiento de su crédito por parte del actor. Por consiguiente, solo se interrumpe el lapso de prescripción de la acción de cumplimiento del *excipiens* cuando este haya reconvenido al actor por el pago de su crédito. Por otra parte, la alegación exitosa de la *exceptio* tampoco suspende o impide que se produzca la prescripción del crédito del demandante respecto del cual se hace valer dicha excepción, puesto que el ejercicio del derecho por parte del actor sigue siendo posible no obstante ser declarada procedente la *exceptio*, a cuyo efecto le bastará al actor con cumplir su propia prestación.

VIII. RENUNCIA

La *exceptio* es un elemento natural de los contratos bilaterales y, por tanto, puede ser excluida por la voluntad del contratante. No es un derecho que concierne al orden público[61] por lo cual, su titular puede perfectamente renunciar a ejercerlo.

La *exceptio non adimpleti contractus* puede renunciarse expresa o tácitamente.

La renuncia expresa puede hacerse en el momento de celebrarse el contrato o con posterioridad. Su alcance puede ser general, cuando se refiere a todas las obligaciones de la contraparte y a cualquier clase de inejecución de las mismas; o particular, cuando abarca solamente una o varias obligaciones de la otra parte pero no todas, o cuando solo comprende algunos supuestos de inejecución.

La renuncia tácita de la *exceptio non adimpleti contractus* ocurre cuando no se la opone oportunamente al contestar la demanda o la reconvención. El silencio del demandado implica excluir el funcionamiento del artículo 1.168 que no puede ser aplicado de oficio por la autoridad judicial.

IX. EXTINCIÓN

Además de las causas generales de extinción como la renuncia del excepcionante, el cumplimiento, o en su caso, la transacción, la extinción de los efectos de la excepción de incumplimiento contractual puede producirse por la cesación del propio fundamento de la *exceptio*, sea porque cese la relación de reciprocidad entre las obligaciones surgidas del contrato bilateral o por faltar la simultaneidad en el cumplimiento de las mismas[62].

---

61 Bernard Dubuisson y Jean-Marc Trigaux, ob. cit., p. 68.

62 Diego Espín Cánovas, ob. cit., pp. 577-578; Héctor Masnatta, ob. cit., pp. 97-98.

La relación de reciprocidad entre las obligaciones del contrato bilateral puede cesar cuando se extinga la obligación de una de las partes, subsistiendo la obligación de la otra.

Desde luego, si se extingue la obligación del *excipiens* este no tendrá necesidad de oponer la excepción de incumplimiento, le bastará alegar que no debe lo que se le reclama pudiendo, además, exigirle a su cocontratante el cumplimiento de su propia obligación.

Por otra parte, por fundamentarse la *exceptio* en la falta de cumplimiento de la obligación del demandante, no podrá utilizarse este remedio cuando dicha obligación haya sido cumplida o se haya extinguido de cualquier otro modo.

Pero adicionalmente la extinción de los efectos de la *exceptio* puede producirse al desaparecer la simultaneidad en el cumplimiento de las obligaciones surgidas de un contrato bilateral. La relación de simultaneidad puede cesar porque las partes convengan en alterar el orden cronológico de ejecución de las prestaciones que habían fijado, por ejemplo, postergando el cumplimiento de uno de los créditos, con relación al contracrédito. Al no regir ya el principio del cumplimiento simultáneo de las obligaciones sinalagmáticas, el contratante obligado a pagar primero no podrá oponerle a su contraparte la excepción de incumplimiento. La *exceptio* deviene así infundada y el contratante obligado a cumplir en primer lugar tendrá que cumplir so pena de soportar las consecuencias de la *mora debitoris*.

LAS FUNCIONES INDEMNIZATORIA Y DE GARANTÍA DE LA CLÁUSULA PENAL*

SUMARIO

---

* Estudio publicado en la obra colectiva *Nuevas Tendencias en el Derecho Privado y Reforma del Código Civil Francés*, AA.VV., Coordinadores José Annicchiarico Villagrán, Sheraldine Pinto y Pedro Saghy Cadenas, Editorial Jurídica Venezolana, Association Henri Capitaint des Amis de la Culture Juridique Française, Caracas, 2015.

I. INTRODUCCIÓN

Al abordar el tema que me ha sido encomendado desarrollar en estas jornadas, conviene recordar que las normas que gobiernan la responsabilidad civil contractual que trae el Código Civil no son de orden público; por lo cual, las partes pueden regular los efectos del incumplimiento de las obligaciones surgidas de un contrato, así como el monto del resarcimiento. Esto lo hacen los contratantes generalmente mediante la estipulación de cláusulas exoneratívas o limitativas de la responsabilidad civil contractual; mediante simples cláusulas de regulación convencional de la responsabilidad civil contractual; y mediante cláusulas penales.

La cláusula penal es una modalidad de la regulación convencional de la responsabilidad civil contractual. Mediante la estipulación de una cláusula penal, las partes de un contrato hacen una evaluación y determinación anticipada de los daños y perjuicios derivados del incumplimiento de las obligaciones contractuales. Es pues un instrumento que sustituye la ordinaria evaluación de los daños y perjuicios por el juez.

Para apreciar cabalmente las funciones indemnizatoria y de garantía de la cláusula penal en el Derecho venezolano es necesario, con carácter previo, precisar la definición legal de este instituto, así como sus caracteres generales de acuerdo con nuestra legislación civil.

II. LA CLÁUSULA PENAL: SU CONCEPTO

El *Código Civil venezolano* define la obligación con cláusula penal en los siguientes términos:

> Hay obligación con cláusula penal cuando el deudor, para asegurar el cumplimiento de la obligación, se compromete a dar o a hacer alguna cosa para el caso de inejecución o retardo en el cumplimiento. (art. 1.257).

Además el *Código Civil* trae la siguiente definición de la cláusula penal:

La cláusula penal es la compensación de los daños y perjuicios causados por la inejecución de la obligación principal. (art. 1.258, primera parte).

Respecto de la definición legal de la cláusula penal, caben las siguientes consideraciones de carácter general:

1) La palabra *cláusula* que emplea el Código Civil para definir a esta figura jurídica es impropia puesto que denota la idea de que ella está incluida en el negocio principal, lo que es inexacto puesto que la cláusula penal puede pactarse en el mismo contrato, o por separado, con anterioridad o posterioridad a la convención. Por lo cual, hemos sugerido emplear el vocablo *estipulación.*

2) Decir que la cláusula penal se establece "para asegurar el cumplimiento de una obligación" es igualmente incorrecto y constituye simplemente un resabio del Derecho romano donde la *stipulatio poenae* cumplía la función de dar eficacia a las promesas que no eran obligatorias *iure civilis*. En nuestro ordenamiento, a diferencia de lo que ocurría en el Derecho romano, todas las obligaciones civiles están dotadas de eficacia coactiva, independientemente de que se les adicione o no una cláusula penal. No es, por tanto, la cláusula penal sino el Estado mediante la actuación de los órganos jurisdiccionales quien asegura el cumplimiento de las obligaciones[1]. De ahí que no cabe la interpretación literal del texto legal sino que la expresión objeto de análisis debe entenderse en el sentido de que la cláusula penal se estipula para *reforzar* el vínculo bajo la amenaza de la sanción que la estipulación de la pena convencional trae consigo; es decir, la cláusula constituye una amenaza accesoria que constriñe aún más al deudor a cumplir lo pactado[2].

---

1 T. Huc, *Commentaire Théorique et Pratique du Code Civil*, Tome VII, París, 1892/1903, p. 488; Henri Mazeaud, Léon Mazeaud y André Tunc, *Tratado Teórico y Práctico de la Responsabilidad Civil Delictual y Contractual*, Tomo III. Vol. II, Traducción castellana de Luis Alcalá Zamora y Castillo, Ediciones Jurídicas Europa y América, Buenos Aires, 1977, p. 135. De manera más acertada el artículo 165 del Proyecto franco-italiano de las Obligaciones y de los Contratos establece: "La cláusula penal es aquella por la cual una persona se obliga a alguna cosa en caso de incumplimiento o de retardo en el cumplimiento de su obligación". Observación: Todas las citas de textos o fragmentos en idiomas extranjeros que recojo en este trabajo son traducidas por mí en forma libre.

2 Ernesto Wayar, *Derecho Civil. Obligaciones*, Tomo II, Lexis Nexis, Buenos Aires, 2007, p. 86.

3) El artículo 1.257 establece en términos generales la función de garantía de la cláusula penal; en cambio, el artículo 1.258 especifica mediante una interpretación auténtica del texto legal el contenido de esa tutela, o sea cómo se concreta el refuerzo del crédito a que alude aquella disposición. En rigor, el artículo 1.258 no define sino que describe el contenido y los efectos del instituto a que se contrae la primera disposición de la Sección del Código Civil que disciplina las obligaciones con cláusula penal.

4) De acuerdo con el texto legal, la cláusula penal no solo tiene por finalidad asegurar (*rectius*: reforzar) el cumplimiento de una obligación (*función compulsiva*), sino que tiene igualmente por función prefijar anticipadamente los daños y perjuicios derivados de la inejecución o retardo en el cumplimiento de la obligación principal (*función indemnizatoria*).

5) La definición legal señala que *el deudor* se sujeta a la cláusula penal, cuando no solo puede estipularla el deudor sino igualmente un tercero.

6) El objeto de la cláusula penal según la expresión del artículo 1.257 del Código Civil consiste en *dar o hacer alguna cosa*, lo que significa que la obligación que ella comporta puede ser de dar o hacer. Sin embargo, no existe inconveniente en que la cláusula penal consista en una obligación de no hacer, aunque la precitada disposición no lo diga expresamente. Tal sería la cláusula contenida en la venta de un fondo de comercio por la que se estipulase que si el comprador no paga el precio se resolverá el contrato y no podrá él instalarse con un negocio del mismo ramo en una localidad determinada y por un período de tiempo determinado.

7) Aunque no lo diga el texto legal, el beneficiario de la cláusula penal puede ser el propio acreedor o un tercero en cuyo caso estaríamos en presencia de una estipulación a favor de tercero regida por el artículo 1.164 del Código Civil.

8) Por ultimo, de acuerdo con la definición legal, no cabe duda de que la cláusula penal garantiza no solo la ejecución de la obligación (*cláusula penal compensatoria*), sino también su cumplimiento oportuno (*cláusula penal moratoria*).

Por lo antes expuesto, precisando la definición legal, *entendemos por cláusula penal una estipulación accesoria a otra obligación, me-*

diante la cual el deudor o un tercero se obliga a favor del acreedor o de un tercero a una determinada prestación, con el fin de reforzar el cumplimiento y de fijar el límite del resarcimiento en caso de inejecución o retardo de la obligación principal.

III. CARACTERES DE LA CLÁUSULA PENAL

La doctrina señala los caracteres que debe reunir la cláusula penal, algunos de los cuales son exigidos expresamente en nuestro Código Civil[3]. Dichos caracteres son:

1. La cláusula penal es accesoria

1.1. Significado de la accesoriedad

La cláusula penal se explica por la existencia de una obligación principal a la cual accede. La cláusula penal carece de sentido por sí sola. Por ser accesoria de una obligación principal, la cláusula penal depende estrechamente de ella y sigue en principio su suerte.

Su finalidad es garantizar la ejecución de la obligación principal. Por lo cual, si no hay una obligación principal que garantizar, no puede existir cláusula penal.

Como la validez de la cláusula penal presupone la existencia de una obligación principal cuyo cumplimiento está dirigida a asegurar, la cláusula por la cual una persona sin obligarse a una prestación conviene en pagar la pena para el caso de que no la cumpliere no es una cláusula penal. Dicha estipulación se rige por las reglas de las obligaciones condicionales.

Asimismo, la cláusula penal pactada para asegurar el cumplimiento de las obligaciones derivadas de un contrato que, en definitiva, no llega a formarse carece de toda eficacia[4] y, por tanto, los daños y perjuicios deben estimarse, en tal caso, conforme al Derecho común.

---

3 Tomado en parte de mi libro *La Cláusula Penal en el Código Civil Venezolano,* Academia de Ciencias Políticas y Sociales, Serie Estudios, N° 99, Caracas, 2011.

4 Esto no impide, desde luego, convenir en una cláusula penal para indemnizar los daños y perjuicios que ocasione la no celebración de un contrato como, por ejemplo, en el caso de una ruptura intempestiva e injustificada de las tratativas o negociaciones conducentes a la formación del contrato.

La accesoriedad de la cláusula penal también se pone de manifiesto por la circunstancia de que la pena convencional solo se hace exigible cuando la obligación principal se incumple o se cumple con retraso (Código Civil, artículo 1.257)[5]. De acuerdo con la doctrina moderna, *la causa* de la pena convencional pactada en la cláusula penal es la previsión de la sanción para la inejecución del negocio principal al cual dicha cláusula penal se refiere[6].

La cláusula penal es la determinación anticipada que hacen las partes de los daños y perjuicios derivados de la inejecución o retardo de la obligación principal. De ahí que la cláusula penal supone una obligación preexistente cuya inejecución produce daños, derivándose de ello dos obligaciones: una principal (la que se incumplió) y otra accesoria (la de pagar los daños y perjuicios derivados del incumplimiento)[7].

Pero la accesoriedad de la cláusula penal no impide que esta se configure como un negocio autónomo con unos particulares requisitos de

---

5 La doctrina es conteste sobre el carácter accesorio de la cláusula penal. Al respecto, véase: Denis Mazeaud, *La Notion de Clause Pénale*, L.G.D.J., París, 1992, pp. 87-106; Geneviève Viney y Patrice Jourdain, "Les Effets de la Responsabilité", en Ghestin, Jacques, *Traité de Droit Civil*, (Les Obligations), Tome VI, L.G.DJ., París, 2001, pp. 448-450; Henri De Page, *Traité Élémentaire de Droit Civil Belge*, Tome II, (Les Obligations - Seconde Partie), Bruylant, Bruselas, 1.948/1952, p. 146; Francisco Ricci, *Derecho Civil Teórico y Práctico*, Tomo XIII, Traducción castellana, Editorial Antalbe, Barcelona, *s.d.*, p. 282; Andrea Magazzù, Voz "Clausola Penale" (Diritto Privato), en *Enciclopedia del Diritto*, Vol. VII, Arese Giuffrè, Milán, 1960, § 3. Consultada en versión electrónica; Annibale Marini, *La Clausola Penale*, Casa Editrice Jovene, Nápoles, 1984, pp. 75-81; Javier Dávila González, *La Obligación con Cláusula Penal*, Editorial Montecorvo, S.A., Madrid, 1992, pp. 149-155; Aída Kemelmajer De Carlucci, *La Cláusula Penal*, Ediciones Depalma, Buenos Aires, 1981, pp. 58-84; Jorge Peirano Facio, *La Cláusula Penal*, Editorial Temis, Bogotá, 1982, pp. 134-146.

6 Al respecto, véase: Michele Trimarchi, *La Clausola Penale*, Giuffrè Editore, Milán, 1964, p. 26.

7 E. Colmet De Santerre, *Cours Analytique du Code Civil*, Tome V, París, 1873, p. 165. Pero, por supuesto, no procede investigar si el acreedor experimentó o no un daño como consecuencia del incumplimiento de la obligación principal, puesto que cuando se estipula una cláusula penal aquel se presume ya por el solo hecho del incumplimiento. Jacques Flour, Jean-Luc Aubert y Éric Savaux, *Droit Civil, Les Obligations, L'acte juridique*, Dalloz, París, 2006, Vol. III, p. 178, especialmente, la nota 5 y la jurisprudencia francesa allí citada; François Terré, Philippe Simler e Yves Lequette, *Droit Civil, Les Obligations*, Dalloz, París, 2005, p. 616, especialmente, la nota 1 y la jurisprudencia francesa allí citada; Geneviève Viney y Patrice Jourdain, ob. cit., Tome VI, p. 461, especialmente, la nota 135 y la jurisprudencia francesa allí citada.

forma y de fondo exigidos por la particular naturaleza jurídica de esta figura. El negocio jurídico cláusula penal si bien es accesorio de otro principal tiene sus propios elementos constitutivos. Por eso la moderna doctrina considera que la cláusula penal más que una *obligación* accesoria es un *negocio jurídico* accesorio[8].

1.2. Consecuencias

El carácter accesorio de la cláusula penal produce las siguientes consecuencias:

a. La extinción o nulidad de la obligación principal produce la extinción o nulidad de la cláusula penal

La cláusula penal sigue la suerte de la obligación principal y, por tanto, si esta se extingue o es nula, también se extingue o cae la cláusula penal pues *accesorium sequitur principale*. Si la obligación principal para cuya seguridad se pactó la cláusula penal es nula, dicha nulidad trae consigo la de la cláusula penal ya que desaparece la causa de la pena convencional estipulada. Si la obligación principal es anulable, la misma suerte sigue la cláusula penal. Si la obligación principal se confirma, también resulta confirmada la cláusula penal.

La nulidad de la obligación principal trae consigo la de la cláusula penal aun en aquellos casos en los cuales los contratantes hayan conocido la ineficacia de la obligación principal cuya validez se garantizó mediante la cláusula penal[9]. Lo contrario le permitiría a las partes, por un rodeo, dar al traste con las reglas sobre nulidad. En efecto, como la cláusula penal es un medio de reforzar la obligación principal, mediante la estipulación de una pena convencional las partes podrían eludir las prohibiciones de la ley y atribuir eficacia, aunque fuera indirecta, a las convenciones que tuviesen un objeto o una causa ilícita.

---

8 Michele Trimarchi, ob. cit., pp. 15 y ss.; Andrea Magazzù, loc. cit.

9 Guillermo A. Borda, *Tratado de Derecho Civil (Obligaciones)*, Tomo I, La Ley, Buenos Aires, 2008, pp. 228-229. En contra, en la doctrina italiana, Francisco Ricci, ob. cit., Tomo XIII, pp. 282-283. Cabe hacer notar que la solución que se indica en el texto es la que consagra expresamente el párrafo 344 del Código Civil alemán (B.G.B.) según el cual "si la ley declara ineficaz la prestación prometida, el acuerdo realizado para llevar a cabo una pena por incumplimiento de la promesa también es ineficaz, incluso si las partes sabían que la promesa era eficaz".

En atención a su carácter accesorio, si la obligación principal se extingue por cualquier causa, también se extingue, por vía de consecuencia, la cláusula penal. Extinguido el vínculo no tiene sentido lógico que subsista la pena. Si, por ejemplo, la obligación principal se extingue por una causa extraña no imputable, también se extingue la cláusula penal, salvo que el deudor hubiese asumido los riesgos de la causa extraña no imputable y pactado la cláusula penal para cualquier tipo de incumplimiento, incluyendo el involuntario.

En ciertos casos, por excepción, la cláusula penal puede sobrevivir a la extinción del contrato principal para garantizar el resarcimiento de los daños y perjuicios derivados de su terminación como, por ejemplo, en el caso de la nulidad de la venta de la cosa ajena (arg.: *ex* art. 1.483 del Código Civil). Es decir, si no obstante la nulidad de la venta de la cosa ajena, deben pagarse daños y perjuicios *ex* artículo 1.483 del Código Civil, nada impide que estos sean contractualmente fijados y garantizados mediante la estipulación de una cláusula penal[10].

De la misma manera, si se trata de una cláusula penal constituida por un tercero, consideramos que la misma será válida no obstante la nulidad (relativa) de la obligación principal por incapacidad del deudor (arg.: *ex* art. 1.805, primer aparte, del Código Civil). Esta es pues otra situación en la cual, por excepción, la nulidad de la obligación principal no incide sobre la validez de la cláusula penal.

> La doctrina y la jurisprudencia francesa y belga consideran que la cláusula penal pactada como accesoria a una *estipulación a favor de tercero* constituye una excepción al principio del carácter accesorio de la cláusula penal puesto que aún siendo nula la prestación principal garantizada, puede ser exigido el cumplimiento de la pena (Baudry -Lacantinerie, Planiol y Ripert, Laurent, De Page).
> Esto se explica porque en Francia la estipulación a favor de tercero, conforme al artículo 1.121 del *Code*, solo es válida cuando es condición de una estipulación que se hace para si mismo o de una donación que se hace a otro. En los demás casos es inválida

10 Al respecto, véase lo que expongo en mi trabajo *Las Arras en la Contratación*, Academia de Ciencias Políticas y Sociales, Caracas, 2010, pp. 86-87.

porque se estima que su cumplimiento carece de interés para el estipulante. Por tanto, en Francia la manera de asegurar que exista ese interés es mediante el establecimiento de una cláusula penal que deberá pagar el promitente al estipulante en caso de inejecución del contrato. La cláusula penal viene así a dar eficacia a una estipulación que, sin ella, sería nula. De ahí que la doctrina francesa correctamente recoja esta excepción.

Pero en nuestro ordenamiento dicha excepción no se justifica ya que de acuerdo con el artículo 1.166 del Código Civil la estipulación a favor de tercero es siempre válida sin las limitaciones que consagra el Derecho francés para su validez. Por lo cual, en nuestro ordenamiento la validez de la cláusula penal destinada a asegurar el cumplimiento de la obligación del promitente en la estipulación a favor de tercero no constituye una excepción al carácter accesorio de la cláusula penal que determine que ella subsista no obstante la invalidez de la obligación principal.

Asimismo, según la doctrina y la jurisprudencia francesa y belga, la cláusula penal añadida a la *promesa del hecho ajeno* es válida y purga el vicio de nulidad que afecta a la promesa del hecho de otro. Según Laurent, quien promete el hecho de un tercero no se obliga a nada (arg.: *ex* art. 1.119 del Código Civil francés), pero si estipula una pena para el caso de que el tercero no haga aquello que se ha prometido por él, el motivo de la nulidad de la promesa desaparece y la obligación pasa a ser válida por la cláusula penal que se le ha agregado.

En nuestro ordenamiento, la situación es distinta: No hay una disposición como la del artículo 1.119 del *Code*, sino que el artículo 1.165 reconoce la validez de la promesa del hecho ajeno y confiere al acreedor el derecho a exigir la indemnización de los daños y perjuicios al otro contratante, si el tercero rehúsa obligarse o no cumple el hecho prometido. Por consiguiente, la pena añadida a la promesa del hecho ajeno, tampoco constituye en nuestro ordenamiento una excepción al carácter accesorio de la cláusula penal que determine que dicha cláusula subsista por sí misma sin necesidad de acceder a una obligación válida.

Por otra parte, cabe anotar que si bien la extinción o nulidad de la obligación principal, con las excepciones antes examinadas, trae consigo la de la cláusula penal, la situación inversa no es cierta porque la extinción o nulidad de la cláusula penal no afecta en nada a la obligación principal la cual conserva su validez[11]. *Utile per inutile non vitiatur*. Por ejemplo, la nulidad de la cláusula penal que se encuentra afectada por un vicio del consentimiento no se comunica al contrato principal. Lo mismo ocurre cuando la cláusula penal consista en entregar una cosa que se encuentre fuera del comercio.

Por excepción, la nulidad de la cláusula penal determina la nulidad de la obligación principal para cuya seguridad se pactó cuando esa haya sido la intención de las partes, es decir, cuando la validez de la cláusula penal hubiese sido determinante del consentimiento prestado para la celebración del contrato y así lo hayan indicado o hecho suponer inequívocamente las partes.

b. La cesión del crédito garantizado con cláusula penal produce la cesión de la cláusula penal

La cesión del crédito garantizado mediante la estipulación de una cláusula penal produce la cesión de esta última y da derecho al cesionario a exigir el cumplimiento de la pena en caso de inejecución de la obligación principal por parte del deudor cedido. Así lo prescribe el artículo 1.552 del Código Civil según el cual "la venta o cesión de un crédito comprende los accesorios de ese crédito, tales como las cauciones, privilegios o hipotecas". Entre los accesorios transferidos se encuentra, sin duda, el derecho a exigir el cumplimiento de la cláusula penal que garantice el crédito cedido[12]. De la misma manera la cláusula penal seguirá adherida a la obligación principal, en caso de *subrogación del crédito*[13].

---

11 Así lo consagra expresamente el artículo 1.227 del Código Civil francés.

12 Fredj Loksaier, *La Clause Pénale dans les Contrats Internes et dans les Contrats Internationaux,* Lausanne, 1.985, p. 59. En contra, en la doctrina española, Jesús María Lobato De Blas, *La Cláusula Penal en el Derecho Español*, Pamplona, 1974, pp. 128-129. En nuestro concepto, negar la transmisibilidad de la cláusula penal cuando se produce la cesión del crédito equivale a desvincular al deudor del cumplimiento de una obligación que libremente asumió cumplir, lo que es contrario a los principios más elementales que gobiernan la relación obligatoria.

13 René Demogue, *Traité des Obligations en Général*, Tome VI, Ed Rousseau, París, 1931, p. 500.

c. Las modalidades que afectan la obligación principal inciden sobre la cláusula penal

En razón del carácter accesorio de la cláusula penal, las modalidades a las que está sujeta la obligación principal afectan igualmente a la cláusula penal. Por ejemplo, si aquella está sometida a condición o a término, también lo estará la pena convencional. Pero las modalidades a que esté sujeta la cláusula penal no afectan el cumplimiento de la obligación principal, en virtud de la regla de que lo accesorio no influye sobre lo principal.

d. Prelaciones y garantías de la obligación principal

Por último, en lo concerniente al carácter accesorio de la cláusula penal, conviene tener en cuenta que las prelaciones y garantías de que se halle provista la obligación principal no se extienden al crédito derivado de la cláusula penal, salvo pacto en contrario. La dependencia de la cláusula penal respecto de la obligación principal no puede por sí sola producir como consecuencia la extensión de los derechos de prelación o de garantía de esta a aquella, por referirse estos derechos accesorios únicamente al crédito principal como tal y no a toda la relación jurídica que vincula a las partes.

En cuanto a *la fianza*, el artículo 1.808 del Código Civil confirma esta regla y el artículo 1.809 constituye una excepción a la misma aplicable a la fianza indefinida.

Por lo que respecta a *la hipoteca*, también confirman la regla los artículos 1.877 y 1.879 que requieren que la obligación garantizada se determine expresamente y que el monto de la hipoteca sea también determinado.

En materia de *prenda*, podría pensarse que el artículo 1.852 aparece como excepción a la regla. No obstante, a nuestro modo de ver, esta disposición solo se refiere al derecho de retención del acreedor prendario y no a su preferencia para el cobro[14].

---

[14] Como es bien sabido, el derecho de retener la prenda es un *derecho entre las partes* derivado de la celebración del contrato; en cambio, el derecho de preferencia es el derecho que tiene el acreedor prendario respecto de los terceros después de ejecutada la prenda y que le confiere frente a los demás acreedores prelación sobre el precio de la prenda en orden al

Tampoco *los privilegios* de que se halle provisto el crédito del acreedor garantizado con una cláusula penal, amparan el cobro de la pena puesto que los privilegios los concede la ley en atención a *la causa del crédito* (Código Civil, artículo 1.866) y la causa de la obligación principal es distinta de la de la obligación penal. Al cambiar la causa cesa el privilegio a menos que una disposición legal establezca lo contrario.

Lo que se ha dicho hasta aquí se deduce además de los principios generales. En efecto, la extensión de las garantías o prelaciones de la obligación principal a la pena convencional como regla contradiría lo dispuesto en el artículo 1.864 que consagra el principio de que todos los acreedores concurren, a prorrata de sus créditos, a hacerlos efectivos sobre el patrimonio del deudor en un plano de igualdad, salvo las causas legítimas de preferencia las cuales, como excepción a este principio, deben aplicarse restrictivamente.

2. La cláusula penal es subsidiaria

La cláusula penal solo es exigible en caso de inejecución o retardo en el cumplimiento de la obligación principal. Al igual que la indemnización de los daños y perjuicios, la cláusula penal presupone la inejecución culposa de la obligación a la cual accede. Solo si el deudor no cumpliere la prestación principal o se retrasare en su cumplimiento, puede ser exigido el pago de la pena. De ahí su carácter subsidiario[15].

Del carácter subsidiario de la cláusula penal derivan dos consecuencias: 1) el acreedor siempre tiene el derecho a exigir el cumplimiento en especie de la obligación principal (Código Civil, artículo 1.259). Por tanto, el deudor no puede eximirse de cumplir la prestación principal pagando la pena; y 2) el acreedor no puede reclamar el cumplimiento de la obligación principal y al mismo tiempo la pena, si no la hubiere estipulado por el simple retardo (Código Civil, artículo 1.258, segunda parte).

---

cobro de la deuda garantizada. José Luis Aguilar Gorrondona, *Derecho Civil IV, Contratos y Garantías*, Universidad Católica Andrés Bello, Caracas, 2010, pp. 75-78.

15 Henri De Page, ob. cit., Tome II, (Les Obligations - Seconde Partie), pp. 156-157; Denis Mazeaud, ob. cit., p. 187.

En fin, la eficacia particular de la pena solo entra en funcionamiento en caso de inejecución o retardo de la obligación principal. Hasta ese momento no es exigible; incluso, una vez llegado este, el acreedor puede elegir entre exigir la obligación principal o la cláusula penal, lo que demuestra aun más el carácter subsidiario de esta última.

3. ¿Tiene carácter condicional?

Según algunos autores la cláusula penal da nacimiento a una *obligación condicional*. Se afirma, en tal sentido, que en la cláusula penal el deudor vendría obligado a pagar la pena bajo la condición de que no cumpliera la obligación principal. Por lo cual, se dice que la cláusula penal da nacimiento a una obligación condicional: La prestación accesoria en que consiste la pena está sujeta a una condición suspensiva de carácter negativo, esto es, al incumplimiento de la obligación principal lo que constituye un acontecimiento futuro e incierto en el momento en que se estipula dicha cláusula. La pena convencional está pues sometida a una condición cuyo cumplimiento depende de la exclusiva voluntad del deudor (*condición puramente potestativa*)[16].

Nos parece que ese criterio es incorrecto y que no puede asimilarse la cláusula penal a una obligación condicional por varias razones:

---

16 Poco más o menos en el mismo sentido, véase: Marcelo Planiol y Jorge Ripert, *Tratado Práctico de Derecho Civil Francés*, Tomo VII, Traducción castellana de Mario Díaz Cruz, Cultural S.A., Habana, 1946, p. 186; F. Laurent, *Principios de Derecho Civil*, Traducción castellana, Tomo XVII, Habana, 1917, pp. 465-466; Aldo Bozzi, Voz "Clausola Penale", en *Enciclopedia Giuridica Italiana*, Pubblicazione della Societá Editrice Libraria, sotto la direzione di Pasquale Stanislao Mancini, Vol. XIII, Parte II, Milán, 1934, pp. 224-226; Giuseppe Piola, Voz "Clausola Penale", en *Digesto Italiano*, Vol. VII, Parte II, Pubblicazione della Unione Tipografico – Editrice Torinese, diretta da Luigi Lucchini, Turín, 1897-1902, p. 367; Andreas Von Thur, *Tratado de las Obligaciones*, Traducción castellana de W. Roces, Editorial Comares, Granada, 2007, p. 451; Aída Kemelmajer De Carlucci, ob. cit., pp. 84-85. En cambio, los autores españoles en general niegan el carácter condicional de la cláusula penal. Al respecto, véase: Luis Díez Picazo, *Fundamentos de Derecho Civil Patrimonial*, Vol. II, (Las Relaciones Obligatorias), Editorial Aranzadi, Pamplona, 2008, p. 466; Diego Espín Cánovas, "La Cláusula Penal en las Obligaciones Contractuales", en *Revista de Derecho Privado*, Tomo XXX, Nº 348, Madrid, 1946, pp. 152-153; Jesús María Lobato De Blas, ob. cit., pp. 112-115. La doctrina italiana en general niega igualmente el carácter condicional de la pena. Al respecto, véase: Andrea Magazzù, ob. cit., § 4; Michele Trimarchi, ob. cit., p. 66.

1) La inejecución o retardo en el cumplimiento de la obligación principal, en realidad, no constituye una condición en sentido técnico-jurídico, sino una *conditio iuris* de la exigibilidad de la cláusula penal. En efecto, la subordinación de la pena convencional al evento futuro e incierto del incumplimiento de la obligación principal deriva no tanto de un elemento arbitrario y contingente dependiente de la voluntad de las partes, sino de la naturaleza misma y de la configuración legal de ese instituto. El hecho condicionante de la prestación accesoria en que consiste la pena constituye más bien un presupuesto lógico de naturaleza legal y no una verdadera y auténtica condición. No se trata, por tanto, de una condición como modalidad o elemento accidental de la relación obligatoria impuesto por la voluntad de las partes, sino de un elemento necesario y constante de la cláusula penal[17].

2) En la obligación condicional antes del advenimiento de la condición, no hay obligación alguna. Solo existirá la obligación cuando la condición se cumpla. En cambio, en la obligación con cláusula penal hay una obligación principal existente antes del advenimiento de la condición, independientemente de que esta se cumpla o no. Esta diferencia se pone de manifiesto con el siguiente ejemplo que trae Giorgi:

> Cuando alguno promete pagar mil liras si no derriba un árbol, no contrae precisamente la obligación de derribar el árbol, porque dicha prestación, en lugar de presentarse como objeto de la promesa, aparece únicamente como un hecho futuro e incierto, del que depende el pago de las mil liras. Estamos, pues, en los

[17] Como afirma Santoro Passarelli existe una diferencia esencial entre la modalidad condición y la *conditio iuris* ya que mientras la primera es una cláusula arbitraria y contingente, el elemento *conditio iuris* es necesario y constante puesto que viene impuesto por una norma legal (F. Santoro Passarelli, *Doctrinas Generales del Derecho Civil*, Traducción al castellano de Luna Serrano, Editorial Revista de Derecho Privado, Madrid, 1964, p. 234). En el mismo sentido, en la doctrina nacional, Zambrano Velasco afirma que la condición debe ser un acontecimiento voluntario procedente de la voluntad de las partes "ya que si la subordinación al evento futuro e incierto derivase de la naturaleza misma del negocio jurídico más bien que de la voluntad de sus autores, se hablaría de una *conditio iuris* pero no de una verdadera y auténtica condición, porque ello ocurre por disposición de la ley. Algunos llaman por esta razón, "impropia" a la *conditio iuris* en cuanto que por no ser verdadera y propia condición y tampoco elemento accidental, constituye más bien un presupuesto lógico de naturaleza legal o un requisito objetivo tácito o sobreentendido". (José Alberto Zambrano Velasco, *Teoría General de la Obligación* (Parte General de las Obligaciones), Caracas, 1985, p. 491)).

> términos de una obligación condicional, dependiente de la voluntad del deudor. Ningún vínculo serio liga a este con el acreedor, y este por su parte, no tiene ninguna acción que ejercitar en juicio. Pero si el deudor, por el contrario, ha prometido derribar el árbol, y en su defecto se ha obligado al pago de mil liras, los términos están invertidos; el derribar el árbol se ha convertido en el verdadero objeto de la obligación, y el pago de las mil liras se ha transformado en cláusula penal destinada a garantizar el cumplimiento de aquella[18].

Dicho en otros términos, en la obligación condicional, el hecho en que consiste la condición no comporta un deber jurídico de ninguna especie; no es coercible. El hecho constitutivo de la condición no es obligatorio y su evitación no es exigible jurídicamente. En cambio, en la obligación con cláusula penal, la obligación principal es debida y el acreedor puede exigir que no se cumpla la condición puesto que esta consiste en el incumplimiento de una obligación[19]. De donde resulta que la exigibilidad de la pena depende del incumplimiento de la obligación principal, cuya evitación el acreedor puede exigir reclamando su ejecución. En fin, el hecho del cual depende la efectividad de la pena, a saber, el cumplimiento de la prestación principal, a diferencia del hecho que constituye la condición, es susceptible de coerción.

3) Por último, no puede asimilarse la cláusula penal a una obligación condicional porque la condición suspende el nacimiento de la obligación hasta que se cumpla el acontecimiento futuro e incierto del cual depende. En cambio, la cláusula penal existe desde la celebración del contrato y coexiste con la obligación principal[20]. Solo la particular

---

[18] Jorge Giorgi, *Teoría de las Obligaciones en el Derecho Moderno*, Tomo IV, Traducción al castellano por la redacción de la Revista General de Legislación y Jurisprudencia, Editorial Reus, Madrid, 1929, p. 480.

[19] Manuel Albaladejo, *Comentarios al Código Civil y Compilaciones Forenses*, (Dirigidos por Manuel Albaladejo), Tomo XV, Vol. II, Editorial Revista de Derecho Privado, Madrid, 1983, pp. 454-455.

[20] En el mismo sentido expuesto en el texto, en la doctrina nacional, Dominici, Maduro Luyando y Pittier Sucre sostienen que la cláusula penal no puede asimilarse a una obligación condicional (Aníbal Dominici, *Comentarios al Código Civil Venezolano,* Tomo II, tipografía Universal, Caracas, 1904, pp. 722-723; Eloy Maduro Luyando y Emilio Pittier Sucre, *Curso de Obligaciones, Derecho Civil III*, Tomo II, Universidad Católica Andrés Bello, Caracas, 2009, p. 942).

eficacia de la cláusula penal depende del incumplimiento de la obligación principal y de la circunstancia de que el acreedor opte por exigir el cumplimiento de la pena.

Por las razones antes expuestas, la cláusula penal no da lugar al nacimiento de una obligación sometida a una condición suspensiva.

4. La cláusula penal es preventiva

Al igual que los negocios jurídicos de garantía, la cláusula penal se estipula porque las partes prevén de antemano la posibilidad de un eventual incumplimiento, así como los daños y perjuicios que el mismo pudiera ocasionar. Si bien de ordinario se estipula en el momento de la celebración del contrato principal, la cláusula penal también puede convenirse, con posterioridad, durante la vida de la relación obligatoria, pero siempre antes de producido el incumplimiento. Por el acto constitutivo de la obligación o por uno posterior a su nacimiento, pero siempre antes de su inejecución, pueden las partes establecer una cláusula penal para determinar y liquidar anticipadamente el monto de los daños y perjuicios. De ahí su carácter preventivo.

5. La cláusula penal es inmutable

5.1. Significado de la inmutabilidad

Cuando se afirma que la cláusula penal es inmutable se quiere significar que una vez convenida por las partes no se puede modificar –salvo que medie un nuevo acuerdo de las partes– ni su contenido, pretendiendo cambiar el objeto de la pena, ni su cuantía pretendiendo aumentar o disminuir la pena estipulada[21].

En nuestra legislación civil, la inmutabilidad de la pena tiene carácter absoluto: De acuerdo con el artículo 1.276, cuando la determinación de los daños y perjuicios se hace bajo la fórmula de cláusula penal, no puede el acreedor pedir una suma mayor ni el deudor pretender que se le reciba una menor, quedando la autoridad judicial facultada para disminuir el monto de la pena solamente cuando la obligación principal

---

21 Al respecto, por todos, véase: Leonardo Coviello Jr., "Clausola penale e risarcimento del danno", en *Il Foro Italiano*, 1933, Parte prima, Columna 1.697.

cuyo cumplimiento se hubiere garantizado mediante una cláusula penal, haya sido parcialmente ejecutada (Código Civil, artículo 1.260).

Se admite, sin embargo, que el artículo 1.276 no es de orden público; solo existe si las partes no han pactado otra cosa. Por lo cual, los contratantes pueden estipular una pena, sin perjuicio del derecho del acreedor de reclamar una indemnización mayor, o convenir en que la autoridad judicial pueda en determinados casos modificar la pena estipulada.

5.2. Fundamento

La inmutabilidad de la pena se fundamenta en el principio de la intangibilidad de los contratos que consagra el artículo 1.159 del Código Civil de acuerdo con el cual los contratos tienen fuerza de ley entre las partes[22]. Por lo cual, al juez no le está permitido modificar los efectos de un contrato salvo que la ley lo autorice expresamente para ello. Además, mediante la estipulación de una cláusula penal las partes han querido evitar toda discusión futura acerca de la existencia del daño y su cuantía y esto no se lograría si fuese posible alterar la pena modificando su monto.

La inmutabilidad de la cláusula penal se establece para favorecer tanto al deudor como al acreedor; aprovecha al deudor, porque no se le permite al acreedor pretender una cantidad mayor ni siquiera demostrando que la pena estipulada es insuficiente para reparar el daño sufrido; aprovecha al acreedor porque tampoco puede el deudor liberarse de la pena ni aun probando que el acreedor sufrió daños menores o no sufrió daño alguno. Estas son, en breve síntesis, las consecuencias que derivan del artículo 1.276 del Código Civil.

5.3. Evolución histórica y legislación comparada

Antes de examinar el principio de la inmutabilidad de la pena en nuestra legislación civil, es conveniente hacer una sucinta mención a

---

[22] Yves Chartier, *La Réparation du Prejudice*, Dalloz, 1983, p. 573; Gabriel Marty y Pierre Raynaud, *Droit Civil*. Tome II, Premier volume (Les Obligations), Sirey, París, 1962, p. 590; Denis Mazeaud, ob. cit., pp. 325-326; Geneviève Viney y Patrice Jourdain, ob. cit., Tome VI, p. 463, especialmente, la nota 149 y la jurisprudencia francesa allí citada.

sus antecedentes históricos y a las soluciones adoptadas al respecto por otros ordenamientos.

El principio de la inmutabilidad de la cláusula penal tiene su origen en *el Derecho romano*, que consagró el carácter fijo de la cláusula penal. El juez no podía modificar la pena aunque fuese excesiva. La única limitación era que podía dejar sin efecto la cláusula penal si la misma encubría un pacto usurario[23].

> En *el Antiguo Derecho francés*, y bajo la influencia de Dumoulin, se le reconoció a los jueces la facultad de reducir el monto de la cláusula penal. Se consideró que era equitativo moderar las penas excesivas para evitar situaciones abusivas. Este criterio fue también seguido por Pothier. Sin embargo, *el Código Napoleón* (art. 1.152) y los códigos que lo siguieron conjuntamente con el principio de la autonomía de la voluntad adoptaron la doctrina opuesta y establecieron el principio de la inmutabilidad de la pena. El *Code* no confirió pues a los jueces, al menos en principio, la facultad de moderar el monto de la pena estipulada[24]. Solo reconoció a la autoridad judicial, por vía de excepción, la facultad de reducir la pena en caso de ejecución parcial del contrato (art. 1.231). El fundamento de esta excepción se encuentra en la prohibición de acumular el cumplimiento de la obligación principal y la pena (art. 1.220). La cláusula penal, por tanto, no podía ser reducida en modo alguno, si no se había producido el cumplimiento parcial, aunque se constatara que era manifiestamente excesiva, por el principio de la fuerza obligatoria de los contratos consagrado en el artículo 1.134 del Código Civil francés, y así lo reconoció la jurisprudencia[25].
> Igual criterio, como se dijo, siguieron los Códigos inspirados en el francés, tales como el español (arg.: *ex* art. 1.154, *a contrario sensu*) el boliviano (art. 745), el portugués (art. 675), el italiano

---

23 Al respecto, véase: Pedro Bonfante: *Instituciones de Derecho Romano.* Traducción castellana de Baci y Larrosa, Editorial Reus, 1965, p. 446.

24 Al respecto, véase: C. Demolombe, "Traité des contrats ou des obligations conventionnelles en général" Tome III, en *Cours de Code Napoleon*, Vol. XXVI, París, 1870, pp. 585-587; G. Baudry Lacantinerie y L. Barde, "Des Obligations", Tome II, en *Traité Théorique et Pratique de Droit Civil*, Vol. XII, París, 1.900, pp. 436-437.

25 Al respecto, véase: Fredj Loksaier, ob. cit., p. 138 y la jurisprudencia de los tribunales franceses allí citada.

de 1865 (art. 1.230) el uruguayo (art. 1.347) y el venezolano (art. 1.276).

En cambio, en *el Derecho germánico*, la evolución fue totalmente inversa a la seguida en el Derecho Civil francés. El primitivo Derecho germánico con fundamento en el principio de la libertad de contratación establecía la inmutabilidad de la indemnización a pagar por concepto de cláusula penal y prohibía a los jueces modificar el monto de la pena estipulada. Luego al sancionarse el Código Civil alemán (B.G.B.), se admitió no solo la reducción de la cláusula penal que fuese desproporcionada con los daños y perjuicios efectivamente causados, sino también la ampliación de la indemnización prevista bajo la fórmula de cláusula penal, hasta la totalidad del daño efectivamente sufrido por el acreedor cuando su importe excediera el monto de la pena (§ 340).

El Código suizo de las Obligaciones confiere a los jueces el poder de moderar las penas excesivas (art. 163, numeral 3)[26]. De acuerdo con este sistema se permite pues, por razones de equidad y de justicia y con el objeto de mantener el equilibrio entre las prestaciones surgidas de un contrato bilateral, la revisión judicial de la cláusula penal en caso de ser la pena *extraordinariamente alta.*

El sistema latino, por el contrario, al no permitir la modificación judicial de la pena, dio lugar a situaciones claramente abusivas en perjuicio de los consumidores y, en general, de la parte económicamente débil del contrato. Ante esta situación se hizo necesario arbitrar fórmulas que permitieran a la autoridad judicial modificar el monto de la pena convenida por las partes, lo que se logró en muchas ocasiones a través de reformas legislativas.

En Italia, el nuevo Código Civil de 1942, le concede al juez el poder de disminuir equitativamente la pena, no solo cuando la obligación principal haya sido cumplida en parte, sino también cuando la cuantía de la pena sea manifiestamente excesiva, teniendo en cuenta siempre, añade el precepto, el interés que el acreedor tenga en el cumplimiento (art. 1.384). El *Códice* prevé pues dos supuestos distintos en que cabe la moderación de la pena por el juez. El primero de ellos es el cumplimiento

[26] Al respecto, véase: Andreas Von Thur, ob. cit., pp. 454-456.

parcial de la obligación principal; y el segundo, su excesividad[27]. La disposición del *Codice* no requiere, contrariamente a lo que ocurre en el Derecho alemán, para que el juez pueda acordar la reducción de la pena, que la misma sea solicitada por la parte interesada. Sin embargo, la doctrina italiana no vacila en señalar que constituye un presupuesto del pronunciamiento judicial sobre la reducción que el deudor la haya exigido[28].

En Francia debido a una serie de abusos escandalosos denunciados en diferentes clases de contratos en los cuales se estipulaban cláusulas penales excesivas en caso de inejecución, la Ley francesa N° 75-597 del 9 de julio de 1975, atribuyó al juez el poder de revisar el monto de la pena cuando este fuera "evidentemente excesivo o irrisorio" quedando, por tanto, los artículos 1.152 y 1.231 del *Code* que consagraban el principio de la inmutabilidad absoluta de la cláusula penal modificados mediante la precitada ley para permitir la moderación de la pena aunque no mediara, en el caso concreto, ejecución parcial de la obligación garantizada con cláusula penal. Se concede a tal efecto poder al juez tanto para reducir las penas excesivas, como para aumentar las penas irrisorias. Por consiguiente, contrariamente al sistema seguido en otros ordenamientos de igual tradición que el Derecho francés, no se faculta solamente al juez para reducir la pena, sino para aumentarla. El fundamento de la revisión judicial de la cláusula penal no se encuentra ya en la prohibición de acumular el cumplimiento forzoso y la pena, como era el caso del artículo 1.231, sino en razones de equidad que no toleran la aplicación de penas excesivas[29]. Posteriormente, la Ley francesa N° 85-1097 del 11 de octubre de 1985 modificó la redacción del artículo 1.231 del *Code*, estableciendo que, sin perjuicio de la aplicación del artículo 1.152, se reducirá el monto de la cláusula penal en proporción al beneficio que el cumplimiento parcial le haya reportado al acreedor. Además, dicha ley permitió al juez de oficio modificar el monto de la cláusula penal.

---

27 Al respecto, véase: Annibale Marini, ob. cit., pp. 138-139.

28 Al respecto, véase: Andrea Magazzù, ob. cit., § 7; Angelo De Martini, *L'Eccesiva Onerosità nell'Esecuzione del Contratto*, Giuffrè Editore, Milán, 1950, p. 137.

29 Al respecto, véase: Marianne Saluden, "L'entendue du controle exercé par la Cour de Cassation sur les juges du fond en matière de clause pénale", en *Gazette du Palais*, 1984, p. 262.

En Bélgica, sin embargo, debido a la interpretación más flexible del Código Napoleón hecha por la jurisprudencia, no se sintió la imperiosa necesidad de una reforma legislativa hasta el año 1998. En ese país la jurisprudencia consideraba nulas las cláusulas penales que imponían penas exorbitantes, por ser contrarias al orden público. El control de las cláusulas penales por los tribunales belgas no se llevaba a cabo mediante la moderación de su cuantía, para lo cual la ley no autorizaba a los jueces, sino por la vía de la *anulación*, siguiendo en cierto modo la orientación del Derecho inglés. El artículo 5° de la Ley belga del 23 de noviembre de 1998 que entró en vigencia el 23 de enero de 1999 prohíbe las cláusulas penales excesivas y permite que el juez de oficio reduzca el monto de la pena[30].

En el Derecho comparado, los ordenamientos siguen, en esencia tres *orientaciones* distintas por lo que respecta al carácter inmutable de la cláusula penal: 1) la *inmutabilidad absoluta de la pena* que solo permite la reducción de la pena en caso de ejecución parcial de la obligación principal. Este sistema es el que adoptan, entre otros, el Código español (art. 1.154), uruguayo (art. 1.227) y venezolano (art. 1.260); 2) la *inmutabilidad relativa* que permite a la autoridad judicial moderar las penas excesivas. Es el sistema que siguen actualmente, entre otros, los Códigos Civiles francés, alemán, argentino y suizo se las Obligaciones. Como contrapartida de la posibilidad de reducir la pena exagerada, los Códigos francés, alemán y argentino contemplan la eventual ampliación de la pena insuficiente, lo que no admite el Código suizo; y 3) la *reducción de la pena dentro de ciertos límites*. Es el sistema seguido, entre otros, por el Código mexicano que fija el límite de la pena en un valor equivalente al de la prestación principal (art. 1.843); por los Códigos de Chile (art. 544) y de Bolivia (art. 74), que no autorizan la cláusula penal que exceda del doble del valor de la prestación principal; y por el Código de Nicaragua que limita el monto de la pena compensatoria a la cuantía de la obligación principal; en cambio, si la pena es moratoria y se

30 Para un examen de la evolución de la legislación civil belga sobre las cláusulas penales, Roger Dalcq: "Les clauses penales et les clauses abusives (Rapport belge)", en *Les Sanctions de l'Inexecution des Obligations Contractuelles. Études de Droit Comparé* sous la direction de Marcel Fontaine et Geneviève Viney, Bibliothèque de la Faculté de Droit de L'Université Catholique de Lovain, Bruylant, Bruselas, 2001, pp. 435-450.

acumula a la prestación principal, aquella no puede exceder de la cuarta parte del valor de esta (art. 2.002).
En nuestro Derecho, como se dijo, la inmutabilidad tiene carácter absoluto.

5.4. La inmutabilidad de la pena en el Código Civil venezolano

a. Consagración legal

Como indicamos poco antes, el artículo 1.276 del Código Civil consagra de modo expreso el principio de la inmutabilidad absoluta de la pena. De acuerdo con esta disposición: "Cuando en el contrato se hubiere estipulado que quien deje de ejecutarlo debe pagar una cantidad determinada por razón de daños y perjuicios, no puede el acreedor pedir una mayor, ni el obligado pretender que se le reciba una menor. Sucede lo mismo cuando la determinación de los daños y perjuicios se hace bajo la fórmula de cláusula penal o por medio de arras".

Esto significa que: a) el deudor no puede pedir que se reduzca la pena aunque demuestre que ella excede los daños y perjuicios efectivamente sufridos por el acreedor; y b) el acreedor no puede pedir una suma mayor aunque demuestre que los daños y perjuicios realmente sufridos por el incumplimiento exceden el monto de la pena.

Las partes pueden pues pactar en sus convenciones la cláusula penal que deseen. Rige aquí el principio de la autonomía de la voluntad en toda su extensión[31]. La autoridad judicial no puede pues modificar la cláusula penal, so pretexto de que por exceso o por defecto la misma resulta desproporcionada a la entidad del daño.

b. Excepciones

La regla de la inmutabilidad de la pena tiene las siguientes excepciones:

1) El juez puede moderar la pena cuando las partes le hayan otorgado esta facultad. De modo que las partes pueden pactar que si el importe

[31] La autonomía privada, sin embargo, no podrá contradecir las normas legales de carácter imperativo, en particular, las normas sobre protección de los consumidores y usuarios (arg.: *ex* arts. 6° del Código Civil).

de los daños y perjuicios supera la pena, se puede pedir el exceso. Nuestro Código Civil no contiene una disposición expresa en tal sentido[32]. Sin embargo, la doctrina nacional admite sin discusiones la validez de esta convención[33].

Este pacto puede asumir dos modalidades: a) puede pactarse que la pena se deba independientemente de la indemnización ordinaria (*pena acumulativa*); o b) puede convenirse que el acreedor pueda exigir la pena como indemnización mínima, conservando su derecho a reclamar los mayores daños experimentados.

2) El juez puede, además de la pena, condenar al deudor a pagar al acreedor una indemnización por los daños y perjuicios a los cuales no se extienda la cláusula penal pactada. Por ejemplo, si se pactó una cláusula penal de 500 bolívares por cada día de retraso en la entrega; si además de retardar la entrega, el vendedor deteriora o destruye la cosa, el comprador tendría derecho a la pena pactada por el retardo y, además, a la indemnización por los daños y perjuicios que le produzca el deterioro o la destrucción de la cosa. El juez puede en tal caso reconocer, a título de daños y perjuicios, una indemnización mayor que la pena. Pero como fácilmente puede apreciarse, esta hipótesis no constituye, en realidad, una excepción al principio de la inmutabilidad de la pena la cual solo puede desplegar su eficacia particular de sustituir la indemnización ordinaria de los daños y perjuicios respecto de aquellos daños para los cuales se la estipuló[34], pero no en relación con otros distintos de los compensables por la pena. Dicho en otras palabras, el principio de la inmutabilidad no impide la acumulación de la cláusula penal y de los daños y perjuicios cuando la pena tuvo en consideración determinados perjuicios y se producen otros.

---

32 En cambio, en otros códigos sí existe norma expresa. Así, el artículo 1.152 del Código Civil español establece: "En las obligaciones con cláusula penal, la pena sustituirá a la indemnización de daños y al abono de intereses en caso de falta de cumplimiento, si otra cosa no se hubiere pactado. Solo podrá hacerse efectiva la pena cuando esta fuere exigible conforme a las disposiciones del presente Código." Y de acuerdo con el Código Civil italiano de 1.942: "La pena se debe independientemente de la prueba del daño." (art. 1.382, *in fine*).

33 Eloy Maduro Luyando y Emilio Pittier Sucre, ob. cit., Tomo II, p. 940; Rafael Bernad Mainar, *Derecho Civil Patrimonial. Obligaciones*, Tomo II, Universidad Central de Venezuela, Facultad de Ciencias Jurídicas y Políticas, Caracas, 2006, p. 252.

34 Diego Espín Cánovas, ob. cit., p. 169.

3) El juez puede acordar una indemnización superior al monto de la pena cuando el deudor incumpla dolosamente su obligación y ocasione al acreedor daños superiores a la cuantía de la cláusula penal. La responsabilidad por dolo se extiende a todos los daños y perjuicios que se deriven de la falta de cumplimiento de la obligación (arg.: *ex* art. 1.274 del Código Civil)[35].

Por consiguiente, si la cláusula penal fue estipulada previendo el incumplimiento culposo y el deudor incumple dolosamente la obligación principal, el acreedor tendrá derecho a obtener el resarcimiento integral, pudiendo sin embargo elegir reclamar el cumplimiento de la pena si esta opción le resultare más ventajosa, es decir, si el monto de la pena fuese superior al daño, puesto que el deudor que incumpla dolosamente su obligación no puede disminuir el derecho de su acreedor a obtener el monto íntegro de la pena[36]. En cambio, si la pena fue

---

35 C. Aubry y C. Rau, *Cours de Droit Civil Français*, Tome IV, Sixième édition, París, 1907, p. 174; René Demogue, ob. cit., Tome VI, p. 486; Jacques Flour, Jean-Luc Aubert y Éric Savaux, ob. cit., Vol. III, p. 177; Henri Mazeaud, Léon Mazeaud y André Tunc, ob. cit., Tomo III, Vol. II, pp. 137-138; Philippe Le Tourneau, *Droit de la Responsabilité et des Contrats,* Dalloz, París, 2006, p. 353; François Terré, Philippe Simler e Yves Lequette, ob. cit., p. 617, especialmente, la nota 4 y la jurisprudencia francesa allí citada; Geneviève Viney y Patrice Jourdain, ob. cit., Tome VI, p. 466, especialmente, la nota 165 y la jurisprudencia de los tribunales franceses allí citada; Jorge Giorgi, ob. cit., Tomo IV, p. 476; Aldo Bozzi, ob. cit., p. 232; Cesare Luigi Gasca, *Tratatto della Compra-Vendita Civile e Commerciale*, Vol. I. U.T.E.T, Torino, 1.915, p. 905; Michele Trimarchi, ob. cit., p. 40, especialmente, la nota 42. Cabe hacer notar, sin embargo, que en la doctrina clásica italiana algunos autores sostuvieron el criterio de que cuando se estipula una cláusula penal, aun en el caso de que se hubiere incurrido dolosamente en incumplimiento de la obligación principal, no nace para el acreedor un derecho a la total indemnización del daño sufrido, puesto que no entran en funcionamiento en tal caso los principios relativos a la nulidad del *pactum dolus.* Al respecto, véase: Gaetano Rossi, "*Pactum ne dolus praestetur* e clausola penale", en *Studi in Onore di Mariano D'Amelio*, Vol. III, Società Editrice del Foro Italiano, Roma, 1933, pp. 268-271; Leonardo Coviello, Jr., "Clausola penale e risarcimento del danno", en *Il Foro Italiano*, 1933, Parte prima, columnas 1698 y 1699; Nicola Stolfi, "Le Obbligazioni in Generale", en *Diritto Civile*, Vol. III, Turín, 1932, p. 302. Sin embargo, la moderna doctrina italiana excluye la eficacia de la cláusula penal en caso de que el incumplimiento de la obligación obedezca al dolor del deudor, criterio este que ha sido ratificado por la Casación italiana. Al respecto véase lo que exponemos en la nota 204 de mi libro *La Cláusula Penal en el Código Civil Venezolano* citado en la nota 3 *ut supra*. En la doctrina nacional, en el mismo sentido expuesto en el texto, véase: José Mélich-Orsini, *Doctrina General del Contrato*, Quinta Edición, Academia de Ciencias Políticas y Sociales, Serie Estudios, Nº 61, Caracas, 2012, pp. 574-575.

36 Henri Mazeaud, Léon Mazeaud y André Tunc. loc. cit.

estipulada previendo el dolo, o tanto el dolo como la culpa, y el deudor incumple dolosamente la obligación principal, el resarcimiento se rige por las reglas generales que gobiernan la responsabilidad civil contractual sin que pueda el acreedor, en tal caso, hacer valer la cláusula penal puesto que la misma tendrá *causa ilícita* y, por tanto, no tendrá ningún efecto (artículo, 1.157)[37].

4) El juez puede reducir la cláusula penal cuando la obligación haya sido cumplida parcialmente.

c. Reducción de la pena en caso de cumplimiento parcial de la obligación

c.1. Disposición legal

La pena puede disminuirse por la autoridad judicial, dice el artículo 1.260, cuando la obligación principal se haya ejecutado en parte.

c.2. Fundamento

El fundamento de la previsión legal radica en la *imposibilidad* legal de acumular la obligación principal y la pena. El acreedor no puede reclamar a un mismo tiempo, dice el artículo 1.258, la cosa principal y la pena, si no la hubiere estipulado por el simple retardo. El artículo 1.260 es pues una consecuencia lógica del primer aparte del artículo 1.258 del Código Civil. Si se permitiera al acreedor que recibe una parte de la prestación principal, percibir la totalidad de la pena, quedaría autorizada la acumulación que impide el artículo 1.258[38].

Algunos autores fundamentan la solución legal en la idea de *causa*[39]. Ante el incumplimiento parcial de la obligación principal, la obligación de pagar la pena ha visto disminuida su causa en la misma proporción del pago parcial efectuado.

---

37 Aldo Bozzi. loc. cit.

38 G. Baudry Lacantinerie y L. Barde, ob. cit., Vol. XII, pp. 437-438; C. Demolombe, ob. cit., Tome XXVI, p. 587; F. Laurent, ob. cit., Tomo XVII, pp. 486-487; Aldo Bozzi, ob. cit., pp. 230-232; Cesare Luigi Gasca, ob. cit., Vol. I, p. 904.

39 Jorge Peirano Facio, ob. cit., pp. 245-246.

Según otros, la reducción de la pena en esta hipótesis encuentra su fundamento en la teoría del *enriquecimiento sin causa*: si al acreedor que acepta el pago parcial se le concediera, además, el derecho de obtener también el pago íntegro de la pena, se estaría permitiendo una doble reparación del daño, con lo cual se estaría tolerando un enriquecimiento sin causa[40].

c.3. Principios que rigen la reducción

La reducción de la pena convencional en el supuesto previsto en el artículo 1.260 del Código Civil se rige por los siguientes principios generales:

c.3.1. La reducción solo procede en caso de cumplimiento parcial

Nuestro Código Civil al igual que los Códigos Civiles francés de 1804 e italiano de 1865 solamente contempla la reducción judicial de la pena cuando la obligación principal se haya cumplido en parte, lo que supone la realización por el deudor de actos de ejecución de la prestación. Por consiguiente, si el incumplimiento es total no cabe modificar la pena, aunque esta sea excesiva, o por cualquier causa mayor que los daños y perjuicios experimentados por el acreedor[41].

Pero el juez tiene la facultad de reducir la pena cuando el deudor haya realizado actos de *cumplimiento* de la prestación, sea que esta no se haya ejecutado en su totalidad (*cumplimiento parcial*), o que lo haya sido de modo imperfecto (*cumplimiento defectuoso*). En efecto, la obligación principal cuando se cumple irregularmente no se cumple en su integridad, es decir, no se cumple totalmente lo que, a los fines de lo dispuesto en el artículo 1.260, equivale a decir que se cumple

40 Luis Díez Picazo, ob. cit., Vol. II, (Las Relaciones Obligatorias), pp. 468-469. En la doctrina italiana moderna, Marini fundamenta la moderación de la pena por el juez en caso de cumplimiento parcial en "la adecuación de la sanción al comportamiento ilícito verificado en el caso concreto, siendo este cuantitativamente menos relevante que el predeterminado como condición para que se aplicara la sanción" (Annibale Marini, ob. cit., pp. 138-139).

41 Desde luego, la situación es distinta si la obligación con cláusula penal, en conjunto, constituye *un contrato usurario encubierto*, en cuyo caso será nula y no simplemente reducible la pena.

parcialmente. De ahí que tanto el cumplimiento parcial como el cumplimiento de modo o en tiempo o lugar distinto del pactado pueden dar lugar a la moderación judicial de la pena[42].

c.3.2. El cumplimiento parcial requiere la aceptación por parte del acreedor

Naturalmente, el acreedor no puede ser obligado a recibir pagos parciales (Código Civil, artículo 1.291); por consiguiente, para que sea procedente la reducción de la pena es necesario que el acreedor acepte el pago parcial[43]. El deudor no puede pues obligar al acreedor a recibir una parte de la prestación principal y una parte de la pena.

La aceptación del cumplimiento parcial no requiere una declaración de voluntad expresa, por lo que se admite una manifestación tácita de voluntad del acreedor.

Puede ocurrir que el acreedor reciba un pago parcial bajo reserva del cumplimiento total de la obligación por parte del deudor, en cuyo caso si el deudor no cumple totalmente la obligación, el acreedor puede restituir lo que recibió y exigir la totalidad de la pena, o bien aceptar la ejecución parcial y la pena disminuida por la autoridad judicial.

c.3.3. El cumplimiento parcial debe ser útil para el acreedor

La reducción de la pena presupone, en caso de ejecución parcial, que el acreedor obtenga alguna utilidad de ese modo anormal de ejecución[44]. Nuestro Código Civil no establece expresamente este requisito,

---

42 Así lo consagra expresamente el Código Civil español (art. 1.154) y el Código Civil argentino (art. 660). Para evitar confusiones conviene tener en cuenta, sin embargo, que no siempre la pena convencional estipulada para la inejecución absoluta es aplicable a los casos de cumplimiento defectuoso. Véase, en tal sentido, la decisión de la Corte de Casación francesa reseñada en la página 52 de mi libro *La Cláusula Penal en el Código Civil Venezolano* citado en la nota 3 *ut supra*. Por consiguiente, cuando la conducta realizada no encuadra dentro de la prevista por las partes para desencadenar la eficacia particular de la cláusula penal, los daños y perjuicios tienen que liquidarse de conformidad con las reglas generales que gobiernan la responsabilidad civil contractual y no aplicando la pena prevista para la inejecución absoluta, pero reducida en su monto.

43 Sentencia del 7 de marzo de 1985, en *Ramírez & Garay*, Tomo XC, pp. 160-162.

44 G. Baudry Lacantinerie y L. Barde, ob. cit., Vol. XII, p. 438; René Demogue, ob. cit., Tome VI, p. 489; Geneviève Viney y Patrice Jourdain, ob. cit., Tome VI, p. 482; Aldo Bozzi, ob. cit., p. 231; Cesare Luigi Gasca, ob. cit., Vol. I, p. 905; Emidio Pacifici-Mazzoni,

pero el mismo va implícito en la regla de acuerdo con la cual la ejecución parcial debe ser aceptada por el acreedor, pues hay que presumir que este no la aceptará si ella no le significa alguna utilidad. Así lo ha dejado establecido la jurisprudencia de nuestros tribunales[45].

Naturalmente, la utilidad que el cumplimiento parcial revista para el acreedor depende de la naturaleza del objeto de la obligación cuyo cumplimiento se asegura mediante la cláusula penal[46]. Por ejemplo, si A se obliga a trasladar a B de Caracas a Maracaibo, bajo pena de pagar una determinada cantidad de dinero si no lo hiciere, esta pena no debe reducirse si se limita a llevar a B hasta una localidad donde este no tuvo acceso a otros medios de transporte; o si A se compromete frente a B a pintar un cuadro bajo pena de que si no lo hace pagará una cantidad de dinero, si le entrega el cuadro sin terminar, puesto que el cumplimiento parcial en estos casos no le fue útil al acreedor. En cambio, si A se compromete a entregar a B la casa vendida con todas sus pertenencias y accesorios, el haber hecho la tradición de la casa sin algunos accesorios bien puede suponer una utilidad para el acreedor que autorice la reducción judicial de la pena.

Todo depende, en definitiva, de la utilidad que el pago parcial le reporte al acreedor lo que deberá apreciar el juez según las circunstancias del caso.

c.3.4. La reducción se aplica tanto a las cláusulas penales compensatorias como a las moratorias

La ley al indicar que la obligación principal *se haya ejecutado en parte* no consagra ninguna distinción entre el caso de retardo en

---

Istituzioni di Diritto Civile Italiano, Vol. V, Florencia, 1873, p. 85; Ludwig Enneccerus y Henrich Lehmann, "Derecho de obligaciones" (Primera Parte. Doctrina General), en Ludwig Enneccerus, KIPP, Theodor y Martín Wolf, *Tratado de Derecho Civil*, Tomo II, Vol. I, Traducción española con anotaciones de Blas Pérez González y José Alguer, Bosch, Casa Editorial. Barcelona, 1954, p. 190; Aníbal Dominici, ob. cit., Tomo II, p. 730; Luis Sanojo, *Instituciones de Derecho Civil Venezolano*, Tomo II, Imprenta Nacional, Caracas, 1873, pp. 103-104.

45 Sentencia del 7 de marzo de 1985, en *Ramírez & Garay*, Tomo XC, p. 161. Por lo demás, la ejecución parcial que no revista utilidad alguna para el acreedor equivale a inejecución total. Al respecto, véase: Aldo Bozzi, ob. cit., p. 231.

46 Raymundo M. Salvat, *Tratado de Derecho Civil Argentino*, (Obligaciones en General), Buenos Aires, 1941, p. 113.

la ejecución y el de incumplimiento definitivo. Por lo cual, no hay razón para negar que la pena pueda ser disminuida aun cuando haya sido prevista solamente para el caso de simple retardo[47]. Por ejemplo, si A se obliga a entregar quinientas toneladas de arroz el primero de abril y se establece que en caso de que no se cumpla la obligación en la fecha estipulada, pagará en concepto de cláusula penal la cantidad de mil bolívares diarios. Si A entrega doscientas cincuenta toneladas de arroz en la fecha prevista y las doscientas cincuenta restantes el 10 de abril, en razón de la ejecución parcial cabe la reducción de la pena estipulada para el caso de retardo.

Ni siquiera es necesario decir, puesto que es evidente, que si la pena moratoria consiste en el pago de una cantidad de dinero por cada día o mes de retraso, si no se produce un pago parcial aceptado por el acreedor dentro del plazo estipulado para la exigibilidad de la pena, dicha pena no podría moderarse; de producirse el retraso por cada día o mes, se debería pagar totalmente la pena, es decir, se debería la cantidad pactada por ese período de tiempo Así, retomando el ejemplo anterior, si A se compromete a entregar cien toneladas de arroz el primero de abril y se establece que en caso de que no cumpla la obligación en la fecha prevista pagará por concepto de cláusula penal la cantidad de mil bolívares diarios. Si A entrega las cien toneladas de arroz el diez de abril, no habría lugar al cumplimiento parcial. Los diez días pasaron y por tanto se debe la pena completa correspondiente a esos diez días. Pero si se conviene en que la entrega debe hacerse el día primero de abril y se estipula una pena de mil bolívares diarios por cada mes de retraso en la entrega, si A entrega las quinientas toneladas de arroz el día diez de abril, el mes no pasó y por consiguiente no debería computarse, ni hacerse exigible la cláusula penal.

---

47 Giorgio De Nova, Voz "Clausola Penale", en *Digesto delle Discipline Privatistiche (Diritto Civile)*, Vol. II, Unione Tipografico – Editrice Torinese, Turín, 1988, pp. 377 y 381-383, especialmente, la nota 69 y la jurisprudencia de la Casación Italiana allí citada. En contra, en la doctrina española: Mª Ramón Roca Sastre y José Puig Brutau, "La cláusula penal en las obligaciones contractuales", en *Estudios de Derecho Privado,* Vol. I, (Obligaciones y Contratos), Editorial Revista de Derecho Privado, Madrid, 1940, pp. 284-285; Ana María Sanz Viola, *La Cláusula Penal en el Código Civil*, José María Bosch Editor. Barcelona, 1994, pp. 87-88.

c.3.5. Solo procede cuando la ejecución parcial se realiza antes de la mora del deudor

Para que la autoridad judicial acuerde la reducción de la pena es necesario que la obligación principal se haya ejecutado en parte antes de que el deudor haya incurrido en mora. Una vez que el deudor cae en mora, el acreedor adquiere el derecho a exigir la totalidad de la pena[48].

c.3.6. La reducción de la pena en caso de ejecución parcial no procede si así lo han convenido las partes

El artículo 1.260 del Código Civil no es una norma de orden público. Por consiguiente, las partes pueden perfectamente convenir que el cumplimiento parcial o irregular no priva al acreedor del derecho de exigir el pago íntegro de la pena[49]. La reducción judicial de la pena contemplada en el artículo 1.260 no es pues procedente cuando por acuerdo de las partes se haya establecido que pese a ser el incumplimiento solo parcial, se deberá la totalidad de la pena[50]. Por tanto, aun mediando la ejecución parcial de la obligación principal, no podrá la autoridad judicial reducir la pena estipulada cuando las partes hayan pactado la cláusula penal para garantizar la ejecución puntual y completa de la prestación principal de modo que el más mínimo incumplimiento baste para hacer incurrir al deudor en la totalidad de la pena.

---

48 Aldo Bozzi, ob. cit., p. 231; Giuseppe Piola, ob. cit., p. 372; Francisco Ricci, ob. cit., Tomo XIII, p. 287.

49 La solución legal es distinta en Francia. El artículo 1.231 del Código Civil francés modificado por la Ley Nº 75-597 del 7 de julio de 1975 establece que toda estipulación en contrario se tendrá por no escrita.

50 Esa fue la posición tradicional de la doctrina francesa antes de la reforma del artículo 1.231 del Código Civil. Al respecto, véase: René Demogue, loc. cit.; G. Baudry-Lacantinerie y L. Barde, ob. cit., Vol. XII, p. 439; Marcelo Planiol y Jorge Ripert, ob. cit., Tomo VII, p. 184, especialmente, la nota 3 y la jurisprudencia francesa allí citada. En el mismo sentido para la doctrina del Código italiano de 1865, véase: Cesare Luigi Gasca, ob. cit., Vol. I, pp. 905-906. Para la doctrina del Código vigente, en el mismo sentido expuesto en el texto, véase: Andrea Magazzù, ob. cit., § 7. Sin embargo en contra, Mirabelli afirma que el artículo 1.384 del *Codice* que contempla la reducción judicial de la pena es de carácter imperativo (Giuseppe Mirabelli: "Delle obbligazioni – Dei contratti in generale", en *Commentari del Codice Civile*, U.T.E.T., Turín, 1980, p. 262), posición que coincide con la de De Nova (Giorgio De Nova, ob. cit., p. 381).

Del mismo modo, como la obligación indivisible no es susceptible de cumplimiento parcial por la naturaleza de su objeto o por determinación de las partes, en caso de indivisibilidad legal o convencional del objeto del contrato, se admite que tampoco es procedente la moderación de la pena convenida[51].

La voluntad de las partes de exigir la totalidad de la pena aun en caso de cumplimiento parcial debe presumirse cuando ellas han pactado una pena indivisible, como por ejemplo, la entrega de un cuerpo cierto[52].

c.3.7. La reducción de la pena debe ser solicitada por el deudor

El juez no puede aplicar de oficio la reducción. Solo puede declararla a solicitud del deudor (arg.: *ex* art. 11 del Código de Procedimiento Civil). Lo contrario atentaría contra la garantía constitucional del debido proceso y el derecho a la defensa del acreedor. La reducción de la pena, ya lo hemos dicho, solo es procedente si se cumplen determinados requisitos, entre ellos el de la aceptación del pago parcial por parte del acreedor. Si el juez pudiera declarar de oficio la reducción de la pena, el acreedor se colocaría en una situación de indefensión al impedírsele demostrar los hechos impeditivos de dicha reducción.

Además, la revisión de oficio de la pena colide con el principio según el cual la facultad judicial de revisión es excepcional lo que le impide al juzgador intervenir en la relación obligatoria, en este caso incluso novándola, si no hay petición de parte en ese sentido[53].

---

51 Giles Paisant, "Dix annes d'application de la reforme des articles 1152 et 1231 du Code civil: 1975-1985", en *Revue Trimestrielle de Droit civil,* 1985, p. 132; Aldo Bozzi, ob. cit., p. 232; Cesare Luigi Gasca, ob. cit., Vol. I, p. 905.

52 Aída Kemelmajer De Carlucci, ob. cit., p. 97; Jesús María Lobato De Blas, ob. cit., p. 184. La doctrina y la jurisprudencia francesa anterior a la reforma del artículo 1.231 del Código Civil mediante la Ley del 9 de julio de 1975 se orientó en el mismo sentido. Al respecto, véase: François Terré, Philippe Simler e Yves Lequette, ob. cit., p. 619, especialmente, las notas 5 y 6 y la jurisprudencia francesa allí citada. En la doctrina nacional, en el mismo sentido expuesto en el texto, véase: Aníbal Dominici, ob. cit., Tomo II, pp. 729-730.

53 La doctrina italiana bajo el *Codice* de 1942 sostiene igualmente que la reducción judicial de la pena solo es procedente si la solicita el deudor. Al respecto, véase: Giorgio De Nova, ob. cit., p. 381, especialmente, la nota 67 y la jurisprudencia de la Casación italiana allí

c.3.8. La autoridad judicial tiene la facultad, pero no el deber de reducir la pena

El juez no está obligado a acoger la solicitud de reducción de la pena que le formule el deudor[54]. La pena, dice el artículo 1.260, puede disminuirse por la autoridad judicial cuando la obligación principal se haya ejecutado en parte. Esta disposición dice *puede,* no dice *debe*. Consagra pues una facultad pero no una obligación judicial[55]. Se trata pues de un simple poder discrecional del juez al cual corresponde un mero interés y no un derecho subjetivo del deudor, quien en caso de ejecución parcial se encuentra siempre en un supuesto de contravención, puesto que las obligaciones deben cumplirse exactamente como han sido contraídas (artículo 1.264)[56].

Por consiguiente, *por lo que al Derecho venezolano concierne*, el deudor no tiene un derecho a la reducción de la pena en caso de ejecución parcial[57]. Cualquier otra interpretación colide con el texto de la ley. Así el juez podrá negar la reducción solicitada cuando la ejecución parcial resulte inútil para el acreedor o cuando la pena sea indivisible,

citada; Andrea Magazzù, ob. cit., § 7. No obstante, en fecha más reciente, la Casación italiana ha modificado su posición al respecto admitiendo la revisión judicial de oficio de la pena y su consiguiente reducción. Al respecto, véase: Francesco Galgano, *Il Contratto*. Cedam, Padua, 2007, p. 509, especialmente, la nota 45 y la jurisprudencia de la Casación italiana allí citada.

54 Desde luego, como la facultad de reducir la pena cuando la obligación principal haya sido ejecutada parcialmente corresponde exclusivamente a la autoridad judicial, no puede el deudor pretender liberarse ofreciendo el cumplimiento parcial de la obligación principal y el pago de una parte de la pena.

55 La solución legal es distinta en España y en Argentina. El artículo 1.154 del Código Civil español dice "el juez modificará equitativamente la pena cuando la obligación principal hubiera sido en parte o irregularmente cumplida por el deudor". Los términos en que está redactada esta disposición "el juez modificará" excluyen el arbitrio judicial en esta cuestión, que queda reducido solo a la cuantía de la moderación. Diego Espín Cánovas, ob. cit., p. 166. El artículo 660 del Código Civil argentino establece que "si el deudor cumple solo una parte de la obligación, o la cumple de un modo irregular, o fuera del lugar o del tiempo a que se obligó, y el acreedor la acepta, la pena debe disminuirse proporcionalmente…". De acuerdo con esta disposición, el juez tiene *el deber* y no la mera facultad de reducir la pena en caso de ejecución parcial o cumplimiento defectuoso de la obligación principal. Ernesto Wayar, ob. cit., Tomo II, p. 96.

56 Aldo Bozzi, ob. cit., p. 230.

57 Sentencia del 16 de diciembre de 1971, en *Gaceta Forense,* Segunda Etapa, N° 74, pp. 501-502.

o cuando las partes hayan convenido, expresa o tácitamente, en que el más mínimo incumplimiento haría procedente el pago total de la pena o, en general, cuando por un motivo u otro, el juez obrando racionalmente según su prudente arbitrio apreciando todas las circunstancias del caso estime improcedente la disminución de la pena.

c.3.9. El juez tiene un poder discrecional para determinar la cuantía de la reducción

La autoridad judicial no solamente tiene el poder discrecional para *reducir*[58] o no la pena sino que puede, además, establecer las bases con arreglo a las cuales efectuar dicha reducción.

Naturalmente si las partes han establecido un régimen para regular la reducción de la pena, la autoridad judicial deberá respetar ese criterio[59].

En nuestro ordenamiento, en ausencia de una disposición prevista por las partes al respecto, la facultad de reducir parcialmente la pena se atribuye a los jueces sin mayores limitaciones y con la mayor amplitud[60]. El legislador ha optado por delegar la cuantía de la reducción en el órgano jurisdiccional, cuando las partes no se ponen de acuerdo. La cuestión de la reducción queda pues librada a la libre y prudente

---

58 Cabe hacer notar que la ley confiere a la autoridad judicial la facultad de *reducir* la pena. Pero la pena no puede ser suprimida totalmente porque para no imponerle al deudor el cumplimiento de la pena, este tendría que haber cumplido totalmente la prestación principal. Al respecto, véase: Aldo Bozzi, ob. cit., p. 232. Por otra parte, la reducción de la pena procede, no por el hecho de haber cumplido el deudor en parte sus obligaciones, sino por haber cumplido en parte *la obligación para la cual se estipuló la pena*. Por lo cual, si el deudor incumplió la obligación garantizada con cláusula penal, no cabe la reducción judicial de la pena, aunque haya cumplido las demás obligaciones que le imponía el contrato. Al respecto, véase: Manuel Albaladejo, ob. cit., Tomo XV, Vol. II, p. 485.

59 Jorge Peirano Facio, ob. cit., p. 246.

60 La solución legal es distinta en otros ordenamientos: El Código Civil francés establece que en caso de ejecución parcial la pena será disminuida por el Juez "en proporción al interés que la ejecución parcial ha procurado al acreedor, sin perjuicio de la aplicación del artículo 1.152". De acuerdo con el artículo 660 del Código Civil argentino derogado en 2015, en caso de ejecución parcial o cumplimiento irregular "la pena debe disminuirse proporcionalmente". El artículo 1.154 del Código Civil español dice que "en tales supuestos, el juez modificará equitativamente la pena". El artículo 1.384 del Código italiano de 1942 establece que en caso de ejecución parcial "la pena podrá disminuirse equitativamente por el juez... teniendo siempre en cuenta el interés que el acreedor tenía en el cumplimiento".

apreciación del juez[61]. Por consiguiente, de estimar procedente la disminución, la autoridad judicial reducirá la pena a los límites de lo justo, actuando conforme a la equidad (arg.: *ex* art. 23 del Código de Procedimiento Civil) para lo cual apreciará todas las circunstancias que rodeen el caso concreto sometido a su consideración.

Desde luego al aplicar la reducción los jueces deberán tomar en cuenta no solo el daño efectivamente causado sino la función de la cláusula penal[62]. En efecto, la finalidad del artículo 1.260 del Código Civil, no es reducir la pena a la cuantía de los daños y perjuicios efectivamente causados, sino fijarla en una cantidad que guarde, al menos en principio, la misma relación que la pena total con el incumplimiento total, para lo cual la autoridad judicial podrá tomar especialmente en cuenta, entre otros elementos, la mayor o menor satisfacción del interés del acreedor, el valor material de la ejecución parcial, así como la utilidad o ventaja que ella representó para el acreedor en comparación con el provecho que le habría deparado el cumplimiento total de la prestación[63]. Por lo cual, cuando el juez reduzca la pena en caso de cumplimiento parcial, no tendrá que ajustarse necesariamente a la proporción entre la

---

61 Una aplicación práctica del poder de apreciación del juez para reducir la pena puede verse en la sentencia del 7 de abril de 1964, parcialmente transcrita en *Ramírez & Garay*, Tomo IX, pp. 230-231.

62 Como lo ha dejado establecido la Casación italiana: "Al momento de fijar el monto de la reducción, el juez apreciará no tanto la prestación *in abstracto*, sino el interés que el acreedor tenía en el exacto cumplimiento de la prestación según las circunstancias, tomando en cuenta la repercusión del cumplimiento sobre el equilibro de las prestaciones correspectivas de las partes, así como la efectiva incidencia del incumplimiento sobre la situación contractual *in concreto*". (Sentencia de la Casación italiana citada por Francesco Galgano, ob. cit., p. 509, nota 45).

63 Pero, tal y como se indica en el texto, la pena no tiene que reducirse a la cuantía de los daños y perjuicios efectivamente experimentados por el acreedor. Por ejemplo, si A promete a B entregarle ocho automóviles y ochenta mil bolívares de pena si no los entrega, aunque el daño que B sufra por cada automóvil que deje de recibir sea solo de cinco mil bolívares, si A le entrega solo tres automóviles, deberá pagar cincuenta mil bolívares por concepto de cláusula penal aunque los daños únicamente sean de veinte y cinco mil bolívares. Desde luego, en virtud de que la cláusula penal tiene por objeto la reparación del daño sufrido por el acreedor, no le es dable a la autoridad judicial, en caso de ejecución parcial, reducir la pena a un monto inferior al perjuicio. Así lo ha decidido la Corte de Casación francesa. Al respecto, véase: Christian Larroumet, *Teoría General del Contrato*, Vol. II, Traducción castellana de Jorge Guerrero R., Editorial Temis S.A., Santa Fe de Bogotá, 1999, p. 131 y la jurisprudencia de la Corte de Casación francesa allí citada.

prestación prometida y la parte de esta pagada, porque aun así podría darse un resultado excesivo. Por consiguiente, si el deudor está obligado a dar cien mil bolívares y solo da cincuenta mil, la pena debe reducirse necesariamente a la mitad. En fin, la reducción judicial de la pena en caso de ejecución parcial del contrato es una facultad excepcional que debe ser ejecutada con la debida precaución[64].

Cabe hacer notar, por último, que por ser la determinación judicial de la cuantía en que debe reducirse la pena una cuestión reservada a la apreciación equitativa de los jueces de instancia, ella no es revisable en casación[65], aunque sí lo sea la calificación de si el incumplimiento fue total o parcial, así como la cuestión de si realmente hubo o no incumplimiento.

c.3.10. Protección especial del comprador en algunos contratos de venta a plazos

Por último, en los contratos de venta a plazos cuando se pacta que el precio se pagará por cuotas, a veces las partes convienen en que resuelto el contrato las cuotas pagadas o determinado porcentaje de estas queden en beneficio del vendedor a título de daños y perjuicios (cláusula penal). Pues bien en algunos casos el legislador en protección de la parte más débil del contrato establece que el juez, según las circunstancias, podrá reducir la indemnización convenida si el comprador ha pagado ya más de una cuarta parte del precio total (ejecución parcial)[66].

d. La cláusula penal insuficiente

Como indicamos poco antes, en Venezuela rige el principio de la inmutabilidad absoluta de la cláusula penal, exceptuando únicamente la facultad que se concede a la autoridad judicial para *reducir* el monto de la pena en caso de ejecución parcial del contrato.

---

64 Michele Trimarchi, ob. cit., pp. 138 y 146; Andrea Zoppini, *La Pena Contrattuale,* Giuffré Editore, Milán, 1991, ob. cit., pp. 262 y ss.

65 Sentencia del 16 de diciembre de 1971, en *Gaceta Forense*, Segunda Etapa, Nº 74, pp. 501-502.

66 Por ejemplo, en los artículos 14 de la Ley sobre Ventas con Reserva de Dominio, 35 y 36 de la Ley de Propiedad Horizontal y 17 de la Ley de Venta de Parcelas.

Nuestra legislación no contempla la posibilidad de aumentar judicialmente la cláusula penal en ningún caso. Por consiguiente, la autoridad judicial no puede incrementar el monto de la pena cuya cuantía resulte irrisoria o insuficiente para compensar al acreedor los daños y perjuicios efectivamente sufridos. La cláusula penal, dice el artículo 1.258, es la compensación de los daños y perjuicios causados por la inejecución de la obligación principal. Y según el artículo 1.276, cuando la determinación de los daños y perjuicios se hace bajo la fórmula de cláusula penal no puede el acreedor pedir ni la autoridad judicial acordar una cantidad mayor de la estipulada en la cláusula penal.

No obstante, si se tiene en cuenta que cuando se estipula una pena insuficiente, se produce en fin de cuentas una limitación de la responsabilidad, hay que concluir que la cláusula penal solo será válida en la medida en que esta lo sea[67]. En los supuestos en los cuales no se admite la validez de las cláusulas limitativas de la responsabilidad civil, el acreedor tiene derecho a la reparación integral del daño experimentado y el deudor no podrá invocar la cláusula penal para limitar su responsabilidad[68].

Tampoco está facultada la autoridad judicial para reajustar la cláusula penal para aumentar la indemnización pactada como consecuencia

67 En caso contrario, como afirman Mazeaud y Tunc, "sería fácil eludir las disposiciones que anulan esas cláusulas limitativas. En lugar de fijar en el contrato un máximo lo cual sería un cláusula nula de responsabilidad limitada, bastaría con indicar un tanto alzado sumamente reducido, lo cual sería una cláusula penal válida". (Henri Mazeaud, Léon Mazeaud y André Tunc, ob. cit., Tomo III, Vol. II, p. 136). En el mismo sentido, véase: Gabriel Marty y Pierre Raynaud, ob. cit., Tome II, Vol. I, p. 592, especialmente, las notas 3 y 4 y la jurisprudencia de los tribunales franceses allí citada; Georges Ripert, y Jean Boulanger, *Tratado de Derecho Civil según el Tratado de Planiol*, Traducción castellana de Delia García, Daireaux, Tomo IV, Buenos Aires, 1964, p. 497.

68 La Casación francesa, en el mismo sentido indicado en el texto, en sentencias dictadas con anterioridad y con posterioridad a la reforma del artículo 1.152 del Código Civil francés, no ha vacilado en asimilar la cláusula penal a las cláusulas limitativas de responsabilidad civil para excluir su validez en caso de incumplimiento doloso de la obligación principal. Al respecto, véase: Geneviève Viney y Patrice Jourdain, ob. cit., Tome VI, p. 466, especialmente, las notas 163, 164 y 165, y la jurisprudencia francesa allí citada. Un sector de la doctrina excluye la validez de la cláusula penal cuando el incumplimiento de la obligación principal obedece a la culpa grave del deudor, aplicando la máxima *culpa lata dolo aequiparatur* (Geneviève Viney y Patrice Jourdain, *Ídem*). No obstante, Mazeaud pone en duda esta equiparación (Denis Mazeaud, ob. cit., pp. 332-339).

de la *depreciación monetaria*. El acreedor no tiene pues derecho a que la suma adeudada por concepto de cláusula penal sea actualizada en razón de la ulterior depreciación de la moneda. El artículo 1.276 es absolutamente claro y no admite ninguna indemnización mayor en favor del acreedor. Cualquier otra interpretación colide con el texto de la ley[69].

Por lo expuesto anteriormente, si las partes desean que el monto de la cláusula penal que consista en el pago de una determinada cantidad de dinero se reajuste porque el mismo pueda hacerse insuficiente por efecto de la depreciación monetaria, deben acordar la corrección de la pena por medio de la estipulación de una cláusula de valor.

e. Conclusión

El artículo 1.260 del Código Civil venezolano prevé que la autoridad judicial puede disminuir la cláusula penal solamente en un supuesto muy concreto, a saber, cuando la obligación principal se haya ejecutado en parte. La solución legal es distinta en otros ordenamientos cuyas legislaciones permiten al juez modificar la cláusula penal cuando su monto sea manifiestamente excesivo (o incluso, en algunos casos, irrisorio) en atención a un criterio de equidad[70]. De ahí que *por lo que al Derecho venezolano concierne*, en atención al principio de la intangibilidad del

---

69 En el mismo sentido expuesto en el texto, véase: Sentencia del 12 de marzo de 1999, en *Ramírez & Garay*, Vol. CLII, pp. 45-46. Estamos de acuerdo con el criterio de esta decisión no solo por las razones indicadas en el texto sino, además, porque cuando se estipula una cláusula penal, su pago no corresponde a un precio que deba pagarse por algo que haya salido del patrimonio del acreedor, sino que se realiza a título de una indemnización de los daños y perjuicios prefijada por las partes. Cabe hacer notar, sin embargo, que la jurisprudencia más reciente de nuestros tribunales se ha orientado en otra dirección y admite la indexación judicial de la cláusula penal. Al respecto, véase: Sentencia de la Sala Político Administrativa del Tribunal Supremo de Justicia del 30 de junio de 2008 con ponencia de la Magistrada Evelyn Marreno Ortiz, caso *Babcock de Venezuela C.A. vs. CVG Siderúrgica del Orinoco C.A. (SIDOR)*. Disponible en: http://www.tsj.gov.ve/decisiones/spa/julio/00881-30708-2008-1997-14259.html y Sentencia de la Sala de Casación Civil del Tribunal Supremo de Justicia del 3 de mayo de 2005 con ponencia de la Magistrada Isbelia Pérez de Caballero, caso *Jasmín Alcalá vs. Marysabel Sánchez*. Disponible en: http://www.tsj.gov.ve/decisiones/scc/mayo/rc-00201-030505-02829.html. Para un examen crítico de estos recientes fallos, véase lo que exponemos en la Sección 3g) del Capítulo VIII de mi trabajo *La Cláusula Penal en el Código Civil Venezolano* citado en la nota 3 *ut supra*.

70 Al respecto, véase: Código Civil francés, artículo 1.152; Código Civil italiano, artículo 1.394; Código Civil alemán, § 344; Código suizo de las Obligaciones, artículo, 163.

contrato, la cláusula penal no puede ser modificada en su monto por el juez salvo en el supuesto de que la prestación principal haya sido parcialmente cumplida, o cuando las partes hayan contemplado esa posibilidad. Cualquier otra interpretación es contraria al texto de la ley. La doctrina nacional es conteste al respecto[71].

IV. FUNCIONES DE LA CLÁUSULA PENAL

De acuerdo con la doctrina moderna, la cláusula penal cumple principalmente dos funciones: una función compulsiva y una función indemnizatoria.

1. Función compulsiva

La cláusula penal constriñe sicológicamente al deudor al pago de la obligación principal por el temor de ver agravada su responsabilidad en caso de incumplimiento. Es pues un recurso compulsivo diseñado para obligar al deudor a cumplir con lo convenido puesto que él sabe que si no cumple tendrá que satisfacer la pena que suele ser más gravosa que la obligación contraída[72]. La cláusula penal suele tener influencia

---

71 En tal sentido, véase: Rafael Bernad Mainar, ob. cit., Tomo II, p. 252; Eloy Maduro Luyando y Emilio Pittier Sucre, ob. cit., Tomo II, p. 940; José Mélich-Orsini, ob. cit., pp. 572-574.

72 Cabe hacer notar, sin embargo, que a pesar de que la cláusula penal supone siempre alguna desventaja o perjuicio para el deudor, esto no quiere decir que desempeñe una *función punitiva* o represiva, ya que el Derecho moderno no admite las penas privadas y el *ius puniendi* queda reservado al Estado. Al respecto, véase: Aldo Bozzi, ob. cit., p. 211. Como indicamos poco antes, la pena que estudiamos en este trabajo no es una auténtica pena privada sino más bien una sanción en el sentido de consecuencia del incumplimiento. Como afirma Alpa, en la doctrina italiana, el carácter sancionatorio de la cláusula penal "se pone de manifiesto no tanto por su carácter aflictivo (característica propia de las penas impuestas por el Estado), esto es, por el mal que viene a sufrir el deudor incumpliente, sino más bien por la ventaja que le reporta al acreedor su función total e inexorablemente satisfactiva: Este tendrá efectivamente derecho a la prestación que conforma el objeto de la cláusula penal aun cuando el incumplimiento no le haya causado daño alguno" (Guido Alpa, *Corso di Diritto Contrattuale*, Cedam, Padua, 2006, p. 566). Tampoco es, huelga decirlo, penal porque tenga que ver con la jurisdicción penal o con la libertad del deudor, procediendo el adjetivo empleado más bien de residuos históricos que enlazan, como afirma Kunt, con la *stipulatio poenae* del Derecho romano y con las penas privadas de carácter pecuniario (Kunt citado por José Miguel Rodríguez Tapia, "Sobre la Cláusula Penal en el Código Civil", en *Anuario de Derecho Civil*, Tomo XLVI, Fascículo I, Madrid, 1993, p. 526).

decisiva para que el deudor cumpla con la prestación, toda vez que esta le resultará menos onerosa que el pago de aquella. Su finalidad es pues reforzar el vínculo contractual y estimular al deudor al cumplimiento de la prestación principal, toda vez que la cláusula penal le resultará más onerosa si optare por no cumplir[73].

Cabe hacer notar, sin embargo, que si el monto de la pena estipulada es inferior al de la prestación prometida, la cláusula penal podría no representar un estímulo eficaz para el cumplimiento de la obligación principal[74]. No obstante, aún en esta hipótesis, si no existiera la cláusula penal el deudor podría más fácilmente eludir la condena de los daños y perjuicios y, además, se libera al acreedor de la prueba de la existencia de los daños y de su cuantía[75].

2. Función indemnizatoria

La cláusula penal tiene una función indemnizatoria puesto que fija y determina, por anticipado, los daños y perjuicios que deberán pagarse al acreedor en caso de inejecución o retardo, con lo cual se evita toda discusión ulterior relativa a la existencia de los daños y su cuantía. Sirve pues para dar una cifra sobre el monto de los daños y

---

73 René Demogue, ob. cit., Tome VI, p. 480; C. Demolombe, ob. cit., Vol. XXVI, pp. 564-565; Jean Carbonnier, *Derecho* Civil, Tomo II, Vol. II, (El Derecho de las Obligaciones y la Situación Contractual), Traducción española de Manuel Mª Zorrilla Ruiz, Editorial Bosch, Barcelona, 1971, pp. 629-630; Philippe Malaurie, Laurent Aynès y Philippe Stoffel-Munck, *Les Obligations*, Defrénois, París, 2005, p. 529; Gabriel Marty y Pierre Raynaud, ob. cit., Tome II, Premier volumen, p. 591; Denis Mazeaud, ob. cit., pp. 85-87; Geneviève Viney y Patrice Jourdain, ob. cit., Tome VI, p. 442; Jorge Giorgi, ob. cit., Tomo IV, pp. 472-473; Nicola Stolfi, ob. cit., Vol. III, p. 235; Andrea Torrente, *Manuale di Diritto Privato*, Milán, 2007, p. 413; Michele Trimarchi, ob. cit., pp. 7 y ss.; Andrea Magazzù, loc. cit.; Alberto Trabucchi, *Istituzioni di Diritto Civile,* Cedam, Padua, 2005, p. 735.

74 Adriano De Cupis, *El Daño* (Teoría general de la responsabilidad civil), Traducción castellana de Ángel Martínez Sarrión, Bosch Casa Editorial, S.A. Barcelona, 1975, p. 505; Giorgio De Nova: ob. cit., p. 379.

75 Como afirma Bianca "por su *relativa* independencia del daño, la cláusula penal le permite al acreedor evitar la incertidumbre de la cuantía en que se cifrará la indemnización de los daños y perjuicios, obviar las dificultades en la demostración de su existencia o su relación de causalidad con el incumplimiento, y agilizar el procedimiento para la ejecución forzosa fijando una cantidad que ha quedado (en mayor o menor medida) desligada de los daños reales que se puedan producir" (M. Bianca, *Diritto Civile*, Vol. V, La Responsabilità, Milán, 1994, pp. 221-222).

perjuicios, evitando discusiones futuras para determinar la cuantía de los mismos[76]. En fin, la cláusula penal comporta una determinación y liquidación preventiva efectuada por las partes de los daños y perjuicios que el incumplimiento de la obligación cause al acreedor[77].

Cabe hacer notar, sin embargo, que si bien la cláusula penal evita toda discusión relativa a la prueba de la existencia del daño y su monto, sería un error considerarla como una indemnización propiamente dicha, puesto que no se requiere que la cantidad fijada convencionalmente por las partes coincida con los daños y perjuicios realmente experimentados por el acreedor; además, normalmente se fijan estos daños por un monto superior a los daños previsibles y resarcibles según las disposiciones del Código Civil. Por lo cual, al no guardar relación con la existencia ni con la cuantía de los daños y perjuicios, la indemnización que la cláusula penal implica suele ser ficticia y arbitraria. De ahí que, en definitiva, solo resulta adecuado hablar de una función indemnizatoria de la cláusula penal en un sentido amplio en cuanto persigue *resarcir* al acreedor de los daños y perjuicios causados por el incumplimiento[78].

---

76 Ambrosio Colin y Henri Capitant, *Curso Elemental de Derecho Civil*, Tomo III, Traducción castellana por la redacción de la Revista General de Legislación y Jurisprudencia, Instituto Editorial Reus, Madrid, 1960, p. 50; Gabriel Marty y Pierre Raynaud, loc. cit.; Georges Ripert y Jean Boulanger, ob. cit., Tomo IV, pp. 495-496; F. Laurent, ob. cit., Tomo XVII, pp. 455-456; Henri De Page, ob. cit., Tome III, (Les Obligations - Seconde Partie), p. 148.

77 Cabe hacer notar que en la doctrina italiana Trimarchi considera inadecuado el uso del término *liquidación* de los daños y perjuicios puesto que la cantidad fijada como monto de la pena no es líquida; por lo cual, mal puede hablarse de *preventiva liquidación del daño* porque puede ocurrir que la obligación de indemnizar daños y perjuicios no llegue a existir como, por ejemplo, en caso de incumplimiento no imputable al deudor, y si no es ni siquiera cierta la obligación, falta la posibilidad de que la misma sea líquida; pero adicionalmente, es posible la reducción de la pena en caso de ejecución parcial (artículo 1.260), con lo cual la cantidad acordada no es ya la que procede pagar (Michele Trimarchi, ob. cit., pp. 53-54). Ciertamente, hablar de una liquidación preventiva de los daños y perjuicios es impropio puesto que la liquidación de los daños, al menos jurídicamente, va unida a un momento posterior a la producción del daño. Por ello nos parece más correcto caracterizar esta función de la cláusula penal como estimativa del daño o de previa determinación del daño, tal como lo hacemos en el texto. Cuando se dice que la cláusula penal constituye un mecanismo de *liquidación* preventiva del daño, no se está utilizando el término en su sentido técnico, sino más bien en su acepción en el lenguaje vulgar.

78 Cesare Luigi Gasca, ob. cit., Vol. I, p. 899; Guillermo A. Borda, ob. cit., Tomo I, pp. 212-213; Jorge Bustamante Alsina, *Teoría General de la Responsabilidad Civil*, Abeledo-Perrot, Buenos Aires, 1986, p. 162.

Algunos autores han extremado la función compulsiva de la cláusula penal subestimando su función indemnizatoria[79]. Otros autores, en cambio, soslayan el aspecto compulsivo de la cláusula penal y se atienen principalmente a su función indemnizatoria[80].

Nosotros adherimos al criterio predominante en la doctrina moderna según el cual la cláusula penal cumple ambas funciones: es conminatoria y, además, indemnizatoria[81]. La cláusula penal no solo tiene por finalidad asegurar el cumplimiento de una obligación sino que, además, tiene la función de prefijar anticipadamente los daños y perjuicios derivados del incumplimiento de la prestación principal[82].

---

79 De Ruggiero llega a sostener, en ese sentido, que la cláusula penal tiene una única finalidad y una única función, que es la de reforzar el vínculo, suministrado al acreedor un medio de eficacia más intenso que la simple acción encaminada a la prestación. La liquidación anticipada del daño sería un aspecto accidental y de importancia secundaria. (Roberto De Ruggiero, *Instituciones de Derecho Civil,* Tomo II, Traducción castellana de Ramón Serrano Suñer y José Santa-Cruz Teijeiro, Instituto Editorial Reus, Madrid, *s.d.*, p. 158-159). En el mismo sentido, en la doctrina clásica francesa, C. Demolombe, ob. cit., Vol. XXVI, pp. 564-565. En la doctrina francesa moderna, en la misma dirección, Denis Mazeaud afirma que "solo aquellas cláusulas que revisten un carácter preventivo, disuasivo y compulsivo de modo que constituyan una amenaza que garantice el cumplimiento de la obligación principal por parte del deudor pueden ser calificadas como cláusulas penales." (Denis Mazeaud, ob. cit., p. 86).

80 En tal sentido, en la doctrina francesa y belga, véase: Marcel Planiol, *Traité Élémentaire de Droit Civil,* Tome II, París, 1926, pp. 99-100; Georges Ripert y Jean Boulanger, loc. cit.; F. Laurent, loc. cit. En la doctrina italiana, Adriano De Cupis, ob. cit., p. 506.

81 Al respecto, véase: Louis Josserand, *Derecho Civil,* Tomo II, Vol. I (Teoría General de las Obligaciones), Traducción castellana de Santiago Cunchillos y Manterola, Bosch y Cia Editores, Buenos Aires, 1950, pp. 522-523; Jacques Flour, Jean-Luc Aubert y Éric Savaux, ob. cit., Vol. III, p. 177; Philippe Malaurie, Laurent Aynès y Philippe Stoffel-Munck, loc. cit.; Guido Alpa, loc. cit.; Andrea Zoppini, ob. cit., pp. 105-113 y 184-188; Juan Gómez Calero, *Contratos Mercantiles con Cláusula Penal,* Editorial Civitas, Madrid, 1983, pp. 28-29; Aída Kemelmajer De Carlucci, ob. cit., p. 7.

82 Al respecto, en la doctrina italiana, véase: Giuseppe Mirabelli, ob. cit., p. 335. En el mismo sentido Barassi afirma que no puede explicarse la cláusula penal por su solo carácter compulsivo o indemnizatorio, sino por ambos, que ponen de manifiesto la fisonomía de la institución. De ahí que, excepcionalmente, pueda desaparecer uno u otro rasgo característico de la cláusula penal, sin que ella resulte por ello completamente desvirtuada (Ludovico Barassi, *La Teoria Generale delle Obbligazioni*, Vol. III, Giuffrè Editore, Milán, 1948, p. 480). Siguiendo la misma orientación, Alpa expresa que "ambas funciones de la cláusula penal –la resarcitoria y la sancionatoria– son perfectamente conciliables y actúan en un mismo plano puesto que tal como lo ha dejado establecido la Casación italiana en sentencia de fecha 20 de julio de 2000, al pactar una cláusula penal los contratantes disciplinan los efectos del incumplimiento de modo diverso de lo previsto por la ley conviniendo en una liquidación preventiva y anticipada del daño. Pero esto no impide en modo alguno

Así lo ha dejado establecido la jurisprudencia de nuestros tribunales[83].

3. Funciones de la cláusula penal según el Código Civil venezolano

La cláusula penal en nuestro ordenamiento constituye una medida de reforzamiento del derecho del acreedor al resarcimiento.

La cláusula penal a que se refieren los artículos 1.259 al 1.262 y el artículo 1.276 constituye, en esencia, un negocio resarcitorio; es, como dice la ley, una garantía –en el más amplio sentido de esta expresión– de los daños y perjuicios para el caso de incumplimiento. El artículo 1.258, al referirse a la cláusula penal, la define como "la compensación de los daños y perjuicios (que experimenta el acreedor) por el incumplimiento de la obligación principal". Se trata pues de un mecanismo de "determinación (preventiva) de los daños y perjuicios" (Código Civil, artículo 1.276) que fijan las partes y que se aparta de las reglas generales que gobiernan el resarcimiento[84]. Al servir de reforzamiento indirecto del crédito y de resarcimiento de los daños y perjuicios derivados del incumplimiento culposo (carácter satisfactorio), la cláusula penal cumple una función de garantía y una función indemnizatoria[85].

---

que dicha cláusula pueda revestirse también de una función punitiva, porque su estipulación contiene una sanción por el incumplimiento consistente en una prestación que la parte incumpliente deberá realizar en beneficio del acreedor, independientemente del daño que este último experimentó" (Guido Alpa, *Corso di Diritto Contrattuale*, Cedam, Padua, 2006, p. 566 y la jurisprudencia de la Casación italiana allí citada). Zoppini, por su parte, pone de manifiesto que "a veces resulta difícil establecer una distinción clara entre la función compulsiva y la indemnizatoria de la pena; acaso el matiz cabe ponerlo así: cuanto más se independice la figura del régimen ordinario del resarcimiento, por su funcionamiento y por su cuantía, más pena será; cuanto más se vincule a la prueba de un daño que sería indemnizable en los casos ordinarios, y a una evaluación ajustada de la cuantía que se concedería, más nos aproximamos a ese espacio *propio* del pacto indemnizatorio" (Andrea Zoppini, ob. cit., pp. 240-241).

83 Sentencia del 3 de junio de 1980, en *Ramírez & Garay*, Tomo LXIX, p. 169; Sentencia del 3 de diciembre de 1963, en *Jurisprudencia de los Tribunales de la República*, Vol. XI, pp. 104-105; Sentencia del 26 de septiembre de 1955, en *Jurisprudencia de los Tribunales de la República*, Vol. IV, Tomo I, p. 228.

84 Henri Mazeaud, Léon Mazeaud, Jean Mazeaud y François Chabas, *Leçons de Droit Civil*, Tome II, Premier volume, (Obligations. Théorie Générale), Montchrestien, París, 1998, pp. 771-772; Boris Stark, *Droit Civil* (Obligations), París, 1972, pp. 394-396.

85 Francesco Messineo, *Doctrina General del Contrato*, Tomo I, Traducción castellana de R.O. Fontanarosa, S. Sentís Melendo y M. Volterra, Ediciones Ejea, Buenos Aires, 1952, pp. 218-219; Alberto Trabucchi, ob. cit., p. 735.

Las dos funciones, como se dijo, están una al lado de la otra; pero son completamente diferentes, puesto que la primera se pone de manifiesto durante la vida del negocio y con el objeto de obtener su ejecución; en cambio, la segunda presupone la inejecución y constituye un subrogado del cumplimiento (*id quod interest*)[86].

En resumidas cuentas, las principales funciones que cumple la cláusula penal en nuestro ordenamiento son reforzar el vínculo por la amenaza que supone el pago de la pena, así como servir de mecanismo de liquidación anticipada de los daños y perjuicios resarcibles en caso de que el acreedor renuncie al cumplimiento en especie de la obligación principal.

3.1. Función compulsiva

La función compulsiva de la cláusula penal en nuestro ordenamiento resulta de las siguientes consideraciones:

a) Las partes pueden pactar una *cláusula penal cumulativa* que faculte al acreedor a exigir en caso de incumplimiento de la obligación principal, además de los daños y perjuicios derivados de la inejecución, el monto de la cláusula penal en cuyo caso el acreedor, demostrando los daños y su cuantía, obtendrá además del importe de estos, la pena estipulada. Es evidente que en este caso la cláusula penal no está destinada a indemnizar sino que su finalidad es compulsiva.

b) El deudor no puede pretender liberarse ejecutando una prestación menor que la fijada en la cláusula penal, así demuestre que el incumplimiento le causó daños menores al acreedor o que no le causó daño alguno (Código Civil, artículo 1.276). De aquí se sigue que la pena no pudo tener una finalidad indemnizatoria, sino fundamentalmente la de constreñir al deudor al pago.

c) Según un sector de la doctrina, una obligación natural puede contener como accesoria una cláusula penal[87]; de aquí se sigue que la cláu-

86 Aldo Bozzi, ob. cit., p. 211.

87 Al respecto, véase: Gino Gorla, *El Contrato*, Traducción castellana de José Ferrandis Vilella, Bosch, Barcelona, 1945, p. 291; Michele Giorgianni, *La Obligación (Parte General de las Obligaciones)*, Traducción castellana de Evelio Verdera y Taells, Bosch, Barcelona, 1958, p. 44; Ernesto Wayar, ob. cit., Tomo II, p. 89. Sin embargo, la mayoría de los autores se pronuncian en contra de la posibilidad de garantizar una obligación natural mediante

sula no puede tener, en este caso, una función indemnizatoria, porque por hipótesis, la obligación principal no es coactiva, precisamente por su carácter natural.

d) De acuerdo con un sector de la doctrina, el carácter compulsivo de la cláusula penal también se pone de manifiesto por la circunstancia de que la misma puede ser establecida a favor de un tercero, en cuyo caso la función indemnizatoria de la cláusula penal aparece muy venida a menos, toda vez que el deudor es quien sufre el daño, pero el tercero es quien recibe la supuesta indemnización.

3.2. Función indemnizatoria

La *función indemnizatoria* de la cláusula penal en el Código Civil venezolano resulta de las siguientes circunstancias:

a) Según el artículo 1.258 del Código Civil la cláusula penal es la compensación de los daños y perjuicios causados por la inejecución de la obligación principal. En esta disposición se pone de relieve que la cláusula penal tiene una clara finalidad indemnizatoria.

b) De acuerdo con el artículo 1.260 del Código Civil, la autoridad judicial puede reducir el monto de la pena cuando la obligación principal se haya ejecutado en parte. Para un sector de la doctrina esta posibilidad de reducir la cláusula penal en caso de cumplimiento parcial de la obligación principal es un efecto de su carácter indemnizatorio[88].

---

una cláusula penal. Al respecto, véase: Michele Trimarchi, ob. cit., pp. 35 y 36; Andrea Magazzù, ob. cit., § 3. En la doctrina nacional, Zambrano Velasco, Maduro Luyando y Pittier Sucre afirman que la cláusula penal no tiene efecto para asegurar el cumplimiento de una obligación natural. Debido a la falta de exigibilidad de la obligación natural, en criterio de estos autores, no puede tampoco exigirse el cumplimiento de la obligación accesoria (José Alberto Zambrano Velasco, ob. cit., pp. 222-224; Eloy Maduro Luyando y Emilio Pittier Sucre, ob. cit., Tomo II, p. 939). En cambio, Mélich-Orsini parece adherir al criterio que admite esa posibilidad (José Mélich-Orsini, "La cláusula penal y sus efectos", Transcripción de conferencia dictada en el marco de las Jornadas de Derecho celebradas en Maturín en el año 2000 y publicada en *Libro Homenaje a las X Jornadas Dr. Santiago Núñez Aristimuño*, Vadell Hermanos Editores, Caracas, 2000, p. 56).

88 Al respecto, véase: Aída Kemelmajer De Carlucci, ob. cit., p. 10. A nuestro modo de ver, como esta disposición limita la posibilidad de reducción de la cláusula penal al supuesto de ejecución parcial de la obligación, ella más bien pone de manifiesto la falta de correspondencia que puede existir entre el daño y la reparación lo que, por lo demás, corrobora el artículo 1.276 del Código Civil según el cual cuando la determinación de los daños y perjuicios se hace bajo la formula de cláusula penal, no puede el acreedor pedir una

3.3. Otras funciones

De acuerdo con las circunstancias del caso, en nuestro ordenamiento la cláusula penal *puede*, además, cumplir otras funciones:

a) Una *función satisfactiva* que podría darse en aquellos casos en los cuales la cláusula penal accede a deberes de carácter moral o no patrimonial; en estos casos, puede ser el instrumento legal para convertir esos deberes no patrimoniales en obligaciones jurídicas, de modo tal que, no cumplido el deber moral y tornándose exigible la cláusula penal, su ejecución tendrá la finalidad de satisfacer al acreedor por la inejecución de aquel deber. Por ejemplo, supongamos que A se comprometa a entregar a B una carta que solo tiene para el un valor familiar. Si a esta obligación que no representa para A un interés económico, se le adjunta una cláusula penal, esta se convertiría en una obligación exigible. De la misma manera si dos personas se ponen de acuerdo para elaborar en forma conjunta apuntes de clases, bajo la pena de que si uno de ellos no trabaja o no presta la colaboración suficiente, deberá pagar al otro una determinada cantidad de dinero, este deber que no era jurídico puesto que no representaba para el acreedor un interés patrimonial, se convirtió en tal por obra de la cláusula penal[89].

---

cantidad mayor ni el deudor pretender que se le reciba una menor que la estipulada en la cláusula penal.

89 Cabe hacer notar, sin embargo, como afirma Bozzi, que "la cuestión de la patrimonialidad de la prestación no es, en realidad, lo que está en juego aquí puesto que no puede negarse a la prestación ese carácter cuando las partes por haber contemplado *in obligationem* una conducta con un contenido no patrimonial o moral, le han atribuido a esa conducta de modo indirecto o preventivo, un carácter patrimonial mediante la estipulación de una cláusula penal. Ciertamente, uno de los requisitos de la prestación es que sea valorable económicamente; de no serlo, la prestación no es válida. Ahora bien, este requisito se satisface si los contratantes por haber contemplado como objeto de la obligación un deber de contenido extrapatrimonial, le han asignado, directa o indirectamente, un valor patrimonial, lo que sucede cada vez que la prestación no teniendo un contenido patrimonial se haya convenido como contrapartida de otra que sea valorable económicamente, o cuando el acreedor para asegurarse el cumplimiento de la prestación no valorable económicamente estipula una pena para el caso de incumplimiento ya que, en tales casos, la prestación adquiere en razón de la contraprestación convenida o la pena estipulada un carácter patrimonial" (Aldo Bozzi, ob. cit., pp. 220-221). En el mismo sentido, véase: Michele Giorgianni, loc. cit. Por lo cual, tal y como se indica en el texto, además de sus funciones propias, la cláusula penal puede cumplir otras, a saber, constituir un índice de la patrimonialidad de la prestación en aquellos casos en los cuales la prestación en sí misma considerada no sea

b) Una *función probatoria* ya que el acreedor puede exigir el cumplimiento de la pena sin necesidad de probar daño alguno (arg.: *ex* art. 1.276 del Código Civil)[90]. El deudor no puede pretender liberarse de pagar la cláusula penal demostrando que no se ha producido daño alguno. De ahí que la exigibilidad de la cláusula penal haga presumir el elemento daño[91].

V. LA CLÁUSULA PENAL COMO MEDIO DE GARANTÍA DEL CRÉDITO

Sea como fuere, lo cierto es que la cláusula penal es un *medio de garantía del crédito*. La cláusula penal presenta la particularidad de ser un medio de garantía muy especial, puesto que no requiere la intervención de terceros ni la constitución de ningún derecho real para asegurar el cumplimiento de la obligación.

Bien sabido es que un derecho de crédito puede ser garantizado por diferentes medios: por la intervención de un tercero que se comprometa al cumplimiento de la obligación en determinadas circunstancias (fianza), o por la constitución de un derecho de naturaleza real sobre una cosa en forma de prenda o hipoteca que le otorgue al acreedor el derecho de perseguir en manos de los terceros el bien dado en garantía y obtener sobre su valor la satisfacción de su crédito. Pero bien sea una garantía personal o real, el deudor necesita disponer de una cosa o recurrir a un tercero para poder ofrecer al acreedor una garantía del cumplimiento de su obligación. Ahora bien, es posible que el deudor no quiera o no pueda emplear ninguno de estos medios para asegurar el crédito,

---

valorable económicamente. Reconocemos, sin embargo, que la cuestión no está exenta de discusión por parte de la doctrina. Al respecto lo que exponemos en la nota 87 *ut supra*.

90 Al respecto, véase: Sentencia del 30 de julio de 1997, en *Ramírez & Garay*, Tomo CXLIV, pp. 37-38; Sentencia del 3 de marzo de 1982, en *Ramírez & Garay*, Tomo LXIX, p. 169; Sentencia del 8 de febrero de 1979, en *Ramírez & Garay*, Tomo LXIV, p. 185.

91 François Terré, Philippe Simler e Yves Lequette, ob. cit., p. 616; Henri De Page, ob. cit., Tome III (Seconde Partie), p. 153. Un sector de la doctrina clásica italiana considera, en ese sentido, a la cláusula penal como un pacto relativo a la carga de la prueba. Al respecto, véase: Antonio Butera, *Codice Civile Italiano, Obbligazioni*, Vol. I, Turín, 1943, p. 353; M. Ghirón, "Della Clausola Penale e della Caparra", en *Commentario del Codice Civile* (Obbligazioni), Vol. I, a cura di D'Amello e Finzi, Florencia, 1948, pp. 537-538.

y entonces para reforzar el derecho de su acreedor puede obligarse por un nuevo vínculo jurídico a satisfacer una prestación en caso de incumplimiento de su obligación. Esta obligación accesoria establecida en garantía de la primera es precisamente la cláusula penal. De ahí que la misma sirva como mecanismo de refuerzo del crédito[92].

Conviene tener en cuenta que aunque la cláusula penal cumple una *función de garantía*, no atribuye al acreedor un derecho real de garantía[93]. Desde luego, nos referimos aquí a la noción de *garantía* en sentido muy amplio para incluir cualquier modalidad de protección del crédito convenida por las partes que otorgue al acreedor una situación jurídica más favorable de la que le corresponde al acreedor quirografario[94].

---

92 Diego Espín Cánovas, ob. cit., pp. 145-146.

93 En la doctrina clásica italiana, Ravà incluye dentro de las garantías convencionales a las propias y verdaderas distinguiéndolas de otras que solo por extensión merecen tal nombre y a las cuales denomina garantías convencionales impropias. Estas últimas, en criterio de este autor, más que constituir verdaderos derechos de garantía, se presentan como un mecanismo de refuerzo del crédito y actúan estimulando el cumplimiento de la obligación (Adolfo Ravà, *Istituzioni di Diritto Privato*, Padua, 1938, p. 441). En la doctrina italiana moderna, Trabucchi coloca la cláusula penal entre los mecanismos de tutela del crédito y de garantía de las obligaciones, concretamente, como medio de refuerzo convencional del derecho al resarcimiento (Alberto Trabucchi, ob. cit., pp. 735 y ss.). En la doctrina alemana, Enneccerus y Lehmann consideran que la cláusula penal debe incluirse dentro de los medios de aseguramiento de la obligación principal, es decir, entre los medios de garantía del crédito (Ludwig Enneccerus, Theodor Kipp y Martín Wolf, ob. cit., Tomo I, Vol. II, p. 551). En la doctrina chilena, Somarriva Undurraga incluye la cláusula penal dentro de las cauciones personales (Manuel Somarriva Undurraga, *Tratado de las Cauciones*, Santiago de Chile, 1980, p. 9). La doctrina española en general ubica la cláusula penal dentro de las garantías de carácter personal. Por todos, véase: Luis Díez Picazo, ob. cit., Vol. II (Las Relaciones Obligatorias), pp. 456-457. En contra, en la doctrina española Roca Trías al igual que Rubino en la doctrina italiana, consideran la cláusula penal como un medio sancionatorio y no garantista. (Encarnación Roca Trías, "Rasgos básicos de la regulación española en materia de negocios de garantía", en *Tratado de Garantías en la Contratación Mercantil* <coordinado por Ubaldo Nieto Carol y José Ignacio Bonet Sánchez>, Tomo I, Parte General y Garantías Personales, Civitas, Madrid, 1996, pp. 134-136, con citas de Rubino). Mosset Iturraspe, en la doctrina argentina, coloca la cláusula penal dentro de los medios compulsivos para la satisfacción del crédito (Jorge Mosset Iturraspe, *Medios Compulsivos en Derecho Privado*, Ediar, Buenos Aires, 1978, pp. 73 y ss.). En la doctrina nacional, Morles Hernández afirma que cuando la cláusula penal es asumida por un tercero, se fortalece su función de garantía y da origen a una relación jurídica atípica de garantía de carácter personal (Alfredo Morles Hernández, *Garantías Mercantiles*, Universidad Católica Andrés Bello, Caracas, 2007, pp. 72-74).

94 José Luis Aguilar Gorrondona, ob. cit., p. 17; Alfredo Morles Hernández, *ibíd.*, pp. 57-58.

A diferencia de otras garantías, la estipulación de una cláusula penal no aumenta el número de patrimonios afectados al cumplimiento de la obligación (caso de la fianza), ni confiere al acreedor la ventaja de sujetar un bien determinado, sea mueble o inmueble, a la acción directa del acreedor para satisfacer su crédito (caso de la prenda o hipoteca). Tampoco le concede al acreedor ninguna preferencia para el cobro[95]. Pero constituye un poderoso estímulo para constreñir al deudor al cumplimiento de la obligación ante la amenaza que supone tener que pagar la pena cuyo monto suele ser superior a los daños y perjuicios derivados del incumplimiento de la obligación principal.

En conclusión, mediante la cláusula penal los sujetos de la relación obligatoria regulan las consecuencias del incumplimiento de manera tal de presionar al deudor al cumplimiento. Por lo cual, la cláusula penal se traduce en una agravación de la posición del deudor incumpliente con respecto a lo establecido por la ley y, correlativamente, en una ventaja para el acreedor cuya posición resulta reforzada mediante su estipulación. Persigue pues una finalidad de garantía.

---

[95] Por lo cual, puede afirmarse que la cláusula penal produce una ampliación objetiva del débito, no de la responsabilidad patrimonial, aunque indirectamente también se puede entender que existe una agravación de la responsabilidad patrimonial del deudor, puesto que en última instancia la ejecución va a ser por un monto superior a la prestación que conforma el objeto de la obligación principal. Ana María Sanz Viola, ob. cit., p. 17; M. Amorós Guardiola, "La Garantía Patrimonial y sus Formas", en *Revista General de Legislación y Jurisprudencia,* Madrid, 1972, pp. 560-592.

LA CABIDA EN LA COMPRAVENTA DE BIENES INMUEBLES*

SUMARIO

---

* Este trabajo fue publicado en *el Libro Homenaje a la Academia de Ciencias Políticas y Sociales en el Centenario de su Fundación*, Caracas, 2015.

I. INTRODUCCIÓN

En las ventas inmobiliarias, la individualización e identificación del objeto del contrato se puede realizar de varias maneras: por su nombre, por sus linderos, por sus datos registrales o catastrales, por un plano, etc. y, por supuesto, también por su superficie. Estos modos de determinación o individualización de la propiedad inmobiliaria no se excluyen entre sí; antes por el contrario, se complementan.

Cuando se indica la superficie, se plantea el problema de la discrepancia que pueda presentarse entre la superficie real del inmueble vendido y la declarada en el momento del contrato.

El Código Civil venezolano, siguiendo la orientación del Código Napoleón, regula la materia en normas muy casuísticas contenidas en los artículos 1.496 al 1.501[1], comúnmente llamadas normas sobre la entrega de inmuebles con defectos de cabida, cuyo examen es el objeto de este trabajo.

De acuerdo con el Diccionario de la Lengua de la Real Academia Española, la palabra cabida significa "extensión superficial o heredad". Así entendida, la cabida se refiere a la extensión o superficie de un inmueble. Al emplear este término, se afirma, el Código Civil se está refiriendo a la cabida en una consideración bidimensional de las propiedades, vale decir, a la superficie horizontal de los inmuebles en la que solo se consideran dos dimensiones que son la longitud y latitud. La superficie de un fundo resulta de su representación cartográfica, por medio de su proyección horizontal.

Pero cuando se vende un apartamento, una casa, un edificio, etc., de acuerdo con la doctrina y la jurisprudencia extranjera modernas se considera que la medida de los inmuebles se refiere no solo a su superficie sino también al volumen edificado que condiciona el espacio utilizable del inmueble. Cuando se vende un apartamento, un galpón o un predio urbano edificado, etc., tiene relevancia no solo la superficie, sino también un mínimo de altura.

---

1 Estas disposiciones son sustancialmente idénticas a los artículos 1.615 al 1.623 del Código Civil francés y 1.471 al 1.479 del Código Civil italiano de 1865 y bastante similares a los artículos 1.537 al 1.541 del Código Civil italiano de 1942.

En cualquier caso, la cabida de un inmueble es un dato que se obtiene por medio de una actividad pericial.

Entre los distintos supuestos que pueden presentarse en relación con la cabida, nuestro Código tal y como lo hacen los Códigos Civiles francés de 1.804 e italianos de 1.865 y 1.942, distingue entre la venta de inmuebles con expresión de la cabida, a razón de tanto por medida (venta *ad mensuram*) (Código Civil, artículo 1.496) y las demás ventas de inmuebles que sean cuerpos determinados y limitados o de fundos distintos y separados (venta *ad corpus*) (Código Civil, artículo 1.497). Pero antes de examinar cada uno de estos supuestos, conviene precisar el alcance y los límites de estas reglas especiales sobre la cabida.

II. DELIMITACIÓN DE LAS REGLAS ESPECIALES SOBRE LA CABIDA

Al abordar el tema de la regulación de los defectos de cabida en las ventas inmobiliarias, es necesario hacer algunos señalamientos y advertencias preliminares en lo concerniente al campo de aplicación de las reglas especiales que sobre la materia trae el Código Civil, para lo cual se requiere identificar algunas situaciones a las cuales no se aplican dichas reglas, así como precisar el fundamento de las mismas.

1. Situaciones a las cuales no se aplican estas reglas

1) Conviene tener en cuenta, en primer lugar, que el supuesto de hecho de las normas legales en comentario no es el de una diferencia entre la cantidad efectiva del inmueble al momento de la celebración del contrato y la cantidad entregada y, por tanto, *no se refieren dichas normas al inexacto cumplimiento de la obligación de entregar la cosa por parte del vendedor; sino que se refieren a la hipótesis de una diferencia entre la cantidad efectivamente entregada y la estimada erróneamente por las partes o, al menos por una de ellas, al tiempo del contrato*.

En efecto, cuando la cantidad efectiva del inmueble corresponde a la declarada en el contrato, pero el vendedor no entrega la totalidad del inmueble sino solo una parte del mismo, se configura un supuesto de incumplimiento parcial frente al cual, de acuerdo con lo dispuesto en el artículo 1.167, el comprador puede reclamar judicialmente la ejecución del contrato, es decir, la entrega de la parte faltante del inmueble vendido, o su resolución si se trata de un incumplimiento esencial, o el simple resarcimiento de los daños y perjuicios, daños y perjuicios estos que tienen una naturaleza diferente al aumento o a la disminución del precio a que se refieren los artículos 1.496 y siguientes del Código Civil y, por tanto, pueden resultar en una cuantía mayor.

Los artículos 1.496 al 1.501, en cambio, presuponen que el inmueble haya sido entregado en su totalidad, es decir, en la cantidad que efectivamente tenía al momento de la celebración del contrato y se refieren a una diferencia entre la cantidad efectivamente entregada y la presupuesta y erróneamente indicada en el contrato[2]. Es decir, el inmueble entregado es un inmueble determinado al cual las partes le atribuyen una cabida que no tiene en el momento de la celebración del contrato. Dicho en otras palabras, el inmueble ha permanecido invariable antes y después del contrato, y lo que ha sucedido es una previsión inexacta de sus medidas al tiempo de la contratación, que es lo que tratan de solucionar los artículos 1.496 y siguientes del Código Civil, objeto de nuestro estudio en el presente trabajo.

---

[2] Para la doctrina del Código Civil italiano de 1865; véase: Gino Gorla, *La Compraventita e la Permuta*, Unione Tipografico Editrice Torinese, Turín, 1937, p. 189. Para la doctrina del *Codice* de 1942, véase: Domenico Rubino, *La Compravendita*, Giuffrè Editore, Milán, 1.971, pp. 103-104; Danieli Minussi, *Vendita di inmobile a corpo e a misura*. Disponible en: http://www.e-glossa.it/wiki/vendita_di_immobili_a_corpo_e_a_misura.aspx. En contra, en la doctrina clásica italiana, Pacifici-Mazzoni y Ricci consideran que la venta de un inmueble con defectos de cabida constituye un supuesto de inejecución parcial o cumplimiento defectuoso de la obligación de entrega por parte del vendedor que le permite al comprador pedir la resolución del contrato (Emidio Pacifici-Mazzoni, *Codice Civile Italiano Commentato*, Vol. XII, Unione Tipografico Editrice Torinese, Turín, 1929, pp. 389-390); Francisco Ricci, *Derecho Civil Teórico y Práctico*, Tomo XV, Editorial Antalbe, Barcelona, *s.d.*, pp. 361 y ss.), criterio este compartido por Laurent en la doctrina belga (F. Laurent, *Principios de Derecho Civil*, Traducción castellana, Tomo XXIV, Asociación Editorial Cubano-Mejicana, Méjico y Habana, 1917, pp. 206-207). En el mismo sentido expuesto en el texto, en la doctrina española, véase: José Castán Tobeñas, *Derecho Civil Español Común y Floral*, Tomo IV, (Derecho de Obligaciones, Las Particulares Relaciones Obligatorias), Editorial Reus, Madrid, 1993, p. 114 y la jurisprudencia del Tribunal Supremo español allí citada; Nieves Moralejo Inbernán, "Contratos con finalidad traslativa del dominio", en *Tratado de los Contratos,* (bajo la dirección de Rodrigo Bercovitz Rodríguez-Cano), Tomo II, Tirant Lo Blanch, Valencia, 2009, p. 1822; Manuel Medina de Lemus: *Cabida y Calidad en la Compraventa de Bienes Inmuebles*, Editorial Tecnos, Madrid, 1989, pp. 234-235.

Queda, por tanto, excluida del campo de aplicación de las disposiciones legales sobre la cabida, la hipótesis de un incumplimiento de la obligación de la entrega de la cosa toda vez que, en el caso objeto de examen, la diferencia entre la cabida declarada y la entregada no surge en la fase de ejecución del contrato sino antes de su conclusión o en el momento de su celebración[3]. Estas reglas no regulan supuestos de cumplimiento defectuoso o inejecución parcial de la obligación de efectuar la tradición, sino de expresión contractual equivocada de la realidad del inmueble objeto de la venta[4]. En fin, no se aplican las reglas especiales sobre defectos de cabida sino las disposiciones generales por incumplimiento de la obligación de entrega, cuando la cabida entregada no se corresponda con la cabida efectiva, correctamente expresada en el contrato en el momento de su celebración.

---

3 Por eso es incorrecta la sentencia del 11 de julio de 2002 dictada por el Juzgado Superior en lo Civil, Mercantil, del Tránsito y de Protección del Niño y del Adolescente de la Circunscripción Judicial del Estado Barinas, cuando se refiere a la llamada "garantía de la cabida" como "una consecuencia de la obligación del vendedor de efectuar la tradición del objeto vendido". (Sentencia del 11 de julio de 2002 del Juzgado Superior en lo Civil, Mercantil, del Tránsito y de Protección del Niño y del Adolescente de la Circunscripción Judicial del Estado Barinas. Disponible en: http://barinas.tsj.gov.ve/decisiones/2006/enero/799-16-05-2532-M.-.html).

4 Solo en el supuesto, dice Bianca, de que el vendedor garantice expresamente la extensión del inmueble vendido no entra en juego la normativa sobre cabida en cuanto que, si el bien resulta inferior a la medida declarada, se configura una inexacta ejecución del contrato con el consiguiente remedio propio del incumplimiento, criterio este compartido por Carpino. Pero dejando a salvo este supuesto de garantía expresa, se concluye que la divergencia entre la cantidad declarada en el contrato y la real o efectiva tiene su fuente en el error (C. Massimo Bianca, "La Vendita e la Permuta", en *Trattato di Diritto Civile Italiano*, Vol. VII (diretto da Filippo Vassalli), Unione Tipografico-Editrice Torinese, Turín, 1972, p. 242) (B. Carpino, "La vendita de cose mobile, La vendita di cose immobile, La vendita a termine di titioli di crédito, La vendita di eredità", en *Trattato de Diritto Privato*, Vol. XI (diretto da Pietro Rescigno, Vol. XI, Unione Tipografico-Editrice Torinese, Turín, 1984, p. 348). Precisamente porque no se trata de la regulación de un supuesto de incumplimiento parcial de la obligación de entrega de la cosa, nos parece incorrecta la inclusión que hace nuestro Código Civil de las reglas especiales sobre defectos de cabida en la Sección referente a "La Tradición de la Cosa" dentro del Capítulo que trata "De las Obligaciones del Vendedor". En el mismo sentido, refiriéndose a la incorrecta ubicación de las reglas especiales sobre la cabida en el Código Civil italiano de 1865, véase: Gino Gorla, ob. cit., p. 189. Pero en cualquier caso este aspecto no es determinante porque la interpretación sistemática no puede prevalecer sobre la lógica que nos demuestra lo contrario. De manera más acertada en el Código Civil italiano de 1942 la regulación de esta materia se hace en una Sección especial que trata expresamente "Della vendita di cose immobilie" (arts. 1.537 a 1.541).

Por consiguiente, una cosa es la acción por incumplimiento de la obligación de entrega y otra cosa diferente la acción para obtener un suplemento de la cosa, un aumento o una rebaja del precio por mayor o menor medida o, en su caso, el desistimiento del contrato, de acuerdo con lo dispuesto en los artículos 1.496 al 1.501 del Código Civil.

2) Pero tampoco se fundamentan las reglas especiales sobre la cabida en una mera divergencia objetiva entre la cantidad declarada en el contrato y la cantidad efectiva del inmueble vendido sino que presuponen, además, un error de ambos contratantes o al menos de uno de ellos, generalmente el comprador. De ahí que si ambos contratantes conocían la extensión efectiva del inmueble vendido, pero de común acuerdo expresaron otra en el contrato, se trataría de un supuesto de *simulación en la extensión* excluido completamente del campo de aplicación de los artículos 1.496 y siguientes del Código Civil[5].

3) Tampoco son aplicables los artículos 1.496 y siguientes en aquellos casos en los cuales la entrega de una parte del inmueble deviene imposible por una *causa extraña no imputable* sobrevenida con posterioridad al perfeccionamiento del contrato como, por ejemplo, la expropiación parcial del inmueble por causa de utilidad pública o social, la pérdida, destrucción o desaparición de una parte del inmueble vendido etc., todo lo cual se somete a las soluciones que aporta la teoría de los riesgos.

4) Quedan igualmente excluidos del campo de aplicación de las precitadas disposiciones legales los supuestos de un aumento o disminución de la cabida con posterioridad a la celebración del contrato derivado de fenómenos de *accesión natural* como, por ejemplo, aluvión, avulsión, etc.[6] Por tanto, cuando el inmueble experimente una disminución

---

5 Domenico Rubino, ob. cit., p. 104; Gabriel García Cantero, "Comentarios a los artículos 1.445 a 1.541", en *Comentarios al Código Civil y Compilaciones Forales* (dirigidos por Manuel Albaladejo y Silvia Díaz Alabart), Tomo XIX, Editorial Revista de Derecho Privado, Madrid, 1991, p. 238.

6 Diego Simó Sevilla, "Contrato de compraventa", en *Instituciones de Derecho Privado* (bajo la coordinación general de Juan Francisco Delgado de Miguel), Tomo III (Obligaciones y Contratos), Thomson Civitas, Madrid, 2004, p. 406; Manuel Medina de Lemus, ob. cit., p. 135. En contra: M. Troplong, *Le droit civil expliqué suivant l'ordre des articles du code, depuis et compris le titre De la vente. De la vente, au commentaire du titre VI du livre III du Code Napoleon*, Tome I, Charles Hingray, libraire éditeur, Cinquième édition, París, 1856, pp. 435-436.

por arrastre de las aguas u otros fenómenos geológicos, o un incremento por accesión, no se aplican las reglas especiales sobre defectos de cabida, sino las propias de la accesión de inmuebles previstas en los artículos 561 y siguientes del Código Civil, siempre teniendo en cuenta el momento del perfeccionamiento del contrato, en el sentido de que los incrementos o disminuciones anteriores corren a cargo del vendedor y los posteriores a cargo del comprador, siempre y cuando no obedezcan a vicios ocultos anteriores y merezcan la solución legal del saneamiento prevista en los artículos 1.518 y siguientes del Código Civil.

5) Como se dijo, la llamada garantía de la cabida entra en juego cuando se celebra un contrato de compraventa y existe una discrepancia entre la cabida o superficie del inmueble expresada en el contrato y la realidad, que se origina porque en el proceso de formación del contrato ha habido un error al reflejar en el contrato la extensión o superficie de lo entregado y, por esa razón, el contrato promete más de lo que efectivamente existe en la realidad.

Esto permite excluir del campo de aplicación de las reglas objeto de nuestro estudio el supuesto de *evicción parcial* que se produce cuando el vendedor entrega todo lo prometido en el contrato, pero en parte el objeto de la entrega corresponde a la titularidad de un tercero en virtud de un derecho anterior a la compraventa. Esta situación se rige por las disposiciones del Código Civil sobre la responsabilidad por evicción en la compraventa (Código Civil, artículos 1.504 y siguientes)[7].

La entrega con defecto de la cabida a que se contrae el Código Civil en sus artículos 1.496 al 1.501 se presenta cuando el vendedor entrega al comprador un inmueble que tiene una cabida menor que la prometida en el contrato debido a que la descripción del inmueble en el contrato no se ajusta a la realidad del inmueble vendido, siempre y cuando al menos el comprador crea que lo que se le ha entregado tiene la cabida prometida. Por el contrario, la evicción parcial se produce cuando el inmueble entregado se corresponde con el prometido, pero el comprador se ve posteriormente privado de una parte de dicho inmueble porque un tercero tenía un mejor derecho que el del vendedor. Incluso cuando

---

[7] Al respecto, véase lo que expongo en los Capítulos V y VII de mi trabajo *Saneamiento y Evicción*, Academia de Ciencias Políticas y Sociales, Serie Estudios, N° 66, Caracas, 2006.

la evicción parcial a la que nos estamos refiriendo resulta de la privación de una parte de la superficie de la cosa (dando lugar, por tanto, a una reducción de la cabida del inmueble), la diferencia conceptual se mantiene. En el primer caso (defecto de cabida), el inmueble prometido es distinto del objeto de la entrega –en su superficie–; y en el segundo, aunque el inmueble prometido y el objeto de la entrega son el mismo, el vendedor carecía de título para transmitir válida y eficazmente la propiedad de toda la superficie del inmueble[8].

6) Las normas sobre la cabida que trae el Código Civil se refieren solo a aspectos cuantitativos, no a *vicios o defectos cualitativos del inmueble* objeto de la venta. De ahí que queda igualmente fuera del campo de aplicación de estas reglas especiales, la responsabilidad del vendedor por ausencia o defecto de calidad del inmueble vendido[9]. La ausencia o defecto de cualidades del inmueble puede considerarse bien como un vicio oculto y dar lugar a la aplicación del régimen del saneamiento, bien como un error en la sustancia, siempre y cuando dicho error cumpla con los requisitos generales de esencialidad, excusabilidad y reconocibilidad, o bien como un incumplimiento de la obligación de entrega por no ajustarse el inmueble entregado a lo prometido.

7) Tampoco la deficiencia de cabida del inmueble vendido constituye, al menos en términos generales, *un vicio oculto* que de lugar a la responsabilidad del vendedor por saneamiento *ex* artículos 1.518 y siguientes del Código Civil. Como es bien sabido, la acción de garantía por vicios atiende más a cuestiones referentes a la naturaleza de la cosa

---

8 Philippe Malaurie; Laurent Aynès y Pierre-Yves Gautier, "Les Contrats Spéciaux", en *Cours de Droit Civil*, Éditions Cujas, París, 2005, p. 220, especialmente la nota 22 y la jurisprudencia de la Casación francesa allí citada; Fernando Peña López, "Evicción parcial vs. defecto de cabida en la compraventa de inmuebles", en *Tratado de la Compraventa, Homenaje a Rodrigo Bercovitz,* (bajo la dirección de Ángel Carrasco Perera), Thomson Reuters, Aranzadi, Tomo II, Pamplona, 2013, pp. 1364-1365.

9 La solución es diferente en otros ordenamientos como el español en donde las reglas especiales sobre los defectos de cabida se aplican igualmente aunque la cabida resulte igual, si alguna parte de ella no es de la calidad expresada en el contrato (Código Civil, artículo 1.469, tercera parte). En nuestra legislación convendría introducir reglas que contemplen el reajuste del precio manteniendo el contrato o el desistimiento con devolución de la cosa y precio y de los frutos e intereses por modificaciones en la calidad en más o en menos, paralelamente a las reglas especiales sobre diferencias entre la cabida prometida y la cabida entregada. Pero esta solución solo podría admitirse de *lege ferenda*.

o a su composición interna. Por eso se habla de saneamiento por *vicios ocultos*, lo que excluye los visibles o detectables por cualquier medio o procedimiento sencillo. Como no puede negarse que la medida puede comprobarse fácilmente, los defectos de cabida escapan a la consideración de vicios ocultos[10].

8) Por otra parte, el ámbito de aplicación de las reglas sobre la cabida se circunscribe a la hipótesis de que *se haya vendido*, bien a razón de un tanto por medida, bien por un precio global, *un inmueble entero o una parte cierta y determinada de él*. Si, por el contrario, se vende simplemente una cantidad de terreno sin haberla aún individualizado en el conjunto del fundo matriz del que forma parte (por ejemplo, si se venden mil metros cuadrados de terreno que se afirma que están situados dentro de una superficie de mayor extensión), tal contrato resultará de imposible cumplimiento si no se indican en el mismo los elementos complementarios que permitan individualizarlo y delimitarlo[11].

---

10 Al respecto, véase lo que expongo sobre el particular en mi libro *Vicios Redhibitorios y Saneamiento*, Academia de Ciencias Políticas y Sociales, Serie Estudios, N° 73, Caracas, 2008, pp. 76-82.

11 Danieli Minussi, ob. cit., pp. 1-2. En contra, en la doctrina italiana, Rubino considera que si se vende simplemente una cantidad de terreno que habrá de segregarse de un fundo de mayor extensión sin haberla aún individualizado (como, por ejemplo, cuando se venden diez hectáreas de un fundo que tiene cien, de suerte que se individualicen para ser entregadas al comprador cualesquiera de estas últimas), entonces se trata de una *venta de género limitado* en cuyo caso, si se entrega una cantidad menor, ello supone un verdadero incumplimiento de la obligación de entregar la cosa con todas las consecuencias que derivan de dicho incumplimiento, lo cual no se encuentra previsto en los artículos 1.496 y siguientes ni constituye tampoco un supuesto de error vicio que recae sobre la cabida. Si, por el contrario, el vendedor entrega una cantidad mayor de la convenida, se tratará de un supuesto de pago de lo indebido y el vendedor podrá pedir la restitución de lo indebidamente entregado *ex* artículos 1.178 y siguientes del Código Civil. Todo ello sin perjuicio de que las partes convengan en que el excedente permanezca en poder del comprador a cambio, por ejemplo, de un aumento proporcional en el precio, pero sin que ninguna de las partes pueda imponer unilateralmente a la otra una rectificación del contrato. Por supuesto, de mediar tal convenio de las partes, se tratará de una nueva venta que tendrá por objeto el excedente (Domenico Rubino, ob. cit., pp. 107-109). Bianca, por su parte, declara desconocer en su experiencia una venta genérica inmobiliaria (C. Massimo Bianca, ob. cit., p. 233).
En la doctrina clásica francesa se afirma que el supuesto al cual nos referimos en el texto (*venta a medida*) constituye una *venta condicional* en la que la transmisión de la propiedad se pospone a la medición. La jurisprudencia francesa se orienta en esta dirección. Al respecto, véase: Marcelo Planiol y Jorge Ripert, *Tratado Práctico de Derecho Civil Francés*, Tomo X, Traducción castellana de Mario Díaz Cruz, Cultural S.A., Habana, 1946, pp. 331-332, especialmente, las notas 1 y 2 y la jurisprudencia de los tribunales franceses

Este supuesto ha sido examinado con cierto detenimiento por la doctrina española que lo denomina *venta a medida*, reconociendo que, aunque se trate de sutilezas, no es lo mismo la venta de un predio de tantas hectáreas que la venta de tantas hectáreas de un predio[12]. Pues bien, este segundo supuesto no entra dentro del campo de aplicación de las reglas sobre la cabida, puesto que se trata de una cuestión de identificación y determinación del inmueble vendido como requisito previo y de una importancia mucho mayor que toda consideración referente a las dimensiones efectivas del inmueble[13]. De ahí la importancia de delimitar uno y otro problema.

9) Como puede apreciarse de la simple lectura de las normas legales en comentario, las mismas se aplican cuando las ventas recaen sobre *un bien inmueble*. Desde luego, tratándose de la venta de predios urba-

---

allí citada. En el mismo sentido se orientó una parte de la doctrina y la jurisprudencia italianas bajo la vigencia del Código Civil de 1865. Al respecto, véase: Alfredo De Gregorio, Voz "Vendita", en *Nuovo Digesto Italiano*, T. XII, p. 2, Unione Tipografico-Editrice Torinese, Turín, 1940, p. 946; Francisco Ricci, ob. cit., Tomo XV, pp. 364 y s.s. No obstante, en la doctrina clásica italiana, Gasca sostiene la tesis de que el fraccionamiento de la masa para determinar la porción vendida es necesario para efectuar la entrega, pero no se requiere para que opere el traspaso de la propiedad al comprador. La venta hecha a medida, *emptio et venditio mensuram*, siempre que su objeto sea una cantidad que haya que separar de una masa mayor, es perfecta –dice Gasca– y el comprador apenas celebrado el contrato adquiere la copropiedad de la masa por la parte convenida y, como ocurre en la copropiedad entre copartícipes, solo adquiere de momento una porción ideal, hasta que efectuadas las operaciones de numeración y medición le sea atribuida la propiedad exclusiva de la parte que ha comprado. Es decir, en criterio de Gasca, el comprador adquiere inmediatamente no solo un derecho contra los sucesivos adquirentes de la masa, sino el derecho real a tener aquella parte de la cosa o del fundo que corresponde a la cantidad convenida. El comprador –añade– tiene ya la posesión de derecho de la cosa comprada porque la posesión no es solo corporal, sino también de derecho, y es poseedor igualmente quien confía la custodia de la cosa a otra persona. (Césare Luigi Gasca, *Tratatto della Compra-Vendita Civile e Commerciale*, Vol. I, Unione Tipografico-Editrice Torinese, Turín, 1914-1915, pp. 540-541).

Sea como fuere, lo que interesa destacar y en lo que están de acuerdo los autores antes citados, es que este supuesto está excluido del campo de aplicación de las disposiciones especiales sobre defectos de cabida en las ventas inmobiliarias que presuponen la previa individualización e identificación del objeto de la venta, tal y como se indica en el texto. En relación con la compraventa, las cuestiones de individualización de la cosa vendida son tratadas extensa y profundamente por Bianca (ob. cit., pp. 210 y ss.).

12 José Mª Sanahúja Soler: "Cuestiones sobre cabida en la venta de inmuebles", en *Estudios sobre el Contrato de Compraventa*, Colegio Notarial de Barcelona, Conferencia del cursillo del año 1946, Barcelona, 1947, p. 197.

13 Alfredo De Gregorio, loc. cit.; Manuel Medina de Lemus, ob. cit., pp. 248-249 y la jurisprudencia de los tribunales españoles allí citada.

nos edificados, casas, apartamentos, etc. en la generalidad de los casos no habrá con que suplementar lo deficientemente entregado. En cambio, tratándose de un terreno, en la generalidad de los casos en los cuales el inmueble vendido tenga una extensión menor que la declarada en el contrato, el vendedor podrá entregar la extensión de terreno faltante que complete el déficit en la cabida entregada[14].

10) Conviene tener en cuenta, además, que la superficie o extensión del inmueble vendido no es un requisito esencial en todos los casos para la determinación del objeto del contrato[15]. Lo será cuando la venta se hace a razón de un tanto por medida, pero no si se vende un cuerpo cierto sin consideración a una medida determinada conforme a lo dispuesto en el artículo 1.502 del Código Civil. Empero, *el punto de partida de los artículos 1.496 al 1.501* que consagran las reglas por defectos de cabida *es una compraventa inmobiliaria en la que se ha indicado la superficie del inmueble*[16] (*infra,* N°s III,3,3.2 y IV,4,4.2). Se trata de una circunstan-

---

14 En la doctrina italiana, la mayoría de los autores consideran que las reglas especiales sobre defectos de cabida en las ventas inmobiliarias se aplican a los bienes inmuebles en general. Al respecto, véase: Francesco Galgano, Voz "Vendita" (Diritto Privato), en *Enciclopedia del Diritto*, Vol. XLVI, Arese Giuffrè, Milán, 1993, § 9. Consultada en versión electrónica; Paolo Greco y Gastone Cottino, "Della Vendita", en *Commentario del Codice Civile* a cura di Scialoja, Antonio e Branca, Giuseppe, Bologna-Roma, 1964, p. 417; Ruggero Luzzatto, *La Compraventa según el Nuevo Código Civil Italiano*, Traducción castellana y notas de Francisco Bonet Román, Instituto Editorial Reus, Madrid, 1953, p. 371; Giovanni Santarcangelo, *La Compravendita Immobiliare*, Giuffrè Editore, Milán, 2014, pp. 249 y 252. En contra, en la doctrina clásica italiana que comenta el Código Civil de 1865, Gasca considera que estas reglas solo se aplican a los terrenos. (Césare Luigi Gasca, ob. cit., Vol. II, pp. 86-87). Igualmente, en contra, en la doctrina que comenta el Código Civil de 1942, Rubino afirma que los artículos 1.537 al 1.540 del *Codice* no se aplican a los predios urbanos edificados, puesto que en estos casos las diferencias de cantidad tienen que resolverse como si se tratara de diferencias de calidad (Domenico Rubino, op cit., pp. 109-110). En la doctrina española se sostiene que las normas sobre defectos de cabida se aplican a los bienes inmuebles en general. Ramón Badenes Gasset, *El Contrato de Compraventa*, Tomo I, Bosch Editor S. A., Barcelona, 1995, p. 501; Nieves Moralejo Inbernán, ob. cit., p. 1824; Agustín Madrid Parra, "La cabida en la compraventa de bienes inmuebles", en *Revista Crítica de Derecho Inmobiliario* (enero-febrero 1983), Madrid, 1983, p. 66.

15 Como expresa Bianca, en las ventas inmobiliarias la indicación de la superficie del bien no es necesaria en general cuando se trata de la venta de cosa específica, como ocurre normalmente; lo que más importa es que el bien sea identificable, y en la identificación se prescinde de este dato, salvo que la enajenación cree una nueva unidad inmobiliaria (C. Massimo Bianca, ob. cit., p. 239).

16 Bernard Gross y Philippe Bihr, *Contrats. Ventes civiles et commerciales, baux d'habitation, baux commerciaux*, Presses Universitaires de France, París, 2002, p. 191.

cia cada vez más frecuente en la contratación inmobiliaria actual donde el supuesto normal es el señalamiento de la cabida[17].

Por otra parte, la idea central que inspira al Código es que cuando el inmueble objeto de la venta se determina por sus linderos o de otra forma, la indicación de su superficie no es vinculante para el vendedor[18].

11) Como se dijo, el supuesto de hecho de las reglas sobre la cabida que trae el Código Civil es que existe una expresión errónea en el contrato de la cabida del inmueble que no coincide con la que realmente tiene. Por lo cual, *no está sujeto al régimen contemplado en los artículos 1.496 y siguientes del Código Civil el supuesto de la venta de un inmueble futuro que todavía se encuentra en construcción (venta sobre plano)* ya que no cabe hablar de error en la expresión de la cabida de un inmueble que todavía no tiene existencia en el momento en que se celebra el contrato[19]. Si el vendedor entrega un inmueble que no reúne las condiciones señaladas en el plano, se produce un incumplimiento. Por consiguiente, si la superficie real del inmueble construido difiere de la proyectada, el comprador podrá pedir el cumplimiento del contrato o la resolución del mismo y el resarcimiento de los daños y perjuicios por cumplimiento defectuoso, conforme a las reglas generales sobre responsabilidad contractual[20].

12) *Los artículos 1.496 y siguientes del Código Civil solo se aplican a las relaciones entre el comprador y el vendedor*. No regulan las

---

[17] Baste recordar que *a los fines de la inscripción en el Registro Público*, según el artículo 48(2) del Decreto Ley de Registros y del Notariado de 2014, el título que verse sobre un bien inmueble o un derecho real inmobiliario deberá contener la "descripción del inmueble, con señalamiento de su ubicación física, superficie, linderos y número catastral".

[18] Así lo expresa Bianca para el Derecho Civil italiano, lo cual es válido igualmente para el nuestro (C. Massimo Bianca, ob. cit., p. 267). Tal y como lo ha dejado establecido la Casación italiana: "Trátese de venta por unidad de medida o *ad corpus*, solo tiene relevancia la medida que efectivamente tenga el inmueble". Al respecto, véase: Giovanni Santarcangelo, loc. cit., p. 249, especialmente, la nota 5 y la sentencia de la Casación italiana del 27 de diciembre de 1993 allí citada.

[19] Fernando Peña López, ob. cit., pp. 1.370-1371, especialmente, la nota 10 y la jurisprudencia del Tribunal Supremo español allí citada; Diego Simó Sevilla, ob. cit., Tomo III, (Obligaciones y Contratos) (Vol. II), p. 406 y las sentencias del Tribunal Supremo español allí citadas. En contra: Manuel Medina de Lemus, ob. cit., pp. 335 y ss.

[20] Ese es el criterio seguido por la Ley contra la Estafa Inmobiliaria cuando se refiere a la responsabilidad civil derivada de la preventa y venta o enajenación de viviendas en construcción o aún no construidas. Dicha ley fue publicada en la Gaceta Oficial N° 39.912 el 30 de abril de 2012.

relaciones entre los compradores de partes distintas y separadas de un fundo único adquiridas del mismo vendedor[21]. Supongamos que V suscriba con A y B sendos contratos de compraventa en los cuales se determinen e individualicen por sus linderos la parte vendida a cada uno de ellos, indicándose además la superficie de cada una de las partes del fundo vendido. Al momento de proceder a la medición y fraccionamiento material se constata una discrepancia entre la extensión efectiva de cada una de las partes del fundo vendido y la declarada en el contrato y como resultado de ello, se evidencia un déficit de cabida en la parte de A y un excedente correlativo en la parte de B. En tal caso, A no podrá reclamarle nada a B. Solo tendrá una acción contra V por la diferencia en la cabida de la parte del fundo que adquirió de él, acción esta que se regirá por lo dispuesto en los artículos 1.496 y siguientes del Código Civil. A su vez y correlativamente, V tendrá una acción contra A, conforme a lo dispuesto en dichas normas, por el excedente de cabida en la parte del fundo que aquel le vendió a este. Desde luego, esto siempre y cuando exista un déficit en la parte de B y un excedente en la parte de A, porque si solo se constata un déficit en la parte de B sin que exista un excedente correlativo en la parte de A, es obvio que V no tendrá ninguna acción por exceso de cabida contra A.

13) Por último, la doctrina en general considera que las reglas especiales sobre defectos de cabida se aplican igualmente a las ventas forzosas. No vemos razón alguna para que las *ventas judiciales* se aparten en este punto de la legislación ordinaria.

2. Fundamentación: El error de cálculo

Las reglas especiales sobre defectos de cabida en las ventas inmobiliarias que trae el Código Civil se fundamentan en el *error de cálculo* respecto de la extensión del inmueble vendido que experimentan ambos contratantes o al menos uno de ellos, generalmente el comprador. Por consiguiente, queda también excluida, aunque no de modo absoluto, del campo de aplicación de las normas especiales que regulan la situación surgida cuando la cabida prometida difiere de la entregada, la hipótesis del error vicio en que incurra alguna de las partes al momento de la

[21] Domenico Rubino, ob. cit., p. 110, especialmente, la nota 34-*quater* y las sentencias de la Casación italiana allí citadas.

celebración del contrato. En efecto, las diferencias entre la extensión del inmueble expresada en el contrato y la realidad, no producen la anulación del contrato que sería la consecuencia derivada del error vicio experimentado por alguno de los contratantes, sino que se fundamentan en el mero error de cálculo, puesto que hay que suponer que en caso de variación de medidas el contrato se habría celebrado de todas maneras si las partes hubieran conocido a tiempo la medida exacta. Por lo cual, la ley presume en la situación que nos ocupa un mero error de cálculo que deja en pie el contrato y puede conducir como máximo a una rectificación del precio[22].

El propósito de las disposiciones objeto de nuestro examen, tal y como se desprende de las normas correlativas del Código Napoleón, del Código Civil italiano de 1865 y del *Codice*, ha sido evitar las múltiples cuestiones que se suscitaban por diferencias en la cabida en numerosos casos en los cuales era dable presumir que el contrato se hubiera concluido de todas maneras, de haber conocido a tiempo las partes la medida exacta del inmueble vendido[23]. Se explica así que el legislador en la disciplina sobre la cabida haya descartado, al menos en principio, la anulación del contrato por *error in substantia* y adoptado la fórmula del *error de cálculo* que, de acuerdo con los principios generales, se considera como un mero error material o de cuenta sujeto a rectificación y no determinante del consentimiento otorgado[24].

Esta configuración del error sobre la cabida como un mero error de cálculo permite mantener la subsistencia del contrato y protege al mismo tiempo al contratante perjudicado por el error, mediante la rectificación del contrato y la consiguiente modificación del precio. Como se indica poco más adelante, en la venta de inmuebles con expresión de la cabida a razón de un tanto por medida, la reducción o el

22 Paolo Greco y Gastone Cottino, ob. cit., pp. 416-417; Domenico Rubino, ob. cit., p. 105.

23 Alfredo De Gregorio, ob. cit., p. 946.

24 Así lo consagra expresamente el artículo 1.430 del Código Civil italiano y lo admite pacíficamente la doctrina nacional. Eloy Maduro Luyando y Emilio Pittier Sucre, *Curso de obligaciones, Derecho Civil III*, Tomo II, Universidad Católica Andrés Bello, Caracas, 2001, p. 640; José Mélich-Orsini, *Doctrina General del Contrato*, Academia de Ciencias Políticas y Sociales, Serie Estudios, N° 61, Caracas, 2012, pp. 164.165; Enrique Urdaneta Fontiveros, *El Error, el Dolo y la Violencia en la Formación de los Contratos*, Academia de Ciencias Políticas y Sociales, Serie Estudios N° 83, Caracas, 2009, pp. 116-117.

aumento del precio es una consecuencia automática de la rectificación del error de cálculo que recae sobre la extensión del inmueble vendido (*infra*, N°s III,4,4.1,a y 4,4.1,b). En cambio, en la venta de inmuebles que sean cuerpos determinados y limitados o de fundos distintos y separados, dicha rectificación no se produce automáticamente y, aunque la ley hubiera podido igualmente acordarla o negarla, ha resuelto acordarla, pero solo bajo ciertas condiciones y dentro de ciertos límites (*infra*, Nº IV,3,3.4).

Son múltiples y variadas las situaciones que pueden dar lugar a un error de cálculo sobre la cabida. Por ejemplo, cuando se mide mal la extensión del fundo vendido, o se produce un error al realizar la correspondiente multiplicación de sus dimensiones, el error en que incurre alguna de las partes en el cálculo aproximado o *ad occhio* del inmueble cuando no haya habido una medición efectiva, el error *ab origine* en los datos catastrales, la modificación de la indicación de la superficie por enajenaciones parciales y sucesivas del inmueble o por adquisición de un terreno contiguo posteriormente unido al fundo vendido sin que se deje constancia de esta situación en la cédula catastral correspondiente al inmueble vendido, etc.

Desde luego, las partes tienen la obligación de identificar debidamente el inmueble al tiempo del contrato. Si bien es el vendedor quien generalmente sufrirá las consecuencias del error en la expresión de la superficie como elemento identificador, el Código Civil en las reglas especiales que trae sobre defectos de cabida no toma en cuenta la culpabilidad en el error el cual –por lo demás– puede no ser imputable a ninguno de los contratantes como, por ejemplo, cuando se encarga a un perito el cálculo de la extensión del fundo[25]. Pero si una de las partes mediante astucias, mentiras, ocultación de datos, etc., ha engañado a la otra, responderá por su conducta dolosa conforme a la ley[26].

Ciertamente en la venta con indicación de la cabida cuyo precio se estipula a razón de un tanto por unidad de medida, el error de cálculo se refleja en un error sobre la cantidad del inmueble vendido. Pero la ley por razones de oportunidad, ha excluido como principio de carácter

---

25 Gabriel García Cantero, ob. cit., p. 238.

26 Para la doctrina del Código Civil italiano de 1.865, véase: Alfredo De Gregorio, ob. cit., p. 947. Para la doctrina del *Codice* de 1942, véase: Danieli Minussi, ob. cit., p. 2.

general la relevancia de ese error *in quantitatem* para invalidar el consentimiento manifestado por las partes[27]. Excluido el carácter esencial de este error, solo ha quedado el simple error de cálculo como fundamento de la solución legal adoptada en nuestro ordenamiento para los supuestos de venta y subsiguiente entrega de un inmueble con un defecto de cabida. Por eso, se afirma, el verdadero sentido de los artículos 1.496 y siguientes del Código Civil no consiste en haber tratado como error de cálculo o de cuenta a uno que no lo sea o a una hipótesis que en realidad no constituya un error, sino en haber excluido que este error de cálculo y el error consiguiente sobre la cantidad en que este se traduzca, haya sido determinante del consentimiento y susceptible de producir la anulación del contrato.

Pero no se entienda, dice Rubino, que la ley quiere establecer una presunción absoluta. Es justo pensar que la solución legal contemplada en los artículos 1.537 y siguientes del Código Civil[28] no impide que cuando sea posible probar en un caso concreto que el error sobre la dimensión efectiva del inmueble constituye un error vicio que invalide el consentimiento, pueda solicitarse la anulación del contrato, siempre y cuando se llenen los requisitos legales que deben concurrir para que el error configure un vicio susceptible de producir la nulidad (relativa) del contrato, a saber, que sea esencial, excusable y reconocible por la otra parte contratante[29]. Lo que aplicado al caso concreto significa que si las dimensiones del inmueble indicadas en el contrato resultan indispensables para uno de los contratantes, en la práctica casi siempre el comprador, de modo que este no hubiera concluido el contrato de

---

27 Respecto de la relevancia que tiene para la anulación del contrato el error de cálculo que se traduce en un error sobre la cantidad que haya sido determinante del consentimiento, el artículo 1.430 del Código Civil italiano de 1942 dice lo siguiente: "El error de cálculo no da lugar a la anulación del contrato, sino solamente a la rectificación, salvo que consistiendo en un error sobre la cantidad haya sido determinante del consentimiento". La doctrina nacional admite igualmente esta solución legal para el Derecho venezolano. Al respecto, véase: Eloy Maduro Luyando y Emilio Pittier Sucre, loc. cit.; José Mélich-Orsini, loc. cit.; Enrique Urdaneta Fontiveros, loc. cit.

28 Sustancialmente equivalentes a los artículos 1.496 y siguientes del Código Civil venezolano.

29 Domenico Rubino, ob. cit., pp. 106-107. Con respecto a los requisitos que deben concurrir para que el error constituya un vicio del consentimiento susceptible de producir la nulidad del contrato en el Derecho venezolano, véase: Enrique Urdaneta Fontiveros, *El Error...*, cit., pp. 81-106.

haber conocido a tiempo las dimensiones efectivas y todo ello hubiese sido conocido o al menos reconocible por el vendedor, el contrato es anulable *ex* artículos 1.148 y siguientes del Código Civil. Por ejemplo, si se compra un terreno con una determinada superficie declarándose que contiene la cantidad imprescindible para construir un determinado edificio de acuerdo con lo dispuesto en las respectivas ordenanzas municipales y luego resulta que su extensión es menor e inadecuada para la construcción exigida, se ha producido entonces un error no de mero cálculo sujeto a simple rectificación, sino esencial y, en consecuencia, el comprador tiene derecho a la anulación del contrato y el vendedor no puede pretender mantenerlo en pie con una simple reducción en el precio que hubiera sido la solución propia de mediar un simple error de cálculo. O cuando una menor superficie de los terrenos impide la rotación de los ciclos en el cultivo, o determina la no construcción de un colegio u hotel que, según determinado proyecto urbanístico, debe tener determinadas dimensiones. En todos estos casos el error esencial puede provocar la nulidad del contrato.

Dicho en otras palabras, aunque la ley no lo indique expresamente, la circunstancia de que el comprador en caso de divergencia entre la cabida declarada y la cabida efectiva del inmueble, pueda exigir la rectificación del contrato con una modificación del precio o, en su caso, desligarse de él *ex* artículos 1.496 y siguientes del Código Civil, no excluye que pueda pedir la nulidad del contrato por error *ex* artículos 1.146 y siguientes del Código Civil, si concurren en el caso concreto las condiciones que le permitan invocar el error en la cabida como vicio del consentimiento susceptible de invalidar la voluntad contractual y producir la ineficacia del contrato. Es decir, independientemente de que el comprador tenga a su alcance las acciones que le concede la ley *ex* artículos 1.496 y siguientes del Código Civil por la entrega de un inmueble con un defecto de cabida, puede perfectamente –si así lo desea– solicitar la anulación del contrato por error de hecho esencial relativo a la cabida en los términos en que lo autorice el Derecho común en materia de vicios del consentimiento[30].

---

[30] La doctrina en general está de acuerdo con los particulares indicados. Al respecto, véase: C. Aubry y C. Rau, *Cours de Droit Civil Français*, Tome V, Cinquième édition, París,

Más aun, se admite que el error vicio resulta invocable incluso cuando se haya pactado expresamente la no reducción del precio por defecto en la cabida y aunque la cantidad no se haya expresado en el contrato. Ciertamente en este caso es mucho más difícil probar la esencialidad del error y, sobre todo, que el mismo sea reconocible por la otra parte. Pero si, por ejemplo, en el contrato se indica el destino que el comprador pretende darle al inmueble siendo que sus dimensiones son ostensiblemente inadecuadas para ese destino, ya se ha logrado la prueba de la esencialidad y sobre todo la de la reconocibilidad del error y, por tanto, al comprador le bastará con probar que no conocía las dimensiones efectivas del inmueble para obtener la anulación del contrato por error.

3. *¿Quid iuris* respecto de los defectos de cantidad en las ventas mobiliarias?

Como se dijo, los artículos 1.496 y siguientes solo se refieren a los bienes inmuebles. Entonces *¿quid iuris* con el exceso o defecto de cantidad cuando se trata de bienes muebles?

Siendo los muebles, particularmente los fungibles, ordinariamente divisibles, el comprador puede rechazar el exceso y, en caso de deficiencia, es fácil para el vendedor suplir lo que falta, aunque sea adquiriéndolo de un tercero para proporcionar la cantidad exacta al compra-

---

1907, p. 72; Louis Josserand, *Derecho Civil*, Tomo II, Vol. II, (Contratos), Traducción castellana de Santiago Cunchillos y Manterola, Bosch y Cia Editores, Buenos Aires, 1951, p. 62; Marcelo Planiol y Jorge Ripert, ob. cit., Tomo X, p. 276; François Collart Dutilleul y Philippe Delebecque, *Contrats Civils et Commerciaux*, Éditions Dalloz, París, 1991, p. 171, especialmente, la nota 3 y la jurisprudencia de los tribunales franceses allí citada; Jérôme Huet, "Les principaux contrats spéciaux", en *Traité de Droit Civil* sous la direction de Jacques Ghestin, L.G.D.J., París, 2001, p. 463, especialmente, la nota 208 y la jurisprudencia de los tribunales franceses allí citada; Philippe Malaurie, Laurent Aynès y Pierre-Yves Gautier, ob. cit., p. 221, especialmente, la nota 29 y la jurisprudencia de los tribunales franceses allí citada; Francisco Degni, *La Compraventa*, Traducción española y notas de Francisco Bonet Román, Editorial Revista de Derecho Privado, Madrid, 1957, p. 296; Alfredo De Gregorio, loc. cit.; Francisco Ricci, ob. cit., Tomo XV, pp. 369-370; Gabriel García Cantero, ob. cit., p. 238; Fernando Peña López, ob. cit., p. 1365, especialmente, la nota 2. En la doctrina nacional, véase: José Luis Aguilar Gorrondona, *Contratos y Garantías, Derecho Civil IV*, Universidad Católica Andrés Bello, Caracas, 2000, pp. 226-227. En contra: M. Troplong, ob. cit., (De la Vente) (Tome I), pp. 432-433.

dor. En otro caso, puede pretenderse una disminución del precio o la resolución de la venta. Este último supuesto se da particularmente en los casos en que la cosa mueble se adquiere como cuerpo único e indivisible, en que se ha tenido en cuenta su peso o medida como elemento sustancial del contrato (por ejemplo, un brillante) en que, dándose una diferencia apreciable en la cantidad, puede el comprador resolver el contrato.

Si se trata de *mercancías vendidas en masa* y se ha indicado también la cantidad, pareciera que la intención de las partes fue tener en cuenta dicha cantidad para regular los efectos de la deficiencia o del exceso en la entrega. Si la cantidad forma parte esencial del contrato, el vendedor estará obligado a entregarla en su integridad; y de no hacerlo, el comprador podrá pedir la resolución del contrato o sujetar al vendedor a una disminución en el precio. A la inversa, si la mercancía objeto de la entrega excediera la cantidad convenida, el vendedor podría retener el exceso, sin perjuicio de que ambas partes convengan en un aumento proporcional del precio[31].

También puede ocurrir que la cantidad sea indicada por aproximación, es decir, *demonstrationis causa*, y entonces la diferencia en más o en menos, dentro de ciertos límites, se considera tácitamente aprobada, y por ello ni el vendedor puede pretender retener el precio, ni el comprador demandar su reducción[32].

Sea como fuere, es evidente *que las normas sobre modificaciones de la cabida* que trae el Código Civil *se aplican solo a los bienes inmuebles*. Las diferencias en la cantidad de los bienes muebles se rigen por principios propios sin que existan razones que justifiquen un régimen común aplicable a unos y otros.

Entre los distintos supuestos que pueden presentarse en razón de la cabida, las normas legales en comentario regulan especialmente dos casos: la venta de un inmueble con expresión de la cabida, a razón de

31 Emidio Pacifici-Mazzoni, ob. cit., Vol. XII, pp. 379-380.

32 Gino Gorla, ob. cit., p. 189, especialmente, la nota 4; Luis Tartufari, "De la Venta y Del Reporto", Vol. II, en Bolaffio, Rocco y Vivante, *Derecho Comercial*, Tomo 5, Traducción castellana de Delia Viterbo de Frieder y Santiago Sentís Melendo, Ediar Editores, Buenos Aires, 1948, p. 17. Respecto de la relevancia de los usos del comercio para efectuar esta determinación, véase: Alfredo De Gregorio, ob. cit., p. 948.

tanto por medida (venta *ad mensuram* o por unidad de medida) y las demás ventas de inmuebles que sean cuerpos determinados y limitados o fundos distintos y separados, sea que el contrato comience por la medida, sea que comience por la indicación del cuerpo vendido seguido de la medida (venta *ad corpus* o por un precio global). La Sección subsiguiente la dedicaremos al estudio de los defectos de cabida en las ventas por unidad de medida y la ulterior al de los defectos de cabida en las ventas *ad corpus*.

III. DEFECTOS DE CABIDA EN LAS VENTAS *AD MENSURAM*

1. Disposición legal

El artículo 1.496 del Código Civil dice textualmente lo siguiente:

> El vendedor está obligado a entregar la cosa en toda la cantidad expresada en el contrato, salvo las modificaciones siguientes:
> Si la venta de un inmueble se ha hecho con expresión de su cabida, a razón de tanto por medida, el vendedor está obligado a entregar al comprador que lo exija, la cantidad expresada en el contrato.
> Cuando esto no sea posible, o el comprador no lo exija, el vendedor estará obligado a sufrir una disminución proporcional en el precio.
> Si se encuentra que la cabida del inmueble es superior a la expresada en el contrato, el comprador debe pagar la diferencia del precio; pero puede desistir del contrato si el excedente del precio pasa de la veintava parte de la cantidad declarada.

El Código Civil se refiere en el artículo 1.496 a la venta de un bien inmueble determinado con expresión de la cabida y fijación del precio en función de las unidades de medida que comprenda el inmueble. El supuesto de hecho de la previsión legal es que un determinado inmueble haya sido vendido con indicación de su cabida y por un precio establecido a razón de un tanto por cada unidad de medida. Por ejemplo, vendo una extensión de terreno de veinte hectáreas a cien mil bolívares la hectárea.

La ley prevé, en primer lugar, la situación que se presenta cuando la cabida real del inmueble sea inferior a la indicada y, en tal caso, atribuye al comprador el derecho a exigir la cantidad expresada en el contrato o a obtener una reducción proporcional en el precio. Luego se refiere a la hipótesis de que la cabida resulte superior a la indicada en el contrato y en este caso se establece la obligación del comprador de pagar el suplemento del precio, pero se le concede el derecho a desistir del contrato cuando el excedente del precio sobrepase la vigésima parte, es decir, un cinco por ciento de la cantidad declarada.

2. ¿Qué se entiende por venta *ad mensuram*?

La venta *ad mensuram* es aquella en la cual las partes en el contrato han hecho el señalamiento del precio por unidad de medida. Por ejemplo, vendo mi apartamento de doscientos metros cuadrados a razón de cincuenta mil bolívares el metro cuadrado[33]. Las partes quieren una medida concreta que se corresponde con un precio cierto, de modo que el precio se conviene en tanto y en cuanto el inmueble tenga la medida indicada. Y si no la tiene el precio tiene que ajustarse a la extensión existente en la realidad[34]. En los contratos de venta a razón de un tanto por unidad de medida, la cabida ocupa un primer plano puesto que las partes se garantizan recíprocamente que el precio equivale a la extensión del inmueble indicada en el contrato y que cualquier diferencia de más o de menos obliga, al comprador o al vendedor respectivamente, a satisfacer al otro el valor de tal diferencia. La venta por unidad de medida se produce cuando señalándose el número de medidas de la extensión del inmueble (por ejemplo, por hectárea o por metro cuadrado) y fijándose el precio por unidad de medida (una cantidad de dinero por cada unidad), viene a quedar el precio determinado por la cantidad que resulte de multiplicar estos dos datos[35]. El precio total se compone de la suma de los precios de cada medida. Existe pues una relación entre cada medida y cada parte del precio. Por lo cual, toda deficiencia o todo

---

33 Francesco Galgano, ob. cit., § 9.

34 Francesco Galgano, loc. cit.; Pietro Parlingieri, *Codice Civile Annotato con la Dottrina e la Giurisprudenza*, Libro Quarto, I. Unione Tipografico-Editrice Torinese, Turín, 1980, p. 784; Giovanni Santarcangelo, ob. cit., pp. 248-250.

35 Mario Castillo Freyre, *Tratado de la Venta*, Tomo II, Palestra Editores, Lima, 2010, p. 562.

excedente en la cabida da lugar a una disminución o a un aumento proporcional en el precio (*infra,* N°s III,4,4.1,b y III,4,4.2,b).

3. Requisitos

Los requisitos necesarios para que el vendedor responda por defectos de cabida en la venta de un inmueble *ad mensuram* o a razón de tanto por medida conforme al artículo 1.496 son los siguientes: 1) la venta debe tener por objeto un inmueble determinado; 2) la cabida del inmueble tiene que indicarse en el contrato; 3) el precio debe fijarse a razón de un tanto por medida; y 4) es necesario que exista un problema de cabida.

Pasamos a referirnos a cada uno de estos requisitos.

3.1. Venta de un inmueble determinado

Es necesario que la venta tenga por objeto un inmueble específico y determinado. Como se dijo, existen distintas maneras de individualizar o identificar el inmueble objeto de la venta. El inmueble vendido debe estar determinado, individualizado o identificado. Por lo cual, si la venta tiene por objeto una extensión de terreno que debe segregarse de otra superficie mayor como, por ejemplo, si vendo mil metros cuadrados de terreno a razón de cien bolívares el metro cuadrado que se afirma que están comprendidos dentro de una superficie de mayor extensión, es evidente que dicha venta no se encuentra comprendida dentro del ámbito de aplicación del artículo 1.496[36].

La venta de un inmueble determinado a razón de un tanto por medida es una venta en la cual el fundo está correctamente ubicado y es cierto y se identifica como tal en el momento del contrato. La medición no afecta a la cosa sino que es un elemento que contribuirá a la cuantificación del precio. El precio es cierto: tanto la unidad de medida[37]. Falta

---

36 Luigi Borsari, *Commentario del Codice Civile Italiano,* Vol. IV, Parte Prima, Unione Tipografico-Editrice Torinese, Turín, 1878, p. 352; Francisco Ricci, ob. cit., Tomo XV, p. 364.

37 Mediante sentencia del 25 de abril de 2003, la Sala de Casación Civil del Tribunal Supremo de Justicia decidió que la circunstancia de que el precio de la venta fijado en el contrato esté sometido a un ajuste, a razón de mil bolívares por metro cuadrado, en función de una medición posterior del terreno cuando la diferencia en la superficie del inmueble vendido fuese superior al dos por ciento de lo estipulado en el contrato, no implica que la compra-

cuantificarlo pero esto puede hacerse mediante una simple operación material sin necesidad de un nuevo convenio entre los contratantes[38]. Por lo cual, la venta es perfecta desde que hay consentimiento de las partes acerca del inmueble vendido y el precio, y la cosa queda a riesgo y peligro del adquirente por efecto del consentimiento legítimamente manifestado aunque no se haya efectuado la tradición (Código Civil, artículo 1.161)[39].

En cambio la venta de una extensión de terreno que debe segregarse de otro fundo de mayor superficie no produce la transferencia inmediata de la propiedad cuando la medición es necesaria para localizar e identificar de común acuerdo lo segregado[40]. La doctrina francesa considera que se trata de un caso de venta condicional en la cual la medición opera como una condición suspensiva de la venta[41]. Por lo cual, ni la propiedad del inmueble se transmite ni este queda a riesgo y peligro del adquirente hasta tanto la porción del fundo vendida haya sido separada de la masa mayor. Y si la cosa perece o se destruye antes de la medición, el comprador no tiene que pagar el precio (Código Civil, artículo

venta carezca de precio o que el mismo sea incierto, puesto que "los elementos para la variación del precio fueron claramente delimitados en el contrato de venta" (Sentencia del 25 de abril de 2003 de la Sala de Casación Civil del Tribunal Supremo de Justicia. Disponible en: http://www.tsj.gov.ve/decisiones/scc/Abril/RC-00171-250403-02017.htm). Aunque en el caso *sub iudice* las partes habían fijado un precio global y lo sometieron a una variación a razón de un tanto por medida en función de una medición posterior del fundo, con mayor razón hay que concluir que si el precio se establece *ab initio* a tanto por unidad de medida, la medición del fundo no hace incierto el precio sino que solo incide en su cuantificación.

38 De La Puente y Manuel Lavalle, *Estudios sobre el Contrato de Compraventa*, Gaceta Jurídica Editores, Lima, 1998, pp. 166-167; Agustín Madrid Parra, ob. cit., pp. 65-66.

39 M. Troplong, ob. cit., (De la Vente) (Tome I), pp. 419 y ss.; G. Baudry-Lacantinerie y Léo Saignat, "De la vente et de l'échange", en *Traité Théorique et Pratique de Droit Civil*, París, Recueil, 1900, Tome XVII, p. 273.

40 Como afirma Medina de Lemus "en la mayoría de los casos en que tiene que segregarse la porción vendida de una masa mayor, esta determinación o especificación, es decir, la medición, no puede hacerse sin la presencia y colaboración de ambas partes contratantes cuando el fundo de mayor extensión del que ha de segregarse la extensión objeto de la venta tiene diferentes valores y calidades según sus diferentes porciones... Antes de la medición no hay objeto sobre el que recaiga el consentimiento" (Manuel Medina de Lemus, ob. cit., pp. 291-292 y 324-325).

41 Al respecto, véase: M. Troplong, loc. cit.; V. Marcadé, *Spiegazione teorico-pratica del Codice Napoleone contenente l'analisi critica degli autori e della iurisprudenza e seguita da un reassunto alla fine di ciascun titolo,* 3ª versione italiana, Vol. VIII, Nápoles, 1877, pp. 251 y ss.; G. Baudry-Lacantinerie y Léo Saignat, loc. cit.

1.203). Pero en realidad, antes de medir no hay objeto sobre el cual recaiga el consentimiento. La medición e identificación del inmueble resulta necesaria para el perfeccionamiento de la venta (arg.: *ex* arts. 1.141 <ordinal 2º> y 1.154 del Código Civil).

3.2. Indicación de la cabida

El artículo 1.496 del Código Civil se refiere a la venta de un inmueble con expresión de la cabida a razón de un tanto por medida. El supuesto de la norma es que se indique la cabida del inmueble objeto de la venta y se fije el precio a tanto por unidad de medida. La venta a tanto por unidad de medida en que se adquiere un inmueble determinado sin indicarse su extensión superficial se encuentra fuera del ámbito de la previsión legal. Por ejemplo, cuando te vendo un terreno situado entre tales límites a cinco mil bolívares el metro cuadrado. En este supuesto no puede darse exceso ni defecto de cabida por la sencilla razón de que no existe un punto de referencia sobre el cual estimarla. Las partes se limitan a convenir lo que resulte de la medición y esa es una cantidad exacta que no admite otras variaciones o modificaciones que las que se deduzcan del error en la medición, pero no de la expresión de una cabida en el contrato puesto que esta expresión nunca se hizo constar[42]. Para que entre en funcionamiento la llamada garantía de la cabida, ya lo hemos dicho, se requiere que el contrato indique la cabida del inmueble objeto de la venta. No solo lo dice el texto de la ley que regula las ventas a razón de tanto por medida sino que lo impone el sentido común toda vez que, por una parte, si no se indica la superficie del inmueble este sería vendido como un cuerpo cierto cualquiera que fuese su extensión (arg.: ex art. 1.502 del Código Civil) y, por otro lado, solo indicándose la cantidad puede existir un error en más o en menos[43]. En fin, si no se expresa la cabida falta el necesario dato en relación al cual se pueda establecer una comparación que permita hablar de una diferencia en más o en menos con respecto a la cabida real y lo que está siendo objeto

[42] Poco más o menos en el mismo sentido, véase: Colmet De Santerre, *Cours Analytique du Code Civil*, Tome VII, París, 1873, p. 76; V. Marcadé, loc. cit.; F. Laurent, ob. cit., Tomo XXIV, p. 205; Bernard Gross y Philippe Bihr, ob. cit., p. 191.

[43] Emidio Pacifici-Mazzoni, ob. cit., Vol. XII, p. 383.

de la venta es un bien inmueble cuyo precio se fija a tanto por medida, cualquiera que esta sea, circunstancias estas que excluyen cualquier error sobre la cabida.

3.3. Fijación del precio por unidad de medida

El criterio determinante de la venta según medida es que el precio se haya fijado a razón de tanto por unidad de medida. Esto es así aun en el caso de que se hayan fijado los linderos del fundo con toda claridad y precisión. Por ejemplo, te vendo una extensión de terreno de mil metros cuadrados, comprendida dentro de tales límites, a razón de tres mil bolívares el metro cuadrado o una hacienda de cien hectáreas ubicada en tal localidad a razón de cien mil bolívares la hectárea. Poco importa que se haya complementado este dato con el precio total (en los ejemplos anteriores se añadiría por tres millones bolívares y por diez millones bolívares, respectivamente), lo que no resulta necesario puesto que el precio total puede deducirse de la cabida mediante una simple operación matemática y la cabida, como se dijo, tiene que indicarse expresamente[44]. En fin, cuando se indica el precio del inmueble vendido por unidad de medida, a los efectos de la necesaria certeza y determinación del precio, no importa que en el contrato se haya indicado el importe total del precio, ya que lo que tiene relevancia es el precio por unidad de medida y, estando la cabida real en función de ambos datos, mediante una simple operación aritmética de multiplicación, puede obtenerse el monto total del precio del fundo de que se trate[45].

En todo caso para la configuración de la venta a tanto por medida se requiere que la conexión entre el precio y la unidad de medida resulte claramente del contrato, aunque no figure de modo expreso[46].

---

44 Francisco Degni, ob. cit., pp. 294-295.

45 Marcadé, V., ob. cit., Vol. VIII, p. 251; Domenico Rubino, ob. cit., pp. 112-113; José Mª Sanahúja Soler, p. 209; Agustín Parra, ob. cit., p. 66. En contra: F. Laurent, ob. cit., Tomo XXIV, pp. 205-206.

46 Inmaculada Herbosa Martínez, *El Contrato de Compraventa Civil,* Editorial Aranzadi, Pamplona, 2013, p. 274. En la doctrina italiana Greco y Cottino afirman que la venta puede ser a tanto por unidad de medida aun cuando se indique un precio global, siempre y cuando del contrato o de las particulares circunstancias que rodeen su fijación, resulte que el precio ha sido establecido en relación directa con la superficie del inmueble, puesto que de la confrontación del texto de los artículos 1.537 y 1.538 del *Codice*, se desprende

3.4. Problema de cabida

Por supuesto, para que el vendedor responda conforme a lo dispuesto en el artículo 1.496 del Código Civil es necesario que el inmueble tenga una cabida distinta de la expresada en el contrato. El artículo 1.496 se refiere a los supuestos en los que exista un exceso o defecto de cabida. Como se dijo atrás, las reglas especiales relativas a la cabida se aplican en los casos en los cuales exista una diferencia entre la cantidad efectiva del fundo en el momento en que se perfecciona el contrato y la cantidad erróneamente indicada en el mismo. Por consiguiente, el artículo 1.496 no es aplicable cuando exista una diferencia entre la cabida del inmueble en el momento de la celebración del contrato, expresada correctamente en el mismo, y la cabida efectiva en el momento de la entrega. Esta última situación da lugar a un incumplimiento parcial o a un cumplimiento inexacto o defectuoso en la obligación de entrega que, en su caso, autoriza a la restitución de las prestaciones y al resarcimiento de los daños y perjuicios (*supra*, Nº II,1.1).

4. Efectos de los defectos de cabida

Mediante la indicación del precio de cada medida los contratantes manifiestan su voluntad de conceder una gran importancia a la medida y que el precio sea exactamente proporcional a la cantidad de medida. El legislador tiene en cuenta esa intención para establecer las consecuencias derivadas de una discrepancia entre la cabida expresada en el contrato y la que realmente tenga el inmueble vendido[47].

En las ventas a razón de tanto por medida hay dos posibilidades: que la cabida real sea menor o mayor que la señalada en el contrato. En principio ello implicaría una disminución o un aumento del monto del

---

que esas disposiciones toman más en consideración la voluntad de los contratantes que el modo como dicha voluntad se haya manifestado (Paolo Greco y Gastone Cottino, ob. cit., p. 417). No obstante, citan una decisión de la Casación italiana en la que se indica como criterio subsidiario de interpretación para calificar a una venta *ad mensuram* la circunstancia de que no se hubiere mencionado un precio global (*ibíd*, p. 418, especialmente, la nota 1 y la sentencia de la Casación italiana allí citada).

47 G. Baudry-Lacantinerie y Léo Saignat, ob. cit., Tome XVII, p. 270; Césare Luigi Gasca, ob. cit., Vol. II, p. 90; Francisco Degni, ob. cit., pp. 294-295; Giovanni Santarcangelo, ob. cit., pp. 249-250.

precio, pero en este último caso pasados determinados límites el legislador ofrece soluciones alternativas.

Nos toca ahora examinar estos supuestos y la solución legal aplicable en cada caso.

4.1. Fundo que tenga menor cabida que la expresada en el contrato

Es la situación prevista en el segundo párrafo del artículo 1.496 del Código Civil según el cual "si la venta de un inmueble se ha hecho con expresión de su cabida, a razón de tanto por medida, el vendedor está obligado a entregar al comprador que lo exija, la cantidad expresada en el contrato".

a. Cumplimiento de lo expresado

Como el legislador tiene muy en cuenta la importancia que las partes le han asignado a la exactitud de la cabida en las ventas a razón de un tanto por unidad de medida, ordena que el vendedor entregue al comprador que lo exija todo cuando se haya expresado en el contrato. *Si hay un déficit de cabida, el comprador tiene derecho a que el vendedor le entregue la extensión faltante conforme a lo indicado en el contrato.* Lo primero que puede pues exigir el comprador es el cumplimiento en especie de la obligación.

La alusión a que "el comprador lo exija" en realidad parece superflua porque establecida la obligación del vendedor de entregar al comprador toda la medida del inmueble que fue convenida, si el primero no puede o no quiere hacerlo y el segundo acepta tácitamente el fundo con esa falta en la cabida, el legislador no tiene porqué cuidar los intereses de dicho comprador más que el mismo. Además, si el comprador consiente en recibir una superficie menor, se habrá producido una novación modificativa del contrato de compraventa[48].

Hasta aquí la disposición legal solo confirma los principios generales según los cuales el contrato es ley entre las partes (Código Civil, artículo 1.159), las obligaciones deben cumplirse exactamente como han sido contraídas (Código Civil, artículo 1.264), y el vendedor, por

[48] Gabriel García Cantero, ob. cit., pp. 245-246.

su parte, está obligado a entregar la cosa en toda la cantidad expresada en el contrato (Código Civil, artículo 1.496, primera parte). La especialidad de la norma estriba en la regulación que hace de las discrepancias entre lo expresado en el contrato y la realidad. En principio, es irrelevante la causa de esta discrepancia: error del vendedor, del comprador o de ambos, cálculo incorrecto efectuado por un perito, errónea expresión de la cabida en la cadena de los títulos etc. El legislador se fija solo en el resultado arrojado por la medición efectuada al ejecutarse el contrato y comprobarse una disminución o aumento de cabida[49].

Como se dijo, en caso de déficit en la cabida en la venta a razón de tanto por unidad de medida, lo primero que el comprador tiene derecho a exigir es la porción faltante hasta completar la cabida indicada en el contrato.

Ahora bien, si el fundo adyacente del vendedor del cual deba detraerse la porción faltante de la cabida es de calidad inferior o superior a la del fundo vendido se presentan algunas dificultades. En el primer caso –calidad inferior–, el comprador que exige la cantidad que falta debe pagarla al mismo precio que pagó por cada unidad del inmueble, porque el texto legal no admite que se hagan variaciones sobre el *quantum* del precio fijado por unidad de medida. Y frente a este perjuicio, el comprador puede siempre optar por rechazar la cantidad faltante y pedir una reducción del precio (*infra*, Nº III,4,4.1,a). Pero si el inmueble contiguo resulta de calidad superior, ¿deberá contentarse el vendedor con el mismo precio que, en efecto, es menor que el valor de la superficie que se suplementa? La doctrina italiana en general se pronuncia por la afirmativa, ya que así se deduce del texto literal del precepto legal y, además, porque por equidad correlativa, si en el caso inverso el comprador sufre el daño, aquí debe atribuirse el beneficio, aparte de que es al vendedor a quien corresponde asumir las consecuencias del error en la cabida por él manifestada[50].

Por lo que respecta al sitio de donde deba tomarse la parte que falta y el modo de hacerlo, se afirma que no deben pronunciarse juicios en abstracto, las dudas han de resolverse *arbitrio boni viri*. A lo sumo,

49 Manuel Medina de Lemus, ob. cit., p. 279.

50 Emidio Pacifici-Mazzoni, ob. cit., Vol. XII, p. 387.

debe tomarse de aquella parte y en el modo que favorezca mejor la determinación de los límites de las respectivas propiedades del comprador y del vendedor[51].

b. Reducción del precio

Luego dice el artículo 1.496 "cuando esto no sea posible, o el comprador no lo exija, el vendedor estará obligado a sufrir una disminución proporcional en el precio". Cuando el inmueble tiene una extensión menor que la prometida, *el comprador puede exigir* la entrega de la cantidad expresada en el contrato u obtener *una reducción proporcional en el precio*. Supongamos que A le vende a B un fundo de veinte hectáreas a razón de cien mil bolívares la hectárea. Supongamos que el fundo solo mide diecinueve hectáreas. Como la extensión es inferior a la expresada en el contrato, B puede exigirle a A que le entregue la hectárea que falta si esto es posible. Si el comprador tuviere un terreno adyacente de la misma naturaleza del que pueda segregarse la hectárea faltante no habría, al menos en principio, imposibilidad y el comprador podría exigirle al vendedor la entrega de la extensión deficitaria. Si ello no fuere posible o si el comprador no lo exige, el precio será reducido proporcionalmente, esto es, en cien mil bolívares; puesto que si el precio continuase siendo de dos millones de bolívares, cada hectárea de terreno se encontraría vendida por un precio mayor del convenido.

La imposibilidad ha de basarse en un motivo objetivo como, por ejemplo, que no exista posibilidad material de entregar una mayor cabida o que, existiendo esta, no pertenezca al propietario[52]. En última

---

51 *Ídem.*

52 Se admite que si no existe un fundo contiguo perteneciente al vendedor de donde se pueda tomar la parte que falta, este no está obligado a adquirir de un tercero la porción faltante para proporcionar el déficit de cabida en especie, puesto que *nemo ad imposibilita tenetur*. Si, por ejemplo, el vendedor no posee más que el fundo X situado en determinada localidad y se indica que tiene veinte hectáreas de extensión, cuando en realidad no tiene más que dieciocho, no puede obligársele a adquirir del vecino las dos hectáreas que faltan, ni siquiera en el caso de que este último estuviese dispuesto a cederlas en las mismas condiciones, porque en el momento de la venta el vendedor solo tenía la intención de ceder lo suyo y, bajo ningún respecto, parte del fundo vecino. Este criterio es compartido por Gorla quien afirma que el artículo 1.473 del Código Civil italiano de 1865 (idéntico al artículo 1.496 (segunda y tercera parte) del Código Civil venezolano) supone la garantía para el comprador de una medida exacta, pero si no es posible entregar la cantidad que falta, no está

instancia, corresponde al juez apreciar si dicha imposibilidad concurre o no y, en caso de que esta falte, condenar al vendedor a la entrega de lo expresado en el contrato.

El comprador tendrá derecho al complemento de la extensión o a la reducción del precio, por mínima que fuese la diferencia[53]. Así, por ejemplo, si el inmueble midiese diecinueve hectáreas y nueve mil metros cuadrados, el comprador tendrá derecho a exigir los mil metros cuadrados de terreno faltantes o la reducción de diez mil bolívares en el precio. El precio total será entonces de un millón novecientos noventa mil bolívares. Obsérvese que la disminución del precio, en el caso de menor cabida, se refiere y afecta al precio total, no al precio de la unidad de medida que permanece inalterable, esto es, a razón de cien mil bolívares la hectárea.

La ley le acuerda pues al comprador la opción de exigir la cantidad faltante u obtener una reducción en el precio de forma absoluta (salvo el caso de imposibilidad de consignar la cantidad indicada en el contrato), independientemente de la mayor o menor deficiencia de cabida. Es la solución correcta sobre todo si se tiene en cuenta que el comprador tiene el derecho a exigir el exacto cumplimiento de la obligación por parte del vendedor o, si así lo prefiere, el derecho de hacer reentrar en su patrimonio el suplemento del precio que representa el déficit de cabida del inmueble vendido.

---

obligado el vendedor a adquirir el fundo contiguo (lo contrario resultaría de la aplicación del artículo 1.459, sustancialmente equivalente al artículo 1.483 del Código Civil venezolano sobre la venta de la cosa ajena), ni obligado a responder de los daños, sino solo a consentir en el segundo modo o manera de garantía de este precepto, que es la disminución del precio (Gino Gorla, ob. cit., p. 191). Pero, como aclara Pacifici Mazzoni, no hay duda de que el texto del artículo 1.473 del Código Civil italiano, como se dijo idéntico al artículo 1.496 de nuestro Código Civil, dice claramente y dos veces "cuando el comprador lo exija". De ahí que, en criterio de este autor, la rebaja del precio es un recurso excepcional toda vez que el comprador como acreedor puede siempre fundamentar su pretensión a la entrega de la cantidad faltante aduciendo que él consintió en la compra de un inmueble determinado con la extensión indicada y que solo le corresponde a él apreciar la conveniencia de aceptar una menor extensión del inmueble vendido (Emidio Pacifici-Mazzoni, ob. cit., Vol. XII, pp. 386-387).

53 G. Baudry-Lacantinerie y Léo Saignat, ob. cit., Tome XVII, p. 271; Marcelo Planiol y Jorge Ripert, ob. cit., Tomo X, p. 276; F. Laurent, ob. cit., Tomo XXIV, p. 206; Giovanni Santarcangelo, ob. cit., p. 250.

La disminución en el precio debe ser proporcional a la diferencia de cantidad que tenga efectivamente el inmueble vendido en el momento en que se perfeccionó el contrato. El texto de la ley es absolutamente claro al respecto. Si, por ejemplo, A le vende a B el fundo X de cien hectáreas por setenta mil bolívares, a razón de setecientos bolívares la hectárea y faltan cinco hectáreas, B tendrá que pagarle sesenta y cinco mil quinientos bolívares que constituye la cantidad exactamente equivalente que corresponde a las noventa y cinco hectáreas existentes en la realidad.

En el caso de que el terreno vendido se componga de porciones de diferente calidad, ni el comprador puede alegar que falta una parte del mejor terreno para pretender una mayor reducción del precio, ni el vendedor que falta la parte de peor calidad para limitar dicha reducción. La ley dice claramente "disminución proporcional", porque cuando el precio se ha establecido a razón de un tanto por unidad de medida se hace abstracción de la calidad de cada unidad por separado, considerándose como si fuera igual todo el terreno, ajustado pecuniariamente por el valor medio de todas las partes singulares y su calidad.

Ahora bien, también se puede establecer el precio total en razón de un tanto por unidad de medida indicando separadamente medidas singulares en atención a las distintas calidades de las partes del inmueble como, por ejemplo, cuando se venden cien hectáreas de pasto, doscientas de terreno cultivable y trescientas de terreno edificable, a razón de seiscientos bolívares la hectárea de pasto, ochocientos bolívares la hectárea de terreno cultivable y mil doscientos bolívares la hectárea de terreno edificable, en cuyo caso la reducción en el precio debe hacerse de manera proporcional a la cantidad faltante de cada calidad[54].

Desde luego, si el precio total aún no se ha pagado, el comprador lo pagará proporcionalmente disminuido. Y, en caso contrario, tendrá derecho a la restitución proporcional del excedente del precio pagado (Código Civil, artículo 1.496, tercera parte).

---

54 La doctrina clásica italiana en general está de acuerdo con los particulares expuestos. Al respecto, véase: Césare Luigi Gasca, ob. cit., Vol. II, pp. 96-97; Emidio Pacifici-Mazzoni, ob. cit., Vol. XII, p. 389; Francisco Ricci, ob. cit., Tomo XV, pp. 368-369.

c. ¿Puede el comprador desistir del contrato?

Cuando existe un déficit de cabida se plantea el problema de si puede el comprador en vez de optar por una disminución del precio desistir del contrato. Así, por ejemplo, cuando el fundo en lugar de tener una superficie de veinte hectáreas como se indica en el contrato tenga diecinueve o dieciocho hectáreas de extensión.

La posibilidad de desistir del contrato no está contemplada en el tercer aparte del artículo 1.496 y está, por tanto, excluida según se desprende de la confrontación de esta disposición con la que le sigue. Como se indica poco más adelante, el artículo 1.496 en su último párrafo, que regula el supuesto inverso del examinado hasta ahora, le concede explícitamente al comprador, en caso de que exista un excedente de la cabida en relación con la indicada en el contrato, la opción de desistir del contrato, pero establece como una condición especial para ello que el exceso de la cabida efectiva del fundo sea superior a un vigésimo, esto es, al cinco por ciento de la cantidad declarada (*infra*, Nº III,4,4.2,c). No es razonable que el legislador le conceda al comprador la opción de desligarse del contrato solo cuando el excedente de la cabida sobrepase un mínimo y que, en cambio, la deficiencia de la cabida le permita desistir del contrato, cualquiera que sea su monto.

Ahora bien, como indicamos en su oportunidad, cuando resulte que el motivo determinante del consentimiento del comprador haya sido la adquisición del fundo con una extensión determinada para un fin particular que requiera dicha extensión y no una inferior como, por ejemplo, cuando se adquiere un terreno para establecer una determinada instalación industrial para la cual las ordenanzas municipales requieren una superficie igual a la indicada en el contrato; de resultar la cabida efectivamente inferior a la declarada, el comprador podrá pedir la anulación del contrato por haber experimentado un error esencial en la cabida, conforme a lo dispuesto en los artículos 1.146 y siguientes del Código Civil[55].

---

55 Jérôme Huet, ob. cit., p. 463, especialmente, la nota 208 y la jurisprudencia de los tribunales franceses allí citada; Gabriel García Cantero, ob. cit., p. 247; Inmaculada Herbosa Martínez, ob. cit., p. 280.

4.2. Fundo que tenga mayor cabida que la expresada en el contrato

a. Consideraciones generales

Puede ocurrir que la extensión real del inmueble sea superior a la declarada. A esta situación se refiere el último párrafo del artículo 1.496 según el cual "si se encuentra que la cabida del inmueble es superior a la expresada en el contrato, el comprador debe pagar la diferencia del precio; pero puede desistir del contrato si el excedente del precio pasa de la veintava parte de la cantidad declarada."

Se trata de la segunda posibilidad prevista en el Código Civil que se puede dar en relación con la cabida en la compraventa de inmuebles a tanto la medida. Por ejemplo, vendo mi fundo X de una extensión de veinte hectáreas a mil bolívares la hectárea. Supongamos que el fundo tenga veintidós hectáreas, en lugar de veinte. Se tiene, por tanto, un exceso de cabida superior a una vigésima parte. El comprador puede optar por pagar el suplemento de dos mil bolívares, esto es, veintidós mil bolívares en vez de veinte mil, o desistir del contrato. En cambio, cuando la extensión no sobrepase la vigésima parte, esto es, un cinco por ciento (por ejemplo, si el fundo tuviese veinte hectáreas y media en lugar de veinte), el comprador debe pagar el suplemento del precio sin tener en este caso la opción de desistir del contrato. Por consiguiente, cuando la cabida real del inmueble exceda la declarada en el contrato, se establece la obligación del comprador de pagar el suplemento del precio. Sin embargo, como ello supone una obligación por él no convenida, es decir, una obligación que no habría surgido a su cargo de no existir una discordancia con la cabida expresada en el contrato, la ley le concede la facultad de desistir del contrato. Como la ley no quiere que las ventas queden sin efecto por pequeñas diferencias, admite al mismo tiempo una cierta tolerancia, en el sentido de que el comprador solo tendrá esta facultad, cuando el exceso sobrepase la vigésima parte de la medida declarada[56].

El tratamiento que le da nuestra legislación civil al aumento de la cabida difiere del que consagra para el caso de un déficit en la cabida.

---

56 Ruggero Luzzatto, ob. cit., pp. 373-375.

En este último caso, como se dijo, el comprador tiene derecho a que el vendedor le entregue la parte faltante y, si esto no fuere posible, el comprador tiene derecho a obtener una reducción proporcional en el precio. En cambio, cuando la cabida resulta superior a la prometida, el comprador tiene que pagar el suplemento de precio, pero si el aumento del precio fuese superior a la vigésima parte de la cantidad declarada, él tendrá el derecho a desistir del contrato.

La razón por la cual se le concede al comprador la facultad de desligarse del contrato cuando existe un aumento en la cabida del inmueble vendido, pero no cuando este adolece de una deficiencia en la cabida, estriba en que en el caso de defecto de cabida es lógico pensar que si el comprador podía pagar un precio mayor, también podrá pagarlo disminuido; en cambio, en el caso de exceso de cabida, el comprador puede carecer de recursos suficientes para pagar un precio superior al precio convenido[57]. En estas circunstancias, *la equidad* requiere que el comprador pueda desvincularse de una compraventa que le impone obligaciones por encima de sus cálculos y quizás de sus medios económicos; el último aparte del artículo 1.496 le concede esta facultad[58].

El límite de la vigésima parte es enteramente convencional. A los ojos de la ley, habiendo el comprador adquirido un inmueble a razón de un tanto por medida, él ha debido prever que podía existir un leve aumento en la extensión del inmueble y, por tanto, un incremento proporcional en el precio el cual, por lo demás, será mínimo ya que de

---

57 José Castán Tobeñas, ob. cit., Tomo IV, p. 115; José María Manresa y Navarro, *Comentarios al Código Civil Español*, Tomo X, Editorial Reus, Madrid, 1931, p. 143. Además, según se evidencia de las discusiones que precedieron la aprobación del Código Napoleón, esas fueron las razones que privaron para la adopción del artículo 1.617 del *Code*, sustancialmente equivalente al artículo 1.496 (primera y segunda parte) del Código Civil venezolano. Al respecto, véase: F. Laurent, ob. cit., Tomo XXIV, p. 207.

58 En la doctrina italiana que se refiere al *Codice* de 1942, Rubino fundamenta el derecho de desistimiento del comprador en razones de equidad (Domenico Rubino, ob. cit., p. 116). En cambio, D'Avanzo considera que el derecho de desligarse del contrato en este caso constituye, por un lado, el remedio concedido al comprador a quien no puede obligarse a soportar el perjuicio de tener que pagar un precio superior y, por el otro, la consecuencia lógica y natural de una mutación de una de las dos obligaciones fundamentales derivadas de la venta (W. D'avanzo, Voz "Recesso" (Diritto Civile), en *Novissimo Digesto Italiano*, Vol. VI, Unione Tipografico-Editrice Torinese, diretta da Antonio Azara e Ernesto Eula, Turín, 1967, p. 1045).

sobrepasar la vigésima parte (o sea, el cinco por ciento), el comprador podrá siempre desistir del contrato[59].

En resumidas cuentas, conforme a la última disposición del artículo 1.469, vendido el inmueble a tanto la medida si resulta que la cabida del mismo es mayor que la indicada en el contrato, el Código distingue: Si la diferencia no pasa de la vigésima parte, el contrato se mantiene en pie, si bien el comprador se verá obligado a pagar el correspondiente aumento de precio. En cambio, si el exceso pasa de la vigésima parte, el comprador tiene la posibilidad de optar por el aumento del precio o desistir del contrato[60].

b. Reajuste del precio

La obligación del comprador de pagar el suplemento del precio cuando la cabida del inmueble resulte mayor a la expresada en el contrato constituye la solución paralela a la prevista para el caso de que el fundo tenga menor cabida que la indicada en el contrato, de modo que

59 Conviene tener en cuenta, sin embargo, que si bien es dable suponer que en la generalidad de los casos el comprador podrá soportar el sacrificio que le suponga pagar un precio mayor, habrá evidentemente supuestos en los cuales, sea por la elevada cifra que pueda alcanzar esta vigésima parte, sea porque dada una precaria situación económica del comprador, a este le resulte difícilmente atendible el pago de un precio superior. Además, subjetivamente, siempre existirá la posibilidad de que para un determinado comprador esa vigésima parte en el aumento del precio represente un mayor sacrificio que para otro, un porcentaje de aumento aún mayor. Pero la ley solo ha regulado situaciones de carácter general, abstracto e impersonal.

60 Cabe hacer notar que cuando se vende un fundo con indicación de la cabida a razón de tanto por medida como, por ejemplo, cuando se vende el fundo tal con una extensión de cien hectáreas a razón de cien mil bolívares la hectárea, otorgado el documento y efectuada la tradición de la cosa vendida, el vendedor se ha desprendido de la propiedad *de la totalidad del fundo*, pues la intención fue vender el fundo entero y no el número de hectáreas que se dieron como extensión del mismo. De ahí que si luego apareciere que el fundo vendido tenía más de cien hectáreas (por ejemplo, ciento veinte), el vendedor no podría intentar la acción reivindicatoria con que el artículo 548 del Código Civil favorece al propietario. Tampoco podría considerarse en ese caso que el comprador ocupa o detenta ilegalmente el exceso de cabida, ya que dicho excedente también le fue vendido. Lo que ese vendedor tendría contra el comprador es la acción para obtener el suplemento del precio prevista en el artículo 1.496 del Código Civil, sin perjuicio de la facultad del comprador de desistir del contrato conforme a dicha previsión legal. Así lo ha dejado establecido la jurisprudencia de nuestros tribunales. Al respecto, véase: Sentencia del 4 de mayo de 1966 de la Sala de Casación Civil, Mercantil y del Trabajo de la Corte Suprema de Justicia, en *Gaceta Forense*, Segunda Etapa. Nº 52, p. 383.

en este caso es el vendedor quien podrá exigir al comprador que ajuste su prestación a la cabida expresada en el contrato y pague el exceso de precio, aunque como ya dijimos esta obligación solo es exigible si la diferencia no pasa de la vigésima parte.

Obsérvese que el límite se fija en "pasar" de la vigésima parte. Por tanto, si la diferencia consiste en menos o exactamente la vigésima parte, no hay posibilidad de opción; solo cabe el aumento del precio.

En el caso de exceso de cabida, el legislador no indica que el aumento debe ser proporcional, como sí lo dice en el tercer párrafo del artículo 1.496 al regular el déficit de cabida. Pero es obvio que existe la misma razón para aplicar la solución legalmente prevista para el supuesto de déficit de cabida (*eadem ratio legis*); por lo cual, el aumento deberá ser proporcional al exceso de cabida[61]. El suplemento de precio debe pues ser proporcional a la cantidad excedente del mismo modo que en el supuesto contrario la disminución es proporcional a la deficiencia de la cuantía. El precio aumentará en el monto que resulte de multiplicar el precio de la unidad de medida por el número de estas que exceda de la cabida señalada en el contrato.

El comprador, por supuesto, debe pagar el suplemento de precio correspondiente a todo el excedente de la cabida y no solo el que corresponda al exceso de cabida que supere el vigésimo de la cantidad declarada en el contrato. El vigésimo solo opera como posibilidad para optar por el desistimiento del contrato, pero no para pagar el excedente del precio que deberá cancelar el comprador en todo caso si desea mantener en pie el contrato. El artículo 1.496 es absolutamente claro al respecto[62].

---

61 Jérôme Huet, ob. cit., p. 463; Agustín Madrid Parra, ob. cit., p. 78; José María Manresa y Navarro, loc. cit.

62 El artículo 1.618 del Código Napoleón, en cambio, solo consagra la obligación de pagar el exceso de cabida que supere el vigésimo, pero nada dice para el caso en el cual la diferencia no llegue al vigésimo; por lo cual, la doctrina deduce la obligación de pagar el suplemento del precio en este supuesto interpretando a *contrario sensu* el artículo 1.617 del *Code*. Al respecto, véase: C. Aubry y C. Rau, ob. cit., Tome V, pp. 69-70, especialmente, la nota 23; G. Baudry-Lacantinerie y Léo Saignat, ob. cit., Tome XVII, pp. 271-272; F. Laurent, ob. cit., Tomo XXIV, pp. 208-209. Sin embargo, cuando se aprobó el Código Civil italiano de 1865, por iniciativa del Senado de Savoya, se modificó la redacción del artículo 1.618 del *Code* estableciéndose el pago del exceso en todo caso (art. 1.474). Al respecto, véase: Emidio Pacifici-Mazzoni, ob. cit., Vol. XII, p. 391. El artículo 1.474 del Código

c. Alternativa entre reajuste del precio o desistimiento

De acuerdo con el artículo 1.496, ya lo hemos dicho, si el excedente del precio sobrepasa la vigésima parte de la cantidad declarada en el contrato, el comprador puede desistir del contrato. Por consiguiente, en el caso de que la diferencia exceda de la vigésima parte, el vendedor solo podrá exigir el cumplimiento con carácter alternativo, de tal manera que sea el comprador quien elija si prefiere cumplir (esto es pagar), o desistir del contrato, sin tener que alegar razón alguna para ello[63]. Como la ley no ha querido sustituirse a las partes, deja al comprador la facultad de elegir, según convenga a sus intereses, entre mantener firme el contrato con un ajuste en el precio, o desligarse de él. El último aparte del artículo 1.496 le concede esta facultad.

Respecto de la facultad de desistir del contrato que esa disposición legal le confiere al comprador, caben las siguientes consideraciones:

1) El Código Civil en el artículo 1.496 se refiere en forma imprecisa *al derecho del comprador a desistir del contrato* en caso de que exista un exceso de cabida[64]. Con todo, como no se trata del clásico derecho de desistimiento como medio de terminación unilateral de algunos contratos que recoge nuestra legislación civil como, por ejemplo, el desistimiento del contrato de obras (Código Civil, artículo1.639), del contrato de mandato (Código Civil, artículos 1.706 y 1.709) o del contrato de trabajo (Ley Orgánica del Trabajo, artículos 77 y 78), bien podría haber empleado la ley el término *rescindir* que se ajusta más a la opción del comprador de obtener la regularización del contrato o desligarse de él a través del ejercicio de una acción de rescisión que le concede la ley en virtud de la lesión que experimenta cuando la diferencia entre la cabida

---

Civil italiano de 1865 fue copiado *ad pedem litterae* en el artículo 1.496 del Código Civil venezolano de 1873, permaneciendo igual hasta nuestros días.

63 W. D'avanzo, ob. cit., p. 1046.

64 El término se toma del artículo 1.618 del Código Napoleón que habla de "*se désister du contrat*" y del artículo 1.477 del Código Civil italiano de 1865 que expresa la posibilidad "di recedere dal contratto", indicándose tal y como lo hacen el Código Civil italiano de 1942 y el Código Civil venezolano, las consecuencias que produce el desistimiento: El vendedor tiene que devolver el precio recibido y los gastos del contrato (Código Civil francés, art. 1.621; Código Civil italiano de 1865, art. 1.477 y Código Civil venezolano, art. 1.499) (*infra*, Nº V,2 y V,4).

del inmueble declarada en el contrato y la que resulte tener en la realidad, exceda de un veinteavo[65].

2) El derecho de desistimiento solo corresponde al comprador, no al vendedor. El artículo 1.496 del Código Civil venezolano (al igual que los artículos 1.618 del Código Civil francés, 1.474 del Código Civil italiano de 1865, 1.537 del *Codice* y 1.575 del Código Civil peruano) no otorga al vendedor la misma facultad de dejar sin efecto el contrato, pues él como propietario ha debido conocer el área exacta de su fundo[66]. El vendedor, en caso de mayor medida, solo puede reclamar el precio de la diferencia, siempre y cuando el comprador no opte por desligarse del contrato.

3) Se plantea el problema de si el excedente de más de una vigésima parte de la cantidad declarada debe traducirse, además, en un exceso de más de una vigésima parte del precio total convenido, para que el comprador pueda desistir del contrato.

Desde luego, si se ha fijado un solo precio por cada unidad de medida no se plantea el problema puesto que a cada aumento de un vigésimo en la medida corresponde necesariamente un aumento de más de un vigésimo en el precio total.

---

65 En contra, en la doctrina clásica, Laurent al comentar el artículo 1.621 del *Code* considera que este derecho de desistimiento constituye, en realidad, una acción de resolución (F. Laurent, ob. cit., Tomo XXIV, p. 217). En cambio, Scalamandre cuando comenta el artículo 1.477 del Código Civil italiano de 1865 (idéntico al artículo 1.499 de nuestro Código Civil) afirma que hay que parangonar este derecho de desistimiento con la acción de rescisión que corresponde al vendedor por causa de lesión (Girolamo Scalamandre, *Commentario del Codice Civile italiano* per Giovanni Vignali, Vol. VI, Federico Corradi Editore, Nápoles,1899, p. 107). En la doctrina italiana que se refiere al *Codice* de 1942, Rubino considera que se trata más bien de un supuesto de revocación puesto que el contrato se considera como si jamás se hubiese celebrado y su terminación produce efectos retroactivos (Domenico Rubino, ob. cit., p. 113), aunque este autor reconoce que existe doctrina y jurisprudencia italiana que no considera que el derecho de desistimiento del contrato previsto en el artículo 1.539 del *Codice* sea un supuesto de revocación del contrato. (*Ibidem*, nota 36-bis). Igualmente, en la doctrina italiana, Luminoso considera que este derecho de receso del comprador constituye una revocación del contrato con eficacia retroactiva (Angelo Luminoso, "I contrati tipici e atipici", en *Trattato di Diritto Privatto* a cura di Giovanni Iudica e Paolo Zatti, Giuffrè Editore, Milán, 1995, p. 59). En la doctrina nacional, en criterio de Mélich-Orsini, la ley emplea impropiamente el término resolución en el artículo 1.500 puesto que, en realidad, se trata de una verdadera acción de rescisión (José Mélich-Orsini, *La Resolución del Contrato por Incumplimiento*, Academia de Ciencias Políticas y Sociales, Serie Estudios, N° 59, Caracas, 2003, pp. 25-26, especialmente, la nota 4; José Mélich-Orsini, *Doctrina General...cit.*, pp. 145-147).

66 Louis Josserand, ob. cit., p. 52; Mario Castillo Freyre, ob. cit., Tomo II, p. 582.

Pero si se han pagado distintos precios, por ejemplo, en atención a las distintas calidades de terreno del fundo vendido, el excedente de más de un vigésimo de la superficie del fundo no necesariamente comportará un excedente de más del vigésimo del precio total. Por ejemplo, vendo mi fundo X que tiene una extensión de cien hectáreas que se compone de cincuenta hectáreas de terreno de mejor calidad, a razón de mil bolívares la hectárea y de cincuenta hectáreas de terreno de inferior calidad, a razón de cien bolívares la hectárea. El fundo tiene seis hectáreas de la peor calidad de más. Hay pues un excedente de más del vigésimo de la extensión del fundo, pero no del precio total. ¿Puede el comprador desistir del contrato?

Según un sector de la doctrina clásica italiana, en tal caso no debería dársele al comprador este derecho puesto que el artículo 1.496 (*in fine*) presume que todas las partes del fundo son de la misma calidad o que al menos se han asignado a todas sus unidades de medida un solo y mismo precio. Pero cuando se han fijado distintos precios por unidad de medida en función de sus respectivas calidades, la comparación debe hacerse entonces no entre las dos cantidades del fundo sino entre sus respectivos precios[67].

Otros autores, en cambio, ateniéndose a la letra de la ley, sostienen que para que el comprador pueda desistir del contrato es suficiente que el excedente de cabida sobrepase en más de un vigésimo la superficie del fundo, aunque ello no comporte un excedente de más del vigésimo del precio total de la venta[68].

Por nuestra parte pensamos que el texto de la ley es claro. El legislador habla de un excedente del precio que sobrepase la vigésima parte de la *cantidad declarada*, no del precio total del inmueble. La comparación, por tanto, tiene que hacerse entre las dos cantidades del fundo y no entre sus respectivos valores o precios. Por consiguiente, al comprador le asiste el derecho de desistir del contrato cada vez que la mayor cabida del inmueble respecto de la expresada en el contrato se traduzca en un excedente superior a la vigésima parte de la cantidad declarada, independientemente de que dicho excedente sobrepase o no la vigésima

---

67 Emidio Pacifici-Mazzoni, ob. cit., Vol. XII, p. 394; Francisco Ricci, ob. cit., Tomo XV, p. 372.

68 Césare Luigi Gasca, ob. cit., Vol. II, pp. 100-101.

parte del precio total del inmueble. Una tesis más amplia no concuerda con el texto de la ley.

4) Cuando el excedente de cabida supere el vigésimo de la cantidad declarada, el comprador solo tiene la opción de pagar el suplemento de precio o desistir del contrato. La ley no obliga al comprador a prescindir de parte del fundo comprado puesto que ello equivaldría a forzar su voluntad y a desnaturalizar el contrato, imponiéndole una adquisición distinta de la que tuvo en mente al contratar[69]. Pero tampoco puede el comprador unilateralmente rechazar el exceso de cabida obligando al vendedor a entregar solo la cantidad expresada en el contrato. La ley no le concede este derecho porque se considera que una cosa vendida por entero no puede fraccionarse luego contra la voluntad del vendedor, cualquiera que fuese su entidad. Además, ello podría dar lugar a un fraccionamiento excesivo de la propiedad inconveniente para una explotación eficiente de los cultivos y contrario a las exigencias del comercio[70]. Se explica así que el legislador haya consagrado aquí una excepción al principio general consagrado en la primera disposición del artículo 1.496 según el cual el vendedor está obligado a entregar al comprador la cosa en toda la cantidad expresada en el contrato.

5) Con base en el principio de la autonomía del la voluntad que informa el Derecho de los contratos, el comprador puede renunciar a la facultad establecida en beneficio suyo de desistir del contrato y obligarse a pagar a tanto por unidad de medida todo lo que el inmueble exceda de la cabida declarada por el vendedor en el contrato, aunque sea más de la vigésima parte (*infra,* Nº VI,1). Por su parte, el vendedor puede impedir que el comprador desista del contrato renunciando al suplemento del precio lo que se explica porque en este caso, al no experimentar este último el perjuicio que le significaría tener que pagar un precio muy superior, cesa el motivo por el cual se le había concedido la opción de desligarse del contrato[71].

---

69 Quintus Mucius Scaevola, *Código Civil Comentado y Concordado,* Tomo XXIII, Segunda Edición revisada por Francisco Bonet Ramón, Vol. II. Editorial Reus, Madrid, 1970, p. 80.

70 Césare Luigi Gasca, ob. cit., Vol. II, p. 110; Francisco Ricci, ob. cit., Tomo XV, p. 370.

71 Emidio Pacifici-Mazzoni, ob. cit., Vol. XII, p. 395, especialmente, la nota 1 y la jurisprudencia de los tribunales italianos allí citada; Francisco Ricci, loc. cit., p. 373, especialmente, la nota 1 y la jurisprudencia de los tribunales italianos allí citada.

IV. DEFECTOS DE CABIDA EN LAS VENTAS *AD CORPUS*

1. Disposición legal

La venta *ad corpus* está contemplada en el artículo 1.497 del Código Civil que dice textualmente lo siguiente:

> En todos los demás casos en que la venta sea de un cuerpo determinado y limitado, o de fundos distintos y separados, sea que el contrato comience por la medida, sea que comience por la indicación del cuerpo vendido, seguida de la medida, la expresión de la medida no da lugar a ningún aumento de precio en favor del vendedor por el exceso de la misma, ni a ninguna disminución del precio en favor del comprador por menor medida, sino cuando la diferencia entre la medida real y la indicada en el contrato sea de una veintava parte en más o en menos, habida consideración al valor de la totalidad de los objetos vendidos, si no hubiere estipulación en contrario.

La disposición es una traducción casi literal del artículo 1.475 del Código Civil italiano de 1865 el cual, a su vez, recogió el texto del artículo 1.619 del Código Napoleón, con ligeras modificaciones.

Esta disposición de acuerdo con su tenor literal se aplica "en todos los demás casos". Como el artículo 1.496 que le precede regula la venta que recae sobre un bien inmueble cuyo precio se fija a razón de un tanto por unidad de medida, el artículo 1.497 se aplica cuando el precio del inmueble vendido no ha sido estipulado según medida sino en globo. Quedan comprendidas pues dentro del supuesto de hecho de la previsión legal, las ventas inmobiliarias cuyo objeto sea un cuerpo determinado y limitado o fundos distintos y separados donde la venta se hace por un precio global y no a razón de un tanto por unidad de medida[72].

---

[72] En la doctrina italiana, Greco y Cottino sostienen, en nuestro concepto acertadamente, que la venta *ad mensuram* constituye la excepción respecto de la regla general que es la venta *ad corpus* (Paolo Greco y Gastone Cottino, ob. cit., p. 418).

2. ¿Qué se entiende por venta *ad corpus*?

La venta *ad corpus* es la venta de un inmueble determinado con expresión de su cabida, pero concertando un precio único establecido globalmente en atención al cuerpo del bien y no a razón de un tanto por unidad de medida[73]. En la venta *ad corpus* el precio se fija en relación a la superficie del bien indicada en su conjunto; en la venta *ad mensuram*, el correspectivo se determina a razón de un tanto por unidad de medida[74].

Si la venta recae sobre un solo inmueble, se fija un precio único y total por el inmueble vendido. Por ejemplo, vendo mi hacienda de cien hectáreas ubicada en tal sitio por un precio de cincuenta millones de bolívares. Pero la venta *ad corpus* puede también tener por objeto fundos distintos y separados, siempre y cuando los mismos no sean vendidos como una sola cosa y por un precio único, sino cada uno de ellos por sus respectivos precios sin establecer ninguna relación entre cada medida y cada parte del precio. Por ejemplo, vendo mi hacienda A compuesta por el fundo X de cincuenta hectáreas por veinticinco millones de bolívares y por el fundo B de treinta y cinco hectáreas por quince millones de bolívares.

En las ventas *ad corpus* la importancia de la cabida es secundaria puesto que solo da lugar a un aumento o reducción en el precio cuando la diferencia de cabida, en más o en menos, sea igual o superior a la vigésima parte de la expresada en el contrato.

Para determinar si la venta es de un cuerpo cierto y limitado, poco importa que la indicación de la cabida se indique primero y a continuación la descripción del inmueble como, por ejemplo, cuando digo

---

73 Es, en esencia, la definición de Marcadé (ob. cit., Vol. VIII, p. 246). En la doctrina francesa moderna, véase: Jérôme Huet, ob. cit., p. 464. En la doctrina italiana, véase: Domenico Barbero, *Sistema del Derecho Privado*, Vol. IV (Contratos), Traducción castellana de Santiago Sentis Melendo, Ediciones Jurídicas Europa-América, Buenos Aires, 1967, p. 71; Francesco Galgano, ob. cit., § 9; Giovanni Santarcangelo, ob. cit., p. 252. En los mismos términos, en la jurisprudencia de nuestros tribunales, véase: Sentencia del 25 de junio de 2007 del Juzgado de Primer Instancia del Tránsito y Agrario de la Circunscripción Judicial del Estado Mérida. Disponible en: http://merida.tsj.gov.ve/decisiones/2007/junio/963-25-711-926.html.

74 Al respecto, véase: Giovanni Santarcangelo, loc. cit., especialmente, la nota 8 y la jurisprudencia de los tribunales italianos allí citada.

vendo veinte hectáreas de terreno ubicadas en tal sitio por veinte millones de bolívares, o al revés, por ejemplo, cuando digo te vendo un terreno ubicado en tal sitio de veinte hectáreas por un precio de veinte millones de bolívares.

En el Derecho intermedio, en cambio, esta diferencia en la forma tenía una influencia decisiva para determinar si el exceso o el déficit de la cabida debía dar lugar a un aumento o disminución en el precio, considerándose que solo en el primer caso debía producirse este resultado, porque las partes al haber indicado primero la cabida habían contratado principalmente en consideración a la cabida declarada; mientras que, en el segundo caso, como las partes habían señalado el inmueble vendido primero y después su cabida, habían tomado en consideración fundamentalmente el cuerpo cierto objeto de la venta y no tanto su cabida[75].

Esta distinción entre las ventas que comienzan por la medida y aquellas que comienzan por el cuerpo cierto que en el fondo no es más que un juego de palabras ha quedado definitivamente superada. Siempre que la venta no se haga a tanto por unidad de medida, se trata de una venta *ad corpus* y la fórmula empleada por las partes en la redacción del contrato no puede incidir en la naturaleza de la venta[76].

3. Requisitos

Los requisitos que deben concurrir para que el vendedor responda conforme al artículo 1.497 del Código Civil son los siguientes: 1) la venta debe tener por objeto un inmueble determinado como cuerpo; 2) debe indicarse la extensión o superficie del inmueble; 3) el precio no debe estipularse por unidad de medida sino en globo; y 4) La diferencia de cabida debe ser igual o superior a la vigésima parte.

Por supuesto, la carga de la prueba de estos hechos corresponde al interesado que los alegue (Código Civil, artículo 1.354 y Código de Procedimiento Civil, artículo 506)[77].

---

[75] Para un examen extenso y profundo del régimen jurídico aplicable a las modificaciones de cabida en el Derecho intermedio, véase: Manuel Medina de Lemus, ob. cit., pp. 60-105.

[76] Luis Sanojo, *Instituciones de Derecho Civil Venezolano*, Tomo III, Imprenta Nacional, Caracas, 1873, p. 289.

[77] Sentencia del 25 de junio de 2007 del Juzgado de Primer Instancia del Tránsito y Agrario de la Circunscripción Judicial del Estado Mérida. Disponible en: http://merida.tsj.gov.ve/decisiones/2007/junio/963-25-711-926.html.

3.1. Venta de un inmueble determinado

Al igual que la venta por unidad de medida, la venta *ad corpus* versa sobre un inmueble individualizado e identificado. La cosa que constituye el objeto de la venta debe siempre estar determinada a tenor de lo dispuesto en el artículo 1.497. El inmueble objeto de la venta habrá de ser determinado en su individualidad como cuerpo cierto. La forma apropiada de hacerlo es mediante la expresión de su situación y linderos (Código Civil, artículo 1.914). El inmueble queda así suficientemente delimitado y se satisface el requisito legal.

Pero la venta *ad corpus* puede igualmente tener por objeto varios inmuebles. El Código se refiere a "fundos distintos y separados" en cuyo caso cada uno de ellos debe estar debidamente individualizado. Será necesario reseñar la ubicación, linderos y cabida de cada uno de ellos que son los elementos que lo identifican. Como la ley exige que el inmueble aparezca individualizado, tratándose de dos o más inmuebles, habrá que proceder a la individualización de cada uno de ellos, salvo en el supuesto de una agregación de fundos, caso en cual será suficiente la delimitación del fundo que resulte de dicha agregación[78].

Además, como el legislador presupone que los fundos son de naturaleza y valor diferentes, a cada uno de ellos tendrá que atribuírsele un precio[79]. Por lo cual, en realidad, no se trata de una sola venta sino de varias ventas: tantas ventas como fundos aunque se recojan en un solo documento. El supuesto de la venta de varios inmuebles en conjunto como una sola cosa y por un solo y mismo precio es muy diferente y se encuentra excluido del campo de aplicación del artículo 1.497 y regulado en el artículo 1.501. En fin, la venta de fundos distintos y separados a que se refiere el artículo 1.497 comprende en realidad una pluralidad de ventas y cada una de ellas es distinta de la otra[80]. Siendo, por tanto, ventas distintas y separadas, cada una tiene su propio objeto; por lo cual, el exceso o defecto de cabida que se encuentre en cada uno de los

---

78 Manuel Medina de Lemus, ob. cit., p. 297.

79 Césare Luigi Gasca, ob. cit., Vol. II, p. 105.

80 F. Laurent, ob. cit., Tomo XXIV, pp. 214-215; Francisco Ricci, ob. cit., Tomo XV, p. 375; Domenico Rubino, ob. cit., p. 117, especialmente, la nota 42 y la jurisprudencia de la Casación italiana allí citada.

inmuebles vendidos no tiene nada que ver con el defecto o exceso que se encuentre en el otro.

3.2. Indicación de la cabida

En la venta de un bien inmueble *ad corpus* a que se refiere el artículo 1.497, al igual que en la venta por unidad de medida prevista en el artículo 1.496, la venta se hace con indicación de la cantidad o medida del inmueble vendido. La descripción del inmueble debe pues incluir el señalamiento de su cabida[81]. Así lo ha dejado establecido la jurisprudencia de nuestros tribunales[82].

La razón es clara: Si no se indica la cabida no puede suscitarse ninguna cuestión acerca de una supuesta discordancia entre la medida real del inmueble y la declarada en el contrato[83]. El hecho de que no aparezca en el contrato la mención de la cabida lleva inexorablemente a que no se plantee problema alguno de exceso o defecto en la misma y, por tanto, posible aumento o disminución del precio. Al no haber cabida expresada en el contrato, sencillamente, no hay término de comparación con que contrastar la cabida real del fundo.

Este supuesto de venta de un inmueble determinado sin expresión de la cabida sería, en rigor, el más puro ejemplo de venta como cuerpo cierto puesto que, además de existir un solo precio alzado o global determinante de una sola venta, no se hace referencia alguna a la cabida, sino que el inmueble se identifica por sus contornos o linderos y, por lo que respecta al cumplimiento de la obligación de entrega, el vendedor queda obligado a entregar todo lo que se encuentre comprendido dentro del ámbito del predio vendido. En sede de cumplimiento del contrato, el vendedor entregará todo lo que se encuentre incluido dentro de los linderos indicados en el contrato y el comprador pagará el precio único convenido, sin que sea posible un aumento o disminución del mismo en función de una supuesta mayor o menor cabida[84]. Pero, se insiste, ese

---

81 Bernard Gross y Philippe Bihr, ob. cit., p. 191.

82 Sentencia del 25 de junio de 2007 del Juzgado de Primera Instancia del Tránsito y Agrario de la Circunscripción Judicial del Estado Mérida. Disponible en http://merida.tsj.gov.ve/decisiones/2007/junio/963-25-711-926.html.

83 Agustín Madrid Parra, ob. cit., p. 100.

84 Emidio Pacifici-Mazzoni, ob. cit., Vol. XII, pp. 382-383; Agustín Madrid Parra, loc. cit., p. 101; Nieves Moralejo Inbernán, ob. cit., p. 1824.

no es el caso previsto en el artículo 1.497 el cual requiere para su configuración que se exprese la cabida, sino en el artículo 1.502 que regula la venta cuyo objeto es un cuerpo cierto sin consideración a una medida determinada (*infra*, Nº V,4,4.2,b).

En fin, la venta *ad corpus* a que se contrae el artículo 1.497 requiere la expresión de la cabida del inmueble. Pero la indicación de la cantidad del inmueble cumple aquí una función muy distinta de la que cumple cuando se vende un inmueble a tanto por unidad de medida. En las ventas de inmuebles a tanto por unidad de medida, las partes están dando una relevancia fundamental al número o medida y cualquier diferencia entre la cabida expresada y la que realmente tenga el inmueble determina un ajuste en el precio. En cambio, en las ventas *ad corpus* las partes le han dado una importancia menor a la cabida y no se tiene en cuenta la discrepancia entre la medida expresada en el contrato y la que realmente exista, sino cuando la diferencia sea de una veinteava parte en más o en menos[85].

Como se dijo, poco importa que se indique primero la cabida del inmueble y luego su descripción, o que se proceda al revés.

3.3. El precio no debe fijarse por unidad de medida sino en globo

Este es el elemento que caracteriza y distingue a la venta *ad corpus*. Es tan claro este criterio que la venta de un cuerpo determinado y limitado suele definirse en contraste negativo con él, es decir, será de *ad corpus* la venta en que el precio *no* se exprese a tanto por unidad de medida[86].

---

85 Francisco Degni, ob. cit., p. 299.

86 Al respecto, véase: Bernard Gross y Philippe Bihr, ob. cit., p. 191; Jérôme Huet, ob. cit., p. 464; Inmaculada Herbosa Martínez, ob. cit., p. 284. Sin embargo, en la doctrina española, Medina de Lemus advierte sobre el peligro de hacer afirmaciones tan absolutas, puesto que "puede ocurrir que se exprese la cabida y el precio global (ejemplo, vendo mi finca de 300 hectáreas por 3.000.000 pesetas). Y entonces hay que distinguir: - Si el terreno es homogéneo en toda su extensión o porciones, parece claro, en criterio de este autor, que no obstante la omisión del precio unitario, este puede deducirse claramente por una simple división, y parece que las partes tienen mentalmente la idea de 30.000 pesetas la hectárea. No hay obstáculo en aplicar los artículos 1.469 y 1.470 (correspondientes al artículo 1.496 del Código Civil venezolano), aunque la cláusula concreta no exprese formalmente el precio unitario, dada su fácil deducción. - Si el terreno no es homogéneo la cuestión se complica, pues las partes o bien tienen en mente el precio unitario medio del conjunto de

Así lo reconoce la jurisprudencia de nuestros tribunales[87].

Se trata pues de un requisito para la venta *ad corpus* consagrado por el legislador en el artículo 1.497 desde un punto de vista negativo en el sentido de que se exige su no concurrencia para la configuración de esta modalidad de venta. Esta exigencia opera pues como un obstáculo que impide la conformación del supuesto de hecho de la previsión legal.

La venta *ad corpus* prevista en el artículo 1.497 presupone que el precio haya sido fijado en globo, es decir, sin establecer ninguna relación entre cada medida y cada parte del precio. Cuando el precio no se establece a tanto la unidad de medida, la venta es *ad corpus* o por un precio global y la referencia a la cabida tiene un valor meramente indicativo[88]. Si el precio no se distribuye por unidad de medida, la ley entiende que las partes no le conceden mayor importancia a la cabida, toda vez que no se establece una relación precio–cabida[89].

En cualquier caso, determinar cuándo las partes han querido celebrar una venta *ad corpus* o por unidad de medida es una cuestión de hecho, para lo cual resultan decisivos los términos utilizados para describir el objeto del contrato. Pero como no se trata de fórmulas sacramentales, para que resulte aplicable el artículo 1.497, no se requiere la expresa indicación de que la venta se hace como cuerpo (*ad corpus);* bastan expresiones equivalentes, indicios o expresiones indirectas que

---

las diferentes porciones, y entonces estamos en presencia del mismo supuesto anterior, o, por el contrario, las partes se representan un precio diferente para cada porción, y solo sería venta según medida aquel supuesto en que el contrato contenga de modo expreso un precio unitario por cada porción" (Manuel Medina de Lemus: ob. cit., p. 266).

87 Sentencia del 25 de junio de 2007 del Juzgado de Primera Instancia del Tránsito y Agrario de la Circunscripción Judicial del Estado Mérida. Disponible en: http://merida.tsj.gov.ve/decisiones/2007/junio/963-25-711-926.html.

88 Como dice Rubino, cuando la venta se hace sin indicar un precio singular por unidad de medida, puede ocurrir que además del precio global, en el contrato se indiquen las dimensiones globales del fundo, en cuyo caso hay en realidad dos índices en contraste: por una parte, la falta de fijación de un precio singular por unidad de medida; por otra parte, la indicación de la dimensión global. Según se atienda a uno u otro la calificación de la compraventa será diferente (*ad corpus* o por unidad de medida, respectivamente). La ley le da prioridad al primer criterio y considera que, si no se especifica que el precio se fija a tanto la unidad de medida, la venta se está haciendo a precio alzado, y que la indicación de la superficie del inmueble no tiene un valor esencial sino que constituye solo una superabundancia. La referencia a la cabida se considera meramente indicativa (Domenico Rubino, ob. cit., p. 114).

89 Jérôme Huet, loc. cit.

indiquen o hagan suponer de modo no dudoso e inequívoco que la designación de la cabida se ha hecho sin enlazar con ella como consecuencia la determinación del precio, como, por ejemplo, cuando los contratantes indican expresamente que la venta no se hace por unidad de medida o que el precio se establece en globo. Se trata en definitiva de una cuestión de hecho sometida al poder soberano de apreciación de los jueces de instancia sin que la determinación respectiva sea censurable en casación[90].

3.4. Diferencia de cabida y límite de la vigésima parte

Como se indica poco más adelante, cuando se celebra una venta *ad corpus* conforme a lo dispuesto en el artículo 1.497, para que la diferencia entre la cabida expresada en el contrato y la que efectivamente tenga el inmueble de lugar a una disminución o un aumento en el precio o, en su caso, al derecho de desistimiento del comprador, se requiere que dicha diferencia sea de al menos una vigésima parte, es decir, un cinco por ciento, tomándose en consideración a estos efectos el valor de la totalidad de los objetos vendidos. Solo puede exigirse la modificación del precio cuando la diferencia de cabida en más o en menos sea igual o superior a una vigésima parte. En caso contrario, dicha diferencia es, al menos en principio, jurídicamente irrelevante y carece de trascendencia contractual (*infra,* N° IV,4,4.2,a).

4. Efectos de los defectos de cabida

4.1. Sistemas de regulación positiva

En lo concerniente a la disciplina jurídica aplicable a la venta de inmuebles *ad corpus* y los efectos que dicha venta produce, tres son, en esencia, los sistemas de regulación positiva que siguen los distintos ordenamientos[91].

En algunos ordenamientos ni siquiera se mencionan las ventas *ad corpus*. Los defectos de cabida en las ventas inmobiliarias se conside-

---

[90] Antonio M. Borrel y Soler, *El Contrato de Compraventa según el Código Civil Español*, Bosch Casa Editorial, Barcelona, 1952, p. 108; Agustín Madrid Parra, ob. cit., p. 86; José María Manresa y Navarro, ob. cit., Tomo X, p. 162.

[91] Para una descripción de cada uno de estos sistemas, véase: Quintus Mucius Scaevola, ob. cit., Tomo XXIII, pp. 505 y ss.

ran vicios de la cosa y el comprador puede optar por la acción redhibitoria para pedir la resolución del contrato o por la acción *quanti minoris* para obtener una disminución proporcional en el precio. Es el sistema seguido por el Código Civil alemán (B.G.B), (§ 468).

En otros ordenamientos, en cambio, se consagra en toda su pureza y hasta las últimas consecuencias la venta de un cuerpo cierto no admitiéndose, en principio, aumento o reducción del precio, sea cual sea la diferencia en más o en menos de la cabida que se indica en el contrato. Es el sistema seguido por el Código Civil español en cuyo artículo 1.471 (párrafo primero) se establece que no tendrá lugar aumento o disminución del precio por exceso o defecto de cabida. Se presume que se quiso comprar o vender todo lo comprendido dentro de los linderos por un precio global; por consiguiente, este no variará sea cual fuere la cabida real, que tanto comprador como vendedor pudieron comprobar antes de perfeccionar el contrato con su consentimiento. Ni el comprador ni el vendedor pueden pretender una disminución o un suplemento del precio cuando las dimensiones del inmueble resulten después menores o mayores a las indicadas en el contrato. Se da pues relevancia total a la estipulación del precio alzado, sin conceder importancia a la cabida que se pueda haber recogido en el contrato.

En otros ordenamientos como el francés (Código Civil, artículo 1.619) e italiano (Código Civil de 1865, artículo 1.475 y Código Civil italiano de 1942, artículo 1.538) se adopta un sistema mixto, admitiéndose en principio la doctrina del cuerpo cierto adquirido por un precio alzado, pero solo en tanto el defecto o exceso de cabida no pase de la vigésima parte de la expresada en el contrato. Ese es el sistema que adopta, en principio, el Código Civil venezolano.

4.2. Sistema venezolano

a. La venta de un cuerpo cierto y limitado. Acciones ejercitables por el comprador

El artículo 1.497 del Código Civil regula en los siguientes términos las consecuencias que producen las diferencias en la cabida en las ventas que recaen sobre bienes inmuebles adquiridos *ad corpus* por un precio global:

> … la expresión de la medida no da lugar a ningún aumento de precio en favor del vendedor por el exceso de la misma, ni a ninguna disminución del precio en favor del comprador por menor medida, sino cuando la diferencia entre la medida real y la indicada en el contrato sea de una veintava parte en más o en menos, habida consideración al valor de la totalidad de los objetos vendidos, si no hubiere estipulación en contrario.

Cuando se vende un bien inmueble sin establecer ninguna relación entre cada medida y cada parte del precio, la ley establece que no hay lugar a aumento o disminución del precio cuando la diferencia entre la cabida real y la declarada no resulte en un exceso o un déficit de, al menos, un cinco por ciento, tomándose en consideración a estos efectos el valor de la totalidad de los objetos vendidos.

El artículo 1.497 consagra dos supuestos: 1) cuando la diferencia en la cabida no excede de la vigésima parte en más o en menos del valor de la totalidad de la cosa vendida, ni el vendedor puede reclamar un suplemento de precio, ni el comprador una disminución; y 2) cuando la diferencia sobrepasa el vigésimo, hay que distinguir si lo sobrepasa en más o en menos: a) si lo sobrepasa en menos, es decir, cuando existe un defecto en la cabida superior a la vigésima parte, el comprador tiene derecho a una disminución del precio, pero no puede por ello desistir del contrato[92]. La diferencia del precio ha de ser proporcional a la diferencia del valor que habría tenido la parte que falta; y b) si lo sobrepasa en más, es decir, cuando existe un exceso en la cabida superior a la vigésima parte, el comprador tiene la opción o de desistir del contrato

---

92 Sin embargo, como indicamos en su oportunidad, cuando la cabida indicada haya sido determinante del consentimiento como, por ejemplo, cuando se realice la respectiva adquisición de un bien inmueble con una extensión determinada requerida para el destino específico de la cosa en cuya consideración se celebró la venta, de existir una diferencia en la cabida que impida la finalidad que se proponía el comprador con la compra, este podrá pedir la anulación del contrato por error esencial en la cabida, conforme a lo dispuesto en los artículos 1.148 y siguientes del Código Civil (*supra*, Nº II,2). A los efectos de la prueba del carácter esencial del error y de su reconocibilidad, conviene hacer constar en el contrato el destino específico para el cual se hace la respectiva adquisición. Del mismo modo, se admite que el comprador podrá resolver el contrato cuando medie, en el caso concreto, un incumplimiento esencial y culposo de la obligación de entrega por parte del vendedor. Al respecto, véase: Jérôme Huet, ob. cit., p. 464.

(*rectius:* rescindir el contrato), o de pagar el suplemento de precio, por la misma razón que se le concede la misma facultad en análoga hipótesis de la venta por razón de un tanto por unidad de medida, pero con la diferencia de que en este caso para que haya lugar al incremento del precio, debe existir, no ya en la extensión real sino en el valor total de la cosa vendida un exceso que represente en valor un cinco por cinco por lo menos del precio total acordado para la venta. Así se desprende del texto de la disposición antes transcrita y de lo dispuesto en el artículo 1.498 del Código Civil según el cual "En el caso de que, según el artículo precedente, haya lugar a aumento de precio por exceso de la medida, el comprador puede elegir entre desistir del contrato o pagar el aumento de precio con sus intereses si retiene el inmueble".

Cuando la venta se hace *ad corpus*, para determinar si hay lugar a una disminución o a un aumento en el precio por diferencias en la cabida, el cálculo se hace no ya en consideración a la cantidad de terreno que haya de menos o de más, sino con base en el *valor* que tenga la deficiencia o el excedente de la cabida en comparación con el precio total. La diferencia de la vigésima parte debe ser establecida sobre el precio de venta, y no sobre la extensión del terreno; porque de lo contrario podría suceder que la diferencia de extensión fuese superior a la vigésima parte, pero que recayera sobre tierras de tan poco valor, que la diferencia en el precio fuese mínima. Hay pues que tomar la diferencia sobre la totalidad del valor, y ese valor se regulará por el precio[93].

Por ejemplo, vendo un terreno que declaro que tiene diez hectáreas aptas para el cultivo por quince millones de bolívares y diez hectáreas para pasto por cinco millones de bolívares (precio total: veinte millones de bolívares). Supongamos que el terreno tenga efectivamente diez hectáreas aptas para el cultivo, pero solamente tenga cuatro hectáreas para pasto. La hectárea de pasto faltante representa un cinco por ciento de la superficie total del terreno vendido, pero vale quinientos mil bolívares, es decir, representa solo un dos y medio por ciento del precio total de

93 La doctrina es conteste al respecto. Al respecto, véase: G. Baudry-Lacantinerie y Léo Saignat, ob. cit., Tome XVII, pp. 274-275; Marcelo Planiol y Jorge Ripert, ob. cit., Tomo X, pp. 277, 278 y la jurisprudencia de los tribunales franceses allí citada; Alfredo De Gregorio, ob. cit., p. 947; Césare Luigi Gasca, ob. cit., Vol. II, pp. 106-108. En la doctrina nacional, véase: Luis Sanojo, ob. cit., Tomo II, p. 250.

la venta. El comprador no tendrá en este caso derecho a ninguna disminución en el precio de la venta. A la inversa, tampoco estará obligado a soportar un incremento en el precio en el caso de que el terreno tuviera una hectárea de pasto de más.

Supongamos, en cambio, que al terreno vendido le falten setenta y cinco metros cuadrados de terreno apto para el cultivo pero que tenga efectivamente las diez hectáreas de terreno de pasto indicadas en el contrato. Aunque el déficit de setenta y cinco metros cuadrados representa menos de un cinco por ciento de la cabida total, como ese déficit representa un valor de un millón ciento veinticinco mil bolívares que equivale a más del cinco por ciento del precio de la venta, el comprador podrá exigir una disminución en el precio de un millón ciento veinticinco mil bolívares. A la inversa, el comprador estará obligado a pagar un suplemento de precio equivalente a un millón ciento veinticinco mil bolívares en el caso de que el terreno tenga en la realidad setenta y cinco metros cuadrados de más de tierras aptas para el cultivo, salvo su derecho en este último caso de desligarse del contrato.

Recapitulando, en el sistema venezolano que sigue en esta materia la orientación franco-italiana, se busca igualar las posiciones del vendedor y del comprador y no se quiere que un pequeño error involuntario en la cabida sea para el vendedor una causa de pérdida y para el comprador un motivo de enriquecimiento a costa de otro[94]. La indicación de la cabida es pues, en principio, secundaria. Pero si el error de la cabida es lo suficientemente grande como para que produzca un perjuicio real, cada parte tiene el derecho a reclamar. Según el artículo 1.497, es necesario que se trate de la vigésima parte, es decir, un cinco por ciento: una vigésima parte de menos dará derecho al comprador a exigir que el vendedor entregue la cantidad declarada o sufra una disminución proporcional en el precio; una vigésima parte de más autorizará al vendedor a reclamar un suplemento de precio, aunque de acuerdo con el artículo 1.498 del Código Civil, el comprador podrá escoger entre desistir del contrato o pagar el aumento del precio, con los intereses si había pasado ya a poseer el inmueble. A los efectos antes indicados, hay que comparar el precio del defecto o exceso de cabida con el precio total.

94 Refiriéndose al artículo 1.619 del *Code*, véase: M. Troplong, ob. cit., Tome I, p. 442.

El artículo 1.497 (*in fine*) permite a las partes establecer cláusulas en el contrato en sentido distinto al contenido del citado artículo. Por tanto, el vendedor puede eximirse de garantizar la cabida, incluso si hay un déficit superior a la vigésima parte, así como puede quedar obligado por una cláusula expresa de la venta que modifique el artículo 1.497, a indemnizar al comprador de la falta de cabida por mínima que sea (*infra*, Nº VI,1).

b. La venta de un cuerpo cierto sin consideración a la medida

b.1. Disposición legal

El artículo 1.502 del Código Civil dice textualmente lo siguiente:

> No se aplicarán las disposiciones del artículo 1.497 cuando se pruebe que la venta ha tenido por objeto un cuerpo cierto, sin consideración a una medida determinada, habiendo apreciado el comprador, aunque solo *de visu*, y hallado convenientes las dimensiones o cabida, antes de la redacción del instrumento de venta. La prueba de estas circunstancias puede hacerse por testigos, y aun por presunciones, y no la desvirtúa el solo hecho de que en la escritura se haya expresado la medida de la cosa materia del contrato.

Es la llamada venta en bloque mediante la cual se adquiere un inmueble por un solo precio total sin consideración a que tenga una cabida determinada o determinado número de unidades de medida como, por ejemplo, cuando se vende la hacienda Villa Adriana tal como es, situada en una determinada localidad y comprendida dentro de tales límites por un precio de veinte millones de bolívares, sin importar sus dimensiones. Es el caso de la venta de un cuerpo cierto por un precio único, sin consideración a un medida determinada[95].

El supuesto de hecho de la previsión legal se realiza cuando el bien inmueble se vende por sí mismo y no en consideración a sus dimensiones e independientemente de ellas[96]. La venta como cuerpo cierto se da

[95] Manuel Medina de Lemus, *Derecho Civil II*, Editorial Dilex S.L., Madrid, 2010, p. 215.

[96] Domenico Rubino, ob. cit., pp. 114-115.

típicamente cuando no se indica la superficie. No obstante, también se configura la venta como cuerpo cierto *ex* artículo 1.502 del Código Civil cuando se indica la superficie, pero el bien se identifica independientemente de la medida que no asume ninguna relevancia para la fijación del precio[97]. La indicación de la superficie no es pues obstáculo para considerar la venta hecha como cuerpo cierto de acuerdo con la precitada disposición legal[98]. Como afirma Messineo hay una suerte de *intuitus rei* en virtud de la cual la extensión del inmueble es indiferente[99].

En la hipótesis contemplada por el legislador, los contratantes han manifestado su voluntad sobre la base de un determinado inmueble tal como es, al cual le atribuyen un valor independientemente de su cabida. Siendo este el supuesto de la previsión legal, el vendedor debe entregar el inmueble en el estado en que se encuentre (Código Civil, artículo 1.494) con todos sus accesorios (art. 1.495 *ejusdem*) y no puede hablarse de aumento o disminución de la cantidad, como tampoco del precio ni de desistimiento del contrato por causa de cabida, toda vez que las partes, al omitirla o haber contratado sin tomar en cuenta una medida determinada, no han mostrado una especial preocupación por ella y, en consecuencia, no deviene elemento esencial del contrato. Es el cuerpo cierto, no sus dimensiones concretas, lo que interesa y lo que constituye el objeto del contrato[100].

Por consiguiente, cuando se vende un cuerpo cierto conforme a lo dispuesto en el artículo 1.502, la cabida no tiene ninguna trascendencia ni para la determinación del objeto del contrato ni para la fijación del precio, de tal manera que aun si esta se expresara en el documento de venta no sería sino un elemento puramente descriptivo carente de cualquier trascendencia contractual[101].

---

97 Paolo Greco y Gastone Cottino, ob. cit., p. 417; Danieli Minussi, loc. cit., y la sentencia de la Casación italiana allí citada.

98 Diego Simó Sevilla, Tomo III, Obligaciones y Contratos, Vol. II, p. 408.

99 Francisco Messineo, *Manual de Derecho Civil y Comercial*, Tomo V, Traducción castellana de Santiago Sentis Melendo, Ediciones Jurídicas Europa-América, Buenos Aires, 1971, p. 95.

100 V. Marcadé, ob. cit., Vol. VIII, p. 246.

101 Desde luego, si la modificación por exceso o por defecto de cabida es de tal entidad que haga inservible la cosa para el uso a que se la destinó según la venta, la cabida deviene

Como indicamos en su oportunidad, la venta por un precio global de un inmueble determinado da lugar a un aumento o reducción del precio siempre que la diferencia de cabida, en más o en menos, sea igual o superior a la vigésima parte de la expresada en el contrato (artículo 1.497). En cambio, cuando se vende un inmueble sin consideración a una medida determinada, el cuerpo cierto y no el número de unidades de medida que tenga es, según el artículo 1.502, el objeto del contrato y lo que debe ser entregado; el precio se fijó con relación a él y, por tanto, su mayor o menor cabida no influye para nada en el aumento o disminución del precio estipulado.

b.2. Requisitos

La venta de un inmueble como cuerpo cierto sin consideración a su cabida, a los fines de la aplicación de lo dispuesto en el artículo 1.502, exige la concurrencia de los siguientes requisitos: 1) que se trate de un bien inmueble determinado por sus datos físicos y no en atención a una medida determinada; 2) que el precio se fije a tanto alzado y no a razón de tanto por unidad de medida; 3) que el comprador haya apreciado, aunque solo *de visu* el inmueble objeto del contrato; y 4) que haya encontrado convenientes las dimensiones o cabida antes de la redacción del instrumento de venta.

Respecto de la configuración de los requisitos antes indicados, caben las siguientes consideraciones:

1) Como puede apreciarse de la simple lectura de la norma legal en comentario, no se encuentra comprendida dentro del supuesto de hecho de la misma la venta en la que se adquiere un inmueble determinado sin indicar su extensión superficial, pero estableciendo el precio por unidad de medida como, por ejemplo, cuando se vende un terreno entre tales límites a razón de cien mil bolívares el metro cuadrado, puesto que en tal caso aunque la venta no deja de tener por objeto un cuerpo cierto, como el precio se fija a tanto por unidad de medida, no cabe afirmar en rigor que la venta se lleva a cabo "sin consideración a

---

entonces elemento esencial para la validez del contrato por la vía del error *in substantia* experimentado por el comprador, o el dolo proveniente del vendedor si este conocía esta falta de cualidades de uso y no la manifestó al comprador (*supra*, N° II,2). El interesado deberá aportar la prueba de la esencialidad de la medida.

una medida determinada". Lo que interesa a los fines de la configuración del supuesto de hecho de la disposición legal es que el inmueble objeto de la venta haya sido determinado en su individualidad como cuerpo cierto, pero sin consideración a una cabida determinada[102].

La forma apropiada de determinar los inmuebles que consisten en porciones de terreno es mediante la indicación de su situación y linderos (Código Civil, artículo 1.914). Desde luego, si no se señala cabida alguna, es claro que la venta se realiza como cuerpo cierto. Pero, como indicamos poco antes, la indicación de la cabida no es obstáculo para considerar la venta como cuerpo cierto *ex* artículo 1.502 del Código Civil. El texto de la ley es claro al respecto.

El artículo 1.502 presupone que la venta del inmueble individualizado como cuerpo cierto se efectúa por un precio fijado de antemano en la cual no se pretende que el precio se ajuste a la cantidad de terreno que se compra. El inmueble se individualiza sin consideración a una medida determinada y el precio se fija "a ojo" de manera que los contratantes lo mismo pueden ganar que perder. De ahí que en la doctrina clásica italiana, Gasca afirme que esta venta tenga carácter aleatorio porque el precio, aunque fijo, puede ser mayor o menor que el que resultaría con base en un cálculo proporcional a la efectiva cantidad de terreno[103].

2) Conviene tener en cuenta que el legislador ha establecido como requisito fundamental que el comprador antes de la redacción de la escritura haya apreciado el inmueble objeto de la venta y al mismo tiempo encontrado conformes sus dimensiones o cabida. Precisamente porque el comprador ha hallado a su satisfacción y aceptado la cabida observada con anterioridad a la redacción del documento de venta, no es posible que con posterioridad se suscite cuestión alguna con respecto a la indicación de la medida que, en su caso, contenga el contrato.

---

[102] Aunque no puede establecerse una absoluta correlación entre cuerpo cierto y precio alzado, *por lo que al Derecho venezolano concierne*, cuando el objeto de la venta es toda la tierra comprendida dentro de determinados linderos cualquiera que sea su extensión y el precio se fija a tanto por unidad de medida, como el precio se fija en proporción a la medida, no puede predicarse, en tal caso, que las partes hayan celebrado el contrato sin consideración a una medida determinada *ex* artículo 1.502 del Código Civil, ya que la cuantificación del precio estará siempre en función del número de unidades de medida que, en definitiva, tenga el inmueble vendido.

[103] Césare Luigi Gasca, ob. cit., Vol. I, pp. 534-535.

3) La prueba de estas circunstancias, dice el artículo 1.502, puede lograrse por testigos, y aun por presunciones, y no la desvirtúa el solo hecho de que en la escritura se haya expresado la medida de la cosa materia del contrato, con lo cual se consagra una importante excepción a la regla general que rige la admisibilidad de la prueba testimonial consagrada en el artículo 1.387 (primer aparte) del Código Civil.

4) La circunstancia de que el inmueble objeto del contrato haya sido apreciado aunque solo *de visu*, es decir, a vista de ojo, por el comprador puede pues demostrarse por cualquier medio de prueba y derivar del conocimiento que tenga el comprador del inmueble objeto de la venta, de la circunstancia de que lo haya visitado o recorrido en oportunidades anteriores a la celebración del contrato, etc. Otras veces puede fundamentarse en un conjunto de hechos graves, precisos y concordantes que permitan a la autoridad judicial competente presumir legítimamente que en el caso concreto el comprador conoció o vio el inmueble antes de comprarlo, aunque el mismo no haya sido objeto de un estudio detallado por parte de él. Es esta, en fin, una cuestión de hecho reservada al poder soberano de apreciación de los jueces de instancia y que escapa a la censura de casación. Así lo ha dejado establecido la jurisprudencia de nuestros tribunales[104].

5) De acuerdo con la doctrina nacional y la jurisprudencia de nuestros tribunales, la prueba de que el comprador haya encontrado convenientes las medidas no puede derivarse ni del solo hecho de que haya visto el inmueble porque este es otro extremo requerido por la ley, ni del solo hecho de que haya otorgado posteriormente la escritura porque su conformidad debe haberse manifestado antes de ese hecho[105]. En efecto, tal y como lo dejó establecido la Sala de Casación Civil, Mercantil y del Trabajo de la antigua Corte Suprema de Justicia:

> La ley exige con mucha claridad para que haya lugar a la aplicación del Art. 1.502 del Código Civil, que exista prueba de que el comprador halló convenientes las dimensiones y cabida del inmueble, antes de la redacción del instrumento de venta. Es,

[104] Sentencia del 2 de febrero de 1961 de la Sala de Casación Civil, Mercantil y del Trabajo de la antigua Corte Suprema de Justicia, en *Ramírez & Garay*, Tomo III, p. 366.

[105] José Luis Aguilar Gorrondona, ob. cit., p. 227.

> pues, indispensable la demostración de que tal circunstancia había ocurrido con anterioridad a la redacción de la escritura de venta, y solo así, puede ser preterida la expresión de la medida que en el documento aparezca. Probada tal circunstancia carece de importancia la diferencia que hubiese entre la cabida real, considerada como conveniente al cerrar el negocio, y la medida que posteriormente se consigna en la escritura.
> La aceptación por el comprador, de la cabida observada, independientemente de la medida expresada en el documento, puede ser comprobada por medio de testigos y aún de presunciones, pero en este caso las presunciones no pueden derivarse ni del echo de haber visto el terreno el comprador, lo que constituye un extremo legal, distinto de la aceptación de la conveniencia de la cabida real, ni tampoco del posterior otorgamiento de la escritura de venta, pues según claramente exige el legislador, la aceptación debe ser anterior a la redacción de dicho instrumento[106].

6) No se requiere, ya lo hemos dicho, que la venta se haga sin indicación de la cantidad o medida del inmueble vendido para que la adquisición se considere hecha como cuerpo cierto de acuerdo con el artículo 1.502. Por consiguiente, del solo hecho de haberse expresado en la escritura o constar en los títulos anteriores la medida de la cosa vendida, no debe deducirse que fue en consideración a esta medida y no al ámbito de lo apreciado *ad occhio* o *de visu* por el comprador como se perfeccionó el contrato, en ciertos casos.

7) En definitiva, la determinación de si las partes han contemplado una venta de un inmueble como cuerpo cierto sin consideración a su cabida es una cuestión de hecho[107] y, por tanto, de prueba[108], que debe resolverse a partir de los términos de cada contrato o interpretando este en caso de duda, deduciendo si las partes convinieron en la

---

[106] Sentencia del 2 de mayo de 1961 de la Sala de Casación Civil, Mercantil y del Trabajo de la antigua Corte Suprema de Justicia, en *Ramírez & Garay*, Tomo III, p. 367.

[107] Antonio M. Borrel y Soler, ob. cit., p. 108.

[108] Agustín Madrid Parra, ob. cit., p. 86; José María Manresa y Navarro, ob. cit., Tomo X, p. 146. En el mismo sentido, véase: Sentencia del 25 de junio de 2007 del Juzgado de Primera Instancia del Tránsito y Agrario de la Circunscripción Judicial del Estado Mérida. Disponible en: http://merida.tsj.gov.ve/decisiones/2007/junio/963-25-711-926.html

compraventa de un inmueble tal como es porque les da igual su cantidad o sus unidades de medida o número, y lo que interesa son la situación, los linderos, los cultivos que se desarrollen en el fundo, las mejoras que este tenga, la belleza arquitectónica de la casa que en él se haya construido, el capricho, etc., todo menos una cabida determinada[109].

b.3. Efectos

La venta de un cuerpo cierto a que se refiere el artículo 1.502 obliga al vendedor a entregar todo lo comprendido en los linderos del fundo. Los linderos son los que individualizan al fundo vendido, lo distinguen y se imponen sobre la cabida, y el precio alzado permanece invariable en su equivalencia del cuerpo cierto transmitido, independientemente de que la cabida realmente existente y que el comprador pudo apreciar antes de la redacción del contrato coincida o no con la indicada posteriormente en el documento comprobatorio de la venta y, en este último caso, sin importar que la diferencia por exceso o por defecto sea superior o no a la vigésima parte. La venta de un cuerpo cierto sin consideración a una medida determinada *ex* artículo 1.502 no admite que una de las partes imponga a la otra una modificación en el precio, sea cual sea la diferencia de cabida en más o en menos. La conformidad o aceptación por el comprador de la cabida observada no puede objetarse por la circunstancia de que la misma difiera de la presupuesta por él o de la expresada en el documento de venta. Por consiguiente, ni el comprador ni el vendedor pueden pretender una disminución o un suplemento del precio ni el comprador desistir del contrato cuando las dimensiones del inmueble resulten después menores o mayores[110], lo que confirma el artículo 1.502 cuando excluye en el caso bajo examen la aplicación de las reglas especiales sobre defectos de cabida que consagra el artículo 1.497[111].

---

[109] Manuel Medina de Lemus, *Derecho Civil II*... cit., p. 215.

[110] José María Manresa y Navarro, ob. cit., Tomo X, p. 149; Quintus Mucius Scaevola, ob. cit., Tomo XXIII, p. 83; Manuel Medina de Lemus, *Cabida y Calidad*... cit., p. 293.

[111] Por ello nos parece absolutamente incorrecta la sentencia del 22 de junio de 2009 dictada por el Juzgado de Primera Instancia del Tránsito y Agrario de la Circunscripción Judicial del Estado Mérida en la cual no obstante haber considerado el tribunal que se había vendido un inmueble “a la vista” conforme al artículo 1.502 del Código Civil se le ordenó

Ahora bien, si el vendedor no entrega todo lo comprendido dentro de los linderos estipulados, no estará entregando el cuerpo cierto que conforme a la ley constituye el objeto del contrato y en vista del cual las partes otorgaron su consentimiento, con lo cual el vendedor estará incumpliendo el contrato pudiendo entonces el comprador conforme a los principios generales que rigen la ejecución de los contratos bilaterales, pedir el cumplimiento del contrato o la resolución del mismo y, en cualquier caso, reclamar los daños y perjuicios si hubiere lugar a ello (Código Civil, artículo 1.167).

En resumidas cuentas, cuando la venta tiene por objeto un inmueble vendido como cuerpo cierto sin consideración a una cabida determinada y se llenan los requisitos que consagra el artículo 1.502, en caso de una posible contradicción o diferencia entre la medida expresada en el documento y lo comprendido en los linderos, prevalece la extensión superficial real de todo aquello que abarque el perímetro de sus linderos. Por consiguiente, el comprador no puede obtener una rebaja en el precio de la venta por el hecho de que el vendedor le entregue un fundo de menor cabida de la expresada en el contrato. Únicamente si deja de poner en posesión del comprador parte de lo comprendido en los linderos, el vendedor incumple con su obligación de entrega, facultando dicho incumplimiento al comprador para exigir que se le entregue la cabida comprendida en los linderos o, en su caso, solicitar la resolución del contrato y el pago de los daños y perjuicios conforme a las reglas generales sobre responsabilidad contractual.

---

al vendedor restituirle al comprador el equivalente en dinero de las hectáreas de terreno faltantes conforme al artículo 1.497 porque la cabida real del inmueble era diferente de la indicada en el instrumento de venta. (Sentencia del 22 de junio de 2009 del Juzgado de Primera Instancia del Tránsito y Agrario de la Circunscripción Judicial del Estado Mérida. Disponible en http://merida.tsj.gov.ve/decisiones/2009/junio/963-22-3066-1244.html). En efecto, si había quedado establecido que el inmueble se había vendido como un cuerpo cierto *ex* artículo 1.502 del Código Civil, esto es, sin consideración a una medida determinada, la cabida declarada en el documento de venta no tenía relevancia contractual alguna y no podía el tribunal ordenar el pago del suplemento del precio por un supuesto defecto de cabida conforme al artículo 1.497, porque el artículo 1.502 prescribe que cuando se configura el supuesto de hecho de esta disposición "no se aplicará lo dispuesto en el artículo 1.497".

V. REGLAS COMUNES A LAS VENTAS *AD MENSURAM* Y *AD CORPUS*

En esta sección examinaremos las reglas que deben tenerse en cuenta en todos los casos de ventas inmobiliarias con defectos de cabida contemplados en los artículos 1.496 y 1.497 del Código Civil, independientemente de que el precio se haya fijado por unidad de medida o por un precio global y que se refieren al plazo dentro del cual debe intentarse la acción respectiva, los efectos del desistimiento del contrato, la restitución de los intereses del precio y de los frutos del fundo, los gastos de la venta, la indemnización de los daños y perjuicios, el caso especial de la venta conjunta de dos o más fundos y el modo de realizar la medición. Por supuesto, estas reglas no se aplican a las ventas de un cuerpo cierto sin consideración a una medida determinada a que se contrae el artículo 1.502.

1. Plazo para el ejercicio de la acción sobre modificaciones de cabida

Las acciones por modificaciones en la cabida deben ejercitarse dentro de un término perentorio ya que es contrario a la buena marcha del tráfico jurídico que la extensión de los inmuebles permanezca durante mucho tiempo en situación de incertidumbre. Se explica así la regla del artículo 1.500 del Código Civil según el cual las acciones por exceso o déficit de cabida deben intentarse dentro del plazo de un año. Además se considera que ese plazo es suficiente para verificar el error de cálculo sobre la cabida declarada[112]. Para averiguar si el fundo tiene o no la cabida estipulada no es menester que transcurra mucho tiempo. Por consiguiente, hay que presumir que quienes no intenten la acción respectiva dentro de ese plazo, han renunciado al defecto o, en su caso, al exceso de cabida.

Como la medición es un procedimiento sencillo y rápido, las partes pueden recortar el plazo de caducidad establecido en el artículo 1.500

[112] G. Baudry-Lacantinerie y Léo Saignat, ob. cit., Tome XVII, pp. 279-280; Marcelo Planiol y Jorge Ripert, ob. cit., Tomo X, pp. 279-280; M. Troplong, ob. cit., (De la Vente) (Tome I), p. 449; Francisco Ricci, ob. cit., Tomo XV, p. 380; Césare Luigi Gasca, ob. cit., Vol. II, p. 116.

del Código Civil. Pero si las partes hubieran estipulado un término mayor, el plazo debe considerarse reducido a un año, siendo absolutamente nulo de entonces en adelante[113].

El plazo para el ejercicio de la acción se cuenta desde el día de la venta, es decir, desde el día en que el contrato se ha perfeccionado[114]. En otros ordenamientos se establece que el plazo comienza a correr desde la fecha de la entrega. Nuestra legislación fija el plazo de un año desde el día de la venta y no desde el de la entrega. Por consiguiente, es indiferente que el comprador haya obtenido o no la entrega del fundo, basta con que lo haya tenido a su disposición.

Ahora bien, si la venta ha sido sometida a una condición suspensiva, el plazo comienza a correr el día en que se cumpla la condición[115]. Así, si las partes han convenido en someter a la venta a que se haga la medición del inmueble, la venta no es perfecta hasta que no se haya hecho la medición y es a partir del día en que esta se realice cuando se ha de computar el plazo de un año[116]. Como el plazo solo se cuenta a partir de la fecha del perfeccionamiento del contrato, si las partes han celebrado un contrato preliminar de compraventa, el plazo solo empieza a correr desde el día en que se celebra el contrato definitivo[117]. Del mismo modo si el perfeccionamiento del contrato depende, por ejemplo, de la ratificación del propietario o de uno de los co-propietarios del

---

113 C. Aubry y C. Rau, ob. cit., Tome V, p. 75. En contra, Planiol y Ripert consideran que el plazo puede ser ampliado o reducido por los contratantes (Marcelo Planiol y Jorge Ripert, ob. cit., Tomo X, p. 280). En cambio, en la doctrina clásica italiana, Pacifici-Mazzoni considera que las partes no pueden modificar este plazo (ob. cit., Vol. XII, pp. 400-401).

114 Sentencia del 25 de junio de 2007 del Juzgado de Primer Instancia del Tránsito y Agrario de la Circunscripción Judicial del Estado Mérida. Disponible en: http://merida.tsj.gov.ve/decisiones/2007/junio/963-25-711-926.html.

115 Emidio Pacifici-Mazzoni, loc. cit., p. 399; Francisco Ricci, loc. cit.

116 Marcelo Planiol y Jorge Ripert, loc. cit.; Francisco Ricci, *Ídem.*

117 C. Massimo Bianca, ob. cit., p. 285. Desde luego, esto no quiere decir que el promitente comprador no tenga el derecho de negarse a celebrar el contrato definitivo, hasta que se haya reducido el precio en proporción a la extensión que finalmente resulte tener el inmueble objeto del contrato, de acuerdo con la medición efectuada. Al respecto, véase: Danieli Minussi, ob. cit., p. 2 y la sentencia de la Casación Italiana allí citada. La negativa del promitente vendedor vinculado por un contrato preliminar de permitir que el promitente comprador proceda a la medición del inmueble sería evidentemente una actuación contraria a las exigencias de la buena fe que debe presidir la ejecución de los contratos, conforme a lo dispuesto en el artículo 1.161 del Código Civil. (*Ibid.*, p. 4, especialmente, la nota 1 y la sentencia de la Casación italiana del 5 de septiembre de 2013 allí citada).

inmueble vendido, el término del año no empieza a correr sino desde el día en que se produce dicha ratificación[118].

En cuanto a la manera de contar el plazo para el ejercicio de la acción, por aplicación de lo dispuesto en el artículo 12 del Código Civil, se debe excluir del cómputo del plazo el primer día (*dies a quo*), esto es, el día de la celebración –o, en su caso, del perfeccionamiento– del contrato; pero para que el plazo sea completo, se comprende en él el último día (*dies ad quem*), durante el cual, por tanto, el comprador o, en su caso, el vendedor puede interponer la acción.

La doctrina admite, casi sin discrepancias, que el plazo fijado para el ejercicio de las acciones por modificaciones de la cabida es de caducidad y no de prescripción[119]. Los términos en que está formulado el plazo para la extinción del derecho ("so perdida de los respectivos derechos") no dejan lugar a dudas de que se trata de un plazo de caducidad. Así lo reconoce la doctrina nacional y lo ha dejado establecido la jurisprudencia de nuestros tribunales[120].

Resulta irrelevante para el comienzo del plazo de ejercicio de las acciones por diferencias en la cabida que la venta que las origine haya sido impugnada, por ejemplo, pór error vicio, pues incluso en este

---

118 G. Baudry-Lacantinerie y Léo Saignat, ob. cit., Tome XVII, p. 280, especialmente, la nota 3 y la jurisprudencia de los tribunales franceses allí citada; Emidio Pacifici-Mazzoni, ob. cit., Vol. XII, p. 399.

119 Al respecto, véase: C. Aubry y C. Rau, ob. cit., Tome V, pp. 74-75; G. Baudry-Lacantinerie y Léo Saignat, loc. cit.; Marcelo Planiol y Jorge Ripert, ob. cit., Tomo X, p. 280; François Collart Dutilleul y Philippe Delebecque, ob. cit., p. 171; Francisco Degni, ob. cit., p. 302; Alfredo De Gregorio, ob. cit., p. 948; Césare Luigi Gasca, ob. cit., Vol. II, p. 116; Francisco Ricci, ob. cit., Tomo XV, p. 380; Manuel Albaladejo, *Derecho Civil*, Tomo II (Derecho de Obligaciones), Edisofer S.L., Madrid, 2004, p. 525; Gabriel García Cantero, ob. cit., p. 245. En contra, sin fundamentar su aserto: Philippe Malaurie, Laurent Aynès y Pierre-Yves Gautier, ob. cit., p. 221.

120 Sentencia del 25 de junio de 2007 del Juzgado de Primer Instancia del Tránsito y Agrario de la Circunscripción Judicial del Estado Mérida. Disponible en: http://merida.tsj.gov.ve/decisiones/2007/junio/963-25-711-926.html; Sentencia del 22 de marzo de 1982 del Juzgado Superior Décimo Civil y Mercantil de la Circunscripción Judicial del Distrito Federal y Estado Miranda, en *Ramírez & Garay*, Tomo LXXVII, pp. 170-171; Sentencia del 06 de julio de 1964 de la Corte Superior Primera Civil y Mercantil de la Circunscripción Judicial del Distrito Federal y del Estado Miranda, en *Ramírez & Garay*, Tomo X, pp. 8-11. En la doctrina nacional: José Luis Aguilar Gorrondona, ob. cit., p. 226; José Mélich-Orsini, *La Prescripción Extintiva y la Caducidad*, Academia de Ciencias Políticas y Sociales, Serie Estudios Nº 58, Caracas, 2002, p. 170.

supuesto comienza igualmente el plazo desde la fecha de la celebración del contrato; sin que sea admisible contar el plazo a partir de la fecha de la sentencia recaída en el juicio de nulidad de la venta.

El hecho de que el plazo para el ejercicio de estas acciones por parte del interesado sea uno de caducidad produce las siguientes consecuencias: a) el interesado debe interponer la acción antes de que se cumpla el plazo, so pena de no poder hacerlo después; b) el plazo corre fatalmente, es decir, no está sujeto a interrupción ni suspensión; c) el plazo corre contra toda clase de personas, incluyendo a menores y entredichos; d) dicha caducidad debe ser opuesta como cuestión previa (Código de Procedimiento Civil, artículo 346, numeral 10), no como defensa de fondo; pero puede alegarse en cualquier estado y grado de la causa, por ser una cuestión en la cual está interesado el orden público; e) la caducidad puede ser suplida de oficio por la autoridad judicial sin que la invoquen las partes; f) no se toma en cuenta la razón subjetiva por la cual el interesado no intente la acción por diferencia en la cabida; sino que, por el contrario, se atiende al solo hecho objetivo de su no ejercicio dentro del término prefijado; g) por el solo vencimiento del término previsto en el artículo 1.500 del Código Civil, opera de pleno derecho la caducidad sin necesidad de declaración del juez; y h) no es lícito prorrogar convencionalmente el término establecido por la ley para la interposición de la demanda por parte del interesado[121].

El plazo se aplica independientemente de que la reclamación se ejerza por vía de acción o de excepción[122].

Ni siquiera es necesario decir, puesto que es evidente, que el plazo de un año es aplicable aunque las partes hayan establecido un régimen

---

121 José Puig-Brutau, *Caducidad, Prescripción Extintiva y Usucapión*, Bosch Casa Editorial S.A., Barcelona, 1996, pp. 53 y ss.; José Luis Aguilar Gorrondona, "Prescripción y Caducidad", en *Doctrina de la Procuraduría General de la República 1972*, Caracas, 1972, pp. 41 y ss.

122 La regla *temporalia ad agendum perpetua ad excipiendum* que el Código Civil consagra en el artículo 1346 solo se aplica a las *acciones de nulidad* a que se refiere esta disposición legal; por lo cual, la acción por modificaciones de cabida que se diferencia de la acción de nulidad del contrato y que se encuentra regulada en otra parte del Código Civil no se puede considerar incluida en la precitada disposición legal. Sobre el alcance de la máxima antes anotada: Nicola Coviello, *Doctrina general del Derecho civil*, Traducción castellana de Felipe de J. Tena, Unión Tipográfica Hispano Americana, México, 1949, pp. 510-513.

especial en relación con la cabida diferente del que trae el Código Civil, puesto que la naturaleza de la acción es la misma y las razones para establecer un plazo corto para su ejercicio son siempre las mismas[123].

Por último, este plazo de caducidad solo es aplicable a las acciones que derivan de los artículos 1.496 al 1.498 del Código Civil, es decir, a la acción por aumento de precio que se concede al vendedor y las que corresponden al comprador para la disminución del precio o la resolución (*rectius:* rescisión del contrato)[124].

Por consiguiente, el artículo 1.500 del Código Civil no se aplica a la acción mediante la cual el vendedor reclame el precio de una porción de terreno usurpada o que no le pertenezca; ya que no sería una reclamación fundada sobre un excedente de cabida[125]. Tampoco sería aplicable a la acción reivindicatoria que con fundamento en un contrato de compraventa puede ejercitar el comprador o si el vendedor hubiese retenido una parte del inmueble vendido y el comprador le exige que se la entregue[126]. Por la misma razón no es aplicable a la acción que

---

[123] Poco más o menos en el mismo sentido, véase: Marcelo Planiol y Jorge Ripert, ob. cit., Tomo X, p. 280, especialmente, la nota 6 y la jurisprudencia de los tribunales franceses allí citada; F. Laurent, ob. cit., Tomo XXIV, pp. 224-225.

[124] El uso del término *resolución* en el artículo 1.500 para referirse al derecho del comprador de desligarse del contrato cuando exista un exceso en la cabida y este no esté dispuesto a pagar el suplemento de precio, está mal empleado por el legislador porque, como dijimos en su oportunidad, una cosa es el incumplimiento parcial o el cumplimiento defectuoso de la obligación de entrega del inmueble que le permite al comprador pedir la resolución del contrato *ex* artículo 1.167 del Código Civil y otra muy distinta es la diferencia entre la cabida declarada y la que efectivamente tiene el inmueble vendido y que da lugar a la rectificación del contrato y, en su caso, a la posibilidad del comprador de desligarse de él mediante el ejercicio de una verdadera acción de rescisión del contrato *ex* artículos 1.496 y 1.498 del Código Civil (*supra*, Nº II,1.1 y III,4,4.2,c). Precisamente por tratarse de la rescisión de la venta y no de su resolución, se explica que la opción de desligarse del contrato no se la concede la ley al comprador en caso de menor cabida del inmueble vendido. Como es bien sabido, la rescisión es un recurso subsidiario que solo opera a falta de otro recurso legal para obtener la reparación del perjuicio. Como en el supuesto de menor cabida, el perjudicado tiene la posibilidad de obtener una rebaja en el precio, no entra en funcionamiento en tal caso la rescisión. La rescisión de la venta y no su resolución explica igualmente que solo procede cuando el comprador perjudicado que la pretenda pueda devolver el inmueble recibido.

[125] G. Baudry-Lacantinerie y Léo Saignat, ob. cit., Tome XVII, p. 281, Alfredo De Gregorio, loc. cit.

[126] F. Laurent, ob. cit., Tomo XXIV, p. 226; Césare Luigi Gasca, ob. cit., Vol. II, p. 117; Gabriel García Cantero, ob. cit., p. 255.

tiene por objeto exigir la medición para determinar el precio cuando las partes han convenido en someter la venta a la medición del inmueble[127]. Esta es simplemente una acción en ejecución del contrato de venta y no de suplemento o disminución del precio. Tampoco alcanza, por supuesto, a la acción de deslinde que, por su carácter declarativo, es imprescriptible[128].

En fin, el legislador solo somete a la caducidad de un año la acción mediante la cual una de las partes reclama un "aumento" o "disminución del precio" o "la resolución" (*rectius:* rescisión), por una diferencia en la cabida. Pero no otras acciones derivadas del contrato de compraventa las cuales quedan, por tanto, excluidas del ámbito de aplicación de la prescripción legal.

2. Efectos del desistimiento

Como se dijo, en las ventas inmobiliarias previstas en los artículos 1.496 y 1.497, el Código Civil le concede al comprador la acción de *desistir*[129] del contrato cuando resulte una cabida mayor que la estipulada y el excedente sobrepase la veinteava parte (de la cantidad declarada o, en su caso, del valor de la totalidad del objeto vendido).

El efecto propio del desistimiento consiste en la extinción del contrato de compraventa. Pero adicionalmente si el comprador ejercita el derecho de desistimiento, las partes quedan obligadas a devolverse mutuamente las prestaciones cumplidas en ejecución del contrato que ha quedado extinguido[130].

Precisamente porque estos efectos restitutorios no son los efectos propios del clásico derecho de desistimiento como medio de

---

127 C. Aubry y C. Rau, ob. cit., Tome V, p. 75; Marcelo Planiol y Jorge Ripert, ob. cit., Tomo X, p. 28, especialmente, la nota 2 y la jurisprudencia francesa allí citada; F. Laurent, ob. cit., Tomo XXIV, p. 227.

128 Con respecto al carácter imprescriptible de la acción de deslinde: véase: José Mélich-Orsini, *La Prescripción Extintiva...* cit., p. 30.

129 Como indicamos en su oportunidad, el término lo recoge el Código Civil venezolano del artículo 1.618 del *Code* que habla de "se désister du contrat" y del artículo 1.477 del Código Civil italiano de 1.865 que expresa la posibilidad "*di recedere dal contratto*".

130 Al respecto, véase lo que expongo en mi trabajo "El derecho de desistimiento del consumidor", en *Revista de Derecho del Tribunal Supremo de Justicia*, N° 35, Tomo II, Caracas, 2014, pp. 52 y ss.

terminación unilateral de algunos contratos que recoge nuestra legislación como, por ejemplo, el desistimiento del contrato de obras (Código Civil, art. 1.639), del contrato de mandato (Código Civil, arts. 1.706 y 1.709) o del contrato de trabajo (Ley Orgánica del Trabajo, arts. 77 y 78) etc., la ley emplea impropiamente el término *desistir del contrato* en los artículos 1.496, 1.498 y 1.499 y ha debido más bien referirse a la *rescisión del contrato* en caso de que exista un exceso en la cabida, puesto que la ley lo que le da al comprador lesionado por el suplemento de precio que de otra forma tendría que pagar, es la posibilidad de rectificar el contrato o desligarse unilateralmente de él a través del ejercicio de una acción de rescisión productora de una ineficacia sobrevenida del contrato con alcance retroactivo, que se le concede en virtud de la lesión que experimenta cuando la diferencia entre la cabida del inmueble declarada en el contrato y la que resulte tener en la realidad, exceda de un veinteavo[131].

Sea como fuere, además de la terminación del contrato, el ejercicio del derecho de desistimiento hace surgir nuevas obligaciones a cargo de los contratantes: las de volver a la situación que tenían antes de celebrar el contrato; por lo cual, deben restituirse mutuamente lo que han recibido por concepto de su ejecución[132]. El desistimiento oportunamente ejercicio determina pues el restablecimiento del *statu quo* anterior al perfeccionamiento del contrato.

Desde luego la vuelta a la situación inicial no puede perjudicar a los terceros que hayan adquirido derechos sobre el inmueble con anterioridad al registro de la demanda (Código Civil, artículo 1.350).

El artículo 1.499 del Código Civil, dando por supuesta la extinción del contrato como consecuencia del desistimiento, regula parcial y fragmentariamente las consecuencias que derivan de esa extinción disponiendo que "en todos los casos en que el comprador ejerza el derecho de desistir del contrato, el vendedor estará obligado a reembolsarle, el precio recibido…". Desde luego, la devolución por parte del vendedor del precio pagado por el comprador presupone la correlativa devolución

---

[131] Al respecto, véase lo que expongo en la nota Nº 65 *ut supra*.

[132] G. Gabrielli e F. Padovini, Voz "Recesso" (Diritto Privato), en *Enciclopedia del Diritto*, Vol. XXXIX, Arese Giuffrè, Milán, 1988, § 8. Consultada en versión electrónica.

del inmueble por parte de este último. Lo contrario se traduciría en un enriquecimiento sin causa por parte del comprador[133].

En consecuencia, una vez ejercitado el derecho a desistir, nace para el comprador la obligación de restituir el inmueble y para el vendedor la de devolver las cantidades abonadas en concepto de precio, y en tanto el primero no devuelva la cosa no podrá verse el segundo compelido a devolver el precio pagado. En efecto, mientras uno de los contratantes no realice la devolución de aquello a que en virtud de la terminación del contrato esté obligado, no puede el otro ser compelido a cumplir por su parte lo que le incumba[134].

Por supuesto, no podrá llevarse a efecto el desistimiento cuando el comprador que lo pretenda no pueda devolver el inmueble a que por su parte estuviere obligado[135].

El comprador debe restituir el inmueble en el estado en que se encontraba al momento de la entrega[136].

3. ¿*Quid iuris* respecto de los intereses del precio y los frutos del fundo?

El comprador está obligado, además, a restituir el inmueble con los frutos y productos que hubiere percibido desde la fecha en que el vendedor se lo entregó. Desde luego, el comprador tiene el derecho de detraer de los frutos que debe restituirle al vendedor los gastos en que hubiere incurrido para la percepción de dichos frutos (arg.: *ex* art. 553 del Código Civil).

Se plantea el problema de si se pueden compensar los frutos de la cosa con los intereses del precio.

En nuestro concepto, si el vendedor recibió el precio y el comprador el fundo no es procedente dicha compensación. Aparte de que la compensación solo opera entre cantidades líquidas y exigibles y hasta concurrencia de su monto (Código Civil, artículos 1.332 y 1.333 como en caso de desistimiento el inmueble tiene una cabida mayor que la

---

133 Enrique Urdaneta Fontiveros, *El derecho de desistimiento*... cit., p. 53.

134 *Ibíd.*, p. 54.

135 El artículo 1.295 del Código Civil español dice: "La rescisión obliga a la devolución de las cosas que fueron objeto del contrato...; en consecuencia, solo podrá llevarse a cabo cuando el que la haya pretendido pueda devolver aquello a que por su parte estuviese obligado."

136 Luigi Borsari, ob. cit., Vol. IV, p. 359.

expresada en el contrato, dicha compensación en la mayoría de los casos aprovecharía injustamente al comprador. Por tanto, este tiene que restituir los frutos recibidos y el vendedor los intereses del precio[137].

De acuerdo con el Código Civil, el comprador debe restituir el precio con sus intereses (compensatorios) cuando haya retenido el inmueble (Código Civil, artículo 1.498). Por consiguiente, en caso de mayor cabida si el comprador, en lugar de desistir del contrato, opta por pagar la diferencia del precio y ha tenido el inmueble durante algún tiempo antes de pagar el excedente, debe igualmente pagar los intereses y la suma complementaria (Código Civil, artículo 1.498), lo que se explica porque el comprador ha tenido el goce del fundo entero, mientras que no ha desembolsado más que una parte de su precio. Aunque la ley solo establece esta consecuencia cuando se refiere a la hipótesis de la venta *ad corpus*, es obvio que la misma solución legal es aplicable cuando la venta se hace a tanto por unidad de medida puesto que existe idéntica razón para aplicar la misma prescripción legal en uno y otro casos (*eadem ratio legis*)[138].

4. Gastos de la venta

En todos los casos en que el comprador ejerza el derecho de desistir del contrato por exceso en la cabida del inmueble vendido, el vendedor debe reembolsarle los gastos del contrato (Código Civil, artículo 1.498).

De acuerdo con el Código Civil, los gastos de escritura y demás accesorios de la venta así como los gastos de transporte corren a cargo del comprador (Código Civil, artículo 1.491); entre estos gastos se encuentran los honorarios profesionales que cause la redacción del contrato, los derechos de autenticación y registro de la venta, los gastos de habilitación y traslado, el papel sellado requerido y cuantos otros se hubieren estipulado expresamente a cargo del comprador. El vendedor

---

137 La solución legal es diferente cuando se declara la nulidad del contrato ya que en ese caso como de ordinario existe equivalencia entre las prestaciones recíprocas de las partes de un contrato sinalagmático, debe presumirse que también la hay en cuanto a los frutos e intereses producidos por el bien objeto de ellas y por eso no deben restituirse. Francisco López Herrera, *La nulidad de los contratos en la legislación civil venezolana*, Empresa "El Cojo" S.A., Caracas, 1952, pp. 203-204.

138 Emidio Pacifici-Mazzoni, ob. cit., Vol. XII, p. 402.

debe reembolsar al comprador las cantidades que hubiere pagado por estos conceptos. Desde luego, si los gastos de la venta no fueron sufragados por el comprador porque así se convino, este no tendrá derecho a percibir cantidad alguna por este concepto.

Según la doctrina clásica, la solución legal se justifica porque si el comprador después de apercibirse del error en la cabida declarada ha optado por desistir del contrato, hay que suponer que no habría contratado si el vendedor no se hubiera equivocado en la indicación de la medida[139]. A nuestro modo de ver, el reembolso de estos gastos se justifica porque es siempre el hecho objetivo del vendedor lo que mueve al comprador a desligarse del contrato; por lo cual, es perfectamente razonable que el vendedor le reembolse los gastos de la venta en caso de desistimiento.

5. Daños y perjuicios

En lo concerniente al resarcimiento de los daños y perjuicios en caso de que el comprador opte por desistir del contrato, la ley no dice nada al respecto en las reglas sobre modificaciones de la cabida. Se suscita la cuestión de si esos daños deben indemnizarse. La doctrina extranjera se encuentra dividida al respecto.

La doctrina clásica considera que el desistimiento es un supuesto de *resolución* del contrato. Siendo la terminación de la venta imputable al vendedor que conocía o debía conocer la extensión exacta del inmueble objeto del contrato, él debe responder por los daños y perjuicios que su incumplimiento culposo le produjo al comprador[140].

Otros autores sostienen que la indemnización de los daños y perjuicios es improcedente y se encuentra legalmente excluida ya que el derecho de desistimiento es un recurso excepcional que la ley le concede al comprador por razones de *equidad*. Como dice Rubino para el Código Italiano, aquí la ley ha configurado el remedio del desistimiento no como una resolución por incumplimiento culposo del contrato, sino

139 Francisco Degni, ob. cit., p. 301; Césare Luigi Gasca, ob. cit., Vol. II, p. 116; Emidio Pacifici-Mazzoni, loc. cit.; Francisco Ricci, ob. cit., Tomo XV, p. 379.

140 Marcelo Planiol y Jorge Ripert, ob. cit., Tomo X, p. 279; F. Laurent, ob. cit., Tomo XXIV, p. 217; Francisco Degni, ob. cit., p. 301; Francisco Ricci, loc. cit.

como un recurso acordado excepcionalmente por razones de equidad, por lo que no resultan aplicables a la situación bajo examen las normas generales sobre responsabilidad civil previstas en el Código Civil[141].

Otros autores, en cambio, consideran que el vendedor incurso en culpa debe indemnizar dichos daños y perjuicios dentro del límite del interés contractual negativo[142].

A nuestro modo de ver, la regulación legal de los defectos de cabida prescinde de la idea de culpa y no sanciona un incumplimiento por parte del vendedor[143]. Como la culpa del vendedor es irrelevante a los efectos del desistimiento, en el sentido de que no lo impide si falta, es igualmente irrelevante a los efectos del resarcimiento en el sentido de que no lo legitima si existe y el comprador solo hace valer el derecho de desligarse del contrato *ex* artículos 1.496 y 1.498 del Código Civil. Sin embargo, el derecho de desistimiento, ya lo hemos dicho, no es incompatible con el ejercicio de la acción resolutoria y la consiguiente indemnización de los daños y perjuicios *ex* artículos 1.167 y 1.264 del Código Civil en caso de que el vendedor incumpla culposamente su obligación de entregar el inmueble vendido en toda su extensión y dicho incumplimiento revista carácter esencial. Tal y como lo ha dejado establecido la Casación italiana:

> Las acciones previstas en los artículos 1.537 y 1.538 (sustancialmente equivalentes a los artículos 1.496 y 1.497 del Código Civil venezolano) en materia de ventas inmobiliarias *ad corpus* o a la medida no excluyen el ejercicio de la acción general de resolución del contrato con la consiguiente indemnización de daños y perjuicios por dolo o culpa del contratante incumpliente conforme al artículo 1.218 (art. 1.264 del Código Civil venezolano); la primera solo presupone el hecho objetivo de haberse consignado una cantidad mayor o menor de la pactada; la segunda presupone el dolo o la culpa de la parte que incumple la obligación de entregar el inmueble en la cantidad pactada[144].

---

141 Domenico Rubino, ob. cit., pp. 116-117.

142 C. Massimo Bianca, ob. cit., p. 285; Gino Gorla, ob. cit., p. 191.

143 En tal sentido, Paolo Greco y Gastone Cottino, ob. cit., p. 416.

144 Al respecto, véase: Enrico Ravera, *Il Recesso*, Giuffrè Editore, Milán, 2004, p. 263 y la sentencia de la Casación italiana de fecha 7 de enero de 1975 allí citada. Este parece ser

En fin, si el comprador opta por desistir del contrato *ex* artículos 1.496 y 1.498 del Código Civil, el artículo 1.499 *ejusdem* prescribe que el vendedor tendrá que reembolsarle, además del precio recibido, los gastos del contrato, lo que quiere decir que dentro de estos límites el vendedor soporta la responsabilidad por la diferencia en la cabida del inmueble vendido[145]. Pero si en el caso concreto concurren los requisitos para la procedencia de la acción resolutoria, el comprador perjudicado podrá obtener la resolución del contrato y el resarcimiento de los daños y perjuicios cuando pruebe que el vendedor había incurrido en culpa.

6. Caso especial de venta conjunta de dos o más fundos

A la venta conjunta o en bloque de dos o más fundos se refiere el artículo 1.501 del Código Civil según el cual:

> Si se han vendido dos fundos por un mismo contrato y por un solo precio, con designación de la medida de cada uno, y se encuentra que la cabida es menor en el uno y mayor en el otro, se hace compensación hasta la debida concurrencia; y la acción, tanto por aumento como por disminución del precio, no procede sino de conformidad con las reglas que quedan establecidas.

La particularidad de esta disposición es la compensación que se efectúa entre el déficit de cabida de uno de los fundos y el exceso del otro fundo vendido por el mismo contrato. Si dos o más inmuebles son vendidos en el mismo contrato, por un solo y mismo precio, con la indicación de la medida de cada uno de ellos, y se encuentra que la cantidad es menor en el uno (más exactamente: en uno o en algunos) y mayor

---

igualmente el criterio de Minussi (ob. cit., p. 3). Cabe hacer notar, sin embargo, que la cuestión no está exenta de discusiones y ha sido objeto de opiniones contrapuestas en la doctrina italiana. Así, en criterio de Bianca y Carpino, solo cuando el vendedor haya garantizado expresamente la extensión del inmueble vendido, no entran en juego las reglas especiales sobre defectos de cabida en cuanto que, si el inmueble tiene una cabida inferior a la declarada se configura un supuesto de inejecución de la obligación de entrega y con el consiguiente remedio propio del incumplimiento (C. Massimo Bianca, ob. cit., p. 242; B. Carpino, ob. cit., p. 348).

145 Jérôme Huet, ob. cit., p. 464.

en el otro (o en los otros) se hace la compensación hasta la debida concurrencia, y la acción del comprador o del vendedor solo tendrá lugar según las reglas antes examinadas.

Por consiguiente, bajo ciertas condiciones, el legislador considera que la venta de dos o más fundos distintos es una venta de un solo cuerpo de bienes. Para ello es necesario que concurran los siguientes requisitos: 1) que los fundos sean vendidos por un solo contrato pues si se venden por varios hay tantas ventas como fundos, y a cada una de ellas se aplicarán los artículos 1.496 a 1.498; y 2) que los fundos sean vendidos por un solo precio (sea global o por unidad de medida) porque si existen varios, hay tantas ventas como precios aunque exista unidad de acto[146].

Si se cumplen estas condiciones, a los ojos de la ley, las partes han querido comprender en la venta como una cosa única a dos o más fundos, con lo cual hay unidad de objeto del contrato. Y entonces se aplican las reglas generales que rigen la cabida: si la venta se hizo con indicación de la cabida a tanto la unidad de medida, entra en funcionamiento el artículo 1.496; en cambio, si la venta se hizo a precio alzado, es decir, si falta la estipulación de tanto por unidad de medida, entrará en juego el artículo 1.497.

Por el contrario, cuando cada uno de los fundos vendidos es considerado aisladamente y a cada uno de ellos se le atribuye su propio precio, habrá múltiples contratos aunque se hagan constar en un solo documento y el exceso o déficit de cabida que tenga alguno de los fundos no tiene nada que ver con el que tenga el otro. Pero, como se dijo, ese no es el supuesto de la previsión legal.

En resumidas cuentas, cuando la venta comprende varios inmuebles por un solo y mismo precio, y con designación de la cabida de cada uno, y se encuentra de menos en el uno y de más en el otro, se verifica una compensación entre el valor del exceso y el del déficit, de manera que no hay lugar a suplemento ni a disminución del precio, sino en tanto y en cuanto quede después de esta compensación una diferencia de al menos un cinco por ciento. Por ejemplo, A le vende a

146 Césare Luigi Gasca, ob. cit., Vol. II, pp. 120-121; Emidio Pacifici-Mazzoni, ob. cit., Vol. XII, p. 405.

B por ocho millones de bolívares un terreno de pastos de veinte hectáreas y un terreno apto para el cultivo de diez hectáreas. Supongamos que la hectárea del terreno de pastos vale doscientos mil bolívares y que la hectárea del terreno cultivable vale cuatrocientos mil bolívares. Efectuada la medición se tiene que solo existen dieciséis hectáreas y media de terreno de pastos, pero que el terreno cultivable es de once hectáreas. Al compensarse el déficit con el exceso, habida cuenta del valor de cada uno de los fundos vendidos reflejados en el precio, queda una diferencia de trescientos mil bolívares sobre ocho millones de bolívares. Como esa cantidad equivale a menos de un cinco por ciento del precio total convenido, en virtud de lo dispuesto en el artículo 1.501 en concordancia con el artículo 1.497 del Código Civil, no procede la disminución del precio.

7. Modo de realizar la medición

Bajo este acápite nos referiremos someramente a algunos aspectos sobre la medición que si bien se refieren fundamentalmente a la venta a tanto por unidad de medida también son aplicables a las ventas *ad corpus* y que conciernen fundamentalmente a lo que debe comprenderse dentro de la superficie del inmueble vendido a los fines del cálculo de su cabida.

Como indicamos en su oportunidad, se considera que la cabida se refiere a la superficie horizontal de los inmuebles, lo que no plantea mayores problemas cuando la realidad física del fundo es una superficie plana, pero si el terreno presenta notables desniveles se plantea la cuestión de si la cabida se refiere a la superficie que realmente tenga el fundo, es decir, la del lienzo que se adaptara a todas sus irregularidades topográficas, o bien si tal cabida debe circunscribirse a la del plano horizontal formado por las proyecciones de los contornos del inmueble[147].

Comoquiera que en la generalidad de los casos el terreno solo es utilizable en la medida en que sus partes se encuentran en el mismo aproximado nivel, para el cálculo de la cabida, se afirma, hay que prescindir de los desniveles del fundo. Además debido a la enorme dificultad práctica que tendría el cálculo de la superficie real y la consiguiente

[147] Al respecto, véase: Gabriel García Cantero, ob. cit., p. 243.

inseguridad jurídica, solamente hay que tomar en cuenta la superficie horizontal planimétrica. Esta es la solución lógica y razonable para algunos autores como Sanahúja quien, citando a Borrel, afirma que "si la propiedad de la tierra según el sistema romano ha de entenderse según la fórmula *dominus soli, dominus celi*, es evidente que las distancias han de medirse en sentido horizontal"[148].

Otro sector de la doctrina española se ha encargado de señalar que cuando se venden apartamentos, como ocurre cada vez con mayor frecuencia en la contratación inmobiliaria, ya no es aplicable el principio romano *dominus soli dominus celi*: "En la compraventa de un apartamento tiene relevancia no solo la superficie, sino un mínimo de altura"[149]. Ciertamente, cuando se venden apartamentos bajo el régimen de propiedad horizontal el interés objeto de protección jurídica es más amplio que en los casos de predios rústicos o urbanos tradicionales a los que se refiere el Código Civil. La propiedad inmobiliaria sobre apartamentos se refiere no solo a la extensión o superficie sino también al volumen. Por lo cual, cuando se vende un apartamento bajo el régimen de propiedad horizontal habría que aplicar los artículos 1.496 al 1.501 del Código Civil adaptándolos a las especiales circunstancias de cabida antes indicadas. Corresponde a la jurisprudencia dictaminar sobre la procedencia de la aplicación de las reglas especiales sobre defectos de cabida a la venta de apartamentos bajo el régimen de propiedad horizontal y las condiciones bajo las cuales deben aplicarse en tal caso dichas reglas.

Por otra parte, cuando el objeto de la contratación es un terreno que se adquiere para fines de construcción, adquiere relevancia no solo su extensión sino el volumen de edificabilidad puesto que el propietario no es libre de aprovechar todo el espacio sobre su propiedad, sino que tiene que hacerlo ateniéndose a las limitaciones y restricciones establecidas en las respectivas ordenanzas municipales y en el plan de ordenación urbanística. Se plantea entonces el problema de si la extensión planimétrica del terreno debe complementarse con el volumen edificable y la incidencia que tiene este dato en la medición. En relación con este punto, la Casación italiana mantiene el criterio de que en las ventas por unidad de

---

148 José Mª Sanahúja Soler, ob. cit., p. 59.

149 Agustín Madrid Parra, ob. cit., pp. 59-60.

medida y en las ventas *ad corpus* el legislador toma en cuenta *la medida del bien*, lo que comprende la superficie o extensión del terreno o, en su caso, el volumen edificado o cubicatura (cuando, por ejemplo, se vende un apartamento), pero no el volumen edificable cuando el objeto del contrato es un edificio futuro o un terreno destinado a la construcción, puesto que la edificabilidad constituye más bien una *cualidad* del suelo que excede del ámbito del criterio meramente cuantitativo de la medida al que se contraen los artículos 1.537 y 1.538 del *Codice* (sustancialmente equivalentes a los artículos 1.496 al 1.498 del Código Civil venezolano), los cuales –por lo demás– no son susceptibles de interpretarse extensivamente ni de aplicarse analógicamente para abarcar supuestos distintos a los expresamente previstos en el texto legal[150].

Ahora bien, la medida debe hacerse en relación con las dimensiones del fundo al momento de la venta, toda vez que las disminuciones o los incrementos posteriores los soporta o aprovecha el comprador (*supra,* N° II,1.4). Como también dijimos en su oportunidad, los incrementos del terreno formados por aluvión, avulsión u otros fenómenos de accesión natural que se produzcan con anterioridad al perfeccionamiento del contrato aprovechan al vendedor y, por tanto, sí se incluyen en la cabida del inmueble objeto de la venta; no así los formados después de perfeccionarse la venta y antes de efectuarse la entrega que corresponden al comprador[151].

---

150 Al respecto, véase: Giovanni Santarcangelo, ob. cit., p. 257, especialmente, la nota 17 y la jurisprudencia de la Casación italiana allí citada. En contra, en la doctrina española, Medina de Lemus cuando se refiere a la contratación de edificios futuros afirma que "el volumen edificable es un dato que complementa la extensión planimétrica de la finca". De ahí la conveniencia de tomar en cuenta, en criterio de este autor, "todos los elementos posibles que contribuyan a la exacta medición e identificación, porque ello no afecta solo a la 'cantidad' del terreno vendido sino a sus 'calidades', las cuales redundan en valores diferentes que no pueden obviarse según nuestro Código Civil" (Manuel Medina de Lemus, *Cabida y Calidad...* cit., pp. 332-333). Empero, cabe hacer notar que el Código Civil venezolano, no introduce (como sí lo hace el artículo 1.469 del Código Civil español) el tema de la calidad en las reglas sobre la cabida de los bienes inmuebles (*supra*, N° II,1.6). Por lo cual, lo que afirma el ilustre profesor de la Universidad Complutense de Madrid en relación con el Código Civil español no es extensible al nuestro en este aspecto. Desde luego, nada de lo antes expuesto impide –y es lo más aconsejable– que cuando se venda un inmueble con fines de construcción se fije el precio en función del volumen edificable del terreno, por ejemplo, a razón de tantos bolívares por metro cúbico de construcción.

151 Diego Simó Sevilla, ob. cit., Tomo III, Obligaciones y Contratos, Vol. II, p. 406.

Se plantea el problema de si deben computarse en la medida los caminos públicos, carreteras, ríos, aguas públicas, etc.

Normalmente estos bienes son del dominio público (Código Civil, artículos 539 y 543). Por consiguiente, siendo bienes del dominio público, están fuera del comercio, son inalienables y no pueden ser materia de contrato. En consecuencia, si estos bienes se hallan situados en el inmueble vendido, los mismos no se computan en la obligación de entrega de la cosa ni en la determinación de la cantidad del inmueble vendido[152]; en tal caso, por supuesto, el objeto del contrato no es el camino público, la carretera, el río, etc. sino que solo se los indica como punto de referencia a los efectos de tomar una mayor o menor cantidad del objeto vendido.

Una cuestión distinta es la de los muros, cercas, setos y zanjas particulares, los cuales cuando sean medianeros conforme a lo dispuesto en los artículos 684 y siguientes del Código Civil, deben computarse solo en su mitad[153]. Pero la solución es diferente cuando estén ubicados en el interior de un fundo en cuyo caso, al igual que los caminos privados y las servidumbres legales de carácter particular entre los predios vecinos como, por ejemplo, una servidumbre de paso o de agua, deben computarse en la cabida, entre otras razones, porque constituyen una *carga real* del inmueble en cuestión y no puede venderse como libre lo que se encuentra gravado[154].

Por último, por lo que respecta a *los gastos de medición*, estos corren por cuenta del vendedor, de acuerdo con lo dispuesto en el artículo 1.491 del Código Civil, ya que son gastos de la entrega[155]. Pero si la venta tiene por objeto un cuerpo cierto sin consideración a su cabida *ex* artículo 1.502 *ejusdem*, dichos gastos deben correr a cargo del comprador, puesto que cuando se vende un inmueble como cuerpo cierto sin consideración a una medida determinada, la medición no es una ope-

---

152 R.J. Pothier, *Traités du Contrat de Vente et des Retraits*, Tome III dans les *Oeuvres* de Pothier publiée par M. Siffrein, París, 1821, pp. 158-159.

153 M. Duranton, *Cours de Droit Civil Francais suivant le Code Civil*, Tome IX, Bruselas, 1841, p. 134.

154 Manuel Medina de Lemus, *Cabida y Calidad*... cit., p. 330.

155 Este es el criterio de Basset y Bourjon, citados por M. Troplong, ob. cit., (De la Vente) (Tome I), p. 436, especialmente, las notas 2 y 3.

ración necesaria para la entrega de la cosa. Se hace en interés del comprador y, por tanto, es este quien debe soportar los gastos de medición.

VI. LA REGULACIÓN CONVENCIONAL DE LA CABIDA

1. Principio general

Las normas legales sobre la cabida son supletorias de la voluntad de las partes, de modo que ellas pueden perfectamente descartar su aplicación mediante cláusulas derogatorias o modificativas de las reglas establecidas en el Código Civil. Así, el artículo 1.497 establece expresamente que el aumento o la disminución del precio no tendrá lugar cuando la diferencia entre la medida real y la indicada en el contrato no exceda de una veinteava parte del valor "si no hubiere estipulación en contrario".

Nada impide que las partes se obliguen a pagar un suplemento o a soportar una disminución del precio cualquiera que sea la diferencia entre la cantidad real y la declarada en el contrato, como tampoco que convengan en que el reajuste en el precio no se haga sino cuando la diferencia de cabida supere una cantidad mayor a la vigésima parte, o que cualquiera que sea dicha diferencia, en ningún caso podrá el comprador desistir del contrato. La renuncia a la facultad de desistir del contrato puede ser expresa o tácita, siempre que resulte de una voluntad claramente manifestada[156].

2. La cláusula "sin garantía de la cabida"

La cláusula *sin garantía de la cabida* en las *ventas a tanto por unidad de medida* no excluye la aplicación del artículo 1.496 del Código

[156] La Corte de Casación italiana dedujo dicha renuncia tácita de la existencia de una cláusula en virtud de la cual el comprador debía pagar un aumento del precio cuando la verdadera extensión que se hallare fuera superior a la declarada, toda vez que en criterio de los sentenciadores existía una incompatibilidad entre dicho pacto y la conservación de la facultad de desistir del contrato. Al respecto, véase: Emidio Pacifici-Mazzoni, ob. cit., Vol. XII, p. 404, especialmente, la nota 3 y la sentencia de la Casación italiana allí citada. Para la doctrina y la jurisprudencia del Código Civil italiano de 1942, véase: Giovanni Santarcangelo, ob. cit., p. 255, especialmente, la nota 12 y las sentencias de la Casación italiana allí citadas.

Civil y, por tanto, no impide el reajuste del precio en proporción a la cabida total efectivamente entregada, porque las partes al estipular el precio a razón de tanto por medida han manifestado claramente su voluntad de cuantificar de esa forma el precio. Lo que ocurre es que al no garantizarse una cabida determinada no podrá el comprador desistir del contrato en caso de que exista un exceso en la cabida[157].

Como indicamos en su oportunidad, si las partes indican la cabida de un inmueble determinado pero *no fijan el precio a tanto por medida*, en realidad, no le han dado mayor relevancia a la cabida y, por tanto, no es necesario incluir la cláusula expresa por la cual no se garantice la cabida. Pero si se incluye dicha cláusula, su eficacia excluye la aplicación de los artículos 1.497 y 1.498 del Código Civil[158].

En todo caso la cláusula de no garantía de la cabida no produce efecto cuando el comprador tenga derecho a reclamar una disminución del precio por lotes de terreno designados en el contrato que no le hayan sido efectivamente entregados, o cuando mediante la invocación de dicha cláusula se pretenda excluir la responsabilidad por saneamiento en caso de evicción de una parcela descrita como formando parte del inmueble vendido; o cuando medie fraude, dolo o culpa grave por parte del vendedor o su representante[159].

La doctrina francesa moderna excluye igualmente la validez de la cláusula "sin garantía de la cabida" en las relaciones entre un vendedor profesional y un consumidor. Entre nosotros, bajo la vigencia de la Ley para la Defensa de las Personas en el Acceso a los Bienes y Servicios, dicha cláusula habría sido nula de estar contenida en un contrato de adhesión celebrado entre un proveedor y un consumidor (artículo 74)[160].

---

157 C. Aubry y C. Rau, ob. cit., Tome V, p. 73; especialmente, la nota 32 *bis*.

158 C. Aubry y C. Rau, *Ibíd.*, especialmente, la nota 34; G. Baudry-Lacantinerie y Léo Saignat, ob. cit., Tome XVII, p. 282, especialmente, la nota 2 y la jurisprudencia francesa allí citada.

159 Jérôme Huet, ob. cit., p. 465, especialmente, la nota 213 y la jurisprudencia francesa allí citada; Philippe Malaurie; Laurent Aynès y Pierre-Yves Gautier, ob. cit., pp. 220-221, especialmente, las notas 26 y 27 y la jurisprudencia de la Corte de Casación francesa allí citada; Marcelo Planiol y Jorge Ripert, ob. cit., Tomo X, p. 275.

160 Inexplicablemente el Decreto con Rango, Valor y Fuerza de Ley Orgánica de Precios Justos publicado en la Gaceta Oficial N° 40.340 del 23 de enero de 2014 derogó la Ley para la Defensa de las Personas en el Acceso a los Bienes y Servicios publicada en la Gaceta Oficial N° 39.358 del 1° de febrero de 2010.

3. La cláusula "alrededor de" o de medida "aproximada"

Cuando se exprese la medida del inmueble indicándose que la misma es "aproximada" o se incluya la expresión "alrededor de tanto o cuanto", no puede inferirse suficientemente de esta circunstancia la voluntad de las partes de derogar las reglas sobre la cabida[161]. Además la cláusula es ambigua ya que no aclara si las partes pretendieron celebrar una venta por un precio inmutable con la intención de que no tuviera relevancia la medida efectiva del fundo o si, por el contrario, lo que quisieron indicar fue que el precio de la venta se fijara con base en la medida efectiva del inmueble y que el precio indicado solo estuviese referido a la superficie declarada[162]. De ahí la conveniencia de completar el pacto señalando el efecto de la inexactitud de cabida indicándose, por ejemplo, que las partes se harán las compensaciones que procedan por la mayor o menor cabida del inmueble (*cláusulas de liquidación recíproca de las diferencias de cabida*) en cuyo caso, según lo que resulte de la voluntad de las partes, será necesario determinar si los posibles excesos o defectos de cabida se entienden compensados unos con otros, lo que excluye la aplicación de los artículos 1.496 y 1.497 del Código Civil, o si los contratantes han querido valorar las diferencias de cabida mediante un procedimiento de medición y abonarlas o rebajarlas a quien corresponda manteniendo en todo caso la vigencia del contrato, incluso cuando el exceso de cabida supere la vigésima parte; todo lo cual dependerá de las circunstancias particulares del caso[163].

4. La cláusula "con garantía de la cabida"

Ahora bien, si las partes celebran la venta *con garantía de la cabida y existe menor cabida que la declarada*, hay que entender que el vendedor ha garantizado una cierta cabida del bien obligándose a entregar al comprador la cantidad prometida y a responder, cualquiera que sea la diferencia entre la cantidad real y la declarada en el contrato e independientemente de que la venta se haga a tanto por medida o por un precio global. Por consiguiente, cuando la cabida del inmueble sea

---

[161] Alfredo De Gregorio, ob. cit., p. 947; Luis Tartufari, ob. cit., Vol. II, p. 16.

[162] Giovanni Santarcangelo, ob. cit., p. 266.

[163] Manuel Medina de Lemus, *Cabida y Calidad...* cit., pp. 314-315.

menor que la prometida por el vendedor, existirá incumplimiento de su obligación de entrega que no se habrá efectuado íntegramente y el comprador podrá resolver el contrato y obtener la indemnización de los daños y perjuicios conforme a las reglas generales sobre responsabilidad contractual[164].

En cambio, *si existe mayor cabida que la declarada* habrá que distinguir si con la cláusula de garantía de la cabida las partes han querido garantizar tan solo una cabida mínima o si lo que se quiso fue garantizar que el inmueble tuviera la cabida exactamente indicada en el contrato y no otra. En el primer caso, se afirma, no hay inconveniente en aplicar las reglas sobre exceso de cabida establecidas en el Código Civil; en cambio, en el segundo, cualquier variación en la cabida dará derecho al comprador afectado a exigir la cantidad expresada en el contrato, o a pedir su resolución y obtener la indemnización de los daños y perjuicios conforme a las reglas que gobiernan la responsabilidad civil contractual.

5. Cláusulas que modifican el plazo para el ejercicio de la acción

Como la medición es algo sencillo y rápido, ya lo hemos dicho, es posible establecer un plazo más corto al de un año para el ejercicio de las acciones relativas a la cabida, pero no es posible convenir en un plazo mayor por cuanto siempre interesa al orden público evitar que se prolonguen situaciones de inseguridad jurídica en relación con la cabida de los bienes inmuebles (*supra,* N° V,1).

Por último, para determinar el sentido y alcance de las cláusulas que modifican las normas sobre la cabida establecidas en el Código Civil, hay que atenerse a la voluntad de las partes y a las circunstancias particulares del caso, lo que hace imprescindible una delicada labor previa de interpretación del contrato. En definitiva, solo el contrato adecuadamente interpretado es lo que permite establecer, en cada caso, en qué medida las partes descartaron o modificaron la aplicación de las reglas que sobre la materia trae el Código Civil.

---

164 C. Massimo Bianca, ob. cit., pp. 242-242; Tomás Rubio Garrido, *Contrato de Compraventa y Transmisión de la Propiedad*, Publicaciones del Colegio de España, Bolonia, 1993, p. 340; Diego Simó Sevilla, ob. cit., Tomo III, (Obligaciones y Contratos) (Vol. II), p. 407.

VII. CONCLUSIONES

La exposición precedente permite formular el siguiente compendio de conclusiones:

1. Las reglas especiales sobre defectos de cabida en las ventas inmobiliarias que trae el Código Civil se refieren a la hipótesis de una diferencia entre la cantidad efectivamente entregada y la estimada erróneamente por las partes o, al menos por una de ellas, al tiempo del contrato. No se refieren dichas normas al inexacto cumplimiento de la obligación de entregar la cosa por parte del vendedor.

Quedan excluidos del campo de aplicación de estas reglas, la simulación en la extensión de un bien inmueble, los aumentos o disminuciones de la cabida como consecuencia de fenómenos de accesión natural, los casos en los cuales la entrega de una parte del inmueble se hace imposible por una causa extraña no imputable, así como los supuestos de evicción parcial. Por otra parte, estas reglas se refieren solo a aspectos cuantitativos, no a vicios o defectos cualitativos del inmueble objeto de la venta. Tampoco la deficiencia de cabida del inmueble vendido constituye, al menos en términos generales, un vicio oculto que de lugar a la responsabilidad del vendedor por saneamiento ex artículos 1.518 y siguientes del Código Civil.

El ámbito de aplicación de las reglas sobre la cabida se circunscribe a la hipótesis de que se haya vendido, bien a razón de un tanto por medida, bien por un precio global, un inmueble entero o una parte cierta y determinada de él. Por otra parte, el punto de partida de los artículos 1.496 al 1.501 es una compraventa inmobiliaria en la que se ha indicado la superficie del inmueble.

Estas disposiciones solo se aplican a las relaciones entre el comprador y el vendedor. No regulan las relaciones entre los compradores de partes distintas y separadas de un fundo único adquiridas del mismo vendedor.

2. Las reglas especiales sobre defectos de cabida se fundamentan en el error de cálculo respecto de la extensión del inmueble vendido en que incurren ambos contratantes o al menos uno de ellos, generalmente el comprador. La circunstancia de que el comprador en caso de divergencia entre la cabida declarada y la cabida efectiva del inmueble, pueda

exigir la rectificación del contrato con una modificación del precio o, en su caso, desligarse de él ex artículos 1.496 y siguientes del Código Civil, no excluye que pueda pedir la nulidad del contrato por error ex artículos 1.146 y siguientes del Código Civil, si concurren en el caso concreto las condiciones que le permitan invocar el error en la cabida como vicio del consentimiento susceptible de invalidar la voluntad contractual y producir la ineficacia del contrato.

3. Los requisitos necesarios para que el vendedor responda por defectos de cabida en la venta de un inmueble *ad mensuram* o a razón de tanto por medida conforme al artículo 1.496 son los siguientes: 1) la venta debe tener por objeto un inmueble determinado; 2) la cabida del inmueble tiene que indicarse en el contrato; 3) el precio debe fijarse a razón de un tanto por medida; y 4) es necesario que exista un problema de cabida.

Cuando la venta se ha efectuado *ad mensuram*, si hay un déficit de cabida, el comprador tiene derecho a que el vendedor le entregue la extensión faltante conforme a lo indicado en el contrato. Cuando esto no sea posible, o el comprador no lo exija, el vendedor estará obligado a sufrir una reducción proporcional en el precio. La imposibilidad ha de basarse en un motivo objetivo. En última instancia, corresponde al juez apreciar si dicha imposibilidad concurre o no y, en caso de que esta falte, condenar al vendedor a la entrega de lo expresado en el contrato. La ley le acuerda al comprador la opción de exigir la cantidad faltante u obtener una reducción en el precio, independientemente de la mayor o menor deficiencia de cabida.

El comprador no tiene en caso de déficit de cabida la opción de desistir del contrato, pero cuando resulte que el motivo determinante del consentimiento del comprador haya sido la adquisición del fundo con una extensión determinada para un fin particular que requiera dicha extensión y no una inferior, el comprador podrá pedir la anulación del contrato por haber experimentado un error esencial en la cabida.

En cambio, cuando hay un excedente en la cabida, el comprador tiene que pagar el suplemento de precio, pero si el aumento del precio fuese superior a la vigésima parte de la cantidad declarada, él puede desistir del contrato, si no lo hace, debe pagar el suplemento del precio correspondiente a todo el excedente de la cabida y no solo el que corresponda al exceso de cabida que supere el vigésimo de la cantidad declarada en el contrato.

4. Los requisitos que deben concurrir para que el vendedor responda por defectos de cabida en las ventas *ad corpus* conforme al artículo 1.497 del Código Civil son los siguientes: 1) la venta debe tener por objeto un inmueble determinado como cuerpo; 2) debe indicarse la extensión o superficie del inmueble; 3) el precio no debe estipularse por unidad de medida sino en globo; y 4) La diferencia de cabida debe ser igual o superior a la vigésima parte.

Cuando la venta es *ad corpus* y la diferencia en la cabida no excede de la vigésima parte en más o en menos del valor de la totalidad de la cosa vendida, ni el vendedor puede reclamar un suplemento de precio, ni el comprador una disminución. Cuando la diferencia sobrepasa el vigésimo, hay que distinguir si lo sobrepasa en más o en menos: a) si lo sobrepasa en menos, es decir, cuando existe un defecto en la cabida superior a la vigésima parte, el comprador tiene derecho a una disminución del precio, pero no puede por ello desistir del contrato; y b) si lo sobrepasa en más, es decir, cuando existe un exceso en la cabida superior a la vigésima parte, el comprador tiene la opción o de desistir del contrato (*rectius:* rescindir el contrato), o de pagar el suplemento de precio.

Cuando la venta se hace *ad corpus*, para determinar si hay lugar a una disminución o a un aumento en el precio por diferencias en la cabida, el cálculo se hace no en consideración a la cantidad de terreno que haya de menos o de más, sino con base en el valor determinado por el precio de la deficiencia o el excedente de la cabida en comparación con el precio total.

5. El derecho de desistimiento previsto en los artículos 1.496 y 1.498 del Código Civil, en realidad, constituye un supuesto de rescisión que le permite al comprador desligarse del contrato en virtud de la lesión que experimenta cuando la diferencia entre la cabida del inmueble declarada en el contrato y la que resulte tener en la realidad, exceda de un veinteavo. El derecho de desistimiento solo corresponde al comprador, no al vendedor.

El efecto propio del desistimiento consiste en la extinción del contrato de compraventa, quedando las partes obligadas a devolverse mutuamente las prestaciones cumplidas en ejecución del contrato que ha quedado extinguido. En consecuencia, una vez ejercitado el derecho a desistir, nace para el comprador la obligación de restituir el inmueble y para el vendedor la de devolver las cantidades abonadas en concepto de precio, y en tanto el primero no devuelva la cosa no podrá verse el segundo compelido a devolver el precio pagado. La vuelta a la situación inicial no puede perjudicar los derechos de los terceros que hayan adquirido derechos sobre el inmueble con anterioridad al registro de la demanda. No podrá llevarse a efecto el desistimiento cuando el comprador que lo pretenda no pueda devolver el inmueble a que por su parte estuviere obligado.

En todos los casos en que el comprador ejerza el derecho de desistir del contrato por exceso en la cabida del inmueble vendido, el vendedor debe reembolsarle, además del precio recibido, los gastos del contrato (Código Civil, artículo 1.498), lo que quiere decir que dentro de estos límites el vendedor soporta la responsabilidad por la diferencia en la cabida del inmueble vendido.

6. Cuando se vende un cuerpo cierto sin consideración a una medida determinada conforme a lo dispuesto en el artículo 1.502, la cabida no tiene ninguna trascendencia ni para la determinación del objeto del contrato ni para la fijación del precio, de tal manera que aun si esta se expresara en el contrato no sería sino un elemento puramente descriptivo carente de cualquier trascendencia contractual.

La venta de un inmueble como cuerpo cierto sin consideración a su cabida, a los fines de la aplicación de lo dispuesto en el artículo 1.502, exige la concurrencia de los siguientes requisitos: 1) que se trate de un bien inmueble determinado por sus datos físicos y no en atención a una medida determinada; 2) que el precio se fije a tanto alzado y no a razón de tanto por unidad de medida; 3) que el comprador haya apreciado, aunque solo *de visu* el inmueble objeto del contrato; y 4) que haya encontrado convenientes las dimensiones o cabida antes de la redacción del instrumento de venta. La indicación de la superficie en el documento de venta no es obstáculo para considerar la venta hecha como cuerpo cierto de acuerdo con la precitada disposición legal.

Cuando se vende un cuerpo cierto sin consideración a una medida determinada, ni el comprador ni el vendedor pueden pretender una disminución o un suplemento del precio ni el comprador desistir del contrato cuando las dimensiones del inmueble resulten después menores o mayores. Solo si el vendedor deja de poner en posesión del comprador parte de lo comprendido en los linderos, el vendedor incumple con su obligación de entrega, facultando dicho incumplimiento al comprador para exigir que se le entregue la cabida comprendida en los linderos o, en su caso, solicitar la resolución del contrato y el pago de los daños y perjuicios conforme a las reglas generales sobre responsabilidad contractual.

7. Las acciones por exceso o déficit de cabida deben intentarse dentro del plazo de un año. El plazo para el ejercicio de la acción se cuenta desde el día de la venta. Este plazo es de caducidad y no de prescripción y se aplica independientemente de que la reclamación se ejerza por vía de acción o de excepción.

8. Las normas legales sobre la cabida son supletorias de la voluntad de las partes, de modo que ellas pueden perfectamente descartar su aplicación mediante cláusulas derogatorias o modificativas de las reglas establecidas en el Código Civil.

LA PROHIBICIÓN DEL PACTO COMISORIO EN EL CÓDIGO CIVIL VENEZOLANO*

---

* Este trabajo fue publicado como parte del Libro Homenaje al doctor Luis Cova Arria, Coordinadores Rafael Badell Madrid, Enrique Urdaneta Fontiveros y Salvador Yannuzzi Rodríguez, Academia de Ciencias Políticas y Sociales, Caracas, 2020.

I. EL PACTO COMISORIO

1. Consideraciones generales

Las garantías reales sujetan determinados bienes del deudor o de un tercero al cumplimiento de la obligación de manera tal que, en caso de incumplimiento, el acreedor podrá trabar ejecución sobre dichos bienes para aplicar su valor de realización a la satisfacción de su crédito, independientemente de la persona que tuviera la propiedad o tenencia de los bienes sobre los cuales recae la garantía. Si el deudor no cumple con la obligación principal, el acreedor está facultado para ejecutar judicialmente la cosa constituida en garantía lo que significa, en último término, su venta en pública subasta para aplicar el precio que se obtenga en el remate a la satisfacción de la deuda. Todo ello sin perjuicio de que si el precio obtenido no resulta suficiente para cobrar el importe de su crédito, el acreedor haga efectiva la responsabilidad genérica y universal del artículo 1.863 del Código Civil y trabe ejecución sobre el patrimonio restante del deudor[1].

El destino natural de toda garantía real cuando no ha sido pagado el derecho de crédito es la ejecución judicial del bien que garantiza ese derecho, de modo que este pueda ser satisfecho con lo que se obtenga de aquella (*ius distrahendi*). El acreedor que tiene una garantía real, en caso de falta de pago de la obligación garantizada, tiene derecho al valor de la cosa que garantiza su crédito o a una parte de él, pero no a la cosa misma. Otra forma diferente de satisfacción del crédito sería lo que podría denominarse una *autoejecución*, que consistiría en la apropiación (comiso) por el acreedor del bien dado en garantía, práctica que se encuentra prohibida por los artículos 1.844, 1.858 y 1.878 del Código Civil y 542 del Código de Comercio[2].

---

1 Jacques Mestre, Emmanuel Putman y Marc Billau, "Droit Commun des Sûretés Réells. Théorie Générale", en Jacques Ghestin, *Traité de Droit Civil,* L.G.D.J., París, 1996, pp. 8-10; Dominique Legeais, *Droit des Sûretés et Garanties du Crédit,* 13ª edición, L.G.D.J., París, 2019, pp. 315-318; Encarus Roca Trías, "Rasgos básicos de la regulación española en materia de negocios de garantía", en *Tratado de Garantías en la Contratación Mercantil,* coordinado por Ubaldo Nieto Carol y José Ignacio Bonet Sánchez, Tomo I (Parte General y Garantías Personales), Civitas, 1997, pp. 144-145.

2 Fernando Reglero Campos, "El pacto comisorio", en *Garantías Reales Mobiliarias en Europa,* coordinado por María Elena Larroba y Joan Marsal, Marcial Pons-Ediciones Jurídicas y Sociales, Madrid-Barcelona, 2006, p. 253.

2. Concepto

En términos generales, puede decirse que el pacto comisorio es aquel por el cual acreedor y deudor convienen que en caso de incumplimiento de la obligación principal, el acreedor queda facultado para apropiarse de la cosa dada en garantía, dando así por satisfecho su crédito[3]. En razón de su estipulación, las partes convienen que el acreedor podrá quedarse con la cosa objeto de la garantía real si el deudor no realiza la prestación prometida en el tiempo pactado. El pacto comisorio está prohibido por la ley en materia de prenda, hipoteca y anticresis; y, por tanto, carece de validez. La prohibición del pacto comisorio constituye un principio rector de nuestro sistema de garantías reales que obedece a exigencias de orden público que gobiernan la materia[4].

El rasgo distintivo del pacto comisorio es su carácter condicional, pues en él siempre hay una condición, que consiste en que el deudor deje de pagar lo que deba al vencimiento del plazo. Además, su estipulación transforma el contrato de prenda, hipoteca o anticresis en una venta condicional, en la cual la cosa vendida es el bien objeto de una garantía; el precio, el monto de lo adeudado por el deudor, y la condición, el hecho de que este no pague oportunamente la deuda[5]. Por consiguiente, para que se entienda estipulado un pacto comisorio, es necesario que en la estipulación figure de una manera u otra la condición "si el deudor no

---

3 Esta es en esencia la definición acogida por casi todos los autores. Al respecto, véase: C. Massimo Bianca, Voz "Patto Commissorio", en *Novissimo Digesto Italiano*, bajo la dirección de Antonio Azara y Ernesto Eula, Vol. XII, UTET, Turín, 1965, p. 714; Laurent Aynès y Pierre Crocq con el concurso de Agustin Aynès, "Droit des Sûretés", en Phillipe Malaurie y Laurent Aynès, *Droit Civil*, L.G.D.J., París, 2019, p. 328; Ramón Durán Rivacoba, *La Propiedad en Garantía. Prohibición del pacto comisorio.* Editorial Aranzadi, Pamplona, 1998, p. 68.

4 Al respecto, en relación con el ordenamiento francés anterior a la Reforma del Código Civil de 2006 sobre las garantías, sustancialmente equivalente al nuestro sobre la materia, véase: Michel Cabrillac y Christian Mouly, *Droit de Sûretés,* 2ª edición, Editorial Litec, París, 1993, pp. 395-396. En la doctrina nacional, Aguilar Gorrondona incluye la prohibición del pacto comisorio entre "las normas comunes de las garantías reales" (José Luis Aguilar Gorrondona, *Derecho Civil IV. Contratos y Garantías*, 11ª edición, Universidad Católica Andrés Bello, Caracas, 2000, pp. 57-59).

5 C. Massimo Bianca, ob. cit., p. 14; Vincenzo Locajono, *Il patto commissorio nei contratti di garanzia,* Giuffrè, Milán, 1952, pp. 22, especialmente, la nota 5 y la jurisprudencia de la Casación italiana ahí citada.

paga la obligación al vencimiento el acreedor podrá hacerse dueño de la cosa" por el precio prefijado y que es lo adeudado al acreedor[6].

Tampoco pueden los sujetos de la relación obligatoria convenir, al menos en principio, que en caso de incumplimiento de la obligación principal, el acreedor podrá disponer de la cosa dada en prenda o hipoteca sin ejecutarla judicialmente, esto es, disponer de ella al margen de los procedimientos legalmente establecidos para la ejecución de la garantía[7]. La exigencia legal de la ejecución judicial de la prenda y de la hipoteca trae consigo que carezca igualmente de validez el pacto por el cual se convenga que el acreedor podrá disponer a su arbitrio de la garantía real enajenándola sin sujetarse a los trámites previstos en la ley, en caso de incumplimiento de la obligación garantizada[8]. Con mayor razón le está prohibido al acreedor, como se dijo, apropiarse de la cosa constituida en garantía en caso de inejecución o retardo.

En sentido estricto, por tanto, se entiende por pacto comisorio el convenio en virtud del cual el acreedor queda facultado para hacerse propietario del bien constituido en garantía o disponer de ella sin ejecutarla judicialmente, en defecto de pago al vencimiento de la obligación principal[9]. Así entendido, el pacto comisorio engloba tanto los aspectos directamente apropiatorios de la cosa constituida en garantía, como los de su ejecución fuera de los estrictos cauces previstos en la ley.

---

6 Manuel Somarriva Undurraga, *Tratado de las Cauciones,* Editorial Nascimento, Santiago de Chile, 1980, p. 432.

7 José Enrique Bustos Pueche, "Teoría general sobre los derechos reales de garantía con especial atención al pacto comisorio", en *Anuario de Derecho Civil,* Tomo XLIII, fascículo II, abril-junio 1990, Centro de Publicaciones del Ministerio de Justicia, Madrid, 1990, pp. 550-551.

8 Es la cláusula llamada de *voie parée* (de vía que apareja ejecución) cuya nulidad consagró el artículo 2.078 del Código Napoleón. Al respecto, véase: Louis Josserand, *Derecho Civil,* Tomo II, Vol. II (Contratos), Traducción castellana de Santiago Conchillos y Monterola, Bosch y Cia., Editores, Buenos Aires, 1950, p. 456; Henri Mazeaud, Léon Mazeaud y Jean Mazeaud, *Lecciones de Derecho Civil,* Parte Tercera, Volumen I (Garantías), Traducción castellana de Luis Alcalá-Zamora y Castillo, Ediciones Jurídicas Europa-América, Buenos Aires, 1962, pp. 113-114.

9 G. Baudry-Lacantinerie y P. de Loynes, "Du nantissement, des privilèges & hipothèques et de l'expropriation forcée", Tome I, en *Traité Théorique et Pratique de Droit Civil,* Vol. XXII, 2ª edición, París, 1899, p. 124. En la doctrina nacional, véase: José Luis Aguilar Gorrondona, ob. cit., pp. 58-59; María Candelaria Domínguez Guillén; Voz "Pacto Comisorio", en *Diccionario de Derecho Civil,* Liven editores, Caracas, 2009, p. 122.

II. LA PROHIBICIÓN DEL PACTO COMISORIO. EVOLUCIÓN HISTÓRICA Y LEGISLACIÓN COMPARADA

1. Antecedentes históricos

Para la cabal compresión de la prohibición del pacto comisorio resulta indispensable conocer –al menos a grandes rasgos– sus antecedentes y evolución histórica[10].

En el *Derecho romano*, en una primera etapa de la evolución histórica de los derechos de garantía, el deudor, por medio de la fiducia *cum creditore*, garantizaba el cumplimiento de la obligación transmitiendo al acreedor (por la *mancipatio* o la *in iure cessio*) la posesión y la propiedad de una cosa (*mancipi*) de valor más elevado al de la suma de dinero recibida. Pagada la deuda, el *tradens* podía exigir la restitución de la cosa con una acción personal (la *actio fiduciae*)[11]. En la fiducia *cum creditore*, la transferencia de la propiedad de la cosa al acreedor derivaba de la naturaleza misma del contrato (*naturalia negotii*), pero no era un elemento esencial, ya que cabía pactar otro modo de satisfacción, el *ius vendendi,* que le daba al fiduciario el derecho de vender la cosa, cobrarse la deuda y devolver al deudor el sobrante (*superfluum* o *hyperocha*). El *ius vendendi* constituye el origen de los actuales modos de ejecución de las garantías reales.
Desaparecido el contrato de fiducia, se utilizó el contrato de prenda para alcanzar los mismos fines de garantía, pero sin que se produjera la transmisión de la propiedad. Cuando ya la propiedad no se transfería automáticamente al acreedor por la celebración del contrato, dicha transferencia podía convenirse en virtud de una cláusula añadida en la que con diversas formas se establecía expresamente que, en caso de falta de pago al vencimiento, el acreedor podía apropiarse de la cosa, es decir, convertirse en

[10] Para un examen de los antecedentes históricos de la prohibición del pacto comisorio, véase: Vincenzo Locajono, ob. cit., pp. 1-19; Manuel Ignacio Feliú Rey, *La prohibición del pacto comisorio y la opción en garantía,* Editorial Civitas, Madrid, 1995, pp. 33-47; Núria Ginés Castellet, *La enajenación de bienes inmuebles con fines de garantía,* Fundación Beneficentia et Peritia Iuris, Madrid, 2004, pp. 424-451.

[11] En atención al carácter personal de la *actio fiduciae,* el deudor quedaba expuesto a una posible enajenación de la cosa por parte del acreedor.

propietario de la misma, por el importe del crédito, o podía vendérsela a otro. Esta cláusula, especialmente cuando revestía la primera modalidad, se conoció con el nombre de *lex commissoria*[12]. En un primer momento adoptó la forma de un pacto mediante el cual el deudor prometía al acreedor cederle la cosa entregada en garantía, en caso de incumplimiento. Posteriormente para asegurar aún más los derechos del acreedor, las partes pactaban que en defecto de cumplimiento la cosa quedaba vendida a su favor. En este sentido, se puede definir la *lex commissoria* como la cláusula en virtud de la cual si el deudor no pagaba a tiempo, el acreedor conservaba la cosa en su patrimonio, cobrándose de esta manera el crédito no satisfecho.

En el *Derecho romano quiritario y clásico*, la *lex commissoria* empleada en la prenda era frecuente en la práctica y su licitud estaba fuera de discusión. La moral utilitaria prevaleciente en la época no veía con malos ojos que la prenda, aun de valor muy superior al importe de la deuda, pasara en caso de incumplimiento en plena propiedad al acreedor, perdiendo el deudor el exceso de valor de la cosa sobre la cuantía del débito (*superfluum* o *hyperocha*).

En cambio, en el *Derecho romano postclásico*, por el creciente influjo de la moral cristiana en la renovación del mundo romano y sobre todo una vez que se introdujo el derecho de venta de la cosa pignorada (*pactum de vendendo o de distrahendo)* que permitía al acreedor vender la cosa y pagarse con el precio pero restituyendo el remanente, se puso de relieve que el comiso por el acreedor de la cosa pignorada en caso de falta de pago podría acarrear un grave perjuicio, incluso la ruina del deudor, ya que este se veía privado completamente de la cosa, aun en el caso relativamente frecuente de que su valor fuera muy superior al monto del crédito que garantizaba.

---

12 En Roma el pacto comisorio como institución jurídica recibió el nombre de *lex commissoria* y no el de *pactum*. Cabe hacer notar que *lex* en esta locución es sinónimo de *pactum* y significa una convención establecida entre las partes y, por consiguiente, obligatoria entre ellas. Como señala Roca Sastre la expresión *pactum de lex* commissoria encierra una verdadera redundancia ya que *pactum* y *lex* vienen a tener el mismo significado. Al respecto, véase: Ramón Roca Sastre, *Derecho Hipotecario*, Tomo V, Bosch Casa Editorial, Barcelona, 1978, p. 793, nota 1.

Debido a esto el emperador Constantino, mediante edicto, terminó por prohibir la *lex commissoria* en el *pignus* en el año 326. Este edicto se explica además porque a través del pacto comisorio se encubrían en la práctica intereses ilegales, pues el valor del bien comisado solía ser muy superior al del crédito garantizado. La influencia creciente de la Iglesia en aquella época, que venía condenando el mutuo con interés como contrario a la moral, y la repulsa general al cobro de intereses o *usura* en el préstamo, fueron razones adicionales que llevaron a la prohibición del pacto comisorio en el Derecho romano.

El edicto de Constantino fue recogido por el Código teodosiano que sancionó idéntica norma y pasó después al Código justinianeo. Justiniano, sin embargo, toleró el *pacto marciano* por el cual el acreedor quedaba facultado para adquirir la cosa pignorada o hipotecada "al justo precio"[13].

En la *Alta Edad Media*, la caída del Imperio y las invasiones germánicas trajeron consigo la reaparición de la fiducia en su forma germánica que consistía en la transmisión de la propiedad para garantizar el pago de una deuda, reservándose el transmitente un derecho real a recuperar la cosa vendida en caso de que restituyera la cantidad adeudada. Este hecho, unido a la general decadencia de los estudios jurídicos, se afirma, dio lugar a la reaparición de la licitud del pacto comisorio.

En el *Derecho intermedio*, la gran influencia del Derecho canónico sirvió no solo para restablecer la prohibición del pacto comisorio sino para reforzarla mediante la prohibición de la usura. El Papa Inocencio III, en una célebre decisión del año 1198, reafirma que el pacto comisiorio es *in pignoribus improbatum*. El Papa Gregorio IX le dedica un fragmento en las Decretales para prohibirlo totalmente. Quedó así restablecida la prohibición del pacto comisorio que se mantuvo en la época del renacimiento del Derecho romano aun cuando se consagraron algunas excepciones como, por ejemplo, la de los hebreos del Piamonte, a quienes se autorizaba para imponer tal cláusula.

En el *Derecho moderno* se incorporó la prohibición del pacto comisorio en la generalidad de los Códigos. Baste citar entre ellos al Código Civil francés de 1804 (art. 2.078); el Código Civil

13 Digesto, XX, I, 16, 9.

alemán (B.G.B.) de 1900 (§ 1.149 y 1.229); el Código Civil suizo de 1.907 (art. 894); los Códigos italianos de 1865 (arts. 1.884 y 1.894) y 1942 (art. 2.744); y el Código Civil español de 1889 (arts. 1.859 y 1.884).

En muchos Códigos civiles hispanoamericanos se introdujo igualmente la prohibición del pacto comisorio. Baste citar entre ellos al argentino de 1869, (art. 3.222), chileno (art. 2.397), peruano de 1864 (art. 1.066), colombiano (art. 2.422) uruguayo (art. 2.338), costarricense (art. 421) y venezolano (arts. 1.844, 1.858 y 1.878).

Sin embargo, siguiendo las tendencias más modernas del derecho de las garantías reales, en la legislación civil de algunos países se ha eliminado la prohibición del pacto comisorio como, por ejemplo, en la Reforma del Código Civil Francés sobre el Derecho de Garantías de 2006 que eliminó la interdicción del pacto comisorio para la prenda (art. 2.348) y para la hipoteca (art. 2.459); en el Código Civil y Comercial argentino promulgado el 7 de octubre de 2014 cuyo artículo 2.229 faculta al acreedor para adjudicarse la cosa dada en prenda por la estimación que de ella haga un experto al vencimiento de la deuda. En el Perú, la Ley de Garantías Mobiliarias de 2006 derogó el artículo 1.066 del Código Civil peruano que prohibía el pacto comisorio en la prenda y autorizó a las partes a pactar la forma de ejecución de la garantía mobiliaria, conforme a las disposiciones establecidas en la ley. En Colombia, la Ley de Garantías Mobiliarias de 2013 derogó los artículos 2.422 (inciso 2°) del Código Civil y 1.203 del Código de Comercio que prohibían el pacto comisorio y estableció un mecanismo de pago directo con los bienes dados en garantía por el valor del avalúo realizado por un perito escogido por sorteo, debiéndose realizar el avalúo en el momento de la entrega o apropiación del bien por el acreedor.

2. Legislación comparada

2.1. Derecho francés

En el *Derecho histórico francés*, Robert Pothier sostiene que rigió la prohibición del pacto comisorio como un instrumento para impedir la usura y por esa vía la prohibición de esa figura negocial pasó al Código

Napoleón. Sin embargo, en el antiguo Derecho francés se facultaba a las partes a convenir que la cosa dada en prenda pasara al acreedor según estimación a ser realizada por expertos después del vencimiento del plazo establecido para el pago de la deuda (*pacto marciano*)[14].

El *Código Napoleón de 1804* prohibió el pacto comisorio en la prenda. En efecto, de acuerdo con el artículo 2.078 del *Code* "toda cláusula que faculte al acreedor para apropiarse de la prenda o para disponer de ella sin las formalidades legales es nula". De acuerdo con la prescripción legal, el acreedor pignoraticio en caso de incumplimiento tenía que dirigirse a un tribunal para pedirle que ordenara la venta de la prenda en pública subasta o que la misma le fuese adjudicada en pago de la deuda, hasta donde alcanzara su valor, según tasación hecha por peritos. No podían, por tanto, las partes, según el artículo 2.078, convenir que el acreedor pudiera vender privadamente la prenda ni acordar que estaría dispensado de solicitar que se dictase sentencia (cláusula de *voie parée*)[15].

La doctrina francesa admite pacíficamente que el fundamento de la prohibición del pacto comisorio en el *Code* se encuentra en la falta de libertad del deudor que ante la necesidad del crédito conviene en conceder a su acreedor la facultad de apropiarse de la prenda o de disponer de ella libremente en caso de falta de pago[16].
La prohibición era de aplicación estricta a la prenda (art. 2.078) y la anticresis (art. 2.088), quedando al margen la hipoteca. La jurisprudencia interpretando estrictamente la prohibición negó su aplicación a la hipoteca[17].

La doctrina y la jurisprudencia francesas admitieron la validez del pacto *ex intervallo*, esto es, el convenido después del contrato de prenda, ya que una vez acordado el préstamo había que suponer que la presión del acreedor no era ya tan temible. Sin embargo, el pacto sucesivo

---

14 Marcelo Planiol y Jorge Ripert, *Tratado Práctico de Derecho Civil Francés,* Tomo XII (Garantías Reales), Traducción castellana de Mario Díaz Cruz, Cultural, Habana, 1946, p. 120.

15 Louis Josserand, ob. cit., II, p. 456.

16 Ambrosio Colin y Henri Capitant, *Curso Elemental de Derecho Civil,* Tomo V, Traducción castellana por la redacción de la Revista General de Legislación y Jurisprudencia, Instituto Editorial Reus, Madrid, 1955, p. 91.

17 Al respecto, véase: Michel Cabrillac y Christian Mouly, ob. cit., p. 406.

carecía de validez cuando constituía la simple ejecución de un arreglo concluido desde el momento de la constitución de la prenda[18].

El encubrimiento del pacto comisorio bajo fórmulas de compraventa con pacto de retro en garantía se consideró como un claro supuesto de simulación y fraude, demostrable de ordinario por presunciones[19].

La prohibición del pacto comisorio se consideró siempre de orden público, por lo que su estipulación estaba sancionada con la nulidad absoluta. Pero la sanción que recogió el *Code* fue la de la nulidad parcial dejando el acto incólume, salvo la cláusula comisoria. Es decir, se tenía por no puesto el pacto[20].

La Reforma del Código Civil francés de 2006, a que se contrae la Ordenanza (*Ordonnonce*) Nº 2.006–346 del 23 de marzo del 2006 contentiva de la reforma del derecho de garantías, incorporó como Libro IV del *Code* una reglamentación completa de las garantías que consagró cambios importantes y novedosos respecto de las disposiciones del Código Napoleón sobre la materia[21].

La modificación más importante fue la eliminación de la prohibición del pacto comisorio tanto para la prenda (art. 2.348) como para la hipoteca (art. 2.459), permitiendo a las partes convenir, ya sea en el momento de la constitución de la garantía o con posterioridad, que

---

18 G. Baudry-Lacantinerie y P. de Loynes, ob. cit., I, pp. 130-131; Georges Ripert y Jean Boulanger, *Tratado de Derecho Civil, según el Tratado de Planiol,* Traducción castellana de Delia García, Tomo IV (Las Obligaciones) (Primera Parte), La Ley, Buenos Aires, 1965, pp. 691-692.

19 Louis Josserand, ob. cit., II, pp. 108-109.

20 Henri Mazeaud, Léon Mazeaud y Jean Mazeaud, ob. cit., I, p. 114.

21 Al respecto, véase: *Ordonnance nº 2006-346 du 23 mars 2006 relative aux sûretés.* Disponible en: https://www.legifrance.gouv.fr/affichTexte.do?cidTexte=JORFTEXT000000639090, consultado en fecha 12 de mayo de 2020. Para un examen de los principales cambios e innovaciones del Derecho de las garantías en Francia introducidos por la referida ordenanza, véase: Dominique Legeais, ob. cit., pp. 321-334; Olivier Deshayes, "La reforma del derecho de las garantías en Francia", en *Nuevas tendencias en el derecho privado y reforma del Código Civil francés,* coordinado por José Annicchiarico Villagrán, Sheraldine Pinto Oliveros y Pedro J. Saghy Cadenas, Editorial Jurídica Venezolana-Association Henri Capitant des amis de la culture juridique française, Caracas, 2015, pp. 143-152; Carlos de Cores, "El impacto de la globalización. Una perspectiva latinoamericana de la reforma francesa de las garantías reales mobiliarias", en Carlos de Cores y Enrico Gabrielli, *El nuevo derecho de las garantías reales. Estudio comparado de las recientes tendencias en materia de garantías reales mobiliarias,* Editorial Temis-Editorial Ubijus-Zavalia, Bogotá-México D.F., Buenos Aires, 2008, pp. 279-323.

en caso de incumplimiento de la obligación principal, el acreedor se convierta en dueño de la cosa dada en garantía al precio determinado en el mercado de valores, si se trata de créditos o papeles bursátiles, o por el precio fijado por expertos. La reforma del Código Civil francés autoriza pues a convenir el pacto comisorio bajo la modalidad de *pacto marciano*. El valor de los bienes dados en garantía será determinado por peritos, nombrados de común acuerdo por las partes o judicialmente, de modo que si el valor de la cosa determinado el día de su atribución o transferencia al acreedor es superior al monto de la obligación garantizada, la diferencia corresponderá al deudor. Es decir, el acreedor puede hacerse atribuir el bien dado en garantía, pero a un valor que debe ser determinado por expertos o peritos, no de antemano sino al día de la transferencia o atribución de la cosa dada en garantía al acreedor. Si el bien hipotecado es la residencia familiar principal del deudor, se mantiene la prohibición del pacto comisorio (art. 2.459 *in fine*)[22].

2.2. Derecho italiano

El *Código Civil italiano de 1865* consagró la prohibición del pacto comisorio en la prenda en los siguientes términos: "El acreedor no puede disponer de la prenda por falta de pago. Tiene, sin embargo, el derecho de hacer ordenar judicialmente que la prenda se le asigne en pago y hasta la concurrencia de la deuda según estimación que se haga por peritos, o bien que se venda en remate. Es nulo cualquier pacto que autorice al acreedor a apropiarse de la cosa recibida en prenda" (art. 1.884). Para la anticresis, el artículo (1.894) estableció, igualmente, la prohibición quedando, al igual que en el Código Napoleón, la hipoteca al margen de la prohibición legal[23].

---

22 Para un examen del régimen del pacto comisorio bajo la Ordenanza N° 2006-346 de fecha 23 de marzo de 2006, véase: Aynès y Pierre Crocq, con el concurso de Agustin Aynès, ob. cit., pp. 327-330.

23 A diferencia de lo ocurrido en Francia, el tema del pacto comisorio se ha convertido en un clásico de la literatura jurídica en Italia. Al respecto, véase: Franco Anelli, *L'alienazione in funzione di garanzia*, Giuffrè, Milán, 1996, *passim*. Antes de la promulgación del *Codice* de 1942, el régimen legal del pacto comisorio era sustancialmente idéntico al que consagraba el Código Napoleón. Ello dio lugar a grandes incertidumbres doctrinarias y jurisprudenciales por lo que respecta al alcance y límites de la prohibición legal, tal y como se examina poco más adelante en el texto.

Un sector de la doctrina italiana sostuvo que tales disposiciones prohibitivas eran excepcionales y que no podía extenderse su aplicación al préstamo hipotecario ni, en general, a la enajenación de un bien inmueble con fines de garantía (*pacto comisorio autónomo*). Otros autores, en cambio, sostuvieron que la nulidad del pacto comisorio era un principio válido aplicable a todas las garantías reales. En el mismo sentido se orientó la opinión prevaleciente de la jurisprudencia italiana, tanto de instancia como de casación, hasta el año 1923.

No obstante, a partir de la célebre sentencia de las *Sezioni Unite* de fecha 28 de julio de 1923 que se pronunciaron por la validez de un pacto comisorio incluido en un contrato de préstamo hipotecario, la jurisprudencia italiana cambió de criterio, y al igual que la mayoría de los autores italianos, se mostró favorable a la interpretación estricta que debía hacerse de los artículos 1.884 y 1.894 del Código Civil italiano de 1865, los cuales no eran susceptibles de ser interpretados extensivamente ni aplicados por analogía a situaciones no previstas en el texto legal como, por ejemplo, la venta inmobiliaria con pacto de rescate con fines de garantía cuya validez fue admitida. Un sector de la doctrina italiana, no obstante, criticó severamente esta nueva orientación de la Casación italiana.

Posteriormente, mediante sentencia del 16 de abril de 1945, la Casación italiana cambió nuevamente de opinión y pretendió extender a un contrato de préstamo con garantía hipotecaria contraído bajo la vigencia del Código Civil italiano de 1865 la prohibición del pacto comisorio que ese código consagraba solo para la prenda y la anticresis.

Esta sentencia mereció la severa crítica de Pugliese, lo que a su vez influyó decisivamente en un nuevo y ulterior cambio de criterio por parte de la Casación italiana que en 1947 se pronunció definitivamente por una interpretación estricta que debía hacerse de los artículos 1.884 y 1.894 del Código Civil italiano de 1865 los cuales no podían aplicarse al mutuo hipotecario ni a la venta con pacto de rescate. En tal sentido la Casación rectificó su criterio del 16 de abril de 1945 y declaró que el artículo 2.744 del nuevo *Códice* italiano que consagró la prohibición del pacto comisorio en la hipoteca, tenía un carácter innovativo respecto de los artículos 1.884 y 1.894 del Código de 1865 y no un carácter interpretativo de esas disposiciones[24].

El Código Civil italiano de 1942 (a diferencia del Código del 65 que, como el francés, no aludía al pacto comisorio en la hipoteca) sanciona la prohibición del pacto comisorio en dos artículos: uno, el 1.963, comprendido entre las normas que regulan la *anticresis*; y otro, el 2.744, que ha sido trasladado de las normas relativas a la prenda (que es donde lo recogía el Código del 1865) al capítulo de las disposiciones generales sobre la garantía patrimonial, y se refiere en concreto a la *hipoteca y a la prenda*; en ambos preceptos, con fórmulas sustancialmente idénticas, se consagra la nulidad del pacto por el cual se conviene que la propiedad del inmueble objeto de anticresis, o la cosa hipotecada o dada en prenda "pase al acreedor en caso de falta de pago de la deuda en el término fijado".

La doctrina italiana todavía discute cuál es el fundamento de la prohibición legal, aunque la necesidad del deudor continúa siendo la más importante de las razones de fondo aportadas para prohibir el pacto comisorio[25]. De ahí que la gran mayoría de los autores italianos consideran válido el llamado *pacto marciano*, es decir, aquel por el cual se conviene entre deudor y acreedor que si al vencimiento de la obligación el primero no paga, la propiedad de la cosa sujeta en garantía pasará al acreedor previa justa estimación. Faltan aquí, se afirma, las razones de tutela del deudor puesto que no se dan en el pacto marciano

---

24 Para un examen detallado de la posición de la doctrina y la jurisprudencia italianas respecto a la prohibición del pacto comisorio bajo el Código Civil italiano de 1865, además del trabajo de Giovanni Pugliese "Nulitá del patto commissorio e vendita con patto di riscatto", en *Giurisprudenza Cassazione Civile dell'Istituto Italiano Sudii Legislativi,* Tomo XVII, 1945, I, pp. 156 y ss, puede consultarse a C. Massimo Bianca, *Il divieto del patto commissorio,* Ristampe della Scuola di specializzazione in diritto civile dell'Università di Camerino, a cargo de Pietro Pierlingieri, Edizioni scientifiche italiane, Nápoles-Roma, 2013, pp. 79-85. En la doctrina nacional, Mélich-Orsini también se refiere al planteamiento de la cuestión en la doctrina y la jurisprudencia italianas en su trabajo "Los verdaderos alcances de la prohibición del pacto comisorio en el Derecho venezolano y una errónea sentencia de la Corte Suprema de Justicia, en *Libro Homenaje al Doctor Eloy Lares Martínez,* Tomo II, Universidad Central de Venezuela, Caracas, 1984, pp. 1113-1118.

25 Al respecto, véase: Enzo Roppo, "La responsabilità patrimoniale del debitore", en *Trattato di Diritto Privato,* dirigido por Pietro Rescigno, Vol. XIX, UTET, Turín, 1985, p. 436; Domenico Barbero, *Sistema del Derecho Privado,* Vol. III, Traducción al castellano de Santiago Sentis Melendo, Editorial Jurídica Europa-América, Buenos Aires, 1967, p. 186; Domenico Rubino, *La compravendita,* Giuffrè, Milán, 1971, p. 1025.

las condiciones vejatorias e inicuas que normalmente sujetan al deudor en la estipulación del pacto comisorio[26].

La cuestión de la aplicación de la prohibición del pacto comisorio a la transmisión de la propiedad con fines de garantía (*pacto comisorio autónomo*) ha sido objeto de viva discusión en la doctrina y la jurisprudencia italianas.

Un sector doctrinal, atendiendo al momento en que se produce el efecto traslativo, opina que no incurren en la prohibición del artículo 2.744 del *Codice* los convenios en los cuales el traspaso es inmediato y el incumplimiento determina solamente la consolidación de la propiedad de la cosa en manos del acreedor (venta con pacto de retro o venta con condición resolutoria, en garantía), pero sí los tipos de venta con fines de garantía en los cuales la transmisión de la propiedad de la cosa se condiciona al incumplimiento del deudor (venta sujeta a condición suspensiva, promesa de venta)[27]. Otros autores, en cambio, sostienen que la prohibición del pacto comisorio se aplica igualmente a la venta con *patto di riscatto* como a la venta con *patto di retrovendendo* realizadas con fines de garantía[28].

La jurisprudencia italiana, por su parte, ha sido oscilante. Al principio la Casación italiana en la mayoría de sus decisiones se mostró partidaria del carácter excepcional de la prohibición legal y sostuvo que el artículo 2.744 del *Codice* no podía ser objeto de interpretación extensiva ni de aplicación analógica. Sin embargo, en algunas sentencias la Casación se apartó de esta línea tradicional, al dejar sentado que una venta sometida a condición resolutoria, o con pacto de rescate (con efectos reales) o de retroventa (con efectos obligatorios) podía incurrir en ilicitud por contravención a la regla prohibitiva del pacto comisorio, si era celebrada con fines de garantía. Esto dio lugar a una etapa de

---

26 Vincenzo Locajono, ob. cit., p. 71-72, especialmente, la nota 25 y la doctrina italiana ahí citada; C. Massimo Bianca, *Il divieto del patto commissorio…* cit., pp. 218-223.

27 Angelo Luminoso, "La vendita con riscatto. Arts. 1500-1509", en *Commentario Codice Civile,* dirigido por Pietro Schlesinger, Giuffrè, Milán, 1987, pp. 239 y 247. Michele Sesta resume el estado de la cuestión en *Le garanzie atipiche,* Cedam, Padua, 1988, pp. 27-36.

28 Enzo Roppo, ob. cit., pp. 441-444. Por su parte, Oberto citado por Anelli afirma que la compraventa en garantía constituye un capítulo del fraude a la ley, aunque sea con efecto transmisivo inmediato y sujeta a condición resolutoria. En cambio, en la compraventa con pacto de retro con el deudor hay simulación ya que no hay precio, sino deuda previa (Franco Anelli, *L'alienazione in funzione di garanzia,* Giuffrè, Milán, 1996, pp. 13-14).

incertidumbre y desconcierto en la que se fueron alternando las decisiones en uno y otro sentido[29].

Para resolver esta discrepancia de opiniones entre las diferentes secciones simples de la Casación en torno a la admisibilidad de la enajenación en garantía, en 1989 las *Sezioni Unite* tomaron cartas en el asunto a través de dos decisiones (Nos. 1611 y 1907 de fechas 3 y 21 de abril de 1989, respectivamente). La intervención de las *Sezioni Unite* sirvió para consagrar el cambio de opinión registrado en la Corte de manera que, según la Casación en sesión plenaria, el contrato por el cual deudor y acreedor convienen la venta de un bien propiedad del primero a la que se añade un pacto de rescate o de retroventa para la hipótesis de que el deudor pague la deuda en un determinado plazo es nulo por fraude a la prohibición del pacto comisorio. La prohibición del pacto comisorio comprende, por ende, tanto las ventas en garantía bajo condición suspensiva como aquellas otras bajo condición resolutoria (como son las ventas con pacto de rescate o de retroventa a favor del deudor). Este es el criterio jurisprudencial prevaleciente en la actualidad[30] y la posición adoptada por la gran mayoría de los autores italianos[31].

Por último, se admite que la violación de la prohibición legal acarrea como consecuencia la nulidad absoluta del pacto comisorio. Pero

---

[29] Resume el estado de la cuestión Angelo Sesta, ob. cit., p. 103.

[30] Al respecto, véase: Francesco Galgano, *El negocio jurídico,* Traducción al castellano por Francisco de P. Blasco Gascó y Lorenzo Prats Albentosa, Tirant lo Blanch, Valencia, 1992, p. 449, especialmente, la nota 20 y la jurisprudencia de la Casación italiana ahí citada.

[31] Al respecto, véase: Franco Anelli, ob. cit., p. 13. A esa conclusión llegan algunos autores como Bianca y Andrioli. Según estos autores, la interpretación literal del texto legal que prohíbe el pacto comisorio es totalmente desatendible y carece de fundamento (C. Massimo Bianca, *Il divieto del patto commissorio…* cit., pp. 177 y ss; Virgilio Andrioli, "Divieto del patto commissorio", en *Commentario del Codice Civile*, a cargo de Antonio Scialoja y Giuseppe Branca, Libro Sesto, *Tutela dei diritti,* Zanichelli-Soc. Ed. del Foro Romano, Boloña-Roma, 1954, pp. 49 y ss). Otros autores como Roppo y Carnevali sostienen que los pactos comisorios autónomos (como los implícitos en una enajenación en garantía) incurren en la prohibición legal ya que sus efectos son equivalentes a los típicos (Enzo Roppo, ob. cit., p. 435; Ugo Carnevali, Voz "Patto commissorio," en *Enciclopedia del Diritto*, bajo la dirección inicial de Francesco Calasso, Vol. XXXII, Giuffrè, Milán, 1982, p. 502). Como señala Carpino "bien directamente, analógicamente, acudiendo a la simulación, al fraude a la ley o al negocio indirecto, la conclusión es la aplicación de la prohibición" (Bruneto Carpino, "La vendita con patto di riscatto", en *Trattato di Diritto Privato (Della Compravendita)*, dirigido por Pietro Rescigno, Vol. XI, UTET, Turín, 1984, p. 277).

la nulidad es parcial, solo afecta la cláusula y no afecta el resto del contrato (generalmente, un préstamo) salvo que la misma sea determinante del consentimiento de todo el contrato en el sentido de que este no se habría celebrado sin la cláusula comisoria, en cuyo caso la nulidad es total[32].

2.3. Derecho español

El artículo 1.859 del Código Civil español establece que no puede el acreedor apropiarse de las cosas pignoradas o hipotecadas, ni tampoco disponer de ellas. El artículo 1.884 prescribe que el acreedor no adquiere la propiedad del inmueble dado en anticresis por falta de pago de la deuda sancionando que "todo pacto en contrario será nulo". Se admite que la nulidad, a pesar de solo estar consagrada para la anticresis, se aplica igualmente a la prenda y a la hipoteca[33].

La prohibición del pacto comisorio tiene un alcance general. Se considera prohibido sea cual fuere la obligación garantizada, la cosa o derecho dado en garantía o el negocio bajo el que queda oculto. Empero, se afirma que la prohibición aun cuando con ese carácter general, debe ser interpretada en sus justos términos[34].

El fundamento de la prohibición del pacto comisorio, se afirma, no solo obedece a la protección del deudor, sino también a la de sus acreedores, que tienen como garantía de sus créditos el resto del patrimonio no afectado, y a quienes debe aprovechar el mayor valor de la cosa dada en garantía. Por lo cual, se admite que la prohibición del pacto comisorio no debe alcanzar aquellos acuerdos en los cuales se convenga que en caso de falta de pago, el acreedor podrá adquirir la cosa, siempre

---

32 Virgilio Andrioli, ob. cit., p. 53; Lelio Barbiera, "Responsabilità patrimoniale. Disposizioni generali. Arts. 2740-2744", en *Il Codigo Civile. Commentario*, dirigido por Pietro Schlesinger, Giuffrè, Milán, 1991, p. 267.

33 Manuel Albaladejo, *Derecho Civil III*, Vol. III, (Derecho de Bienes), 9ª edición, Edisofer, Madrid, 2004, pp. 702-704; Vicente Guilarte Zapatero "Comentario a los artículos 1822 a 1896 del Código Civil", en *Comentarios al Código Civil y Compilaciones Forales*, dirigidos por Manuel Albaladejo, Tomo XXIII, Editorial Revista de Derecho Privado, Madrid, 1990, pp. 457-459; Celestino Mas Alcaraz, "El pacto comisorio", en *Estudios de Derecho Privado*, bajo la dirección de Antonio de la E. Martínez-Radío, Vol. II, Editorial Revista de Derecho Privado, Madrid, 1965, pp. 61-62.

34 Fernando Reglero Campos, ob. cit., p. 260.

que el precio no se identifique con el valor de la deuda, sino que se fije mediante mecanismos de tasación de carácter objetivo, sin que sea, claro está, admisible la fijación del precio por las partes. Pero sí se extiende al pacto *ex intervallo*, esto es, aquel que las partes convienen una vez que se ha celebrado el contrato y constituido la garantía, pero antes del vencimiento del crédito, puesto que el peligro de ese pacto para los demás acreedores es evidente[35].

La nulidad del pacto comisorio no afecta a la garantía constituida (*utile per inutile non vitiatur*)[36].

La mayoría de los autores españoles sostienen que el llamado pacto comisorio autónomo o impropio debe quedar comprendido en el radio de acción de la norma que prohíbe el pacto comisorio[37]. Se afirma que no resulta fundado defender que, dado que el Código Civil solo trata de la prohibición del pacto comisorio al referirse a los contratos típicos de garantía real, la prohibición únicamente se aplica a estos[38]. El reconocimiento de esta tesis brindaría al acreedor un medio fácil de eludir la prohibición legal[39].

En el Derecho español la aprobación del Real Decreto Ley 5/2005 sobre garantías financieras introdujo innovaciones importantes en esta materia permitiendo la apropiación directa por parte del acreedor del bien aportado en garantía (dinero, valores o instrumentos financieros), así como la ejecución directa de la garantía en caso de incumplimiento, siempre y cuando las partes así lo hayan convenido en el acuerdo de garantía financiera y hayan acordado las modalidades de valoración, debiendo esta ajustarse al valor actual de mercado, respecto a los valores e instrumentos financieros que sean objeto de cotización[40].

---

35 Luis Díez-Picazo y Antonio Gullón, *Sistema de Derecho Civil,* Vol. III, (Derecho de cosas y Derecho inmobiliario registral), 6ª edición, Tecnos, Madrid, 1977, pp. 498-499.

36 Celestino Mas Alcaraz, ob. cit., p. 71.

37 José Enrique Bustos Pueche, ob. cit., pp. 567-568; Ramón Durán Rivacoba, *La propiedad en garantía. Prohibición del pacto comisorio,* Editorial Aranzadi, Pamplona, 1998, p. 68; Núria Ginés Castellet, ob. cit., p. 456.

38 Bruno Rodriguez Rosado, *Fiducia y pacto de retro en garantía,* Marcial Pons, Madrid-Barcelona, 1998, p. 182.

39 Celestino Mas Alcaraz, ob. cit., p. 72.

40 Para un examen de los aspectos más novedosos del Real Decreto Ley 5/2005 sobre garantías financieras, véase: Fernando Reglero Campos, ob. cit., pp. 264-266.

III. CONSAGRACIÓN DE LA PROHIBICIÓN DEL PACTO COMISORIO EN EL CÓDIGO CIVIL VENEZOLANO

Los artículos 1.844, 1.858 y 1.878 del Código Civil consagran la prohibición del pacto comisorio en la prenda, anticresis e hipoteca[41] en los siguientes términos:

> Artículo 1.844. El acreedor no podrá apropiarse la cosa recibida en prenda ni disponer de ella, aunque así se hubiere estipulado; pero cuando haya llegado el tiempo en que deba pagársele tendrá derecho a hacerla vender judicialmente.
> Podrá admitirse al acreedor a la licitación de la prenda que se remate.
>
> Artículo 1.858. Es nula de pleno derecho toda convención que autorice al acreedor a apropiarse el inmueble, caso de no serle pagada la deuda.
>
> Artículo 1.878. El acreedor no se hace propietario del inmueble hipotecado por la sola falta de pago en el término convenido. Cualquiera estipulación en contrario es nula.

El artículo 542 del Código de Comercio aplicable a la prenda mercantil, por su parte, reitera dicha prohibición cuando prescribe:

> Artículo 542. Es nula toda cláusula que autorice al acreedor para apropiarse la prenda, o para disponer de ella en otra forma que la prescrita en las precedentes disposiciones.

---

[41] En nuestra legislación civil el antecedente remoto de la prohibición del pacto comisorio en la prenda se encuentra en el texto del artículo 1.671 del Código Civil de 1867 que se inspiró directamente en el artículo 1.775 del Proyecto de Código Civil para España de Don Florencio García Goyena. El texto actual de la prohibición del pacto comisorio en la prenda y en la anticresis es sustancialmente idéntico al que consagraban nuestros Códigos Civiles de 1873 (arts. 1.778 y 1.789); 1880 (arts. 1.779 y 1.790); 1896 (arts. 1.819 y 1.839); 1904 (arts. 1.827 y 1.838); 1916 (arts. 1.921 y 1.932); 1922 (arts. 1.921 y 1.932); y 1942 (arts. 1.848 y 1.858). La prohibición del pacto comisorio en la hipoteca se introdujo expresamente por primera vez en el Código Civil de 1942 (art. 1.878), disposición esta que se inspiró en el art. 2.744 del Código Civil italiano de 1942 y que tampoco fue objeto de modificación en la Ley de Reforma Parcial del Código Civil de 1982.

De acuerdo con estas disposiciones, no puede el acreedor apropiarse de las cosas pignoradas, hipotecadas o dadas en anticresis. Todo pacto en contrario es nulo.

Cae bajo el campo de aplicación de la prohibición legal el convenio por el cual acreedor y deudor convengan que, en defecto de pago al vencimiento, el acreedor se convertirá de pleno derecho en propietario de la cosa dada en garantía (*pacto comisorio real*), o el pacto por el cual las partes convengan que, en caso de vencimiento de la deuda y falta de pago de la misma, el deudor se compromete a transferir la cosa al acreedor (*pacto comisorio obligatorio*).

No es lícito que las partes convengan anticipadamente que llegado el vencimiento de la deuda el acreedor pueda optar entre quedarse en pago con la propiedad de la cosa dada en garantía o exigir el cumplimiento de la deuda.

Pero ese no es el único límite. Los artículos 1.844 del Código Civil y 542 del Código de Comercio prohíben igualmente que las partes convengan que, vencida la deuda y a falta de pago, el acreedor lleve a cabo por su cuenta la ejecución de la prenda. El artículo 666 del Código del Procedimiento Civil reitera esta prohibición cuando establece que:

> Sin perjuicio de lo previsto en leyes especiales la ejecución de prenda se llevará a cabo conforme al procedimiento establecido en este Capítulo…

En los mismos términos, el artículo 660 del Código de Procedimiento Civil al referirse a la ejecución de la hipoteca establece que la misma se hará conforme al procedimiento previsto en los artículos 661 y siguientes del Código de Procedimiento Civil. Sería, por tanto, igualmente nula la cláusula según la cual las partes convengan de antemano que si el deudor no cumple la obligación principal, la venta de la cosa dada en garantía real tendrá lugar amistosamente sin intervención judicial[42]. Era la cláusula de *voie parée* (cláusula que lleva aparejada ejecución) cuya estipulación prohibía el artículo 2.078 del Código Napoleón

---

42 Como se indica poco más adelante, una excepción a esta regla está consagrada para la hipoteca naval en el artículo 143 de la Ley de Comercio Marítimo.

de 1804. Como principio de carácter general, no puede, por tanto, el acreedor llevar a cabo por su cuenta la ejecución de la garantía.

Esta prohibición del *ius vendendi* privado dirigida a impedir el fraude producido por un acreedor que vende la cosa sobre la cual recae la garantía real por bajo precio, se ha confundido a menudo con la prohibición del pacto comisorio, a lo que ha contribuido que ambas limitaciones estén establecidas en el artículo 1.844 del Código Civil. Pero en realidad, la prohibición de que el acreedor pueda apropiarse de las cosas dadas en garantía responde a la interdicción del pacto comisorio; la de que pueda disponer de ellas, a la prohibición de convenir anticipadamente en la ejecución privada de las garantías[43].

De manera que las precitadas disposiciones legales sirven para fijar, desde un punto de vista negativo, las facultades que el derecho real de garantía concede al acreedor, prescribiendo que este carece de la facultad de apropiación y de disposición de la cosa, fundamentalmente porque ello excede de la función que corresponde a la prenda, hipoteca o anticresis que no otorgan de por sí tal poder de disposición, puesto que a lo único que facultan al acreedor es a instar judicialmente su venta con el fin de que su producto se aplique al cumplimiento de la obligación.

IV. CLASES DE PACTO COMISORIO

La doctrina ha distinguido diversas clases de pacto comisorio desde diversos puntos de vista, a saber:

1. Pacto comisorio real y pacto comisorio obligatorio

Por su eficacia, el pacto comisorio puede ser real u obligatorio según que la propiedad de la cosa pase o deba ser transferida, respectivamente, al acreedor en caso de incumplimiento del deudor.

El alcance del pacto se configura con efecto real cuando las partes acuerdan que la propiedad del objeto se transferirá de pleno derecho al acreedor cuando la deuda no haya sido pagada en el plazo establecido; pero puede configurárselo también con eficacia obligatoria, en el

---

[43] C. Massimo Bianca, *Il divieto del patto commissorio...* cit., p. 188; Bruno Rodríguez Rosado, ob. cit., p. 211.

sentido de que el deudor adquiera, por medio del pacto, la *obligación de transferir*[44].

En atención a la *ratio* de la prohibición, la doctrina y la jurisprudencia italianas consideran nulo no solo el pacto comisorio real, sino también el obligatorio por el cual el deudor se comprometería a transferir la cosa al acreedor en caso de vencimiento de la deuda y falta de pago de la misma[45]. En la doctrina española se afirma que admitirlo "sería tanto como reconocer el medio de circunvenir la prohibición legal"[46]. Ese mismo criterio debe seguirse en nuestro ordenamiento.

2. Pacto comisorio *ab initio* y pacto comisorio *ex intervallo*

Por el tiempo de su conclusión, la doctrina distingue entre pacto comisorio *ab initio* y pacto comisorio *ex intervallo*. El pacto comisorio *ab initio o in continenti* es aquel que las partes introducen en el convenio mismo de prenda o hipoteca, o en una convención anterior o simultánea a la constitución de la garantía. En cambio, el pacto comisario *ex intervallo* es aquel que las partes acuerdan después de la constitución de la garantía y antes del vencimiento del crédito.

Con anterioridad a la Reforma del Código Civil francés de 2006 que eliminó la prohibición del pacto comisorio, ya la doctrina y la jurisprudencia francesas admitían la licitud del pacto *ex intervallo* debido a que una vez concertado el contrato de garantía, la presión del acreedor sobre el deudor no es tan temible; por lo cual, se reconocía la validez de esos pactos si se concluían después de la constitución de la prenda o de la hipoteca[47].

---

44 El Código Civil alemán al consagrar la prohibición del pacto comisorio en la prenda extiende la prohibición tanto al pacto comisorio real como al pacto comisorio obligatorio. (§ 1.229).

45 Domenico Barbero, ob. cit., III, p. 186; especialmente, la nota 95 y la jurisprudencia de los tribunales italianos ahí citada; C. Massimo Bianca, Voz *Patto Commisorio*... cit., p. 716, especialmente, la nota 136 y la jurisprudencia de los tribunales italianos ahí citada; Ugo Carnevali, ob. cit., p. 505.

46 Celestino Mas Alcaraz, ob. cit., p. 62. En el mismo sentido, véase: Ramón Durán Rivacoba, ob. cit., pp. 244-248.

47 Al respecto, véase: Antonio Colin y Henri Capitant, ob. cit., V, pp. 91-92; G. Baudry-Lacontinerie y P. de Loynes, ob. cit., I, p. 130; Marcelo Planiol y Jorge Ripert, ob. cit., XII, p. 120; Louis Josserand, ob., cit., II, p. 120; Henri Mazeaud, Léon Mazeaud y Jean Mazeaud, ob. cit., I, p. 115; Laurent Aynès y Pierre Crocq con el concurso de Agustin

En cambio, la doctrina alemana considera que el pacto comisorio solo puede concluirse válidamente "si ya ha vencido" la hipoteca o la prenda, es decir, que la prohibición alcanza también al pacto comisorio *ex intervallo*[48]. En la doctrina española, la mayoría de los autores tampoco admite la licitud del pacto comisorio convenido después de la constitución de la garantía y antes del vencimiento del crédito ya que "el peligro ínsito en su estipulación para los acreedores es manifiesto"[49].

Asimismo, el Código italiano de 1942 (arts. 1.963 y 2.744) sanciona la nulidad del pacto comisorio, aunque sea posterior a la celebración del contrato de anticresis o a la constitución de la hipoteca o de la prenda.

Esta solución de la nulidad del pacto comisorio *ex intervallo* es la que debe aplicarse en el Derecho venezolano por las siguientes razones: 1) Por un lado, la explicación de la doctrina francesa no es del todo satisfactoria. Aun después de concedido el préstamo y constituida la garantía, el deudor podría ser impulsado a consentir en el pacto por el temor de no poder devolver el préstamo, o para que su acreedor convenga en aplazar el vencimiento de la deuda; 2) Si la ley prohíbe que se convenga alguna cosa en un contrato, no puede permitir que mientras este subsista pueda ser alterado en la materia sobre la que recae una prohibición, a menos que el legislador claramente haya limitado la disposición prohibitiva al momento mismo de la celebración del contrato; 3) Habida cuenta de los términos generales empleados por el legislador para consagrar la prohibición del pacto comisorio, no corresponde al intérprete distinguir entre el pacto comisorio *ab initio* y el *ex intervallo*

Aynès, ob. cit., pp. 327-328, especialmente, la nota 127 y la jurisprudencia de la Casación francesa ahí citada.

48 Al respecto, véase: Martin Wolff, "Derecho Civil (Derecho de Cosas)", Vol. I, Traducción castellana con anotaciones de Blas Pérez González y José Alguer, 3ª edición, en Ludwig Enneccerus, Theodor Kipp y Martín Wolff, *Tratado de Derecho Civil*, Tomo III, Bosch, Barcelona, 1971, pp. 275-276.

49 Luis Díez-Picazo y Antonio Gullón, ob. cit., III, p. 499. En el mismo sentido, véase: José A. Álvarez Caperochipi, *Curso de Derechos Reales*, 1ª edición, Civitas, Madrid, 1987, p. 114; Núria Ginés Castellet, ob. cit., p. 495; Celestino Mas Alcaraz, ob. cit., p. 63; Domingo Irurzun Goicoa, "La cláusula resolutoria y el pacto comisorio", en *Estudios de Derecho Privado* bajo la dirección de Antonio de la E. Martínez Radío, Vol. II, Editorial de Derecho Privado, Madrid, 1975, p. 43.

para postular la nulidad del primero y la validez del segundo; y 4) La solución contraria permitiría burlar la prohibición sin mayor dificultad pues muy fácilmente cabe introducirse el pacto comisorio después de la constitución de la garantía con fraude[50].

3. Pacto comisorio propio y pacto comisorio impropio

Según que el pacto comisorio tenga o no por objeto la adquisición de lo dado en prenda, hipoteca o anticresis, se distingue entre pacto comisorio en sentido propio y pacto comisorio en sentido impropio.

El pacto comisorio en sentido propio es aquel que atribuye al acreedor el derecho de apropiarse de lo dado en prenda, hipoteca o anticresis en caso de incumplimiento de la obligación. El pacto comisorio propio es accesorio ya que depende de la existencia de un contrato de prenda, hipoteca o anticresis. Es el supuesto normal o típico de pacto comisorio.

El pacto comisorio en sentido impropio o pacto comisorio autónomo es aquel por el cual las partes convienen que, en caso de incumplimiento de la obligación, el acreedor tendrá el derecho de apropiarse de una cosa determinada del deudor sobre la cual no existe ninguna garantía prendaria, hipotecaria o anticrética. El pacto comisorio impropio funciona como una garantía autónoma, es decir, independiente de un contrato de garantía típico (hipoteca, prenda o anticresis). Por ejemplo, en un préstamo se conviene que, incumplida la obligación, el prestamista hará suya una cosa determinada del deudor sobre la cual el acreedor no tiene una prenda o hipoteca constituida a su favor. Se utiliza una cosa como garantía al margen de los contratos reales típicos de garantía[51].

Si bien los supuestos de pacto comisorio contemplados en la ley son los que acceden a un contrato de prenda, hipoteca o anticresis, la mayoría de la doctrina y de la jurisprudencia extranjera

---

[50] En la doctrina nacional, Sanojo se pronuncia en contra de la licitud del pacto comisorio *ex intervallo.* Al respecto, véase: Luis Sanojo, *Instituciones de Derecho Civil Venezolano,* Tomo IV, Imprenta Nacional, Caracas, 1973, p. 247.

[51] La doctrina italiana es la que más extensamente ha analizado el tema del denominado pacto comisorio autónomo y contribuido a perfilar su fisonomía. Al respecto, véase: Franco Anelli, ob. cit., pp. 26 y 55; Ugo Carnevali, ob. cit., p. 435; Enzo Roppo, ob. cit., p. 535. En relación con la caracterización del pacto comisorio autónomo como contrato atípico de garantía en la doctrina española, véase: Núria Ginés Castellet, ob. cit., pp. 455-459; José Enrique Bustos Pueche, ob. cit., pp. 567-568; Celestino Mas Alcaraz, ob. cit., pp. 72 y ss.

modernas consideran que no son estos los únicos casos comprendidos en la prohibición[52].

Las razones por las cuales se acepta que el pago comisorio impropio o autónomo debe quedar igualmente incluido dentro del radio de acción de la prohibición legal son las siguientes: 1) Apenas se cuentan casos de estipulaciones comisorias en la prenda, hipoteca o anticresis por la categórica declaración de invalidez de las mismas, siendo el pacto comisorio autónomo la hipótesis de mayor recurrencia en la práctica[53]; 2) Las disposiciones del Código Civil que consagran la prohibición del pacto comisorio (arts. 1.844, 1.858 y 1.878) son por su naturaleza *normas materiales* que impiden la obtención de un determinado resultado cualquiera que sea el medio utilizado para obtenerlo[54]. La prohibición legal lo que quiere es impedir el resultado, sea uno u otro el medio empleado para conseguirlo. Por lo cual, se le niega eficacia a aquellos negocios que si bien no están prohibidos directamente producen bajo otra forma el mismo resultado objetivo o fin práctico que es precisamente el que la ley trata de impedir; 3) Limitar la prohibición del pacto comisorio en caso de prenda, hipoteca y anticresis por ser los supuestos legales en que tal prohibición se halla prevista, parece un simplismo: es obvio que solo puede *tipificarse* la prohibición en los casos de derechos reales de garantía *típicos*; además, carecería de sentido la existencia de prohibición semejante, si se dejase a la voluntad de los particulares la creación de otros derechos de garantía que pudiesen eludir la prohibición[55].

---

52 En la doctrina italiana, la mayoría de los autores sostienen que los pactos comisorios autónomos incurren en la prohibición legal puesto que son equivalentes a los típicos. En tal sentido, Bianca afirma que "la jurisprudencia y la doctrina virtualmente unánimes no vacilan en declarar que el pacto comisorio prohibido puede no acceder a la prenda, hipoteca o anticresis, sino que puede quedar estipulado en un préstamo con garantía inmobiliaria o en una atribución condicional de la propiedad con fines de garantía." (C. Mássimo Bianca, Voz *Patto commissorio…* cit., p. 514). Por su parte, Anelli (ob. cit., p. 27) afirma que en Italia la extensión de la prohibición a los supuestos de pacto comisorio autónomo es pacífica y no ha encontrado significativa resistencia. Similares señalamientos hace Carnevali (ob. cit., p. 502).

53 Al respecto, en la doctrina italiana, véase: Bianca, *Ibíd.*, p. 715; Carnevali, *Ídem*; Anelli, *Ídem*. En la doctrina española, véase: Ramón Durán Rivacoba, ob. cit., p. 121.

54 Al respecto, véase: Carnevali, *Ídem*; Mauro Bussani, *Il problema del patto commissorio*, Giappichelli, Turín, 2000, p. 234.

55 Sixto Sánchez Lorenzo, *Garantías reales en el comercio internacional (Reserva de dominio, venta en garantía y leasing)*, Civitas, Madrid, 1993, p. 166.

La doctrina nacional, por su parte, admite que la prohibición del pacto comisorio constituye una norma común aplicable a las garantías reales[56]. Se trata de un principio rector de nuestro sistema de garantías reales que obedece a exigencias de orden público en la materia[57]. Por consiguiente, las precitadas disposiciones legales no son sino manifestaciones particulares de un principio general según el cual carece de validez toda cláusula que faculte al acreedor para apropiarse o disponer de la garantía, en caso de no serle pagada la deuda[58].

El pacto comisorio no puede, por tanto, acceder a otras garantías reales típicas, por ejemplo, una prenda sin desplazamiento de la posesión o una hipoteca mobiliaria. Tampoco puede el comiso convenirse como una garantía autónoma al margen de la prenda, hipoteca o anticresis como, por ejemplo, por medio de una promesa de venta en garantía del prestamista, o cuando el deudor le concede a su acreedor una opción de compra para que llegado el vencimiento de la deuda pueda ejercerla sobre un bien del patrimonio del deudor, si este no le restituye la cantidad adeudada, o mediante la utilización de otras modalidades de *enajenación en garantía*[59].

Los pactos comisorios autónomos incurren en la prohibición legal puesto que son equivalentes a los típicos. No puede sostenerse que el ordenamiento permita la existencia de cláusulas de comiso adjuntas a

---

56 Al respecto, véase: José Luis Aguilar Gorrondona, ob. cit., pp. 57-59.

57 En este mismo sentido, aunque para el ordenamiento francés anterior a la reforma del Derecho de garantías de 2006, véase: Michel Cabrillac y Christian Mouly, ob. cit., pp. 395-396.

58 En la doctrina italiana, Mirabelli citado por Locajono (ob. cit., p. 96, nota 43) expresa que la prohibición del pacto comisorio en la prenda y la anticresis (se refiere al Código Civil italiano de 1865 que, como se dijo, no establecía la prohibición para la hipoteca), no constituye una excepción, sino más bien la afirmación de un principio general aplicable igualmente a los casos no contemplados expresamente en el texto legal.

59 En términos generales, puede decirse que *la enajenación en garantía* consiste en la transmisión de la propiedad o de la titularidad de un derecho en garantía de una relación obligatoria principal. Mediante la enajenación en garantía, las partes para garantizar el cumplimiento de una obligación utilizan un instrumento jurídico (la transmisión de la titularidad de la propiedad o derecho) que no es uno de los previstos típicamente por el ordenamiento jurídico para obtener un resultado de garantía. La enajenación en garantía significa que el acreedor se garantiza con la propiedad del deudor que pasa a manos de aquel con eficacia *erga omnes*. El Derecho venezolano permite determinadas transferencias de la propiedad en garantía, no obstante la prohibición legal del pacto comisorio, como el fideicomiso, la prenda de créditos la prenda irregular, las arras y la cesión de créditos.

otras garantías típicas o atípicas[60]. Por consiguiente, el pacto comisorio impropio o autónomo debe quedar comprendido dentro del campo de aplicación de las disposiciones que prohíben el pacto comisorio. Tanto más en los ordenamientos como el nuestro donde los derechos reales de garantía constituyen un *numerus clausus*. Aun admitiendo, *gratia arguendi*, la posibilidad de que los particulares pudieran crear derechos reales de garantía atípicos, lo que negamos, la creación de una garantía atípica no podría servir de base para eludir los principios fundamentales o las reglas consustanciales del sistema de garantías típicas como son las normas relativas a la preferencia para el pago de los créditos, el principio de la *par conditio creditorum* y la prohibición del pacto comisorio[61].

4. Pactos comisorios indirectos y simulados

Debido a la prohibición legal, en la práctica, los pactos comisorios no se encuentran estipulados de manera evidente y se presentan cada vez con mayor frecuencia bajo formas indirectas o simuladas. Como se examina poco más adelante, tampoco puede admitirse la validez de las fórmulas mediante las cuales se obtienen indirectamente los efectos propios del pacto comisorio a través de la utilización de otros negocios jurídicos (típicos o atípicos) en función de garantía (venta *sub retro* en garantía, fiducia *cum creditore*), o de forma disimulada empleando la apariencia de otras figuras lícitas que el propósito de las partes desnaturalizan apartándolas de su función. Por ejemplo, cuando las partes enmascaran la operación bajo el disfraz de una venta con pacto de retro en la cual, en realidad, el falso comprador no es más que un prestamista y, con gran frecuencia, un usurero. Los denominados pactos comisorios ocultos, por tanto, tampoco serían admisibles por aplicación de la teoría general del fraude a la ley o de la simulación en los negocios jurídicos[62].

---

60 Vincenzo Locajono, ob. cit., p. 96; Ramón Durán Rivacoba, ob. cit., p. 120.

61 En el mismo sentido, aunque para el ordenamiento español, véase: Fernando Reglero Campos, ob. cit., p. 285.

62 Al respecto, Locajono (ob. cit., pp. 99-127) se refiere al pacto comisorio oculto para describir el pacto comisorio que se oculta detrás de otros negocios formalmente válidos. Ferrara, por su parte, al referirse al contrato fraudulento empleado para revestir de licitud al pacto comisorio, expresa: "El juez ha de aplicar la ley, no a la letra, sino según su contenido espiritual, por lo que debe negarse eficacia a aquellos negocios que, si bien no prohibidos

De ahí que si en un caso concreto puede demostrarse que una aparente venta *sub retro* cumple la función de constitución de una garantía, para el pago de una deuda que encubre un pacto comisorio, procede declarar la nulidad del contrato.

V. FUNDAMENTO DE LA PROHIBICIÓN

Son variadas las explicaciones que se han dado, como fundamento o razón de ser de la prohibición del pacto comisorio. Como se examina poco más adelante, la *ratio* o justificación de la prohibición legal ciertamente puede y debe contribuir a la correcta interpretación de la normativa sobre la materia.

Veamos las más importantes teorías sobre el fundamento de la aludida prohibición.

1. Negocio inmoral

Algunos autores consideran que el pacto comisorio se prohíbe por ser un negocio inmoral, contrario a las buenas costumbres y por envolver de ordinario un pacto usurario.

Ciertamente, la razón más antigua para la prohibición del pacto comisorio se basaba en consideraciones morales. En efecto, el origen de la proscripción está ligado a la prohibición del préstamo de dinero retribuido y a la represión de la usura. El pacto comisorio se veía como un camino indirecto, primero, para burlar la retribución de los préstamos y, luego, el cobro de intereses por encima de los establecidos en las leyes, con lo cual se facilitaban las prácticas usurarias[63]. Pero en la actualidad dado que la usura cuenta con una regulación expresa en la generalidad de los ordenamientos, la prohibición se fundamentó en los principios de tutela de la parte contratante más débil (el deudor), tutela de los

directamente, producen bajo otra forma, los mismos resultados. Todos los actos fraudulentos en el sentido técnico de la palabra, son contrarios a la ley, porque el medio legal empleado cae siempre bajo la prohibición, que lo que quiere es impedir el resultado económico, sea uno u otro el medio empleado para conseguirlo." (Francisco Ferrara, *La simulación de los negocios jurídicos*, Traducción de la 5ª edición por Rafael Atard y Juan A. de la Puente, Revista de Derecho Privado, Madrid, 1926, p. 100, especialmente, la nota 2).

63 La caracterización del pacto comisorio como negocio usurario o medio que facilita la usura es común en la doctrina francesa. Al respecto, véase: Ambrosio Colin y H. Capitant, ob. cit., V, p. 91; Michel Cabrillac y Christian Mouly, ob. cit., p. 406.

restantes acreedores y no enriquecimiento injusto y, más recientemente, en la noción de protección del interés general y del principio de proporcionalidad en las garantías, tal y como se examina a continuación.

Pero adicionalmente la fundamentación de la prohibición en la naturaleza usuraria del pacto enfrenta graves dificultades por tratarse de una prohibición de carácter general y abstracto, al margen de las particulares circunstancias del caso concreto[64].

2. Tutela del deudor

Según algunos autores, el motivo determinante de la prohibición es la tutela de la voluntad del deudor[65]. La razón de ser de la prohibición radica, a grandes rasgos, en la falta de libertad del deudor que, ante la necesidad del crédito, acuerda conceder al acreedor la facultad de apropiarse o de disponer libremente del objeto que se le ofrece de garantía[66]. Se trata, en definitiva, de preservar la libertad del deudor para que el negocio resulte realmente expresión de su voluntad al evitar que su estado de necesidad económica (*soffocatio debitoris*) desvíe el negocio de préstamo de los fines que le son propios[67]. La ley quiere socorrer al deudor que, apremiado por la necesidad, podría fácilmente en el momento del préstamo conceder a su acreedor la facultad de apropiarse de la garantía por un crédito inferior a ella, ilusionándose tal vez con rescatarla antes del vencimiento[68]. Si el pacto comisorio y la cláusula de *voie parée* para la venta están prohibidos, es por temerse que el deudor, constreñido a pedir prestado se pliegue a las condiciones que se le impongan[69].

---

64 C. Massimo Bianca, Voz *Patto Commissorio*... cit., p. 717.

65 Biagio Brugi, *Instituciones de Derecho Civil,* Traducción al castellano, Ediciones Olejnik, Santiago, 2018, p. 423; De Luca, Breglia y Guidi, citados por Vincenzo Locajono, ob. cit., p. 23; José María Manresa y Navarro, *Comentarios al Código Civil Español,* Tomo IV, Editorial Reus, Madrid, 1931, p. 981.

66 G. Baudry-Lacantinerie y P. De Loynes, ob. cit., I, pp. 125-126.

67 José Mélich-Orsini, ob. cit., pp. 1107-1108.

68 César Vivante, "Del Contrato de Seguro, De la Prenda, Del Depósito en los Almacenes Generales", Vol. II, en Botafflio. Rocco y Vivante, *Derecho Comercial,* Tomo 15, Traducción castellana de Santiago Sentís Melendo, Ediar Editores, Buenos Aires, 1952, p. 258.

69 Louis Jossearand, ob. cit., II, p. 456; Henri Mazeaud, Léon Mazeaud y Jean Mazeaud, ob. cit., I, p. 115.

En fin, la causa de la nulidad del pacto comisorio estriba en que su estipulación hace del préstamo algo oneroso y lesivo para el deudor, que es la parte más débil y por tanto más vulnerable al momento de determinarse el contenido del contrato.

A esta teoría se la formulan las siguientes críticas: 1) La presunción se establece en favor de la libertad de los contratantes, no de su ausencia. Lo que se presume en todo contrato es la validez del consentimiento y que el mismo ha sido prestado libre y espontáneamente, sin coacción, y no lo contrario. Si los sujetos gozan de plena capacidad de obrar, no tiene fundamento jurídico presumir de manera absoluta que el deudor haya actuado siempre bajo el influjo de una angustiosa necesidad económica. Salvo prueba en contrario, el deudor se reputa que consiente libremente en el contrato; 2) Si se admite que el deudor actuó coaccionado para aceptar el pacto comisorio, no se comprende por qué no se extiende dicha coacción a la totalidad de la relación jurídica, que comprende tanto el contrato de garantía como la obligación garantizada. Si el acto de coacción se ejerce sobre el deudor al momento de convenir en el pacto comisorio, hay que suponer que esté también presente a la hora de concluir otras condiciones del préstamo y de la garantía. Entonces no se ve por qué mientras el pacto comisorio se tiene directamente por no puesto, las otras cláusulas del contrato se reputan libremente consentidas. O el deudor contrató en estado de necesidad económica o no. En el primer caso, la invalidez del consentimiento debe predicarse no solo respecto de una cláusula, en fin de cuentas accesoria, sino de toda la relación jurídica. Sin embargo, nadie que sepamos ha sostenido esta conclusión que sería la lógica; 3) Si el fundamento de la prohibición fuera la invalidez del consentimiento por no haber sido libremente manifestado, el pacto comisorio estaría afectado de nulidad relativa y no absoluta (Código Civil, artículos 1.146 y 1.150) correspondiéndole al propio deudor la decisión de impugnar o no la cláusula pues nadie mejor que él sabe si actuó libremente o no; 4) Por último, si se comprobase la libre manifestación del consentimiento del deudor, habría que admitir la validez del pacto comisorio[70].

---

[70] Al respecto, véase: Enzo Roppo, ob. cit., p. 436; José Enrique Bustos Pueche, ob. cit., pp. 561-562.

3. Tutela de los acreedores

Según un sector de la doctrina, el fundamento de la prohibición del pacto comisorio es la protección de los restantes acreedores y el respeto al principio *par conditio creditorum*. La interdicción del pacto comisorio, se afirma, obedece a la protección de los acreedores a quienes debe aprovechar el mayor valor de la cosa dada en garantía. Se dice que los acreedores restantes del deudor tienen derecho sobre el valor residual de la cosa constituida en garantía, cuando el valor de esta es superior al monto de la obligación garantizada, derecho este que perderían en caso de adjudicación total al acreedor. La *ratio* de la norma prohibitiva del pacto comisorio se encuentra pues en la defensa de la efectividad del principio *par conditio creditorum*, que quedaría alterado al sustraerse a la común garantía de los restantes acreedores el posible sobrante o valor residual de la cosa previamente ofrecida en garantía[71].

A esta teoría se le hacen las siguientes críticas: 1) La protección de los eventuales acreedores resulta desproporcionada con el perjuicio meramente eventual que el pacto comisorio pudiera acarrearles; 2) No es cierto que los restantes acreedores tengan, por el solo hecho de serlo, un derecho sobre el valor residual de la cosa constituida en garantía; el único derecho que tienen es la satisfacción de su crédito, sin que proceda realizar atribuciones o afectaciones concretas del patrimonio del deudor, a modo de *ius ad rem* respecto de los créditos (vencidos o no) de su restantes acreedores[72]; 3) Para la defensa de los intereses de los acreedores, el recurso que el ordenamiento pone a su disposición en estos casos es la acción pauliana o revocatoria, recurso este que se podría ejercer incluso contra el pacto comisorio en el supuesto caso de que este fuera admisible y, en todo caso, la fundamentación es insuficiente ya que no explica la nulidad del pacto cuando el deudor posee un patrimonio suficiente para satisfacer holgadamente a todos sus acreedores[73]; 4) Si bien esta fundamentación pudiera encontrar apoyo en el Derecho

---

71 Francesco Carnelutti, "Note sul patto commissorio", en *Rivista del Diritto Commerciale e del Diritto Generale delle Obbligazioni,* bajo la dirección de A. Straffa y C. Vivante, Vol. XIV, parte seconda, Vallardi, Milán, 1916, p. 890.

72 Manuel Ignacio Feliú Rey, ob. cit., p. 83.

73 Vincenzo Locajono, ob. cit., p. 28.

italiano donde la prohibición del pacto comisorio se encuentra ubicada en el artículo 2.744 del *Codice*, es decir, entre las "Disposiciones Generales" del Título III (Libro Sexto), que trata "De la responsabilidad patrimonial, de las causas de prelación y de la conservación de la garantía patrimonial"; la situación no es la misma en nuestro ordenamiento donde los artículos 1.844, 1.858 y 1.878 no tienen la misma ubicación sistemática, sino que se encuentran consagrados respecto de la prenda, anticresis e hipoteca[74].

4. Tutela del deudor y de los restantes acreedores

Algunos sostienen que la *ratio* de la prohibición es evitar que la situación de necesidad económica del deudor le lleve a permitir que el acreedor se apropie de un bien que cuyo valor excede al de la deuda, en perjuicio tanto del propio deudor como del resto de los acreedores, a los cuales no les quedaría en ningún caso la posibilidad de satisfacer sus créditos sobre ese bien[75].

A esta teoría se le hacen las siguientes críticas: 1) Si el fundamento de la norma que prohíbe el pacto comisorio fuera la protección de ambos intereses, su estipulación quedaría sin justificación en los casos en los cuales no se produce daño a los acreedores (sea porque no los haya, o porque el deudor es solvente), o al deudor, (porque no hay desequilibrio entre el valor del bien objeto del pacto comisorio y el de la deuda); 2) En todo caso, si esa fuera la fundamentación de la interdicción legal del pacto comisorio, la sanción que su estipulación acarrearía debería ser la nulidad relativa y no la nulidad absoluta[76].

5. Enriquecimiento injusto

Un sector de la doctrina justifica la prohibición del pacto comisorio por la necesidad de evitar el peligro de un injusto e inmoral enriquecimiento del acreedor. El acreedor se enriquece injustamente a costa del

---

[74] Al respecto, véase: José Melich-Orisini, ob. cit., p. 1112.

[75] Ugo Carnevali, ob. cit., p. 500; Vincenzo Locajono, ob. cit., pp. 36 y ss; Angelo Luminoso, ob. cit., p. 240, especialmente, la nota 543 y los autores ahí citados.

[76] Al respecto, véase: C. Massimo Bianca, *Il divieto del patto commissorio*… cit., pp. 215-216.

deudor por la apropiación de un bien cuyo valor excede al del crédito garantizado[77]. El monto de este enriquecimiento sin causa es el *superfluum* o la *hyperocha*, es decir, la diferencia de valor existente entre el precio justo de la cosa y el monto del crédito garantizado. De esa diferencia, se afirma, queda injustamente privado el deudor en beneficio del acreedor; por lo cual, esta teoría se vincula con la de la tutela económica del deudor antes examinada[78].

A esta teoría se le hacen las siguientes críticas: 1) Si esa fuera la fundamentación de la prohibición legal, deberían quedar fuera de la prohibición todos aquellos casos en los cuales no exista diferencia entre el valor del bien dado en garantía y el monto del crédito y esto no es así: la invalidez del pacto no depende de la efectiva desproporción entre la deuda garantizada y el valor del bien objeto de la garantía[79]; 2) No se entiende por qué se sanciona con la nulidad el pacto comisorio con la justificación de evitar un enriquecimiento del acreedor y, en cambio, se permite y se consideran lícitas otras prácticas que son, o por lo menos pueden ser, igualmente favorables al acreedor, tales como una novación de la obligación que perjudique al deudor en favor de la parte acreedora, la admisión de la cláusula penal o de la dación en pago[80]; 3) Por último, si esa fuera la razón de la interdicción del pacto comisorio, debería sancionarse su estipulación con la nulidad relativa o anulabilidad, pero no con la nulidad absoluta[81].

---

77 Anibal Dominici, *Comentarios al Código Civil Venezolano*, Tomo IV, Tipografía Universal, Caracas, 1905, p. 267. La jurisprudencia de nuestros tribunales fundamenta la prohibición legal en la necesidad de evitar el enriquecimiento del acreedor, pues generalmente la garantía supera el valor de la obligación garantizada. Al respecto, véase: Juzgado Superior Agrario de la Circunscripción Judicial del Estado Zulia, sentencia No. 539, de fecha 23 de noviembre de 2011. Disponible en: https://app.vlex.com/#/search/jurisdiction:VE/%22pacto+comisorio%22/p2/WW/vid/334143930, consultado en fecha 12 de mayo de 2020; Juzgado Superior Noveno en lo Civil, Mercantil, Tránsito y Bancario de la Circunscripción Judicial del Área Metropolitana de Caracas, sentencia de fecha 8 de febrero de 2017. Disponible en: https://app.vlex.com/#/search/jurisdiction:VE/%22pacto+comisorio%22/WW/vid/785571721, consultado en fecha 12 de mayo de 2020.

78 Mauro Bussani (ob. cit., p. 215) da cuenta de esta teoría.

79 Franco Anelli, ob. cit., p. 50; Angelo Luminoso, ob. cit., p. 239.

80 Núria Ginés Castellet, ob. cit., pp. 463-464.

81 Franco Anelli, ob. cit., p. 50.

6. Protección del interés general

Ante las deficiencias de las teorías que fundamentan la prohibición del pacto comisorio en la protección de un interés particular (sea del deudor o de los demás acreedores), surge una nueva posición de acuerdo con la cual la sanción obedece a la protección del interés general que no puede permitir que se deje en manos de los acreedores la facultad de apropiarse de los bienes que los deudores dieron en garantía para satisfacer las deudas incumplidas. Con la prohibición del comiso se salvaguarda el interés general y la buena marcha de las relaciones económicas y comerciales de la colectividad en general[82]. Al ser el pacto comisorio una práctica individualmente perniciosa, si se generaliza pueden alterarse las bases del sistema económico (orden público económico).

Ciertamente, las teorías que justifican la existencia de la interdicción del pacto comisorio en la protección de intereses privados no se compadecen con la sanción de nulidad absoluta que acarrea la infracción de la prescripción legal. Entonces se afirma que la sanción del pacto comisorio no tiene que ver tanto con la singular situación de abuso que pueda traer consigo su estipulación en un caso concreto, sino con la necesidad de evitar la propagación de un pacto en atención a los graves inconvenientes sociales y económicos que el mismo acarrea. De admitirse su licitud, se convertiría en una cláusula de estilo en reemplazo de las tradicionales formas de garantía real. En la doctrina italiana, Bianca afirma que una posible justificación de la prohibición legal es precaver el peligro social que acarrearía la generalización de una convención como el pacto comisorio, altamente lesiva por su idoneidad para crear graves inconvenientes como, por ejemplo, el fenómeno de la usura[83].

Exponente de esta corriente de opinión en la doctrina nacional es el autor Francisco López Herrera cuando afirma que el pacto comisorio constituye un supuesto "de causa ilícita del contrato por subvertir el orden económico de la sociedad". La nulidad absoluta del pacto tiende "a evitar la usura y el agiotismo". Cuando se estipula en una convención

---

[82] C. Massimo Bianca, *Il divieto del patto commissorio*… cit., p. 216; C Massimo Bianca, Voz *Patto Commissorio*… cit., pp. 717-718.

[83] C. Massimo Bianca, *Il divieto del patto commissorio*… cit., p. 218.

que "el acreedor se hace propietario del inmueble dado en prenda o del inmueble hipotecado en su garantía, por la sola falta de pago del capital en el término convenido (artículos 1.844 y 1.878) … es evidente el atropello que uno de los contratantes quiere hacer al otro; desde este punto de vista solo intereses privados están en juego. Pero el asunto repercute gravemente en los intereses generales de la Sociedad y por eso se impone la sanción de nulidad absoluta"[84].

A la teoría que fundamenta la existencia de la prohibición legal del pacto comisorio en un interés general se le critica que sigue sin explicar el motivo de fondo por el cual el legislador considera el pacto tan perjudicial y dañino que opta por prohibir totalmente su estipulación tratando de evitar su difusión, aun en presencia de otros recursos con los que cuentan el deudor y los acreedores para la tutela de sus intereses. No se alcanza a comprender cómo un acto de autonomía privada puede considerarse opuesto a un interés público y, por ello, nulo, solo en consideración a su potencial difusión en gran escala, sin que se identifique más precisamente el carácter de antijuricidad de la convención[85].

No obstante, resulta claro que, si se admitiera el pacto comisorio, ello podría alterar profundamente la concepción de las garantías reales que impera en nuestro ordenamiento, ya que muy probablemente el actual sistema de ejecución del crédito quedaría sustituido por el más sencillo de auto-ejecución del acreedor a través del mecanismo de la apropiación directa del bien.

7. Ejecución privada

La prohibición del pacto comisorio, según algunos autores, obedece principalmente a la necesidad de seguir un procedimiento judicial para la ejecución forzosa de las garantías reales. La prohibición del pacto comisorio no es sino una expresión del principio general que prohíbe la autotutela o autosatisfacción del acreedor. De acuerdo con esta teoría, los particulares no pueden disponer del procedimiento para la ejecución de las garantías a través de la adopción de regímenes que

---

[84] Francisco López Herrera, *La nulidad de los contratos en la legislación civil venezolana*, Empresa El Cojo, Caracas, 1952, pp. 186-188.

[85] Franco Anelli, ob. cit., p. 56; Mauro Bussani ob. cit., p. 236; Angelo Luminoso, ob. cit., p. 240.

conduzcan a la apropiación por el acreedor de las cosas dadas en garantía[86]. El fundamento de la prohibición, se afirma, se encuentra en el Derecho procesal que rechaza la posibilidad de la ejecución privada de las obligaciones[87]. El pacto comisorio implica derogar el procedimiento legalmente previsto para la ejecución forzosa de las garantías reales, sea porque se prescinde de todo procedimiento y el acreedor hace suya la cosa apropiándose de ella, sea porque dicha ejecución se realiza mediante otro procedimiento especialmente convenido entre acreedor y deudor, pero diferente del previsto por la ley.

A la teoría que fundamenta la interdicción del pacto comisorio en la ilicitud de la ejecución privada y en la prohibición de la autotutela se le formulan las siguientes críticas: 1) Supone una visión excesivamente procesalista de las garantías reales[88]. Olvida que dichas garantías no son simples instituciones procesales. La garantía real es algo más que una forma de ejecución forzosa del crédito. Esta teoría pone el énfasis en la función satisfactoria de la garantía, pero no en su función fundamental que es asegurar el cumplimiento de la obligación. Lo esencial de la garantía, se afirma, es asegurar el cumplimiento, no remediar el incumplimiento[89]. En la gran mayoría de los casos, lo normal es que el deudor habrá cumplido y no habrá necesidad de ejecutar la garantía y, sin embargo, el acreedor sí habrá estado garantizado durante toda la vida de la relación obligatoria desde su nacimiento hasta su extinción. De modo que esta teoría desfigura lo esencial del vínculo de garantía poniendo el acento sobre un aspecto secundario de la garantía convirtiéndolo en principal; 2) El principio de la inderogable intervención del Estado en la ejecución forzosa de las obligaciones a través de los tribunales de justicia no tiene carácter absoluto. Existen en nuestro ordenamiento fórmulas negociales pacíficamente admitidas mediante las cuales los particulares pueden hacer efectiva la responsabilidad patrimonial del deudor y

---

86 José Enrique Bustos Pueche, ob. cit., pp. 563-564; Domingo Irurzun Goicoa, ob. cit., p. 37.

87 Emilio Betti, "Su gli oneri e limiti dell'autonomia privata in tema di garanzia e modificazione di obbligazioni", en *Rivista del Diritto Commerciale e del Diritto Generale delle Obbligazioni,* dirigida por A. Straffa y C. Vivante, Vol. II, Vallardi, Milán, 1931, pp. 705-706.

88 Ramón María Roca Sastre, ob. cit., IV, pp. 20 y ss; Manuel Ignacio Feliú Rey, ob. cit., pp. 71-78.

89 Domenico Barbero, ob. cit., III, p. 181.

obtener la satisfacción del crédito mediante el bien objeto de la garantía, sin necesidad de acudir a los tribunales. Como ejemplos de formas de satisfacción convencional del crédito, puede mencionarse la cesión de bienes a los acreedores *ex* artículo 1.935 del Código Civil (*infra*, N° VI,1,1.1,a.), la prenda irregular, la *datio in solutum* (*infra*, N° VI,1,1.1), y también el pacto marciano, por cuanto su licitud se fundamenta en la ratio de la prohibición legal (*infra,* N° VI,2,2.1)[90]. Por consiguiente, esta teoría implica el olvido de los supuestos de satisfacción del crédito al margen de los procedimientos judiciales, o la misma posibilidad de ejecución cuando la garantía consiste en una prenda irregular; 3) Si la *ratio* de la prohibición fuera impedir la ejecución privada del patrimonio del deudor, no se explicaría por qué la norma ha sido consagrada a propósito de la prenda, hipoteca y anticresis y no se encuentra ubicada, como en Italia, entre las normas que regulan la responsabilidad patrimonial o la ejecución forzosa de las obligaciones[91]; y 4) En todo caso, la admisión del pacto comisorio nunca podrá entenderse como una renuncia a la vía judicial, pues siempre existe la posibilidad de acudir a los tribunales en razón de lo dispuesto en el artículo 26 de la Constitución.

Por último, cabe hacer notar que los procedimientos judiciales de ejecución forzosa de las garantías se establecen para la efectiva salvaguarda de otros principios que ya hemos examinado (tutela del deudor, tutela de los demás acreedores, no enriquecimiento injusto, proporcionalidad, etc.); por lo cual, en el fondo, no son sino la consagración formal de dichos otros principios[92]. Entonces basar el fundamento de

90 Franco Anelli, ob. cit., pp. 52-54; Mauro Bussani ob. cit., pp. 230-232; Ugo Carnevali, ob., cit., p. 501.

91 Adolfo Wegmann Stockebrand, "Algunas consideraciones sobre la prohibición del pacto comisorio y del pacto marciano", en *Revista Chilena de Derecho Privado*, N° 13, diciembre 2009, p. 119. Disponible en: https://dialnet.unirioja.es/servlet/articulo?codigo=3266150, consultado en fecha 12 de mayo de 2020. Cabe hacer notar que incluso respecto al ordenamiento italiano, Bianca, al rechazar la teoría que pretende fundamentar la prohibición del pacto comisorio en razones de orden procesal, afirma que no existe un principio general que consagre la inderogabilidad del procedimiento judicial o que impida la sujeción convencional del deudor al poder de autosatisfacción del acreedor (C. Massimo, Bianca, *Il divieto...* cit., p. 217). Igualmente, en la doctrina italiana, Roppo (ob. cit., p. 437) y Carnevali (ob. cit., p. 500) se pronuncian en contra del criterio procesalista de la prohibición.

92 Ramón Durán Rivacoba., ob. cit., p. 102.

Il divieto...

una prohibición como lo es el pacto comisorio en otra prohibición como la autotutela no es del todo satisfactorio, precisamente porque esa otra prohibición de autotutela procesal encuentra, a su vez, su razón de ser en otras razones que son las que en definitiva sirven de base y justifican la existencia de ambas prohibiciones.

8. Protección del principio de proporcionalidad en las garantías

Según un sector de la doctrina, a través de la prohibición del pacto comisorio se busca preservar el principio de proporcionalidad en las garantías. A través de la ejecución de las garantías reales, se afirma, no se puede obtener más de lo que se lograría mediante el cumplimiento exacto de la obligación garantizada, porque la garantía *stricto sensu* nada añade al contenido de la relación obligatoria; tan solo aumenta la probabilidad de obtener el pago del crédito garantizado. En el campo de las garantías, el principio de proporcionalidad exige que exista una correspondencia de la medida de la responsabilidad con la cuantía de la deuda (incrementada, en su caso, por el daño efectivamente causado por el incumplimiento). La prohibición del pacto comisorio se explica por "la vigencia del principio de adecuación entre la cuantía de lo que se debe y la determinación de los bienes que constituyen el objeto de la responsabilidad" y el riesgo implícito de quiebra de dicho principio a través de las practicas comisorias[93].

Exponente de esta corriente de opinión en la doctrina italiana es el autor Carnevalli quien afirma que la prohibición del pacto comisorio no es más que la manifestación concreta de un principio general según el cual la sujeción del patrimonio del deudor, o del fiador, o del valor de una cosa concreta al poder de agresión del acreedor se circunscribe a la cuantía de la deuda y no puede exceder nunca de esta, lo que se quebrantaría por un pacto como el comisorio[94].

---

93 En la doctrina española, véase: Núria Ginés Castellet, ob. cit., pp. 486-491.

94 Para Carnevali, el pacto comisorio quebranta el principio de la *commisura* de la sujeción del patrimonio del deudor al monto de la deuda, lo que hace que tenga causa ilícita por contrariar un principio de orden público económico (Ugo Carnevali, ob. cit., p. 501).

A esta teoría se le critica que se admite la validez de acuerdos que derogan el principio de proporcionalidad. Si no fuera así ¿cómo se explicaría la validez de una dación en pago desfavorable al deudor o de una cláusula penal?

A nuestro modo de ver, esta teoría aporta explicaciones útiles para fundamentar la prohibición del pacto comisorio.

En primer lugar, conviene recordar que los derechos reales de garantía confieren al acreedor el derecho de ejecutar una cosa con derecho a cobrarse preferentemente de su precio el crédito garantizado. El acreedor en cuyo favor se constituye una garantía real tiene derecho al valor de la cosa o a una parte de él, pero no a la cosa misma[95]. Admitir el pacto comisorio destruiría el sentido de la garantía que siempre implica la conversión de la cosa en dinero para satisfacer la deuda y revertir el eventual sobrante al deudor. Como en razón del pacto comisorio el acreedor tendría un poder de apropiación y disposición directa sobre el bien objeto de la garantía, su admisibilidad supondría desnaturalizar los derechos reales de garantía[96].

Pero adicionalmente, por su carácter accesorio, el derecho real de garantía con que cuenta un determinado acreedor no puede ir más allá de lo que requiera la satisfacción de su crédito; por lo cual, la extensión del derecho del acreedor a cuyo favor se ha constituido una garantía real se circunscribe a obtener la prestación prometida o su equivalente pecuniario más la eventual reparación de los daños y perjuicios. A través de la ejecución de la garantía real, no se puede obtener más de lo que se lograría mediante el cumplimiento exacto de la obligación garantizada[97]. Nuestro sistema de garantías reales no permite que se aplique

---

95 Al respecto, véase: G. P. Chironi, *Trattato dei privilegi, della ipoteche e del pegno*, Vol. I (Parte Generale), Fratelli Bocca, Milán-Turín-Roma, 1918, pp. 353-354.

96 Vincenzo Locajono, ob. cit., p. 23.

97 En la doctrina francesa, Crocq afirma que la ausencia de aprovechamiento forma parte de la esencia misma de la idea de garantía (*sûreté*) (Pierre Crocq, *Proprieté et garantie,* L.G.D.J., París, 1995, pp. 222-223). En la doctrina española, Roca Trías al referirse a los principios rectores de las garantías expresa que "el acreedor no debe obtener más o algo distinto de lo que ha pactado, es decir, la prestación obligada, más los intereses, pactados o los legales, más la correspondiente indemnización de los perjuicios cuando se haya producido un incumplimiento de la obligación y esta indemnización se haya previsto como incluida en la garantía" (Encarus Roca Trías, ob. cit., pp. 156-157). En la misma dirección pero siguiendo otra línea argumental, en la doctrina italiana, Montel afirma que "la garantía nada agrega

la totalidad del valor de un bien que constituye el asiento de la garantía a la extinción de una deuda con independencia de cuál sea el monto de esta última.

Por último, la prohibición del pacto comisorio en las garantías no choca con la admisibilidad de la dación en pago, porque esta última es un convenio esencialmente distinto del contrato de garantía. La dación en pago está dirigida a extinguir una deuda, no a garantizarla y, por tanto, queda fuera del ámbito de la responsabilidad patrimonial universal y sus límites derivados. En la dación en pago la transferencia del dominio de la cosa dada en pago al acreedor obedece a una *causa solvendi* y no a una causa de garantía (*infra,* Nº VI,1,1.1). La dación en pago es un contrato solutorio y no un contrato de garantía[98]. Por su parte, la cláusula penal es igualmente una figura extraña al ámbito propio de las garantías reales que, por su naturaleza y el régimen que la rige, está destinada a cumplir no solo una función resarcitoria sino sobre todo una función compulsiva y que cuenta con sus específicos medios de control[99].

En fin, la razón principal de la prohibición del pacto comisorio es la desproporción que se genera entre el monto de lo debido y el valor de la pérdida que sufre el deudor por el hecho de que el acreedor se apropie de la cosa objeto de la garantía. Por consiguiente, como se indica poco más adelante, la prohibición del pacto comisorio no debería alcanzar a aquellos pactos de adquisición que invistan al negocio de una evidente e indudable conmutatividad (*infra,* Nº VI,2,2.1).

VI. EXTENSIÓN DE LA PROHIBICIÓN

La doctrina se ha planteado el alcance de la prohibición incluida en los artículos 1.844, 1.858 y 1.878 del Código Civil. ¿Se puede admitir

al contenido de la relación obligatoria cuya ejecución garantiza ya que solo aumenta la probabilidad de que la obligación sea cumplida, es decir, la llamada seguridad de la propia obligación" (Alberto Montel, Voz "Garanzia (diritti reali di)", en *Novissimo Digesto Italiano*, dirigido por Antonio Azara y Ernesto Eula, Vol. XII, UTET, Turín, 1961, p. 744).

98 Al respecto, véase: Domenico Barbero, ob. cit., III, pp. 53 y 188.

99 Con respecto a las funciones compulsiva e indemnizatoria que cumple la cláusula penal en nuestra legislación civil, véase lo que expongo en mi trabajo *La cláusula penal en el Código Civil venezolano*, Academia de Ciencias Políticas y Sociales, Serie Estudios, Nº 99, Caracas, 2011, pp. 30-40.

la validez del pacto bajo ciertas condiciones? ¿Es lícito que en algún caso se convenga que el acreedor haga suya la cosa dada en garantía en razón del incumplimiento de la obligación principal?

La doctrina se refiere a algunos supuestos que no constituyen pacto comisorio y examina otros que ofrecen mayor duda para pronunciarse a favor o en contra de su validez.

1. Supuestos que no constituyen pacto comisorio

De entrada, conviene tener en cuenta que hay que descartar ciertos supuestos que no constituyen de ningún modo el pacto prohibido. La interdicción del pacto comisorio no debe llevar a la consecuencia inadmisible de que el deudor nunca pueda celebrar convenios particulares con su acreedor como, por ejemplo, una dación en pago, o la venta de la cosa dada en prenda o hipoteca, dejando a salvo, claro está, la acción pauliana o revocatoria de tales actos que puedan interponer los restantes acreedores *ex* artículos 1.279 y 1.280 del Código Civil, cuando los mismos se hayan llevado a cabo en fraude de sus derechos.

1.1. Dación en pago

a. Principio general

La doctrina admite de forma prácticamente unánime la validez del pacto en virtud del cual el acreedor y el deudor, después de vencida y no pagada la obligación principal, convienen en que este le dé en pago a aquel la cosa constituida en garantía, extinguiéndose así la obligación entre ambos[100].

La nulidad del pacto comisorio no excluye la posibilidad y licitud de la dación en pago, aunque tenga por objeto la misma cosa hipotecada o dada en prenda. Lo que está prohibido es el pacto que contemple la transmisión de la cosa al acreedor para el caso de incumplimiento, mientras subsista la relación obligatoria. No puede, por tanto, el deudor de antemano asumir la obligación de dejar la cosa dada en prenda o hipotecada en propiedad al acreedor en el caso de incumplimiento.

[100] Manuel Albaladejo, ob. cit., III, p. 706; Luis Díez-Picazo y Antonio Gullón, ob. cit., III, p. 698; Vicente Guilarte Zapatero, ob. cit., p. 461. En la doctrina nacional, véase: José Luis Aguilar Gorrondona, ob. cit., p. 78.

En cambio, no está prohibido el acuerdo de transmisión de la cosa al acreedor a cambio de la extinción de su crédito (*datio in solutum*). Lo primero constituye un pacto comisorio y está prohibido; lo segundo, en cambio, es un contrato solutorio (no una apropiación), que implica igualmente el consentimiento del deudor y cuya celebración está permitida[101].

Aun los autores que fundamentan la prohibición del pacto comisorio en la necesidad de seguir las formalidades procesales para la ejecución forzosa de las obligaciones y la imposibilidad de autosatisfacción, admiten la licitud de la adjudicación de la cosa dada en garantía *en pago* o *para el pago* de la deuda. Ambas modalidades, se afirma, son lícitas porque la adjudicación no es una forma de ejecución forzosa de la garantía[102]. Las partes no ejecutan la garantía sino que convienen en un modo de pago perfectamente lícito como es la adjudicación de la cosa en pago o para el pago de la obligación.

La dación en pago de la prenda o de la hipoteca, ya lo hemos dicho, obedece a una pura *causa solvendi*, no a una causa de garantía. Se trata, por tanto, de un negocio esencialmente diferente del negocio de garantía, por el cual el acreedor y el deudor simplemente convienen en un medio solutorio distinto del pago. Una vez vencida y hecha exigible la obligación, la eficacia del convenio es indiscutible debido a que el deudor ha tenido la posibilidad de no convenir en el pacto en cuestión y soportar la venta judicial de la garantía mediante pública subasta para aplicar el precio que se obtenga en el remate a la satisfacción del crédito a través de los correspondientes procedimientos de ejecución[103]. En efecto, nadie obliga al deudor a convenir en la dación en pago. El hecho de que el acreedor vaya a ejecutar el bien sujeto a la garantía no es ni puede considerarse como una circunstancia que implique el aprovechamiento de una situación angustiosa del deudor. Lo único que hace el acreedor (o el propio deudor) es ofrecer un medio solutorio distinto del pago que el deudor (o el acreedor) podrá aceptar o no[104].

---

[101] Domenico Barbero, ob. cit., III, p. 188; Celestino Mas Alcaraz, ob. cit., pp. 63-64.

[102] José Enrique Bustos Pueche, ob. cit., p. 565.

[103] Fernando Reglero Campos, ob. cit., p. 268.

[104] Al respecto, véase: Juzgado de Primera Instancia Agraria de la Región Agraria del Estado Lara, sentencia de fecha 21 de octubre de 2004. Disponible en: https://app.vlex.com/#/

b. Dación en pago sometida a la condición suspensiva del incumplimiento

La dación en pago está admitida en nuestro ordenamiento y su licitud está fuera de discusión, aunque tenga por objeto el bien dado en garantía al acreedor. El problema se presenta cuando se utiliza esta figura de manera impropia como un sistema de garantía, en cuyo caso podría incurrirse en la prohibición del pacto comisorio. Tal sería el caso del deudor que, al contraer la obligación o mientras esta todavía no ha vencido, da en pago anticipado una cosa al acreedor, sujeto a la condición suspensiva del incumplimiento de aquella obligación, en cuyo caso hay que presumir que el negocio no se efectúa *causa solvendi* sino que tiene una causa de garantía. El convenio en tal caso se celebra para asegurar el cumplimiento de la obligación primitiva y cumple una función de garantía. En efecto, el carácter extintivo de la obligación que supone la dación en pago no se compadece con una eficacia del negocio subordinada al incumplimiento de la obligación garantizada[105].

Como afirma Luminoso, si el deudor atribuye a su acreedor un bien de su propiedad a condición de que la obligación no sea pagada a su vencimiento, el deudor quedaría vinculado por una enajenación con efecto diferido (y eventual) asegurando de manera inmediata al acreedor el derecho de satisfacerse con el bien en la eventualidad del incumplimiento lo que coincide plenamente con el efecto de la cláusula comisoria prohibida[106].

Pero hay algo más. La dación en pago cuando tiene por objeto la transmisión de la propiedad u otro derecho es un contrato real y no

---

search/jurisdiction:VE/%22pacto+comisorio%22/p9/WW/vid/302372902, consultado en fecha 12 de mayo de 2020.

105 C. Massimo Bianca, *Il divieto del patto commissorio*... cit., p. 108. En la doctrina nacional, Pedro Alid Zoppi afirma que "no hay ni puede haber dación en pago condicional… cualquier modalidad que no implique una transferencia, pura y simple, de la propiedad o derecho que tiene el deudor, no es dación en pago porque el pago es el cumplimiento de una obligación y que tiende a extinguirla y, en su caso, la dación cumple la misma función. Cualquier modalidad constituye un contrato o acuerdo distinto, pero no una dación en pago. Si no hay transferencia y, por ende, liberación total, puede estarse en presencia de una novación, de un cambio en la índole de la obligación, del otorgamiento de garantías, pero no de una verdadera dación en pago." (Pedro Alid Zoppi, "La dación en pago", en *Actualidad jurídica,* año 1, N° 2, Caracas, marzo-abril, 1989, pp. 8-9).

106 Angelo Luminoso, ob. cit., p. 200.

meramente consensual, es decir, la satisfacción del acreedor y la extinción de la obligación con efectos liberatorios para el deudor no ocurre sino una vez que haya sido ejecutada la prestación diferente, es decir, cuando efectivamente se lleva a cabo la transmisión de la propiedad u otro derecho[107]. Por lo cual, mientras la transferencia de la propiedad no tenga lugar, hay solamente un convenio dirigido a hacer posible la prestación en lugar de cumplimiento. Ese pacto coincide parcialmente con una novación objetiva, pero no sería una *datio in solutum* excluida *per se* del campo de aplicación de las disposiciones que prohíben el pacto comisorio.

Por el contrario, si la dación en pago del bien tiene lugar cuando el crédito está vencido, la transmisión a favor del acreedor no puede ser en garantía, salvo que el pago hubiera sido prorrogado, porque va contra toda lógica la idea de la constitución de una garantía para un crédito ya vencido y exigible[108].

En fin, una dación en pago de la prenda o de la cosa hipotecada convenida entre el acreedor y el deudor después del vencimiento de la obligación garantizada no cae bajo el campo de aplicación de la prohibición del pacto comisorio, siempre y cuando su eficacia no quede sujeta al incumplimiento de la obligación principal (la cual, por hipótesis, en tal caso, habría sido objeto de una prórroga).

---

107 En el sentido de que la dación en pago es un contrato real, véase: Domenico Barbero, ob. cit., p. 44. En sentido contrario, véase: Francesco Messineo, *Manual de Derecho Civil y Comercial,* Traducción de Santiago Sentis Melendo, Tomo IV (Derecho de las Obligaciones. Parte General), Ediciones Jurídicas Europa-América, Buenos Aires, 1971, p. 204. En la doctrina nacional, Domínguez Guillén expresa que "la dación en pago precisa como requisito necesario el cumplimiento de la nueva prestación". De ahí que entre sus elementos o requisitos se indiquen "la realización efectiva de la nueva prestación, esto es, el cumplimiento de la prestación subrogada". (María Candelaria Domínguez Guillén, *Curso de Derecho Civil III Obligaciones*, Revista Venezolana de Legislación y Jurisprudencia, Caracas, 2017, pp. 402-403). Sea como fuere, si hay transmisión de un bien antes del vencimiento de la obligación y esta, no obstante, sigue viva no cabe admitir la existencia de una dación en pago porque, por definición, la obligación se habría extinguido ya. Si no se ha realizado todavía la transmisión, pero ha sido convenida antes del vencimiento de la obligación para el caso de incumplimiento de la misma, parece difícil concluir que el negocio tenga una pura *causa solvendi* o de pago, precisamente porque se está contemplando la posibilidad de incumplimiento de la obligación primitiva la cual, por tanto, es la única que aún subsiste y queda en pie.

108 Núria Ginés Castellet, ob. cit., p. 66.

c. Dación en pago sometida a la condición resolutoria del cumplimiento

La doctrina extranjera discute la validez de una dación en pago sometida a una condición resolutoria que le permita al deudor recuperar lo que hubiere dado en pago al acreedor mediante la ejecución de la obligación primitiva extinguida.

Según algunos autores, en tal caso la relación obligatoria sigue viva, aunque sea virtualmente ya que su extinción puede quedar sin efecto mediante el cumplimiento[109]. Otros autores, después de destacar la singularidad que reviste esa "condición". sostienen que una *datio in solutum* resolutoriamente condicionada al cumplimiento en especie de la obligación primitiva no constituye una dación en pago sino una enajenación en garantía que encubre un pacto comisorio autónomo[110]. Nos parece razonable esta posición. El convenio por el cual el deudor acuerde con su acreedor una dación en pago de la prenda o de la hipoteca sujeta a la condición resolutoria que le permita al deudor dejar sin efecto la dación y recuperar la cosa dada en pago mediante la ejecución de la prestación que conformaba el objeto de la obligación primitiva extinguida, permite presumir el propósito de evadir la aplicación de las disposiciones que prohíben el pacto comisorio.

1.2. Venta

La prohibición del pacto comisorio no impide que el deudor venda a su acreedor la cosa dada en prenda o hipotecada. Por consiguiente, la venta de la prenda o hipoteca hecha al mismo acreedor prendario o hipotecario, sea antes o después del vencimiento del término de la obligación garantizada, no se incluye en la prohibición del pacto comisorio[111].

De acuerdo con la ley "es nula toda *cláusula que autorice al acreedor* a apropiarse de la prenda" (Código de Comercio, art. 542) y "es

---

109 Ramón Durán Rivacoba, ob. cit., p. 210.

110 Angelo Luminoso, ob. cit., p. 260.

111 César Vivante, ob. cit., II, p. 259; C. Aubry y C. Rau, *Cours de Droit Civil Français*, Tomo IV, 5ª edición, Marchal et Billard, París, 1907, p. 712, especialmente, la nota 10; F. Laurent, *Principios de Derecho Civil*, Traducción castellana, Tomo 28, 2ª edición, Habana, 1920, pp. 546-547, especialmente, la nota 2 y la jurisprudencia de la Corte de Casación belga ahí citada. En la doctrina nacional, véase: José Luis Aguilar Gorrondona, ob. cit., pp. 78-79; Aníbal Dominici, ob. cit., IV, p. 267.

nula de pleno derecho *toda convención que autorice al acreedor* a apropiarse el inmueble, caso de no serle pagada la deuda" (Código Civil, art. 1.858).

La expresión toda cláusula o convención "*que autorice*" al acreedor a apropiarse o a disponer de la garantía, indica con claridad que se refiere a aquellos casos en los cuales se le da de antemano el derecho al acreedor para apropiarse o disponer de la garantía, de tal manera que al apropiársela o enajenarla el acreedor hace uso de una facultad que previamente le correspondía en virtud de una convención o cláusula que la ley prohíbe. La ley condena la ejecución de un acto que se verifica en virtud de una cláusula o convenio anterior. Con relación a la venta de la cosa dada en garantía que haga el deudor al acreedor, solo se la prohíbe cuando el contrato deriva de una cláusula o convención anterior[112]. La prohibición no se refiere pues al contrato de venta, sino a la cláusula o convención en virtud de la cual aquel se celebró. El texto legal no condena la venta en sí misma, sino que la rechaza porque dicha venta se está ejecutando en virtud de existir una convención o cláusula anterior que la permitía[113].

Asimismo, de acuerdo con el artículo 1.878 *ejusdem* es nula "cualquier estipulación" en virtud de la cual "el acreedor se hace propietario de la cosa hipotecada por la sola falta de pago de la obligación garantizada". El alcance de la prohibición legal, por tanto, no puede ser otro que prohibir el pacto comisorio con su característica de *condicional* que transforma la prenda o hipoteca en una venta también condicional sujeta a la falta de pago de la obligación en el término convenido[114] (*supra*, Nº I,2).

De acuerdo con sus términos, la prohibición legal presupone que el acto o contrato en virtud del cual el acreedor se apropia del inmueble deriva de una estipulación anterior y que la adjudicación se hace sin la

---

[112] Como se dijo, una excepción a esta regla está consagrada para la hipoteca naval en el artículo 143 de la Ley de Comercio Marítimo según el cual: "El acreedor hipotecario puede proceder a la venta directa del buque hipotecado en la forma pactada al constituirse la obligación, en caso de incumplimiento del deudor hipotecario".

[113] Henri De Page, *Traité Elementarie de Droit Civil Belge*, Tomo VI (Les Biens- Déuxieme partie/Les Sûretés-Première partie), Bruylant, Bruselas, 1953, p. 1092; Marcelo Planiol y Jorge Ripert, ob. cit., XII, p. 119-120.

[114] Vincenzo Locajono, ob. cit., p. 22.

voluntad del deudor. Nada de eso pasa en la venta del bien dado en garantía que haga el deudor a su acreedor, porque dicha venta no tiene su origen en una estipulación preexistente y al momento de su celebración es consentida libremente por el deudor[115]. Lo que la ley rechaza, se insiste, es el acto que, celebrado en virtud de estipulaciones preexistentes, le confiere al acreedor la propiedad del inmueble, sea que dicha estipulación se convenga al momento de constituirse la prenda o hipoteca, o con posterioridad. Pero cuando la venta de la prenda o del inmueble hipotecado no es un acto que se celebra para dar cumplimiento a una cláusula ya convenida, dicha venta no se encuentra comprendida dentro del supuesto de hecho de la prohibición legal, de acuerdo con los términos en que la misma se encuentra formulada.

Adquirir un bien por medio de una venta no es lo mismo que apropiarse de él. Son supuestos distintos porque en el primer caso se celebra un negocio jurídico diferente, no existe un verdadero pacto comisorio al faltar la atribución al acreedor de una facultad de apropiarse de la cosa al vencimiento de la deuda.

Lo que la ley prohíbe es que la propiedad de la cosa dada en garantía pase directa e inmediatamente al acreedor, si el deudor no paga la obligación al vencimiento, o que el deudor se hubiere obligado de antemano a transferírsela a su acreedor en esa eventualidad, o que en tal caso este disponga libremente de la prenda o de la hipoteca. Pero la venta de la prenda o de la hipoteca que haga el deudor a su acreedor antes o después de ser exigible la obligación principal (y que no se condicione al impago de la deuda), no cae bajo el campo de aplicación de la prohibición legal. De ahí que sea válida la venta sin fraude hecha por el deudor al acreedor de la cosa dada en garantía, incluso si se conviene que el precio de la venta sea el monto de la deuda garantizada con la prenda o la hipoteca[116]. Así lo ha dejado establecido la jurisprudencia de nuestros tribunales[117].

---

115 Manuel Somarriva Undurraga, ob. cit., pp. 433-434; Adolfo Wegmann Stockebrand, ob. cit., p. 108.

116 G. Baudry-Lacantinerie y P. de Loynes, ob. cit., I, pp. 121-131; José Luis Aguilar Gorrondona, ob. cit., pp. 78-79.

117 Sentencia de la Sala Civil de la Corte Federal y de Casación de fecha 30 de mayo de 1940, consultada en *Jurisprudencia de la Corte Federal y de Casación (en Sala Civil), 1824-1949* del doctor José Enrique Machado, Tomo II, p. 40.

Por otra parte, de acuerdo con lo dispuesto en el artículo 1.143 del Código Civil, pueden contratar todas las personas que no sean declaradas incapaces por la ley. La ley contempla incapacidades especiales para el contrato de venta en los artículos 1.481 y 1.482 del Código Civil. Estas disposiciones no establecen prohibición ni limitación alguna respecto de la venta de los bienes dados en prenda o hipoteca y, por tanto, es obvio que dichas ventas pueden realizarse libremente por parte del deudor a favor del acreedor prendario o hipotecario, estipulándose el precio que tengan por conveniente. Los artículos 1.844 y 1.878 del Código Civil se refieren únicamente a la apropiación o a los actos de disposición de la prenda o de la hipoteca efectuados por el acreedor, pero no a la enajenación, como es la venta, que el deudor haga a su acreedor. Estas disposiciones al prohibir al acreedor que se apropie o disponga de las cosas pignoradas o hipotecadas por el solo hecho del incumplimiento del deudor no le prohíben al deudor que las venda a su acreedor.

A pesar de la existencia del gravamen prendario o hipotecario, el dueño del bien dado en garantía puede enajenarlo a su antojo. De donde resulta que puede venderlo y desde luego venderlo al propio acreedor ya que ninguna disposición legal lo incapacita para ello. La autonomía de la voluntad autoriza para que el deudor pueda vender la cosa dada en prenda o hipotecada a su acreedor, pues no hay norma que sancione dicho acto ejecutado en uso de la facultad que tiene el deudor de disponer libremente de sus bienes[118].

En fin, como el deudor constituyente de la prenda o hipoteca puede libremente enajenar el bien constituido en garantía, puede perfectamente vendérselo a su acreedor, siempre y cuando no lo haga en cumplimiento de una estipulación prohibida por los artículos 1.844 y 1.878 del Código Civil.

2. Supuestos de tipificación dudosa

2.1. Pacto marciano

El pacto marciano es aquel por el cual se conviene que el acreedor adquiere en caso de incumplimiento del deudor el derecho a apropiarse

[118] Edgardo Villasmil Portilla, *Algunas garantías civiles*, Pontificia Universidad Javeriana-Grupo Editorial Ibañez, Bogotá, 2013, p. 78.

de la cosa dada en garantía, previa su justa estimación y devolución al deudor de la diferencia entre el valor del bien y el importe de la deuda.

En Roma se admitió la validez del pacto en virtud del cual si el deudor no pagaba, la propiedad de la cosa dada en garantía pasaba al acreedor, previa justa estimación. Se consideró válido este pacto ya que respetaba el principio de proporcionalidad entre el valor de lo debido y el valor del bien objeto de la garantía[119].

La cuestión de la licitud del pacto marciano está estrechamente ligada al fundamento de la interdicción legal del pacto comisorio. Según cuál sea la razón de ser de la prohibición legal, el pacto marciano podrá o no considerarse lícito y admisible.

Si la *ratio* de la prohibición legal es la protección de los intereses del deudor y de los restantes acreedores, el pacto marciano debería admitirse si el precio por el cual el acreedor se hace propietario de la garantía se forma de una manera objetiva como, por ejemplo, por estimación pericial o en función de índices también objetivos como, por ejemplo, los de un determinado mercado etc. Es evidente que de esta manera se salvaguardan los intereses del deudor y de los terceros acreedores y no se producen los peligros que trata de precaver la prohibición del pacto comisorio. El pacto marciano evita que el acreedor se apropie de una cosa de valor superior al del crédito, prevaliéndose de la situación de necesidad del deudor. No existe pues enriquecimiento injusto del acreedor y la usura queda erradicada[120].

---

119 El pacto recibe el nombre del autor de la cita contenida en el Digesto: *Potest ita fieri pignoris, datio hypothecare, ut si intra certum tempus non sit soluta pecunia, iure emptoris possideat rem iusto pretio tunc aestimandum: hoc enim casu videtur quodammodo conditionalis esse venditio* (Marciano, Digesto, II, I, 16, 9).

120 La doctrina italiana admite pacíficamente la licitud del pacto marciano. C. Massimo Bianca: Voz *Patto Commissorio*... cit., p. 718; Ugo Carnevali, ob. cit., p. 505; Vincenzo Locajono, ob. cit., p. 79. En España, la generalidad de los autores se pronuncia por la validez de este pacto. Al respecto, por todos, véase: Celestino Mas Alcaraz, ob. cit., p. 75; Manuel Feliú Rey, ob. cit., p. 95; María Cruz Moreno, ob. cit., p. 71. Díez-Picazo y Gullón, por su parte, después de señalar las razones de la validez del pacto marciano, expresan: "Además, no parece justo obligar al acreedor a iniciar procedimientos legales que en el fondo conducen a la misma finalidad, cual es la fijación objetiva de un precio" (ob. cit., III, p. 498). En la doctrina nacional, Sanojo admite la licitud del pacto marciano (ob. cit., IV, pp. 247-248). Lo hace también Anibal Dominici (ob. cit., IV, p. 267).

En cambio, si el fundamento de la prohibición es la inderogabilidad de los procedimientos de ejecución forzosa de las obligaciones, el pacto marciano no tendría cabida, puesto que mediante su estipulación lo que se pretende es la ejecución forzosa privada de una obligación que no es admisible[121].

Como indicamos poco antes, la razón de ser de la prohibición legal se encuentra en la salvaguarda del principio de proporcionalidad en las garantías (*supra,* Nº V,8). El fundamento de la prohibición del pacto comisorio es la desproporción que se puede originar entre el monto de lo debido y la pérdida que experimenta el deudor por el hecho de que el acreedor se apropie de la cosa dada en garantía. Por consiguiente, en la medida en que se preserve la correspondencia entre el valor efectivo del bien dado en garantía tras el incumplimiento y el monto del crédito, no parece que existan razones para prohibir semejante pacto. De donde resulta que, en tanto y en cuanto se respete dicha proporcionalidad y se conserve la conmutatividad entre las prestaciones, el pacto debería ser lícito.

La doctrina nacional y extranjera sostienen que la licitud del pacto marciano requiere que se cumplan las siguientes condiciones: 1) Que el bien del cual se haga propietario el acreedor en defecto de pago sea estimado por un tercero al hacerse exigible la obligación y no antes. La razón es fácil de entender: si se permitiera la validez de un pacto marciano con valoración de la cosa en el momento de constituirse la garantía, con toda probabilidad se presentarían de nuevo los peligros que se entendían superados por un pacto de esta naturaleza puesto que, por un lado, el deudor, apremiado por una situación económica de necesidad (*soffocatio debitoris*), podría llegar a aceptar un precio inferior al real y, por el otro, aunque el valor atribuido a la cosa fuera justo en el momento en que se apreció, las alteraciones que suele experimentar el precio de los bienes podrían producir el desequilibrio en la relación entre el valor de la cosa dada en garantía y el monto de la obligación garantizada; y 2) Que el acreedor restituya al deudor una suma igual a la diferencia entre el valor del bien calculado en forma objetiva y la

---

121 Al respecto, véase: José Enrique Bustos Pueche, ob. cit., p. 566.

cuantía de la deuda impagada (*superfluum*)[122]. Como en la generalidad de los casos el valor de las cosas dadas en prenda o hipoteca es bastante superior al monto de la obligación garantizada, si la diferencia quedara en beneficio del acreedor se produciría un enriquecimiento injusto de este último en perjuicio del deudor, que quedaría privado del *superfluum*, y de los restantes acreedores.

En resumidas cuentas, es válido el pacto por el que se establece que el acreedor, si el deudor incumple, haga suyo el bien garantizado por lo que valga realmente y, en su caso, con abono de la eventual diferencia en más al deudor.

La diferencia entre el pacto marciano y un pacto comisorio común que *ad casum* no viola el principio de proporcionalidad porque se da la equivalencia entre el valor del bien y el valor del crédito garantizado estriba en que mientras en el segundo caso el respeto al principio de proporcionalidad es enteramente casual, en el primero ese respeto viene asumido estructuralmente como contenido mismo del contrato, es decir, como "fin jurídico inmediato" del propio pacto, constituyendo el objeto de un derecho del deudor[123].

De este modo, la admisión del pacto marciano supondría una excepción al carácter absoluto de la prohibición del pacto comisorio.

2.2. Pacto comisorio *ex intervallo*

Mayor controversia suscita el pacto comisorio *ex intervallo,* es decir, aquel convenido con posterioridad a la concesión del crédito, pero antes de su vencimiento.

Por lo que respecta al Derecho comparado, en Italia, Suiza y Portugal este pacto se encuentra especialmente proscrito.

En Francia, antes de la Reforma del Código Civil francés de 2006 que eliminó la prohibición del pacto comisorio, la jurisprudencia admitió la licitud del referido pacto, basándose en que la prohibición del *Code* solo se refería literalmente a la inclusión de una cláusula expresa

---

122 Al respecto, véase: C. Massimo Bianca, Voz *Patto Commissorio...* cit., p. 718 e *Il divieto del patto commissorio...* cit., p. 175; Ugo Carnevali, ob. cit., p. 505; Vincenzo Locajono, ob. cit., pp. 75-78; Manuel Albaladejo, ob. cit., III, p. 705; Fernando Reglero Campos, ob. cit., pp. 261-263.

123 C. Massimo Bianca, Voz *Patto Commissorio...* cit., p. 718.

en el documento por el que se constituye la prenda. En el mismo sentido se pronunció un sector mayoritario de la doctrina afirmando, además, que la validez del pacto comisorio *ex intervallo* estaba justificada por el hecho de que faltaba la *ratio* de la prohibición, dado que el deudor, una vez obtenido el crédito, no se encontraba ya en una posición de inferioridad frente al acreedor. Sin embargo, otros autores sostuvieron que, aun después de concedido el préstamo y constituida la garantía, el deudor se encontraba sujeto al acreedor que podía imponerle el pacto como condición para extender el plazo del crédito o ante la inminencia de la exigibilidad de la deuda. Por lo cual, en su criterio, la razón para prohibir el pacto comisorio *ex intervallo* era bajo el régimen del *Code* evidente[124].

El B.G.B. alemán solo admite el pacto comisorio que se estipule con posterioridad al vencimiento del crédito[125]. En España, mientras algunos autores admiten el pacto comisorio *ex intervallo* convenido antes del incumplimiento, otros lo rechazan por las mismas razones que fundamentan la proscripción del pacto comisorio en general[126].

Por lo que al Derecho venezolano concierne, no es admisible el pacto comisorio *ex intervallo* por las siguientes razones: 1) La prohibición legal contenida en los artículos 1.844, y 1.878 del Código Civil está formulada con carácter general; por consiguiente, comprende tanto el pacto comisorio que acompaña al otorgamiento del crédito o a la constitución de la garantía, como el que se concluye después del nacimiento de la obligación garantizada. Como el legislador no ha he-

---

[124] A favor de la validez del pacto *ex intervallo*, véase: G. Baudry-Lacantinerie y P. de Loynes, ob. cit., I, p. 130, especialmente, la nota 1 y la jurisprudencia de los tribunales franceses ahí citada; Ambrosio Colin y Henri Capitant, ob. cit., V, pp. 91-92 y la jurisprudencia de los tribunales franceses ahí citada; Louis Josserand, ob. cit., pp. 456-457, especialmente, la nota 19 y la jurisprudencia de los tribunales franceses ahí citada; Marcelo Planiol y Jorge Ripert, ob. cit., XII, p. 120, especialmente, la nota 1 y la jurisprudencia de los tribunales franceses ahí citada; Henri Mazeaud, Léon Mazeaud y Jean Mazeaud, ob. cit., I, p. 115 y la jurisprudencia de los tribunales franceses ahí citada. En contra del acuerdo se pronunciaron Troplong, Pont y Guillouard, citados por Baudry-Lacantinerie y P. de Loynes, ob. cit., I, p. 130, nota 2.

[125] § 1228 y 1229.

[126] En la doctrina española, a favor de la validez del pacto *ex intervallo,* véase: Manuel Albaladejo, ob. cit., III, p. 706; Fernando Reglero Campos, ob. cit., p. 267. A favor de la nulidad del pacto, véase: Luis Díez-Picazo y Antonio Gullón, ob. cit., III, p. 479; Celestino Mas Alcaraz, ob. cit., p. 63; José Enrique Bustos Pueche, ob. cit., p. 566.

cho ninguna distinción respecto de la oportunidad en que se conviene la estipulación comisoria, tampoco corresponde hacerla al intérprete; 2) La *ratio* de la prohibición legal persiste incluso cuando la garantía real y el pacto comisorio que la acompaña se constituyen con posterioridad al nacimiento de la relación obligatoria[127]; 3) Si la ley prohíbe que las partes convengan algo en un contrato, no puede permitir que mientras este subsista pueda ser modificado en la materia sobre la cual versa la prohibición, salvo que el legislador haya limitado claramente el precepto prohibitivo al momento mismo de la celebración del contrato; y 4) La aceptación de la tesis contraria permitiría burlar fácilmente la prohibición legal puesto que le bastaría a las partes convenir en la apropiación de la garantía por parte del acreedor con posterioridad al contrato sin cumplir con las exigencias de la ley.

En resumidas cuentas, en nuestro sistema legal no cabe admitir la cláusula comisoria prohibida, independientemente de que las partes la acuerden en el momento de la celebración del contrato o de la constitución de la garantía, o con posterioridad antes de ser exigible la obligación principal. (*supra*, Nº IV,2).

2.3. Pacto comisorio con el tercero constituyente de la prenda o la hipoteca

Según algunos, siendo el fundamento de la prohibición del pacto comisorio la protección de los intereses del deudor que ante la imperiosa necesidad en que se encuentra (*soffocatio debitoris*) se ve obligado a consentir en la estipulación comisoria, es más difícil justificar la aplicación de la prohibición legal cuando la garantía la constituye un tercero[128].

Sin embargo, en nuestro concepto, tampoco es lícita la estipulación comisoria incorporada en una prenda o hipoteca constituida por un tercero en vez del deudor. El texto legal prohíbe al acreedor apropiarse de

127 En la doctrina nacional, Sanojo sostiene que el pacto comisorio convenido después del otorgamiento del crédito es igualmente nulo puesto que el acreedor puede fácilmente imponérselo al deudor quien consentirá en su estipulación por el temor de no poder devolver el préstamo en la fecha de su vencimiento (Luis Sanojo, ob. cit., IV, pp. 246-247).

128 A favor de la exclusión de la prohibición legal cuando la garantía es constituida por un tercero, en la doctrina italiana, véase: Franco Anelli, ob. cit., pp. 436-437, especialmente, la nota 228 y la jurisprudencia de los tribunales italianos ahí citada.

la prenda o de la hipoteca o disponer de ella a su arbitrio en caso de no serle pagada la deuda, independientemente de que la prenda o la hipoteca haya sido constituida por el deudor o por un tercero. La negación de las facultades de apropiación y disposición por parte del acreedor, ya lo hemos dicho, deriva de la propia naturaleza de la prenda y la hipoteca[129].

2.4. Pacto comisorio con el fiador

Es la convención celebrada por el fiador y el deudor mediante la cual este se obliga, en caso de incumplimiento de la obligación principal, a transferir a aquel la propiedad de la cosa dada en prenda o hipoteca, en pago del crédito satisfecho por el fiador.

La doctrina discute la validez del pacto por el cual se estipula la apropiación de la prenda en favor del fiador.

Algunos autores consideran que el pacto es lícito por no ser en rigor un pacto comisorio, dado que no se celebra entre el acreedor y el deudor[130]. Según otros, el pacto es ilícito no solo por la identidad de *ratio* sino, además, porque de acuerdo con la ley el fiador se subroga en la posición del acreedor (Código Civil, artículo 1.300, ordinal 3°), considerándose entonces al fiador como un acreedor verdadero y propio del deudor[131]. A nuestro modo de ver, esa es la posición más razonable ya que el fiador en razón del pago pasa a ocupar el lugar del antiguo acreedor y, por tanto, su crédito goza de las garantías que estaban incorporadas al primitivo crédito, pero siempre con las limitaciones propias respecto de las facultades de apropiación y disposición de la cosa entregada en garantía que tenía el primitivo acreedor satisfecho.

2.5. Prenda irregular

Contrariamente a lo que ocurre en la prenda regular cuyo objeto son bienes muebles fungibles que permanecen en propiedad de quien los ha

---

[129] En ese sentido se pronunció la Casación italiana mediante sentencia N° 1787 en fecha 23 de febrero de 1983. Al respecto, véase: Michele Sesta, ob. cit., p. 540.

[130] En tal sentido véase: Jorge Giorgi, *Teoría de las Obligaciones en el Derecho Moderno*, Vol. III, Traducción al castellano por la redacción de la Revista General de Legislación y Jurisprudencia, Reus, Madrid, 1920, p. 341; Troplong citado por Giorgi (*Ídem).* En la doctrina nacional, Luis Sanojo, ob. cit., IV, p. 249.

[131] En tal sentido: Vincenzo Locajono, ob. cit., pp. 91-94.

entregado en garantía, en la llamada *prenda irregular* lo que se entrega en garantía de un crédito son cantidades de dinero u otras cosas fungibles no individualizadas. La propiedad de dichos bienes pasa al acreedor; por tanto, no rige la prohibición del pacto comisorio. Si el deudor cumple, la obligación del acreedor prendario es restituir el equivalente de lo recibido en bienes de la misma especie y calidad (*tantundem eiusdem generis*). Si el deudor no cumple, opera la compensación legal entre la deuda y la obligación de restituir la prenda sin que se requiera ningún otro tipo de trámite para cobrar la garantía, ya que el constituyente de la prenda se desprendió de su propiedad al celebrar el contrato. De ahí que para la denominada prenda irregular no rige la prohibición del pacto comisorio[132].

2.6. Fiducia *cum creditore*

a. Noción

La fiducia *cum creditore* es un negocio jurídico en virtud del cual una persona (fiduciante) transmite en plena propiedad un determinado bien o derecho a otra distinta (fiduciario) para garantizarle el pago de una deuda, con la obligación por parte de esta de transmitirlo a su anterior propietario cuando la obligación asegurada se haya cumplido (*pactum fiduciae*)[133]. En la fiducia *cum creditore* el deudor transmite la propiedad (u otro derecho) en garantía de un crédito. Es, por tanto, una enajenación de un bien o derecho con fin de garantía. El adquirente puede reclamar el crédito porque no pierde la condición de acreedor.

En la fiducia *cum creditore* se dan dos aspectos: una transmisión real unida a la promesa obligacional del fiduciario de retransmitir al fiduciante cuando se extinga el crédito. Por lo que respecta a la causa de las obligaciones de cada una de las partes de la fiducia, la causa de

---

[132] C. Massimo Bianca, Voz *Patto Commissorio...* cit., p. 718; Ugo Carnevali, ob. cit., p. 505; Enzo Roppo, ob. cit., p. 437; José Luis Aguilar Gorrondona, ob. cit., p. 69; Arturo Dalmartello, Voz "Pegno irregolari", en *Novissimo Digesto Italiano*, dirigido por Antonio Azara y Ernesto Eula, Vol. VI, UTET, Turín, 1968, p. 711.

[133] Esta es en esencia la definición recogida por casi todos los autores. Al respecto, en la doctrina italiana, por todos, véase: Francesco Galgano, ob. cit., p. 446. En la doctrina española, por todos, véase: Joaquín Garrigues Díaz-Cañabate, *Negocios fiduciarios en Derecho mercantil*, Civitas, Madrid, 1981, p. 21.

la transmisión no es otra que la obligación del fiduciario de retransmitir la propiedad. El fiduciante transmite la propiedad de la cosa porque a la vez le surge un crédito sobre la cosa transmitida; y por ello no se produce un empobrecimiento injustificado, ya que de su patrimonio sale un bien, pero surge un crédito. A su vez, la causa de la obligación del fiduciario de retransmitir es la transmisión que ha realizado el fiduciante. Existen, por tanto, dos prestaciones, transmisión y obligación de retransmitir, y el cumplimiento de cada una de ellas actúa como causa de la otra. Y por lo que respecta a la causa del contrato de fiducia, como en la fiducia *cum creditore,* el deudor transmite la propiedad (o derecho) en garantía de un crédito, la causa es la causa *fiduciae,* con todas las discusiones que ello acarrea[134].

b. Caracterización

Con frecuencia los autores señalan que en el negocio fiduciario (y en la fiducia *cum creditore*) lo que existe son dos negocios jurídicos, uno "real" y otro "personal". Gracias al primero una persona transfiere a otra la propiedad u otro derecho y mediante el segundo el adquirente

---

[134] En la doctrina italiana, Betti señala que el *pactum fiduciae* actúa como causa encubierta del negocio de disposicón abstracto y entiende que la causa *fiduciae* del negocio obligatorio limita la posición del fiduciario y le asigna una causa idónea para justificarla que puede ser de garantía, custodia o administración (Emilio Betti, *Teoria general del negocio jurídico,* Traducción al español de A. Martin Pérez, Revista de Derecho Privado, Madrid, 1959, pp. 228-229). Cariota Ferrara considera que la causa *fiduciae* no sería nunca idónea para justificar el traspaso de la propiedad (Luigi Cariota Ferrara, *El negocio jurídico,* Traducción al castellano de Manuel Albaladejo, Ediciones Olejnik, Santiago de Chile, 2019, pp. 228-229). Galgano, en cambio, admite la transmisión de la propiedad fundamentada en la causa *fiduciae* (Franceso Galgano, *Ibíd.*, pp. 447-448). En la doctrina española, Garrigues sostiene que la causa *fiduciae* es transmisora de la propiedad entre otras razones porque, como la ley no limita el número de negocios jurídicos de efecto real, los negocios fiduciarios tienen eficacia transmisiva del dominio cuando no involucran un fraude a la ley (*Ibíd.*, pp. 40-42). Igualmente, en la doctrina española mantienen la eficacia transmisiva de la causa *fiduciae*, entre otros, Bruno Rodríguez Rosado (ob. cit., p. 127); Navarro Martorell y Carlos Fernández citados por Cristina Fuenteseca (ob. cit., pp. 68-69). Otros autores como Federico de Castro y Bravo, *El negocio jurídico*, Civitas, Madrid, 1985, pp. 406-409, 419-420 y José Puig Brutau, *Compendio de Derecho Civil,* Vol. II, Bosch, Barcelona, 1997, p. 306, niegan la eficacia transmisiva de la causa *fiduciae,* posición mantenida igualmente por Núria Ginés Castellet, ob. cit., pp. 572-574. Por su parte, Reglero Campos (ob. cit., p. 276) considera que la causa *fiduciae* solo tiene efectos traslativos cuando no esconde un pacto comisorio, lo que hay que determinar caso por caso.

queda limitado en su señorío sobre el derecho transferido porque asume la obligación de proceder con él de una manera determinada por intereses que en todo o en parte no son los suyos[135]. En la fiducia *cum creditore* el fiduciario se encuentra limitado en su dominio por el deber que asume de retransmitir la propiedad al fiduciante cuando este le pague el crédito debido. El negocio se basa en la *fides* o confianza depositada en el fiduciario en cuanto a que en su dominio sobre la cosa se comportará de manera tal de poder satisfacer el interés del fiduciante en la readquisición de la propiedad.

Esta manera de presentar lo que es la fiducia *cum creditore* ciertamente tiene valor pedagógico y muestra claramente dos de sus elementos esenciales: la transferencia (por supuesto efectiva) de un derecho y la obligación del adquirente de no actuar como un titular cualquiera del derecho transferido sino de acuerdo con las limitaciones establecidas por el enajenante a favor de sí mismo o de un tercero, todo en el buen entendido de que estas obligaciones solo son obligaciones en el sentido de aspectos pasivos de la relación obligatoria y no cargas o gravámenes de carácter real.

Pero en realidad y de acuerdo con la voluntad de las partes, no coexisten en la fiducia *cum creditore* dos negocios jurídicos, sino que los señalados como dos negocios en realidad son queridos como un todo. Las partes quieren el negocio fiduciario en su totalidad[136]. Como se indica poco más adelante, la observación tiene importancia a la hora de examinar si los negocios jurídicos fiduciarios entre vivos en general y la fiducia *cum creditore* en particular, son admisibles o no lo son en los ordenamientos como el nuestro que, en principio, rechazan los negocios abstractos. Así pues, en vez de hablarse de dos negocios jurídicos distintos debería hablarse en la fiducia *cum creditore* de dos elementos diferentes, pero que forman parte de un negocio único[137].

---

135 Francisco Ferrara, ob. cit., pp. 83-84; José Castán Tobeñas, *Derecho Civil Español Común y Foral*, Tomo I (Introducción y Parte General), 15ª edición, Reus, Madrid, 2007, p. 675.

136 En la doctrina nacional, véase: Roberto Goldschmidt, "Trust, fiducia y simulación", en *Estudios de Derecho Comparado,* Universidad Central de Venezuela, Publicaciones de la Facultad de Derecho (Tomo XXII), Caracas, 1958, p. 388, con cita de Grassetti.

137 En la doctrina española, Juan B. Jordano Barrea, *El negocio fiduciario,* Bosch, Barcelona, 1959, p. 138, califica al negocio fiduciario como un negocio real obligatorio único.

La fiducia *cum creditore* se caracteriza pues por la existencia de un contrato complejo integrado por dos elementos interdependientes; uno real, de transmisión plena del dominio con su correspondiente atribución patrimonial eficaz *erga omnes* y otro obligacional válido entre las partes, que constriñe al adquirente a utilizar el derecho adquirido de manera que no impida la readquisición del bien o derecho por el fiduciante y a indemnizarle los daños y perjuicios en caso de incumplimiento, sirviendo de causa al contrato unificado la *causa fiduciae* que presta soporte a todo el negocio[138].

Ciertamente, si se analizan los negocios fiduciarios como dos negocios jurídicos (uno "real" y otro "personal") y además para realizar el primero se recurre a la celebración de un negocio jurídico nominado como pudiera ser la venta, prosperaría la argumentación contra la admisibilidad del contrato fiduciario en razón del elemento "causa" porque evidentemente esa llamada venta en garantía carecería de la causa propia de las ventas sin que cambiara la situación la afirmación de que esa venta tiene una causa *fiduciae*. Por eso hay que recordar que en la fiducia *cum creditore* no hay sino un negocio unitario que debe ser valorado globalmente. El negocio fiduciario de que tratamos, conforme a la voluntad de las partes, es uno solo, ha sido querido como una totalidad o unidad; de donde fácilmente se deduce que es necesariamente un contrato innominado en el cual por ese mismo carácter no existe dificultad de admitir que contiene una causa (la causa *fiduciae*) porque no hay ninguna necesidad de que su causa sea igual a la causa de los demás contratos de su tipo (del tipo a que deben su *nomen*)[139].

---

138 En la doctrina española, Garrigues admite la llamada teoría del doble efecto de la fiducia *cum creditore* y afirma que "la causa *fiduciae* identificada con la finalidad de mandato o de garantía, visible en el negocio obligatorio, es la que constituye la causa de ese negocio complejo que llamamos fiduciario" (Joaquín Garrigues, ob. cit., p. 40). Afirma, asimismo, que la limitación finalista de los poderes del fiduciario es meramente obligacional y no influye en el aspecto transmisivo del negocio sino que su infracción "impone al fiduciario la obligación de reparar los daños causados por su conducta desleal, dejando intacta la validez de la transmisión real operada" (*Ibíd.*, p. 20).

139 En tal sentido, Juan B. Jordano Barrea, ob. cit., p. 118, caracteriza la causa *fiduciae* como una *causa atípica* consistente en "el juego de una prestación o atribución patrimonial frente a la promesa obligacional del fiduciario de servirse de la *res fiduciaria* conforme a lo pactado y de restituir, al fiduciante o a un tercero, la misma cosa o derecho recibidos".

La fiducia *cum creditore* es un negocio único con una causa propia y singular que consiste en proporcionar al crédito concedido una seguridad específica de garantía mediante la transmisión de la propiedad. Y por lo que respecta a su eficacia transmisiva, como en nuestro ordenamiento el número de títulos o causas suficientes para transmitir la propiedad u otro derecho real no es un *numerus clausus* (*infra*, Nº VI,2,2.6,d) limitado a los negocios jurídicos que tengan una causa *credendi, donandi o solvendi*, sino que a estas pueden añadirse otras, la causa *fiduciae* bien puede justificar la transmisión del dominio, siempre y cuando ello no comporte violación de disposiciones imperativas o prohibitivas de la ley, como son las normas que prohíben el pacto comisorio (*infra*, Nº VI,2,2.6,e).

c. Base legal

Llegados a este punto, caben las siguientes consideraciones sobre la licitud de los negocios fiduciarios en general y de la fiducia *cum creditore* en particular en nuestro ordenamiento, para evitar ulteriores confusiones.

La fiducia *cum creditore* es un negocio fiduciario[140] lícito al amparo del principio de la autonomía de la voluntad que rige en el Derecho privado venezolano.

---

140 Se entiende por *negocio fiduciario* "la transmisión de un derecho para un fin económico que no exige tal transmisión, por ejemplo, transmisión de la propiedad para fines de administración o para asegurar un crédito, cesión de un crédito o endoso pleno de una letra para su cobranza… El efecto jurídico querido no se halla, pues, en armonía con el fin económico propuesto, sino que excede del mismo. Ahora bien, es realmente querido y por esta nota el negocio fiduciario se distingue del simulado con el que a veces ha sido confundido. El fiduciario… debe convertirse en propietario de la cosa transmitida, en acreedor del crédito cedido o endosado, pero desde el punto de vista económico debe, no obstante, conducirse meramente como un administrador, un acreedor pignoraticio, un mandatario, etc., esto es debe tener la cosa o el crédito únicamente en los términos de la 'confianza' depositada en él" (Ludwig Enneccerus, "Derecho Civil (Parte General)", Vol. II. Traducción castellana de la 39ª edición alemana, en Ludwig Enneccerus, Theodor Kipp y Martín Wolff, *Tratado de Derecho Civil,* Tomo I, Bosch, Barcelona, 1935, pp. 81-84). Como afirma Francesco Messineo (ob. cit., II, p. 454): "Es de la esencia de la *fiducia cum creditore* la 'excedencia' del medio técnico sobre la finalidad práctica que se quiere conseguir (se transfiere la propiedad de una cosa, siendo así que bastaría dar la cosa en prenda… por lo demás, esa *excedencia* se presta a un abuso de la *fiducia* por parte del fiduciario)".

Es precisamente la vigencia de ese principio de la autonomía de la voluntad la razón por la cual en el Derecho venezolano nunca existió la regla de que sea necesario que un precepto legal y mucho menos un precepto legal expreso, explícito, directo y específico consagre la licitud de la celebración de una clase determinada de negocios jurídicos para que pueda admitirse la licitud de esa celebración.

En nuestro Derecho privado, la regla es la autonomía de la voluntad y la excepción es que la voluntad de los particulares no pueda producir determinados efectos jurídicos[141]. Por consiguiente, si no se viola una disposición legal que exprese una norma imperativa en sentido estricto ni se vulneran el orden público o las buenas costumbres, lo que corresponde aplicar es el principio de la autonomía de la voluntad. Por ende, para los negocios fiduciarios en general y la fiducia *cum creditore* en particular, no es necesario buscar y hallar un texto legal que admita la validez de dichos negocios para concluir que son lícitos en Derecho, sino que sería necesario toparse con una disposición legal prohibitiva que niegue esa validez o con la evidencia de una violación del orden público o de las buenas costumbres para poder negar esa licitud[142].

2) Ni la Ley de Fideicomisos ni ninguna otra cierra la posibilidad de que por acto entre vivos se celebren negocios fiduciarios que no constituyen fideicomisos en el sentido de la ley de la materia; que no se rigen por ella y que no por ello son ilícitos[143]. Sin embargo, ello no significa

---

[141] Al respecto, véase: José Mélich-Orsini, *Doctrina General del Contrato*, 5ª edición, 1era reimpresión, Academia de Ciencias Políticas y Sociales, Serie Estudios, No. 61, Caracas, 2012, pp. 20-21).

[142] En el mismo sentido, con respecto al ordenamiento español, José Castán Tobeñas, ob. cit., I, p. 579, afirma: "En el código patrio, si bien no se contemplan los negocios fiduciarios, ningún precepto hay que se oponga al reconocimiento y validez de los mismos."

[143] La prueba más elocuente quizás de que la Ley de Fideicomisos no pretendió absorber el negocio fiduciario ni el negocio fiduciario entre vivos es paradójicamente el silencio; la Ley prácticamente constituye la aprobación del Proyecto del doctor Roberto Goldschmidt y este en la Exposición de Motivos correspondiente, a sabiendas de la existencia del negocio fiduciario moderno, a sabiendas de su aceptación en algunos países del "derecho continental" especialmente por parte de la jurisprudencia y en la convicción de que el llamado dominio fiduciario de algunos códigos, el negocio fiduciario y el fideicomiso moderno son instituciones diferentes entre sí (Roberto Goldschmidt, "Proyecto de Ley de Fideicomisos con su Exposición de Motivos", en *Publicaciones del Colegio de Abogados del Distrito Federal*, N° 3, Empresa El Cojo, Caracas, 1956, p. 10), sin embargo, en ningún momento, afirma ni sugiere que el Proyecto pretenda introducir la novedad de prohibir esos negocios

que todos y cada uno de esos posibles negocios fiduciarios entre vivos son válidos, como tampoco son indiscriminadamente válidos todos los contratos no fiduciarios. Desde luego, en algunos casos el negocio fiduciario puede ser también ilícito o dar lugar a hipótesis de fraude, pero solo en tales casos el mismo no es válido[144] pero esta solución particular no perjudica la validez general del negocio fiduciario cuando el mismo se proponga realizar intereses merecedores de tutela y no sea ilícito[145].

d. Fiducia *cum creditore* y principio del *numerus clausus* de los derechos reales

Algunos autores extranjeros han objetado a la admisibilidad de la fiducia *cum creditore* que la misma conduce a crear una clase de derecho de propiedad distinta de la prevista por la ley y que ello es contrario al orden público porque en el Derecho moderno el orden público requiere que los derechos reales constituyan un *numerus clausus*[146].

Pero este argumento no puede acogerse porque lo cierto es que el adquirente (el fiduciario) no se hace titular de un derecho de propiedad jurídicamente diferente de los demás derechos de propiedad, sino que

jurídicos fiduciarios entre vivos hasta entonces posibles y lícitos, no sometidos a ninguna ley especial de la materia (porque esta no existía), para no dejar sino la posibilidad de constituir fideicomisos regidos por la Ley de Fideicomisos.

144 En el mismo sentido, con respecto al ordenamiento italiano, Messineo, después de enumerar una serie de finalidades para las cuales se emplea el negocio fiduciario, seguidamente añade que: "el negocio fiduciario *puede también ser ilícito, o dar lugar a hipótesis de fraude* (cfr. §§ 45 y 108, n. 6). En tales casos, *pero solo en tales casos,* el mismo *no es válido".* (Francesco Messineo, ob. cit., II, p. 453) (cursivas del autor). En el mismo sentido, en la doctrina española, véase: José Castán y Tobeñas, ob. cit., I, pp. 678 y 680.

145 Francesco Messineo, *Ídem.*

146 En la doctrina francesa, véase lo que al respecto expone. Pierre Crocq (ob. cit., pp. 85-87). En la doctrina española, Cristina Fuenteseca (ob. cit., pp. 225-226) afirma que la fiducia *cum creditore* como negocio de garantía parte del reconocimiento de la libertad de constitución de derechos reales atípicos de garantía por los particulares, lo que no sería factible si el respectivo ordenamiento consagrara un *numerus clausus* de derechos reales de garantía tal y como lo sostienen para el Derecho español autores como Díez-Picazo, *Fundamentos de Derecho Civil Patrimonial*, Vol. III, 5ª edición, Civitas-Thomson Reuters, Madrid, 2008, pp. 225-226 y Bustos Pueche (ob. cit., p. 567). En el mismo sentido, Sánchez Lorenzo afirma que "en otros muchos sistemas, la eficacia de la venta en garantía (fiducia *cum creditore*) se resiente al enfrentarse a los principios opuestos de *numerus clausus* de derechos reales y de inexistencia de privilegios *sine lege* (Sixto Sánchez Lorenzo, ob. cit., p. 164).

toda la diferencia existente radica en que en la relación jurídica creada por el negocio fiduciario se han añadido a la transferencia de la propiedad, ciertas relaciones obligatorias (del ámbito de los derechos de crédito) que crean limitaciones a los efectos de aquella transmisión. La fiducia *cum creditore* no transmite al fiduciario un derecho real especial, una titularidad intermedia no catalogada ni descrita legalmente, sino la propiedad en sentido pleno, si bien limitada por un derecho personal de readquisición. En nuestro ordenamiento no existe la propiedad fiduciaria en los términos que tal concepto ha sido definido legislativamente en otros ordenamientos como, por ejemplo, en la República Argentina, sino un dominio pleno en cabeza del fiduciario[147]. Así pues, si la fiducia *cum creditore* rompe algún *numerus clausus* no sería el *numerus clausus* de los derechos reales sino el número de los títulos suficientes para transferir el dominio o para justificar la transferencia siendo así que en el Derecho moderno ese *numerus* no es *numerus clausus* como sí lo es el número de los derechos reales[148]. La fiducia *cum creditore* es, ya lo hemos dicho, un contrato innominado o atípico que no se encuentra regulado en el Derecho venezolano, pero su efecto no es crear un derecho real atípico, sino transmitir uno típico como es la propiedad. Se trata de un contrato innominado que los particulares pueden celebrar conforme al principio de la autonomía de la voluntad consagrado en el artículo 1.140 del Código Civil, pero que transmite un derecho real típico. Por tanto, no existe obstáculo a la admisión de esta figura ni siquiera en un sistema de *numerus clausus* de derechos reales, puesto que el efecto que produce es la transmisión de un derecho real tan típico como la propiedad. Solo si se tratase de un *numerus clausus* de contratos con efectos reales, cosa que nadie ha sugerido, se podría concluir que la fiducia *cum creditore* no tendría cabida en nuestro derecho.

---

147 Roberto Goldschmidt, "El fideicomiso en la reciente legislación venezolana", en *Estudios de Derecho Comparado*, Universidad Central de Venezuela, Publicaciones de la Facultad de Derecho (Vol. XXII), Caracas, 1958, p. 406; Alfredo Morles Hernández, "El fideicomiso de garantía del derecho venezolano", en *Homenaje a Aníbal Dominici*, Ediciones Liber, Caracas, 2008, p. 468.

148 Roberto Goldschmidt, *Trust, fiducia y simulación,* ob. cit., p. 389. En el mismo sentido, en la doctrina francesa, véase: Pierre Crocq, ob. cit., pp. 85-87.

e. Fiducia *cum creditore* y prohibición del pacto comisorio

El deudor para procurarle al acreedor la más fácil satisfacción de su derecho de crédito, como se dijo atrás, puede transferirle un bien (o derecho) en lugar de constituir a su favor una garantía real por el dinero recibido (por ejemplo, *ex mutuo*), siempre y cuando al hacerlo no viole ninguna disposición en cuya observancia estén interesados el orden público o las buenas costumbres[149]. Desde esta perspectiva el único límite se halla en la prohibición del pacto comisorio.

Como indicamos poco antes, el pacto comisorio implica que, llegado el vencimiento del crédito garantizado, el acreedor tenga la posibilidad de elegir entre reclamar el pago de la deuda o apropiarse de un bien dado en garantía por el deudor, dando con esto por extinguida la relación crediticia (*supra,* N° III).

Desde la perspectiva del pacto comisorio existen dos tipos de negocios fiduciarios: fiducia con pacto comisorio y fiducia sin pacto comisorio.

e.1. Fiducia con pacto comisorio

En el contrato de fiducia la transmisión inicial de la propiedad no tiene carácter comisorio, ya que es una transmisión revocable por el fiduciante cuando este pague la deuda; lo que tiene carácter comisorio es que la transmisión se convierta en irrevocable por voluntad del acreedor, que se hace propietario definitivo de la cosa. Lo prohibido

[149] Es la posición que mantiene un sector de la doctrina española y la orientación de la jurisprudencia del Tribunal Supremo español (*supra*, nota 132). En Italia, como indicamos con anterioridad, la mayoría de los autores niega que la causa *fiduciae* sea una causa idónea para transmitir el dominio lo que comporta la inadmisibilidad de la transmisión de la titularidad fiduciaria de un inmueble del deudor al acreedor como medio de garantía, o bien consideran que la fiducia *cum creditore* constituye un pacto comisorio autónomo al cual se le aplica la prohibición legal. Al respecto, véase: Franco Anelli, ob. cit., p. 27; C. Massimo Bianca, Voz *Patto Commissorio…* cit., p. 714; Ugo Carnevali, ob. cit., p. 502. Sin embargo, en la doctrina italiana moderna no han faltado voces que se apartan de esta orientación. Así, Fulvio Giglioti, *Il divieto del patto commissorio,* Giuffrè, Milán, 1999, pp. 219-220 quien pone de relieve el contrasentido que significa postular la nulidad de la fiducia *cum creditore* cuando a otros institutos que cumplen similares funciones de crédito y de garantía no se les aplica una sanción tan severa.

mediante la interdicción legal del pacto comisorio no es que se transmita la propiedad con una determinada finalidad como, por ejemplo, asegurar el pago de una deuda; lo prohibido es que lo dado en garantía se convierta, por la sola voluntad del acreedor, en pago de su crédito.

Entonces ¿cómo se configura el pacto comisorio en la fiducia *cum creditore*?

El modo normal de configurar un pacto comisorio es el siguiente: el deudor transmite la propiedad de un bien (generalmente un inmueble) en garantía, mediante un documento público de compraventa, a la que se añade normalmente un documento privado o un acuerdo puramente verbal en el cual se indica que la transmisión lo es solo en garantía, que no existe verdadera compraventa, y que el adquirente se compromete a retransmitir cuando se extinga la deuda. Hasta aquí todo corresponde con un contrato de fiducia. Ese es el negocio que responde a la voluntad de las partes ya que la venta es simulada; pero en el acuerdo privado se indica que, si no se paga la deuda en un plazo, el acreedor puede dar por extinguido su crédito y la obligación de retransmitir, quedándose de modo definitivo con la propiedad del bien entregado.

Tal pacto constituye un pacto comisorio prohibido por la ley. Como indicamos en su oportunidad, no es admisible que a través de un negocio atípico como es la fiducia pueda tener eficacia el comiso (*supra*, N° IV,3). Y en este caso la tiene puesto que el acreedor garantizado con una garantía fiduciaria puede optar entre exigir el pago del crédito o quedarse en pago con el bien transmitido para asegurar el pago de la deuda[150].

En tal caso, cuando se celebra una fiducia con esta cláusula comisoria se debe aplicar la regla *utile per inutile non vitiatur* y, por consiguiente, se le dará validez a la fiducia, pero no a la cláusula comisoria y el deudor podrá recuperar la propiedad pagando la deuda[151].

e.2. Fiducia sin pacto comisorio

Pero la fiducia puede no incluir un pacto comisorio. No habrá pacto comisorio en aquellos contratos de fiducia en los que el acreedor fiduciario no tenga la facultad de apropiarse de la garantía en pago de

[150] Bruno Rodríguez Rosado, ob. cit., pp. 203-206.

[151] Vicente Guilarte Zapatero, ob. cit., p. 369; Celestino Mas Alcaraz, ob. cit., p. 71.

la deuda, es decir, de hacerla definitivamente suya en caso de incumplimiento[152]. Se trata de un negocio en el cual la propiedad se transmite al acreedor en garantía, pero en el que el fiduciario adquiere una propiedad revocable, de modo que cuando se produzca el pago, deberá retransmitir la cosa al fiduciante.

El fiduciario, en caso de incumplimiento de la obligación, tendría derecho a retener la cosa (*ius retinendi*). El enajenante podría siempre mediante una acción personal contra el fiduciario recuperar la cosa cuando pague la deuda aun fuera del plazo establecido. El acreedor fiduciario no podrá apropiarse definitivamente del bien (mediante la consolidación del dominio) en concepto de pago de la deuda porque ello supondría la violación de la norma que prohíbe el pacto comisorio aplicable a todas las garantías reales[153].

El acreedor fiduciario para el cobro de su crédito no tendría más derechos de los que tiene cualquier acreedor por el hecho de serlo *ex* artículo 1.864 del Código Civil. No puede reconocérsele el *ius distrahendi* propio de la garantía prendaria e hipotecaria, puesto que ello equivaldría a admitir que los particulares pudieran libremente crear nuevos casos de créditos preferentes, siendo esta una materia reservada a la ley[154].

2.7. Compraventa con pacto de retro

a. Consideraciones generales

La compraventa con pacto de retro, o retracto convencional en la terminología del Código Civil, le permite al vendedor que ha transmitido la propiedad de la cosa recuperarla devolviendo el precio y

---

152 Bruno Rodríguez Rosado, ob. cit., pp. 210-214. En contra, Ramón Durán Rivacoba (ob. cit., pp. 137-141) considera que el negocio fiduciario lleva inherente el pacto comisorio. La jurisprudencia del Tribunal Supremo español, por su parte, se ha orientado por una interpretación restrictiva del contenido de la fiducia *cum creditore* compatible con la prohibición del pacto comisorio, confiriéndole al fiduciario derechos muy semejantes a los del acreedor prendario. Al respecto, véase: Sixto Sánchez Lorenzo, ob. cit., p. 167, especialmente, la nota 23 y la jurisprudencia del Tribunal Supremo español ahí citada.

153 Bruno Rodríguez Rosado, *Ibíd*., p. 210.

154 Núria Ginés Castellet, ob. cit., pp. 588-589. En contra, Bruno Rodríguez Rosado (*Ibíd*., p. 213) y José Puig Brutau, ob. cit., II, pp. 306-307 consideran que en caso de incumplimiento por parte del fiduciante, el fiduciario podrá proceder conforme al procedimiento previsto para la ejecución de las garantías reales.

reembolsando al comprador los gastos estipulados en la ley (Código Civil, artículo 1.534)[155]. La venta con pacto de retro permite así al propietario de una cosa procurarse el dinero que requiere mediante su enajenación, pero reservándose la posibilidad de retomar la cosa vendida si así lo desea.

A veces se celebra una compraventa con pacto de retro en la cual el vendedor simplemente busca desprenderse de manera no definitiva de la propiedad de la cosa vendida, con la intención de poder recuperarla en el futuro y sin tener el deseo o la necesidad de obtener dinero como, por ejemplo, cuando una persona vende su vivienda porque cambia de lugar de residencia por uno u otro motivo, pero conserva la esperanza de volver a su lugar de origen. Otras veces, quien necesita dinero y tiene un bien mueble o inmueble, pero no encuentra quien le pague por él su justo precio, ni quien se lo reciba en garantía, puede optar por venderlo "provisionalmente" para obtener los recursos que requiere reservándose la facultad de recuperarlo cuando cambien las condiciones económicas, sin que por ello haya que concluir que el contrato responde a una función jurídica de obtención de crédito (en el sentido técnico-jurídico de la expresión) con garantía ni que, por tanto, la operación equivalga a un préstamo con un pacto comisorio encubierto.

Sin embargo, ocurre con frecuencia que las partes recurren a esta figura para ocultar un préstamo (generalmente usurario) y para eludir la aplicación de las normas de orden público que prohíben el pacto comisorio, enmascarando la verdadera operación bajo el disfraz de una supuesta venta con pacto de retro que se aparta así de su función. El mecanismo que se emplea es generalmente el siguiente: el acreedor entrega una cantidad de dinero al deudor y formalmente se hace o encubre esta entrega como precio de una compraventa. El acreedor aparece formalmente como comprador existiendo en el contrato un pacto de recompra a favor del deudor cuando este devuelve el crédito o préstamo, es decir, cuando cumple la obligación debida. De esta forma el vendedor con pacto de retro es un prestatario y el comprador, un prestamista. La cosa se "vende" por el prestatario al prestamista por un precio equivalente

155 Para un examen de los caracteres esenciales y los elementos estructurales del retracto convencional en nuestro Código Civil, véase mi trabajo *El retracto convencional y el retracto legal (según el Código Civil venezolano),* Ediciones Liber, Caracas, 2016, pp. 15-75.

al monto del préstamo, conviniéndose el pacto de retro que le permitiría al prestatario recuperar la cosa dentro de un plazo –la duración del préstamo– mediante la devolución del "precio", incrementado con los intereses, o sin incrementar, cuando ello no es necesario porque en el contrato se hizo figurar una suma superior a la realmente recibida por el prestatario. Se ha burlado de esta forma la disposición legal que prohíbe el pacto comisorio con el agravante de que el prestamista no se convierte en propietario al vencimiento, porque la ley se lo prohíbe; pero se convierte en propietario con anterioridad, esto es, desde el día del préstamo encubierto mediante una venta con pacto de retro[156].

b. Compraventa con pacto de retro y venta *sub retro* en garantía de una deuda

La doctrina examina las interrelaciones entre la compra venta con pacto de retro genuina o auténtica y la compraventa *sub retro* celebrada para garantizar el pago de una deuda[157] y los criterios para discernir cuando se está en presencia de una u otra.

Para separar la verdadera compraventa con pacto de retro de la que solo es un mecanismo para garantizar un préstamo o una operación de financiamiento con pacto comisorio, se afirma, hay que atenerse a la verdadera *causa* del negocio. Estaremos en presencia de una compraventa con pacto de retro cuando el contrato responde a la función económico-social típica de la compraventa, esto es, a un intercambio –aunque sea no definitivo– de la propiedad de una cosa a cambio de un precio, en un perfecto juego de prestación y contraprestación. En la compraventa con pacto de retro el vendedor transmite la propiedad y el comprador paga un precio. Precio y cosa vendida actúan como objeto

---

156 Esta situación ya había sido advertida por la doctrina clásica francesa. Al respecto, por todos, véase: Louis Josserand, ob. cit., II, pp. 108-109. La doctrina nacional también ha puesto de manifiesto los peligros que entraña la venta con pacto de retracto porque con frecuencia se ha utilizado para eludir la aplicación de normas de orden público como las disposiciones relativas a la usura y la prohibición legal del pacto comisorio. Al respecto, véase: José Luis Aguilar Gorrondona, ob. cit., pp. 278-279; Enrique Urdaneta Fontiveros, *Ibíd.*, pp. 24-27.

157 La cuestión reviste particular complejidad, como lo pone de relieve la abundante doctrina extranjera sobre la materia. En la doctrina italiana, el autor Franco Anelli, a quien seguimos ampliamente en este punto, ha examinado con gran profundidad y extensión la materia.

del contrato y, de forma recíproca, como causa de la obligación de la otra parte. Existen, por tanto, como en toda compraventa, dos prestaciones que determinan una perfecta bilateralidad e intercambio y que se justifican mutuamente desde el punto de vista causal[158]. En cambio, la causa de la venta *sub retro* en garantía es proporcionar seguridad al crédito[159]. Como existe una relación crediticia entre las partes, estamos en el terreno de la causa *credendi* de los préstamos y la "venta" sirve de satisfacción instrumental al interés crediticio del acreedor. Se trata, por tanto, de un negocio de garantía encubierto, sin que exista correspectividad entre crédito y garantía ni se establezca una relación de interdependencia entre las prestaciones[160].

Cuando la razón inmediata o el fin inmediato perseguido al contratar sea adquirir la propiedad siquiera provisional de la cosa a cambio de un precio estaremos ante una compraventa, aunque el motivo subjetivo que impulsa a la parte vendedora a celebrar el contrato sea el deseo o la necesidad de obtener liquidez. En cambio, cuando mediante la celebración del contrato no se persigue efectuar un intercambio de propiedad contra precio, sino un intercambio entre dinero (presente) que entrega el comprador-prestamista a título de precio y dinero

158 Franco Anelli, ob. cit., pp. 110-117 y 135-141.

159 Conviene tener en cuenta que la venta con pacto de retro en función de garantía y la fiducia *cum creditore* son figuras diferentes. En la venta con pacto de retro en función de garantía hay un precio ficticio que, en realidad, responde a un préstamo, cuya devolución más los intereses queda garantizada con la propiedad transmitida al "comprador", siempre y cuando el "vendedor" (prestatario) reintegre el "precio recibido" dentro del plazo. Aunque el vendedor no queda obligado a devolver el "precio", el comprador adquiere irrevocablemente la propiedad de la "cosa vendida *sub retro*" si el vendedor no lo hace dentro del plazo establecido. Además, el vendedor tiene un derecho real a recuperar la cosa ejercible *erga omnes*. En cambio, en la fiducia *cum creditore* el fiduciante, como se dijo, transmite la titularidad de un bien y el fiduciario se obliga a retransmitírsela; si bien se condiciona la devolución al pago de la deuda por parte del fiduciante. Se combinan, por tanto, una transmisión real y una promesa simplemente obligacional de recuperar (*supra*, Nº VI,2,2.6, a y b). El prestamista no adquiere definitivamente la propiedad por falta de pago del capital prestado, teniendo siempre el prestatario el derecho personal de recuperar la cosa transmitida cuando pague la deuda. Pero como puede fácilmente apreciarse, ambas figuras son modalidades de enajenación en función de garantía para el pago de una deuda. Al respecto, véase: Ramón Durán Rivacoba, ob. cit., p. 181, especialmente, la nota 115 y la jurisprudencia de los tribunales españoles ahí citada; Núria Ginés Castellet, ob. cit., pp. 117-119; Bruno Rodriguez Rosado, ob. cit., pp. 158-160, especialmente, la nota 98 y la jurisprudencia de los tribunales españoles ahí citada.

160 Franco Anelli, ob. cit., p. 143; Angelo Luminoso, ob. cit., pp. 252-253.

(futuro) que deberá entregar el vendedor-prestatario, estaremos en presencia de un contrato de crédito garantizado mediante una transmisión de la propiedad sometida a condición resolutoria. En tal caso difícilmente podrá calificarse como precio la entrega de dinero realizada por el "comprador" y la transferencia resoluble del dominio que comporta la venta con pacto de retro habrá sido convenida como una garantía accesoria del deber de restitución derivado del préstamo, y no como correspectivo de la entrega del "precio"[161]. Por consiguiente, no estaremos en presencia de una verdadera venta con pacto de retro sino que la misma, o bien simula un préstamo con garantía y encubre un pacto comisorio, o bien constituye un contrato en fraude a las disposiciones legales que prohíben el pacto comisorio (*infra*, Nº VI,2,2.7,c y d).

Así, en los casos de venta con pacto de retro en los que el vendedor busca la obtención de una cantidad de dinero, deben diferenciarse dos hipótesis distintas, que vendrán determinadas por la naturaleza de la prestación del "comprador" y, en consecuencia, por el carácter de la prestación que debe ejecutar el "vendedor" para recuperar el bien enajenado. Es decir, si existe o no un verdadero precio. O dicho en otras palabras, si esa prestación del "vendedor" consiste verdaderamente en la devolución del precio en las condiciones previstas por el artículo 1.534 del Código Civil o, por el contrario, si esa prestación no es más que un restitución al "comprador" de una cantidad dada en préstamo. En el primer caso estaremos ante una verdadera venta con pacto de retro, mientras que en el segundo estaremos ante una modalidad de venta en garantía que encubre un contrato de préstamo con pacto comisorio, o que se celebra para eludir la prohibición legal[162].

La doctrina italiana se ha encargado de señalar que en la compraventa con pacto de retro pura, la compraventa es la única relación jurídica obligatoria que existe entre las partes. En cambio, cuando se la celebra con una función de garantía, se requiere que exista un débito preexistente o simultáneo del "vendedor" frente al "comprador", de manera que se pueda establecer una conexión funcional entre el contrato de "compraventa" (en su calidad de negocio traslativo) y la

161 Franco Anelli, *Ibíd.*, p. 150.
162 Fernando Reglero Campos, ob. cit., p. 271.

relación obligatoria[163]. De lo que resulta que un presupuesto fundamental de la venta con pacto de retro en función de garantía es la existencia de una relación de deuda, anterior o coetánea, del "vendedor" respecto del "comprador". El elemento fundamental para reconocer un pacto comisorio encubierto será, por tanto, el nexo directo entre la operación por medio de la cual se transmite el objeto vendido y la existencia de una relación previa o simultánea con las obligaciones contraídas a que responde.

Tal y como lo ha dejado establecido la Casación italiana mediante sentencia del 11 de agosto de 1982:

> para que una venta con pacto de retro pueda estimarse simulada, en cuanto disimulando un pacto comisorio, es necesaria la concurrencia de una obligación, preexistente o contemporánea, del vendedor, que tenga por objeto la restitución por parte de este de una determinada suma al comprador y, por tanto, siempre que no resulte la existencia de un débito del vendedor frente al comprador, que deba extinguirse en el plazo del retracto, debe excluirse que en lugar de la venta las partes hayan querido poner en marcha un pacto comisorio, que presupone precisamente la existencia de una obligación cuyo incumplimiento determinará el paso de la cosa a propiedad del acreedor[164].

Pero si existe una relación crediticia previa o simultanea entre las partes, saltan a la vista las prevenciones que una venta con pacto de retro entre los mismos sujetos trae consigo. A juicio de la doctrina italiana, la compraventa con pacto de retro en esas condiciones salvaguarda la satisfacción de un crédito cuyo monto sustituye al precio. Además, se afirma, la garantía que supone la transferencia del bien resolutoriamente condicionada al pago de la deuda priva de la ejecución a los demás acreedores; por lo cual, encubre un pacto comisorio prohibido por la

163 Franco Anelli, ob. cit., p. 118; Angelo Luminoso, ob. cit., pp. 248-249.

164 Al respecto, véase: Michele Sesta, ob. cit., pp. 146-147 en donde se transcribe parcialmente la sentencia de la Casación italiana a la que nos referimos en el texto. En la misma dirección Ugo Carnevali, ob. cit., p. 504 expresa: "Por otra parte, es evidente que, faltando un crédito garantizado, no puede hablarse de 'función' de garantía en sentido jurídico".

ley[165]. En esa dirección la Casación italiana en sentencia de fecha 3 de noviembre de 1984 declaró que:

> la relación entre la compraventa y el mutuo hace nulo el negocio, pues la causa es ilícita y diverge de la propia de la compraventa; se simula para conseguir evitar la prohibición del pacto comisorio[166].

La doctrina y la práctica judicial italianas ponen de manifiesto que en tales casos se suele operar sobre la base de la simulación y el fraude[167] (*supra,* Nº II,2,2.2).

Conviene recordar, en relación con este punto, que la venta con pacto de retro está prevista en nuestro ordenamiento como un contrato de intercambio entre cosa y precio y no como un vehículo para garantizar la restitución de un préstamo. Por esa razón, de acuerdo con el Código Civil "es nula la obligación de rescatar que se imponga al vendedor" (art. 1.534 *in fine*). El comprador *sub retro,* por tanto, no puede reclamar la devolución del dinero entregado. El vendedor se reserva el derecho de recuperar la cosa devolviendo el precio, pero el comprador no se reserva el derecho de exigir ese pago, devolviendo la cosa. El vendedor está facultado para recuperar el objeto vendido reintegrando el precio, pero no tiene ninguna obligación de hacerlo ya que no es un deudor, al que el comprador le pueda exigir la restitución del precio[168].

Por ello en la generalidad de los casos las partes se cuidarán de ocultar la relación obligatoria relativa a la restitución del dinero entregado por el adquirente que no se incluirá en el contrato de compraventa *sub retro* sino que se estipulará en un documento privado complementario de la compraventa, o mediante la aceptación de letras de cambio por el enajenante a favor del adquirente por el importe de la deuda de restitución del precio, o simplemente se asumirá esa obligación en un pacto verbal.

---

165 Así lo afirman Barbiera, Dalmazo y Magnani citados por Franco Anelli, ob. cit., p. 248.

166 Al respecto, véase: Franco Anelli, *Ibíd.*, p. 249.

167 C. Massimo Bianca, Voz *Patto Commissorio*... cit., p. 718. Concluye el eminente civilista que la retroventa tiene otro fin que la garantía y mezclar ambos conceptos supone una transgresión a la prohibición legal del pacto comisorio (*Ídem.*).

168 Enrique Urdaneta Fontiveros, ob. cit., pp. 22-23.

Desde luego, si de los hechos queda claramente establecido (y ese será el caso si hay un documento privado que así lo compruebe, o si se han emitido letras de cambio) que el vendedor no se había reservado simplemente el derecho de retomar la propiedad de lo vendido, sino que había contraído la obligación de hacerlo devolviendo el precio recibido, en ese caso no puede hablarse de una genuina venta *sub retro* de acuerdo con la ley y podrá fácilmente concluirse que con ese nombre se trata de establecer una garantía mediante la transferencia de la propiedad que vulnera la prohibición del pacto comisorio establecida en el Código Civil.

Además, se afirma que un elemento de capital importancia que permite distinguir entre una verdadera venta con pacto de retro y una enajenación convenida para garantizar un préstamo es que, en la auténtica venta con pacto de retro la transferencia de la propiedad del bien constituye un efecto principal del contrato. En cambio, en la venta *sub retro* con fines de garantía que encubre un préstamo con pacto comisorio dicha transferencia no es más que un efecto secundario y eventual, porque el verdadero objetivo perseguido por las partes es asegurar y lograr la satisfacción del interés crediticio del acreedor[169]. Dicho en otras palabras, mientras en la genuina compraventa *sub retro* la transmisión del dominio reviste carácter principal, en la enajenación que disimula un pacto comisorio en garantía, dicha transferencia reviste carácter accesorio y constituye un medio de satisfacción secundaria del crédito garantizado[170].

c. Características de las operaciones ficticias de venta *sub retro*

Como se comprende fácilmente, el problema que se plantea es cómo determinar si el contrato sometido a la consideración del juez disimula la existencia de un contrato de préstamo con una estipulación comisoria enmascarada bajo una compraventa con pacto de retro.

La doctrina señala como características de las operaciones ficticias de venta *sub retro* las siguientes: 1) La existencia de una relación de deuda, anterior o contemporánea del vendedor respecto del comprador. Como se dijo, el indicio capital para reconocer un pacto comisorio encubierto será la conexión directa entre la operación de transmisión

---

169 Angelo Luminoso, ob. cit., p. 249.

170 Franco Anelli, ob. cit., pp. 125 y ss.

del objeto y la existencia de una relación previa o concomitante, con obligaciones contraídas a que responde; 2) El precio vil en relación al valor real de la cosa. Con ello se busca la constitución de una garantía que procure, en caso de falta de pago, la transmisión irregular de una propiedad cuyo precio verdadero es muy superior al pagado; 3) La estipulación de intereses que induce a pensar que, en realidad, estamos ante un préstamo con garantía y no frente a una compraventa, puesto que, de otro modo, no se comprende que el precio produzca intereses; 4) El inmediato arrendamiento de la cosa al vendedor, generalmente a un precio elevado y que seguramente esconde los intereses del préstamo; 5) El mantenimiento del vendedor en la posesión de la cosa, de manera que la transmisión del dominio (si es que realmente la hay) se perfecciona a través del *constitutum possessorium*; 6) La asunción de todos los gastos de la transmisión y de todos los tributos, cargas y riesgos inherentes a la propiedad del bien a cargo del vendedor; 7) Las declaraciones, expresiones y frases utilizadas por las partes. 8) La prórroga del plazo dentro del cual debía originalmente ejercitarse el derecho de retracto; 9) La prohibición al comprador de disponer de la cosa, o de alterarla o transformarla; 10) La obligación del vendedor de contratar un seguro sobre la cosa objeto de la venta con pacto de retro; 11) La frecuencia de compras bajo esta modalidad efectuadas por una misma persona, lo que hace presumir que se trata de un usurero que oculta sus operaciones ilegales; y 12) En general, todo aquello que no suele ordenarse en una compraventa ordinaria en la que el vendedor se reserva el derecho de retracto[171].

Los hechos o circunstancias anteriores son pues indicios o presunciones *hominis* que permitirán al juez *ex* artículos 1.394 y 1.399 del Código Civil encontrar cuál fue la verdadera intención de los contratantes. En la generalidad de los casos, la concurrencia de uno o de varios de esos indicios, puede estimarse prueba suficiente para detectar la presencia de una operación de préstamo con un pacto comisorio enmascarado bajo una compraventa con pacto de retro[172].

---

171 Franco Anelli, *Ibíd.*, pp. 150-152; Angelo Luminoso, ob. cit., pp. 262-266; Michele Sesta, ob. cit., pp. 149-153; Ramón Durán Rivacoba, ob. cit., pp. 182-184; Núria Ginés Castellet, ob. cit., pp. 125-129; José Luis Aguilar Gorrondona, ob. cit., pp. 178-279; Enrique Urdaneta Fontiveros, ob. cit., p. 27.

172 Al respecto, véase: Sala Constitucional del Tribunal Supremo de Justicia, sentencia No. 431, de fecha 13 de marzo de 2007 y Sala de Casación Civil del Tribunal Supremo de

Corresponderá, en definitiva, a los jueces apreciar el verdadero sentido del negocio realizado por las partes según las circunstancias y efectuar la calificación correspondiente. La calificación jurídica de la operación dependerá fundamentalmente de la verdadera intención de las partes, tomándose en cuenta, en especial, los hechos que la demuestren o la hagan presumir, conforme a lo antes expuesto[173].

d. Contrato fraudulento

En nuestro concepto, la nulidad de la compraventa con pacto de retro en garantía pertenece al capítulo del *fraude a la ley*. Se trata de un contrato fraudulento mediante el cual se procura eludir la prohibición del pacto comisorio contenida en los artículos 1.844 y 1.878 del Código Civil. Así lo ha dejado establecido la jurisprudencia de nuestros tribunales[174].

De acuerdo con los principios generales, cuando la celebración del contrato constituye un medio para eludir la aplicación de una norma

Justicia, sentencia No. 427, de fecha 14 de octubre de 2010, citadas ambas en sentencia No. RC.000889 de la Sala de Casación Civil del Tribunal Supremo de Justicia, de fecha 9 de diciembre de 2016. Disponible en: https://vlexvenezuela.com/vid/sonia-franci-benedetti-ramirez-655480193, consultado en fecha 12 de mayo de 2020; Sala de Casación Civil del Tribunal Supremo de Justicia, sentencia No. RC.000484, de fecha 3 de agosto de 2016. Disponible en: https://app.vlex.com/#vid/jose-naza-rodriguez-linarez-646722721, consultado en fecha 12 de mayo de 2020; Sala de Casación Civil del Tribunal Supremo de Justicia, sentencia No. RC.000148, de fecha 6 de marzo de 2012. Disponible en: https://vlexvenezuela.com/vid/representaciones-dorta-garc-francisco-pino-356216786, consultado en fecha 12 de mayo de 2020.

173 Enrique Urdaneta Fontiveros, *Ídem*.

174 Al respecto, véase: Sala Constitucional del Tribunal Supremo de Justicia, sentencia No. 431, de fecha 13 de marzo de 2007, parcialmente transcrita en sentencia del Juzgado Superior Agrario de la Circunscripción Judicial del Estado Zulia, No. 539, de fecha 23 de noviembre de 2011. Disponible en: https://app.vlex.com/#/search/jurisdiction:VE/%22pacto+comisorio%22/p2/WW/vid/334143930, consultado en fecha 12 de mayo de 2020; Sala de Casación Civil del Tribunal Supremo de Justicia, sentencia No. 292, de fecha 22 de junio de 2003, parcialmente transcrita en sentencia No. RC.000889 de la misma Sala, de fecha 9 de diciembre de 2016. Disponible en: https://vlexvenezuela.com/vid/sonia-franci-benedetti-ramirez-655480193, consultado en fecha 12 de mayo de 2020; Juzgado Superior Noveno en lo Civil, Mercantil, Tránsito y Bancario de la Circunscripción Judicial del Área Metropolitana de Caracas, sentencia de fecha 8 de febrero de 2017, parcialmente transcrita en sentencia de la Sala de Casación Civil del Tribunal Supremo de Justicia No. RC.000534, de fecha 4 de agosto de 2017. Disponible en: http://historico.tsj.gob.ve/decisiones/scc/agosto/202014-RC.000534-4817-2017-17-265.HTML, consultado en fecha 15 de enero de 2020.

imperativa de carácter prohibitivo, el mismo adolece de causa ilícita y es, por ende, absolutamente nulo[175]. Lo que está prohibido hacer directamente tampoco ha de poderse hacer por vía indirecta, si no se quiere premiar el fraude dirigido a hacer fracasar la ordenación legal[176].

De ahí que si en un caso concreto, las partes han utilizado la compraventa con pacto de retro como una enajenación en garantía para asegurar el pago de una deuda y evadir la prohibición legal del pacto comisorio, los tribunales de justicia podrán perfectamente declarar el carácter fraudulento del acto así realizado, indicando claramente cada uno de los elementos del fraude (*fraus legis*) y explicando las causas que justifiquen su decisión[177]. La venta *sub retro* se habrá configurado en tal caso como un contrato fraudulento. Se trata de un negocio realmente querido por las partes, solo que el mismo se ha celebrado para eludir las disposiciones legales que prohíben el pacto comisorio y es, por tanto, absolutamente nulo por causa ilícita.

En todo caso, vale la pena destacar que a veces la propia ley presume la existencia del fraude como sucede en el artículo 848 del Código Civil según el cual:

---

175 El artículo 1.344 del vigente Código Civil italiano dice: "Se reputa asimismo ilícita la causa cuando el contrato constituya el medio para eludir la aplicación de una norma imperativa." Cuando esa disposición declara "se reputa ilícita" la causa del contrato que tienda a eludir la norma imperativa, admite que no se trata de una ilicitud efectiva de la causa, sino de una causa que se supone ilícita en atención al resultado (elusión de la norma) a que el contrato tendería si pudiese conseguirlo. Al respecto, véase: Francesco Messineo, *Doctrina General del Contrato,* Traducción de R. O. Fontanarrosa, S. Sentis Melendo y M. Volterra, Tomo I, Ediciones Jurídicas Europa-América, Buenos Aires, 1952, pp. 505 y 507.

176 José Puig Brutau, ob. cit., II, p. 310.

177 Puede discutirse si el contrato fraudulento es nulo independientemente de que los contratantes hayan tenido el ánimo de defraudar, por tratarse de evitar el resultado objetivo del fraude, o si ha de concurrir dicho ánimo o intención fraudulenta. En realidad, como afirma Puig Brutau, solo en casos muy excepcionales ignorarán los contratantes el carácter ilícito del fin que persiguen. (*Ibíd.*, p. 308). Pero adicionalmente cabe hacer notar que en el negocio en fraude a la prohibición legal del pacto comisorio únicamente sería relevante el ánimo de defraudar del acreedor, ya que solo a él interesa que quede eludida la norma. En efecto, a diferencia de otros negocios en fraude a la ley (como, por ejemplo, la compraventa entre cónyuges para eludir la prohibición legal de las donaciones entre los esposos) en los cuales un interés común impulsa a las partes a defraudar la ley, en el caso que nos ocupa al deudor más bien le interesa que el fraude a la ley sea descubierto e impugnado (Rotondi citado por Vincenzo Locajono, ob. cit., p. 101).

> Las disposiciones testamentarias en favor de las personas incapaces, designadas en los artículos 841, 844, 845, 846 y 847 son nulas, aunque se las haya simulado bajo la forma de un contrato oneroso, o se haya otorgado bajo nombre de personas interpuestas.
> Se reputan personas interpuestas, al padre, la madre, los descendientes y el cónyuge de la persona incapaz.

Otras veces la existencia del fraude puede fundamentarse en un conjunto de hechos graves, precisos y concordantes que permitan al órgano jurisdiccional competente presumir legítimamente que en el caso concreto se ha utilizado una compraventa con pacto de retro para burlar la disposición legal que prohíbe el pacto comisorio o para sustraerse a sus efectos, puesto que la presunción es un medio de prueba autorizado por la ley (Código Civil artículos 1.394 y 1.399).

Pero otras veces las partes recurren a la celebración de una compra venta *sub retro* simulada para eludir la prohibición del pacto comisorio. Ahora bien, si en un caso concreto puede demostrarse que una aparente venta *sub retro*[178] tiene la finalidad de ocultar un mutuo garantizado con prenda o hipoteca con pacto comisorio prohibido, procede igualmente declarar la nulidad del contrato por causa ilícita[179]. Como al acuerdo

---

178 Según algunos la venta *sub retro* con fines de garantía es un *negocio indirecto* que, sin dejar de ser una compraventa, sirve para llevar a cabo en la intención de las partes una finalidad crediticia y garantizadora. En tal caso se tratará, ciertamente, de un negocio real y no de un negocio aparente. Aun así la compraventa con pacto de retro en garantía no escaparía a la sanción de nulidad si se la ha llevado a cabo en fraude a la ley. Al respecto, véase: Francesco Messineo, *Manual de Derecho Civil y Comercial,* ob. cit., II, pp. 457-458.

179 Francesco Messineo, *Doctrina General del Contrato…* cit., I, pp. 505-507; José Luis Aguilar Gorrondona, ob. cit., p. 278. De acuerdo con la jurisprudencia de nuestros tribunales, la venta con pacto de retracto que esconde un préstamo hipotecario, pactada para burlar la prohibición del pacto comisorio, es un contrato nulo por ilicitud de la causa. Al respecto, véase: Sala de Casación Civil del Tribunal Supremo de Justicia, sentencia No. 02, de fecha 17 de febrero de 2000 y sentencia No. 292, de fecha 22 de junio del 2003, ambas citadas en sentencia No. 889 de la Sala de Casación Civil del Tribunal Supremo de Justicia, de fecha 9 de diciembre de 2016. Disponible en: https://app.vlex.com/#vid/sonia-franci-benedetti-ramirez-655480193, consultado en fecha 12 de mayo de 2020; Juzgado Superior Noveno en lo Civil, Mercantil, Tránsito y Bancario de la Circunscripción Judicial del Área Metropolitana de Caracas, sentencia de fecha 8 de febrero de 2017. Disponible en: https://app.vlex.com/#/search/jurisdiction:VE/%22pacto+comisorio%22/WW/vid/785571721, consultado en fecha 12 de mayo de 2020.

simulatorio se suma en tal caso un acuerdo fraudulento podemos hablar de una *simulación fraudulenta*, que postula la intención no solo de ocultar la verdadera realidad del negocio disimulado, sino además la intención de utilizar el contrato para eludir la aplicación de la norma imperativa que prohíbe el pacto comisorio[180]. En virtud de tal declaración de nulidad deberán cesar los efectos de la venta con pacto de retro y procederá la nulidad de la actuación realizada para eludir la prohibición legal del pacto comisorio.

En razón de la declaración de nulidad de la compraventa con pacto de retro en garantía, el acreedor "comprador" no podrá consolidar el dominio de la cosa transmitida en garantía debiendo restituírsela al

---

180 Al respecto, véase: José Mélich-Orsini, *Doctrina General del Contrato*, ob. cit., p. 840; Eloy Maduro Luyando, *Curso de Obligaciones Derecho Civil III*, 2ª edición, Universidad Católica Andrés Bello, Caracas, 1972, p. 581; Sheraldine Pinto Oliveros, "Apuntes sobre la simulación en el Derecho comparado y venezolano", en *Libro Homenaje al Profesor Eugenio Hernández-Bretón*, Tomo III, Academia de Ciencias Políticas y Sociales-Editorial Jurídica Venezolana, Caracas, 2019, pp. 2363-2365. En la doctrina italiana, Ferrara considera que como la simulación no es un medio de eludir la ley sino de ocultar su violación, no cabe hablar de simulación fraudulenta sino, en cualquier caso, de simulación ilícita (ob. cit., pp. 99-101). Otros autores, en cambio, sostienen que la simulación relativa puede dar vida a un contrato fraudulento. No se ve por qué, se afirma, para defraudar la ley no puede utilizarse la simulación. La simulación puede ser empleada para disfrazar la violación de la ley. Las partes muchas veces se valen de un contrato aparente para eludir la aplicación de una prohibición legal. De ahí que el contrato simulado puede ser fraudulento (Vincenzo Locajono, ob. cit., pp. 102-105). En el caso que nos ocupa, continúa Locajono, las partes suelen fingir que convienen una venta *sub retro* utilizando esta figura con la finalidad de constitución de garantía para eludir la aplicación de las disposiciones legales que prohíben el pacto comisorio, en cuyo caso su intención no es celebrar un contrato de compraventa sino un mutuo garantizado con prenda o hipoteca con pacto comisorio (*Ídem)*. Efectivamente, se dan en este caso todos los elementos de la simulación, a saber: 1) un acuerdo de las partes de celebrar un contrato distinto del que declaran celebrar; 2) un contrato aparente o ficticio (la compraventa con pacto de retro); y 3) un contrato verdadero o secreto que responde a la voluntad real de los contratantes (préstamo con garantía y pacto comisorio). Estamos pues ante un supuesto de simulación relativa que adquiere una fisonomía propia porque el acuerdo simulatorio se combina con un acuerdo fraudulento para eludir la aplicación de la ley, tal y como se indica en el texto. Desde luego, en tal caso, la simulación relativa reviste un carácter particular porque la misma se combina con la intención del acreedor de eludir la aplicación de la prohibición legal. El fraude a la ley es la figura principal y cuasi absorbente del negocio; la simulación no es más que el medio empleado para llevar a cabo aquel, siendo por tanto el negocio absolutamente nulo por causa ilícita. Declarada la nulidad, la compraventa *sub retro* no producirá sus efectos porque no corresponderá a la voluntad real de las partes y el pacto comisorio será nulo por causa ilícita.

deudor "vendedor", quedando el deudor obligado a pagar el capital del préstamo más los intereses y otros gastos[181] (*infra*, N° VII).

2.8. Compraventa sometida a la condición suspensiva del incumplimiento de la deuda

La figura de la compraventa suspensivamente condicionada al impago de una deuda por parte del vendedor ha sido calificada como un pacto comisorio autónomo (*supra*, N°IV,3). En este contrato el comprador y el vendedor acuerdan que el primero entrega al segundo una cantidad de dinero, y celebran un contrato de compraventa sobre un bien del vendedor, suspensivamente condicionado a la falta de restitución de esa cantidad; de modo que el comprador, en caso de no producirse la devolución del dinero, adquirirá irrevocablemente la propiedad de un bien del vendedor, actuando como precio la cantidad que adelantó.

La operación se traduce en una compraventa sometida a condición suspensiva cuyo evento condicionante es precisamente la insatisfacción del crédito que tiene el comprador frente al vendedor. Si se produce la restitución por el deudor de la cantidad anticipada por el acreedor, la condición es fallida y la compraventa no produce sus efectos. Pero ante un incumplimiento de la obligación, la condición se cumple y la compraventa despliega su eficacia, adquiriendo el comprador sin más la propiedad del bien de su deudor.

Aunque ambos constituyen modalidades de la enajenación con fin de garantía, este contrato se distingue de la fiducia *cum creditore* por el hecho de que el vendedor conserva la propiedad hasta que se produzca el incumplimiento. Además, en caso de que la venta adquiera plena eficacia por el cumplimiento de la condición, la propiedad se transmite al acreedor en pago por el "precio" recibido.

La doctrina y la jurisprudencia italiana y española más modernas consideran que una convención de esas características constituye una violación de la prohibición del pacto comisorio[182] y, por ende, se ha-

[181] Ugo Carnevali, ob. cit., p. 172.

[182] En la doctrina italiana, Franco Anelli, ob. cit., pp. 27-29, afirma que la solución favorable a la extensión de la prohibición legal a esta hipótesis es pacífica, lo que puede corroborarse en C. Massimo Bianca, Voz *Patto Commissorio*... cit., p. 714; Ugo Carnevali, ob. cit., p. 502; Michele Sesta, ob., cit., p. 27-29. La Casación italiana en sentencias recientes se ha pronunciado igualmente por una interpretación extensiva del art. 2.744 del *Codice* que

lla proscrita por la ley por las siguientes razones: En primer lugar, la compraventa está vinculada causalmente con una relación crediticia entre las mismas partes: para que los contratantes puedan garantizar el crédito mediante una venta suspensivamente condicionada al incumplimiento, se requiere la existencia de un crédito entre las partes. Pero adicionalmente el carácter garantista de la operación es evidente. En efecto, por la eficacia suspensiva de la condición, la transmisión de la propiedad se produce en el momento de la no restitución de la cantidad adeudada. Como la transferencia de la propiedad y el pago del precio quedan en suspenso hasta el vencimiento de la obligación garantizada, producido el incumplimiento, las consecuencias respecto al comprador-acreedor son la adquisición de la propiedad y la extinción del crédito por compensación; y respecto al vendedor-deudor, el pago de la deuda a través de la transferencia de un bien. El acreedor se hace propietario de la cosa "vendida" por el incumplimiento. De lo que resulta que hay, en definitiva, una venta en garantía que encubre un pacto comisorio prohibido; o si se quiere, una cláusula comisoria que surge en relación con una garantía oculta como la venta en garantía. Ese mismo criterio debe seguirse en nuestro ordenamiento.

Ante el incumplimiento del deudor de restituir la cantidad entregada por el acreedor, las partes pueden haber convenido que este mantenga su posición de acreedor en cuyo caso podrá escoger entre reclamar

---

consagra la prohibición del pacto comisorio ya que no se trata de una norma excepcional sino más bien todo lo contrario, en cuanto refleja "un principio común a numerosas instituciones". La Casación italiana no ha vacilado en declarar en forma inequívoca que "la prohibición del pacto comisorio comprende tanto las ventas en garantía bajo condición suspensiva, como las ventas con pacto de rescate, de retroventa y de retrocompra". Al respecto, véanse las sentencias de la Casación italiana reseñadas en Giovanni Valcavi, "De la prohibición del pacto comisorio, la venta con garantía y el negocio fiduciario" en *Textos jurídicos de Derecho Civil*, s/f, p. 253. Disponible en: http://www.fondazionegiovannivalcavi.it/espanol/derecho-civil/De-la-prohibicion-del-pacto-comisorio.pdf, consultado en fecha 11 de mayo 2020. La doctrina española entiende en su mayoría que la compraventa en garantía bajo condición suspensiva del impago de la deuda es un supuesto que cae bajo el campo de aplicación de la prohibición legal. Al respecto, véase: José Enrique Bustos Pueche, ob. cit., pp. 567-568; Ramón Durán Rivacoba, ob. cit., p. 68; Núria Ginés Castellet, ob. cit., pp. 135-139; Vicente Guilarte Zapatero, ob. cit., pp. 460-461, aunque la jurisprudencia del Tribunal Supremo español ha sido oscilante. Al respecto, véase: Bruno Rodríguez Rosado, ob. cit., pp. 195-197, especialmente, las notas 19 y 20 y las sentencias del Tribunal Supremo español ahí reseñadas.

la restitución de la cantidad anticipada al "vendedor" o quedarse con la cosa "vendida". Pero los contratantes pueden haber acordado que en esa eventualidad el deudor quede en libertad de restituir o no la cantidad entregada en cuyo caso, de optar por no devolverla, el acreedor no podrá reclamar el dinero anticipado conformándose con adquirir el bien del "vendedor", porque así quedó acordado.

En el primer caso, es evidente que ese acuerdo constituye una garantía implícita (atípica, según algunos) que atenta contra la prohibición del pacto comisorio.

En el segundo caso, si el acreedor ha renunciado a su derecho a reclamar la deuda y pasa a ser propietario del bien, no ha faltado quien ha sostenido que, en tal caso, como no hay crédito tampoco hay garantía; el dinero adelantado por el acreedor se ha transformado en precio y el contrato es, por tanto, una compraventa. En efecto, si el vendedor (deudor) no lleva a cabo la devolución del dinero recibido, se afirma, lo que se perfecciona es una compraventa puesto que la transmisión de la propiedad se produce a cambio de un precio constituido por el dinero adelantado por el comprador y no restituido por el vendedor[183].

Esta opinión no es compartida por otro sector de la doctrina que, con mayor fundamentación, sostiene que si las partes han convenido que al final de la relación crediticia operará la compensación del crédito con la deuda del precio, hay que concluir que el precio de la compraventa no es más que el monto de la deuda insatisfecha que habría tenido que devolver el vendedor y cuyo incumplimiento, en razón de una estipulación previa, determina que se produzca la transferencia de la propiedad del bien de manos del vendedor a manos del comprador. La venta al igual que la compra, en tal caso, en razón de lo acordado por las partes, no produce sus efectos sino en el momento de la no restitución del préstamo y *medio tempore* el bien cumple una función práctica de garantía de lo adeudado. El contrato de compraventa suspensivamente condicionado al impago de una deuda le imprime a la venta un fin primordial de garantía y a la adquisición de la propiedad por el acreedor un carácter comisorio[184].

---

183 Bruno Rodríguez Rosado, *Ídem*.

184 Núria Ginés Castellet, ob. cit., pp. 135-139.

Esa modalidad de venta en garantía constituye, por tanto, igualmente un caso de clausula comisoria prohibida. El carácter comisorio del traspaso de la propiedad sometido a la condición suspensiva del incumplimiento es manifiesto cuando se estipula que al final de la relación crediticia, el crédito se compensará con la deuda del precio. En efecto, mediante esta operación, afirma la Casación italiana, se sustrae en forma preventiva el bien a la facultad de disposición del propietario deudor transformándolo en una especie de prenda no técnica del acreedor de cara a cumplir su función de garantía para la satisfacción del crédito[185].

La Casación italiana ha sostenido que existe en ese caso "una manifiesta divergencia entre el objetivo práctico de garantía perseguido por ambas partes y la causa típica de la venta", hecho ante el cual ha de juzgarse dicha venta como simulada. La compraventa sometida a la condición suspensiva del incumplimiento de la deuda es una enajenación en garantía puesta en práctica mediante un negocio simulado de venta, con el objeto de asegurar de inmediato una función principal de garantía y, en caso de incumplimiento, una adquisición de la propiedad. Hay en definitiva la "ausencia de un precio" y la "finalidad principal de garantía", desde que el acreedor adquiere la propiedad cuando la compraventa condicional despliega sus efectos como resultado de la no restitución en su momento del monto de lo adeudado. Debido al carácter comisorio del negocio el mismo adolece de ilicitud[186].

Si las partes convienen que el comprador-acreedor devendrá propietario de la cosa objeto de la compraventa bajo condición suspensiva, cuando en el término previsto no obtenga de la otra parte la satisfacción de su propio crédito, hay que concluir que hay ausencia de precio y función de garantía, toda vez que el acreedor adquiere la propiedad tan solo como resultado de la no restitución del importe de su crédito. De lo que resulta que la compraventa no tiene *causa* pues el "precio" es ficticio y el bien objeto del negocio cumple la función económica y jurídica de la constitución de una garantía con pacto comisorio prohibido.

---

185 Al respecto, véanse los criterios de la Casación italiana reseñados en Giovanni Valcavi, ob. cit., pp. 255 y 260-262.

186 Sentencia del Pleno del Tribunal Supremo italiano de fecha 16 de noviembre de 1989 parcialmente transcrita y comentada en Giovanni Valcavi, *Ibíd.*, pp. 255 y 260-262.

En resumidas cuentas, por las características propias de esta operación, puede razonablemente inferirse que mediante la misma lo que el "vendedor" persigue es obtener dinero prestado y lo que el "comprador" persigue es asegurarse, en caso de incumplimiento del préstamo, la obtención de un bien del deudor probablemente de valor muy superior al de la suma prestada. De ahí que es dable anticipar que la autoridad judicial a cuya consideración y decisión se someta la cuestión podrá razonablemente concluir que las disposiciones legales que prohíben el pacto comisorio resultan vulneradas mediante esta operación que encubre un contrato de préstamo con garantía comisoria.

2.9. Opción en garantía

En términos generales, la opción de compra es un contrato en virtud del cual el propietario de una cosa o derecho concede a otra persona, por tiempo fijo y bajo el cumplimiento de determinadas condiciones, la facultad exclusiva de adquirirla o transferirla a un tercero. Así lo ha dejado establecido la jurisprudencia de nuestros tribunales[187]. En razón de la opción de compra, una persona se compromete a vender a otro, bien para sí o para un tercero, una cosa determinada, siendo en realidad, el otorgante de la opción quien queda unilateralmente vinculado hasta tanto decida el optante.

Al referirse a este contrato, la doctrina y la jurisprudencia nacionales han dejado claramente establecido que la compraventa se reputa perfeccionada "en el momento en que ocurre el ejercicio de la opción y tan solo en este momento ocurre el efecto traslativo de la propiedad, como consecuencia de la manifestación de voluntad del optante. Por ende, el beneficiario de una promesa u opción no necesita pedir la ejecución forzosa en especie mediante una demanda que procure el cumplimiento

187 Al respecto, véase: Juzgado Superior Décimo en lo Civil y Mercantil de la Circunscripción Judicial del Distrito Federal y Estado Miranda, sentencia de fecha 24 de septiembre de 1975, caso C. Serres contra Inversiones Hinestrosa, C.A. y otros, en *Ramírez & Garay*, Tomo XLVIII, pp. 251-252. El mismo juzgado en sentencia de fecha 28 de abril de 1976 declaró que "la esencia del contrato de opción radica en la facultad que un contratante concede a otro de modo exclusivo para que dentro de cierto plazo decida, sin otra condición que su propio pensar, si quiere o no consumar el convenio concertado en la forma y condiciones estipuladas" (*Ramírez & Garay*, Tomo LII, pp. 247-251).

de una obligación de contratar (que conduciría al perfeccionamiento de la compraventa) sino que ya la venta se ha perfeccionado y tan solo se necesita pedir el cumplimiento de las obligaciones del contrato ya perfeccionado (i.e. tradición de la cosa)"[188].

Por consiguiente, la transferencia de la propiedad se produce en virtud de la manifestación unilateral de voluntad del optante al ejercer la opción. En la opción no es necesario que el otorgante de la opción preste un nuevo consentimiento para que se produzca la transferencia de la propiedad, ya que el ejercicio de la opción dentro del plazo establecido perfecciona la venta y convierte al optante en propietario del bien obligando al anterior propietario al cumplimiento de la pactado y a otorgar el documento en el cual conste el contrato formado.

El problema surge cuando se utiliza la opción a modo de garantía para asegurar el cumplimiento de una obligación (*opción en garantía*).

La opción en garantía es el derecho de opción que el deudor concede al acreedor para que, transcurrido el plazo fijado para el pago de la deuda, pueda ejercerlo sobre un bien propiedad de aquel, por un precio que en la mayoría de los casos es el dinero entregado en préstamo. En tal caso, solo si hay incumplimiento por parte del deudor, el acreedor tiene la facultad de adquirir la propiedad de un bien del deudor por el precio que había entregado en préstamo, o no ejercer este derecho y exigir el crédito, puesto que mantiene la posición de acreedor; es un acreedor cuyo derecho de crédito se encuentra reforzado por un derecho de opción[189]. De lo que resulta que la opción de compra concedida al acreedor funciona como una garantía implícita para asegurar el pago de su crédito. En efecto, la opción en garantía supone una transmisión de la propiedad condicionada a la falta de pago de la deuda dentro de un plazo que, en razón de una estipulación previa, se pone en funcionamiento por la sola manifestación de voluntad del acreedor.

---

188 Luciano Lupini Bianchi, "El contrato preliminar de compraventa, su autonomía, función y ejecución forzosa", en *Derecho de las obligaciones en el nuevo milenio*, coordinadora Irene de Valera, Academia de Ciencias Políticas y Sociales-Asociación Venezolana de Derecho Privado, Caracas, 2007, pp. 227-228. En los mismos términos se pronunció la Sala Constitucional del Tribunal Supremo de Justicia mediante sentencia N° 878, de fecha 20 de julio de 2015. Disponible en: https://vlexvenezuela.com/vid/sociedad-mercantil-panaderia-cesta-593327578, consultado en fecha 12 de mayo de 2020.

189 Bruno Rodríguez Rosado, ob. cit., pp. 191-193.

La facultad alternativa del acreedor de elegir, ante el incumplimiento del deudor, entre ejercer la acción personal para el cobro de la deuda o hacer efectiva la garantía adquiriendo la propiedad del bien mediante el ejercicio de la opción, es realmente la misma facultad de elección que asiste al acreedor prendario o hipotecario mediando pacto comisorio: acudir a la vía (ejecutiva) ordinaria para el cobro de su crédito o hacer suyo el bien dado en garantía. En efecto, la opción en garantía le permite al acreedor, en caso de que se produzca el incumplimiento, hacer suyo de manera directa e inmediata un determinado bien del patrimonio del deudor sobre el cual no tenía una prenda o una hipoteca constituida a su favor.

Para facilitar el buen funcionamiento de este mecanismo de garantía se suele prever que si llegado el vencimiento de la deuda, hay incumplimiento por parte del deudor, el acreedor tendrá el derecho de adquirir el bien del deudor por un precio prefijado que será pagado por compensación con la deuda insatisfecha. Esta opción puede venir acompañada de un poder irrevocable, otorgado en interés común *ex* artículos 1.704 (ord. 1º) y 1.705 del Código Civil, a favor del propio optante o de una persona de su confianza, para que pueda disponer del bien sobre el cual recae la opción y otorgar los documentos requeridos para hacer constar la transferencia, en caso de que dicha opción sea ejercida.

Como puede fácilmente apreciarse, la utilización del contrato de opción para asegurar el cumplimiento de una obligación le permite a las partes convenir en la transferencia comisoria de la propiedad por el incumplimiento de la deuda. Admitir el empleo de una opción de compra ejercitable por el acreedor sobre un bien propiedad de su deudor en la eventualidad del impago de la deuda dentro del plazo establecido, equivaldría a legitimar la utilización de esta figura con funciones de pacto comisorio para eludir la aplicación de los artículos 1.844, 1.858 y 1.878 del Código Civil[190] (*supra,* NºIV,3).

Como indicamos en su oportunidad, la afectación de un bien o de determinados bienes al cumplimiento de la obligación que se logra

---

[190] En el mismo sentido, respecto al ordenamiento español, véase: Ramón Durán Rivacoba, ob. cit., pp. 230-244 y la doctrina administrativa de la Dirección General de los Registros y del Notariado allí citada.

mediante la constitución de una garantía real, crea para el acreedor un derecho de hacer vender judicialmente por separado bienes del deudor para cobrarse preferentemente su crédito con el producto de la venta. Este *ius vendendi* es un rasgo característico de las garantías reales y se realiza a través de los procedimientos establecidos en el Código de Procedimiento Civil para la ejecución de prenda o la hipoteca. En efecto, la ejecución de la prenda, dice el artículo 666 del Código de Procedimiento Civil, se llevará a cabo conforme al procedimiento establecido en los artículos 666 y siguientes de dicho Código. Y el artículo 660 *ejusdem* establece que la ejecución de la hipoteca se llevará a cabo mediante el procedimiento previsto en los artículos 660 y siguientes.

La ley no permite que el acreedor se quede con la cosa entregada en garantía si el deudor no cumple. Las partes no pueden convenir que, en caso de incumplimiento, el acreedor se apropie de la garantía. El acreedor que disfruta de un derecho real de garantía, ya lo hemos dicho, tiene derecho al valor de la cosa o a una parte de él, pero no a la cosa misma. Es decir, lo que tiene el acreedor es el derecho de hacer vender judicialmente en pública subasta los bienes afectados al cumplimiento de la obligación para aplicar el precio que se obtenga en el remate a la satisfacción de su crédito, a través de los procedimientos de ejecución de las garantías reales establecidos en el Código de Procedimiento Civil. (*supra,* Nº I,2).

No es admisible, por tanto, que a través de una opción de compra consiga el acreedor que el derecho a la realización del valor de la cosa que le asiste en la ejecución de su derecho de crédito, se convierta en una adquisición comisoria a falta de pago de la deuda[191]. De admitirse esta posibilidad se desnaturalizaría lo que es una garantía real que implica la conversión de la cosa en dinero para satisfacer la deuda y revertir el sobrante al deudor.

---

[191] Como afirma Vidal Martínez "la opción de compra articulada con fines de garantía, así como de subordinación de la eficacia de una compraventa al incumplimiento del deudor, adoptando la forma de condición suspensiva o resolutoria no constituyen figuras distintas de la aquí expresada, sino simples variantes, que tratan de eludir la prohibición del pacto comisorio que en estos casos, se ve –en nuestra opinión–, conculcada" (Jaime Vidal Martínez, *La venta en garantía* en *el Derecho civil común español. Estudio jurisprudencial y ensayo de construcción doctrinal,* Civitas, Madrid, 1990, pp. 208-209).

Desde luego, para que quede comprobada la función de garantía cumplida por el negocio, se requiere que la opción se encuentre vinculada causalmente a otra relación obligatoria anterior, simultánea o incluso posterior al otorgamiento de la opción, de modo que la adquisición de la propiedad de la cosa sea considerada por las partes como un medio de satisfacción secundaria del crédito que se pondrá en funcionamiento solo en caso de incumplimiento de la obligación principal. Es precisamente la relación de causalidad entre el derecho de opción concedido al acreedor y la obligación a cargo del deudor lo que evidencia que la finalidad de aquel derecho es permitir al acreedor insatisfecho la apropiación del bien en pago de su crédito.

Esta circunstancia aunada a la previsión del pago por compensación de créditos o del otorgamiento de un poder irrevocable a favor del optante o de persona de su confianza, son todos hechos o circunstancias que hacen posible dictaminar que el negocio tiene como causa o función servir de garantía de un crédito y que la opción fue pactada como una garantía que vulnera la prohibición del pacto comisorio. En efecto, en esas condiciones podrá perfectamente el juez concluir que la finalidad del derecho de opción fue posibilitar al acreedor insatisfecho la apropiación del bien de que se trate en pago de su crédito[192].

Descubierta su naturaleza de garantía real (implícita), el acuerdo debe regirse por las normas imperativas aplicables a las garantías reales. La opción en garantía cumple una finalidad principal de garantía que funciona precisamente como un pacto comisorio autónomo e independiente el cual, como tal, infringe la ley y debe, por tanto, ser declarado nulo. La opción en garantía concedida al acreedor como garantía implícita de su crédito está destinada a no producir efecto traslativo alguno; por lo cual, aunque el acreedor ejerza la opción, el deudor conserva la propiedad y el acreedor no deviene propietario. La opción disfraza una garantía comisoria y, por ello, el contrato es en su totalidad absolutamente nulo por causa ilícita, sin que quepa diferenciar entre partes del negocio que son válidas y otras que no lo son[193].

[192] Manuel Ignacio Feliú Rey, ob. cit., pp. 153-159.

[193] La nulidad de la operación en su conjunto (incluyendo asimismo a la relación obligatoria garantizada) es la posición que parece imponerse. Al respecto, véase: Núria Ginés Castellet, ob. cit., pp. 498-499, especialmente, la nota 1225 y la jurisprudencia del Tribunal Supremo español ahí citada.

2.10. Promesa de venta

La finalidad de garantía también puede conseguirse a través de otra figura: la promesa unilateral de venta que equivale entre nosotros a un pacto de opción. De manera que si, por ejemplo, el deudor promete al acreedor que, si se produce el incumplimiento de la obligación, le venderá un bien sobre el cual el acreedor no tiene constituida una prenda o hipoteca a su favor, cabe aplicar aquí lo indicado con anterioridad a propósito de la opción en garantía (*supra,* Nº VI,2,2.9).

Pero la promesa de venta puede presentarse bajo otra variante cuando el deudor constituye una prenda o una hipoteca a favor del acreedor, prometiéndole que si la obligación no se cumple le transferirá la propiedad de la cosa sobre la cual recae la garantía real. Por ejemplo, en un contrato de préstamo hipotecario se estipula que si el deudor no paga en el plazo de un año promete vender a su acreedor el inmueble hipotecado por un precio determinado con lo cual, si el deudor no paga la deuda al vencimiento, el acreedor podrá hacer suyo el bien dado en garantía para la satisfacción de su crédito.

La doctrina italiana se ha encargado de señalar que este convenio configura un *pacto comisorio obligatorio o de efectos obligatorios* (*supra,* Nº IV,1.) cuyo supuesto más recurrente es el de un contrato preliminar o promesa de venta por el cual el deudor de una suma de dinero se obliga a estipular un contrato definitivo si en un determinado plazo no restituye el monto adeudado.

El pacto comisorio de efectos obligatorios se diferencia del pacto comisorio de efectos reales por la circunstancia de que en virtud de la estipulación de este último el acreedor hace suya la cosa sin más cuando la deuda no haya sido pagada en el plazo establecido. En cambio, en razón del pacto comisorio de efectos obligatorios, el deudor adquiere *la obligación de transferirle* al acreedor la propiedad de la cosa dada en garantía cuando el deudor al vencimiento del plazo establecido no haya pagado la deuda[194].

---

[194] Domenico Barbero, ob. cit., III, p. 186, especialmente, la nota 95 y la jurisprudencia de los tribunales italianos ahí citada; C. Massimo Bianca, *Il divieto del patto commissorio...* cit., p. 178, especialmente, la nota 136 y la jurisprudencia de la Casación italiana ahí citada.

La Casación italiana fundamenta la nulidad de la promesa de venta de la cosa dada en garantía (pacto comisorio de efectos obligatorios) en las siguientes razones: 1) la tutela de la libertad del consentimiento del deudor; 2) la protección de la *par conditio creditorum*; 3) el resultado económico perseguido; 4) la naturaleza material de la disposición legal que prohíbe el pacto comisorio; 5) que la prohibición legal aplica incluso para el pacto comisorio celebrado con posterioridad a la constitución de la prenda o hipoteca; y 6) que el efecto traslativo es postergado a un momento sucesivo y a un acto ulterior[195].

Como resulta claro que el pacto comisorio de efectos obligatorios acaba produciendo los mismos perjuicios que el pacto comisorio de efectos reales, esto es, permitir que el acreedor obtenga en razón de la ejecución de la garantía más de lo que obtendría mediante el cumplimiento de la obligación garantizada, haciendo suyo un bien del deudor de un valor superior al monto de su crédito, se concluye que la prohibición legal aplica igualmente al pacto comisorio de efectos obligatorios; por lo cual, dicho pacto es absolutamente nulo[196].

2.11. *Lease–back*

El *lease–back, retroleasing* o *leasing de retorno* es un contrato en virtud del cual una empresa vende un bien de su propiedad a una entidad financiera de *leasing*, la cual simultáneamente le concede en arrendamiento (*leasing*) la utilización del mismo bien, a cambio de una cuota o canon periódico, durante un plazo determinado al final del cual le otorga la opción de comprar el bien, previo pago del valor residual preestablecido, prorrogar el contrato o devolver el bien[197]. En la doctrina nacional, Morles Hernández lo incluye entre las modalidades del

195 Al respecto, véase: Francesco Galgano, ob. cit., p. 344, especialmente, la nota 17 y la sentencia de la Casación italiana ahí citada.

196 En tal sentido se orientan la doctrina y la jurisprudencia italianas. Al respecto, véase: C. Massimo Bianca, Voz *Patto commissorio,...* cit., p. 716; Ugo Carnevali, ob. cit., p. 505; Michele Sesta, ob. cit., pp. 10-13. La doctrina española se orienta en la misma dirección. Al respecto, véase: Ramón Durán Rivacoba, ob. cit., p. 247, En contra, Manuel Ignacio Feliú Rey, ob. cit., p. 131.

197 Pascual Martínez Espín, "Venta y *lease back*", en *Tratado de la compraventa. Homenaje al profesor Rodrigo Bercovitz*, dirigido por Angelo Carrasco Perera, Tomo I, Editorial Aranzadi, Pamplona, 2013, p. 201.

leasing y afirma que el *lease–back* es la venta que hace un propietario de determinados equipos o maquinarias a una entidad financiera, procediendo simultáneamente a su readquisición por medio de un arrendamiento financiero[198]. En síntesis, mediante este negocio el propietario de bienes (normalmente equipos o maquinaria industrial), los transmite a una entidad financiera, que seguidamente los cede en arrendamiento financiero al transmitente con la correspondiente opción de compra.

En el *lease–back* el cliente mismo hace el papel de proveedor. Es decir, en esta figura del *lease–back,* el industrial o el propietario de bienes y equipos que requiere capital de trabajo se los vende a la entidad financiera de *leasing* la cual, acto seguido, se los arrienda existiendo la posibilidad del ejercicio de la opción de compra por parte del arrendatario. Mediante este negocio el industrial moviliza sus activos fijos para obtener capital de trabajo, pero con la ventaja de seguir utilizándolos para la misma finalidad productiva a la cual los tenía asignados desde un comienzo[199].

En la doctrina italiana, la mayoría de los autores consideran que el *lease–back* constituye un negocio cuya licitud en abstracto es admitida, pero que pueden presentarse en la práctica casos irregulares en los que la finalidad perseguida es garantizar una obligación; por lo cual, corresponde, en definitiva, al poder soberano de apreciación de los jueces de instancia reconocer los supuestos concretos en que la estructura del *lease–back* es utilizada con una función de garantía y, en su caso, para eludir la prohibición del pacto comisorio[200]. Se afirma que en su valoración el juzgador debe analizar caso por caso la equivalencia de las prestaciones surgidas del contrato[201].

En la doctrina española, que también se ha ocupado *in extenso* de este contrato, algunos autores consideran que el *lease–back* es una simple modalidad de arrendamiento financiero (*leasing*)[202]; en cambio,

---

198 Alfredo Morles Hernández, *La banca en el marco de la transición de sistemas económicos en Venezuela*, 2ª edición, Universidad Católica Andrés Bello-Universidad Monteávila, Caracas, 2016, p. 427.

199 Sergio Rodríguez Azuero, *Contratos bancarios. Su significación en América Latina*, 5ª edición, Legis, Bogotá, 2002, p. 290.

200 Franco Anelli, ob. cit., p. 467.

201 Giorgio De Nova, *Il contratto di leasing*, Giuffrè, Milán, 1995, p. 69.

202 Luis Rojo Ajuria, *Leasing mobiliario*, Ed. Tecnos, Madrid, 1987, pp. 33-34.

otros sostienen que se trata de un préstamo garantizado con la transmisión de la propiedad[203].

De acuerdo con la primera posición, el *lease–back* es un contrato autónomo que constituye una modalidad del *leasing*, debido a que en el *lease–back* se mantiene la estructura contractual básica mediante la celebración de dos contratos (compraventa y arrendamiento financiero). El contrato es válido al amparo del principio de la libertad de contratación consagrado en el Código Civil. La causa del contrato existe y es válida: como en el supuesto *leasing*, la causa del *lease–back* es el intercambio del uso de la cosa por un precio, a lo que se añade la opción de compra cuya causa es el intercambio del derecho de adquirir la cosa por un precio. Se afirma que no se trata, por tanto, de una operación crediticia con una garantía que encubre un pacto comisorio prohibido, sino de un arrendamiento de cosa y una opción de compra. La especialidad respecto al *leasing* tradicional estriba en que quien vende el bien a la sociedad de *leasing* es el mismo sujeto que lo usa en concepto de arrendatario financiero.

De acuerdo con la segunda posición, el *lease–back* esconde generalmente un préstamo cuya restitución se encuentra garantizada por el inmueble que la empresa de leasing adquirió del prestatario. Para determinar cuando el *lease–back* esconde un préstamo con la garantía de la propiedad del inmueble que la empresa de leasing adquirió del prestatario, hay que atender a los fines realmente perseguidos por los contratantes, es decir, será necesario examinar si la finalidad predominante es transmitir la propiedad del bien o asegurar la devolución de lo entregado. Existe auténtico *leasing*, se afirma, cuando se cumplen las siguientes condiciones: 1) el contrato cumple los requisitos del *leasing* previsto en la normativa financiera y fiscal aplicable; 2) el precio de la venta corresponde al valor real del bien; y 3) existe un equilibrio entre las prestaciones surgidas del contrato. Si falta alguno de estos requisitos no hay *leasing*, sino un préstamo garantizado con la propiedad del bien.

La diferencia entre ambas posiciones tiene importantes consecuencias por lo que respecta a la prohibición del pacto comisorio. En efecto, conforme a la primera posición, se sostiene que debido a que en el

[203] Fernando Reglero Campos, ob. cit., p. 281; Sixto Sánchez Lorenzo, ob. cit., p. 209.

leasing tradicional no existe pacto comisorio, tampoco lo hay en el *lease–back*. En cambio, de acuerdo con la segunda posición, el *lease–back* es contrario a la prohibición del pacto comisorio lo que determina la nulidad absoluta de aquellas cláusulas que prevén que, en caso de incumplimiento, se produce la resolución del contrato y la restitución del bien, que quedará definitivamente en manos del arrendador financiero[204].

Con respecto a la sanción de nulidad cuando el contrato encubre un préstamo garantizado con un pacto comisorio prohibido, según algunos la nulidad afecta toda la operación (venta y arrendamiento financiero), si bien otros autores consideran que la nulidad afecta únicamente al pacto comisorio.

Por nuestra parte estamos de acuerdo con la segunda posición. En la mayoría de los casos, el *lease–back* se presenta, bajo la apariencia de un arrendamiento financiero, como un préstamo garantizado con la transmisión de la propiedad o venta en garantía. La empresa financiera de *leasing* presta a otro una cantidad de dinero, quedando este último obligado a restituirlo, junto con los intereses en el plazo estipulado. La cuantía de los pagos mensuales y de la opción de compra se fijan en función del precio de "venta" (préstamo) y del tiempo de duración del contrato de arrendamiento financiero. El crédito de la empresa financiera de *leasing* se garantiza mediante la transmisión de la propiedad de un bien.

El *lease–back* no es una mera modalidad de *leasing*. Existen importantes diferencias que nos llevan a entender el *lease–back* como una venta en garantía del deudor-prestatario al acreedor-prestamista, con el fin de garantizar el crédito. Estas diferencias son las siguientes: 1) en el *lease–back* intervienen solo dos sujetos y no tres; 2) al *lease–back* le precede una compraventa del bien por parte del propietario-arrendatario financiero a la empresa de *leasing* lo que afecta la función económica del contrato. Si bien ambos contratos constituyen mecanismos de financiamiento tienen, no obstante, fines diferentes: en el *leasing* tradicional se financia la adquisición del propio bien que se cede en arrendamiento financiero. En cambio, en el *lease–back* la razón de ser del contrato

204 Pascual Martínez Espín, ob. cit., pp. 202-206.

(*cur contraxit*) es recibir dinero a cambio de su restitución, no financiar directamente la adquisición del objeto. Si el *lease–back* fuera una simple modalidad del arrendamiento financiero, es evidente que lo relevante sería la necesidad de adquirir el bien concreto sobre el que se constituye y es obvio que no puede entenderse que tal necesidad exista, si el bien ya le pertenece a quien aparentemente se convierte en arrendatario del mismo con opción de compra. En fin, en el *lease–back* no se financia la adquisición de un bien sino a la empresa. Y ello incide en el objeto del contrato que no es solo conceder al usuario la utilización de un bien, como en el *leasing*, sino prestarle una cantidad de dinero. Debido a que no existe identidad causal entre el arrendamiento financiero y el *lease–back* o *retroleasing* no es posible su equiparación.

2.12. Fideicomiso de garantía

a. Noción

En razón del fideicomiso de garantía, se transmite al fiduciario la titularidad de ciertos bienes o derechos, para asegurar el cumplimiento de una obligación a cargo del fideicomitente. Constituye un contrato accesorio a otro principal que es la obligación garantizada.

En este tipo de fideicomiso, el fideicomitente transfiere al fiduciario uno o más bienes, muebles o inmuebles, para que respalden una o más obligaciones, de modo tal que en caso de incumplimiento, el fiduciario procede a la enajenación de los mismos y a pagar al acreedor en su carácter de beneficiario del fideicomiso[205].

En el fideicomiso de garantía, el deudor-fideicomitente transmite al fiduciario el dominio de los bienes o derechos que servirán para garantizar su deuda, conviniendo las partes que cuando el acreedor-beneficiario demuestre al fiduciario que la obligación no ha sido cumplida (en la

[205] Esta es en esencia la definición acogida por casi todos los autores. Al respecto, véase: Sergio Rodríguez Azuero, *Negocios fiduciarios: Su significación en América Latina*, 2ª edición, Legis, Bogotá, 2017, pp. 490-491; Claudio M. Kiper y Silvio V. Lisoprawski, *Tratado de Fideicomiso,* LexisNexis-Depalma, Buenos Aires, 2003, pp. 464-465; Carlos Gilberto Villegas, *Las garantías del crédito*, Tomo II, 2ª edición, Rubinzal-Culzoni, Buenos Aires, 1998, pp. 35-36; Joaquín Rodríguez Rodríguez, *Curso de Derecho Mercantil*, Tomo II, Editorial Porrúa, México, 1992, p. 124. En la doctrina nacional, véase: Nicolás Vegas Rolando, *El fideicomiso en Venezuela*, Ediciones Magón, Caracas, 1979, pp. 62-63; Héctor Turuphial Cariello, *El fideicomiso*, Italgráfica, Caracas, 1999, pp. 245-246.

forma como se establezca en el contrato), el fiduciario deberá proceder a la venta del bien o de los bienes o derechos fideicomitidos, mediante el procedimiento que se haya contemplado, y con el producto que obtenga, deducidos los gastos y su remuneración, le pague al acreedor el crédito garantizado y, si hubiere un excedente se lo retribuya al deudor-fideicomitente.

En razón del fideicomiso, el bien transmitido al fiduciario queda separado del patrimonio del deudor (fideicomitente) con lo cual se evita que pueda ser aprehendido por terceros acreedores. La titularidad del bien por el fiduciario garantiza así la satisfacción del crédito.

El fiduciario al recibir del acreedor la demostración del incumplimiento y la solicitud para que proceda a la venta de los bienes, lo notifica al fideicomitente deudor para que este en el plazo fijado en el acto constitutivo del fideicomiso, demuestre haber cumplido su obligación garantizada, o la cumpla si es que no lo hubiere hecho, bajo apercibimiento de enajenación.

La venta se realizará en forma privada o mediante pública subasta, según lo convenido por las partes.

Si el fideicomitente demuestra haber cumplido la obligación garantizada, el fiduciario deberá retransmitirle la propiedad de los bienes fideicomitidos.

b. Utilidad

El fidecomiso es un instrumento utilizado con frecuencia para garantizar el cumplimiento de una obligación. En lugar de constituir una hipoteca sobre uno o más inmuebles o una prenda sobre un bien mueble o bienes muebles determinados, al deudor le convendrá más constituir un fidecomiso. En ese caso, el deudor actuando como fideicomitente constituye un fideicomiso sobre bienes determinados que transfiere al fiduciario (una entidad bancaria o una empresa de seguros, no acreedora), en beneficio del acreedor (beneficiario), con el encargo de que al vencimiento de la obligación constate el pago o cancelación de la deuda y de lo contrario, proceda a la venta privada del bien y con el producto obtenido en dicha venta realice el pago de la deuda al acreedor-beneficiario.

Como el bien transferido al fiduciario queda separado del patrimonio del fideicomitente (deudor), el acreedor (beneficiario) queda protegido durante el plazo de la obligación por cuanto ese bien no podrá ser agredido por los acreedores del deudor.

De ese modo, se salvaguarda el interés crediticio del acreedor, ya que para la venta de los bienes fideicomitidos, no tendrá que someterse a los procedimientos ni recurrir a los gastos judiciales dirigidos al remate de esos bienes, sino que el fiduciario, en cumplimiento de la orden recibida del fideicomitente, procede a venderlos o liquidarlos con lo cual recibirá los fondos para satisfacer su crédito. Si hubiere un excedente el fiduciario, como se dijo, deberá restituirlo al fideicomitente o a la persona que este indique[206].

c. Objeciones

El fideicomiso de garantía ha sido objeto de las siguientes críticas: 1) Se dice que no es un fideicomiso permitido puesto que la Ley de Fideicomisos no lo menciona expresamente; 2) En el ámbito de los derechos reales, los contratantes no pueden modificar las disposiciones imperativas de la ley. En tal sentido, la ley prohíbe que el acreedor se apropie de las cosas objeto de la garantía (pacto comisorio) o disponga de ella de una forma distinta de la autorizada (Código Civil, artículos 1.844, 1.858 y 1.878). Además, en un sistema en el cual rige el principio del *numerus clausus* de derechos reales, los particulares no pueden crear otros derechos reales de garantía distintos de los previstos en la ley; 3) Se viola el derecho a la defensa que garantiza la Constitución ya que bien puede el acreedor indicarle al fiduciario que su deudor no cumplió y que debe proceder a la venta, sin que el deudor pueda demostrar lo contrario u oponer defensas que hagan improcedente el reclamo del acreedor; y 4) Tampoco pueden atribuirse al fiduciario, como se hace en el fideicomiso de garantía, facultades jurisdiccionales para proceder a la ejecución de la garantía[207].

---

206 Sergio Rodríguez Azuero, ob. cit., pp. 509-511; Carlos Gilberto Villegas, ob. cit., pp. 35-38; Rodolfo Batiza, *El Fideicomiso. Teoría y práctica*, Editorial Porrúa, México, 1980, pp. 145-146.

207 Para una exposición detallada de las críticas que se formulan al fideicomiso de garantía, véase: Leopoldo L. Peralta Mariscal, *Tratado de Derecho Hipotecario*, Tomo I, Rubinzal-Culzoni, Buenos Aires, 2007, pp. 85-145.

d. El fideicomiso de garantía en el Derecho venezolano

La Ley de Fideicomisos no menciona expresamente el fideicomiso de garantía. Pero es obvio que, al amparo del principio de la libertad de contratación, el fideicomiso puede constituirse para la consecución de cualquier fin lícito, lo que incluye su utilización para garantizar el cumplimiento de una obligación. Desde luego, como se indica poco más adelante, las disposiciones imperativas y prohibitivas de la ley limitan la libertad de los contratantes en el sentido de que existen disposiciones legales que no pueden ser modificadas por las partes en el acto del fideicomiso. Un límite al fideicomiso de garantía se halla en la prohibición del pacto comisorio. El fideicomiso de garantía tiene cabida en nuestra legislación, siempre y cuando no infrinja esa prohibición legal. De ahí que en nuestro ordenamiento el fideicomiso de garantía con las debidas cautelas puede ser utilizado –y, de hecho, lo es– para asegurar la ejecución de una obligación. Por lo demás, por las razones que se indican a continuación, las críticas que se le hacen al fideicomiso de garantía no tienen mayor fundamento. En efecto:

1) Para su utilización, no se requiere que la ley mencione el fideicomiso de garantía. De acuerdo con el principio de la autonomía de la voluntad que rige en nuestro ordenamiento, los particulares pueden libremente mediante su voluntad crear, modificar, regular, transmitir y extinguir sus relaciones jurídicas. Los límites de esa autonomía están determinados por las normas imperativas o prohibitivas, o sea, aquellas en cuya observancia están interesados al orden público o las buenas costumbres (Código Civil, artículo 6º). Dada la amplitud de las disposiciones de la Ley de Fideicomisos, el fideicomiso puede utilizarse para cualquier finalidad lícita, lo que incluye su empleo para asegurar el cumplimiento de una obligación. Las únicas limitaciones para el constituyente del fideicomiso son las que derivan del acatamiento de las disposiciones imperativas y prohibitivas de la ley. De ahí que el fideicomiso de garantía tiene cabida en nuestro ordenamiento siempre y cuando no lesione esas disposiciones. No es necesario que la ley establezca un elenco o lista de fideicomisos permitidos.

2) En razón del fideicomiso no se constituye sobre los bienes fideicomitidos un nuevo derecho real no previsto en el número cerrado de

los derechos reales. El fiduciario adquiere la propiedad, que es el derecho real más antiguo, sobre dichos bienes y tiene que proceder respecto de ellos en conformidad con las instrucciones que se especifican en el acto constitutivo del fideicomiso. El acreedor-beneficiario, por su parte, no tiene un derecho real de garantía sobre los bienes fideicomitidos sino un derecho personal contra el fiduciario para que este como propietario de dichos bienes realice sobre ellos determinados actos según las instrucciones impartidas en el acto constitutivo del fideicomiso. Al conformar los bienes fideicomitidos un patrimonio separado en poder de un tercero, dichos bienes escapan al poder de agresión de los acreedores del fideicomitente y del fiduciario[208]; por lo cual, constituyen una garantía en favor del acreedor sin que se requiera la constitución de un derecho real a su favor. El acreedor no tiene la propiedad ni derecho real alguno sobre los bienes fideicomitidos, solo tiene un derecho personal contra el fiduciario[209]. Quien adquiere el dominio es el fiduciario y la titularidad de la propiedad de los bienes fideicomitidos por parte del fiduciario está autorizada por el Código Civil y por la Ley de Fideicomisos.

3) El fideicomiso de garantía, al menos en principio, no infringe las disposiciones legales que prohíben el pacto comisorio el cual constituye un principio rector de las garantías reales (*supra*, Nº IV,3.). En efecto, el acreedor garantizado al satisfacer su crédito por medio del fideicomiso nada recibe proveniente del patrimonio del deudor sino del fiduciario. No se apropia aquel de nada que le pertenezca al deudor. El fiduciario no es un mandatario del fideicomitente. Es el propietario de los bienes fideicomitidos que dispone de bienes de su pertenencia en la esfera del patrimonio separado. No hay, por consiguiente, apropiación de los bienes del deudor por el acreedor porque los bienes no son del deudor[210].

Pero adicionalmente tampoco se apropia el acreedor del patrimonio fideicomitido. Habría pacto comisorio en aquellos fideicomisos de

---

208 Roberto Goldschmidt, *Proyecto de Ley de Fideicomisos con su Exposición de Motivos...* cit., pp. 6 y 14.

209 Roberto Goldschmidt, *El fideicomiso en la reciente legislación venezolana...* cit., pp. 406, 422 y 424; Claudio M. Kipper y Silvio V. Lisoprawski, ob. cit., p. 475.

210 Poco más o menos en el mismo sentido, en la doctrina nacional, véase: Alfredo Morles Hernández, *El fideicomiso de garantía del derecho venezolano...* cit., pp. 465-466.

garantía en los cuales se establezca que en caso de incumplimiento del fideicomitente-deudor, los bienes o derechos fideicomitidos pasen sin más trámite al propio beneficiario-acreedor. Pero no en aquellos en los cuales el acreedor no se quede con la cosa o los bienes transmitidos al fiduciario, sino que este, como propietario de dichos bienes y de acuerdo con el documento constitutivo del fideicomiso, deba realizar la venta de los mismos, por un precio fijado según la estimación que efectúen unos peritos con arreglo a criterios objetivos que aseguren una valoración real de los bienes fideicomitidos, tras el incumplimiento de la obligación garantizada y no antes. Dicha venta salvaguarda el principio de proporcionalidad y el pacto es, por tanto, válido (*supra*, Nº VI,2,2.1).

Ciertamente, en lugar de hacer la venta el juez, la hace el fiduciario. Ahora bien, como indicamos en su oportunidad, si el precio se forma de una manera objetiva como, por ejemplo, por estimación pericial o en función de índices objetivos como, por ejemplo, los de un determinado mercado, etc., los peligros que trata de evitar la prohibición del pacto comisorio no se producen. En definitiva, la licitud de la utilización del fideicomiso de garantía debe examinarse *ad casum*.

No habrá pacto comisorio cuando el incumplimiento de la obligación no conduzca a la apropiación por el acreedor de los bienes fideicomitidos por el valor de la deuda, sino que conceda al acreedor la facultad de adquirirlos por un valor estimado pericialmente por terceros al hacerse exigible la obligación (y no antes) (*supra*, Nº VI,2,2.1), correspondiéndole al fideicomitente-deudor el remanente, si lo hubiere. Además, no es justo obligar al acreedor a iniciar procedimientos legales que, en definitiva, conducen a la misma finalidad, es decir, a la fijación objetiva de un precio[211].

Por último, conviene recordar que en el fideicomiso de garantía es un tercero (el fiduciario) el encargado de enajenar los bienes para que con su producto se haga el pago. No se puede afirmar, por tanto, que el acreedor puede disponer de los bienes objeto de garantía; este solo le exige al fiduciario que venda dichos bienes conforme a lo previsto en el convenio de fideicomiso[212].

---

211 Luis Díez-Picazo y Antonio Gullón, ob. cit., III, p. 498.

212 Al respecto, véase: Sergio Rodríguez Azuero, ob. cit., pp. 381 y 502.

4) La venta de los bienes fideicomitidos no constituye una ejecución forzosa de la garantía sino el cumplimiento de una obligación contractual. Al fiduciario se han transmitido los bienes fideicomitidos para que como propietario de dichos bienes proceda a su venta en caso de incumplimiento de la obligación principal y pague al acreedor con el producto de dicha venta. El fiduciario no es autoridad judicial que dispone la ejecución forzosa de la garantía. Él se limita a cumplir con la obligación que asumió frente al fideicomitente y el beneficiario, a saber, la venta de los bienes y el pago al acreedor. Y puede actuar de esta manera porque es el propietario de dichos bienes pudiendo, por tanto, disponer libremente de los mismos conforme a las disposiciones del acto constitutivo del fideicomiso. Cuando el fiduciario dispone de los bienes para pagarle al beneficiario no hace otra cosa que cumplir con el encargo fiduciario. El fiduciario no "ejecuta" la garantía en el sentido procesal del término, sino que cumple con lo que se convino en el acto del fideicomiso[213].

Por consiguiente, no es correcto afirmar que el fiduciario al enajenar los bienes fideicomitidos realiza un acto de autoridad en virtud del cual se introduce en el patrimonio del deudor y dispone de sus bienes para hacerlo cumplir coactivamente sus obligaciones; es el propio deudor quien como fideicomitente hace la afectación de sus bienes, transmitiendo su propiedad a la institución fiduciaria a la que encarga la realización del fin al cual los bienes son destinados, o sea, a ser vendidos o rematados y con su producto, efectuar el pago adeudado al acreedor beneficiario.

El fiduciario no tiene ninguna necesidad de ejecutar judicialmente los bienes, sino de realizarlos conforme a lo dispuesto en el contrato de fideicomiso. Por consiguiente, es incorrecto vincular el cumplimiento del acto constitutivo del fideicomiso con la función jurisdiccional de ejecución de los bienes del deudor en orden a la satisfacción del crédito.

5) Tampoco puede sostenerse que el fiduciario, al enajenar los bienes fideicomitidos según el procedimiento previsto en el contrato y entregar su producto al acreedor para la satisfacción de su crédito, lesione al fideicomitente en su derecho a la defensa en juicio. El fideicomiso de

213 Carlos Gilberto Villegas, ob. cit., pp. 38-39.

garantía, como negocio que facilita el pago extrajudicial de la obligación, no afecta el debido proceso[214]. Como es bien sabido, esta garantía aplica para las actuaciones judiciales o administrativas (Constitución, artículo 49), ninguna de las cuales lleva a cabo el fiduciario cuando enajena los bienes fideicomitidos para satisfacer el derecho de crédito del acreedor beneficiario. Se trata de una actuación privada que adelanta el fiduciario, de acuerdo con las instrucciones que le ha impartido el fideicomitente[215]. Si no ha habido juicio, mal puede hablarse de lesión del derecho a la defensa. Desde luego, en caso de abuso, aprovechamiento o de cualquier otro incumplimiento del contrato de fideicomiso, siempre existe la posibilidad de acudir a los tribunales en razón de lo dispuesto en el artículo 26 de la Constitución.

En conclusión, como el fiduciario es propietario de las cosas o bienes recibidos, puede enajenarlos sin recurrir al procedimiento judicial. Es obvio que, al disponer en su carácter de dueño de los bienes transmitidos en garantía, el fiduciario tampoco viola el derecho de propiedad que protege la Constitución Nacional. No hay desapoderamiento alguno ya que el fideicomitente se desprendió voluntariamente de la cosa afectándola al destino del fideicomiso.

Esto tampoco significa hacerse justicia por sí mismo, pues simplemente se está actuando en la forma prevista y acordada por las partes.

VII. EFECTOS DEL PACTO COMISORIO

El pacto comisorio, como se dijo, es absolutamente nulo porque adolece de *causa ilícita*. Pero la nulidad no afecta todo el contrato, sino solo a la cláusula ilícita. La nulidad del pacto comisorio no afecta a la garantía constituida. La nulidad se limita exclusivamente al pacto comisorio (*utile per inutile non vitiatur*). La nulidad parcial se fundamenta en el tenor literal de los artículos 1.844, 1.858 y 1.878 del Código Civil y 542 del Código de Comercio, en el principio de la conservación del contrato (*favor negotii* o, al menos, *favor voluntatis*) reconocido por

[214] Sergio Rodríguez Azuero, ob. cit., pp. 381 y 502.

[215] Alfredo Morles Hernández, *El fideicomiso de garantía del derecho venezolano*... cit., p. 469.

nuestra jurisprudencia y en la propia naturaleza del contrato de garantía que puede existir válidamente sin la cláusula comisoria[216].

La nulidad total de la garantía, se afirma, sería una sanción excesiva para el acreedor. Como teniéndose por no puesta la cláusula se corrigen por completo los defectos de la relación jurídica, la nulidad parcial es la solución que se impone.

Ahora bien, se admite que otra sería la solución si la cláusula comisoria hubiera sido la causa determinante del acuerdo de las partes, de modo que el contrato de garantía no se hubiera celebrado sin el pacto comisorio. Si queda establecido que el pacto fue determinante del consentimiento, al punto que las partes hicieron depender de su estipulación la existencia misma de la garantía, la nulidad del pacto traerá consigo la nulidad de todo el contrato de garantía[217]. Como es de suponer que el acreedor preferirá quedarse con la garantía de la prenda, hipoteca o anticresis, antes que dejar de estar garantizado, la nulidad total del negocio de garantía solo procederá en casos excepcionales[218].

De ahí que, como principio de carácter general, al declararse la nulidad del pacto comisorio queda en pie la prenda, hipoteca o anticresis con todo su contenido, excepto la cláusula comisoria ilícita[219]. Una vez

---

[216] La doctrina es pacífica al respecto. Por todos, en la doctrina francesa: véase: Louis Josserand, ob. cit., II, p. 456; Henri Mazeaud, Léon Mazeaud y Jean Mazeaud, ob. cit., I, p. 114. En la doctrina italiana, por todos, véase: Vincenzo Locajono, ob. cit., pp. 40-41; Ugo Carnevali, ob. cit., p. 506. En la doctrina española: Manuel Albaladejo, ob. cit., III, p. 705; Luis Díez-Picazo y Antonio Gullón, ob. cit., III, p. 499.

[217] *Ídem.*

[218] Ugo Carnevali, ob. cit., p. 506.

[219] En la doctrina nacional, José Luis Aguilar Gorrondona, ob. cit., p. 77 y Francisco López Herrera, ob. cit., p. 188 se pronuncian por la nulidad parcial. Por la nulidad de la cláusula contentiva del pacto comisorio en la prenda, hipoteca y anticresis se ha pronunciado igualmente la jurisprudencia de nuestros tribunales. Al respecto, véase, Sala Constitucional del Tribunal Supremo de Justicia, sentencia No. 431, de fecha 13 de marzo de 2007, parcialmente transcrita en sentencia del Juzgado Superior Agrario de la Circunscripción Judicial del Estado Zulia, No. 539, de fecha 23 de noviembre de 2011. Disponible en: https://app.vlex.com/#/search/jurisdiction:VE/%22pacto+comisorio%22/p2/WW/vid/334143930, consultado en fecha 12 de mayo de 2020; Juzgado Superior Noveno en lo Civil, Mercantil, Tránsito y Bancario de la Circunscripción Judicial del Área Metropolitana de Caracas, sentencia de fecha 8 de febrero de 2017. Disponible en: https://app.vlex.com/#/search/jurisdiction:VE/%22pacto+comisorio%22/WW/vid/785571721, consultado en fecha 12 de mayo de 2020.

declarada la invalidez de la convención, la garantía deberá ejecutarse por el procedimiento legalmente establecido.

Todo lo antes expuesto es indiscutible en los casos de pacto comisorio que hemos llamado propios, típicos o en sentido estricto. En tales casos, como se dijo, la nulidad solo alcanza al pacto comisorio quedando íntegramente subsistente tanto el contrato principal (generalmente de préstamo), como el contrato accesorio de garantía. Pero *¿quid iuris* en los casos de pacto comisorio autónomo como, por ejemplo, la compraventa con pacto de retro en garantía, la compraventa sujeta a la condición suspensiva del incumplimiento o la opción en garantía que, como indicamos con anterioridad, quedan comprendidos dentro del campo de aplicación de la prohibición legal?

En estos casos, se admite que la prohibición del pacto comisorio impide la transmisión de la propiedad o la consolidación del dominio por parte del acreedor (comprador).

Según algunos autores, en los casos de pacto comisorio autónomo e independiente la nulidad abarcará la totalidad de la operación, incluyendo la obligación garantizada (generalmente un préstamo). Esto fundamentalmente por tres razones: 1) por la propia complejidad del negocio que hace sumamente difícil la consideración aislada de cada una de sus partes; 2) porque es dable suponer que en tales casos el acreedor no hubiera consentido en el préstamo sin la garantía implícita en la operación. En efecto, es la enajenación en garantía la que determina que se conceda el préstamo (deuda) constituyendo una contraprestación de esta concesión, por lo que el efecto de la invalidez incide en todo del negocio; y 3) como no existe una garantía típica a la cual accede, no es posible escindir el pacto comisorio del resto del negocio; por lo que la nulidad tiene que extenderse a la totalidad del convenio de garantía[220].

Como consecuencia de la nulidad se produce la restitución del deudor en la propiedad del bien dado en garantía y su obligación de pagar el capital del préstamo, más los intereses legales y otros gastos, deducción hecha de las cantidades satisfechas.

---

220 Puede verse una referencia a esa posición y un examen crítico de la misma en Núria Ginés Castellet, ob. cit., pp. 497-500, especialmente, la nota 1293 donde se reseñan las sentencias del Tribunal Supremo español que se han hecho eco de esta tesis.

Según otros autores, en los casos de pacto comisorio autónomo, la nulidad de ambos negocios no beneficiaría en absoluto al vendedor quien se vería obligado a devolver el capital pagado; en cambio, el prestamista que trató de introducir el pacto ilícito, al fracasar en su intento, se beneficiará al deshacerse de la operación en su totalidad. Por lo cual, se afirma, hay que examinar las circunstancias particulares de cada caso de manera que si es posible separar el pacto comisorio inmanente a la enajenación en garantía dejando el resto intacto, la nulidad del pacto no traerá consigo la nulidad de toda la operación. Corresponderá en definitiva al juez resolver sobre la esencialidad o inescindibilidad o no del pacto comisorio, declarando la nulidad de todo el contrato en el primer supuesto; y solamente la del pacto, en el segundo[221].

Debido al grave obstáculo que se plantea con el pacto comisorio autónomo, algunos autores consideran que la nulidad parcial en este caso puede traer causa en la *excepctio doli* (excepción de dolo) del deudor a quien se protege con la ineficacia del pacto; por lo cual, la enajenación en función de garantía sería nula, pero dicha nulidad no alcanzará a la relación principal, generalmente de préstamo[222]. Otros autores consideran que, cuando media un pacto comisorio autónomo, la nulidad parcial del negocio es el remedio imprescindible para evitar el fraude a la ley[223].

Pueden pedir la declaración de nulidad todos los interesados. Por consiguiente, están legitimados para solicitarla el deudor y sus otros acreedores. Además, la nulidad puede –y debe– ser declarada de oficio por el Juez. Cabe por último que la haga valer el propio acreedor[224].

La acción para obtener la declaratoria de nulidad absoluta del pacto comisorio, así como la facultad o poder jurídico de oponerla como excepción, no prescribe nunca; es imprescriptible. Ello sin perjuicio de los

---

221 Franco Anelli, ob. cit., pp. 434-439.

222 Enzo Roppo, ob. cit., pp. 446-447.

223 Federico de Castro y Bravo, ob. cit., pp. 494-495.

224 Se podría pensar que permitir al acreedor aprovecharse de la nulidad, sería permitirle sacar provecho de su propia falta. Pero conviene recordar que la nulidad del pacto se establece para la protección del orden público. Por lo cual, hay que mirar la cuestión como si el contratante acreedor al atacar el pacto comisorio nulo, está tratando de salvaguardar ese interés superior y no como si pretende sacar provecho de su falta, aunque sea este su fin primordial.

efectos de la usucapión de la cosa transmitida al acreedor, como consecuencia del pacto comisorio consumado. Empero, el acreedor solo podrá adquirir la propiedad de la cosa en virtud de la usucapión veintenal prevista en el artículo 1.977 del Código Civil ya que carece de justo título[225].

Por último, en los casos de pacto comisorio encubierto o simulado bajo la apariencia de otro negocio jurídico, como existe una divergencia entre la voluntad interna y la voluntad declarada de las partes, su régimen será el que corresponde a la simulación de los negocios jurídicos[226].

225 Vincenzo Locajono, ob., cit., p. 45.

226 Ugo Carnevali, ob. cit., p. 506, José Enrique Bustos Pueche, ob. cit., pp. 571-572.

EL DERECHO DE DESISTIMIENTO DEL CONSUMIDOR EN LA LEY PARA LA DEFENSA DE LAS PERSONAS EN EL ACCESO A LOS BIENES Y SERVICIOS DE 2010*

SUMARIO

I. INTRODUCCIÓN. II. CONSAGRACIÓN LEGAL. III. LA TERMINACIÓN DEL CONTRATO POR DESISTIMIENTO DE UNA DE LAS PARTES. IV. DIFERENCIAS CON OTROS MEDIOS DE TERMINACIÓN DE LOS CONTRATOS. 1. Desistimiento y revocación. 2. Desistimiento y resolución. 3. Desistimiento y rescisión. 4. Desistimiento del contrato por el consumidor y desistimiento previsto en el Código Civil. V. DERECHO DE DESISTIMIENTO Y PERFECCIONAMIENTO DEL CONTRATO. VI. FUNDAMENTO DEL DERECHO DE DESISTIMIENTO DEL CONSUMIDOR. VII. NATURALEZA. VIII. CARACTERES. 1. Es un derecho subjetivo que corresponde al consumidor. 2. Tiene carácter potestativo. 3. Presupone la existencia de un contrato de adhesión entre el proveedor y el consumidor. 4. Pone fin a un contrato ya perfeccionado. 5. Su ejercicio está sujeto a la existencia de una justa causa. 6. Es ejercitable en un breve plazo de tiempo. 7. No puede acarrear ninguna penalidad para el consumidor. 8. Es irrenunciable. IX. EJERCICIO DEL DERECHO DE DESISTIMIENTO. 1. Declaración unilateral de voluntad del consumidor dirigida a poner fin a un contrato de adhesión. 2. No es personalísima. 3. Es una declaración de voluntad recepticia. 4. Está supeditada a la expresión de una justa causa. 5. Debe hacerse en plazo hábil. 6. No implica gasto alguno para el consumidor. 7. Forma del desistimiento. 8. Obligación de informar sobre el derecho de desistimiento. X. EFECTOS DEL DESISTIMIENTO. 1. La extinción del contrato. 2. La restitución recíproca de las prestaciones. 2.1. Principio general. 2.2. La restitución de la cosa por el consumidor. a. Fundamento. b. Forma de la restitución. c. Deterioro de la cosa. d. Frutos. e. Gastos de conservación y gastos útiles. f. Imposibilidad de devolver la cosa por parte del consumidor. 2.3. Restitución del precio por el proveedor. 3. Efectos del desistimiento sobre los contratos de crédito al consumo. XI. DESISTIMIENTO Y ACCIONES QUE CORRESPONDEN AL CONSUMIDOR DE ACUERDO CON EL DERECHO COMÚN. XII. INFRACCIÓN DEL DERECHO DE DESISTIMIENTO.

---

* Estudio publicado en la Revista de Derecho del Tribunal Supremo de Justicia, No 35, Tomo II, Caracas, 2014.

I. INTRODUCCIÓN

De acuerdo con lo dispuesto en el artículo 1.141 (ordinal 1°) del Código Civil, el primero de los requisitos esenciales para la existencia del contrato es el consentimiento de las partes. Ese consentimiento debe ser serio, espontáneo y libre. Para la validez del contrato se requiere que las manifestaciones de voluntad de las partes contratantes sean libremente emitidas y que ellas actúen con conocimiento de causa.

Tradicionalmente, la protección de ese consentimiento se ha logrado a través de la teoría de los vicios del consentimiento. Así, el contratante cuyo consentimiento haya sido otorgado como consecuencia de un error excusable, o sorprendido por dolo o bajo el influjo de la violencia, puede invocar ese vicio para impugnar el contrato (Código Civil, artículos 1.146-1.154 y 1.346)[1].

En los contratos de compra-venta y arrendamiento, el comprador y el arrendatario disponen de una garantía adicional específica, a saber, el saneamiento por vicios ocultos de la cosa vendida o arrendada (Código Civil, artículos 1.518-1.525 y 1.587)[2].

Ahora bien, hoy día este mecanismo tradicional de protección de la sanidad del consentimiento, sin duda, se ve afectado por las nuevas circunstancias, modalidades y técnicas de contratación, en las cuales destaca, como sujeto digno de protección especial, el consumidor[3].

Es un hecho fácilmente constatable que las exigencias actuales del tráfico de los bienes y servicios han transformado el esquema clásico de perfeccionamiento del contrato. Ello se debe fundamentalmente a dos factores: 1) el desequilibrio cada vez mayor de las partes contratantes; y 2) la reducción del tiempo de formación del contrato[4].

---

1 Al respecto, véase: Enrique Urdaneta Fontiveros, *El error, el dolo y la violencia en la formación de los contratos*, Academia de Ciencias Políticas y Sociales, Serie Estudios, N° 83, Caracas, 2009.

2 Al respecto, véase: Enrique Urdaneta Fontiveros, *Vicios redhibitorios y saneamiento*, Academia de Ciencias Políticas y Sociales, Serie Estudios, N° 73, Caracas, 2008.

3 R. Baillod, "Le droit de repentir", en *Revue trimestrielle de droit civil*, París, 1984, p. 229.

4 Yves Boyer, *L'obligation de renseignment dans la formation du contrat*, Aix-Marseille, 1978, pp. 32-33; C. Massimo Bianca, *Derecho Civil*, Vol. 3, (El contrato), Traducción castellana de Fernando Hinestrosa y Edgar Cortés, Universidad Externado de Colombia, 2007, pp. 415-418.

Así, al contratante que no prestaba su consentimiento sino después de largas y detalladas conversaciones y negociaciones, ha sucedido el consumidor, quien se encuentra frecuentemente constreñido a adherirse rápidamente a la oferta del proveedor predisponente del contrato a quien le resulta fácil desviar la atención del otro contratante de las estipulaciones que le sean desfavorables. Piénsese en el caso de las ventas a domicilio: el consumidor se ve muchas veces sorprendido en su intimidad por un vendedor cuyo único objetivo es vender el mayor número de productos, utilizando para ello cualquier medio a su alcance. El vendedor le presenta un objeto sobre el cual le da muchas veces informaciones incompletas, sin darle ni siquiera la posibilidad de que lo compare con otros semejantes. El consumidor, seducido por el vendedor, o simplemente, por deseo de librarse de este, termina adquiriendo un bien. Luego se da cuenta de que el mismo no responde a sus expectativas. Ante esta situación, ¿cómo puede reaccionar?[5]

De acuerdo con el Derecho civil, el consumidor podría acudir a los remedios tradicionales a los cuales se acaba de hacer alusión. Sin embargo, estos remedios son, sin duda, insuficientes.

En cuanto a los *vicios del consentimiento*, cabría pensar en la acción de nulidad por dolo. Sin embargo, esta solución no es siempre factible. En primer lugar, tropieza con las dificultades inherentes a la prueba del dolo. En efecto, ante la ausencia de testigos ¿cómo demostrar que el vendedor le ha suministrado al consumidor, a sabiendas, una información inexacta (*dolo positivo*) o incompleta (*reticencia dolosa*)? Pero adicionalmente esta solución se enfrenta con la necesidad de distinguir entre el *dolus bonus* y el *dolus malus*[6].

---

5 Al respecto, véase: Joseph Llobet I Aguado, "El período de reflexión y la facultad de retractación. Algunas reflexiones en torno a la Ley 26/1991 del 21 de noviembre de 1991 sobre protección de los consumidores en caso de contratos celebrados fuera de los establecimientos comerciales", en *Revista General de Derecho*, N°s 604-605, Valencia, 1995, p. 144.

6 Tradicionalmente se entiende por *dolus bonus* aquellas alabanzas o afirmaciones exageradas que hace un vendedor respecto de la mercancía que desea vender y de las cuales puede perfectamente defenderse cualquier persona con un mínimo de sentido común; se trata pues de afirmaciones excesivas toleradas en el tráfico comercial. En cambio, el *dolus malus* es el dolo propiamente dicho que supone la intención de provocar un engaño en la víctima, presentándole circunstancias falsas o suprimiendo o alterando las verdaderas, con el objeto de inducirle a celebrar un contrato. Al respecto, véase: Enrique Urdaneta Fontiveros, *El error, el dolo*... cit., pp. 180-182.

Ciertamente, en la legislación de protección al consumidor hay la tendencia a reprimir aun el *dolus bonus*. Esta orientación se pone de manifiesto, por ejemplo, en el artículo 58 de la Ley para la Defensa de las Personas en el Acceso a los Bienes y Servicios de 2010 (LEDEPABIS)[7] que calificaba de falsa o engañosa la publicidad que incluya cualquier tipo de información o comunicación de carácter comercial en la que se utilicen textos, diálogos, sonidos, imágenes o descripciones que directa o indirectamente, e incluso por omisión, puedan inducir al engaño, error o confusión de las personas en relación con las circunstancias indicadas en esa disposición.

Por otra parte, de acuerdo con lo dispuesto en el artículo 18 *ejusdem*, si el proveedor de bienes o servicios irrespetaba los términos, condiciones o modalidades conforme a los cuales los mismos hayan sido ofrecidos, publicitados o convenidos, el consumidor podía exigir el cumplimiento de la obligación en los términos de lo ofrecido, aunque el contenido de la publicidad de los productos, actividades o servicios no estuviese expresamente incluido en el contrato celebrado. Esta previsión del artículo 18 de la LEDEPABIS de 2010, se afirmaba, no debía excluir la sanción propia del dolo, es decir, la posible anulación del contrato y los daños y perjuicios correspondientes, o solamente estos últimos si el consumidor optaba por el mantenimiento del contrato.

Por lo que respecta al *saneamiento por vicios ocultos*, hay que tener en cuenta que para que estos puedan dar lugar a la acción redhibitoria o a la acción *quanti minoris* es necesario que hagan a la cosa vendida impropia para el uso a que se la destina, o disminuyan de tal modo este uso que, de haberlos conocido el comprador, no la habría adquirido o habría dado un precio menor por ella (Código Civil, artículo 1.518). Ahora bien, como fácilmente puede apreciarse, ante las

---

[7] La Ley para la Defensa de las Personas en el Acceso a los Bienes y Servicios de 2010 fue publicada en la Gaceta Oficial N° 39.358 de fecha 1° de febrero de 2010. Como se indica poco más adelante, esta ley no se encuentra vigente en la actualidad. El decreto ley que gobierna la materia es el Decreto con Rango, Valor y fuerza de Ley Orgánica de Precios Justos publicado en la Gaceta Oficial No 6.2027 (Extraordinario) del 8 de noviembre de 2015. Aunque este decreto ley consagra el derecho de "las personas" a la protección contra la publicidad falsa o engañosa, no define lo que se entiende como publicidad falsa o engañosa.

nuevas técnicas, características y modalidades de la contratación comercial, no es nada fácil satisfacer estas exigencias.

Dada la insuficiencia de los remedios tradicionales, hay que buscar nuevas fórmulas que garanticen la integridad del consentimiento prestado por el consumidor.

En primer lugar, se debe procurar que la información que reciba el consumidor sea completa y lo más objetiva posible. Ahora bien, la exigencia de una información clara y completa que permita formar correctamente el consentimiento del consumidor, es insuficiente para garantizar su protección si no se le concede un tiempo adecuado para reflexionar. Pocas veces el proveedor entrega, con carácter previo, a sus eventuales clientes un ejemplar del contrato propuesto, a fin de que estos puedan reflexionar antes de prestar un consentimiento definitivo. Muchas veces el consumidor no dispone para leer el contrato más que de algunos instantes, bajo la mirada escrupulosa del proveedor que espera la firma, por lo que corre el riesgo de firmar sin haber leído o, cuando menos, sin haber comprendido los términos y condiciones del contrato que está celebrando[8].

Por ello, para obtener un consentimiento lo suficientemente reflexionado, se abren dos vías: la primera conduce a imponer un período de reflexión antes de que el contrato se perfeccione. Este período de tiempo impide que el consumidor exprese un consentimiento precipitado. Se entiende por *período de reflexión* el lapso temporal que debe transcurrir desde el momento en que la oferta se dirige a la otra parte, hasta aquel en que el contrato queda definitivamente perfeccionado.

La segunda vía conduce a ofrecer al consumidor un período de reflexión después de la firma del documento contractual, para permitirle desistir o retractarse del mismo[9]. El *derecho de retractación* o *derecho*

---

8 Al respecto, véase: Jean Calais-Auloy, *Droit de la consommation*, París, 1988, p. 146.

9 Solange Mirabail, *La Rétractation en Droit Privé Français*, L.G.D.J., París, 1997, p. 129. Acerca de las ventajas que ofrece cada uno de los sistemas citados en el texto, véase: V.L. Bernardeau, "Le droit de rétractation du consommateur, un pas vers une doctrine d'ensemble", en *Juris Classeur Périodique*, 2000, Édition Générale I, p. 218 y ss.; Jérôme Huet, "Les principaux contrats spéciaux", en *Traité de Droit Civil* sous la direction de Jacques Ghestin, L.G.D.J., París, 2001, pp. 122-123; Nathalie Rzepecki, *Droit de la Consommation et Théorie Générale du Contrat*, Presses Universitaires D'Aix Marseille-Puam, 2002, pp. 84-102.

de desistimiento es la facultad de que goza, durante un determinado tiempo el destinatario de la oferta, para revocar su aceptación[10]. Este es el enfoque que seguía la LEDEPABIS de 2010.

II. CONSAGRACIÓN LEGAL

El derecho de desistimiento del consumidor estaba expresamente establecido en el artículo 73 de la LEDEPABIS de 2010 según el cual:

> Derecho de retractarse
> Artículo 73. Las personas tendrán derecho a retractarse del contrato de adhesión por justa causa, dentro de un plazo de siete días contados a partir de la firma del mismo o desde la recepción del producto o servicio. En el caso que ejercite oportunamente este derecho le será restituido el precio cancelado dentro de los siete días siguientes, a partir la manifestación de la usuaria o usuario. En aquellos casos en que el bien entregado o servicio prestado tenga características idénticas a las que fueron pautadas en el contrato de adhesión, podrá serle descontado del monto a ser restituido, los gastos en que haya incurrido a la proveedora o proveedor en su entrega o instalación, que consten en presupuesto o factura.

Esta disposición consagra un derecho de resiliación unilateral del contrato que le permitía al consumidor o usuario –no así a la otra parte

[10] En el Derecho Comunitario europeo la facultad de retractación va alcanzando una mayor expansión como lo prueba su consagración en las Directivas de la Comunidad Europea (hoy Unión Europea) N°s 85/577CEE del 20 de diciembre de 1985 sobre la protección de los consumidores en el caso de los contratos celebrados fuera de los establecimientos comerciales; 94/47/CE del 26 de octubre de 1994 relativa a la protección de los adquirentes en lo que concierne a determinados aspectos de los contratos de adquisición de un derecho de utilización de inmuebles en régimen de tiempo compartido; 97/7/CE del 20 de mayo de 1997 relativa a la protección de los consumidores en materia de contratos a distancia; 2000/31/CE del 8 de junio de 2000 relativa a determinados aspectos jurídicos de los servicios de la seriedad de información, en particular el comercio electrónico en el mercado interior; 2002/65/CE del 23 de septiembre de 2002 sobre comercialización a distancia de servicios financieros destinados a los consumidores; 2008/122/CE del 14 de enero de 2008 sobre protección a los consumidores con respecto a determinados aspectos de los contratos de aprovechamiento por turno de bienes de uso turístico, de adquisición de productos vacacionales de larga duración, de reventa y de intercambio.

contratante–, por justa causa, desistir y, por ende, desligarse del contrato de adhesión perfeccionado, mediante un acto de voluntad notificado al proveedor predisponente.

Cabe hacer notar que la LEDEPABIS no se encuentra vigente en la actualidad. El decreto ley que gobierna la materia es el Decreto con Rango, Valor y fuerza de Ley Orgánica de Precios Justos publicado en la Gaceta Oficial No 6.2027 (Extraordinario) del 8 de noviembre de 2015 que no consagra el derecho de desistimiento del consumidor. En este trabajo denominaremos *derecho de desistimiento o de retractación* a esa facultad de arrepentimiento unilateral que la LEDEPABIS de 2010 le otorgaba al consumidor.

III. LA TERMINACIÓN DEL CONTRATO POR DESISTIMIENTO DE UNA DE LAS PARTES

La atribución a determinados contratantes de la posibilidad de poner fin a una relación contractual ya perfeccionada por su sola voluntad (incluso, sin necesidad de justificar su decisión) no constituye una novedad en nuestro Derecho.

Por un lado, nada impide que una de las partes (o ambas, cada una por su lado) pueda reservarse en el contrato la facultad de ponerle fin o de modificarlo por su sola voluntad. Pese a no existir en nuestro ordenamiento una disposición equivalente al artículo 1.373 del Código Civil italiano[11], ni estar expresamente señalado el desistimiento unilateral en el artículo 1.282 del Código Civil, se advierte que tal facultad puede reconocerse en el contrato a una de las partes, y entonces se considera como causa de extinción de la relación contractual. Ese tipo de cláusula suele incluirse en algunos contratos de ejecución continuada o periódica tales como los de arrendamiento. Es usual cuando el arrendatario es

[11] El artículo 1.373 del *Codice* dice textualmente: "Desistimiento unilateral (*Recesso*). Si a una de las partes se le hubiese atribuido la facultad de desistir (*recedere*) del contrato, tal facultad podrá ser ejercitada mientras el contrato no haya tenido principio de ejecución. En los contratos de ejecución continuada o periódica, tal facultad podrá ser ejercitada también posteriormente, pero el desistimiento (*recesso*) no tendrá efecto en cuanto a las prestaciones ya ejecutadas o en curso de ejecución. Si se hubiera estipulado la prestación de una retribución por el desistimiento *(recesso*), esta tendrá efecto cuando la prestación se haya ejecutado. En todo caso queda a salvo cualquier pacto en contrario."

un agente diplomático o una oficina gubernamental extranjera incluir esta cláusula en los contratos de arrendamiento. Además, en el campo de la contratación con los consumidores, hemos visto que se realizan ofertas con la coletilla "si no queda satisfecho le devolvemos el dinero". Esta cláusula se incluye en la publicidad de algunos productos y, de hecho, en la generalidad de los casos, no se plantean problemas cuando el cliente pretende la devolución del producto y la recuperación del dinero pagado.

Pero adicionalmente, en nuestro Derecho de obligaciones, hay casos en los cuales la propia ley le reconoce a uno de los contratantes –o incluso a ambos– la facultad de poner fin al contrato por su sola voluntad, como son: 1) la disolución de la sociedad por tiempo ilimitado por voluntad de una de las partes (Código Civil, artículo 1.677); 2) el contrato de arrendamiento por tiempo indeterminado que puede deshacerse por la voluntad de cualquiera de las partes (Código Civil, artículo 1.615); 3) el contrato de obras donde el propietario puede desistir de la obra por su sola voluntad indemnizando al contratista (Código Civil, artículo 1.639); 4) el contrato de mandato donde el mandante puede revocar el mandato siempre que quiera y donde el mandato se extingue por renuncia del mandatario en cualquier tiempo (Código Civil, artículos 1.704 <ords. 1° y 2º>, 1.706 y 1.709).

El fundamento de esta facultad –que, de alguna manera, constituye una excepción al principio de la fuerza obligatoria del contrato[12]– es variado y distinto según los casos. A veces se funda en la confianza que está en la base de ciertos contratos como es el caso del mandato, o en el interés en evitar vinculaciones indefinidas o perpetuas, como en el caso del contrato de sociedad por tiempo ilimitado, o en el interés preponderante de uno de los contratantes, como en el caso del contrato de depósito o del contrato de obras, o en beneficio de ambas partes, como ocurre en los contratos por tiempo indeterminado de arrendamiento o de trabajo[13].

---

12 Christian Larroumet, *Teoría General del Contrato*, Vol. II, Traducción castellana de Jorge Guerrero R., Editorial Temis S.A., Santa Fe de Bogotá, 1999, p. 5.

13 W. D'Avanzo, Voz "Recesso" (Diritto Civile), en *Novissimo Digesto Italiano* diretto da A. Azara e E. Eula, Vol. XVI, U.T.E.T., Turín, 1967, pp. 1028-1029; G. Gabrielli y F. Padovini, Voz "Recesso" (Diritto Privato), en *Enciclopedia del Diritto*, Vol. XXXIX, Are-

Pero también existen casos en los cuales la atribución de la facultad de desistir del contrato responde a la necesidad de tutelar especialmente a una de las partes contratantes, dadas las circunstancias en que este se ha celebrado. Este es el caso del derecho de desistimiento previsto en el artículo 73 de la LEDEPABIS que le daba al consumidor o usuario la posibilidad de declarar extinguido el contrato de adhesión ya celebrado invocando una justa causa que fundamente su decisión, durante un breve plazo de tiempo posterior a la firma del contrato o a la recepción del producto. El derecho de retractación constituye, sin duda, una pieza clave en el sistema general de protección al consumidor establecido por la LEDEPABIS de 2010[14].

En todos estos casos de arrepentimiento unilateral se observa un uso indiscriminado por parte del legislador de expresiones variadas, que no siempre deben ser consideradas correctas desde el punto de vista técnico-jurídico[15]. El Código Civil muchas veces utiliza indistintamente términos diferentes como "desistimiento unilateral", "revocación", "renuncia" o "denuncia" para referirse al mismo fenómeno; términos estos que en ocasiones se usan también –lo que agrava el problema– para referirse a fenómenos distintos a la facultad unilateral de terminar el contrato. Así, según el artículo 1.485 del Código Civil "si en el momento de la venta la cosa vendida ha perecido en su totalidad, la venta es inexistente. Si solo ha perecido parte de la cosa, el comprador puede elegir entre desistir del contrato o pedir la parte existente, determinándose su precio por expertos". Pese a sus términos, esta disposición no consagra un caso de

---

se Giuffrè, Milán, 1988. § 1. Consultada en versión electrónica; Concepción Rodríguez Marín, *El desistimiento unilateral (como causa de extinción del contrato)*, Editorial Montecorvo, Madrid, 1991, pp. 192-193; José Mélich-Orsini, *Doctrina General del Contrato*, Quinta Edición, Primera Reimpresión, Academia de Ciencias Políticas y Sociales, Serie Estudios, N° 61, Caracas, 2012, p. 435.

14 Al respecto, en la doctrina francesa, véase: R. Baillod, ob. cit., p. 233; Solange Mirabail, ob. cit., pp. 129-136. En la doctrina italiana, véase: M. Franzoni, "Degli effetti del contratto: efficacia del contratto e recesso unilaterale (arts. 1372-1373)", en *Il Codice Civile Commentato*, Vol. I, diretto da P. Schlesinger, Giuffrè Editore, Milán, 1998, p. 353; Enrico Ravera, *Il recesso*. Giuffrè Editore, Milán, 2004, p. 449. En la doctrina española, véase: Iris Beluche Rincón, *El derecho de desistimiento del consumidor*, Tirant lo Blanch, Valencia, 2009, p. 43.

15 Solange Mirabail, *Ibíd.*, pp.4-6; Nathalie Rzepecki, ob. cit., p. 102.

desistimiento, ya que lo que fundamenta la facultad del comprador es la imposibilidad originaria de dar cumplimiento al contrato[16].

En una impropiedad similar se incurría en el artículo 18 de la LEDEPABIS según el cual "si el proveedor o proveedora incumpliere con las obligaciones antes mencionadas, las personas tendrán el derecho de exigir el cumplimiento de lo ofrecido o desistir de la compra o de la contratación del servicio, quedando el proveedor o proveedora obligado u obligada a rembolsar el pago recibido en los términos establecidos en esta ley". No obstante emplear el término desistir, esta disposición no consagraba una facultad de desistimiento ya que lo que justifica la decisión del consumidor es el incumplimiento del contrato por parte del proveedor. Por lo cual, se trataba de un supuesto de resolución *ex* artículo 1.167 del Código Civil. La especialidad del artículo 18 de la LEDEPABIS consistía en que la oferta y los documentos publicitarios y promocionales (incluidos en carteles publicitarios, folletos o anuncios por cualquier otro medio de comunicación) adquirían fuerza obligatoria y su contenido era exigible por los consumidores o usuarios aun cuando no figuraba expresamente en el contrato celebrado con el proveedor.

Ciertamente, es difícil utilizar una denominación que comprenda todas las situaciones en las cuales la ley le otorga a uno de los contratantes o a ambos la facultad de dar por terminado el contrato por su sola voluntad. Quizás en castellano el término que puede utilizarse es el de *desistimiento* como lo propone en la doctrina nacional Benito Sansó y que corresponde al vocablo italiano *recesso*, pero muy bien podría ser otro, como *resiliación*, del francés *résiliation*, propuesto por los hermanos Mazeaud, o *arrepentimiento unilateral* utilizado en la doctrina nacional por Mélich-Orsini, o *retractación* propuesto en la doctrina francesa por Mirabail y utlizado en el artículo 73 de la LEDEPABIS. En cualquier caso, esta es una materia donde falta una claridad de conceptos tanto en la ley, como por parte de la doctrina y la jurisprudencia.

Por nuestra parte, como indicamos poco antes, utilizaremos las denominaciones retractación o desistimiento para designar a la figura objeto de nuestro estudio, por ser el primero el vocablo empleado por el legislador en la LEDEPABIS de 2010 y por estar el segundo reconocido por el uso forense.

---

16 Concepción Rodríguez Marín, ob. cit., pp. 66-67.

IV. DIFERENCIAS CON OTROS MEDIOS DE TERMINACIÓN DE LOS CONTRATOS

El derecho de desistimiento o de retractación previsto en el artículo 73 de la LEDEPABIS guarda estrechas relaciones con otros medios de terminación de los contratos, como la revocación, la resolución y la rescisión de los que conviene diferenciarlo. A continuación, indicaremos las principales diferencias existentes entre el instituto objeto de nuestro estudio y dichos otros medios de terminación de los contratos. Asimismo, conviene distinguir entre el derecho de desistimiento que la LEDEPABIS le reconocía al consumidor y el clásico derecho de desistimiento de la teoría general de las obligaciones que recoge el Código Civil.

1. Desistimiento y revocación

1. La revocación es una causa sobrevenida de ineficacia de un negocio jurídico válido y perfecto, por voluntad de su otorgante; y se reserva para los negocios jurídicos unilaterales, como el testamento, o los contratos unilaterales gratuitos, como la donación[17]. El desistimiento previsto en el artículo 73 de la LEDEPABIS de 2010 es un medio de terminación de los contratos de adhesión entre proveedores y consumidores y se aplicaba, por tanto, a los contratos bilaterales como la compra-venta de bienes y la prestación de servicios.

2. La revocación puede ser *ad nutum*, como en el caso del testamento, o por las causas que señala la ley, como en el caso de la donación. En cambio, el desistimiento consagrado en la LEDEPABIS requería siempre la expresión de una justa causa.

3. La revocación, en principio, solo opera hacia el futuro, no afecta las prestaciones cumplidas con anterioridad a esa revocación, prestacio-

---

[17] Salvatore Romano, Voz "Revoca" (Diritto Privato), en *Novissimo Digesto Italiano* Vol. XV, Turín, 1968, pp. 812-817. Acerca de las diferencias entre revocación y desistimiento, véase: A. Luminoso, *Il mutuo dissenso*, Milán, 1980, p. 50. En la doctrina nacional, Benito Sansó afirma que la revocación es incompatible con los contratos bilaterales que pueden extinguirse por mutuo consentimiento de las dos partes (*disolución*), pero no por revocación unilateral de una de ellas (Benito Sansó, *La revocación en el derecho privado (con especial referencia a la revocación de las disposiciones testamentarias)*, Universidad Central de Venezuela, Colección Tesis Doctorales, N° 1, Caracas, 1970, p. 30).

nes que son válidas y producen todos sus efectos[18]. En cambio, los efectos del desistimiento del contrato de adhesión se retrotraen al momento de la perfección del contrato (efectos *ex tunc*). Por consiguiente, si el consumidor ejercitaba el derecho de retractarse del contrato celebrado, este devenía ineficaz *ex tunc* con efectos retroactivos, debiendo el consumidor reintegrar la cosa recibida y el proveedor el precio, con lo cual las partes volvían a la situación en que se encontraban con anterioridad a la celebración del contrato (*infra*, Nº X,1).

2. Desistimiento y resolución

1. La resolución es la terminación de un contrato bilateral motivada por el incumplimiento culposo de una de las partes (Código Civil, artículo 1.167)[19]. En cambio, el desistimiento no depende del incumplimiento culposo por parte del proveedor y le permitía al consumidor poner fin al contrato, independientemente de que el proveedor hubiere cumplido o no con las obligaciones establecidas el contrato de adhesión celebrado.

2. La resolución no depende de la sola voluntad de una de las partes, sino que es motivada por el incumplimiento culposo de la otra parte. En cambio, el desistimiento ponía fin al contrato por voluntad unilateral del consumidor.

3. Como principio de carácter general, los efectos retroactivos de la resolución se producen tanto entre las partes como con respecto a los terceros. En cambio, la terminación del contrato de adhesión por el desistimiento del consumidor no afectaba los derechos de los terceros, como, por ejemplo, los terceros sub-adquirentes o los acreedores del consumidor.

3. Desistimiento y rescisión

1. La rescisión en un medio de terminación de los contratos que se produce en caso de lesión. La lesión resulta de una desproporción existente entre las prestaciones de las partes en el momento de la

---

18 Salvatore Romano, *La revoca...* cit., p. 371; Benito Sansó, *Ibíd.*, pp. 97-99.

19 En relación con la resolución del contrato, en la doctrina nacional, véase: José Mélich-Orsini, *La resolución del contrato por incumplimiento*, Academia de Ciencias Políticas y Sociales, Serie Estudios, Nº 59, Caracas, 2003.

celebración del contrato[20]. La rescisión le permite a la parte afectada por la prestación lesiva pedir la terminación del contrato, en los casos expresamente autorizados por la ley (Código Civil, artículo 1.350)[21]. El desistimiento no tiene nada que ver con la desproporción existente entre las prestaciones de las partes del contrato de adhesión, en detrimento del consumidor. Es un medio de terminación del contrato que le permitía al consumidor poner fin al contrato por su voluntad unilateral, de mediar una justa causa que fundamentara su decisión, independientemente de que su prestación resultase desproporcionada o no en relación con la prestación del proveedor.

2. La rescisión es un medio subsidiario de impugnación de los contratos que solo opera a falta de otro recurso capaz de colocar a las partes en situación de equilibrio. El desistimiento del contrato de adhesión por parte del consumidor no tiene carácter subsidiario. El consumidor podía retractarse independientemente de que tuviera o no a su disposición otros recursos para impugnar el contrato de adhesión (*infra*, N° XI).

3. Al igual que ocurría en el caso de retractación por parte del consumidor del contrato de adhesión celebrado, el efecto fundamental que se produce en el caso de rescisión por lesión es la obligación de las partes de devolverse las prestaciones recíprocas que han recibido. Cabe anotar, sin embargo, que la rescisión por lesión, con estos efectos, solo se produce en Venezuela en los casos de partición de herencia, partición de la comunidad y en la liquidación de sociedades. En los demás casos de lesión previstos en la ley, solo se puede pedir la revisión de las prestaciones o, en su caso, los daños y perjuicios[22].

---

20 François Terré, Philippe Simler e Yves Lequette, *Droit Civil.Les Obligations*. Dalloz, París, 2005, pp. 320-321.

21 La doctrina nacional es conteste en el sentido de que la *rescisión por causa de lesión* es un remedio excepcional que solo puede invocarse en los casos expresamente contemplados por la ley, en ningún otro. Al respecto, véase: Rafael Bernad Mainar, *Derecho Civil Patrimonial, Obligaciones,* Tomo II, Universidad Central de Venezuela, Facultad de Ciencias Jurídicas y Políticas, Caracas, 2006, pp. 315-316; Eloy Maduro Luyando y Emilio Pittier Sucre, *Curso de Obligaciones, Derecho Civil III*, Tomo II, Universidad Católica Andrés Bello, Caracas, 2009, pp. 757-758; José Mélich-Orsini, *Doctrina General*... cit., p. 145. Para un análisis de los supuestos de lesión expresamente previstos en la legislación venezolana, véase: James-Otis Rodner, *El dinero. Obligaciones de dinero y de valor, La inflación y la deuda en moneda extranjera*, Academia de Ciencias Políticas y Sociales, Centro de Investigaciones Jurídicas, Caracas, 2005, pp. 644-667.

22 James-Otis Rodner, *Ibid*., p. 639.

4. Desistimiento del contrato por el consumidor y desistimiento previsto en el Código Civil

Existen diferencias importantes entre el clásico derecho de desistimiento como medio de terminación unilateral de algunos contratos que recoge el Código Civil y el derecho de desistimiento o de retractación del contrato de adhesión por el consumidor que consagraba el artículo 73 de la LEDEPABIS. A continuación, indicamos los principales rasgos diferenciales.

1. El desistimiento es la facultad atribuida a una de las partes de poner fin al contrato por su sola voluntad. Es un medio de terminación de determinados contratos por voluntad unilateral de una de las partes. La terminación del contrato, como regla general, opera por una declaración unilateral de voluntad ejercitable *ad nutum*, es decir, no requiere para su ejercicio la expresión de una justa causa[23]. La facultad de terminación de la relación obligatoria es, en principio, enteramente libre. El contratante ejerce su derecho de poner fin al contrato sin necesidad de motivar su decisión o ampararse en una justa causa[24]. En cambio, el ejercicio del derecho de desistimiento que consagraba la LEDEPABIS estaba sujeto a la expresión de una justa causa. El consumidor solo podía retractarse del contrato de adhesión cuando existía una *justa causa*

---

[23] En la moderna doctrina italiana Caringella y De Marzo distinguen entre el desistimiento (*recesso*) ordinario o *ad nutum* que atribuye al contratante la facultad de desligarse unilateralmente del contrato y el desistimiento extraordinario que requiere la expresión de una justa causa y que solo opera en los contratos a tiempo determinado (Francesco Caringella y Giuseppe De Marzo, *Manuale di Diritto Civile,* Vol. III, Il Contratto, Giuffrè Editore, Milán, 2008, pp.1044-1048). En el mismo sentido: G.F. Mancini, *Il recesso unilaterale e i rapporti di lavoro. Individuazione della fatispecie, Il recesso ordinario*, Giuffrè Editore, Milán, 1962, p. 205. En el mismo sentido, Bianca expresa: "El poder de desistimiento ordinario, convencional o legal, es un poder arbitrario que la parte puede ejercer libremente sin que sea necesario dar una justificación con el respeto, claro está, del principio de buena fe." (C. Massimo Bianca, ob. cit., Vol. III, p. 764). En la doctrina española, Díez-Picazo expresa que el desistimiento es la facultad que la ley concede "a una de las partes o a ambas, que les permite poner fin a la relación obligatoria existente, mediante un acto enteramente libre y voluntario que no tiene que fundarse en ninguna causa especial." (Luis Díez-Picazo, *Fundamentos de Derecho Civil Patrimonial*, Vol. II, Madrid, 2009, p. 1086).

[24] Desde luego, el ejercicio del derecho de desistimiento puede engendrar responsabilidad civil cuando se lo ejercita con la intención de dañar a la otra parte o excediendo los límites de la buena fe o del objeto en vista del cual se ha conferido ese derecho (Código Civil, artículo 1.185, primer aparte).

para fundamentar su decisión (LEDEPABIS, artículo 73). La facultad de poner fin al contrato no quedaba sujeta al libre arbitrio o determinación del consumidor, sino que tenía que ampararse en una circunstancia que lo justifique (*infra*, Nº VIII,5). No era ejercitable *ad nutum.*

2. En algunos casos la ley requiere para el ejercicio del derecho de desistimiento el cumplimiento de un preaviso (contrato de trabajo); en otros casos quien desiste del contrato tiene que pagar a su cocontratante una indemnización pecuniaria o resarcirle los daños y perjuicios que el desistimiento le produzca (contrato de obras), de manera que la parte que soporte el ejercicio de esta facultad quede indemne. En cambio, el derecho de desistimiento del consumidor no requería el cumplimiento de estos requisitos: el consumidor tenía derecho de poner fin al contrato de adhesión celebrado dentro del plazo señalado en la ley, sin tener que indemnizar al proveedor. El ejercicio de este derecho era, además, gratuito para el consumidor y no podía acarrearle penalidad alguna (*infra*, Nos VIII,7 y IX,6).

3. La terminación del contrato por el desistimiento unilateral de una de las partes tiene eficacia *ex nunc*, opera solo para el futuro. No afecta ni elimina las prestaciones cumplidas con anterioridad. Las partes no tienen que restituirse las prestaciones anteriores a la terminación del contrato, las cuales producen todos sus efectos[25]. En cambio, la terminación del contrato de adhesión como consecuencia de la retractación del consumidor tenía eficacia *ex tunc* debiendo las partes devolverse recíprocamente lo que hubieren percibido por razón del contrato. El desistimiento por parte del consumidor afectaba pues las prestaciones cumplidas con anterioridad mediante la mutua restitución de las mismas (LEDEPABIS, artículo 73) (*infra*, Nº X,2).

4. A veces el desistimiento se atribuye a ambas partes (caso del mandato); en cambio, el derecho de desistir del contrato de adhesión a que se contrae el artículo 73 de la LEDEPABIS de 2010 solo se atribuía al consumidor que era el único legitimado para su ejercicio. La ley sancionaba con la nulidad la estipulación contenida en un contrato de adhesión que

[25] José Ramón García Vicente, *Ley de Contratos Celebrados Fuera de Establecimientos Mercantiles, El Derecho de Revocación*, Editorial Aranzadi, Pamplona, 1997, p. 142; Concepción Rodríguez Marín, ob. cit., p. 214.

atribuía al proveedor la facultad de desligarse unilateralmente del contrato (LEDEPABIS, artículo 74 numeral 6).

5. A diferencia de lo que ocurre con el clásico derecho de desistimiento como medio de terminación de los contratos, el desistimiento del contrato de adhesión por parte del consumidor tenía un indiscutible carácter imperativo y era, por tanto, irrenunciable e inderogable por la voluntad de las partes (arg. *ex* arts. 2, 8 <numeral 13>, 73 y 74 <numeral 2> de la LEDEPABIS de 2010).

Estas diferencias han llevado a un sector de la doctrina a establecer una separación total entre este derecho de desistimiento del consumidor y el derecho de desistimiento de la teoría general del Derecho de las Obligaciones[26].

A nuestro modo de ver, como el artículo 73 de la LEDEPABIS le permitía al consumidor desligarse del contrato por su sola voluntad, nos encontrábamos ante la figura del derecho de desistimiento como medio de terminación del contrato por la voluntad unilateral de una de las partes. Esto es así aun cuando la ley supeditaba el derecho que tiene el consumidor de retractarse del contrato de adhesión celebrado al cumplimiento de determinados requisitos. Se trataba pues de una modalidad particular de desistimiento como medio de terminación del contrato de adhesión por la voluntad unilateral del consumidor.

V. DERECHO DE DESISTIMIENTO Y PERFECCIONAMIENTO DEL CONTRATO

El derecho de desistimiento plantea la cuestión de la determinación del momento del perfeccionamiento del contrato de adhesión respecto del cual podía desligarse el consumidor. ¿El contrato se forma el día de la firma del documento contractual a que se refiere la ley?, o, por el contrario, ¿debía entenderse que el contrato se perfecciona el día siguiente a aquel en que caduca el plazo que tenía el consumidor para retractarse del contrato sin que este haya ejercido su derecho? Como fácilmente

[26] En tal sentido, véase: Iris Beluche Rincón, ob. cit., p. 28. En contra, María Teresa Álvarez Moreno, *El desistimiento unilateral en los contratos con condiciones generales*, Madrid, 2000, p. 22; José Ramón García Vicente, ob. cit., p. 140 y ss.; M. Klein, *El desistimiento unilateral del contrato*, Editorial Civitas, Madrid, 1997, p. 312.

puede apreciarse, esta cuestión incide en el momento en que se produce la transmisión de la propiedad, así como en la determinación de quién debe soportar los riesgos de la cosa objeto del contrato.

La doctrina se encuentra dividida al respecto.

Según algunos autores, el derecho de desistimiento nos coloca ante un supuesto de formación sucesiva del contrato. El contrato solo se entiende perfeccionado cuando haya transcurrido el plazo que tiene el consumidor para desistir del contrato; por ello, la declaración de voluntad del consumidor no es definitiva ni está perfectamente emitida hasta que transcurra el plazo y no se retracte; y, correlativamente, durante ese plazo la declaración de voluntad del proveedor es irrevocable *ex lege*. La formación del contrato queda pues diferida hasta la finalización del plazo durante el cual es ejercitable esta facultad. Nos encontramos, se afirma, ante un proceso progresivo de formación de la voluntad contractual, en el cual la firma del contrato por parte del consumidor no es más que una etapa en ese proceso de formación del consentimiento contractual que solo se entenderá perfeccionado cuando haya transcurrido el plazo durante el cual el consumidor puede ejercitar su derecho de retractarse sin haberlo hecho[27].

De acuerdo con estos autores, no puede admitirse que la firma equivalga a aceptación puesto que, si ese fuere el caso, se tendría que un contrato ya perfecto puede destruirse si se ejercita la facultad de retractación, lo que atenta contra el principio de la fuerza obligatoria de los contratos que consagra el artículo 1.159 del Código Civil[28].

Según otros, el contrato de adhesión se perfecciona desde el momento en que consumidor adherente acepta la oferta del proveedor predisponente, momento este que generalmente coincide con el de la firma del contrato. La facultad del consumidor opera sobre un contrato que ya se había perfeccionado en el mismo momento en que el consumidor había aceptado la oferta y manifestado su voluntad. De acuerdo con las reglas generales que rigen la formación de los contratos, se afirma, el perfeccionamiento del contrato tiene lugar en el mismo instante en

---

[27] Al respecto, véase: R. Baillod, ob. cit., pp. 227 y ss.; J. Calais-Auloy, *Droit de la consommation...* cit., pp. 79-80; J. Ghestin y B. Desche, *Traité des Contrats, La Vente*, L.G.D.J., París, 1990, pp. 314-318; Jérôme Huet, ob. cit., p. 122.

[28] Joseph Llobet I Aguado, ob. cit., p. 153.

que el consumidor firma el contrato adhiriéndose a la oferta vinculante del proveedor, de manera que el derecho de desistimiento que asiste al consumidor opera sobre un contrato que ya era perfecto y del cual traía su causa. Es obvio, se dice, que cuando no se ejercita la facultad legal de desistimiento, el contrato no requiere de ningún elemento adicional para la producción de todos sus efectos, por lo que debe considerarse que había sido ya válidamente celebrado[29].

Por último, otros autores consideran que en el supuesto bajo examen no estamos en presencia de un contrato ya perfeccionado del cual pueda desligarse el consumidor, sino que nos encontramos ante una *opción de compra* que el proveedor se obliga a mantener a favor del consumidor, opción esta que se entiende ejercitada por efecto de la mera inercia del comprador durante todo el tiempo que tiene para retractarse de acuerdo con la ley. Por lo cual, se afirma, el contrato con el consumidor no se perfeccionará hasta el momento en que este, de un modo expreso o tácito, manifieste su intención de consumar el contrato propuesto[30].

Por lo que al Derecho venezolano concierne, el contrato se perfecciona desde en el momento en que concurren los requisitos legales para su formación conforme a lo dispuesto en el artículo 1.137 del Código Civil, esto es, cuando se entrecruzan la oferta y la aceptación. En la práctica, si se trata de un contrato de adhesión este queda perfeccionado desde el momento en que el consumidor acepta la oferta del proveedor predisponente, sin que por el hecho de que exista una facultad de desistimiento del consumidor adherente, pueda entenderse que se produzca un supuesto de perfección diferida o escalonada del contrato hasta que transcurra el plazo de ejercicio de la facultad de desistimiento. Ninguna disposición legal permite ni permitía suponer que el perfeccionamiento

---

29 Al respecto, véase: María Teresa Álvarez Moreno, ob. cit., p. 266; Iris Beluche Rincón, ob. cit., p. 50; Ignacio Gallego Domínguez, "Derecho de desistimiento", en *La Defensa de los Consumidores y Usuarios, Comentario sistemático del texto refundido aprobado por el Real Decreto Legislativo 1/207,* AA.VV., dirigida por Manuel Rebollo Puig y Manuel Izquierdo Carrasco, Iustel, Madrid, 2011, pp. 1247-1248, M. Klein, ob. cit., p. 280. En el mismo sentido se pronuncia la doctrina citada en la nota 55 de este trabajo.

30 Al respecto, véase: G. Gabrielli y F. Padovini, ob. cit., § 5; Ángel Fernández-Albor Baltar, "El derecho de revocación del consumidor en los contratos celebrados fuera de los establecimientos mercantiles: algunos problemas derivados de la Ley 26/1991", en *Revista de Derecho Mercantil*, Nº 28, Madrid, 1993, pp. 604.

del contrato se demora hasta la expiración del plazo que tenía el consumidor para desistir del mismo. Por el contrario, la definición legal del derecho de desistimiento que contemplaba el artículo 73 de la LEDEPABIS alude a la facultad del consumidor o usuario "de retractarse del contrato de adhesión". Se trata, por tanto, de poner fin a un contrato ya celebrado, perfeccionado y nacido a la vida jurídica. Nos encontramos pues en presencia de un contrato ya formado y perfeccionado, del cual podía legalmente desistir el consumidor.

Como principio de carácter general, el hecho de que la ley consagre un derecho de desistimiento no aplaza *per se* ni la formación ni la ejecución del contrato. Cuando el artículo 73 de la LEDEPABIS de 2010 estableció que en el caso de que el consumidor ejercite esta facultad se le restituirá el precio pagado, presuponía que ya el contrato se había perfeccionado y ejecutado durante el plazo del desistimiento. Es decir, la ley partía del supuesto de que el contrato del cual desiste el consumidor o usuario ya se había consumado y producido todos sus efectos[31].

Con respecto al argumento de que esta posición atenta contra el principio de la fuerza obligatoria del contrato consagrado en el artículo 1.159 del Código Civil, basta con señalar que se trata de una excepción a este principio que consagraba el artículo 73 de la LEDEPABIS que se justifica por una necesidad excepcional de proteger los intereses del consumidor que había celebrado un contrato de adhesión con el proveedor.

Los contratos, dice el artículo 1.160 del Código Civil, obligan no solamente a cumplir lo expresado en ellos, sino a todas las consecuencias que se derivan de los mismos contratos, según la equidad, el uso o la *ley*. Pues bien, la facultad de retractación está integrada en el contenido del contrato ya que es precisamente la ley la que permite (*rectius:* impone) en determinados contratos la posibilidad de ejercitar la facultad de retractación.

---

[31] La situación es diferente en otros ordenamientos como, por ejemplo, en Francia donde la mayor parte de los textos legales que consagran un derecho de retractación por parte del consumidor prohíben cualquier acto de ejecución del contrato por parte del consumidor antes de la expiración del plazo que él tiene para desistir, lo que da pie a que un sector de la doctrina francesa considere que el derecho de retractación nos coloca ante un supuesto de formación progresiva del contrato. Al respecto, véase: Nathalie Rzepecki, ob. cit., pp. 115-116, especialmente, las notas 401-403.

Además, la práctica comercial, la inmediata exigibilidad de las recíprocas prestaciones y el mantenimiento del contrato ante el silencio del consumidor, nos llevan igualmente a concluir que el contrato se perfecciona conforme a las reglas generales y que la ulterior decisión del comprador puede libremente deshacer el vínculo. Como se indica poco más adelante, el supuesto de la previsión legal era un contrato sometido a la condición resolutoria de que el consumidor, por una justa causa, se retractara del contrato ya celebrado (*infra*, Nº VII).

Por lo antes expuesto tampoco puede ser admitido en Venezuela el criterio según el cual un contrato de adhesión celebrado con el consumidor constituye una opción de compra. Según se deduce del contrato de opción, el proveedor se obliga única y exclusivamente a mantener su oferta mientras el consumidor agota su plazo de reflexión, pero ¿de dónde surgía entonces la obligación del proveedor de entregar el bien objeto del contrato, antes de que expire el plazo que tenía el consumidor para retractarse?

Pero adicionalmente en el contrato de opción, el optante, para que se forme el contrato definitivo, debe ejercitar la opción y ese ejercicio extingue el primer contrato (el de opción) y perfecciona el contrato posterior (compra-venta, por ejemplo); en cambio, en los contratos de adhesión celebrados con los consumidores, como se dijo, nada de esto ocurre. El contrato se perfecciona desde que se produce el encuentro de voluntades lo que generalmente ocurre en el momento en que el vendedor y el comprador firman el documento contractual exigido por la ley. Ninguna actuación posterior por parte del consumidor se requiere para perfeccionar el contrato. Al contrario, si existe una actuación del consumidor y este ejercita su derecho de desistir del contrato, el contrato se extingue. No es pues el perfeccionamiento del contrato lo que estaba en manos del consumidor, sino su extinción.

De ahí la imposibilidad de considerar como un contrato de opción, el contrato de adhesión celebrado con un consumidor.

VI. FUNDAMENTO DEL DERECHO DE DESISTIMIENTO DEL CONSUMIDOR

El derecho de desistimiento encuentra su justificación en la necesidad de proteger al consumidor que es la parte contratante que ocupa una clara situación de inferioridad y vulnerabilidad en la relación de consumo. El derecho de retractación constituye, sin duda, una fórmula jurídica peculiar puesta al servicio de la parte contratante débil[32]. Constituye un mecanismo de protección del consentimiento contractual prestado por el consumidor que celebra un contrato de adhesión con el proveedor. Por medio del derecho de desistimiento, se trata de evitar que un consentimiento contractual, prestado en una situación precipitada o poco meditada, despliegue los mismos efectos que un consentimiento manifestado en un contrato ordinario (*contrato paritario*) donde ambas partes conjuntamente fijan y determinan el contenido del contrato, colocadas en un plano de igualdad[33]. La ley intenta reequilibrar la débil posición contractual del consumidor y evitar que el proveedor –autor exclusivo del clausulado contractual– haciendo valer su posición de dominio, arranque un consentimiento contractual que no se ha formado correctamente o se ha prestado de manera apresurada, dada la modalidad de la contratación empleada[34].

El derecho de retractación se articula como un mecanismo previsto por la ley que le permitía al consumidor que había celebrado un contrato de adhesión con el proveedor retirar al consentimiento que aquel había prestado la fuerza obligatoria que le otorga la ley y así extinguir el contrato. Por ello puede afirmarse que el derecho de desistimiento constituye una excepción a la regla de la fuerza obligatoria de los contratos consagrada en el artículo 1.159 del Código Civil[35].

En otros ordenamientos, como se dijo, el derecho de desistimiento constituye más bien un mecanismo preventivo que impide la formación del contrato durante un periodo de reflexión que establece la ley[36],

---

32 R. Baillod, ob. cit., p. 232; L. Vermandet, *La protection de l'integrité du consentement dans la vente commerciale*, Grenoble, 1976, p. 172 y ss.

33 N. Chardin, *Le contrat de consommation de crédit et l'autonomie de la volonté*, L.G.D.J., París, 1988, pp. 62 y ss.

34 L.M. Miranda Serrano, *Los contratos celebrados fuera de los establecimientos mercantiles, Su caracterización en el Derecho español*, Madrid, 2001, pp. 58 y ss.

35 Nathalie Rzepecki, ob. cit., pp. 109-110.

36 Ese es el sistema que sigue la Ley francesa Nº 11164 del 22 de diciembre de 1972 sobre ventas a domicilio cuyas disposiciones fueron incorporadas en el Código del Consumo. Al respecto, véase: Jérôme Huet, ob. cit., p. 122. Es, asimismo, según Fernández-Albor, el criterio que parece adoptar el artículo 5.1. de la Ley española 26/1991 de Protección de los

sobre todo en aquellos casos en los cuales el consumidor ha podido ser sorprendido al momento de prestar su consentimiento como ocurre en casos de ventas a domicilio, o forzado a aceptar la propuesta del vendedor como ocurre cuando la venta es financiada por el proveedor o cuando el consumidor solo tiene un conocimiento superficial del objeto adquirido, como en el caso de las ventas concluidas por teléfono o por medios electrónicos[37]. El derecho de desistimiento se articula entonces como una derogación de la regla del perfeccionamiento del contrato por el mero encuentro de voluntades que consagra el artículo 1.137 del Código Civil y no, como ocurría en nuestro ordenamiento, como una derogación de la regla de la fuerza obligatoria de los contratos que consagra el artículo 1.159[38].

A nuestro modo de ver, esta segunda alternativa que siguen otras legislaciones es la que mejor se adapta a la realidad de los hechos, sobre todo si se tiene en cuenta que el consumidor tiene el derecho de retractarse del contrato porque su consentimiento no obedece a una voluntad lo suficientemente meditada y libre. Siendo esto así, lo lógico es no otorgar a dicho consentimiento el efecto de perfeccionar el contrato que posee cuando ha sido suficientemente meditado y libre. Pero este no fue el sistema que adoptó la ley venezolana (*supra*, N° V).

Además, se afirma, el reconocimiento de esta facultad unilateral de poner fin al contrato constituye un incentivo para evitar comportamientos empresariales abusivos al tiempo que propicia la confianza del consumidor en algunas modalidades de contratación que resultan, por tanto, fortalecidas[39].

Consumidores en caso de Contratos Celebrados Fuera de los Establecimientos Mercantiles del 21 de noviembre de 1991, cuando regula el derecho de desistimiento del consumidor en este tipo de ventas (Ángel Fernández-Albor Baltar, ob. cit., p. 599, especialmente, la nota 33).

37 Al respecto, véase: R. Baillod, ob. cit., p. 241; Jérôme Huet, ob. cit., p. 124; Solange Mirabail, ob. cit., pp. 129-130.

38 J. Calais-Auloy, *La loi sur le demarchage à domicile et la protection des consommateurs.* Recueil Dalloz, 1973, Chronique, p. 266.

39 Mario E. Clemente Meoro, *El ejercicio del derecho de desistimiento en los contratos a distancia*, Revista de Derecho Privado, Madrid, 2006, p. 164.

VII. NATURALEZA

La doctrina discute si los contratos en los cuales el consumidor tiene el derecho de retractarse deben considerarse contratos sometidos a término inicial o final, o celebrados bajo condición suspensiva o resolutoria, o si pueden equipararse a contratos sujetos a ensayo previo o prueba.

En nuestro concepto, tales contratos no pueden considerarse *contratos sometidos a término inicial o final*, puesto que la característica del término es que se sabe con certeza que ocurrirá y en los contratos en los cuales el consumidor tiene el derecho de retractarse, el contrato depende de algo que puede o no ocurrir (*incertus an*) porque, aunque se conozca la duración del plazo de que dispone el consumidor para ejercitar su derecho, no se sabe si este decidirá ejercitarlo o no[40].

Tampoco pueden considerarse *contratos sometidos a condición suspensiva* porque la condición suspensiva es un acontecimiento futuro e incierto del cual depende el nacimiento o la eficacia plena de un derecho y en los contratos bajo examen, como se dijo atrás, el derecho de desistimiento opera sobre un contrato ya perfeccionado que tiene eficacia inmediata desde el momento de su celebración[41]. Por la misma razón, tampoco pueden equipararse estos contratos a una *venta sometida a ensayo previo*[42]. Como es bien sabido, en las ventas sujetas a ensayo previo el contrato queda sujeto a que la cosa sea ensayada y a que el ensayo demuestre que es apta para el uso a que está destinada, todo lo cual constituye una condición suspensiva (Código Civil, artículo 1.478)[43]. Además, el derecho de desistimiento es ejercitable siempre

---

40 María Teresa Álvarez Moreno, ob. cit., p. 131; Iris Beluche Rincón, ob. cit., p. 52.

41 Vassili Christianos, "Plazos de reflexión. Una evaluación teórica", en *Estudios sobre el Consumo*, N° 25, Diciembre, 1992, pp. 51-52.

42 Ignacio Gallego Domínguez, ob. cit., p. 1249.

43 Cabe hacer notar, sin embargo, que aun cuando en el artículo 1588 del Código Civil francés, al igual que en el artículo 1478 del Código Civil venezolano, se indica claramente que la venta sujeta a ensayo previo es una venta sometida a *condición suspensiva*, en la doctrina francesa, Collart Dutilleul y Delebecque sostienen que dichas ventas no constituyen ventas sometidas a condición suspensiva porque esta construcción no explica satisfactoriamente la facultad que tiene el comprador de servirse de la cosa por un tiempo determinado; por lo cual, estos autores consideran que estas ventas solo pueden explicarse como ventas sometidas a condición resolutoria (lo que justifica el uso de la cosa *pendente conditione*),

y cuando exista una justa causa, independientemente de que la cosa sea apta o no para el uso a que está destinada[44].

Como estamos ante contratos perfeccionados y eficaces, tampoco pueden equipararse los mismos a ventas *ad gustum*[45] ya que cuando se conviene en una venta *ad gustum* "no queda perfecta la venta hasta que el comprador no haya hecho conocer su aceptación en el plazo fijado por la convención o por el uso" (Código Civil, artículo 1.477). En las ventas *ad gustum*, además, el comprador no llega a ser propietario de las cosas sino cuando las ha degustado y encontrado de su agrado y notificado de ello al vendedor. Solo entonces se perfecciona la compra-venta y se trasladan los riesgos al comprador[46]. En cambio, en las ventas en las cuales el consumidor tenía el derecho de retractarse, este se hacía propietario por efecto del consentimiento legítimamente manifestado y, por ende, corría con los riesgos de la cosa vendida de inmediato desde el momento de haber consentido en la venta (Código Civil, artículo 1.161) o, si se trataba de una venta de cosas *in genere*, desde el momento en que se efectuaba la especificación del género cuando las cosas son "contadas, pesadas o medidas" (Código Civil, artículo 1.475), lo que se produce generalmente con su entrega.

A nuestro modo de ver, estos contratos pueden considerarse *contratos sometidos a una condición resolutoria simplemente potestativa* (o, según algunos, mixta) que determina la extinción retroactiva de un contrato ya perfeccionado y que ha desplegado su eficacia[47]. Dicha

---

o como contratos sujetos a un derecho de resiliación unilateral. (François Collart Dutilleul y Philippe Delebecque, *Contrats Civils et Commerciaux*, Éditions Dalloz, París, 1991, p. 69).

44 Nathalie Rzepecki, ob. cit., p. 114, especialmente, la nota 399 y la doctrina francesa allí citada.

45 A. Bercovitz Rodríguez-Cano, "La defensa contractual del consumidor en la Ley General para la Defensa de los Consumidores y Usuarios", en R. Bercovitz y A. Bercovitz, *Estudios jurídicos sobre protección de los consumidores*, Editorial Tecnos, Madrid, 1987, p. 206.

46 Francisco Degni, *La Compraventa*, Traducción española y notas de Francisco Bonet Román, Editorial Revista de Derecho Privado, Madrid, 1957, p. 185.

47 En el mismo sentido, en la doctrina francesa, véase: L. Bernardeau, ob. cit., p. 218. En cambio, otros autores franceses como Doll y Guerin consideran que el derecho de retractación del consumidor constituye un clásico derecho de resolución contractual ejercitable por la voluntad unilateral del consumidor, lo que se explica porque en Francia, a diferencia de lo que ocurre en nuestro ordenamiento, el derecho a retractarse del contrato que tiene

condición tenía su fuente en la ley y dependía de la voluntad del consumidor adherente y de un hecho o circunstancia que condicionaba su voluntad, a saber, la existencia de una justa causa[48]. El acontecimiento que configura la condición resolutoria es pues una declaración de voluntad extintiva, sujeta a la expresión de una justa causa, que debía manifestarse en un plazo máximo de siete días (LEDEPABIS, artículo 73), lo que constituye una condición simplemente potestativa y no puramente potestativa. Como se indica poco más adelante, para el ejercicio del derecho a desistir del contrato, tenía que existir una justa causa, lo que excluye que sea el mero arbitrio del consumidor el que ponga fin al contrato[49].

---

el consumidor en los casos legalmente previstos es ejercitable *ad nutum* y no presupone la existencia de una justa causa (G. Doll y M. Guerin, "Le demarchage et la vente a domicile", en *Juris –Classeur périodique* <Semaine juridique> Édition Générale, 1973 (I), 2524, Nº 29). En la doctrina española, García Vicente y Gallego Domínguez consideran que los contratos en los cuales el consumidor puede retractarse son ventas sometidas a una condición resolutoria simplemente potestativa (José Ramón García Vicente, ob. cit., pp. 162-164; Ignacio Gallego Domínguez, ob. cit., p. 1249). Sin embargo, como se indica poco más adelante, a diferencia de lo que ocurre cuando se cumple la condición resolutoria, la terminación del contrato de adhesión por el ejercicio del derecho de desistimiento por parte del consumidor, no afecta los derechos de los terceros como, por ejemplo, los acreedores del consumidor o los terceros sub-adquirentes (*Infra*, Nº X,2,2.1).

48 Esta circunstancia determina que, a diferencia de lo que ocurre en otros ordenamientos, para que se cumpla la condición de la cual depende la suerte del contrato celebrado por el consumidor, se requiere siempre la concurrencia de un elemento externo que condicione su voluntad.

49 Conviene tener en cuenta que el artículo 1.202 del Código Civil según el cual "la obligación contraída bajo una condición que la hace depender de la sola voluntad de aquel que se ha obligado, es nula", solo se aplica a la condición suspensiva, no a la resolutoria. Al respecto, véase: Eloy Maduro Luyando y Emilio Pittier Sucre, ob. cit., Tomo I, p. 313. Además, como es bien sabido, la condición es *puramente potestativa* y hace nula la obligación cuando el deudor hace depender de su mero arbitrio la voluntad de obligarse; y es, en cambio, simplemente potestativa, y no invalida la obligación, cuando, como ocurre en el supuesto bajo examen, la voluntad del deudor dependa de un complejo de motivos que represente intereses apreciables y que, actuando sobre aqulla, influyan en su determinación aunque sean confiados a la valoración exclusiva del interesado. V.L. Montés Penades, *Comentarios al Código Civil y Compilaciones Forales*, Vol. XV-1, dirigidos por M. Albadalejo, Editorial Revista de Derecho Privado, Madrid, 1989, pp. 1053 y 1054.
Por otra parte, según un sector de la doctrina francesa, la precitada disposición legal no es aplicable cuando se hace depender *todo el contrato bilateral* de una condición puramente potestativa. En tal sentido, se afirma que el artículo 1.174 del *Code*, idéntico al artículo 1.202 de nuestro Código Civil, solo prohíbe la condición potestativa a *parte debitori* y no a *parte creditori* y en un contrato sinalagmático cada una de las partes es necesariamente

VIII. CARACTERES

El derecho de desistimiento del consumidor consagrado en la LEDEPABIS de 2010 es un derecho subjetivo de carácter potestativo; presupone la existencia de un contrato de adhesión entre el proveedor y el consumidor; pone fin a un contrato ya perfeccionado; su ejercicio está sujeto a la existencia de una justa causa; es ejercitable en un breve plazo de tiempo; tiene carácter gratuito para el consumidor; y es irrenunciable.

1. Es un derecho subjetivo que corresponde al consumidor

El derecho de desistimiento es un verdadero derecho subjetivo. La propia ley insistía en calificarlo como un *derecho*: "derecho a retractarse del contrato de adhesión" (LEDEPABIS, artículo 73).

Dada la finalidad perseguida con esta figura, la ley no atribuyó un derecho análogo al proveedor, a diferencia de otros supuestos de desistimiento que contempla el Código Civil en los cuales se reconoce la facultad de desistimiento del contrato a todas las partes contratantes como, por ejemplo, en el contrato de mandato (Código Civil, artículos 1.704 <ordinales 1° y 2°>, 1.706 y 1.709) y en el contrato de sociedad por tiempo ilimitado (Código Civil, artículos 1.673 <ordinal 5> y 1.677).

De acuerdo con la ley, la estipulación de un contrato de adhesión que autorice al proveedor a rescindir (*rectius:* desistir) unilateralmente el contrato era una cláusula abusiva y, por ende, nula (LEDEPABIS, artículo 74, numeral 6).

---

acreedora. Sin embargo, tal y como afirma Carbonnier, frente a esta línea argumental puede replicarse que, si cada una de las partes es acreedora, también es, a su vez, deudora; por lo cual, con base en este razonamiento podría más bien declararse la nulidad de toda condición puramente potestativa incluida en un contrato sinalagmático (Jean Carbonnier, *Droit Civil*, Tome IV (Les Obligations), 22ª édition, París, 2000, Nos 135 y 137). Sobre la posición de la doctrina italiana en cuanto a la no aplicación en los contratos sinalagmáticos de la disposición que consagra la nulidad de la obligación que dependa de una condición puramente potestativa, véase: Pietro Rescigno, Voz "Condizione nel negozio giuridico" (Diritto Vigente), en *Enciclopedia del Diritto*, Vol. VIII, Arese Giuffrè, Milán, 1961, § 33. Consultada en versión electrónica.

2. Tiene carácter potestativo

Dentro de la categoría de los derechos subjetivos, es un derecho de los llamados potestativos[50] que podemos definir como aquellos derechos que no consisten en el aprovechamiento directo de una cosa ni en la conducta inmediata que puede exigirse a un tercero, sino en la facultad que tiene el titular del derecho de crear, modificar o extinguir una determinada relación jurídica, por regla general a través de una declaración unilateral de voluntad recepticia[51]. El derecho de desistimiento confiere una facultad de cancelación jurídica que le permitía al consumidor influir en una previa relación jurídica, esto es, en el contrato de adhesión celebrado, extinguiéndolo, mediante una declaración unilateral de voluntad notificada a la otra parte contratante[52].

3. Presupone la existencia de un contrato de adhesión entre el proveedor y el consumidor

Según el artículo 73 de la LEDEPABIS, las personas (entiéndase los consumidores) tenían el derecho a retractarse del contrato de adhesión por justa causa, dentro de un plazo de siete días contados a partir de la firma del mismo o desde la recepción del producto o servicio. El artículo 70 de la LEDEPABIS, por su parte, definía al contrato de adhesión en los siguientes términos:

---

50 Acerca de la configuración de los derechos potestativos como derechos subjetivos, en la doctrina clásica italiana, véase: G. Messina, Voz "Diritti potestativi", en *Nuovo Digesto Italiano* a cura di M. D'Amelio con la collaborazione di A. Azara, Vol. IV, U.T.E.T., Turín, 1938, pp. 872-879. Cabe hacer notar que, en la doctrina italiana, algunos autores como Barassi consideran que la categoría de los llamados derechos potestativos es muy discutida y cuando se refieren a esta noción prefieren calificarlos como simples facultades o potestades (Ludovico Barassi, *Il diritto del lavoro*, Milán, 1959, p. 215., citado por Enrico Ravera, *Il recesso*... cit., p. 42). En la doctrina española hay quienes consideran que los derechos potestativos constituyen una categoría intermedia entre las simples facultades jurídicas y los derechos subjetivos. Al respecto, véase José Castán Tobeñas, *Situaciones jurídicas subjetivas*, Ediciones Reus, Madrid, 1963, pp. 39 y ss.

51 K. Larenz, *Derecho Civil,* (Parte General), Traducción española y notas de M. Izquierdo y Macías-Picaveva, Editorial Revista de Derecho Privado, Jaen, 1978, pp. 281-284.

52 R. Baillod, ob. cit., pp. 240-242; Ignacio Gallego Domínguez, ob. cit., p. 1254; José Ramón García Vicente, ob. cit., pp. 115-116.

> Se entenderá como contrato de adhesión, a los efectos de esta ley, los contratos tipos o aquellos cuyas cláusulas han sido aprobadas por la autoridad competente por la materia o establecidas unilateralmente por la proveedora o el proveedor de bienes y servicios, sin que las personas puedan discutir o modificar sustancialmente su contenido al momento de contratar.

Esta disposición únicamente se refiere a los contratos de adhesión que regulen las relaciones entre *proveedores* y *personas*. Para delimitar el campo de aplicación de las precitadas disposiciones de la LEDEPABIS, conviene tener en cuenta que, según lo dispuesto en el artículo 4 de dicha ley, se entiende por *personas* a toda persona natural o jurídica, de carácter público o privado, organizada o no, que adquiera, utilice o disfrute bienes o servicios de cualquier naturaleza como destinatario final; y por *proveedor*, a toda persona natural o jurídica, de carácter público o privado, que desarrolle actividades en la cadena de distribución, producción y consumo, sean estos importadores, productores, fabricantes, distribuidores, comercializadores, mayoristas o detallistas de bienes o prestador de servicios. De donde resulta que las personas son los consumidores o usuarios, que son los únicos sujetos a quienes la ley denominaba impropiamente personas, puesto que son los consumidores y no otros quienes adquieren bienes y servicios como destinatarios finales.

Por consiguiente, las disposiciones de la LEDEPABIS de 2010 relativas a los contratos de adhesión no constituyen una regulación legislativa de los contratos de adhesión en protección general de los "adherentes", como es el caso de la ABG-Gesetz alemana de 1976 o la Ley española sobre Condiciones Generales de la Contratación de 1998, sino unas normas aplicables tan solo a los contratos de adhesión celebrados entre proveedores y consumidores o usuarios[53]. De ahí que el derecho de retractación previsto en el artículo 73 de la LEDEPABIS no protegía a todo adherente que, en razón de su debilidad, se veía en la necesidad de aceptar en bloque el contenido del contrato ya que el ámbito de aplicación de esta norma se circunscribía a las relaciones de consumo

[53] José Mélich-Orsini, "Las particularidades del contrato con consumidores", en *Revista de la Facultad de Ciencias Jurídicas y Políticas*, N° 111, Universidad Central de Venezuela, Caracas, 1999, p. 98.

derivadas de los contratos de adhesión celebrados entre proveedores y consumidores o usuarios.

En resumidas cuentas, las disposiciones especiales de protección al consumidor contenidas en el Capítulo VIII del Título II de la LEDEPABIS, y entre ellas la que consagra el derecho de desistimiento, no se aplicaban en aquellos casos en los cuales el contrato de adhesión hubiera sido celebrado entre dos particulares cuando ninguno de ellos tuviera la condición de consumidor como, por ejemplo, cuando se trata de un contrato de compra-venta suscrito entre productores y mayoristas, mayoristas y detallistas y, en general, con toda persona que no sea destinataria final de los bienes y servicios. Mucho menos existía el derecho de desistimiento en los contratos de compra-venta de bienes muebles o inmuebles o en los contratos de prestación de servicios entre dos particulares cuando ninguno de los contratantes fuera productor, distribuidor, comercializador o detallista de los bienes y servicios.

4. Pone fin a un contrato ya perfeccionado

El derecho de desistimiento presupone que el contrato ya se ha perfeccionado, aunque quede afectado por el posible ejercicio de un derecho a retractarse que tiene el consumidor. Por lo cual, como ya dijimos, no se trataba de un auténtico plazo de reflexión al final del cual habría de entenderse formado el contrato, sino de una facultad de que gozaba durante un determinado tiempo el consumidor para revocar su aceptación y desligarse del contrato ya formado.

El contrato se consideraba perfeccionado el día en que se lograba el concurso de voluntades sobre la cosa y el precio, lo que sucedía normalmente el día en que se firmaba el contrato de adhesión *ex* artículo 73 de la LEDEPABIS. La firma no equivale pues al compromiso de iniciar una reflexión durante un determinado plazo, al final del cual, si nada había dicho el consumidor, se entendía perfecto el contrato. Es decir, no se trata, como pretenden algunos, de uno de los supuestos en que el silencio tiene el valor de una declaración de voluntad[54]. Nada en

[54] Antonio Manuel Morales Moreno, "Comentarios al artículo 1265 del Código Civil español", en *Comentarios al Código Civil y Compilaciones Forales*, Tomo XVII, Vol. 1.B, dirigidos por Manuel Albaladejo y Silvia Díaz Alabart, Editorial Revista de Derecho Privado, Madrid, 1993, p. 220. En contra, Joseph Llobet I Aguado, ob. cit., p. 154.

la ley así lo indicaba o hacía suponer. Antes por el contrario, según el artículo 73 de la LEDEPABIS, la retractación por parte del consumidor producía como consecuencia la obligación de las partes de restituirse recíprocamente las prestaciones recibidas. Esta disposición pone de manifiesto que la ley estructuraba el derecho de desistimiento del consumidor como una facultad que operaba sobre un contrato perfecto y eficaz, es decir, sobre un contrato ya formado y que, además, había producido sus efectos y no como un supuesto de suspensión legal del perfeccionamiento del contrato (*supra*, Nº V).

El contrato se forma en el momento en que se produce el encuentro de las declaraciones de voluntad, de acuerdo con el régimen ordinario de perfeccionamiento de los contratos previsto en el Código Civil. De ahí que el artículo 73 de la LEDEPABIS no constituía una excepción al principio de la formación del contrato por la concurrencia de las declaraciones de voluntad consagrado en la primera disposición del artículo 1.137 del Código Civil, sino al principio de la fuerza obligatoria del contrato consagrado en el artículo 1.159 del Código Civil. No estamos pues en presencia de un contrato de perfección diferida, sino de la posibilidad que tenía el consumidor de declarar extinguido un contrato ya celebrado[55]. Cualquier otra interpretación no se conformaba con el texto de la ley. Esta situación produce las siguientes consecuencias: 1) la propiedad de la cosa se transmite al comprador por efecto del consentimiento legítimamente manifestado y no a partir del momento de la expiración del plazo de que disponía el consumidor para retractarse, sin haberlo hecho (Código Civil, artículo 1.161). El contrato produce plenos efectos traslativos desde el día en que se logró el acuerdo de voluntades sobre la cosa y el precio. De ahí que el consumidor no puede considerarse un mero depositario de la cosa hasta que adquiere la propiedad de la misma al vencimiento del período que tenía para

[55] Además de los autores citados en la nota 29 *ut. supra*, véase: Vassili Christianos, *Délai de réflexion: théorie juridique et efficacité de la protection des consommateurs* (I), Recueil Dalloz. Sirey, 1991, Chronique VIII, p. 30 (aunque este autor distingue entre el perfeccionamiento y la eficacia del contrato); G. Doll y M. Guerin, loc. cit.; Elena Poddigue, *I contratti con i consumatori, La disciplina delle clausole vessatorie*, Giuffrè Editore, Milán, 2000, p. 190; José Mª Caballero Lozano: "Una compraventa especial: La venta fuera de establecimiento", en *Revista de Derecho Privado*, Diciembre 1994, pp. 1051 y 1053.

retractarse; y 2) el consumidor soporta el riesgo de la pérdida de la cosa pues rige el principio *res perit domino* (la cosa perece para su dueño) y el consumidor es el dueño de la cosa desde el mismo momento en que las partes han manifestado su consentimiento (Código Civil, artículo 1.161) (*infra*, Nº X,2,2.2,f.).

En fin, el consumidor por efecto del consentimiento legítimamente manifestado se convierte en verdadero propietario y no en mero depositario de la cosa que adquiere la propiedad al vencimiento del plazo que tenía para retractarse. De donde resulta que en el caso bajo examen la regla *periculum est emptori* era plenamente aplicable al consumidor[56].

5. Su ejercicio está sujeto a la existencia de una justa causa

De acuerdo con lo dispuesto en el artículo 73 de la LEDEPABIS de 2010, los consumidores tienen el derecho a retractarse del contrato por *justa causa*. El legislador subordinaba el ejercicio del derecho de desistimiento a la existencia de una circunstancia que lo justifique, la cual denomina *justa causa*. El derecho de retractación que correspondía al consumidor no era pues ejercitable *ad nutum*[57].

---

[56] No obstante, las vacilaciones de un sector de la doctrina francesa, en el mismo sentido expuesto en el texto se pronunció la Primera Cámara en lo Civil de la Corte de Casación Francesa en sentencia del 10 de junio de 1992. Al respecto, véase: Nathalie Rzepecki, ob. cit., p. 117, especialmente, la nota 409.

[57] La solución legal es diferente en otros ordenamientos. Así, según lo dispuesto en el artículo 68.1 de la Ley General para la Defensa de los Consumidores y Usuarios española "el derecho de desistimiento de un contrato es la facultad del consumidor y usuario de dejar sin efecto el contrato celebrado, notificándoselo así a la otra parte contratante en el plazo establecido para el ejercicio de ese derecho, sin necesidad de justificar su decisión y sin penalización de ninguna clase." De acuerdo con esta disposición, el derecho de desistimiento es ejercitable *ad nutum*. Su ejercicio depende pues de la libérrima voluntad del consumidor que no tiene que alegar ni probar ninguna causa para el ejercicio de su derecho a desligarse del contrato. Cabe hacer notar, sin embargo, que de acuerdo con lo dispuesto en el artículo 68.2 de dicha ley, este derecho solo le corresponde al consumidor "en los supuestos previstos legal o reglamentariamente" y en los casos en que se le reconozca este derecho en el contrato que celebre con el empresario. Por consiguiente, a diferencia de nuestro sistema que consagraba a favor del consumidor el derecho de desligarse –en breve plazo y por justa causa– de cualquier contrato de adhesión celebrado con el proveedor, la legislación española no le atribuye al consumidor un derecho de desistimiento con carácter general por el solo hecho de tener tal condición, puesto que solo existe este derecho en las relaciones contractuales de consumo en las que convencionalmente le haya sido reconocido este derecho al consumidor, o en los casos previstos legal o reglamentariamente como,

Ciertamente, el derecho de retractación tiene como fundamento garantizar una voluntad absolutamente libre y correctamente formada por parte del consumidor. Pero la ley no ampara simples cambios de voluntad de los adquirentes.

La doctrina admite que la justa causa debe existir objetivamente; no se trata, por tanto, de una mera circunstancia de orden psicológico e individual; sino que reviste carácter objetivo y se integra al elemento causal del negocio[58]. Por lo cual, no tiene relevancia la vana credulidad o la mera suposición por parte del consumidor que cree que el producto tiene determinadas cualidades de las que carece. No se trata de una justa causa putativa proveniente de un sujeto "que simplemente la considere erróneamente existente", sino que tenía que fundamentarse en una circunstancia objetiva o, al menos, en un error excusable.

De ahí que la justa causa podía ser objeto de apreciación y revisión por parte del juez de mérito[59]. La circunstancia de que se configure una justa causa que legitime el desistimiento es una cuestión de hecho que debía ser alegada y comprobada por la parte interesada y que correspondía en su caso, en definitiva, apreciar a los jueces de instancia sin que la determinación respectiva pudiera ser objeto de censura en casación.

Por supuesto, la ley partía del supuesto de un desistimiento extrajudicial del contrato. Ahora bien, en aquellos casos en los cuales el proveedor considere que la separación del contrato por parte del

---

por ejemplo, en los contratos celebrados fuera de los establecimientos mercantiles, en los contratos de venta o prestación de servicios a distancia o por medios electrónicos o por teléfono, en los contratos de venta a plazos, en los contratos de transmisión de derechos de aprovechamiento por turnos, etc. Tampoco las legislaciones francesa e italiana le conceden al consumidor un derecho general de retractación o de receso del contrato suscrito con el profesional, sino que solo se lo conceden en determinados casos como, por ejemplo, en los contratos de venta a domicilio o fuera de los establecimientos comerciales, ventas a distancia o por medios electrónicos, etc. En todos estos casos el derecho de desligarse del contrato es ejercitable *ad nutum*.

58 G. Mirabelli, "Dei contratti in generale", en *Commentario al Códice Civile*, U.T.E.T., Turín, 1981, p. 225; Enrico Ravera, ob. cit., p. 122.

59 Emilio Betti, *Teoría General del Negocio Jurídico*, Traducción castellana de A. Pérez Martín, Editorial Revista de Derecho Privado, Madrid, 1959, p. 374, especialmente, la nota 7; G. Mirabelli, *Ídem*; Enrico Ravera, *Ídem*; Francesco Santoro-Pasarelli, Voz "Giusta causa" (Diritto Civile), en *Novissimo Digesto Italiano* diretto da A. Azara e E. Eula, Vol. VII, U.T.E.T., Turín, 1961, p. 1111, especialmente, la nota 4 y la jurisprudencia de la Casación italiana allí citada.

consumidor carece de justificación, serán los tribunales los que deberán controlar la existencia de la justa causa invocada. En todo caso, la extinción del contrato se producía cuando realmente se había ejercitado la facultad de retractación, sin que la decisión judicial tuviera carácter constitutivo, sino meramente declarativo.

La justa causa, en tanto elemento objetivo, no era solo un elemento del acto de retractación, sin el fundamento de la facultad o derecho potestativo de poner fin al contrato al punto que "si no hay justa causa no existe el derecho y el acto de retractación es nulo por ausencia de causa que lo justifique"[60]. No era, por tanto, un elemento sino un presupuesto de la eficacia de la retractación. La justa causa era un hecho que legitimaba el derecho de separarse del contrato por parte del consumidor[61].

A nuestro modo de ver, son circunstancias que justificaban el ejercicio del derecho de desistimiento por parte del consumidor, entre otras, las siguientes: el hecho de que el producto entregado o el servicio prestado no se corresponda con los términos, condiciones, modalidades, garantías y demás circunstancias de lo ofrecido, publicitado o convenido con el consumidor o usuario; la existencia de vicios o defectos en los bienes o servicios prestados; la circunstancia de que el producto haya sufrido desperfectos derivados de un embalaje defectuoso o de un trato inadecuado en el envío del producto o mercancía; la falta de conocimiento directo de lo adquirido en el momento de aceptar la oferta cuando, por ejemplo, la compra-venta se perfecciona a distancia; la decepción del consumidor a la vista del producto comprado cuando, por ejemplo, la compra-venta se perfecciona sobre la base de un catálogo; la indefensión en que ha podido encontrarse el consumidor al celebrar el contrato como consecuencia del elemento de sorpresa y de la presión psicológica que concurre en ese momento, por ejemplo, cuando la venta se celebra en el domicilio del comprador o fuera del establecimiento comercial; la circunstancia de que no se le haya entregado al consumidor el contrato de adhesión antes de su suscripción, etc.

---

60 Nicola. Distaso, *I Contratti in Generale*, U.T.E.T., Turín, 1980, p. 331; G. Mirabelli, *Ídem*; Enrico Ravera, *Ibíd.*, p. 123.

61 Salvatore Sangiorgi, Voz "Giusta causa" (Diritto Privato), en *Enciclopedia del Diritto*, Vol. XIX, Arese Giuffrè, Milán, 1975, § 3. Consultada en versión electrónica.

Cabe hacer notar, por último, que puede existir una justa causa que fundamente el desistimiento aun cuando lo entregado se corresponda con lo ofrecido. Así lo daba a entender claramente el artículo 73 de la LEDEPABIS al preceptuar que cuando el bien entregado o servicio prestado tenga características idénticas a las que fueron pautadas en el contrato de adhesión, el consumidor podrá de todas maneras retractarse, en cuyo caso podrá serle descontado del monto a ser restituido, los gastos en que haya incurrido el proveedor en su entrega o instalación, siempre y cuando dichos gastos consten en el presupuesto o factura.

6. Es ejercitable en un breve plazo de tiempo

El consumidor disponía de un plazo de siete días contados a partir de la firma del contrato o desde la recepción del producto o servicio para ejercer el derecho a retractarse del contrato de adhesión celebrado (LEDEBABIS, artículo 73). Transcurrido ese plazo sin haberse ejercido el derecho, el mismo decaía automática y definitivamente. Más adelante examinaremos con mayor detalle el tema del plazo de ejercicio del derecho de retractación (*infra*, N° IX,5).

7. No puede acarrear ninguna penalidad para el consumidor

El ejercicio del derecho de desistimiento no puede implicar penalidad alguna para el consumidor. El consumidor por el mero ejercicio de la facultad de desistimiento no ha de sufrir penalidad alguna[62]. Esto es esencial para que el desistimiento cumpla adecuadamente su función.

De acuerdo con lo dispuesto en el artículo 74 (numeral 2) de la LEDEPABIS, son nulas las cláusulas o estipulaciones establecidas en el contrato de adhesión que limiten el ejercicio de los derechos que dicha ley les reconoce a los consumidores. Por lo cual, eran nulas las cláusulas que imponían al consumidor o usuario una penalización por el ejercicio de su derecho de desistimiento. La ley se opone a que el contrato

---

62 Así lo establece expresamente el artículo 68.1 de la Ley para la Defensa de los Consumidores y Usuarios española cuando señala que el consumidor ejercita su derecho de desistimiento "sin penalización de ninguna clase" y luego agrega "serán nulas de pleno derecho las cláusulas que impongan al consumidor y usuario una penalización por el ejercicio de su derecho de desistimiento". En nuestra legislación, tal y como se indica en el texto, la misma solución era la que consagraba el artículo 74 (numeral 2) de la LEDEPABIS.

de adhesión contenga una cláusula por la que se imponga al consumidor el pago de una indemnización –a tanto alzado o de cualquier otra manera– por daños causados al comerciante por el único motivo de que el consumidor haya ejercido su derecho de retractarse del contrato.

A nuestro modo de ver, tampoco podía el proveedor reclamarle al consumidor que hubiera ajustado su conducta a las exigencias de la buena fe que preside la ejecución de los contratos, una indemnización por el uso del bien adquirido en virtud del contrato de adhesión en el caso de que este hubiera ejercido su derecho de separarse del contrato dentro del plazo establecido[63].

8. Es irrenunciable

El artículo 2 de la LEDEPABIS establece la regla general de la irrenunciabilidad de los derechos de los consumidores. Esta es una consecuencia del carácter imperativo que tienen las disposiciones de esta ley. El artículo 74, por su parte, sanciona con la nulidad las cláusulas de los contratos de adhesión que impliquen la renuncia a los derechos de los consumidores y usuarios. De ahí que el derecho a retractarse del contrato de adhesión que los artículos 8 (numeral 13) y 73 de la LEDEPABIS le concedían al consumidor era irrenunciable careciendo de validez cualquier estipulación en contrario.

Como puede fácilmente apreciarse, tratándose de un derecho establecido en protección de la parte débil, que es el consumidor, frente al proveedor que podría fácilmente imponer sus condiciones, la irrenunciabilidad de este derecho es una regla necesaria para asegurar su efectividad[64]. De permitirse dicha renuncia, perdería toda su utilidad el derecho de desistimiento, pues se convertiría en uso muy frecuente su estipulación en los contratos de adhesión. Pero como nada obligaba al

---

[63] En tal sentido el Tribunal de Justicia Europeo, mediante sentencia de fecha 3 de septiembre de 2009, con base en las disposiciones de la Directiva 97/7/CE del Parlamento Europeo y del Consejo, se pronunció en contra de que "se establezca con carácter general la posibilidad de que el vendedor reclame al consumidor una indemnización por el uso de un bien adquirido en virtud de un contrato a distancia en el caso de que este haya ejercido su derecho de rescisión (*rectius*: desistimiento) dentro del plazo". Al respecto, véase un extracto de esta decisión del Tribunal de Justicia de la Unión Europea en Ignacio Gallego Domínguez, ob. cit., p. 1279.

[64] R. Baillod, ob. cit., p. 240.

consumidor a ejercitar esta facultad, es claro que bastaba con no ejercer el derecho de desistimiento dentro de los siete días siguientes a la firma del contrato, o en su caso, a la recepción del producto, para que se produjera la caducidad del derecho.

No se admitía pacto en contra del derecho de retractación ni cláusulas que impusieran su ejercicio en condiciones menos ventajosas para el consumidor que las consagradas en el artículo 73 de la LEDEPABIS. Pero, desde luego, nada impedía establecer condiciones más ventajosas para el consumidor como, por ejemplo, aumentando el plazo de duración para el ejercicio del derecho.

IX. EJERCICIO DEL DERECHO DE DESISTIMIENTO

El ejercicio del derecho de desistimiento previsto en la LEDEPABIS de 2010 supone una declaración de voluntad unilateral por parte del consumidor, no personalísima, recepticia y dirigida al proveedor, fundada en una justa causa, debiendo ser hecha en plazo hábil, en principio sin cargo alguno para el consumidor o usuario y realizada en forma libre. Además, el proveedor tiene la obligación de informar al consumidor sobre el derecho que le asiste de retractarse del contrato de adhesión celebrado[65].

1. Declaración unilateral de voluntad del consumidor dirigida a poner fin a un contrato de adhesión

El ejercicio del derecho de desistimiento supone una declaración de voluntad unilateral por parte del consumidor o usuario dirigida a poner fin al contrato de adhesión. Como se dijo, se trata de una declaración de voluntad dirigida a la extinción o desaparición de un contrato de adhesión ya perfeccionado (*supra*, Nº V). A dicha manifestación de voluntad le serán aplicables las normas generales sobre capacidad, vicios del consentimiento, revocación, etc.[66]

---

65 Para un examen de la regulación del derecho de desistimiento en el Derecho comparado, véase: R. Jeanpretre, "Le droit de repentir", en *Revue de droit suisse*, 1979, pp. 33 y ss.

66 G. Gabrielli y F. Padovini, ob. cit., § 6.

El ejercicio del derecho de retractación se materializa a través de un acto unilateral del consumidor de poner fin al contrato, sin que en ello influya para nada la voluntad contraria del proveedor[67]. No es necesaria la aceptación del proveedor a quien se dirige tal declaración de voluntad. Este no podía impedir que el desistimiento por parte del consumidor del contrato de adhesión celebrado, cuando su decisión se fundamentaba en una justa causa (*supra,* Nº VIII,2).

La declaración de voluntad de desistir del contrato constituye un negocio jurídico unilateral puesto que el efecto jurídico que ella produce –extinción de una relación jurídica– está determinado por el contenido de la declaración de voluntad, esto es, la ley hacía depender el efecto jurídico producido, de la manifestación de voluntad del sujeto[68]. El ordenamiento jurídico reconocía pues a la voluntad del declarante como fundamento y base del efecto producido. Los efectos de la declaración se producen *ex voluntate* y no *ex lege*.

2. No es personalísima

La manifestación de voluntad de retractarse no es personalísima; por lo cual, podía emitirla el propio adquirente por sí o por medio de su representante, sea esta representación de origen legal o convencional. En caso de fallecimiento del adquirente, sus herederos podían ejercer este derecho, conforme a lo dispuesto en el artículo 1.163 del Código Civil[69].

3. Es una declaración de voluntad recepticia

El derecho de desistimiento se ejercitaba a través de una declaración de voluntad recepticia[70], dirigida al proveedor con el que contra-

---

67 W. D'Avanzo, ob. cit., p. 1032; Enrico Ravera, ob. cit., p. 33.

68 Luigi Cariota-Ferrara, *El negocio jurídico*, Traducción castellana de M. Albaladejo García, Madrid, 1956, pp. 132-133.

69 En la doctrina italiana D'Avanzo admite asimismo que, en caso de enajenación del bien por acto entre vivos, los causahabientes a título particular del titular del derecho de desistimiento, pueden ejercerlo si aún no ha expirado el plazo para su ejercicio (W. D'Avanzo, loc. cit., p. 1033), criterio este que, en la doctrina francesa, Baillod no comparte (R. Baillod, ob. cit., p. 242).

70 Francesco Galgano, "Degli effetti del contratto", en *Commentario al Codice Civile*, a cura de Scialoja e Branca, libro quarto (art. 1.373), Società Editrice Il Foro Italiano Zanichelli,

tó el consumidor. Si bien el consumidor pone fin al contrato de adhesión retractándose mediante una manifestación unilateral de voluntad, la misma tenía que comunicarse al proveedor para adquirir existencia jurídica. La declaración de voluntad de retractarse solamente se perfeccionaba cuando el proveedor adquiría conocimiento de ella; por tanto, para ser eficaz requería ser notificada al proveedor[71].

Si en el contrato de adhesión no se expresa el nombre, dirección o domicilio de la persona a quien debe enviarse la declaración de desistimiento, bastaba dirigirla al que figuraba en el contrato como domicilio o dirección del proveedor.

4. Está supeditada a la expresión de una justa causa

Si bien la facultad de retractarse del contrato de adhesión depende de la manifestación de voluntad del consumidor adherente, la ley no ampara simples cambios de voluntad de los adquirentes. No era pues una facultad ejercitable *ad nutum*. Correspondía al consumidor adherente alegar y, en su caso, probar una causa que justifique el ejercicio de este derecho. Con anterioridad nos hemos referido a esta característica del derecho de desistimiento (*supra,* Nº VIII,5).

5. Debe hacerse en plazo hábil

El derecho que tiene el consumidor *de desistir* del contrato de adhesión *no es indefinido*. Debe ejercitarse dentro de un término

---

Bologna-Roma, 1993, p. 58; Enrico Ravera, ob. cit., pp. 35-36 y la jurisprudencia de la Casación italiana allí citada. En el mismo sentido, en la doctrina alemana: Ludwig Enneccerus, Theodor Kipp y Martín Wolf, *Tratado de Derecho Civil*, Versión española, Tomo II, Vol. II, (Derecho de Obligaciones), Bosch Casa Editorial, Barcelona, 1966, p. 159.

71 En la doctrina nacional, Mélich-Orsini afirma que los negocios jurídicos unilaterales o las meras declaraciones unilaterales de voluntad son recepticias cuando están dirigidas a un destinatario determinado y, por tanto, solo tienen existencia jurídica cuando llegan al conocimiento del destinatario. (José Mélich-Orsini, *Doctrina General...* cit., p. 25). En el mismo sentido, en la doctrina italiana, véase: G. Giampiccolo, *La dichiarazione recettizia,* Milán, 1959, pp. 179 y ss. Precisamente porque el desistimiento constituye una declaración de voluntad recepticia, se admite que quien desista puede retractarse, siempre y cuando lo haga y comunique su voluntad al destinatario antes de que este haya adquirido conocimiento de la manifestación de voluntad de desistir del contrato durante el plazo fijado para ello. Al respecto, véase: G. Gabrielli, *Vincolo contrattuale e recesso unilaterale*, Giuffrè, Milán, 1985, p. 149; G. Gabrielli y F. Padovini, ob. cit., § 7.

perentorio. El orden público económico así lo exige puesto que es contrario a la buena marcha del tráfico jurídico que la propiedad o la situación jurídica que derive del contrato de adhesión permanezca durante mucho tiempo en situación de incertidumbre. Se explica así la regla del artículo 73 de la LEDEPABIS según la cual el derecho a retractarse del contrato de adhesión tenía que ejercitarse dentro de los siete días siguientes a la firma del contrato o desde la recepción del producto o servicio.

La seguridad del tráfico jurídico exige que una adquisición no pueda deshacerse a través del ejercicio del derecho de retractación sino poco tiempo después de efectuada y que se consolide el derecho de propiedad quedando firme la adquisición por parte del consumidor luego de transcurrido un breve plazo[72].

Pero *¿a partir de qué día se cuenta ese plazo de siete días que tenía el consumidor para desistir del contrato de adhesión celebrado*? *¿cuál es el dies a quo*? De acuerdo con el artículo 73 de la LEDEPABIS, el plazo es de siete días "contados a partir de la firma del [contrato] o desde la recepción del producto o servicio".

A nuestro modo de ver, para determinar el inicio del cómputo del plazo, a tenor de la precitada disposición legal, había que diferenciar según el tipo de prestación que surja de la obligación que asumió el proveedor en el contrato, ya sea una obligación que tenga por objeto un bien o producto, ya sea una obligación de prestar algún servicio. La diferencia es lógica pues los bienes recibidos pueden ser devueltos al proveedor; en cambio, los servicios son irrestituibles *in natura* una vez que han sido prestados[73].

---

72 Portalis expresaba que era necesario que las propiedades no quedasen por largo tiempo "inciertas y flotantes". Por lo cual, no debían estar sometidas por mucho tiempo a condiciones resolutorias de ninguna especie. (Portalis citado por T. Huc, *Commentaire Théorique et Pratique du Code Civil*, Tome X, París, 1982/1903, p. 224). En la doctrina moderna García Vicente expresa que el derecho de desistimiento del consumidor tiene que tener una limitada vigencia "para no dar al traste con la aspiración a la estabilidad en el tráfico" (José Ramón García Vicente, ob. cit., p. 191).

73 En el mismo sentido, en la doctrina española, véase: Ignacio Gallego Domínguez, ob. cit., p. 1273; Luis Mª Miranda Serrano, "Protección del cliente electrónico como contratante a distancia en la Ley de Ordenación del Comercio Minorista", en *Cuadernos de Derecho y Comercio,* Nº 45, Madrid, 2006, p. 33.

Cuando el contrato tenga por objeto bienes o productos, el momento del inicio del plazo tenía que ser a partir de la firma del contrato sin perjuicio de que, en el caso concreto, por haberse realizado la compra de objetos que en el momento de la firma no se encontraban en el establecimiento, o cuando por cualquier otra circunstancia, la mercancía no ha tenido oportunidad de ser examinada (por ejemplo, por falta temporal de existencias), el *dies a quo* fuera el de la recepción del producto por el consumidor. Por *recepción* debe entenderse la entrega material del producto al consumidor, es decir, la recepción en sentido estricto que se produce cuando este se encuentre realmente en la situación de comprobar directamente el producto comprado. No cabe pues equiparar con dicha recepción –a los efectos del inicio del cómputo del plazo en cuestión– la mera notificación del envío y/o próxima recepción del producto o de la puesta a disposición del mismo[74]; se requiere pues la recepción material de la cosa objeto del contrato por parte de su destinatario.

En los contratos de suministro con entregas sucesivas como es el caso de las suscripciones, parece lógico considerar relevante únicamente la recepción por el consumidor de la primera entrega[75].

Cuando el objeto del contrato sea la prestación de servicios, el inicio del plazo debía ser el momento de la firma del contrato[76].

En definitiva, había que iniciar el cómputo del plazo legal para el ejercicio del derecho de desistimiento el día siguiente al de la firma del contrato o, en su caso, al de la recepción del producto por el consumidor adherente en virtud de la regla *dies a quo non computatur in termino* (Código Civil, artículo 12, tercer párrafo).

---

74 Rodrigo Bercovitz Rodríguez-Cano, "Comentario al artículo 44 de la Ley de Protección al Comercio Minorista", en *Comentarios a las Leyes de Ordenación del Comercio Minorista*, obra colectiva coordinada por Rodrigo Bercovitz Rodríguez-Cano y Jesús Leguina Villa, Tecnos, Madrid, 1997, p. 718; C.A., Botana García, *Los contratos celebrados fuera de los establecimientos mercantiles y la protección de los consumidores*, J. Mª Editor, S.A., Barcelona, 1994, p. 252. En contra, García Vicente afirma que el *dies a quo* para el ejercicio del derecho de desistimiento es el de la recepción de la información suficiente para conocer la titularidad y efectos de tal derecho por parte del consumidor (José Ramón García Vicente, loc. cit., p. 189).

75 Iris Beluche Rincón, ob. cit., p. 69; Rodrigo Bercovitz Rodríguez-Cano, loc. cit.

76 Ignacio Gallego Domínguez, ob. cit., p. 1274.

Desde luego, habida cuenta de la configuración y función del derecho de desistimiento, nada impedía al consumidor ejercer su derecho de arrepentirse aun antes de haber recibido la cosa, es decir, antes del inicio del plazo legal que tenía para retractarse. Desde que la relación obligatoria se había perfeccionado por la aceptación de la oferta, el consumidor podía perfectamente desistir, aunque no hubiera tenido lugar la firma del contrato o la entrega de la cosa y, por tanto, aun cuando el plazo legal para el ejercicio del derecho no se haya comenzado a contar todavía[77].

El plazo para el ejercicio del derecho de desistimiento *es un plazo civil* y no procesal[78]. Por lo cual, se contaba por días consecutivos incluyéndose dentro de su cómputo todos los días calendario, independientemente de que sean hábiles o no, o de que sean días feriados o de vacaciones.

Al ser el plazo de ejercicio del derecho de desistimiento uno de carácter civil y no judicial, si el último día del plazo es inhábil, no puede utilizarse el día siguiente para ejercer el derecho. Asimismo, por ser un plazo civil los días se entienden de veinticuatro horas, las cuales terminan a las doce de la noche (Código Civil, artículo 12, cuarto párrafo) y no como ocurre en materia procesal donde los días se entienden desde las seis de la mañana hasta las seis de la tarde y donde los lapsos de días siempre concluyen no a las doce de la noche, sino al ponerse el sol (Código de Procedimiento Civil, artículo 193). El plazo finaliza, por tanto, en el momento inmediatamente anterior a las veinticuatro horas del último día del mismo. Se advierte que con la posibilidad de desistir utilizando el correo electrónico, esta cuestión revestía evidente interés práctico.

---

77 M. Pasquau Liaño, *Comentarios a la Ley de Ordenación del Comercio Minorista y a la Ley Orgánica Complementaria*, AA.VV., dirigidos por J. L. Piñar Mañas y E. Beltrán Sánchez, Editorial Civitas, Madrid, 1997, p. 342.

78 En efecto, el plazo que tiene el consumidor para desistir no es un término que se desarrolla dentro de un procedimiento judicial. No tiene su origen o punto de partida en una actuación de tipo procesal ni comienza a correr a partir de una notificación judicial, citación, emplazamiento o requerimiento; sino que es un plazo fijado por la ley para hacer valer un derecho que, por lo demás, normalmente se ejerce en forma extrajudicial. Además, dicho plazo es un plazo fijado por una ley sustantiva para regir relaciones de Derecho Civil y no en una ley de adjetiva para regir relaciones que derivan del Derecho Procesal.

El plazo de ejercicio del derecho de desistimiento es de caducidad[79]. La finalidad de evitar dudas e incertidumbres acerca de la situación jurídica creada al amparo del contrato de adhesión que tenía que consolidarse después de transcurrido un breve plazo y los términos en que estaba formulado el plazo para el ejercicio del derecho ("en el caso que ejercite oportunamente este derecho") determinan que se trataba de un plazo de caducidad y no de prescripción. Además, la brevedad del plazo que establecía la ley para su ejercicio no permite suponer que la extinción de la facultad de retractarse transcurrido aquel obedeciera a una presunción de abandono del derecho que se encuentra en la base de los términos de prescripción.

El hecho de que el plazo para el ejercicio del derecho de retractarse del contrato sea uno de caducidad produce las siguientes consecuencias: a) el consumidor debe hacer uso del derecho de desistimiento (judicial o extrajudicialmente) antes de que se cumpla el plazo, so pena de no poder ejercerlo después. Transcurrido ese plazo de siete días sin haber ejercido el derecho, decae automática y definitivamente; b) el plazo corre fatalmente, es decir, no está sujeto a interrupción ni suspensión; c) el plazo corre contra toda clase de personas, incluyendo a menores y entredichos; d) dicha caducidad debe ser opuesta como cuestión previa (Código de Procedimiento Civil, artículo 346, numeral 10), no como defensa de fondo; pero puede alegarse en cualquier estado y grado de la causa, por ser una cuestión en la cual está interesado el orden público; e) la caducidad puede ser suplida de oficio por la autoridad judicial sin que la invoquen las partes; f) no se toma en cuenta la razón subjetiva del no ejercicio del desistimiento, o sea la negligencia real o supuesta del titular del derecho; sino que, por el contrario, se atiende al solo hecho objetivo de la falta de ejercicio dentro del término prefijado; g) por el solo vencimiento del término previsto en el artículo 73 de la LEDEPABIS, opera de pleno derecho la caducidad sin necesidad de declaración del juez[80].

---

79 Iris Beluche Rincón, ob. cit., p. 66; Ignacio Gallego Domínguez, ob. cit., p. 1276; José Ramón García Vicente, ob. cit., pp. 190-192.

80 José Luis Aguilar Gorrondona, "Prescripción y Caducidad", en *Doctrina de la Procuraduría General de la República 1.972*, Caracas, 1972, p. 140; Enrique Urdaneta Fontiveros, *El retracto convencional y el retracto legal (según el Código Civil venezolano)*, Ediciones Liber, Caracas, 2006, pp. 139-140.

Este era el régimen aplicable al plazo para el ejercicio del derecho de desistimiento de acuerdo con la precitada ley.

Por último, a pesar del silencio legal al respecto, de acuerdo con el Derecho común, parece claro que lo *decisivo* a los efectos de determinar si el ejercicio del derecho fue o no oportuno era *el momento del conocimiento por el proveedor* predisponente *de la declaración de voluntad del consumidor* adherente, y no el de su emisión por el consumidor, o el de su envío al proveedor (arg. *ex* art. 1.137, <primer párrafo> del Código Civil)[81]. De ahí que para determinar la observancia del plazo para desistir, de acuerdo con las reglas generales, hay que tener en cuenta no solo la fecha de la manifestación o expedición de la declaración de desistimiento, sino la del conocimiento de la misma por parte del proveedor. Pero hay que presumir que existe ese conocimiento desde el instante en que la manifestación de voluntad llega a la dirección del proveedor (Código Civil, artículo 1.137, sexto párrafo).

Para el caso del derecho a retractarse del contrato de adhesión que tenía el consumidor se aplicaba, por tanto, el criterio del conocimiento de la manifestación de voluntad que consagra el artículo 1.137 (párrafo primero) con la presunción del conocimiento que establece el párrafo sexto de esta disposición, pues se trata del criterio general sobre el perfeccionamiento y eficacia de las declaraciones de voluntad. El consumidor, por su parte, ya se encontraba suficientemente protegido con el simple hecho de otorgársele esta facultad. Conviene tener en cuenta, en relación con este punto, que en atención al principio de la libertad de formas para el desistimiento (*infra*, Nº IX,7), la devolución del producto por parte del comprador constituía una manifestación de la voluntad de desistir.

Por consiguiente, para que la declaración de desistimiento sea eficaz no bastaba con que se emitiera dentro del plazo de siete días, sino que se requería además que fuera recibida o que se presumiera recibida por el proveedor dentro de ese plazo[82].

---

81 G. Gabrielli y F. Padovini, loc. cit.; G. Giampiccolo, ob. cit., p. 179 y ss.

82 En otros ordenamientos la solución legal es diferente. Así, en España, de acuerdo con lo dispuesto en el artículo 71.4 de la Ley General para la Defensa de los Consumidores y Usuarios se toma en cuenta, a los efectos del perfeccionamiento del desistimiento, la fecha de la expedición de la manifestación de voluntad de retractarse, con lo cual se establece

A nuestro modo de ver, no existía obstáculo legal a la posibilidad de que en el contrato de adhesión se estipulara, en beneficio del consumidor, un plazo superior al de siete días para el ejercicio del derecho de desistimiento. El plazo de siete días era, por tanto, un plazo mínimo, supletorio, que solo entraba en juego a falta de fijación de un plazo mayor en el contrato (*supra*, N° VIII,8).

6. No implica gasto alguno para el consumidor

Habida cuenta de la configuración y función del derecho de desistimiento, su ejercicio no debe implicar gasto alguno para el consumidor. Este tenía pues el derecho a desistir del contrato sin incurrir en penalización ni gasto alguno, incluidos los correspondientes a la devolución del bien[83]. La devolución del bien no debe suponer ningún desembolso para el consumidor. Piénsese, por ejemplo, en la compra e instalación de un aparato de aire acondicionado en nuestra casa de habitación. El desistimiento determina la recíproca restitución de las prestaciones. Por consiguiente, el consumidor debe restituir el aparato al vendedor. Como la retractación tenía que ser gratuita para el consumidor, era el proveedor quien debía desplazarse a la residencia del consumidor, proceder a desinstalar el aparato y transportarlo hasta su establecimiento. Todos estos gastos eran por cuenta del proveedor.

Solo por excepción, de acuerdo con lo dispuesto en el artículo 73 de la LEDEPABIS, en aquellos casos en que el bien entregado o servicio prestado tenga características idénticas a las que fueron pactadas en el contrato de adhesión, los gastos en que hubiere incurrido el proveedor

---

un criterio más acorde con los intereses del consumidor, habida cuenta del corto espacio de tiempo para el ejercicio de este derecho. Este es el sistema previsto igualmente en los artículos 1 y 2 de la Ley italiana N° 50/92 del 15 de enero de 1992 en materia de contratos celebrados fuera de los locales comerciales. Pero en nuestra legislación, a falta de una disposición especial, hay que aplicar los criterios generales sobre el perfeccionamiento y eficacia de la declaración de voluntad que consagra el Código Civil, tal y como se indica en el texto. Además, el consumidor se encontraba ya suficientemente protegido con el simple hecho de otorgársele la facultad de desistir.

83 La solución legal difiere de la adoptada en otros ordenamientos como, por ejemplo, en Francia donde el artículo 1° de la Ley N° 88-21 del 6 de enero de 1988 establece que el consumidor tiene el derecho de retractarse de los contratos de venta celebrados a distancia, sin que ello implique gasto alguno para él, salvo los gastos correspondiente a la devolución del bien.

en su entrega o instalación que consten en el presupuesto o factura corrían por cuenta del consumidor y, por ende, podían ser descontados del monto a serle restituido. La regla general es pues liberar al consumidor de cualquier gasto que se produzca como consecuencia del ejercicio de su derecho a retractarse del contrato de adhesión; y por tanto, también de los gastos directos de devolución y envío como, por ejemplo, los de transporte, embalaje, etc., de los bienes cuando estos constituyan el objeto del contrato. Esta limitación se justifica por la necesidad de evitar que el derecho de desistimiento se convierta en algo puramente formal.

De todas maneras, como hay que considerar, por regla general, como lugar de cumplimiento de la devolución el lugar donde se encuentra la cosa objeto del contrato (Código Civil, artículo 1.295), esto supone eliminar frecuentemente estos gastos de devolución para el consumidor puesto que ese lugar suele ser el de su domicilio. En todo caso, se afirma, parece lógico pensar que cuando el consumidor ha recibido algún bien y decide desistir, debe ser el proveedor quien se encargue de recogerlo[84] en el mismo lugar de la entrega que, con gran frecuencia, será igualmente el propio domicilio del consumidor. De este modo, lo que perseguía la prescripción legal era facilitar el desistimiento, evitando que los gastos que lleva aparejado sean un obstáculo que pueda disuadir al consumidor a ejercerlo.

Por último, como indicamos en su oportunidad, se excluía, además, toda posibilidad de que el proveedor predisponente estableciera penas convencionales o de arrepentimiento para el caso de que el consumidor decidiera utilizar la facultad de desistimiento que le reconocía la ley (*supra*, Nº VII,7). Esta prohibición es coherente con la absoluta libertad de decisión que se pretende atribuir al consumidor, lo que no excluía que el proveedor le exigiera otros reembolsos o indemnizaciones que pudieran ser procedentes como, por ejemplo, por desperfectos imputables al consumidor o por encontrarse este en mora de su obligación de restituir el bien, etc. (*infra*, Nº X,2,2.2).

---

84 M. Klein, ob. cit., p. 315.

7. Forma del desistimiento

De acuerdo con el principio de la libertad de formas que rige en nuestro derecho, la declaración o manifestación del consumidor de dar por terminado el contrato no está sujeta a formalidad alguna y puede ser realizada a través de cualquier medio[85]. A los efectos del ejercicio del derecho de desistimiento puede utilizarse el mismo medio de comunicación usado para la contratación o cualquier otro.

Si bien lo normal es usar una forma expresa de desistimiento como, por ejemplo, un medio escrito, cabe igualmente el uso de formas de manifestación de voluntad tácitas, deducidas de hechos concluyentes (*facta concludentia*), como, por ejemplo, la devolución de los productos recibidos, la solicitud de la devolución de lo pagado o de la anulación del cargo en la tarjeta de crédito, etc.[86]

En todo caso, la manifestación de desistimiento, cualquiera que sea la forma que revista, debe permitir apreciar con claridad la intención firme del consumidor de dar por terminado el contrato. Además, debe ser dirigida al proveedor dejando claramente constancia de los datos del contrato, así como de los datos de identificación de los contratantes.

Bastaba con la manifestación de voluntad de retractarse del contrato de adhesión por parte del consumidor notificada al proveedor dentro del plazo establecido para dar por terminado el contrato, sin requerirse que la misma viniera acompañada de la restitución de la cosa que conforma

---

85 En otros ordenamientos la solución legal es diferente por lo que respecta a la manifestación de la voluntad de desistir en algunas relaciones de consumo. Así, en Italia, si bien rige como regla general el principio de la libertad de formas, de acuerdo con la Ley N° 50 del 15-1-1992 en los contratos de los consumidores celebrados fuera de los establecimientos mercantiles el derecho de desistimiento (*recesso*) debe ejercitarse dentro del plazo legal por medio de carta certificada con aviso de recibo por parte del proveedor. El mismo sistema sigue la Ley francesa N° 11164 del 22 de diciembre de 1972 sobre ventas a domicilio cuyas disposiciones fueron incluidas en el artículo L.121-21 del Código del Consumo. En España de acuerdo con el principio de la libertad de formas se admite que el consumidor pueda desistir del contrato, expresa o tácitamente, salvo que se trate de un contrato de venta a plazos de bienes muebles en cuyo caso, de acuerdo con lo dispuesto en el artículo 9 de la Ley de Venta a Plazos de Bienes Muebles, el ejercicio del derecho de desistimiento debe hacerse "mediante carta certificada u otro medio fehaciente al vendedor y en su caso al financiador".

86 Ignacio Gallego Domínguez, ob. cit., p. 1283; Luis Mª Miranda Serrano, ob. cit., p. 93.

el objeto del contrato[87]. Mucho menos exigía la ley que el consumidor efectuara en tiempo hábil oferta real y depósito de las prestaciones recibidas para dar por ejercido el derecho de retractación, en caso de que el comprador hubiere rehusado recibir dichas prestaciones.

Como la ley no prescribe formalidad alguna para el ejercicio del derecho de desistimiento, al consumidor le bastaba con declarar su voluntad al proveedor para dar por terminado el contrato. La declaración de voluntad en tal sentido, como se dijo, es informal, es decir, puede manifestarse por cualquier medio[88]. Por consiguiente, el derecho de retractación puede ejercerse por documento público o privado, y aún verbalmente, siempre que esta declaración verbal pueda probarse fehacientemente. La manifestación de voluntad de retractarse comunicada al proveedor era pues suficiente para el ejercicio del derecho de desistimiento por parte del consumidor y para que el mismo surtiera sus efectos respecto del proveedor, aunque no se hiciera simultáneamente la devolución de las prestaciones recibidas.

En efecto, al ser el derecho de retractación una condición resolutoria potestativa del contrato de adhesión celebrado, operaba de pleno derecho por la sola declaración de voluntad del consumidor comunicada al proveedor. Esto bastaba para que se diera por cumplida la condición resolutoria y, por tanto, para que se produjera la resolución del contrato. El contrato se resuelve, aunque no se haga simultáneamente entrega efectiva de las prestaciones recibidas[89].

Ahora bien, cumplida la condición, se inicia una nueva etapa en las relaciones entre las partes. En virtud de la resolución del contrato, estas deben restituirse recíprocamente las prestaciones (*supra*, N° X,2). Así lo prescribe el artículo 73 de la LEDEPABIS de 2010: "en caso de que ejercite [el consumidor] oportunamente este derecho le será restituido el precio cancelado dentro de los siete días siguientes". Pero, esto no

---

87 Enrico Ravera, ob. cit., p. 457 y la jurisprudencia de los tribunales italianos allí citada.

88 G. Gabrielli y F. Padovini, ob. cit., § 7; Enrico Ravera, ob. cit., pp. 45-51.

89 Una situación similar se presenta con el ejercicio del derecho de retracto convencional en donde al vendedor le basta con declarar su voluntad de rescatar la cosa al comprador para dar por resuelta la venta. La declaración de voluntad en tal sentido es informal y puede manifestarse por cualquier medio, aun verbalmente. Así lo admite la doctrina nacional y lo ha dejado establecido la jurisprudencia de nuestros tribunales. Al respecto véase lo que exponga en mi libro *El retracto convencional*... cit., pp. 48-51.

impide que la resolución del contrato opere desde el momento en que se cumpla la condición, es decir, desde que el consumidor notifique al proveedor su voluntad de dar por terminado el contrato.

En fin, nada impedía que se ejercitara de cualquier manera, incluso verbalmente, el derecho de desistimiento.

Ahora bien, a los fines de la prueba pertinente, cuya carga naturalmente recae sobre el consumidor, regía la limitación del artículo 1.387 del Código Civil, o sea si el valor del objeto del contrato excede de dos mil bolívares, debe probarse por escrito. De ahí la conveniencia de ejercer el desistimiento a través de algún medio que permita dejar constancia del ejercicio del derecho y de su fecha, así como de la identificación de los contratantes y del contrato al cual el desistimiento se refiera.

Con esta salvedad, cualquier medio de prueba admisible en derecho, en caso de controversia, puede servir para probar la notificación del desistimiento. No hay que olvidar que muchas veces las compras que realizan los consumidores son de escaso valor; por lo cual, no parece razonable utilizar, ni en su caso exigir, medios onerosos de preconstitución de pruebas que pudieran incluso superar el valor del objeto del contrato, so pena de desvirtuar la libertad de formas que rige en esta materia y hacer nugatorio o inviable el ejercicio del derecho de desistimiento.

Desde luego, la ley pensó en un desistimiento extrajudicial del contrato. Pero si por un motivo u otro el proveedor se oponía al desestimiento ejercitado por el consumidor, eran los tribunales los que debían controlar la procedencia del desistimiento y verificar el cumplimiento de los extremos legales que exigía la ley como la existencia de una manifestación de voluntad de dar por terminado el contrato debidamente notificado al proveedor, la expresión de una justa causa, la circunstancia de haberse ejercido el desistimiento en tiempo hábil, etc. Desde luego, la carga de la prueba del cumplimiento de los requisitos legales correspondía al consumidor. En todo caso, la extinción del contrato se produce cuando se ejercite la facultad de retractación, sin que la decisión judicial tenga carácter constitutivo, sino meramente declarativo.

8. Obligación de informar sobre el derecho de desistimiento

El proveedor debía informar al consumidor por escrito en el documento en que quede plasmado el contrato de adhesión, de manera clara, comprensiva y precisa acerca del derecho que le asistía de retractarse del contrato y de los requisitos y consecuencias de su ejercicio, así como de las modalidades de restitución del bien o servicio. Esta exigencia derivaba de lo dispuesto en el artículo 71 de la LEDEPABIS que impone al proveedor la obligación de mantener a disposición del consumidor el documento en que se formalice el contrato de adhesión el cual debe estar redactado "de manera clara y específica… sin ambigüedades que hagan dudar sobre el contenido y alcance del contrato". Es evidente que se infringía lo dispuesto en la prescripción legal cuando no se informaba claramente al consumidor en el documento contractual sobre el derecho de retractación que le asistía.

El fundamento de la obligación de informar del proveedor no es otro que posibilitar que el consumidor tenga conocimiento de la facultad de desistimiento, de sus condiciones y de los efectos de su ejercicio. El proveedor debía informar porque el consumidor, para la correcta formación de su voluntad, debía conocer que legalmente tenía una facultad que le permitía arrepentirse.

Cabe hacer notar, sin embargo, que si bien el proveedor estaba obligado a informar y documentar por escrito esta facultad del consumidor, la legislación especial no le imponía la obligación de entregar un específico documento de desistimiento[90].

---

[90] En otros ordenamientos se consagran reglas especiales que imponen al proveedor la obligación de hacer entrega al consumidor de un documento o carta de desistimiento, identificado claramente como tal, que exprese el nombre y dirección de la persona a quien debe enviarse, y los datos de identificación del contrato y de los contratantes a que se refiere. Así, de acuerdo con lo dispuesto en la Ley francesa Nº 11164 del 22 de diciembre de 1972 sobre ventas a domicilio cuyas disposiciones fueron incluidas en el artículo L.121-25 del Código del Consumo, el proveedor debe entregar un formulario especial al consumidor a fin de facilitarle el ejercicio de su derecho a retractarse del contrato. Asimismo, según el artículo 69.2 de la Ley General para la Defensa de los Consumidores y Usuarios española, el empresario debe entregarle al consumidor un "documento o carta de desistimiento" en el que consten los siguientes datos: nombre y dirección de la persona a que debe remitirse y referencia de identificación del contrato y de los contratantes. Por tanto, el empresario tiene inicialmente dos obligaciones: en primer lugar, informar y documentar por escrito la

X. EFECTOS DEL DESISTIMIENTO

El efecto propio del desistimiento consiste, como ya sabemos, en la extinción del contrato de adhesión celebrado con el proveedor. Pero adicionalmente si el consumidor ejercita el derecho de desistimiento, las partes quedan obligadas a devolverse mutuamente las prestaciones cumplidas en ejecución del contrato que ha quedado extinguido. Además, el desistimiento incide sobre los contratos suscritos por el consumidor para financiar la respectiva adquisición.

Pasamos a referirnos a cada uno de estos efectos.

1. La extinción del contrato

Como principio de carácter general, si el consumidor ejercitaba el derecho de desistimiento, el contrato quedaba resuelto. El efecto esencial que deriva del desistimiento es la extinción de la relación obligatoria. El desistimiento produce una situación de ineficacia contractual. El consumidor queda desligado del contrato de adhesión celebrado con el proveedor, quedando este igualmente liberado de sus obligaciones contractuales. No cabía hablar aquí de un contrato inválido, sino de un contrato que había devenido ineficaz por la voluntad de uno de los contratantes al cumplirse la condición resolutoria potestativa a la cual dicho contrato se encontraba sometido por disposición de la ley.

El desistimiento operaba pues sobre un contrato perfecto que ya había producido sus efectos, extinguiéndolo[91].

En principio, se trata de una *extinción total*[92]. No cabía desistir parcialmente del contrato, salvo que el proveedor hubiere consentido en ello.

Además, la ineficacia del contrato conllevaba la obligación de las partes de restituirse recíprocamente las prestaciones que hubiesen recibido en ejecución del contrato que había quedado resuelto.

---

facultad legal de desistimiento. Pero adicionalmente se le impone la obligación de facilitar el ejercicio del derecho de desistimiento por parte del consumidor mediante la entrega de un documento específico. Corresponde al empresario la carga de demostrar el cumplimiento de estas dos obligaciones.

91 Según el artículo 73 de la LEDEPABIS "en el caso de que [el consumidor] ejercite oportunamente este derecho le será restituido el precio cancelado…".

92 Ignacio Gallego Domínguez, ob. cit., p. 1286.

2. La restitución recíproca de las prestaciones

2.1. Principio general

El ejercicio de derecho de desistimiento de un contrato de adhesión válido y eficaz hacía surgir nuevas obligaciones a cargo de sus partes: las de volver a la situación que tenían antes de celebrar ese contrato; por lo cual, deben restituirse mutuamente lo que han recibido por concepto de su ejecución. El desistimiento oportunamente ejercido determina pues el reestablecimiento del *statu quo* anterior al perfeccionamiento del contrato.

Desde luego la vuelta a la situación inicial no puede perjudicar los posibles derechos de los terceros como, por ejemplo, los terceros subadquirentes o los acreedores del consumidor[93].

2.2. La restitución de la cosa por el consumidor

a. Fundamento

El artículo 73 de la LEDEPABIS, dando por supuesta la extinción del contrato como consecuencia del desistimiento, reguló parcial y fragmentariamente las consecuencias que derivan de esa extinción, disponiendo que "en el caso de que [el consumidor] ejercite oportunamente este derecho le será restituido el precio cancelado dentro de los siete días siguientes…". Desde luego, la devolución por parte del proveedor de las sumas abonadas por el comprador presupone la correlativa devolución de las prestaciones recibidas por el consumidor. Lo contrario se traduciría en un enriquecimiento sin causa por parte del consumidor.

En consecuencia, una vez ejercitado el derecho a desistir, nacia para el consumidor la obligación de restituir el bien y para el proveedor

---

93 Isabel González Pacanowska, "Derecho de desistimiento", en *Régimen jurídico general del comercio minorista*, Obra colectiva coordinada por Francisco José Alonso Espinoza, José Antonio López Pellicer, José Massagner Fuentes y Antonio Reverte Navarro. Madrid, 1999, pp. 156-157. La doctrina italiana se refiere a esta particular eficacia del desistimiento (*recesso*) como un supuesto de eficacia retroactiva obligatoria *inter-partes* para distinguirla de la eficacia real absoluta que se produce tanto entre las partes como respecto de los terceros y que es propia de otros medios de extinción de los contratos como la nulidad o la resolución. Al respecto, véase: G. Gabrielli, ob. cit., p. 40; Enrico Ravera, ob. cit., pp. 136-138, G. Tatarano, Voz "Rettroattività" (Diritto Privato), en *Enciclopedia del Diritto*, Vol. XL, Arese Giuffrè, Milán, 1989, § 1. Consultada en versión electrónica.

la de devolver las cantidades abonadas en concepto de precio[94], y en tanto el primero no devolviera la prestación no podía verse el segundo compelido a devolver las cantidades abonadas. En efecto, mientras uno de los contratantes no realice la devolución de aquello a que en virtud de la terminación del contrato esté obligado, no puede el otro ser compelido a cumplir por su parte lo que le incumba. Tales son los principios generales que gobiernan la restitución recíproca de las prestaciones con ocasión de la terminación del contrato.

b. Forma de la restitución

La regla general es que el consumidor debe restituir lo que efectivamente recibió. Si esto no es posible porque, por ejemplo, las cosas recibidas fueron consumidas o transformadas, para poder desistir del contrato el consumidor tendrá que devolver otro tanto de la misma especie y calidad (*tantundem*) si se trata de cosas fungibles; o restituir el equivalente de las cosas recibidas, es decir, su valor para el momento en que le fueron entregadas[95]. Por lo cual, en esta eventualidad, debido al breve plazo con que contaba el consumidor para desistir, el desistimiento muy probablemente no habría conducido a ningún resultado práctico.

Si el contrato era de prestación de servicios, para que el usuario pudiera retractarse y obtener la devolución de lo pagado, debía restituir aquello en lo que se ha traducido el servicio, o en su defecto pagar el precio del servicio recibido[96], puesto que los servicios no pueden ser objeto de devolución o restitución *in natura*[97].

---

94 Como afirma Gabrielli "las prestaciones ya cumplidas o la actividad preparatoria desplegada viene a quedar desprovista de título" (G. Gabrielli, *Ibíd.*, p. 48).

95 Como afirma García Vicente: "La naturaleza consumible del objeto de la prestación no puede alterar las reglas generales y sus límites: se persigue el restablecimiento de la situación anterior a la celebración del contrato..., pero sin favorecer al consumidor con un enriquecimiento." (José Ramón García Vicente, ob. cit., p. 224).

96 En contra, en la doctrina italiana, Ravera afirma que, en caso de prestación de servicios, no puede ejercitarse el desistimiento por lo que respecta a las prestaciones ya disfrutadas (Enrico Ravera, ob. cit., p. 458).

97 En otras legislaciones, la solución es diferente, así en España el artículo 74.2 de la Ley General para la Defensa de los Consumidores y Usuarios establece que el usuario no tendrá que reembolsar cantidad alguna por el uso del servicio. En defecto de una disposición de este corte, en nuestra legislación no resulta procedente, de acuerdo con los principios generales que gobiernan la obligación de restituir la prestación recibida, considerar que

c. Deterioro de la cosa

El consumidor debía restituir la cosa en el mismo estado en que se encontraba en el momento en que la recibió, salvo el deterioro normal de la cosa. Si la cosa se ha deteriorado, los deterioros eran por cuenta del proveedor. El consumidor no tenía que reembolsar cantidad alguna por la disminución del valor del bien que sea consecuencia de su uso conforme a su naturaleza. Solo si la cosa se ha deteriorado por hecho del consumidor, este conservaba el derecho a retractarse del contrato, pero debía abonarle al proveedor la pérdida de valor causada por el deterioro.

Tampoco tenía el consumidor obligación de indemnizar al proveedor por el desgaste o deterioro de la cosa debido a su prueba –piénsese en el caso de ventas a distancia o por correo electrónico– para tomar una decisión definitiva sobre su adquisición. Desde luego, la buena fe exige que tales pruebas se limiten a lo estrictamente necesario según las circunstancias. Así, se afirma, que para ver si la mesa produce el resultado apetecido en el salón no hace falta utilizarla para cenar; se puede probar el abrigo, pero no vestirlo para comprobar en la calle sus cualidades; el horno se puede encender, programar, etc., pero sin asado adentro, y dichas pruebas no deben impedir que el proveedor, en caso de ejercitarse la facultad de desistimiento, pueda volver a ofrecer el *mismo* objeto[98].

Estas son las reglas generales aplicables a las obligaciones de restitución derivadas del cumplimiento de la condición resolutoria (Código Civil, artículos 1.203 y 1.204). Por tanto, el consumidor debe indemnizar al proveedor los daños y perjuicios ocasionados a la cosa por su culpa, es decir, por no haberla cuidado y conservado con la diligencia propia de un buen padre de familia, que sabe que está obligado a restituirla si se retracta del contrato; si los daños y perjuicios se habían producido en la cosa sin culpa del consumidor, los soportaba el proveedor quien debía restituir el precio íntegro[99].

---

el usuario que pretenda desistir del contrato no esté obligado a restituir al proveedor por equivalente, el valor del servicio prestado.

98 Isabel González Pacanowska, ob. cit., p. 158.

99 El mismo régimen se aplica en caso de deterioro o de daños que sufra la cosa vendida *sub-retro*. Al respecto, véase lo que expongo en mi libro *El retracto convencional*... cit., pp. 69-70.

d. Frutos

El consumidor, a su vez, está obligado a restituir la cosa con los frutos y productos que hubiere percibido desde la fecha en que el proveedor se la entregó[100]. Desde luego, el consumidor tiene el derecho de detraer de los frutos que debe restituirle al proveedor los gastos en que hubiere incurrido para la percepción de dichos frutos (arg.: *ex* art. 553 del Código Civil).

Se plantea la interrogante de si se pueden compensar los frutos de la cosa con los intereses del precio.

La doctrina extranjera se encuentra dividida al respecto[101].

Según algunos autores, por razones de orden práctico debe admitirse la compensación. Se evita así el difícil problema de determinar el monto de los frutos percibidos durante el período en el cual el consumidor tuvo la cosa en su poder[102].

Otros autores, en cambio, sostienen que no cabe admitir la posibilidad de compensar frutos e intereses puesto que ningún texto legal autoriza esta compensación[103]. Por lo cual, el proveedor debía restituir los intereses del precio recibido y el consumidor los frutos pendientes y

---

100 Gino Gorla, *La compravendita e la permuta*, Turín, 1937, p. 162; Doménico Rubino, *La Compravendita*, Giuffrè Editore, Milán, 1971, p. 816.

101 Las citas de la doctrina extranjera que siguen se refieren a la posibilidad de compensar los frutos de la cosa con los intereses del precio con ocasión de las obligaciones de restitución derivadas de la declaratoria con lugar de la acción de nulidad o de la acción redhibitoria de la venta. Pero la misma cuestión se plantea con motivo de la restitución recíproca de las prestaciones en caso de terminación del contrato por el desistimiento del consumidor. Cabe hacer notar, sin embargo, que en atención al brevísimo plazo legal para el ejercicio de este derecho por parte del consumidor, el problema no se presentó en la práctica.

102 Al respecto, véase: R. J. Pothier, *Traités du Contrat de Vente et des Retraits*, Tome III dans les *Oeuvres* de Pothier publiée par M. Siffrein, París, 1821, p. 137; M. Troplong, *Le droit civil expliqué suivant l'ordre des articles du code, depuis et compris le titre de la vente. De la vente, ou commentaire du titre VI du livre III du Code Napoleon",* Tome II, Charles Hingray, Libraire éditeur, Troisième édition, París, 1856, p. 37; C. Aubry y C. Rau, *Cours de Droit Civil Français*, Tome V, Cinquième édition, París, 1907, p. 113, especialmente, nota 16.

103 Al respecto, véase: F. Laurent, *Principios de Derecho Civil*, Traducción castellana, Tomo XXIV, Asociación Editorial Cubano-Mejicana, Méjico y Habana, 1917, p. 324; Ricardo Fubini, *La teoria dei vizi redibitori nel diritto civile e commerciale italiano*, Turín, 1906, p. 341; Luis Tartufari, "De la Venta y Del Reporto", Vol. II, en Bolaffio, Rocco y Vivante, *Derecho Comercial*, Tomo 4°, Traducción castellana de Delia Viterbo de Frieder y Santiago Sentís Melendo, Ediar Editores, Buenos Aires, 1948, p. 138; Gino Gorla, *La compravendita...* cit., p 163.

el valor de los percibidos mientras la cosa estuvo en su poder, sin poder invocarse la compensación.

A nuestro modo de ver, ni el consumidor debe restituir los frutos producidos ni el proveedor los intereses del precio. Razones de equidad imponen la solución de que ninguna de las dos partes deba restituir nada a la otra por estos conceptos, puesto que de no ser así "la cuantía de las restituciones dependería o bien del azar, o si no de la mayor o menos habilidad de uno de los contratantes para colocar sus capitales o para ser fructificar sus bienes, habilidad que aprovecharía a la otra parte"[104]. Además, si el proveedor hubiere actuado de mala fe la restitución de los frutos podría significar premiar su conducta dolosa.

Son pues consideraciones de equidad las que imponen esta solución. Pero no es correcto afirmar, como lo hacen algunos, que esos intereses y esos frutos no tenían que restituirse recíprocamente porque se compensan; ya que la compensación solo opera entre cantidades líquidas y exigibles (Código Civil, artículo 1.333) y solo hasta su concurrencia (Código Civil, artículo 1.332). Son en fin razones fundadas en la equidad las que imponen que así como los frutos de la cosa vendida corresponden al consumidor quien los disfruta y no está obligado a restituirlos, los intereses del precio de la venta corresponden al proveedor quien tampoco debía reintegrarlos[105].

e. Gastos de conservación y gastos útiles

Finalmente, *¿tendrá derecho la parte que desiste del contrato y restituye un bien, a exigir de la otra el pago de los gastos que le ha causado esa cosa y las mejoras que le ha hecho?* Parece ser el criterio general de nuestro Código, cuando se refiere a restitución de bienes, que los *gastos necesarios y útiles*, deben ser reembolsados a quien los hizo, no así los suntuarios (artículo 792 en materia de posesión;

---

104 Henri De Page, *Traité Élémentaire de Droit Civil Belge*, Tome II, Les Principaux Contrats Usuels, Première partie, Bruylant, Bruselas, 1938, p. 749.

105 En el mismo sentido se pronuncia, en la doctrina nacional, el profesor Francisco López Herrera al referirse a la compensación de los frutos con los intereses con ocasión de los efectos restitutorios que entre las partes produce la nulidad de los contratos. (Francisco López Herrera, *La nulidad de los contratos en la legislación civil venezolana*, Empresa "El Cojo" S.A., Caracas, 1952, p. 204).

artículo 1.183 en materia de pago de lo indebido; artículo 1.511 en materia de evicción; artículo 1.544 en materia de retracto). Por consiguiente, deben reembolsarse esos gastos, excepto los suntuarios.

De ahí que el proveedor debía restituir los gastos efectuados por concepto de reparaciones necesarias y por las mejoras que hayan aumentado el valor de la cosa hasta cubrir el importe del aumento (Código Civil, artículo 1.544).

Las reparaciones necesarias, esto es, aquellas que se hacen para conservar la cosa y evitar su perecimiento se reembolsan íntegramente, por razones de equidad y para evitar un enriquecimiento del proveedor a expensas del consumidor.

En cambio, el consumidor no podía reclamar por los gastos útiles, esto es, por los gastos que se realizan para aumentar el valor de la cosa haciéndola más productiva, sino la suma menor entre el monto de las impensas y el mayor valor dado a la cosa (Código Civil, artículo 792)[106]. Desde luego, debido al corto período de tiempo que tenía el consumidor para desistir, en la generalidad de los casos este problema no se presentaba en la práctica.

La restitución de los gastos por concepto de mejoras no comprende los *gastos suntuarios o voluptuarios* que son los que tienen por objeto adornar o embellecer la cosa, y aunque puedan aumentar su valor, no incrementan sus cualidades productivas. Nada podía reclamar el consumidor que desistía del contrato por este concepto, pero podía llevarse los objetos en que se hayan efectuado dichos gastos, siempre y cuando la cosa no sufra deterioro. Si el consumidor consideraba que esto le resultaba demasiado oneroso, sencillamente con no ejercer el derecho de desistir tenía.

---

106 La solución legal es diferente cuando el vendedor rescata la cosa vendida *sub-retro* en cuyo caso el vendedor está obligado a reembolsarle al comprador *las mejoras*, esto es, los gastos que se realizan para aumentar el valor de la cosa haciéndola más productiva, por el importe del mayor valor que haya adquirido la cosa (Código Civil, artículo 1544). A los efectos del reembolso de las mejoras cuando se ejercita el retracto convencional, poco importa que el monto del gasto sea superior o inferior al incremento de valor. El vendedor está siempre obligado a restituir el aumento de valor, independientemente de que el mismo exceda o no a las cantidades desembolsadas por el comprador para realizar dichas mejoras. Si el vendedor encuentra que el monto de la restitución es demasiado oneroso, sencillamente con no ejercer el rescate tiene. Al respecto, véase: Enrique Urdaneta Fontiveros, *El retracto convencional...* cit., p. 66.

f. Imposibilidad de devolver la cosa por parte del consumidor

Como indicamos en su oportunidad, el desistimiento que puede ejercitar el consumidor *ex* artículo 73 de la LEDEPABIS es una condición resolutoria potestativa a la que se encuentra sometido el contrato de adhesión celebrado (*supra*, Nº VII). Por consiguiente, aplicando las soluciones que aporta la teoría de los riesgos en las obligaciones de dar sometidas a condición resolutoria, si la cosa perecía o se perdía durante el plazo que tenía el consumidor para desistir, el riesgo del perecimiento o de la pérdida fortuita lo soportaba el comprador bajo condición resolutoria quien no puede pedir la devolución del precio (arg. e*x*. art. 1.203 del Código Civil)[107]. La pérdida fortuita la sufría pues el consumidor quien no tiene derecho a la restitución de las cantidades pagadas[108].

Pero si la cosa se deterioraba fortuitamente antes del ejercicio del derecho de desistimiento, era el proveedor quien corría con el riesgo del deterioro y tiene que restituir el precio íntegro (*supra*, Nº X,2,2.2,c). Por tanto, frente a un consumidor diligente, era el proveedor quien soportaba el riesgo del deterioro de la cosa durante el plazo que disponía el consumidor para desistir.

---

[107] Al respecto, véase: Henri Mazeaud, Léon Mazeaud, Jean Mazeaud y François Chabas, *Leçons de Droit Civil*, (Tome II, Premier Volume), (Obligations. Théorie Générale), Montchrestien, París, 1998, p. 1021, especialmente, la nota 2 y la jurisprudencia francesa allí citada. Cabe hacer notar que si bien el artículo 1.203 del Código Civil se refiere a los efectos que produce el cumplimiento de la *condición suspensiva* respecto de los riesgos, se admite que los efectos de la condición resolutoria cumplida son inversos a los que produce la condición suspensiva cumplida. En la doctrina nacional, véase: Eloy Maduro Luyando y Emilio Pittier Sucre, *Curso de Obligaciones, Derecho Civil III*, Tomo I, Universidad Católica Andrés Bello, Caracas, 2009, p. 323; José Mélich-Orsini, *Doctrina General*... cit., p. 806; José Alberto Zambrano Velasco, *Teoría General de la Obligación* (Parte General de las Obligaciones), Caracas, 1985, p. 497.

[108] No existía en la LEDEPABIS una disposición similar al artículo 75 de la Ley General para la Defensa de los Consumidores y Usuarios española según la cual cuando el consumidor no pueda devolver la prestación recibida por una causa extraña no imputable, tendrá no obstante el derecho a obtener del empresario la devolución del precio. De acuerdo con esta disposición es el empresario quien soporta los riesgos del contrato puesto que se le permite siempre al consumidor desistir obteniendo la restitución del precio pagado, sin tener que devolver la prestación perdida fortuitamente. En nuestra legislación, en ausencia de una disposición similar, en caso de imposibilidad de restituir la prestación tienen que aplicarse los principios generales que resultan de la aplicación de la teoría de los riesgos en las obligaciones de dar sometidas a condición resolutoria, tal y como se indica en el texto.

Ahora bien, de acuerdo con los principios generales aplicables a la obligación de restituir cosas, si después de ejercido el desistimiento desaparece por caso fortuito o fuerza mayor el bien que debe restituir una de las partes, su obligación se extingue (Código Civil, artículo 1.344).

A su vez, en atención a la interdependencia o reciprocidad de las prestaciones de las partes, si una de ellas no puede cumplir su obligación por causa extraña no imputable, no puede obligar a su contraparte a ejercitar su propia prestación[109]. De ahí que, por aplicación del Derecho común, el hecho de no poder el consumidor devolver la prestación recibida le impedía reclamar la devolución del precio pagado. Y si lo hiciere, el proveedor podía negarse a restituirlo porque al haberse extinguido la obligación del consumidor por causa extraña no imputable, la obligación recíproca del proveedor se extinguía por la interdependencia que guardaba con aquella. Sería injusto que el contratante que no recibe la contraprestación, quede obligado a cumplir con la suya.

Desde luego, una vez ejercitado el desistimiento y antes de la devolución, el consumidor tiene el deber de conservar la cosa como un buen padre de familia y, por ende, respondía de la pérdida que le era imputable con arreglo a las reglas generales.

Por último, si la obligación del consumidor consiste en la restitución de una cosa cierta y determinada, él se libera entregándola en el estado en que se encuentre al momento de la entrega, siempre que los deterioros sobrevenidos no se deban a su dolo o culpa, o al dolo o culpa de las personas de que el sea responsable, y siempre que el consumidor no esté constituido en mora antes de ocurrir los deterioros (Código Civil, artículo 1.293); pero cuando se trata de cosas *in genere* el consumidor cumple con su obligación de restituir, devolviendo una cosa de calidad media, sin que esté obligado a devolver una de la mejor calidad, ni pueda tampoco devolver una de la peor (Código Civil, artículo 1.294).

Tales son los principios generales que gobiernan la materia.

---

[109] Jacques Ghestin, avec le concour de Marc Billau, "Les obligations - Les effets du contrat", en *Traité de Droit Civil*, Tome III, L.G.D.J., París, 1992, pp. 508-509; Henri Mazeaud, Léon Mazeaud, Jean Mazeaud y François Chabas, ob. cit., (Tome II. Premier Volume.), pp. 1162-1163; Henri De Page, ob. cit., Tome II. N° 843, p. 766; Eloy Maduro Luyando y Emilio Pittier Sucre, ob. cit., Tomo II, p. 954; José Mélich-Orsini, *Doctrina General...* cit., pp. 787-790.

2.3. Restitución del precio por el proveedor

En caso de que el consumidor ejercite oportunamente el derecho de retractarse del contrato de adhesión celebrado, dice el artículo 73 de la LEDEPABIS, le será restituido el precio cancelado dentro de los siete días siguientes a partir de la fecha de la manifestación de su voluntad.

De donde resulta que cuando el consumidor hubiere ejercido el derecho de desistimiento, el proveedor estaba obligado a devolverle las cantidades pagadas en concepto de precio. La devolución de estas sumas, por supuesto, debía hacerse lo más pronto posible y, en cualquier caso, dentro de los siete días siguientes a la fecha en que el consumidor notificó al proveedor su decisión de retractarse del contrato. Ya hemos dicho que el desistimiento es un negocio jurídico unilateral recepticio; por lo cual, solo existe y produce sus efectos cuando llega al conocimiento del destinatario o proveedor.

La doctrina extranjera considera que el *dies a quo* de este plazo de siete días es el día en que el consumidor restituyó efectivamente el bien, y no la fecha en que haya ejercitado su derecho de desistimiento, porque de otra manera el consumidor podría reclamar la devolución de las sumas abonadas sin haber restituido el producto, lo que no se ajustaría al principio general de la reciprocidad y simultaneidad que rige la restitución de ambas prestaciones[110]. Nos parece razonable este criterio.

En todo caso, el plazo de que disponía el proveedor para restituir el precio recibido, como se dijo, debía ser lo más corto posible sin que su reembolso pueda dilatarse más de siete días. Si transcurría dicho plazo y el consumidor no había recibido la suma adeudada, este podía exigir el pago de los intereses moratorios correspondientes, los cuales consisten en el pago de los intereses convenidos, y a falta de convenio, en el interés legal, salvo disposiciones especiales (arg. *ex* art. 1.277 del Código Civil)[111]. De *lege ferenda*, convendría contemplar que transcu-

[110] Iris Beluche Rincón, ob. cit., p. 91; Mario E. Clemente Meoro, ob. cit., p. 176.

[111] En otros ordenamientos la solución legal es diferente. Así, de acuerdo con el artículo 76 de la Ley General para la Defensa de los Consumidores y Usuarios española "transcurrido dicho plazo sin que el consumidor o usuario haya recuperado la suma adeudada, tendrá derecho a reclamarla duplicada, sin perjuicio de que además se le indemnicen los daños y perjuicios que se le hayan causado en lo que excedan de dicha cantidad".

rrido el plazo sin que el proveedor hubiere efectuado la restitución a que tiene derecho el consumidor, este tendrá derecho a reclamarla duplicada (*daños punitivos*).

En relación con la restitución del precio, debe tenerse en cuenta, en primer lugar, que la LEDEPABIS de 2010 se refiere al derecho que tiene el consumidor de que se le restituya el *precio cancelado*. No habla del valor del bien sino del precio cancelado. Por consiguiente, se trata de una obligación pecuniaria y no de una deuda de valor a cargo del proveedor predisponente. No había que atender pues para reembolsar el precio al valor que la cosa comprada tenga en el momento del desistimiento[112]. Por lo cual, no podía el consumidor, quien por lo demás podía elegir entre desistir del contrato o no, pretender la restitución de un precio mayor alegando que la cosa había aumentado de valor. Tampoco podía el proveedor pretender restituir un precio inferior con base en una disminución del valor de la cosa.

Pero adicionalmente, como el artículo 73 de la LEDEPABIS alude al derecho del consumidor a recibir la devolución del *precio cancelado* y no a la devolución de las sumas o cantidades pagadas o abonadas, el proveedor solo estaba obligado a restituir las cantidades recibidas en concepto de precio y no otras como, por ejemplo, los gastos de la venta que hubieran sido sufragados por el consumidor. Que el precepto no se refiera a la devolución de las "sumas abonadas" por el consumidor sino a la devolución del precio suponía que el proveedor no estaba obligado a devolver aquellas cantidades recibidas en concepto distinto al de precio, como pueden ser los gastos de entrega y transporte.

Ahora bien, como el ejercicio del derecho de desistimiento es gratuito y no puede acarrear ninguna penalidad para el consumidor (*supra*, N°s VIII,7 y IX,6), el proveedor está obligado a reintegrarle el importe total del precio satisfecho, sin que tal cantidad pueda verse reducida por el descuento de ningún gasto, salvo los gastos de entrega o instalación en que haya incurrido el proveedor en aquellos casos en los cuales el bien entregado tenga características idénticas a las establecidas en

112 La solución legal difiere de la contemplada en la ley para otros supuestos en los que procede la obligación de restituir el precio, donde el consumidor tiene el derecho a que se le restituya "el monto equivalente al *precio actual* del bien u objeto del servicio" (LEDEPABIS, artículo 85).

el respectivo contrato de adhesión (LEDEPABIS, artículo 73, segundo párrafo). Como norma general, el proveedor no podía pues hacer retenciones por gastos ni por ningún otro concepto.

Por consiguiente, el vendedor debía restituir el precio íntegro sin poder compensar las cantidades que le sean debidas las cuales, por lo demás, difícilmente podrán considerarse líquidas a estos efectos (Código Civil, artículo 1.333), pudiendo exigirlas solo *a posteriori*. El artículo 73 de la LEDEPABIS es absolutamente claro al respecto. Únicamente pueden descontarse del monto a ser restituido, cuando el bien entregado o servicio prestado tenga características idénticas a las que fueron pautadas en el contrato de adhesión, los gastos en que haya incurrido el proveedor en la entrega e instalación del bien o servicio, siempre y cuando dichos gastos se hayan hecho constar en el respectivo presupuesto o factura.

Por último, la restitución debe hacerse en dinero líquido en la misma forma (efectivo o tarjeta de crédito) como lo pagó el consumidor. Por consiguiente, no podía el proveedor imponerle al consumidor recibir la devolución del precio pagado en "vales" a canjear o gastar en la misma tienda, establecimiento o cadena comercial, ni bajo la modalidad de "cambio por otros productos"[113]. Ello implicaría una vulneración de los derechos de los consumidores quienes en caso de desistimiento del contrato de adhesión celebrado tenían derecho a obtener del proveedor el reintegro de las cantidades entregadas en concepto de precio, exactamente como fueron pagadas.

3. Efectos del desistimiento sobre los contratos de crédito al consumo

Con frecuencia los consumidores adquieren financiamiento para comprar o adquirir un bien o servicio. Se plantea el problema de la incidencia que tiene el ejercicio del derecho de desistimiento del contrato de adquisición por el consumidor, sobre el contrato suscrito para financiar la respectiva compra o adquisición. Cuando el consumidor que desiste hubiere obtenido un crédito para hacer frente al pago del precio *¿qué suerte corre el contrato de crédito obtenido para el pago del precio?*

---

113 Ignacio Gallego Domínguez, ob. cit., p. 1295.

En algunas Directivas de la Comunidad Europea (hoy Unión Europea), se establece que en caso de ejercicio del derecho de desistimiento con relación al contrato principal, quedan igualmente resueltos los contratos de préstamo concedidos por el propio proveedor o por un tercero concertado con el proveedor[114]. En tal caso, cuando el prestamista sea el propio proveedor o un tercero que actúa concertado con él, el ejercicio del derecho de desistimiento lleva implícita la resolución automática de ese crédito vinculado al contrato sin que el consumidor haya de soportar ninguna pena o gravamen.

La finalidad es clara. Se persigue evitarle al consumidor que se retracte del contrato los daños y perjuicios derivados de la subsistencia de un contrato de préstamo celebrado para financiar la respectiva adquisición del bien o servicio que, finalmente, queda sin efecto[115]. De esta forma el contrato de financiamiento puramente instrumental de la operación principal queda igualmente desprovisto de eficacia, de un modo automático, como consecuencia del ejercicio del desistimiento respecto de la operación principal.

A nuestro modo de ver a la misma solución puede llegarse en el Derecho venezolano.

La doctrina nacional admite que cuando el contrato que se da por terminado por voluntad de una de las partes está enlazado causalmente

---

114 Al respecto, véase: Directiva 94/47/CE del 26 de octubre de 1994 (hoy derogada) del Parlamento Europeo y del Consejo relativa a la protección de los adquirentes en lo referente a determinados aspectos de los contratos de adquisición de un derecho de utilización de inmuebles en régimen de tiempo compartido (artículo 7); Directiva 97/7/CE del 20 de mayo de 1997 del Parlamento Europeo y del Consejo relativa a la protección de los consumidores en materia de contratos a distancia (artículo 6.4); Directiva 2008/122/CE del 14 de enero de 2008 del Parlamento Europeo y del Consejo sobre protección de los consumidores con respecto a determinados aspectos de los contratos de aprovechamiento por turno de bienes de uso turístico, de adquisición de productos vacacionales de larga duración, de reventa y de intercambio (artículo 11.2). En la misma dirección, de acuerdo con el artículo 77 Ley General para la Defensa de los Consumidores y Usuarios española "cuando en el contrato para el que se ejercite el derecho de desistimiento el precio a abonar por el consumidor o usuario haya sido total o parcialmente financiado mediante un crédito concedido por el empresario contratante o por parte de un tercero, previo acuerdo de este con el empresario contratante, el ejercicio del derecho de desistimiento implicará al mismo tiempo la resolución del crédito sin penalización alguna para el consumidor o usuario".

115 Leonor Aguilar Ruiz, *La protección legal del consumidor de crédito,* Valencia, 2001, p. 175.

con otro contrato, de modo que ambos constituyan una indivisibilidad jurídica, la terminación se extiende al otro contrato[116].

Ahora bien, es evidente que existe una conexión causal entre la adquisición de un bien de consumo y el contrato de préstamo celebrado para financiar dicha adquisición, tanto más cuanto que el destino de los fondos provenientes del préstamo está atado a la respectiva adquisición al punto que esta situación determina un enlace funcional del contrato de financiamiento con el contrato de compra-venta. El enlace o coligamento contractual por la causa se configura cuando, por ejemplo, el proveedor y el consumidor han convenido en la venta a crédito de un bien con financiamiento proveniente del propio vendedor o de un tercero que conviene en suministrar los fondos precisamente para que el consumidor pueda efectuar la adquisición del bien en cuestión. Si del contrato de préstamo resulta que el motivo determinante del consentimiento del consumidor prestatario es adquirir con los fondos prestados un bien determinado estando, por supuesto, consciente de ello el prestamista; ese motivo entra a formar parte de la causa del contrato. No hay duda pues que estamos ante una conexión funcional de contratos, es decir, ante dos contratos vinculados por la causa: el contrato de adquisición de un bien o servicio y el contrato para financiar dicha operación.

La ausencia sobrevenida de causa produce la ineficacia del contrato (arg. *ex* art. 1.157 del Código Civil). Pues bien, la resolución del contrato de crédito deriva de la ausencia sobrevenida de causa del mismo que es precisamente la compra del producto o la adquisición del servicio del que se desiste.

Por lo antes expuesto, el desistimiento del contrato de compraventa o de prestación de servicios ex artículo 73 de la LEDEPABIS de 2020 debía traer como consecuencia la terminación del respectivo contrato de crédito. Y ello debía hacerse sin cargo alguno para el consumidor. En efecto, el principio general según el cual el desistimiento no debe acarrear penalidad alguna para el consumidor (*supra*, N°s VIII,7 y IX,6) regía incluso cuando el contrato de adhesión celebrado coexistía

[116] James-Otis Rodner, *Los contratos enlazados. El subcontrato*, Academia de Ciencias Políticas y Sociales, Asociación Venezolana de Derecho Privado, Serie Estudios, Nº 77, Caracas, 2008, pp. 44 y 106.

con un contrato accesorio de crédito enlazado causalmente con aquel. Lo contrario comportaría una limitación al ejercicio del derecho de desistimiento que permitiría incluso eludir este mecanismo protector del consumidor. En fin, lo que se perseguía era que el ejercicio del derecho de desistimiento por justa causa que corresponde al consumidor no encontrara obstáculos de ninguna especie.

La resolución del crédito dará lugar a la restitución por el consumidor de las cantidades prestadas. Si el crédito provenía del proveedor, procedía la compensación con su obligación de devolver al consumidor o usuario el precio recibido. Tratándose de un tercero nada impedía al proveedor restituir directamente las sumas pagadas al financista en lugar de restituírselas al consumidor para que este se las devolviera a aquel[117].

XI. DESISTIMIENTO Y ACCIONES QUE CORRESPONDEN AL CONSUMIDOR DE ACUERDO CON EL DERECHO COMÚN

La falta de ejercicio del derecho de desistimiento en el plazo fijado o su ejercicio incorrecto no impide el posterior ejercicio de las acciones que correspondan al consumidor conforme al Derecho común. El derecho a desistir del contrato de adhesión celebrado no era en modo alguno incompatible con las acciones de nulidad o resolución, o con la acción de saneamiento por evicción o vicios ocultos, o con otros recursos que pudiera hacer valer el consumidor como, por ejemplo, la acción de cumplimiento, las acciones indemnizatorias por daños y perjuicios, etc.

El derecho de desistimiento no supone pues una restricción de los medios defensivos o de las acciones ordinarias con que cuenta el consumidor de acuerdo con el Derecho común. Antes por el contrario, las disposiciones de la LEDEPABIS que atribuían al consumidor el derecho a desistir del contrato se integran, como el resto de las disposiciones protectoras del consumidor, en el régimen general del Derecho común (arg. *ex* arts. 8 <numerales 11 y 18> y 74 <numeral 10> de la LEDEPABIS). No debe olvidarse que los contratos con los consumidores en todo lo

[117] Mario E. Clemente Meoro, ob. cit., p. 183.

que no esté expresamente establecido en la legislación especial se rigen por las disposiciones legales aplicables a los contratos en general[118].

Desde luego, en atención a los gastos que implican, hay que suponer que el consumidor, como regla general, no ejercerá las acciones de nulidad o resolución, si dispone aún del derecho de desistimiento, pero esto no quiere decir que el consumidor no pueda –si así lo desea– desde la fecha de la celebración del contrato y todavía en vigor el derecho a desistir interponer cualquier otra acción, puesto que la ley no establecía ni establece un orden de prelación entre los mecanismos de defensa del consumidor.

De la misma manera, la falta de ejercicio del derecho de desistimiento tampoco impedía al consumidor hacer exigibles las garantías del proveedor conforme a lo dispuesto en el artículo 82 de la LEDEPABIS y obtener la reparación del bien o, en su caso, su restitución o la devolución de la cantidad pagada a su valor actual de acuerdo con el artículo 80 *ejusdem*.

XII. INFRACCIÓN DEL DERECHO DE DESISTIMIENTO

El desconocimiento por parte del proveedor del derecho de desistimiento y de sus efectos era una infracción administrativa sancionable conforme a lo dispuesto en el artículo 126 de la LEDEPABIS, en concordancia con el artículo 8 (numeral 13) *ejusdem*.

Además, eran nulas las cláusulas o estipulaciones de los contratos de adhesión que impliquen la renuncia del derecho a desistir del contrato que la ley reconocía a los consumidores o que limiten su ejercicio (LEDEPABIS, artículo 74, numeral 2).

Sin perjuicio de lo antes expuesto, en aquellos casos en los cuales el consumidor tenía derecho a desistir del contrato y hubiere ejercitado el derecho de desistimiento cumpliendo con todos los requisitos legales, en caso de negativa del proveedor a admitir el desistimiento, el consumidor podía acudir para resolver el fondo del asunto a los tribunales de justicia (arg.: *ex* art. 8 <numeral 11> de la LEDEPABIS de 2010) (*supra*, Nº IX,7).

---

[118] Para un detenido examen de las relaciones entre el Derecho del consumo y la teoría general del contrato, véase: Nathalie Rzepecki, ob. cit., pp. 409 a 582.

CONSIDERACIONES SOBRE LAS CLÁUSULAS ARBITRALES ESCALONADAS*

SUMARIO

* Este trabajo fue publicado como parte del Libro Homenaje al doctor Pedro Nikken, Coordinadores Allan R. Brewer-Carías y Carlos Ayala Corao, Academia de Ciencias Políticas y Sociales, Caracas, 2021.

I. CONCEPTO Y PRINCIPIOS GENERALES

Con frecuencia las partes incluyen en sus contratos una cláusula de solución de disputas en la que se establece una negociación, una mediación o algún otro mecanismo de resolución de conflictos como paso previo al arbitraje. Tales cláusulas se conocen como cláusulas arbitrales "escalonadas", cláusulas de resolución de conflictos de varios niveles o cláusulas en cascada[1]. El carácter escalonado hace referencia a la circunstancia de que las partes convienen en escalar la resolución de la disputa a la siguiente etapa una vez que se ha intentado o se ha agotado sin éxito el mecanismo establecido en el escalón anterior[2].

Las cláusulas arbitrales escalonadas son pues estipulaciones mediante las cuales las partes acuerdan acudir a un mecanismo alterno de resolución de conflictos como paso previo al inicio de un procedimiento arbitral. Ese paso o escalón previo suele ser una negociación directa entre las partes, una mediación o una combinación de estos mecanismos. Aunque usualmente las partes contemplan una sola fase prearbitral, nada impide que contemplen un número mayor o una combinación de varias fases o etapas.

La *negociación* es un mecanismo no adversarial que consiste en un procedimiento voluntario, usualmente informal, al que los contratantes recurren para lograr un acuerdo mutuamente aceptable sin la intervención de un tercero neutral. Las ventajas de la negociación son ampliamente conocidas: carácter voluntario, económico, usualmente informal con muy poco riesgo para el contratante que no esté conforme de cómo se lleva a cabo.

---

1 En inglés estas cláusulas son denominadas *multi-step dispute resolution clauses* aunque reciben también otros nombres como *multi-tiered dispute resolution clauses, dispute escalation clauses, multi-step alternative dispute resolution clauses, cascade clauses, ADR first clauses o integrated dispute resolution clauses.* Al respecto, véase: Carolina Macho Gómez, "Los ADR 'alternative dispute resolution' en el comercio internacional", en *Cuadernos de Derecho Transnacional,* Octubre 2013, Vol. 5, N° 2, p. 427. Disponible en: https://e-revistas.uc3m.es/index.php/CDT/article/view/1828, consultado en fecha 20 de noviembre de 2020.

2 Ana Fernández Pérez, "Cláusulas escalonadas multifunción en el arreglo de controversias comerciales internacionales", en *Cuadernos de Derecho Transnacional,* Marzo 2017, Vol. 9, N° 1, p. 106. Disponible en: https://e-revistas.uc3m.es/index.php/CDT/article/view/3615, consultado en fecha 21 de noviembre de 2020.

La *mediación*, en sentido amplio, es un sistema de negociación asistida en la cual un tercero neutral facilita las negociaciones entre las partes. Su función consiste en ayudar a las partes en su intento por lograr un acuerdo.

Aunque con frecuencia se establecen diferencias entre mediación y conciliación, en esta exposición utilizaré indistintamente estos términos para referirme a un procedimiento en el cual una tercera persona sin tener facultades ni atribuciones decisorias de ninguna especie colabora en la negociación que las partes llevan a cabo ayudándolas a resolver el conflicto. En tal sentido, seguimos la orientación de la Ley Modelo de la Comisión de Naciones Unidas para el Derecho Mercantil Internacional (CNUDMI/UNCITRAL) de 2018 sobre Mediación Comercial Internacional y Acuerdos de Transacción Internacionales Resultantes de la Mediación[3], cuyo artículo 1.3 entiende por mediación "todo procedimiento, ya sea que se designe con el término mediación, conciliación u otro de sentido equivalente, en que las partes soliciten a un tercero o terceros ("el mediador") que les presten asistencia en su intento de llegar a un arreglo amistoso de una controversia derivada de una relación contractual u otro tipo de relación jurídica o vinculada a ellas"[4]. Asimismo, el articulo 1(3) del Reglamento de Conciliación y Arbitraje del Centro Empresarial de Conciliación y Arbitraje (CEDCA)[5] utiliza los términos conciliación y mediación como intercambiables.

Aunque en el comercio internacional la negociación directa o asistida es el mecanismo alternativo comúnmente empleado por las partes

3 Ley Modelo de la CNUDMI sobre Mediación Comercial Internacional y Acuerdos de Transacción Internacionales Resultantes de la Mediación de 2018. Disponible en: https://uncitral.un.org/sites/uncitral.un.org/files/annex_ii_-_s.pdf, consultado en fecha 10 de noviembre de 2020.

4 *Ídem*. Esta Ley Modelo modificó la Ley Modelo de la CNUDMI sobre Conciliación Comercial Internacional de 2002 que utilizaba el término conciliación en el entendimiento de que los términos "conciliación" y "mediación" eran intercambiables. Al modificar la Ley Modelo, la Comisión decidió utilizar en cambio el término "mediación", procurando adaptarse al uso que se hace de él en la práctica, y en la expectativa de que ese cambio facilitara la promoción de la Ley Modelo y aumentara su relevancia. Este cambio en la terminología no tiene consecuencias de fondo ni conceptuales.

5 Reglamento de Conciliación y Arbitraje del Centro Empresarial de Conciliación y Arbitraje del 2020. Disponible en: https://cedca.org.ve/wp-content/uploads/2020/03/RCEDCA-2020.-Versión-14-01-2020-Con-Código-de-ética-Nuevo.pdf, consultado en fecha 13 de noviembre de 2020.

como paso o escalón previo al arbitraje (o al litigio), ello no significa que no se utilicen otros métodos alternativos de resolución de controversias que gozan de características propias que los hacen más adecuados para resolver determinadas disputas. Entre ellos cabe mencionar la evaluación neutral (*neutral evaluation*), la determinación de los hechos (*fact finding*), la adjudicación (*adjudication*), el peritaje (*expert determination*), las juntas de revisión de controversias (*dispute review boards*) y el mini-proceso (*mini-trial*)[6].

En cualquier caso, en los métodos antes mencionados son las propias partes las que establecen la solución para la controversia, ya sea de manera particular o utilizando un medio alternativo de solución de conflictos. Son, por tanto, *métodos* denominados *autocompositivos* mediante los cuales las partes de manera voluntaria solucionan el conflicto. Cuando interviene un tercero, su actuación se limita a facilitar el diálogo entre las partes sin adoptar decisiones vinculantes para ellas.

En cambio, el arbitraje es un *método heterocompositivo* de solución de controversias porque (al igual que en el litigio) es un tercero (árbitro o juez) el que va a resolver el conflicto planteado entre las partes por medio de una resolución con efecto de cosa juzgada (laudo). La solución es, por tanto, impuesta a las partes por un tercero mediante una decisión obligatoria y vinculante.

Ahora bien, en la práctica, los contratantes combinan, generalmente mediante cláusulas escalonadas de resolución de conflictos, ambos métodos procurando primero resolver sus diferencias de manera voluntaria y amistosa; y luego, para el caso de que no se logre de esta forma poner fin a la controversia, contemplan su resolución mediante otros procedimientos que no dependen de la voluntad de las partes. Cuando las partes pactan una cláusula arbitral escalonada, el arbitraje se concibe generalmente como una herramienta subsidiaria, utilizable cuando no se logra solucionar el conflicto mediante los escalones anteriores. Se deja pues el arbitraje como procedimiento de último recurso para resolver los problemas futuros, previendo que no siempre será posible poner fin a la controversia mediante una negociación directa o asistida.

6 Para un examen detallado estos métodos alternativos de solución de disputas, véase: Carolina Macho Gómez, ob. cit., *passim*.

El objetivo de las cláusulas escalonadas de arbitraje es siempre el mismo: resolver de la manera más amistosa posible, en forma breve y menos costosa, la controversia entre las partes preservando la relación comercial entre ellas, lo que es particularmente útil sobre todo cuando se trata de contratos de ejecución sucesiva o contratos complejos de larga duración como, por ejemplo, los contratos de construcción.

En la contratación comercial internacional es cada vez más frecuente le utilización de estos esquemas escalonados de resolución de controversias. Algunos casos famosos donde se discutió la aplicación de cláusulas arbitrales judiciales escalonadas incluyen la construcción del Eurotúnel y la construcción del aeropuerto de Hong Kong. El proyecto del Eurotúnel contempló un procedimiento de dos niveles en caso de controversia: en el primer nivel intervendría un panel de tres expertos independientes que adoptaría una decisión por escrito dentro de los 90 días y, si alguna de las partes no estaba de acuerdo con la decisión de los expertos, se podía comenzar un procedimiento de arbitraje. En el proyecto del aeropuerto de Hong Kong se fijó un procedimiento de solución alternativo de cuatro niveles: la decisión de un ingeniero independiente, la mediación, la adjudicación por medio de un procedimiento formal de prueba con una decisión por escrito dentro de los 42 días y, por último, el arbitraje. También se incluyeron cláusulas escalonadas de arbitraje para resolver conflictos futuros en los proyectos para la construcción del canal de Panamá y la construcción de la carretera central de Boston[7].

Como la mayoría de los ordenamientos carecen de una legislación especial que regule la materia, se admite que las partes en ejercicio de la autonomía de la voluntad pueden, al menos en principio, establecer las cláusulas escalonadas que deseen y optar por el método de solución de disputas que estimen más conveniente, siempre y cuando con ello no infrinjan disposiciones en cuya observancia están interesados el orden público o las buenas costumbres[8]. Por supuesto, el acuerdo de recurrir

---

7 Ernesto Talamás, "Las cláusulas escalonadas en el arbitraje", en *El Mundo del Abogado*, Centro de Estudios Avanzados de las Américas, México, 2015. Disponible en: https://issuu.com/elmundodelabogado_/docs/193_2015_mayo/5, consultado en fecha 05 de diciembre de 2020.

8 Cabe hacer notar, sin embargo, que en algunos países como, por ejemplo, en Colombia las cláusulas escalonadas que establecen la necesidad de cumplir con pasos previos para dar

a un método alterno de solución de controversias no será permisible cuando contemple un obstáculo insuperable a las partes para iniciar el procedimiento arbitral.

Numerosos centros internacionales de arbitraje como la Cámara de Comercio Internacional (CCI) contemplan en sus reglamentos mecanismos alternos de resolución de controversias previos al arbitraje y establecen reglas para facilitar el arreglo rápido y amistoso de la controversia. Así, los Reglamentos de Arbitraje y de Mediación de la Cámara de Comercio Internacional prevén que las partes pueden someter sus controversias a arbitraje o mediación, o a ambos, para lo cual dichos Reglamentos establecen cláusulas escalonadas modelo[9]. Del mismo modo la Asociación Americana de Arbitraje (AAA) y el Centro Internacional para la Resolución de Disputas (CIRD) han establecido cláusulas escalonadas modelo para la solución de disputas[10]. El Reglamento del Centro de Arbitraje y Mediación Comercial para las Américas (CAMCA) también trae una cláusula mediación-arbitraje modelo[11]. En Venezuela, el Centro Empresarial de Conciliación y Arbitraje (CEDCA) también ofrece una cláusula Med-Arb modelo[12].

inicio a un procedimiento judicial o arbitral carecen de validez y eficacia por considerarse que impiden el acceso a la justicia, lo que ha sido severamente criticado por la doctrina. Al respecto, véase: Luis María Brito Nieto, "El dilema de las cláusulas escalonadas en Colombia", en *Revista de Derecho*, Vol. XXXII, Nº 2, Valdivia, 2019. Disponible en: https://www.revistaderechovaldivia.cl/index.php/revde/article/view/1149, consultado en fecha 5 de diciembre de 2020.

9 Reglamento de Arbitraje de la Cámara de Comercio Internacional vigente a partir del 1 de marzo de 2017. Disponible en: https://iccwbo.org/content/uploads/sites/3/2017/03/ICC-2017-Arbitration-and-2014-Mediation-Rules-spanish-version.pdf, consultado en fecha 9 de noviembre de 2020; Reglamento de Mediación de la Cámara de Comercio Internacional vigente a partir del 1 de enero de 2014. Disponible en: https://iccwbo.org/content/uploads/sites/3/2017/03/ICC-2017-Arbitration-and-2014-Mediation-Rules-spanish-version.pdf, consultado en fecha 9 de noviembre de 2020.

10 Las cláusulas modelos de la AAA y de la CIRD se encuentran disponibles en: https://www.adr.org/Clauses; https://www.icdr.org/clauses, consultados en fecha 14 de diciembre de 2020.

11 La cláusula modelo del CAMCA se encuentra disponible en: https://www.intracen.org/Clausulas-Centro-de-Arbitraje-Comercial-y-de-Mediacion-para-las-Americas-CAMCA/, consultado en fecha 5 de diciembre de 2020.

12 La cláusula modelo del CEDCA se encuentra disponible en: https://cedca.org.ve/clausula-arbitral-modelo/, consultado en fecha 5 de diciembre de 2020.

II. ALGUNOS INTERROGANTES

Cuando existe una cláusula escalonada de arbitraje se plantean, entre otros, los siguientes interrogantes: ¿Es obligatorio o no agotar los escalones previos antes de iniciar el procedimiento arbitral? ¿Qué efectos produce el incumplimiento de la fase de negociación o mediación? ¿Si se da comienzo al arbitraje sin cumplir con la fase previa, tienen jurisdicción los árbitros para conocer de la controversia? ¿Tiene el Tribunal Arbitral que declararse incompetente *ratione temporis,* o debe rechazar la demanda por inadmisible, o suspender el procedimiento arbitral para permitir a las partes subsanar o remediar el incumplimiento de las etapas o fases previas? ¿Es subsanable ese incumplimiento? ¿Es ejecutable forzosamente el pacto de negociar con anterioridad al inicio del arbitraje? ¿Se puede condenar a la parte incumplidora a pagar daños y perjuicios? ¿Cómo se determinan en tal caso los daños y perjuicios? ¿Puede admitirse la nulidad del laudo arbitral por no haberse cumplido con los escalones previos?

Estas son cuestiones que, en definitiva, van a depender de la ley de la sede del arbitraje o de *lex loci arbitri.* De ahí que sea importante conocer dicha ley y cómo los tribunales locales han enfocado estos temas sobre todo cuando los mismos no se encuentran claramente resueltos en la respectiva legislación o en el reglamento sobre arbitraje aplicable.

En el transcurso de esta exposición me referiré, en forma sumaria, a estas cuestiones.

III. CLÁUSULAS ARBITRALES ESCALONADAS FACULTATIVAS Y OBLIGATORIAS

Las partes pueden convenir que la fase autocompositiva de carácter previo sea meramente facultativa o hacerla obligatoria. La primera posibilidad, es decir, tratar los escalones previos como simplemente facultativos, aparte de que puede convertir la cláusula arbitral en una cláusula patológica, en realidad, carece muchas veces de sentido y eficacia ya que no es necesario que las partes convengan anticipadamente en que podrán tratar de lograr una solución negociada del conflicto antes de dar inicio al procedimiento arbitral. Aunque no se haya convenido de antemano, es obvio que siempre va a ser posible que ellas no den comienzo o que suspendan el arbitraje mientras consideran y discuten las posibilidades de llegar a un arreglo el cual, por supuesto, si se logra detiene el arbitraje. De manera que las partes pueden negociar o someter a mediación sus controversias en cualquier momento, aun en el caso de que no exista una cláusula que contemple las negociaciones o la mediación como medio de solución de disputas. De hecho, es común que las partes en conflicto encuentren que la negociación o mediación es particularmente efectiva cuando es previa a una audiencia arbitral.

1. Clases de cláusulas escalonadas obligatorias

Las cláusulas arbitrales escalonadas pactadas como obligatorias pueden ser muy variadas. Desde aquellas tan sencillas mediante las cuales las partes se obligan a utilizar sus mejores esfuerzos para tratar de resolver amigablemente la controversia antes de recurrir al arbitraje, hasta las que contemplan procedimientos detallados con plazos precisos, pasos previos al procedimiento arbitral, el señalamiento de los ejecutivos o funcionarios de cada una de las partes que deberán conducir las negociaciones, un sistema de notificaciones de los intercambios entre las partes, etc.

De acuerdo con los principios generales, las obligaciones deben cumplirse de acuerdo con sus propios términos (*pacta sunt servanda*). Entonces se plantea el problema de si las partes están obligadas a respetar el convenio de emplear sus mejores esfuerzos en las negociaciones para llegar a un acuerdo. Más aun ¿están obligadas a concurrir a una instancia de negociación cuando ninguna de ellas tiene particular interés en llegar a un acuerdo?

Ciertamente una de las cuestiones más álgidas que plantean las cláusulas escalonadas es cómo definir con precisión las obligaciones de las partes, lo cual permitirá determinar la fuerza obligatoria y la ejecutabilidad de los escalones previos al arbitraje, así como las consecuencias de su incumplimiento.

La doctrina moderna identifica cuatro clases de cláusulas arbitrales escalonadas en función de las obligaciones que vinculan a las partes: 1) cláusulas que no crean obligaciones; 2) cláusulas que crean obligaciones limitadas; 3) cláusulas que crean obligaciones por un periodo de tiempo; y 4) cláusulas que crean verdaderas obligaciones[13].

Las cláusulas que no crean obligaciones son aquellas mediante las cuales las partes se comprometen a considerar la posibilidad de recurrir en cualquier momento a un método de resolución de disputas distinto al arbitraje o al litigio como, por ejemplo, cuando se indica que "las partes podrán en todo momento, sin perjuicio de cualquier otro proceso, intentar resolver cualquier diferencia que derive de este contrato mediante negociaciones o a través de una mediación". Se trata de una simple declaración de buenas intenciones que no impone, en realidad, ninguna conducta exigible más allá de considerar la posibilidad de un mecanismo alterno. No existen aquí supuestos de incumplimiento que determinen sanción alguna.

Las cláusulas que crean obligaciones limitadas son aquellas que contemplan como única obligación la propuesta y discusión de algún mecanismo alterno de solución de controversias previo al arbitraje pero sin que exista obligación de agotarlo como, por ejemplo, cuando se establece que en caso de surgir alguna diferencia, las partes se comprometen a discutir y considerar, en primer lugar, antes de iniciar el arbitraje, el recurso a los mecanismos alternos de solución de controversias contemplados en el reglamento de un determinado Centro de Arbitraje. Esta cláusula solo impone a las partes la obligación de proponer a su contraparte la utilización de un mecanismo previo al arbitraje y considerar si ello es conveniente o no para solucionar la disputa. Pero más nada. Este requisito puede cumplirse con una simple notificación a la otra parte. En caso de que no se obtenga respuesta, quedaría cumplida la obligación previa y facultadas las partes para recurrir al arbitraje. Se considera que esta obligación es tan limitada que ni siquiera impide el inicio del procedimiento arbitral.

---

[13] Charles Jarrosson, "Legal issues raised by ADR", en *ADR in Business: Practice and Issues across Countries and Cultures I*, eds. Jean-Claude Goldsmith/Arnold Ingen-Housz, Kluwer International Law, 2006, pp. 157 y siguientes; René Irra de la Cruz y Leticia Ibarra Chávez, "Cláusulas escalonadas: ¿qué tan obligatorio es el pacto de mediación previa?", en *ICC México Pauta. Métodos Alternativos de Solución de Controversias*, No. 75, agosto 2015. Disponible en: https://www.iccmex.mx/uploads/galerias/40823d7c38df29b509bce-d6a43f0d17bf22a308d.pdf, consultado en fecha 12 de noviembre de 2020.

Las cláusulas que crean obligaciones por un período de tiempo son aquellas que obligan a las partes a no iniciar un procedimiento arbitral antes de que transcurra un cierto período de tiempo previamente convenido como, por ejemplo, cuando las partes se comprometen a someter sus diferencias al procedimiento de mediación conforme al Reglamento de un determinado Centro de Arbitraje; y, a falta de solución según dicho reglamento dentro de los 60 días siguientes a la presentación de la solicitud de mediación, o al vencimiento de cualquier otro plazo convenido, las partes quedan liberadas de la obligación de mediación y legitimadas para iniciar el procedimiento arbitral. En razón de estas cláusulas las partes únicamente quedan obligadas a no dar inicio al arbitraje antes de que transcurra el plazo convenido para que se dé por cumplida la etapa previa, en este caso la mediación.

Las cláusulas que crean verdaderas obligaciones son aquellas que imponen el deber de agotar el mecanismo previo de solución de controversias, el cual no se cumple por el simple transcurso del tiempo o la inactividad de la otra parte[14]. En estos casos hay la necesidad de cumplir el procedimiento o la etapa previa antes de iniciar el arbitraje sin que sea suficiente esperar que transcurra el plazo establecido para considerar agotado el paso previo. Son comunes en algunos contratos de infraestructura y construcción que por su propia naturaleza requieren de mecanismos de solución de controversias con anterioridad al inicio de un juicio o arbitraje.

En estas cláusulas se prevé generalmente todo un sistema de solución de disputas como condición precedente a la iniciación del arbitraje. En estos casos, la condición para que una parte acceda a cada uno de los pasos del mecanismo escalonado es que haya cumplido siempre con el previo escalón previsto en el contrato según lo convenido. Las partes están pues impedidas de interponer la demanda arbitral antes de agotar las instancias previas de resolución de conflictos, siguiendo el procedimiento acordado. Por ejemplo, cuando las partes contemplan

---

[14] Cabe hacer notar que cuando se indica que estas cláusulas imponen verdaderas obligaciones a las partes, ello no significa que de los otros tipos de cláusula no surjan obligaciones verdaderas o exigibles, sino que nos referimos a que la obligación de agotar el mecanismo previo, en este caso, no se cumple por el simple transcurso del tiempo o la inactividad de la otra parte, tal y como se indica en el texto.

que en caso de surgir la controversia, deben reunirse los directores del proyecto durante por lo menos 15 días; si no logran una solución en ese periodo, se deben reunir altos ejecutivos de cada parte dentro de un plazo de 15 días y tienen 30 días para lograr una decisión una vez que se hubieren reunido. Si no logran resolver el conflicto en ese plazo, deberá recurrirse a la mediación conforme a las reglas de un determinado centro de arbitraje; y si todos los escalones previos fracasan, deberá someterse la controversia a arbitraje. O también cuando en un contrato de infraestructura se prevé que en caso de producirse un determinado evento, el interesado debe someter su solicitud a un ingeniero quien, de no lograr un acuerdo entre las partes, emitirá una determinación negando o aceptando la solicitud. Si alguna de las partes no estuviera de acuerdo con esta determinación, podrá someter su reclamo a un comité técnico que emitirá una decisión la cual, en caso de desacuerdo, podrá someterse a arribaje. En estos casos para que se acceda a cada uno de los pasos subsiguientes del mecanismo escalonado se requiere haber cumplido siempre con el paso previo establecido en el contrato.

IV. ¿ES EJECUTABLE EL PACTO DE NEGOCIAR CON ANTERIORIDAD AL INICIO DEL ARBITRAJE?

El problema que plantea el carácter obligatorio de una cláusula escalonada es que nadie puede ser obligado a acordar. No existe posibilidad alguna de forzar un acuerdo. Las negociaciones son, por definición, voluntarias. Requieren la cooperación y el consentimiento de las partes. Carecen de sentido cuando los contratantes no tienen la intención de llegar a un arreglo[15].

En el *Derecho inglés*, esta fue la posición tradicionalmente mantenida por los tribunales que declararon que los *agreements to agree* y los *agreements to negotiate* no eran obligatorios ni ejecutables. En el caso *Halifax Financial Services Ltd v Intuitive Systems Ltd* decidido en 1998 la Alta Corte de Justicia (*Queen's Bench Division*) declaró que

[15] Roque J. Caivano, "Las cláusulas 'escalonadas' de resolución de conflictos (negociación, mediación o conciliación previas al arbitraje)", en *Tratado de Derecho Arbitral*, Tomo I (El Convenio Arbitral), dirigido por Carlos Alberto Soto Coaguila, Pontificia Universidad Javeriana/Instituto Peruano de Arbitraje/Grupo Editorial Ibañez, Bogotá, 2011, p. 73.

un procedimiento de negociaciones previo al juicio no es ejecutable, porque se trata de un simple acuerdo para negociar que los tribunales no pueden controlar ni hacer cumplir debido a que las negociaciones no son legalmente vinculantes[16]. Por consiguiente, si las partes se han limitado a contemplar en el primer escalón la necesidad de entablar negociaciones iniciales de buena fe para intentar solucionar la controversia, se considera que esta noción es lo suficientemente amplia como para dotar a los contratantes de un apreciable grado de flexibilidad para estructurar sus negociaciones, en el desarrollo de las cuales cualquiera de las partes tiene derecho a retirarse en cualquier momento y por cualquier motivo[17].

Sin embargo, a partir del año 2002 la jurisprudencia inglesa cambió de dirección y consideró que las cláusulas arbitrales escalonadas que establecen un procedimiento que permita distinguir entre los distintos escalones, fijando la duración de cada uno de los pasos previos y los trámites a seguirse en cada uno de ellos, sí son cláusulas perfectamente válidas y vinculantes. No se trata en estos casos, decidieron los tribunales ingleses, de una simple promesa de negociar o de un acuerdo para acordar sino de una cláusula que define un método específico susceptible de ser ejecutado y que puede hacerse cumplir mediante la suspensión del procedimiento arbitral o judicial iniciado en contravención a la cláusula

---

16 *Halifax Financial Services Ltd v Intuitive Systems Ltd*, High Court (Queen's Bench Division), 1 All ER (Comm) 303 (1998). Disponible en: http://www.nadr.co.uk/articles/published/AdrLawRep/HALIFAX.pdf, consultado en fecha 10 de diciembre de 2020. Ver, igualmente, *Paul Smith Ltd. v. H & S International Holding Inc.*, (Queen's Bench Division -Commercial Court-), 2 Lloyd's Rep 127 (1991). Disponible en: https://www.trans-lex.org/303000/_/paul-smith-ltd-v-h-s-lrep-127/, consultado en fecha 3 de diciembre de 2020; *Courtney and Fairbairn Ltd. v. Tolani Brothers (Hotels) Ltd.*, Court of Appeal of England and Wales, 1 WLR 297 (1975). Disponible en: http://www.nadr.co.uk/articles/published/MediationLawReports/COURTNEYvTOLAINI1975.pdf, consultado en fecha 16 de diciembre de 2020.

17 Como lo puso de relieve la *House of Lords*, mediante sentencia del 23 de enero de 1992, "cuando se está en presencia de un mero acuerdo para negociar la solución de la controversia, durante el curso de las negociaciones cualquiera de las partes puede retirarse de dichas negociaciones en cualquier momento y por cualquier causa. Por consiguiente, un acuerdo de negociar puro y simple no tiene contenido obligatorio". *Walford v. Miles*, House of Lords, 2 AC 128 (1992). Disponible en: https://www.ius.uzh.ch/dam/jcr:0ad63435-bcb7-490f-ab7b-154d9acc497f/Walford%20v.%20Miles.pdf, consultado en fecha 4 de diciembre de 2020.

escalonada[18]. Tal como lo declaró la Corte Suprema de Nueva Gales del Sur, en el caso *Hooper Bailie Associated Ltd. v. Natcon Group Pty Ltd,* este tipo de acuerdos es ejecutable y obligatorio cuando las obligaciones de las partes han quedado definidas, de manera previa y con suficiente claridad y precisión[19].

Sin embargo, en el Derecho inglés, si los términos de un contrato son indeterminados o incompletos, estos no serán vinculantes. Por lo cual, si se conviene en algo tan poco preciso o indeterminado como, por ejemplo, "la obligación de negociar de buena fe" sin más, el acuerdo seguirá siendo inejecutable de acuerdo con el Derecho inglés. Tal estipulación es demasiado incierta para tener efectos obligatorios. Para evitar inconvenientes, la cláusula escalonada debe pues suministrar un elevado grado de certeza de modo que las partes no puedan escapar a su aplicación alegando falta de claridad. Tal y como lo dejó establecido la sentencia de la *High Court* del 3 de julio del 2002:

> el criterio que debe aplicarse es determinar si las obligaciones impuestas son lo suficientemente claras y están dotadas de tal grado de certeza al punto que pueda dársele efecto legal. El test es si la cláusula prescribe sin necesidad de un acuerdo posterior: a) un compromiso suficientemente serio e inequívoco de iniciar un procedimiento; b) del cual puedan discernirse los pasos que cada parte debe seguir para poner el procedimiento en ejecución y que esté c) definido en forma suficientemente clara como para permitir al tribunal determinar objetivamente (i) cuál es el mínimo de participación requerido de las partes de la controversia en dicho procedimiento y (ii) cuándo o cómo el procedimiento se habrá cumplido o podrá darse por terminado, sin contravención[20].

---

[18] *Cable & Wireless Plc. v. IBM United Kingdom Ltd*, High Court (Queen's Bench Division -Commercial Court-), EWHC 2059 (2002). Disponible en: https://www.bailii.org/cgi-bin/markup.cgi?doc=/ew/cases/EWHC/Comm/2002/2059.html, consultado en fecha 14 de diciembre de 2020.

[19] *Hooper Bailie Associated Ltd. v. Natcon Group Pty Ltd.*, Supreme Court of New South Wales, 28 NSWLR 194 (1992). Disponible en: http://expertdeterminationelectroniclaw-journal.com/wp-content/uploads/2017/04/Hooper-Bailie-Associated-Ltd-v-Natcon-Group-Pty-Ltd-1992-28-NSWLR-194.pdf, consultado en fecha 10 de diciembre de 2020.

[20] *Wah (Aka Alan Tang) & Anor v. Grant Thornton International Ltd & ORS, High Court (Chancery Division), EWHC, 3198 (Ch) (2012), ¶ 60*. Disponible en: https://www.casemine.com/judgement/uk/5a8ff76960d03e7f57eac3f3, consultado en fecha 5 de diciembre de 2020.

En el *Derecho norteamericano,* los tribunales han optado por un examen casuístico al momento de pronunciarse acerca de la validez de las cláusulas escalonadas, dándole gran relevancia a los términos empleados por las partes en la redacción de la cláusula. Así el uso de la palabra "deberán" (*shall*) en lugar de la palabra "podrán" (*may*) influye claramente en el carácter obligatorio del procedimiento[21]. Asimismo, cuando el pacto de negociar ha sido caracterizado por las partes como una condición suspensiva (*condition precedent*) de las posteriores fases para la resolución del conflicto, los tribunales tienden a sostener la ejecución forzosa del pacto[22]. Por consiguiente, cuando la mediación se ha convenido como una condición previa para iniciar un procedimiento de arbitraje, los árbitros no tienen autoridad para sustanciar el procedimiento hasta que la mediación se lleve a cabo.

Además, los tribunales norteamericanos se han inclinado por reconocer plenos efectos legales a las cláusulas de negociación y mediación cuando la obligación de negociación venga acompañada de una serie de parámetros objetivos que permitan determinar si los pasos o escalones previos al arbitraje se han cumplido o no, en cuyo caso será posible ordenar su ejecución forzosa[23]. Así, la jurisprudencia admite que las cláusulas escalonadas dotadas de un grado de certeza suficiente (*definiteness)* sobre el procedimiento a seguir en los escalones previos al arbitraje son perfectamente válidas y ejecutables. Por ejemplo, los tribunales han reconocido y ejecutado cláusulas arbitrales donde la negociación o la mediación ha estado bien definida y sujeta a determinados estándares objetivos como, por ejemplo, la duración limitada de la negociación o mediación, un número específico de sesiones de

---

21 *HIM Portland LLC v. DeVito Builders Inc.*, United States Court of Appeals, First Circuit, 317 F.3d 41 (1st Cir) (2003). Disponible en: https://caselaw.findlaw.com/us-1st-circuit/1361817.html, consultado en fecha 10 de diciembre de 2020.

22 *White v. Kampner*, Supreme Court of Connecticut, 641, A.2nd, 1385 (Conn) (1994). Disponible en: https://casetext.com/case/white-v-kampner-1, consultado en fecha 14 de diciembre de 2020; *Weekley Homes Inc. v. Jennings*, Court of Appeals of Texas, San Antonio, 936 SW 2nd 16 (Tex. App.) (1996). Disponible en: https://www.casemine.com/judgement/us/59148271add7b04934495fb2, consultado en fecha 7 de diciembre de 2020.

23 *Mocca Lounge, Inc. v. Misak,* Appellate Division of the Supreme Court of New York, Second Department, 94 A.D.2d 761, (N.Y. App. Div.) (1983). Disponible en: https://casetext.com/case/mocca-lounge-inc-v-misak, consultado en fecha 15 de diciembre de 2020.

negociación, el señalamiento de los cargos de los participantes que intervendrán en la negociación o mediación, la circunstancia de que la mediación se conducirá de acuerdo con las reglas específicas de una determinada institución o centro de arbitraje, etc.[24]

En cambio, los acuerdos con términos abiertos o imprecisos no son ni pueden ser ejecutados por su carácter vago e indeterminado. Tal y como lo declaró la Corte del Distrito Sur de Nueva York en el caso *Candid Productions, Inc. v. International Skating Union and Beat Hasler*:

> un acuerdo para negociar de buena fe es inejecutable ya que es aún más vago que un acuerdo para acordar; un acuerdo para negociar de buena fe es amorfo y nebuloso, puesto que implica tantos factores que, por ser ellos mismos indeterminados e inciertos, solo puede descifrarse mediante conjeturas y suposiciones[25].

Del mismo modo, cuando se dice que las partes emplearán sus *mejores esfuerzos* en las negociaciones para lograr un acuerdo que resuelva la disputa, a los fines de la ejecución de lo convenido, se requiere precisar una serie de lineamientos claros en función de los cuales pueda medirse el mejor esfuerzo efectivamente desarrollado por cada una de las partes para llegar a un entendimiento[26].

---

24 *Fluor Enterprises, Inc. v. Solutia Inc.*, U.S. District Court for the Southern District of Texas, 147 F. Supp. 2d 648 (S.D. Tex) (2001). Disponible en: https://law.justia.com/cases/federal/district-courts/FSupp2/147/648/2409242/, consultado en fecha 10 de noviembre de 2020; *White v. Kampner*, Supreme Court of Connecticut, 641, A.2nd, 1385 (Conn) (1994). Disponible en: https://casetext.com/case/white-v-kampner-1, consultado en fecha 14 de noviembre de 2020; *HIM Portland LLC v. DeVito Builders Inc.*, United States Court of Appeals, First Circuit, 317 F.3d 41 (1st Cir) (2003). Disponible en: https://caselaw.findlaw.com/us-1st-circuit/1361817.html, consultado en fecha 15 de diciembre de 2020; *AMF Inc. v. Brunswick Corp.*, U.S. District Court for the Eastern District of New York, 621 F Supp 456 (E.D.N.Y.) (1985). Disponible en: https://law.justia.com/cases/federal/district-courts/FSupp/621/456/1368447/, consultado en fecha 13 de noviembre de 2020.

25 *Candid Productions, Inc. v. International Skating Union and Beat Hasler*, U.S. District Court for the Southern District of New York, 530 F. Supp. 1330 (S.D.N.Y.) (1982). Disponible en: https://law.justia.com/cases/federal/district-courts/FSupp/530/1330/1369594/, consultado en fecha 16 de noviembre de 2020.

26 *Mocca Lounge, Inc. v. Misak*, Appellate Division of the Supreme Court of New York, Second Department, 94 A.D.2d 761, (N.Y. App. Div.) (1983). Disponible en: https://casetext.com/case/mocca-lounge-inc-v-misak, consultado en fecha 16 de noviembre de 2020.

Un desarrollo importante de la jurisprudencia norteamericana, en relación con las cláusulas escalonadas, tiene que ver con la prohibición de las *tácticas dilatorias*. Los tribunales norteamericanos se han negado a declarar la obligatoriedad de los pasos previos cuando es evidente o cuando puede razonablemente inferirse que el cumplimiento de esos escalones previos busca única y exclusivamente demorar injustificadamente el arbitraje o el litigio[27]. Desde luego el problema que se plantea en estos casos es determinar cuándo puede razonablemente concluirse que una de las partes (generalmente el demandado) invoca el incumplimiento de los pasos previos para dilatar el procedimiento arbitral o impedir su prosecución. La jurisprudencia norteamericana ha sido oscilante al momento de evaluar cuándo se está en presencia de una táctica dilatoria por parte de quien pretende el cumplimiento de las etapas previas del arbitraje. En el caso *Southland Corp. v. Keating*, la Corte Suprema estimó que la pretensión tardía del demandado de ejecutar el pacto de negociar cuando este se había negado antes injustificadamente a negociar a pesar de las solicitudes del demandante, solo respondía al interés espurio de aquel de retrasar la resolución del conflicto[28]. En otros casos, los tribunales han declarado que el hecho de que una de las partes alegue que el procedimiento contenido en los primeros escalones es fútil, porque resulta evidente que la negociación será infructuosa, no hace que los mismos no sean de obligatorio cumplimiento, puesto que siempre es posible llegar a un acuerdo que sea satisfactorio para las partes. Por lo cual, no le es dado al juzgador determinar tal futilidad *a priori*[29].

En cambio, los tribunales ingleses han sido más precisos al momento de valorar la futilidad de someter a las partes a la obligación de

---

27 *Cumberland York Distributors v. Coors Brewing Company*, U.S. District Court for the District of Maine, Docket No. 01-244-P-H (D. Me.) (2002). Disponible en: https://casetext.com/case/cumberland-york-distributors-v-coors-brewing-company, consultado en fecha 1 de diciembre de 2020.

28 *Southland Corp. v. Keating*, United States Supreme Court, 465 U.S. 1 (1984). Disponible en: https://supreme.justia.com/cases/federal/us/465/1/, consultado en fecha 1 de diciembre de 2020.

29 *U.S. v. Bankers Ins. Co.*, United States Court of Appeals, Fourth Circuit, 245 F. 3d 315 (2001). Disponible en: https://www.casemine.com/judgement/us/59147d0eadd7b04934438fc2, consultado en fecha 7 de diciembre de 2020.

cumplir con los escalones previos. Así, en el caso *Halsey v. Milton Keynes General N.H.S* decidido en 2004, se establecieron algunos lineamientos que deben guiar el criterio del juez para determinar si en el caso concreto vale la pena o no obligar a las partes a someterse a los escalones previos al arbitraje o al litigio. Tales lineamientos son: la naturaleza de la disputa, los méritos del caso, la medida en que otros métodos de resolución se han intentado, el hecho de que los costos de los métodos alternos de solución de controversias serían desproporcionadamente altos, el hecho de que cualquier demora en llevar a cabo esos métodos alternos hubiera sido perjudicial y el hecho de que dichos métodos no tengan una posibilidad razonable de éxito[30].

En *Canadá*, la jurisprudencia se inclina por hacer cumplir la fase previa de negociación y mediación de una cláusula escalonada para procurar una solución amistosa de la controversia. Así, en el caso *Canadá Minister of Transport v. Marineserve MG. Inc.*[31], las partes habían convenido en una cláusula arbitral escalonada que contemplaba tres pasos previos: (i) negociaciones de buena fe entre ejecutivos de alto nivel de cada parte con atribuciones para la toma de decisiones; (ii) la mediación, si dentro de diez días de la reunión de las partes no habían podido solucionar el conflicto; y (iii) por último, el arbitraje, si el procedimiento de mediación había fracasado. Una de las partes inició un procedimiento judicial y el demandado consideró que no se había agotado el primero de los escalones. El tribunal estimó que las partes debían seguir el camino que ellas habían elegido ("*follow the path of their own choosing*") y que, por consiguiente, la cláusula escalonada debía cumplirse en su totalidad, incluyendo la fase de negociación.

En *Australia*, la jurisprudencia en un primer momento se inclinó por una interpretación favorable al cumplimiento de los escalones previos aun cuando la redacción de la cláusula no era suficientemente clara. Así, en el caso *Hooper Bailie Associated Ltd. v. Natcon Group Pty Ltd* se decidió que el acuerdo para mediar debía imponerse y que el

---

30 *Halsey v. Milton Keynes General N.H.S. Trust*, England and Wales Court of Appeal (Civil Division), 4 All ER 920 (2004). Disponible en: https://www.casemine.com/judgement/uk/5a8ff71c60d03e7f57ea7a4f, consultado en fecha 14 de diciembre de 2020.

31 *Canadá (Minister of Transport) v. Marineserve.MG. Inc.*, Nova Scotia Supreme Court, N.S.J. No. 256, (2002), ¶ 30.

procedimiento de arbitraje debía suspenderse mientras la fase previa de mediación no concluyera[32]. Sin embargo en el caso *Aiton Australia Tpy Ltd. v. Transfield Pty Ltd* decidido en 1999, el tribunal afirmó que se requerían dos elementos para considerar obligatorio el cumplimiento de la cláusula de mediación previa: (i) debe contener la mención expresa de que la mediación es una condición previa al litigio o arbitraje y ii) debe ser lo suficientemente clara. En el caso concreto, el tribunal consideró que la falta de certeza de la cláusula de mediación impedía su cumplimiento forzoso[33].

En *Francia*, es posible ordenar el cumplimiento de los escalones previos al arbitraje o al litigio solo cuando las partes hayan contemplado la intervención de terceros o las condiciones bajo las cuales habrán de cumplirse o implementarse las negociaciones. La Cámara Comercial de la Corte de Casación francesa ha sostenido que cuando la cláusula escalonada no establece las condiciones bajo las cuales será implementada, no puede dejar de admitirse la demanda de acuerdo con lo dispuesto en el artículo 122 del Código de Procedimiento Civil francés[34]. Adicionalmente, se ha considerado que en los casos en los cuales se pruebe que una de las partes ha realizado todos los esfuerzos posibles para intentar resolver la controversia por medio de lo dispuesto en la fase prearbitral, aun cuando fracase en ello, podrá iniciarse válidamente el arbitraje[35]. En tales casos hay que concluir que la mediación contem-

---

32 *Hooper Bailie Associated Ltd. v. Natcon Group Pty Ltd.,* Supreme Court of New South Wales, 28 NSWLR 194 (1992). Disponible en: http://expertdeterminationelectroniclawjournal.com/wp-content/uploads/2017/04/Hooper-Bailie-Associated-Ltd-v-Natcon-Group-Pty-Ltd-1992-28-NSWLR-194.pdf, consultado en fecha 10 de diciembre de 2020

33 *Aiton Australia Tpty Ltd. v. Transfield Pty Ltd.*, New South Wales Supreme Court, NSWSC 996 (1999). Disponible en: http://expertdeterminationelectroniclawjournal.com/wp-content/uploads/2017/04/Aiton-Australia-Pty-Ltd-v-Transfield-Pty-Ltd-1999-153-FLR-236.pdf, consultado en fecha 5 de diciembre de 2020.

34 Cour de Cassation, Chambre Commerciale, Pourvoi No. 12-27-004, Arrêt 19-04-2014, Bulletin 2014, IV, n° 76. Disponible en: https://www.legifrance.gouv.fr/juri/id/JURITEXT000028894893/, consultado en fecha 5 de diciembre de 2020.

35 Extracto del Laudo final de fecha 27 de enero de 1997 en el caso CCI N° 8462, citado en "Extracts from ICC Arbitral Awards Relating to Multi-Tiered Dispute Resolution Clauses", en *ICC International Court of Arbitration Bulletin*, Vol. 14, No. 1, (2003), pp. 82-83. Disponible en: https://library.iccwbo.org/content/dr/AWARDS/AW_0447.htm?l1=Bulletins&l2=ICC+International+Court+of+Arbitration+Bulletin+Vol.14%2fNo.1+-+Eng&AUTH=0608779e-ab54-49dd-bf9f-98082ff6f41a&Timeframe=VzCWygDOcxdbJ6lb

plada en la cláusula escalonada no se ha llevado a cabo por razones que no resultan imputables al demandante.

En *España*, el Real Decreto-ley 5/2012 de Mediación Civil y Mercantil consagra en su artículo 6.2 la validez y eficacia del pacto escrito que exprese el compromiso de someter a mediación la controversia antes de acudir a la vía judicial o arbitral. Sin embargo, de acuerdo con lo dispuesto en el artículo 6.3 *ejusdem*, iniciada la mediación las partes no están obligadas a seguir el procedimiento de mediación ni a concluir un acuerdo[36]. De manera que si las partes convinieron en tratar de solucionar sus diferencias mediante una mediación de manera previa al inicio del arbitraje, la instancia de mediación debe cumplirse, pero una vez iniciado el procedimiento de mediación ninguna de las partes estará obligada a permanecer o a mantenerse en este procedimiento.

V. CONTENIDO DE LA OBLIGACIÓN GENÉRICA DE NEGOCIAR COMO PASO PREVIO AL ARBITRAJE

Las negociaciones, como se dijo, son un procedimiento generalmente informal, no estructurado, al que las partes acuden para lograr un acuerdo mutuamente aceptable, sin intervención de terceros. Implican un esfuerzo mutuo de las partes para de resolver amistosamente la disputa. Las partes deben buscar seria y eficazmente un arreglo y las negociaciones tienen que realizarse de buena fe. Tal y como lo decidió el Tribunal Comercial de la Alta Corte de Inglaterra y de Gales:

> La obligación de resolver una disputa a través de un debate amistoso comprende un estándar identificable de discusiones justas, honestas y genuinas que apunten a resolver la disputa[37].

E3XE4NCIM/7kPWADs0eFVxxAiiByatI9dug==&txtSearchText=null&rdSb=null&dtFrom=null&dtTo=null, consultado en fecha 6 de diciembre de 2020; Extracto del Laudo final de fecha 22 de junio de 1999 en el caso CCI Nº 9977, citado en "Extracts from ICC Arbitral Awards Relating to Multi-Tiered Dispute Resolution Clauses", *Ibíd.*, pp. 84-85.

36 El Real Decreto-ley 5/2012, del 6 de julio, de mediación civil y mercantil se encuentra disponible en: https://www.boe.es/buscar/act.php?id=BOE-A-2012-9112, consultado en fecha 1 de diciembre de 2020.

37 *Emirates Trading Agency LLC v. Prime Mineral Exports Private Ltd.*, High Court (Queen's Bench Division -Commercial Court-), EWHC 2104 (Comm) (2014). Disponible

La cláusula de negociación, como también indicamos con anterioridad, puede adoptar formas variadas. Desde cláusulas que se limitan a señalar que las partes se comprometen a negociar de buena fe o a desarrollar sus mejores esfuerzos para lograr un arreglo, cuya obligatoriedad es muy endeble, hasta otras mucho más complejas que contemplan extremos tales como el plazo máximo para las negociaciones transcurrido el cual podrá acudirse al arbitraje, el nombre de las personas que participarán en la negociación, el número de reuniones que habrán de celebrarse y el procedimiento mediante el cual se conducirán tales negociaciones (*supra,* Nº III,1).

La aplicación del principio de buena fe al proceso de negociación para la solución amigable de una disputa implica, al menos en principio, una serie de conductas particulares que deben ser observadas por ambas partes durante este período lo que, según las circunstancias, puede incluir la formulación de propuestas serias, razonables y coherentes con la información necesaria para un claro entendimiento por la parte contraria. El deber de cooperación derivado de las exigencias de la buena fe presupone que las partes deben llevar a cabo las negociaciones conducentes a solucionar la disputa con flexibilidad y tomando en consideración no solo sus intereses sino los de su contraparte, evitando por tanto las dilaciones injustificadas.

La circunstancia de que una las partes no tenga interés en lograr un arreglo no es motivo suficiente para dar por cumplida la fase prearbitral de la cláusula escalonada. Si las partes han convenido en una cláusula escalonada que contemple una fase previa de negociaciones obligatorias, la eficacia vinculante de esta cláusula tiene que ser reconocida. Negarle fuerza obligatoria al pacto de negociar seria desconocer el principio de que el contrato tiene fuerza de ley entre las partes y es de obligatorio cumplimiento para ellas. Como lo han puesto de relieve los tribunales ingleses, el respeto a la palabra empeñada y el deber de ejecutar de buena fe lo pactado lleva a concluir que si las partes acordaron que debían tratar de llegar a un acuerdo para solucionar la controversia a través de negociaciones directas o asistidas, una de ellas no puede luego

---

en: https://www.casemine.com/judgement/uk/5a8ff75360d03e7f57eab53e, consultado en fecha 4 de diciembre de 2020.

evadir ese primer escalón[38]. Estos mismos principios son aplicables en nuestro ordenamiento (arg.: *ex* artículos 1159 y 1160 del Código Civil).

En materia arbitral se afirma que el principio de realizar las negociaciones de buena fe supone "el mantenimiento de las negociaciones por un periodo adecuado a las circunstancias, la consideración de los intereses de la contraparte y la búsqueda persistente de un acuerdo razonable"[39]. Por supuesto, ello no obliga a las partes a dejar de lado su interés para lograr un acuerdo.

Cabe hacer notar, sin embargo, que para alcanzar un acuerdo que solucione la disputa, cuando una de las partes ha alegado que su contraparte no ha negociado de buena fe, los tribunales arbitrales se han mostrado renuentes a valorar si se cumplió o no con el requisito de la buena fe, pues lo único que verifican es si formalmente las negociaciones han tenido lugar[40].

Desde luego, la obligación de negociar no implica que las partes estén obligadas a llegar a un arreglo, sino que estén dispuestas a intentarlo. Las partes no se encuentran obligadas a acordarse, pero sí a intentar un acuerdo amigable a cuyo efecto tienen que participar en el procedimiento de negociaciones convenido dentro del cual podrá o no lograrse el acuerdo para solucionar la disputa y evitar un pleito. Tal y

---

38 *Channel Group v. Balfour Beatty Ltd.*, House of Lords, Adj.L.R. 01/21 (1993). Disponible en: http://expertdeterminationelectroniclawjournal.com/wp-content/uploads/2017/04/Channel-Tunnel-Group-Ltd-Anor-v-Balfour-Beatty-Construction-Ltd-v-Ors-1993-AC-334.pdf, consultado en fecha 3 de diciembre de 2020.

39 *Kuwait v. The American Independent Oil Company (Aminoil)*, Tribunal Arbitral *Ad Hoc*, Laudo de fecha 24 de mayo de 1982. Disponible en: https://jusmundi.com/en/document/decision/en-the-american-independent-oil-company-v-the-government-of-the-state-of-kuwait-final-award-wednesday-24th-march-1982, consultado en fecha 3 de diciembre de 2020. El Tribunal Arbitral citó en su fallo la decisión de la Corte Internacional de Justicia en los casos *North Sea Continental Shelf*: "… (las partes) están sujetas a la obligación de *comportarse* de manera que las negociaciones sean serias, lo que no ocurre cuando cualquiera de ellas insiste en su propio planteamiento sin contemplar modificación alguna en él". *North Sea Continental Shelf Cases*, Corte Internacional de Justicia, 8 I.C.J. Reports (1969), pp. 47-48. Disponible en: https://www.icj-cij.org/public/files/case-related/52/052-19690220-JUD-01-00-EN.pdf, consultado en fecha 3 de diciembre de 2020.

40 En tal sentido, véase: Extracto del Laudo interlocutorio de fecha 28 de junio de 1996 en el caso CCI No. 7422, citado en "Extracts from ICC Arbitral Awards Relating to Multi-Tiered Dispute Resolution Clauses", en *ICC International Court of Arbitration Bulletin*, Vol. 14, No. 1, (2003)... *cit.*, pp. 78-79.

como lo decidió la Corte Suprema de Nueva Gales del Sur en su decisión en el caso *Hooper Bailie Associated Ltd v. Natcon Group Pty Ltd*, lo que se ordena ejecutar no es una obligación de cooperar y acordar, sino "la participación en un proceso convenido de antemano por las partes dentro del cual la cooperación y el acuerdo pueden surgir"[41].

En fin, la obligación de negociar es una *obligación de medios* y no de resultado, por lo que nadie está obligado a llegar a un acuerdo pero sí a intentarlo y, antes de concluir si las negociaciones serán exitosas o no, lo primero que deben hacer las partes es iniciarlas[42].

En lo concerniente a la determinación de si hubo negociaciones y al establecimiento de los hechos y circunstancias que acrediten el cumplimiento de esta etapa, la doctrina arbitral considera que se debe adoptar una posición flexible en el sentido de que la existencia de correspondencia entre las partes, el cruce de correos o el hecho de que ellas hayan tenido reuniones, son elementos indicativos de que hubo negociaciones y hay que suponer que dichas negociaciones tuvieron por objeto procurar un arreglo que pudiera evitar el pleito[43].

En todo caso, conviene que la solicitud de negociación se envíe por escrito o por correo electrónico mediante el cual se comunique la existencia del objeto de la disputa, así como la reclamación que en su caso se formula, solicitando una reunión para dar inicio a la negociación. La solicitud deberá presentarse en un plazo razonable desde que haya surgido la diferencia o la disputa, conforme a las exigencias de la buena fe.

Desde luego, si las partes han convenido en una mediación, su cumplimiento es más fácil de demostrar puesto que existirá un tercero neutral que podrá certificar las gestiones de mediación y la circunstancia de que no se logró un acuerdo.

---

41 *Hooper Bailie Associated Ltd. v. Natcon Group Pty Ltd.*, Supreme Court of New South Wales, 28 NSWLR 194 (1992). Disponible en: http://expertdeterminationelectroniclawjournal.com/wp-content/uploads/2017/04/Hooper-Bailie-Associated-Ltd-v-Natcon-Group-Pty-Ltd-1992-28-NSWLR-194.pdf, consultado en fecha 10 de diciembre de 2020.

42 *Murphy Exploration and Production Company International* v. *República del Ecuador*, caso CIADI No. ARB/08/4, Laudo sobre Jurisdicción de fecha 5 de diciembre de 2010, ¶ 135. Disponible en: https://www.italaw.com/sites/default/files/case-documents/ita0547.pdf, consultado en fecha 14 de diciembre de 2020.

43 Roque J. Caivano, ob. cit., p. 81.

Si las partes no han contemplado una previsión que defina el plazo de las negociaciones o cuándo se considerará que el intento para lograr un arreglo fracasó, la determinación de si la negociación ha concluido o ha fracasado y del momento a partir del cual puede, por ende, ponerse en marcha el procedimiento arbitral puede en ocasiones ser problemática y dependerá, en definitiva, de las circunstancias particulares del caso sometido a la consideración y decisión del Tribunal Arbitral. De ahí que convenga evitar dudas sobre la duración de la fase negocial y fijar un límite temporal que permita dar por concluida la negociación, o una definición objetiva de su eventual fracaso, para evitar actitudes obstruccionistas de la parte que realmente no desea negociar[44].

VI. EFECTOS DEL INCUMPLIMIENTO DE LA ETAPA PREVIA

En el Derecho comparado no existe una posición uniforme sobre las consecuencias que se producen cuando una de las partes pone en marcha el procedimiento arbitral sin haber participado en la negociación o en la mediación, o sin que estas hayan concluido. Las legislaciones no suelen establecer soluciones claras en caso de incumplimiento de la etapa previa y son variadas las opiniones de la doctrina y la jurisprudencia sobre este tema.

1. Criterios doctrinarios y jurisprudenciales

Las más importantes posiciones de la doctrina y la jurisprudencia respecto de los efectos de la inobservancia de los escalones previos al arbitraje son las siguientes: (1) el cumplimiento de la etapa previa es una cuestión de naturaleza sustantiva sin trascendencia procesal; (2) es un requisito de admisibilidad de la demanda; y (3) es un requisito de procedibilidad.

[44] Para evitar este tipo de abusos, es recomendable que el pacto de negociar contemple un mecanismo de "expiración automática" que permita a las partes liberarse de cualquier compromiso derivado de la obligación de negociación como paso previo al arbitraje. En este sentido, véase: Aníbal Sabater, "Tendencias recientes en la imposición del cumplimiento forzoso de las cláusulas de mediación y arbitraje", en *Derecho y Sociedad. Revista de la Facultad de Ciencias Jurídicas y Políticas de la Universidad Monteávila*, N° 9, Universidad Monteávila, Caracas, p. 67.

Pasamos a referirnos a cada una de ellas.

1.1. Obligación sustantiva sin trascendencia procesal

Un sector de la doctrina y de la jurisprudencia considera que la obligación de negociar es una obligación sustantiva cuyo incumplimiento carece de trascendencia procesal. Así lo sostuvo el Tribunal de Casación de Zúrich mediante sentencia del 15 de marzo de 1999[45]. En el mismo sentido, en los Estados Unidos de América, el Tribunal Federal de Apelaciones del Octavo Circuito en el caso *International Association of Bridge Structural Ornamental and Reinforcing Ironworkers Shopman Local 493 v. EFCO Corporation and Construction Products Inc,* decidió que "el incumplimiento de los requerimientos y los prerrequisitos procedimentales establecidos en un acuerdo de arbitraje no impide el comienzo del arbitraje, sino que es una cuestión sustantiva a ser examinada por los árbitros"[46]. Según esta posición, el incumplimiento de la fase negocial no impide la iniciación del procedimiento arbitral o judicial. Solo da lugar a los daños y perjuicios como cualquier otro incumplimiento contractual, pero no afecta para nada la admisibilidad de la demanda[47].

---

[45] Tribunal de Casación de Zúrich (*Kassationgerichte*), Sentencia de fecha 15 de marzo de 1999, citada en *ASA Bulletin*, Vol. 20, No. 2, Association Suisse de L'Arbitrage, 2002, pp. 373-376. Disponible en: https://www.kluwerarbitration.com/document/ipn24586?title =ASA%20Bulletin, consultado en fecha 13 de diciembre de 2020.

[46] *International Association of Bridge Structural Ornamental and Reinforcing Ironworkers Shopman Local 493 v. EFCO Corporation and Construction Products Inc.*, United States Court of Appeals, Eight Circuit, 359 F. 3d 954, (8th Cir) (2004). Disponible en: https://caselaw. findlaw.com/us-8th-circuit/1241837.html, consultado en fecha 13 de diciembre de 2020.

[47] Se afirma, en tal sentido, que los requisitos de admisibilidad de la acción son una cuestión de Derecho público destinada a garantizar el buen desarrollo de los litigios; por el contrario, los acuerdos de negociación previa o mediación son acuerdos privados que tienen que ser tratados como cualquier otro contrato privado. De ahí que su incumplimiento debe regirse por las reglas generales que regulan el incumplimiento de cualquier otra obligación sustantiva. Es la posición que sostiene F. Walther, citado por Ana Fernández Pérez, ob. cit., p. 199. Es la posición que mantienen igualmente algunos autores como W. Fridoline y H. Eiholzer, citados por Rafael Bernal Gutiérrez y otros, en "Las Cláusulas Escalonadas o Multinivel: Su Aproximación en Colombia", en *Revista de Arbitraje Comercial y de Inversiones,* Centro Internacional de Arbitraje, Mediación y Negociación (CIAMEN), Vol. 5, Nº 1, IproLex, 2012, pp. 169-203. Disponible en: https://www.kluwerarbitration.com/ document/kli-ka-1207005-n?q=Las%20cl%C3%A1usulas%20escalonadas%20o%20 multinivel, consultado en fecha 11 de noviembre de 2020.

A esta posición se le hacen dos críticas fundamentales: en primer lugar, se afirma que el pacto de negociar forma parte del esquema de resolución de conflictos convenido por las partes y, por consiguiente, alguna trascendencia procesal tiene que tener. En segundo lugar, se le critica a esta posición que los daños y perjuicios no son en estos casos una solución adecuada puesto que el daño sufrido consistirá en la pérdida de la posibilidad de evitar un arbitraje que es, en realidad, un daño muy difícil de apreciar porque nadie sabe ni puede sabe a ciencia cierta si las negociaciones habrían sido exitosas y, en caso de serlo, cuál habría sido el resultado de las mismas[48].

1.2. Requisito de admisibilidad de la demanda

Según otro sector de la doctrina y de la jurisprudencia, el incumplimiento de la obligación de negociar es una cuestión de naturaleza procesal que conduce a la inadmisibilidad de la demanda. El Tribunal no le da entrada a la demanda de arbitraje o declara terminado el procedimiento y ordena el archivo del expediente, es decir, rechaza la acción por haberse intentado prematuramente, al no haberse cumplido la fase previa de negociación o de mediación convenida por las partes. Esta es la posición adoptada por la Corte de Casación francesa mediante sentencia del 12 de diciembre 2014 en la cual el Alto Tribunal decidió que el incumplimiento de una cláusula de mediación previa obligatoria conlleva la inadmisibilidad de la demanda[49]. Por lo cual, el demandante tendrá que intentar una nueva demanda después de haber cumplido el requisito de mediación previa lo que, se afirma, "tiene el mérito de conferir una plena eficacia a las cláusulas de mediación previa respetando tanto su letra como su espíritu es decir, obligar a las partes a cumplir con la obligatoriedad que ellas mismas han pactado"[50].

---

48 Al respecto, véase: Álvaro López de Argumedo Piñeiro, "El pacto de negociar con anterioridad a la iniciación del arbitraje (*multi-step dispute resolution clause*)", en *Ponencias del Cuarto Congreso Internacional de Arbitraje 2010*, coordinadas por Mario Castillo Freyre, Palestra Editores, Lima, 2012, pp. 116-117.

49 Cour de Cassation, Chambre Mixte, Pourvoi No. 13-19-684, Arrêt 12-12-2014, Bulletin 2014, nº 3. Disponible en: https://www.legifrance.gouv.fr/juri/id/JURITEXT000029905382/, consultado en fecha 9 de diciembre de 2020.

50 Anne-Carole Cremades, "¿Qué sanción en caso de incumplimiento de una cláusula escalonada de resolución de controversias?", en *Spain Arbitration Review/Revista del Club*

Es igualmente la posición sostenida por el Tribunal Supremo Federal alemán mediante sentencia del 18 de noviembre de 1988 en la cual el Alto Tribunal consideró que una cláusula en virtud de la cual las partes acordaron resolver las controversias que surgieran de un contrato, por medio de negociaciones previas antes de iniciar un procedimiento judicial, era válida en el Derecho alemán. Por lo cual, el tribunal decidió que cualquier reclamación de una de las partes contra la otra ante los tribunales sería inadmisible hasta tanto no se agotase la fase de las negociaciones previas[51]. Esta tesis se fundamenta en la validez del *pactum de non petendo* en el Derecho alemán y en la suspensión de la prescripción de la acción mientras existan negociaciones en curso entre el acreedor y el deudor sobre la pretensión o sus fundamentos, conforme a lo dispuesto en la § 203 del Código Civil alemán (B.G.B)[52].

En la misma dirección, la jurisprudencia arbitral internacional en algunas ocasiones ha decidido que la demanda arbitral es inadmisible si las partes han pactado una etapa previa de negociaciones que no han cumplido. Así, en un caso planteado ante un Tribunal Arbitral las partes habían contemplado un procedimiento de resolución de disputas que comprendía tres etapas: primero una negociación amistosa, después el sometimiento de la cuestión a la decisión de un ingeniero y, por último, el arbitraje. Cuando surgió la disputa, las partes iniciaron negociaciones. Concluidas estas sin éxito, acudieron directamente al arbitraje, sin someter previamente la controversia al ingeniero. La demandada opuso como defensa el incumplimiento de la cláusula de solución de controversias, lo que fue acogido por el Tribunal Arbitral que ordenó el archivo del expediente en los siguientes términos:

> el Tribunal ha llegado a la conclusión de que el demandante no dio cumplimiento a lo establecido en el artículo 65 de las

---

Español de Arbitraje, No. 26, Walters Kluwer, España 2016, p. 59. Disponible en: https://www.kluwerarbitration.com/document/kli-ka-sar-26-105-n?q=Anne-Carole%20Cremades, consultado en fecha 5 de noviembre de 2020.

51 Tribunal Supremo Federal alemán, sentencia del 18 de noviembre de 1998, citada por Alexander Jolles "Consequences of multi-tiered Arbitration Clauses; Issues of Enforcement", en *Arbitration: The International Journal of Arbitration, Mediation and Dispoute Management,* Vol. 72, No. 4, CIArb/Wolters Kluwer, 2006, pp. 331-332.

52 Alexander Jolles, *Ídem.*

> condiciones generales de los contratos; por consiguiente, la solicitud de arbitraje referente al contrato celebrado en 1981 que no se encuentra ciertamente impedida para el futuro, es actualmente prematura. Debe por tanto, el demandante formalmente solicitar del demandado la designación de un ingeniero al cual someter la presente controversia antes de acudir ante este Tribunal[53].

En otro caso, el Tribunal Arbitral consideró igualmente que la demanda arbitral sería inadmisible por prematura si las partes han incumplido una instancia previa al arbitraje que habían convenido seguir en el contrato que ellas celebraron[54].

De acuerdo con esta posición, en caso de que las partes inicien un procedimiento arbitral sin agotar la fase previa de negociaciones contractualmente prevista, habría que cumplir con la obligación de negociar y si las negociaciones fracasan iniciar *un nuevo arbitraje.*

1.3. Requisito de procedibilidad

Un sector más moderno de la doctrina y de la jurisprudencia arbitral internacional, por su parte, caracteriza el pacto de negociar como un requisito de procedibilidad que condiciona el derecho a obtener una decisión sobre el fondo de la controversia[55]. De ahí que cuando una de las partes recurre al arbitraje sin haber iniciado o agotado la fase previa de negociación o mediación, el Tribunal Arbitral debe suspender, hasta que se cumpla con la etapa previa, el procedimiento arbitral, es decir, el Tribunal Arbitral remite a las partes a las negociaciones y, si el intento de lograr un acuerdo fracasa, se reinicia el procedimiento arbitral el cual no había terminado sino que solo se encontraba suspendido.

---

53 Extracto del Laudo parcial de fecha 29 de enero de 1990 en el caso CCI No. 6276, citado en "Extracts from ICC Arbitral Awards Relating to Multi-Tiered Dispute Resolution Clauses", en *ICC International Court of Arbitration Bulletin*, Vol. 14, No. 1, (2003)... cit., pp. 76-78.

54 Extracto del Laudo preliminar de fecha 7 de junio de 1999 en el caso CCI No. 9984, citado en "Extracts from ICC Arbitral Awards Relating to Multi-Tiered Dispute Resolution Clauses", en *ICC International Court of Arbitration Bulletin*, Vol. 14, No. 1, (2003)... cit., pp. 85-87.

55 Al respecto, véase: Álvaro López de Argumedo Piñeiro, ob. cit., pp. 115-116.

Algunos tribunales arbitrales internacionales han seguido esta orientación[56]. Es además la posición recientemente adoptada por el Tribunal Federal suizo en una reciente sentencia del 16 de marzo de 2016 relativa a una controversia entre dos empresas que habían pactado una cláusula arbitral que contemplaba dos fases para la resolución de la controversia: una conciliación según el Reglamento ADR de la CCI; y fracasada esta, un arbitraje de acuerdo con el Reglamento UNCITRAL. Al surgir la controversia, una de las partes solicitó la conciliación ante la CCI y después de algunas conferencias telefónicas, la otra parte consideró que la misma había fracasado e introdujo una solicitud de arbitraje. El Tribunal Arbitral admitió la demanda rechazando la defensa de incompetencia por falta de jurisdicción por cuanto consideró que el intento de conciliación había tenido lugar. Esta decisión fue recurrida ante el Tribunal Federal suizo que ordenó la suspensión del proceso arbitral para permitir la conciliación acordada contractualmente con antelación al arbitraje. El Tribunal Federal consideró que la cláusula contractual supeditaba la validez del arbitraje UNCITRAL a la obligación de hacer un intento previo de conciliación según el Reglamento ADR de la CCI y que la parte demandante no había cumplido con dicha etapa previa de conciliación obligatoria. El Tribunal Federal, por consiguiente, resolvió

---

[56] Al respecto, véase: Extracto del Laudo parcial de fecha 29 de enero de 1990 en el caso CCI No. 6276, citado en "Extracts from ICC Arbitral Awards Relating to Multi-Tiered Dispute Resolution Clauses", en *ICC International Court of Arbitration Bulletin*, Vol. 14, No. 1, (2003)... *cit*., pp. 76-78; Extracto de las Órdenes Procesales No. 4 y 6 en el caso CCI No. 12570, citadas en *ICC Special Supplement 2010: Decisions on ICC Arbitration Procedure: A Selection of Procedural Orders issued by Arbitral Tribunals acting under the ICC Rules of Arbitration (2003-2004)*, 2010, p. 66. Disponible en: https://library.iccwbo.org/Content/dr/PROCEDURAL_DECISIONS/PO_0019.htm?AUTH=0608779e-ab54-49dd-bf9f-98082ff6f41a&Timeframe=VzCWygDOcxdbJ6lbE3XE4NCIM/7kPWADs0eFVxxAj2hwdbjfAVUw==&txtSearchText=12570&rdSb=FullText&chkPub1=true&chkPub2=true&chkPub3=true&chkPub4=true&chkPub5=true&chkSubsec3=true&dtFrom=&dtTo=, consultado en fecha 6 de diciembre de 2020; Extracto de Orden Procesal en el caso CCI No. 14079, en *ICC Special Supplement 2014: Procedural Decisions in ICC Arbitration*, 2014, p. 37. Disponible en: https://library.iccwbo.org/Content/dr/SUPPLEMENTS/SUPP_0031_CH5_ENG.htm?AUTH=0608779e-ab54-49dd-bf9f-98082ff6f41a&Timeframe=VzCWygDOcxdbJ6lbE3XE4NCIM/7kPWADs0eFVxxAj2hwdbjfAVUw==&txtSearchText=14079&rdSb=FullText&chkPub1=true&chkPub2=true&chkPub3=true&chkPub4=true&chkPub5=true&chkSubsec3=true&dtFrom=&dtTo=, consultado en fecha 6 de diciembre de 2020.

que la sanción más adecuada por el incumplimiento del escalón previo al arbitraje era la suspensión del procedimiento arbitral y la fijación de un plazo para remediar dicho incumplimiento, ordenando al Tribunal Arbitral establecer una fecha límite para que las partes procedieran a la conciliación[57].

1.4. Nuestra posición

Por nuestra parte consideramos que esta última posición recientemente adoptada por el Tribunal Federal suizo es la más justa y adecuada respecto de las consecuencias del incumplimiento de los escalones previos. Como se dijo, los daños y perjuicios no constituyen una sanción apropiada por la dificultad de justificar la cuantía del daño experimentado. Además, esta sanción llegaría demasiado tarde, dejando sin sentido la decisión de recurrir a la mediación antes de acudir al arbitraje. La única sanción eficaz, por tanto, tiene que ser de naturaleza procesal.

Por otra parte, no admitir la demanda y declarar terminado el procedimiento da lugar a algunos inconvenientes. En primer lugar, cuando sea necesario recurrir de nuevo al arbitraje porque fracasaron las negociaciones, el Tribunal Arbitral tendrá que reconstituirse, lo que implica conformar un nuevo Tribunal Arbitral. Además del aumento de los costos y de la prolongación del proceso que esto conlleva se plantea el problema de si los mismos árbitros podrán serlo nuevamente. En segundo lugar, en caso de inadmisibilidad de la demanda por no haberse agotado la fase de negociaciones o de mediación habrá que replantear la demanda. Al momento de hacerlo, pudiera haber transcurrido ya el lapso de prescripción para intentar la acción, sobre todo en caso de prescripciones breves, puesto que, como la demanda anterior fue rechazada por inadmisible, no produjo la interrupción de la prescripción. En tercer lugar, rechazar la demanda de arbitraje y no darle entrada al

---

57 Tribunal Fédéral Suisse, Arrêt No. 4A_628/2015, 16-03-2016. Disponible en: https://juricaf.org/arret/SUISSE-TRIBUNALFEDERALSUISSE-20160316-4A6282015, consultado en fecha 08 de noviembre 2020. En su decisión el Tribunal Federal suizo resolvió, además, que los tribunales no pueden pronunciarse de oficio sobre esta cuestión, sino solo sobre la base de la excepción o defensa planteada *in limine* por una de las partes. Esta sentencia ha recibido comentarios muy favorables por parte de la doctrina arbitral *internacional*. Al respecto, véase: Anne-Carole Cremades, ob. cit., pp. 60 y ss.

procedimiento se presta para que se invoque la defensa de incumplimiento de los escalones previos con fines dilatorios para impedir el inicio o la prosecución del procedimiento arbitral[58]. Por último, se afirma que la suspensión del arbitraje es la única sanción que permite al juez de la anulación hacer respetar la voluntad de las partes e instaurar un mecanismo prearbitral obligatorio sin echar a perder todo lo ya efectuado en el procedimiento arbitral[59].

En resumidas cuentas, la sanción más adecuada cuando se recurre al arbitraje sin que se haya cumplido con la etapa previa es suspender el procedimiento arbitral remitiendo a las partes a la negociación (o, en su caso, a la mediación) y continuar la tramitación del procedimiento una vez que haya finalizado la fase previa. Esta suspensión exigirá la fijación por parte del Tribunal Arbitral de directrices precisas sobre el plazo máximo con el que cuentan las partes para concluir dichas negociaciones y sobre las condiciones bajo las cuales habrán de implementarse las mismas, si estas no hubieren sido prefijadas por las partes en el pacto de negociar[60]. Del mismo modo, si el demandante ha recurrido al procedimiento arbitral sin respetar el escalón previo de mediación, el Tribunal Arbitral, al suspender el procedimiento, deberá fijar un plazo para permitir a las partes proceder a dicha mediación, tras la cual podrá reactivarse el arbitraje, (si el demandante ha recurrido al procedimiento arbitral sin respetar ese escalón previo), o para continuar y finalizar la mediación que hubiesen iniciado y terminado prematuramente las partes. La suspensión del procedimiento, por supuesto, deberá ser opuesta como defensa *in limine* por el demandado (*infra,* Nº VI,4).

2. ¿*Quid iuris* cuando se sujeta la obligación de arbitrar a la condición suspensiva del cumplimiento de los escalones previos?

Puede ocurrir que se considere que el incumplimiento de la fase previa de negociaciones impide incluso invocar los efectos de la cláusula arbitral. En tal sentido, los tribunales norteamericanos, en algunas

58 Roque J. Caivano, ob. cit., p. 78.
59 Anne-Carole Cremades, ob. cit., p. 67.
60 A. Jolles, ob. cit., p. 337; Álvaro López de Argumedo Piñeiro, ob. cit., pp. 129-130.

ocasiones, han decidido que la inobservancia de los escalones previos constituye el incumplimiento de una condición suspensiva que impide el nacimiento de la obligación de arbitrar, lo que produce como consecuencia que ninguna de las partes puede verse obligada a someterse al arbitraje hasta tanto no se cumpla con lo pactado. Así lo decidió la Corte Federal de Apelaciones del Undécimo Circuito el 8 de mayo de 2002 en el caso *Kemiron Atlantic Inc. v. Aguakem International, Inc.*, al considerar que el incumplimiento de la instancia negocial impide que se active la cláusula arbitral, es decir, que la misma entre en funcionamiento para la resolución de la controversia[61].

A nuestro modo de ver, esta interpretación de los tribunales norteamericanos únicamente podría justificarse en aquellos supuestos en los cuales las partes hayan establecido claramente que el incumplimiento de la etapa previa constituye una condición suspensiva (*condition precedent*) que impide la posibilidad de iniciar las restantes fases de resolución del conflicto[62]. Pero cuando no se establece expresamente que la inejecución de la obligación de negociar impide la posibilidad de iniciar el arbitraje, no puede producirse esta consecuencia sino que será solo dentro del procedimiento arbitral (y no ante los tribunales de justicia) donde deberán examinarse los efectos del incumplimiento de los escalones del primer nivel. En efecto, mediante una cláusula arbitral, aunque sea escalonada, lo que las partes persiguen es precisamente evitar que cualquiera de ellas recurra directamente a los tribunales para

---

61 *Kemiron Atlantic Inc. v. Aguakem International*, Inc., United States Court of Appeals, Eleventh Circuit, 290 F. 3d 1287, 1291 (11th Cir) (2002). Disponible en: https://caselaw.findlaw.com/us-11th-circuit/1356060.html, consultado en fecha 13 de diciembre de 2020.

62 En esa dirección, en el caso *HIM Portland LLC v. DeVito Builders Inc.*, la Corte Federal de Apelaciones del Primer Circuito, ante una cláusula explícita que incluía un impedimento temporal del derecho a iniciar un procedimiento arbitral hasta que la mediación se hubiese llevado a cabo, decidió que "aquí no existe duda alguna de que fue la intención de las partes que el deber de someterse al arbitraje no se activaría sino después que la condición suspensiva de la mediación hubiese sido satisfecha." *HIM Portland LLC v. DeVito Builders Inc.*, United States Court of Appeals, First Circuit, 317 F.3d 41 (1st Cir) (2003). Disponible en: https://caselaw.findlaw.com/us-1st-circuit/1361817.html, consultado en fecha 5 de diciembre de 2020. En el mismo sentido, apuntando a la existencia de un pacto de *non petendo*, véase la sentencia de la *Court of Appeals de Texas* del 20 de octubre de 1996, en el caso *Weekley Homes Inc. v. Jennings*, Court of Appeals of Texas, San Antonio, 936 SW 2nd 16 (Tex. App.) (1996). Disponible en: https://www.casemine.com/judgement/us/59148271add7b04934495fb2, consultado en fecha 5 de diciembre de 2020.

la resolución del conflicto planteado entre los contratantes. Bastaría, además, con que cualquiera de las partes se negara a negociar ante una solicitud que le dirija en tal sentido su contraparte para así eludir la vía arbitral y acudir directamente a los tribunales. Esto, aparte de desnaturalizar y hacer nugatoria toda la estructura de resolución de conflictos prevista por las partes para apartarse de la jurisdicción ordinaria, seria evidentemente contrario a la intención de las partes de resolver sus controversias de manera extrajudicial[63].

Para evitar inconvenientes, si las partes realmente desean que la vía del arbitraje no esté disponible sin haberse cumplido con los escalones iniciales, deben incluir un *pactum de non petendo* que de manera explícita obligue a las partes de abstenerse a presentar demandas jurisdiccionales o arbitrales durante la etapa previa[64]. Para ello conviene que en la cláusula se indique claramente que el incumplimiento de las obligaciones del primer escalón es condición necesaria del arbitraje, comprometiéndose las partes a no iniciar otros procedimientos mientras no se hayan agotado los mecanismos previstos en los escalones previos. En cambio, si la intención de las partes es favorecer que se mantenga la instancia del arbitraje, conviene que ellas pacten que el Tribunal Arbitral deberá únicamente suspender el procedimiento arbitral hasta tanto se acredite el cumplimiento de los compromisos del primer nivel.

En conclusión, cuando las partes han acordado expresamente supeditar la plena eficacia del convenio arbitral y el inicio del procedimiento al cumplimiento de la condición suspensiva del cumplimiento de los escalones previos, esa convención tiene plena eficacia obligatoria y su cumplimiento constituye un requisito de admisibilidad de la demanda.

3. El incumplimiento de los escalones previos no afecta la jurisdicción o competencia del Tribunal Arbitral

La inobservancia de los primeros escalones de la cláusula arbitral no excluye la jurisdicción del Tribunal Arbitral, sino que produce como consecuencia que el tribunal debe suspender el procedimiento hasta el cumplimiento de los compromisos de primer nivel. La omisión de

63 Álvaro López de Argumedo Piñeiro, ob. cit., p. 113.

64 Ana Fernández Pérez, ob. cit., p. 119.

cumplir con la etapa previa de negociaciones o de mediación no afecta ni menoscaba la jurisdicción o competencia del Tribunal Arbitral, de acuerdo con lo que establezca la cláusula escalonada de arbitraje[65].

Así lo decidió la *House of Lords* en 1993 en el caso *Channel Group v. Balfour Beatty Ltd.*, al declarar que el incumplimiento de los escalones previos al arbitraje no significa que las partes pueden incumplir el acuerdo de arbitraje acudiendo a la jurisdicción ordinaria. Por el contrario, los contratantes tienen primero que someter sus diferencias a los procedimientos establecidos en la etapa o escalones previos y si estos fracasan someterlas luego al arbitraje. Dicho en otros términos, en caso de que se plantee una cuestión relativa al incumplimiento de los escalones previos, ello no afecta la validez y eficacia de la cláusula arbitral ni la jurisdicción del Tribunal Arbitral. En palabras de la *Hourse of Lords*:

> lo anterior se debe a que el incumplimiento de los escalones iniciales… no afecta la decisión del Tribunal Arbitral… El acuerdo arbitral contenido en la cláusula escalonada no pierde sus efectos ni validez y, por tanto, los tribunales locales no tienen ninguna jurisdicción sobre la controversia.
> Habiendo [las partes] prometido llevar sus disputas a los expertos y, de ser necesario, a los árbitros, es allí donde las partes deben ir[66].

---

65 Charles Jarrosson, "La sanction du non-respect d'une clause instituant un préliminaire obligatoire de conciliation ou de mediation: Note - Cour de Cassation (2e Ch. civ.) 6 juillet 2000; Cour de cassation (1re Ch. civ.) 23 janvier et 6 février 2001", en *Revue de l'Arbitrage,* N° 4, Comité Français de l'Arbitrage, 2001, p. 752 y ss. Disponible en: https://www.kluwerarbitration.com/document/ipn24141?title=Revue%20de%20l%27Arbitrage, consultado en fecha 5 de diciembre de 2020.

66 *Channel Group v. Balfour Beatty Ltd.*, House of Lords, Adj.L.R. 01/21 (1993). Disponible en: http://expertdeterminationelectroniclawjournal.com/wp-content/uploads/2017/04/Channel-Tunnel-Group-Ltd-Anor-v-Balfour-Beatty-Construction-Ltd-v-Ors-1993-AC-334.pdf, consultado en fecha 3 de diciembre de 2020. En el mismo sentido, en la jurisprudencia norteamericana, se pronunció la *U.S. Supreme Court* en sentencia del 30 de marzo de 1964 en el caso *John Wiley & Sons Inc. v. Livingston,* United States Supreme Court, 376 U.S. 543 (1964). Disponible en: https://supreme.justia.com/cases/federal/us/376/543/, consultado en fecha 7 de diciembre de 2020. En contra, en la jurisprudencia norteamericana, en algunas ocasiones, los tribunales han decidido que poner en marcha el procedimiento arbitral sin haber cumplido los escalones previos afecta la validez del laudo por falta de jurisdicción del Tribunal Arbitral. Así en el caso *White v. Kampner*, el tribunal declaró que por cuanto el pacto de negociar convenido por las partes como

Cuando el escalón de cierre es el arbitraje, la decisión sobre la validez, eficacia y alcance de la cláusula arbitral corresponde a los árbitros en aplicación del principio *kompetenz-kompetenz* que rige en la mayoría de las legislaciones sobre arbitraje[67]. Serán, por consiguiente, los árbitros quienes tendrán que determinar si se cumplió o no con la etapa previa de mediación o negociación; en caso de incumplimiento, serán ellos los competentes para ordenar el cumplimiento de esa fase previa y también lo serán para determinar las consecuencias del incumplimiento de la cláusula escalonada[68].

El Tribunal Arbitral deberá pues examinar cuidadosamente las circunstancias previstas en la cláusula escalonada y la conducta de las partes en orden a su cumplimiento. De manera pues que es a los árbitros a quienes corresponde esta determinación y, por supuesto, tendrán que

---

escalón previo era una *condición precedente* del arbitraje, la instauración del procedimiento arbitral estaba supeditada al cumplimiento de dicha etapa previa de negociaciones; por lo cual, el Tribunal Arbitral había dictado el laudo careciendo de jurisdicción o competencia para hacerlo. *White v. Kampner*, Supreme Court of Connecticut, 641, A.2nd, 1385 (Conn) (1994). Disponible en: https://casetext.com/case/white-v-kampner-1, consultado en fecha 4 de diciembre de 2020.

En materia de arbitraje de inversiones, la jurisprudencia del CIADI ha sido oscilante. En el caso *Murphy Exploration and Production Company International v. República del Ecuador*, el Tribunal Arbitral CIADI en el laudo sobre jurisdicción declaró su falta de jurisdicción para conocer del caso por existir en el respectivo TBI entre la República del Ecuador y los Estados Unidos de América una cláusula escalonada que no se cumplió. *Murphy Exploration and Production Company International* v. *República del Ecuador*, caso CIADI No. ARB/08/4, Laudo sobre Jurisdicción de fecha 5 de diciembre de 2010, ¶ 135. Disponible en: https://www.italaw.com/sites/default/files/case-documents/ita0547.pdf, consultado en fecha 4 de diciembre de 2020. En cambio, en el caso *Ronald S. Lauder v. República Checa* el Tribunal Arbitral determinó que el incumplimiento del período de espera de seis meses establecido en el Artículo VI (3)(a) del TBI entre los Estados Unidos y la República Checa no constituía fundamento para objetar la jurisdicción del tribunal. *Ronald S. Lauder v. República Checa,* UNCITRAL, Laudo de fecha 3 de septiembre de 2001. Disponible en: https://www.italaw.com/sites/default/files/case-documents/ita0451.pdf, consultado en fecha 5 de diciembre de 2020. Para un examen de los efectos del incumplimiento de los escalones previos en el arbitraje de inversiones, véase: Ignacio Torrealba, "Cláusulas escalonadas en el arbitraje de inversión", en *Tratado de Derecho Arbitral*, Tomo I (El Convenio Arbitral), dirigido por Carlos Alberto Soto Coaguila, Pontificia Universidad Javeriana/Instituto Peruano de Arbitraje/Grupo Editorial Ibañez, Bogotá, 2011, pp. 287-295.

67 Alexander Jolles, ob. cit., pp. 329 y ss.

68 *John Wiley & Sons Inc. v. Livingston,* United States Supreme Court, 376 U.S. 543 (1964). Disponible en: https://supreme.justia.com/cases/federal/us/376/543/, consultado en fecha 7 de diciembre de 2020.

ponderar cuidadosamente su decisión puesto que, si por un lado, no deberían estimar una alegación que aparezca como manifiestamente dilatoria o tendiente a obstaculizar el arbitraje, tampoco pueden desconocer que continuar con el procedimiento arbitral y dictar el laudo sin que se compruebe el cumplimiento de los pasos previos puede afectar la validez del laudo y eventualmente determinar su nulidad, o comprometer su reconocimiento y ejecución[69].

En efecto, de acuerdo con lo dispuesto en el Artículo 34(2)(a)(iv) de la Ley Modelo de la CNUDMI sobre Arbitraje Comercial Internacional[70], reproducido en las leyes de arbitraje de numerosos países, es causal de nulidad del laudo el hecho de que el procedimiento arbitral no se ajuste al acuerdo de las partes. Asimismo, la Convención sobre el Reconocimiento y la Ejecución de las Sentencias Arbitrales Extranjeras de 1958[71] contempla esta situación como causal para denegar el reconocimiento y la ejecución de un laudo extranjero en el Artículo V(1)(d).

La jurisprudencia arbitral en algunos países, en tal sentido, en ocasiones ha negado la ejecución del laudo para hacer prevalecer lo pactado en los escalones previos. Así ocurrió en el célebre caso *Pepsi Cola* resuelto mediante dos laudos arbitrales dictados en 2008 por el Instituto de Arbitraje de la Cámara de Comercio de Estocolmo en favor de Pepsi Cola y dos empresas conjuntas chinas. Cuando se entabló el respectivo procedimiento de *exequatur* en China, al amparo de la Convención de Nueva York, el Tribunal Popular Intermedio de Sichuan denegó el reconocimiento y ejecución de los laudos con base en la causal prevista en el Artículo V(1)(a) de dicha Convención, al considerar que la cláusula escalonada de arbitraje convenida por las partes establecía una negociación previa por un periodo de 90 días que no se había llevado a cabo. Por lo cual, el tribunal declaró que ante el incumplimiento de esta fase

69 *Cfr.* Roque J. Caivano, ob. cit., p. 79.

70 Ley Modelo de la CNUDMI sobre Arbitraje Comercial Internacional de 1985 con las enmiendas aprobadas en 2006, artículo 34(2)(a)(iv). Disponible en: https://www.uncitral.org/pdf/spanish/texts/arbitration/ml-arb/07-87001_Ebook.pdf, consultado en fecha 10 de noviembre de 2020.

71 Convención sobre el Reconocimiento y la Ejecución de las Sentencias Arbitrales Extranjeras de 1958, Nueva York, artículo artículo V(1)(d). Disponible en: https://www.uncitral.org/pdf/spanish/texts/arbitration/NY-conv/New-York-Convention-S.pdf, consultado en fecha 10 de noviembre de 2020.

previa de negociación, el Tribunal Arbitral no debía haber admitido las solicitudes de arbitraje[72].

La Ley de Arbitraje Comercial venezolana, por su parte, establece que "la nulidad del laudo se podrá declarar cuando la parte contra la cual se invoque el laudo… no ha podido por cualquier razón hacer valer sus derechos". En la doctrina nacional, el autor Saghy afirma que "es argumentable que el incumplimiento de algún escalón o formalidad prevista por las partes previo al inicio del procedimiento arbitral sea considerado una situación en la que una de las partes no haya podido hacer valer sus derechos"[73].

4. La inejecución de los escalones previos debe ser invocada por el interesado

Se plantea el problema de si el Tribunal Arbitral puede declarar de oficio el hecho de que no se haya cumplido con los escalones previos o si, por el contrario, la inobservancia de la etapa arbitral tiene que ser alegada por el interesado en hacerla valer.

Como indicamos con anterioridad, como principio de carácter general, puede afirmarse que el cumplimiento de las obligaciones del primer escalón es un requisito de procedibilidad y, por tanto, su inobservancia obliga a suspender el procedimiento arbitral hasta el acatamiento de los compromisos asumidos. Sin embargo, los tribunales arbitrales no pueden decidir sobre esta cuestión de oficio, sino sobre la base de la objeción formulada por una de las partes. Por consiguiente, en el supuesto de haber acordado las partes un clausula escalonada que contemple una fase previa de negociaciones o de mediación antes de acudir al

---

72 *PepsiCo. Inc. v. Sichuan Pepsi-Cola Beverage Co., Ltd*, Cheng Min Chu Zi, Provincia Sichuan, Sentencia No 912 de fecha 30 de abril de 2008, citado en Nadia Darwazeh y Friven Yeoh, "Recognition and Enforcement of Awards under the New York Convention", en *Journal of International Arbitration*, Vol. 25, No. 6, Kluwer Law International, 2008, pp. 840-846. Disponible en: https://www.kluwerarbitration.com/document/ipn30699?q=-Nadia%20Darwazeh, consultado en fecha 10 de noviembre de 2020; *PepsiCo, Investment (China) Ltd. v. Sichuan Province Yun Lu Industrial Co., Ltd.*, Cheng Min Chu Zi, Provincia Sichuan, Sentencia No. 36 de fecha 30 de abril de 2008, citado en Nadia Darwazeh y Friven Yeoh, *Ibíd.*

73 Pedro J. Saghy Cadenas, *El Arbitraje Institucional en Venezuela*, Editorial Jurídica Venezolana, Caracas, 2017, p. 41.

arbitraje, el interesado, normalmente el demandado, tendrá que invocar como defensa el incumplimiento de la fase previa para que se suspenda el procedimiento de arbitraje. Esto es así por cuanto el procedimiento arbitral se rige básicamente por la voluntad de las partes y son ellas las que han contemplado una fase previa al arbitraje. Por tanto, si el demandante solicita el arbitraje sin que se haya cumplido con los escalones previos y el demandado no opone la respectiva defensa o excepción, hay que concluir que ambas partes están aceptando esta situación, es decir, habría un consentimiento tácito pero inequívoco (*facta concludentia*) de las partes a modificar la cláusula de solución de diferencias o, si se quiere, una renuncia a los escalones previos antes de iniciar el arbitraje[74]. El Tribunal Arbitral, por consiguiente, no podría apreciar de oficio esta situación para suspender el procedimiento si las dos partes han convenido en seguir el procedimiento arbitral sin haber dado cumplimiento a las fases previas. La doctrina y la jurisprudencia arbitral internacional son contestes al respecto.

En cambio, la situación es diferente cuando existe un requisito legal de cumplir con un proceso previo de mediación para la resolución de determinadas controversias antes de iniciar un juicio o un procedimiento arbitral. Por ejemplo, en Italia, donde la legislación sobre mediación en materia civil y mercantil obliga a las partes en ciertos casos a seguir un procedimiento previo de mediación antes de iniciar un arbitraje o un juicio, el juez podría constatar de oficio el incumplimiento del procedimiento legal de mediación o suspender el proceso arbitral (o el juicio),aunque el interesado no haya opuesto esta defensa[75].

---

74 Luis María Brito Nieto, loc. cit.; Antonio Entrena et al., "Las cláusulas escalonadas de resolución de conflictos: reflexiones sobre su aplicación práctica", en *Las medidas preventivas de conflictos jurídicos en contextos inestables,* coordinado por Xavier Lluch, Barcelona 2014, pp. 761-775. Disponible en: https://libros-revistas-derecho.vlex.es/vid/cla-usulas-escalonadas-conflictos-pra-526582990, consultado en fecha 14 de noviembre de 2020.

75 Al respecto, véase: Luciano Lupini Bianchi, "Recientes desarrollos de la mediación y otros mecanismos de solución alternativa de controversias en Europa", en *Revista Venezolana de Legislación y Jurisprudencia*, No. 13, Caracas, 2020, p. 626.

VII. CLÁUSULAS ARBITRALES ESCALONADAS Y MEDIDAS PREVENTIVAS

Debemos referirnos a la cuestión de si puede una de las partes, en caso de peligro de daño, solicitar y obtener una medida preventiva, a pesar de no haberse cumplido o agotado el periodo previo de negociaciones o el procedimiento de mediación previsto en la cláusula arbitral.

Como indicamos con anterioridad, cuando existe una cláusula escalonada de arbitraje, no puede iniciarse un procedimiento adversarial (judicial o arbitral) sin haberse dado cumplimiento a los escalones previos de negociación o mediación. Sin embargo, parece haber consenso en que sí puede iniciarse un procedimiento de este tipo, sin necesidad de agotar previamente la fase prearbitral, en caso de urgencia o cuando ello fuese necesario para salvaguardar los derechos de una de las partes. La jurisprudencia arbitral internacional admite esta posibilidad. Por ejemplo, la Corte de Apelaciones de París declaró que la cláusula de mediación previa no limitaba el derecho de las partes de acudir a los tribunales en caso de urgencia[76].

Asimismo, la Ley Modelo de la CNUDMI de 2018 sobre Mediación Comercial Internacional y Acuerdos de Transacción Internacionales Resultantes de la Mediación prevé que si bien cuando se encuentre en curso una mediación no se puede iniciar un procedimiento arbitral, sin embargo, ello puede hacerse cuando haya peligro de que se afecten los derechos de alguna de las partes. En tal sentido, el artículo 14 de dicha Ley Modelo dice textualmente:

> Cuando las partes hayan acordado recurrir a la mediación y se hayan comprometido expresamente a no entablar, por un período determinado o mientras no se produzca algún hecho en particular, ningún proceso arbitral o judicial con respecto a una controversia existente o futura, el Tribunal Arbitral u órgano judicial dará efecto a ese compromiso hasta que se cumplan las condiciones estipuladas en él, excepto en la medida en que una de las

---

76 *SCM Port Royal v. Pebay et Samper*, Cour d'Appel de Paris, 14° Chambre A, Sentencia de fecha 23 de mayo de 2001. Disponible en: https://www.legifrance.gouv.fr/juri/id/JURITEXT000006938747, consultado en fecha 14 de noviembre de 2020.

partes estime necesario entablar ese proceso para proteger sus derechos. No se considerará que el inicio de tal proceso constituye, en sí mismo, una renuncia al acuerdo por el que se convenga en someter una controversia a mediación ni que pone fin por sí solo al procedimiento de mediación[77].

En términos sustancialmente idénticos, el artículo 13 de la Ley Modelo de la CNUDMI de 2002 sobre Conciliación Comercial Internacional consagraba esta posibilidad para la conciliación. En las Notas Explicativas de esta Ley Modelo se aclara que uno de los supuestos en los cuales puede acudirse a un procedimiento de este tipo antes de haberse agotado la fase de negociaciones es precisamente cuando haya necesidad de pedir medidas preventivas, siempre y cuando se encuentren satisfechos los extremos para que proceda el decreto de tales medidas preventivas, esto es, la presunción de buen derecho y el peligro de mora[78].

En la mayoría de los reglamentos de las instituciones arbitrales se establece que puede solicitarse una medida preventiva antes de dar inicio al procedimiento arbitral. Esta posibilidad está contemplada, por ejemplo, en el artículo 24 del Reglamento del Centro de Arbitraje de la Cámara de Caracas, a cuyo efecto se procede al nombramiento de un árbitro de emergencia para que dicte la medida preventiva solicitada[79].

---

77 Ley Modelo de la CNUDMI sobre Mediación Comercial Internacional y Acuerdos de Transacción Internacionales Resultantes de la Mediación de 2018. Disponible en: https://uncitral.un.org/sites/uncitral.un.org/files/annex_ii_-_s.pdf, consultado en fecha 10 de noviembre de 2020.

78 El párrafo 85 de las Notas Explicativas de la Ley Modelo al referirse a las razones que pueden justificar el inicio de un procedimiento adversarial para salvaguardar los derechos de una de las partes aunque no haya transcurrido el plazo convenido para hacerlo es precisamente "*la necesidad de solicitar medidas cautelares o de evitar que expire un plazo de prescripción*" (cursivas nuestras). Ley Modelo de la CNUDMI sobre Conciliación Comercial Internacional con la Guía para su incorporación al derecho interno y utilización de 2002. Disponible en: https://uncitral.un.org/sites/uncitral.un.org/files/media-documents/uncitral/es/03-90956_ebook.pdf, consultado en fecha 10 de noviembre de 2020.

79 Reglamento General del Centro de Arbitraje de la Cámara de Caracas. Disponible en: https://arbitrajeccc.org/wp-content/uploads/2019/10/RGCACC-Modificaci%C3%B3n-Anexo-I-Aprobado-JD-9-11-2016.pdf, consultado en fecha 13 de noviembre de 2020.

El problema que esta situación plantea es que en la mayoría de los reglamentos de los centros de arbitraje se establece que dicha medida preventiva decae de pleno derecho si el solicitante no inicia el procedimiento arbitral dentro de un plazo determinado que, en el caso del Reglamento del Centro de Arbitraje de la Cámara de Caracas, es de 30 días después de decretada la medida (art. 33). Entonces, por un lado, hay una cláusula de arbitraje escalonada que impide interponer una demanda arbitral mientras no se cumpla con la fase de negociaciones o de mediación; y, por el otro, existe una medida cautelar decretada cuyo plazo de caducidad está corriendo si quien obtuvo la medida no insta el arbitraje dentro de 30 días. En estos casos, para evitar la caducidad de la medida y continuar con la fase previa de negociaciones o de mediación, lo aconsejable es iniciar el procedimiento arbitral antes de que opere la caducidad y, de inmediato, solicitar la suspensión del procedimiento hasta tanto se agote el procedimiento de negociación o mediación que estaba en curso.

VIII. IMPOSIBILIDAD DE CUMPLIMIENTO DE LA ETAPA PREVIA

Ya nos hemos referido a algunos casos en los cuales es jurídicamente inexigible la obligación de agotar los escalones previos al arbitraje antes de iniciar un procedimiento adversarial (judicial o arbitral). Es lo que ocurre cuando sea necesario ocurrir a la vía judicial o arbitral para salvaguardar los derechos de una de las partes como, por ejemplo, cuando el agotamiento de la fase previa acarreará la expiración de un plazo de prescripción o de caducidad, o cuando sea necesario dictar medidas preventivas sin dilación (*supra,* Nº VII).

Igualmente hay que excluir toda sanción cuando el incumplimiento de la fase prearbitral sea invocado de manera abusiva por el demandado, lo que corresponde apreciar al Tribunal Arbitral tomando en cuenta las circunstancias particulares del caso concreto sometido a su consideración y decisión. A tales efectos, el Tribunal podrá tomar en consideración, entre otros, los siguientes elementos: 1) la inacción del demandado; 2) el hecho de que el interesado se haya negado injustificadamente a negociar no obstante la solicitud de la otra parte[80]; 3) la circunstancia de que a pesar de los esfuerzos razonables efectuados por el demandante haya sido imposible celebrar una mediación o que su intento haya sido infructuoso[81]; 4) el hecho de que la mediación no haya tenido lugar porque el demandando no se encontraba dispuesto o disponible para intervenir en ella o cuando las partes hayan renunciado expresa o tácitamente pero de manera inequívoca a celebrar la mediación[82]; 5) la circunstancia de que resulte claro que las posiciones de las partes sean tan enconadas que sea imposible llegar a un acuerdo, no obstante la solicitud de la otra parte[83].

Tal y como lo declaró el Tribunal Federal suizo mediante sentencia del 6 de junio de 2007:

> actúa de manera abusiva una parte que invoque el incumplimiento de un escalón obligatorio que parece manifiestamente condenado al fracaso y/o cuando no lo haya implementado ella misma. Si la intención del demandado es realmente resolver amistosamente la controversia, le corresponde plasmarla en los hechos, de conformidad con el principio de buena fe. No basta con invocar pasivamente la incompetencia del Tribual Arbitral. Tiene que iniciar él mismo la mediación pactada y solicitar la suspensión del arbitraje[84].

80 *Antoine Biloune and Marine Drive Company Ltd., v. Ghana Investment Centre and Government of Ghana*, Tribunal Arbitral *Ad Hoc*, Laudo sobre la Jurisdicción y los Méritos de fecha 27 de octubre de 1989, ¶¶ 55-56. Disponible en: https://jusmundi.com/en/document/decision/en-biloune-and-marine-drive-complex-ltd-v-ghana-investments-centre-and-the-government-of-ghana-award-on-jurisdiction-and-liability-friday-27th-october-1989#decision_5397, consultado en fecha 13 de noviembre de 2020.

81 Extracto del Laudo final de fecha 27 de enero de 1997 en el caso CCI N° 8462, citado en "Extracts from ICC Arbitral Awards Relating to Multi-Tiered Dispute Resolution Clauses", en *ICC International Court of Arbitration Bulletin*, Vol. 14, No. 1, (2003)... *cit.*, pp. 82-83.

82 Aníbal Sabater, ob. cit., p. 69.

83 Laudo final emitido en 1996 en el caso CCI N° 8445, citado en: *Yearbook of Commercial Arbitration,* Vol. XXVI, ICCA & Kluwer Law International, 2001, pp. 167-180. Disponible en: https://www.kluwerarbitration.com/document/ipn22930, consultado en fecha 12 de noviembre de 2020.

84 Tribunal Fédéral Suisse, Arrêt No. 4A_18/2007, 6-6-2007, ¶ 4.3.3.2. Disponible en: https://www.bger.ch/ext/eurospider/live/fr/php/aza/http/index.php?highlight_docid=aza%3A%2F%2F06-06-2007-4A_18-2007&lang=fr&type=show_document&zoom=NO&, consultado en fecha 17 de noviembre de 2020.

En todos estos casos, la regla debería ser que los árbitros sigan tramitando el procedimiento arbitral. Lo contrario conllevaría a privilegiar a la parte remisa que con su actitud lo que hace es obstaculizar el arbitraje o impedir su prosecución.

En fin, será factible entablar un procedimiento arbitral o que los árbitros continúen con su tramitación cuando una de las partes se mantuviera pasiva u obstaculizara la puesta en práctica del mecanismo contemplado en el escalón anterior, o cuando el ambiente resulta ser tan hostil o el conflicto se encuentra tan escalado, que el hecho de llevar adelante las etapas previas pactadas, resultaría infructuoso y solo retrasaría más la resolución de la disputa, o cuando cualquier intento de agotamiento de dichas etapas previas habría sido inútil[85].

IX. ALGUNAS RECOMENDACIONES

Como puede fácilmente apreciarse de la exposición anterior, numerosas dificultades que plantean las cláusulas arbitrales escalonadas surgen de una defectuosa redacción de las mismas. Para evitar situaciones patológicas, hay que poner especial cuidado al momento de confeccionar la cláusula puesto que cualquier ambigüedad o redacción deficiente puede generar incertidumbre o incluso tornar ineficaz o inaplicable la cláusula arbitral.

Sin ánimo de exhaustividad, para reducir los problemas derivados de una deficiente u oscura redacción de las cláusulas arbitrales escalonadas, consideramos útil formular las siguientes recomendaciones:

1) Conviene que dichas cláusulas plasmen la verdadera intención de las partes. Si lo que ellas desean es que el incumplimiento de la etapa previa impida el acceso al arbitraje, deben expresar clara e inequívocamente que la estricta observancia de los escalones previos será condición necesaria para el inicio del procedimiento arbitral[86]. Si, por

---

[85] *Ethyl Corporation v. El Gobierno de Canadá*, NAFTA/UNCITRAL, Laudo sobre la Jurisdicción de fecha 24 de junio de 1998, ¶ 84. Disponible en: https://www.italaw.com/sites/default/files/case-documents/ita0300_0.pdf, consultado en fecha 20 de noviembre de 2020.

[86] Extracto del Laudo preliminar de fecha 26 de junio de 1985 en el caso CCI No. 4229, citado en *ICC International Court of Arbitration Bulletin*, Vol. 14, No. 1, (2003)... *cit.*, pp. 74-75; Extracto del Laudo final de fecha 27 de noviembre de 1995 en el caso CCI

el contrario, lo que las partes desean es que las negociaciones solo tengan carácter facultativo deben igualmente expresar de manera clara esa intención en la cláusula para evitar que una de las partes invoque el incumplimiento de la etapa previa para obstaculizar el arbitraje o impedir su prosecución.

2) La cláusula debe establecer de manera clara cuáles serán las consecuencias del incumplimiento de la fase prearbitral para evitar cualquier discusión al respecto. Es decir, deben indicarse los efectos que se producirán si una de las partes hace caso omiso de los escalones previos e inicia un proceso arbitral sin haber participado en las negociaciones o en la mediación, o sin que estas hayan concluido.

3) Conviene también establecer de manera clara y precisa el contenido de cada una de las etapas previas y referir la fase negocial a distintas circunstancias o parámetros objetivos de tiempo y lugar de las negociaciones, funcionamiento del proceso de negociación, indicación del número de sesiones y de las personas autorizadas a conducir las negociaciones, etc. De manera que con estos criterios objetivos pueda apreciarse sin mayor dificultad si, en realidad, se cumplió o no con los requerimientos de la fase previa. No deben incluirse condiciones vagas o imprecisas que puedan prestarse después a interpretaciones o discusiones respecto de si fueron cumplidas o no como, por ejemplo, cuando la cláusula se limita a indicar que las partes convienen en "negociar de buena fe" o "en desarrollar sus mejores esfuerzos durante las negociaciones para lograr una solución amigable de la disputa". Estos son términos que invitan a la discusión y eventualmente estas discusiones pueden ser muy prolongadas. Por tanto, hay que evitar su utilización.

4) Para evitar problemas futuros es conveniente incluir la obligación de notificar formalmente a la otra parte del comienzo y del final de cada una de las etapas previas y sobre todo los requisitos para que se produzca el tránsito de una etapa a otra para la solución de la controversia. Debe indicarse claramente la duración de cada uno de los pasos previos al arbitraje. Las partes deben establecer un plazo para las negociaciones que no debe ser muy largo porque mientras

---

No. 8073, citado en "Extracts from ICC Arbitral Awards Relating to Multi-Tiered Dispute Resolution Clauses," *Ibíd.*, pp. 80-81.

ese plazo no transcurra, no podrán ellas recurrir al arbitraje. Además, si el plazo es muy largo, bien pude ocurrir que cuando se acuda al arbitraje, haya transcurrido ya el plazo de prescripción o de caducidad para intentar la acción, sobre todo cuando se trata de plazos breves de prescripción o de caducidad. Hay que señalar claramente cuándo comienza cada etapa, incluyendo la fase de negociaciones, y cuándo termina, es decir, definir estos momentos de manera precisa e indicar cuándo se considera que las negociaciones o el intento de lograr un acuerdo fracasó. Esto es importante definirlo claramente porque. en caso contrario, pueden suscitarse dudas acerca de si ya están abiertas las puertas del arbitraje.

5) Resulta aconsejable prever objetivamente el modo de comprobar el cumplimiento de los escalones previos, es decir, definir la conducta o la constancia documental requerida para dar por demostrado el cumplimiento de la etapa prearbitral.

6) Por último, cuando las partes acuerden una cláusula med-arb, conviene indicar que la mediación se llevará a cabo de acuerdo con las reglas de un determinado centro de arbitraje y conciliación que son generalmente bastante claras.

Tal y como lo ha señalado la *International Bar Association* en sus "Directrices para la Redacción de Cláusulas de Arbitraje Internacional de 2010"[87], al momento de confeccionar una cláusula de arbitraje escalonada es conveniente atenerse a las siguientes reglas: 1) La cláusula debe señalar un periodo de tiempo para la negociación o mediación, desencadenado por un hecho definible e indiscutible como, por ejemplo, una invitación escrita después de la cual cualquier parte puede acudir a arbitraje; 2) La cláusula debe evitar la trampa de presentar el arbitraje como facultativo y no como obligatorio. De esta manera se impide que la cláusula devenga en patológica por ser ambigua la intención de someter a arbitraje las controversias que no puedan resolverse por los escalones anteriores y; 3) La cláusula debe definir las controversias que deben someterse a negociación o mediación y a arbitraje en términos

[87] Directrices de la IBA para la Redacción de Cláusulas de Arbitraje Internacional de 2010. Disponible en: http://www.oas.org/es/sla/ddi/docs/arbitraje_buenas_directrices_IBA.pdf, consultado en fecha 7 de noviembre de 2020.

idénticos. De lo contrario, habrá supuestos en los que ciertas controversias podrán someterse directamente a arbitraje.

En fin, cuanto más detallada, precisa y meticulosa sea la redacción de la cláusula escalonada, mayor será la probabilidad de que se cumpla su contenido y menor la probabilidad de que se planteen incertidumbres y confrontaciones acerca de su significado y efectos.

RESPONSABILIDAD CIVIL

CONTORNOS ACTUALES DE LA RESPONSABILIDAD CIVIL*

SUMARIO

* Conferencia dictada por el autor el 25 de noviembre de 2011 en las Primeras Jornadas sobre Derecho de las Obligaciones en homenaje al doctor José Melich-Orsini organizadas por la Academia de Ciencias Políticas y Sociales. Una primera versión de esta conferencia fue publicada con el mismo título en el libro *Derecho de las Obligaciones Homenaje a José Melich-Orsini,* Academia de Ciencias Políticas y Sociales, Coordinadora Claudia Madrid Martínez, Caracas, 2012.

I. INTRODUCCIÓN

En esta exposición me referiré a algunas manifestaciones de daños típicos de la era tecnológica que han contribuido a perfilar los contornos actuales de la responsabilidad civil, así como a las nuevas tendencias que se observan en el campo de la responsabilidad civil –lo que ha dado en llamarse "la metamorfosis de la responsabilidad civil"– con el objeto de brindar una adecuada protección a la víctima de los daños de la era tecnológica[1].

Actualmente, nadie duda que el mundo ha ingresado en una era distinta: la era tecnológica o sociedad de la información. Hemos presenciado a fines del siglo veinte en el mundo tecnológico fascinantes avances –o novedades, según algunos– que van desde la aparición de drogas para el tratamiento y la curación de enfermedades consideradas hasta ayer incurables, hasta la clonación de mamíferos y seres humanos, pasando por hechos desgraciados como contaminaciones irreparables al ambiente, o lo que es peor, ataques a la integridad física del hombre y lesiones a su dignidad.

Como puede fácilmente apreciarse, en este entorno las posibilidades de sufrir daños se incrementan considerablemente. Los tiempos por venir nos conducen a predecir un incremento notable de las causas de daños potenciales.

La nueva tecnología incide en la teoría de la responsabilidad civil. Hace algunos años, refiriéndose al industrialismo y su impacto en el Derecho de daños, André Tunc hablaba de "la situación patológica de la responsabilidad civil en los países industrializados".

La influencia del desarrollo tecnológico en la teoría de la responsabilidad civil se advierte, entre otros, en los siguientes temas:

1) Responsabilidad civil por productos defectuosos. Daños al consumidor de bienes y servicios.
2) Daños nucleares.

---

[1] Algunos temas a que se contrae esta exposición fueron desarrollados, en mayor o menor medida, en mi trabajo "Orientaciones Modernas en el Derecho de Daños" que forma parte de la obra colectiva *El Derecho de las Obligaciones en el Nuevo Milenio*, Coordinadora Claudia Madrid Martínez, Academia de Ciencias Políticas y Sociales y Asociación Venezolana de Derecho Privado, Caracas, 2007, pp. 605-707.

3) Daño ambiental.
4) Responsabilidad civil emergente de la informática.
5) Daños derivados de la aplicación de la biotecnología. Daño genético.
6) Daño colectivo.
7) Nuevas formas de práctica médica. Daño por transmisión de enfermedades.

A continuación, me referiré a algunas manifestaciones de estos daños típicos y característicos de la era tecnológica.

II. MANIFESTACIONES DE DAÑOS TÍPICOS DE LA ERA TECNOLÓGICA

1. Daños por productos defectuosos

En su época, el profesor Louis Josserand decía que la protección de los débiles se había transformado en el derecho común de sus días. Afirmaba el gran jurista que "los débiles han partido a la conquista del derecho". El maestro francés señalaba a los desprotegidos de su época: el trabajador frente al riesgo de accidentes en las fábricas; los clientes de las grandes compañías frente a una poderosa administración societaria con la cual no les quedaba más remedio que celebrar contratos estandarizados o de adhesión; el peatón frente a los monstruos mecánicos, que en su época eran los automóviles.

Hoy habría que añadir a la lista de los desprotegidos del ilustre Decano de la Universidad de Lyon al consumidor y a la víctima de daños causados por productos defectuosos.

Algunas cuestiones que se plantean en este campo son: 1) la determinación del responsable o de los responsables por el daño causado al consumidor mediante un producto defectuoso, sobre todo si se tiene en cuenta que el consumo tiene lugar al final de una larga cadena de producción, distribución y comercialización de bienes y servicios en la que intervienen muchos sujetos; 2) ¿quién o a quiénes se otorga la acción, es decir, quiénes son los legitimados activos dado que el daño puede afectar a un tercero no contratante? ¿en qué órbita de la responsabilidad se ubica el tema? ¿en el campo contractual o en el campo extracontractual?, habida cuenta de que raras veces el consumidor ha contratado directamente con el agente responsable del daño causado; 3) ¿cuál es el fundamento de la responsabilidad que surge por los daños causados por un producto defectuoso? ¿se trata de un factor de atribución de responsabilidad de orden subjetivo basado en el dolo o la culpa? ¿o se aplica aquí una responsabilidad objetiva basada en la teoría del riesgo o, en su caso, en una obligación contractual de resultado?; 4) ¿cómo se demuestra la relación de causalidad?, cuestión esta particularmente compleja puesto que, en muchos casos, muchas empresas comercializan productos de similares características como, por ejemplo, productos farmacéuticos en los cuales no puede determinarse, por ejemplo, por haber desaparecido los envases respectivos, cuál de todos los fabricantes suministró el producto que causó el daño. Estos son algunos problemas que plantea la reparación del daño causado por productos defectuosos, para los cuales la teoría clásica de la responsabilidad civil no ofrece una adecuada solución.

Para tratar de regular adecuadamente esta situación surgen estatutos especiales y leyes de protección al consumidor basados en la jurisprudencia norteamericana que caracterizó al daño causado por estos productos como *strict liability in tort* con imputación objetiva de responsabilidad, por el solo hecho de haber colocado en el mercado un producto defectuoso.

El esquema actual de la responsabilidad por culpa se revela aquí insuficiente dada la dificultad en que se encuentra la víctima del daño causado por un producto defectuoso de probar la culpa del fabricante. Por lo cual, se objetiviza la responsabilidad, es decir, se prescinde de la culpa como factor atributivo de responsabilidad y se impone el deber de resarcir a cargo del fabricante aun cuando el daño se haya producido sin poder evitarlo y no obstante haberse adoptado todas las precauciones técnicas adecuadas en el proceso productivo. Para resolver el problema del nexo causal en la responsabilidad civil por productos defectuosos, surgen nuevas teorías en torno a la relación de causalidad en la responsabilidad por productos; así, en Holanda, se ha desarrollado la teoría de la participación en el mercado de acuerdo con la cual cuando no puede determinarse al autor del daño, cada empresa responde del daño causado en la medida de su participación en el mercado del producto fabricado al momento de su utilización por la víctima. Por ejemplo, si veinte laboratorios fabrican el producto, pero cinco controlan el noventa por ciento de la producción, en esa misma medida se distribuye la responsabilidad por el daño causado.

En fin, se consagra un régimen de responsabilidad civil extracontractual de carácter objetivo sin culpa que protege de manera más eficaz a los consumidores y usuarios, con lo cual se evita que los riesgos se desplacen hacia los más débiles en la relación de consumo.

En Venezuela, la responsabilidad del proveedor frente al consumidor o usuario que consagraba la Ley para la Defensa de las Personas en el Acceso a los Bienes y Servicios de 2010[2] se fundamenta, en primer lugar, en las garantías que debe otorgar aquel al consumidor, lo que nos lleva a concluir que se trata, en esencia, de una responsabilidad de tipo contractual. En efecto, la garantía contemplada en la precitada ley es una de carácter contractual cuyos términos y condiciones deben indicarse en el certificado de garantía expedido a favor del consumidor y ajustarse al contenido mínimo establecido en la ley. Pero adicionalmente esta ley consagraba un sistema de responsabilidad civil objetiva del proveedor en el artículo 79 según el cual:

> En materia de protección de las personas en el derecho al acceso a los bienes y servicios para la satisfacción de sus necesidades, serán solidariamente responsables los fabricantes, ensambladores, productores e importadores, comerciantes distribuidores, expendedores y todas aquellas personas que hayan participado en la cadena de distribución, producción y consumo del bien o servicio afectado, a menos que se compruebe la responsabilidad concreta de uno o algunos de ellos, la cual será determinada por el Instituto para la Defensa de las Personas en el Acceso a Bienes y Servicios de conformidad con lo previsto en la presente Ley.

2 La Ley para la Defensa de las Personas en el Acceso a los Bienes y Servicios fue publicada en la Gaceta Oficial Nº 39.358 del 1º de febrero de 2010. Esta ley no se encuentra vigente en la actualidad. El decreto ley que gobierna la materia es el Decreto con Rango, Valor y Fuerza de Ley Orgánica de Precios Justos publicado en la Gaceta Oficial No 6.202 Extraordinario del 8 de noviembre de 2015 que no trae disposiciones especiales sobre el particular.

De acuerdo con la precitada disposición, al consumidor le basta con demostrar el daño y la relación de causalidad física con el producto, con lo cual se establece una responsabilidad solidaria a cargo de todos los civilmente responsables enumerados en dicha disposición legal, a menos que el demandado compruebe la responsabilidad concreta de uno o algunos de ellos. Es decir, al demandado, para excluir su responsabilidad, no le basta con probar su ausencia de culpa, sino que tiene que demostrar que el daño obedeció a la culpa exclusiva de uno o de algunos de los restantes intervinientes en la cadena de producción, distribución y comercialización. Esto nos lleva a concluir que el sistema establecido en la aludida ley era un régimen especial de responsabilidad civil de origen legal y de naturaleza objetiva puesto que el demandado solo podía enervar la acción y excluir su responsabilidad demostrando una causa extraña no imputable, esto es, el hecho culposo de un tercero.

No conozco decisiones de nuestros tribunales relativas a estas disposiciones. Pero me temo que la mala redacción de nuestros textos legales, como ocurre tantas veces, los exponga a interpretaciones peligrosas por parte de los jueces y funcionarios encargados de aplicar la ley.

Por último, lamento también que al momento de promulgarse dichas leyes de protección al consumidor no se tienen siempre en cuenta las circunstancias económicas y sociales del país, ni los costos y beneficios que la regulación comporta.

2. Daño nuclear

Otra fuente de problemas en materia de responsabilidad civil que nos plantea la era tecnológica deriva del aumento de accidentes nucleares ya sea por la utilización de la radioactividad en las prácticas médicas, físicas, químicas, etc., o por la explosión de instalaciones nucleares, como ocurrió hace algunos años con la instalación de Chernobyl que causó el desastre atómico por accidente más importante de la historia. ¿Cómo se identifican en casos como este los daños futuros resarcibles?, sobre todo si se tiene en cuenta que la mayor parte de los daños nucleares son daños genéticos que aparecen en los descendientes de quienes sufrieron el accidente, varias generaciones después. En el caso de Chernobyl todavía se discute en Europa el efecto que a largo plazo producirá la radiación en centenares de miles de personas, esto es, en los descendientes de quienes se vieron expuestos a la radiación.

Además, cuando aflore la lesión probablemente habrá transcurrido el tiempo de prescripción para interponer la acción por indemnización del daño genético, salvo que se concluya que la prescripción en las obligaciones surgidas de hecho ilícito solamente comienza a correr cuando sea absolutamente cierto y definitivamente susceptible de apreciación el daño futuro, sobre lo cual existe disparidad de criterios en la doctrina.

Además, ¿cómo se determina si real y efectivamente la lesión se produjo como consecuencia de la contaminación radioactiva?, cuando la secuela de la radiación, es decir, el daño, consiste, por ejemplo, en el desarrollo de un cáncer o de una leucemia que en nada difiere, en cuanto a sus síntomas y efectos, de esas mismas enfermedades producidas por otras causas. Esto plantea delicados problemas en lo que concierne al establecimiento de la relación de causalidad. Estos son algunos de los interrogantes que se suscitan en materia de accidentes nucleares y de daños derivados de estos accidentes, para los cuales la concepción clásica de la responsabilidad civil no ofrece adecuada solución.

3. Daño ambiental

También los riesgos derivados del daño ambiental nos obligan a preguntarnos si el actual sistema de responsabilidad civil es adecuado para atender a su reparación.

A nivel internacional se observan, en la actualidad, algunas tendencias que reflejan el impacto de la problemática ambiental en la concepción clásica de la responsabilidad civil. Entonces, ¿cuáles son estas tendencias? Son, en esencia, las siguientes:

1) En el Derecho Comparado existe un amplio consenso con respecto a que la responsabilidad civil por daño ambiental tiene un fundamento objetivo. En materia ambiental hay una tendencia hacia la responsabilidad objetiva.

Se responde por el solo hecho de realizar una actividad previamente calificada por la ley como susceptible de degradar el ambiente. Con base en este criterio objetivo, se establece la responsabilidad de la empresa que degrada el ambiente y se exonera a la víctima de la prueba del dolo o de la culpa. A la víctima le basta pues con demostrar el daño y la realización de una actividad considerada por la ley como degradante del ambiente. En materia ambiental rige el principio *quien contamina paga*.

Queda comprometida pues la responsabilidad del contaminador, salvo que este demuestre que el daño ambiental obedeció a una causa extraña no imputable. No lo bastará al civilmente responsable con demostrar su ausencia de culpa, o sea, haber adoptado todas las precauciones y medidas en el desarrollo de la actividad realizada, sino que para enervar la acción tendrá que desvirtuar el nexo causal, o sea, demostrar el caso fortuito, la fuerza mayor, la culpa de la víctima o el hecho de un tercero.

2) Otra tendencia que se observa en materia ambiental es a establecer limitaciones cuantitativas de la responsabilidad. En algunos ordenamientos, se establece que la responsabilidad civil por daño ambiental está limitada en su cuantía hasta el límite de cobertura que se señala en la propia ley. Es el caso de la Ley Federal de Alemania sobre Responsabilidad Ambiental en donde se limita esta responsabilidad a cien millones de euros.

Pudiera pensarse que estas limitaciones chocan con el principio de la integridad de la reparación. Sin embargo, se justifican por dos razones. En primer lugar, por cuanto significan una contrapartida del deber de reparar el daño causado sin culpa de su autor, esto es, en función de un criterio objetivo de atribución de responsabilidad que ha sido establecido en beneficio de la víctima y, en segundo término, debido a que favorecen la seguridad jurídica puesto que al establecerse topes máximos de responsabilidad o al limitarse la cuantía de la responsabilidad ambiental, en esa misma medida se excluye o, al menos se limita, la posibilidad de que la cuantía del daño quede librada al arbitrio del juez.

3) Junto con la atribución objetiva de responsabilidad y la limitación de su cuantía, se observa en materia ambiental la tendencia a la contratación y ampliación de sistemas de seguro forzoso para la prevención e indemnización del daño ambiental.

Sin embargo, se ha observado que el seguro no es capaz de dar respuestas satisfactorias en todos los casos. Por un lado, las soluciones que ofrece el seguro son limitadas. Por su elevado costo, no es posible muchas veces constituir un fondo de primas lo suficientemente cuantioso para cubrir el costo de todas las eventuales reparaciones. Pero adicionalmente, muchos de los problemas antes indicados se trasladan al campo del seguro sin que encuentren adecuada solución ya que si, por ejemplo, no es posible determinar el autor de la contaminación porque no se sabe quién es el civilmente responsable, pues va a ser imposible por vía de consecuencia que una empresa aseguradora repare el daño causado.

En Venezuela el artículo 116 de la Ley Orgánica del Ambiente[3] regula la responsabilidad civil por daño ambiental en los siguientes términos:

> La responsabilidad derivada de daños causados al ambiente es de carácter objetivo, la simple existencia del daño determina la responsabilidad en el agente dañino de haber sido el causante de ese daño, y por tal quien deberá indemnizar los daños y perjuicios causados por su conducta. Queda exceptuada el de (sic) probar el nexo de causalidad entre la conducta ejercida y el daño causado, bastando la simple comprobación de la realización de la conducta lesiva.

Independientemente de la pésima redacción del texto legal, se consagra allí la responsabilidad objetiva de quien realice una actividad susceptible de degradar el ambiente. Por su parte, el artículo 80 de la precitada ley trae una lista enunciativa de actividades consideradas capaces de degradar el ambiente. El carácter enunciativo de la lista de actividades degradantes del ambiente se refleja en el ordinal 20 del artículo 80 de dicha ley que incluye como actividades capaces de degradar el ambiente "cualesquiera otras que puedan dañar el ambiente o incidir negativamente sobre las comunidades biológicas, la salud humana y el bienestar colectivo".

Cabe hacer notar que la Ley Orgánica del Ambiente de 2006, a diferencia de la anterior de 1975, establece que la mera realización de una actividad degradante del ambiente es un factor que compromete <u>siempre</u> la responsabilidad civil del agente. Es decir, la responsabilidad del contaminador queda comprometida no solo cuando el daño incida

[3] La Ley Orgánica del Ambiente fue publicada en la Gaceta Oficial N° 5 833 Extraordinario del 22 de diciembre de 2006.

sobre un bien ambiental cuya titularidad corresponda al Estado, a los Estados o a los Municipios como, por ejemplo, las costas, las aguas o los suelos ubicados en terrenos baldíos del dominio municipal; sino también cuando la actividad degradante incida sobre un elemento del ambiente ubicado en un bien propiedad de un particular como, por ejemplo, por la colocación de pesticidas en una fuente de agua ubicada en un fundo particular. Queda igualmente comprometida la responsabilidad del civilmente responsable por daño ambiental cuando el daño incida sobre una *res commune omnium* como la atmósfera o el aire causando daño a los pulmones de una persona. En todo caso se compromete la responsabilidad civil por daño ambiental de quien realiza la actividad degradante. El artículo 116 es absolutamente claro al respecto.

La situación era otra bajo la vigencia de la Ley Orgánica del Ambiente de 1975 puesto que dicha ley consagraba la responsabilidad objetiva de quien realizaba una actividad susceptible de degradar el ambiente, solamente en caso de que el daño incidiera sobre un bien ambiental cuya titularidad correspondía al Estado, a los Estados o a los Municipios. En tales casos no era necesario demostrar la culpa del civilmente responsable para comprometer su responsabilidad. Pero cuando la actividad degradante incidía sobre un elemento del ambiente ubicado en un bien de propiedad particular o sobre una *res commune omnium,* para comprometer la responsabilidad civil del agente era necesario demostrar su culpa, es decir, la culpa del civilmente responsable.

Esta situación cambió desde que entró en vigencia la nueva Ley Orgánica del Ambiente. Por consiguiente, en la actualidad la responsabilidad por daño ambiental de quienes realizan actividades degradantes del ambiente queda comprometida, independientemente de que el daño incida o no sobre un bien ambiental propiedad del Estado o de alguna de sus divisiones político-territoriales.

4. Daño informático

Con el acelerado desarrollo de la tecnología y el avance de la cibernética, los daños causados por la actividad informática pueden ser considerables. De ahí que en la era tecnológica uno de los capítulos más interesantes de la responsabilidad civil es el que se refiere al daño informático.

A través de la actividad informática se suelen lesionar derechos de los terceros como consecuencia de la información inexacta o por la disfunción de programas. Este aspecto de la responsabilidad informática tiene la mayor relevancia económica y jurídica. Piénsese, por ejemplo, en el manejo informático de bases aéreas, hospitales, centros de transporte ferroviario y los daños a la salud o a la personalidad que pueden ocasionarse.

Se observa la tendencia en algunos ordenamientos a considerar algunos aspectos de la actividad informática como actividades peligrosas o riesgosas con el objeto de establecer una responsabilidad objetiva por parte de quien cause un daño en el ejercicio de esta actividad. En el Derecho Comparado se establecen, además, responsabilidades especiales por conductas ilícitas realizadas a través de Internet. También se han producido interesantes decisiones en materia de responsabilidades por ilicitudes informáticas en el procesamiento de datos personales.

En el Derecho venezolano, como es bien sabido, el criterio general de atribución de responsabilidad civil se fundamenta en la culpa del agente (Código Civil, artículo 1.185). Al no contar con la actividad riesgosa o peligrosa como factor genérico de atribución de responsabilidad civil en nuestro ordenamiento, no cabría atribuir responsabilidad objetiva por los daños que deriven del ejercicio de estas actividades informáticas a quienes las realicen por el solo hecho de hacerlo.

En el campo contractual, en el Derecho Comparado hay la tendencia ha considerar que quien opera una base de datos y ofrece sus servicios a terceros asume frente a su contraparte contractual una *obligación de seguridad* por lo que respecta al contenido, exactitud y periodicidad de la información que suministra.

En nuestro ordenamiento, la obligación del gestor profesional de un banco de datos es una obligación de medios y no de resultado. Por lo cual, para empeñar su responsabilidad, quien contrató los servicios del banco de datos debe demostrar que sufrió un daño y que el daño obedeció a la actuación culposa de este. Para excluir la responsabilidad civil del proveedor de datos, se requiere que su conducta no sea culposa. Es decir, si la conducta del proveedor de datos se hubiere ajustado a los estándares profesionales que rigen su actividad, no quedará comprometida su responsabilidad civil. Por supuesto, por tratarse de una obligación de medios la víctima tendrá la carga de demostrar la culpa del gestor del banco de datos. Este sistema va en dirección contraria a las nuevas tendencias que se observan en el Derecho Comparado donde, como se dijo, se postula que quien opera una base de datos asume frente a su contratante una obligación de seguridad de suministrar la información correcta y actualizada.

5. Daño genético

Otro tema en el cual los avances de la nueva tecnología inciden en la teoría de la responsabilidad civil se refiere a los daños derivados de la aplicación de la biotecnología, o sea, el daño genético.

Sin entrar a considerar las implicaciones éticas, morales o religiosas de los nuevos métodos de procreación humana, estas prácticas plantean serios problemas de índole jurídica. Consideremos, por ejemplo, el problema que en el Derecho de Familia se plantea con ocasión de la inseminación artificial heteróloga y sus implicaciones en la responsabilidad civil con ocasión del daño producido como consecuencia de la utilización de los métodos de reproducción asistida.

En algunos ordenamientos que regulan la materia se circunscribe la inseminación artificial, la fecundación *in vitro* y, en general, los nuevos métodos de reproducción humana a los centros públicos y privados debidamente autorizados, en los cuales se llevan a cabo estas prácticas por médicos especialistas y tras rigurosos exámenes médicos que detecten, en la medida de lo posible, cualquier peligro para la madre o el *nasciturus*. Así, se prevé en algunos ordenamientos la responsabilidad civil de los profesionales actuantes, el control genético del semen a inseminar, la obligación de guardar el secreto profesional por un determinado número de años, la obligación de conservar el material en perfecto estado, la prohibición de remuneración al donante, el consentimiento de la pareja por escrito y los límites legales de la utilización de las técnicas de reproducción asistida.

En Venezuela no contamos con una legislación especial que regule los límites a la utilización de las técnicas de fecundación asistida. Si tales normas existieran, es decir, si existieran normas que pusieran condiciones para el ejercicio de la actividad, su infracción determinaría responsabilidad civil por infracción de ley. En nuestro caso tenemos, por tanto, que aplicar los principios generales de la responsabilidad civil. Entonces, si como resultado de una inseminación artificial heteróloga nace una criatura con deformaciones físicas como consecuencia de la falta de control genético del material utilizado ¿cuál es la responsabilidad del médico y de la clínica intervinientes? Por supuesto que estamos aquí en el campo de la responsabilidad civil contractual puesto que, como es de suponer, el médico habrá convenido expresamente con la pareja en utilizar el semen del donante. Pero, ¿la obligación del médico es de medios o de resultado?

Por supuesto, el médico no garantiza el éxito del embarazo, allí no hay obligación de resultado. Pero ¿qué decir sobre la obligación que asume el médico en cuanto a la seguridad del material y sus futuras consecuencias genéticas?

Según algunos autores, se está en estos casos en presencia de una responsabilidad de resultado atenuada. Por lo cual, se le exige una diligencia mayor a los médicos y a los respectivos centros asistenciales.

Según otros, hay aquí una obligación tácita de seguridad en el campo contractual lo que da lugar a una responsabilidad objetiva por parte de quienes intervienen en las prácticas de fecundación asistida. Por lo cual, solo podría el civilmente responsable exonerarse de responsabilidad desvirtuando la relación de causalidad con el daño causado.

Cabe hacer notar, finalmente, que en la doctrina y la jurisprudencia extranjeras hay la tendencia a descartar en esta materia la hipótesis de la asunción de riesgo por parte del paciente para exonerar de responsabilidad al civilmente responsable. Por otra parte, se estiman contrarias al orden público las cláusulas limitativas y exonerativas de responsabilidad en este campo, puesto que se estaría disponiendo sobre la vida o la integridad física de las personas, bienes estos de los cuales no se puede disponer válidamente.

III. PRINCIPALES TENDENCIAS DEL SISTEMA ACTUAL DE RESPONSABILIDAD CIVIL

Ahora bien, en todos los casos examinados se observa que la debilidad de la víctima que sufre el daño no consiste en su inferioridad económica, sino en la indefensión en que se encuentra frente a las fuentes modernas de daños tecnológicos. La víctima de accidentes nucleares, del daño ecológico, de la intromisión en su vida privada por sofisticados medios, de los daños causados por productos defectuosos, de los daños inferidos por la utilización de la informática y los sobrevenidos por la aplicación de la biotecnología, sencillamente, no está en condiciones de repeler y reaccionar contra los elementos tecnológicos causantes del daño.

Ante esta realidad, surgen nuevas tendencias en el campo de la responsabilidad civil con el objeto de brindar una adecuada protección a la víctima de los daños que trae consigo el desarrollo tecnológico. Estas nuevas tendencias contribuyen a perfilar los contornos actuales de la responsabilidad civil. Entonces, ¿cuáles son estas tendencias? Son, en esencia, las siguientes:

1. Se ha ampliado la nómina de daños indemnizables

En el moderno Derecho de daños se flexibilizan los requisitos del daño indemnizable. Se reconoce, además, que cualquier menoscabo a las actividades culturales, artísticas, deportivas, comunitarias, religiosas o sexuales que desarrolle una persona puede dar lugar a un daño indemnizable. Se aumenta pues el número de hipótesis de daños patrimoniales y extrapatrimoniales que dan lugar a un crédito de indemnización a favor de la víctima.

Como requisito del daño indemnizable se acepta que no es necesaria la afectación de un derecho subjetivo o de un interés jurídicamente protegido, sino que basta la lesión al simple interés, siempre que no se oponga al ordenamiento legal.

Pero adicionalmente, en el campo de la responsabilidad civil se observa que se tiende a admitir en algunos casos la resarcibilidad de los daños lícitos como, por ejemplo, en los casos de responsabilidad por daños causados por la actividad lícita del Estado. Independientemente de que la actividad de la Administración fuese lícita o ilícita, con o sin culpa, si esta ha causado un daño a un particular, se admite que la Administración debe responder patrimonialmente. La doctrina y la jurisprudencia nacional que admite la responsabilidad patrimonial de la Administración por sus actuaciones lícitas o por el funcionamiento normal de los servicios fundamenta dicha responsabilidad en el artículo 140 de la Constitución.

En fin, se prescinde en algunos casos de la antijuricidad para centrar el sistema en el daño injustamente sufrido por la víctima y no en el daño injustamente causado.

2. Se tiende a la objetivación de la responsabilidad civil y al aumento de los factores objetivos de atribución de responsabilidad

Como seguramente recordarán ustedes de sus estudios generales de Derecho, o por haberlo oído en alguna parte, el esquema clásico de la responsabilidad por culpa se mostró totalmente insuficiente e ineficaz para solucionar los problemas planteados por la transición de la economía agrícola a la de producción industrial.

La respuesta de la responsabilidad civil fue entonces la "teoría del riesgo" como fundamento de una responsabilidad objetiva cuya función pasó a ser reparadora o resarcitoria: la víctima no tenía ya que probar la culpa del presunto autor del daño por el cual reclamaba la indemnización, sino que le bastaba con demostrar, en principio, el hecho, el daño y la relación de causalidad entre ambos, correspondiéndole entonces al presunto responsable la prueba de la ruptura del nexo causal.

En la actualidad, en la era tecnológica, se pone de manifiesto en mayor medida cómo la culpa, como fundamento exclusivo de la responsabilidad civil, no constituye una solución adecuada para nuestros tiempos. Tampoco, muchas veces, la teoría del riesgo es suficiente para servir de fundamento a la atribución de responsabilidad civil.

El progreso científico y tecnológico trae consigo una inadaptación de las reglas de la responsabilidad civil, tornando indispensable su reformulación. Se observa que se hace necesario imputar responsabilidad objetiva a quienes desempeñan actividades con alto índice de peligrosidad o de dañosidad: los accidentes producidos por la circulación de vehículos, la responsabilidad de los profesionales, los daños causados por productos defectuosos, el daño informático, los perjuicios causados por la biotecnología, por la utilización pacífica de la energía nuclear, el daño ambiental, etc. Estas son, como dijimos, manifestaciones típicas del impacto de la era tecnológica en la responsabilidad civil. La mayor parte de las hipótesis de accidentes descritos no entran ni dentro del esquema tradicional de la responsabilidad por culpa, ni tampoco en la solución de la responsabilidad objetiva por daños causados por cosas riesgosas o peligrosas.

Dicho en otras palabras, las modernas formas de daño no pueden amoldarse al esquema tradicional de la responsabilidad por culpa o de la responsabilidad del guardián por la intervención de la cosa en la producción del daño. Tampoco pueden ubicarse las consecuencias dañosas de la era tecnológica en la categoría de daños causados por "cosas riesgosas o peligrosas" no solo porque cualquier lista de tales cosas resultaría insuficiente sino, además, porque muchas veces el peligro de la cosa deriva de la actividad para la cual se la utiliza: una cosa en sí misma inofensiva adquiere un potencial dañoso en el proceso de su utilización.

Se observa que la gran mayoría de los daños típicos de la sociedad post-industrial, las fuentes modernas de daños en la era tecnológica tienen un denominador común: su dañosidad deriva del ejercicio de alguna actividad riesgosa. Respecto de ellos, el problema de la responsabilidad aparece insoluble con base en los criterios asentados por la doctrina tradicional. Así como el daño en la etapa industrial era, muchas veces, el causado con intervención de cosas peligrosas, podemos decir que en la era tecnológica los accidentes pertenecen a las actividades riesgosas. Surge, entonces, el concepto de actividad "riesgosa" como factor atributivo de responsabilidad el cual ha sido desarrollado por la moderna doctrina y recogido en los códigos más avanzados como el Código Civil italiano de 1942 y el Código Civil portugués. En América Latina siguen esta moderna tendencia el Código Civil boliviano, el Código Civil peruano y el Código Civil paraguayo.

Algunos códigos que recogen el criterio de la actividad riesgosa como factor atributivo de responsabilidad civil ubican a los daños causados por actividades riesgosas en el ámbito de la responsabilidad objetiva y exigen para exonerar de responsabilidad al agente que este desvirtúe la relación de causalidad demostrando el caso fortuito, la fuerza mayor, el hecho de la víctima o el hecho de un tercero. Otros, en cambio, como el Código Civil italiano de 1942 establecen una presunción *iuris tantum* de culpa en contra del agente del daño realizado en el ejercicio de una actividad riesgosa, que puede desvirtuarse demostrando una actividad diligente de su parte. En tal sentido, el artículo 2.050 del *Codice* dice "Aquel que ocasione un daño a otro en el ejercicio de una actividad peligrosa, por su naturaleza o por la naturaleza de los medios empleados, está obligado al resarcimiento si no prueba haber adoptado todas las medidas idóneas para evitar el daño".

La fórmula empleada por los códigos modernos de referirse a la actividad riesgosa como aquella que por su naturaleza o por la naturaleza de los medios empleados potencia la posibilidad de un daño es lo suficientemente flexible para adaptarse a la cambiante realidad y a las distintas situaciones fácticas riesgosas que vayan presentándose. La jurisprudencia extranjera, por su parte, aporta valiosos criterios de interpretación para delimitar esta noción.

Cabe hacer notar, por último, que no se requiere necesariamente la existencia de una cosa para que surja responsabilidad objetiva. En efecto, puede haber daño resultante de una actividad riesgosa realizada sin intervención de cosas.

Dentro del concepto de daños provenientes de actividades riesgosas se incluyen, entre otros, los daños informáticos, los daños causados por productos defectuosos, los derivados de la manipulación genética, el daño ambiental y el daño nuclear.

En el Derecho venezolano al no consagrar el Código Civil el criterio de la actividad riesgosa o peligrosa como factor genérico de atribución de responsabilidad civil, no cabría atribuir responsabilidad objetiva por los daños derivados del ejercicio de actividades peligrosas a quienes realicen determinadas actividades, por el solo hecho de hacerlo. Surgen entonces otros criterios o factores atributivos de responsabilidad como la obligación de garantía, en caso de evicción o vicios ocultos, previsto en los artículos 1.503 y siguientes del Código Civil; la obligación de seguridad en las obligaciones de resultado surgidas de un contrato; la generación de confianza en el caso de la responsabilidad del productor aparente que consagraba la primera disposición del artículo 93 de la Ley de Protección al Consumidor y al Usuario del año 2004, el exceso en la normal tolerancia en la responsabilidad por molestias que excedan la medida de las comodidades ordinarias en las relaciones de vecindad consagrada en el artículo 701 del Código Civil; la equidad que sirve de fundamento a la responsabilidad de quien causa un daño privado de discernimiento, supuesto al cual se refiere el artículo 1.187 del Código Civil y la solidaridad social que sirve de fundamento a la responsabilidad del Estado por sus actuaciones lícitas conforme a lo dispuesto en el artículo 140 de la Constitución.

Estos factores atributivos de responsabilidad mejoran la situación de la víctima para reclamar la indemnización puesto que no se le exige que demuestre la culpa del civilmente responsable.

3. Se observa un gradual proceso de socialización de los daños

Esta orientación se pone de manifiesto con la difusión de mecanismos alternativos de la responsabilidad civil como el seguro obligatorio u optativo, la seguridad social, los fondos de garantía, la asunción de daños por el Estado, etc., los cuales no desplazan a la responsabilidad civil sino que coexisten con ella y garantizan a la víctima el cobro de una indemnización. En Francia, la profesora Geneviève Viney desarrolla *in extenso* esta nueva orientación en la teoría de la responsabilidad en su obra "*Le déclin de la responsabilité individuelle*".

Lo cierto es que todos estos sistemas de seguridad social, seguros de responsabilidad, seguro forzosos contra pérdidas con topes indemnizatorios etc., conducen a la idea de que la sociedad en general, o un sector determinado de ella, se hace cargo de la responsabilidad individual del accidente, sin perjuicio de la acción de regreso que en ciertos casos como, por ejemplo, en caso de dolo, tenga el asegurador contra el causante del daño.

4. Se ha aumentado la posibilidad de reclamar, ensanchándose el campo de los legitimados activos

Esta tendencia se evidencia, por ejemplo, en muchos Estados europeos en los casos de daños causados por un producto o servicio defectuoso, casos en los cuales el legitimado activo no es solo el consumidor, sino cualquier persona que experimente un daño, aunque sea totalmente ajeno a la relación de consumo.

En materia de contaminación ambiental, en algunos países se reconoce la legitimación activa de los titulares de intereses difusos y de las asociaciones conservacionistas y de protección al ambiente.

En nuestra legislación, en el caso de daños causados al consumidor, se ha reconocido la posibilidad de accionar para la tutela de los intereses individuales y colectivos, confiriéndose legitimación a las asociaciones de consumidores y usuarios. Ello hace tambalear mecanismos procesales tradicionales como la legitimación y la acción individual.

5. De la misma manera, se amplía la gama de los civilmente responsables

Frente a la víctima aparece un amplio espectro de legitimados pasivos que responden a veces en forma mancomunada, otras veces solidariamente. Esta tendencia, como indicamos poco antes, se pone de manifiesto, en nuestro ordenamiento, en las disposiciones dictadas en protección al consumidor donde se responsabiliza a los fabricantes, ensambladores, productores e importadores, comerciantes, distribuidores, expendedores y a todas aquellas personas que hayan participado en la cadena de distribución, producción y consumo del bien o servicio afectado. Al ampliarse el abanico de los legitimados pasivos se procura preservar a la víctima de la posible insolvencia del autor del daño. Ello, desde luego, sin perjuicio de las oportunas acciones de regreso entre los integrantes del grupo deudor.

En otros ordenamientos se consagran responsabilidades plurales, por ejemplo, en materia de daño ambiental donde, en algunos casos, se contempla una responsabilidad colectiva. También es frecuente la responsabilidad solidaria o concurrente de los legitimados pasivos plurales.

6. Se procura aligerar a la víctima de la carga probatoria

Esto se logra mediante las presunciones de culpa e incluso mediante las cada vez más numerosas presunciones de causalidad.

En algunos ordenamientos se admite que, demostrada la causa física del daño, en determinadas circunstancias, se presume la autoría del daño, es decir, quien lo causó; su adecuación, es decir las consecuencias por las cuales se responde; y aún la magnitud del daño.

Con esto se tiende a facilitarle a la víctima el trámite de la reclamación y la obtención del resarcimiento.

7. Han surgido otros mecanismos tendientes a asegurar a la víctima el cobro de la indemnización

Las fórmulas utilizadas incluyen la invalidez de la abreviación convencional de los lapsos de prescripción, la aceptación de la teoría de la asunción de los riesgos, la reglamentación de los contratos con cláusulas predispuestas o condiciones generales, etc.

Hay, asimismo, la tendencia a considerar inválidas las cláusulas limitativas y exonerativas de responsabilidad civil en materia extracontractual. En materia contractual se tiende a negarle validez a estas cláusulas cuando media dolo o culpa grave por parte del deudor, si desnaturalizan la esencia del vínculo obligacional, cuando afectan la libertad contractual, si contrarían el orden público o las buenas costumbres, cuando violan las exigencias de la buena fe, si comportan un abuso de derecho, cuando se fijan en un monto irrisorio o cuando están incluidas en contratos de adhesión.

Por último, como la protección de la víctima no implica tan solo su reconocimiento normativo, sino que comprende igualmente el aspecto procesal, los ordenamientos consagran procedimientos judiciales rápidos y sencillos para hacer efectivas las pretensiones de indemnización.

8. Se acentúa la política de prevención de los daños

El nuevo derecho de la responsabilidad civil tiende no solo a reparar los daños ya ocurridos, sino a prevenir los futuros.

Se reconoce que la prevención que tiene por objeto el daño todavía no provocado pero que podría ser causado si la actividad peligrosa prosiguiera (evitación), o que busca neutralizar los efectos perjudiciales que han comenzado a ocasionarse (cesación del daño), es una de las más importantes preocupaciones actuales del derecho de la responsabilidad civil. Esta cuestión que comenzó por ser objeto de estudio por parte del Derecho Administrativo, ha pasado a serlo también en forma fundamental del Derecho Privado.

Un sector de la doctrina ha postulado insistentemente que la prevención es una función del derecho de la responsabilidad civil. En este sentido André Tunc señalaba al respecto hace ya algunos años que "la prevención es una función de la responsabilidad civil que casi no puede estar en discusión".

Lo cierto es que con el avance de la nueva tecnología, son cada vez más frecuentes las hipótesis de daños graves e irreversibles no susceptibles de reparación. Como quiera que en estos casos es imposible reparar lo irreparable, se procura evitar el daño, prevenirlo y accionar *ex ante* con el objeto del que el perjuicio no se produzca.

IV. COMENTARIO FINAL

Para concluir quiero señalar que, en mi criterio, no pueden delinearse con nitidez los contornos actuales de la teoría de la responsabilidad civil, sin tener presentes las múltiples funciones que esta venerable institución está llamada a cumplir y que son, en definitiva, las que se encaminan a responder, de una manera armoniosa con el conjunto del sistema, a la eterna pregunta de qué debe suceder cuando causamos un daño y de cuál es la manera más justa y más equitativa de repartir la carga de los daños que inevitablemente se producen en la vida social y el riesgo de los mayores daños que, paradójicamente, trae consigo el progreso y el desarrollo tecnológico.

LA RESPONSABILIDAD DEL DEUDOR POR SUS AUXILIARES*

SUMARIO

* Este trabajo fue publicado como parte del Libro Homenaje al doctor Humberto Romero-Muci, Coordinadores Luis Cova Arria, Rafael Badell Madrid, Gabriel Ruan Santos y Juan Cristóbal Carmona Borjas, Academia de Ciencias Políticas y Sociales, Caracas, 2023.

I. INTRODUCCIÓN

Es un hecho fácilmente constatable que la mayoría de los contratos importantes no se cumplen por el mismo deudor. El deudor confía a sus auxiliares o subordinados la ejecución del contrato. El empresario hace que sus contratos sean cumplidos por su personal; el transportista encomienda a sus empleados que realicen el transporte que se le ha encargado, etc.

En el tráfico moderno buena parte de los daños causados por la inejecución del contrato y, más aún, los más significativos se producen a través de sujetos distintos del deudor o civilmente responsable. Desde luego, se dan situaciones en las cuales, jurídicamente, al deudor no le está permitido el empleo de auxiliares para el cumplimiento. Pero estos casos son hoy excepcionales.

En el campo contractual, la responsabilidad del deudor que para el cumplimiento de su obligación se vale de terceras personas está consagrada de manera general, entre otros, en los Códigos Civiles alemán (§ 278), suizo de las Obligaciones (art. 101), italiano de 1942 (art. 1.228), portugués (art. 1.967), peruano (art. 1.325) y argentino (art. 1.753).

En nuestro Código Civil, al igual que en el Código Napoleón y en el Código Civil italiano de 1865, no existe una disposición general que regule la materia, aunque si existen disposiciones para casos particulares. Así, en el artículo 1.293 se establece que el deudor de un cuerpo cierto se libera entregándolo en el estado en que se encuentre al tiempo de la entrega, con tal de que los deterioros que le hayan sobrevenido no provengan de culpa o hecho del deudor o de las personas de que él sea responsable; según el artículo 1.597, el arrendatario responde de las pérdidas y deterioros causados por las personas de su familia y por los subarrendatarios; en el artículo 1.642 se consagra la responsabilidad del empresario por el trabajo ejecutado por las personas que ocupe en la obra; de acuerdo con el artículo 1.695, el mandatario responde de la gestión del sustituto cuando no se le dio poder para sustituir o cuando, habiéndosele dado, haya incurrido en culpa en la elección del sustituto y en las instrucciones que debió comunicarle; conforme al artículo 1.778, los posaderos, fondistas, mesoneros, patrones y conductores responden de los hurtos y daños causados en los efectos de los viajeros por sus criados, encargados o dependientes; según el artículo 169 del

Código de Comercio, el porteador responde de los hechos de sus dependientes, como también de los de todos los porteadores subsiguientes o intermediarios o de cualquier otra persona a quien confíe la ejecución del transporte.

Aunque el Código Civil venezolano, a diferencia de otros códigos extranjeros, no ha formulado expresamente el principio de la responsabilidad contractual por las personas de que se vale el deudor para el cumplimiento de sus obligaciones, como se explica poco más adelante, la aplicación del derecho común de la responsabilidad contractual basta para afirmar la responsabilidad del deudor por las personas que voluntariamente introduce en el cumplimiento. Además, las necesidades económicas no permiten otra solución.

El problema consiste en determinar cuáles son los terceros por los cuales el deudor responde, así como el fundamento y la medida de su responsabilidad.

II. INAPLICABILIDAD DEL ARTÍCULO 1.191 DEL CÓDIGO CIVIL

De entrada, hay que señalar que no es en el artículo 1.191 del Código Civil que consagra la responsabilidad civil de los dueños, principales o directores por el hecho ilícito de sus sirvientes o dependientes en el ejercicio de las funciones en que los han empleado donde debe buscarse la solución del problema, ya que el principio de la responsabilidad extracontractual por el hecho ajeno es absolutamente especial y no podría transportarse al campo de las obligaciones contractuales[1].

La responsabilidad contractual por el hecho de los auxiliares que utilice el deudor para el cumplimiento se rige por las reglas y principios contractuales y no por las disposiciones aplicables a la responsabilidad extracontractual por hecho ajeno. De lo que resulta que pueden ser civilmente responsables por la inejecución del contrato proveniente del

---

1 En ese sentido, en la doctrina nacional, véase: Gert Kummerov, "Esquema del daño contractual resarcible en el sistema normativo venezolano", en AA.VV., *Indemnización de Daños y Perjuicios,* Fabreton, Caracas, 1998, p. 297. En relación con el carácter excepcional de la responsabilidad extracontractual por hecho ajeno, véase: José Mélich-Orsini, *La responsabilidad civil por hechos ilícitos,* 2ª. edición, Academia de Ciencias Políticas y Sociales, Serie Estudios, Nos. 45-46, Caracas, 2001, pp. 231-233.

hecho del auxiliar del deudor algunas personas distintas de las indicadas en el artículo 1.191 del Código Civil. Existe pues una responsabilidad contractual del deudor por el hecho de otro distinta e independiente de la responsabilidad extracontractual indirecta de los dueños, principales o directores por el hecho ilícito de sus sirvientes o dependientes que consagra el artículo 1.191 del Código Civil[2].

III. CARACTERES DE LA RESPONSABILIDAD

La responsabilidad del deudor por el hecho de sus auxiliares o colaboradores es una responsabilidad indirecta y es una responsabilidad contractual[3].

Es una *responsabilidad indirecta* porque la persona sometida a ella no lo está por un hecho suyo sino por el de un tercero. Si el daño experimentado por el acreedor proviene de un hecho particular del deudor, este será responsable directamente por su propia culpa y no indirectamente por el hecho de otro, toda vez que el perjuicio obedece a un error de conducta que le es exclusivo. Respecto del deudor, su responsabilidad frente al acreedor por el incumplimiento de la obligación ocasionado por la intervención del auxiliar de que aquel se vale para cumplirla, será siempre una responsabilidad indirecta, aunque la intervención de este se deba al deudor.

La responsabilidad de que se trata es una *responsabilidad contractual.*

---

2 Geneviève Viney y Patrice Jourdain. "Les conditions de la responsabilité", en Jacques Ghestin, *Traité de Droit Civil,* Tomo V, (Les obligations), L.G.D.J., París, 2006, pp. 1035-1036 y 1040-1046, especialmente, la nota 338 y la jurisprudencia de los tribunales franceses ahí citada; Henri Mazeaud, Léon Mazeaud y André Tunc, *Tratado Teórico-Práctico de la Responsabilidad Civil Contractual y Delictual,* Tomo I (Vol. II), Traducción de la 5ª edición francesa por Luis Alcalá-Zamora y Castillo, E.J.E.A., Buenos Aires, 1991, pp. 685-686; Émile Becqué, "De la responsabilité du fait d'autrui en matière contractuelle. Contribution a l'étude du droit comparé des obligations", en *Revue Trimestrielle de Droit Civil,* dirigida por Ch. Massigli, Albert Wahl, Étienne Bartin y Henri Capitant, Tomo 13, Sirey, París, 1914, pp. 251-253.

3 Al respecto, véase: Francesco Ferrara, "Responsabilità contrattuale per fatto altrui", en *Scritti juridici,* Tomo II, Giuffrè, Milán, 1954, pp. 5 y ss: Francesco Messineo, *Manual de Derecho Civil y Comercial,* Tomo IV, Traducción de Santiago Sentis Melendo, E.J.E.A., Buenos Aires, 1971, p. 236; Francisco Jordano Fraga, *La responsabilidad del deudor por los auxiliares que utilice en el cumplimiento,* Civitas, Madrid, 1994, pp. 61-62.

En términos generales, incurre en responsabilidad contractual quien causa un daño al contravenir un deber especifico que lo une a otro sujeto e incurre en responsabilidad extracontractual quien causa un daño contrariando el deber genérico de no dañar a otro. Cuando el deudor en su condición de sujeto obligado está llamado a responder por el incumplimiento de la obligación que lo vincula con el acreedor, su responsabilidad es pues de carácter contractual[4].

En este trabajo nos referiremos, concretamente, a la responsabilidad que surge cuando se ha celebrado un *contrato* entre dos personas y su incumplimiento o cumplimiento defectuoso ocasiona un daño al acreedor, pero el daño no se ha debido directamente al deudor, sino a un auxiliar o colaborador del cual este se ha servido para la ejecución del contrato. La intervención del auxiliar que origina el incumplimiento de la obligación y causa un daño privando al acreedor de las ventajas que le habría reportado la ejecución del contrato no modifica el carácter contractual de la responsabilidad del deudor.

En fin, si el deudor es responsable, lo es por el hecho de su auxiliar en la actividad de cumplimiento de la obligación de aquel (*responsabilidad indirecta*) y lo es contractualmente (*responsabilidad contractual*).

IV. FUNDAMENTO DE LA RESPONSABILIDAD

Son variadas las explicaciones que se han dado como fundamento o razón de ser de la responsabilidad del deudor por el incumplimiento de su obligación, cuando dicho incumplimiento se produce por el hecho de las personas de las que se sirve para la ejecución del contrato.

Veamos las más importantes teorías desarrolladas por la doctrina sobre el fundamento de esta responsabilidad.

1. Teoría de la presunción de culpa

Según algunos autores, si el deudor no cumple la prestación debida por el hecho de sus auxiliares, es responsable frente al acreedor de los

[4] Al respecto, en la doctrina nacional, véase: Eloy Maduro Luyando y Emilio Pittier Sucre, *Curso de Obligaciones. Derecho Civil III*, Tomos I y III, Universidad Católica Andrés Bello, Caracas, 2017, pp 141 y 1017-1019, respectivamente; José Mélich-Orsini, ob. cit., pp. 184-185.

daños y perjuicios derivados del incumplimiento, porque se le presume en culpa. Su culpa consiste en no haber elegido o vigilado atentamente a las personas que llamó en su ayuda[5].

A esta teoría se le formulan las siguientes críticas: 1) si el fundamento de la responsabilidad del deudor fuera no haber elegido o vigilado diligentemente a sus auxiliares, él entonces sería responsable no ya del hecho de estos sino de su propio hecho y, por consiguiente, no estaríamos en el campo de la responsabilidad contractual indirecta, sino en el terreno de la responsabilidad directa por culpa personal, situaciones estas que son contrarias y excluyentes entre sí[6]; 2) si la responsabilidad del deudor por el hecho de sus auxiliares se fundamenta en una presunción de culpa *in eligendo* o *in vigilando* de las personas por las cuales este responde, le bastará al deudor para desvirtuar su responsabilidad demostrar que seleccionó a un buen auxiliar o que lo vigiló diligente y correctamente. Sin embargo, el deudor no se libera de su responsabilidad demostrando que no incurrió en culpa en la designación o vigilancia de sus auxiliares[7]. La teoría de la culpa es pues insuficiente para explicar la responsabilidad contractual por otros[8].

2. Teoría objetiva o del riesgo

Un sector de la doctrina afirma que la razón por la cual el deudor es responsable de los auxiliares que utiliza para el cumplimiento del contrato, es porque él mismo es quien ha decidido buscar ese medio de cumplimiento, ampliando así su esfera de acción para su propio

---

5 Esta teoría fue sostenida en Francia por Planiol y Ripert, y en Italia por Giorgi. Al respecto, véase: Marcelo Planiol y Jorge Ripert, *Tratado Práctico de Derecho Civil Francés,* Tomo VI, Traducción al castellano de Mario Díaz Cruz, Cultural S.A., Habana, 1946, pp. 534-535; Jorge Giorgi, *Teoría de las Obligaciones en el Derecho Moderno,* Vol. II, Traducción al castellano por la redacción de la Revista General de Legislación y Jurisprudencia, Reus, Madrid, 1929, pp. 203-204.

6 Émile Becqué, ob. cit., p. 263.

7 Como afirma Galgano "quien, para realizar un pago, confiere a un banco el encargo de efectuarlo, no se libera de responsabilidad frente al deudor por el retardo demostrando que impartió tempestivamente la orden de pago al banco a cuya sola negligencia se debió el retardo" (Francesco Galgano, *Il Contratto, CEDAM, Padua, 2007, p. 104),* En ese sentido, véase, igualmente: Pietro Trimarchi, *Istituzioni di Diritto Privato,* 17ª edición, Giuffrè, Milán, 2007, p. 302.

8 Henri Mazeaud, Léon Mazeaud y André Tunc, ob. cit., p. 699.

beneficio debiendo, por tanto, él soportar los riesgos inherentes al incumplimiento de su obligación (*ubi commoda, ibi incommoda*)[9].

A esta teoría se le critica que en el campo de la responsabilidad contractual no basta decir que el deudor debe soportar el riesgo del hecho de sus auxiliares porque los emplea en su interés; pues, muy a menudo, se sirve de ellos tanto en el interés del acreedor como en el suyo propio. La división del trabajo es hoy en día una necesidad económica sin que pueda afirmarse que ella sirve únicamente al deudor que ejecuta y no al acreedor. Hay prestaciones que el deudor no puede ejecutar por sí solo, sin auxiliares, y el acreedor está tan interesado como él en su exacto cumplimiento. Además, se afirma que, si el fundamento de la responsabilidad fuera la idea del riesgo como contrapartida del provecho obtenido por el deudor, la demostración de la causa extraña no imputable (caso fortuito, fuerza mayor, hecho del príncipe, culpa de la víctima, o hecho de un tercero) como causa del daño no exoneraría al deudor quien aun en dichos casos quedaría obligado a indemnizar al acreedor perjudicado. Por otro lado, se afirma que, si esta fuera la fundamentación de la responsabilidad del deudor por el incumplimiento producido por el auxiliar, no se explicaría la acción de repetición o de regreso del deudor para reclamar al auxiliar lo que aquel hubiera indemnizado al acreedor por el hecho del auxiliar[10].

3. Teoría de la garantía tácita

Según algunos, existe en todo contrato una promesa tácita del deudor de aceptar frente al acreedor la responsabilidad por el hecho de los auxiliares de que se sirve para la ejecución del contrato[11].

A esta teoría se le critica que es inverosímil y contrario a la realidad suponer que uno de los contratantes fuera de su voluntad claramente expresada en el contrato haya aceptado una obligación o carga contraria a sus intereses[12].

---

[9] Esta fundamentación fue sostenida por los juristas Unger, Loening y Polacco, citados por Francesco Ferrara, ob. cit., p. 77.

[10] Para la exposición de la crítica a la teoría del riesgo, véase: Émile Becqué, ob. cit., p. 277-278; Giovanna Visintini, *La responsabilità contrattuale per fatto degli auxiliari*, CEDAM, Padua, 1965, pp. 22-23.

[11] Esta fundamentación fue defendida por Puchta, Scialoja y Coviello, citados por Francesco Ferrara, ob. cit., p. 69.

[12] Émile Becqué, ob. cit., pp. 281-282.

4. Teoría de la representación

Según esta teoría, el auxiliar que el deudor emplea en el cumplimiento de la obligación no es más que un representante del deudor, una prolongación de su actividad. Por tanto, cuando el auxiliar del deudor encargado de ejecutar la obligación de este último no la ejecuta es exactamente como si el deudor mismo faltara a su obligación; la culpa contractual del representante llega a ser culpa contractual del representado. El fundamento de la responsabilidad del deudor representado debe buscarse en la confusión de su personalidad con la del representante[13].

A esta teoría se le critica que la representación se aplica, en esencia, a actos jurídicos, pero no a actos materiales, donde precisamente se situaría el cumplimiento de la obligación del deudor supuestamente representado por su auxiliar[14]. Además, se afirma que, si "el mandatario" se extralimita en los poderes que le han conferido, obra a título personal; en ese sentido, no es aceptable la idea de la representación[15].

5. Teoría de la fuerza mayor

Ferrara en Italia y años después Becqué en Francia sostuvieron que el deudor es responsable del incumplimiento de la prestación por el hecho de las personas de que se sirve para satisfacer la obligación por la aplicación de los principios generales que rigen la liberación del deudor cuando el incumplimiento obedece a una causa extraña no imputable.

Para que el deudor pueda liberarse de la obligación, el incumplimiento debe derivar de un acontecimiento que no solo no le sea imputable, sino también *extrínseco* a él. De donde resulta que todos aquellos hechos que, si bien no culposos, carecen sin embargo de esta circunstancia objetiva de exterioridad, no son jurídicamente una causa extraña no imputable y, por ende, no liberan tampoco al obligado de las consecuencias del incumplimiento.

13 Henri Mazeaud, Léon Mazeaud, Jean Mazeaud y François Chabas, *Leçons de Droit Civil,* Tomo II, Vol. I, (Obligations), Montchrestien, París, 1998, p. 522.

14 Francesco Ferrara, ob. cit., pp. 73-74.

15 Felipe Osterling Parodi y Mario Castillo Freyre, "Responsabilidad en obligaciones ejecutadas por terceros", en *Lex,* Vol 12, N° 13, Lima, 2014. Disponible en: https://revistas.uap.edu.pe/ojs/index.php/LEX/article/view/40.

En fin, para que se produzcan los efectos liberatorios de la causa extraña no imputable se requiere que el hecho que impide el incumplimiento sea *extrínseco* al deudor. En concepto de la ley, el hecho de los auxiliares no constituye un supuesto de causa extraña no imputable, porque tal hecho no es extraño al deudor. De ahí que la actuación de los auxiliares que produce la inejecución de la obligación no puede considerarse como una causa extraña no imputable que exonere al deudor de responsabilidad contractual[16].

A esta teoría se le critica su insuficiencia ya que la explicación no puede servir sino para las *obligaciones de resultado*, donde se requiere la prueba de la causa extraña para liberar al deudor; y no para las *obligaciones de medios,* donde el deudor no está sujeto a presentar esta prueba, sino que para eximirse de responsabilidad le basta con demostrar que actuó diligentemente[17].

6. Teoría de la estructura de la relación obligatoria

De acuerdo con esta teoría sostenida en Italia por Giovine, esta responsabilidad se fundamenta en la estructura misma del vínculo jurídico obligacional que descansa sobre dos presupuestos: 1) la irrelevancia de la sustitución del *solvens* por el auxiliar y 2) la equivalencia de comportamientos frente al acreedor[18].

En atención a *la irrelevancia de la sustitución,* se afirma que, si el deudor en su propio interés amplía subjetivamente la relación obligatoria introduciendo a terceros en el cumplimiento de la prestación, no debe seguirse de ello ninguna modificación del sujeto pasivo de la

---

16 Francesco Ferrara, ob. cit., p. 117; Émile Becqué, ob. cit., pp. 284-287.

17 Los hermanos Mazeaud –con disidente opinión de Tunc sobre la materia– formulan en Francia esta objeción. Al efecto sostienen que la tesis de Becqué solo tendría aplicación en las obligaciones de resultado, ya que en las de medios existe el tercer género de *la ausencia de culpa*, además de la causa extraña no imputable, como medio de liberación de responsabilidad. Al respecto, véase: Henri Mazeaud, Léon Mazeaud y André Tunc, ob. cit., p. 701.

18 Achille Giovine, "Causa estranea e responsabilità contrattuale per fatto altrui", en *Rivista del Diritto Commerciale e del Diritto Generale delle Obbligazioni,* Vol. XXIII, Parte prima, dirigida por A. Sroffa y C. Vivante, Vallardi, Milán, 1929, p. 405. Esta posición ha tenido el apoyo de un sector importante de la doctrina argentina. Al respecto, véase: Enrique Carlos Banchio, *Responsabilidad obligacional indirecta,* Astrea, Buenos Aires, 1973, p. 66.

obligación, por lo que el deudor seguirá siendo responsable de la conducta de sus sustitutos y auxiliares. En efecto, la obligación se contrae entre un cierto acreedor y un cierto deudor, determinados o determinables, y la modificación de los sujetos primitivos de la relación obligatoria solo opera por una sucesión a título universal o particular siendo, por ende, ineficaz el cambio que obedezca a un acto unilateral del deudor.

Ciertamente, las exigencias de la vida económica imponen al deudor la necesidad de tener que valerse del trabajo de auxiliares y sustitutos. No existe, se afirma, razón alguna para que el ordenamiento jurídico obstaculice esta prolongación subjetiva del vínculo, pero aunque la ley autorice dicha sustitución, no puede extender su eficacia hasta el punto de alterar la estructura originaria de la relación obligatoria con respecto a los sujetos que la constituyeron. La conducta del deudor ensanchando o alargando el vínculo, acudiendo a otras personas para que participen en él, es *res inter alios acta* frente al acreedor a quien no se le puede imponer sin su voluntad, la aceptación de un cambio en el elemento subjetivo de la relación obligatoria y a tener que dirigir su acción contra nuevos obligados[19].

Si la utilización de auxiliares no aparejara una ampliación de la esfera de responsabilidad del deudor, estaríamos ante un empeoramiento de la posición del acreedor que en muchos casos no podría obtener indemnización por parte del auxiliar, aparte de que este solo respondería cuando su conducta configure un hecho ilícito. Como afirma Larenz:

> Cuantas más personas auxiliares contrate, p.ej. un comerciante, un artesano o un empresario, cuanto menos opere por sí mismo en la ejecución de los contratos de obra o suministro concertados con sus clientes, tanto menor sería la perspectiva del cliente para obtener una indemnización en el caso de realización imperfecta de lo convenido, si el empresario hubiere de responder solo por su propia culpa y no también por la de sus auxiliares[20].

---

19 Achille Giovine, ob. cit., pp. 405-406.

20 Karl Larenz, *Derecho de Obligaciones,* Tomo I, Versión española y notas de Jaime Santos Briz, Revista de Derecho Privado, Madrid, 1958, p. 294. En el mismo sentido, véase: Ángel Cristóbal Montes, *El incumplimiento de las obligaciones,* Tecnos, Madrid, 1985, p. 136.

En fin, la utilización de auxiliares no altera ni el sujeto ni el contenido de la posición del deudor respecto del acreedor.

La equivalencia de comportamientos significa que la conducta del obligado se identifica con la del sustituto o auxiliar. Dicho sustituto o auxiliar, se afirma, resulta para el acreedor "un mero *quid facti*", motivo por el cual el deudor no podría invocar el hecho de aquel como causal para excusarse del cumplimiento, si el mismo como hecho propio no fuese excusable[21]. Por consiguiente, el deudor responde por su sustituto o auxiliar en las mismas condiciones en que respondería personalmente de haber actuado como este en el cumplimiento de su obligación. (*infra*, N° VIII, 1).

Esta fundamentación de la responsabilidad del deudor por los auxiliares que utiliza en el cumplimiento se compadece perfectamente con los principios generales consagrados en el Código Civil venezolano en materia de obligaciones. En efecto, de acuerdo con el artículo 1.317 del Código Civil, la sustitución de un deudor por otro no libera al primero de la obligación "si el acreedor no ha declarado expresamente su voluntad de liberar al deudor que ha hecho la delegación". El hecho del deudor de valerse de terceros para la ejecución de la prestación, no le priva de su carácter de deudor y si la obligación no se cumple por culpa de los auxiliares, el deudor no puede aducir esta circunstancia para liberarse de su deber de prestación y de la obligación de reparar los daños y perjuicios causados al acreedor por el incumplimiento de aquel deber. Como dice Geneviève Viney, si el deudor no fuese responsable de los hechos de los sujetos que él mismo introduce, se lo estaría autorizando para desligarse unilateralmente de la obligación asumida, todo lo cual es un contrasentido[22].

V. PERSONA RESPONSABLE

Quien responde del cumplimiento de la obligación es el deudor que, en su condición de parte contratante, es el único obligado frente al acreedor a cumplir la prestación prometida. La relación obligatoria se

21 Achille Giovine, ob. cit., pp. 406-407.

22 Geneviève Viney y Patrice Jourdain, ob. cit., pp. 1040-1041.

establece exclusivamente entre el acreedor y el deudor. El auxiliar de quien se vale el deudor para la actividad de cumplimiento no interviene como parte, ni inicial, ni sucesivamente. El acreedor no ha celebrado contrato alguno con el auxiliar que es un tercero ajeno a la relación obligatoria cuyos sujetos activo y pasivo son el acreedor y el deudor.

Por consiguiente, el deudor obligado es la única persona a la que el acreedor puede exigir el cumplimiento y, en su defecto, la correspondiente responsabilidad contractual[23]. El deudor que se ha obligado a ejecutar la prestación es quien responde contractualmente frente al acreedor (Código Civil, artículo 1.264), aun en el caso de que el incumplimiento haya sido ocasionado por la conducta del auxiliar.

El acreedor no tiene ninguna acción contra el auxiliar (ayudante o sustituto), salvo en los casos en los cuales la ley, por excepción, autorice el ejercicio de las llamadas *acciones directas*, o en el supuesto de que su conducta implique al mismo tiempo un *hecho ilícito*.

La acción directa es una acción de naturaleza contractual que concede una pretensión (acción o derecho) al acreedor contra el deudor de su deudor sin que se le exija al acreedor que ejerza su acción previamente contra su propio deudor. El acreedor que ejercita la acción directa lo hace contra una persona con la cual no se encuentra vinculado contractualmente (el subdeudor). Al hacerlo actúa en su propio nombre y beneficio, puesto que lo que obtenga en razón de su ejercicio no tendrá que repartirlo con los otros acreedores de su deudor[24].

Los principales casos de acciones directas contemplados por el Código Civil venezolano son los siguientes: 1) la acción del arrendador contra el subarrendatario hasta por el monto del precio convenido en el subarrendamiento que este último adeude al tiempo de la introducción de la demanda (Código Civil, artículo 1.584); 2) la acción de los trabajadores contra el propietario de la obra hasta por el monto de lo que

---

23 Como dice Trimarchi (ob. cit., p. 302) la relatividad del derecho de crédito implica, en efecto, que el acreedor solo puede exigir del deudor y no de otro, el cumplimiento o en su defecto el resarcimiento del daño.

24 En ese sentido, en la doctrina española, véase: Pasquau Liaño, *La acción directa en el derecho español,* Editora General del Derecho, Madrid, 1989, p. 20. En la doctrina nacional, véase: James-Otis Rodner, *Los contratos enlazados. El subcontrato*, Academia de Ciencias Políticas y Sociales, 2ª edición, Serie Estudios, N° 104, Caracas, 2013, pp 133-134.

este deba al empresario en el momento en que se intente la demanda (Código Civil, artículo 1.643); y 3) la acción que tiene el mandante contra el mandatario sustituto en los casos previstos en el artículo 1.695 del Código Civil

Por último, en la eventualidad de que la conducta del auxiliar que produjo la inejecución de la obligación configure al mismo tiempo un *hecho ilícito*, el acreedor podrá intentar una acción de responsabilidad civil por hecho ilícito (artículo 1.185 del Código Civil) contra dicho auxiliar (*infra,* N° X,1).

VI. HECHOS POR LOS QUE SE RESPONDE

La doctrina contempla los siguientes requisitos que debe reunir el hecho dañoso del auxiliar para la procedencia de la responsabilidad contractual del deudor: el hecho dañoso debe originarse en el cumplimiento de la prestación debida por el deudor; no debe ser imputable al deudor; debe haberse ejecutado en el ejercicio de las funciones encomendadas al auxiliar; y debe provenir del dolo o de la culpa del auxiliar.

Pasamos a referirnos a cada uno de estos requisitos.

1. El hecho dañoso debe surgir de la inejecución del contrato

Para que surja la responsabilidad contractual por el hecho de otro es necesario que el daño se origine en la falta de cumplimiento de la obligación que el contrato impone al deudor.

Cuando el hecho dañoso del tercero empleado por el deudor en el cumplimiento de un contrato es *absolutamente extraño* a él, es decir, cuando no guarda con la prestación debida relación alguna, el acreedor víctima del hecho, no podrá demandar contractualmente a su deudor. Tal sería el caso del empleado o familiar del arrendatario que en la vía pública lesionara al arrendador con su automóvil.

El problema se plantea con respecto al hecho dañoso del tercero producido no en *el cumplimiento de la obligación* del deudor, sino *con ocasión de este cumplimiento* como, por ejemplo, cuando un dependiente de comercio, mientras lleva a la casa del cliente la mercancía comprada, atropella imprudentemente a este con el camión de reparto de su patrono ¿podría en tal caso el acreedor exigir por el daño sufrido la responsabilidad contractual del deudor dueño del negocio con quien contrató?

Según un sector de la doctrina, no corresponde distinguir entre los hechos que el tercero realiza en el cumplimiento de la obligación y los verificados con ocasión de su cumplimiento. En ambos casos, se afirma, responde el deudor por su auxiliar por haberlo introducido en el cumplimiento de la obligación no pudiendo después invocar como causa de exoneración de su responsabilidad contractual algo que le es imputable, es decir, que no es una *causa extraña* al deudor[25].

Según otros autores, no basta con que el hecho que causa un daño al acreedor se produzca con motivo u ocasión de la actividad de cumplimiento sino que, además, se requiere que constituya una infracción de una obligación específica creada por el contrato[26]. En el ejemplo anterior, no es la compra-venta de mercancía la que estableció contra el vendedor el deber de no lesionar a su contratante, sino la obligación genérica que el artículo 1.185 del Código Civil impone a todas las personas de no hacer daño a otro. *Alterum non laedere*.

Por la misma razón, se afirma, responde contractualmente el electricista por su empleado, si se daña la lámpara del acreedor por su deficiente afianzamiento, o si al colocar dicho empleado la escalera de mano, esta resbala y rompe un espejo del acreedor, o si al introducir él mismo la escalera rompe algunas ventanas del acreedor. Pero no responde si el empleado roba un cuadro de la casa del cliente[27].

También compromete la responsabilidad contractual del deudor relojero el hecho de su aprendiz que rompe el cristal del reloj de péndulo del acreedor, pero no si el aprendiz hurta el reloj de pulsera del acreedor; asimismo, es responsable por la inejecución del contrato, el deudor pintor por la rotura de una ventana o alfombra del acreedor causada por el manejo torpe de la escalera por parte del aprendiz de aquel, pero no respondería en el caso de que el aprendiz robara un cuadro del acreedor. En todos estos casos, la responsabilidad del deudor por los hechos de

25 Francesco Ferrara, ob. cit., p. 132 y ss; Pietro Trimarchi, ob. cit., p. 102.

26 Émile Becqué, ob. cit., p. 304 y ss; Karl Larenz, ob. cit., pp. 297-298.

27 Ludwig Enneccerus y Heinrich Lehmann "Derecho de Obligaciones (Doctrina General)", Vol. I., Traducción castellana de la 33ª edición alemana, en Ludwig Enneccerus, Theodor Kipp y Martín Wolff, *Tratado de Derecho Civil,* Tomo II, Bosch, Barcelona, 1954, p. 236.

su auxiliar de cumplimiento es claramente contractual, porque también lo sería en el caso de que esos mismos daños los hubiese causado personalmente el deudor actuando como lo hizo el auxiliar[28].

Un sector de la doctrina italiana moderna rechaza esta distinción e incluye también los llamados daños ocasionales causados por el auxiliar en el ámbito de la responsabilidad contractual indirecta. Se afirma que lo decisivo para calificar como contractual un determinado daño causado por el auxiliar al acreedor y, por ende, para desencadenar la responsabilidad contractual del deudor, es que la oportunidad u ocasión de causárselo haya derivado del cumplimiento de la obligación del deudor y de su introducción en él del tercero auxiliar, o que dicha introducción del auxiliar en la actividad del cumplimiento haya facilitado apreciablemente la realización del hecho dañoso al poner al auxiliar en contacto con la esfera del acreedor[29].

Se advierte, sin embargo, que en la medida en que se extiende la responsabilidad contractual a los casos de daños causados por el deudor o auxiliar con ocasión del cumplimiento del contrato, se corre el riesgo de ensanchar indebidamente el campo de la responsabilidad contractual con lo cual se desplazaría la aplicación del régimen extracontractual que quedaría, en definitiva, absorbido y sustituido por aquella[30].

La doctrina española moderna considera que la responsabilidad del deudor por el hecho de su auxiliar depende en cada caso del contenido de la relación obligatoria que vincula al deudor con el acreedor. Hay que atenerse pues al objeto de la obligación del deudor para determinar si el hecho dañoso del auxiliar se originó en el cumplimiento de la prestación debida.

A este respecto conviene recordar que del contrato surgen no solo *obligaciones principales* sino también *obligaciones accesorias*. Por lo cual, la actividad de cumplimiento que comporte infracción de unas u otras compromete la responsabilidad contractual del deudor.

---

28 Émile Becqué, ob. cit., pp. 305-306.

29 C. Massimo Bianca, "La responsabilità", en *Diritto Civile,* Tomo V, 2ª edición, Giuffrè, Milán, 2012, p. 73.

30 Enrique Carlos Banchio, ob. cit., p. 72; María M. Agoglia "Responsabilidad contractual del deudor por el hecho del tercero", en María M. Agoglia, Juan C. Boragina y Jorge A. Meza, *Responsabilidad por hecho ajeno,* Depalma, Buenos Aires, 1995, p. 199.

De ahí que sea erróneo considerar que, por ejemplo, el hurto cometido por el auxiliar respecto de cosas del acreedor, nunca implique la responsabilidad contractual del deudor frente a su acreedor. El hurto o robo de una cosa por la persona obligada contractualmente a su restitución y custodia comporta una infracción personal del deudor (o de sus auxiliares) a la obligación que le impone el contrato y compromete, por tanto, su responsabilidad contractual. Precisamente por ello hay que considerar que sí responde contractualmente el joyero frente a su acreedor, por el hurto cometido por el empleado del primero del collar cuya reparación se le encargó, puesto que tal hurto comporta una inejecución de las obligaciones de restitución y custodia del collar que pesan sobre ese deudor. De la misma manera habría responsabilidad contractual del deudor por el hecho del auxiliar de cumplimiento, cuando el conductor del transportista al que un banco le encomienda un cierto transporte de dinero, lo sustrae. Esta sustracción significa un incumplimiento del contrato de parte del deudor transportista que junto a la obligación de transporte asume la custodia de las cosas transportadas[31].

Para saber si estamos en presencia de un caso de responsabilidad contractual por el hecho del auxiliar del deudor hay que examinar pues cuidadosamente el contenido del contrato, con el objeto de definir cuáles son las prestaciones que el mismo impone al deudor y poder determinar así si el daño alegado por el demandante consiste en la privación de alguna de estas prestaciones.

Precisamente porque la responsabilidad contractual del deudor por sus auxiliares requiere que su actuación verse sobre la ejecución de lo debido, se excluye de su campo de aplicación el daño causado por la actuación de los terceros que, si bien se relaciona con el cumplimiento, no constituye el objeto de la prestación prometida sino un *simple presupuesto fáctico del mismo*. En tal sentido, los fabricantes (y los proveedores) de productos no son auxiliares del cumplimiento de la obligación del vendedor para con su comprador. La obligación del vendedor es transmitir la propiedad y entregar la cosa vendida pero no fabricarla. La entrega es, por tanto, cumplimiento y la fabricación simplemente presupuesto del mismo. Esto, por supuesto, no excluye la responsabilidad

---

[31] Francisco Jordano Fraga, ob. cit., pp. 267-270 y la doctrina italiana y alemana ahí citadas.

propia de aquellos o la obligación del vendedor por la garantía que, por disposición de la ley o por convenio de las partes, otorgue al comprador por los defectos del producto.

Por la misma razón, tampoco es auxiliar del transportista la persona que le vendió o alquiló el vehículo que utiliza para el transporte debido. Lo que no excluye que el transportista incurra en responsabilidad cuando, con la diligencia exigible, debió haber advertido a su cliente acerca del defecto del vehículo que le impidió realizar el transporte debido[32].

En conclusión, si los actos dañosos de los auxiliares son absolutamente extraños al contrato o producidos solo con ocasión de él, el deudor no responderá contractualmente. En cambio, si los mismos comportan el incumplimiento o el cumplimiento defectuoso de una obligación principal o accesoria surgida del contrato, la responsabilidad del deudor será de carácter contractual, para lo cual se requiere examinar en cada caso el contenido de las obligaciones que el contrato pone a cargo del deudor.

2. El hecho del auxiliar no debe ser imputable al deudor

El daño debe resultar de un hecho no imputable al deudor. Como se trata de una responsabilidad indirecta, el perjuicio debe provenir de la conducta del auxiliar de que se vale el deudor para el cumplimiento. Se requiere que el deudor no haya contribuido con su propia culpa a la producción del daño. De no ser este el caso, estaríamos en el campo de la responsabilidad directa por culpa personal del deudor.

Aun cuando intervenga un auxiliar introducido por el deudor en la actividad de cumplimiento, el daño se produce por culpa del deudor, entre otros, en los supuestos siguientes:

Cuando el deudor debiendo ejecutar en persona la obligación, la hace ejecutar por otros. Existen casos en que la obligación se contrae teniendo en cuenta las particulares condiciones del obligado y cuyo cumplimiento (en especie) presenta la particularidad de que solo puede ser efectuado por el propio deudor (*obligaciones intuitu personae)*. Al acreedor le asiste en tales casos el derecho de exigir la ejecución

---

32 Margarita Jiménez Horwitz, *La imputación al deudor del incumplimiento del contrato ocasionado por sus auxiliares,* McGraw Hill, Madrid, 1996, pp. 24 y ss.

personal de la obligación (Código Civil, artículo 1.284). Cuando el deudor, pese a la voluntad en contrario de su cocontratante, hace cumplir la obligación por un tercero, falta personalmente a su obligación y viola él mismo el contrato siendo, por tanto, directamente responsable por su hecho personal y no por hecho ajeno.

Cuando el deudor incurre en culpa *in eligendo, in vigilando* o *in instruendo* de sus auxiliares. Si el deudor se sirvió de personas que carecen de las habilidades o conocimientos requeridos por el cumplimiento, en la medida en que dicha carencia era conocida o debió serlo con la diligencia exigible; o ejerció una vigilancia insuficiente o inadecuada, según las circunstancias, sobre el que introdujo en el cumplimiento; u omitió o descuidó comunicarle las oportunas instrucciones respecto de la manera cómo debía ejecutar la prestación debida, responderá del hecho de esas personas, pero será responsable por su propia culpa en aplicación de las normas generales de la responsabilidad contractual personal, al margen del régimen de la responsabilidad contractual indirecta.

Cuando el deudor ha tomado a su cargo la garantía de los actos de aquellos que utiliza para el cumplimiento. Si la obligación no se cumple en tales casos por el hecho de sus auxiliares, el deudor deberá responder por los daños y perjuicios causados, pero su responsabilidad será directa derivada del compromiso personal asumido.

En todos los casos examinados el deudor responde del incumplimiento sobre la base de su propia conducta culposa. Son supuestos que, por tanto, escapan al campo de aplicación de la responsabilidad contractual indirecta y se ubican en la esfera de la responsabilidad contractual directa por hecho propio, cuyas reglas generales se siguen aplicando a la conducta personal del deudor, aun cuando este haya recurrido a terceros auxiliares[33].

---

[33] La doctrina es conteste sobre los particulares expuestos. Al respecto, véase: Émile Becqué, ob. cit., p. 260; Henri Mazeaud, Léon Mazeaud y André Tunc, ob. cit., p. 687; Francesco Ferrara, ob. cit., pp. 24-31; Orencio V. Torralba Soriano, "La responsabilidad por los auxiliares en el cumplimiento de las obligaciones", en *Anuario de Derecho Civil*, Tomo XXIV (2), Instituto Nacional de Estudios Jurídicos, Madrid, 1971, p. 1154; Francisco Jordano Fraga, ob. cit., pp. 167-171; Margarita Jiménez Horwitz, ob. cit., p. 11; Enrique Carlos Banchio, ob. cit., pp. 72-73.

3. El hecho debe ser realizado por el auxiliar en el ejercicio de sus funciones

Como consecuencia necesaria del requisito analizado en el punto 1 de esta sección, para que surja responsabilidad contractual por el título que examinamos, un sector de la doctrina añade la exigencia de que el tercero debe actuar en el ejercicio de las funciones que le fueron confiadas por el deudor. Desde el momento en que el tercero realiza un acto ajeno al ámbito de las tareas encomendadas, se afirma, pierde su carácter de auxiliar con respecto al deudor, y este, a su vez, es un extraño frente al acreedor cuando el daño es causado por su auxiliar en iguales condiciones. Como expresa, Chironi:

> La responsabilidad del deudor se extiende tan solo a la culpa cometida por el dependiente en el desempeño de las funciones que se le hubieran confiado… traspasándolas, el dependiente entonces obra como un extraño y por su hecho el deudor no responde ante el tercero, que únicamente podría dirigirse contra el perjudicador[34].

Otros autores, en cambio, con fundamento en la teoría del riesgo, sostienen que no es necesario que el auxiliar haya actuado en el ejercicio de las funciones encomendadas. Desde el momento en que el deudor introduce al auxiliar en la ejecución del contrato, asume el riesgo de su intervención en el cumplimiento de la obligación (*cuius commoda, eius incommoda*). De ahí que el comportamiento abusivo o irregular de este último o el hecho de que actúe desobedeciendo las ordenes o instrucciones de aquel debe tenerse como una causa típica de responsabilidad para el deudor, inoponible frente al acreedor para liberarlo de responsabilidad. Desde luego, el deudor con base en la relación personal que lo vincule con su auxiliar, tendrá luego acción de regreso contra él por las consecuencias dañosas derivadas de su actuación irregular[35].

Según algunos, la relación entre el acto del auxiliar y sus funciones al servicio del deudor debe apreciarse de manera más laxa en materia

[34] Gian Pietro Chironi, *La culpa en el Derecho civil moderno, culpa contractual*, Traducción de Adolfo Posada, Ediciones Olejnik, Santiago, 2021, p. 367.

[35] Margarita Jiménez Horwitz, ob. cit., p. 71; Francisco Jordano Fraga, ob. cit., pp. 262-263.

contractual; por lo cual, "el abuso de funciones" no puede excluir la responsabilidad del deudor[36].

Sin embargo, se objeta que esta posición lleva las cosas demasiado lejos ya que no se alcanza a entender cómo puede existir responsabilidad contractual del deudor por un acto del auxiliar totalmente ajeno a sus funciones. Por ejemplo, si se le da a relojero un reloj para que lo arregle y el obrero a quien se le entrega lo hace torpemente y lo estropea. Ese es evidentemente un hecho de la función. Lo mismo ocurre si el subordinado se apodera del reloj. Como le fue entregado en el ejercicio de la función encomendada, el deudor responde. Pero si toma un revólver y mata al dueño del reloj, ¿hay alguien que dude que el asesinato no tiene nada que ver con el encargo de arreglar el reloj?

Por otra parte, conviene recordar que la jurisprudencia francesa, en materia de responsabilidad por *hecho ilícito*, ha ampliado el concepto de "ejercicio de las funciones" para hacer responsable al comitente aun cuando el dependiente se hubiese excedido de sus funciones abusando de ellas. Algunos tribunales franceses han excluido la responsabilidad del comitente cuando la víctima estuvo en conocimiento, o debió estarlo actuando con la diligencia debida, del abuso de las funciones por parte del dependiente, o de que este había actuado contraviniendo las órdenes e instrucciones del comitente[37].

La doctrina francesa moderna, por su parte, se ha encargado de señalar que, *en materia contractual,* dado el mayor contacto que existe en la generalidad de los casos entre el perjudicado por la inejecución de contrato y el auxiliar, para eximir al deudor de responsabilidad contractual indirecta se debe ser más estricto aún, al momento de valorar si la víctima, actuando con la diligencia exigible, conoció o debió haber conocido el abuso de las funciones por parte del auxiliar, para aprovecharse de la situación y hacer valer la responsabilidad del deudor[38].

Por nuestra parte, consideramos que en esta materia hay que atenerse al principio básico según el cual el deudor responde contractualmente

---

36 Viola y Jourdain, citados por Geneviève Viney y Patrice Jourdain (ob. cit., p. 1049).

37 Para un examen de la cuestión en la jurisprudencia francesa, véase: Philippe le Tourneau, *Droit de la Responsabilité et des Contrats,* Dalloz, París, 2006, pp.1354-1358 y las decisiones de los tribunales franceses ahí citadas.

38 Al respecto, véase: Geneviève Viney y Patrice Jourdain, ob. cit., p. 1049.

por sus auxiliares, en las mismas condiciones en que habría respondido personalmente, de haber actuado como y en lugar de ellos en el cumplimiento de su propia obligación (*infra,* N° VIII,1). En consecuencia, por lo que respecta a la concurrencia del requisito del daño cometido en el ejercicio de las funciones encomendadas al auxiliar, lo decisivo es determinar si ese mismo daño cometido personalmente por el deudor, habría tenido el carácter de incumplimiento contractual privando al acreedor de alguna prestación que el contrato impone al demandado. Así como la inejecución del contrato causada por el hecho de los auxiliares no puede, al menos en principio, perjudicar al acreedor excusando al deudor de responsabilidad, de la misma manera el daño que pudiera sufrir por el hecho de esas personas, pero por actos totalmente ajenos a las tareas encomendadas, o realizados fuera o al margen del encargo, esto es, fuera del ejercicio de la función que el deudor les confiara, no puede tampoco mejorar la situación del acreedor acordándole una indemnización por daños y perjuicios contractuales que no tendría contra su deudor, de haber este actuado personalmente.

El artículo 293 de la Ley de Comercio Marítimo hace una aplicación de este requisito cuando consagra la responsabilidad del porteador, que haya confiado la ejecución del transporte marítimo a un transportista efectivo, por los daños causados en la ejecución del transporte por la conducta del transportista efectivo, sus dependientes y agentes, *cuando actúen en el ejercicio de sus funciones.*

4. Carácter culposo del hecho del auxiliar

La doctrina discute si el hecho dañoso debe ser ilícito, esto es, directamente imputable al auxiliar en razón de su dolo o culpa.

Según algunos autores, para comprometer la responsabilidad del deudor se requiere el dolo o la culpa del auxiliar. Es la posición de Ferrara quien afirma:

> No de todos los hechos cometidos por los familiares y auxiliares que producen un daño surge responsabilidad para el deudor. Es necesario que estos hechos sean culposos. Si el hecho del auxiliar es casual, es decir, producido por circunstancias extrañas, el deudor no soportará las consecuencias, porque se trataría de un

> caso fortuito que excede su esfera de acción. No solo el deudor está libre de culpa, sino también su dependiente, por lo que la responsabilidad no puede tener lugar[39].

Es también la solución adoptada, entre otros, por los Códigos Civiles griego (art. 334), italiano de 1.942 (art. 1.228), peruano (art. 1325), portugués (art. 800), suizo de las Obligaciones (art. 101) y alemán (art. 278).

El artículo 106 de la Ley de Aeronáutica Civil hace una aplicación de este requisito cuando establece la responsabilidad de los explotadores del servicio de transporte aéreo por los *hechos culposos* de sus directivos, dependientes o empleados.

Otros autores, en cambio, sostienen que el deudor responde aunque no medie culpa del auxiliar, a cuyo efecto parten de la base de que el deudor desarrolla su actividad económica por sí o la extiende a los terceros según le convenga. Por lo cual, es lógico que responda aunque no medie culpa del auxiliar, salvo el caso fortuito[40]. En definitiva, este criterio es una aplicación de la teoría del riesgo según la cual el deudor es responsable por el riesgo creado al implicar a terceros en el cumplimiento de la prestación; por consiguiente, para desvirtuar su responsabilidad tendrá que aportar la prueba de una causa extraña no imputable en la producción del daño. Es también la solución legal adoptada por el nuevo Código Civil y Comercial argentino de 2014 (art. 1.753).

Por lo que al Derecho venezolano concierne, no es necesario probar, siempre y en todo caso, la culpa del auxiliar para comprometer la responsabilidad del deudor. Hay que distinguir según que la obligación sea de medios o de resultado. Así como la responsabilidad personal del deudor funciona de manera diversa para estas dos clases de obligaciones, de la misma manera el régimen de la responsabilidad contractual indirecta variará según que la obligación del deudor en cuyo cumplimiento introduzca al auxiliar sea de medios o de resultado.

---

39 Francesco Ferrara, ob. cit., p. 129.

40 Es la posición sostenida en Francia por Émile Becqué, ob. cit., p. 304. En contra, Henri Mazeaud, Léon Mazeaud y André Tunc, ob. cit., pp. 712-713. La jurisprudencia de los tribunales franceses en relación con este punto es oscilante. Al respecto, véase: Geneviève Viney y Patrice Jourdain, ob. cit., pp. 712-713, especialmente, la nota 400 y las decisiones de los tribunales franceses ahí citadas.

En las *obligaciones de medios* el acreedor tendrá que probar la culpa del auxiliar para hacer responder contractualmente de forma indirecta al deudor por él (porque de haber intervenido personalmente el deudor en el cumplimiento habría que probar su culpa personal para hacerle responder contractualmente de forma personal). En las *obligaciones de resultado*, en cambio, bastará para comprometer la responsabilidad contractual por al auxiliar, la prueba de la falta de obtención exacta del resultado debido, porque también esta prueba es suficiente para desencadenar la responsabilidad personal del deudor, cuando interviene personalmente en el cumplimiento de su obligación. Por lo cual, no es entonces necesario probar la culpa del deudor y, por ello, tampoco es necesaria la prueba de la culpa del tercero auxiliar, cuando el deudor no interviene personalmente en el cumplimiento de su obligación.

Ahora bien, en aquellos casos en los cuales, conforme a lo expuesto anteriormente, se requiere que el hecho del auxiliar sea culposo ¿cómo se aprecia el grado de diligencia que habría desarrollado el auxiliar en el cumplimiento de la obligación en orden a la responsabilidad contractual del deudor? *¿Cuándo puede decirse que la conducta del auxiliar es culposa?*

Es un principio no discutido en materia de responsabilidad contractual indirecta que para determinar si existe culpa en la actuación del auxiliar, hay que comparar la conducta desarrollada por este con la exigible al deudor de haber intervenido personalmente en el cumplimiento, según el contenido de su obligación[41]. Dicho en otras palabras, el nivel o grado de diligencia exigible para apreciar la conducta del auxiliar en la ejecución del contrato, se mide desde la posición del deudor y no desde la posición del auxiliar. Por ejemplo, si un médico anestesiólogo introduce en el cumplimiento de la obligación a su cargo como auxiliar a un joven inexperto estudiante de medicina, no podrá exonerarse de responsabilidad contractual indirecta por el daño causado por este al paciente so pretexto de la inexperiencia, edad o inmadurez del estudiante, pues la conducta de su auxiliar se valora, a los efectos de la

---

[41] La doctrina es pacífica sobre el particular. Al respecto, véase: Francesco Ferrara, ob. cit., p. 130; Giovanna Visintini, ob. cit., pp. 120-121; Pietro Trimarchi, ob. cit., p. 303; Geneviève Viney y Patrice Jourdain, ob. cit., pp. 1057-1058; Émile Becqué, ob. cit., p. 303.

responsabilidad contractual indirecta del deudor/principal, con el grado de diligencia que según el contenido de su obligación le es exigible a este por su acreedor. En el caso concreto, se exigirá la diligencia profesional propia de un médico del mismo ramo o especialidad.

Aplicando este mismo principio en el supuesto de que el deudor, en el caso concreto, se haya obligado a desarrollar, por disposición de ley o por convenio de las partes, una diligencia *in concreto,* si el deudor introduce en el cumplimiento de la obligación a un tercero auxiliar, no podrá pretender eludir su responsabilidad alegando que dicho tercero ha desplegado en la conducta de cumplimiento la misma diligencia que desarrolla este tercero en sus propios asuntos, si esta diligencia es inferior a la que el deudor emplea en los suyos. A la inversa, el acreedor no podrá exigir del deudor la responsabilidad contractual por el auxiliar, si este intervino en el cumplimiento de la obligación del deudor empleando la misma diligencia que dicho deudor emplea para la atención de sus propios asuntos, pero inferior a la que el mismo auxiliar normalmente emplea para el cuidado de los suyos[42].

VII. PERSONAS POR CUYOS HECHOS SE RESPONDE

1. Auxiliares de cumplimiento

En la actualidad no existe duda respecto a que en el campo contractual el deudor responde por el incumplimiento de toda persona natural o jurídica que haya voluntariamente incorporado para ejecutar materialmente la prestación prometida. A estas personas introducidas o utilizadas por el deudor en la actividad de cumplimiento de la obligación se las denomina *auxiliares de cumplimiento.*

El concepto de auxiliar de cumplimiento se refiere en general a los terceros de quienes ser sirve el deudor en el cumplimiento de la obligación. Son pues auxiliares aquellos sujetos que se utilizan o emplean en el cumplimiento de la prestación prometida por el deudor. Lo que verdaderamente define al auxiliar es que se trata de un *tercero* que no se encuentra obligado frente al acreedor a cumplir la obligación, pero que

42 De ese criterio: Émile Becqué, ob. cit., p. 302; Francesco Ferrara, ob. cit., p. 130-131; Francisco Jordano Fraga, ob. cit., pp. 559-560.

interviene en el cumplimiento autorizado o legitimado por el deudor, esto es, por encargo suyo o con su consentimiento[43].

2. Intervención del tercero por sí mismo

Siendo necesaria la iniciativa del deudor de introducir al tercero en la actividad de ejecución de la obligación, cuando un tercero interviene *por sí mismo* en el cumplimiento de un contrato e impide con ello que el deudor cumpla con su obligación, el deudor no incurre en responsabilidad siempre que el hecho del tercero constituya una causa extraña no imputable para el deudor. Por el contrario, si teniendo en cuenta la diligencia que el contrato le imponía al deudor, se estima que debería impedir la intervención del tercero, aquel es responsable del incumplimiento. Pero entonces se trata de una responsabilidad contractual por el hecho personal y no por el hecho ajeno[44].

3. La cuestión de la relación de dependencia entre el deudor y sus auxiliares

En el campo de la responsabilidad contractual por el hecho ajeno, la actuación del auxiliar puede desarrollarse autónomamente sin que se requiera una dependencia respecto del deudor[45].

Hay aquí una marcada diferencia respecto de las personas por cuyo hecho se responde, según que la responsabilidad sea delictual o contractual. Si la responsabilidad es delictual, el artículo 1.191 exige que entre el autor del hecho y el civilmente responsable exista un vínculo de subordinación, es decir, una relación de dependencia que permita a este

---

43 Como afirma Visintini, "la noción de auxiliar debe limitarse desde los dos siguientes puntos de vista: 1) en la base de la intervención del auxiliar debe encontrarse la iniciativa del deudor, en el sentido de que este haya puesto voluntariamente al auxiliar en condiciones de participar en la ejecución de la obligación y 2) los auxiliares deben ser extraños al acreedor, es decir, no deben estar ligados de ninguna manera con él" (ob. cit., pp. 73-74).

44 En ese mismo sentido, véase: Henri Mazeaud, Léon Mazeaud y André Tunc, ob. cit., p. 689; Orencio Torralba Soriano, ob. cit., p. 1157.

45 La doctrina es pacífica sobre el particular; al respecto, por todos, véase: Francesco Messineo, ob. cit., p. 236. En el mismo sentido, la Casación italiana ha sostenido que: "el artículo 1228 del Código Civil es aplicable aun en la hipótesis en la cual el deudor para la ejecución del contrato se sirve de sus dependientes o auxiliares autónomos, como mandatarios y subagentes". Al respecto, véase: Giovanna Visintini, ob. cit., pp. 69-70, especialmente, la nota 93 y la sentencia de la Casación italiana ahí parcialmente transcrita.

controlar la conducta de aquel mediante órdenes o instrucciones. Si la responsabilidad es contractual, esta condición no es necesaria[46].

La no exigibilidad de la dependencia en la órbita contractual se pone de manifiesto en los códigos de las legislaciones extranjeras que regulan de modo expreso la responsabilidad contractual y la responsabilidad delictual por hecho ajeno. Por ejemplo, el artículo 1.228 de Código Civil italiano dice:

> *Responsabilidad por el hecho de los auxiliares.*
> Salvo voluntad diversa de las partes el deudor en cumplimiento de la obligación que se vale de la obra de *terceros* responde también de los hechos dolosos o culposos de ellos.

En cambio, para la responsabilidad extracontractual dispone:

> *Responsabilidad de los patronos y de los comitentes.*
> Los patrones y los comitentes son responsables por los daños originados por el hecho ilícito de sus *domésticos y empleados* en el ejercicio de los trabajos a los que están adscritos.

La doctrina italiana al referirse a estas disposiciones afirma que bajo la noción de auxiliares caben:

> no solo los dependientes del empresario que colaboran en el cumplimiento de las obligaciones por este asumidas o los domésticos respecto del patrono, sino que pueden serlo también los mismos empresarios autónomos como los bancos, los que ejercen profesiones liberales, huéspedes, amigos (a los que se ruega, por ejemplo, restituir por nuestra cuenta una cosa tomada en préstamo)[47].

Esta es igualmente la solución legal propuesta por la doctrina más autorizada y aceptada en gran medida por los tribunales de los países cuyos ordenamientos, como el venezolano, no regulan expresamente la responsabilidad contractual indirecta: no es un presupuesto legal de esta

---

46 Así lo ha puesto de relieve Pietro Trimarchi, ob. cit., p. 302.

47 Giovanna Visintini, ob. cit., p. 71. Es también la posición de Pietro Trimarchi, *Ibíd.*, pp. 301-302. En la doctrina alemana, véase: Karl Larenz, ob. cit., p. 295.

responsabilidad que exista una relación de dependencia o subordinación del auxiliar respecto del deudor. A los efectos de la responsabilidad contractual por hecho ajeno, el concepto de auxiliar se extiende, por tanto, también a los sujetos que actúan con independencia[48].

En tal sentido en la doctrina española, Jordano Fraga expresa:

> la responsabilidad contractual indirecta funciona con independencia de la posibilidad de control, instrucciones, dirección o supervisión que tenga el deudor principal sobre la actividad colaborativa de su auxiliar[49].

Por lo cual, se admite que los auxiliares de cumplimiento utilizados por el deudor pueden ser dependientes o empleados suyos como, por ejemplo, un trabajador, un hijo menor sometido a su patria potestad, o un doméstico; pero pueden serlo también auxiliares independientes o autónomos como, por ejemplo, un extraño al que se le pide un favor, un empresario autónomo que se subcontrata, un profesional o técnico cuya actividad auxiliar técnica no se está en condiciones de controlar o supervisar. Lo importante es la función de *agente ejecutor* que el tercero desempeña por iniciativa del deudor. Esto es lo que vincula la actuación del auxiliar con la esfera de responsabilidad del deudor[50].

Esta diferencia en cuanto a la responsabilidad del comitente en uno y otro campo obedece a que en materia de responsabilidad contractual se responde del incumplimiento *porque se es contratante*, condición esta que es decisiva para fijar la responsabilidad aun cuando el daño

---

48 En ese sentido, en la doctrina francesa: Émile Becqué, ob. cit., p. 265; Marcelo Planiol y Jorge Ripert, *Tratado Práctico de Derecho Civil Francés*, ob. cit., VII, p. 159, Traducción española de Mario Díaz Cruz, Cultural S.A., Habana, 1946; Geneviève Viney y Patrice Jourdain, ob. cit., pp. 1050-1052. En este mismo sentido, en la doctrina italiana bajo la vigencia del Código Civil de 1865 que, al igual que el Código Civil venezolano y a diferencia del *Codice* de 1942, no contenía una disposición legal que consagrara, en términos generales, el principio de la responsabilidad contractual del deudor por sus auxiliares, véase: Francesco Ferrara, ob. cit., p. 25. En la doctrina argentina bajo la vigencia del Código Civil anterior que, a diferencia del Código Civil y Comercial de la Nación actualmente vigente, tampoco consagraba este principio, véase: Aída Kemelmajer de Carlucci, *Daños causados por los dependientes*, Hamurabi y Depalma, Buenos Aires, 1992, pp 56-58; Enrique Carlos Banchio, ob. cit., pp. 77-78.

49 Francisco Jordano Fraga, ob. cit., p. 137.

50 *Ibíd.*, pp. 134-135. De ese mismo criterio: Margarita Jiménez Horwitz, ob. cit., p. 41.

derivado del incumplimiento lo haya originado un auxiliar, cuestión que en cierto sentido aparece como secundaria. Será siempre el deudor quien, a pesar de ello, mantendrá su condición de único obligado contractual, frente al acreedor (*supra*, N° V). Por el contrario, tratándose de responsabilidad extracontractual, la razón que justifica la responsabilidad por el daño causado por un tercero es la relación que existe entre el civilmente responsable y el causante del daño[51].

En fin, para comprometer la responsabilidad contractual del deudor, no es necesario que exista una estricta relación de dependencia o subordinación. Es suficiente con que el ejecutor sea un tercero respecto del acreedor y que haya sido autorizado por el deudor para intervenir en el cumplimiento de la obligación ejecutando materialmente la prestación prometida.

4. Personas físicas y jurídicas

Tanto las personas físicas como las personas jurídicas pueden ser incorporadas por el deudor en la ejecución de la prestación prometida en cuyo caso unas y otras serán auxiliares de cumplimiento[52]. En el campo contractual no es extraño que el tercero auxiliar sea una gran empresa. Por ejemplo, un banco que el deudor utiliza para pagar su deuda a través de una transferencia[53] o una gran empresa de transporte a la que el deudor encomienda la realización del transporte debido.

Cuando el deudor es una persona jurídica esta responde de la actuación de sus administradores. Pero no se trata en tal caso de una responsabilidad por el hecho de un auxiliar sino de una responsabilidad por hecho propio toda vez que al ser los administradores órganos de la persona jurídica, sus actuaciones se identifican con las de la persona jurídica[54]. Pero los terceros auxiliares designados por los órganos de la

---

[51] María M. Agoglia, ob. cit., pp. 180-183; Orencio Torralba Soriano, ob. cit., pp. 1158 y 1161.

[52] Francesco Messineo, ob. cit., p. 236.

[53] En las transferencias bancarias, el banco del transferente es auxiliar de cumplimiento con respecto a la realización de la obligación del pago, pero no lo es el banco del destinatario del cual se sirve este igualmente como "auxiliar en la aceptación" (Larenz, ob. cit., p. 295).

[54] Francesco Messineo, ob. cit., p. 237; Antonio Brunetti, *Tratado de Derecho de Sociedades*, Tomo XII, Traducción al español de Felipe de Sola Cañizares, Buenos Aires, 1960, p. 208. En la doctrina nacional, véase: Carlos Eduardo Acedo Sucre, "La responsabilidad

persona jurídica deudora no son órganos suyos; por lo cual, la persona jurídica responde por sus actuaciones (u omisiones) sobre la base de la responsabilidad del deudor por sus auxiliares[55].

5. Representantes legales y convencionales

Cuando el representante legal o convencional actuando dentro de los límites de sus poderes realiza, en el cumplimiento de una obligación a cargo del representado, un acto doloso o culposo a causa del cual surge un daño, el representado deberá responder frente a su acreedor por el daño causado por dicha actuación.

El rasgo característico de la representación es que para el representado las consecuencias de los actos cumplidos por el representante, siempre que este no traspase los límites de los poderes que se le han conferido, se producen como si aquel en persona hubiere actuado[56]. La identificación entre las personas de representado y representante produce frente a los terceros el efecto de hacer que lo actuado en el ejercicio de la representación regularmente cumplida, obligue al representado por todo aquello que el representante hizo en nombre y por cuenta suya. Este principio se encuentra consagrado expresamente en el artículo 1.169 del Código Civil según el cual:

> los actos cumplidos en los límites de sus poderes por el representante en nombre del representado, producen directamente sus efectos en provecho y en contra de este último.

---

por hecho de dependientes. La inmunidad del dependiente", en AA.VV., *Derecho de las Obligaciones, Homenaje a José Mélich-Orsini,* Claudia Madrid Martínez (coord.), Academia de Ciencias Políticas y Sociales, Asociación Venezolana de Derecho Privado y Universidad Central de Venezuela, Serie Eventos, Nº 29, Caracas, 2012, p. 409. En nuestro sistema jurídico la doctrina de la representación orgánica, de acuerdo con la cual cuando las personas jurídicas actúan a través de las personas naturales que les sirven de órganos, no son las personas quienes actúan por la persona jurídica sino la sociedad que actúa por su medio, ha sido acogida en forma reiterada. Al respecto, véase: Manuel Acedo Mendoza y Luisa Teresa Acedo de Lepervanche, *La sociedad anónima,* Schnell, Caracas, 1985, p. 281; Luis Guillermo Govea Urdaneta (h), *Las grandes decisiones de la Corte Suprema de Justicia en materia de Derecho Mercantil (1935-1972)*, 3ª edición, Jurisversa, Caracas-Maracaibo, 1992, p. 88.

55 De ese criterio: Francisco Jordano Fraga, ob. cit., p. 152.

56 José Mélich-Orsini, *La representación voluntaria.* Academia de Ciencias Políticas y Sociales, Serie Estudios, Nº 69, Caracas, 2007, pp 21-26.

Por lo antes expuesto, la responsabilidad contractual indirecta del representado por la actuación del representante no existe. Desde el momento en que se produce la confusión de sus personas la responsabilidad deja de ser indirecta, porque el hecho del representante es hecho propio y personal del representado. Se trata pues en este caso de una responsabilidad directa y no de una responsabilidad por el hecho de otro porque, respecto del representado el representante no es un tercero[57]. Por tal razón, resulta obvio que, por lo que respecta a la representación legal o convencional, nos encontramos fuera del sistema de la responsabilidad en análisis.

6. Clases de auxiliares

Según la mayor o menor independencia de actuación del auxiliar en la actividad de cumplimiento de la prestación, la doctrina, especialmente la francesa, distingue entre dos clases de auxiliares: los ayudantes o auxiliares en sentido estricto y los sustitutos.

Los ayudantes (*aides)* o auxiliares *stricto sensu* (*auxilaires*) son los auxiliares de cumplimiento dependiente; en cambio, los sustitutos (*substitus*) son los auxiliares de cumplimiento autónomo. Los primeros son aquellos que colaboran en el cumplimiento siguiendo las instrucciones del deudor; en cambio, los segundos ejecutan la prestación en una situación de independencia si bien, lógicamente, han debido ser encargados por el deudor del cumplimiento y deben también ser extraños al acreedor[58]. Por consiguiente, se afirma, la diferencia entre los auxiliares en sentido estricto y los sustitutos estriba en que los primeros colaboran con el deudor en el cumplimiento, mientras que los segundos no son colaboradores en sentido estricto toda vez que no actúan al lado del deudor, sino en su lugar y con independencia del mismo[59].

En cualquier caso, el deudor responde de la misma manera y en la misma medida, frente al acreedor, por los incumplimientos de su

---

[57] En ese sentido, entre otros, véase: Émile Becqué, ob. cit., p. 258; A. Von Tuhr, *Tratado de las Obligaciones,* Traducción al castellano de W. Roces, Colmares, Granada, 2007, pp. 205-206; Francesco Messineo, ob. cit., p. 237; María M. Agoglia, ob. cit., p. 177.

[58] Émile Becqué, ob. cit., p. 265; Henri Mazeaud, Léon Mazeaud y André Tunc, ob. cit., pp. 704-705.

[59] Francesco Ferrara, ob. cit., pp. 291 y ss.

obligación debidos a unos o a otros[60]. Sin embargo, la distinción entre auxiliares en sentido estricto y sustitutos puede tener consecuencias por lo que respecta a la posibilidad de utilizar auxiliares para el cumplimiento de las obligaciones contratadas en atención a las cualidades o circunstancias personales del deudor. Dicha posibilidad suele admitirse en mayor medida tratándose del empleo de simples colaboradores, mientras que la sustitución será en la generalidad de los casos contraria a la voluntad de las partes[61].

6.1. Ayudantes o auxiliares *stricto sensu*

Los ayudantes o auxiliares en sentido estricto son aquellos que actúan bajo la instrucción, vigilancia o el control del deudor como, por ejemplo, los empleados, obreros, aprendices, agentes, encargados, domésticos, asistentes, etc., que colaboran con el deudor en la ejecución material de la prestación, complementando su actividad. La utilización por parte del deudor de estos ayudantes se impone por las exigencias del tráfico comercial e industrial moderno.

En nuestro ordenamiento numerosos textos legales consagran la responsabilidad contractual del deudor por el hecho de sus ayudantes, tal como ocurre con las disposiciones del Código Civil contenidas en el artículo 1.642 que hace responsable al empresario del trabajo ejecutado por las personas que ocupe en la obra y en el artículo 1.778 que hace responsables al posadero y a todos aquellos que dan alojamiento a los viajeros por los daños causados por sus criados, encargados y dependientes. El mismo principio aparece recogido en el artículo 169 del Código de Comercio que, en materia de transporte terrestre, hace al porteador responsable de los hechos dañosos de sus dependientes en la ejecución del contrato de transporte.

Disposiciones similares se encuentran en el artículo 206 (17) de la Ley de Comercio Marítimo que consagra, en materia de transporte marítimo, la responsabilidad del porteador por las pérdidas, daños o retardos en la entrega de la mercancía ocasionados por los hechos culposos de sus agentes y subordinados, y en el artículo 106 de la Ley de

---

60 Geneviève Viney y Patrice Jourdain, ob. cit., pp. 1046.

61 En ese sentido, véase: Margarita Jiménez Horwitz, ob. cit., p. 40.

Aeronáutica Civil que hace responsables contractualmente a los explotadores del servicio de transporte aéreo por los daños ocasionados por los actos culposos de sus dependientes o empleados. La misma regla se aplica a los transportistas.

6.2. Sustitutos

a. Conceptuación

Los sustitutos actúan con mayor independencia del deudor en la actividad de cumplimiento. El sustituto, se afirma, es una persona independiente a la que el deudor le encarga, en todo o en parte, la ejecución de la obligación como, por ejemplo, un empresario autónomo que se subcontrata; una empresa de transporte a la que el deudor le encomienda la realización del transporte; un profesional o técnico cuya actividad auxiliar técnica no se está en condiciones de controlar o supervisar; un banco que utiliza el deudor para pagar su deuda a través de una transferencia, etc.[62]

La sustitución produce un desplazamiento meramente material del deudor. El sustituto es siempre una persona de la que el obligado se sirve para ejecutar la prestación. El sustituto actúa por cuenta o interés del deudor.

Conviene advertir que cuando se habla de *sustitutos* se está utilizando el termino en un sentido técnico muy preciso que se refiere a la sustitución (material) del deudor por un tercero en la actividad de cumplimiento de la obligación. Distinta de esta forma de sustitución es la sustitución novatoria que implica que un tercero asume la obligación en lugar del deudor quedando este liberado de la misma[63]. Como expresa Ferrara:

> Se trata solo de aquellos [los sustitutos] que entran *materialmente* en lugar del deudor en la ejecución, *no jurídicamente* pasando ellos mismos a ser obligados y apropiándose de la obligación.

---

62 Giovanna Visintini, ob. cit., p. 71; Francisco Jordano Fraga, ob. cit., p. 141.

63 La doctrina es pacífica sobre este particular. Al respecto, véase: Émile Becqué, ob. cit., pp. 266-267; Giovanna Visintini, ob. cit., p. 72; Orencio Torralba Soriano, ob. cit. 1159; Margarita Jiménez Horwitz, ob. cit., p. 40.

El deudor, por tanto, no desaparece del vínculo obligatorio sino que permanece siempre directamente obligado hacia el acreedor respecto del cual el sustituto es un extraño[64].

Por consiguiente, la sustitución a la que nos referimos aquí no produce una novación subjetiva de la obligación por cambio de deudor ni tampoco una asunción de deuda. Desde luego, si la sustitución supone algo más que un simple desplazamiento material del deudor, como si este pretendiera descargarse totalmente de la obligación, transfiriéndosela a otra persona en todos sus efectos, entonces el consentimiento del acreedor sería necesario, porque nos encontraríamos ante una sustitución novatoria (o una asunción de deuda), para cuya eficacia se requiere, por expresa disposición de la ley, (Código Civil, articulo 1.317), que el acreedor declare expresamente su voluntad de liberar al deudor primitivo[65].

La sustitución que produce un mero desplazamiento físico o material del deudor ha sido ampliamente acogida en nuestro ordenamiento. Así, el Código Civil consagra como principio de carácter general que el deudor puede perfectamente cumplir la prestación por intermedio de un tercero, salvo que tenga interés en que se cumpla por el mismo deudor (art. 1.284), como ocurre cuando la obligación ha sido contraída en atención a las condiciones personalísimas del deudor (obligaciones *intuitu personae*).

b. Disposiciones para casos particulares

El deudor responde por el hecho de sus sustitutos. Así lo establece el Código Civil en distintas hipótesis.

b.1. Contrato de arrendamiento

En materia de *arrendamiento*, el arrendatario cuando no media prohibición legal o convencional, según lo dispuesto en el artículo 1.583,

---

64 Francesco Ferrara, ob. cit., p. 121, nota 4.

65 Así, el artículo 15 de la Ley de Arrendamientos Urbanos solo permite la cesión del contrato de arrendamiento de inmuebles urbanos ocupando el nuevo arrendatario la entera posición jurídica del arrendatario primitivo frente al arrendador, cuando media el consentimiento expreso del arrendador.

tiene el derecho de subarrendar en todo o en parte la cosa arrendada, pero responderá de toda pérdida o deterioro que causare el hecho del subarrendatario (art. 1.597). Su responsabilidad es evidentemente contractual e indirecta, pues al subarrendar el arrendatario se ha sustituido en la persona del subarrendatario en cuanto a su obligación de conservar la cosa en buen estado (art. 1.585, ord. 2°), de modo que, si esta obligación no se cumple, o se ejecuta defectuosamente, el arrendatario responderá en la misma medida que si el daño proviniese del hecho suyo.

b.2. Contrato de mandato

En atención al carácter *intuitu personae* del mandato, la sustitución en la gestión del mandato ha sido objeto de controversia en la doctrina. En nuestro concepto, el Código Civil venezolano (art. 1.695), al igual que el francés (art. 1.994), da por supuesta la facultad del mandatario de hacerse sustituir en la gestión y especifica los supuestos en que dicha sustitución en el cumplimiento origina responsabilidad para el mandatario[66].

De acuerdo con el artículo 1.695 del Código Civil, el régimen de la "sustitución" del mandato es el siguiente:

Si dicha "sustitución" en la gestión no aparece prohibida ni autorizada, expresa o tácitamente, por el mandante, el mandatario responde indirectamente frente al mandante por el hecho de su sustituto (arg.: *ex* art. 1.695 (ord. 1°) del Código Civil)[67].

---

66 Por lo demás, cabe entender que la confianza que el mandante deposita en el mandatario puede recaer no tanto en sus condiciones personales para ejecutar el encargo, sino más bien en su capacidad para cumplir las obligaciones asumidas (capacidad de organización), así como para responder de su incumplimiento (capacidad patrimonial). De ahí que la confianza depositada en el mandatario se salvaguarda por la responsabilidad que este conserva por la gestión del sustituto con el mismo alcance que de su propia actuación en el cumplimiento del encargo. En ese sentido, en la doctrina española véase: Margarita Jiménez Horwitz, ob. cit., p. 142.

67 La doctrina nacional sostiene que la sustitución del mandato es legítimamente posible, salvo prohibición expresa del mandante. En ese sentido, James Otis Rodner, *La transferencia del contrato (Unidroit, Artículo 9)*, Academia de Ciencias Políticas y Sociales, Serie Estudios, N°. 108, Caracas, 2014, pp. 251; Aníbal Dominici, *Comentarios al Código Civil venezolano*, Tomo IV, Caracas, 1904, p. 127. Por su parte, la jurisprudencia de nuestros tribunales ha declarado con respecto al *mandato judicial* que la sustitución procede como principio

En cambio, si el mandante ha prohibido la sustitución, el mandatario responderá del hecho del sustituto, pero no en razón de la culpa de la persona que el mandatario ha sustituido en su gestión, sino en razón de su propia conducta culposa que consiste en haber sustituido el mandato contraviniendo la prohibición contractual de hacerlo. Del mismo modo, conforme a lo dispuesto en el art. 1.695 (ord. 2°) *ejusdem*, cuando el poder para sustituir ha sido conferido sin designación de persona, el mandatario responde solamente de la culpa cometida en la elección y en las instrucciones que necesariamente debió comunicar al sustituto. En tales circunstancias el mandatario responderá frente al mandante de la actuación del sustituto, pero por su culpa personal al haber efectuado una mala elección del mandatario sustituto, o por no haberle comunicado las instrucciones que necesariamente debió impartirle.

En ambos casos, la violación de la ley o del contrato por parte del mandatario sustituyente obedece igualmente a su propia actuación culposa[68].

Cabe hacer notar que, en los casos antes examinados, la sustitución del mandato se limita a la sustitución del mandatario en el cumplimiento de la gestión (*submandato*) en la cual el mandatario *no* se desliga de su relación con el mandante (arg.: *ex* art. 1.695, encabezamiento, del Código Civil).

La sustitución en el cumplimiento de la gestión, es decir, en la ejecución de la obligación o submandato, se distingue de la sustitución jurídica propiamente dicha que implica un cambio de deudor, es decir, un cambio de mandatario por un nuevo mandatario. En razón de la sustitución jurídica del mandato en sentido propio, el mandatario primitivo "sale" de la relación obligatoria y "entra" el sustituto en la condición de

general, "aunque nada se hubiese dicho en el texto del poder y solo está prohibida en aquellos casos en que así se haya dispuesto expresamente." (Sala Político-Administrativa del Tribunal Supremo de Justicia, sentencia Nº 0072 del 23 de enero de 2003. Disponible en: http://historico.tsj.gob.ve/decisiones/spa/enero/00072-230103-1995-12273.HTM, consultada en fecha 10 de marzo de 2022).

68 La doctrina es pacífica sobre el particular expuesto. Al respecto, véase: Émile Becqué, ob. cit., pp. 267-268; Henri Mazeaud, Léon Mazeaud y André Tunc, ob. cit., p. 87; A. von Tuhr, ob. cit., p. 344; Enrique Carlos Banchio, ob. cit., pp. 82 y 103; Margarita Jiménez Horwitz, ob. cit., 145-146.

nuevo mandatario. Al producirse una modificación subjetiva de la relación obligatoria por cambio de deudor, dicha sustitución, obviamente, debe ser consentida por el mandante[69]. Sería el caso del poder para sustituir que haya sido conferido *con designación de persona*. Si en tal caso el mandatario sustituye al mandante en la persona designada (sin reservarse su ejercicio), dicha sustitución produce los efectos de una cesión del contrato (o de las obligaciones del mandatario) consentida anticipadamente por el mandante en razón de la cual el mandatario primitivo queda liberado y no responde de la gestión del sustituto, subentrando este último en la posición contractual del mandatario sustituyente frente al mandante[70].

En fin, solo cuando la sustitución del mandatario no está prohibida ni autorizada, expresa o tácitamente, por el mandante existe un supuesto de responsabilidad contractual indirecta del mandatario sustituyente por la gestión del mandatario sustituto.

Desde luego, si el mandatario se limita a introducir simples ayudantes o colaboradores que actúan bajo su dependencia en la ejecución material del encargo (auxiliares *stricto sensu*), el mandatario responde frente al mandante por la actuación de estos ayudantes que colaboran con él en el cumplimiento con un alcance mucho más limitado (responsabilidad contractual indirecta).

b.3. Contrato de obras

Aunque el Código Civil no regula expresamente el *subcontrato de obras* se debe considerar auxiliar (*sustituto en el sentido técnico antes expuesto*) del contratista, en sus relaciones con el dueño de la obra, al subcontratista pues este, aunque sea un empresario autónomo, es un tercero introducido por el contratista en la realización, total o parcial, de la obra debida por él al dueño. En tal sentido, la doctrina nacional considera que el artículo 1.642 del Código Civil que hace responsable

[69] Sobre la distinción entre las distintas formas de sustitución del mandato en el Derecho español, véase: Luis Díez-Picazo, *La representación en el Derecho Privado*, Civitas, Madrid, 1979, pp 193 y ss; Francisco Jordano fraga, ob. cit., pp. 313 y ss.

[70] En ese sentido, en la doctrina nacional, véase: James Otis Rodner, *La transferencia del contrato*... cit., p. 251.

al contratista del trabajo ejecutado por las personas que ocupe en la obra se extiende a los *subcontratistas*[71].

b.4. Contrato de transporte

La responsabilidad del deudor por el hecho de sus sustitutos está igualmente consagrada en el artículo 169 del Código de Comercio que hace responsable al porteador en el caso de transporte por tierra no solo por el hecho de sus dependientes, sino también por el de todos los porteadores subsiguientes o intermediarios, o de cualquier otra persona a quien confíe la ejecución del transporte. Así mismo, el artículo 293 de la Ley de Comercio Marítimo establece que cuando el porteador haya confiado la ejecución del transporte marítimo a un porteador efectivo, aquel será responsable de los daños causados en la ejecución del transporte por los actos u omisiones del porteador efectivo, sus dependientes y agentes cuando actúen en el ejercicio de sus funciones.

7. Otras personas

Por último, la ley en algunas disposiciones establece que el deudor es igualmente responsable de los daños cometidos por otras personas que en rigor no se encuentran comprendidas dentro de las categorías de ayudantes o auxiliares *stricto sensu* y sustitutos. Es el caso del artículo 1.597 del Código Civil que consagra la responsabilidad del arrendatario por los daños causados en la cosa arrendada por "las personas de su familia".

Un sector de la doctrina y de la jurisprudencia extranjera considera que esta disposición no solo aplica a las personas unidas por relaciones de carácter familiar con el arrendatario como sus hijos, cónyuge y parientes en general, sino que el arrendatario responde también por los daños ocasionados por sus huéspedes y por aquellos sujetos que usan la cosa con ocasión de los servicios prestados al arrendatario como, por

[71] James Otis Rodner, *Los contratos enlazados...*, cit., p. 249. En el mismo sentido existe jurisprudencia del Tribunal Supremo español que, con base en lo dispuesto en el art. 1596 del Código Civil español, equivalente al artículo 1.642 de nuestro código, ha declarado la responsabilidad del contratista frente al propietario por el trabajo ejecutado por los subcontratistas; al respecto, véase: Sentencia del Tribunal Supremo 1ªSS del 14 de noviembre de 1984, referencia tomada de James Otis Rodner (*Íbid.*, p. 250).

ejemplo, los domésticos y operadores técnicos que trabajan por cuenta de aquel en la vivienda alquilada o en el local arrendado, aunque sea transitoriamente[72]. Quedarían solamente excluidos los visitantes ocasionales, proveedores, vendedores ambulantes u otras personas que entran ocasionalmente en la vivienda por poco tiempo, sin que a ello vaya unida la cesión transitoria del uso del inmueble arrendado[73].

Por lo que al Derecho venezolano concierne, cabe hacer notar, sin embargo, que, a diferencia de los términos en que se encuentra formulada la prescripción legal en otros ordenamientos[74], el artículo 1.597 de nuestro Código Civil se refiere únicamente a la responsabilidad del arrendatario por las pérdidas causadas por *las personas de su familia.* Por lo cual, de acuerdo con los términos de esta disposición, la responsabilidad por el título que examinamos solo es aplicable al hecho de las personas vinculadas con el arrendatario por relaciones jurídicas de carácter familiar. Cualquier otra interpretación es contraria al texto de la ley.

La responsabilidad del arrendatario por el hecho de las personas de su familia se fundamenta en la circunstancia de que al haberlas asociado al uso del inmueble arrendado debe contar con su colaboración para cumplir con el deber que la ley pone a su cargo en su condición de arrendatario de usar la cosa diligentemente y devolverla tal como la recibió (Código Civil, arts. 1.592 (1) y 1.594). De ahí que dichos terceros familiares que usan la cosa se consideran auxiliares del arrendatario en el cumplimiento de aquel deber[75]. Por lo cual, el artículo 1.597 del

72 Geneviève Viney y Patrice Jourdain, ob. cit., p. 1063, especialmente, la nota 421 y la jurisprudencia de los tribunales franceses ahí citada; Francisco Jordano Fraga, ob. cit., pp. 301-302, especialmente, la nota 452 y la jurisprudencia de los tribunales españoles ahí citada.

73 Karl Larenz, ob. cit., p. 297.

74 El artículo 1.735 del Código Napoleón y el artículo 1.564 del Código Civil español hacen responsable al arrendatario frente al arrendador del deterioro causado "por las personas de su casa". El artículo 1588 (parágrafo segundo) del Código Civil italiano vigente se refiere a las personas a las cuales el arrendatario "ha permitido, aunque sea temporalmente el uso o el goce de la cosa".

75 En contra, Visintini (ob. cit., p. 66), al comentar el artículo 1.588 del *Codice,* afirma que las personas a las que se contrae esta disposición no son auxiliares porque la actividad del auxiliar se refiere, por definición, a un acto de ejecución de lo debido y la actividad del que usa la cosa es un acto de ejercicio de un derecho y no un acto de ejecución de las prestaciones prometidas por el deudor. Cabe hacer notar, sin embargo, tal y como se indica en el texto, que el arrendatario no solo se obliga frente al arrendador al pago del canon, sino también

Código Civil constituye una manifestación particular del principio de la responsabilidad del deudor por sus auxiliares.

VIII. RÉGIMEN JURÍDICO DE LA RESPONSABILIDAD

1. Principio general de la responsabilidad del deudor por sus auxiliares

El principio que rige la responsabilidad contractual indirecta por el hecho dañoso de los auxiliares es que el deudor responde contractualmente por sus auxiliares de cumplimiento en las mismas condiciones, con los mismos límites y con la misma extensión en que habría respondido personalmente, de haber actuado como y en lugar de ellos en el cumplimiento de su propia obligación[76]. El deudor es responsable frente a su acreedor de los daños causados por sus auxiliares en la misma medida que si los hubiese ocasionado por hecho propio. Por consiguiente, responde por sus auxiliares, no en menor medida que de su conducta personal de cumplimiento, pero tampoco en mayor medida.

Este principio deriva del fundamento mismo de la responsabilidad contractual por el hecho de otros: para el acreedor, el hecho de que el obligado se sirva de terceras personas en la ejecución del contrato es una circunstancia que no puede modificar los términos y alcance de la relación obligatoria, y menos la naturaleza y medida de su responsabilidad.

2. Consecuencias

El principio enunciado produce importantes consecuencias jurídicas por lo que respecta a la imputación al deudor de la conducta de su

---

a destinar la cosa arrendada al uso pactado y a cuidarla y conservarla diligentemente, para restituirla finalizado el arrendamiento en el mismo estado en que la recibió (CC., arts. 1.592-1.595). Por consiguiente, como también se indica en el texto, tomando en consideración la totalidad de las prestaciones debidas por el arrendatario, los familiares que este haya asociado al uso de la cosa arrendada son sus auxiliares para el cumplimiento de los deberes accesorios de conservación, custodia y trato diligente conforme al uso convenido de la cosa arrendada, que lo vinculan contractualmente con el arrendador.

76 Es un principio no discutido en materia de responsabilidad contractual indirecta. En ese sentido, los autores citados en la nota 41.

auxiliar, la demostración de la causa extraña no imputable y los efectos de la conducta dolosa del auxiliar.

2.1. El hecho del auxiliar es un hecho del deudor

El deudor que es impedido de cumplir el contrato por el hecho doloso o culposo de su auxiliar no puede invocar esta circunstancia como el hecho de un tercero configurativo de una causa extraña no imputable para liberarse de responsabilidad frente a su acreedor[77]. Por el contrario, es responsable del daño que dicha inejecución o la ejecución defectuosa le cause. Siendo del deudor la iniciativa de servirse de terceros en la ejecución de la prestación, sobre él recaen las consecuencias dañosas que ellos ocasionen. Esto no es más que una aplicación del principio general de la responsabilidad contractual indirecta: el obligado responde por el incumplimiento ocasionado por los terceros que ha introducido voluntariamente en la ejecución del contrato como si se tratara de su propia conducta y a él se imputa el comportamiento de su auxiliar. Para el acreedor, el hecho del auxiliar debe considerarse un hecho del deudor mismo[78].

2.2. Causa extraña no imputable

La causa extraña no imputable que hace imposible el cumplimiento por parte del auxiliar, en los términos del artículo 1.271 del Código Civil, libera de responsabilidad al deudor. El demandado si demuestra alguno de los hechos constitutivos de la causa extraña no imputable (caso fortuito, fuerza mayor, hechos de un tercero, culpa de la víctima, hecho del príncipe) queda liberado de responsabilidad. Si así no fuese, las condiciones de la responsabilidad contractual por el comportamiento del auxiliar serían más gravosas que las del deudor por su conducta personal[79]. En fin, no se puede cargar al deudor por los casos fortuitos que afecten la conducta de cumplimiento de su auxiliar.

Desde luego, si el deudor asume frente a su acreedor el riesgo del *casus* no queda exonerado por la causa extraña no imputable que afecte

77 Así lo afirma Franceso Galgano (ob. cit., p. 104).
78 En ese sentido, véase: Achille Giovine, ob. cit., pp. 406-407.
79 Geneviève Viney y Patrice Jourdain, ob. cit., p. 1064.

a su auxiliar, porque dicha causa extraña tampoco lo habría exonerado de haber cumplido personalmente su obligación.

Por la misma razón, para que el evento configurativo de la causa extraña no imputable que impida el cumplimiento por parte del auxiliar exonere al deudor de responsabilidad, se requiere que tal evento se produzca antes de la mora, pues de haber intervenido personalmente en el cumplimiento, el deudor sería igualmente responsable por la causa extraña no imputable sobrevenida después de la mora (arg.: *ex* art. 1.344 del Código Civil).

2.3. Dolo del auxiliar

El dolo del auxiliar agrava la responsabilidad contractual del deudor. Cuando el incumplimiento de la obligación obedece al dolo del deudor, su responsabilidad se extiende a todos los daños y perjuicios causados independientemente de que los mismos hayan podido preverse o no al tiempo de la celebración del contrato (CC, art. 1.274).

Así como la conducta dolosa del deudor agrava su responsabilidad haciéndolo responder de todos los daños previstos o no, de la misma manera la conducta dolosa del auxiliar en la ejecución del contrato tiene para la responsabilidad contractual indirecta del deudor el mismo efecto agravatorio: si hay dolo del auxiliar los daños resarcibles se elevan a la integridad del perjuicio sufrido independientemente de su previsibilidad. El deudor no puede pretender atenuar su responsabilidad por la circunstancia de haberse valido de un tercero para el cumplimiento de la obligación[80].

La circunstancia de que el comportamiento doloso del auxiliar compromete al deudor en la misma medida que lo obligaría su dolo personal es una mera consecuencia del principio según el cual deudor responde contractualmente por el comportamiento de sus auxiliares en la misma medida y con la misma extensión en que habría respondido frente al acreedor perjudicado por su propia conducta.

Desde luego, siempre queda en pie la acción de regreso del deudor que indemnice a su acreedor por la conducta dolosa del auxiliar, para que este último le reintegre lo pagado (*infra,* N° XI).

---

[80] Es la posición predominante de la doctrina. Al respecto, por todos, véase: Émile Becqué, ob. cit., p. 309; Francesco Ferrara, ob. cit., pp. 136-137.

2.4. Otras aplicaciones del principio general de la responsabilidad contractual indirecta

A continuación, examinamos algunas otras aplicaciones del principio general que gobierna la responsabilidad contractual del deudor por el hecho de sus auxiliares referidas a la cláusula penal, la extensión de las garantías y la compensación de culpas.

a. Cláusula penal

La cláusula penal convenida entre acreedor y deudor se refiere a toda la responsabilidad contractual del deudor, es decir, tanto al incumplimiento o retardo de la obligación que se origine en su conducta personal como al proveniente de la conducta de los auxiliares incorporados por el deudor al cumplimiento[81]. Desde luego las partes pueden limitar la aplicación de la cláusula penal al incumplimiento determinado por la conducta personal del deudor, en cuyo caso la indemnización del daño ocasionado por el comportamiento de los auxiliares se rige por los principios generales que rigen la extensión de los daños y perjuicios resarcibles por inejecución del contrato[82].

b. Garantías

Las garantías constituidas para asegurar el cumplimiento de la obligación, salvo pacto en contrario, se extienden también a la responsabilidad contractual indirecta del deudor. Se trata de otra manifestación particular del principio de la responsabilidad del deudor por el auxiliar: como "el incumplimiento del auxiliar" es para el acreedor un incumplimiento de la obligación del deudor, las garantías cubren también el "incumplimiento" de aquel[83].

c. Compensación de culpas

La compensación de culpas es una circunstancia atenuante de la responsabilidad contractual tanto cuando la culpa del acreedor concu-

---

81 En ese sentido, véase: Francesco Ferrara, ob. cit., p. 137.
82 En ese sentido, véase: Francisco Jordano Fraga, ob. cit., pp. 562-563.
83 Émile Becqué, ob. cit., p. 307.

rre con la culpa del deudor en la producción del daño, como cuando aquella concurre con la culpa de sus auxiliares de cumplimiento. En uno y otro caso, la obligación de reparar el daño que tiene el deudor se verá reducida en la medida en que la culpa del acreedor contribuyó a su producción[84]. Esta no es más que otra aplicación del principio general que gobierna la responsabilidad contractual indirecta del deudor por el hecho de sus auxiliares antes examinado.

IX. CLÁUSULAS EXONERATIVAS Y LIMITATIVAS DE RESPONSABILIDAD

Se plantea el problema de si las partes pueden válidamente convenir en eximir o limitar anticipadamente la responsabilidad contractual del deudor en caso de incumplimiento de la obligación ocasionado por la conducta dolosa o culposa del auxiliar de que aquel se valga para el cumplimiento de la prestación debida.

Como es bien sabido, la doctrina nacional está de acuerdo en negar la validez de las cláusulas exonerativas o limitativas de responsabilidad cuando el incumplimiento de la obligación se debe al dolo del deudor. Se considera inmoral y contrario al orden público admitir la validez de dichas cláusulas. La doctrina mayoritaria asimila la culpa grave al dolo. Se admiten, en cambio, las cláusulas exonerativas y limitativas de responsabilidad en caso de incumplimiento ocasionado por la culpa leve o levísima[85].

Entonces, ¿se aplican igualmente estos límites en caso de no ejecutarse la obligación por causa del dolo o culpa grave de los auxiliares introducidos por el deudor en el cumplimiento?

Según un sector de la legislación, doctrina y jurisprudencia comparada, hay que admitir la validez de las cláusulas que exoneran o limitan la responsabilidad del deudor cuando medie incumplimiento doloso o gravemente culposo de sus auxiliares.

---

84 *Ibíd.*, p. 302; en el mismo sentido, véase: Francisco Jordano Fraga, ob. cit., pp. 562-564.

85 Al respecto, por todos, véase: José Mélich-Orsini, *Doctrina General del Contrato*, 5ª edición, primera reimpresión, Academia de Ciencias Políticas y Sociales, Serie Estudios, N° 61, Caracas, 2021, p. 561; Eloy Maduro-Luyando y Emilio Pittier Sucre, ob. cit., Tomo II, p. 930.

Exponente de esta corriente de opinión en Francia es Émile *Becqué* quien afirma:

> Desde el punto de vista moral, la exoneración del hecho ajeno es menos chocante que la del hecho personal. En el último caso se quiere escapar a la responsabilidad resultante de su propio hecho, mientras que en el primero se trata del hecho del auxiliar, es decir, del hecho de otro. Es más grave derogar las consecuencias de un acto personal, que las de otro[86].

De ahí que, según esta corriente de opinión, las razones de orden público, moral y buenas costumbres que se oponen a la validez de las cláusulas exonerativas o limitativas de responsabilidad en caso de dolo o culpa grave del deudor no están presentes cuando se pacta la exclusión o limitación de responsabilidad por el comportamiento doloso o gravemente culposo del auxiliar[87]. Además, se afirma que aunque se pacte dicha exclusión o limitación de responsabilidad por el dolo o la culpa grave de otro, existe siempre la responsabilidad por dolo o culpa grave del propio deudor[88]. Esta es la solución del § 278 del B.G.B. alemán y de los artículos 101 del Código suizo de las Obligaciones y 107 (2) del Código Civil egipcio.

Otros autores, en cambio, consideran que no pueden las partes convenir anticipadamente en eximir al deudor de la responsabilidad por incumplimiento de la obligación por causa de la actuación dolosa o gravemente culposa del auxiliar. El dolo o la culpa grave de los auxiliares, se afirma, desempeña el mismo papel del dolo o la culpa grave del deudor[89]. De acuerdo con el principio general de la responsabilidad

---

86 Émile Becqué, ob. cit., p. 312; criterio que comparte Francesco Ferrara (ob. cit., p. 137). Es también el criterio seguido por un sector importante de la doctrina y la jurisprudencia belgas. Al respecto, véase: Pierre van Ommeslaghe, *Droit des Obligations*, Tomo II, (Sources des obligations) (segunda parte), Bruylant, Bruselas, 2012, pp 1659-1660 y la sentencia de la Corte de Casación belga ahí citada.

87 En la doctrina española, es el criterio de Margarita Jiménez Horwitz (ob. cit., pp. 245 y ss).

88 Giovanna Visintini, ob. cit., p. 114.

89 Es el criterio mantenido por la doctrina y la jurisprudencia francesas. Al respecto, véase: Geneviève Viney y Patrice Jourdain, ob. cit., pp. 1066-1067, especialmente, la nota 439 y la jurisprudencia de la Corte de Casación francesa ahí citada. Es también el criterio predominante en la doctrina española. Al respecto, por todos, véase: Manuel García Amigo, *Cláusulas limitativas de la responsabilidad contractual,* tecnos, Madrid, 1965, pp 147 y ss.

contractual indirecta, el deudor deberá responder ante su acreedor de la conducta dolosa o gravemente culposa de sus auxiliares en los mismos casos y bajo las mismas condiciones que de haber mediado su dolo o culpa personal puesto que no puede ser mejor su situación cuando él hace ejecutar la obligación por un tercero que cuando la cumple personalmente. Por consiguiente, así como dichas cláusulas exonerativas o limitativas no son válidas cuando el incumplimiento obedece al dolo o a la culpa grave del deudor, tampoco lo son en caso de inejecución del contrato causada por la conducta dolosa o gravemente culposa del auxiliar. Es la solución legal consagrada en el artículo 72 del Código Civil griego.

El Código Civil italiano de 1942 después de consagrar la facultad del deudor para convenir por anticipado su liberación de responsabilidad por el hecho de sus auxiliares (art. 1.228), la prohíbe en caso de hechos constitutivos de violación de obligaciones derivadas de normas de orden púbico (art. 1.229). Al comentar estas disposiciones, un sector importante de la doctrina y la jurisprudencia italianas, excluye la validez de las cláusulas limitativas o exonerativas de la responsabilidad contractual indirecta en caso de dolo o culpa grave del auxiliar de cumplimiento[90].

Como se dijo, es la misma posición seguida por la doctrina y la jurisprudencia en Francia y en España cuyos códigos civiles, al igual que el venezolano, no regulan expresamente la materia[91].

Por nuestra parte, estimamos que como el fundamento de la responsabilidad contractual indirecta se encuentra en la estructura de la relación obligatoria, no hay razones para distinguir entre uno y otro supuesto al momento de analizar las cláusulas limitativas o exonerativas. Por consiguiente, serán nulos los pactos por los que pretende excluirse

---

90 En ese sentido, C. Massimo Bianca, ob. cit., p. 79. La nulidad de la cláusula de exoneración de responsabilidad por el hecho doloso del auxiliar ha sido declarada por la Casación italiana (*Ídem*, especialmente, la nota 211 y la sentencia Nº 20808 de la Casación italiana de fecha 7 de octubre de 2010 ahí citada). Es el mismo criterio que sostiene Francesco Galgano (ob. cit., p. 104-105).

91 Ver nota 89 anterior. Es también la posición que sostuvo la doctrina argentina bajo la vigencia del Código Civil de 1869 que, a diferencia del Código Civil y Comercial de la Nación de 2014, tampoco contenía disposición expresa sobre la materia. Al respecto, véase: Aída Kemelmajer de Carlucci, ob. cit., p. 143, especialmente, la nota 4 y los autores argentinos ahí citados.

o limitarse la responsabilidad contractual del deudor tanto por el incumplimiento debido a su propia actuación dolosa o gravemente culposa, como por el determinado por el dolo o la culpa grave de sus auxiliares de cumplimiento. Además, admitir la validez de estas cláusulas choca con las exigencias de la buena fe contractual que preside la ejecución de los contratos *ex* artículo 1.160 de Código Civil. En efecto, el acreedor confía en que la obligación será cumplida con cuidado y previsión y, obviamente, espera que los auxiliares de su contratante actúen con idéntico grado de diligencia y pericia en el cumplimiento.

Tampoco puede desconocerse que, en la actualidad, la ejecución personal por el deudor es un supuesto excepcional. Admitir la distinción implica, entonces, convertir en regla la posibilidad de liberarse anticipadamente por el incumplimiento doloso o gravemente culposo. Piénsese, por ejemplo, en el contrato de transporte, en los contratos bancarios, etc. Considerar válido el pacto que excluya la responsabilidad contractual del deudor por dolo o culpa grave del auxiliar implica hacer nugatoria la responsabilidad contractual indirecta con lo cual, por las condiciones en que se desarrolla el tráfico moderno, se corre el grave riesgo de hacer nugatoria en gran parte la propia responsabilidad contractual.

X. RESPONSABILIDAD DEL AUXILIAR FRENTE AL ACREEDOR

1. Responsabilidad extracontractual por hecho ilícito

La responsabilidad contractual indirecta del deudor frente a su acreedor por la conducta del auxiliar de cumplimiento no excluye la eventual responsabilidad que corresponde al propio auxiliar en su condición de agente material y directo del daño, puesto que nadie debe quedar exento de la responsabilidad que deriva de su propia culpa.

Como el acreedor no se encuentra vinculado por ninguna relación jurídica con dicho auxiliar, la *responsabilidad* de este último tendrá que ser *delictual* lo que presupone que su conducta configure *un hecho ilícito* conforme a lo dispuesto en el artículo 1.185 del Código Civil[92].

---

92 En relación con el carácter delictual de esta responsabilidad, véase: Francisco Jordano Fraga, ob. cit., pp. 609 y ss; Orencio Torralba Soriano, ob. cit., p. 1165.

Desde luego si la conducta ilícita del auxiliar que causa un daño al acreedor no constituye simultáneamente la violación de una obligación contractual del deudor, solo podrá haber responsabilidad extracontractual: *personal del auxiliar* (tercero) que causó el daño y, adicionalmente, responsabilidad *extracontractual indirecta del principal,* si se dan los requisitos del artículo 1.191 del Código Civil[93].

Pero si el hecho dañoso del auxiliar, además de violar el contrato, implica al mismo tiempo la violación de un deber legal independiente del contrato, acarreando para el acreedor perjudicado por el incumplimiento la pérdida de ventajas adicionales a las derivadas del contrato, la responsabilidad contractual indirecta del deudor concurrirá con la responsabilidad personal del auxiliar por hecho ilícito *ex* artículo 1.185 del Código Civil. Por ejemplo, el caso del paciente bajo tratamiento en una clínica que sufre lesiones por culpa del dependiente de la clínica[94].

En tal caso, para exigir responsabilidad por la conducta del auxiliar, el acreedor perjudicado tendrá a su disposición simultáneamente una acción de responsabilidad contractual frente al deudor en su condición de sujeto llamado a responder por el incumplimiento del contrato ocasionado por el hecho de su auxiliar (*responsabilidad contractual por hecho ajeno*) y una acción de responsabilidad extracontractual contra el auxiliar que es llamado a responder de su propio comportamiento culposo (*responsabilidad extracontractual por hecho ilícito propio*).

Ambas acciones nacen del mismo hecho y se encaminan a la misma finalidad, es decir, al resarcimiento del daño causado por el auxiliar. Pero como ha quedado expuesto, tienen distintas naturaleza y fundamento: la acción contra el deudor se basa en el incumplimiento del contrato provocado por la actuación del auxiliar que jurídicamente se imputa al deudor, mientras que la acción contra el auxiliar se fundamenta en el hecho ilícito personalmente cometido por él que es un tercero que no se encuentra contractualmente vinculado con el acreedor perjudicado por su actuación. Desde luego, el acreedor solamente puede obtener una vez la indemnización del daño producido. Pero dispone para ello de un concurso de acciones pudiendo optar por una u otra (*derecho de opción del acreedor*).

---

93 Émile Becqué, ob. cit., p. 307; Giovanna Visintini, ob. cit., p. 129.

94 C. Massimo Bianca, ob. cit., p. 73.

Puede ocurrir que el auxiliar de cumplimiento sea también dependiente del deudor comitente en el sentido del artículo 1.191 del Código Civil, puesto que estas no son cualidades incompatibles. En tal caso por el daño causado por aquel, responderá este último frente al acreedor tanto contractualmente como, simultáneamente, por hecho ilícito si se dan los requisitos del artículo 1.191 del Código Civil (concurso de responsabilidades contractual indirecta por el hecho del auxiliar y extracontractual indirecta por el hecho del dependiente) (derecho de opción del acreedor)[95].

El problema del concurso de acciones (*derecho de opción*), en lo que a la responsabilidad indirecta se refiere, es solo un derivado del mismo problema que se plantea en la responsabilidad civil en general; por lo cual, para la procedencia del derecho de opción aludido se requiere la satisfacción de los mismos extremos que se exigen para la procedencia del derecho de opción entre contratantes en general[96].

---

95 En ese sentido, Francisco Jordano Fraga, ob. cit., pp. 609 y ss.

96 Desde luego, la problemática enunciada en el texto forma parte de un capítulo más amplio de la responsabilidad civil que se refiere a la coexistencia de la responsabilidad contractual y extracontractual cuyo tratamiento desborda el propósito de este trabajo. La doctrina nacional y la jurisprudencia de nuestros tribunales, desde hace algún tiempo, han aceptado la posibilidad de la concurrencia o coexistencia de la responsabilidad contractual con la responsabilidad extracontractual, llamada impropiamente *cúmulo de responsabilidades.* Es decir, se admite entre nosotros que la existencia de un contrato entre las partes no implica excluir o negar que una de ellas pueda ser responsable frente a la otra con base en la comisión de un hecho ilícito. De acuerdo con la doctrina patria más autorizada, seguida por la mayoría de las decisiones más recientes de nuestros tribunales sobre la materia, para que haya lugar al llamado concurso de responsabilidades y el demandante pueda optar entre dos acciones, una según las reglas de la responsabilidad contractual y otra según las reglas de la responsabilidad extracontractual, se requiere que el hecho dañoso además de violar el contrato, constituya la violación de un deber legal independiente del contrato y prive al demandante de una ventaja distinta de la que habría significado la ejecución del contrato. Al respecto, véase: José Mélich-Orsini, *La responsabilidad civil...* cit., pp. 186-192; Tribunal Tercero de Primera Instancia en lo Civil, Mercantil, Agrario y del Tránsito de la Jurisdicción Judicial del Estado Falcón, sentencia N° 12 del 21 de febrero de 2014. Disponible en: https://vlexvenezuela.com/vid/efrian-leaa-mercando-na-modificados-499015146, consultada en fecha 10 de marzo de 2022; Sala de Casación Civil del Tribunal Supremo de Justicia, sentencia N° 187 del 10 de abril de 2012. Disponible en: http://historico.tsj.gob.ve/decisiones/scc/abril/rc.000187-10412-2012-11-397.html, consultada en fecha 10 de marzo de 2022; Sala de Casación Civil del Tribunal Supremo de Justicia, sentencia N° 0563 del 12 de agosto de 2011. Disponible en: http://historico.tsj.gob.ve/decisiones/scc/agosto/RC.000417-12811-2011-09-601.html, consultada en fecha 1

2. Responsabilidad contractual *ex* acción directa

Por último, el acreedor podrá dirigirse directamente contra el auxiliar reclamando *responsabilidad contractual*, es decir, responsabilidad por el incumplimiento de la relación obligatoria que vincula a deudor y acreedor, en aquellos casos en los cuales la ley autoriza el ejercicio de las llamadas *acciones directas*, tales como las que contemplan los artículos 1.584, 1.643 o 1.695 del Código Civil (*supra,* N° V).

En tales casos el auxiliar del deudor deviene, por disposición de la ley, en obligado contractual frente al acreedor, aunque no esté contractualmente vinculado con él, pudiendo por tanto el acreedor exigirle responsabilidad por el incumplimiento de esta relación contractual.

El ejercicio de esta acción directa contra el auxiliar no está supeditado a que el acreedor se dirija previamente contra el deudor, es decir, puede obrar contra el auxiliar pasando por encima (*omisso medio*) de su deudor[97]. Pero dicha acción directa tampoco excluye ni limita la responsabilidad del deudor que en su condición de sujeto obligado es llamado a responder por el incumplimiento del contrato ocasionado por el auxiliar. En fin, el acreedor dispone de dos acciones contractualmente distintas para obtener el resarcimiento del mismo daño, pudiendo optar por una u otra.

XI. ACCIÓN DEL DEUDOR FRENTE AL AUXILIAR

Al igual que en materia de responsabilidad aquiliana, el deudor obligado a reparar el daño al acreedor por causa del hecho de su auxiliar dispone de una acción de repetición o de regreso contra dicho auxiliar

---

de marzo de 2022; Sala de Casación Civil del Tribunal Supremo de Justicia, sentencia N° 0324 del 27 de abril de 2004. Disponible en: http://historico.tsj.gob.ve/decisiones/scc/abril/RC-00324-270404-02472.html, consultada en fecha 1 de marzo de 2022; Sala de Casación Civil del Tribunal Supremo de Justicia, sentencia N° 72 del 5 de febrero de 2002 Disponible en: http://historico.tsj.gob.ve/decisiones/scc/febrero/RC-0072-050202-99973-99034.htm, consultada en fecha 28 de febrero de 2022.

97 En relación con las características de la acción directa en la doctrina nacional, véase: James-Otis Rodner, *Los contratos enlazados*... cit., pp. 129 y ss; José Mélich-Orsini, *Doctrina General*... cit., p. 817. En la doctrina española, véase: Miguel Pasquau Liaño, *La acción directa*... cit., pp. 17-20.

para obtener el reembolso de lo pagado al acreedor por tal motivo. De lo contrario quedaría el auxiliar que es el verdadero causante del daño exento de su propia responsabilidad, lo cual sería injusto[98].

La acción del deudor frente al auxiliar se fundamenta en la relación interna que los vincula y generalmente nace de un contrato de trabajo, de obra, de servicios, de mandato, etc., existente entre ellos. Dicha acción de regreso se rige por los principios que gobiernan la responsabilidad contractual. Por supuesto, la relación interna entre el deudor y su auxiliar será la que determine las condiciones de procedencia y los límites de la acción del primero contra el segundo. El auxiliar, por tanto, podrá oponer al deudor todas las excepciones y defensas (cláusulas limitativas o exonerativas de responsabilidad, prescripción, etc.) derivadas de la relación que lo vincula a él con el deudor.

98 En ese sentido, Francesco Ferrara, ob. cit., p. 137; Francesco Messineo, ob. cit., p. 237; Henri Mazeaud, Léon Mazeaud y André Tunc, ob. cit., p. 718. Cabe anotar, sin embargo, que la doctrina francesa moderna considera que, en materia de responsabilidad contractual por el hecho de los auxiliares, debe aplicarse el criterio sentado por la Casación francesa el 15 de febrero de 2000 en la sentencia recaída en el caso *Costedoat*. En esta decisión, dictada en un caso de responsabilidad del comitente por el *hecho ilícito* del dependiente, la Casación francesa consagró una inmunidad del dependiente frente al recurso de su comitente para recuperar lo que había tenido que pagar a la víctima, en su condición de civilmente responsable, por los daños ocasionados por la conducta no intencional del dependiente actuando sin traspasar los límites de las funciones que se le habían confiado. En opinión de Viney, este mismo criterio debe aplicarse para hacer inmune al auxiliar frente al recurso de regreso del deudor para obtener de aquel el reembolso de lo pagado al acreedor por los daños ocasionados por la conducta no intencional del auxiliar en el cumplimiento de la obligación (ob. cit., p. 1065). No ve la ilustre profesora emérita de la Universidad de París I (Panteón-Sorbona) razón alguna para establecer, en relación con este punto, una diferencia entre la responsabilidad contractual y la responsabilidad delictual.

DAÑOS PUNITIVOS ¿UNA QUIEBRA DEL SISTEMA DE RESPONSABILIDAD CIVIL?*

* Estudio publicado en la *Revista Venezolana de Legislación y Jurisprudencia,* No 10, Caracas, 2018, que recoge la conferencia pronunciada por el autor en la sede de la Academia de Ciencias Políticas y Sociales el 23 de noviembre de 2017.

Me siento muy complacido de estar con ustedes en este acto conmemorativo del quinto aniversario de la Revista Venezolana de Legislación y Jurisprudencia. Durante sus cinco años de vida, esta Revista ha venido realizando significativos aportes a la bibliografía jurídica nacional. Esta iniciativa hay que estimularla y apoyarla y es digna del mayor reconocimiento. Felicito pues en esta oportunidad al profesor Edison Varela Cáceres, Director de la Revista, así como a su Coordinador, mi buen amigo el profesor Fernando Parra Aranguren.

También un reconocimiento muy especial, por su perseverancia y dedicación, a la Asesora Académica de la Revista, profesora María Candelaria Domínguez Guillén, cuya obra *Curso de Derecho Civil III Obligaciones* bautizamos hoy. Esta extraordinaria obra de la profesora Domínguez Guillén pone de manifiesto sus altas dotes de docente e investigadora universitaria. Se suma a sus otros manuales en distintas áreas del Derecho civil, que han sido de gran utilidad para los estudiantes y estudiosos del derecho, y a sus numerosos artículos de indiscutible calidad científica publicados en revistas jurídicas, en obras colectivas y en libros homenaje, dentro y fuera de Venezuela, que enriquecen significativamente la doctrina iusprivatista venezolana.

El tema de los daños punitivos ha dado lugar a grandes controversias. En esta exposición me referiré, en forma sumaria, a lo que son los daños punitivos, las funciones que cumplen, sus supuestos de procedencia, sus límites si es que existen y a otros problemas conexos que suscita este instituto. Luego me referiré a algunas figuras próximas y manifestaciones en el Derecho venezolano de los daños punitivos. Por último, haré unos breves comentarios sobre el posible trasplante de los daños punitivos al sistema de la responsabilidad civil imperante en Venezuela[1].

---

1 Para un examen completo del origen y evolución de los daños punitivos y su régimen jurídico en Inglaterra, Francia, Alemania, Hungría, Italia, países escandinavos, España, Sudáfrica y Estados Unidos, puede consultarse con provecho la obra dirigida por Helmut Koziol y Vanessa Wilcox, *Punitive Damages: Common Law and Civil Law Perspectives*, Viena, Springer, 2009. Nuestros enfoques y criterios se han enriquecido igualmente con los trabajos de Dan Markel, "¿How should Punitive Damages work?", en *University of Pennsilvania Law Review*, mayo 2009, N° 157, pp. 1383-1484 y de Anthony J. Sebok, "Punitive Damages: from Myth to Theory", en *Iowa Law Review*, N° 92, 2007, pp. 957-1036. En la doctrina hispanoamericana son muy valiosos, para el análisis de la fenomenología

I. DAÑOS PUNITIVOS: NOCIÓN Y FUNCIONES

En términos generales, los daños punitivos, también llamados daños ejemplarizantes, son aquellas indemnizaciones de carácter pecuniario que se conceden a la víctima en un proceso civil (además de los daños estrictamente compensatorios) en atención a la especial reprochabilidad de la conducta del demandado.

Los daños punitivos cumplen dos funciones. En primer lugar, castigar al agente del daño por conductas especialmente reprobables; y, en segundo término, disuadirle a él y a los terceros de llevar a cabo conductas similares en el futuro.

Como los daños punitivos se le conceden a la víctima por encima de los daños compensatorios que le corresponden, su monto excede de la pérdida efectivamente experimentada por el demandado. Son, en fin, las sumas de dinero que los tribunales condenan a pagar, no con fines de una indemnización compensatoria, sino como una sanción con una finalidad ejemplarizante. A los daños punitivos se los denomina igualmente daños ejemplarizantes, daños retributivos o dinero picante. Se afirma que son una forma de pena privada, donde el beneficiario de las cantidades de dinero otorgadas por este concepto es la víctima del daño causado.

---

de los daños punitivos y el examen de los problemas específicos que suscita este instituto, la monografía del profesor Ricardo De Ángel Yágüez, *Daños Punitivos*, Civitas-Thomson Reuters, Editorial Aranzadi, Pamplona, 2012 y los ensayos del autor Pablo Méndez-Monasterio Silvela, *Daños Punitivos: El "Patito Feo" de la Responsabilidad Civil*, Editorial Fe d'erratas, Madrid, 2016 y de la profesora Aída Kemelmajer De Carlucci, "¿Conviene la introducción de los llamados "daños punitivos" en el Derecho argentino?", en *Anales Academia Nacional del Derecho y Ciencias Sociales de Buenos Aires*, segunda época, año XXXVIII, Nº 31, Buenos Aires, 1993. En la doctrina nacional, además de las importantes reflexiones sobre este tema –y sobre tantos otros– que hace el recordado Maestro José Melich-Orsini en su conocida obra *La Responsabilidad Civil por Hechos Ilícitos*, la profesora Claudia Madrid Martínez, en su reciente trabajo "Función de la Responsabilidad Civil en el Derecho Venezolano: Más Allá de la Reparación" publicado en la obra coordinada por José G. Salaverría *Derecho de Daños Responsabilidad Contractual/Extracontractual* (Homenaje a Enrique Lagrange), que recoge las ponencias presentadas en las IV Jornadas Aníbal Dominici llevadas a cabo en Barcelona en 2012, se refiere a los daños punitivos y hace una serie de consideraciones interesantes sobre las funciones de la responsabilidad civil, que también nos sirvieron para reflexionar sobre estos temas y enriquecer esta exposición.

Así entendidos, los daños punitivos se configuran como una institución que cabalga entre lo civil y lo penal o administrativo-sancionador. Son una especie de multa privada que no es propiamente una pena ni una indemnización. Con este instituto se produce un solapamiento entre los dos órdenes de la responsabilidad, civil y penal. Se ha dicho, gráficamente, que los daños punitivos son un hibrido con cuerpo de indemnización y alma de sanción penal.

II. ANTECEDENTES HISTÓRICOS

Históricamente, encontramos manifestaciones de los daños punitivos en textos milenarios como el Código de Hammurabi, las Leyes de Manu y la Biblia. En el Código de Hammurabi se lee una disposición de acuerdo con la cual quien robe un animal del templo, será condenado a restituir treinta veces su valor. En la Biblia en el Libro del Éxodo en el Capítulo 22, 1 se lee "si alguno robare un buey u oveja y los matare o vendiere, restituirá cinco bueyes por el buey; y cuatro ovejas por una oveja". En el Derecho romano también encontramos manifestaciones de los daños punitivos en la Ley de las XII Tablas. En el Derecho romano clásico se establecieron sanciones económicas a favor de la víctima por el doble, triple o cuádruple del daño causado (*daños múltiples*). En la Edad Media, en la Ley de las Siete Partidas del Rey Alfonso X el Sabio se consagraron disposiciones que exigían a quien negare el daño que lo pagara doblado.

En los tiempos modernos, la doctrina de los daños punitivos o ejemplarizantes adquiere carta de naturaleza en Inglaterra con un célebre caso decidido por la Cámara de los Lores en 1763 (*Huckle v. Money*) donde por primera vez se reconocen explícitamente los mismos. En la decisión se condena al Estado:

> a pagar, además del perjuicio efectivamente sufrido por la víctima, una suma adicional por concepto de daños ejemplarizantes, con el objeto de destacar la importancia de los derechos fundamentales de los ciudadanos y de disuadir de la repetición de conductas antijurídicas similares[2].

---

2 *Huckle v. Money*, 95 Eng. Rep 768,769 (K.B: 1763).

De Inglaterra este instituto se trasladó a Canadá, Australia, Nueva Zelanda, Irlanda, Sudáfrica y los Estados Unidos de América en donde se extendió rápidamente al punto que a mediados del siglo XIX los daños punitivos eran ya una pieza fundamental y consolidada del Derecho de daños norteamericano y lo siguen siendo hoy en día. Es pues una institución típica del *Common Law,* principalmente de los Estados Unidos de América. Sin embargo, esto no ha impedido que se hayan producido y se sigan produciendo grandes controversias doctrinales acerca de los mismos, tanto dentro de las fronteras de los Estados Unidos como fuera de ellas.

III. SUPUESTOS DE PROCEDENCIA

Para que proceda una condena por daños punitivos se admite que no es suficiente con que se realice una conducta cualquiera que cause un daño. Debe tratarse de una conducta dañosa especialmente reprochable por la sociedad.

En la Sección 908 del *Restatement (Second) of the Law of Torts*[3] (hechos ilícitos) se establece que los daños punitivos:

> proceden cuando la conducta del demandado es indignante por su maliciosa intención o por una temeraria indiferencia hacia los derechos de los otros.

De donde resulta que los daños punitivos se justifican cuando la conducta del agente es particularmente intolerable, atendiendo a las circunstancias bajo las cuales ocurrió el hecho dañoso y, fundamentalmente, cuando se trate de conductas dolosas o de actuaciones imprudentes o negligentes gravemente temerarias, independientemente de los fines perseguidos (representación por el agente de la alta probabilidad de causar el daño que acarrea su conducta, falta de adopción de las precauciones elementales para evitar el daño, etc.).

---

3 Los *restatements of the law* son estudios sobre los principios que rigen determinadas áreas del Derecho norteamericano elaborados por el *American Law Institute.* Se extraen de las sentencias de los tribunales. Aunque no tienen carácter vinculante, su autoridad persuasiva es considerable.

También hay otros casos en los que están justificados los daños punitivos. En particular, cuando la producción del daño le brinda al agente un beneficio mayor que la indemnización que debe satisfacer a la víctima (*culpa lucrativa*), es decir, cuando el monto de la reparación que se debe a la víctima sea inferior al beneficio que derive de la producción del daño para el agente.

Para que haya lugar a una condena por daños punitivos se requiere pues algo más que la producción de un daño. Deben existir circunstancias agravantes que pongan de manifiesto la malicia e intencionalidad del agente o la deliberada falta de atención hacia los derechos o intereses legítimos de los demás. En fin, no cualquier hecho ilícito da lugar a una condena por daños punitivos sino que se requiere para ello, de acuerdo con las decisiones de una buena parte de los tribunales norteamericanos, que el agente haya actuado con temeridad, malicia, mala fe, malignidad, intencionalidad, perversión, o que haya desarrollado una conducta altamente reprobable o groseramente negligente. Cuando la conducta del agente ha sido deliberada y reviste los caracteres de un autentico ultraje, son numerosas las sentencias que incorporan a la acción de daños y perjuicios un componente sancionador o ejemplar. Se señalan como ejemplos típicos en los cuales se conceden daños punitivos por parte de los jurados norteamericanos, los casos de lesiones causadas violentamente, seducción, libelo, calumnia, procedimientos judiciales conocidamente indebidos, atentados contra el derecho a la intimidad, engaño o fraude, etc.

Por otra parte, el juez no está obligado a reconocer los daños punitivos. No existe un derecho de la víctima a obtenerlos. La víctima, por supuesto, debe solicitarlos antes de concluido el juicio, para que sean considerados por el jurado. La gravedad de la falta, el beneficio obtenido por el agente, su capacidad económica y el efecto disuasivo de la condena son, entre otros, los elementos que se toman en cuenta para acordarlos.

Además, en principio, los daños punitivos no entran en juego en caso de incumplimiento de una obligación contractual. Sin embargo, se admite su aplicación cuando el demandado con su conducta haya infringido un deber legal independiente de los deberes que le impone el contrato y haya privado a su cocontratante de un beneficio distinto de aquel que derivaría para él de la ejecución del contrato. Es decir, cuando su conducta vaya acompañada de otro agravio constituyendo un *tort*. Se ha sostenido igualmente que cuando se contravienen las exigencias de la buena fe que debe presidir la ejecución de los contratos, especialmente cuando se trata de contratos de adhesión, o si se prueba el fraude, cabe también imponer daños punitivos como sanción al incumplimiento contractual.

En el caso *Txo Production Corp. v. Alliance Resources Corp.* decidido el 25 de junio de 1993 la Corte Suprema de Justicia de los Estados Unidos de América sostuvo que ante la existencia de un daño, pueden ser objeto de una condena por daños punitivos las siguientes conductas: 1) la conducta del demandado que sabe a ciencia cierta que el resultado dañoso iba a producirse y quiere que el mismo se produzca; y 2) la conducta del demandado que sabe que su actuación genera un grave riesgo de producir el daño y que, sin embargo, continúa realizando la actividad de que se trate[4]. Si trasladamos estas categorías al Derecho penal, se tiene que la conducta descrita en primer lugar podría constituir dolo directo; y la segunda, dolo eventual.

Como puede fácilmente apreciarse, estas tradicionales descripciones de las conductas que merecen ser objeto de una condena por daños punitivos adolecen de una gran vaguedad e imprecisión. Debido a la vaguedad de los criterios que permiten su imposición, los jurados que los acuerdan muchas veces carecen de los elementos de juicio requeridos para decidir imponerlos. Desde luego, esta imprecisión de los estándares para determinar si existe o no responsabilidad suficiente para que entren en juego los daños punitivos trae como consecuencia que en algunas ocasiones los mismos se otorguen cuando no deberían otorgarse y en otras que no se otorguen cuando deberían otorgarse.

Quizás por esta razón en Inglaterra, ya en el año 1964, una sentencia de la Cámara de los Lores dictada en el caso *Rookes v. Barnard* limitó severamente los supuestos de procedencia de los daños punitivos y dejó establecido que los mismos solo podían concederse en tres casos: 1) en los supuestos en que la ley expresamente lo autorice; 2) en caso de actos opresivos, arbitrarios o inconstitucionales del gobierno o de sus

4 *TXO Production Corp. v. Alliance Resources Corp.*, 509 U.S. 443 (U.S.W.Va.,1993).

agentes; y 3) en caso de que el demandado hay "calculado" su conducta para obtener un beneficio propio[5]. Esto pone de relieve la tendencia altamente restrictiva y los reparos que se vienen advirtiendo en Inglaterra desde hace varias décadas en relación con los daños punitivos, al punto que se los ha calificado de "remedio anómalo" que debe restringirse en la medida de lo posible.

En los Estados Unidos de América se observa una corriente encaminada a limitar la discrecionalidad del jurado para acordar una condena por daños punitivos. Algunos estudios realizados por prestigiosas universidades norteamericanas se muestran críticos con respecto a esta figura sobre todo por la inexistencia de parámetros claros que permitan orientar a los tribunales para determinar la procedencia de los daños punitivos y su cuantía.

IV. *QUANTUM* DE LA INDEMNIZACIÓN

En lo concerniente al *quantum* de la indemnización, conviene tener en cuenta que los daños punitivos, por su naturaleza, no tienen límite alguno. Por lo cual, pueden dar lugar –y, de hecho, han dado lugar– a condenas excesivas y arbitrarias. Quizás por esta razón los tribunales norteamericanos han tratado de establecer algunos lineamientos para que el monto de la indemnización por este concepto guarde una relación adecuada con los objetivos de prevención y castigo que persiguen los daños punitivos. Estos factores son, entre otros, los siguientes: 1) que el monto de la indemnización se establezca en función de la reprochabilidad de la conducta del demandado; 2) que exista una relación razonable entre el monto de los daños punitivos y los daños compensatorios; 3) la rentabilidad que pueda derivarse de la conducta del demandado, esto es, los frutos o provechos que le genere la actividad que le cause el daño a la víctima; 4) la reiteración de la conducta del demandado; y 5) la extensión de las sanciones penales establecidas por las leyes para conductas similares.

Por lo que respecta a la relación que debe existir entre el monto de los daños punitivos y los daños compensatorios, campea un gran

---

5 *Rookes v. Barnard* (1964) AC 1129, (1964).

desorden en la jurisprudencia de los tribunales norteamericanos. Sin ánimo de exhaustividad, me referiré a algunas decisiones de los tribunales que han tratado de fijar (o de evitar fijar) cuáles son los límites de los daños punitivos y cómo deben calcularse.

En el caso *Missouri Pac. Ry. Co. v. Humes* decidido en 1885, la Corte Suprema de Justicia sostuvo que "el criterio del jurado... no está controlado por ninguna regla muy definida; sin embargo la sabiduría a la hora de otorgar tales daños adicionales se pone de manifiesto por la larga permanencia de la práctica"[6].

Poco más de un siglo después, en un caso decidido en 1988 (*Kelco Disposal, Inc. v. Browning-Ferris Industries of Vermont, Inc.*), la Corte Federal de Apelaciones del Segundo Circuito consideró que una condena por daños punitivos por una cantidad superior a US$ 6.000.000,00 y por daños compensatorios por un monto de US$ 51.000,00 era razonable, es decir, una relación de 117 a 1[7]. La Corte Suprema de Justicia cuando revisó esta decisión declaró que la Octava Enmienda de la Constitución que prohíbe las multas excesivas no era aplicable en materia civil en aquellos casos en los cuales los Estados Unidos no eran parte en el juicio. Pero adicionalmente el Máximo Tribunal declinó entrar a considerar si, en el caso concreto, la imposición de los daños punitivos por la Corte Federal de Apelaciones había sido excesiva o violatoria de las exigencias del debido proceso consagrado en la Décima Cuarta Enmienda de la Constitución, por no haber sido esto solicitado por el demandado[8].

En el caso *Pacific Mutual Life Insurance v. Haslip* decidido en 1991, la Corte Suprema de Justicia declaró que una condena por daños punitivos cuatro veces superior a los daños compensatorios era razonable[9]. En el caso *TXO Production Corporation v. Alliance Resource Corp* decidido en 1993 la Corte Suprema de Justicia admitió una condena por daños punitivos por un monto de US$ 10.000.000,00 y

6 *Missouri Pac. Ry. Co. v. Humes*, 6 S.Ct. 110, 110, 115 U.S. 512, 513 (U.S. 1885).

7 *Kelco Disposal, Inc. v. Browning-Ferris Industries of Vermont*, Inc., 845 F.2d 404 (C.A.2 (Vt.), 1988).

8 *Browning-Ferris Industries of Vermont, Inc. v. Kelco Disposal, Inc.*, 492 U.S. 257 (U.S. Vt.,1989).

9 *Pacific Mut. Life Ins. Co. v. Haslip*, 499 U.S. 1 (U.S.Ala.,1991).

por daños compensatorios por un monto de US$ 19.000,00[10]. Es decir, una relación entre daños punitivos y daños compensatorios de 526 a 1. En el caso *BMW of North America Inc. v. Gore* decidido en 1996, la Corte Suprema de Justicia decidió que una relación de 500 a 1 entre daños punitivos y compensatorios era excesiva y contraria a disposiciones constitucionales[11]. En el caso *State Farm Mutual Automobile Insurance Co. v. Campbell*, decidido el 7 de abril de 2003, la Corte Suprema de Justicia declaró que una relación de 10 a 1 entre daños punitivos y daños compensatorios era constitucionalmente aceptable, aunque decidió igualmente que si se sobrepasaba esta relación, no se incurría necesariamente en un supuesto de inconstitucionalidad[12]. El Alto Tribunal declaró, asimismo, que "no existen límites rígidos que una indemnización punitiva no pueda sobrepasar"[13]. En el año 2007, en el caso *Philip Morris USA v. Williams*, la Corte Suprema de Justicia declaró que al momento de fijar el monto de los daños punitivos solo podían tomarse en consideración los daños experimentados por el actor, pero no los daños causados a terceros extraños al litigio[14]. Curiosamente, en este caso la Corte no desestimó los daños punitivos que por un monto de US$ 79.500.000,00 habían sido concedidos por la muerte de un fumador siendo que los daños compensatorios sufridos alcanzaban a la cantidad de US$ 821.000,00, o sea, una relación de 100 a 1 entre daños punitivos y compensatorios.

Por último, en el caso *Exxon Shipping Co v. Baker* decidido en el año 2008, la Corte Suprema de Justicia redujo drásticamente el monto de los daños punitivos que por un monto de 2,5 billones de US$ había acordado un jurado en su veredicto a favor del demandante[15]. El Alto Tribunal fijó los daños punitivos en la cantidad de 507,5 millones de US$ y declaró, en aras de la previsibilidad de los daños punitivos, que cuando los daños compensatorios eran sustanciales, lo procedente era aplicar una relación menor entre el monto de los daños punitivos y el

---

10 *TXO Production Corp. v. Alliance Resources Corp.*, 509 U.S. 443 (U.S.W.Va., 1993).

11 *BMW of North America, Inc. v. Gore*, 517 U.S. 559 (U.S. Ala., 1996).

12 *State Farm Mut. Auto. Ins. Co. v. Campbell*, 538 U.S. 408 (U.S., 2003).

13 *Ídem.*

14 *Philip Morris USA v. Williams*, 549 U.S. 346 (U.S. Or., 2007).

15 *Exxon Shipping Co. v. Baker*, 554 U.S. 471 (U.S., 2008).

monto de los daños compensatorios. En cambio, si los daños compensatorios no eran significativos, la relación daños punitivos/compensatorios podía ser superior. Como en el caso concreto los daños compensatorios experimentados por la víctima fueron muy elevados (US$ 507,5 millones), la Corte Suprema de Justicia consideró que una relación de 1 a 1 entre daños punitivos y daños compensatorios era apropiada[16].

En fin, como puede fácilmente apreciarse de lo antes expuesto, aún no se ha esclarecido la cuestión de la cantidad o proporción a partir de la cual puede decirse que los daños punitivos son excesivos. La razonabilidad de la indemnización depende, en definitiva, de las circunstancias particulares del caso concreto sometido a la consideración y decisión del juez, lo que contribuye a aumentar el grado de inseguridad que reina en este campo.

V. DAÑOS PUNITIVOS SIN QUE EXISTA UN DAÑO EFECTIVO

Por otra parte, llevando hasta sus últimas consecuencias la concepción de acuerdo con la cual los daños punitivos constituyen un mecanismo para prevenir y castigar determinadas conductas particularmente reprobables y lesivas del interés público, algunos tribunales de algunos estados de los Estados Unidos de América han admitido la posibilidad de otorgar daños punitivos aunque no se haya probado la existencia de un daño efectivo. Así, en el caso *Edwards v. Jewish Hospital of St. Luis* decidido en 1988[17] se otorgaron US$ 10.000,00 por concepto de daños punitivos y US$ 1,00 a título de daños nominales[18]. Luego, en el caso *Abner v. Kansas City Southern R. Co.* se otorgaron al demandante US$ 125.000,00 por concepto de daños punitivos y US$ 1,00 por daños

---

16 *Ídem.*

17 *Edwards v. Jewish Hosp. of St. Louis*, 855 F.2d 1345 (C.A.8 (Mo.), 1988).

18 Una condena a pagar daños nominales (*nominal damages*) se produce cuando el tribunal determina que el demandado ha cometido un hecho ilícito sin que del mismo resulte una pérdida efectiva para el demandante, en cuyo caso el tribunal condena al primero a pagar una cantidad simbólica, normalmente equivalente a 1 o 2 US$. A veces una condena por daños nominales representa un desagravio para el demandante que demuestra con el pronunciamiento judicial que le asistía la razón. Otras veces dicha condena va acompañada de una condena por daños punitivos que, aunque no representa una compensación para el demandante, sirve para castigar al demandado por su conducta.

nominales[19]. Incluso algún autor ha afirmado que se debe eliminar el requisito de que exista un daño para hacer a alguien responsable.

Esta posibilidad, que constituye un anatema para los países afiliados al sistema del *Civil Law* en los cuales el sistema de la responsabilidad civil con todas sus consecuencias solo puede entrar en funcionamiento si existe un daño efectivo, se ha dado en algunos estados de los Estados Unidos de América. Afortunadamente no es lo usual que se imponga una condena por daños punitivos basada exclusivamente en la reprochabilidad de la conducta del agente, cuando la víctima no haya experimentado una pérdida efectiva. Hay que reconocer igualmente que estas decisiones han sido objeto de severas críticas al punto que algún autor ha acuñado la frase feliz "el derecho de la responsabilidad civil sin daño es como Hamlet sin el Príncipe de Dinamarca".

VI. FIGURAS PRÓXIMAS Y MANIFESTACIONES EN EL DERECHO VENEZOLANO DE LOS DAÑOS PUNITIVOS

Bajo este acápite me referiré, en primer lugar, a algunas figuras jurídicas que, por su aparente similitud con los daños punitivos, pueden dar lugar –y, de hecho, han dado lugar– a algunos equívocos y confusiones respecto a su naturaleza. Concretamente me referiré, necesariamente en forma breve, a la cláusula penal, la indemnización por enriquecimiento sin causa, la indemnización por daño moral y a la cuantía de la indemnización en caso de inejecución dolosa del contrato. Luego me referiré, también brevemente, a algunas manifestaciones concretas de daños punitivos en nuestro ordenamiento, especialmente, a determinadas indemnizaciones en caso de ocurrencia de un accidente de trabajo y a la indemnización de los daños y perjuicios por infracción de los derechos de propiedad industrial.

1. Cláusula penal

De acuerdo con lo dispuesto en el artículo 1.258 del Código Civil:

> la cláusula penal es la compensación de los daños y perjuicios causados por la inejecución de la obligación principal.

[19] *Abner v. Kansas City Southern R. Co.*, 513 F.3d 154 (C.A.5 (La.), 2008).

Aunque normalmente la cláusula penal surge de un *contrato*, se admite que puede tener su origen en todos los actos creadores de obligaciones, aunque no sean contratos. La obligación principal cuyo cumplimiento se garantiza mediante una cláusula penal puede provenir de un contrato o de cualquier otro negocio jurídico y aún de un ilícito civil o penal.

Este instituto cumple una función compulsiva puesto que constriñe sicológicamente al deudor al pago de la obligación principal por el temor de ver agravada su responsabilidad en caso de incumplimiento. La cláusula penal es un recurso compulsivo diseñado para obligar al deudor a cumplir lo convenido, puesto que él sabe que si no cumple tendrá que pagar la pena que suele ser más gravosa que la obligación contraída. Además, por su carácter inmutable, el deudor no puede pretender liberarse entregando una cantidad inferior a la estipulada en la cláusula penal, aun cuando demuestre que su incumplimiento le causó daños menores al acreedor o no le causó perjuicio alguno. El acreedor puede pues reclamar la pena sin necesidad de demostrar daño alguno.

Entonces *¿nos encontramos o no ante la presencia de una manifestación de daños punitivos en nuestro ordenamiento*?

La respuesta tiene que ser negativa. En efecto, por lo que respecta a *la clausula penal sustitutiva*, la pena estipulada puede ser insuficiente para cubrir los daños y perjuicios causados. Estos pueden ser superiores al monto de la cláusula penal, en cuyo caso este instituto cumple más bien la función de una cláusula limitativa de la responsabilidad civil.

Desde luego, la duda puede plantearse en el caso de una *cláusula penal cumulativa* o cuando el monto de la cláusula penal sea superior al monto de los daños y perjuicios causados. Sin embargo, ni siquiera en este supuesto puede asimilarse la cláusula penal a la figura de los daños punitivos ya que nos encontramos en el ámbito de la libertad contractual y del principio de la autonomía de la voluntad según el cual los contratantes pueden celebrar los contratos que se les ocurra e incluir en ellos las condiciones, términos y estipulaciones que deseen, incluso apartándose en sus convenciones de las reglas sobre los contratos y sobre las obligaciones en general previstas en el Código Civil, con las solas limitaciones que derivan del necesario cumplimiento de las normas en cuya observancia están interesados el orden público y las buenas costumbres (Código Civil, artículo 6º). Las partes pueden pues perfectamente establecer una cantidad fija de dinero como indemnización en caso de incumplimiento de la obligación, apartándose de las reglas previstas en los artículos 1.273, 1.274 y 1.275 del Código Civil para la evaluación de los daños y perjuicios. La cláusula penal obedece a un convenio de las partes y no puede asimilarse a los daños punitivos que se le imponen al deudor en contra de su voluntad.

2. Enriquecimiento sin causa

La indemnización pagadera en caso de *enriquecimiento sin causa* tampoco puede asimilarse a la figura de los daños punitivos. A esta indemnización se refiere el artículo 1.184 del Código Civil según el cual:

> Aquel que se enriquece sin causa en perjuicio de otra persona, está obligado a indemnizarla dentro del límite de su propio enriquecimiento, de todo lo que aquella se haya empobrecido.

De acuerdo con esta disposición legal, la indemnización en materia de enriquecimiento sin causa está sujeta a un doble límite: no puede exceder del enriquecimiento del demandado ni del empobrecimiento del demandante. Como no puede exceder del monto de la pérdida del empobrecido, no puede asimilarse a los daños punitivos que se otorgan *además* de los daños compensatorios experimentados por el demandante.

Pero adicionalmente la indemnización que persigue la acción *in rem verso* procede independientemente de la culpa del enriquecido. Para que haya lugar a la acción por enriquecimiento sin causa basta con que exista un traslado de bienes del patrimonio del empobrecido al patrimonio del enriquecido sin que este desplazamiento patrimonial tenga una causa que lo explique o lo justifique, conforme al ordenamiento jurídico positivo. La acción *in rem verso* procede independientemente de toda actuación u omisión culposa por parte del enriquecido. En cambio, los daños punitivos, como indicamos poco antes, se conceden en caso de maliciosa intención o de una conducta especialmente reprobable del agente del daño. En fin, la acción de enriquecimiento sin causa no es ninguna sanción civil que se imponga como consecuencia de una conducta culposa, lo que la distingue claramente de la figura de los daños punitivos.

3. Indemnización por daño moral

Se ha sostenido que *la indemnización por daño moral* reviste el carácter de una auténtica pena privada en el sentido de que la misma persigue imponer un castigo al agente para disuadirle de llevar a cabo conductas similares en el futuro.

Al respecto, *por lo que al Derecho venezolano concierne*, esta supuesta función punitiva del daño moral no puede deducirse de ningún precepto legal. La indemnización del daño moral esta prevista en el artículo 1.196 del Código Civil según el cual:

> La obligación de reparación se extiende a todo daño material o moral causado por el acto ilícito.
> El Juez puede, especialmente, acordar una indemnización a la víctima en caso de lesión corporal, de atentado a su honor, a su reputación, o a los de su familia, a su libertad personal, como también en el caso de violación de su domicilio o de un secreto concerniente a la parte lesionada. El Juez puede igualmente conceder una indemnización a los parientes, afines, o cónyuge, como reparación del dolor sufrido en caso de muerte de la víctima.

En el encabezamiento de esta disposición legal se consagra explícitamente el principio de la reparación integral del daño moral. Los jueces no pueden, por tanto, acordar a la víctima ni más ni menos de lo que le corresponda por la afectación de su esfera moral, lo que desvirtúa el pretendido carácter punitivo de esta indemnización. Una vez que se constata que hubo un daño moral, lo procedente es indemnizar íntegramente a la víctima del mismo *ex* artículo 1.196 del Código Civil: "la obligación de reparación se extiende a todo daño material o moral causado por el acto ilícito". Esta disposición no atribuye al juez en ningún caso la facultad de otorgar a la víctima una suma superior al perjuicio sufrido.

Por consiguiente, los jueces una vez determinada la existencia del daño moral, tienen que condenar al agente a pagar a la víctima una indemnización que, en su criterio, sea suficiente para compensar la totalidad del agravio sufrido, siempre que así lo haya solicitado la víctima.

Desde luego, la indemnización por daño moral no deja indemne a la víctima en el sentido de que no la coloca en la misma situación en la cual ella se encontraba antes de sufrir el daño, pero es evidente que dicha indemnización tiene carácter *compensatorio*. Aunque el dinero que se le otorga a la víctima del daño moral no borra el daño del terreno de la realidad y aunque el dinero no cumpla aquí la misma función de equivalencia que cumple cuando se trata de la reparación del daño material, el dinero sí puede compensar a la víctima del agravio en el sentido de que mediante su utilización adecuada puede ella procurarse sensaciones agradables que le permitan en cierto modo superar el evento dañoso o, por lo menos, sobrellevar sus consecuencias más dolorosas y desagradables.

Por otra parte, se ha sostenido, igualmente, que la indemnización por daño moral tiene carácter punitivo porque la misma es necesariamente discrecional. Nuestro más alto tribunal ha adoptado el criterio de que acordar daños morales es una facultad discrecional del juez[20]. De acuerdo con la jurisprudencia de nuestros tribunales, los jueces tienen un poder discrecional para acordar o no la reparación del daño moral y para fijar su cuantía[21]. Según el Tribunal Supremo de Justicia, no hay ni siquiera que probar el daño, solo el hecho físico de la lesión, si fuere el caso[22]. Nuestros tribunales parten pues del criterio de que ellos tienen

20 Sentencia del 29 de septiembre de 1998 de la Sala Civil de la Corte Suprema de Justicia, en *Ramírez & Garay*, Tomo 105, p. 440; sentencia Nº 278 del 10 de agosto de 2000 de la Sala de Casación Social del Tribunal Supremo de Justicia. Disponible en: http://historico.tsj.gob.ve/decisiones/scc/agosto/R.C.%20278%20100800%2099-896.HTM.

21 Sentencia del 13 de octubre de 1964 de la Sala Civil de la Corte Suprema de Justicia, en *Gaceta Forense*, 1964, p. 354; sentencia del 28 de octubre de 1969 de la Sala Civil de la Corte Suprema de Justicia, en *Gaceta Forense*, 1969, p. 340; sentencia del 12 de agosto de 1970 de la Sala Civil de la Corte Suprema de Justicia, en *Gaceta Forense*, 1970, p. 499; sentencia del 18 de noviembre de 1970 de la Sala Civil de la Corte Suprema de Justicia, en *Gaceta Forense*, 1970, p. 375; sentencia del 5 de diciembre de 1972 de la Sala Civil de la Corte Suprema de Justicia, en *Gaceta Forense*, 1972, p. 505; sentencia del 30 de enero de 1975 de la Sala Civil de la Corte Suprema de Justicia, en *Gaceta Forense*, 1975, p. 402; sentencia del 19 de julio de 1984 de la Sala Político Administrativa de la Corte Suprema de Justicia, en *Gaceta Forense*, 1984, p. 446; sentencia del 11 de febrero de 1985 de la Sala Político Administrativa de la Corte Suprema de Justicia, en *Gaceta Forense*, 1985, p. 323.

22 Sentencia del 10 de octubre de 1973 de la Sala Civil de la Corte Suprema de Justicia, en *Gaceta Forense*, 1973, p. 388; sentencia del 25 de abril de 1979 de la Sala Civil de la Corte

una libertad casi total para acordar la indemnización del daño moral *ex* artículo 1.196 del Código Civil. Es este carácter subjetivo y arbitrario que nuestros jueces le atribuyen erróneamente a la estimación del daño moral lo que trae consigo que se la considere como una "forma escondida" de daños punitivos[23].

Al respecto conviene tener en cuenta que el artículo 1.196 del Código Civil es categórico: "la obligación de reparación se extiende a todo daño material o moral causado por el acto ilícito", lo que excluye que se trate de una potestad puramente facultativa del juez. No es pues absolutamente discrecional el poder del juez para acordar o no la reparación del daño moral. Es un deber que la ley impone de acordar la reparación y ajustarla a la entidad real del perjuicio sufrido, una vez que la víctima demuestre su existencia. En fin, comprobada la existencia de la lesión y la afectación del patrimonio moral de la víctima, el juez tiene que acordar la reparación y ajustar su cuantía a la entidad del daño sufrido. Tal y como lo admite la doctrina patria más autorizada, contrariamente a lo sostenido por nuestros tribunales, no dispone el juez de una potestad para acordar o no a su mero arbitrio el resarcimiento del daño moral cuya existencia él ha reconocido en su sentencia[24].

Por otra parte, es lógico y natural que, en atención al carácter extrapatrimonial del daño moral, los tribunales no coincidan en su valoración. Es muy poco probable que dos órganos judiciales distintos ante un mismo caso, coincidan en su estimación del daño moral y otorguen sumas idénticas a la víctima del agravio. Pero esto no quiere decir de modo alguno que estemos ante unos daños punitivos ya que esta falta de uniformidad también se da en el caso de la valoración de algunos daños materiales como, por ejemplo, el lucro cesante, la pérdida de la oportunidad o los daños corporales.

Suprema de Justicia, en *Gaceta Forense*, 1979, p. 738; sentencia del 3 de mayo de 1984 de la Sala Civil de la Corte Suprema de Justicia, en *Gaceta Forense*, 1984, p. 785.

23 En la doctrina española, Díez-Picazo, al referirse a este tema, expresa que la arbitrariedad a que muchas veces da lugar la cuantificación del daño moral sirve para "establecer indebidamente daños larvadamente punitivos". (Luis Díez-Picazo, *Derecho de Daños*, Civitas Ediciones, S.L. Madrid, 1999, p. 324).

24 José Mélich-Orsini, *La Responsabilidad Civil por Hechos Ilícitos,* Academia de Ciencias Políticas y Sociales, Serie Estudios, N°s 45-46, Caracas, 2001, pp. 50-53.

Lo procedente entonces es racionalizar, en la medida de lo posible, la valoración del daño moral para evitar situaciones de desigualdad. Esta parece ser la tendencia que se observa en una serie de decisiones recientes de nuestros tribunales. En efecto, el Tribunal Supremo de Justicia en diversos fallos dictados a partir del año 2001 y que han sido reseñados por la profesora María Candelaria Domínguez Guillén en su Curso de Obligaciones que hoy bautizamos, ha tratado de establecer –no siempre con acierto– ciertas pautas más precisas que deben orientar a los jueces para fijar el monto de la reparación por daño moral, tomando en consideración factores objetivos como la llamada escala de los sufrimientos morales que viene determinada por la entidad e importancia del daño físico y psíquico de la víctima del agravio, la repercusión social del hecho, las circunstancias en que ocurrió el daño, la edad de la víctima, etc.[25].

Por último, de acuerdo con la jurisprudencia de nuestros tribunales, para apreciar la cuantía de la indemnización por daño moral, los jueces pueden tomar en cuenta *la gravedad de la culpa del agente*. El grado de culpabilidad del responsable es, según el Tribunal Supremo de Justicia, uno de los criterios que debe tomarse en consideración para fijar el monto de la reparación por concepto de daño moral[26].

---

[25] María Candelaria Domínguez Guillén, *Curso de Derecho Civil III Obligaciones*, Revista Venezolana de Legislación y Jurisprudencia C.A., Caracas, 2017, pp. 249-250; sentencia N° 144 del 7 de marzo de 2002 de la Sala de Casación Social del Tribunal Supremo de Justicia. Disponible en: http://historico.tsj.gob.ve/decisiones/scs/marzo/RC144-070302-01654.HTM; sentencia N° 1059 del 1 de julio de 2009 de la Sala de Casación Social del Tribunal Supremo de Justicia. Disponible en: http://historico.tsj.gob.ve/decisiones/scs/julio/1059-1709-2009-08-1158.HTML; sentencia N° 00234 del 4 de mayo de 2009 de la Sala de Casación Civil del Tribunal Supremo de Justicia. Disponible en: http://historico.tsj.gob.ve/decisiones/scc/mayo/RC.00234-4509-2009-08-511.HTML; sentencia N° 00585 del 31 de julio de 2007 de la Sala de Casación Civil del Tribunal Supremo de Justicia. Disponible en: http://historico.tsj.gob.ve/decisiones/scc/julio/RC-00585-310707-07139.HTM; sentencia N° 313 del 12 de junio de 2013 de la Sala de Casación Civil del Tribunal Supremo de Justicia. Disponible en: http://historico.tsj.gob.ve/decisiones/scc/junio/RC.000313-12613-2013-13-032.HTML; sentencia N° 00114 del 12 de marzo de 2009 de la Sala de Casación Civil del Tribunal Supremo de Justicia. Disponible en: http://historico.tsj.gob.ve/decisiones/scc/marzo/RC.00114-12309-2009-07-819.HTML.

[26] Véase: Sentencia N° 0585 del 31 de julio de 2007 de la Sala de Casación Civil del Tribunal Supremo de Justicia. Disponible en: http://historico.tsj.gob.ve/decisiones/scc/julio/RC-00585-310707-07139.HTM; sentencia N° 313 del 12 de junio de 2013 de la Sala de Casación Civil del Tribunal Supremo de Justicia. Disponible en: http://historico.tsj.gob.ve/

A los fines de evitar cualquier confusión al respecto, conviene recordar que en nuestro ordenamiento la reparación del daño no depende del grado de la culpa del agente. En materia civil, la indemnización es la misma, independientemente que el agente haya procedido con dolo o con culpa. Este principio solo admite dos excepciones en *materia contractual*: 1) no se repara el daño causado por culpa levísima (arg.: *ex* art. 1.270 del Código Civil); y 2) solo se reparan los daños previstos o previsibles al tiempo del contrato, salvo que el incumplimiento del deudor sea doloso en cuyo caso la reparación comprende aun los daños no previstos ni previsibles (Código Civil, artículo 1.274).

El grado de culpa del agente no influye para aumentar el monto de la reparación, lo que desdice del pretendido carácter punitivo de la indemnización por daño moral. Y esto es así, se insiste, aunque en algunas sentencias nuestros jueces hayan considerado, de manera absolutamente disparatada, que la gravedad de la culpa del agente es uno de los criterios que deben tomarse en cuenta para fijar el monto de la indemnización por daño moral.

Los daños y perjuicios en nuestro sistema tienen una naturaleza compensatoria. De ello resulta que la gravedad del comportamiento del agente del daño no debe tomarse en consideración por el juez civil. A nuestro modo de ver, la manera de preservar la vigencia de este principio y tener en cuenta la conducta del agente es establecer que la misma solo será relevante en tanto y en cuanto contribuya al daño de la víctima. Así, solo si la gravedad de la culpa del agente o su conducta intencional, en el caso concreto, origine una mayor afectación psíquica de la víctima que suponga una agravación del daño o de sus consecuencias, podrá tomarse en cuenta dicha conducta para la fijación de la indemnización. Esto es así porque en tal caso, por hipótesis, la conducta del agente habrá contribuido a incrementar el daño sufrido por la víctima. Por ejemplo, el daño que sufre la víctima de una lesión a su reputación

---

decisiones/scc/junio/RC.000313-12613-2013-13-032.HTML; sentencia Nº 00114 del 12 de marzo de 2009 de la Sala de Casación Civil del Tribunal Supremo de Justicia. Disponible en: http://historico.tsj.gob.ve/decisiones/scc/marzo/RC.00114-12309-2009-07-819.HTML; sentencia Nº 1172 del 21 de noviembre de 2013 de la Sala de Casación Social del Tribunal Supremo de Justicia. Disponible en: http://historico.tsj.gob.ve/decisiones/scs/noviembre/158955-1172-211113-2013-11-1024.HTML.

por una publicación injuriosa en la prensa, puede ser mayor cuando el agente se comporta ofensiva y arbitrariamente que cuando simplemente media un error debido a un descuido que ha sido rápidamente corregido por el agente.

4. *Quantum respondeatur ex* artículo 1.274 del Código Civil

Se ha pretendido por algunos que la cuantía de los daños y perjuicios indemnizables que contempla el artículo 1.274 del Código Civil tiene una finalidad punitiva.

El artículo 1.274 del Código Civil dice textualmente lo siguiente:

> El deudor no queda obligado sino por los daños y perjuicios previstos o que han podido preverse al tiempo de la celebración del contrato, cuando la falta de cumplimiento de la obligación no proviene de su dolo.

Entonces, podría pensarse que esta disposición persigue un objetivo punitivo ya que el deudor doloso por la realización de un acto idéntico responde en mayor medida que el deudor simplemente imprudente o negligente.

Al respecto cabe observar, en primer lugar, que es perfectamente lógico y razonable que deba responder en mayor medida de sus actos quien actuó con intención de dañar que quien solo se comportó de manera imprudente o negligente.

Pero hay algo más. El artículo 1.274 parte del supuesto de que el incumplimiento le ha causado una serie de daños al acreedor y lo que limita es *la extensión del daño contractual resarcible (quantum respondeatur)* en función de su previsibilidad. A tal efecto distingue entre el deudor simplemente culposo y el deudor doloso.

La responsabilidad del deudor que incumple culposamente su obligación se limita a los daños y perjuicios previstos o previsibles al tiempo del contrato. En cambio, cuando la conducta del deudor es dolosa, este responde de todos los daños y perjuicios causados, independientemente de que los mismos hayan podido preverse o no al tiempo del contrato. De donde resulta que no hay, en realidad, una finalidad punitiva en el artículo 1.274 ya que aunque la graduación de la cuantía del resarcimiento se lleva a cabo en función de la gravedad de la culpa del deudor, de ninguna manera el demandado, por muy dolosa que fuera su conducta, responderá por una cuantía superior al daño causado. La reparación se establece siempre en consideración a la cuantía del daño, que constituye su tope; aun en los supuestos de agravación del monto indemnizatorio en función del dolo. De ahí que no hay propiamente una pena o sanción puesto que nunca se responde más allá del daño efectivamente causado al demandante. La indemnización en ningún caso es superior al daño sufrido por la víctima.

Aun cuando puede sostenerse que en cierto modo el artículo 1.274 castiga al deudor doloso, ya que este responde en mayor medida que el deudor simplemente imprudente o negligente, lo que resulta absolutamente claro es que esta disposición legal no constituye una manifestación de los daños punitivos en nuestro ordenamiento. En efecto, como indicamos poco antes, los daños punitivos son indemnizaciones de carácter pecuniario que se conceden a la víctima *además* de los daños estrictamente compensatorios. Esta situación no es la que se plantea cuando entra en juego el artículo 1.274 ya que, como también se dijo atrás, el deudor nunca responderá más allá del daño efectivamente causado, independientemente de que su conducta haya sido dolosa o simplemente culposa.

Por último, conviene recordar que el artículo 1.274 solo se aplica en caso de incumplimiento de obligaciones contractuales. El tenor literal de la norma es absolutamente claro al respecto y así lo admite la doctrina nacional y lo reconoce la jurisprudencia de nuestros tribunales. En materia de incumplimiento de obligaciones extracontractuales, el deudor que incumple por cualquier clase de culpa, trátese de dolo o de imprudencia, o negligencia, o de culpa levísima, responde siempre por los daños no previstos o no previsibles (arg.: *ex* arts. 1.185 y 1.196 del Código Civil). Como los daños punitivos en los ordenamientos que los consagran solo se aplican, al menos en principio, en la órbita de la responsabilidad extracontractual y no hay lugar para este tipo de condena en el campo de la responsabilidad contractual, el artículo 1.274 carece de mayor relevancia cuando de lo que se trata es de identificar manifestaciones concretas de daños punitivos en nuestro Código Civil.

5. Indemnización por determinados accidentes de trabajo

Una manifestación concreta de los daños punitivos en nuestro ordenamiento se encuentra en el artículo 130 de la Ley Orgánica de Prevención, Condiciones y Medio Ambiente de Trabajo (LOPCYMAT)[27], según el cual:

> En caso de ocurrencia de un accidente de trabajo o enfermedad ocupacional como consecuencia de la violación de la normativa legal en materia de seguridad y salud en el trabajo por parte del empleador o de la empleadora, este estará obligado al pago de una indemnización al trabajador, trabajadora o derechohabientes, de acuerdo a la gravedad de la falta y de la lesión, equivalentes a:
>
> 1. El salario correspondiente a no menos de cinco (5) años ni más de ocho (8) años, contados por días continuos, en caso de muerte del trabajador o de la trabajadora.
> 2. El salario correspondiente a no menos de cuatro (4) años ni más de siete (7) años, contados por días continuos, en caso de discapacidad absoluta permanente para cualquier tipo de actividad laboral.
> 3. El salario correspondiente a no menos de tres (3) años ni más de seis (6) años, contados por días continuos, en caso de discapacidad total permanente para el trabajo habitual.
> 4. El salario correspondiente a no menos de dos (2) años ni más de cinco (5) años, contados por días continuos, en caso de discapacidad parcial permanente mayor del veinticinco por ciento (25%) de su capacidad física o intelectual para la profesión u oficio habitual.
> 5. El salario correspondiente a no menos de un (1) año ni más de cuatro (4) años, contados por días continuos, en caso de discapacidad parcial permanente de hasta el veinticinco por ciento (25%) de su capacidad física o intelectual para la profesión u oficio habitual.
> 6. El doble del salario correspondiente a los días de reposo en caso de discapacidad temporal.

[27] Ley Orgánica de Prevención, Condiciones y Medio Ambiente de Trabajo fue publicada en la Gaceta Oficial N° 38.236 del 26 de julio de 2005.

> En caso de gran discapacidad asociada a la discapacidad absoluta permanente la indemnización será equiparable a la muerte del trabajador o trabajadora.
> Cuando la gran discapacidad esté asociada a la discapacidad temporal, la indemnización será una indemnización equivalente al triple del salario correspondiente a los días que hubiere durado la incapacidad.
> Cuando la secuela o deformaciones permanentes, provenientes de enfermedades profesionales o accidentes del trabajo, hayan vulnerado la facultad humana del trabajador, más allá de la simple pérdida de su capacidad de ganancias, en las condiciones y circunstancias contempladas en el artículo 71 de esta Ley, el empleador queda obligado a pagar al trabajador, por concepto de indemnización, una cantidad de dinero equivalente al salario de cinco (5) años contando los días continuos.
> A los efectos de estas indemnizaciones, el salario base para el cálculo de las mismas será el salario integral devengado en el mes de labores inmediatamente anterior.

Esta disposición consagra la particular figura del recargo de las cantidades pagaderas al trabajador en caso de accidente de trabajo o enfermedad ocupacional. En razón de este recargo, la prestación a que tiene derecho el trabajador debe aumentarse en caso de incumplimiento por parte del patrono de la normativa legal en materia de seguridad y salud en el trabajo.

El componente punitivo de esta norma es claro. En efecto, cuando el trabajador sufre un accidente de trabajo, queda comprometida la responsabilidad objetiva del patrono conforme a lo dispuesto en el artículo 43 de la Ley Orgánica del Trabajo. Pero cuando el accidente de trabajo se produce por haber incumplido el patrono las medidas de prevención de riesgos laborales, este último tiene que pagarle al trabajador o a sus causahabientes, además del daño emergente y del lucro cesante, una indemnización adicional en atención a la gravedad de la falta, de acuerdo con lo dispuesto en el artículo 130 de la LOPCYMAT. Esta indemnización a cargo del patrono se debe sumar a las prestaciones a cargo de la Seguridad Social a que también tiene derecho el trabajador, sin que proceda restarla de las prestaciones de esta para que el patrono asuma la diferencia.

Esta indemnización constituye un verdadero recargo sancionador de carácter punitivo por cuanto que, en primer lugar, se paga además del daño emergente y del lucro cesante que sufre el trabajador, es decir, se impone al patrono una indemnización que excede del daño sufrido por el trabajador; en segundo lugar, solo se establece a cargo de la empresa incumplidora de sus deberes en materia de seguridad e higiene en el trabajo; y, en tercer lugar, la finalidad de este recargo es evitar accidentes de trabajo originados por infracciones empresariales de la normativa sobre riesgos del trabajo. Esta indemnización se asimila pues en muchos aspectos a los daños punitivos.

Sin embargo, cabe anotar los siguientes rasgos diferenciales: En primer lugar, la ley establece el monto máximo que debe tener en cada caso esta indemnización, en atención a un determinado número de salarios mínimos. Los daños punitivos, en cambio, al menos en el sentido en que se concibe este instituto en los sistemas del *Common Law*, en rigor, como indicamos con anterioridad, no están sujetos a ningún tope o límite máximo. Pero adicionalmente, la graduación de la indemnización y su monto máximo si bien dependen de la gravedad de la falta, se establecen fundamentalmente en atención a la *gravedad de la lesión* experimentada por el trabajador. Así, el monto de la indemnización es mayor en caso de muerte y menor en caso de discapacidad parcial o temporal. Por último, este recargo indemnizatorio es una figura jurídica propia circunscrita a la relación jurídica que vincula al patrono con el trabajador en razón del hecho social del trabajo cuya regulación se establece en atención a unas necesidades muy concretas y a unos objetivos muy bien definidos. Estas características permiten diferenciar este recargo sancionador, al menos en ciertos aspectos, de los daños punitivos en sentido estricto.

Sea como fuere, lo que no es procedente es situar en un mismo plano una figura general como son los daños punitivos y una figura concreta y específica como es este recargo indemnizatorio, y extraer de esta asimilación conclusiones que se proyecten hacia todo el sistema de la responsabilidad civil. El carácter punitivo de este recargo indemnizatorio, de difícil encaje en nuestro ordenamiento, no puede extrapolarse al sistema de responsabilidad civil.

6. Indemnización de daños y perjuicios por infracción de los derechos de propiedad industrial

Por último, en *materia de propiedad industrial,* en la Decisión N° 486 del Acuerdo de Cartagena sobre Régimen Común de la Propiedad Industrial[28] se establece como uno de los criterios para fijar la indemnización por daños y perjuicios que corresponden al titular de un derecho de propiedad industrial violado o lesionado, los beneficios que el infractor hubiere obtenido como resultado de los actos de infracción. En efecto, según el artículo 241 de la referida Decisión N° 486:

> El demandante o denunciante podrá solicitar a la autoridad nacional competente que se ordenen, entre otras, una o más de las siguientes medidas:
>
> . . .
>
> b) la indemnización de daños y perjuicios.

Según el artículo 243 *ejusdem*:

> Para efectos de calcular la indemnización de daños y perjuicios se tomará en cuenta, entre otros, los criterios siguientes:
> a) el daño emergente y el lucro cesante sufrido por el titular del derecho como consecuencia de la infracción;
> b) el monto de los beneficios obtenidos por el infractor como resultado de los actos de infracción; o,

[28] Cabe hacer notar que curiosamente el 12 de septiembre de 2008, el Ministerio del Poder Popular para las Industrias Ligeras y Comercio, por órgano del SAPI, publicó en el Diario "Últimas Noticias", un Aviso Oficial mediante el cual se le "recuerda" a los usuarios, interesados y al público en general que, como consecuencia de la denuncia por parte de Venezuela del Acuerdo de Integración Subregional Andino "Acuerdo de Cartagena", que se efectuó el 22 de abril de 2006, "se restituirá la aplicación en su totalidad de la Ley de Propiedad Industrial vigente en nuestro país", es decir, la Ley de Propiedad Industrial de 1956. Asimismo, se indicó en el referido aviso que esta ley se aplicaría de forma "íntegra". El Aviso Oficial fue publicado posteriormente, con idéntico contenido, en el Boletín de la Propiedad Industrial N° 496 del 17 de septiembre de 2008. Este Aviso Oficial significó, por tanto, una modificación profunda del régimen legal de la Propiedad Industrial, puesto que en él se estableció que no era procedente la aplicación de la Decisión N° 486 del Régimen Común Sobre la Propiedad Industrial y se restituyó la aplicación de la Ley de Propiedad Industrial de 1956.

c) el precio que el infractor habría pagado por concepto de una licencia contractual, teniendo en cuenta el valor comercial del derecho infringido y las licencias contractuales que ya se hubieran concedido.

De donde resulta que uno de los criterios para fijar la indemnización por daños y perjuicios que corresponden al titular de una patente de invención o de una marca de fábrica es el beneficio que el infractor hubiere obtenido con la explotación del invento patentado o por la utilización indebida de la marca.

Cabe observar que el texto de estas disposiciones es bastante confuso, como puede apreciarse de su simple lectura. Por otra parte, plantea los siguientes problemas aún no resueltos: ¿Puede el titular de un derecho de propiedad industrial violado o lesionado reclamar como lucro cesante el monto de las ganancias obtenidas por el infractor? ¿Presume el artículo 243 de la Decisión N° 486 que las ganancias obtenidas por el infractor se equiparan al lucro cesante? ¿Puede el titular de una patente lesionada o de una marca objeto de utilización indebida reclamar además del lucro cesante, las ganancias obtenidas por el infractor?

De seguirse este último criterio, para fijar el *quantum* de la indemnización que le corresponde al titular de un invento patentado que ha sido indebidamente explotado o al titular de una marca que ha sido objeto de uso indebido, este podrá obtener *además* del lucro cesante (calculado por los beneficios que el titular habría obtenido previsiblemente de la explotación de la invención patentada o de la utilización de la marca, si no hubiera existido la competencia del infractor), las ganancias obtenidas por el infractor (calculadas por los beneficios que este último haya obtenido de la explotación del invento patentado o de la utilización indebida de la marca).

Entonces ¿tiene esta indemnización carácter punitivo?

En nuestro criterio no lo tiene. Se trata más bien de una acción de enriquecimiento sin causa *sui generis* o, si se quiere, una reparación de daños y perjuicios con componentes de la indemnización por enriquecimiento sin causa, sobre todo si se tiene en cuenta que el beneficio que el titular del invento patentado o de la marca infringida hubiese obtenido sin la violación es un lucro cesante, pero el lucro obtenido por el infractor es un enriquecimiento[29].

7. Conclusión

En resumen, podemos concluir que la mayoría de las figuras jurídicas examinadas, aunque puedan parecer manifestaciones de los daños punitivos en nuestro ordenamiento jurídico, no son tales ni nada parecido. Por otro lado, aunque otras figuras examinadas como, por ejemplo, determinadas indemnizaciones en caso de accidente de trabajo o enfermedad profesional presentan algunos elementos similares a los daños punitivos, tienen un campo de aplicación muy restringido y cuentan con parámetros establecidos por la ley para su fijación. De ahí que, en rigor, no puede afirmarse que en nuestro ordenamiento existen los daños punitivos en sentido estricto.

VII. ¿CONVIENE TRASPLANTAR LOS DAÑOS PUNITIVOS AL SISTEMA DE RESPONSABILIDAD CIVIL VENEZOLANO?

En lo concerniente a la conveniencia de introducir los llamados daños punitivos en el Derecho venezolano, caben las siguientes consideraciones de orden general:

1) Desde luego sin ánimo de agotar el tema que desborda los límites de esta ponencia, conviene recordar que las normas sobre la responsabilidad civil en nuestro ordenamiento tienen una finalidad indemnizatoria, reparadora, compensatoria o resarcitoria. Lo que se persigue a través del instituto de la responsabilidad civil es reparar el daño causado a la víctima. Es esta y no otra su función primordial. La responsabilidad civil tiene pues como finalidad la reparación del daño causado y no el castigo para el agente del daño. Tampoco está dirigida a inhibir conductas lesivas o peligrosas. Su función básica es compensar daños y no

---

29 En el Derecho inglés se distingue entre *punitive o exemplary damages* (daños punitivos o ejemplarizantes) cuyo monto, según las circunstancias, puede ser superior o inferior al beneficio obtenido por el infractor y *disgorgement damages* (daños restitutorios de las ganancias percibidas) cuyo monto equivale a las ganancias obtenidas por el infractor.

tratar de evitarlos o prevenirlos, lo que corresponde al Derecho penal o al Derecho administrativo-sancionador, pero no al Derecho civil.

Esto, por supuesto, presupone que exista un daño. Si el incumplimiento de una obligación no produce daño alguno, nada habrá que indemnizar y no entrará en funcionamiento el instituto de la responsabilidad civil con todas sus consecuencias. Tal y como afirma el profesor José Mélich-Orsini:

> En todo caso de responsabilidad civil de lo que se trata es de obtener una reparación, lo cual supone necesariamente que exista un daño que reparar. El daño es el elemento que da interés al acreedor para ejercer la acción por acción responsabilidad civil, pues en materia civil, a diferencia de lo que ocurre con la responsabilidad penal, la antijuricidad de la acción (incumplimiento en sentido objetivo), ni aun cuando vaya unida a culpa (incumplimiento en sentido subjetivo), sería suficiente para dar lugar a la reacción del ordenamiento jurídico. Esta reacción se manifiesta en la *represión* del daño mediante la atribución a la víctima de una acción para obtener el restablecimiento de la situación lesionada o una compensación pecuniaria[30].

De donde resulta que no hay responsabilidad civil si no hay daño causado, es decir, no se puede imponer el resarcimiento donde no hay daño que reparar. El daño es entonces un elemento del hecho ilícito sin el cual no existe la responsabilidad civil[31].

En nuestro ordenamiento cualquier especulación sobre la materia es vana mientras los artículos 1.185 y 1.196 del Código Civil sigan diciendo lo que dicen, a saber: el que con intención, o por negligencia, o por imprudencia, ha causado un daño a otro, está obligado a repararlo (art. 1.185) y la obligación de reparación se extiende a todo daño material o moral causado por el acto ilícito (art. 1.196). De la lectura de estas disposiciones solo puede concluirse que la finalidad de la responsabilidad civil extracontractual es reparar el daño causado como consecuencia de

---

30 José Mélich-Orsini, ob. cit., pp. 29-30.

31 Desde luego, puede haber un daño causado sin que exista un deber de responder. Hay hipótesis de daño a terceros que no engendran responsabilidad civil cuando el daño está legalmente justificado (*daño lícito*). Pero ese es otro problema.

la violación de un deber preexistente implícito en el artículo 1.185, que consiste en no causar daño a otro mediante una conducta dolosa, imprudente o negligente (*alterum non laedere*). Además es forzoso concluir que la reparación debe cubrir todo el daño causado, pero nada más que el daño causado (art. 1.196). Las normas sobre responsabilidad civil no pueden llegar más allá de la extensión del daño efectivamente causado y no pueden entrar en funcionamiento si el daño no ha existido, por muy reprochable que haya sido la conducta del agente.

La responsabilidad civil tampoco tiene entre sus funciones normativas prevenir conductas peligrosas. Otra cosa es que produzca este efecto de rebote, es decir, de modo reflejo. Hay que suponer que quien tiene que pagar una indemnización por el daño que ha causado a otro, tratará de no incurrir en conductas similares en el futuro. Al menos, esto es de esperarse. Pero una cosa es hablar de las funciones de la responsabilidad civil y otra cosa muy distinta es referirse a sus consecuencias. El principio compensatorio es pues fundamental en el sistema de la responsabilidad civil en Venezuela y cualquier otro objetivo debe considerarse como un simple efecto lateral de la reparación.

La responsabilidad penal, en cambio, persigue la imposición de una pena o castigo contra el autor de un delito. Tiene, además, una función preventiva: asegurar que el ciudadano observe una conducta adecuada y que no cometa delitos. Si esta fuera la finalidad de la responsabilidad civil, invadiría el campo de aplicación del Derecho penal y del Derecho administrativo sancionador.

Hay quienes sostienen que como el sistema penal y el sistema administrativo sancionador no son suficientemente disuasorios ni eficientes, hay que ir a buscar soluciones en el sistema de la responsabilidad civil. En nuestro concepto, esta es una solución equivocada. Lo procedente es articular los mecanismos que sean necesarios para mejorar el Derecho penal y el Derecho administrativo sancionador. Pero, se insiste, no es la misión del Derecho de la responsabilidad civil llenar esta insuficiencia ni estructurar los mecanismos de prevención de conductas peligrosas o dañosas. Para eso está el Derecho público sancionador. Si este no funciona, que se reforme.

En conclusión, la función normativa de la responsabilidad civil extracontractual en nuestro Derecho no es preventivo-punitiva, sino compensatoria o resarcitoria. Por consiguiente, darle entrada a las indemnizaciones sancionatorias en sentido estricto o a los daños punitivos en nuestro sistema de responsabilidad civil quebraría la finalidad de la responsabilidad civil extracontractual y desnaturalizaría este instituto.

2) La importación de los daños punitivos al sistema venezolano plantea igualmente serias consideraciones de orden constitucional.

De acuerdo con el artículo 49 de la Constitución, nadie puede ser condenado o sancionado por acciones u omisiones que no constituyan delito, falta o infracción administrativa, de acuerdo con una ley preexistente. *Nullum crimen nulla poena sine lege*. Los daños punitivos constituyen una forma de introducir el castigo en el campo de la responsabilidad civil sin las garantías de que goza todo acusado en un proceso penal. La indemnización no es una pena, sino la reparación de un daño causado; de ahí que los daños punitivos sean contrarios al principio contenido en el artículo 49 de la Constitución.

Los *punitive damages* en cuanto son sancionatorios y no compensatorios comparten la naturaleza de las multas penales, pero no se imponen en un proceso que ofrezca las garantías exigidas para la imposición de sanciones. La introducción de los daños punitivos, por tanto, conllevaría la imposición de una pena sin los requisitos y garantías propias que requiere un proceso penal o los que también requieren las sanciones administrativas. En efecto, como se ha afirmado, la imposición de sanciones penales por parte de tribunales civiles implica eludir los requisitos que la protección constitucional y los derechos humanos imponen al procedimiento penal. De ahí que la imposición de daños punitivos es igualmente contraria a la garantía de la tutela judicial efectiva consagrada en el artículo 26 de la Constitución. En resumidas cuentas, el carácter de "multa privada" de los daños punitivos los convierte en inconstitucionales, salvo que se les aplique el régimen sustantivo y procesal de las sanciones penales.

Además, los daños punitivos son impredecibles y arbitrarios. No existen límites en cuanto a su cuantía ni criterios claros o estándares precisos que permitan su imposición, todo lo cual choca igualmente con el principio de legalidad y las exigencias del debido proceso.

3) Un principio cardinal de la responsabilidad civil en nuestro sistema, ya lo hemos dicho, es que la indemnización de los daños y

perjuicios no debe significar un enriquecimiento para la víctima. Por consiguiente, el acreedor perjudicado debe ser indemnizado de la totalidad del daño que experimente como consecuencia directa e inmediata de la falta de cumplimiento de la obligación (Código Civil, artículo 1.275), pero no debe recibir más que aquello que tendría si el incumplimiento no hubiese tenido lugar. La indemnización del daño, como su nombre lo indica, solo ha de conducir a la compensación del daño efectivamente sufrido, pero no a un enriquecimiento del perjudicado.

Dado que el resarcimiento persigue restablecer el equilibrio patrimonial, el perjudicado no debe ser colocado en una situación mejor que la que tenía con anterioridad en virtud de la indemnización. Como afirma De Cupis:

> El resarcimiento es una reparación que corresponde a la medida del daño. No puede servir para *enriquecer* al perjudicado, superando tal medida. Semejante enriquecimiento sería extraño a su función reparadora y equilibradora e introduciría, a cargo del responsable, una pena privada[32].

En el mismo sentido, en la doctrina nacional, el autor Bernad Mainar afirma:

> [N]unca el derecho a la indemnización puede implicar un enriquecimiento, por exceder el monto del resarcimiento del daño efectivo[33].

Al referirse a la extensión del resarcimiento debido, el profesor Gert Kummerow afirma:

> [U]no de los principios cardinales… del resarcimiento [es que]… debe resarcirse todo el daño y nada más que el daño… La indemnización debe abarcar el daño (en su integridad), de donde se infiere que la reparación que traspase tal límite ofrece el aspecto

32 Adriano De Cupis, *El Daño*: *Teoría General de la Responsabilidad Civil*, Bosch, Casa Editorial, S.A. Barcelona, 1975, p. 753.

33 Rafael Bernad Mainar, *Derecho Civil Patrimonial: Obligaciones*, Tomo I, Universidad Católica Andrés Bello, Caracas, 2012, p. 230.

de un lucro indebido extraño a la función de reequilibrio patrimonial que cumple la reparación[34].

Por último, conviene tener en cuenta que como el resarcimiento se establece en función del perjuicio experimentado por un determinado acreedor perjudicado, ninguna relevancia tiene a los efectos de la cuantía del resarcimiento que el responsable se haya beneficiado o haya obtenido una ventaja económica en razón del daño experimentado por la víctima. Como afirma De Cupis:

> Que el responsable haya obtenido con la producción del daño una ventaja económica, un enriquecimiento, superior al daño, no puede influir en el resarcimiento, dirigido simplemente a reintegrar el interés del perjudicado[35].

En conclusión, conforme al Derecho venezolano, no puede colocarse al acreedor en una posición mejor que la que tenía antes del acontecimiento que generó la responsabilidad del deudor. La obligación de indemnización se limita a resarcir el daño real ocasionado, de manera tal que se evite un empobrecimiento del acreedor pero sin que ello pueda tampoco significar un enriquecimiento del acreedor.

Los daños punitivos producen un enriquecimiento injustificado para la víctima. En efecto, como los daños punitivos no tienen límite y la indemnización se establece a favor de la víctima, ella termina recibiendo por este concepto una cantidad de dinero muy superior a la pérdida efectivamente sufrida. Es decir, la víctima queda en una posición mejor después de producido el daño. Entonces podría afirmarse que, paradójicamente, a la víctima le conviene sufrir el daño, puesto que como consecuencia del mismo ella puede obtener un considerable incremento de su patrimonio. Aparte, desde luego, de que esta situación tiende a incentivar las demandas y aumentar los juicios, lo que no es ni puede ser nada deseable para el buen orden de la sociedad.

---

34 Gert Kummerow, "Esquema del Daño Contractual Resarcible Según el Sistema Normativo Venezolano", en *Indemnización de Daños y Perjuicios*, AA.VV., Fabreton Editores, Caracas, 1998, pp. 307-308 y 333. Asimismo, este autor, citando a Messineo, expresa que "el objeto del resarcimiento consiste en colocar al acreedor en la misma situación patrimonial (hipotética) en que se hallaría de no haber interferido el evento dañoso." *Íbid.*, p. 339.

35 Adriano De Cupis, ob. cit., p. 754.

4) Por último, darle cabida a un sistema de daños punitivos en nuestro ordenamiento plantearía muchos problemas prácticos que no han sido claramente resueltos ni siquiera en los Estados Unidos de América donde los daños punitivos, como se dijo, son un componente fundamental del Derecho de la responsabilidad civil.

Entre otros se plantean los siguientes interrogantes: ¿Qué proporción tienen que guardar los daños punitivos con los daños compensatorios? ¿Puede una persona ser condenada a pagar daños punitivos por el hecho de otro? ¿Deben responder o pagar daños punitivos los padres en lugar de sus hijos? ¿O los dueños, directores o principales en vez de sus sirvientes o dependientes? ¿O los patronos en lugar de sus trabajadores? ¿O la administración por los actos de sus funcionarios? ¿O, por el contrario, debe ser el agente material del daño quien deba siempre soportar de modo exclusivo una responsabilidad tan personal? ¿Se transmiten los daños punitivos a los herederos del agente, como ocurre con los daños compensatorios de carácter patrimonial, o, por el contrario, son intrasmisibles como ocurre con el daño moral? ¿Pueden los daños punitivos estar amparados por un seguro de responsabilidad civil? Si esto último se permitiera, no tendrían ya los daños punitivos la eficacia preventiva que se busca con su reconocimiento.

Todos estos problemas –y muchos más– no han sido resueltos ni siquiera en los países afiliados al *Common Law* como los Estados Unidos de América donde los daños punitivos constituyen una pieza fundamental del Derecho de daños.

En conclusión, entiendo perfectamente el propósito loable que persiguen los daños punitivos, esto es, que el causante del daño no vuelva a incurrir en conductas similares y que los terceros igualmente queden disuadidos de hacerlo. Pero lo que no entiendo, es que este papel de prevención lo tenga que cumplir el instituto de la responsabilidad civil. Tampoco entiendo por qué extraña razón la víctima de un daño tenga que ser resarcida con una indemnización que excede en mucho la pérdida efectivamente sufrida.

Por lo antes expuesto, considero que existen poderosas razones para que los daños punitivos, que son ajenos al sistema de la responsabilidad civil que impera en los países afiliados a los sistemas del *Civil Law*, permanezcan donde se encuentran, esto es, en otros ordenamientos y bien lejos de nosotros.

INSTITUCIONES FAMILIARES

RÉGIMEN DEL DIVORCIO Y RECIENTES SENTENCIAS DEL TRIBUNAL SUPREMO DE JUSTICIA*

SUMARIO

* Estudio publicado originalmente en la *Revista Venezolana de Legislación y Jurisprudencia* No 21, Caracas, 2023. Recoge el documento preparado por el autor como base para la videoconferencia pronunciada el 27 de septiembre de 2023 en el Foro Derecho Privado: Temas de Actualidad y Recientes Sentencias del Tribunal Supremo de Justicia organizado por la Academia de Ciencias Políticas y Sociales.

I. INTRODUCCIÓN

El régimen del divorcio en Venezuela ha experimentado una profunda transformación en los últimos años en razón de sentencias dictadas por la Sala Constitucional y la Sala de Casación Civil del Tribunal Supremo de Justicia. Tanto las causales que hacen procedente el divorcio como el procedimiento para su obtención han cambiado radicalmente. Además, los propios fundamentos del divorcio y la manera como se concibe este instituto en nuestro ordenamiento han sido sacudidos por las decisiones de nuestros tribunales.

Para apreciar cabalmente el alcance de estas reformas legales al régimen del divorcio, efectuadas por vía jurisprudencial, en esta exposición me referiré, en primer lugar, en forma sumaria, al sistema general de divorcio consagrado en nuestra legislación. Luego, pasaré revista a los principales cambios introducidos en el régimen legal del divorcio por diversas sentencias dictadas por el Tribunal Supremo de Justicia, para terminar con un examen crítico de dichas sentencias y su fundamentación.

II. EL TRATAMIENTO DEL DIVORCIO EN NUESTRA LEGISLACIÓN CIVIL Y SU REGULACIÓN PROCESAL

Por lo que respecta a las causales de divorcio, los artículos 185 y 185-A del Código Civil establecen las siguientes *causas únicas* de divorcio:

> Art. 185. …
> 1° El adulterio.
> 2° El abandono voluntario.
> 3° Los excesos, sevicia e injurias graves que hagan imposible la vida en común.
> 4° El conato de uno de los cónyuges para corromper o prostituir al otro cónyuge, o a sus hijos, así como la connivencia en su corrupción o prostitución.
> 5° La condenación a presidio.
> 6° La adicción alcohólica u otras formas graves de fármaco-dependencia que hagan imposible la vida en común.

> 7° La interdicción por causa de perturbaciones psiquiátricas graves que imposibiliten la vida en común. En ese caso el Juez no decretara el divorcio sin antes procurar la manutención y el tratamiento médico del enfermo.
>
> También se podrá declarar el divorcio por el transcurso de más de un año, después de declarada la separación de cuerpos, sin haber ocurrido en dicho lapso la reconciliación de los cónyuges.
>
> . . .
>
> Art. 185-A. Cuando los cónyuges han permanecido separados de hecho por más de cinco (5) años, cualquiera de ellos podrá solicitar el divorcio, alegando ruptura prolongada de la vida en común...

Según la Ley de Reforma Parcial del Código Civil sancionada por el Congreso Nacional en 1982[1] son pues nueve las causales taxativas de divorcio.

Como el divorcio atenta contra la normalidad y la estabilidad del matrimonio y de la institución familiar que el Estado está en la obligación de proteger (Constitución Nacional, arts. 75 y 77), todo lo relativo al divorcio es una materia en la cual está interesado el orden público. De ahí que, en nuestra legislación civil, el divorcio se concibió siempre como un instituto de carácter excepcional. Además, precisamente por su carácter de orden público, las causales de divorcio se consideraron siempre de interpretación restrictiva y no podían aplicarse analógicamente en otros casos no previstos[2].

Conforme a la redacción del texto legal, se admitía sin discusiones que la autoridad judicial competente solo podía declarar el divorcio cuando se lo hubiera demandado o solicitado en base a alguna de las causales consagradas al efecto y de manera taxativa por el Código Civil. Ninguna otra circunstancia, por grave que fuera, podía servir de base para la disolución del matrimonio en vida de los cónyuges.

Según lo dispuesto en el artículo 755 del Código de Procedimiento Civil, la autoridad judicial no puede admitir la demanda de divorcio que

---

1 La Ley de Reforma Parcial del Código Civil fue publicada en la Gaceta Oficia N° 2.990 Extraordinario de fecha 26 de julio de 1982.

2 Francisco López Herrera, *Derecho de Familia*, Tomo II, Universidad Católica Andrés Bello, Caracas, 2006, p. 220.

no esté fundamentada en alguno de estos motivos. Si el tribunal admitía la solicitud de divorcio por una causa distinta, lo procedente era oponer la cuestión previa de prohibición de la ley de admitir la acción propuesta prevista en el numeral 11 del artículo 346 del Código de Procedimiento Civil. Declarada con lugar dicha cuestión previa, la demanda quedaba desechada y el proceso extinguido, conforme a lo dispuesto en el artículo 356 *ejusdem.*

Además, la acción de divorcio solo podía intentarse por el cónyuge inocente, es decir, el que no hubiere dado causa al divorcio (Código Civil, art. 191). El divorcio fue consagrado en nuestra legislación principalmente como un castigo o una sanción aplicable al cónyuge culpable de haber infringido gravemente y de manera injustificada sus deberes conyugales.

Por otra parte, en el juicio de divorcio no bastaba con alegar la causal respectiva, sino que era necesario demostrar los hechos constitutivos de la causal invocada. Pero la prueba de estos hechos era realmente difícil. Así, por ejemplo, para poder decretarse el divorcio por adulterio, el cónyuge prácticamente debía ser sorprendido *in fraganti* cometiendo la infidelidad. Lo mismo sucedía con los excesos, sevicias e injurias y el abandono voluntario: el demandante tenía que probar las circunstancias de lugar, modo y tiempo en que dichos hechos ocurrieron.

Por lo que respecta al *divorcio contencioso*, de acuerdo con el Código de Procedimiento Civil, el juicio se inicia mediante demanda de divorcio que debe ser intentada por uno de los cónyuges ante el juez de primera instancia que ejerza la jurisdicción civil ordinaria, en el lugar del domicilio conyugal, que es aquel "donde los cónyuges ejercen sus derechos y cumplen con los deberes de su estado" (art. 754); admitida la demanda de divorcio, el Juez debe emplazar "a ambas partes para un acto conciliatorio" en el cual las "excitará a reconciliarse, haciéndoles al efecto las reflexiones conducentes" (art. 756); el acto conciliatorio debe tener lugar "pasados que sean cuarenta y cinco días después de la citación del demandado, a la hora que fije el Tribunal." A dicho acto deben comparecer "las partes personalmente" y pueden "hacerse acompañar de parientes o amigos, en número no mayor de dos por cada parte;" "la falta de comparecencia del demandante a este acto será causa de extinción del proceso" (art. 756); de no lograrse la conciliación de los cónyuges en dicho acto, se debe emplazar a las partes para un segundo acto de la misma naturaleza, "pasados que sean cuarenta y cinco días del anterior, a la hora que fije el Tribunal." Para este acto se deben cumplir los mismos requisitos establecidos anteriormente para el primer acto conciliatorio (art. 757); si tampoco se lograre la conciliación de las partes en este acto, el demandante debe "manifestar si insiste en continuar con su demanda." Si no lo hace, la misma debe tenerse "por desistida." En cambio, "si el demandante insiste en continuar con la demanda, las partes quedarán emplazadas para el acto de contestación en el quinto día siguiente" (art. 757); "la falta de comparecencia del demandante al acto de contestación de la demanda causará la extinción del proceso" y la falta de comparecencia "del demandado se estimará como contradicción de la demanda en todas sus partes" (art. 758); una vez contestada la demanda, o dada la misma por contradicha por falta de comparecencia del demandado, "la causa continuará por todos los trámites del procedimiento ordinario" (art. 759). Contra la sentencia de última instancia procede el recurso de casación (art. 312).

En caso de que haya hijos menores de edad para la fecha de la introducción de la demanda, o cuando cualquiera de los esposos sea todavía un adolescente, su conocimiento corresponde a los Tribunales de Protección de Niños, Niñas y Adolescentes. El juicio de divorcio se tramita según el procedimiento ordinario fijado para asuntos contenciosos de conformidad con los artículos 520 y siguientes de la Ley Orgánica para la Protección de Niños, Niñas y Adolescentes (LOPNNA)[3] y no según las disposiciones del Código de Procedimiento Civil.

Aparte del régimen general del divorcio antes descrito, el artículo 185-A del Código Civil contempla el divorcio por la separación de hecho que se hubiera prolongado por más de cinco años. Se admitía pacíficamente que se trataba de un procedimiento judicial de jurisdicción graciosa o voluntaria que nunca era susceptible de transformarse en un procedimiento contencioso de divorcio[4].

---

3 La Ley Orgánica para la Protección de Niños, Niñas y Adolescentes fue publicada en la Gaceta Oficial Nº 6.185 Extraordinario de fecha 8 de junio de 2015.

4 María Candelaria Domínguez Guillén, *Manual de Derecho de Familia*, Tribunal Supremo de Justicia, Caracas, 2008, pp. 200-202.

De acuerdo con lo dispuesto en el artículo 185-A, cualquiera de los cónyuges puede formular la correspondiente solicitud ante la autoridad judicial competente, "alegando ruptura prolongada de la vida en común" a cuyo efecto solo debe "acompañar copia certificada de la partida de matrimonio". El Juez, una vez admitida la solicitud, debe librar "sendas boletas de citación al otro cónyuge y al Fiscal del Ministerio Público, enviándoles, además, copia de la solicitud; el otro cónyuge debe "comparecer personalmente ante el Juez en la tercera audiencia después de citado." Si el otro cónyuge "reconociere el hecho y si el Fiscal del Ministerio Público no hiciere oposición dentro de las diez audiencias siguientes", el Juez debe declarar "el divorcio en la duodécima audiencia siguiente a la comparecencia de los interesados." Si el otro cónyuge no compareciere personalmente o si al comparecer negare el hecho, o si el Fiscal del Ministerio Público lo objetare," se debe declarar "terminado el procedimiento" y se debe ordenar "el archivo del expediente." Este era el régimen del divorcio por separación prolongada de hecho contemplado en el Código Civil, con anterioridad a las sentencias dictadas por la Sala Constitucional del Tribunal Supremo de Justica sobre la materia a partir de 2014.

Con base al texto del artículo 185-A se admitía que la causal de divorcio por separación de hecho prolongada no era sino el mismo acuerdo de los esposos luego de una separación de hecho por más de cinco años[5].

Sin embargo, en la práctica, el divorcio contemplado en el artículo 185-A se hacía muchas veces inoperante pues si bien cualquiera de los cónyuges podía pedir el divorcio, si el otro se oponía a la solicitud, como indicamos poco antes, el Tribunal debía declarar terminado el procedimiento y cerrado el caso, quedándole al solicitante solamente la vía del divorcio contencioso antes señalado.

Pero si ambos cónyuges estaban de acuerdo en divorciarse, surgían complicaciones para optar por el procedimiento contemplado en el artículo 185-A. Los cónyuges, como se dijo, debían tener más de cinco años separados de hecho. Por lo cual, en caso de que no cumplieran con este requisito y estuvieran de acuerdo en disolver su matrimonio,

---

[5] Francisco López Herrera, ob. cit., Tomo II, p. 217.

debían presentar una solicitud de separación de cuerpos (y, en su caso, de bienes) y luego aguardar un año para quedar finalmente divorciados, conforme a lo dispuesto en los dos últimos apartes del artículo 185 del Código Civil[6].

A esto hay que agregar que las solicitudes de separación de cuerpos por mutuo consentimiento debían presentarse *personalmente* (Código Civil, art. 189 y Código de Procedimiento Civil, art. 762), quedando excluida la posibilidad de hacerlo mediante apoderados judiciales.

En fin, debido a la importancia social de la familia, nuestra legislación civil buscó preservar el vínculo matrimonial y, por ende, dificultar su disolución en vida de los cónyuges. Por ello se estableció que la autoridad judicial competente solo puede declarar el divorcio cuando se lo demanda o solicita por las causas expresamente señaladas en la ley de manera taxativa y de acuerdo con el procedimiento legalmente establecido. Por ser un asunto en el cual está interesado el orden público, según el régimen del Código Civil, el divorcio no procedía libremente a voluntad de los cónyuges sin que pudieran los particulares modificar las reglas de carácter imperativo que lo regulan[7].

III. LA LIBERALIZACIÓN DEL DIVORCIO MEDIANTE SENTENCIAS DEL TRIBUNAL SUPREMO DE JUSTICIA

El panorama antes descrito comenzó a cambiar desde el año 2014, tanto en lo concerniente a las causales que hacen procedente el divorcio, como por lo que respecta a sus aspectos procedimentales. Veamos.

1. Mediante sentencia N°446 del 15 de mayo de 2014, la Sala Constitucional del Tribunal Supremo de Justicia modificó el procedimiento de divorcio contemplado en el artículo 185-A estableciendo que cuando alguno de los cónyuges alega la separación de hecho por más de cinco años, si el otro cónyuge niega el hecho, no se declara terminado el pro-

6 Al respecto, véase: Pablo Trivella, *Breve reseña sobre las nuevas tendencias jurisprudenciales que han agilizado el divorcio en Venezuela*. Disponible en: https://tuabogado.com/breve-resena-sobre-las-nuevas-tendencias-jurisprudenciales-que-han-agilizado-el-divorcio-en-venezuela/#gsc.tab=0.

7 Manuel Espinoza Melet, *Estudios sobre el Divorcio*, Editorial Hammurabi, Chile, 2020, pp. 40-41.

cedimiento sino que el mismo se transforma en un procedimiento contencioso, pudiendo el solicitante comprobar que la separación alegada se prolongó efectivamente por un lapso mayor de cinco años. Demostrada dicha separación, el juez debe decretar el divorcio sin que el otro cónyuge tenga el derecho de mantener el matrimonio contra la voluntad del cónyuge solicitante[8].

Por consiguiente, este procedimiento, al igual que el procedimiento de la conversión de la separación de cuerpos en divorcio, de acuerdo con lo declarado por la Sala Constitucional, se tramita en principio como un procedimiento judicial de jurisdicción graciosa o voluntaria que culmina con un decreto de divorcio; pero puede eventualmente transformarse en contencioso si el otro cónyuge cuestiona el hecho de la ruptura de la vida en común por un tiempo superior a cinco años, en cuyo caso la incidencia se resolverá conforme a lo previsto en el artículo 607 del Código de Procedimiento Civil: el juez ordenará la apertura de una articulación probatoria para que se determine si es cierto o no lo que señala el cónyuge solicitante del divorcio. Si en el curso de la articulación prevista en esta disposición legal se comprueba que el distanciamiento de hecho de los cónyuges ha perdurado ininterrumpidamente por más de cinco años, como se dijo, el juez decretará el divorcio; en caso contrario, el Juez dejará sin efecto y terminado el procedimiento de divorcio iniciado.

Para fundamentar su decisión, la Sala Constitucional sostuvo que cuando uno de los cónyuges invoca como causal de divorcio la separación prolongada de hecho tiene el derecho constitucional a probar los fundamentos de su solicitud, es decir, las circunstancias de la ruptura de la vida en común por más de cinco años. Por lo cual, el juez que conoce la solicitud debe otorgar la oportunidad para probar dicha separación prolongada de hecho la cual, una vez demostrada, debe tener como efecto la disolución del vínculo.

En criterio de la Sala, sería contrario a la tutela judicial efectiva, al debido proceso y al derecho a la prueba del cónyuge que pretende

---

8 Sala Constitucional del Tribunal Supremo de Justicia, sentencia N° 446 del 15 de mayo de 2014. Disponible en: http://historico.tsj.gob.ve/decisiones/scon/mayo/164289-446-15514-2014-14-0094.HTML.

divorciarse alegando la separación permanente por más de cinco años prevista como causal de divorcio en el artículo 185-A, que el otro cónyuge por su sola voluntad (no concurriendo a la citación o negando el hecho) pudiera poner fin al procedimiento de divorcio iniciado y hacer que el divorcio se declare improcedente, sin que se le permita a la parte solicitante demostrar los hechos en que fundamenta su solicitud de divorcio. De ahí que, si el otro cónyuge niega el hecho, lo procedente es abrir una articulación probatoria para que el procedimiento continúe permitiéndose al cónyuge demandante probar la separación prolongada por más de cinco años a que se refiere artículo 185-A del Código Civil.

La Sala Constitucional fijó con carácter vinculante el criterio contenido en su sentencia respecto al artículo 185-A del Código Civil y ordenó la publicación íntegra del fallo en la Gaceta Oficial con el siguiente texto en el sumario:

> Si el otro cónyuge no compareciere o si al comparecer negare el hecho, o si el fiscal del Ministerio Público lo objetare, el juez abrirá una articulación probatoria, de conformidad con lo establecido en el artículo 607 del Código de Procedimiento Civil, y si de la misma no resultare negado el hecho de la separación se decretará el divorcio; en caso contrario, se declarará terminado el procedimiento y se ordenará el archivo del expediente[9].

En nuestro concepto, es lógico y razonable que en caso de separación prolongada de hecho, el solicitante tenga el derecho a probar que esta situación se ha prolongado por más de cinco años para que se decrete el divorcio. En efecto, el derecho a la comprobación de los hechos que fundamentan el divorcio solicitado es un principio que integra la garantía del debido proceso consagrada en el artículo 49(1) de la Constitución[10]. No se compadece con el debido proceso que la

---

9 La sentencia N° 446/2014 de la Sala Constitucional del Tribunal Supremo de Justicia fue publicada en la Gaceta Oficial N° 40.414 de fecha 19 de mayo de 2014.

10 José Ignacio Hernández, "Breves comentarios sobre las bases constitucionales de la familia y el divorcio en Venezuela", en *Revista Venezolana de Legislación y Jurisprudencia*, N° 6, Caracas, 2016, pp. 131-133; José Ignacio Hernández, "¿Cómo cambió el divorcio en Venezuela después de la sentencia de la Sala Constitucional?", 28 de mayo de 2014. Disponible en el portal de *Prodavinci* http://prodavinci.com/blogs/como-cambio-el-divorcio-

pretensión procesal del solicitante del divorcio que alega la existencia de una separación de hecho prolongada no reciba respuesta alguna de los órganos de la administración de justicia, simplemente porque la voluntad unilateral del otro cónyuge se lo impide. Este proceder privaría de toda protección judicial el derecho del cónyuge que desea poner fin al matrimonio al cual ni siquiera se le daría la oportunidad de probar que, efectivamente, existe la referida separación prolongada que el legislador erige en causal de divorcio, así como la ruptura de la vida conyugal común.

Habría en tal caso una violación de la garantía del debido proceso, ya que la contención planteada por la pretensión procesal resistida no recibiría trámite procesal alguno sino la orden fatal e ineludible de archivo del expediente, con lo cual no habría ni derecho a ser oído, ni oportunidad alguna para controlar y contradecir las pruebas del otro cónyuge, ni derecho alguno a una decisión de fondo que resolviera la cuestión planteada. No habría pues proceso.

Empero, con lo que no estamos de acuerdo, como se indica poco más adelante, es con la decisión de la Sala de reformar el Código Civil para imponer con carácter general y abstracto este criterio y modificar normas procedimentales sobre el divorcio por separación prolongada de hecho, mediante sentencia. Al haber procedido como lo hizo, la Sala usurpó las funciones legislativas de la Asamblea Nacional *(infra*, Nº V, 2.1 y 2.2)[11].

2. Luego, mediante sentencia Nº712 del 17 de noviembre de 2014, la Sala de Casación Civil, contrariamente a lo dispuesto en los artículos 189 del Código Civil y 762 del Código de Procedimiento Civil que exigen que la separación de cuerpos por mutuo consentimiento debe ser *personalmente* solicitada por los cónyuges, decidió que la solicitud en cuestión puede presentarse por medio de apoderado judicial

en-venezuela-despues-de-la-sentencia-de-la-sala-constitucional-por-jose-ignacio-hernandez/28-05-14.

11 Allan R. Brewer-Carías, *La Sala Constitucional como Legislador Positivo 'Reformando' el Código Civil en Materia de Divorcio,* 20 de mayo de 2014. Disponible en: https://allanbrewercarias.com/wp-content/uploads/2014/05/104.-Brewer.-La-Sala-Constitucional-como-Legislador-Positivo-reformando-el-art.-185-A-del-C%C3%B3digo-Civil.-mayo-2014.d.pdf.

expresamente facultado al efecto (al igual que las acciones de divorcio, de separación de cuerpos y la solicitud de divorcio alegando ruptura prolongada e la vida en común)[12].

La Sala consideró contrario a la tutela judicial efectiva limitar el acceso a la justicia mediante la presentación personal de la solicitud, pues si la intención de los cónyuges es no mantener la vida en común no puede impedirse que lo hagan presentando su solicitud a través de apoderado especialmente facultado para hacerlo. Siendo la única condición para la separación de cuerpos por mutuo consentimiento la intención manifiesta e inequívoca de los cónyuges de no seguir cohabitando, en criterio de la Sala, la solicitud respectiva puede presentarse ante la autoridad judicial personalmente o por sus apoderados constituidos expresamente para tal fin.

3. Poco tiempo después, mediante sentencia N°693 del 2 de junio de 2015, la Sala Constitucional declaró que las causales de divorcio contempladas en el artículo 185 del Código Civil no eran únicas y taxativas, de manera que para pedir el divorcio puede ahora invocarse un motivo distinto a los legalmente previstos, incluyendo el mutuo consentimiento de los cónyuges de no permanecer casados[13].

Para fundamentar su decisión, la Sala consideró que el matrimonio es un contrato civil solemne que se funda en el libre consentimiento de los cónyuges (Constitución Nacional, art. 77). Por lo cual, "nadie puede ser obligado a contraer matrimonio", pero igualmente "nadie puede estar obligado a permanecer casado". Permitir el divorcio solamente por las causales taxativas que señala la ley, en criterio de la Sala, lesiona el derecho al libre desarrollo de la personalidad y a la tutela judicial efectiva. En palabras de la Sala:

> En la actualidad resulta vetusto e irreconciliable con el ordenamiento constitucional, el mantenimiento de un *numerus clausus*

[12] Sala de Casación Civil del Tribunal Supremo de Justicia, sentencia N° 712 del 17 de noviembre de 2014. Disponible en: http://historico.tsj.gob.ve/decisiones/scc/noviembre/171633-RC.000712-171114-2014-13-735.HTML.

[13] Sala Constitucional del Tribunal Supremo de Justicia, sentencia N° 693 del 2 de junio de 2015. Disponible en: http://historico.tsj.gob.ve/decisiones/scon/junio/178096-693-2615-2015-12-1163.HTML.

> de las causales válidas para accionar el divorcio frente a la garantía de los derechos fundamentales del ciudadano al libre desarrollo de la personalidad y a la tutela judicial efectiva.

Por tanto, la Sala Constitucional declaró que puede pedirse la disolución del matrimonio con base en alguno de los motivos indicados en el artículo 185 del Código Civil o por cualquier otra circunstancia que impida la vida conyugal común. La Sala Constitucional ordenó la publicación de su sentencia en la Gaceta Oficial con el siguiente texto en el sumario:

> Sentencia de la Sala Constitucional que realiza una interpretación constitucionalizante del artículo 185 del Código Civil y establece, con carácter vinculante, que las causales de divorcio contenidas en el artículo 185 del Código Civil no son taxativas, por lo cual cualquiera de los cónyuges podrá demandar el divorcio por las causales previstas en dicho artículo o por cualquier otra situación que estime impida la continuación de la vida en común, en los términos señalados en la sentencia N° 446/2014, ampliamente citada en este fallo, incluyéndose el mutuo consentimiento[14].

De ese modo, por decisión de la Sala Constitucional, se liberalizó el divorcio en nuestro ordenamiento reconociéndose el divorcio consensual puesto que la voluntad de ambos cónyuges de no desear continuar con su matrimonio es suficiente para instar el divorcio y obtener un pronunciamiento judicial que así lo acuerde. En fin, con esta decisión la Sala Constitucional declaró que el mutuo consentimiento o mutuo disenso constituye causal de divorcio. Por las razones que se indican poco más adelante, en nuestro concepto, este criterio carece de toda base legal (*infra*, N° V,2.3).

En esta sentencia se introdujo otro cambio fundamental puesto que se estableció que, en caso de existir hijos menores de edad, los cónyuges, aunque no tengan cinco años separados pueden pedir el divorcio de común acuerdo directamente ante los Tribunales de Protección de

---

14 La sentencia N° 693/2015 de la Sala Constitucional del Tribunal Supremo de Justicia fue publicada en la Gaceta Oficial N°40.707 de fecha 21 de julio de 2015.

Niños, Niñas y Adolescentes, siempre y cuando fijen en su solicitud su acuerdo previo acerca de las instituciones familiares de sus hijos.

Los Tribunales de Protección de Niños, Niñas y Adolescentes, según lo decidido por la Sala Constitucional, tramitarán las solicitudes de divorcio por mutuo consentimiento que presenten ambos cónyuges:

> conforme al procedimiento de jurisdicción voluntaria, previsto en los artículos 511 y siguientes de la Ley Orgánica para la Protección de Niños, Niñas y Adolescentes..., sin más exigencias que el acta de matrimonio y de nacimiento de los niños, niñas y adolescentes de que se trate, así como el acuerdo previo de los cónyuges acerca de las instituciones familiares, esto es, lo relativo a la responsabilidad de crianza y custodia del menor o los menores de edad que hubiesen procreado, la obligación de manutención y el régimen de convivencia familiar a efectos de que sean evaluados por el Juez de niños, niñas y adolescentes y determinar si son convenientes para los niños, niñas y adolescentes y conferir la homologación. En caso de que no lo sean, el Juez o Jueza ordenará su corrección. La homologación del acuerdo acerca de las instituciones familiares será requisito necesario para la declaratoria del divorcio.

4. Un año después, mediante sentencia N°1.070 del 9 de diciembre de 2016, la Sala Constitucional cerró el círculo al consagrar que el desafecto y la incompatibilidad de caracteres constituyen causales de divorcio y que la manifestación por uno de los cónyuges de incompatibilidad o desafecto para con el otro no precisa de contradictorio para que se pronuncie el divorcio por tratarse de un "sentimiento intrínseco de la persona… que difiere de las demandas contenciosas"[15].

El desafecto, según esta decisión de la Sala Constitucional, consiste en:

> la pérdida gradual del apego sentimental, habiendo una disminución del interés en el otro, que conlleva a una sensación creciente

[15] Sala Constitucional del Tribunal Supremo de Justicia, sentencia N° 1.070 del 9 de diciembre de 2016. Disponible en: http://historico.tsj.gob.ve/decisiones/scon/diciembre/193699-1070-91216-2016-16-0916.HTML.

de apatía, indiferencia y de alejamiento emocional, lo que con el tiempo lleva a que los sentimientos positivos que existían hacia el o la cónyuge cambien a sentimientos negativos o neutrales.

Asimismo, durante la unión matrimonial, según esta decisión de la Sala, puede surgir la incompatibilidad de caracteres entre los cónyuges que se manifiesta:

> en una intolerancia de alguno de los cónyuges para con su pareja, siendo exteriorizada en diversas formas, lo que genera una permanente aversión que hace imposible la vida en común.

Cuando aparece el fenómeno del desafecto o la incompatibilidad de caracteres entre los cónyuges, en palabras de la Sala Constitucional:

> resulta fracturado y acabado, de hecho, el vínculo matrimonial… este no debe seguir surtiendo efectos en el mundo jurídico, motivo por el cual no se puede someter a un procedimiento controversial de un cónyuge que alegue o haga evidenciar el desafecto o la incompatibilidad de caracteres en su demanda de divorcio.

La Sala Constitucional fundamentó su decisión en la noción del divorcio solución o divorcio remedio que constituye una de las modernas tendencias del Derecho de Familia acogida expresamente en otros ordenamientos. Consideró la Sala que, de obligarse a uno de los cónyuges a permanecer casado contra su voluntad cuando manifiesta la existencia de una ruptura matrimonial de hecho, se lesionarían:

> derechos constitucionales como el libre desenvolvimiento de la personalidad, adquirir un estado civil distinto, constituir legalmente una familia y otros derechos intrínsecos a la persona.

Con esta decisión de la Sala Constitucional se consagró en nuestro ordenamiento un procedimiento que se tramita como de mero derecho para obtener el divorcio. Basta pues con la voluntad de uno cualquiera de los cónyuges de no desear continuar su matrimonio para solicitar el divorcio y obtener, sin contención alguna sujeta a prueba, un pronunciamiento judicial que pronuncie la disolución del matrimonio.

Este criterio fue reiterado por la Sala Constitucional mediante sentencia Nº 389 del 28 de abril de 2023 en donde se lee:

> [E]l divorcio peticionado [refiriéndose a una solicitud de divorcio por desafecto o incompatibilidad de caracteres], es de naturaleza no contenciosa, toda vez que, al manifestarse el consentimiento del otro o petición unilateral de incompatibilidad o desafecto por parte de uno de los cónyuges, no precisa de un contradictorio, ya que se alega y demuestra el profundo deseo de no seguir unido en matrimonio por parte del cónyuge-demandante, como manifestación de un sentimiento intrínseco de la persona, que difiere de las demandas de divorcio contenciosas...[16].

Hay una suerte de presunción de ruptura irremediable del matrimonio que no admite prueba en contrario cuando uno de los cónyuges solicita el divorcio invocando el desafecto. Ante esta situación la autoridad judicial debe pronunciar la disolución del vínculo conyugal.

5. La Sala de Casación Civil del Tribunal Supremo de Justicia, por su parte, mediante sentencia Nº136 del 30 de marzo de 2017, acogió la doctrina de la Sala Constitucional y estableció el procedimiento a seguirse en caso de que se alegue como fundamento del divorcio el desafecto o la incompatibilidad de caracteres[17].

Al alegarse cualquiera de estas circunstancias, de acuerdo con lo establecido por la Sala, el divorcio se tramita mediante un *procedimiento judicial de jurisdicción graciosa o voluntaria* previsto en los artículos 895 al 902 del Código de Procedimiento Civil[18] siendo necesaria únicamente la citación del otro cónyuge (quien deberá comparecer, representado o debidamente asistido de abogado) y del Fiscal del Ministerio Público, puesto que una vez expresada la voluntad de disolver la unión

[16] Sala Constitucional del Tribunal Supremo de justicia, sentencia Nº 389 del 28 de abril de 2023. Disponible en: http://historico.tsj.gob.ve/decisiones/scon/abril/324659-0389-28423-2023-23-0004.HTML.

[17] Sala de Casación Civil del Tribunal Supremo de Justicia, sentencia Nº 136 del 30 de marzo de 2017. Disponible en: http://historico.tsj.gob.ve/decisiones/scc/marzo/197371-RC.000136-30317-2017-16-476.HTML.

[18] Este criterio fue avalado por la Sala Constitucional mediante sentencia Nº 389 del 28 de abril de 2023 citada en la nota 16 *ut. supra.*

matrimonial por estos motivos, debe tener como efecto la disolución del vínculo.

Este mismo procedimiento se aplica en caso de que ambos cónyuges presenten la solicitud de común acuerdo: solo es necesario notificar al Ministerio Público para que se decrete el divorcio sumariamente.

En este procedimiento no hay pues lugar a contención ni a la apertura de una articulación probatoria puesto que, en palabras de la Sala, la manifestación de desafecto por incompatibilidad de caracteres "no puede depender de la valoración subjetiva que haga el juez acerca de la entidad de la razón del solicitante". Como el sentimiento de desafecto no está vinculado a hechos comprobables, sino que depende de la libre manifestación de voluntad del cónyuge de disolver la unión por terminación del afecto, no cabe debate probatorio alguno tendiente a la comprobación del desamor o desafecto, siendo suficiente la simple alegación del cónyuge acerca de su existencia para que el mismo quede demostrado y se decrete el divorcio[19].

En casos excepcionales de duda, el Tribunal puede, no obstante, requerir alguna prueba que considere indispensable *ex* artículo 11 del Código de Procedimiento Civil; por lo cual, la autoridad judicial, obrando con conocimiento de causa, podrá al efecto exigir que se amplíe la prueba sobre los puntos en que la encontrare deficiente y aún requerir otras pruebas que juzgare indispensables; todo sin necesidad de las formalidades del juicio, y sin que se le permita al juez "inmiscuirse en el libre desarrollo de la personalidad del solicitante al valorar los motivos por los cuales adoptó la decisión."

Contra la decisión que decreta la disolución del matrimonio no resulta admisible recurso alguno, ni ordinario ni extraordinario. Como en tal caso el divorcio se trata como un procedimiento de mero derecho y no contencioso, no existe la posibilidad de que pueda proponerse contra la decisión del juez algún recurso ordinario y mucho menos que pueda proponerse el recurso extraordinario de casación. Así lo dejó establecido la Sala de Casación Civil mediante la sentencia N° 2 del 30 de enero

---

19 Edison Varela Cáceres, "El nuevo divorcio en Venezuela", en *Revista Venezolana de Legislación y Jurisprudencia*, N° 15, Caracas, 2020, pp. 211 y 218.

de 2019[20], criterio este que fue avalado por la Sala Constitucional mediante sentencias Nº 831 del 25 de octubre de 2022 y Nº 389 del 28 de abril de 2023[21].

Además, contrariamente a lo que ocurre normalmente en los procesos de jurisdicción voluntaria, la Sala de Casación Civil declaró que la decisión del Tribunal que decreta el divorcio por la causal de desafecto (o incompatibilidad de caracteres) causa *cosa juzgada en sentido material*. Por lo cual, la decisión respectiva es vinculante en todo proceso futuro, según lo dispuesto en el artículo 273 del Código de Procedimiento Civil[22].

Como el estado familiar que resulta de la disolución del vínculo matrimonial es materia de orden público y de carácter indivisible, el mismo se impone no solo a los miembros de la familia sino aun a los terceros. La decisión judicial, por su propia naturaleza, produce efectos absolutos para las partes y también para los terceros extraños al proceso.

IV. LA PRÁCTICA SEGUIDA PARA LA TRAMITACIÓN DEL DIVORCIO

1. En la práctica, al haberse establecido por decisiones de la Sala Constitucional y de la Sala de Casación Civil del Tribunal Supremo de Justicia un procedimiento simplificado y expedito de jurisdicción graciosa o voluntaria para el divorcio, la mayoría de los casos se tramitan ahora conforme a este procedimiento no contencioso invocándose el mutuo consentimiento, el desafecto o la incompatibilidad de caracteres como fundamento de la solicitud de divorcio. El procedimiento se

---

[20] Sala de Casación Civil del Tribunal Supremo de Justicia, sentencia Nº 2 del 30 de enero de 2019. Disponible en: http://historico.tsj.gob.ve/decisiones/scc/enero/303474-2-30119-2019-18-633.HTML.

[21] Sala Constitucional del Tribunal Supremo de Justicia, sentencia Nº 831 del 25 de octubre de 2022. Disponible en: http://historico.tsj.gob.ve/decisiones/scon/octubre/320213-0831-251022-2022-21-0698.HTML; Sala Constitucional del Tribunal Supremo de justicia, sentencia Nº 389 del 28 de abril de 2023. Disponible en: http://historico.tsj.gob.ve/decisiones/scon/abril/324659-0389-28423-2023-23-0004.HTML.

[22] Sala de Casación Civil del Tribunal Supremo de Justicia, sentencia Nº 136 del 30 de marzo de 2017. Disponible en: http://historico.tsj.gob.ve/decisiones/scc/marzo/197371-RC.000136-30317-2017-16-476.HTML.

desarrolla sin contención o debate contradictorio y culmina con una decisión judicial que pronuncia el divorcio.

En estos casos conocen actualmente de la solicitud de divorcio los Tribunales de Municipio que ejerzan la jurisdicción en el lugar del domicilio conyugal puesto que la Sala Plena del Tribunal Supremo de Justicia, mediante Resolución N°2009-0006 del 18 de marzo de 2009, amplió las competencias de los Juzgados de Municipio para que conocieran de forma exclusiva y excluyente acerca de todos los asuntos de jurisdicción voluntaria o no contenciosa en materia civil, mercantil y de familia en los cuales no participen niños, niñas y adolescentes, según las reglas ordinarias de la competencia por el territorio, así como de cualquier otro de semejante naturaleza (art. 3)[23].

Sin embargo, cuando cualquiera de los cónyuges es todavía menor de edad e igualmente, cuando los esposos tienen hijos comunes y alguno de estos es menor de 18 años (aunque los esposos progenitores sean de mayor edad), es competente para conocer del procedimiento el Tribunal de Protección de Niños, Niñas y Adolescentes, correspondiente al sitio donde se encuentre el domicilio conyugal (LOPNNA, art. 177, par. 2°, literal g). El asunto se tramita en estos casos de conformidad con las disposiciones del procedimiento especial de jurisdicción voluntaria contemplado en los artículos 511 y siguientes de la LOPNNA (art. 178) y no por las del Código de Procedimiento Civil. Se fija la audiencia única de acuerdo con el artículo 512 de esta ley, en la cual el juez declara el divorcio (art. 513) y, oída la opinión de los hijos menores, establece el régimen de las instituciones familiares homologando los acuerdos de los progenitores relativos a la responsabilidad de crianza, obligación de manutención y régimen de convivencia familiar, teniendo en cuenta el interés de dichos hijos menores.

---

23 Esta Resolución fue publicada en la Gaceta Oficial N°39.152 de fecha 2 de abril de 2009. Además, la Sala Constitucional mediante sentencia N° 1.710 del 18 de diciembre de 2015 atribuyó competencia a los Tribunales de Municipio, en aquellas Circunscripciones Judiciales donde no existan Jueces de Paz Comunal, para conocer y decidir acerca de los casos de divorcio por mutuo consentimiento originalmente asignados a dichos Jueces de Paz por la Ley Orgánica de la Jurisdicción Especial de la Justicia de Paz Comunal (art.8, ord.8). Al respecto véase: Sala Constitucional del Tribunal Supremo de Justicia, sentencia N° 1.710 del 18 de diciembre de 2015. Disponible en: http://historico.tsj.gob.ve/decisiones/scon/diciembre/184156-1710-181215-2015-15-1085.HTML.

Cuando no existe acuerdo sobre el régimen de las instituciones familiares por parte de los progenitores, algunos Tribunales de Protección de Niños, Niñas y Adolescentes decretan el divorcio y ordenan tramitar por procedimientos separados (contenciosos) la cuestión relativa a las instituciones familiares de los hijos menores de edad conforme a las disposiciones especiales de la LOPNNA[24].

Otros, en cambio, al decretar el divorcio por desafecto, atendiendo al interés superior de los hijos e hijas menores de edad, fijan un régimen preliminar de las instituciones familiares de los niños o adolescentes con base en el contenido del convenio regulador de tales instituciones propuesto por el progenitor solicitante del divorcio en cuyo caso el otro progenitor, si no estuviere de acuerdo con este régimen, tendrá que solicitar su revisión mediante acciones independientes conforme a las disposiciones especiales de la LOPNNA cuando el bienestar del niño, niña o adolescente lo justifique, o cuando varíen las circunstancias existentes al tiempo de la fijación del régimen de las instituciones familiares[25]. La

[24] Sentencia del Tribunal Décimo de Primera Instancia de Mediación y Sustanciación de Protección de Niños, Niñas y Adolescentes de la Circunscripción Judicial del Área Metropolitana de Caracas y Nacional de Adopción Internacional de fecha 8 de octubre de 2019, citada en sentencia N° 173 de la Sala de Casación Social del Tribunal Supremo de Justicia de fecha 3 de noviembre de 2021. Disponible en: http://historico.tsj.gob.ve/decisiones/scs/noviembre/313999-173-31121-2021-21-040.HTML; Juzgado Superior de Protección de Niños, Niñas y Adolescentes de la Circunscripción Judicial del Estado Carabobo, sentencia del 19 de febrero de 2019. Disponible en: http://jca.tsj.gob.ve/DECISIONES/2019/FEBRERO/2569-19-GP02-R-2019-000003-63-2019.HTML.

[25] Tribunal Superior Segundo del Circuito Judicial de Protección de Niños, Niñas y Adolescentes de la Circunscripción Judicial del Estado Zulia, sentencia del 8 de mayo de 2019. Disponible en: http://lara.tsj.gob.ve/DECISIONES/2019/MAYO/3172-8-VP31-R-2019-000004-004.HTML; Tribunal Segundo de Primera Instancia de Mediación y Sustanciación del Circuito Judicial de Protección de Niños, Niñas y Adolescentes de la Circunscripción Judicial del Estado Bolívar, sentencia del 12 de julio de 2018. Disponible en: http://jca.tsj.gob.ve/DECISIONES/2018/JULIO/2403-12-FP02-J-2018-000240-PJ0832018000309.HTML; Tribunal Segundo de Primera Instancia de Mediación y Sustanciación del Circuito Judicial de Protección de Niños, Niñas y Adolescentes de la Circunscripción Judicial del Estado Bolívar, sentencia del 4 de mayo de 2018. Disponible en: http://jca.tsj.gob.ve/DECISIONES/2018/MAYO/2403-4-FP02-J-2018-000027-PJ0832018000177.HTML; Tribunal Primero de Primera Instancia de Mediación, Sustanciación y Ejecución del Circuito Judicial de Protección de Niños, Niñas y Adolescentes de la Circunscripción Judicial del Estado Apure, sentencia del 5 de septiembre de 2018. Disponible en: http://caracas.tsj.gob.ve/DECISIONES/2018/DICIEMBRE/2418-5-JM-SS1-8974-18-.HTML.

Sala Constitucional del Tribunal Supremo de Justicia avaló este criterio mediante sentencia Nº 101 del 2 de junio de 2022[26].

Conviene tener en cuenta, además, que en los procedimientos en que se alegue el desafecto como fundamento del divorcio, los Juzgados de Municipio y los Tribunales de Protección de Niños, Niñas y Adolescentes, en la práctica, se han negado a decretar las medidas preventivas previstas en el artículo 191 del Código Civil y en los artículos 351 y 360 de la LOPNNA. La jurisprudencia de nuestros tribunales parece mantener el criterio de que el artículo 191 solo contempla la posibilidad de dictar estas medidas precautelativas una vez admitida la *demanda de divorcio*, es decir, en un juicio o procedimiento contencioso de divorcio y no cuando el divorcio se tramita mediante un procedimiento judicial de jurisdicción voluntaria. Empero, no faltan decisiones de nuestros tribunales que han decretado estas medidas cuando se solicita el divorcio por desafecto o incompatibilidad de caracteres[27].

---

26 Sala Constitucional del Tribunal Supremo de Justicia, sentencia Nº 101 del 2 de junio de 2022. Disponible en: http://historico.tsj.gob.ve/decisiones/scon/junio/316858-0101-2622-2022-20-0145.HTML.

27 Al respecto véase: Sentencia del Tribunal Superior en lo Civil, Mercantil, Bancario y del Tránsito de la Circunscripción Judicial del Estado Cojedes de fecha 24 de abril de 2019. Disponible en: http://jca.tsj.gob.ve/DECISIONES/2019/ABRIL/1519-24-1154-.HTML; Sentencia del Juzgado Primero de Primera Instancia de Mediación, Sustanciación y Ejecución de Niños, Niñas y Adolescentes del Estado Lara de fecha 24 de enero de 2022. Disponible en: http://jca.tsj.gob.ve/DECISIONES/2022/ENERO/2328-24-KP12-J-2021-000158-11-2022.HTML; Sentencia del Juzgado Primero de Primera Instancia de Mediación, Sustanciación y Ejecución de Niños, Niñas y Adolescentes del Estado Lara de fecha 15 de febrero de 2022. Disponible en: http://lara.tsj.gob.ve/DECISIONES/2022/FEBRERO/2328-15-KP12-J-2021-000148-49-2022.HTML.

En la misma dirección, cabe hacer notar que la Sala de Casación Civil de la antigua Corte Suprema de Justicia, mediante sentencia de fecha 22 de noviembre de 1989, declaró que pueden dictarse medidas cautelares, nominadas o innominadas, en un *procedimiento no contencioso de divorcio por separación prolongada de hecho iniciado con base en el artículo 185-A del Código Civil*. La Sala sostuvo el criterio de que el procedimiento del artículo 185-A no limita ese poder cautelar del juez que puede hacerse presente para salvaguardar los intereses de uno de los cónyuges o de ambos, o para preservar los intereses de los hijos menores, o los bienes de la comunidad conyugal; por lo cual, "cuando la parte interesada así lo requiera o cuando las circunstancias así lo aconsejen [el juez], en uso de ese poder tutelar y discrecional podrá decretar cualquiera de las medidas provisionales que paute el citado artículo 191 del Código Civil". Sentencia de la Sala de Casación Civil de la Corte Suprema de Justicia de fecha 22 de noviembre de 1989, caso "Banco Consolidado C.A.", consultada *en Ramírez & Garay*, Tomo CX, p. 505.

2. Al consagrarse de este modo un sistema de divorcio libre y un procedimiento sumario sin contradictorio para su obtención, el divorcio contencioso por las siete primeras causales del artículo 185 del Código Civil ha caído prácticamente en desuso[28]. La disolución del matrimonio en la generalidad de los casos, como se dijo atrás, se tramita ahora con base en la conversión de la separación de cuerpos por mutuo consentimiento en divorcio, la separación de hecho prolongada, el desafecto, la incompatibilidad de caracteres y el mutuo consentimiento[29].

Cuando los cónyuges no están de acuerdo en divorciarse, lo usual es que uno de ellos presente una solicitud de divorcio por desafecto o incompatibilidad de caracteres. Como se dijo, la respectiva solicitud puede presentarse mediante apoderado judicial especialmente constituido al efecto. El divorcio se decreta luego de citar al otro cónyuge y al Ministerio Público. Si el otro cónyuge no comparece se le nombra un defensor *ad litem*.

Cuando los cónyuges están de acuerdo en disolver el vínculo matrimonial, lo usual es que presenten una solicitud de divorcio por desafecto o incompatibilidad de caracteres suscrita por ambos cónyuges o sus apoderados judiciales con facultad expresa para hacerlo. El divorcio se decreta luego de notificar al Ministerio Público.

Sin embargo, cuando existen bienes de la comunidad conyugal y las partes deseen celebrar un convenio que regule la ulterior partición y adjudicación de dichos bienes, lo aconsejable es que soliciten la separación de cuerpos y de bienes con su correspondiente convenio sobre partición y que, transcurrido un año después de declarada judicialmente dicha separación, pidan su conversión en divorcio, conforme a lo dispuesto en la parte final del artículo 185 del Código Civil[30]. Esto debido

---

28 Edison Varela Cáceres, "El nuevo divorcio en Venezuela", ob. cit., p. 214.

29 Cabe hacer notar, sin embargo, que en el supuesto de que el cónyuge que no haya dado causa al divorcio aspire a tener una prestación alimentaria, cuando por incapacidad física u otro impedimento se encuentre imposibilitado para trabajar y carezca de otros medios para sufragar sus necesidades, tendrá que demandar el divorcio invocando alguna de las primeras seis causales contempladas en el artículo 185 del Código Civil (arg.: *ex* art. 195 del Código Civil).

30 Dichos convenios son válidos cuando se los sujeta a la condición suspensiva de que producirán sus efectos sin retroacción cuando sea efectivamente decretada la separación de cuerpos entre los cónyuges. Al respecto, véase: Francisco López Herrera, ob. cit., Tomo II, pp. 112-113.

a que, según lo dispuesto en el artículo 173 *ejusdem*, toda disolución y liquidación voluntaria de la comunidad conyugal mientras subsista el matrimonio es nula salvo lo dispuesto en el artículo 190 que se refiere a la separación judicial de bienes entre los esposos en caso de separación de cuerpos.

Aunque la Sala Constitucional del Tribunal Supremo de Justicia considera válidos los convenios de división de bienes plasmados por los cónyuges en una solicitud de separación de cuerpos y de bienes[31], la Sala de Casación Civil ha negado la validez de los convenios de separación de bienes realizados conjuntamente con la solicitud de divorcio por *separación de hecho* prolongada, incluso cuando se los somete a la condición suspensiva de que producirán sus efectos, sin retroacción alguna, solo después de pronunciado el divorcio[32]. No conocemos decisiones de nuestros tribunales que se hayan pronunciado por la validez de los acuerdos voluntarios sobre la división de los bienes de la comunidad conyugal entre los esposos contenidos en una solicitud de divorcio por desafecto suscrita por ambos cónyuges. En la doctrina nacional, el profesor Juan Enrique Croes Campbell se pronuncia por la validez de tales acuerdos siempre y cuando se sometan a la condición suspensiva de que se decrete el divorcio y que sus efectos se produzcan en un momento posterior al divorcio[33].

Aun cuando la Sala Constitucional, mediante sentencia No 652 del 26 de noviembre de 2021[34], modificó el régimen de las capitulaciones

---

[31] Sala Constitucional del Tribunal Supremo de Justicia, sentencia N° 120 del 26 de febrero de 2013. Disponible en: http://historico.tsj.gob.ve/decisiones/scon/febrero/120-26213-2013-12-0174.HTML

[32] En tal sentido, véase: Sala de Casación Civil del Tribunal Supremo de Justicia, sentencia N° 739 del 15 de noviembre de 2017. Disponible en: http://historico.tsj.gob.ve/decisiones/scc/noviembre/205313-RC.000739-151117-2017-17-564.HTML; Sala de Casación Civil del Tribunal Supremo de Justicia, sentencia N°158 del 22 de junio de 2001. Disponible en: http://historico.tsj.gob.ve/decisiones/scc/junio/RC-0158-220601-00843.HTM; Sentencia de la Sala de Casación Civil de la Corte Suprema de Justicia de fecha 21 de julio de 1999, caso L.T. Mujica, consultada en *Ramírez & Garay*, Tomo CLVI, pp. 377-378.

[33] Juan Enrique Croes Campbell, "Validez de los acuerdos sobre división de la comunidad de gananciales realizados en divorcios no contenciosos y solicitudes de separación de cuerpos y de bienes", en *Revista Venezolana de Legislación y Jurisprudencia*, N° 10-III, Caracas, 2018, pp. 825-835.

[34] Sala Constitucional del Tribunal Supremo de Justicia, sentencia N° 652 del 26 de noviembre de 2021. Disponible en: http://historico.tsj.gob.ve/decisiones/scon/noviembre/314728-0652-261121-2021-17-0293.HTML.

matrimoniales y declaró que las mismas pueden celebrarse después del matrimonio pudiendo, por tanto, los cónyuges convenir en un régimen de separación de bienes, la Sala no declaró la nulidad de la parte final del artículo 173 del Código Civil; por lo cual, los problemas que suscita la aplicación de esta disposición legal aún subsisten[35].

De ahí cuando no existen bienes de la comunidad que requieran de una partición, los cónyuges que deseen disolver su matrimonio no deben tener, al menos en principio, inconveniente en solicitar de común acuerdo el divorcio por desafecto. En cambio, cuando existen bienes comunes que deban ser objeto de una liquidación, como se dijo, para evitar cualquier problema, lo conveniente es firmar un acuerdo de separación de cuerpos y bienes con las normas que regulen cómo se realizará la partición de los bienes comunes cuando sea decretada judicialmente la separación de cuerpos y de bienes entre los cónyuges, aguardando un año para materializar el divorcio[36].

V. EXAMEN CRÍTICO DE LAS SENTENCIAS DEL TRIBUNAL SUPREMO DE JUSTICIA

1. Advertencia previa

Debemos advertir que no es el propósito de estas páginas asumir una posición acerca de las modalidades de divorcio, su mayor o menor amplitud y posibilidad de acceso, aspectos estos respecto de los cuales existen en el Derecho Comparado sistemas muy distintos. Asimismo, en la doctrina nacional y extranjera existen posiciones encontradas sobre la materia[37].

---

35 Para un examen del contenido de la sentencia citada en la nota precedente, véase: Sacha Rohán Fernández Cabrera, "Comentarios a la sentencia de la Sala Constitucional N° 652/2021 sobre las capitulaciones matrimoniales", en *Revista Venezolana de Legislación y Jurisprudencia*, No 18, Caracas, 2022, pp. 227-303.

36 En algunos casos hemos observado que los cónyuges optan por separarse de cuerpos y de bienes y, una vez decretada y firme dicha separación, solicitan por ante otro tribunal el divorcio por desafecto, sin esperar un año para que la separación se convierta en divorcio.

37 Para un examen de los diversos sistemas de divorcio adoptados en el Derecho Comparado y las posiciones doctrinarias sobre la materia, véase: Martín Miguel Culaciati, *El Divorcio Contemporáneo, Pasado, Presente y Perspectivas de Futuro*, Ediciones Olejnik, Santiago de Chile, 2018; Ángel Acedo Penco y Leonardo Pérez Gallardo (Coords.), *El Divorcio en el Derecho Iberoamericano*, Biblioteca Iberoamericana de Derecho, Buenos Aires, 2009.

Algunos autores afirman que liberalizar el divorcio contribuye a la desorganización y desunión de la familia cuyas consecuencias negativas padecerán los hijos del matrimonio divorciado. Se sostiene, además, que la facilitación del divorcio no favorece la eliminación del conflicto conyugal sino que lo acrecienta. Que, en fin, el divorcio hace descender al matrimonio de la categoría de institución a la de una "estipulación cualquiera"[38].

Otros autores, por el contrario, sostienen que, en realidad, no es el divorcio *per se* el que fragmenta la estabilidad de la familia, sino otros factores perturbadores que son los que, en definitiva, conducen a los cónyuges a optar por la disolución del vínculo que los une a través del divorcio. De ahí que cuando, por un motivo u otro, cesa la *affectio maritalis*, el matrimonio por coacción impuesto por la sola voluntad de uno de los cónyuges contra la voluntad del otro se convierte en un elemento perturbador y dañino para la paz y el desarrollo armonioso de la familia[39].

En la misma dirección, se afirma que no es saludable para la sociedad y para el núcleo familiar sostener y mantener un matrimonio con evidentes signos de deterioro; por lo cual, cuando se hace evidente la ruptura del matrimonio el Estado debe disolver el vínculo conyugal aplicando un remedio a una situación que de perdurar resultaría altamente perjudicial para los cónyuges, los hijos y la sociedad en general[40]. De ahí que los esposos deben tener la posibilidad de recurrir al divorcio como una solución que en definitiva es socialmente más conveniente que el mantenimiento de una situación irregular, sin que se exija como requisito la alegación de una falta específica a los deberes matrimoniales o la culpa de alguno de los cónyuges.

Por lo demás, la corriente del divorcio solución o remedio ha sido ampliamente receptada en la práctica por nuestros tribunales a partir de las aludidas sentencias de la Sala Constitucional objeto de nuestros comentarios[41]. La jurisprudencia nacional ha sostenido que cuando se

---

38 Al respecto, véase: Mauricio Luis Mizrahi, *Familia, Matrimonio y Divorcio*, Editorial Astrea, Buenos Aires, 2001, p. 164.

39 *Ibíd.*, pp. 224-229.

40 Manuel Espinoza Melet, ob. cit., p. 21.

41 Al respecto, véase, a título ilustrativo: Tribunal Tercero de Primera Instancia de Mediación y Sustanciación de Protección de Niños, Niñas y Adolescentes de la Circunscrip-

hace evidente la ruptura del lazo matrimonial, el Estado debe disolver el vínculo conyugal, aunque no se haya demostrado la existencia de una causal de divorcio, posición esta que ha sido ampliamente acogida en el foro venezolano y ha tenido un gran impacto en nuestros procedimientos.

2. Consideraciones críticas

Las decisiones del Tribunal Supremo de Justicia que liberalizaron el divorcio dieron lugar a una serie de opiniones y comentarios, aprobatorios algunos, pero la mayoría adversos, fundados estos últimos en que la Sala Constitucional, de manera inconstitucional e ilegítima,

---

ción Judicial del Estado Bolivariano de Nueva Esparta, sentencia del 7 de mayo de 2018. Disponible en: http://jca.tsj.gob.ve/DECISIONES/2018/MAYO/2395-7-OP02-J-2018-000137-PJ0392018000175.HTML; Tribunal Segundo de Municipio Ordinario y Ejecutor de Medidas de la Circunscripción Judicial del Área Metropolitana de Caracas, sentencia del 30 de octubre de 2019. Disponible en: http://caracas.tsj.gob.ve/DECISIONES/2019/OCTUBRE/3045-30-AP31-S-2019-001779-.HTML; Tribunal Décimo Cuarto de Municipio Ordinario y Ejecutor de Medidas de la Circunscripción Judicial del Área Metropolitana de Caracas, sentencia del 2 de diciembre de 2020. Disponible en: http://jca.tsj.gob.ve/DECISIONES/2020/DICIEMBRE/3057-2-AP31-S-2020-00224-.HTML; Tribunal Segundo de Municipio Ordinario y Ejecutor de Medidas de los Municipios Maracaibo, Jesús Enrique Lossada y San Francisco de la Circunscripción Judicial del Estado Zulia, sentencia del 17 de enero de 2022. Disponible en: http://caracas.tsj.gob.ve/DECISIONES/2022/ENERO/3027-17-S-3509-01-2022.HTML; Juzgado Primero de Primera Instancia de Mediación Sustanciación y Ejecución de Niños, Niñas y Adolescentes del Estado Lara, sentencia del 7 de febrero de 2022. Disponible en: http://lara.tsj.gob.ve/DECISIONES/2022/FEBRERO/2328-7-KP12-J-2021-000187-38-2022.HTML; Tribunal Décimo Séptimo de Municipio Ordinario y Ejecutor de Medidas de la Circunscripción Judicial del Área Metropolitana de Caracas, sentencia del 8 de agosto de 2022. Disponible en: http://caracas.tsj.gob.ve/DECISIONES/2022/AGOSTO/3060-8-AP31-F-S-2022-001835-PJ0132022000089.HTML; Tribunal Décimo Cuarto de Municipio Ordinario y Ejecutor de Medidas de la Circunscripción Judicial del Área Metropolitana de Caracas, sentencia del 16 de septiembre de 2022. Disponible en: http://zulia.tsj.gob.ve/DECISIONES/2022/SEPTIEMBRE/3057-16-AP31-F-S-2022-715-.HTML; Tribunal Tercero de Municipio Ordinario y Ejecutor de Medidas del Municipio Iribarren de la Circunscripción Judicial del Estado Lara, sentencia del 28 de julio de 2023. Disponible en: http://caracas.tsj.gob.ve/DECISIONES/2023/JULIO/2825-28-KP02-F-2023-000790-.HTML; Tribunal Undécimo de Municipio Ordinario y Ejecutor de Medidas de la Circunscripción Judicial del Área Metropolitana de Caracas, sentencia del 14 de agosto de 2023. Disponible en: http://caracas.tsj.gob.ve/DECISIONES/2023/AGOSTO/3054-14-AP31-F-S-2023-003613-PJ0112021000409.HTML; Tribunal Segundo de Primera Instancia de Mediación, Sustanciación y Ejecución de Protección de Niños, Niñas y Adolescentes de la Circunscripción Judicial del Estado Yaracuy, sentencia del 9 de enero de 2023. Disponible en: http://jca.tsj.gob.ve/DECISIONES/2023/ENERO/2521-19-UP11-J-2022-000390-.HTML.

usurpando las funciones legislativas de la Asamblea Nacional, sancionó una reforma de la ley, en este caso del Código Civil, en materia de divorcio[42].

1. Por nuestra parte consideramos que, efectivamente, la Sala Constitucional invadió la esfera de competencia legislativa de la Asamblea Nacional, actuando en esta materia como legislador positivo, en ejercicio de la llamada jurisdicción normativa, para reformar el régimen legal del divorcio establecido en el Código Civil, primero, modificando el procedimiento de divorcio fundado en la separación prolongada de hecho y, luego, declarando que las causales "únicas" de divorcio contenidas en el artículo 185 del Código Civil no son taxativas; por lo cual, cualquiera de los cónyuges puede ahora demandar el divorcio por las causales previstas en dicha disposición legal o por cualquier otro motivo que estime impida la continuación de la vida en común.

Del mismo modo, la Sala de Casación Civil, mediante la sentencia N°136 del 30 de marzo de 2017 antes comentada, usurpó la función propia y exclusiva de la Asamblea Nacional al legislar en las materias de la competencia nacional previstas en el artículo 156(32) de la Constitución, y "determinar el procedimiento de divorcio, por separación de cuerpos y separación de hecho por más de cinco años, desafecto y/o incompatibilidad de caracteres (Articulo 185-A del Código Civil) a seguir por el cónyuge interesado en obtener una sentencia con esta finalidad", violando la reserva legal sobre la regulación de los procedimientos,

---

[42] En favor de la facilitación del divorcio a través de sentencias de la Sala Constitucional: Ramón Escovar León, "Reflexiones sobre la reinterpretación del Artículo 185-A del Código Civil", en *Libro Homenaje a la Academia de Ciencias Políticas y Sociales en el Centenario de su Fundación 1915-2015*, Tomo III, Academia de Ciencias Políticas y Sociales, Caracas, 2015, pp. 2257-2270; María Candelaria Domínguez Guillén, *Instituciones Fundamentales de Derecho Civil*, Centro Latinoamericano de Estudios e Investigaciones Jurídicas, Caracas, 2019, pp. 255-257; María Cristina Parra, *La inconstitucionalidad del Código Civil,* 28 de mayo de 2014. Disponible en: https://vocesvitalesvenezuela.org/site/?p=1329. En contra: Allan R. Brewer-Carías, ob. cit., p. 10; Antonio Silva Aranguren, "La Asamblea Nacional como Amanuense de la Sala Constitucional", en *Revista de Derecho Público,* N° 142 (abril-junio 2015), Editorial Jurídica Venezolana, pp. 202-205; Fernando Sanquírico Pittevil, "El Principio *expressio unius est exclusio alterius* en el artículo 185 del CC y la Sentencia de la Sala Constitucional del TSJ Correa Rampersad", en *Revista de la Facultad de Ciencias Jurídicas y Políticas de la Universidad Monteávila Derecho y Sociedad,* N° 12, Universidad Monteávila, Caracas, 2016, pp. 241-248.

consagrada en el artículo 156(32) de la Constitución Nacional, el principio de la separación de poderes establecido en el artículo 136 de la Constitución y el principio de legalidad previsto en el artículo 137 de la Constitución.

En efecto, de acuerdo con la Constitución, corresponde en forma exclusiva a la Asamblea Nacional legislar en las materias de la competencia nacional (art. 187(1)) entre las cuales está sancionar la legislación civil y de procedimientos (art. 156(32)). Esta competencia, como es bien sabido, solo se puede ejercer según el procedimiento de formación de las leyes establecido en los artículos 204 y siguientes de la Constitución. Las leyes, además, como es también harto conocido, solo pueden ser reformadas o derogadas, total o parcialmente, por otras leyes (art. 218).

Todas estas disposiciones de la Constitución fueron violadas por la Sala Constitucional y la Sala de Casación Civil mediante las sentencias comentadas en esta ponencia que reformaron el Código Civil ampliando las causales únicas de divorcio contenidas en los artículos 185 y 185-A del Código Civil, y modificando su régimen procesal; además, todo ello sin cumplir con la obligación que le impone el artículo 201 de la Constitución al legislador ordinario de realizar siempre una consulta popular y, en esta materia relativa a la estabilidad de la familia, en especial consultar a los órganos y entes especializados del Estado que conforman el Sistema Rector Nacional para la Protección Integral de los Niños, Niñas y Adolescentes, a los ciudadanos y a la sociedad organizada para oír su opinión sobre estos asuntos.

Con estos precedentes, el Tribunal Supremo de Justicia al legislar sobre materias de la reserva legal, en usurpación de las facultades legislativas propias de la Asamblea Nacional, violó de manera ilegal e ilegítima, el principio de separación de poderes, que es uno de los presupuestos para el mantenimiento del Estado de Derecho y la democracia representativa, con el agravante de que la actuación de la Sala Constitucional no es susceptible de control jurisdiccional alguno. Mediante estas decisiones por las cuales la Sala Constitucional y la Sala de Casación Civil modificaron disposiciones del Código Civil en materia de divorcio sin que exista una previa declaratoria de nulidad de las mismas, se infringe el artículo 218 de la Constitución según el cual "las leyes se derogan por otras leyes y se abrogan por referendo, salvo las excepciones establecidas en esta Constitución".

2. Las sentencias dictadas por la Sala Constitucional, en ejercicio de la llamada jurisdicción normativa, que modificaron por vía jurisprudencial disposiciones expresas del Código Civil sobre el divorcio sustituyéndolas por otras que se adaptan más, en su criterio, a la Constitución no tienen en Venezuela ninguna base constitucional. Calificada doctrina nacional sostiene que, en caso de que el juez constitucional constate la necesidad de que una disposición legal sea modificada a fin de adecuarse a la Constitución:

> debe ejercer la atribución de control de omisiones legislativas que le otorgan la Constitución de 1999 y la Ley Orgánica del Tribunal Supremo de Justicia, bien a través de la demanda de inconstitucionalidad por omisión, bien a través del control incidental por omisión, y en esta medida, debe ordenar al órgano legislativo en mora a que, en un plazo determinado y siguiendo los lineamientos generales que establezca la sentencia, proceda... a modificar el sentido y alcance de la norma legal para adaptarla a la Constitución, y mientras tanto se difieren los efectos de la sentencia anulatoria, esto es, se declara la nulidad del precepto pero ella surtirá efecto a partir de un término posterior, que es el que se le concede al legislador para modificarlo.
> Por más loable que sea la intención de dar solución inmediata a una situación concreta de acomodar directamente los preceptos legales para adaptarlos a la Constitución, el juez constitucional no debe, en modo alguno, sustituirse al órgano legislativo a través de la sentencia y dictar él la norma jurídica, ni aún siquiera en los casos en que exista urgencia en el restablecimiento de la efectividad constitucional, caso en el cual, se dijo ya, podrán dictarse medidas provisionales o cautelares, tal como lo permite expresamente el artículo 19, párrafo 11 de la Ley Orgánica del Tribunal Supremo de Justicia[43].

De manera que, de acuerdo con la Constitución, cuando la Sala Constitucional, en el ejercicio del control concentrado o incidental de

---

43 Daniela Urosa Maggi, *La Sala Constitucional del Tribunal Supremo de Justicia como Legislador Positivo*, Academia de Ciencias Políticas y Sociales, Caracas, 2011, pp. 217-218.

constitucionalidad de las leyes, advierta que una ley colide con la Constitución, lo procedente es que declare su nulidad total o parcial (o su desaplicación en el caso concreto) (Constitución Nacional, art. 334 *in fine*) y, para garantizar el cumplimiento de la Constitución, ordene al órgano legislativo que modifique el texto legal para adaptarlo a la Constitución estableciendo el plazo y, en su caso, los lineamientos constitucionales para su corrección (art. 336(7)).

A la Sala Constitucional, por supuesto, le corresponde también, en su rol de máximo intérprete de la Constitución (art. 335 *in fine*), interpretar las normas constitucionales incluso con carácter vinculante, pero ello tampoco la autoriza a legislar. Por consiguiente, al interpretar la Constitución y fijar la "interpretación constitucionalizante" de una norma, la Sala Constitucional no puede dictar disposiciones legales o modificar y reformar las que estén contenidas en las leyes sancionadas por la Asamblea Nacional[44]. Como expresa Brewer-Carías:

> En todo caso, en su labor de interpretar la Constitución, la Sala Constitucional no puede sustituirse en el pueblo, es decir, no puede crear nuevas normas constitucionales no previstas en el Texto o que no resulten de la integración de sus normas, ni puede modificarlas, estableciendo, por ejemplo, excepciones no previstas en ellas; así como tampoco puede dictar normas legales o modificar o reformar las que estén contenidas en las leyes sancionadas por la Asamblea Nacional.
>
> El juez constitucional nunca puede ser legislador; puede anular las leyes con efectos *erga omnes*, eliminándolas del ordenamiento jurídico, con efecto similar a la derogación como si fuera un "legislador negativo" (H. Kelsen); pero nunca puede ser un "legislador positivo" que dicta normas.
>
> De hacerlo, no solo incurriría en usurpación de autoridad por la usurpación de las funciones legislativas que corresponden a la Asamblea Nacional, lo que haría de la sentencia un acto nulo e ineficaz (art. 138 C), sino que violaría el principio democrático que impone que la "ley" solo puede ser emanación de los órganos del Estado integrados por representantes del pueblo, elegidos mediante votación popular. Es decir, al determinar la

---

44 *Ibíd.*, pp. 196-197.

> interpretación de una norma, la Sala no puede crear nuevas normas o reformar o derogar las que están expresamente en la ley.
>
> . . .
>
> En todo caso, además, puede interpretar las normas constitucionales incluso con carácter vinculante, pero ello no la autoriza a legislar...
>
> . . .
>
> [L]o que debe quedar claramente precisado es que la Sala Constitucional no puede pretender por la vía de interpretación de la Constitución sustituir las funciones de los otros Poderes Públicos, ni asumir las tareas del Legislador ni de la Administración[45].

En ningún caso corresponde pues a la Sala Constitucional dictar ella misma la norma legal sustituyéndose al órgano legislativo ni tampoco señalarle su contenido específico, puesto que si así lo hiciere violaría los principios de separación de poderes y reserva legal, usurpando las funciones privativas de la Asamblea Nacional[46].

Pues bien, esto fue precisamente lo que hizo la Sala Constitucional cuando modificó mediante sentencias vinculantes el régimen legal del divorcio imperante en Venezuela. Al fijar la Sala criterios vinculantes generales y abstractos de interpretación de los artículos 185 y 185-A del Código Civil modificando la redacción del texto legal, se sustituyó en el órgano legislativo y a través de sus "sentencias interpretativas" dictó ella misma las nuevas normas generales de derecho, sustantivas y adjetivas, aplicables al divorcio que, en su criterio, se adaptaban mejor a la Constitución. Sencillamente la Sala, por la vía de interpretar la Constitución y fijar la "interpretación constitucionalizante" de las disposiciones legales sobre el divorcio contenidas en el Código Civil, ha legislado creando nuevas normas diferentes de las contenidas en nuestra legislación civil. Esto constituye una evidente usurpación de autoridad.

3. Pero además de las consideraciones constitucionales expuestas en los numerales 1) y 2) precedentes, tampoco compartimos el funda-

---

45 Allan R. Brewer-Carías, *Tratado de Derecho Constitucional: Justicia Constitucional y Jurisdicción Constitucional,* Tomo XII, Fundación Estudios de Derecho Público, Editorial Jurídica Venezolana, Caracas, 2017, pp. 1105-1107.

46 José Ignacio Hernández, "Breves comentarios…", cit., pp. 141-142.

mento de las sentencias del Tribunal Supremo de Justicia que establecieron el divorcio libre e ilimitado, así como su procedimiento *express*.

Como se dijo, estas sentencias parten de la base de que el matrimonio es un "contrato civil solemne" que se funda en el libre consentimiento y así como no puede obligarse a alguien a contraer matrimonio, nadie puede ser obligado a permanecer casado; por lo que si una persona desea la disolución del vínculo matrimonial puede hacerlo instando el divorcio por cualquier circunstancia que, a su juicio, impida la vida conyugal común. Lo contrario, en criterio de la Sala Constitucional, afectaría el derecho que tiene toda persona al libre desenvolvimiento de su personalidad, a adquirir un estado civil distinto y a la tutela judicial efectiva reconocidos en los artículos 21 y 26 de la Constitución.

A nuestro modo de ver, tal criterio es total y absolutamente erróneo, como lo ponen en evidencia las siguientes consideraciones.

(i) Es un principio generalmente admitido en la doctrina jurídica moderna, tanto nacional como extranjera, que el matrimonio no es un contrato sino una institución que está configurada por un conjunto de reglas que deben ser respetadas so pena de que se desvirtúe su esencia[47]. Contraer matrimonio es algo muy distinto a comprar un bien, celebrar un contrato de mandato, constituir una sociedad o arrendar un bien inmueble. El matrimonio carece de las notas elementales y características propias de los contratos debido a que los efectos del matrimonio se encuentran definidos en la ley[48]. El denominado *estatuto matrimonial*, salvo por lo que respecta al régimen patrimonial de los cónyuges, queda enteramente sustraído a la voluntad de los contrayentes y está determinado de forma imperativa por la legislación aplicable (arg.: *ex* art. 142 del Código Civil).

La tesis contractualista del matrimonio que estuvo muy en boga entre los canonistas tropieza pues con obstáculos y contradicciones de muy difícil superación. Lo que sucede, como afirma López Herrera, es

---

47 Sobre el particular véase, en la doctrina patria contemporánea, Enrique Urdaneta Fontiveros, *Régimen Jurídico de la Exceptio Non Adimpleti Contractus*, Academia de Ciencias Políticas y Sociales, Caracas, 2013, p. 82 y la doctrina ahí citada.

48 Carlos Lasarte y Belén Sáinz-Cantero, *Derecho de Familia. Principios de Derecho Civil V*, Vigésima edición revisada y actualizada con la colaboración de Patria López Peláez y María del Mar Heras Hernández, Marcial Pons, Madrid, 2022, pp. 23-24.

que tanto el matrimonio como el contrato son negocios jurídicos bilaterales, pero excepción hecha del necesario consentimiento de las partes, las normas y principios característicos del contrato, no tienen vigencia en cuanto al matrimonio; y a la inversa, las reglas propias y específicas del matrimonio, no se aplican a los contratos[49]. Es erróneo, pues, pretender asimilar, como lo hace la Sala Constitucional, el régimen del matrimonio al de los contratos.

Pero adicionalmente, aun en materia de contratos bilaterales, no puede una sola de las partes desligarse unilateralmente del contrato sino en los casos previstos por la ley y previo el cumplimiento de los requisitos sustantivos y adjetivos legalmente establecidos. En efecto, el artículo 1159 del Código Civil consagra la imposibilidad jurídica de pretender la disolución de un contrato por voluntad unilateral[50]. Es erróneo pues invocar la tesis del matrimonio-contrato para fundamental el divorcio libre.

(ii) Por otra parte, cuando el artículo 77 de la Constitución Nacional dice que se protege el matrimonio fundado en el libre consentimiento, lo que es objeto de reconocimiento constitucional es el derecho o la libertad de contraer matrimonio, no el derecho a descasarse el cual solo tiene un origen y reconocimiento legales, no supralegal o constitucional. La lógica consecuencia de la libertad o derecho a contraer matrimonio es el derecho a no casarse, pero no la libertad de descasarse y, por ello, la Constitución, inmediatamente después de consagrar la protección del matrimonio fundado en el libre consentimiento, legitima las uniones estables de hecho (Constitución Nacional, art. 77), reconociendo la decisión de un hombre y una mujer de convivir *more uxorium* sin contraer matrimonio.

(iii) El matrimonio requiere en el acto de la celebración el acuerdo de las partes de tomarse recíprocamente por marido y mujer y el deseo de compartir la vida con el otro cónyuge, sin lo cual no puede surgir la unión matrimonial. De modo que el matrimonio solo puede existir cuando los contrayentes han consentido en él en forma expresa, pura

---

[49] Francisco López Herrera, ob. cit., Tomo I, p. 219.

[50] José Mélich-Orsini, *Doctrina General del Contrato*, 5ta edición, Academia de Ciencias Políticas y Sociales, Caracas, 2012, p. 434.

y simple, y seria. Es por ello que el funcionario que autoriza con su presencia la celebración del matrimonio solo puede declarar a los contrayentes unidos en matrimonio después del acuerdo de las partes de tomarse recíprocamente por marido y mujer (Código Civil, art. 88). El legislador procura también que el matrimonio sea expresión del libre consentimiento de las partes del mismo y para impedir toda coacción sobre la voluntad matrimonial autoriza a cualquiera de los novios comprometidos a romper, por cualquier motivo, su promesa matrimonial (Código Civil, art. 41). Además, para garantizar la sanidad del consentimiento, se establece que los vicios de la voluntad de los contrayentes afectan la validez del matrimonio celebrado, en los términos que señala la ley (Código Civil, art. 49).

Pero la circunstancia de que la intención o el consentimiento matrimonial de uno o ambos cónyuges desaparezca no implica la extinción del matrimonio el cual, de acuerdo con el Código Civil, para su disolución en vida de los esposos requiere que exista alguna de las causales tipificadas en la ley (Código Civil, art. 185 y 185-A)[51]. Esto es lo que dice la prescripción legal. Se puede estar de acuerdo o no con el contenido de la norma, pero no puede el juez -como lo hizo la Sala Constitucional- darle una redacción contraria a la expresada en el propio texto legal de acuerdo con la intención y el propósito del legislador; y mucho menos cuando se trata de una disposición perfectamente clara y precisa como el artículo 185 del Código Civil. La determinación del legislador no puede ser alterada ni cambiada por la autoridad judicial toda vez que, como se dijo, esta carece de facultades legislativas. No le corresponde al juez dedicarse a determinar a su antojo cuáles son las causales de divorcio.

(iv) En contra de ello no cabe aducir, como lo hizo la Sala Constitucional, que según el artículo 20 de la Constitución, "toda persona tiene derecho al libre desenvolvimiento de su personalidad", puesto que dicho principio constitucional está a su vez limitado por el "derecho de los demás y el orden público y social"; y todo lo relativo a las causales que hacen procedente el divorcio de acuerdo con la ley, ya lo hemos dicho, es materia de riguroso orden público.

---

51 María Candelaria Domínguez Guillén, *Manual de Derecho de Familia*... cit., p. 151; Manuel Espinoza Melet, ob. cit., pp. 42-44.

En el estado actual de nuestra legislación, rige el principio de que las normas del Derecho de Familia están conformadas en general por reglas de orden público inexcusable, cuyo contenido se encuentra predeterminado y se funda en el carácter institucional de la familia[52]. Aunque se trate de la vida íntima y familiar, nuestro Código Civil, por consideraciones de orden público y social, se decantó por restringir el juego de la autonomía de la voluntad en las normas relativas a las relaciones familiares. Estando en juego instituciones como el matrimonio y la familia que el Estado y la sociedad consideran fundamentales para su desarrollo, el legislador ha marcado la limitación de la libertad y de los derechos en general de las personas, incluyendo el del libre desarrollo de la personalidad[53].

(v) Como es bien sabido, la materia que atañe al orden público está sustraída a la autonomía de la voluntad de acuerdo con lo dispuesto en el artículo 6 del Código Civil. Además, el artículo 29,2 de la Declaración Universal de Derechos Humanos consagra al orden público, además de los derechos de los demás y el bienestar general, como límite al ejercicio de los derechos y libertades. Precisamente por su naturaleza de orden público, no puede el intérprete y mucho menos el juez ampliar las causales de divorcio consagradas al efecto y de manera taxativa por el Código Civil, so pretexto de que de otra forma se lesionaría el libre desenvolvimiento de la personalidad.

Desde luego, la noción de orden público puede variar en cada contexto espacial y temporal[54]. Principios o normas que en una época determinada son de orden público pueden después dejar de serlo, puesto que la sociedad se enfrenta día a día a transformaciones diversas que modulan sus instituciones e inciden en las normas que las regulan. Todo esto puede traer como consecuencia de *lege ferenda* la incorporación en mayor medida de la autonomía de la voluntad en la resolución de los

52 Francisco López Herrera, ob. cit., Tomo I, p. 28.

53 María Candelaria Domínguez Guillén, "Alcance del artículo 20 de la Constitución de la República Bolivariana de Venezuela (libre desenvolvimiento de la personalidad)", en *Revista de Derecho*, N° 13, Tribunal Supremo de Justicia, Caracas, 2004, p. 32-33.

54 María Petzold Rodríguez, "La noción de orden público en el Derecho Civil venezolano – doctrina y jurisprudencia", en *Revista de la Facultad de Ciencias Jurídicas y Políticas*, N° 110, Universidad Central de Venezuela, Caracas, 1998, p. 215; Martín Miguel Culaciati, ob. cit., p. 156.

conflictos familiares y la ampliación del ámbito de la libertad de las personas en lo relativo al ejercicio de la facultad de solicitar la disolución del matrimonio.

En cualquier caso, la decisión respectiva corresponde al legislador pudiendo este, si así lo estima conveniente en un momento determinado, optar por abandonar el sistema causalista de divorcio consagrado en el Código Civil según el cual los cónyuges para incoar la acción de divorcio tienen que acreditar la preexistencia de alguna de las causas establecidas en la ley. Puede también incluso contemplar que los cónyuges no tengan que alegar razón alguna para fundamentar su solicitud de divorcio, ni cuando actúan de común acuerdo, ni cuando lo plantea uno solo de ellos. En resumidas cuentas, la configuración legislativa concreta del divorcio dependerá en un momento determinado de cuáles sean los criterios que establezca el legislador al respecto[55].

(vi) El divorcio afecta la normalidad y la estabilidad del matrimonio que el Estado está en el deber de proteger (Constitución, art. 77). La voluntad entra en juego si la ley o la propia naturaleza del instituto lo permite. Por lo cual, como se dijo, la intención de disolver el vínculo solo tiene relevancia cuando goza de reconocimiento legal y en las condiciones, límites y extensión que señala la ley.

Como afirma la profesora Edilia De Freitas:

> para su disolución a través de la muerte o el divorcio, no está sujeto a la voluntad de la persona crear otra forma de extinción diferentes a las previstas en el artículo 184 del Código Civil. El matrimonio es fundamental para el orden jurídico; la intención interviene en la medida que la propia ley lo permita. Así juega la intención al contraer matrimonio o al divorciarse por las causales previstas en la ley[56].

Es evidente que, al permitirse el divorcio unilateral o el divorcio libre al margen de las causales que consagra la ley, el matrimonio deja de ser un vínculo estable conforme a la ley, lo cual atenta contra la

---

55 Carlos Lasarte y Belén Sáinz-Cantero, ob. cit., p. 98.

56 Edilia De Freitas, "La autonomía de la voluntad en el derecho de la persona natural", en *Revista Venezolana de Legislación y Jurisprudencia*, N° 1, Caracas, 2013, pp. 124-125.

institución familiar a la que el Estado igualmente debe protección (Constitución, art. 75)[57].

(vii) Respecto a que la limitación de las causales de divorcio lesiona el derecho constitucional de las personas a adquirir un estado civil distinto, olvidó la Sala Constitucional que el estado civil también es un asunto que interesa al orden público. Por lo cual, la voluntad de los particulares en la adquisición, modificación o extinción de estados civiles mediante el ejercicio de las respectivas acciones de estado, solo interviene y puede producir efecto en la medida en que la propia ley le da intervención[58]. En otras palabras, no rige tampoco aquí el principio de la autonomía de la voluntad. No existe, por tanto, un derecho constitucional absoluto e ilimitado a adquirir un estado civil diferente sino que, como todas las libertades, esta también está sujeta a las limitaciones establecidas en la ley. En fin, el ordenamiento jurídico impone las posibilidades de actuación de la persona en materia de estados civiles.

(viii) Tampoco vale aducir que limitar la admisión de la demanda de divorcio por las causales que señala la ley, como lo hace el artículo 755 del Código de Procedimiento Civil, lesiona el derecho a la tutela judicial efectiva.

Desde luego, toda persona puede acceder a los órganos de la administración de justicia para hacer valer sus derechos e intereses (Constitución, art. 26). El derecho de acceso a los órganos jurisdiccionales a través de la acción es la primera garantía de la tutela judicial efectiva a que se refiere la precitada norma constitucional. El contenido de ese derecho, se afirma, consiste en obtener un pronunciamiento judicial que reconozca o no el derecho del accionante.

Naturalmente, lo anterior no implica ni mucho menos que los órganos judiciales no puedan dictar resoluciones que, sin entrar en el

---

57 José Ignacio Hernández, "Breves comentarios...", cit., p. 137. Agrega este autor que "la sentencia [refiriéndose a la sentencia N° 693/2015 de la Sala Constitucional] se aparta del principio de 'ponderación', pues interpreta el divorcio solo desde la perspectiva de la libertad, obviando la interpretación del divorcio desde la necesaria protección de la familia." *Ibíd.*, p. 140. En nuestro concepto, ciertamente, faltó en esta sentencia una ponderación adecuada de los valores constitucionales en juego a través de un ejercicio serio de argumentación jurídica.

58 Al respecto, véase: José Luis Aguilar Gorrondona, *Derecho Civil I Personas*, 21 edición, Universidad Católica Andrés Bello, Caracas, 2008, pp. 76-77.

fondo del asunto, pongan fin al proceso al apreciar que no se cumplen los requisitos legalmente exigibles para obtener una decisión sobre el fondo del asunto. Una resolución de inadmisión es, al menos en principio, compatible con el artículo 26 de la Constitución. Como afirman Bello Tabares y Jiménez Ramos, para satisfacer el derecho a la tutela jurisdiccional:

> el pronunciamiento judicial... puede ser acogiendo la tesis del accionante, desestimándola, incluso negando la admisión de la pretensión del accionante, situación esta última que también satisface el derecho de acción, pues hubo un pronunciamiento judicial producto del ejercicio del derecho de acción[59].

Desde luego, el juez no puede impedir el acceso a la jurisdicción por causas que no están legalmente previstas. Pero el derecho de acceso al proceso y a obtener una sentencia sobre el fondo del asunto puede quedar condicionado a la satisfacción de los requisitos establecidos por el legislador para salvaguardar otros bienes o intereses dignos de protección. Lo que no es admisible, constitucionalmente hablando, es que estos requisitos que determinan el acceso a la jurisdicción respondan al simple capricho del legislador o que las cargas exigidas al litigante resulten desproporcionadas puestas en relación con la salvaguarda de los otros bienes o derechos que se pretende proteger mediante tales impedimentos[60].

La propia Sala Constitucional ha dejado establecido que el derecho a la tutela judicial efectiva entra en juego cumplidos como hayan sido los requisitos establecidos en las leyes adjetivas siempre y cuando, desde luego, no se trate de meros formalismos que impidan el acceso a la justicia, lo cual claramente no es el caso. En palabras de la Sala Constitucional:

---

59 Humberto Bello Tabares y Dorgi Jiménez Ramos, *Tutela Judicial Efectiva y otras Garantías Constitucionales Procesales*, Ediciones Paredes, Caracas, 2004, p. 35.

60 Alicia González Alonso, "La Tutela Jurisdiccional de los Derechos del Artículo 24.1 de la Constitución Española", tesis doctoral, marzo de 2012, pp. 161-164. Disponible en: https://biblioteca.corteidh.or.cr/tablas/r38315.pdf.

> el derecho a la tutela judicial efectiva... comprende... el derecho a que, cumplidos los requisitos establecidos en las leyes adjetivas, los órganos judiciales conozcan el fondo de las pretensiones de los particulares y, mediante una decisión dictada en derecho, determinen el contenido y la extensión del derecho deducido, de allí que la vigente Constitución señale que no se sacrificará la justicia por la omisión de formalidades no esenciales[61].

También el Tribunal Constitucional español, apoyándose en calificada doctrina sobre la materia, en un fallo al cual curiosamente se refiere la Sala Constitucional en la aludida sentencia N°693 para fundamentar la pretendida lesión a la tutela judicial efectiva cuando solo se admite la demanda de divorcio por las causales tipificadas en la ley, declaró que una resolución de inadmisión que impide un examen de fondo es un principio constitucionalmente admisible que no lesiona el derecho a la tutela jurisdiccional. En efecto, en la sentencia del Tribunal Constitucional español a que alude la Sala, se reproduce el siguiente párrafo de la obra del renombrado tratadista Jesús González Pérez:

> El derecho a la tutela judicial efectiva se satisface igualmente cuando los órganos judiciales dictan resoluciones apreciando la concurrencia de un motivo legalmente previsto que impide el examen del fondo, de tal forma que una resolución de inadmisión o meramente procesal es un principio constitucionalmente admisible, si bien la interpretación judicial del correspondiente obstáculo... no impida la cognición del fondo de un asunto sobre la base de meros formalismos o de entendimiento no razonables de las normas procesales (Vid. Jesús Gonzáles Pérez, El derecho a la Tutela Jurisdiccional, Editorial Civitas, 3ra edición, 2001, p. 37).

En resumidas cuentas, para preservar fines constitucionalmente protegidos, el legislador puede perfectamente exigir a los litigantes el cumplimiento de requisitos para el acceso al proceso siempre y cuando,

61 Sala Constitucional del Tribunal Supremo de Justicia, sentencia N° 708 del 10 de mayo de 2001. Disponible en: http://historico.tsj.gob.ve/decisiones/scon/mayo/708-100501-00-1683.HTM.

por supuesto, los mismos no resulten irrazonables, arbitrarios o desproporcionados. Es lo que precisamente ha hecho el legislador en los artículos 185 y 185-A del Código Civil y 755 del Código de Procedimiento Civil. Por lo cual, carece de fundamento en derecho sostener, como lo hizo la Sala Constitucional, que limitar la admisión de la demanda de divorcio por las causales que señala la ley lesiona el derecho a la tutela judicial efectiva.

Tal y como lo expresó el profesor Edison Varela, al comentar la aludida sentencia N°693 de la Sale Constitucional, sostener que:

> las causales taxativas de divorcio, al representar motivos para la admisión de la demanda, vulneren el referido derecho fundamental [a la tutela judicial efectiva] es tanto como sostener que no conocer de una pretensión de amparo porque no se agotó la vía procesal ordinaria para la reparación quebranta la tutela judicial, o que las causales de admisión de los recursos, las limitaciones temporales para intentar la acción producto de la perención o desistimiento, los supuestos de obligaciones naturales, la cláusula de arbitraje, la declaración de cuestiones previas o preliminares, y cualquier pronunciamiento que lo sea de forma y no de fondo transgrediría el referido derecho, lo cual es evidentemente un contrasentido.
>
> Así pues, no se atina a captar cómo puede racionalmente justificarse la eliminación de las causales taxativas de divorcio en una inexistente contradicción con el derecho a la tutela judicial efectiva. Ciertamente, es muy grave que la sentencia convierta al juzgador en constituyente y haga decir a la Constitución lo que no dice[62].

Compartimos el criterio antes expuesto.

(ix) Por último, la Sala Constitucional cuando describe los inconvenientes del sistema causalista de divorcio, para favorecer la incorporación en nuestro ordenamiento de un régimen de divorcio libre, en su sentencia N°693 tantas veces mencionada, dedica muchas páginas para

---

62 Edison Varela Cáceres, "La última sentencia de divorcio de la Sala Constitucional (comentarios a la sentencia N° 693 de fecha 02 de junio de 2015)", en *Revista Venezolana de Legislación y Jurisprudencia*, N° 6, Caracas, 2016, p. 170.

referirse a las tendencias legislativas contemporáneas desarrolladas en otras naciones que, basadas en la concepción del divorcio remedio, han liberalizado el divorcio y flexibilizado el procedimiento para su obtención. Menciona a Australia, España, Perú, Argentina y México como ejemplos de algunos países que han consagrado en sus respectivos ordenamientos el divorcio por mutuo consentimiento, por incompatibilidad de caracteres e incluso por voluntad de uno solo de los cónyuges a través de un procedimiento de divorcio breve y sumario, incluso por vía administrativa.

A nuestro juicio, este argumento carece de valor. Se trata sencillamente de que los legisladores de estos países -porque así lo estimaron conveniente- optaron por relajar o atemperar el principio de la estabilidad del matrimonio y flexibilizar el divorcio modificando sus respectivas legislaciones sobre la disolución del vínculo conyugal en vida de los esposos, para pasar de un sistema en el cual el divorcio es procedente solo por las causas señaladas en la ley (*divorcio causal*) a un sistema en el cual el divorcio procede cuando es solicitado por ambos cónyuges o por uno de ellos sin que sea necesario que exista una causa legalmente prevista (*divorcio consensual o divorcio libre*). De manera que los ejemplos utilizados por la Sala Constitucional son inapropiados, puesto que la legislación civil venezolana no es igual a la australiana, española, peruana, argentina o mexicana.

Por lo que a Venezuela concierne, en nuestra legislación civil se estableció que el divorcio solo es procedente por las causas señaladas en la ley porque existe, en el estado actual de nuestra legislación, un interés de orden público en velar por la estabilidad del matrimonio y este principio resulta gravemente afectado cuando el Juez Constitucional "interpreta" el artículo 185 del Código Civil en un sentido totalmente contrario al que resulta evidente del texto de la ley y la intención del legislador. Por consiguiente, es contrario a derecho introducir, por vía jurisprudencial, el divorcio libre en nuestro ordenamiento sobre la base de las ventajas del sistema del divorcio remedio o solución que han adoptado otros países en sus respectivas legislaciones.

VI. COMENTARIO FINAL

Queremos concluir esta exposición señalando que ciertamente las tendencias actuales del Derecho de Familia, en lo relativo al matrimonio, se orientan en el sentido de facilitar –por razones perfectamente atendibles– su disolución por medio del divorcio ampliando el radio de la libertad en este campo para hacer prevalecer la voluntad de los cónyuges que deciden poner fin a su matrimonio. Lamentamos, sin embargo, que entre nosotros se hayan introducido estos cambios mediante sentencias del Tribunal Supremo de Justicia que han reformado el Código Civil en materia de divorcio puesto que, por un lado, esto significa una usurpación de las funciones legislativas exclusivas de la Asamblea Nacional y, por el otro, representa una profunda modificación de las estructuras básicas del Derecho Familiar venezolano, contenidas en nuestro Código Civil, realizada sin suficiente estudio, meditación y ponderación.

En efecto, se ha admitido por vía jurisprudencial no solo el divorcio por mutuo consentimiento sino también el divorcio por la mera voluntad de uno de los cónyuges, el cual en la práctica impone al otro su decisión de disolver el matrimonio en cualquier momento, sin necesidad de acreditar ninguna situación objetiva de cese efectivo de la vida en común. En nuestro concepto, ello afecta gravemente la estabilidad del matrimonio cuya protección queda totalmente olvidada con el establecimiento del divorcio libre e ilimitado.

DERECHO COMPARADO

CONSIDERACIONES GENERALES SOBRE LA ALTERACIÓN SOBREVENIDA DE LAS CIRCUNSTANCIAS CONTRACTUALES EN EL DERECHO COMPARADO*

SUMARIO

* Estudio publicado originalmente en la obra colectiva Estudios sobre la Pandemia del COVID-19, AA.VV., Academia de Ciencias Políticas y Sociales, Editorial Jurídica Venezolana Internacional, Caracas, 2020, Coordinadores Allan R. Brewer-Carías y Humberto Romero-Muci. Recoge la versión escrita de la exposición del autor el 4 de junio de 2020 en el Foro sobre la Teoría de la Imprevisión a la llegada del COVID-19 organizado por la Academia de Ciencias Políticas y Sociales.

I. INTRODUCCION

Puede ocurrir que el COVID 19, o las medidas gubernamentales adoptadas para contener y evitar el contagio de la enfermedad, no determinen una imposibilidad absoluta de cumplir el contrato, sino que tornen su ejecución excesivamente onerosa. Por ejemplo, el deudor de un contrato de suministro que para poder atender los pedidos de sus clientes, ante el cierre parcial de las fronteras o una medida de cuarentena, tenga que adquirir los productos en otros países a precios muy superiores con lo cual se encarece desmedidamente el costo de su prestación; o una empresa que se haya comprometido a construir una planta industrial en un país cuyas autoridades hayan adoptado nuevas reglas de seguridad o sanitarias para evitar el contagio de la enfermedad. Las nuevas reglas imponen el rediseño de las instalaciones u obligan al constructor a adquirir nuevos equipos, maquinarias o componentes adicionales para satisfacer las exigencias gubernamentales, con lo cual su prestación se vuelve excesivamente onerosa. En esta exposición me referiré –en forma sumaria– a las soluciones que ofrece el Derecho comparado para enfrentar situaciones como las antes descritas en la contratación civil y mercantil.

II. LA IMPREVISIÓN CONTRACTUAL EN EL *COMMON LAW*

El *Common Law* no consagra un régimen legal favorable a la resolución del contrato con la consiguiente liberación del deudor, o a la revisión de las cláusulas contractuales, en caso de cambio de circunstancias, excesiva onerosidad o *hardship*.

1. Derecho inglés

En el Derecho inglés, como principio de carácter general, el hecho de que la ejecución del contrato se vuelva más onerosa, incluso notablemente más onerosa, no sobrevengan hechos imprevistos que le impongan sacrificios mucho mayores, en razón de la aplicación estricta del principio pacta *sunt servanda* o *sanctity of the contract*, el deudor tiene que cumplir el contrato.

La regla *absolute contracts* que se mantuvo inalterada durante mucho tiempo tuvo su máxima expresión en la decisión dictada por el *King's Bench* el 26 de marzo de 1647 en el célebre caso *Paradine v. Jane*[1]. Los hechos que dieron lugar a esta decisión hacen referencia a un contrato por el cual Paradine había dado en arrendamiento unas tierras a Jane y le reclamaba el pago de los cánones atrasados. El arrendatario demandado alegó que las tierras habían sido invadidas por el príncipe Rupert de Alemania durante la Guerra Civil, lo que le había impedido aprovecharlas. En su decisión, el Alto Tribunal obligó al arrendatario a cumplir no obstante haberse hecho imposible el cumplimiento por un hecho absolutamente fuera del control del deudor. Como esta situación no había sido contemplada en el contrato como un riesgo asumido por el arrendatario, el tribunal lo condenó a pagar los cánones adeudados. En su decisión el *King's Bench* dejó establecido que "la parte que mediante su propio contrato crea una obligación o carga sobre sí, está obligada a cumplirla si puede, a pesar de cualquier accidente de inevitable necesidad, porque pudo haber proveído contra él en el contrato".

Para atemperar la rigidez de la regla *absolute contracts*, la jurisprudencia desarrolló la doctrina de la frustración del contrato[2]. Los tribunales ingleses reconocieron que la frustración absoluta del fin del contrato constituye base suficiente para dar por terminado el contrato. Existe frustración del fin del contrato (*frustration of purpose*), se afirma, cuando sobrevienen eventos extraordinarios e impredecibles que hacen imposible el cumplimiento del contrato en la forma como se había pretendido, es decir, cuando en razón de determinados acontecimientos se produce una alternación radical de las circunstancias existentes al tiempo del *contrato* que impide que las partes puedan

---

1 *Paradine v. Jane*, King's Bench, 82 Eng. Rep. 897 (1647).

2 Bajo el concepto de *frustration of contract*, el Derecho inglés engloba al menos tres situaciones diferentes: 1) el caso en el cual el cumplimiento se hace imposible; 2) el caso en el cual el cumplimiento se ha tornado extremadamente oneroso o dificultoso; y 3) el caso en el que la contraprestación ha perdido su valor para el acreedor (*frustration of purpose*). Estos tres supuestos tienen como denominador común la circunstancia de que el vínculo inicial tal como fue negociado *(bargain)* se ha alterado sobrevenidamente por razones que escapan al control de los contratantes. Para un análisis completo de la exoneración de la responsabilidad contractual por incumplimiento y de la doctrina de la frustración del contrato en el Derecho inglés, puede consultarse con provecho la obra de Guenter H. Treitel, *Frustration and Force Majeure*, 2ª edición, Thomson, Sweet y Maxwell, Londres, 2004.

lograr el propósito u objetivo principal que ellas habían contemplado al contratar.

Se suele citar que la doctrina de la frustración del contrato tuvo su origen en el célebre caso *Taylor v. Caldwell* decidido por el *Queen's Bench* el 6 de mayo de 1863[3]. Los hechos se refieren a una sala de conciertos perteneciente a Caldwell que Taylor había contratado para un espectáculo musical que no pudo llevarse a cabo porque unos días antes la sala fue destruida por un incendio. Taylor demandó a Caldwell exigiendo el pago de los daños y perjuicios causados, incluyendo el lucro cesante. Invocó como fundamento de su reclamación el precedente sentado en el caso *Paradine v. Jane*. El juez se apartó de la regla establecida en ese caso y decidió que el incendio había sido un evento imprevisto e impredecible, fuera del control de las partes y no imputable a Caldwell que produjo una imposibilidad de cumplir con el contrato por desaparición de su objeto. El juez en su decisión declaró que "si la ejecución del contrato depende de la existencia continuada de una persona o de un objeto, y esa persona u objeto deja de existir, el deudor queda eximido de cumplir por imposibilidad de cumplimiento". La existencia del objeto era, por tanto, una condición implícita *(implied term)* del contrato; por lo cual, su desaparición o ausencia sobrevenida producía la frustración del contrato con la consiguiente liberación del deudor.

En el desarrollo de la doctrina de la frustración del contrato tuvieron gran relevancia los célebres casos de la coronación (*coronation cases*) resueltos por los tribunales ingleses en 1903. Fueron estos un conjunto de casos que tuvieron su origen en los fastos organizados en Londres con motivo de la coronación del Rey Eduardo VII los días 26 y 27 de junio de 1902, tras haber fallecido la Reina Victoria el 22 de enero de 1901. Los festejos y actos públicos incluían una procesión con desfiles militares, carrozas y un recorrido desde la Abadía de Westminster hasta el Palacio de Buckingham. Muchas personas habían alquilado habitaciones, balcones, terrazas y hasta embarcaciones con el único propósito de observar el desfile y la revista naval. Súbitamente el rey se enfermó y la procesión fue cancelada. En el caso *Krell v. Henry*[4], que

[3] *Taylor v. Caldwell*, Queen's Bench, 122 Eng. Rep. 309 (1863).

[4] *Krell v. Henry*, Court of Appeal, 2 K.B. 740 (1903).

fue uno de los más sonados casos de la coronación, la Corte de Apelación sentenció que se habían producido circunstancias externas ajenas al control y responsabilidad de las partes que habían hecho imposible el cumplimiento del contrato tal y como lo habían pretendido las partes; por lo cual, declaró resuelto el contrato. En cierto sentido, el arrendamiento de las habitaciones, balcones, etc. era aún posible, pero no lo era para asistir a una procesión que ya no iba a celebrarse. En su decisión, la Corte se refirió a la pérdida total de *consideration*, entendida como propósito principal si no único que llevó a las partes a contratar. Según la Corte de Apelación, a pesar de no estar expresamente contemplado en el contrato, era evidente y las partes no podían desconocerlo, que el contrato se había celebrado con una finalidad muy concreta como era presenciar el desfile de la coronación. Desaparecido ese estado de cosas, resultaba absolutamente claro que el propósito u objetivo (*purpose*) no podía ya lograrse.

La gran dificultad en estos casos estriba en determinar cuándo existe una auténtica frustración del objeto o de la causa del contrato y no una mera insatisfacción de los motivos de una de las partes. Para que se configure un supuesto de frustración o ausencia sobrevenida de causa se requiere: 1) que la causa o finalidad cuya frustración se alega haya sido compartida o asumida por ambas partes al celebrarse el contrato; 2) que la frustración de la finalidad del contrato sea completa y no meramente parcial o tangencial; y 3) que el contrato se encuentre aún pendiente de ejecución, aunque sea parcialmente.

Para atemperar la exigencia de la necesaria desaparición total de causa (*total failure of consideration)* y consagrar su insuficiencia parcial como fundamento para invocar la frustración del contrato, el parlamento inglés sancionó en 1943 una reforma de la denominada *Frustrated Contracts Act*[5]. La reforma de la ley extendió los supuestos de frustración a los casos en los cuales se había producido una *partial failure of consideration* y a los supuestos en los cuales la parte perjudicada había comenzado a cumplir su prestación cuando se produjo el evento frustrante del contrato, a fin de que pudiera reclamar su equivalente pecuniario.

5 Law Reform (Frustrated Contracts) Act de 1943. Disponible en: http://www.legislation.gov.uk/ukpga/Geo6/6-7/40/section/1, consultado en fecha 1 de junio de 2020.

La frustración opera procesalmente como una *exceptio (discharge)* que produce la terminación del *contrato* liberando a las partes de continuar cumpliéndolo y de toda responsabilidad por incumplimiento.

Sin embargo, la doctrina de la frustración del contrato sigue siendo de aplicación muy excepcional en el Derecho inglés. Por un lado, los tribunales tienden a reducir al máximo el elenco de eventos que se consideran sobrevenidos, imprevistos e imprevisibles que dan lugar a la frustración del contrato; y, por el otro, como no se contempla como remedio la adaptación del contrato, ante la alternativa de dar por terminado el contrato (*total discharge*) o mantener su plena eficacia (*full force*), los tribunales suelen inclinarse por esta última solución[6].

2. Derecho norteamericano

El Derecho norteamericano parte asimismo de la doctrina denominada *absolute contracts rule* como un principio fundamental de la contratación, aunque es menos rígido que en el Derecho inglés. Al lado de las teorías de la imposibilidad *(impossibility)* y de la frustración de la finalidad del contrato *(frustration of purpose)*, en algunos estados los tribunales han desarrollado la doctrina de la impracticabilidad *(comercial impracticability)* de acuerdo con la cual se excusa al deudor del cumplimiento del contrato cuando su ejecución, a pesar de ser posible, se vuelve impracticable. Sería el caso de una empresa que se comprometa a remover toda la piedra molida de una determinada localidad y luego resulta que gran parte de la piedra se encuentra sumergida bajo el agua, con lo cual su prestación excede, por ejemplo, en más de 20 veces el costo inicial estimado. El juez, para lograr la solución más justa, podría llegar a la conclusión de que, en el caso concreto, si bien la obligación todavía puede ser materialmente cumplida, el costo de su ejecución es tan desmesurado que rompe la justicia contractual[7]. Existe *impracticability*, se afirma, cuando una circunstancia sobrevenida altera

---

6 Para una visión panorámica del origen y evolución de la doctrina de la frustración del contrato en el Derecho inglés, véase: Janet O'Sullivan y Jonathan Hilliard, *The Law of Contract*, 5ª edición, Oxford University Press, 2012, pp. 332-354.

7 Para un examen de las teorías de la imposibilidad, impracticabilidad y frustración del propósito del contrato en el Derecho norteamericano, véase: Lon L. Fuller, Melvin A. Eisenberg y Mark P. Gergen, *Basic Contract Law*, West, 2013, pp. 897-938.

el equilibrio económico del contrato de forma absoluta o dramática, en el bien entendido de que no basta un mero encarecimiento de la prestación, sino que es necesaria una disfunción absoluta de la economía del contrato que supere, sin lugar a dudas el alea razonablemente exigible[8].

El Código de Comercio Unifome de los Estados Unidos (UCC)[9] contiene disposiciones que regulan el supuesto de *impracticability* o dificultad sobrevenida por alteración de circunstancias contractuales. La *impracticability* está prevista en las secciones 2-614 y 2-615 del UCC.

En la sección 2-615 (a) se consagra expresamente el concepto de impracticabilidad para el supuesto de compraventas mercantiles en las que el vendedor no puede entregar la mercancía o no puede entregarla puntualmente debido a que la ejecución de la obligación tal y como fue contraída *(performance as agreed)* se ha vuelto impracticable, por el acaecimiento de una contingencia cuya ausencia fue una premisa básica *(basic assumption)* de las partes al celebrar el contrato, o por el cumplimiento de buena fe de una disposición legal o reglamentaria.

En la sección 2-615 (b) se regula el supuesto de impracticabilidad parcial: se permite excusar al vendedor del cumplimiento de la parte impracticable de la prestación, pero se le impone la obligación de recolocar la mercancía entre otros compradores habituales cuando esa entrega sea posible, para mitigar el daño y reducir la pérdida económica.

La sección 2-614 del UCC menciona también la impracticabilidad haciendo referencia a supuestos de transporte, almacenamiento y medios de pago, pero va más allá, obligando al deudor afectado a ejecutar una prestación sustitutiva.

Por otra parte, el § 261 del *Restatement Second of Contracts* (Restatement Second)[10] también recoge la regla de la *impracticability* cuando prevé que si después de celebrado el contrato, la prestación

---

8 Sixto Sánchez Lorenzo, "La Frustración del Contrato", en *Derecho Contractual Comparado. Una perspectiva europea y transnacional*, Tomo II, 3ª edición, Civitas y Thomson Reuters, Madrid, 2016, pp. 711-712.

9 Uniform Commercial Code. Disponible en: https://www.law.cornell.edu/ucc/2, consultado en fecha 30 de mayo de 2020.

10 Los *restatements of the law* son estudios sobre los principios que rigen determinadas áreas del Derecho norteamericano elaborados por el *American Law Institute*. Se extraen de las sentencias de los tribunales. Aunque no tienen carácter vinculante, su autoridad persuasiva es considerable.

de una de las partes se vuelve impracticable sin su culpa por el acaecimiento de un evento sobrevenido cuya ausencia fue una premisa básica de las partes al celebrarlo, dicha parte quedará excusada del cumplimiento de su obligación, a menos que del tenor literal del contrato o de las circunstancias se desprenda lo contrario.

No obstante el loable propósito del UCC y del Restatement Second de flexibilizar y atemperar la noción tradicional de *impracticability* del *Common Law* para incluir los supuestos de excesiva e irrazonable dificultad en la ejecución, la mayoría de los tribunales norteamericanos solo aplican la teoría de la *impracticability* en casos extremos[11].

Un caso importante en la jurisprudencia norteamericana en el cual se decretó la modificación del contrato por *impractibility* fue el caso *Aluminium Company of America (Alcoa) v. Essex Group, Inc;* decidido por la Corte Federal del Distrito Oeste de Pennsylvania en 1980[12]. Los hechos que dieron lugar a la decisión guardan relación con un contrato celebrado entre Alcoa y Essex mediante el cual Alcoa se obligó a transformar aluminio para Essex durante 16 años. Las partes habían incluido en el contrato una compleja cláusula de precio variable calculado mediante un sistema de indexación, basado en tres índices distintos. Este mecanismo funcionó bien al principio y los precios se mantuvieron en un rango de desviación aceptable, pero luego debido a la crisis energética del año 1973 los costos de electricidad aumentaron sustancialmente, elevando los costos de producción de Alcoa más allá de los límites de lo previsible, sin que esa elevación se trasladara también al precio, pues la formula no contemplaba el costo de la electricidad.

La Corte falló a favor de Alcoa. En la decisión se expresa que había existido error (*mistake*) en la elección del índice de reajuste y, además, *commercial impracticability*, esto es, excesiva onerosidad sobrevenida. La Corte decretó la modificación del contrato por medio de la sustitución del índice de reajustabilidad pactado por uno nuevo establecido

---

11 Al respecto, véase: Sheldon W. Halpern, "Application of the Doctrine of Commercial Impracticability: Searching for 'The Wisdom of Solomon'", en *University of Pennsylvania Law Review*, Vol. 135, 1987, p. 1134.

12 *Aluminum Company of America v. Essex Group, Inc.*, United States District Court for the Western District of Pennsylvania, 499 F. Supp. 53 (1980).

por el tribunal, con el objeto de redistribuir entre las partes los riesgos y pérdidas generados por las nuevas circunstancias y de esta manera reducir los costos de Alcoa a cantidades tolerables por la empresa. En su decisión, el juez destacó como requisito esencial para su intervención en el contrato, la necesidad de que las negociaciones previas entre las partes para modificarlo hubiesen fracasado, de manera que la revisión judicial del contrato era el último recurso y la única manera de preservar los fines y expectativas de las partes al celebrar el contrato, siendo la única solución que podía restituir la justicia contractual.

Sin embargo, la sentencia dictada en el caso Alcoa constituye una decisión aislada que no ha sido seguida como precedente en la mayoría de los casos posteriores. Ni siquiera después de sucesos como la Guerra de Irak de 1991, los ataques terroristas del 11 de septiembre de 2001, el paso del huracán Katrina en 2005 o la crisis financiera de 2008, los tribunales aplicaron la doctrina de la *impracticability*. Con ocasión de la crisis financiera de 2008, solo en contadas ocasiones algunos tribunales acordaron la suspensión (no la exoneración) de la obligación contractual cuya ejecución se había vuelto impracticable por la extrema dificultad de obtener financiamiento[13].

En conclusión, en el Derecho norteamericano los tribunales se muestran reacios a aplicar la doctrina de la impracticabilidad, limitando al extremo las condiciones requeridas para su procedencia.

3. Cláusulas de *hardship*

Precisamente como el *Common Law* no consagra un régimen legal favorable a la terminación del contrato y a la liberación de responsabilidad en supuestos de cambio de circunstancias, excesiva onerosidad o *hardship*, para obtener una protección frente a esas eventualidades, es usual incluir en el contrato las llamadas cláusulas de excesiva onerosidad (*hardship clauses*).

Mediante este tipo de cláusulas las partes establecen las reglas destinadas a proteger al contratante desfavorecido en caso de que las circunstancias determinen que el cumplimiento se torne más oneroso de lo

[13] Manuel García Caracuel, *La alteración sobrevenida de las circunstancias contractuales*, Dykinson, Madrid, 2014, pp. 135-136.

que razonablemente se podía haber anticipado al tiempo de la celebración del contrato.

Lo que se busca con estas cláusulas es que las partes de antemano contemplen los hechos o circunstancias que puedan perturbar gravemente el equilibrio inicial de las prestaciones surgidas del contrato y afectar su ejecución. Se pretende entonces que exista una adaptación que restablezca el equilibrio contractual afectado por tales eventos. Es decir, se diseña un mecanismo con el fin de mantener la relación contractual estable y equilibrada, independientemente del cambio o de la alteración de las circunstancias a lo largo de su ejecución. Las cláusulas de *hardship* no pretenden poner fin al contrato exonerando al deudor, sino que las partes se pongan de acuerdo en la renegociación de las condiciones contractuales, para así evitar un eventual incumplimiento[14].

En la mayoría de los casos, la adaptación del contrato queda, en principio, en manos de los contratantes. Por lo general, las cláusulas de *hardship* tienen criterios objetivos y subjetivos para la adaptación del contrato.

En algunas cláusulas, si las partes no llegan a un acuerdo, se contempla como solución la suspensión o la terminación del contrato, aunque ese no sea su objetivo fundamental. Otras veces se establece que un tercero (árbitro, mediador o experto en la industria y el comercio) sea quien decida la cuestión con efecto vinculante. Primeramente ese tercero debe estudiar el evento alegado por una de las partes, para ver si cumple con las condiciones establecidas en la cláusula de *hardship*. De no ser ese el caso, el contrato sigue su ejecución. Si efectivamente cumple las condiciones, ese tercero fija los parámetros para revisar el contrato y restablecer el equilibrio económico.

Alguna veces las cláusulas de *hardship* se refieren en términos generales a circunstancias económicas, políticas o técnicas impredecibles para las partes y fuera de su control, que hagan que el cumplimiento de sus obligaciones contractuales se torne excesivamente oneroso,

---

[14] Para una visión panorámica de la función de las cláusulas de *hardship*, sus características y utilización en los contratos internacionales, véase: Ana María Castro y Ana Cecilia Zapata, "El hardship en los contratos internacionales", en *Revista Mercatoria*, Vol. IV, No. 2, 2005, pp. 1-26. Disponible en: https://dialnet.unirioja.es/servlet/articulo?codigo=3625749, consultado en fecha 1 de junio de 2020.

siempre y cuando la parte afectada no haya podido evitar tales hechos, o sus consecuencias. Otras veces las cláusulas contemplan una lista más o menos cerrada de eventos de *hardship* o una lista que excluye ciertos eventos porque, por ejemplo, alguna de las partes asume el riesgo de su ocurrencia.

En contratos más sofisticados de larga duración concluidos por partes de diversos países, se incluyen cláusulas denominadas de efectos materiales adversos en función de determinados eventos que podrían producir un impacto económico sustancialmente adverso en el negocio o sus perspectivas. En dichas cláusulas se prevén reglas de distribución de riesgos o mecanismos (que incluyen fórmulas complejas) para restablecer el equilibrio contractual y permitir que la parte afectada continúe recibiendo el beneficio económico que hubiera recibido de no haberse producido el evento en cuestión.

Desde luego muy difícilmente las partes habrán previsto que la pandemia causada por el COVID-19 sea uno de esos eventos porque de él no se tuvieron noticias hasta finales de 2019 y fue solo el 12 de marzo de 2020 cuando la Organización Mundial de la Salud declaró la existencia de una situación grave de pandemia formulando una serie de recomendaciones a los Estados y a las personas sobre las medidas a adoptarse para proteger la salud y evitar la propagación de la enfermedad. Pero es posible que sí lo sean las circunstancias fácticas derivadas de la pandemia, o las medidas gubernamentales dictadas para contenerla y evitar el contagio de la enfermedad.

En todo caso, habrá que atenerse a los términos de la cláusula respectiva para determinar su alcance y los eventos que desencadenen su aplicación, de acuerdo con las reglas que rigen la interpretación de los contratos según el ordenamiento aplicable.

En fin, como los países del *Common Law*, en términos generales, no consagran un régimen legal favorable a la terminación del contrato o al reajuste de las prestaciones en caso de cambio de circunstancias que perturben gravemente el equilibrio económico del contrato, las partes suelen regular esta situación introduciendo en sus contratos las llamadas cláusulas de *hardship*.

III. LA TEORÍA DE LA IMPREVISIÓN EN LOS PAÍSES DE DERECHO CIVIL

1. Noción

En términos generales, en los países llamados de *Derecho civil*, la tendencia de la legislación, la doctrina y la jurisprudencia es a aceptar la llamada Teoría de la Imprevisión en el ámbito contractual para regular la situación que se presenta cuando, en el período comprendido entre la celebración de contrato y su ejecución, se produce un cambio de circunstancias que torna excesivamente onerosa dicha ejecución en razón de acontecimientos sobrevenidos, de carácter extraordinario e imprevisible, que no son imputables al deudor y que escapan a su control.

La Teoría de la Imprevisión tiene por objeto determinar, en primer término, los requisitos necesarios para que tal cambio de circunstancias sea considerado como relevante por el ordenamiento jurídico y, en segundo lugar, estudiar los efectos que esta situación produce en el contrato celebrado por las partes.

2. Recepción legislativa

Tras la segunda Guerra Mundial se produjo una recepción legislativa de la Teoría de la Imprevisión en los códigos civiles de algunos países europeos cuyos ordenamientos se afilian al sistema romano germánico. Así, regularon la excesiva onerosidad sobrevenida en el cumplimiento de las obligaciones surgidas de un contrato, entre otros, el Código Civil italiano de 1942 (arts. 1.467 y 1468), el Código Civil griego de 1946 (art. 388), el Código Civil polaco de 1964 (art. 357-1) y el Código Civil portugués de 1967 (art. 437).

En la actualidad, la Teoría de la Imprevisión se encuentra recogida en otros textos: Francia (CC, art. 1.195); Alemania (BGB, § 313); Holanda (BW, art. 6:258); Polonia (CC, art. 269); Hungría (CC, § 241); República Checa (CC, § 212); Rumania (CC arts. 969-970); Rusia (art. 450); Egipto (CC, art. 147 (2)); Etiopia (CC, art. 3.183); Argelia (CC, art. 107, que anula cualquier pacto en contrario); Brasil (CC, arts. 478-480), entre otros países.

En Latinoamérica consagran expresamente la Teoría de la Imprevisión, entre otros, los Códigos Civiles de Guatemala (art. 1.330), Argentina (art. 1.091), Bolivia (art. 581-583), Paraguay (art. 672) y Perú (arts. 1.440-1446), así como el Código de Comercio de Colombia (art. 868). En México, la imprevisión contractual se encuentra regulada en el Código Civil del Distrito Federal (actualmente Ciudad de México) y en los Códigos Civiles de Jalisco, Quintana Roo, Guanajuato, Aguascalientes, Estado de México, Morelos, Sinaloa, Veracruz, Chihuahua, Coahuila y Tamaulipas; no así en las codificaciones de los demás estados de México ni en el Código Civil Federal.

En otros ordenamientos donde la imprevisión contractual no ha sido consagrada legislativamente, la doctrina y la jurisprudencia, con diversa fundamentación, han acogido favorablemente ese instituto. Entre otros países, es el caso de Suiza y España.

En el Código suizo de las Obligaciones, aunque no existe una disposición general que regule el problema de la excesiva onerosidad por alteración sobrevenida de las circunstancias contractuales, sí se encuentran normas específicas que regulan esta situación en materia de contrato de trabajo (art. 337) y contrato de obra (art. 373). A partir de estas disposiciones, los tribunales suizos han desarrollado y aplicado la doctrina sobre la alteración de las circunstancias contractuales.

En España, el Código Civil tampoco recogió la doctrina sobre la alteración de circunstancias. Pero la doctrina se mostró favorable a su admisión y el Tribunal Supremo español en las últimas décadas, cuando se ha enfrentado a un supuesto de aplicación de la cláusula *rebus sic stantibus*, repite constantemente el siguiente pasaje:

> A) que la cláusula *rebus sic stantibus* no está legalmente reconocida;
> B) que, sin embargo, dada su elaboración doctrinal y los principios de equidad a que puede servir, existe una posibilidad de que sea elaborada y admitida por los tribunales;
> C) que es una cláusula peligrosa y, en su caso, debe admitirse cautelosamente;
> D) que su admisión requiere como premisas fundamentales:

a) alteración extraordinaria de las circunstancias en el momento de cumplir el contrato en relación con las concurrentes al tiempo de su celebración;
b) una desproporción exorbitante fuera de todo cálculo, entre las pretensiones de las partes contratantes que verdaderamente derrumben el contrato por aniquilación del equilibrio de las prestaciones; y
c) que todo ello acontezca por la sobreveniencia de circunstancias radicalmente impredecibles.

E) en cuanto a sus efectos, hasta el presente, se le han negado los rescisorios, resolutorios o extintivos del contrato, otorgándole solamente los modificativos del mismo, encaminados a compensar el desequilibrio de las prestaciones[15].

Por último, los modernos instrumentos de unificación del Derecho de los contratos, como los Principios de *Unidroit* (arts. 6.2.1 - 6.2.3), los Principios de Derecho Contractual Europeo (art. 6:111), el Borrador del Marco Común de Referencia (art. III.1:110) y los Principios Latinoamericanos de Derecho de los Contratos (art. 84) regulan también de manera amplia y expresa la imprevisión contractual.

3. Requisitos para su aplicación

Los requisitos que deben concurrir para la aplicación de la Teoría de la Imprevisión son los siguientes: 1) que la obligación se convierta en excesivamente onerosa para el deudor; 2) que dicha onerosidad obedezca a un evento posterior a la celebración del contrato; 3) que dicho evento sea imprevisible y extraordinario; 4) que se trate de un contrato de tracto sucesivo o de prestaciones de ejecución diferida; 5) que se trate de un contrato conmutativo y no aleatorio; 6) que la onerosidad no esté vinculada al riesgo propio del contrato; 7) que no medie dolo o culpa por parte del deudor; y 8) que el deudor no se encuentre en mora[16].

Pasamos a referirnos brevemente a cada uno de estos requisitos:

---

15 Manuel García Caracuel, ob. cit., pp. 324-325 y 346-348, especialmente. la nota 325 y las sentencias del Tribunal Supremo español ahí citadas.

16 La doctrina es concorde sobre el particular.

3.1. Excesiva onerosidad

En el período comprendido entre el momento de la celebración del contrato y el de su ejecución, el cumplimiento de la obligación debe tornarse excesivamente oneroso o dificultoso para el deudor. No es suficiente con que el cambio de circunstancias signifique solamente un mayor esfuerzo de cumplimiento para el deudor. No cualquier dificultad de cumplimiento o aumento del costo de la prestación implica la posibilidad de revisar el contrato. Se requiere que la ejecución del contrato se haya tornado extremadamente gravosa al punto de que se haya roto significativamente el equilibrio económico del contrato, es decir, que se haya producido un desequilibrio esencial del contrato.

Desde luego, la dificultad estriba en establecer en qué momento una mayor onerosidad debe considerarse excesiva. Según algunos autores, la onerosidad excesiva puede establecerse a través de criterios porcentuales. Se estima, en tal sentido, que es necesario un aumento del costo o alteración del valor de, al menos, un 50%. A esta posición se le critica, por una parte, que no se entiende por qué no es excesivo un incremento en la onerosidad, por ejemplo, del 49%. Además, no se considera apropiado aplicar el mismo porcentaje para todo tipo de contratos (suministro, arrendamiento, sociedad, transferencia de tecnología, etc.), e independientemente del sector de actividad económica al cual el contrato se refiera (petrolero, agroalimentario, automotor, textil, etc.)[17]. Como las situaciones posibles son tan variadas y los sectores respectivos ofrecen igualmente una gama muy amplia de posibilidades, establecer criterios absolutos para todos los casos puede resultar en situaciones contrarias a la equidad.

Los supuestos de excesiva onerosidad no generan una imposibilidad absoluta de cumplimiento, sino un desequilibrio económico del contrato que se traduce en cargas irrazonables para una de las partes. Si se presenta una situación que haga imposible el cumplimiento de la obligación, podría configurarse un supuesto de causa extraña no imputable con sus efectos liberatorios (definitivos o temporales) y restituto-

[17] En tal sentido, D. Maskow y A. Prado citados por Sixto Sánchez Lorenzo, ob. cit., Tomo II, pp. 735-736.

rios correspondientes. Esto no impide, por supuesto, que un evento que determine una imposibilidad temporal de cumplimiento, una vez que se reanude la ejecución del contrato por haber cesado el impedimento, haga que dicha ejecución se vuelva excesivamente onerosa, en cuyo caso se aplicarán las soluciones que aporta la Teoría de la Imprevisión[18].

Aun cuando algunos códigos, al consagrar la Teoría de la Imprevisión exigen que *el cumplimiento de la obligación de quien pida la revisión del contrato* se haya vuelto excesivamente oneroso (CC francés, art. 1.195; CC italiano, art. 1.467; CC paraguayo, art. 80; CC peruano, art. 1.440; CdC colombiano, art. 868), el concepto de excesiva onerosidad ha evolucionado en el sentido de comprender tanto el aumento notable del costo de la prestación del deudor como la disminución significativa del valor de la contraprestación de la otra parte. Así se establece expresamente en los Principios de *Unidroit* (art. 6.2.2) y en los Principios de Derecho Contractual Europeo (art. 6:111). En la misma dirección, los Códigos Civiles más modernos como el Código Civil holandés (art. 6:258) y el alemán (§ 313) se refieren en general a un cambio sobrevenido de circunstancias que, de haber sido previsto por los contratantes, hubiese tenido como consecuencia que no hubiesen celebrado el contrato o lo hubiesen hecho en términos sustancialmente diferentes. El supuesto contemplado en tales disposiciones es lo suficientemente amplio para incluir las dos situaciones antes descritas[19].

Por último, la excesiva onerosidad solo es relevante respecto de prestaciones que todavía no han sido cumplidas. Así lo reconocen los Principios de *Unidroit*[20].

---

18 James-Otis Rodner, "La teoría de la imprevisión (dificultad de cumplimiento por excesiva onerosidad)", en *El Código Civil venezolano a inicios del siglo XXI. En conmemoración del bicentenario del Código Civil francés de 1804*, coordinado por Irene de Valera, Academia de Ciencias Políticas y Sociales, Caracas, 2005, pp. 406-407.

19 Rodrigo Momberg Uribe, "Teoría de la Imprevisión: la necesidad de su regulación legal en Chile", en *Revista Chilena de Derecho Privado,* No. 15, pp. 29-64 (diciembre 2010). Disponible en: https://www.redalyc.org/pdf/3708/370838876002.pdf, consultado en fecha 30 de mayo de 2020.

20 Principios de *Unidroit* sobre los contratos comerciales internacionales, Comentario oficial No. 4 al artículo 6.2.2. Disponible en: https://www.unidroit.org/instruments/commercial-contracts/unidroit-principles-2016, consultado en fecha 1 de junio de 2020.

3.2. Onerosidad sobrevenida

La excesiva onerosidad de ejecución debe ser sobrevenida, es decir, debe ocurrir después que la obligación se ha contraído. El hecho desencadenante de la aplicación de la Teoría de la Imprevisión es el advenimiento posterior a la celebración del contrato de nuevas circunstancias que vuelvan extremadamente onerosa su ejecución. Es necesario que el evento o las circunstancias que determinen la dificultad excesiva no estuvieran ya presentes al tiempo de la celebración del contrato. Así lo consagran expresamente, entre otros, los Códigos Civiles italiano, argentino, boliviano y paraguayo, así como los Principios de Derecho Contractual Europeo.

Si se diere el caso de que las circunstancias que hacen excesivamente oneroso al contrato existían ya en el momento de su celebración, pero una parte las desconocía, serán de aplicación las normas sobre el error[21]. En tal caso, solo cuando el desconocimiento en el momento de la celebración del contrato de la extrema dificultad inicial de cumplimiento haya provocado un error jurídicamente relevante que invalide el consentimiento de la parte afectada por dicha excesiva onerosidad, podrá la víctima del error invocar esta situación para obtener en el ámbito del error la anulación del contrato. Pero no para reclamar la revisión del contrato (o su terminación) por onerosidad excesiva.

Cabe hacer notar, sin embargo, que algunos códigos modernos como el Código Civil alemán (BGB) (§ 313 (2)), así como los Principios de *Unidroit* (art. 6.2.2 (a)), en algunos casos, le dan relevancia a la excesiva dificultad de ejecución del contrato existente al tiempo de su celebración pero desconocida por la parte perjudicada, para hacer valer las soluciones aportadas por la Teoría de la Imprevisión.

3.3. Evento extraordinario e imprevisible

Para que el evento sea relevante debe ser extraordinario e imprevisible.

El carácter extraordinario de los acontecimientos (excepcional, dice el artículo 147 del CC egipcio) se determina en función de la muy

---

21 Al respecto, véase: Ole Lando y Hugh Beale, *Principios de Derecho Contractual Europeo*, Partes I y II, Edición española a cargo de Pilar Barres, José Miguel Embid y Fernando Martínez, Colegio Notariales de España, Madrid, 2003, p. 473.

remota probabilidad de su ocurrencia en términos estadísticos. Lo extraordinario es lo que no es frecuente ni se repite con regularidad.

La imprevisibilidad hace referencia a la imposibilidad de representarse razonablemente el acontecimiento y sus consecuencias como verificables[22]. Según algunos, la imprevisibilidad se debe interpretar de una manera amplia, ya que hace referencia a la imposibilidad de las partes de predecir o suponer que determinado evento sucederá, cuándo ocurrirá y la naturaleza de sus consecuencias (concepción subjetiva de la imprevisibilidad)[23]. Según otros, la imprevisibilidad se configura cuando en el caso concreto un hombre prudente y diligente, colocado en las mismas circunstancias externas en que se encontraba el deudor al momento del contrato, no haya podido razonablemente tener en cuenta o anticipar el evento y sus consecuencias (concepción objetiva de la imprevisibilidad)[24]. Los Principios de Derecho Contractual Europeo incluyen el siguiente ejemplo: en una época en el que tráfico de una determinada región se interrumpe con frecuencia por bloqueos de los camioneros, un hombre razonable no elegiría una ruta que atraviese esa región con la esperanza de que ese día, en concreto, la carretera se encuentre libre, sino que tendría que escoger otra ruta.

En el fondo, el sentido común del juez y su sentido de equidad contribuirán a determinar si el evento era o no previsible, en función de las circunstancias de los contratantes, el tipo de negocio, sus plazos de celebración y de ejecución, la cantidad de información a la que tienen acceso los contratantes, el medio donde se desenvolvió la convención etc. La imprevisibilidad está, además, muy ligada a la distribución de los riesgos. Se requiere que quien la invoque no haya asumido expresa o implícitamente el riesgo, es decir, que no lo haya previsto de ningún modo[25].

---

22 Manuel Albaladejo, *Derecho Civil II. Derecho de Obligaciones*, Tomo II, 2ª edición, Edisofer, Madrid, 2004, p. 468.

23 Al respecto, véase: Lily R. Flah y Miriam Smayevsky, *Teoría de la Imprevisión. Aplicación y Alcances. Doctrina. Jurisprudencia*, segunda edición, LexisNexis y Depalma, Buenos Aires, 2003, pp. 38-39.

24 Al respecto, véase: Francesco Messineo, *Doctrina General del Contrato,* Traducción de R. O. Fontanarrosa, S. Sentis Melendo y M. Volterra, Tomo I, Ediciones Jurídicas Europa-América, Buenos Aires, 1952, pp. 375-376.

25 Francesco Galgano, *Il Contratto*, Cedam, Padua, 2007, p. 523.

Conviene tener en cuenta que la imprevisibilidad de un hecho no siempre se puede demostrar y muchas veces la jurisprudencia arbitral internacional se muestra reacia a darle aplicación a la imprevisión contractual por considerar que, en el caso concreto, no se trata de hechos imprevisibles. Así, un Tribunal de la Cámara de Comercio Internacional en septiembre de 1996, concluyó que ni la caída de los precios de los productos, ni la devaluación de la moneda constituían circunstancias imprevistas y, por tanto, no justificaban la terminación del contrato. Estas circunstancias, según el Tribunal arbitral, forman parte del riesgo que asumen las partes al contratar[26].

En muchos códigos, la imprevisibilidad y extraordinariedad se presentan unidas, se citan juntas, se exigen acumulativamente y, en ocasiones, se confunden por la jurisprudencia. Curiosamente, el nuevo Código Civil y Comercial argentino (art. 1.091) no se refiere al carácter imprevisible del evento.

3.4. Contrato de tracto sucesivo o de ejecución diferida

La Teoría de la Imprevisión solo tiene sentido en los contratos de tracto sucesivo, es decir, de ejecución periódica o continuada en el tiempo. A estos contratos los códigos equiparan los contratos de ejecución diferida. La razón estriba en la necesidad de que transcurra un periodo de tiempo más o menos largo entre el momento del contrato y su posterior ejecución, sea continuada o diferida, de modo que pueda presentarse el cambio de circunstancias no previstas al inicio que altere notablemente el equilibrio del contrato. De ahí que la imprevisión solo es aplicable en los contratos cuya ejecución deba extenderse a lo largo del tiempo, o al menos separarse del momento de la celebración del contrato (*distantia temporis*)[27]. Los Códigos de Italia (art. 1.447), Argentina (art. 1.091), Bolivia (art. 581), Perú (art.1.440), Paraguay

---

[26] Al respecto, véase: Laudo de la Corte Internacional de Arbitraje de la Cámara de Comercio Internacional dictado en septiembre de 1996 (Caso No. 8486), transcritos en Michael Joachim Bonell (editor), *The Unidroit Principles in Practice*, 2ª edición, Transnational Publishers Inc., 2006, pp. 633-635.

[27] Al respecto, véase: José Mélich-Orsini, "La revisión del contrato por onerosidad excesiva", en *Revista de la Facultad de Derecho de la Universidad Católica Andrés Bello*, No. 54, Caracas, 1999, p. 75.

(art. 672) y el Código de Comercio de Colombia (art. 868), consagran explícitamente esta exigencia. El nuevo artículo 1.195 del Código Civil francés no especifica que debe tratarse de un contrato de larga duración, pero la doctrina francesa reconoce la necesidad de la concurrencia de este requisito[28].

3.5. Contrato conmutativo y no aleatorio

Tradicionalmente, la Teoría de la Imprevisión se ha aplicado a los contratos conmutativos (de larga duración) puesto que en este tipo de contratos las partes conocen perfectamente la extensión y cuantía de sus respectivas prestaciones[29]. Existe certidumbre sobre la ventaja o el sacrificio que corresponde a cada parte, lo que permite apreciar la existencia del desequilibrio patrimonial sobrevenido entre las prestaciones reciprocas de los contratantes.

Pero se admite que la Teoría de la Imprevisión no se limita a los contratos bilaterales y puede aplicarse a los contratos unilaterales onerosos como el préstamo con intereses, lo que consagran expresamente, entre otros, los Códigos Civiles italiano (art. 1.468), peruano (art. 1.442), paraguayo (art. 672) y boliviano (art. 582).

Como principio de carácter general, la Teoría de la Imprevisión no se aplica a los contratos aleatorios ya que estos contratos, por su propia naturaleza, llevan implícita una asunción de riesgo por una de las partes. Como en los contratos aleatorios, para una de las partes o para ambas, la ventaja depende de un hecho casual, las partes –o una de ellas– han asumido el riesgo propio de una ganancia o pérdida. Su propia naturaleza implica que, en su mayoría, los contratos aleatorios se excluyan del campo de aplicación de la Teoría de la Imprevisión[30].

Sin embargo, aun tratándose de un contrato aleatorio, puede admitirse la imprevisión contractual cuando la excesiva onerosidad se produzca por causas extrañas al riesgo propio del contrato. Así lo consagra

---

28 Gaël Chantepie y Mathias Latina, *La réforme du droit des obligations. Commentaire théorique et pratique dans l'ordre du Code civil*, Dalloz, París, 2016, p. 444.

29 Manuel de la Puente y Lavalle, *El Contrato en General*, Tomo II, Palestra Editores, Lima, 2011, p. 595; Guillermo A. Borda, *Tratado de Derecho Civil. Obligaciones*, Tomo I, La Ley, Buenos Aires, 2008, p. 140.

30 Rodrigo Momberg Uribe, ob. cit., p. 59.

expresamente, el artículo 1.441 (2) del Código Civil peruano. En la misma dirección, el artículo 1.091 del Código Civil y Comercial argentino permite la aplicación de la imprevisión contractual "al contrato aleatorio, si la prestación se torna excesivamente onerosa por causas extrañas a su alea propio". Asimismo, en Francia la legislación especial contempla la revisión de la prima fijada en contratos de seguro, en la eventualidad de una agravación o disminución de los riesgos que no se tuvieron en cuenta al momento de fijarla. Una regla similar está consagrada en los artículos 1.897 y 1.898 del Código Civil italiano.

3.6. No se aplica al alea propio del contrato

No puede la parte en desventaja hacer valer la imprevisión contractual si la onerosidad sobrevenida entra en el alea normal del contrato, lo que consagran expresamente, entre otros, los Códigos italiano, portugués, boliviano, guatemalteco y paraguayo. Se entiende por tal el riesgo implícito en el contrato que, por supuesto, varía en función del tipo contractual de que se trate, y se intensifica o se amplía según la duración del contrato. Un sector de la doctrina italiana lo conceptúa como el riesgo que el contrato comporta a causa de su peculiaridad, no previsible ni expresamente asumido, que las partes implícitamente asumen al contratar. La Casación italiana ha sostenido que la reducción en la facturación consustancial al mercado está incluida en el alea propio o normal del contrato, salvo que se demuestre que la misma se deba a un cambio totalmente anómalo del mercado[31].

En fin, si se le puede exigir a la parte en desventaja que soporte el riesgo propio del contrato, por tratarse, por ejemplo, de un contrato especulativo (compra venta en mercados a futuros), cuando la excesiva onerosidad derive del riesgo propio del contrato, o por haber asumido expresamente dicha parte en desventaja esos riesgos, no podría ella invocar la imprevisión como fundamento para alterar la relación contractual[32].

---

31 Al respecto, véase: Alberto Trabucchi, *Istituzioni di Diritto Civile*, 42ª edición, Cedam, Padua, 2005, p. 705; Francesco Galgano, ob. cit., p. 523, especialmente la nota 207 y la jurisprudencia de la Casación italiana ahí citada.

32 Así se indica el comentario oficial al artículo 6.111 de los Principios de Derecho Contractual Europeo. Al respecto, véase: Ole Lando y Hugh Bale, ob. cit., p. 471.

3.7. Falta de dolo o culpa por parte del perjudicado

La ausencia total de dolo o culpa de la parte afectada es un requisito que debe concurrir para la aplicación de la Teoría de la Imprevisión. El evento desencadenante de la alteración de las circunstancias contractuales y sus consecuencias deben ser totalmente ajenos a la voluntad o la culpa del deudor. Más aún, deben quedar fuera de su esfera de control. El contratante en desventaja y sus actuaciones no podrán, por tanto, tener ningún grado de injerencia en el evento que produzca la excesiva onerosidad sobrevenida. El fundamento de este requisito reside en una evidente exigencia del principio de buena fe: no se compadece con la buena fe en sentido objetivo (*correttezza*) que preside la ejecución de los contratos que la dificultad sobrevenida que torne excesivamente oneroso el cumplimiento del contrato sea imputable a la persona que reclama un ajuste de las prestaciones surgidas del contrato, o su terminación[33].

3.8. No procede en caso de mora

Precisamente porque la mora o retardo en el cumplimiento es un hecho culposo plenamente imputable al deudor, tampoco procede la imprevisión contractual si la parte afectada por el cambio de circunstancias se encuentra en mora cuando la ejecución del contrato se vuelve excesivamente onerosa[34]. Se condiciona pues la aplicación de la Teoría de la Imprevisión a la inexistencia de mora de la parte afectada por la excesiva onerosidad. Los Códigos Civiles de Portugal (art. 438), Bolivia (art. 581-II), Paraguay (art. 672) y Perú (art. 1.443) sancionan que la imprevisión no tendrá aplicación cuando el deudor ya hubiera caído en estado de mora al presentarse la excesiva onerosidad. Cabe hacer notar, sin embargo, que el artículo 1.091 del nuevo Código Civil y Comercial argentino eliminó el requisito de la necesaria ausencia de mora de la parte perjudicada que consagraba el artículo 1.198 del Código Civil argentino de 1968. Y un sector de la doctrina argentina sostiene que

---

[33] Manuel de la Puente y Lavalle, ob. cit., Tomo II, p. 646; Guillermo A. Borda, ob. cit., Tomo I, p. 143.

[34] Francesco Messineo, ob. cit., Tomo II, p. 384.

el deudor moroso puede invocar la imprevisión contractual cuando su mora ha sido irrelevante para la excesiva onerosidad[35].

4. Efectos

En los ordenamientos que admiten la Teoría de la Imprevisión, la concurrencia de los requisitos que permiten su aplicación autoriza a la parte afectada por la excesiva onerosidad a pedir la resolución (*rectius*: resiliación) del contrato o su revisión para adaptarlo a las nuevas circunstancias. La solución que se considera más apropiada en el Derecho comparado es la adaptación del contrato cuando ello sea posible, respetando al máximo el principio de la conservación del contrato, en correspondencia con la voluntad originaria de las partes que era darle cumplimiento al contrato[36].

4.1. Terminación del contrato

La extinción del contrato libera al deudor del cumplimiento y de toda responsabilidad por los daños y perjuicios derivados del incumplimiento. La resiliación produce la ineficacia del contrato hacia el futuro (*ex nunc*). En efecto, como la terminación del contrato no depende del incumplimiento de una de las partes, es necesario respetar las prestaciones cumplidas hasta el momento en que se produce dicha terminación.

4.2. Revisión del contrato

La excesiva onerosidad en vez de producir la terminación anticipada del contrato puede dar lugar a su revisión con el objeto de modificarlo y adaptarlo al cambio de circunstancias. La revisión contractual puede consistir en la disminución de la prestación del deudor cuyo cumplimiento se hizo excesivamente oneroso para reducirla a términos justos y equitativos, o en el aumento de la correlativa prestación de su contraparte para llevarla a términos razonables y equitativos, con el objeto de restaurar el equilibrio económico del contrato.

---

[35] Al respecto véase: Ricardo Luis Lorenzetti, *Tratado de los Contratos,* Parte General, 2ª edición, Editorial Rubinzal Culzoni Editores, Buenos Aires, 2010, p. 540; Lily R. Flah y Miriam Smayevsky, ob. cit., p. 40.

[36] Como afirman Flah y Smayevsky "La resolución (*rectius* resiliación) quedará reservada para aquellos casos que no admiten revisión, o cuando el reajuste conduce a soluciones no factibles o perjudiciales". Lily R. Flah y Miriam Smayevsky, ob. cit., p. 43.

a. Derecho comparado

El Derecho comparado ofrece diversas opciones respecto a cómo debe producirse el reajuste de las prestaciones y la modificación del contrato, ya sea *ipso iure,* mediante negociaciones de las partes, o mediante la revisión del contrato por el juez, lo que a su vez admite una amplia gama de posibilidades. Así en los Códigos Civiles de Italia (art. 1.467), Portugal (art. 437), Brasil (art. 479) y Paraguay (art. 672), en caso de excesiva onerosidad sobrevenida, la parte afectada podrá solicitar la resolución (*rectius*: resiliación) del contrato, pero el acreedor puede evitarla ofreciendo modificar equitativamente las condiciones del contrato. En principio, el juez carece de facultades para intervenir o revisarlo más allá de la apreciación de la equidad de la propuesta modificatoria ofrecida por el acreedor. El juez solo podrá decidir por la terminación del contrato o su modificación según la propuesta del acreedor[37]. En el Código Civil y Comercial argentino de 2014 se establece que el sujeto afectado por un grave desequilibrio contractual sobrevenido puede plantear extrajudicialmente o pedir ante un juez, por vía de acción o como excepción, la resolución total o parcial del contrato o su adecuación (art. 1.091). En España cuya legislación civil no recoge en forma expresa la cláusula *rebus sic stantibus*, la jurisprudencia ha reconocido que frente a una alteración sustancial de las condiciones existentes al tiempo del contrato, los tribunales están autorizados para proceder a modificar el contrato, pero no para resolverlo o extinguirlo, lo que ha sido criticado por un sector de la doctrina[38]. En el Código Civil alemán (BGB) se establece como solución preferente la renegociación de contrato y si no se consigue el objetivo deseado puede exigirse la adaptación o la resolución del contrato (§ 313). La adaptación del contrato es una solución que recoge igualmente el Código Civil holandés (BW, art. 6:258). En el Perú, el artículo 1.440 del Código Civil prevé expresamente que la resolución del contrato únicamente procede

---

[37] Rodrigo Momberg Uribe, "El sistema de remedios para el caso de imprevisión o cambio de circunstancias", en *Incumplimiento Contractual Nuevas Perspectivas*, coordinado por Iñigo de la Maza Gazmuri, Universidad Diego Portales, Santiago de Chile, 2011, p. 85.

[38] Al respecto, véase: Luis Díez Picazo, *Fundamentos del Derecho Civil Patrimonial. Las Relaciones Obligatorias*, Vol. II, 6ª edición, Civitas y Thomson Reuters, Madrid, 2008, pp. 1080-1081.

cuando la adaptación del contrato solicitada por la parte perjudicada resulte imposible por la naturaleza de la prestación, por las circunstancias o si así lo solicitara el demandado. Consagran, igualmente, en caso de excesiva onerosidad, la resolución como remedio subsidiario aplicable únicamente en caso de que el juez estime no ser posible el reajuste del contrato, el Código Civil de Guatemala (art. 1.330) y el Código de Comercio de Colombia (art. 868). Los Códigos Civiles egipcio (art. 107.3) y argelino (art. 147), en cambio, consagran que la adaptación del contrato por el juez es imperativa, siendo nulo cualquier pacto en contrario. Por consiguiente, la parte en desventaja por el cambio de circunstancias no puede pedir la resolución del contrato sino su revisión la cual es realizada exclusivamente por el juez.

b. Reforma de 2016 del Código Civil francés

La reciente reforma del Código Napoleón[39] rompió con la jurisprudencia tradicionalmente hostil a la revisión judicial de los contratos civiles y mercantiles en caso de cambio de circunstancias[40] y consagró

---

39 La Ordenanza (Ordonnance) N° 2016-131 de reforma del derecho de los contratos, del régimen general y de la prueba de las obligaciones de fecha 10 de febrero de 2016 entró en vigencia el 1° de octubre de 2016. Al respecto, véase: Ordonnance n° 2016-131 du 10 février 2016 portant réforme du droit des contrats, du régime général et de la preuve des obligations. Disponible en: https://www.legifrance.gouv.fr, consultado en fecha 30 de mayo de 2020. La Ordenanza N° 2016-131 fue ratificada, con algunas modificaciones, el 20 de abril de 2018 mediante Ley N° 2018-287. Al respecto, véase: Loi n° 2018-287 du 20 avril 2018 ratifiant l'ordonnance n° 2016-131 du 10 février 2016 portant réforme du droit des contrats, du régime général et de la preuve des obligations. Disponible en: https://www.legifrance.gouv.fr/affichTexte.do?cidTexte=JORFTEXT000036825602&dateTexte&categorieLien=id, consultado en fecha 30 de mayo de 2020.

40 La negativa tradicional de la jurisprudencia francesa a la revisión del contrato se asienta en la decisión de la *Cour de Cassation* del 6 de enero de 1876 en el célebre caso conocido como *Canal de Craponne* en la cual el Alto Tribunal rechazó la teoría de la imprevisión en la contratación civil. El caso hace referencia a una de las grandes obras de ingeniería hidráulica europea; el canal del Ingeniero Adam de Craponne quien en 1560 había construido a su costa el canal que bordeaba una parte de la provincia francesa, pudiendo los dueños de los predios atravesados por el canal beneficiarse de derechos de irrigación a cambio de un canon periódico y fijo por área irrigada pagadero al dueño del canal y a sus herederos. En razón de la depreciación natural de la moneda durante tres siglos y de la guerra franco-prusiana de 1870, el canon original acabó siendo irrisorio y no alcanzaba ni siquiera para cubrir los gastos de mantenimiento del canal. Esto llevó a los herederos del propietario del canal a demandar la revisión del contrato a fin de que fuera aumentado el

un procedimiento complicado que confiere al juez el poder de revisar o terminar el contrato a solicitud de cualquiera de las partes.

El nuevo artículo 1.195 de la reforma de 2016 del Código Civil francés dice textualmente lo siguiente:

> Si un cambio de circunstancia imprevisible luego de la conclusión del contrato hace que el cumplimiento sea excesivamente oneroso para una parte que no había aceptado asumir ese riesgo, esta puede pedir una renegociación del contrato a la otra parte. Quien haga tal pedimento deberá continuar ejecutando sus obligaciones durante la renegociación.
>
> En caso de rechazo o fracaso de la renegociación, las partes pueden convenir la resolución del contrato con la fecha y con las condiciones que estas determinen, o pedir al Juez, de común acuerdo, que proceda a su adaptación. A falta de un acuerdo en un plazo razonable, el Juez puede, a solicitud de una parte, revisar el contrato o darlo por terminado, a la fecha y con las condiciones que él fije.

Esta disposición recoge, con muchas precauciones, la imprevisión en el ámbito contractual mediante un proceso de renegociación que se desarrolla en las siguientes fases: 1) la parte perjudicada por la excesiva onerosidad puede solicitar a la otra parte la renegociación del contrato; 2) en caso de rechazo de la renegociación por esta última o en caso de fracaso de la renegociación iniciada, las partes pueden ponerle fin al contrato; 3) en caso de que no lo hicieren, las partes conjuntamente

---

canon. El Tribunal de Apelación de Aix dio la razón a los herederos argumentando que en los contratos de tracto sucesivo o de ejecución continuada o periódica, las prestaciones se cumplen a lo largo del tiempo y que las circunstancias originales pueden variar, perdiéndose el equilibrio de las prestaciones; por lo cual, el juez debe ajustar el contrato. Este fallo innovador fue recurrido y la *Cour de Cassation* lo revocó invocando el principio de la intangibilidad de los contratos consagrado en el artículo 1.134 del *Code* Napoleón. En su fallo la *Cour de Cassation* dejó establecido que "en ningún caso corresponde a los tribunales, por más equitativa que pueda parecerles su decisión, tomar en consideración el tiempo y las circunstancias para modificar las convenciones de las partes y sustituir por nuevas clausulas aquellas que han sido libremente aceptadas por los contratantes". Al respecto, véase: Henri Capitant, François Terré, Yves Lequette y François Chénedé, *Les grands arrêts de la jurisprudence civile. Obligations. Contrats Spéciaux. Sûretés*, Tomo 2, 13ª edición, Dalloz, París, 2015, pp. 172-176.

pueden pedirle al juez que proceda a adaptar el contrato conforme a lo que ellas convengan; y 4) a falta de un acuerdo a un plazo razonable el juez puede, a solicitud de cualquiera de las partes, revisar el contrato o ponerle fin en la fecha y en las condiciones que determine. En fin, cualquiera de las partes puede ocurrir ante la autoridad judicial solo *in extremis*, pero en tal caso el juez está investido de amplios poderes para ponerle fin al contrato o modificar su contenido en las condiciones y términos que él determine. La posibilidad que contempla el nuevo artículo 1.195 de que el juez pueda intervenir en última instancia en el contrato de la manera más amplia, se afirma, trata de animar a las partes a renegociar el contrato y llegar a un acuerdo, con carácter previo o *a posteriori*[41].

Al respecto caben las siguientes consideraciones de carácter general: 1) las tres primeras fases antes descritas no significan concesión alguna a la Teoría de la Imprevisión. Solo reafirman el principio general según el cual las partes, como dueñas que son de los contratos que han celebrado, pueden perfectamente convenir en la suerte del contrato en la eventualidad de que sobrevengan eventos imprevisibles y extraordinarios que perturben significativamente el equilibrio contractual. Consagrar legislativamente esta posibilidad es, por tanto, absolutamente innecesario, inútil y redundante; 2) el nuevo texto legal establece como una regla absoluta que en el ínterin, es decir, durante el periodo de renegociación, la parte afectada por el cambio de circunstancias tiene que seguir cumpliendo el contrato, lo cual puede en algunos casos llevarla a la ruina. Desde luego, el principio general es que la parte perjudicada tiene que continuar ejecutando el contrato. Pero no hay que olvidar que existen circunstancias extraordinarias en las cuales una suspensión del contrato se justifica y debería admitirse. Sin embargo, esa posibilidad no la contempla el nuevo texto legal que no autoriza dicha suspensión ni siquiera cuando la ejecución del contrato cause perjuicios

---

41 Christian Larroumet y Sarah Bros, *Traité de Droit Civil. Les obligations. Le contrat*, Tomo 3, Ed. Economica, París, 2016, pp. 414-415; Erick Savaux, "El nuevo Derecho francés de obligaciones y contratos", en *Anuario de Derecho Civil*, Tomo LXIX, Fascículo III, julio-septiembre 2016, Centro de Publicaciones del Ministerio de Justicia e Interior, Madrid, 2016, p. 732.

irreparables a la parte afectada[42]; 3) como el nuevo artículo 1.195 no consagra explícitamente el deber de los contratantes de renegociar el contrato en caso de excesiva onerosidad, esta disposición constituye un retroceso respecto de la más reciente orientación de los tribunales franceses que habían fallado que, en tal caso, el contratante que en contra de las exigencias de la buena fe se niega a renegociar los términos del contrato durante la etapa de cumplimiento del mismo, es responsable de los daños y perjuicios que tal negativa produzca a su contraparte[43]; y 4) tal y como lo indica el codificador en el Informe que acompaña a la Reforma del Código Civil francés (*Rapport au President de la Republique*)[44], el nuevo artículo 1.195 reviste carácter dispositivo. Por lo cual, las partes pueden perfectamente descartar su aplicación. De ahí que no será infrecuente que los contratantes incluyan clausulas al respecto que rechacen la revisión judicial del contrato.

---

42 En los Principios de *Unidroit*, en cambio, se reconoce que en circunstancias extraordinarias la parte en desventaja podrá suspender el cumplimiento de su prestación hasta tanto no se convenga en la readaptación del contrato. Al respecto, véase: Principios de *Unidroit* sobre los contratos internacionales, Comentario oficial No. 4 al art. 6.2.3. Disponible en: https://www.unidroit.org/instruments/commercial-contracts/unidroit-principles-2016, consultado en fecha 1 de junio de 2020.

43 En tal sentido, la Sala Comercial de la Corte de Casación francesa en sentencia del 3 de noviembre de 1992 (sentencia Huard) condenó a una de las partes a pagar daños y perjuicios a su contraparte por haberse negado a una revisión del contrato que le condujo a la ruina. Aun cuando la sentencia no le reconoció explícitamente al juez un poder de revisar el contrato, sancionó una responsabilidad extracontractual de la parte remisa sobre la base del principio de la buena fe que preside la ejecución de los contratos *ex.* art. 1.134 (*in fine*) del *Code* Napoleón (hoy art. 1104). Por su parte, la Sala Civil de la Corte de Casación francesa mediante sentencia del 16 de marzo de 2004 pareció sugerir que el deber de lealtad y de ejecutar de buena fe el contrato implicaba un deber de renegociar un contrato desequilibrado por la sobreveniencia imprevista de circunstancias económicas; sin embargo, la doctrina no era conteste respecto de la interpretación de esta decisión. Al respecto, véase: Remy Cabrillac, *Droit des Obligations*, 9ª edición, Dalloz, París, 2010, p. 106, especialmente, las notas 2 y 3 y las decisiones de la Casación francesa ahí citadas.

44 La Ordenanza (Ordonnance) Nº 2016-131 de reforma del derecho de los contratos, del régimen general y de la prueba de las obligaciones de fecha 10 de febrero de 2016 fue acompañada de una Relación (Rapport) elaborada para el presidente de la República francesa que hace las veces de una Exposición de Motivos. Al respecto, véase: Rapport au Président de la République relatif à l'ordonnance nº 2016-131 du 10 février 2016 portant réforme du droit des contrats, du régime général et de la preuve des obligations. Disponible en: https://www.legifrance.gouv.fr, consultado el 1 de junio de 2020.

Quizás por estas razones algún autor haya concluido que: "en materia de incorporación de la Teoría de la Imprevisión, la reforma del 2016 del Código Civil francés de 1804 es decepcionante"[45].

c. *Soft law*

En el campo internacional los efectos de la imprevisión contractual han sido explícitamente recogidos en los principales instrumentos internacionales sobre unificación del Derecho contractual.

Los Principios de *Unidroit*[46] confieren amplios poderes al juez en caso de presentarse una situación de excesiva onerosidad por eventos que no pudieron haber sido razonablemente tenidos en cuenta al tiempo de la celebración del contrato. Según el artículo 6.2.3 la parte afectada por esta situación puede solicitar la renegociación del contrato, indicando las razones que fundamentan su solicitud[47]. La solicitud debe realizarse sin demora. El reclamo de renegociación no autoriza a la parte en desventaja a suspender el cumplimiento de la prestación a su cargo, a menos que medien circunstancias extraordinarias. Las partes deben negociar de buena fe. En caso de falta de acuerdo procede la intervención de un Tribunal que tiene la opción de adaptar el contrato para restablecer el equilibrio contractual o darlo por terminado en una fecha determinada y con los efectos que el propio Tribunal determine. Sin embargo, si el Tribunal considera irrazonable la solicitud, puede ordenar que el contrato sea cumplido o instar a las partes a una renegociación. Esta última posibilidad no deja de causar sorpresa, ya que en el primer caso

---

45 Alfredo Morles Hernández, "La reforma de 2016 del Código civil francés: la incorporación de la teoría de la imprevisión", en *Boletín de la Academia de Ciencias Políticas y Sociales*, No. 157 (enero-diciembre 2018), Caracas, p. 629. Disponible en: https://www.acienpol.org.ve/libros/boletin-de-la-academia-de-ciencias-politicas-y-sociales-no-157-ano-2018, consultado en fecha 1 de junio de 2020.

46 Los Principios de *Unidroit* sobre los contratos comerciales internacionales preparados por el Instituto Internacional para la Unificación del Derecho Privado (versión 2016) se encuentran disponibles en: https://www.unidroit.org/instruments/commercial-contracts/unidroit-principles-2016, consultado en fecha 1 de junio de 2020.

47 Los laudos arbitrales de la Cámara de Comercio Internacional han reconocido la existencia de un deber de renegociar el contrato, según lo dispuesto en los artículos 6.2 y 6.2.3 de los Principios de *Unidroit*. Al respecto, véase: Laudos de la Corte Internacional de Arbitraje de la Cámara de Comercio Internacional dictados en el 2000 (Caso No. 10021) y en diciembre de 2001 (Caso No. 9994), transcritos en Michael Joachim Bonell (editor), ob. cit., pp. 337, 817 y 985.

estaríamos, al menos en principio, ante una situación de reconocida excesiva onerosidad de un contrato cuyo cumplimiento se le impone al deudor. Y en el segundo, las partes tendrían que entablar nuevas negociaciones que probablemente conduzcan a un segundo fracaso.

La regulación de los efectos de la excesiva onerosidad contenida en los Principios de Derecho Contractual Europeo[48] ha sido considerada técnicamente más acabada que la de los Principios de *Unidroit*. Por una parte, el artículo 6:111(2) establece la obligación de las partes de entablar negociaciones para adaptar el contrato o ponerle fin. Según el artículo 6:111(3), si las partes no llegan a un acuerdo en un plazo razonable el juez podrá ponerle fin al contrato en las condiciones y términos que considere adecuados, o adaptarlo de manera que las pérdidas y ganancias resultantes del cambio de circunstancias se distribuyan de manera justa y equitativa entre las partes. Por último, los Principios de Derecho Contractual Europeo consagran la responsabilidad (extracontractual) de la parte que se negó a renegociar o rompió las negociaciones de forma contraria a la buena fe. En cuanto al monto de la indemnización que corresponde a la parte perjudicada por este concepto, una decisión de la Corte de Casación belga de fecha 19 de junio de 2009 indica que los daños y perjuicios deben determinarse sobre la base del eventual éxito de las negociaciones, si ellas se hubieren desarrollado de buena fe por ambas partes, aun cuando en la práctica deba recurrirse a la equidad para la determinación concreta del monto a indemnizar debido a la incertidumbre respecto de los términos efectivos de modificación del negocio que hubiesen resultado de una renegociación exitosa[49].

Los Principios Latinoamericanos del Derecho de los Contratos[50] (art. 84) establecen que en caso de excesiva onerosidad, la parte

---

48 El texto de los Principios de Derecho Contractual Europeo se encuentra disponible en: https://www.jus.uio.no/lm/eu.contract.principles.parts.1.to.3.2002/portrait.pdf, consultado en fecha 1 de junio de 2020. Los comentarios al artículo 6:111 (cambio de circunstancias) pueden consultarse en Ole Lando y Hugh Beale, ob. cit., pp. 470-476.

49 Corte de Casación belga, sentencia No. C.07.0289 de fecha 19 de junio de 2009, caso Scafom International BV v. Lorraine Tubes S.A.S. Disponible en: http://cisgw3.law.pace.edu/cases/090619b1.html., consultado en fecha 01 de junio de 2020.

50 Al respecto, véase: *Los Principios Latinoamericanos de Derecho de los Contratos*, coordinación a cargo de Iñigo de la Maza, Carlos Pizzaro y Álvaro Vidal, Boletín Oficial del Estado, Madrid, 2017, p. 94. Disponible en: https://boe.es/biblioteca_juridica/abrir_pdf.php?id=PUB-PR-2017-44, consultado en fecha 1 de junio de 2020.

afectada que no haya asumido el riesgo del cambio de circunstancias puede solicitar a la otra parte la renegociación del contrato. Dicha renegociación autoriza la suspensión de la ejecución del contrato cuando esta última cause perjuicios irreparables a la parte afectada. Por último, se establece que si después de un plazo razonable las partes no han adaptado el contrato, cualquiera de ellas puede solicitar al juez que lo adapte o resuelva, quien para hacerlo debe tener en cuenta la distribución de los riesgos y costos que habían asumido las partes.

IV. COMENTARIO FINAL

Como es bien sabido, la denominada Teoría de la Imprevisión no está expresamente regulada en el Código Civil venezolano. Tal y como lo han señalado otros expositores en este evento, en la doctrina nacional, eminentes juristas, con diversa fundamentación, son partidarios de su aplicación en el Derecho venezolano[51]. Otras voces muy autorizadas, con base en sólidos argumentos, se han pronunciado en sentido contrario[52]. La jurisprudencia de nuestros tribunales, por su parte, se ha referido de modo tangencial sin siquiera declarar explícitamente aplicable la Teoría de la Imprevisión en la contratación civil en el Derecho venezolano, ni mucho menos indicar cuáles son sus supuestos de procedencia y consecuencias jurídicas[53].

---

[51] Son partidarios de la aplicación de la Teoría de la Imprevisión en el Derecho venezolano, entre otros, los académicos Luis Felipe Urbaneja, *Discurso de Incorporación como Individuo de Número de la Academia de Ciencias Políticas y Sociales*, Caracas, 1972, pp. 21, 29-30; James-Otis Rodner, ob. cit., pp. 443, 447-449; Luciano Lupini Bianchi, "La teoría de la imprevisión en Venezuela", en *Estudios de Derecho Privado*, Academia de Ciencias Políticas y Sociales, Caracas, 2010, pp. 332-351; Alfredo Morles Hernández, "La teoría de la imprevisión en el Derecho privado: las crisis económicas como supuestos de revisión del contrato", en *Libro Homenaje a la Academia de Ciencias Políticas y Sociales en el Centenario de su Fundación 1915-2015*, Tomo IV, Caracas, 2015, pp. 2411-2416, 2430-2431.

[52] Se pronuncian en contra de su aplicación en el Derecho venezolano, también con diversa fundamentación, entre otros, los académicos José Mélich-Orsini, ob. cit., pp. 57-59 y 92-94, y Emilio Pittier Sucre en Eloy Maduro Luyando y Emilio Pittier Sucre, *Curso de Obligaciones Derecho Civil III*, Tomo II, Universidad Católica Andrés Bello, Caracas, 2013, pp. 818-820.

[53] Al respecto, véase: Sala de Casación Civil del Tribunal Supremo de Justicia, sentencia No. RC00058 del 18 de febrero de 2008. Disponible en: http://historico.tsj.gob.ve/decisio-

Por nuestra parte, nos pronunciamos por la necesidad y conveniencia de su regulación en el Código Civil mediante una disposición que contemple el campo de aplicación, así como los requisitos y efectos del fenómeno. En nuestro concepto, resulta altamente perjudicial para la seguridad jurídica que algunos jueces, recurriendo a principios generales como la buena fe, la equidad y otros similares, acojan la teoría y otros que decidan casos muy similares rechacen su aplicación; o que algunos fallos resuelvan que la adaptación del contrato a las nuevas circunstancias es la solución que debe aplicarse y otros, en cambio, declaren que la terminación del contrato es la única alternativa.

Cada vez son menos los países que no regulan expresamente en su legislación civil el fenómeno. La experiencia del Derecho comparado nos enseña que la consagración legal de la denominada Teoría de la Imprevisión, como instituto de carácter excepcional, no ha tenido los efectos desastrosos que se anticipaban y se ha traducido más bien en una mayor predictibilidad de las decisiones judiciales sobre la materia.

La adopción de un texto legal que regule debidamente la imprevisión contractual como una calificada excepción al principio general de la intangibilidad de los contratos permitirá resolver los múltiples problemas o alternativas que plantea ese instituto con lo cual se disminuye el riesgo de una jurisprudencia vacilante y contradictoria sobre la materia.

---

nes/scc/febrero/RC-00058-180208-07713.HTM , consultado en fecha 1 de junio de 2020; Sala de Casación Civil del Tribunal Supremo de Justicia, sentencia N° 241 del 30 de abril del 2002. Disponible en: http://historico.tsj.gob.ve/decisiones/scc/abril/RC-0241-300402-00376-00164.HTM, consultado en fecha 1 de junio de 2020.

PRINCIPALES INNOVACIONES EN MATERIA DE VICIOS DEL CONSENTIMIENTO EN LA REFORMA DEL CÓDIGO CIVIL FRANCÉS DE 2016*

SUMARIO

---

* Estudio publicado en el *Boletín de la Academia de Ciencias Políticas y Sociales,* No 157, Caracas, 2018.

I. INTRODUCCIÓN

En la reforma del Código Civil francés a que se contrae la Ordenanza *(Ordonnance)* Nº 2016-131 de reforma del derecho de los contratos, del régimen general y de la prueba de las obligaciones de fecha 10 de febrero de 2016, y que se encuentra en vigencia desde el 1º de octubre de 2016[1], se introducen algunas innovaciones y cambios importantes, en la regulación de los vicios del consentimiento. La novísima Ley 2018-287 sancionada por el parlamento francés el 20 de abril de 2018[2], mediante la cual se ratificó la aludida Ordenanza Nº 2016-131, introdujo ulteriores modificaciones sobre la materia, concretamente en lo concerniente a la reticencia dolosa y a la violencia contextual, las cuales también serán objeto de nuestros comentarios en el presente trabajo.

En esta exposición me referiré a las principales innovaciones, tanto formales como sustanciales, que trae la reciente reforma del Código Civil francés en materia de vicios del consentimiento[3].

En cuanto a la forma, la principal innovación se refiere al orden como se regulan los vicios del consentimiento. El Código Napoleón, al igual que lo hace actualmente nuestro Código Civil, regulaba la violencia después del error y antes que el dolo. En cambio, el nuevo texto legal regula primero el error, luego el dolo; y, por último, la violencia, lo que resulta más coherente puesto que permite analizar mejor los vicios del consentimiento según su gravedad, esto es, examinando primero los menos graves y a continuación los más graves. Además, al seguir este orden, la reforma tiene el acierto de poner más claramente de relieve las interrelaciones existentes entre el error y el dolo.

---

1 Al respecto, véase: Ordonnance nº 2016-131 du 10 février 2016 portant réforme du droit des contrats, du régime général et de la preuve des obligations. Disponible en: https://www.legifrance.gouv.fr, consultado en fecha 23 de noviembre de 2016.

2 Al respecto, véase: Loi nº 2018-287 du 20 avril 2018 ratifiant l'ordonnance nº 2016-131 du 10 février 2016 portant réforme du droit des contrats, du régime général et de la preuve des obligations. Disponible en: https://www.legifrance.gouv.fr/affichTexte.do?cidTexte=-JORFTEXT000036825602&dateTexte&categorieLien=id, consultado en fecha 28 de abril de 2018.

3 Algunos temas a que se contrae la presente exposición fueron desarrollados, en mayor o menor medida, en mi trabajo "El Régimen de los Vicios del Consentimiento en la Reforma del Código Civil Francés de 2016" publicado en la *Revista Venezolana de Legislación y Jurisprudencia,* Nº 8, Caracas, 2017, pp. 355-400.

En cuanto al fondo, quizás la innovación más importante sea el reconocimiento de la denominada *violencia contextual* que surge cuando una parte abusando de la situación de dependencia en la que se encuentre su cocontratante al tiempo del contrato, obtenga de él un compromiso que no habría contraído de no hallarse bajo esta coacción, y derive del mismo una ventaja manifiestamente excesiva. Sin embargo, como se indica poco más adelante, el nuevo artículo 1.143 del Código Civil francés que contempla esta situación, es bastante impreciso (*infra*, Nº IV,3,3.3). Por lo cual, será necesario esperar la aplicación de esta disposición por parte de los tribunales franceses para poder apreciar su verdadero contenido y sus límites.

Por otra parte, la reforma antes de referirse específicamente a cada uno de los vicios del consentimiento, establece dos disposiciones de carácter general aplicables a todos los vicios que afectan la voluntad contractual.

En primer lugar, en el artículo 1.130 del Código Civil se establece que "el error, el dolo y la violencia vician el consentimiento cuando han sido de tal naturaleza que sin ellos una de las partes no hubiera contratado o hubiera contratado en condiciones sustancialmente diferentes. Su carácter determinante se aprecia teniendo en cuenta a las personas y a las circunstancias bajo las cuales el consentimiento ha sido dado".

Esta disposición sustituye al artículo 1.109 del Código Napoleón que se limitaba a enunciar los tres vicios susceptibles de invalidar el consentimiento y a prescribir textualmente que "no hay consentimiento válido cuando este haya sido dado a consecuencia del error o arrancado por violencia o sorprendido por dolo". Esta disposición del *Code* no tenía ningún otro contenido normativo. La reforma, en cambio, establece un régimen común aplicable a los vicios del consentimiento: para invalidar el consentimiento, el error, el dolo y la violencia deben haber determinado la voluntad contractual, lo que se produce cuando sean de tal entidad que de no haber mediado el vicio, la víctima no habría contratado, o lo habría hecho bajo condiciones sustancialmente diferentes. El Código Napoleón solo consagraba expresamente el carácter determinante del dolo: el dolo es causa de nulidad del contrato, según el artículo 1.116 del *Code*, cuando las maquinaciones practicadas por una de las partes han sido tales que sin ellas el otro no hubiera contratado[4]. La primera virtud del nuevo artículo 1.130 del Código Civil francés es, por consiguiente, su carácter pedagógico: el error, el dolo y la violencia solo permiten invalidar el contrato cuando son de carácter determinante, esto es, cuando con toda certeza han alterado real y efectivamente el consentimiento de la víctima, porque de no haberse puesto en práctica esta no hubiera contratado o lo hubiera hecho bajo condiciones sustancialmente diferentes.

Por otra parte, la valoración del carácter determinante del vicio debe hacerse ahora en atención a la persona de los contratantes y a las circunstancias bajo las cuales se ha prestado el consentimiento (artículo 1.130, segunda parte), es decir, mediante un criterio de apreciación *in concreto*. Esta nueva disposición tiene el mérito de destacar una nota común de todos los vicios del consentimiento con lo cual se disipan las dudas que sobre la materia podían suscitarse bajo el régimen anterior, sobre todo por lo que respecta a la apreciación de *la violencia* como circunstancia susceptible de invalidar el consentimiento. En efecto, de acuerdo con el artículo 1.112 del Código Napoleón, el consentimiento se reputa arrancado por violencia "cuando esta cause una impresión tal sobre una persona sensata (*raisonable*) que pueda inspirarle el temor de exponer su persona o sus bienes a un mal notable y presente. Debe atenderse en esta materia a la edad, sexo y condición de las personas"[5]. La redacción de esta norma se criticó porque parecía contradictoria. De un lado, para saber si la violencia había viciado o no el consentimiento había que atender a la condición de la persona lo que puede hacerla más o menos susceptible de dejarse impresionar por una situación concreta de violencia. Pero, por el otro, la ley exigía que la violencia debía ser de

---

4 Sustancialmente equivalente al artículo 1.154 del Código Civil venezolano aunque esta disposición, a diferencia del artículo 1.116 del *Code*, consagra expresamente el carácter relativo de la nulidad del contrato celebrado bajo la influencia del dolo y contempla que el dolo es igualmente causa de anulabilidad del contrato cuando proviene de un tercero con el conocimiento del otro contratante.

5 En el mismo sentido, el artículo 1.151 del Código Civil venezolano dice textualmente lo siguiente: "El consentimiento se reputa arrancado por violencia, cuando esta es tal que haga impresión sobre una persona sensata y que pueda inspirarle justo temor de exponer su persona o sus bienes a un mal notable. Debe atenderse en esta materia a la edad, sexo y condición de las personas".

tal entidad que fuera susceptible de impresionar a una persona sensata (*raisonable*) lo que implicaba un criterio de apreciación *in abstracto*[6].

Hoy en día queda absolutamente claro en el Código Civil francés que la apreciación de la violencia (así como la del error y el dolo) debe hacerse aplicando un criterio de apreciación *in concreto*. Por consiguiente, para saber si el consentimiento se encuentra viciado lo que hay que preguntarse es si, de no haber mediado el error, el dolo o la violencia, *este contratante* de todas maneras habría consentido en celebrar el contrato. Para ello hay que tener en cuenta las condiciones particulares de los contratantes, así como las circunstancias bajo las cuales se celebró el contrato. De ahí que al profano, a la persona muy inocente o más fácilmente influenciable podrá dispensársele una protección más adecuada a su situación particular y a sus limitaciones. Desde luego, en ningún caso un error inexcusable, un engaño del que fácilmente pueda percatarse cualquier persona o una amenaza ridícula podrán permitir invalidar el consentimiento, ni siquiera cuando la víctima sea una persona totalmente ignorante, extremadamente inocente o excesivamente frágil.

La segunda disposición de carácter general aplicable a todos los vicios del consentimiento que trae la reforma del Código Civil francés es el nuevo artículo 1.131 de acuerdo con el cual los vicios del consentimiento producen siempre la *nulidad relativa* del contrato. Desde luego, esta situación no la consagraba explícitamente el Código Napoleón, pero estaba perfectamente reconocida tanto por la doctrina como por la jurisprudencia francesas[7], puesto que es evidente que se trata de una nulidad dirigida fundamentalmente a proteger los intereses particulares de uno de los contratantes y no tanto destinada a la protección del orden público o a la salvaguarda de las buenas costumbres[8]. El efecto fundamental de los vicios del consentimiento que reúnan los requisitos legales es que producen la anulabilidad del contrato, es decir, la nulidad

---

6 Al respecto, véase: Jacques Ghestin, "Les obligations – Le Contrat: Formation", en *Traité de Droit Civil,* Tome II, L.G.D.J., París, 1988, p. 497.

7 Al respecto, véase: Philippe Malaurie, Laurent Aynès y Philippe Stoffel-Munck, *Les Obligations*. Defrénois, París, 2005, p. 240; Jacques Ghestin, ob. cit., Tome II, p. 359, especialmente, la nota 20 y la jurisprudencia de los tribunales franceses allí citada.

8 Aunque el artículo 1.146 del Código Civil venezolano se refiere a la nulidad del contrato celebrado bajo la influencia del error, el dolo o la violencia, el artículo 1.154 al referirse al dolo, deja claro que se trata de una nulidad relativa o anulabilidad.

relativa del mismo. El sujeto que experimenta el vicio puede pues obtener la anulación del contrato.

Cabe hacer notar que en el texto final de la Ordenanza por medio de la cual se reformó el Código Civil francés se eliminó una disposición incluida en el proyecto de Ordenanza de febrero de 2015 que reconocía al otro contratante la posibilidad de rectificar el contrato subsanando el error en que había incurrido su contraparte[9].

Tampoco se le otorgó al juez en la reforma el poder de adaptar el contrato conforme al contenido que le hubieran otorgado las partes de no haber mediado el error común en el que ellas incurrieron al momento del contrato. Se consideró que esta facultad se alejaba demasiado del poder de la autoridad judicial en el sistema francés, sobre todo si se tiene en cuenta que no se trataba tan solo de conferirle el poder de revisar el contrato, sino de establecer su contenido sustituyéndose a las partes al corregir el error compartido en el cual habían incurrido al tiempo del contrato. En efecto, difícilmente se concibe en un sistema que fundamenta la fuerza obligatoria del contrato en el acuerdo de voluntades, permitirle al juez fijar el contenido de la convención[10].

---

9 De acuerdo con el proyecto de Ordenanza (*Ordonnance*) de febrero de 2015, el cocontratante de la víctima del error podía proponerle a esta última la rectificación del contrato conforme al contenido y a las modalidades del contrato que esta quiso concluir. Si el contratante no respondía a la propuesta de rectificación dentro de los seis meses siguientes a la fecha de su recibo, el contrato se entendía automáticamente rectificado. Esta disposición se eliminó en el texto final de la Ordenanza *(Ordonnance*) de reforma del derecho de los contratos, del régimen general y de la prueba de las obligaciones citado en la nota 1 *ut supra*, que entró en vigencia el 1° de octubre de 2016. Por consiguiente, de acuerdo con el texto legal vigente, aunque el otro contratante le proponga a la parte que incurrió en el error, mantener el contrato como si no hubiese habido error, esto es, sin perjuicio para este último, el silencio del *errans* sobre la rectificación propuesta no producirá ningún efecto. Al respecto, véase: Gaël Chantepie y Mathias Latina, *La réforme du droit des obligations. Commentaire théorique et pratique dans l'ordre du Code civil,* Éditions Dalloz, París, 2016, p. 245.

10 La adaptación judicial del contrato sí está contemplada en los Principios de Derecho Contractual Europeo preparados por la Comisión de Derecho Europeo de los Contratos bajo la presidencia del profesor doctor Ole Lando y publicados en 1995 (los "PDCE"), en el supuesto de error compartido, es decir, cuando ambas partes hubieren incurrido en el mismo error. En efecto, en el artículo 4:105 (3) de los PDCE se establece: "Cuando ambos contratantes hubieran cometido el mismo error, el juez o tribunal podrá restablecer, a petición de cualquiera de las partes, la validez del contrato otorgándole el sentido que, en buena lógica, habrían acordado las partes de no haber existido el error". De manera similar, en el

En cualquier caso, la anulación del contrato no es la única sanción que establece el Código Civil francés cuando el consentimiento está viciado. Independientemente de la nulidad del contrato, la parte a quien le es imputable el vicio del consentimiento debe reparar el daño causado a la otra, conforme a las normas del Derecho común que gobiernan la responsabilidad extracontractual (artículo 1.178 *in fine*). Esto significa que la nulidad se produce sin perjuicio de la eventual indemnización de los daños causados[11]. De ahí que el contratante que invoque su error o el cocontratante de la víctima del dolo o de la violencia debe indemnizar a la otra parte los daños y perjuicios que le ocasione la nulidad del contrato. Si la parte afectada se limita a demandar los daños y perjuicios, la indemnización solo comprenderá la pérdida de la oportunidad que tuvo de obtener una ganancia por no haber podido celebrar un contrato en condiciones más ventajosas. Si los daños y perjuicios se acumulan a la demanda de nulidad, solo procederá su indemnización cuando después de efectuada la restitución de las prestaciones a que dé lugar la nulidad del contrato, todavía subsista una pérdida en el patrimonio de la parte afectada por la celebración del contrato anulado.

II. EL ERROR

1. Introducción

En lo concerniente a la regulación del error como un vicio del consentimiento, en la reforma del Código Civil francés, es necesario hacer las siguientes observaciones preliminares.

1. La reforma no menciona el llamado *error obstáculo*, como tampoco lo hacía el Código Napoleón[12]. Podría pensarse que como el error obstáculo provoca una falsa apreciación de la realidad de tal naturaleza y gravedad que impide la formación del consentimiento, esta clase de error, en realidad, no constituye un vicio del consentimiento sino

artículo 4:109 (2) de los PDCE se le confiere idéntico poder al juez cuando el contrato se hubiese concluido abusando de la situación de dependencia en que se encontraba uno de los contratantes.

[11] François Terré, Philippe Simler e Yves Lequette, *Droit Civil, Les Obligations*, Dalloz, París, 2005, pp. 233-234, 245 y 255.

[12] Tampoco el Código Civil venezolano, cuando regula el error como vicio del consentimiento, se refiere al error obstáculo.

una circunstancia que impide la formación del mismo y que, por tanto, produce la nulidad absoluta del contrato y no su nulidad relativa. No lo creemos así, puesto que no hay nada en la Ordenanza de reforma ni en su respectivo informe de presentación que así lo indique o haga suponer. Por consiguiente, consideramos más bien que al no haberse referido la reforma al error obstáculo, lo que quiso el legislador fue equipararlo en sus efectos al llamado *error vicio*. Tanto más cuanto que en ambos casos se trata de una situación que solamente atañe al interés de las partes contratantes y que no afecta en forma alguna al orden público ni a las buenas costumbres. No existe ninguna justificación para concluir que en algunos casos el error produce la nulidad absoluta; y, en otros, la nulidad relativa del contrato cuando siempre de lo que se trata es de proteger a la parte o a las partes que se han equivocado[13].

Así lo había dejado ya establecido la doctrina y la jurisprudencia francesa más moderna que tiende a equiparar en sus efectos al error obstáculo y al error vicio toda vez que en ambos casos la voluntad negocial no se corresponde con lo querido por el contratante, sea porque su voluntad se ha formado bajo el influjo de una falsa representación de la realidad, o porque hubo un simple error en la declaración y, por ende, lo declarado no refleja su verdadera voluntad[14].

---

13 Al respecto, véase: Jacques Ghestin, ob. cit., Tome II, pp. 902-903; François Terré, Philippe Simler e Yves Lequette, ob. cit., p. 233; Alex Weill, *Droit Civil, Les Obligations,* Dalloz, París, 1971, pp. 174-176 y 192; Marcelo Planiol y Jorge Ripert, *Tratado Práctico de Derecho Civil Francés,* Tomo VI, Traducción castellana de Mario Díaz Cruz, Cultural S.A., Habana, 1946, pp. 237-239. En la doctrina nacional, véase: Francisco López Herrera, *La Nulidad de los Contratos en la Legislación Civil Venezolana,* Empresa El Cojo S.A., Caracas, 1952, pp. 189-190.

14 Esta es, por lo demás, la solución adoptada por el Código Civil alemán B.G.B. (§ 119), el Código italiano de 1942 (art. 1433) y el Código Civil portugués (art. 247). Según el párrafo 119 del B.G.B.: "1. Quien en el momento de hacer una declaración de voluntad está en un error en cuanto a su contenido, o no pretendía en absoluto hacer una declaración de dicho contenido, puede rescindir la declaración si se da por sentado que no la habría hecho con conocimiento de los hechos y una estimación razonable de la situación. 2. Como error sobre el contenido de la declaración se considera también un error en cuanto a las cualidades de la persona o cosa que se consideran esenciales en el negocio". Por su parte, el artículo 1433 del *Codice* establece: "Las disposiciones de los artículos precedentes se aplicarán también al caso de que el error recayese en la declaración o de que la declaración hubiese sido transmitida inexactamente por la persona o por la oficina encargada de hacerlo". Y de acuerdo con el artículo 247 del Código Civil portugués: "Cuando en virtud del error, la voluntad declarada no corresponda a la voluntad real del autor, la declaración negocial es

En fin aunque desde el punto de vista conceptual, el error obstáculo y el error vicio son dos figuras distintas, sin embargo, desde el punto de vista de los efectos que producen respecto de la voluntad contractual, deben recibir el mismo tratamiento por cuanto las consecuencias de una y otra especie de error son, en esencia, las mismas. Por lo cual, hay que aplicar al error en la declaración la regulación que trae el Código Civil para el error vicio. En ambos casos el error acarrea como consecuencia la nulidad relativa del contrato, pudiendo este ser objeto de confirmación[15].

2. Siguiendo la orientación del Código Napoleón, los redactores de la reforma limitaron los casos en los cuales el error puede ser tomado en cuenta como vicio del consentimiento: solamente *el error de derecho* y *el error de hecho* sobre una cualidad esencial de la cosa, o las cualidades esenciales de la persona con quien se ha contratado, son susceptibles de invalidar el consentimiento y producir la anulación del contrato (artículos 1.132 - 1.134) (*infra,* N°s II,2; II,3 y II,4).

3. Pero adicionalmente la reforma delimita el campo de aplicación del denominado por la doctrina error irrelevante, es decir, *el error sobre los motivos* y *el error sobre el valor*, así como las circunstancias bajo las cuales esta clase de error puede incidir en la validez del contrato (artículos 1.135 – 1.136) (*infra,* N°s II,6 y II,7).

---

anulable, si el destinatario hubiese conocido o no debiese haber ignorado el carácter esencial que para el declarante revestía el elemento sobre el cual recayó el error". Como se ve, en estos ordenamientos, al error en la declaración se le da el mismo tratamiento que se da al error vicio del consentimiento (nulidad relativa y no absoluta en ambos casos), siempre y cuando se cumplan los requisitos previstos en la ley para que el error produzca la anulación del contrato.

15 En criterio de la doctrina nacional moderna, el error obstáculo se asimila en sus consecuencias al error vicio y da lugar a la nulidad relativa del contrato. Al respecto, véase: Francisco López Herrera, loc. cit.; José Mélich-Orsini, *Doctrina General del Contrato*, Quinta Edición, Academia de Ciencias Políticas y Sociales, Serie Estudios, N° 61, Caracas, 2012, pp. 153-154; Eloy Maduro Luyando y Emilio Pittier Sucre, *Curso de Obligaciones, Derecho Civil III*, Tomo II, Universidad Católica Andrés Bello, Caracas, 2013, pp. 632 y 641; Rafael Bernad Mainar, *Derecho Civil Patrimonial, Obligaciones*, Tomo I, Universidad Central de Venezuela, Facultad de Ciencias Jurídicas y Políticas, Caracas, 2006, pp. 77-78; Enrique Urdaneta Fontiveros, *El Error El Dolo y la Violencia en la Formación de los Contratos*, Academia de Ciencias Políticas y Sociales, Serie Estudios, N° 83, Caracas, 2010, pp. 34-41.

2. Error sobre las cualidades esenciales de la prestación

El artículo 1.110 del Código Napoleón se refería al error *in substantia* en los siguientes términos "el error no es causa de la nulidad de la convención sino cuando recae sobre la sustancia misma de la cosa que constituye su objeto".

Ahora bien, como se ha afirmado, sustancia y cualidad son dos conceptos diferentes, la cualidad se refiere a alguno de los variados modos de ser de una sustancia. Un error puede tener por objeto una sustancia (una botella llena de vinagre, la creemos llena de vino), bien una *qualitas* (un mismo vino puede pertenecer a una cosecha distinta de aquella a la que creíamos a que pertenecía). De ahí que muy pronto se produjo entre los comentaristas del Código Napoleón una disputa acerca de lo que debía entenderse por "sustancia" en el sentido del artículo 1.110 del *Code*.

El primer problema que se planteó la doctrina bajo la vigencia del Código Napoleón fue el de la noción jurídica de sustancia, es decir, *¿qué debe entenderse por sustancia*?

Para algunos autores de la escuela objetiva, la palabra sustancia debe entenderse en un sentido riguroso: es lo que hace que sin ella, una cosa se transforme en otra de distinto género. Esta es la opinión de Colmet De Santerre[16], Aubry y Rau[17] y Huc[18].

Según otros partidarios de la concepción objetiva, sustancia significa cualidad sustancial inherente al objeto y que permite distinguir una cosa de otra.

---

16 Según Colmet de Santerre, "las cualidades constitutivas de la sustancia son aquellas cuya ausencia desnaturaliza la cosa, la altera hasta el punto de que se convierte en otra cosa u otro ser distinto del que debía ser objeto de la convención." (Colmet De Santerre, *Cours Analytique du Code Civil*, Tome V, París, 1873, p. 15).

17 Para Aubry y Rau, "por sustancia de la cosa debe entenderse, no solamente los elementos materiales que la componen, sino hasta las propiedades cuyo conjunto determina su naturaleza específica y la distingue, según las nociones comunes, de cosas de cualquier otra especie" (C. Aubry y C. Rau, *Cours de Droit Civil Français*, Tome IV, Sixième édition, París, 1907, § 343 *bis*, p. 433).

18 En criterio de Huc, la sustancia es: "lo que permite dar a una cosa el nombre sustantivo que la distingue; la constituyen, por consiguiente, los atributos sin los cuales la cosa, objeto del contrato, sería clasificada en otra categoría de sustantivos" (T. Huc, *Commentaire Théorique et Pratique du Code Civil*, Tome VII, París, 1892/1903, p. 35).

A la concepción objetiva se le critica el que no toma en cuenta para nada la cualidad que las partes han tenido como sustancial o esencial y que las impulsó a contratar.

De acuerdo con la concepción subjetiva de sustancia, el juez para resolver si una cualidad ha sido o no sustancial para los contratantes debe hacerse esta pregunta: ¿hubieran las partes contratado de no tener la cosa tal cualidad? Si la respuesta es negativa, la cualidad debe reputarse sustancial; de lo contrario, es simplemente secundaria o accesoria. De donde resulta que la sustancia es la cualidad que en cada caso particular las partes han tomado en cuenta como sustancial[19]. En la misma dirección se orientó un sector de la jurisprudencia francesa[20].

La doctrina y la jurisprudencia francesa más moderna se orientó por admitir la concepción subjetiva en los casos en que las dos partes contratantes han tenido en cuenta ciertas cualidades de los elementos esenciales del contrato, siempre y cuando las mismas se hayan incorporado al contenido del contrato y se compruebe que una de las partes haya sido víctima de un error sobre dichas cualidades[21].

Ahora bien, para evitar la ambigüedad a que se presta la utilización del término sustancia, los redactores de la reforma del Código Civil francés prefirieron referirse al error que verse "sobre las cualidades esenciales de la prestación" (artículo 1.132). Luego, en la primera parte del artículo 1.133, se establece que "las cualidades esenciales de la prestación son aquellas que han sido expresa o tácitamente convenidas y en consideración a las cuales las partes han contratado".

De ahí que no cualquier error sobre las características de la prestación en que haya incurrido alguno de los contratantes produzca la anulabilidad del contrato. La ley toma en cuenta no solo el interés de la víctima del error, sino también el interés de su cocontratante de manera que este último no resulte sorprendido por la anulación del contrato. De

---

19 Al respecto, véase: G. Baudry-Lacantinerie y L. Barde, "Des Obligations", Tome Premier en *Traité Théorique et Pratique de Droit Civil*, París, 1900, Tome XI, pp. 77-80.

20 Al respecto, véase: Raymond Celice, *El Error en los Contratos*, Traducción castellana de César Camargo y Marín, Editorial Góngora, Madrid *s.d.*, pp. 94 y ss. y la jurisprudencia francesa allí citada.

21 Al respecto, véase: Jacques Ghestin, *La notion d'erreur dans le droit positif actuel*, L.G.D.J., París, 1963, p. 178; François Terré, Philippe Simler e Yves Lequette, ob. cit., p. 222 y la jurisprudencia francesa allí citada; Alex Weill, *Droit Civil,* ob. cit., pp. 186-187.

ahí la exigencia legal: el error *in substantia* produce la anulabilidad del contrato cuando recae sobre una cualidad que haya sido expresa o tácitamente considerada como esencial por las partes al tiempo del contrato. Se requiere, por tanto, que el cocontratante de la víctima del error haya podido conocer que esta última consideraba dicha cualidad como esencial.

Esta disposición tiene como propósito evitar que uno de los contratantes pueda desligarse del contrato por su propia voluntad pretendiendo *a posteriori* haber considerado como esencial una cualidad de la prestación al momento del contrato. Es necesario, de acuerdo con el nuevo artículo 1.133, que las partes hayan convenido expresa o tácitamente en el carácter esencial de una cualidad de la prestación, pudiendo deducirse este carácter de las circunstancias que rodearon la celebración del contrato. La exigencia de un acuerdo de voluntades, al menos implícito, respecto del carácter esencial de la cualidad de la prestación, permite circunscribir el error sobre la prestación jurídicamente relevante y objetivar su delimitación[22].

Literalmente, el artículo 1.133 solo le da relevancia al error sobre una cualidad esencial de la prestación cuando concurren dos condiciones: 1) que dicha cualidad esencial haya sido expresa o tácitamente convenida como tal por los contratantes; y 2) que ambas partes hayan contratado en consideración a esta cualidad.

Por consiguiente, ateniéndonos a la letra de la ley, si una sola de las partes contrató en consideración a una cualidad que ella consideró como esencial, no obstante haber sido conocida esta circunstancia por la otra parte, no podrá la primera pedir la nulidad del contrato. Esto, a nuestro modo de ver, restringe demasiado el campo de aplicación de la prescripción legal. Si el fundamento de la exigencia de que la cualidad esencial sea convenida por ambas partes es la protección del interés del cocontratante de la víctima del error, que no puede quedar expuesto a la invocación *ex post facto* de una supuesta cualidad esencial de la prestación acerca de la cual no había sido advertido con anterioridad, el conocimiento del carácter esencial de una cualidad convenida debe, al menos en principio, ser suficiente para dar lugar a la anulación del

22 Gaël Chantepie y Mathias Latina, ob. cit., p. 249.

contrato. Corresponderá a la doctrina y a la jurisprudencia francesas pronunciarse sobre la materia.

Por otra parte, tomando en consideración que es posible que un contratante se equivoque no solo respecto de las cualidades de la contraprestación que haya de recibir, sino que también puede hacerlo respecto de las cualidades que correspondan a su propia prestación, el artículo 1.133 prescribe que el error sobre las cualidades esenciales de la prestación puede versar sobre las características de la prestación de cualquiera de las partes. Esto es, el error puede recaer tanto sobre la prestación que una de las partes reciba, como también sobre la que le corresponda cumplir en razón del contrato. La jurisprudencia de los tribunales franceses ya admitía esta posibilidad antes de la entrada en vigor de la reforma[23].

Por último, el artículo 1.133 (tercera parte) consagra el adagio "el alea excluye el error". De ahí que si las partes contrataron conscientes de la incertidumbre acerca de las cualidades de la cosa como, por ejemplo, su autenticidad, su composición o, en general, su aptitud para servirse de ella conforme a sus necesidades, no podrán pretender después, una vez despejada dicha incertidumbre, haber cometido un error al tiempo del contrato. La teoría del error no puede invocarse para aliviar el revés producido por la mala fortuna, cuando esta eventualidad ya había sido considerada por los contratantes al momento de celebrar el contrato.

3. Error sobre las cualidades esenciales del cocontratante

El error no solo puede referirse a las cualidades de la prestación. Puede igualmente recaer sobre las cualidades esenciales del cocontratante. El error en la persona es pues otra clase de error de hecho susceptible de invalidar el consentimiento.

Ahora bien, la reforma del Código Civil francés consagra en esta materia una modificación importante: el artículo 1.134, al regular el error *in persona*, considera como tal aquel que recae sobre *las cualidades esenciales del cocontratante*. No se refiere al error *in persona* propiamente dicho, es decir, al que recae sobre *la identidad física de la*

---

[23] *Ibíd*., p. 250, especialmente, la nota 3 y la jurisprudencia francesa allí citada.

persona. En cambio, el artículo 1.110 del Código Napoleón, al referirse al error *in persona*, solo contemplaba como causal de nulidad del contrato el error sobre la persona del contratante, aunque la doctrina y la jurisprudencia muy pronto entendieron que esta disposición del *Code* consagraba la anulación del contrato no solo cuando el error recaía sobre la identidad física del contratante –supuesto este, por lo demás, de muy rara ocurrencia– sino también cuando versaba sobre las cualidades sustanciales que personalizan a alguno de los contratantes, esto es, sobre las cualidades de una de las partes que la otra consideró esenciales cuando consintió en la celebración del contrato[24].

Por consiguiente, en la actualidad, para que el error en la persona sea causa de anulación no es indispensable que recaiga sobre la persona física, basta que haya error acerca de una cualidad de la persona que se haya tenido principalmente en cuenta y que haya sido la causa determinante del contrato.

Al consagrar el error *in persona* como motivo de anulación del contrato, el legislador evidentemente que ha querido referirse tan solo a aquellos contratos en los cuales la persona o las cualidades de los que contratan han sido fundamentales en el convenio y en el consentimiento prestado. De ahí resulta que el error sobre la persona puede invocarse únicamente en aquellos contratos en que la consideración de la persona constituye el motivo principal. Por tanto, no se admite el error *in persona* sino cuando el contrato se ha concluido *intuitu personae*, esto es, en atención a las cualidades especiales o condiciones personales de los contratantes (artículo 1.134). En los contratos *intuitu personae* la identidad de la persona o sus condiciones personales son determinantes de la prestación del consentimiento del otro o de los otros contratantes.

---

24 En cambio, respecto del *matrimonio*, la jurisprudencia de los tribunales durante mucho tiempo se mostró bastante más rigurosa. Al interpretar el artículo 180 del Código Civil francés que solo mencionaba el error sobre la persona como motivo de anulación del matrimonio, los tribunales franceses consideraron durante mucho tiempo que el único error que viciaba el consentimiento matrimonial era el que redundaba en la identidad de la persona, esto es, cuando el matrimonio se convino con una persona diferente de aquella con la cual el contrayente pretendió desposarse. Esta situación fue finalmente resuelta por el legislador el 11 de julio de 1975 cuando se agregó al texto del artículo 180 (segunda parte) del *Code* un párrafo según el cual el error sobre las cualidades esenciales de una persona es causa de nulidad del matrimonio.

Tales son los contratos a título gratuito, como las donaciones, en los cuales se atiende exclusivamente, o al menos principalmente, a la persona del beneficiario.

Pero el carácter *intuitu personae* puede también ser relevante en los contratos a título oneroso como, por ejemplo, cuando tienen por objeto un hecho positivo o negativo no fungible. Por ejemplo, en los contratos con un médico, con un afamado pintor o con un empleado calificado donde la consideración de la persona juega un papel esencial[25].

En nuestro concepto, en los contratos *intuitu personae* las cualidades personales del otro contratante siempre son determinantes del consentimiento; por lo cual, en estos contratos, es suficiente la prueba respecto del error sobre las cualidades personales del otro contratante. Al ser dichas cualidades personales, una circunstancia inherente a la esencia del contrato no se requiere probar que el error haya sido determinante de la voluntad contractual[26].

4. Error de derecho

El Código Napoleón al regular el error vicio no mencionaba expresamente al error de derecho. El artículo 1.110 del *Code* se refería simplemente al error y puesto que no distinguía entre el de hecho y el de derecho, la doctrina y la jurisprudencia francesas habían resuelto que los comprende a ambos[27]. Por consiguiente ya antes de la reforma del Código Civil francés se admitía pacíficamente que el error de derecho podía servir como base para la impugnación del contrato cuando había sido esencial. Pero solamente se llegaba a esta conclusión sobre la base de una interpretación *a contrario sensu* del primer aparte del artículo 2.052 del *Code* según el cual la transacción no es anulable por error de derecho. En cambio, en la actualidad, el artículo 1.132 del Código Civil francés admite claramente como fundamento para pedir la anulación

25 La doctrina es conteste en relación con los conceptos expuestos en el texto. Al respecto, por todos, en la doctrina francesa, véase: Jacques Ghestin, *Traité*... cit., pp. 445-450.

26 Al respecto, véase lo que expongo en mi libro *El Error El Dolo y la Violencia en la Formación de los Contratos* citado en la nota 15 *ut supra,* p. 69.

27 Al respecto, por todos, véase: Jacques Ghestin, *Traité*... cit., pp. 416-419 y la jurisprudencia francesa allí citada; François Terré, Philippe Simler e Yves Lequette, ob. cit., pp. 231-232, especialmente, la nota 1) y la jurisprudencia francesa allí citada.

del contrato tanto el error de hecho como el error de derecho, con lo cual queda cerrada toda discusión al respecto[28].

Conviene tener en cuenta que el principio según el cual la ignorancia de la ley no excusa de su cumplimiento que a veces se ha invocado para rechazar la relevancia del error de derecho en algunos ordenamientos que, como el Código Civil francés de 1804, no la admiten expresamente, no excluye que por error de derecho puedan invalidarse actos jurídicos, que no se habrían formado de no haber medido esta clase de error.

Esta regla significa simplemente que no es posible pretender evadir la aplicación de una ley o escaparse a sus consecuencias con el pretexto de que se la ignora. Pero quien invoca un error de derecho para anular un acto jurídico no pretende suspender la eficacia obligatoria de una ley sino demostrar que falta un presupuesto que la propia ley exige para la celebración del acto. Por consiguiente, siempre que un error de derecho llene los requisitos legales para que sea jurídicamente relevante, no hay ninguna razón para no tomarlo en consideración[29].

Además, con mucha frecuencia el error de derecho se invoca por un contratante que creía erróneamente estar obligado a contratar en virtud de la ley. La víctima del error de derecho, por tanto, no pretende eludir la aplicación de la ley puesto que dicha ley, sencillamente, no le era aplicable. Por ejemplo, cuando un propietario le vende un bien a su arrendatario bajo la creencia de que este tenía un derecho preferente para adquirirlo cuando, en el caso concreto, no le asistía al inquilino ningún derecho de preferencia.

---

28 El artículo 1.147 del Código Civil venezolano también consagra expresamente que el error de derecho puede invocarse para pedir la anulación del contrato cuando ha sido esencial.

29 Marcelo Planiol y Jorge Ripert, ob. cit., Tomo VI, p. 246; Ambrosio Colin y Henri Capitant, *Curso Elemental de Derecho Civil*, Tomo III, Traducción castellana por la redacción de la Revista General de Legislación y Jurisprudencia, Instituto Editorial Reus, Madrid, 1960, pp. 607-608; Louis Josserand, *Derecho Civil*, Tomo II, Vol. I (Teoría General de las Obligaciones), Traducción castellana de Santiago Cunchillos y Manterola, Bosch y Cia Editores, Buenos Aires, 1950, p. 60; F. Laurent, *Principios de Derecho Civil*, Traducción castellana, Tomo XV, Habana, 1917, pp. 630-632; Henri De Page, *Traité Élémentaire de Droit Civil Belge*, Tome I, (Introduction), Bruylant, Bruselas, 1948, p. 49.

5. Error excusable

De acuerdo con el nuevo artículo 1.132 del Código Civil francés "el error de hecho o de derecho, a menos que sea inexcusable, es una causa de nulidad del contrato cuando recae sobre las cualidades esenciales de la prestación debida o sobre las del cocontratante".

Según esta disposición, para que el error pueda invalidar el consentimiento y producir la anulación del contrato tiene que ser excusable. La excusabilidad del error es pues una condición indispensable para la anulación.

La excusabilidad del error no era un requisito exigido por el Código Napoleón. Pero la doctrina y la jurisprudencia francesa y belga ya defendían esta exigencia con fundamento en los principios que gobiernan la responsabilidad civil extracontractual.

Además, en ausencia de una previsión legal que consagrara expresamente este requisito, para fundamentar la necesidad de la excusabilidad del error, en la doctrina francesa se señalaba que el contratante tiene que tomar las precauciones más elementales e informarse acerca de las características del contrato que se propone celebrar. Al no haber cumplido con este deber de informarse, el error es culposo y, por ende, inexcusable. Su falta de diligencia se sanciona impidiéndole pedir la nulidad del contrato (*De non vigilantibus non curat praetor*). Dicho en términos más coloquiales: el derecho no protege a los imbéciles[30].

Ahora bien, el carácter inexcusable del error debe apreciase *in concreto*. Ciertamente, este criterio de la apreciación *in concreto* del carácter excusable del error no lo establece expresamente el Código Civil francés el cual, como indicamos poco antes, solo se refiere a la apreciación *in concreto* del carácter determinante del error (artículo 1.130, segunda parte). Sin embargo, a nuestro modo de ver, no tiene mayor

[30] Philippe Malaurie, Laurent Aynès y Philippe Stoffel-Munck, ob. cit., p. 249, especialmente, la nota 41. Según un sector de la doctrina francesa, el error inexcusable es un error burdo, es decir, uno en que se incurre por culpa grave o dolo. Henri Mazeaud, Léon Mazeaud, Jean Mazeaud y François Chabas, *Leçons de Droit Civil*, Tome II, Premier Volume, (Obligations. Théorie Générale), Montchrestien, París, 1998, pp. 173-174; Jacques Ghestin, *Traité*... cit., p. 432. Según otros autores, no hay que confundir falta grave y error inexcusable. Y de acuerdo con la jurisprudencia francesa el error inexcusable no es más que un error culposo. Al respecto véase: Jacques Ghestin, loc. cit., especialmente, la nota 217 y la jurisprudencia francesa allí citada.

sentido que el carácter determinante del error deba apreciarse *in concreto* y que su carácter excusable deba apreciarse *in abstracto*. Ambas características del error deben ser objeto de un mismo criterio de apreciación. Por consiguiente, para determinar la excusabilidad del error hay que tomar en consideración, entre otros factores, la edad, la experiencia, la profesión y demás circunstancias propias de la víctima del error.

Cabe hacer notar que ya antes de la reforma, los tribunales franceses eran más propensos a calificar como inexcusable el error cometido por un profesional en el ramo de actividad en el cual se desempeña y no aquel en que incurre un mero profano[31]. Se espera pues de un profesional y de un contratante experimentado un cuidado particular a la hora de contratar, por lo que se les exige un mayor grado de atención y diligencia. De la misma manera, lo que puede ser un error, por ejemplo, para un comprador inexperto en objetos de arte, no lo será, por ejemplo, para un buen coleccionista.

En fin, el nuevo artículo 1.132 requiere que el error de hecho o de derecho, para dar lugar a la anulación del contrato, sea excusable. Y el carácter excusable del error debe apreciarse *in concreto*, es decir, tomando en consideración las condiciones personales del *errans*, incluyendo su edad, aptitudes intelectuales, grado de experiencia y educación, su condición de profesional o perito y demás circunstancias[32].

6. Error sobre los motivos

Como es bien sabido, el error que recae sobre las razones personales o motivos en sí ajenos al contrato, que inducen a su celebración, es en principio irrelevante como, por ejemplo, cuando compro un fundo porque creo haber sido nombrado para desempeñar un cargo en la localidad donde dicho fundo se encuentra, o cuando compro una cosa con el fin de obtener un beneficio importante, o cuando celebro un contrato de publicidad dando por seguro numerosos pedidos por parte de los anunciantes. El contrato celebrado en estas condiciones es válido aunque no haya sido nombrado para la posición esperada como erróneamente

---

31 Al respecto, véase: François Terré, Philippe Simler e Yves Lequette, ob. cit., pp. 230-231, especialmente, las notas 1 y 2 y la jurisprudencia francesa allí citada.

32 Jacques Ghestin, *Traité*... cit., p. 432, especialmente, la nota 219 y la jurisprudencia francesa allí citada; François Terré, Philippe Simler e Yves Lequette, ob. cit., p. 230.

creía, o aunque el negocio me reporte luego perdidas, o no obtenga los pedidos de los anunciantes con los cuales contaba.

En tal sentido la doctrina francesa moderna al examinar la relevancia del error como vicio del consentimiento susceptible de determinar la nulidad del contrato, conforme a las disposiciones del Código Napoleón, consideró que el error sobre los motivos, esto es, el que versa sobre una circunstancia externa que no incide sobre las cualidades sustanciales del objeto del contrato o de la persona, no afecta la validez del contrato. En caso contrario, estaremos en presencia de un error *in substantia o in persona* que sí producirá la anulación. Por ejemplo, si una persona compra un automóvil actuando en la creencia de obtener próximamente un empleo que lo requiera y descubre poco después que el mismo presenta un defecto que impide que pueda circular, el comprador podrá entonces pedir la nulidad del contrato por error *in substantia*. En cambio, supongamos que el automóvil sea apto para la circulación, pero que el comprador, por un motivo u otro, no sea nombrado para el cargo que esperaba, entonces existirá un error sobre los motivos, esto es, sobre una circunstancia extrínseca que será irrelevante y, por ende no afectará la validez del contrato[33]. Se trata de un error que no recae sobre un elemento intrínseco al contrato sino sobre una circunstancia extrínseca y, por tanto, es irrelevante. No reviste carácter esencial aunque sea, en el caso concreto, determinante de la voluntad del sujeto que padeció el error[34].

Además, los motivos que impulsan a un individuo a celebrar un contrato son exteriores a ese contrato; solamente los conoce él y no habría ninguna seguridad en el comercio jurídico si se pudieran anular los contratos celebrados so pretexto de los falsos motivos que determinaron su celebración[35].

---

33 Al respecto, véase: François Terré, Philippe Simler e Yves Lequette, ob. cit., pp. 228-229; Jacques Flour, Jean-Luc Aubert y Éric Savaux, *Droit Civil, Les Obligations. L'acte juridique*, Dalloz, París, 2006, pp. 157-158.

34 Enrique Urdaneta Fontiveros, ob. cit., pp. 110-112.

35 La jurisprudencia francesa registra algunos casos interesantes. Un sujeto compró cierto número de acciones antiguas de una sociedad, y el mismo día, por intermedio del mismo corredor de valores, había vendido igual número de acciones a emitirse por la misma sociedad. Pero la emisión fue anulada y dicho individuo se vio en la imposibilidad de entregar los títulos y en consecuencia de disponer del precio. Trató entonces de dejar sin efecto la

Haciéndose eco de esta orientación doctrinaria y jurisprudencial, los redactores de la reforma consagraron legislativamente este principio. El error sobre un simple motivo ajeno a las cualidades esenciales de la prestación o del cocontratante, dice el nuevo artículo 1.135, no es una causa de nulidad del contrato.

Sin embargo, la doctrina y la jurisprudencia francesas consideraron igualmente bajo la vigencia del *Code,* que cuando los motivos personales de uno de los contratantes fueron considerados esenciales por las partes incorporándose al contenido del contrato, el error sobre los simples motivos personales que determinaron el consentimiento, sí podía invocarse para pedir la anulación del contrato[36]. En tal caso, la Corte de Casación francesa sostuvo que las partes habían esencializado mediante una disposición expresa incluida en el contrato, un simple motivo convirtiéndolo de esta manera en elemento determinante de la voluntad contractual.

Siguiendo esta orientación, se incluyó igualmente en la reforma una disposición de acuerdo con la cual el error sobre los motivos personales

---

compra de las acciones antiguas, invocando que una de las operaciones era causa de la otra y que la nulidad de la última debía acarrear la nulidad de la primera. La demanda fue desestimada por la Audiencia de Lyon que resolvió que se trataba de dos operaciones distintas e independientes. Ciertamente, el demandante no había comprado las acciones antiguas sino porque esperaba vender las nuevas; pero aún así, no basta que el error sea determinante para producir la anulación, sino que se requiere además que recaiga sobre un elemento que esté en los dominios del contrato y, en criterio del Tribunal, era evidente que en el caso concreto cada uno de los contratos celebrados por el demandante tenía su existencia propia y que ninguna de ellos era un elemento del otro. En otro caso, la Corte de Casación francesa declaró que una mujer casada no podía abstenerse de efectuar una donación hecha con el concurso de su marido, bajo el pretexto de que ella no hubiera consentido en la donación sino en el caso de que las sumas donadas serían a cargo de la comunidad conyugal, cuando en realidad habrían de provenir de los bienes propios de cada cónyuge. Este error solo había recaído sobre un motivo al que el otro contratante, el donatario, había permanecido extraño. Al respecto, véase: Raymond Celice, ob. cit., pp. 147-148 y las decisiones de los tribunales franceses allí reseñadas. Igualmente, los tribunales franceses han declarado que "las ventajas previstas... no pueden ser consideradas como una cualidad sustancial de la cosa.". Al respecto, véase: Henri Mazeaud, Léon Mazeaud, Jean Mazeaud y François Chabas, ob. cit., Tome II, Premier Volume, p. 164, especialmente, la nota 1 y la jurisprudencia francesa allí citada.

36 Philippe Malaurie, Laurent Aynès y Philippe Stoffel-Munck, ob. cit., p. 248; François Terré, Philippe Simler e Yves Lequette, ob. cit., pp. 228-230; Alex Weill, ob. cit., pp. 186-187; Jacques Flour, Jean-Luc Aubert y Éric Savaux, ob. cit., p. 159, especialmente, la nota 8 y la jurisprudencia francesa allí citada.

de una de las partes solo puede invocarse para obtener la anulación del contrato cuando dichos motivos hayan sido incluidos expresamente en el contrato como un elemento determinante de la declaración de voluntad (artículo 1.135).

Por consiguiente, para que los simples motivos personales de una de las partes puedan ser tomados en consideración es necesario que entren a formar parte del contenido del contrato. No basta con que el contratante tenga conocimiento del fin perseguido por la víctima del error. Se requiere, además, que el móvil haya sido considerado de modo explícito por las partes como elemento esencial del contrato y que se incorpore al contenido del contrato. Si los motivos se mantuvieron ocultos, aún cuando tuvieron una importancia subjetiva para el declarante, no pueden tomarse en consideración porque la otra parte no tenía la posibilidad de conocerlos y no han entrado a formar parte del contrato como un elemento esencial, aunque sean determinantes del consentimiento de la víctima. El error que recae sobre estos motivos es irrelevante y, por tanto, no es susceptible de producir la anulación del contrato.

Por último, en el nuevo artículo 1.135 (segunda parte) se incluye una disposición de acuerdo con la cual "el error sobre el motivo de una liberalidad sin el cual el disponente no la habría efectuado, es una causa de nulidad". Por consiguiente, tratándose de un contrato gratuito, el error sobre los motivos que impulsaron al contratante a efectuar la liberalidad produce la nulidad relativa de la misma, aunque dichos motivos no entren a formar parte, explícita o implícitamente, del contenido del contrato. Por supuesto, este error tiene que ser esencial, es decir, determinante del consentimiento.

7. Error sobre el valor

El error sobre el valor consiste en atribuirle a la cosa un precio distinto del que le corresponde.

Tradicionalmente, la doctrina y la jurisprudencia francesas se habían negado a admitir que el error sobre el valor pueda producir la anulación del contrato por las siguientes razones: 1) de admitirse la anulación en estos casos se daría cabida a la rescisión por lesión de manera general y fuera de los casos expresamente previstos en la ley; 2) sería peligroso para la seguridad de las transacciones tener en cuenta el error sobre el valor porque en la casi totalidad de los contratos existe alguna desigualdad entre las prestaciones de las partes; y 3) el error sobre el valor es muchas veces difícil de probar y de apreciar, pues un objeto no tiene siempre a los ojos de todos el mismo valor, y puede tener para algunos un valor especial[37].

Los redactores de la reforma del *Code* recogieron el principio general de la irrelevancia del error sobre el valor de la cosa o de la prestación en el artículo 1.136. Por tanto, cuando una de las partes o ambas le atribuyen a la cosa objeto del contrato un precio distinto del que efectivamente tiene, no puede, al menos en principio, invocarse este error para invalidar el consentimiento y obtener la nulidad del contrato.

Ahora bien, muchas veces el error sobre el valor se presenta como una consecuencia del error acerca de las cualidades esenciales de la cosa como, por ejemplo, cuando adquiero un cuadro por un precio muy elevado porque lo atribuyo a un pintor afamado y luego descubro que es de un pintor mediocre. En tal caso la doctrina y la jurisprudencia francesa modernas admitían que el adquirente podía impugnar la adquisición por error *in substantia*. Siguiendo esta orientación, la reforma del Código Civil francés, después de consagrar el principio general de la irrelevancia del error sobre el valor de la cosa, permite, sin embargo, obtener la nulidad del contrato cuando el error sobre el valor es consecuencia de un error sobre una cualidad sustancial de la cosa.

Dicho en otros términos, el error sobre el valor es irrelevante cuando se refiere al valor de una cosa en sí mismo considerado, independientemente de una cualidad que no falta como, por ejemplo, cuando yo compré un mueble antiguo creyendo que valía tanto como yo había pagado por él; y luego advierto que vale mucho menos. En este caso el error recae no sobre la cualidad de la cosa, sino sobre la conveniencia

37 Al respecto, véase: G. Baudry-Lacantinerie y L. Barde, ob. cit., Tome XI, p. 103; Raymond Celice, ob. cit., pp. 151-152; Michel Véry, *De l'erreur dans les contrats*, Toulouse, 1912, pp. 63-67; Marcelo Planiol y Jorge Ripert, ob. cit., Tomo VI, pp. 254-255; Ambrosio Colin y Henri Capitant, ob. cit., Tomo III, pp. 616-617; Jacques Flour, Jean-Luc Aubert y Éric Savaux, ob. cit., p. 156 y la jurisprudencia francesa citada por estos autores; Henri Mazeaud, Léon Mazeaud, Jean Mazeaud y François Chabas, ob. cit., Tome II. Premier Volume, pp. 163-164.

económica del contrato. No podré, por tanto, impugnar la adquisición por error[38]. Pero cuando el error sobre el valor es consecuencia de un error sobre una cualidad sustancial de la cosa o sobre un elemento fundamental del contrato, tal error entonces sí es relevante.

Por último, cabe hacer notar que si bien el error acerca del valor de la cosa no puede englobarse en la hipótesis prevista en el artículo 1.132 del Código Civil francés por no ser esencial; puede, no obstante, ser relevante a los fines de la anulación del contrato por dolo (artículo 1.139) (*infra*, Nº III, 5).

III. EL DOLO

1. Introducción

El segundo de los vicios del consentimiento regulado en el Código Civil es el dolo.

Como indicamos poco antes, el Código Napoleón, inmediatamente después de regular el error, se refería a la violencia y, por último, incluía las disposiciones aplicables al dolo. Esto, como también se dijo atrás, le restaba coherencia al sistema. En efecto, el dolo no es propiamente un vicio del consentimiento, sino la causa del vicio. El objeto del dolo es engañar, provocar un error en el contratante. El dolo ha de producir un error puesto que si no lo produjera no sería un vicio de la voluntad. El dolo no es más que un engaño, un error que no es espontáneo sino provocado por la conducta intencional del agente[39]. Quien sufre el dolo se equivoca por la maniobra empleada tendiente a producir engaño. Es, por tanto, el error provocado lo que vicia el consentimiento y no el dolo como tal.

El nuevo artículo 1.139 del Código Civil francés con mayor acierto prescribe que *el error que resulta del dolo* es siempre excusable y que *es este error lo que constituye una causa de nulidad.* Dicho en otros términos, si los artículos 1.132 a 1.136 del Código Civil regulan el error

---

38 Enrique Urdaneta Fontiveros, ob. cit., p. 114.

39 En la doctrina nacional, véase: José Mélich-Orsini, ob. cit., p. 177; Eloy Maduro Luyando y Emilio Pittier Sucre, ob. cit., Tomo II, pp. 645-646; Enrique Urdaneta Fontiveros, ob. cit., p. 226.

espontaneo, los artículos 1.137 a 1.139 que le siguen se refieren al error provocado. De ahí que, desde el punto de vista lógico, sea más coherente regular el dolo inmediatamente después del error, tal y como lo hace la reforma. Además, el Código Civil francés sigue ahora un orden progresivo en el examen de los vicios del consentimiento regulándolos en atención a su gravedad: primero los menos graves y luego los más graves.

En la reforma del Código Civil francés se introdujeron algunas modificaciones importantes en lo concerniente al elemento material del dolo, su clasificación, el agente del dolo y sus efectos.

Pasamos a referirnos brevemente a cada uno de estos aspectos.

2. Elemento material

De acuerdo con el artículo 1.137 del Código Civil francés reformado, el dolo resulta de la conducta de un contratante dirigida a obtener el consentimiento del otro por medio de *maniobras o engaños*.

Esta definición del dolo constituye un paso de avance respecto de la noción que contenía el artículo 1.116 del Código Napoleón que conceptualizaba al dolo solo como "maniobras", lo que daba a entender que el dolo tenía que consistir en actos materiales exteriores, es decir, en una conducta positiva del agente, sin tener en cuenta que el dolo no solo puede consistir en actuaciones positivas de una persona, sino también en actuaciones negativas que no se exteriorizan como, por ejemplo, guardar silencio o una simple abstención (no hacer) por parte de un sujeto de derecho. Desde luego, muy pronto la jurisprudencia francesa se encargó de interpretar extensivamente este término para concluir que cualquier otra conducta engañosa aunque no se tradujera en un acto exterior podía constituir un engaño susceptible de invalidar el consentimiento[40].

En fin, los redactores de la reforma del Código Civil francés con gran acierto se cuidaron de configurar el elemento material del dolo de manera tal de incluir no solo las maquinaciones o maniobras provenien-

40 Al respecto, véase: Jacques Ghestin, *Traité*... cit., p. 471; Jacques Flour, Jean-Luc Aubert y Éric Savaux, ob. cit., p. 164, especialmente, la nota 5 y la jurisprudencia de los tribunales franceses allí citada.

tes de uno de los contratantes, sino también los engaños o las simples actuaciones negativas, incluso el silencio que guarde una persona.

Pero adicionalmente el primer aparte del nuevo artículo 1.137 regula la llamada *reticencia dolosa* cuando prescribe que constituye un supuesto de conducta dolosa la ocultación intencional o retención por parte de uno de los contratantes de una información acerca de cuyo carácter determinante para la otra parte, estuviere en conocimiento la parte reticente. Esta disposición tiene que correlacionarse con el deber de información en la etapa de la formación del contrato que consagra ahora el artículo 1.112-1 del Código Civil francés según el cual la parte que conozca una información cuya importancia sea determinante para el consentimiento de la otra parte debe suministrarle dicha información, cuando esta última la ignore legítimamente o actúe basada en la confianza que le inspire su cocontratante.

El dolo por reticencia se admite cuando exista, por la razón que sea, un *deber de informar*. Cuando haya una obligación de información, sea en virtud de la ley, o por las exigencias de la buena fe, o de los usos del tráfico, el simple silencio (intencional) puede constituir una conducta dolosa[41].

De acuerdo con el artículo 1.137 del Código Civil francés para que la reticencia configure una conducta dolosa se requiere una conducta omisiva intencional por parte del agente (*animus decipiendi*). Lo que caracteriza a la reticencia dolosa es que la parte reticente conozca la información y su importancia determinante para la otra parte y proceda con el ánimo de incitar a su cocontratante a celebrar un contrato en contra de su interés.

La reticencia dolosa exige pues la concurrencia de dos requisitos para su configuración, a saber: un elemento psicológico (conocimiento de la información y de su importancia para la otra parte) y un elemento intencional (intención de incitar a la otra parte a celebrar un contrato en contra de su interés)[42]. De donde resulta que la simple inejecución de una obligación de información, sin mala fe, no puede producir la

[41] Jacques Flour, Jean-Luc Aubert y Éric Savaux, ob. cit., pp. 165-166.

[42] M. Fabre-Magnan, *De l'obligation d'information dans les contrats,* (Essai d'une théorie), París, 1992, p. 292.

anulación del contrato, aun cuando según las circunstancias pueda servir de fundamento para una acción por daños y perjuicios de la víctima contra la parte reticente[43].

Además, para que se configure la reticencia dolosa es necesario que la misma haya tenido una influencia determinante en el consentimiento del otro contratante y que este no hubiere conocido ni hubiere tenido la posibilidad de conocer por otros medios la circunstancia silenciada[44], puesto que no hay razón para informar sobre lo que cada quien pueda saber fácilmente.

Por consiguiente, la reticencia dolosa resultará de la inejecución intencional de un deber de informar sobre determinadas circunstancias que, de haber sido conocidas por la otra parte contratante, le hubiesen hecho desistir de celebrar el contrato, o celebrarlo en condiciones sustancialmente más beneficiosas.

Por último, cabe hacer notar que en la novísima Ley 2018-287, de fecha 20 de abril de 2018, mediante la cual el Parlamento francés ratificó la Ordenanza sobre la reforma del derecho de los contratos, del régimen general y de la prueba de las obligaciones, se estableció que no constituye un supuesto de *reticencia dolosa* el silencio que guarde uno de los contratantes sobre el valor de la prestación de la otra.

3. Dolo causante y dolo incidental

De acuerdo con el artículo 1.116 del Código Napoleón:

> el dolo es causa de anulabilidad del contrato cuando las maniobras practicadas por uno de los contratantes han sido tales que evidentemente sin ellas el otro no hubiera contratado[45].

---

43 M. Fabre-Magnan, loc. cit., p. 298; Christian Larroumet, *Teoría General del Contrato*, Vol. I, Traducción castellana de Jorge Guerrero R., Editorial Temis S.A., Santa Fe de Bogotá, 1999, pp. 270 y 284, especialmente, la nota 194 y la jurisprudencia francesa allí citada.

44 En la doctrina nacional, véase: José Mélich-Orsini, ob. cit., p. 181; Eloy Maduro Luyando y Emilio Pittier Sucre, ob. cit., Tomo II, p. 646; Enrique Urdaneta Fontiveros, ob. cit., p. 168.

45 En el mismo sentido, el artículo 1.154 del Código Civil venezolano establece que: "El dolo es causa de anulabilidad del contrato, cuando las maquinaciones practicadas por uno de los contratantes o por un tercero, con su conocimiento, han sido tales que sin ellas el otro no hubiera contratado". La diferencia entre esta disposición y su equivalente en el *Code* estriba en que el dolo proveniente de un tercero permite la anulación del contrato, siempre

Esta disposición llevó a los comentaristas del *Code* a mantener la distinción, ya recogida en el Digesto, entre *dolo causante y dolo incidental*. El dolo es causante, principal o esencial cuando sin el engaño no se hubiera contratado de ninguna manera. Por el contrario, el dolo es incidental cuando a pesar del engaño el contrato se hubiese celebrado igualmente, pero en mejores condiciones[46].

En fin, para que el dolo constituya un vicio del consentimiento de acuerdo con el *Code* y permita la anulación del contrato, es necesario que haya sido la causa del contrato (*dolo causante*), es decir, que haya sido determinante de la emisión de la declaración de voluntad, la cual de no haber mediado el dolo no se habría producido[47]. De manera que si el dolo solo ha tenido por efecto obtener mejores condiciones o recae sobre condiciones accesorias (*dolo incidental*) el contrato no es anulable.

Ahora bien, aun cuando el dolo incidental no permite la anulación del contrato, da lugar al resarcimiento de los daños y perjuicios si los hubo[48]. El dolo incidental solo obliga al agente a indemnizar los daños y perjuicios experimentados por la víctima, puesto que se trata de un hecho ilícito. La medida del daño indemnizable será la diferencia entre la situación creada por el contrato para la víctima del dolo y la más ventajosa que habría resultado para ella de no haber mediado el dolo.

La doctrina francesa rápidamente reaccionó contra esta distinción considerando que la misma era totalmente artificial y se pronunció por su eliminación: Por una parte, en realidad, es difícil distinguir entre la voluntad de contratar, en sí misma considerada, y la voluntad de contratar en determinadas condiciones. El llamado dolo incidental es también determinante ya que, sin él, el contrato no se habría celebrado en las mismas condiciones[49]. Pero adicionalmente las partes al consentir lo

---

y cuando el cocontratante de la víctima del dolo haya tenido conocimiento del dolo empleado por un tercero.

46 C. Aubry y C. Rau, ob. cit., § 343 *bis*, p. 442, especialmente, las notas 21 y 22; F. Tag-Eldine, *Le Dol Français et la Misrepresentation Anglaise*, Lyon, 1928, p. 137.

47 R. J. Pothier, "Traité des Obligations", Tome I, en *Oeuvres* de Pothier, M. Siffrein, París, 1821, Nº 31, p. 102.

48 François Terré, Philippe Simler e Yves Lequette, ob. cit., p. 243, especialmente, la nota 3; Philippe Malaurie, Laurent Aynès y Philippe Stoffel-Munck, ob. cit., p. 253, especialmente, las notas 65 y 66 y la jurisprudencia francesa citada por estos autores.

49 En la doctrina clásica francesa y belga, véase: Marcelo Planiol y Jorge Ripert, ob. cit., Tomo VI, pp. 279-280; Ambrosio Colin y Henri Capitant, ob. cit., Tomo III, pp. 621-622;

hacen sobre la totalidad del contrato. El contrato, se afirma, es querido por los contratantes como un todo[50]. Por lo cual, siempre que exista un engaño que induzca a la celebración del contrato y determine el consentimiento habrá dolo, independientemente de que tal engaño recaiga sobre la intención de celebrar el contrato o sobre la de consentir en celebrarlo en determinadas condiciones.

Los redactores de la reforma tuvieron muy en cuenta estas críticas y optaron por rechazar la distinción entre dolo causante y dolo incidental. En este sentido, se establece ahora en el artículo 1.130 que el dolo es determinante tanto cuando sin él la víctima no hubiese contratado, como cuando lo hubiese hecho bajo condiciones sustancialmente diferentes. En ambos casos, el error que resulta del dolo produce la anulabilidad del contrato.

Ciertamente, como se ha afirmado, entre los intersticios dejados por la prescripción legal es posible que sobreviva la distinción entre dolo causante y dolo incidental[51]. En efecto, de acuerdo con el nuevo artículo 1.130, el dolo no vicia el consentimiento sino cuando sin él la víctima hubiese contratado bajo *condiciones sustancialmente diferentes*. *¿Quid iuris* si las condiciones no son sustancialmente diferentes? Aunque en esta eventualidad no podrá la víctima del dolo solicitar la nulidad, es posible que reclame los daños y perjuicios. Pero para hacerlo le bastará con demostrar que la culpa del agente del dolo al momento de la conclusión del contrato le causó un daño conforme a lo dispuesto en el artículo 1.240 del Código Civil, sin necesidad de recurrir a la noción de dolo incidental.

4. El agente del dolo

Según el nuevo artículo 1.137 del Código Civil francés, el dolo para que produzca la anulación del contrato debe provenir de la otra parte contratante. Por consiguiente, *como principio de carácter general*, no

---

F. Laurent, ob. cit., Tomo XV, p. 652. En el mismo sentido, más recientemente, véase: Alex Weill, ob. cit., p. 198; Jacques Flour, Jean-Luc Aubert y Éric Savaux, ob. cit., p. 168.

50 Jacques Ghestin, *Traité... cit*., pp. 486-487; Jacques Flour, Jean-Luc Aubert y Éric Savaux, ob. cit., pp. 168-169; Philippe Malaurie, Laurent Aynès y Philippe Stoffel-Munck, ob. cit., p. 253.

51 Gaël Chantepie y Mathias Latina, ob. cit., pp. 264-265.

procede la anulación del contrato cuando el dolo emana de un tercero, ni siquiera cuando la conducta dolosa de este haya sido determinante del consentimiento de la víctima. Entre la necesidad de lograr una mayor estabilidad de los contratos con lo cual se protege la seguridad del tráfico jurídico y el imperativo de permitirle a la víctima desligarse de un contrato cuando su consentimiento fue sorprendido por el dolo procedente de un tercero, la reforma optó por preservar la seguridad de las transacciones.

Pero la circunstancia de que la víctima del engaño proveniente de un tercero no pueda pedir la nulidad del contrato por dolo no impide que pueda hacerlo por error. De allí que cuando el dolo del tercero ha provocado un error jurídicamente relevante, en condiciones tales que la ley le permita a la víctima invocar dicho error para anular el contrato, ella podrá perfectamente hacerlo y obtener en el ámbito del error lo que no puede obtener por medio del dolo. La prohibición de la nulidad por dolo no excluye la nulidad por error.

Por tanto, si el error provocado por el tercero recae sobre las cualidades esenciales de la prestación o del cocontratante, aunque la víctima no pueda obtener la nulidad del contrato sobre la base del dolo, podrá hacerlo con fundamento en el error. Dicho en otros términos, solo en aquellos casos en los cuales el error sea irrelevante *ex* artículos 1.132, 1.135 y 1.136, se le impide a la víctima del dolo proveniente de un tercero obtener la nulidad del contrato. En tal caso, el dolo de un tercero simplemente le dará derecho a la parte engañada a reclamarle al tercero los daños y perjuicios causados por su conducta desleal[52]. Se trata de una *acción de responsabilidad civil extracontractual* toda vez que el causante del dolo y la víctima no están vinculados por un contrato que obligue al primero con esta última.

Ahora bien, la regla según la cual el dolo proveniente de un tercero no permite obtener la anulación del contrato tiene dos *excepciones*.

En primer lugar, cuando el agente del dolo es un tercero que interviene en el contrato como un representante, gestor de negocios o dependiente del cocontratante de la víctima, la parte engañada puede ejercitar

52 La doctrina francesa es conteste al respecto. Por todos, véase: Jacques Ghestin, *Traité*... cit., p. 480, especialmente, la nota 193 y la jurisprudencia francesa allí citada; Christian Larroumet, ob. cit., Vol. I, p. 266, especialmente, la nota 158.

la acción de anulación. Asimismo, en un contrato a favor de tercero (*estipulación a favor de tercero*) cuando el tercero beneficiario sea el autor del dolo, deberá considerarse que su conducta dolosa procede de una de las partes contratantes (Código Civil, artículo 1.138, primera parte); por lo cual, en tal caso, el estipulante o el promitente pueden pedir la anulación del contrato, con todas las consecuencias que esto implica.

En segundo término, el dolo del tercero es también causa de anulación del contrato cuando este haya actuado "en connivencia" con el cocontratante de la parte engañada (Código Civil, artículo 1.138, segunda parte). Para que se configure la connivencia del tercero con el cocontratante y proceda la anulabilidad del contrato, creemos que basta con el simple conocimiento que tenga la contraparte de la víctima del engaño acerca de la conducta dolosa practicada por el tercero. En efecto, la deslealtad del contratante que conociendo las maniobras dolosas practicadas por un tercero, no advierte a su contraparte contractual acerca de esta situación es manifiesta y la hace culpable de una reticencia dolosa.

5. Los efectos del dolo

La reforma del Código Civil incluye una disposición que no contemplaba el *Code*: de acuerdo con el nuevo artículo 1.139, el error provocado por el dolo es siempre excusable y produce la nulidad del contrato aun en el caso de que recaiga sobre el valor de la prestación o los simples motivos del contrato.

De acuerdo con esta disposición, no se requiere que el error provocado por dolo sea excusable. Esto se explica porque cuando hay dolo la parte cuya voluntad no está viciada es la que voluntaria y conscientemente provocó el vicio de la voluntad de la otra parte. La falta intencional del agente no puede compararse con la presunta negligencia de la víctima del dolo. Además, esta puede legítimamente suponer que la otra parte actúa correctamente y de buena fe. Si no lo hace, deberá soportar las consecuencias de su comportamiento[53].

---

[53] René Savatier, *Traité de la Responsabilité Civile*, Tome II, París, 1951, N° 483; Jacques Ghestin, *Traité... cit.*, p. 464. En el mismo sentido, en la doctrina nacional, véase: José Mélich-Orsini, ob. cit., p. 178; Enrique Urdaneta Fontiveros, ob. cit., p. 190.

Por consiguiente, si uno de los contratantes, a sabiendas, le suministra a la otra parte datos erróneos sobre el objeto del contrato, debe sufrir las consecuencias que pueda acarrearle esta actuación y su contraparte contractual podrá impugnar el contrato por dolo. La actuación dolosa del agente que conscientemente suministró una información falsa releva a la parte engañada de cualquier carga de investigación[54].

Por otra parte, el error provocado por el dolo puede ser de cualquier clase. No es necesario que sea de aquellos que permiten invalidar el consentimiento por error[55]. Solamente se requiere que el error dolosamente provocado sea determinante de la declaración de voluntad. Así, *el error en los motivos* puede traer consigo la anulación cuando haya sido provocado por dolo, cosa que no sería posible si dicho error hubiese sido producido por cualquier otra causa; lo mismo ocurriría si se tratase de un *error sobre el valor o sobre cualquier otra cualidad no esencial de la cosa*[56]. Esto se explica porque, como ya dijimos, el error y el dolo son dos vicios del consentimiento que si bien se aproximan son distintos: en el error quien se equivoca lo hace espontáneamente; en el dolo, en cambio, la parte engañada incurre en un error que no es espontáneo sino resultado de las maquinaciones del autor del dolo. Por consiguiente, cuando en un contrato se enfrentan dos vicios diversos, aunque participen de la misma naturaleza, la solución legal también tiene que variar. De ahí que para producir la anulación del contrato el error provocado por el dolo puede ser de cualquier clase, tal y como se establece expresamente en el artículo 1.139 del Código Civil francés reformado.

---

54 Enrique Urdaneta Fontiveros, *Vicios Redhibitorios y Saneamiento*, Academia de Ciencias Políticas y Sociales, Serie Estudios, Nº 73, Caracas, 2008, p. 77.

55 Jacques Flour, Jean-Luc Aubert y Éric Savaux, ob. cit., p. 169.

56 C. Aubry y C. Rau, ob. cit., § 343, pp. 444-445; G. Baudry-Lacantinerie y L. Barde, ob. cit., Vol. XI, p. 146; Marcelo Planiol y Jorge Ripert, ob. cit., p. 278; Jacques Ghestin, *Traité... cit*., pp. 470-471; Philippe Malaurie, Laurent Aynès y Philippe Stoffel-Munck, ob. cit., p. 252, especialmente, la nota 60 y la jurisprudencia francesa allí citada. Sin embargo, como se dijo atrás, en la novísima Ley 2018-287, de fecha 20 de abril de 2018, mediante la cual el Parlamento francés ratificó la Ordenanza sobre la reforma del derecho de los contratos, del régimen general y de la prueba de las obligaciones, se estableció que no constituye un supuesto de *reticencia dolosa* el silencio que guarde uno de los contratantes sobre el valor de la prestación de la otra.

IV. LA VIOLENCIA

1. Introducción

El nuevo Código Civil francés en los artículos 1.140 al 1.142 acoge la concepción clásica de la violencia como vicio del consentimiento que supone una coacción moral proveniente de una persona dirigida a obtener el consentimiento de otra para determinarle a celebrar un contrato (*violencia humana*). Luego, en el nuevo artículo 1.143 se establece que "hay *igualmente* violencia cuando una de las partes abusa del estado de dependencia en que se encuentre su cocontratante respecto de ella...". Con el empleo del adverbio "igualmente" en esta disposición, se pone de manifiesto que la intención del legislador fue asimilar, en un texto específico, a un cuadro de violencia la situación que se presenta cuando una persona ha contratado no ya influida por la violencia ejercida por su contraparte contractual, sino por la situación de dependencia en que se encontraba al momento del contrato y de la cual su cocontratante se ha aprovechado injustificadamente para obtener una ventaja excesiva (*violencia contextual*). Desde luego, esta situación no la contemplaba el Código Napoleón, pero estaba admitida por un sector importante de la doctrina y la jurisprudencia francesas (*infra*, Nº IV, 3,3.1.).

A continuación, nos referiremos brevemente a las principales modificaciones que introduce la reforma en la regulación de la violencia proveniente de una persona y luego a la llamada violencia contextual.

2. Violencia humana

2.1. Configuración

En el artículo 1.140 se establece que una persona contrata bajo el influjo de la violencia cuando lo hace presionada por una coacción que le produce el temor de exponer su persona o sus bienes, o la persona o los bienes de sus allegados, a un mal notable.

Esta disposición constituye un paso de avance respecto de la disposición contenida en el Código Napoleón (artículo 1.112), puesto que pone más claramente de relieve que la violencia no es por sí misma un vicio del consentimiento, sino *la causa del vicio* a semejanza de lo que ocurre con el dolo. Si el consentimiento de la víctima del dolo es provocado por el error, el de la víctima de la violencia es arrancado por el temor. El temor es, por tanto, para la violencia lo que el error es respecto del dolo. Y es este temor el que debe haber sido determinante del consentimiento para que el contrato sea anulable[57].

La violencia es pues de acuerdo con el nuevo artículo 1.140, una coacción moral ejercida por el cocontratante o por un tercero destinada a arrancar la voluntad contractual de un sujeto de derecho. Pero en realidad, como indicamos poco antes, la violencia no es una coacción sino una *amenaza*, tal y como se indica en el artículo 1.141. Desde luego, esto no quiere decir que si la amenaza ya se ha materializado, no pueda invocarse esta situación para obtener la anulación del contrato. Por ejemplo, si una persona amenazada ha sido golpeada, la víctima consentirá en la celebración del contrato por el temor de no verse golpeada de nuevo, por lo que la violencia se configura aun en este caso como una amenaza. Además, cuando la violencia se ejerce de manera continuada como, por ejemplo, en el caso de un secuestro, la amenaza de que la violencia física no cese es lo que conmina al sujeto a contratar. Por lo que respecta al empleo directo de la fuerza para constreñir a una persona a contratar (*vis absoluta o vis physica*), como en el ejemplo clásico del sujeto a quien le llevan de la mano para obligarlo a firmar, esta situación excluye totalmente la voluntad. El consentimiento en tal caso ni siquiera existe y el acto es absolutamente nulo. Dicho en otras palabras, la violencia a que se contrae el artículo 1.140 es una violencia moral ejercida por medio de amenazas de cualquier naturaleza que inspiren en el contratante el justo temor de verse expuesto a un mal notable.

2.2. Ilegitimidad de la violencia

De acuerdo con el nuevo artículo 1.141 del Código Civil francés:

> la amenaza consistente en ejercer una vía de derecho no constituye un supuesto de violencia, salvo que se desvié la vía de derecho de su objetivo o que la misma sea ejercitada para obtener un provecho manifiestamente excesivo.

La violencia, por tanto, debe ser *ilegítima*, es decir, contraria a derecho, El Código Napoleón no contenía ninguna referencia expresa al

[57] Al respecto, véase: Gaël Chantepie y Mathias Latina, ob. cit., pp. 270-271.

carácter ilegítimo de la violencia. Pero la doctrina y la jurisprudencia francesas pronto llenaron este vacío exigiendo, en primer lugar, que para que se configure un cuadro de violencia, la misma tenía que ser injusta, esto es, ejercerse por medio de un acto ilícito o bajo la amenaza de llevarlo a cabo; y, en segundo término, que cuando la amenaza consistiera en ejercer un derecho como, por ejemplo, intentar una acción judicial para persuadir a alguien a celebrar un contrato, la misma no revestía carácter injusto, salvo que mediara un abuso de derecho, lo que puede ocurrir cuando quien amenaza a otro ejerciendo un derecho, en su actuación se desvía del objeto para el cual se le ha reconocido ese derecho, o pretende obtener una ventaja o una prestación indebida, o que no guarde relación con el derecho con cuyo ejercicio se amenaza[58].

Siguiendo estos criterios doctrinarios y jurisprudenciales, el legislador francés consagró expresamente el principio según el cual la violencia no reviste carácter ilegitimo cuando la amenaza consiste en ejercer una vía de derecho. Pero en cualquier caso, es el *ejercicio regular de una vía de derecho* lo que de acuerdo con la prescripción legal no configura una situación de violencia por injustas amenazas. Pero, cuando no se trata simplemente de ejercer un derecho o una reclamación judicial sino de abusar de su ejercicio, esto es, cuando so pretexto de ejercitar un derecho o de intentar una acción judicial, el acreedor se aprovecha de las circunstancias para obtener más de lo que se le debe, o para arrancarle al deudor amenazado un convenio que le reporte al acreedor una prestación indebida, o para explotar o agravar su situación, entonces, las amenazas pueden llegar a ser injustas y servir de base para la nulidad del contrato. Por ejemplo, cuando el acreedor amenazando al deudor con la ejecución de su patrimonio consigue que este convenga en pagarle intereses usurarios o que reconozca que le adeuda una cantidad mayor que la debida o que le dé en pago una cosa de valor muy superior al monto del crédito; o cuando una persona que

58 François Terré, Philippe Simler e Yves Lequette, ob. cit., p. 254; Jacques Ghestin, *Traité*... cit., p. 501 y la jurisprudencia francesa allí citada; Henri Mazeaud, Léon Mazeaud, Jean Mazeaud y François Chabas, ob. cit., (Tome II. Premier Volume), pp. 192-193, especialmente, la notas 14 y 15; Jacques Flour, Jean-Luc Aubert y Éric Savaux, ob. cit., p. 174, especialmente, la nota 6; Philippe Malaurie, Laurent Aynès y Philippe Stoffel-Munck, ob. cit., p. 252, especialmente, la nota 79 y la jurisprudencia francesa citada por estos autores.

sorprende *in fraganti* a otra cometiendo un delito se aprovecha de las circunstancias y amenazándolo con denunciarlo, consigue que le venda un inmueble de su propiedad que de otra forma no le habría vendido[59].

2.3. Gravedad de la violencia

Los redactores de la reforma mantuvieron la exigencia de la gravedad de la violencia que contenía el *Code*, pero con algunas modificaciones. La violencia debe ser tal, dice el nuevo artículo 1.140, que inspire en el contratante "el temor de exponer su persona o sus bienes, o la persona o los bienes de sus allegados, a un mal notable".

La violencia, por tanto, debe ser grave. Por lo cual, las amenazas poco serias o de difícil realización son irrelevantes. La violencia solo puede servir de base para la invalidación del contrato cuando la misma sea de entidad suficiente, seria, verdadera y grave. Solamente cuando sea de tal magnitud, podrá la perspectiva de su realización viciar el consentimiento y dar pie a la nulidad del contrato[60].

En la reforma se eliminó la exigencia que contenía el *Code* de que el mal notable al que se veía expuesta la víctima debía ser *presente*, lo que constituye un acierto, puesto que no es el mal con el cual se amenace el que debe ser presente, sino la amenaza.

Ciertamente, hoy como ayer, la amenaza (así como el temor que ella infunde) debe ser *presente*, esto es, existente al momento de la celebración del contrato. Pero, no se requiere, como erróneamente se indicaba en el *Code,* que *el mal* con el cual se amenace configure un peligro presente o inminente; *el mal puede ser futuro*[61], esto es, más o menos

---

59 Al respecto, véase: François Terré, Philippe Simler e Yves Lequette, ob. cit., p. 248.

60 En la doctrina italiana, al referirse a la gravedad de la violencia, Trabucchi expresa: "La amenaza debe ser cierta y revestir, al menos, apariencia de seriedad. Por consiguiente, no hay vicio de la voluntad si la amenaza solamente existe en la imaginación de la víctima, o cuando la misma no sea hecha con una intención que sea seria, por lo menos, en apariencia. A la inversa, la amenaza con una pistola que no esté cargada produce todos sus efectos cuando la víctima ignore esta circunstancia." (Alberto Trabucchi, Voz "Violenza" (Diritto Civile), en *Nuovo Digesto Italiano*, T. XII, Publicación de la Unione Tipografico-Editrice Torinese, bajo la dirección de Mariano D'Amelio, Turín, 1940, p. 1059).

61 C. Aubry y C. Rau, ob. cit., Tome IV, p. 438, especialmente, la nota 11; G. Baudry-Lacantinerie y L. Barde, ob. cit., Vol. XI, pp. 109-110; Marcelo Planiol y Jorge Ripert, loc. cit., Tomo VI, p. 261; F. Laurent, ob. cit., Tomo XV, p. 638; Henri De Page, ob. cit., Tome I, p. 67; FLOUR, Jacques, Jean-Luc Aubert y Éric Savaux, ob. cit., p. 172.

próximo siempre que no pueda evitarse a tiempo. Solo el peligro lejano o remoto está excluido de este concepto[62]. Esta es, desde luego, una cuestión de hecho que, en definitiva, queda sujeta a la prudente apreciación de los jueces de instancia sin que la determinación respectiva sea censurable en casación.

Asimismo, en la reforma se eliminó –por considerarla superfula– la disposición del *Code* según la cual el solo temor reverencial sin que se haya ejercido violencia no basta para anular el contrato (artículo 1.114), lo que parece razonable ya que la violencia como vicio del consentimiento requiere para su configuración que exista amenaza y temor. El solo temor reverencial, por tanto, no es suficiente si no media una amenaza concreta. De ahí que si el consentimiento para la celebración del contrato ha sido determinado solamente por el temor de no disgustar a la persona a quien se debe respeto y obediencia, no hay nada ilegítimo que afecte la validez del contrato. Pero, si a este temor reverencial se suman verdaderas violencias o amenazas injustas por parte del ascendiente, preceptor, superior, etc., el contrato puede ser anulado[63].

Por último, como indicamos poco antes, en la reforma se suprimió la disposición legal según la cual para apreciar la gravedad de la violencia, el juez debía analizar si el acto constitutivo de la violencia era capaz de impresionar y causar daño a una persona sensata, para lo cual debía atenderse a la edad, sexo y condición de la persona víctima de la violencia (Código Napoleón, artículo 1.112). Esta disposición del *Code* –que, según algunos, parecía contradictoria o incoherente– fue eliminada. En su lugar, se consagró una disposición general de acuerdo con la cual el carácter determinante de todos los vicios del consentimiento se aprecia en atención a las personas y a las circunstancias bajo las cuales se ha prestado el consentimiento (artículo 1.130). Por consiguiente, queda absolutamente claro ahora que para apreciar la gravedad de la violencia (al igual que para apreciar el carácter determinante del error y el dolo), debe seguirse un criterio de apreciación *in concreto*. De ahí que lo que hay que determinar es la influencia ejercida por la violencia sobre el

---

62 Jacques Ghestin, *Traité... cit.*, p. 498, especialmente, la nota 44 y la jurisprudencia francesa allí citada.

63 Eugene Gaudemet, *Teoría General de las Obligaciones*, Traducción española de Pablo Macedo, Editorial Porrúa, México, 1974, p. 82.

ánimo del contratante que la experimentó. La gravedad de la violencia debe deducirse pues de las cualidades y condiciones particulares de la persona que fue su víctima[64].

2.4. Objeto de la violencia

Según el nuevo artículo 1.140, la violencia puede emplearse contra la persona o los bienes del sujeto contratante, o contra la persona o los bienes de sus allegados. Esta disposición amplía la nómina de sujetos contra los cuales o contra cuyos bienes puede recaer el mal con el cual se amenace a un sujeto de derecho para arrancarle su voluntad contractual.

De acuerdo con el régimen anterior, la violencia era causa de anulabilidad del contrato solamente cuando recaía sobre la persona o los bienes del cocontratante, de su cónyuge, descendientes o ascendientes. Ahora ya no se requiere que la violencia se dirija contra estas personas, sino que basta con que se amenace al contratante con causarle un daño a su persona o a sus bienes, o a la persona o a los bienes de "sus allegados", lo que incluye el cónyuge, concubino o compañero sentimental, a cualquier pariente consanguíneo o afín cercano, o incluso un amigo íntimo del contratante. Le corresponderá en definitiva al juez apreciar la violencia que consista en una amenaza de causarle un daño a una de estas personas o a sus bienes según las circunstancias, para lo cual tomará en consideración si su relación con el contratante es tal que pueda razonablemente inferirse, según las circunstancias, que el sujeto de derecho al emitir su declaración de voluntad lo hizo bajo la influencia de la violencia[65].

---

64 En la doctrina francesa la mayoría de los autores ya se inclinaban por el criterio de la apreciación *in concreto* de la violencia. Al respecto, véase: C. Aubry y C. Rau, ob. cit., Tome IV, p. 440, especialmente, la nota 16; G. Baudry-Lacantinerie y L. Barde, loc. cit.; Marcelo Planiol y Jorge Ripert, ob. cit., Tomo VI, pp. 262-263; Louis Josserand, ob. cit., pp. 65-66; Jacques Ghestin, *Traité*... cit., p. 497; Philippe Malaurie, Laurent Aynès y Philippe Stoffel-Munck, ob. cit., p. 256. Es igualmente la orientación que siguen los tribunales franceses. Al respecto, véase: François Terré, Philippe Simler e Yves Lequette, ob. cit., p. 254; Jacques Ghestin, loc. cit., y la jurisprudencia francesa citada por estos autores.

65 Enrique Urdaneta Fontiveros, *El error el Dolo y la Violencia*... cit., p. 268.

2.5. El agente de la violencia

Tal y como lo hacía el *Code*, en el artículo 1.142 del Código Civil reformado se admite la violencia como vicio del consentimiento, incluso cuando la intimidación procede de un tercero. Para que la violencia produzca la anulabilidad del contrato no se requiere que el cocontratante de quien emitió su declaración bajo la influencia de la amenaza haya sido cómplice o haya tenido conocimiento de que se haya producido la violencia.

Aquí hay una diferencia con el dolo puesto que cuando la conducta dolosa proviene de un tercero, para la procedencia de la anulación del contrato es necesario que el contratante de la víctima del dolo haya sido cómplice del engaño o, al menos, que haya tenido conocimiento de él (Código Civil, artículo 1.138, segunda parte). No encontramos que exista justificación para esta diferencia de tratamiento[66]. Tanto la violencia como el dolo son actos ilícitos y maliciosos que impiden mediante una actuación externa la recta y libre formación del consentimiento. De ahí que hubiera sido más acertado permitirle a quien contrate engañado pedir la nulidad del contrato, sea que la conducta dolosa provenga de su contraparte contractual o de un tercero y, en este último caso, independientemente de que su cocontratante haya tenido conocimiento o no acerca de la misma.

3. La llamada violencia contextual

3.1. Los precedentes doctrinales de la reforma del Código Civil francés

Bajo la vigencia del Código Napoleón, un sector importante de la doctrina francesa sostuvo el criterio de que el consentimiento de un sujeto estaba viciado por violencia aun cuando el peligro procediera de

---

66 Un sector de la doctrina francesa ha pretendido justificar esta distinción entre el dolo y la violencia por razones de defensa social y por la circunstancia de que la violencia es más grave y difícil de probar que el dolo. Al respecto, véase: Marcelo Planiol y Jorge Ripert, ob. cit., Tomo VI, p. 264; Henri Mazeaud, Léon Mazeaud, Jean Mazeaud y François Chabas, ob. cit., Tome II, Premier Volume, p. 193. A nuestro modo de ver, tal y como se indica en el texto, estas consideraciones carecen de fundamento y no se adecuan a la realidad de nuestros tiempos.

acontecimientos externos, si su cocontratante o un tercero, abusando de la situación, había ejercido presión para obtener dicho consentimiento e impuesto de ese modo el contrato. Algunos autores asimilaron el estado de necesidad en que se encontraba uno de los contratantes a una situación de violencia cuando su contraparte contractual se había aprovechado de esta situación para obtener de aquel ventajas patrimoniales excesivas[67]. Se afirmaba, en tal sentido, que si la violencia puede resultar de la amenaza (abusiva) de ejercer un derecho, con mayor razón debe asimilarse a una situación de violencia la que resulta de la explotación del estado de necesidad o dependencia en que se encuentra una de las partes del contrato en el momento de su celebración[68]. Se argumentó, además, que sería muy grave desde el punto de vista social reconocer eficacia a un contrato celebrado bajo el imperio de la necesidad[69]. Por lo cual, se afirmó, con fundamento en los artículos 1.111 y 1.112 del *Code*, que el contrato concluido en estas circunstancias era anulable[70].

La Corte de Casación francesa, por su parte, con anterioridad a la entrada en vigencia de la reforma del Código Civil, en términos generales, se mostró favorable a la asimilación de la explotación de un

---

67 Jacques Flour, Jean-Luc Aubert y Éric Savaux, ob. cit., pp. 175-176; Jacques Ghestin, *Traité...* cit., pp. 495-496.

68 François Terré, Philippe Simler e Yves Lequette, ob. cit., pp. 249-250.

69 Henri Mazeaud, Léon Mazeaud, Jean Mazeaud y François Chabas, ob. cit., Tome II, Premier Volume, p. 193.

70 Marcelo Planiol y Jorge Ripert, ob. cit., Tomo VI, p. 266, especialmente, la nota 1 y la jurisprudencia francesa allí citada; Ambrosio Colin y Henri Capitant, ob. cit., pp. 620-621; Louis Josserand, ob. cit., Tomo II, Vol. I, p. 63; Henri De Page, ob. cit., Tome I, p. 69. Según algunos autores como Josserand, Planiol y Ripert, declarada la nulidad, la parte que se ve perjudicada por la anulación puede intentar contra su contraparte contractual una acción fundada en *el enriquecimiento sin causa* para obtener una remuneración por los servicios prestados a quien contrató en estado de necesidad (Louis Josserand, ídem; Marcelo Planiol y Jorge Ripert, ídem). En cambio, otros tratadistas como Marcadé fundamentaron dicha acción en la gestión de negocios (V. Marcadé, *Explication Théorique et Pratique du Code Civil*, Tome IV, Comentario al artículo 1114, París, 1873, p. 356). Otros autores franceses como Gaudemet consideraron que si se demuestra que el contratante cuando emitió su declaración de voluntad no gozaba de la plenitud de sus facultades mentales y contrató víctima de un extravío momentáneo sin darse cuenta del acto jurídico que estaba celebrando, cabría igualmente una acción de nulidad absoluta por ausencia del consentimiento. El estado de necesidad en que se encontraba el sujeto y el carácter excesivo del compromiso contraído serían indicios de la situación de ofuscación que lo afectaba al momento del contrato (Eugene Gaudemet, ob. cit., p. 185).

estado de dependencia a una situación de violencia, calificada por algunos autores como violencia económica[71], y declaró que para anular un contrato celebrado encontrándose una de las partes en una situación de dependencia económica, era necesario que la otra parte se hubiese aprovechado abusivamente de esta situación para obtener una ventaja excesiva a expensas de los intereses legítimos de la víctima[72].

3.2. Consagración legal

Haciéndose eco de estos criterios doctrinales y jurisprudenciales, los redactores de la reforma decidieron contemplar al lado de la concepción clásica de la violencia como vicio del consentimiento, la explotación abusiva de la situación de dependencia en que se encuentre uno de los contratantes respecto del otro al tiempo de la celebración del contrato. Se explica así la regla del artículo 1.143 incluido en el Código Civil francés reformado según el cual:

> hay igualmente violencia cuando una de las partes abusando de la situación de dependencia en la que se encuentre su cocontratante respecto de ella, obtenga de él un compromiso en el que no habría consentido de no hallarse bajo esta coacción, y derive del mismo una ventaja manifiestamente excesiva.

3.3. Configuración

Respecto de la llamada violencia contextual (denominada por algunos autores violencia económica) a que se contrae el artículo 1.143 del Código Civil francés, caben las siguientes consideraciones:

1) Esta disposición permite a una de las partes anular el contrato en los casos en que ella se encuentre en una situación de dependencia respecto de la otra al tiempo del contrato, cuando su contraparte ha abusado de esta situación para obtener una ventaja manifiestamente

---

[71] Al respecto, véase: Christian Larroumet y Sarah Bros, *Traité de Droit Civil*, Tome 3, Les Obligations. Le Contrat, Ed. Economica, París, 2016, p. 341, especialmente, la nota 1 y la jurisprudencia de la Corte de Casación francesa allí citada.

[72] Al respecto, véase: Philippe Malaurie, Laurent Aynès y Philippe Stoffel-Munck, ob. cit., p. 255, especialmente, la nota 80 y la jurisprudencia de la Corte de Casación francesa allí citada.

excesiva. El artículo 1.143 adopta el principio de que aquel contrato celebrado por una persona que se encuentre en una situación de dependencia respecto de su cocontratante y de la cual este último se haya aprovechado de manera abusiva para obtener una ventaja manifiestamente excesiva, podrá anularse a petición de la parte que se encuentre en situación de dependencia.

2) De acuerdo con lo antes expuesto, la situación de dependencia en que se encuentre alguno de los contratantes respecto del otro en el momento de la celebración del contrato puede configurar un supuesto de violencia susceptible de invalidar el consentimiento, siempre y cuando concurran los siguientes requisitos: 1) que exista una explotación abusiva de dicha situación de dependencia; 2) con el objeto de extraer del contratante que se encuentre en esta situación una ventaja manifiestamente indebida[73].

3) De acuerdo con el nuevo texto legal, el estado de dependencia se refiere a la situación de una persona que ha perdido su autonomía *con respecto a su contraparte contractual,* pudiendo la dependencia ser, por ejemplo, económica o incluso afectiva. De ahí que el estado de dependencia a que se contrae el artículo 1.143 se configura cuando una de las partes de un contrato se encuentre en esta situación respecto de la otra al momento de celebrar el contrato. Por si hubiera alguna duda al respecto, en la Ley Nº 2018-217 de ratificación de la Ordenanza sobre la reforma del Código Civil francés de fecha 20 de abril de 2018, se aclaró que la situación de dependencia que permite invalidar el consentimiento se refiere a aquella en la que se encuentre un contratante *respecto del otro* al tiempo del contrato.

Siendo esta la situación, se afirma, las personas afectadas por una situación de debilidad aun extrema, por ejemplo, por razones de enfermedad o edad avanzada, no obstante su vulnerabilidad, debilidad o necesidad especial, al no encontrarse en una situación de dependencia respecto del otro contratante, no estarían amparadas por esta disposición[74]. Para que pueda aplicarse esta disposición no solamente a la

---

[73] Al respecto, véase: Philippe Malaurie, Laurent Aynès y Philippe Stoffel-Munck, ob. cit., p. 235.

[74] Gaël Chantepie y Mathias Latina, ob. cit., p. 280.

situación que resulte de un estado de dependencia *stricto sensu,* sino también a la situación que se presenta cuando una de las partes se ha aprovechado de la circunstancias particulares de vulnerabilidad, debilidad, o necesidad en que se encuentre la otra parte para obtener de ella la celebración de un contrato abusivo[75], habría que ampliar el sentido del texto legal más allá de su tenor literal[76]. Corresponde a la doctrina y jurisprudencia francesas dictaminar sobre los requisitos que deben concurrir para la procedencia de la violencia contextual como circunstancia susceptible de invalidar el consentimiento y sobre sus límites y alcances.

4) En lo concerniente a la dependencia de una parte frente a la otra, por supuesto, no es suficiente que una de las partes mantenga una posición negociadora dominante en razón de las condiciones de mercado. Tampoco la simple *presión comercial* ejercida sobre una de las partes para que celebre un contrato es suficiente para viciar el consentimiento y producir la anulación del contrato[77]. Si no existe una verdadera situación de dependencia o subordinación, los meros señalamientos o advertencias, o el uso de una posición contractual dominante para inducir a la conclusión de un contrato no pueden servir de base para invalidar el consentimiento otorgado.

---

[75] Esta es la solución adoptada por el § 138 (2) del Código Civil alemán que consagra la nulidad del contrato en caso de explotación del estado de necesidad, debilidad o inexperiencia de otro en los siguientes términos: "Es en especial nulo el negocio jurídico mediante el cual alguien, aprovechándose de una situación de necesidad, la inexperiencia, la falta de juicio o un vicio de la voluntad notable de otro, se hace prometer o se procura para sí o para un tercero unos beneficios patrimoniales en relación con una prestación que están en desproporción evidente respecto a dicha prestación"

[76] Aunque el texto del artículo 1.143 incluido en la Ley Nº 2018-217 del 20 de abril de 2018 es mucho más restrictivo, cabe hacer notar que, en el Informe de Presentación al Presidente de la República relativo a la Ordenanza de reforma del derecho de los contratos, del régimen general y de la prueba de las obligaciones, se señalaba que lo que se pretendía con esta disposición era regular "todas las hipótesis de dependencia, lo que permite proteger a todas las personas vulnerables y no solo a las empresas en la esfera de su interrelaciones". Al respecto, véase: Rapport au Président de la République relatif à l'ordonnance nº 2016-131 du 10 février 2016 portant réforme du droit des contrats, du régime général et de la preuve des obligations disponible en: https://www.legifrance.gouv.fr, consultado en fecha 23 de noviembre de 2016.

[77] François Terré, Philippe Simler e Yves Lequette, ob. cit., pp. 253-253, especialmente, la nota 1 y la jurisprudencia de los tribunales franceses allí citada.

5) En cualquier caso, para que se configure un cuadro de violencia contextual no basta con que una de las partes se encuentre en una situación de dependencia respecto de la otra. Se requiere, además, que dicha otra parte abuse de esta situación obteniendo una ventaja manifiestamente excesiva. La expresión *ventaja manifiestamente excesiva* denota que, para permitir la anulación del contrato bajo el artículo 1.143, no basta una mera desproporción entre el valor y el precio o algún otro elemento que rompa el equilibrio de las prestaciones. Lo que se requiere es que el desequilibrio de las prestaciones sea de tal magnitud, de acuerdo con las circunstancias, que resulte escandaloso para una persona razonable[78]. En definitiva, el carácter manifiestamente excesivo del compromiso contraído es una cuestión de hecho reservada al poder soberano de apreciación de los jueces de instancia que escapa a la censura de casación. Desde luego, la ventaja manifiestamente excesiva debe presentarse en el momento de la celebración del contrato.

6) Pero no basta que la ventaja sea manifiestamente excesiva; debe ser también injustificada al punto que signifique para la víctima la asunción de un compromiso que no habría adquirido de no mediar la situación de dependencia en que se encontraba al tiempo del contrato. El contrato debe haber favorecido de manera manifiestamente excesiva a una de las partes y ser abusivo para que pueda proceder su anulación. El abuso puede medirse por criterios objetivos tales como el precio de mercado, pero para poder afirmar que una ventaja es abusiva se deben valorar todas las circunstancias del caso, incluyendo el tipo y finalidad del contrato.

7) Los redactores de la reforma contemplaron para el supuesto de violencia contextual la anulación del contrato, pero no autorizaron al juez a modificar su contenido para corregir el desequilibrio contractual[79]. Ahora bien, no siempre es adecuado dar por terminado un

---

[78] Este es el sistema recogido en el artículo 3.2.7 de los Principios de *Unidroit* preparados por el Instituto Internacional para la Unificación del Derecho Privado en 1994 y ampliados, posteriormente, en 2004, 2010 y 2016. Al respecto, véase: Comentario Oficial Nº 1 al artículo 3.2.7, en *Unidroit Principles of International Commercial Contracts,* International Institute for the Unification of Private Law, Roma, 2010, pp. 108-109.

[79] En cambio, de acuerdo con los Principios de *Unidroit* (artículo 3.2.7 (2) y los PDEC (artículo 4:109 (2), a petición de la parte interesada y si resulta oportuno, el juez o tribunal puede adaptar el contrato o alguna de sus cláusulas y ajustarlo a lo que podría haberse acordado respetando el principio de la buena fe contractual.

contrato que sea excesivamente ventajoso para una de las partes. A la parte perjudicada le puede interesar mantener el contrato en pie, pero en términos modificados. Sin embargo, se insiste, esta posibilidad no se contempló en la reforma del *Code*. Conforme a los artículos 1.131 y 1.143 en este caso el tribunal no puede sustituir las cláusulas abusivas por cláusulas justas ni reajustar las prestaciones a lo que podría haberse acordado de acuerdo con las exigencias de la buena fe contractual.

8) Además de la anulación del contrato, como ocurre en los supuestos de dolo y violencia en el sentido clásico de este término, la otra parte se encuentra obligada a resarcir a la víctima los daños y perjuicios causados, colocándola en la misma situación en que se encontraría de no haber celebrado el contrato (arg.: *ex* art. 1.178 *in fine*).

EL RÉGIMEN DE LA DURACIÓN DEL CONTRATO EN LA REFORMA DEL CÓDIGO CIVIL FRANCÉS DE 2016*

SUMARIO

---

* Estudio publicado como parte del Libro Homenaje al profesor Eugenio Hernández Bretón, Academia de Ciencias Políticas y Sociales, Caracas, 2019.

I. INTRODUCCIÓN

El Código Napoleón no contenía disposiciones de carácter general relativas a la duración del contrato (lo mismo sucede en el Código Civil venezolano), lo que se explica por la circunstancia de que el Derecho común de los contratos se edificó sobre el modelo de la compra-venta que es el contrato de cumplimiento instantáneo por excelencia. A pesar de la trascendencia del factor tiempo en muchas operaciones del tráfico jurídico civil y mercantil, así como la frecuencia y la proliferación de contratos de larga duración o con prestaciones prolongadas como los de arrendamiento, suministro, agencia, distribución, crédito, etc., ni el Código Napoleón ni el Código de Comercio francés abordaron, de manera general y sistemática, las diversas cuestiones atinentes a la duración del contrato consideradas en su conjunto[1].

El legislador francés solo consagró disposiciones parciales y fragmentarias sobre la materia aplicables a determinados contratos y en casos especiales, fijando la duración mínima de determinados contratos como el arrendamiento, o la duración máxima de otros como el contrato de trabajo. En el fondo, bajo la vigencia del *Code*, todo debía desarrollarse como si los contratos a tiempo determinado o indeterminado, así como la prórroga de la duración del contrato, su renovación y tácita reconducción, no fueran objeto del Derecho común sino únicamente materia de disposiciones especiales de la ley[2].

Por lo antes expuesto, en la Relación (*Rapport*) elaborada para el Presidente de la república francesa que se acompaña a la Ordenanza que contiene la reforma del Código Civil francés[3], se estableció como

---

1 Gaël Chantepie y Mathias Latina, *La réforme du droit des obligations, Commentaire théorique et pratique dans l'ordre du Code civil*, Dalloz, París, 2016, pp. 494-495.

2 Cabe hacer notar, sin embargo, que los problemas que suscita la duración del contrato y su régimen jurídico sí fueron abordados, en sus aspectos teóricos y prácticos, por la doctrina y la jurisprudencia francesas. Al respecto, véase: Jacques Azema, *La durée des contrats successifs*, (s.l.), L.G.D.J., 1969; Olivier Litty; *Inegalité des parties et durée des contrats*, L.G.D.J., París,1999; Jacques Ghestin, *Traité de Droit Civil. Les obligations. Les effets du contrat*, avec le concours de Marc Billiau, L.G.D.J., París, 1992, pp. 237-287.

3 La Ordenanza (Ordonnance) nº 2016-131 de reforma del derecho de los contratos, del régimen general y de la prueba de las obligaciones de fecha 10 de febrero de 2016 entró en vigencia el 1º de octubre de 2016. Al respecto, véase: Ordonnance nº 2016-131 du 10 février 2016 portant réforme du droit des contrats, du régime général et de la preuve des

uno de los motivos principales de la reforma para la materia de los contratos "aclarar las reglas relativas a la duración de los contratos"; y fue, sin duda, un gran acierto del nuevo texto legal haber introducido un régimen general aplicable a la duración del contrato lo que – por lo demás – ha sido objeto de comentarios favorables por parte de la doctrina francesa.

Es así como dentro del Capítulo relativo a los efectos del contrato, la reforma de 2016 del Código Civil francés, por primera vez, le dedica una sección entera a la duración del contrato (artículos 1.210 al 1.215) donde se agrupan ciertas reglas que anteriormente se encontraban dispersas y se consagran determinados principios, la mayoría de los cuales ya habían sido examinados por la doctrina y desarrollados por la jurisprudencia. El nuevo texto legal, primero, prohíbe los compromisos perpetuos (art. 1.210); luego, consagra la distinción entre contratos a tiempo determinado y contratos a tiempo indeterminado y regula los efectos de unos y otros (arts. 1.211 y 1.212). Por último, los artículos 1.213 al 1.215 regulan la prórroga, la renovación y la tácita reconducción de los contratos concluidos por un tiempo determinado. El contenido de estas disposiciones no fue modificado por la ley Nº 2018-287 del 20 de abril de 2018 que ratificó la aludida ordenanza con algunas modificaciones.

A continuación examinaremos estas disposiciones incluidas en la reforma del Código Civil francés indicando, cuando lo consideremos oportuno, la solución adoptada sobre la materia en nuestra legislación.

---

obligations. Disponible en: https://www.legifrance.gouv.fr, consultado en fecha 3 de junio de 2018. Dicha ordenanza fue acompañada de una Relación (*Rapport*) elaborada para el presidente de la República francesa que hace las veces de una Exposición de Motivos. Al respecto, véase: Rapport au Président de la République relatif à l'ordonnance nº 2016-131 du 10 février 2016 portant réforme du droit des contrats, du régime général et de la preuve des obligations. Disponible en: https://www.legifrance.gouv.fr, consultado en fecha 10 de junio de 2018. La Ordenanza Nº 2016-131 fue ratificada, con algunas modificaciones, el 20 de abril de 2018 mediante Ley Nº 2018-287. Al respecto, véase: Loi nº 2018-287 du 20 avril 2018 ratifiant l'ordonnance nº 2016-131 du 10 février 2016 portant réforme du droit des contrats, du régime général et de la preuve des obligations. Disponible en: https://www.legifrance.gouv.fr/affichTexte.do?cidTexte=JORFTEXT000036825602&dateTexte&categorieLien=id, consultado en fecha 18 de junio de 2018.

II. EL PRINCIPIO DE LA PROHIBICIÓN DE LOS COMPROMISOS PERPETUOS

1. Consagración legal

Con anterioridad a la reforma del Código Civil francés, ningún texto legal prohibía de manera general los compromisos perpetuos[4]. Solo algunas disposiciones especiales del Código Napoleón parecían prohibir, en determinados casos, estipulaciones contractuales a perpetuidad al requerir que el contrato fuera celebrado por un tiempo determinado (aunque no definido) como, por ejemplo, el artículo 1.709 relativo al arrendamiento de cosas que no puede contraerse sino por un tiempo determinado y el artículo 1.780 según el cual nadie puede contratar sus servicios sino por cierto tiempo o para una obra determinada. Otras disposiciones establecían una duración máxima para determinados contratos como, por ejemplo, el artículo 1.838 según el cual el contrato de sociedad no puede exceder de noventa y nueve años y el artículo 2.018-2 que establece este mismo límite para la fiducia, bajo pena de nulidad. En fin, la sistemática adoptada en el Código Napoleón era no enunciar en forma amplia y genérica la prohibición de contratar a perpetuidad, sino aplicar sus efectos en determinados contratos y en casos especiales.

Un sector de la doctrina y la mayor parte de las decisiones de los tribunales franceses inferían de las disposiciones especiales anotadas una prohibición de carácter general de celebrar un contrato a perpetuidad[5]. La reforma consagra ahora expresamente esta prohibición en el nuevo artículo 1.210 según el cual "los compromisos perpetuos están prohibidos".

---

[4] Lo mismo sucede en el Derecho venezolano.

[5] Al respecto, véase: Nicolas Dissaux y Chistophe Jamin, *Réforme du droit des contrats, du régime général et de la preuve des obligations* (s.l.), Dalloz, 2016, pp. 111-112; Corinne Renault-Brahinsky, *L'essentiel de la réforme du droit des obligations* (s.l.), Gualino Lextenso, 2016, p. 102 y la jurisprudencia de la Casación francesa ahí citada; Philippe Simler, *Commentaire de la réforme du droit des contrats et des obligations,* Lexis Nexis, París, 2016, pp. 38-39, especialmente, la nota 58 y la jurisprudencia de los tribunales franceses ahí citada; Philippe Malaurie, Laurent Aynès y Philippe Stoffel-Munck, *Les obligations*, Defrénois, París, 2005, pp. 451-452.

2. Fundamento

La prohibición de celebrar contratos perpetuos se justifica porque los mismos se consideran contrarios al orden público y constituyen una alienación permanente de un atributo fundamental de la libertad individual lo cual es a todas luces inconstitucional[6]. Estas mismas consideraciones son trasladables al Derecho venezolano[7].

3. Ámbito de aplicación

El nuevo texto legal prohíbe *los compromisos* perpetuos, término este más amplio que el vocablo contrato. En efecto, según el artículo 1.101 del Código Civil francés el contrato es un acuerdo de voluntades destinado a constituir, modificar, transmitir o extinguir obligaciones. En cambio, el compromiso es una manifestación de voluntad – unilateral o bilateral – dirigida a crear una situación jurídica y a regular sus efectos. De ahí que, de acuerdo con el nuevo texto legal, ningún compromiso, unilateral o no, dirigido a producir efectos jurídicos puede ser perpetuo. El artículo 1.210 desborda pues el ámbito puramente contractual[8].

4. Sanción

Con anterioridad a la reforma del Código Civil francés, la doctrina y la jurisprudencia francesas se encontraban bastante divididas respec-

---

[6] Olivier Deshayes, Thomas Genicon e Yves Marie Laithier, *Réforme du droit des contrats, du régime général et de la preuve des obligations*, Lexis Nexis, París, 2016, p. 449; François Terré, Philippe Simler e Yves Lequette, *Droit Civil. Les Obligations*, Dalloz, París, 2005, p. 308, especialmente, la nota 2 y la jurisprudencia de los tribunales franceses ahí citada.

[7] José Annicchiarico Villagrán, y Claudia Madrid Martínez, "El derecho de los contratos en Venezuela: Hacia los principios latinoamericanos de derecho de los contratos", en *Derecho de las obligaciones. Homenaje a José Mélich-Orsini,* coordinadora: Claudia Madrid Martínez, Academia de Ciencias Políticas y Sociales-Asociación Venezolana de Derecho Privado-Universidad Central de Venezuela, Caracas, 2012, p. 61. Domínguez Guillén, por su parte, afirma "sería contraria a la Constitución por ofensiva al derecho a la <<libertad>>, la obligación <<perpetua>>, porque la transitoriedad es característica esencial y primaria de las obligaciones, por oposición a los derechos reales" (María Candelaria Domínguez Guillén, *Derecho civil constitucional (la constitucionalización del Derecho Civil)*, Editorial Jurídica Venezolana-Centro para la Integración y el Derecho Público, Caracas, 2018, p. 157).

[8] Pierre-Yves Ardoy, "La durée du contrat", en *Quel renouveau pour le droit des contrats? Une réforme entre tradition et modernité*, obra dirigida por Virginie Larribau-Terneyre y Sébastien Pellé, Presses de l'Université de Pau et des Pays de l'Adour, 2016, pp. 169 y ss., especialmente, p. 175.

to de la sanción aplicable a los compromisos a perpetuidad. En efecto, bajo el *Code* podía pensarse en la aplicación de tres sanciones con efectos muy diferentes, a saber, la nulidad del acto perpetuo, su reducción al plazo máximo permitido por la ley o la aplicación del régimen propio de los contratos a tiempo indeterminado[9].

Los redactores de la reforma optaron por la *conversión* del contrato contraído a perpetuidad en un contrato a tiempo indeterminado, lo que ha sido objeto de comentarios favorables por parte de la doctrina francesa por cuanto la solución legal permite mantener en pie el contrato respetando la libertad individual de las partes[10]. Si la finalidad de la norma legal es la salvaguarda de la libertad individual, aquella se logra dándole a quien se obliga bajo tales condiciones el derecho a dar por terminado el contrato exigiéndole el preaviso razonable previsto para los contratos con una duración indeterminada. Además, de este modo queda claramente establecido que la prohibición no es una cuestión relativa a la formación del contrato cuya violación acarrea su nulidad[11]. En efecto, según el artículo 1.210 del Código Civil francés, cuando el contrato se celebra a perpetuidad "cualquiera de los contratantes puede ponerle fin bajo las condiciones previstas para los contratos por tiempo indeterminado". Poco más adelante nos referiremos a estas condiciones (*Infra*, Nº III, 4).

Sin embargo, se afirma que en casos especiales como, por ejemplo, en materia de sociedades debe continuar aplicándose la solución adoptada por la jurisprudencia francesa según la cual cuando se conviene en la constitución de una sociedad a perpetuidad, lo procedente es reducir la vida de la sociedad para limitarla al período máximo de duración legalmente permitido y no transformarla en una sociedad por un

---

9 Al respecto, véase: Gaël Chantepie y Mathias Latina, ob. cit., pp. 497-499; Corinne Renault-Brahinsky, ob. cit., p. 102 y la jurisprudencia de la Casación francesa ahí citada; François Terré, Philippe Simler e Yves Lequette, ob. cit., p. 309. A propósito de la prohibición de contratar los servicios de una persona a perpetuidad consagrada en el artículo 1.780 del Código Napoleón, la tendencia de los civilistas estaba en favor de la nulidad absoluta. Los laboralistas, en cambio, se inclinaban por la relativa, según la cual esa nulidad puede ser opuesta solo por el trabajador y no por el dador de trabajo, porque la prohibición de arrendar a perpetuidad los servicios propios ha sido sancionada a favor del trabajador y en interés de la libertad. Al respecto, véase: Philippe Malaurie, Laurent Aynès y Philippe Stoffel-Munck, ob. cit., pp. 452-453.

10 Olivier Deshayes, Thomas Genicon e Yves Marie Laithier, ob. cit., p. 449.

11 Pierre-Yves Ardoy, ob. cit., p. 175.

tiempo indeterminado[12]. El propósito de asociarse para la consecución de un fin económico común y la estabilidad que persiguen los socios al constituir la sociedad no se compadece con la conversión del contrato social en un contrato con una duración indeterminada al cual uno de los socios pueda ponerle fin en cualquier momento. Por consiguiente, en este caso, lo más conveniente es seguir la orientación de la jurisprudencia francesa anterior a la promulgación de la Ordenanza que limitaba la vida de la sociedad a la duración máxima legalmente permitida.

III. CONTRATOS A TIEMPO INDETERMINADO

1. Noción

El contrato a tiempo indeterminado es el contrato celebrado sin indicación de su duración, es decir, aquel que no incluye la fijación de un término final. A diferencia de los contratos perpetuos que vinculan a las partes para siempre, los contratos a tiempo indeterminado tienen una duración no definida[13]. El contrato a perpetuidad es un contrato que no terminará nunca. En cambio, el contrato de duración indeterminada tendrá un fin, aunque su término preciso no se haya fijado.

2. Derecho de resiliación unilateral[14]

El artículo 1.211 del nuevo Código Civil francés prescribe que cuando el contrato se celebre por un tiempo indeterminado, cualquiera de las partes puede ponerle fin en cualquier momento, sin perjuicio de

---

12 *Ibíd.*, p. 176.

13 Al respecto, véase: Muriel Fabre-Magnan, *Droit des obligations, 1, Contrat et engagement unilateral*, Presses Universitaires de France, París, 2007, pp. 171-172.

14 La mayoría de los autores franceses como los hermanos Mazeaud, Starck, Malaurie, Aynès y Stoeffel-Munck, Terre, Simler y Lequette emplean el término *resiliación unilateral* para referirse a la facultad que tiene cualquiera de las partes de ponerle fin a determinados contratos, en cualquier momento, por su sola voluntad; otros autores como Mirabail utilizan el término *retractación*. En la doctrina nacional es más frecuente utilizar el término *desistimiento* o *retractación* para referirse a este derecho de extinguir unilateralmente el contrato. Con respecto a la confusión en que incurre el legislador venezolano al emplear términos diferentes para referirse a la facultad unilateral de terminar el contrato, véase lo que expongo en mi trabajo "El derecho de desistimiento del consumidor" publicado en la *Revista de Derecho del Tribunal Supremo de Justicia*, N° 35, Tomo II, Caracas, 2014, pp. 7 y ss., especialmente, pp. 16-17.

que se cumpla el plazo de preaviso contractualmente previsto o, en su defecto, un preaviso razonable. Por consiguiente, el principio general que consagra el nuevo texto legal es que cualquiera de las partes puede en todo momento desligarse unilateralmente del contrato de duración indefinida. Este principio se aplica tanto a los contratos a perpetuidad (art. 1.210), como a los contratos celebrados por un tiempo indeterminado (art. 1.211).

La facultad que tienen las partes de resiliar unilateralmente el contrato con una duración indeterminada ya había sido reconocida por una decisión del Consejo Constitucional francés de fecha 9 de noviembre de 1999 en la cual se lee:

> Si el contrato tiene fuerza de ley entre las partes, la libertad que consagra el artículo 4 de la Declaración de los Derechos del Hombre y del Ciudadano de 1789, justifica que un contrato de derecho privado celebrado por un tiempo indeterminado pueda ser terminado unilateralmente por cualquiera de los contratantes[15].

El derecho que tiene cualquier contratante de terminar unilateralmente, cuando lo desee y sin pago de indemnización alguna, el contrato a tiempo indeterminado que haya celebrado es un principio de carácter general que tiene un fundamento constitucional y que había sido ampliamente reconocido tanto por la doctrina como por la jurisprudencia francesas[16]. Este principio ha sido considerado de orden público porque se fundamenta en la protección de la libertad individual.

El mismo principio es aplicable en el Derecho venezolano a todos los contratos de tracto sucesivo con una duración indeterminada: como nadie está obligado a mantenerse indefinidamente vinculado por

---

[15] Transcripción parcial de la decisión del Consejo Constitucional francés tomada de Corinne Renault-Brahinsky, ob. cit., p. 102.
Observación: Esta cita, al igual que las otras de fragmentos en idiomas extranjeros que recojo en este trabajo, son traducidas por mí en forma libre.

[16] Al respecto, véase: Jacques Ghestin, ob. cit., pp. 259-263; Christian Larroumet y Sarah Bros, *Traité de Droit Civil*, Tome 3, Les obligations. Le contrat, París, Ed. Economica, 2016, p. 166, especialmente, la nota 5 y la jurisprudencia de la Casación francesa ahí citada; Corinne Renault-Brahinsky, ob. cit., pp. 102-103 y la jurisprudencia de la Casación francesa ahí citada; François Terré, Philippe Simler e Yves Lequette, ob. cit., p. 309; Philippe Simler, ob. cit., p. 39.

un contrato en contra de su voluntad, cualquiera de las partes, cuando lo desee y sin pago de indemnización alguna, puede dar por terminado el contrato a tiempo indeterminado que las une. Así lo reconoce la doctrina nacional[17] y lo dejó establecido la Sala Político Administrativa de la antigua Corte Suprema de Justicia en los siguientes términos:

> Es principio general aplicable a todos los contratos a tiempo indeterminado, que cualquiera de las partes, cuando lo desee y sin necesidad de pagar ninguna indemnización, puede terminar la relación que las une. Encuentra el principio su razón de ser en la protección de la libertad de los contratantes, que también sirve de base a otro principio general, conforme al cual nadie puede obligarse por un plazo excesivamente largo. El principio encuentra su origen en la idea básica, de vieja data, de que en los convenios de muy larga duración o de duración indeterminada, es indispensable que una cualquiera de las partes, sin ninguna penalidad y a su solo criterio, pueda desvincularse de la otra, pues, de lo contrario, se estaría en una situación aparejable a la esclavitud.
>
> . . .
>
> De modo que hay un principio general de nuestro ordenamiento jurídico, aplicable a todos aquellos convenios de tracto sucesivo en que no hay un plazo de duración determinado o determinable, según el cual dicha falta de acuerdo respecto del tiempo de vigencia de la convención puede entenderse como un reconocimiento del derecho de cualquiera de los contratantes, a dar por concluida la relación cuando lo desee, sin ninguna penalidad, ni limitación.

---

17 Carlos Eduardo Acedo Sucre, *Cláusulas abusivas y contratos de adhesión*, Caracas, Academia de Ciencias Políticas y Sociales-MENPA, 2018, pp. 415-416; Luis Corsi, "Algunos aspectos del desistimiento *ad nutum* del vínculo contractual (Esbozo para un estudio)", en *Temas de Derecho Civil, Libro Homenaje a Andrés Aguilar Mawsdley*, Vol. I, Tribunal Supremo de Justicia, Caracas, 2004, pp. 353 y ss., especialmente, pp. 365-366; Rafael De Lemos Matheus, "La terminación unilateral de los contratos de distribución", en *V Jornadas Aníbal Dominici, Homenaje Dr. José Muci-Abraham, Títulos Valores, Contratos Mercantiles*, coordinador: José G. Salaverría, Universidad Monteávila, Universidad Católica Andrés Bello, Asociación Venezolana de Derecho Privado, Academia de Ciencias Políticas y Sociales y Asociación Civil Juan Manuel Cajigal, Caracas, 2014, pp. 187 y ss., especialmente, pp. 190-191; María Candelaria Domínguez Gullén, ob. cit., p. 158.

> Este principio general, por lo demás, no admite convención en contrario, pues su fundamento es la protección de la libertad de las partes, lo que le da carácter de orden público (art. 6 del Código Civil). Existe, pues, una prohibición de lo que la doctrina ha llamado "contratos perpetuos[18].

En atención al principio general según el cual cualquiera de los contratantes tiene la facultad de resiliar unilateralmente en cualquier momento un contrato concluido por un tiempo indeterminado, los tribunales franceses con anterioridad a la reforma del Código Civil consideraron nulos por asimilarlos a un contrato perpetuo: 1) aquellos contratos celebrados sin indicación de su duración y en los cuales se establece que ninguna de las partes puede ponerle fin al contrato[19]; y

---

[18] Corte Suprema de Justicia, Sala Político-Administrativa, Sentencia del 27 de enero de 1994, Félix Alex Zambrano Rincones contra Fondo de Inversiones de Venezuela, Exp. N° 7.628, en *Jurisprudencia de la Corte Suprema de Justicia*, Pierre Tapia, N° 1, enero 1994, pp. 58-59. Sin embargo, en nuestro ordenamiento, tal y como lo dejó establecido la Sala Político Administrativa de nuestro máximo Tribunal en esta sentencia, para proteger al débil jurídico o económico, en cierto tipo de relaciones muy especiales, el legislador ha establecido expresamente atenuantes o excepciones al referido principio general, tal como sucede con los inquilinos en los contratos de arrendamiento a tiempo indeterminado, cuyo desalojo exige el cumplimiento de una serie de requisitos, y también con los trabajadores en los contratos de trabajo a tiempo indeterminado, con lo cual se establecen ciertas restricciones a la facultad de arrendadores y patronos de dar por concluida libremente su vinculación con arrendatarios y obreros o empleados.

[19] La Sala Civil de la Corte de Casación francesa, por considerarlo un compromiso perpetuo, anuló la cláusula de un contrato de venta de un terreno para la construcción por la cual se ponía a cargo del comprador y sus causahabientes la obligación personal, no limitada en el tiempo, de no ejercer en el inmueble, una vez construido, una actividad comercial que compitiera con la del vendedor. Según la jurisprudencia francesa, la *cláusula de no concurrencia* en materia comercial no es válida cuando no está limitada en el tiempo ni referida a un lugar geográfico, porque implica un compromiso de carácter perpetuo que restringe indebidamente la libertad económica del deudor. Por consiguiente, la cláusula de no concurrencia en el ámbito mercantil, aun cuando no esté limitada en el tiempo, es válida si está limitada en el espacio. Al respecto, véase: Cristhian Larroumet y Sarah Bros, ob. cit., Tome 3, pp. 173-174, especialmente, la nota 3 y la jurisprudencia de los tribunales franceses ahí citada. En cambio, en materia laboral, se ha exigido para la validez de la cláusula de no concurrencia, que dicha cláusula tenga límites tanto en el tiempo como en el espacio. Al respecto, véase: Marie-Elisabeth André, Marie-Pierre Dumont y Philippe Grignon, *L'après-contrat*, Levallois, Editions Francis Lefebvre, 2005, p. 156 y las decisiones de los tribunales franceses ahí citadas.
En el Derecho venezolano, Alfredo Morles Hernández afirma que "una convención, que prohíba el ejercicio del comercio sin restricción alguna, a cambio del pago de una suma de dinero, debe considerarse contraria a la norma constitucional sobre libertad de comercio

2) aquellos contratos concluidos por un tiempo determinado, pero con una duración tan larga que deba considerarse como perpetua (*infra*, N° IV,2,2.1,b.2)[20].

3. Restricciones al ejercicio del derecho de resiliación unilateral

El derecho de resiliación unilateral del contrato a tiempo indeterminado no es enteramente libre. Con anterioridad a la reforma del Código Civil, ya la doctrina y la jurisprudencia francesas sometieron este derecho al cumplimiento de un preaviso razonable y consideraron que la terminación abusiva de un contrato de duración indefinida comprometía la responsabilidad civil (extracontractual) de quien pretendiera terminar de este modo el contrato[21]. Por consiguiente, quien

---

(artículo 96 de la Constitución)" (Alfredo Morles Hernández, *Curso de Derecho Mercantil*, Tomo I, <Introducción. La empresa. El Empresario>, Universidad Católica Andrés Bello, Caracas, 2014, p. 446). En criterio de Guillermo Gorrín Falcón, para la validez de la cláusula de no concurrencia se requiere que la misma, además de estar referida a un área geográfica concreta, se convenga por un tiempo determinado (Guillermo Gorrín Falcón, "Contribución al estudio de la legitimidad de la cláusula de no concurrencia en el derecho venezolano", en *Libro Homenaje al Profesor Alfredo Morles Hernández*, Vol. I <Temas Generales de Derecho Mercantil>, coordinadores: Astrid Uzcátegui Angulo y Julio Rodríguez Berrizbeitia, Universidad Católica Andrés Bello, Universidad de Los Andes, Universidad Monteávila, Universidad Central de Venezuela y Academia de Ciencias Políticas y Sociales, Caracas, 2012, pp. 627 y ss., especialmente, pp. 647-650). De acuerdo con el artículo 19 del Reglamento de la Ley Orgánica del Trabajo, para la validez de la cláusula post-contractual de no concurrencia, se requiere que dicha cláusula sea pactada por una duración no mayor de seis meses.

20 De acuerdo con la jurisprudencia de nuestros tribunales, "nadie puede obligarse por un plazo excesivamente largo". Al respecto, véase la sentencia de la Sala Político-Administrativa de la antigua Corte Suprema de Justicia citada en la nota 17 *ut supra* y parcialmente transcrita en el texto. En la doctrina nacional, al referirse a la obligación asumida por un tiempo excesivamente largo, Domínguez Guillén expresa que "según la naturaleza del vínculo, no valdrá tampoco en principio pactar obligaciones excesivamente largas, porque ello sería burlar el sentido temporal de la relación obligatoria en violación del derecho personalísimo de la libertad que es indisponible por ser de orden público" (María Candelaria Domínguez Guillén, "Temporalidad y extinción de la relación obligatoria", en *Revista Venezolana de Legislación y Jurisprudencia*, N° 8, Caracas, 2017, pp. 315 y ss., especialmente, p. 325).

21 Al respecto, véase: Henri Mazeaud, Léon Mazeaud y André Tunc, *Tratado Teórico y Práctico de la Responsabilidad Civil Delictual y Contractual*, Traducción castellana de Luis Alcalá Zamora y Castillo, Tomo I,1977, Ediciones Jurídicas Europa y América, Buenos Aires, pp. 169-171; Georges Ripert y Jean Boulanger, *Tratado de Derecho Civil (según el Tratado de Planiol)*, Traducción castellana de Delia García, Tomo V, La Ley, Buenos Aires, 1964, p. 81.

desee desligarse unilateralmente del contrato debe dar aviso al otro contratante con un cierto tiempo de anticipación y puede ser condenado a pagar daños y perjuicios, si dicha terminación es *abusiva*[22]. Para que la terminación sea abusiva no se requiere siempre la intención de causar un daño por parte de quien pone fin unilateralmente al contrato. Así lo ha dejado establecido la jurisprudencia de los tribunales franceses[23].

Este mismo principio es aplicable en el Derecho venezolano de acuerdo con lo dispuesto en el parágrafo único del artículo 1.185 del Código Civil según el cual

> debe igualmente reparación quien haya causado un daño a otro, excediendo, en el ejercicio de su derecho, los límites fijados por la buena fe o por el objeto en vista del cual le ha sido conferido ese derecho.

Por consiguiente, el derecho de desligarse unilateralmente de un contrato celebrado por un tiempo indeterminado no puede ejercitarse de manera abusiva, fuera de los límites de la buena fe o con ligereza[24]. A veces la ley consagra supuestos de terminación abusiva en situaciones particulares. Así, en la *sociedad de duración ilimitada*, basta con la voluntad de uno de los socios para poner fin a la sociedad, siempre y cuando la renuncia sea de buena fe (art. 1.677). De acuerdo con el artículo 1.678 "la renuncia no es de buena fe cuando el socio lo hace para apropiarse él solo de los beneficios que los socios se habían propuesto sacar en común".

La doctrina y la jurisprudencia nacionales admiten que el ejercicio de un derecho o prerrogativa contractual hecho en forma abusiva

---

22 Jean Carbonnier, *Droit Civil*, Tome IV (Les Obligations), París, 1985, p. 254; Jacques Ghestin, ob. cit., pp. 266-267 y la jurisprudencia de los tribunales franceses ahí citada; Christian Larroumet y Sarah Bros, ob. cit., Tome 3, p. 170, especialmente, la nota 3 y la jurisprudencia de los tribunales franceses ahí citada; Philippe Malaurie, Laurent Aynès y Philippe Stoffel-Munck, ob. cit., p. 197, especialmente, la nota 50 y la jurisprudencia de los tribunales franceses ahí citada; Boris Starck, *Droit Civil (Obligations)*, Librairies Techniques, París, 1972, p. 564.

23 Muriel Fabre-Magnan, ob. cit., pp. 575-576, especialmente, la nota 3 y la jurisprudencia de los tribunales franceses ahí citada.

24 Al respecto, véase: Carlos Eduardo Acedo Sucre, ob. cit., pp. 416-417; Luis Corsi, ob. cit., p. 383; Rafael De Lemos Matheus, ob. cit., p. 190; María Candelaria Domínguez, Guillén, *Curso de Derecho Civil III Obligaciones*, Revista Venezolana de Legislación y Jurisprudencia, Caracas, 2017, p. 581.

acarrea como sanción la responsabilidad civil extracontractual[25]. Por lo cual, la terminación abusiva de un contrato de duración indeterminada compromete la responsabilidad civil extracontractual por abuso de derecho de quien pretende desligarse de este modo de un contrato[26].

4. La exigencia del preaviso

El ejercicio de la facultad de dar por terminado un contrato celebrado a tiempo indeterminado por la sola y libre voluntad de una de las partes, ya lo hemos dicho, se ha de realizar mediante una declaración de voluntad hecha de buena fe. Un ejercicio conforme a la buena fe del derecho de resiliar unilateralmente el contrato sería aquel que causa el menor daño posible a la parte que, queriendo seguir vinculada como se pactó, debe soportar el fin de la relación por la sola voluntad de la otra parte. La doctrina y la jurisprudencia francesas han considerado que serían contrarias a la buena fe tanto la terminación unilateral intempestiva (brusca, sorpresiva) como la que

---

25 Oscar Palacios Herrera, *Apuntes de obligaciones,* versión taquigráfica de Rafael Maldonado Gutiérrez, Ediciones Centro de Estudiantes, Universidad del Zulia, Maracaibo, 1982, p. 111; Luciano Lupini Bianchi, "Notas sobre la teoría de la imprevisión en derecho civil", en *Homenaje a Aníbal Dominici*, coordinadores: Irene de Valera y José G. Salaverría, Ediciones Liber, Caracas, 2008, pp. 265 y ss., especialmente, p. 319; Roberto Lupini Pinzani, "Breves consideraciones sobre el abuso de derecho en Venezuela y su procedencia en materia contractual", en *Revista de la Facultad de Derecho* 2012-2015, Nº 67-70, Universidad Católica Andrés Bello, Caracas, pp. 275 y ss., especialmente, pp. 291-293; Corte Suprema de Justicia,Sala de Casación Civil, Sentencia del 5 de mayo de 1988, María del Socorro Prato de Obando y otros contra Seguros de Venezuela C.A., en *Jurisprudencia de la Corte Suprema de Justicia*, Pierre Tapia, Nº 5, mayo 1988, pp. 281-292; Corte Suprema de Justicia, Sala Accidental de Casación Civil, Sentencia del 13 de agosto de 1990, Liberado Gallardo Márquez contra Corpolux C.A., Exp. Nº 89/465, en *Jurisprudencia de la Corte Suprema de Justicia*, Pierre Tapia, Nºs 8-9, agosto/septiembre 1990, pp. 167-168.

26 José Mélich-Orsini, *Doctrina General del Contrato*, Academia de Ciencias Políticas y Sociales, Caracas, Serie Estudios, Nº 61, 5ª edición, 2012, p. 435; Gonzalo Rodríguez Matos, "La buena fe en la ejecución del contrato", en *Temas de Derecho Civil. Libro Homenaje a Andrés Aguilar Mawsdley,* Vol. II, Tribunal Supremo de Justicia, Caracas, 2004, pp. 415 y ss., especialmente, p. 444. Lupini Bianchi cuando analiza este tema expresa: "cuando se trata de la terminación unilateral (revocación) de un contrato celebrado por tiempo indeterminado, efectuada en forma abusiva, se asiste a la hipótesis de la *responsabilidad post-contractual*, como la denomina un sector de la doctrina francesa" (Luciano Lupini Bianchi, "La responsabilidad precontractual en Venezuela", en *Revista del Colegio de Abogados del Distrito Federal*, julio-diciembre de 1991, tercera etapa, Nº 149, pp. 9 y ss., especialmente, p. 131).

busca apropiarse ilegítimamente de beneficios ajenos. Ello se traduce en la exigencia como regla general de comunicar la terminación con la debida antelación, es decir, dando un preaviso, ya que esta terminación, por definición, es inesperada (no se sabe de antemano si se va a realizar o no, ni cuándo), y un comportamiento honesto exige dar un tiempo a la otra parte para minimizar los posibles efectos negativos derivados de la extinción del contrato[27].

En nuestro ordenamiento la necesidad del preaviso derivaría de la circunstancia de que el ejercicio sorpresivo e intempestivo del derecho de dar por terminado unilateralmente el contrato, sin un margen de reacción, puede ser valorado como un ejercicio abusivo o fuera de los límites de la buena fe del derecho que debe dar lugar a una indemnización cuando ocasione daños y perjuicios. El preaviso debe pues estimarse necesario en los contratos de duración indeterminada, aunque nada se haya pactado[28]. Esta obligación además de derivarse del principio de buena fe, podría venir exigida por el artículo 1.160 del Código Civil, al observarse en el uso cotidiano de los negocios.

Siguiendo la orientación de los criterios sostenidos por la doctrina y la jurisprudencia francesas antes expuestos, el nuevo artículo 1.211 del Código Civil francés condiciona la libertad de las partes de desligarse unilateralmente del contrato al respeto de un plazo de preaviso. Esta exigencia naturalmente se establece para proteger al contratante que no haya tomado la iniciativa de ponerle fin al contrato de modo que disponga de un plazo razonable para organizar su situación post-contractual y procurarse un contrato de sustitución.

Desde luego, no será necesario respetar el preaviso cuando el desistimiento unilateral del contrato por una de las partes se justifique por el incumplimiento culposo de la otra parte.

5. El plazo del preaviso

Conforme al principio de la autonomía de la voluntad que rige en materia contractual, en el nuevo texto legal se establece que el plazo de preaviso puede ser convenido por las partes, lo que ocurre en la

---

27 Al respecto, véase: Jacques Ghestin, ob.cit., pp. 267-269 y la jurisprudencia de los tribunales franceses ahí citada.

28 Al respecto, véase: Luis Corsi, ob. cit., p. 372.

generalidad de los casos. Con el objeto de evitar una ruptura abrupta y sorpresiva del contrato, se consagra en una disposición supletoria que, a falta de una notificación anticipada prevista por las partes, el preaviso debe darse con una antelación razonable.

El Código Civil francés no precisa lo que debe entenderse por plazo razonable[29]. Los Principios del Derecho Europeo de los Contratos (PDEC)[30] han definido este plazo como aquel que cualquier persona de buena fe que se hallare en la misma situación que las partes contratantes consideraría como tal teniendo en cuenta, entre otros elementos, la naturaleza y objeto del contrato, las circunstancias del caso y los usos y prácticas del comercio o del ramo de actividad a que el mismo se refiera (art. 1: 302). Lo que resulte razonable depende, entre otros factores, del tiempo que haya durado el contrato, el esfuerzo y las inversiones que le haya supuesto a la otra parte su cumplimiento, y el tiempo que le llevaría a la otra parte celebrar otro contrato con una nueva persona. Por ejemplo, en un contrato de distribución el preaviso que deba darse será mayor cuando el contrato tenga ya una existencia larga, o cuando el distribuidor haya hecho inversiones de importancia para cumplir el contrato, y menor cuando no haya durado mucho tiempo o si el distribuidor no ha hecho ninguna inversión o solo pocas[31].

---

29 De acuerdo con el artículo 442 6-1-5 del Código de Comercio francés hay que tomar con consideración "la duración de la relación comercial" y respetar "la antelación mínima determinada por los usos del comercio" para ponerle fin a una relación comercial establecida. En caso de desacuerdo entre las partes, corresponderá en definitiva a la apreciación soberana de los jueces de instancia determinar si, a falta de un plazo de preaviso fijado por las partes, el plazo dentro del cual cualquiera de los contratantes pretenda desligarse de un contrato celebrado por un tiempo indeterminado es razonable, según la naturaleza del objeto del contrato.

30 Los principios del Derecho Europeo de los Contratos fueron preparados por la Comisión de Derecho Europeo de los Contratos bajo la presidencia del profesor doctor Ole Lando y publicados en 1995 (los "PDCE"). El propósito de la Comisión fue redactar un documento con los principios generales de un futuro derecho europeo de los contratos para regir las relaciones entre sujetos pertenecientes a los diferentes estados miembros de la Unión Europea. Estos principios aspiran a convertirse en el punto de partida del proceso de codificación del derecho contractual europeo. El texto de estos principios puede consultarse en idioma español en la página web: http://campus.usal.es/~derinfo/Material/LegOblContr/PECL%20I+II.pdf.

31 En la doctrina nacional, al referirse al preaviso razonable para terminar *un contrato de distribución a tiempo indeterminado*, De Lemos expresa que este plazo "depende de varios factores tales como la antigüedad de la relación entre el principal y el distribuidor, el monto

En el Derecho venezolano, en defecto de norma legal[32] o acuerdo, determinar la antelación con la que debe practicarse tal preaviso dependerá de las circunstancias particulares del caso. El preaviso deberá hacerse en el término convenido y en su defecto en el determinado por los usos y a falta de ambas circunstancias, concediendo un término prudencial, atendiendo a la naturaleza de la obligación.

Las disposiciones relativas al plazo de anticipación requerido para poner fin a un contrato a tiempo indeterminado son de orden público y, por tanto, las partes no pueden sustraerse a su aplicación. Así lo ha dejado claramente establecido la jurisprudencia francesa[33].

6. Responsabilidad por terminación abusiva del contrato

La responsabilidad en que podría incurrir alguna de las partes en caso de terminación de un contrato celebrado por un tiempo indeterminado sin respetar el plazo de preaviso contractualmente estipulado es de naturaleza contractual, puesto que se trata del incumplimiento de una cláusula del contrato. En cambio, se ha juzgado que si el contrato celebrado por un tiempo indeterminado no contempla un plazo de preaviso para su terminación, la responsabilidad en que incurrirá quien pretenda ponerle fin sin notificar de ello a su cocontratante con una razonable anticipación será de naturaleza extracontractual[34].

---

de las inversiones realizadas por el distribuidor basándose en las afirmaciones y conductas del principal, el número de empleados involucrados en la ejecución de los servicios contratados, el valor depreciado de los activos dedicados exclusivamente al contrato, la ejecución en el pasado, etc." (Rafael De Lemos Matheus, ob. cit., p. 201).

32 A veces la ley fija el plazo del preaviso que debe darse para la terminación unilateral del contrato celebrado por un tiempo indeterminado. Por ejemplo, el trabajador que por retiro voluntario (sin causa legal que lo justifique) ponga fin a la relación de trabajo a tiempo indeterminado, debe dar aviso al patrono con una anticipación que oscila entre una semana y un mes según la duración de la relación de trabajo (LOT art. 81), el socio que desee poner fin a la sociedad de duración ilimitada debe notificar a los demás socios su voluntad de hacerlo con tres meses de anticipación, por lo menos (CC art. 1.677); el contrato de cuenta corriente bancaria por un tiempo indeterminado puede terminar cuando lo exija el banco o el cliente con un previo aviso de quince días de anticipación, salvo convención en contrario (C de C art. 522).

33 Corinne Renault-Brahinsky, ob. cit., p. 103 y la jurisprudencia de la Casación francesa ahí citada.

34 Al respecto, véase: Gaël Chantepie y Mathias Latina, ob. cit., p. 503, especialmente, la nota 3 y la jurisprudencia de los tribunales franceses ahí citada.

Por lo que al Derecho venezolano concierne, como se dijo atrás, la doctrina y la jurisprudencia nacionales admiten que la inobservancia del deber de comportarse de buena fe en el ejercicio de una prerrogativa contractual, cuando se manifiesta en un comportamiento abusivo, compromete la responsabilidad extracontractual por abuso de derecho del contratante[35]. De ahí que, si el contrato no contempla un plazo de preaviso, la inobservancia de un plazo de preaviso razonable que se traduzca en una terminación abusiva de un contrato celebrado a tiempo indeterminado comportaría la responsabilidad por abuso de derecho de quien pretenda desligarse de este modo del contrato, teniendo el perjudicado el derecho a reclamar una indemnización cuya cuantía deberá acreditar[36].

Por otra parte, con anterioridad a la reforma del Código Civil francés se había juzgado que una terminación abusiva puede configurarse no solo cuando se haya violado el requisito del preaviso, sino también en

---

35 Al respecto, véase: notas N°s 25 y 26 *ut supra*.

36 Cabe hacer notar que, con el objeto de proteger a los distribuidores locales frente a los productores extranjeros, en algunos países como Guatemala, Honduras y El Salvador, mediante legislación especial, se han establecido con precisión los daños indemnizables en caso de terminación intempestiva, sin causa legal, de un contrato de distribución aun con una duración indeterminada. Así, en El Salvador son rubros que integran la indemnización: a) los gastos efectuados por el distribuidor en beneficio del negocio del cual se le priva; b) el valor de las inversiones en local, equipo, instalaciones, mobiliario y útiles en la medida en que tales inversiones sean únicamente aprovechables para el negocio del cual se le priva; c) el valor de las existencias en mercaderías y accesorios, en la medida en que el distribuidor ya no pueda continuar vendiéndolas o su venta se haga especialmente difícil; d) el monto de la utilidad bruta obtenida por el distribuidor durante los últimos tres años o durante el lapso menor en que haya desarrollado su actividad; e) el valor de los créditos que el distribuidor haya concedido a terceros para pagar el valor de las mercaderías que distribuya, pagados los cuales el principal se subroga en los derechos del distribuidor. En Guatemala se incluyen especialmente como daño resarcible las indemnizaciones a que, de acuerdo con la ley, tuvieran derecho los empleados o trabajadores cuyo despido obedeciera a la terminación del contrato. Al respecto, véase: Osvaldo J. Marzorati, *Sistemas de distribución comercial*, Editorial Astrea, Buenos Aires, 1990, pp. 84-89. En nuestro ordenamiento no existe una ley que prevea una protección especial para los distribuidores. Por lo cual, la indemnización de los daños y perjuicios en caso de terminación abusiva del contrato se rige por los principios generales. La extensión del daño resarcible variará en cada caso según las características del contrato de que se trate, el plazo de preaviso omitido, las pérdidas efectivamente sufridas, las inversiones realizadas, los costos y gastos incurridos para la mejor ejecución del contrato y demás circunstancias. Al respecto, véase: Rafael De Lemus Matheus, ob. cit., pp. 201-205.

caso de que se haya respetado esta exigencia[37]. Es decir, el respeto del plazo de preaviso convenido por las partes no excluye necesariamente el carácter abusivo de la terminación del contrato celebrado por un tiempo indeterminado[38]. Aun cuando las partes hayan respetado el preaviso convenido, puede el juez de todas maneras concluir que la terminación del contrato por un tiempo indeterminado dentro de este plazo ha sido abusiva, es decir, traspasando los límites de la buena fe, en atención a las circunstancias particulares que rodearon dicha terminación en el caso concreto.

En cualquier caso, el deber de lealtad entre las partes contratantes, como una manifestación de la buena fe en la ejecución del contrato, impone a quien pretenda ejercer la facultad de dar por terminado un contrato celebrado por un tiempo indeterminado, hacerlo de manera que la terminación no cause un perjuicio innecesario a la otra parte y no hacerlo de manera abrupta e inesperada, sino comunicándole su decisión a su cocontratante con una anticipación razonable. Así lo había dejado establecido la jurisprudencia francesa con anterioridad a la reforma y así lo exige ahora el artículo 1.211 del Código Civil. Corresponde a la doctrina y a la jurisprudencia dictaminar, bajo la vigencia de las disposiciones del nuevo Código Civil francés, las circunstancias bajo las cuales se configure una terminación abusiva de la relación contractual celebrada por un tiempo indeterminado, así como los requisitos que deben concurrir para que dicha terminación revista tal carácter, aun cuando el contratante que ejerza su derecho de poner fin al contrato haya respetado el preaviso contractual o legalmente previsto.

Por último, se plantea el problema de si la autoridad judicial, al lado de los daños y perjuicios, podría ordenar la continuación del contrato que haya pretendido ser abusivamente terminado por alguna de las partes (por ejemplo, sin respetar el preaviso razonable). Aun cuando un sector de la doctrina y algunos tribunales franceses han admitido esta

---

37 Al respecto, véase: Nicolas Dissaux y Chistophe Jamin, ob. cit., p. 114 y la sentencia de la Cámara Comercial de la Corte de Casación francesa de fecha 6 de marzo de 2007 ahí citada.

38 Pierre-Yves Ardoy, ob. cit., p. 179, especialmente, la nota 41 y la jurisprudencia francesa ahí citada.

posibilidad asimilándola a un caso de reparación *in natura*, esta solución ha sido criticada puesto que se obliga al contratante a mantenerse indefinidamente unido a un contrato en contra de su voluntad y a ejecutar sus disposiciones tal y como venía haciéndolo hasta ahora[39]. La mayor parte de los autores franceses sostienen que en este caso la sanción no puede consistir en mantener forzosamente la relación contractual, sino en la indemnización de los daños y perjuicios[40].

IV. CONTRATOS A TIEMPO DETERMINADO

1. Noción

La reforma no trae una definición del contrato a tiempo determinado, sino que se limita a regular esta clase de contratos en atención a sus efectos.

El contrato a tiempo determinado es un contrato cuya duración está limitada en el tiempo, es decir, un contrato sujeto por la voluntad de las partes a un término extintivo. Es un contrato a término: hay *dies certus*. El contrato por un tiempo determinado es pues aquel cuya duración está ligada a una fecha determinada o a un acontecimiento futuro y cierto.

No solo se encuentran comprendidos dentro de la categoría de contratos a tiempo determinado aquellos cuya expiración esté sujeta

---

39 Gaël Chantepie y Mathias Latina, ob. cit., p. 503.

40 Al respecto, véase: Jacques Ghestin, ob. cit., p. 269; François Terré, Philippe Simler e Yves Lequette, ob. cit., p. 481. En la doctrina italiana, en cambio, Bianca al referirse al artículo 1.373 del *Codice* que consagra el derecho de receso (*recesso*) expresa que el acto de desistimiento que no respete el preaviso se debe considerar ineficaz por la falta de un presupuesto legal o convencional, salvo que se haya previsto, específicamente, una consecuencia diferente como, por ejemplo, el pago de una indemnización (C. Massimo Bianca, *Derecho Civil, 3, El Contrato,* Traducción castellana de Fernando Hinestrosa y Edgar Cortés, Universidad Externado de Colombia, 2007, Bogotá, p. 763). *En el Derecho venezolano,* como ocurre en otros ordenamientos, la propia ley a veces regula de modo preciso el ejercicio del derecho de desistimiento unilateral del contrato, sometiéndolo a ciertos preavisos cuya inobservancia, como afirma Mélich-Orsini, es sancionada a veces con su sola ineficacia mientras no se cumpla el plazo de preaviso (arrendamiento) o en otros casos con una determinada indemnización pecuniaria (trabajo) (José Mélich-Orsini, ob. cit., pp. 435-436). En nuestro concepto, a falta de convenio y salvo disposiciones especiales, la violación de la buena fe cuando se ejercita el derecho de desistir del contrato no impide la extinción de la relación contractual y crea únicamente un deber de resarcimiento de los daños que se concreta en el pago de una indemnización por el tiempo de preaviso no respetado.

a la llegada de una fecha determinada (*certus an certus quando*), sino también aquellos en los cuales se sabe que el plazo llegará aunque no se sepa con certeza, de antemano, la fecha de la llegada del término como, por ejemplo, la muerte de una persona (*certus an incertus quando*). En ambos casos se sabe que el plazo llegará, aunque en el segundo no se sepa cuándo. Pero aun en este caso, el plazo es de realización cierta. De ahí que un contrato sujeto a un plazo extintivo incierto no es, sin embargo, un contrato celebrado por un tiempo indeterminado, puesto que sigue siendo un contrato con una duración determinada[41]. Es el caso del contrato de renta vitalicia que obliga a una persona a pagar a otra periódicamente y por toda la duración de la vida de una o más personas cierta cantidad de dinero (CC francés, art. 1.972)[42]. Este contrato es un contrato de duración determinada que impide al deudor de la renta ponerle fin por su voluntad antes de la llegada del término (incierto) fijado para su extinción. No entran pues en el concepto de contratos a tiempo indeterminado los contratos aleatorios en los cuales alguna de las prestaciones tiene como término de referencia la vida del acreedor.

2. Efectos

Según el artículo 1.212 del nuevo texto legal, "cuando el contrato se celebre por un tiempo determinado, cada contratante debe cumplirlo hasta su terminación". Esta disposición establece además que ninguna de los contratantes podrá exigir la renovación del contrato. De acuerdo con esta disposición, los efectos característicos que produce la celebración de un contrato de duración determinada son los siguientes: 1) el cumplimiento del contrato hasta la llegada del término; y 2) la inexistencia de un derecho a la renovación del contrato.

Pasamos a examinar cada uno de estos efectos.

---

[41] Corinne Renault-Brahinsky, ob. cit., p. 104; François Terré, Philippe Simler e Yves Lequette, ob. cit., p. 482, especialmente, la nota 1 y la jurisprudencia de la Casación francesa ahí citada; Christian Larroumet y Sarah Bros, ob. cit., Tome 3, pp. 174-175.

[42] Sustancialmente equivalente al artículo 1.792 del Código Civil venezolano según el cual la renta vitalicia "puede constituirse por la duración de la vida de una persona o de varias".

2.1. El cumplimiento del contrato hasta la llegada del término

a. Principio general

Cuando el contrato se celebra por un tiempo determinado, las partes deben cumplirlo hasta la fecha prevista para su terminación (art. 1.212), sin que ninguna de ellas pueda terminarlo unilateralmente antes de la llegada del término[43]. Esta disposición constituye una aplicación de la regla según la cual los contratos tienen fuerza de ley entre las partes y no pueden revocarse o modificarse unilateralmente (art. 1.103)[44].

La llegada del término es la causa normal de terminación de los contratos celebrados por un tiempo determinado. Es un mutuo consentimiento diferido. En el momento de celebrarse el acuerdo de voluntades, las partes pusieron claramente de manifiesto su intención de poner fin al contrato al vencer el tiempo estipulado y no antes. Por consiguiente, el contrato por tiempo determinado debe cumplirse hasta la llegada del término lo que excluye, al menos en principio, que sea objeto de una ruptura o terminación anticipada por la sola voluntad de una de las partes. El nuevo artículo 1.212 del Código Civil francés es pues una consecuencia del principio del contrato-ley consagrado en el artículo 1.103[45].

b. Excepciones

La regla según la cual los contratantes se encuentran vinculados por el término estipulado y que ninguno de ellos puede unilateralmente desligarse del contrato antes de su vencimiento no es absoluta y admite tres excepciones, a saber: 1) la resiliación unilateral autorizada expresamente por la ley; 2) la resiliación unilateral derivada de la prohibición de los compromisos perpetuos; y 3) la resiliación unilateral convenida por las partes.

---

43 El mismo principio rige en el Derecho venezolano. Al respecto, véase: José Mélich-Orsini, ob. cit., p. 434. En el mismo sentido: Luis Corsi, ob. cit., p. 539; María Candelaria Domínguez Guillén, *Curso de Derecho Civil III…*, ob. cit., p. 580.

44 Sustancialmente equivalente al artículo 1.159 del Código Civil venezolano según el cual: "Los contratos tienen fuerza de Ley entre las partes. No pueden revocarse sino por mutuo consentimiento o por las causas autorizadas por la Ley."

45 Pierre-Yves Ardoy, ob. cit., p. 180.

Pasamos a referirnos a cada una de estas excepciones.

b.1. Resiliación unilateral autorizada expresamente por la ley

En algunos casos la propia ley trae disposiciones especiales que le permiten a una de las partes (o a ambas, cada una por su lado) ponerle fin por su sola voluntad a un contrato celebrado por un tiempo determinado, si se cumplen determinadas condiciones. Por ejemplo, la Ley francesa de Arrendamientos de Vivienda le permite al arrendatario ponerle fin unilateralmente al contrato de arrendamiento por un tiempo determinado antes de la fecha prevista para su terminación dando un preaviso de tres meses al arrendador (art. 15)[46]. El artículo 1.944 del Código Civil francés establece que el depósito debe devolverse al depositante tan pronto lo reclame, aunque en el contrato se haya señalado plazo para la restitución; el mandato puede ser revocado por el mandante siempre que quiera (art. 2.004)[47]; el mandatario puede igualmente renunciar al mandato en cualquier momento (art. 2.007).

En el Derecho venezolano, en algunos casos la ley autoriza expresamente el desistimiento unilateral del contrato celebrado por un tiempo determinado antes de la expiración del plazo. Así, en razón de su carácter *intuitu personae,* el contrato de mandato puede ser revocado

---

46 Loi n° 89-462 du 6 juillet 1989 tendant à améliorer les rapports locatifs et portant modification de la loi n° 86-1290 du 23 décembre 1986 (art. 15). Disponible en: https://www.legifrance.gouv.fr/affichTexte.do?cidTexte=JORFTEXT000000509310, consultado en fecha 16 de junio de 2018.

47 Cabe hacer notar que en los contratos con concesionarios o distribuidores exclusivos celebrados por un tiempo indeterminado, la doctrina y la jurisprudencia francesas han reconocido el derecho a una indemnización en caso de terminación arbitraria por las pérdidas experimentadas por el distribuidor y las ganancias que obtuvo el productor que puso fin al contrato intempestivamente, tanto en clientela como en equipos, instalaciones, inventarios, personal, gastos de publicidad, etc. La apreciación que hacen los tribunales franceses, se afirma, no es uniforme. Aun cuando, por un lado, se excluye que la relación entre el distribuidor y su proveedor pueda ser considerada un mandato; por otro lado, sin embargo, se ha juzgado procedente aplicar al distribuidor los mismos principios que rigen el mandato de interés común y que justifican el reconocimiento de una indemnización a favor de los agentes de comercio por resiliación unilateral intempestiva, en aquellos casos en los cuales la continuación de la relación contractual interesa a ambas partes y se pretende poner fin al contrato para aprovecharse de las ventajas que debían aprovechar a ambos contratantes. Al respecto, véase: Jacques Ghestin, ob. cit., pp. 269-287.

libremente por el mandante, aunque esté pendiente un plazo fijado originalmente en el contrato (Código Civil, art. 1.704, ord. 1º), pudiendo la revocación ser tácita y resultar del nombramiento de un nuevo mandatario para el mismo negocio (art. 1.708). La ley excluye, sin embargo, la revocación del mandato conferido en ejecución de una obligación del mandante frente al mandatario (art. 1.705). Por la misma razón, el mandato puede ser renunciado (expresa o tácitamente) por el mandatario, con el requisito plasmado en el artículo 1.709 de poner su renuncia en conocimiento del mandante y de indemnizarlo si la misma le causa algún perjuicio, a menos que no pueda continuar en ejercicio del mandato sin sufrir un perjuicio grave. Otras veces la ley consagra en provecho de una sola de las partes la posibilidad excepcional de desistir del contrato en cualquier momento, como ocurre en el artículo 1.639 del Código Civil que confiere al dueño de la obra la facultad excepcional de poder desistir de la realización de la misma, a pesar de la que obra ya esté ejecutándose, y sin alegar motivo o causa que justifique dicha actuación, siempre y cuando indemnice al contratista de todos sus gastos, de su trabajo y de la utilidad que hubiese podido obtener de ella. Asimismo, el artículo 191 del Reglamento de la Ley de Contrataciones Públicas autoriza al órgano o ente contratante para desistir en cualquier momento de la construcción de la obra contratada, aun cuando esta hubiese sido comenzada y aunque no haya mediado falta del contratista pagándole el precio de la obra efectivamente ejecutada, el precio de los materiales y equipos que hubiere adquirido el contratista para ser incorporados a la obra y una indemnización estimada en un determinado porcentaje del valor de la obra no ejecutada, en función de la relación porcentual que guarde el valor de los trabajos ejecutados respecto del monto original del contrato a la fecha de la terminación[48].

[48] Cabe hacer notar que el artículo 73 de la Ley para la Defensa de las Personas en el Acceso de Bienes y Servicios de 2010 consagraba el derecho del consumidor o usuario a retractarse del contrato de adhesión por justa causa, dentro de un plazo de siete días contados a partir de la firma del contrato. Al respecto, véase lo que expongo en mi trabajo *El derecho de desistimiento del consumidor* citado en la nota 14 *ut supra*. En la actualidad este derecho del consumidor de desistir unilateralmente del contrato de adhesión no se encuentra consagrado en la ley.

Igualmente pueden considerarse supuestos de desistimiento unilateral aquellos casos en los cuales una de las partes (cuyo interés es considerado preferente por la ley) puede pedir la restitución del objeto entregado en razón del contrato en cualquier momento de su vida, pues implícitamente se está desistiendo del contrato. Tal es el caso del depositante (art. 1.771) y del comodante (art. 1.732).

Como ya hemos indicado anteriormente en varias oportunidades, la regla es la prohibición de ponerle fin unilateralmente antes del vencimiento del término final al contrato celebrado con una duración determinada. Por consiguiente, las normas legales que consagran supuestos de resiliación unilateral deben ser interpretadas restrictivamente y nunca pueden extenderse por vía de analogía, toda vez que son de carácter excepcional.

b.2. Resiliación unilateral derivada de la prohibición de los compromisos perpetuos

La segunda excepción a la regla de la ejecución del contrato por un tiempo determinado hasta la llegada del término deriva de la prohibición establecida por razones de orden público de celebrar contratos a perpetuidad consagrada en el artículo 1.210 del nuevo Código Civil francés, a la que nos referimos con anterioridad. En atención a su carácter imperativo, esta disposición es aplicable aun en aquellos casos en los cuales la duración del contrato prevista por las partes sea tan larga que determine la asimilación del convenio respectivo a un contrato celebrado a perpetuidad[49].

De lo que resulta que la prohibición de celebrar contratos a perpetuidad trae consigo que la amplitud para fijar el término de un contrato no es ilimitada. Si la duración del contrato prevista es muy larga, es posible considerar el compromiso como contraído a perpetuidad. Así lo había dejado ya establecido la jurisprudencia francesa antes de la vigencia de la reforma del Código Civil[50]. Por

---

49 Alain Bénabent, *Droit des obligations*, L.G.D.J., París, 2016, p. 265; Pierre-Yves Ardoy, ob. cit., p. 181. En el mismo sentido, en la doctrina nacional, véase: María Candelaria Domínguez Guillén, *Temporalidad y extinción...*, ob. cit., pp. 325 y 329.

50 La casuística es abundante. Así, los tribunales franceses han considerado que el contrato celebrado entre un médico y una clínica "por la duración de la sociedad" o por un período

supuesto, la apreciación del carácter perpetuo no es uniforme para todos los contratos[51].

b.3. Resiliación unilateral convenida por las partes

Por último, nada impide que una de las partes (o ambas, cada una por su lado) pueda haberse reservado en el contrato la facultad de ponerle fin o de modificarlo por su sola voluntad[52]. Este derecho de resiliación unilateral del contrato no colide en modo alguno con el principio del contrato-ley previsto en el artículo 1.103 del Código Civil francés, pues simplemente constituye el ejercicio de un derecho contractualmente estipulado en virtud de la autonomía de la voluntad que la ley reconoce a los contratantes para regular libremente sus relaciones jurídicas, siempre y cuando al hacerlo no infrinjan disposiciones legales de carácter imperativo o prohibitivo[53].

---

de noventa y nueve años reviste carácter perpetuo. Asimismo, se ha juzgado que el contrato de arrendamiento concluido por noventa y nueve años y renovable por la sola voluntad del arrendatario es nulo en virtud de lo dispuesto en el artículo 1.709 del Código Civil. Asimismo, en material laboral, se ha decidido que un contrato de trabajo celebrado por la vida del trabajador o del empleador es un contrato perpetuo. Por otra parte, los tribunales franceses han considerado que no constituye un contrato a perpetuidad el contrato concluido entre una clínica y un médico por un período de veinticinco años porque la duración del contrato era inferior a la vida media de un profesional de la medicina. De seguirse este criterio, se afirma, será necesario a estos efectos tener en cuenta, en cada caso, la edad del médico contratante en el momento de la celebración del contrato. De lo que resulta que la noción de contrato perpetuo es relativa, no es uniforme y variará de acuerdo con las circunstancias particulares del caso sometido a la consideración del juez. Al respecto, véase: Cristhian Larroumet y Sarah Bros, ob. cit., Tome 3, p. 173, especialmente, la nota 1 y la jurisprudencia de los tribunales franceses ahí citada. Cabe hacer notar que cuando se trata de contratos cuya duración excede del límite máximo fijado por la ley, la jurisprudencia más reciente, en lugar de declarar la nulidad del contrato, se inclina por reducir su duración al período máximo legalmente permisible. Al respecto, véase: François Terré, Philippe Simler e Yves Lequette, ob. cit., p. 309, especialmente, la nota 6 y la jurisprudencia de los tribunales franceses ahí citada.

51 Nicolas Dissaux y Chistophe Jamin, ob. cit., p. 114.

52 Así lo admite pacíficamente la doctrina francesa. Al respecto, por todos, véase: Jacques Ghestin, ob. cit., pp. 240-241; François Terré, Philippe Simler e Yves Lequette, ob. cit., pp. 483-486.

53 La doctrina y la jurisprudencia francesas han reconocido, además, que estos pactos de resiliación unilateral no violan el artículo 1.304-2 del Código Civil según el cual es nula toda obligación contraída bajo una condición cuyo cumplimiento dependa de la sola voluntad del deudor, pues con ellos se faculta en realidad para poner fin a una situación jurídica

En el Derecho venezolano, la facultad de dar por finalizado un contrato por la sola voluntad de alguna de las partes puede venir reconocida en el propio contrato[54]. Las partes pueden perfectamente contemplar la facultad de revocar unilateralmente un contrato como ocurre, por ejemplo, en la venta con pacto de retracto. En el contrato se puede igualmente determinar la manera y las consecuencias del ejercicio del derecho de desistimiento. Se podrá establecer, por ejemplo, con qué antelación y con qué formalidades debe hacerse el correspondiente preaviso; y si quien desiste debe abonar alguna cantidad de dinero a la otra parte. El desistimiento unilateral se pacta normalmente en los contratos de arrendamiento cuando el arrendatario es un agente diplomático o una oficina gubernamental extranjera.

Fuera de estos casos, las partes se encuentran vinculadas por la duración del contrato y tienen que cumplir sus disposiciones hasta la llegada del término final[55]. De ahí que si quien comunica su intención de dar por finalizado el contrato celebrado por un tiempo determinado, no tiene reconocido –legal o contractualmente– un derecho de resilia-

---

determinada y expresamente convenida. Al respecto, véase: Henri Mazeaud, Léon Mazeaud, Jean Mazeaud y François Chabas, *Leçons de Droit Civil*, Tome II, Premier volume, Obligations. Théorie Générale, Montchrestien, París, 1998, pp. 850-851 y 854 y la sentencia de la Casación francesa ahí citada. El mismo principio rige en el Derecho venezolano.

54 Al respecto, véase: José Mélich-Orsini, ob. cit., p. 434. Pero en los contratos de adhesión esta cláusula sería abusiva. Carlos Eduardo Acedo Sucre, ob. cit., p. 412; María Candelaria Dominguez Guilén, *Curso de Derecho Civil III…*, ob. cit., p. 581; José Mélich-Orsini, "Las particularidades del contrato con consumidores", en *Revista de la Facultad de Ciencias Jurídicas y Políticas* N° 111, Universidad Central de Venezuela, Caracas, 1999, pp. 83 y ss., especialmente, p. 100.

55 Cabe hacer notar que el nuevo Código Civil francés permite a cada uno de los contratantes, en caso de incumplimiento por parte de su cocontratante, liberarse de sus obligaciones antes del vencimiento del término establecido en el contrato, sin intervención de la autoridad judicial. En efecto, según el nuevo artículo 1.221 cualquiera de las partes puede "a su cuenta y riesgo" resolver el contrato en caso de incumplimiento suficientemente grave de la otra parte mediante una declaración de voluntad dirigida a la parte incumpliente. En cualquier caso, se exige que la facultad resolutoria se ejercite en un plazo de tiempo razonable tras conocer el incumplimiento y que se cumplan los demás requisitos previstos en el texto legal para la resolución del contrato por simple notificación, lo que constituye una de las innovaciones más importantes del nuevo texto legal. Ni siquiera es necesario decir, puesto que es evidente, que esta *resolución* del contrato por simple notificación no constituye un supuesto de resiliación unilateral que confiera el derecho a uno de los contratantes de extinguir, por su sola y libre voluntad y sin que haya incumplimiento alguno de la otra parte, el contrato celebrado.

ción unilateral, se podrá reclamar por la otra parte el cumplimiento del contrato o la resolución en caso de falta de ejecución de la prestación correspondiente, con los daños y perjuicios en ambos casos, si hubiere lugar a ello.

En nuestro ordenamiento rigen los mismos principios: si el contrato tiene un término de duración establecido por las partes o fijado de cualquier otra forma, la existencia de un término final cierra la posibilidad de un desistimiento unilateral, salvo disposiciones especiales o convenio de las partes (arg.: *ex* art. 1.159 del Código Civil).

2.2. La inexistencia de un derecho a la renovación del contrato

a. Consagración legal

De acuerdo con el artículo 1.212 del Código Civil francés, ninguna de las partes puede exigir la renovación del contrato celebrado por un tiempo determinado. El nuevo texto legal prohíbe que los contratantes permanezcan vinculados por un nuevo contrato después de la fecha prevista para el vencimiento del contrato anterior, *por la sola voluntad de una de las partes*.

Esta disposición es un corolario del principio de la libertad contractual consagrada en el artículo 1.102[56]. En efecto, admitir la renovación del contrato por la sola voluntad de una de las partes sería imponerle a la otra un nuevo contrato sin su consentimiento, lo que es inadmisible en un sistema que concibe al contrato como un acuerdo de voluntades[57]. Así como una persona no puede imponerle a otra la celebración de un contrato, ningún contratante puede imponerle a otro su renovación.

[56] El artículo 1.102 del Código Civil francés dice lo siguiente: "Toda persona es libre de contratar o de no contratar, de escoger a la otra parte contratante y de determinar el contenido y la forma del contrato dentro de los límites establecidos por la ley. La libertad contractual no permite derogar las normas que interesen al orden público." Este mismo principio rige en el Derecho venezolano. Conforme al principio de la autonomía de la voluntad, los particulares son libres para crear, modificar, regular, transmitir o extinguir sus relaciones jurídicas. Las limitaciones al principio de la autonomía de la voluntad que rige en el campo contractual están señaladas en el artículo 6° del Código Civil según el cual: "No pueden renunciarse ni relajarse por convenios particulares las leyes en cuya observancia están interesados el orden público o las buenas costumbres".

[57] Al respecto, véase: Pierre-Yves Ardoy, ob. cit., p. 182.

Se trata de un aspecto esencial de la libertad de contratación prevista en el artículo 1.102 del Código Civil. La renovación del contrato solo puede resultar de una disposición de la ley o de un acuerdo de las partes (art. 1.214).

b. ¿Abuso del derecho de no renovar el contrato? La relevancia de la buena fe contractual en este campo

El ejercicio del derecho a no renovar el contrato celebrado por un tiempo determinado no constituye un supuesto de resiliación unilateral por parte del contratante que rechace la renovación. La causa de la extinción del contrato no es la declaración de voluntad del contratante sino la llegada del término final que, como se dijo atrás, no es más que un mutuo consentimiento diferido. Por consiguiente, la regla es que el contratante que se niega a la renovación no está obligado a pagarle al otro una indemnización por los daños y perjuicios que le cause la terminación del contrato. Es la tesis que predominó en Francia donde la Corte de Casación descartó la aplicación del abuso de derecho a la negativa de renovación de un contrato con una duración determinada[58].

Sin embargo, un sector de la doctrina francesa moderna sostiene que en ciertos casos puede haber abuso de derecho por parte de un contratante con ocasión del ejercicio de su derecho discrecional de no renovación de un contrato de duración determinada, lo que ha sido reconocido por la jurisprudencia vigente. La Casación francesa ha sostenido que cuando un contrato ha llegado a su término, cualquiera de las partes puede negarse a renovarlo sin que tenga que explicar los motivos de su decisión, *siempre y cuando no abuse de su derecho de ponerle fin al contrato.* La negativa de renovar el contrato con una duración determinada, se afirma, constituye el ejercicio de una prerrogativa contractual que corresponde a cada una de las partes, sin que le esté permitido al juez controlar las razones de esta decisión, salvo el caso de abuso del derecho de no renovar el contrato cuando este derecho se ejerce de manera irregular, de mala fe o sin respetar las

---

58 Al respecto, véase: Jacques Ghestin, ob. cit., p. 238, especialmente, las notas 8 y 9 y las sentencias de la Casación francesa ahí citadas.

condiciones previstas en el contrato para hacerlo[59]. En tal caso, cuando una de las partes abusa de su derecho de no renovar el contrato a tiempo determinado, puede ser condenada a pagarle daños y perjuicios a la otra parte.

Aun cuando el nuevo artículo 1.212 no sanciona ni el abuso ni el comportamiento culposo de un contratante consistente en indicarle o infundirle la razonable confianza a su cocontratante que el contrato será renovado, se afirma que la jurisprudencia anterior sobre la materia deberá mantenerse[60].

Por lo que al Derecho venezolano concierne, el principio general es que cuando un contrato se extingue por la llegada del término no hay obligación de celebrar otro. No existiendo aquí la tácita reconducción, la situación es, al menos en teoría, igual a la de quien quiere celebrar un nuevo contrato: hay libertad de celebración. La no renovación de un contrato constituye el simple ejercicio de una facultad contractual con exclusión de toda idea de ejercicio abusivo. El rechazo de contratar es un aspecto esencial de la libertad individual. Quien consiente, con conocimiento de causa, en la celebración de un contrato con un breve plazo de duración acepta el riesgo de la no renovación. A nuestro modo de ver, es incorrecto afirmar la existencia de un abuso del derecho a no renovar un contrato, puesto que este límite no es aplicable al ejercicio de las libertades constitucionales que otorgan meras facultades de obrar, como ocurre con la libertad de contratar[61].

Ahora bien, cuando las partes entran en negociaciones para la renovación de un contrato a tiempo determinado que está por vencerse, como afirma la doctrina nacional al referirse a este tema, lo procedente

---

59 Christian Larroumet y Sarah Bros, ob. cit., Tome 3, p. 165, especialmente, la nota 4 y p. 166, especialmente, la nota 1 y las sentencias de la Casación francesa ahí citadas; Philippe Malaurie, Laurent Aynès y Philippe Stoffel-Munck, ob. cit., p. 197; François Terré, Philippe Simler e Yves Lequette, ob. cit., p. 480.

60 Pierre-Yves Ardoy, ob. cit., p. 182; Gaël Chantepie y Mathias Latina, ob. cit., p. 507; Olivier Deshayes, Thomas Genicon e Yves Marie Laithier, ob. cit., p. 224, especialmente, la nota 224 y la jurisprudencia de la Casación francesa ahí citada.

61 En la doctrina nacional, Lupini Bianchi ha demostrado correctamente a nuestro parecer, que la libertad de contratar constitucionalmente tutelada no es un derecho subjetivo concreto del que puede abusarse (Luciano Lupini Bianchi, *La responsabilidad precontractual en el derecho comparado moderno y en Venezuela*, Academia de Ciencias Políticas y Sociales, Serie Discursos, N° 5, Caracas, 2014, pp. 240-244).

es "exigir de las partes la misma conducta que deben observar en el transcurso de las tratativas que anteceden a la conclusión de un contrato"[62]. Es decir, hay que aplicar en estos casos los principios que rigen la responsabilidad precontractual puesto que "de hecho en esta hipótesis estamos en presencia de un caso de tratativas o negociaciones preliminares a la conclusión del contrato subsiguiente o del nuevo contrato"[63].

Como es bien sabido, durante las negociaciones conducentes a la celebración de un contrato, las partes están obligadas a observar una conducta conforme a las reglas de la buena fe. Las partes deben comportarse lealmente una hacia la otra en la fase precontractual[64]. Este deber de lealtad entre las partes se impone igualmente durante las negociaciones conducentes a la renovación de un contrato. La deslealtad del contratante que mantenga a su cocontratante en la creencia de que un contrato será renovado, con el objeto de aprovecharse económicamente de esta situación, es manifiesta y debe sancionarse con el pago de los daños y perjuicios a favor del cocontratante defraudado.

Con esta fundamentación, la negativa de celebrar un nuevo contrato frustrando la expectativa derivada de la conducta de las partes, constituye una *violación de la regla de la buena fe*. Habiéndose extinguido el contrato anterior, el hecho ilícito estaría configurado por la negativa de contratar, lo que configura un supuesto de responsabilidad precontractual. La defraudación de la legítima expectativa de la otra parte que había confiado en la seriedad de los tratos que venían manteniéndose para la renovación del contrato da lugar a una responsabilidad *in contrahendo* a la que le resultan aplicables las disposiciones de la responsabilidad extracontractual.

---

62 Luciano Lupini Bianchi, *La responsabilidad precontractual en el derecho comparado…*, cit., p. 244.

63 *Ídem.*

64 Gonzalo Rodríguez Matos, ob. cit., pp. 436-437; Sheraldine Pinto Oliveros, "Breves consideraciones sobre la responsabilidad por ruptura injustificada de las tratativas precontractuales", en *Revista Venezolana de Legislación y Jurisprudencia*, N° 10-1, Edición Homenaje a María Candelaria Domínguez Guillén, Caracas, 2018, pp. 315 y ss., especialmente, p. 319.

V. LA PRÓRROGA, LA RENOVACIÓN Y LA TÁCITA RECONDUCCIÓN DEL CONTRATO

El nuevo texto legal aborda la cuestión del *contrato celebrado por un tiempo determinado* vencido o próximo a vencerse, pero que las partes desean prorrogar, renovar o reconducir. Los artículos 1.213 a 1.215 del Código Civil francés distinguen claramente estas tres situaciones. La reanudación del contrato puede hacerse por un tiempo determinado o por un tiempo indeterminado. En el primer caso, se habla de la prórroga o continuación de la duración del contrato; en el segundo, de la renovación y de la tácita reconducción del contrato.

Pero adicionalmente la prórroga lo que hace es extender la duración del contrato primitivo; en cambio, la renovación y la tácita reconducción hacen surgir un contrato nuevo[65].

Pasamos a examinar cada una de estas situaciones.

1. La prórroga del contrato por un tiempo determinado

1.1. Noción

Aun cuando el artículo 1.212 del nuevo texto legal le niega a las partes todo derecho a la renovación del contrato, el artículo 1.213, sin embargo, les ofrece la posibilidad de prorrogar el contrato. La prescripción legal, como es de suponer, sujeta dicha prorroga a una manifestación de voluntad de los contratantes.

La prórroga es una prolongación del término originalmente previsto en el contrato. Es la continuación o extensión de la duración del contrato originalmente prevista. Así como las partes pueden reducir la duración del contrato o ponerle fin anticipadamente, pueden perfectamente –si así lo desean– modificar el término final inicialmente previsto, prolongándolo hasta una fecha posterior.

1.2. Condiciones

Las condiciones requeridas para la validez de la prórroga del contrato, según el nuevo texto legal, son las siguientes:

---

65 Al respecto, véase: Jean-Jacques Daigre y Guillaume Goetz-Chartier, *Code comparé et annoté de la réforme du droit des contrats* (s.l.), Ginestié Magellan Paley-Vincent, 2016, p. 8; Jacques Ghestin, ob. cit., p. 241.

1) La prórroga debe resultar de un acuerdo de voluntades. Se requiere el consentimiento de los contratantes para prorrogar la duración del contrato. Así como para la formación del contrato se exige el consentimiento de las partes, es necesario igualmente que los contratantes manifiesten su voluntad de ampliar la duración del contrato. La solución legal es lógica y natural y había sido ya consagrada por la doctrina y la jurisprudencia francesas[66]. Las obligaciones deben cumplirse durante el término originalmente convenido y no le es permitido a las partes alterar unilateralmente la duración del contrato. Admitir lo contrario equivaldría a agravar las obligaciones a cargo de uno de uno de los contratantes extendiéndolas en el tiempo, sin su consentimiento.

El nuevo artículo 1.213 lo que hace es reiterar el principio fundamental de la contratación según el cual "los contratos no pueden modificarse o revocarse sino por mutuo consentimiento o por las causas autorizadas por la ley" (art. 1.103). Siendo el contrato la expresión de la voluntad soberana de los contratantes que concurren a su formación, se concluye que su eficacia vinculatoria solo puede prolongarse en el tiempo mediante un acuerdo entre los propios contratantes dirigido a extender la duración del contrato[67].

2) El acuerdo de las partes de prorrogar la duración del contrato tiene que realizarse antes del vencimiento del término originalmente previsto para la terminación del contrato. Esta exigencia ya había sido admitida por la doctrina y la jurisprudencia y quedó ahora explícitamente consagrada en el artículo 1.213 del nuevo texto legal[68]. La solución legal se explica por cuanto la llegada del término produce la terminación del contrato de pleno derecho. Todo acuerdo de voluntades posterior constituye un nuevo contrato. Solo puede prolongarse lo que todavía existe. De ahí que las partes solo pueden convenir en la prórroga con anterioridad a la llegada del término final contemplado en el contrato primitivo. Este acuerdo de voluntades puede producirse durante el curso de la ejecución del contrato o mediante una cláusula de prórroga contenida en el contrato inicial. En este último caso, la prórroga puede

66 Gaël Chantepie y Mathias Latina, ob. cit., p. 508.

67 Al respecto, véase: Pierre-Yves Ardoy, ob. cit., p. 183.

68 Al respecto, véase: Alain Bénabent, ob. cit., p. 262, especialmente, la nota 30 y la jurisprudencia de la Casación francesa ahí citada; Corinne Renault-Brahinsky, ob. cit., p. 105.

operar automáticamente, o estar sujeta a determinadas condiciones, o incluso requerir un nuevo acuerdo de los contratantes[69].

De acuerdo con los principios generales, estas condiciones para la validez de la prórroga del contrato deben cumplirse igualmente en nuestro ordenamiento.

1.3. Prórroga contraria a la ley o simulada

En algunos casos la prórroga del contrato celebrado por un tiempo determinado convenida de manera anticipada podría colidir con la prohibición de celebrar contratos a perpetuidad o estar reñida con la duración máxima legalmente permitida para determinada clase de contratos. Así, si se estipula en un contrato celebrado por un tiempo determinado, que el mismo se prorrogará a su vencimiento o al de cualquiera de sus prórrogas, por la sola voluntad de una de las partes notificada a la otra, sin que dicha otra parte pueda oponerse a ello, evidentemente que este acuerdo envuelve un compromiso contraído a perpetuidad prohibido por la ley[70]. Pero la cláusula según la cual el contrato se prorrogará automáticamente al vencimiento del plazo originalmente establecido (o al de cualquiera de sus prórrogas), siempre y cuando una de las partes no notifique a la otra su voluntad de no prorrogarlo antes de que concluya el término del mismo, es perfectamente válida, puesto que si una de las partes desea desvincularse del contrato puede perfectamente hacerlo notificando su decisión al otro contratante dentro del plazo establecido para ello.

Por otra parte, la autoridad judicial deberá velar porque la prolongación de la duración del contrato convenida bajo la apariencia de una prórroga no disimule la celebración de un contrato por un plazo mayor prohibido por la ley. Por consiguiente, si la prórroga o las prórrogas declaradas fueran solo aparentes y se las hubiese realizado con el fin de burlar la aplicación de la ley y ocultar la celebración de un contrato cuyo plazo exceda del legalmente permisible, los interesados podrían poner

---

69 Olivier Deshayes, Thomas Genicon e Yves Marie Laithier, ob. cit., p. 454.

70 Christian Larroumet y Sarah Bros, ob. cit., Tome 3, p. 194, especialmente, la nota 2 y la jurisprudencia de la Casación francesa ahí citada.

de manifiesto el verdadero carácter del acto efectuado[71]. De ahí que la prórroga realizada para eludir la aplicación de las normas legales sobre la duración máxima de los contratos no excluye la debida aplicación de dichas normas, pero el interesado deberá impugnar, en cada caso, la prórroga efectuada. De modo que en caso de prórrogas sucesivas, aun cuando el principio general es que los contratos a término fijo con prórrogas sucesivas continúan siendo a plazo fijo, en aquellos casos en los cuales la fijación del término pueda considerarse simulada con la intención de hacer un fraude a la ley, procederá la recalificación del contrato como uno concluido por un tiempo indeterminado[72] el cual, conforme a lo antes expuesto, facultará a cualquiera de las partes a desligarse de él en cualquier momento por su sola voluntad, notificando a la otra parte su voluntad de dar por terminado el contrato con un preaviso razonable.

1.4. Efectos de la prórroga

Como indicamos poco antes, a diferencia de la renovación del contrato o de la tácita reconducción, la prorroga no implica la creación de un nuevo contrato: *el contrato primitivo subsiste* con todas sus estipulaciones, salvo por lo que respecta a su término final que queda sustituido por otro más lejano, de acuerdo con lo previsto por las partes o por lo dispuesto en la ley[73].

---

[71] En nuestro ordenamiento este sería el caso de un contrato de arrendamiento que contemple sucesivas prórrogas pactadas con el objeto de eludir la aplicación de lo dispuesto en el artículo 1.580 del Código Civil según el cual: "Los inmuebles no pueden arrendarse por más de quince años. Los arrendamientos celebrados por más de aquel tiempo se limitan a los quince años. Toda estipulación contraria es de ningún efecto… Los arrendamientos de terrenos completamente incultos, bajo la condición de desmontarlos y cultivarlos, si pueden extenderse hasta cincuenta años".

[72] Al respecto, véase: Gaël Chantepie y Mathias Latina, ob. cit., p. 509.

[73] Cuando la ley contempla la prórroga de determinados contratos celebrados a tiempo determinado, se habla de *prórroga legal. En nuestro ordenamiento*, el Decreto Ley de Arrendamientos Urbanos publicado en la Gaceta Oficial Nº 36.845 del 25 de octubre de 1999 contempla la prórroga, obligatoria para el arrendador y potestativa para el arrendatario, de los contratos de arrendamiento que tengan por objeto alguno de los inmuebles indicados en el artículo 1° de ese decreto ley, celebrados a tiempo determinado, llegado el día del vencimiento del plazo estipulado, de acuerdo con las reglas y por los plazos allí contemplados (arts. 38 y ss.). La prórroga legal de estos contratos opera de pleno derecho. Cuanto mayor sea el plazo del contrato, mayor es la duración de la prórroga. En lo concerniente a los términos de la prórroga, se establece que durante el lapso de la prórroga legal, la relación

Por otra parte, de acuerdo con el artículo 1.213 del nuevo texto legal, *la prórroga del contrato no puede afectar los derechos de los terceros*. La continuación del contrato se produce sin perjuicio de la situación jurídica de los terceros antes de efectuarse la prórroga. La prórroga aprovecha a los terceros, pero no los perjudica. Con esta disposición se procura fundamentalmente salvaguardar los derechos de los terceros acreedores o garantes que pudieran quedar expuestos a ver aplazada la satisfacción de sus créditos, o comprometida su responsabilidad, más allá del plazo inicialmente previsto. Por consiguiente, salvo disposiciones especiales[74], la prórroga de la duración del contrato no será oponible a estos terceros.

2. La renovación y la tácita reconducción del contrato por un tiempo indeterminado

El nuevo texto legal distingue claramente dos supuestos en los cuales se produce la *reanudación del contrato por un tiempo indeterminado*: la renovación prevista en el artículo 1.214 y la tácita reconducción contemplada en el artículo 1.215. Los efectos son idénticos en ambos casos, lo que se explica por el hecho de que "la reconducción tacita es una modalidad de renovación del contrato que resulta de su

---

arrendaticia se considerará a tiempo determinado, y permanecerán vigentes las mismas condiciones y estipulaciones convenidas por las partes en el contrato original, salvo las variaciones del canon de arrendamiento que sean consecuencia de un procedimiento de regulación, o de un convenio entre las partes, si el inmueble estuviere exento de regulación. Asimismo, de acuerdo con lo dispuesto en el artículo 62 de la Ley del Trabajo, el contrato de trabajo celebrado por tiempo determinado concluirá por la expiración del término convenido y no perderá su condición específica cuando fuese objeto de una prórroga. En caso de dos prórrogas, el contrato se considerará por tiempo indeterminado, a no ser que existan razones especiales que justifiquen dichas prórrogas y excluyan la intención presunta de continuar la relación. En materia laboral opera pues la *reconversión del contrato* puesto que la prórroga sucesiva del contrato de trabajo por dos periodos lo transforma en uno de plazo indeterminado, por aplicación del fraude a la ley, del principio tuitivo y de la presunción de existencia de plazo indeterminado salvo prueba expresa (art. 61).

74 Así, en materia de fianza, según el artículo 2.366 del Código Civil francés "la simple prórroga del plazo concedida por el acreedor al deudor principal no libera al fiador quien puede, en tal caso, requerir al deudor para obligarle al pago". En cambio, según el artículo 1.602 del Código Civil venezolano, la obligación del fiador u otro garante no se extiende a las obligaciones provenientes de la prolongación del plazo del arrendamiento, salvo pacto en contrario.

ejecución material por las partes tras la expiración del término inicialmente fijado"[75].

2.1. La renovación del contrato

a. Noción

Según el nuevo artículo 1.214, "el contrato por un tiempo determinado puede ser renovado por disposición de la ley o mediante un acuerdo de las partes. La renovación hace surgir un nuevo contrato cuyo contenido es idéntico al anterior, pero cuyo plazo es indeterminado".

De acuerdo con esta disposición, la renovación, a diferencia de la prórroga, hace surgir *un nuevo contrato* y puede producirse en virtud de la ley o por acuerdo de las partes.

Aun cuando el texto legal no define lo que debe entenderse por renovación, la doctrina francesa considera que constituye una repetición del contrato anterior que se sustituye por uno nuevo con las mismas cláusulas pero por un tiempo indeterminado, es decir, se trata de una reiteración del contrato por "clonación"[76]. Por lo cual, las cláusulas del nuevo contrato serán las mismas del contrato renovado excepto que, como principio de carácter general, el punto de partida del nuevo contrato coincidirá con la terminación del contrato anterior, sin que el nuevo contrato tenga un término fijado para su duración.

b. Modalidades

La renovación del contrato puede producirse por disposición de la ley o por acuerdo de las partes.

A veces la ley le concede a alguno de los contratantes un derecho a la renovación del contrato. Por ejemplo, en materia de arrendamiento de locales comerciales, inmuebles urbanos o para fines de vivienda donde el arrendador no puede exigir la entrega del inmueble al vencimiento del plazo del arrendamiento sino por determinadas causas previstas en la ley o mediante el pago de una indemnización.

Por lo que respecta a la renovación voluntaria del contrato, a la llegada del término final las partes pueden –si así lo desean– acordarse

---

75 Pierre-Yves Ardoy, ob. cit., p. 184.

76 Gaël Chantepie y Mathias Latina, ob. cit., p. 511.

respecto de la celebración de un nuevo contrato. Pero pueden igualmente prever en el contrato inicial su renovación (*cláusula de renovación*). Esta cláusula, se afirma, tiene por objeto anticipar la celebración de un nuevo contrato, lo que la distingue de la prórroga. Sin embargo, al momento de la celebración del contrato primitivo, la existencia de un nuevo contrato es aún incierta puesto que la cláusula de renovación no contiene el acuerdo de las partes respecto del nuevo contrato. Cada uno de los contratantes (o solamente uno de ellos, si la cláusula contempla una renovación unilateral) tendrá aún que consentir en el nuevo contrato pudiendo, por tanto, cualquiera de ellos impedir su nacimiento. Por lo antes expuesto, se afirma, la cláusula de renovación constituye tan solo "una convención sobre la forma que adoptará la manifestación de voluntad del futuro contrato"[77].

c. Efectos

El nuevo artículo 1.214 establece claramente los efectos de la renovación de un contrato celebrado por un tiempo determinado. La regla es que la renovación da lugar al nacimiento de un nuevo contrato con un contenido idéntico al anterior, salvo por lo que respecta a su duración que es ahora por un tiempo indeterminado. Por consiguiente, a partir de la fecha de su primera renovación el contrato se convierte en uno concluido a tiempo indeterminado pudiendo, por tanto, cualquiera de las partes ponerle fin en cualquier momento dando un preaviso razonable a la otra parte (art. 1.211).

Sin embargo, las disposiciones anteriores son supletorias de la voluntad de las partes. Por lo cual, los contratantes en ejercicio de la autonomía de la voluntad pueden convenir, por ejemplo, en la estipulación de un término en cuyo caso el nuevo contrato será uno concluido con una duración determinada que podrá ser mayor o menor que la del contrato precedente. En este caso las partes estarán vinculadas por el nuevo contrato y no podrán desligarse unilateralmente de él antes de la llegada del término final al cual el mismo se encuentre sujeto. La misma situación se presentará cuando una disposición especial de la ley contemple la renovación del contrato por un tiempo determinado. La cláusula de

[77] Olivier Deshayes, Thomas Genicon e Yves Marie Laithier, ob. cit., p. 456.

renovación puede igualmente prever que el nuevo contrato tendrá, independientemente de su duración, un contenido diferente del contrato precedente como, por ejemplo, un nuevo precio u otras condiciones[78].

Pero si lo que las partes han convenido (claro está, antes de la llegada del término) es que el contrato prolongado será el mismo que vinculaba a los contratantes se tratará entonces, como se dijo atrás, de una *prórroga* de la duración del contrato y no de una renovación[79].

En resumidas cuentas, el efecto de la renovación contractual es el siguiente: el contrato primitivo se extingue por el cumplimiento o la llegada del plazo de duración o vigencia estipulado en el contrato y el acuerdo de renovación implica el nacimiento de otro nuevo contrato a tiempo indeterminado, aunque sea de la misma naturaleza, sobre idéntico objeto y entre las mismas partes.

Por último, aun en el supuesto de que las disposiciones del contrato renovado sean idénticas a las del contrato precedente, el contrato renovado es, ya lo hemos dicho, un nuevo contrato. Por lo cual se regirá por la ley vigente al momento de la renovación. Se requerirá la capacidad y el poder necesario para contratar en el momento en que opere la renovación. La obligación del fiador u otro garante no se extiende a las obligaciones resultantes del contrato renovado, salvo convenio de las partes o disposiciones especiales[80]. Estos mismos principios rigen en el Derecho venezolano.

2.2. La tácita reconducción del contrato

a. Noción

La tácita reconducción del contrato, como indicamos con anterioridad, es una modalidad de renovación del contrato que resulta de su ejecución material por las partes a la llegada del término fijado para su duración.

A diferencia de lo que sucede con la prórroga y la renovación del contrato, el nuevo texto legal trae una definición de la tácita reconduc-

---

78 Al respecto, véase: Alain Bénabent, ob. cit., p. 262.

79 Olivier Deshayes, Thomas Genicon e Yves Marie Laithier, ob. cit., p. 457.

80 Al respecto, véase: Gaël Chantepie y Mathias Latina, ob. cit., p. 511, especialmente, las notas 4 y 5 y la jurisprudencia de la Casación francesa ahí citada.

ción: es la renovación del contrato que se produce por la circunstancia de que las partes continúen cumpliendo con las obligaciones que pone a su cargo un contrato celebrado por un tiempo determinado, a la expiración del término fijado para su duración.

El Código Napoleón ya contemplaba la tácita reconducción del contrato de arrendamiento cuando a la expiración del tiempo fijado en el contrato, el arrendatario quedaba y se le dejaba en posesión de la cosa arrendada (art. 1.738)[81]. La doctrina y la jurisprudencia francesas extendían la aplicación de este instituto a todos los contratos concluidos por un tiempo determinado, salvo convenio de las partes o disposiciones especiales como ocurre, por ejemplo, en materia de sociedades[82]. El artículo 1.215 del nuevo texto legal consagra esta solución en los siguientes términos: "cuando a la expiración del término de un contrato celebrado por un tiempo determinado, los contratantes continúen cumpliendo las obligaciones surgidas del mismo, habrá tácita reconducción. Esta producirá los mismos efectos que la renovación del contrato".

b. Fundamento

Los redactores de la reforma al regular la tácita reconducción del contrato le dieron al silencio de las partes el sentido de una manifestación tácita de voluntad y consideraron que este silencio aunado a la ejecución material del contrato por los contratantes tras la llegada de término final, hace presumir inequívocamente su voluntad de renovar el contrato.

La tácita reconducción del contrato de duración determinada se basa pues en la voluntad presunta de las partes de continuar la relación contractual después del vencimiento del término. El contrato se

---

[81] Sustancialmente equivalente al artículo 1.600 del Código Civil venezolano según el cual "si la expiración del tiempo fijado en el arrendamiento, el arrendatario queda y se le deja en posesión de la cosa arrendada, el arrendamiento se presume renovado, y su efecto se regula por el artículo relativo a los arrendamientos hechos sin determinación de tiempo".

[82] Según el artículo 1.844-7 del Código Civil francés la sociedad se extingue por expirar el término para el cual fue constituida, salvo prórroga conforme a la ley, lo que por supuesto requiere una manifestación expresa de voluntad por parte de los socios. Del mismo modo, de acuerdo con el artículo 1.673 (ord. 1°) del Código Civil venezolano, la sociedad se extingue por expiración del plazo por el cual se ha constituido, salvo prorroga acordada expresamente por los socios.

reanuda a la llegada del término porque así lo han querido las partes. Por consiguiente, cuando uno de los contratantes le ha manifestado al otro su voluntad de no renovar el contrato no se producirá su tácita reconducción[83].

c. Reanudación automática del contrato

Todo contrato de duración determinada se reanuda automáticamente cuando a la llegada del término las partes continúen cumpliendo con las obligaciones surgidas del contrato, salvo que la ley o las partes excluyan dicha reanudación. Para que pueda operar la tácita reconducción no es necesaria una estipulación contractual, salvo en casos de excepción como ocurre con los contratos de seguro[84]. No se requiere pues que una cláusula del contrato prevea su tácita reconducción. Basta que los contratantes hayan manifestado con su conducta, después de la expiración del contrato, su voluntad de reanudarlo.

---

83 Christian Larroumet y Sarah Bros, ob. cit., Tome 3, p. 162, especialmente, la nota 2 y la jurisprudencia de la Casación francesa ahí citada. El mismo principio rige en el Derecho venezolano. En efecto, aun cuando según el artículo 1.601 del Código Civil venezolano, si ha habido *desahucio* el arrendatario no puede oponer la tácita reconducción, se ha juzgado no obstante que impide igualmente la tácita reconducción cualquier acto del cual resulte la voluntad del arrendador de no renovar el contrato al vencimiento del término, sin necesidad de que dicho acto constituya un desahucio. Al respecto, véase: Tribunal Supremo de Justicia, Sala de Casación Civil, Sentencia del 21 de noviembre de 2016, Constructora Agua Linda, C.A. contra Zapatería Prestigio RF, C.A. y Calzados Prestigio, C.A., Exp. Nº 2016-000343. Disponible en: http://historico.tsj.gob.ve/decisiones/scc/noviembre/192939-RC.000815-211116-2016-16-343.HTML, consultado en fecha 19 de junio de 2018; Tribunal Supremo de Justicia, Sala de Casación Civil, Sentencia del 05 de junio de 2013, Sucesión Amleto Antonio Capuzzi Di Prinzio contra Tocmar, C.A. Almacen, Exp. 2012-000771. Disponible en: http://historico.tsj.gob.ve/decisiones/scc/junio/RC.000286-5613-2013-12-771.HTML, consultado en fecha 20 de junio de 2018; Tribunal Superior Segundo en lo Civil, Mercantil, Transito y Bancario de la Circunscripción Judicial del Estado Monagas, Sentencia del 13 de enero de 2016, Rapi Pollo C.A. contra Sigo Venezuela C.A., Exp. S2-CMTB-2016-000297. Disponible en: https://vlexvenezuela.com/vid/situ-xiaoping-sociedad-mercantil-651336929, consultado en fecha 19 de junio de 2018.

84 Debido a que el Código de Seguros francés (art. L-113-115) exige que la duración de la tácita reconducción no puede ser superior a un año, la Casación francesa no admite la tácita reconducción de los contratos de seguro, sino cuando esta se estipula expresamente en la póliza. Al respecto, véase: Philippe Malaurie, Laurent Aynès y Philippe Stoffel-Munck, ob. cit., p. 197, especialmente, la nota 54 y la jurisprudencia de la Casación francesa ahí citada.

El nuevo texto legal, sin embargo, no contempló los requisitos que deben cumplirse para *evitar* una tácita reconducción del contrato. En materia de arrendamiento, la Casación francesa había sostenido el criterio de que el arrendador debía manifestarle al arrendatario antes o, a más tardar, al momento de la terminación del arrendamiento, su voluntad de descartar la tácita reconducción del contrato. Sin embargo, se había juzgado igualmente que cuando una de las partes le ha manifestado a la otra su voluntad de no renovar el contrato con anterioridad a la fecha prevista para su terminación, y no obstante las partes continúan cumpliendo con sus obligaciones a la llegada del término, manteniendo la relación contractual, podrá haber lugar a la tácita reconducción ya que este comportamiento implicará una retractación de la voluntad de los contratantes de no reanudar el contrato[85].

d. Tácita reconducción y renovación del contrato

La tácita reconducción, así como la renovación del contrato, presupone un acuerdo de las partes. Al igual que para la renovación del contrato (art. 1.212), uno de los contratantes no puede imponerle al otro su tácita reconducción.

Pero a pesar de este elemento en común que tienen ambas figuras, lo que distingue la tácita reconducción de la renovación es que aquella deriva de un acuerdo implícito de voluntades que se infiere del comportamiento concluyente de los contratantes que continúan ejecutando las obligaciones surgidas de un contrato que llegó a su fin por la expiración del término. Siguiendo la orientación de la jurisprudencia, el nuevo artículo 1.215 pone el acento sobre *la ejecución*, es decir, sobre el mantenimiento de la relación contractual tras la llegada del término final del contrato. Dicho en otras palabras, las partes se comportan como si el contrato que llegó a su fin, todavía conservara su fuerza obligatoria;

85 Al respecto, véase: Christian Larroumet y Sarah Bros, ob. cit., Tome 3, p. 162, especialmente, la nota 4 y la jurisprudencia de los tribunales franceses ahí citada. Este mismo criterio se sigue en nuestro ordenamiento. Así lo ha dejado establecido la jurisprudencia de nuestros tribunales. En tal sentido, véase: Juzgado Superior Sexto en lo Civil, Mercantil y del Tránsito del Área Metropolitana de Caracas, Sentencia del 13 de agosto de 1999, A Lei contra Estación de Servicio Valle Verde S.R.L., en *Jurisprudencia Ramírez & Garay*, Tomo CLVII, agosto 1999, pp. 31-32.

a partir de esta situación de hecho, la ley presume un acuerdo tácito de voluntades de celebrar un nuevo contrato. El nuevo artículo 1.215 vendría de este modo a reiterar la regla consagrada en el artículo 1.120 según la cual el silencio equivale a aceptación cuando en razón de las relaciones comerciales previamente mantenidas por las partes, haya que interpretarlo como una manifestación de voluntad contractual[86].

De acuerdo con esta concepción de la tácita reconducción, cuando el nuevo contrato sea el resultado de una cláusula contenida en el contrato primitivo o de un *acuerdo expreso de voluntades* surgido con posterioridad a la expiración del término, estaríamos más bien en presencia de una *renovación* del contrato[87].

e. Exclusión convencional de la tácita reconducción

Como el nuevo texto legal no contempla la posibilidad de una exclusión convencional de la tácita reconducción, la doctrina francesa se plantea las siguientes interrogantes: ¿Qué ocurre si las partes convienen en el contrato en excluir su tácita reconducción, pero tras la expiración del término continúan no obstante cumpliendo con las obligaciones surgidas del contrato? ¿Debe en tal caso seguirse el criterio de la jurisprudencia según el cual esta cláusula ha sido privada de toda eficacia, puesto que las partes con su conducta posterior han puesto de manifiesto su común intención de descartar su aplicación? ¿Hay que considerar más bien que el nuevo contrato existe, pero que en virtud de la cláusula de exclusión de la reconducción tácita convenida por las partes, el contenido del nuevo contrato no es idéntico al del contrato primitivo? Para atribuirle plena eficacia a dicha cláusula, ¿debe entenderse más bien que la relación existente entre las partes es de carácter extracontractual?[88] Corresponde a la doctrina y a la jurisprudencia francesas dictaminar sobre la aplicación de la cláusula de exclusión convencional de la tácita reconducción y sobre sus alcances y efectos.

---

86 La doctrina nacional admite que el silencio puede obligar cuando las relaciones previas entre las partes o un hecho positivo del sujeto, pueden interpretarse como una manifestación tácita de voluntad. Al respecto, véase: Eloy Maduro Luyando y Emilio Pittier Sucre, *Curso de Obligaciones. Derecho Civil III*, Tomo II, Universidad Católica Andrés Bello, Caracas, 2011, p. 615; José Mélich-Orsini, *Doctrina General...*, cit., pp. 113-114.

87 Olivier Deshayes, Thomas Genicon e Yves Marie Laithier, ob. cit., p. 458.

88 *Ídem.*

f. Efectos de la tácita reconducción

La tácita reconducción, dice el artículo 1.215, "produce los mismos efectos que la renovación del contrato". Por consiguiente, la tácita reconducción hace surgir un contrato nuevo cuyas disposiciones serán idénticas a las del contrato reconducido. No obstante, este nuevo contrato será un contrato por un tiempo indeterminado, tal y como había sido ya admitido por un sector de la doctrina francesa y reconocido por algunas decisiones de la Casación francesa antes de la reforma del Código Civil[89]. Por consiguiente, cualquiera de las partes podrá desligarse del contrato reconducido por su sola voluntad en cualquier momento, notificando con una anticipación razonable a la otra parte su voluntad de darlo por terminado (C.C. art. 1.211).

El contrato renovado por tácita reconducción, ya lo hemos dicho, constituye un nuevo contrato y no la simple continuación o prórroga del contrato anterior[90] lo que, desde luego, no impide que las condiciones del nuevo contrato sean en todo idénticas a las del anterior, salvo por lo que respecta a su duración.

---

89 Al respecto, véase: Jean-Jacques Daigre y Guillaume Goetz-Chartier, ob. cit., p. 81 y las decisiones de la Casación francesa ahí citadas; Jacques Ghestin, ob. cit., p. 257, especialmente, la nota 127 y la jurisprudencia de la Casación francesa ahí citada; Philippe Malaurie, Laurent Aynès y Philippe Stoffel-Munck, ob. cit., p. 198.

90 En nuestro ordenamiento rige el mismo principio: la tácita reconducción implica un nuevo contrato y no la simple prórroga del contrato primitivo. Así lo ha dejado establecido la jurisprudencia de nuestros tribunales refiriéndose al artículo 1.600 del Código Civil. Al respecto, véase: Juzgado Segundo de Primera Instancia en lo Civil de la Circunscripción Judicial del Distrito Federal y Estado Miranda, Sentencia del 18 de marzo de 1958, en *Jurisprudencia de los Tribunales de la República*, Vol. VII, Tomo I, pp. 241-243; Juzgado Superior Séptimo Civil y Mercantil de la Circunscripción Judicial del Distrito Federal y Estado Miranda, Sentencia del 16 de junio de 1981, Dr H. Paz contra Dr H. Cruz, en *Jurisprudencia Ramírez & Garay*, Tomo LXXIII, segundo trimestre, 1981, pp. 139-142. Desde luego, cuando en el contrato se convenga expresamente que si antes de la terminación del plazo fijado, ninguna de las partes manifiesta su voluntad en contrario, el contrato se entiende prorrogado, estaremos ante una *prorroga* de carácter estrictamente contractual y no habrá lugar a aplicar las reglas de la tácita reconducción. Al respecto, véase: Juzgado Superior Sexto Civil y Mercantil de la Circunscripción Judicial del Distrito Federal y Estado Miranda, Sentencia del 16 de mayo de 1977, J. Chacón contra Z. Abaud, en *Jurisprudencia Ramírez & Garay*, Tomo LVI, segundo trimestre, 1977, pp. 116-117; Juzgado Superior Quinto Civil y Mercantil de la Circunscripción Judicial del Distrito Federal y Estado Miranda, Sentencia del 04 de agosto de 1983, A. Millán contra M. García, en *Jurisprudencia Ramírez & Garay*, Tomo LXXII, tercer trimestre, 1983, pp. 54-55.

El nuevo contrato, por supuesto, se regirá por la ley vigente al tiempo de su tácita reconducción (*tempus regit actum*).

Precisamente porque la tácita reconducción da nacimiento a un nuevo contrato, se ha juzgado que cuando un contrato de arrendamiento contiene una promesa unilateral de venta que le permite al arrendatario adquirir durante la vigencia del contrato la cosa arrendada (*arrendamiento con opción de compra*), el tiempo útil para adherir es el término del arrendamiento, pero no el de su tácita reconducción[91].

Por la misma razón, salvo convenio de partes o disposiciones especiales, tampoco responde el fiador por las obligaciones del deudor garantizado que surjan después de la tácita reconducción, puesto que se trata de obligaciones derivadas de un nuevo contrato y la fianza tiene que ser expresa y no comprende más que las obligaciones surgidas de un contrato que el fiador haya aceptado afianzar[92].

En el Derecho venezolano, el Código Civil solo contempla la tácita reconducción por un tiempo indeterminado del contrato de arrendamiento[93]. Según algunos, la tácita reconducción solo resulta aplicable cuando exista una disposición legal expresa que así lo determine como ocurre con el artículo 1.600 del Código Civil para el caso del arrendamiento[94].

Desde luego, el contrato primitivo se extingue por la expiración del término y no es admisible que por el hecho de que dos personas tuvieran una relación contractual sin interrupciones durante un plazo determinado, deban continuarla cuando ni del contrato, ni de las circunstancias que rodean la vinculación ni de cualquier hecho posterior o

---

91 Así lo había dejado claramente establecido la Casación francesa con anterioridad a la reforma del Código Civil. Al respecto, véase: Jacques Ghestin, ob. cit., pp. 256-257, especialmente, la nota 123 y la jurisprudencia de la Casación francesa ahí citada. La misma solución legal es aplicable en el Derecho venezolano. Al respecto, véase: José Luis Aguilar Gorrondona, *Derecho Civil. IV. Contratos y Garantías*, Universidad Católica Andrés Bello, Caracas, 2000, p. 189.

92 En el Derecho venezolano rige el mismo principio: según el artículo 1.602 del Código Civil, la obligación del fiador u otro garante no se extiende a las obligaciones provenientes de la prolongación del plazo del arrendamiento. Desde luego, por el carácter expreso de la fianza, la misma regla es aplicable a la tacita reconducción del contrato de arrendamiento.

93 Respecto de la *reconversión* del contrato de trabajo celebrado por un tiempo determinado que sea objeto de dos prórrogas sucesivas en un contrato de trabajo por un tiempo indeterminado, véase lo que expongo en la nota 73 *ut supra*.

94 Rafael De Lemos Matheus, ob. cit., pp. 194-199.

la conducta de las partes a la expiración del término fijado para su duración, resulte que se hayan obligado a mantener sus derechos y obligaciones recíprocos después de la llegada del término final al cual estaba sujeto el contrato.

Pero ¿qué ocurre cuando las partes continúan ejecutando materialmente el contrato tras la llegada del término fijado para su duración? Evidentemente que ha surgido un nuevo contrato ¿o se pretende acaso que la nueva relación que vincula a las partes tiene carácter extracontractual?[95]. Ahora bien, la *vexata quaestio* es si el nuevo contrato guarda relación con el anterior y se rige por sus cláusulas. En alguna ocasión la jurisprudencia de nuestros tribunales ha sostenido que habiendo perdido vigencia el contrato celebrado, las nuevas relaciones entre las partes no están vinculadas con el contrato original y por tanto "este no puede serles aplicable"[96]. Pero entonces ¿cuáles son las disposiciones que regulan la nueva relación contractual que ahora mantienen las partes? ¿Por qué reglas se rige? ¿Cuál es su duración? Esta cuestión no puede resolverse *sic et simpliciter* y, en definitiva, tendrá que dilucidarse conforme a la común intención y el propósito perseguido por las partes teniendo en cuenta, entre otros elementos, la naturaleza y objeto del contrato primitivo, su duración más o menos larga, las relaciones previas entre las partes, la existencia de planes comerciales, metas u objetivos específicos de la relación que mantienen ahora las partes, el hecho de que las prestaciones que se intercambien los contratantes sean divisibles o indivisibles o que las mismas cumplan o no su utilidad en la medida de la ejecución del contrato, los usos y prácticas del comercio y las demás circunstancias particulares del caso.

---

95 De manera errónea, el Juzgado Superior Octavo en lo Civil y Mercantil del Área Metropolitana de Caracas mediante sentencia de fecha 15 de abril de 2013 declaró que tras la expiración de un contrato de distribución que vinculaba a las partes "la relación comercial se mantuvo (por varios meses) entre ambas empresas de forma extracontractual"(!). Al respecto, véase: Juzgado Superior Octavo en lo Civil, Mercantil y del Tránsito de Caracas, Sentencia s/n del 15 de enero de 2014, Hyundai de Venezuela C.A. contra Hyundai Motor Company, Exp. Nº AC71-R-2008-141, Disponible en: https://vlexvenezuela.com/vid/sociedad-hyundai-motor-488629018, consultado en fecha 20 de junio de 2018, en donde se transcribe parcialmente la sentencia primeramente indicada.

96 Corte Suprema de Justicia, Sala Político-Administrativa, Sentencia Nº 1261 del 21 de octubre de 1999, Hyundai de Venezuela C.A. contra Hyundai Motor Company, Exp. Nº 15.300, consultada en original.

En nuestro concepto, a falta de disposiciones especiales, como la tácita reconducción se basa en la presunta voluntad de las partes de renovar el contrato en las mismas condiciones, en aquellos casos en los cuales la conducta concluyente (*facta concludentia*) de las partes consistente en continuar ejecutando las obligaciones a su cargo tras la expiración del contrato, implique efectivamente una verdadera manifestación de voluntad de renovar la relación contractual, bien podría considerarse que el contrato ha quedado tácitamente reconducido por la misma duración, o al menos considerarse que esta situación queda sometida al poder de apreciación del juez. Parece ilógico, o al menos curioso, considerar que las partes han querido mantener las condiciones del primitivo contrato, excepto su duración.

Ciertamente, la conversión de un contrato celebrado por un tiempo determinado en uno por un tiempo indeterminado preserva la libertad de los contratantes al facultar a cada una de las partes a desligarse unilateralmente del contrato en cualquier momento dando un preaviso razonable a la otra parte. Sin embargo, de otro lado, la reanudación del contrato tácitamente reconducido por el mismo período de duración del contrato primitivo preserva el valor seguridad jurídica, puesto que los contratantes deberán cumplirlo durante el período de la reconducción sin que ninguno de ellos pueda desligarse unilateralmente de él antes de la llegada del término por el cual habría quedado renovado. Además, no puede desconocerse que el contrato constituye un todo y no deja de ser un tanto arbitrario pretender escindir sus estipulaciones sobre la base de una presunta voluntad de las partes. Pero ¿existen efectivamente elementos que demuestren la pretendida intención de las partes en relación con la duración del contrato?

Sea lo que fuere, cuando exista evidencia cierta de que la actividad de las partes implique una manifestación de voluntad de renovar (*rectius:* reconducir) el contrato primitivo y las partes nada han dicho respecto de la duración, para llegar a la conclusión de que el contrato ha sido tácitamente reconducido y convertido en un contrato con una duración indeterminada, a falta de disposiciones especiales, es imprescindible una delicada labor previa de interpretación del contrato (arg.: *ex* art. 12 del Código de Procedimiento Civil). En definitiva, el contrato adecuadamente interpretado e integrado ofrecerá la medida para determinar, en cada caso, la solución aplicable. La doctrina de la tácita reconducción se inscribe así fatalmente dentro de la más general de la interpretación del contrato.

EL RÉGIMEN DE LA *EXCEPTIO NON ADIMPLETI CONTRACTUS* EN LA REFORMA DEL CÓDIGO CIVIL FRANCÉS DE 2016*

* Estudio publicado en la *Revista Venezolana de Legislación y Jurisprudencia* No 13-II, Caracas, 2020.

I. INTRODUCCIÓN

El Código Napoleón de 1804 no consagró la *exceptio non adimpleti contractus*[1] en una disposición de carácter general, aunque incluyó disposiciones que contemplaban algunas de sus aplicaciones particulares. No obstante, ese instituto fue examinado por la doctrina y desarrollado por la jurisprudencia de los tribunales franceses.

La Reforma del Código Civil Francés de 2016[2] regula la excepción de incumplimiento contractual en los artículos 1.219 y 1.220, los cuales serán objeto de examen en el presente trabajo. Pero antes no referiremos –a grandes rasgos– a los antecedentes históricos de ese instituto en el Derecho civil francés anterior a la codificación y a sus aplicaciones particulares en algunos contratos sinalagmáticos durante la vigencia del Código Napoleón.

II. BREVES NOCIONES HISTÓRICAS EN EL DERECHO CIVIL FRANCÉS ANTERIOR A LA CODIFICACIÓN

En el Derecho intermedio francés no se realizó una aplicación generalizada de la *exceptio non adimpleti contractus* en el campo de los contratos sinalagmáticos. Solo se hicieron aplicaciones parciales y fragmentarias de la misma para determinados contratos y en casos especiales[3].

---

1 En este trabajo se hace referencia a la *exceptio non adimpleti contractus*, tanto cuando se utiliza esta expresión en forma completa en latín, como también cuando se emplean los términos excepción de incumplimiento contractual, excepción de incumplimiento o, simplemente, excepción o *exceptio*.

2 Al respecto, véase: Ordonnance nº 2016-131 du 10 février 2016 portant réforme du droit des contrats, du régime général et de la preuve des obligations. Disponible en: https://www.legifrance.gouv.fr, consultado en fecha 18 de agosto de 2019. Cabe hacer notar que la Ley No 2018-287 sancionada por el parlamento francés el 20 de abril de 2018 ratificó la Ordenanza No 2016-131 con algunas modificaciones. Al respecto, veáse: Loi nº 2018-287 du 20 avril 2018 ratifiant l'ordonnance nº 2016-131 du 10 février 2016 portant réforme du droit des contrats, du régime général et de la preuve des obligations disponible en: https://www.legifrance.gouv.fr/affichTexte.do?cidTexte=JORFTEXT000036825602&dateTexte&categorieLien=id, consultado en fecha 20 de agosto de 2019. Sin embargo, esta ley no modificó las disposiciones sobre la excepción de incumplimiento contractual contenidas en la precitada ordenanza.

3 Henri Mazeaud, Léon Mazeaud, Jean Mazeaud y François Chabas, *Leçons de Droit Civil*, Tome II, Vol I, Obligations. Théorie Générale, Montchrestien, París, 1998, p. 1.170.

La *exceptio non adimpleti contractus* que había sido acogida por los romanistas y desarrollada en los países vecinos de Francia, especialmente en el Derecho germánico, corrió una suerte muy diferente en Francia. En efecto, no obstante haberse admitido en el siglo XVI por influencia de los canonistas, a partir del siglo XVII en el Derecho francés ese instituto sufrió un declive muy grande. Este eclipse casi total de la *exceptio* se atribuye a la influencia de Cujas y su escuela que proponiéndose restablecer la pureza primitiva del Derecho romano, cuyos textos en ninguna parte hacían mención de la excepción, dejaron de emplear la expresión. Ni en las obras de los juristas ni en las decisiones de los tribunales franceses de los siglos XVII y XVIII se encuentra una exposición sistemática de la excepción de incumplimiento. En su lugar la jurisprudencia francesa empleó dos medios que prácticamente hacían inútil la *exceptio*: la acción resolutoria y el privilegio del vendedor[4].

Así, al lado de la corriente doctrinaria francesa que buscaba purificar el Derecho romano restándole importancia a los aportes de los juristas medievales, la jurisprudencia francesa en el curso de los siglos XVII y XVIII desarrolló para los contratantes el *derecho a la resolución por incumplimiento* de los contratos sinalagmáticos que reemplazó, en cierta medida, la utilidad de la *exceptio non adimpleti contractus*[5]. Ello dio lugar a que no se le pudiera atribuir autonomía conceptual a ese instituto y que el mismo fuera estudiado o consagrado principalmente con la resolución por incumplimiento[6].

La preferencia de la práctica francesa por el instituto de la resolución por incumplimiento de los contratos sinalagmáticos se explica

4 Marcelo Planiol y Jorge Ripert, *Tratado Práctico de Derecho Civil Francés,* Tomo VI, Traducción castellana de Mario Díaz Cruz, Cultural S.A., Habana, 1946, p. 613.

5 René Cassin, *De l'exception tirée de l'inexécution dans les rapports synallagmatiques (exceptio non adimpleti contractus),* Thèse, París, 1914, pp.112-116. Según Ghestin, contribuyeron igualmente al declive de la *exceptio non adimpleti contractus* en el Derecho civil francés anterior a la codificación, la aplicación del derecho de retención, la utilización de la compensación y el uso judicial de las demandas reconvencionales admitidas para todos los créditos recíprocos (Jacques Ghestin, *Traité de Droit Civil. Les* obligations, *Les effets du contrat*, avec le concours de Marc Billiau, L.G.D.J., París, 1992, p. 348).

6 Antes de la reforma del Código Civil francés la doctrina francesa en general examinaba la excepción de incumplimiento al referirse al artículo 1.184 del Código Napoleón que consagra la resolución por incumplimiento. Al respecto, véase: François Terré, Philippe Simler e Yves Lequette, *Droit Civil. Les Obligations,* Dalloz, París, 2005, pp. 623-631.

debido a que el interés de las partes no era siempre garantizar la conservación del contrato o su correcta ejecución, sino liberarse del contrato en atención al incumplimiento que se había producido. La resolución era un arma más ventajosa que la excepción de incumplimiento por las siguientes razones: 1) para solicitar la resolución no se debía esperar a que la otra parte requiriera el cumplimiento; 2) tampoco se estaba obligado a ofrecer el cumplimiento de un contrato en el cual ya no se estaba interesado o en el que no era posible la ejecución de las prestaciones derivadas del mismo debido al tipo de contrato, la naturaleza del negocio o las particularidades de la relación contractual; y 3) en fin, se podía terminar el contrato por el hecho de su inejecución[7]. Por esas razones, en el Derecho civil francés anterior a la codificación, la resolución fue admitida sin dificultad, aplicable a todos los contratos sinalagmáticos y sin referencia directa a la *exceptio non adimpleti contractus*[8]. En el artículo 1.184 del Código Napoleón la resolución se consagró como un reconocimiento a la práctica del antiguo Derecho civil francés y como un remedio contra el incumplimiento[9].

Por otra parte, *el privilegio que tenía el vendedor sobre las cosas objeto de la compra-venta*, tal y como lo interpretó la jurisprudencia francesa, contribuyó igualmente a que no se desarrollara un empleo generalizado de la excepción de incumplimiento contractual ni se formulara una exposición sistemática de ese instituto y de sus efectos.

Conviene recordar que los tribunales franceses consideraban moralmente imposible que una persona se despojara de un elemento importante de su patrimonio, como lo era un bien inmueble, sin reservarse una garantía real; por lo cual, se permitió que con la compra-venta quedara constituida una hipoteca con privilegio sobre todos los bienes del comprador a favor del vendedor, todo lo cual permitió que, en caso de incumplimiento del pago del precio, el vendedor tuviera una garantía mayor respecto de la que podía otorgar la excepción de incumplimiento[10].

---

7 René Cassin, ob. cit., pp. 94 y ss.

8 J. P. Levy y Castaldo, A. citados por Carlos Alberto Chinchilla Imbett, *La excepción de incumplimiento contractual. Estructura, función y límites,* Universidad Externado de Colombia, 2017, p. 115.

9 G. Boyer, citado por Catherine Malecki, *L'exception d'inexécution*, L.G.D.J., París,1999, p. 90.

10 René Cassin, ob. cit., pp. 94-107.

Esas razones explican que no se encuentre en los autores franceses anteriores a la codificación un tratamiento sistemático de la excepción de incumplimiento contractual.

Ahora bien, como señala Capitant, de la circunstancia de que los autores no dedicaran un espacio en sus obras a la *exceptio*, no puede deducirse que desconocieran esta figura y su importancia[11]. Los precursores del *Code* entendieron como fundamental la regla de la ejecución mano a mano, "*trait pour trait*", es decir, la ejecución recíproca y simultánea de las prestaciones, regla esta que tampoco fue totalmente olvidada en el *Code*.

Domat consideraba que en todas las convenciones el vínculo de una parte era el fundamento del otro; el primer efecto de la convención era que cada uno de los contratantes podía obligar al otro a ejecutar su prestación ejecutando la que le correspondía, tal como se había pactado en la convención, sea que las prestaciones debieran ejecutarse simultáneamente como en la compra-venta donde el precio se paga con la entrega de la cosa, o que la ejecución de una prestación debía preceder a la otra[12].

Por su parte, Pothier al referirse al contrato de compra-venta expresaba que el comprador no podía intentar la acción *ex emptio* contra el vendedor si no ofrecía al menos el precio pactado; es decir, el comprador debía ofrecer todo el pago del precio; en caso contrario, el vendedor tenía el derecho de retener la cosa, como si fuera una prenda, con el fin de asegurarse el pago del precio debido por el vendedor[13].

III. LA REGULACIÓN DE LA *EXCEPTIO NON ADIMPLETI CONTRACTUS* POR MEDIO DE CASOS PARTICULARES EN EL CÓDIGO NAPOLEÓN

Pero fue precisamente porque los precursores de la codificación francesa no realizaron una exposición sistemática del principio de la

[11] Henri Capitant, *De la causa de las obligaciones*, Traducción castellana de Eugenio Torragato y Contreras, Ediciones Góngora, Madrid, *s/f*, pp. 259-263.

[12] Jean Domat, *Las leyes civiles en su orden natural*, Traducción española, Tomo I, A B C/ Editores Librería – Arkhé/Librería Ediciones, Bogotá, 2015, p. 145.

[13] R.J. Pothier, "Traité du Contrat de Vente et des Retraits", Tome III, en *Oeuvres de Pothier*, M. Siffrein, París,1821, pp. 36-40.

ejecución *trait pur trait*, por lo que el Código Napoleón de 1804 guardó silencio acerca de la *exceptio non adimpleti contractus* y solo recogió sus aplicaciones tradicionales en la venta (arts. 1.612, 1.613, 1.651 y 1.653 del *Code*) y en la permuta (art. 1.704 del *Code*), donde aparece el principio de la ejecución simultánea en los contratos sinalagmáticos[14].

Ahora bien, estas disposiciones incluidas en el *Code* son muy significativas. Como afirma Capitant, estos textos consagran en términos claros para el más usual de los contratos sinalagmáticos, el principio de la ejecución simultánea. Los artículos 1.612 y 1.613 autorizan al vendedor a no realizar la entrega si el comprador no paga el precio, y más aun si se le ha concedido una moratoria para el pago y el comprador ha caído en insolvencia o quiebra. Y el artículo 1.651 establece claramente que si nada se ha convenido sobre esto, el comprador debe pagar en el lugar y en *el tiempo* en que debe realizarse la entrega. Finalmente, el artículo 1.653 permite al comprador suspender el pago del precio cuando haya sido perturbado o tuviere motivos fundados para serlo por una acción hipotecaria o reivindicatoria. Para el contrato de permuta, el artículo 1.704 establece que si una parte ha recibido la cosa dada en cambio y prueba que la otra no es propietaria de la misma, no puede la primera ser obligada a entregar la cosa que prometió, sino solamente a devolver la recibida.

Por consiguiente, aun cuando el Código Civil francés de 1804 no mencione la *exceptio non adimpleti contractus* en una disposición de carácter general, ello no significa que la haya ignorado. Con fundamento en los artículos del *Code* antes mencionados que le conceden especialmente al acreedor de determinados contratos sinalagmáticos el derecho de no cumplir su obligación mientras el otro contratante no cumpla la suya, un sector de la doctrina francesa consideró que estos textos no eran sino la aplicación de un principio no escrito en la ley que reconoce la excepción de incumplimiento en los contratos sinalagmáticos[15].

Para explicar la razón de ser de la excepción por incumplimiento en el Derecho francés se invocó la noción de causa (Código Napoleón,

---

14 Henri Capitant, ob. cit., pp. 259-263.

15 De hecho, los primeros trabajos doctrinarios aplicaban la *exceptio non adimpleti contractus* consagrada en el *Code* para la compra-venta a otros contratos por analogía. Así lo afirma Saleilles citado por Carlos Alberto Chinchilla Imbett, ob. cit., p. 119.

art. 1.131)[16], o la interdependencia de las prestaciones surgidas de los contratos sinalagmáticos[17], o la buena fe que preside la ejecución de los contratos (Código Napoleón, art. 1.134)[18], o la voluntad presunta de las partes[19], o incluso principios generales del derecho como la equidad que mediante la *exceptio* se concretan en el principio de la preservación del equilibrio del contrato en el momento de su ejecución[20].

Otras veces se afirmó que la *exceptio* era una consecuencia *a fortiori* de la resolución contractual. La *exceptio*, se dijo, constituye un derivado de la resolución por incumplimiento que está implícita en las disposiciones del *Code* que consagran la resolución del contrato. En el fondo, la *exceptio non adimpleti contractus* encuentra su fundamentación en la interpretación *a minore ad majus* con relación al derecho a la resolución. Como lo menos está comprendido en lo más, se afirma, sería un contrasentido del legislador haber acordado el derecho de resolución y no el más simple de negarse a ejecutar la propia prestación hasta que por lo menos, el contrato llegue a cumplirse[21].

Al amparo de los precitados textos legales y con diversa fundamentación, la doctrina y la jurisprudencia francesas erigieron a la excepción de incumplimiento contractual como un remedio autónomo y general que protege la estructura de la relación sinalagmática contractual[22]. Mediante su reconocimiento, se admitió que un contratante obligado en virtud de un contrato bilateral dispone de un medio de defensa que le permite negarse a ejecutar su prestación hasta el cumplimiento de la

---

16 Henri Capitant, ob. cit., pp. 263-268.

17 Marcelo Planiol y Jorge Ripert, ob. cit. p. 58.

18 Al respecto, véase: René Cassin, ob. cit., p. 440; Georges Ripert y Jean Boulanger, *Tratado de Derecho Civil (según el Tratado de Planiol),* Traducción castellana de Delia García, Tomo IV (Las Obligaciones) (Primera Parte), La Ley, Buenos Aires, 1965, pp. 308-309.

19 Henri Mazeaud, Léon Mazeaud, Jean Mazeaud y François Chabas, ob. cit., p. 1170.

20 Al respecto, véase Catherine Malecki, ob. cit., pp. 61 y ss. Esta autora, sin embargo, fundamenta la *exceptio* en la máxima *fragenti fidem fides non est servanda.*

21 G. Baudry-Lacantinerie y L. Barde, "Des Obligations", Tome II, en *Traité Théorique et Pratique de Droit Civil*, Vol. XII, Librairie de la société du recueil général des lois et des arrêts et du journal du palais, París, 1902, pp. 136-137; Jean Carbonnier, *Derecho Civil*, Tomo II, Vol. II (El Derecho de las Obligaciones y la Situación Contractual), Traducción española de Manuel Mª Zorrilla Ruiz, Editorial Bosch, Barcelona,1971, pp. 678-679; Henri De Page, *Traité Élémentaire de Droit Civil Belge*, Tome II, Les Obligations. Première Partie, Bruylant, Bruselas,1.948/1952., p. 777.

22 René Cassin, loc. cit.; Catherine Malecki, loc. cit.

prestación de la otra parte, cuando esta última le exige el cumplimiento sin haber ejecutado su propia obligación[23].

En fin, la operatividad de la *exceptio non adimpleti contractus* fue admitida en el Derecho francés sobre la base tanto de las normas generales del Código Napoleón que consagran el fundamento de la excepción, como de disposiciones que contemplaban algunas de sus aplicaciones particulares. Con base en estas disposiciones, la doctrina francesa desarrolló el régimen jurídico de la *exceptio non adimpleti contractus* con carácter general y los tribunales admitieron su aplicación en los contratos bilaterales contribuyendo a perfilar los supuestos de procedencia de ese instituto y sus efectos[24].

IV. LA CONSAGRACIÓN DE LA *EXCEPTIO NON ADIMPLETI CONTRACTUS* COMO UNA SANCIÓN DE CARÁCTER GENERAL FRENTE AL INCUMPLIMIENTO EN LA REFORMA DEL CÓDIGO CIVIL FRANCÉS DE 2016

1. Sanciones o remedios al incumplimiento del contrato

En la reforma del Código Civil francés de 2016 a que se contrae la Ordenanza (*Ordonnance*) Nº 2016-131 de reforma del derecho de los contratos, del régimen general y de la prueba de las obligaciones de fecha 10 de febrero de 2016[25], se incluyen disposiciones que consagran

---

23 Jacques Ghestin, ob. cit., p. 349.

24 Para el examen de la *exceptio non adimpleti contractus* por la doctrina francesa, además de la excelente monografía de Cassin citada en la nota 5 *ut supra* y de la obra de Jean-François Pillebout, *Recherches sur l'exception de inexécution*, L.G.D.G., París, 1971, véase: Jacques Ghestin, ob. cit., pp. 347-370; Jacques Ghestin, "L'exception d'inexécution. Rapport francais", en Bernard Dubuisson y Jean-Marc Trigaux, *Les sanctions de l'inexécution des obligations contractuelles, Etudes de droit comparé* sous la direction de Marcel Fontaine y Geneviève Viney, Bruylant/L.G.D.J., Bruselas-París, 2001, pp. 1-51; Gabriel Marty y Pierre Raynaud, *Droit Civil*, Tome II, Premier volume (Les Obligations), Sirey, París, 1962, pp. 260-262; Henri Mazeaud, Léon Mazeaud, Jean Mazeaud y François Chabas, ob. cit., pp. 1.169-1.176; Marcelo Planiol y Jorge Ripert, ob. cit., pp. 612-640; François Terré, Philippe Simler e Yves Lequette, ob. cit., pp. 623-631. En la doctrina francesa moderna es imprescindible la lectura de la obra de la profesora Catherine Malecki citada en la nota 9 *ut supra*.

25 La Ordenanza (*Ordonnance*) nº 2016-131 de reforma del derecho de los contratos, del régimen general y de la prueba de las obligaciones de fecha 10 de febrero de 2016 entró en vigencia el 1º de octubre de 2016. Al respecto, véase: Ordonnance nº 2016-131 du

de manera orgánica y sistemática el régimen de las sanciones (o remedios) frente al incumplimiento contractual[26]. En el nuevo texto legal, se reagrupan el conjunto de normas sobre la materia en una misma sección del Código, dividida en cinco sub-secciones que corresponden cada una a una sanción o remedio del contrato.

Así, dentro del Capítulo IV sobre "Los efectos del contrato", la Sección 5 relativa a la "La inejecución del contrato" (arts. 1.217 a 1.231-7) enuncia didácticamente una lista de sanciones dirigidas a permitir la ejecución del contrato; o, al menos, a dar una salida a la situación de dificultad en que se encuentra la parte que no obtiene la contraprestación en caso de incumplimiento contractual (art. 1.217).

Estas sanciones o remedios en caso de incumplimiento contractual son: la *exceptio non adimpleti contractus* (arts. 1.219 y 1.220); la ejecución forzosa *in natura* (arts. 1.221 y 1.222); la reducción del precio (art. 1.223); la resolución (arts. 1.224 - 1.230, que incluye la resolución unilateral en el art. 1.226 y la resolución judicial en el art. 1.228) y la reparación de los daños y perjuicios por medio de la responsabilidad contractual (art. 1.231)[27]. En el art. 1.217 se establece que las sanciones o los remedios compatibles entre sí podrán ser acumulados y que las indemnizaciones por responsabilidad civil podrán añadirse a las mismas. Estas disposiciones van precedidas de otra que define el supuesto de fuerza mayor (art. 1.218).

10 février 2016 portant réforme du droit des contrats, du régime général et de la preuve des obligations. Disponible en: https://www.legifrance.gouv.fr, consultado en fecha 30 de agosto de 2019. Dicha ordenanza fue ratificada, con algunas modificaciones, el 20 de abril de 2018 mediante Ley n° 2018-287. Al respecto, véase: Loi n° 2018-287 du 20 avril 2018 ratifiant l'ordonnance n° 2016-131 du 10 février 2016 portant réforme du droit des contrats, du régime général et de la preuve des obligations. Disponible en: https://www.legifrance.gouv.fr/affichTexte.do?cidTexte=JORFTEXT000036825602&dateTexte&categorieLien=id, consultado en fecha 30 de agosto de 2019.

26 El régimen de las sanciones por el incumplimiento del contrato en el Código Napoleón era parcial, fragmentario y asistemático: la ejecución *in natura* era tratada con las obligaciones de hacer y de no hacer (arts. 1.143 y 1.144); la resolución por incumplimiento (art. 1.184) estaba consagrada en la sección correspondiente a las obligaciones condicionales; y la excepción de incumplimiento, sin texto normativo expreso, tenía como base normas que consagraban casos particulares de dicha excepción o el artículo 1.184 que preveía la resolución por incumplimiento. Al respecto, véase: Yves-Marie Laithier, "Les sanctions de l'inexécution du contrat", en *Révue des contrats*, Lextenso, París, 2016, pp. 39 y ss.

27 Materia esta última que está en curso de reforma.

2. Consagración legal de la *exceptio*

El nuevo texto legal regula la *exceptio non adimpleti contractus* en dos disposiciones (arts. 1.219 y 1.220).

La primera de ellas recoge la formulación clásica de *la excepción de inejecución por incumplimiento efectivo del contrato* que ya había sido examinada por la doctrina y desarrollada por la Corte de Casación francesa desde el siglo XIX[28]. El artículo 1.219 del nuevo texto legal dice textualmente lo siguiente:

> Art. 1.119. Una parte podrá rehusar cumplir su obligación, aun cuando esta sea exigible, si la otra no cumple la suya y si dicho incumplimiento es suficientemente grave.

El artículo 1.220, más novedoso, consagra *la excepción de inejecución por incumplimiento anticipado o temido del contrato* en los siguientes términos:

> Art. 1.220. Una parte podrá suspender el cumplimiento de su prestación desde el momento en que sea manifiesto que la otra no cumplirá al vencimiento y las consecuencias de dicho incumplimiento sean suficientemente graves para ello. Dicha suspensión deberá notificarse a la mayor brevedad.

A la luz del nuevo texto legal, a continuación nos referiremos, en primer lugar, a la *exceptio non adimpleti contractus* como una causal de suspensión del contrato y, en segundo término, al campo de aplicación de la *exceptio*. Luego, examinaremos el régimen aplicable a la excepción por incumplimiento efectivo y, por último, haremos unas breves consideraciones relativas a la excepción por incumplimiento anticipado o temido conforme al nuevo texto legal.

3. Derecho de suspender la ejecución del contrato

En la doctrina francesa autores como Starck, Carbonnier, Capitant, Marty y Raynaud afirman que la *exceptio non adimpleti contractus* es un

---

[28] Al respecto pueden consultarse las obras de la doctrina francesa citadas en la nota 24 *ut supra*.

medio de defensa consistente en el derecho que tiene una parte de no realizar la prestación que prometió en tanto que la otra no ejecute la suya[29].

De donde resulta que la excepción de incumplimiento contractual no es, en rigor, una *sanción* aun cuando el nuevo texto legal la incluya dentro de las sanciones por el incumplimiento del contrato. En efecto, la *exceptio* consiste en la prerrogativa que se le reconoce a una de las partes de un contrato sinalagmático de no ejecutar su obligación con la otra parte mientras esta no ejecute la suya"[30]. La *exceptio* constituye, por tanto, *un medio de presión* que tiene el contratante para inducir al otro al cumplimiento[31]. Este medio de presión que ejerce un contratante contra el otro se traduce en una *suspensión de los efectos del contrato.*

La *exceptio non adimpleti contractus* es, por consiguiente, una causa de suspensión del contrato. El artículo 1.219 del nuevo texto legal alude a este efecto suspensivo cuando indica que una parte "podrá rehusar" ejecutar el contrato si la otra parte no cumple su obligación. De modo más claro, el nuevo artículo 1.220 se refiere al efecto suspensivo de la *exceptio non adimpleti contractus* cuando establece que "una parte puede suspender el cumplimiento de su prestación" desde que sea manifiesto que la otra parte no ejecutará la suya al vencimiento.

En la doctrina francesa se admite pacíficamente que si bien la *exceptio* suspende los efectos del contrato, esto no quiere decir que toda suspensión de los efectos de un contrato se considere como una excepción de inejecución[32]. Ciertamente, algunas hipótesis de suspensión de los efectos de un contrato se asemejan a la *exceptio non adimpleti contractus*. Es el caso del artículo 113-3 del Código de Seguros francés que establece que cuando se haya pactado que el pago de la prima se haga de forma periódica y se deje de pagar la prima siguiente, la cobertura del asegurador quedará suspendida pudiendo el asegurado resolver el

---

29 Jean Carbonnier, *Derecho* Civil, Tomo II, Vol. II (El Derecho de las Obligaciones y la Situación Contractual), Traducción española de Manuel Mª Zorrilla Ruiz, Editorial Bosch, Barcelona,1971, pp. 678-679; Henri Capitant, ob. cit., p. 257; Gabriel Marty y Pierre Raynaud, ob. cit., p. 260; Boris Starck, *Droit Civil (Obligations)*, Librairies Techniques, París, 1972, p. 648.

30 Christian Larroumet y Sarah Bros, *Traité de Droit Civil*, Tome 3, (Les obligations. Le contrat), Ed. Economica, París, 2016, p. 786.

31 Alain Bénabent, *Droit des obligations*, L.G.D.J., París, 2016, p. 265.

32 Jacques Ghestin, *L'exception d'inexécution...*, cit., pp. 26-27; Christian Larroumet y Sarah Bros, ob. cit., pp. 787-789.

contrato una vez expirado el plazo de suspensión de la cobertura. Es este un supuesto de suspensión en interés del asegurado especialmente regulado por la ley que queda, por tanto, sustraído del régimen de Derecho común de la *exceptio non adimpleti contractus*. Pero hay otros casos de suspensión del contrato que no tienen nada que ver con la *exceptio*. Así ocurre con la suspensión del contrato de trabajo en caso de huelga o por maternidad, en cuyo caso no se rompe la relación de trabajo sino que se suspenden sus efectos. Lo mismo ocurre cuando el juez, en atención a la situación del deudor y en consideración a las necesidades del acreedor, le concede al primero un término para que cumpla con su obligación, de acuerdo con lo dispuesto en el artículo 1.345-5 del Código Civil reformado.

Conviene tener en cuenta que en la reforma del Código Civil francés no se establece un régimen general aplicable a la suspensión del contrato. El nuevo texto legal no agrupa de manera unitaria, como tampoco lo hacia el *Code*, las causales de suspensión del contrato ni se refiere específicamente a sus efectos.

La doctrina francesa distingue cuatro causales de suspensión del contrato: 1) la suspensión del contrato en caso de fuerza mayor transitoria que imposibilite temporalmente el cumplimiento; 2) la suspensión en razón de una condición suspensiva incluida en el contrato por voluntad de las partes o por disposición de la ley; 3) la suspensión del contrato que se produce cuando la autoridad judicial otorga un término de gracia al deudor cuya obligación es exigible y que no ha cumplido, a fin de que la cumpla; y 4) la suspensión del contrato que opera como un mecanismo de presión para inducir al deudor al cumplimiento, cuyo prototipo es precisamente la *exceptio non adimpleti contractus*[33].

En todos estos casos, el contrato suspendido deja de producir la totalidad o una parte de sus efectos propios y característicos. El

[33] V. J. Treillard, "De la suspensión des contrats", en *La tendance a la stabilité du rapport contractuel. Etudes de droit privé* sous la direction de P. Durand, L.G.D.J., París, 1960, pp. 59 y ss.; Ghestin, por su parte, llega a la conclusión de que es posible distinguir tres causas de suspensión de los contratos: 1) la imposibilidad temporal; 2) el ejercicio de un derecho incompatible con el cumplimiento del contrato, por ejemplo, el derecho a la huelga; y 3) el incumplimiento culposo temporal del contrato, citando aquí el supuesto del no pago de la prima en el contrato de seguro (Jacques Ghestin, *Traité...*, cit., p. 372).

contrato suspendido subsiste, no se extingue[34]. El vínculo contractual no queda pues terminado, solo queda interrumpido el cumplimiento de todo o parte de las obligaciones surgidas del contrato mientras subsista la causa que motivó la suspensión. Cesado el impedimento, se reanuda el deber de cumplimiento. Como afirma Ghestin, la suspensión reagrupa situaciones diferentes, pero que tienen un punto en común esencial: el vínculo no se rompe, por lo que la suspensión asegura la estabilidad de la relación contractual, hasta que el obstáculo para cumplir desaparece[35].

Como el contrato suspendido por la oposición de la *exceptio* subsiste, las partes se encuentran vinculadas por la intangibilidad del contrato (principio del contrato ley) (art. 1.103) y por el deber de comportarse conforme a las exigencias de la buena fe (art. 1.104). Dicho en otros términos, el efecto obligacional propio y característico del contrato queda suspendido pero las normas supra-contractuales de intangibilidad, irrevocabilidad y buena fe continúan regulando la relación contractual que liga a las partes[36]. Se explica así, por ejemplo, que durante el período de la suspensión del contrato el *excipiens* debe abstenerse de realizar actos que lo coloquen en la imposibilidad de cumplir con sus obligaciones una vez que su contraparte cumpla con las suyas. Las exigencias de la buena fe le imponen al *excipiens* el deber de no agravar la situación durante el periodo de espera y evitar que con su conducta se torne imposible la reanudación de la relación contractual[37]. Así lo ha dejado establecido la jurisprudencia de los tribunales franceses[38].

La suspensión del contrato es, por tanto, de naturaleza temporal. El contratante demandado se ve pues relevado del cumplimiento, pero

---

34 Philippe Malaurie, Laurent Aynès y Philippe Stoffel-Munck, *Droit des obligations*, L.G.D.J., París, 2017, p. 498.

35 Jacques Ghestin, *Traité...*, cit., p. 371.

36 Gaël Chantepie y Mathias Latina, *La réforme du droit des obligations. Commentaire théorique et pratique dans l'ordre du Code civil*, Dalloz, París, 2016, p. 541.

37 Bernard Dubuisson y Jean-Marc Trigaux, "L'exception d'inexécution en droit belge (Rapport Belge)", en *Les Sanctions de l'inexécution des obligations contractuelles, Études de Droit Comparé* sous la direction de Marcel Fontaine y Geneviève Viney, Bruylant/ L.G.D.J., Bruselas-París, 2001, pp. 97-99.

38 Corinne Renault-Brahinsky, *L'essentiel de la réforme du droit des obligations* (s.l.), Gualino Lextenso, 2016, p. 114 y la jurisprudencia de la Casación francesa ahí citada; Christian Larroumet y Sarah Bros, ob. cit., p. 787, especialmente, la nota 1 y la jurisprudencia de los tribunales franceses ahí citada.

solo mientras su contraparte no cumpla con la obligación a su cargo[39]. Una vez que la parte que dio motivo a la oposición de la *exceptio* cumpla la obligación prometida, el contrato vuelve a producir sus efectos normales. Así resulta claramente del texto de los nuevos artículos 1.219 y 1.220 del Código Civil francés reformado.

Ahora bien, en la eventualidad de que la excepción de incumplimiento contractual no logre el efecto de constreñir al deudor recíproco al cumplimiento total o parcial de su obligación, ella dará lugar a la aplicación de alguna de las otras sanciones (*rectius:* remedios) previstas en el nuevo texto legal para hacer frente al incumplimiento del contrato, a saber, la ejecución forzosa *in natura* (arts. 1.221 y 1.222), la reducción del precio (art. 1.223) o la resolución del contrato (arts. 1.224 -1.230) y la reparación de los daños y perjuicios resultantes de la inejecución, por vía de la responsabilidad contractual (art. 1.231). Se explica así que la *exceptio non adimpleti contractus* sea en el orden cronológico el primer remedio al incumplimiento contractual contemplado en el nuevo texto legal[40].

4. Campo de aplicación

4.1. Contratos sinalagmáticos

Se admite, como regla general, que la excepción de incumplimiento no debe aplicarse sino a los contratos sinalagmáticos pues su fundamento se basa en la propia estructura de las obligaciones recíprocas que derivan de estos contratos; por ello parece natural, en principio, limitar a dichos contratos el ámbito de aplicación de la *exceptio*[41].

El artículo 1.106 de la Reforma del Código Civil francés define los contratos sinalagmáticos por oposición a los contratos unilaterales en los siguientes términos: "el contrato es sinalagmático cuando los contratantes se obligan recíprocamente unos respecto de otros"[42].

---

39 Nicolas Dissaux y Chistophe Jamin, *Réforme du droit des contrats, du régime général et de la preuve des obligations* (s.l.), Dalloz, 2016, p. 128; Jacques Ghestin, *L'exception d'inexécution...*, cit., pp. 27-29.

40 Gaël Chantepie y Mathias Latina, ob. cit., p. 541.

41 Así lo hacen de modo expreso, entre otros, los Códigos Civiles alemán, suizo de las Obligaciones y venezolano.

42 En cambio, de acuerdo con el artículo 1.106, el contrato "es unilateral cuando una o varias personas se obligan respecto de otra u otras, sin que por parte de estas últimas existan compromisos recíprocos".

Las obligaciones que derivan de los contratos sinalagmáticos, como sabemos, son recíprocas e interdependientes, es decir, el acreedor es al mismo tiempo deudor y el deudor es al mismo tiempo acreedor[43]. En los contratos sinalagmáticos las prestaciones de cada una de las partes son prometidas a título de contrapartida o retribución por las prestaciones de la otra. Si el acreedor es deudor es porque el deudor es acreedor y ello en virtud del mismo contrato. Así, en la venta si el vendedor se compromete a transmitir la propiedad y entregar la cosa, es porque el comprador se compromete a pagar el precio. Una prestación es pues el presupuesto indeclinable de la otra. Se explica así que si la obligación de una de las partes no ha sido cumplida, la otra que aún no ha cumplido con su obligación está en su derecho de no proceder a la ejecución mientras la primera no cumpla con la suya[44].

Con anterioridad a la adopción del nuevo texto legal, la doctrina francesa discutía si la *exceptio non adimpleti contractus* era aplicable a los contratos bilaterales imperfectos, esto es, aquellos contratos que inicialmente solo producen obligaciones para una de las partes, pero que durante la vida del contrato hacen o pueden hacer surgir obligaciones para ambas partes como, por ejemplo, el depósito, el comodato y el mandato.

Según un sector de la doctrina y la jurisprudencia francesa, los contratos bilaterales imperfectos equivalen para muchos efectos a los contratos sinalagmáticos; por lo cual, les sería aplicable la *exceptio non adimpleti contractus*[45].

---

43 Philippe Malaurie, Laurent Aynès y Philippe Stoffel-Munck, ob. cit., p. 209; Henri Mazeaud, Léon Mazeaud, Jean Mazeaud y François Chabas, ob. cit., pp. 144-145; François Terré, Philippe Simler e Yves Lequette, ob. cit., pp. 75-76.

44 Christian Larroumet y Sarah Bros, ob. cit., p. 147; Philippe Malaurie, Laurent Aynès y Philippe Stoffel-Munck, ob. cit., p. 209; Henri Mazeaud, Léon Mazeaud, Jean Mazeaud y François Chabas, ob. cit., p. 90; François Terré, Philippe Simler e Yves Lequette, ob. cit., p. 77.

45 René Cassin, ob. cit., pp. 447 y ss.; Jacques Flour, Jean-Luc Aubert y Éric Savaux, *Droit Civil. Les Obligations, 3, Le rapport d'obligation,* Dalloz, París, 2006, pp. 182-183; Christian Larroumet y Sarah Bros, ob. cit., p. 790, especialmente, la nota 5 y la jurisprudencia de los tribunales franceses ahí citada; Catherine Malecki, ob. cit., pp. 248-249; Gabriel Marty y Pierre Raynaud, ob. cit., p. 261, especialmente, la nota 5, y la jurisprudencia francesa ahí citada; Henri Mazeaud, Léon Mazeaud, Jean Mazeaud y François Chabas, ob. cit., Tome II, Vol. I, pp. 89-90.

Pero esta opinión no es compartida por otros autores que sostienen que los contratos bilaterales imperfectos son verdaderos contratos unilaterales a los cuales no le son aplicables las reglas de los contratos sinalagmáticos[46]. En dichos contratos las dos series de obligaciones no son interdependientes entre sí, no surgen simultáneamente y con fundamento la una en la otra y viceversa. Se afirma, en tal sentido, que en los contratos bilaterales imperfectos la obligación surgida posteriormente no fue tenida en cuenta al celebrar el contrato, como causa del mismo. Así, el depositario, el comodatario y el mandatario no se determinaron a contratar para que les fuesen devueltos los gastos eventuales que se vieron obligados a realizar; ello no fue la causa de su obligación, sino tan solo un efecto secundario del contrato[47].

Con anterioridad a la reforma, el Código Civil francés solo contenía aplicaciones particulares de la excepción de inejecución en las disposiciones relativas a algunos contratos sinalagmáticos como la compra-venta, la permuta y el depósito oneroso (*supra,* N° II). Por su parte, los proyectos Catalá[48] y Terré[49] de reforma del Derecho de

---

46 Ambrosio Colin y Henri Capitant, *Curso Elemental de Derecho Civil*, Tomo III, Traducción castellana por la redacción de la Revista General de Legislación y Jurisprudencia, Instituto Editorial Reus, Madrid, 1960, p. 580; Louis Josserand, *Derecho Civil*, Tomo II, Vol. II (Teoría General de las Obligaciones), Traducción castellana de Santiago Cunchillos y Manterola, Buenos Aires, Bosch y Cia Editores, 1950, pp. 25-26; Marcelo Planiol y Jorge Ripert, ob. cit., Tomo VI, pp. 47-48; F. Laurent, *Principios de Derecho Civil*, Tomo XV, Traducción castellana, Habana, 1917, p. 435; Henri De Page, ob. cit., Tome II, pp. 412-413.

47 Henri Capitant, ob. cit., pp. 275 y ss. Por su parte, De Page, exponente de la doctrina anticausalista, afirma que, en tales casos «la obligación asumida por una de las partes no fue la *razón de ser* de la obligación impuesta al otro contratante» (Henri De Page, ob. cit., Tome II, p. 410).

48 En el año 2005, bajo la dirección del profesor Pierre Catalá se elaboró un trabajo titulado *Avant-projet de réforme du droit des obligations (Articles 1.101 à 1.386 du Code Civil) et du droit de la prescription (Articles 2.234 à 2.281 du Code Civil)*. Se le conoce como Proyecto Catalá. Se encuentra disponible en: https://archive.org/stream/AvantProjetDeReformeDuDroitDesObligationsEtDeLaPrescriptionEtExposeDesMotifs/Avantprojet_de_reforme_du_droit_des_obligations_et_de_la_prescription_et_expose_des_motifs_djvu.txt, consultado en fecha 28 de agosto de 2019.

49 Otro grupo de trabajo se constituyó a comienzo de los años 2000 en Francia por iniciativa de la Academia de Ciencias Morales y Políticas bajo la presidencia del profesor François Terré para preparar propuestas para una nueva regulación del Derecho de obligaciones. Este grupo de trabajo en el año 2009 presentó un "Avant-propos" que puede consultarse en la obra colectiva *Pour une réforme du droit des contrats*, Director François Terré, Dalloz, París, 2009, pp. 11-33.

obligaciones francés delimitaban expresamente el campo de aplicación de la *exceptio non adimpleti contractus* circunscribiendo ese instituto a los contratos sinalagmáticos. En cambio, los nuevos artículos 1.219 y 1.220 incluidos en la reforma no limitan el dominio de la *exceptio* a los contratos sinalagmáticos, lo que puede plantear algunos problemas en la práctica.

En efecto, aun cuando la definición de los contratos sinalagmáticos incluida en el nuevo texto legal no es del todo clara, se admite que las obligaciones derivadas de esos contratos deben ser no solamente recíprocas sino además correlativas. Dicho en otros términos, para que una parte pueda denegar la ejecución de la prestación por él debida en tanto que no se le cumpla la contraprestación que se le adeude, se requiere que la obligación recíproca incumplida sea interdependiente. Se explica así que el incumplimiento por parte del arrendador a realizar una reparación en el inmueble arrendado, al menos en principio, no autoriza al arrendatario a suspender el pago del canon de arrendamiento. En efecto, en tal caso, por hipótesis, el arrendatario continúa con el pleno disfrute de la cosa arrendada y la obligación de pagar el canon mensual del arrendamiento es interdependiente y correlativa al disfrute pacífico del inmueble debido por el arrendador[50].

Ahora bien, para que exista la interdependencia y reciprocidad entre las obligaciones surgidas de un contrato bilateral, se requiere que las obligaciones sean coetáneas y directamente dependientes del acuerdo de voluntades[51]. No hay interdependencia cuando las obligaciones nacen durante la ejecución del contrato directamente de la ley en razón de acontecimientos posteriores e independientes de la voluntad de las

---

50 Gaël Chantepie y Mathias Latina, ob. cit., p. 542, especialmente, la nota 78 y la jurisprudencia de los tribunales franceses ahí citada. Desde luego, si la falta de ejecución de las reparaciones que le incumben al arrendador impide al arrendatario ocupar el inmueble o le impiden disfrutarlo de tal manera que no reciba lo esencial que esperaba, no hay duda de que podrá negarse a pagar el canon de arrendamiento. Así lo admite la doctrina y lo ha dejado establecido la jurisprudencia de los tribunales franceses. Al respecto, véase: Alain Bénabent, ob. cit., p. 293, especialmente, la nota 12 y la jurisprudencia de los tribunales franceses ahí citada; Philippe Malaurie, Laurent Aynès y Philippe Stoffel-Munck, ob. cit., p. 494, especialmente, las notas 6, 7 y 8 y la jurisprudencia francesa ahí citada;

51 Leontin-Jean Constantinesco, *La Résolution des Contrats Synallagmatiques en Droit Allemand*, Rousseau & Cié Editeurs, París, 1940, p. 27; Henri De Page, ob. cit., Tome II, pp. 409-410. En contra: Catherine Malecki, ob. cit., p. 248.

partes contratantes. La interdependencia solo puede nacer en el momento del acuerdo de voluntades cuando se celebra el contrato.

En los contratos bilaterales imperfectos, ya lo hemos dicho, unas obligaciones nacen por la voluntad de las partes en el momento de la celebración del contrato; tal es el caso de las obligaciones del depositario, comodatario o mandatario. Las otras no nacen del acuerdo de voluntades sino por disposición de la ley, durante la ejecución del contrato; tal es el caso de las obligaciones del depositante, comodante o mandante de reembolsar los gastos hechos por el depositario, comodatario o mandatario[52].

De acuerdo con lo antes expuesto, la *exceptio non adimpleti contractus* prevista en los artículos 1.219 y 1.220 solo debería aplicarse en el caso de los contratos sinalagmáticos, por ser precisamente consecuencia de la reciprocidad e interdependencia de las obligaciones. Por lo cual, en tratándose de un contrato bilateral imperfecto, quien se ha convertido en acreedor durante el curso de la ejecución del contrato, en caso de inejecución de la otra parte, solo podrá invocar las sanciones del derecho común tales como la acción de cumplimiento *in natura* o el cumplimiento por equivalente, salvo en ciertos casos la posibilidad de ejercer el derecho de retención cuando así lo establece la ley como, por ejemplo, en el caso del contrato de mandato y del contrato de depósito. Pero, por supuesto, este derecho no puede confundirse con la *exceptio non adimpleti contractus*[53].

Sin embargo, como ya dijimos, el nuevo texto legal no limita expresamente el dominio de la *exceptio non adimpleti contractus* a los

---

52 Ahora bien, en virtud del principio de la autonomía de la voluntad, las partes pueden acordar que un contrato que solo hace surgir normalmente obligaciones a cargo de una de las partes pueda, en el caso concreto, producirlas también para la otra parte como ocurre en el caso del mandato remunerado o del depósito remunerado. Por convenio, las partes pueden pues transformar un contrato que por su naturaleza es unilateral en un contrato bilateral, o sea, en un contrato con obligaciones recíprocas en cuyo caso, en razón de la interdependencia creada por la voluntad de los contratantes entre las obligaciones a cargo de cada uno de ellos, cabría la aplicación de la *exceptio*. Al respecto, véase: Henri De Page, ob. cit., Tome II, pp. 411-412.

53 Con respecto a las diferencias entre la *exceptio non adimpleti contratus* y el derecho de retención en la doctrina francesa, por todos, véase: Jacques Ghestin, *L'exception d'inexécution...*, cit., pp. 16-22; Henri Mazeaud, Léon Mazeaud, Jean Mazeaud y François Chabas, ob. cit., Tome II, Premier volume, p. 1172; François Terré, Philippe Simler e Yves Lequette, ob. cit., p. 627.

contratos sinalagmáticos. Por consiguiente, es muy posible que esta materia sea objeto de ulteriores discusiones y controversias en la práctica. Corresponderá a la doctrina y a la jurisprudencia francesas dictaminar sobre el campo de la aplicación de la excepción de incumplimiento contractual y su eventual aplicación a los contratos bilaterales imperfectos, a la luz de lo dispuesto en el nuevo artículo 1.219 del Código Civil francés.

4.2. Contratos conexos

Por último, los autores que comentan la reforma del Código Civil francés admiten que el campo de aplicación de la *exceptio non adimpleti contractus* se extiende a los contratos conexos[54]. En efecto, la interdependencia entre varias obligaciones recíprocas puede existir incluso cuando dichas obligaciones no surjan del mismo contrato. De ahí que cuando existe una dependencia recíproca entre los contratos conexos celebrados por las mismas partes puede oponerse la *exceptio non adimpleti contractus* a las prestaciones correspectivas que derivan de tales contratos. Algunas decisiones de los tribunales franceses así lo habían declarado y así lo permite ahora el nuevo artículo 1.219 del Código Civil francés[55].

V. LA EXCEPTIO *NON ADIMPLETI CONTRACTUS* POR INEJECUCION EFECTIVA

1. Requisitos

Para la procedencia de la *exceptio* por inejecución efectiva del contrato, según el artículo 1.219, se requiere que "la otra parte no cumpla [su obligación]" y que "dicho incumplimiento [sea] suficientemente grave". Por consiguiente, de acuerdo con el nuevo texto legal,

---

[54] Alain Bénabent, ob. cit., p. 292; Christian Larroumet y Sarah Bros, ob. cit., pp. 789-790.

[55] Nicolas Dissaux y Chistophe Jamin, *Réforme du droit des contrats, du régime général et de la preuve des obligations*, Dalloz, París (s.l.), 2016, p. 127 y la jurisprudencia de los tribunales franceses ahí citada; Muriel: *Droit des Obligations*, Vol. 1 (Contrat et engagement unilatéral), Presses Fabre-Magnan, Universitaires de France, París, p. 618, especialmente, la nota 1 y la jurisprudencia de los tribunales franceses ahí citada; Philippe Malaurie, Laurent Aynès y Philippe Stoffel-Munck, ob. cit., p. 496, especialmente, la nota 19 y la jurisprudencia de la Casación francesa ahí citada.

los requisitos para la oposición de esta excepción son: 1) el incumplimiento de la parte a quien se opone la excepción; y 2) la gravedad del incumplimiento.

1.1. El incumplimiento de la parte a quien se opone la excepción

La *exceptio*, ya lo hemos dicho, es el derecho que tiene un contratante a abstenerse de cumplir su prestación si no se produce el cumplimiento simultáneo de la prestación correlativa. Por consiguiente, el incumplimiento de la parte demandante es el requisito básico para poder alegar con éxito esta excepción. Se requiere que el incumplimiento se haya producido para el momento en que se opone la *exceptio*.

Desde luego, el incumplimiento presupone una obligación correlativa a cargo del demandante que haya sido incumplida. Dicha obligación debe existir, ser válida y exigible[56].

Ahora bien, el incumplimiento, como sabemos, puede ser *total*, cuando el deudor nada ha satisfecho al acreedor, es decir, no ha cumplido en absoluto la obligación que el contrato le imponía; o *parcial*, cuando el deudor ejecuta en parte la obligación, es decir, realiza actos de ejecución de la prestación pero sin que esta se haya cumplido en su totalidad. Además, también hay incumplimiento cuando lo cumplido lo ha sido en forma inexacta, irregular o imperfecta en cuyo caso se habla de *cumplimiento defectuoso*. En todos esos casos cabe oponer la *exceptio*[57].

56 Alain Bénabent, ob. cit., p. 293, especialmente, la nota 8 y la jurisprudencia de los tribunales franceses ahí citada; Jacques Ghestin, *L'exception d'inexécution...*, cit., p. 39.

57 Alain Bénabent, ob. cit., p. 294; especialmente, la nota 14 y la jurisprudencia de los tribunales franceses ahí citada; Jacques Ghestin, *L'exception d'inexécution...*, cit., p. 42; Philippe Malaurie, Laurent Aynès y Philippe Stoffel-Munck, ob. cit., p. 496, especialmente, las notas 20 y 21 y la jurisprudencia de los tribunales franceses ahí citada; Gabriel Marty y Pierre Raynaud, ob. cit., p. 261; Henri Mazeaud, Léon Mazeaud, Jean Mazeaud y François Chabas, ob. cit., Tome II, Premier volume, p. 1171; François Terré, Philippe Simler e Yves Lequette, ob. cit., p. 629. Cabe hacer notar, sin embargo, que la Corte de Casación francesa en ocasiones ha declarado que el *cumplimiento defectuoso* de la obligación no sirve de base para el ejercicio de la *exceptio*. El cumplimiento defectuoso, ha dicho la Corte de Casación, se sanciona con la resolución y la indemnización de los daños y perjuicios. Al respecto, véase: Christian Larroumet y Sarah Bros, ob. cit., p. 787, especialmente, la nota 1 y la jurisprudencia de la Corte de Casación francesa ahí citada.

En lo concerniente al *carácter culposo del incumplimiento*, según algunos autores, como la *exceptio non adimpleti contractus* se basa en la equidad, se requiere para su procedencia que el incumplimiento del actor le sea imputable[58].

En cambio, según otros autores, la excepción de incumplimiento contractual procede siempre que el demandante exija el cumplimiento de su crédito sin, a su vez, haber cumplido con su propia obligación, independientemente de cuál sea la causa de la inejecución. Tanto el incumplimiento culposo como el incumplimiento involuntario autorizan al demandado a oponer la excepción de incumplimiento. Como la *exceptio* se basa en la interdependencia de las obligaciones recíprocas, se afirma, dicha excepción puede oponerse cualquiera que sea el motivo por el cual el cocontratante no ha ejecutado su obligación, no habiendo razón para distinguir entre la inejecución proveniente de la mala voluntad o la negligencia del deudor y la que obedece a la fuerza mayor[59].

Ahora bien, cuando la oposición de la *exceptio non adimpleti contractus* obedece a un evento de fuerza mayor que hace imposible el cumplimiento, es dable suponer que el deudor al cual se le oponga la *exceptio* invocará esta imposibilidad para ser liberado de su propia obligación, en cuyo caso serán aplicables las soluciones que aporta la teoría de los riesgos[60].

1.2. La gravedad del incumplimiento

De acuerdo con el nuevo artículo 1.219, para la oposición de la *exceptio* se requiere que el incumplimiento sea "suficientemente grave". Solo cuando el incumplimiento de la parte a quien se le opone la excepción reviste gravedad suficiente puede el demandado hacer valer la *exceptio*.

---

58 Al respecto, véase: G. Baudry-Lacantinerie y L. Barde, ob. cit., Vol. XII, Tome II, (Des Obligations), pp. 139-140. En la doctrina belga, véase: Bernard Dubuisson y Jean-Marc Trigaux, ob. cit., p. 83; Pierre Van Ommeslaghe, *Droit des Obligations*, Tome I, Première Partie, Bruylant, Bruselas, 2010, pp. 857-858.

59 Henri Capitant, ob. cit., p. 278; Muriel Fabre-Magnan, ob. cit., p. 618; Jacques Ghestin, *L'exception d'inexécution...*, cit., p. 45; François Terré, Philippe Simler e Yves Lequette, ob. cit., p. 628.

60 René Cassin, ob. cit., pp. 580 y ss; Christian Larroumet y Sarah Bros, ob. cit., p. 787; Jacques Ghestin, *L'exception d'inexécution...*, cit., p. 46, especialmente, las notas 180 y 181 y la jurisprudencia de los tribunales franceses ahí citada.

La redacción del texto legal ha sido objeto de severas críticas, puesto que para la procedencia de la *resolución*, el artículo 1.224 exige igualmente que "el incumplimiento sea suficientemente grave". Haber exigido para la oposición de la *exceptio* en el artículo 1.219 la misma entidad del incumplimiento que la requerida para la resolución en el artículo 1.224, esto es, que en ambos casos este sea suficientemente grave, se afirma, no es acertado[61]. En efecto, una interpretación literal del texto legal pudiera llevar a la conclusión de que el contratante no podrá denegar total o parcialmente la ejecución de su obligación en la eventualidad de que el incumplimiento de su cocontratante no sea lo suficientemente grave como para permitir la resolución del contrato.

Sin embargo, no creemos que esta deba ser la interpretación del nuevo artículo 1.219. En efecto, de acuerdo con el Informe de Presentación al Presidente de la República relativo a la Ordenanza de reforma del derecho de los contratos del régimen general y de la prueba de las obligaciones, lo que se pretende con esta disposición es que la *exceptio* invocada por el acreedor "solo sea opuesta como un medio de presión ejercido contra el deudor, de manera proporcional"[62]. Es decir, la exigencia legal lo que busca es preservar la proporcionalidad entre la obligación que rehúsa cumplir el *excipiens* y el incumplimiento del demandante. Por consiguiente, no obstante la desafortunada redacción del texto legal, lo relevante es que el incumplimiento del *excipiens* sea proporcional al de la parte que reclama la ejecución sin haber cumplido su propia prestación[63]. La *exceptio* sería contraria a la buena fe cuando no exista proporcionalidad entre la prestación inejecutada y la prestación denegada[64].

Pero, desde luego, esto no quiere decir que la gravedad del incumplimiento requerida para la oposición de la *exceptio* sea la misma

61 Gaël Chantepie y Mathias Latina, ob. cit., p. 543.

62 Dicho Informe de Presentación o Relación (*Rapport*) que hace las veces de una Exposición de Motivos de la Ordenanza N°2016-131 de la Reforma del Código Civil francés está diponible en: htps//www.legifrance.gouv.fr, consultado en fecha 30 de agosto de 2019.

63 Cabe hacer notar que el artículo 103 del Proyecto Terré, de manera más acertada, no exigía que la inejecución que fundamentara el ejercicio de la *exceptio* fuese lo suficientemente grave sino que la prestación denegada por el *excipiens* fuese proporcional a la inejecución del demandante.

64 Nicolas Dissaux y Chistophe Jamin, ob. cit., p. 128; Corinne Renault-Brahinsky, ob. cit., p. 114.

que se exige para la procedencia de la resolución del contrato. No solo el incumplimiento que revista carácter resolutorio autoriza a oponer la *exceptio*[65]. Esto por una razón fundamental: la resolución produce la terminación del contrato y, por tanto, requiere como supuesto de procedencia que el incumplimiento sea de particular gravedad. La resolución es una medida grave que pone fin a la relación contractual. Por lo cual, también debe ser particularmente grave la inejecución requerida para producir la resolución. Tiene que existir una correlación entre la entidad del incumplimiento de una de las partes y el grave efecto de la resolución. De ahí que un incumplimiento leve o la inejecución de una obligación meramente accesoria no debe justificar un efecto tan grave como la resolución[66].

En cambio, la *exceptio* solo suspende la ejecución del contrato. Con su oposición lo que se busca es preservar el equilibrio durante la vida del contrato. Como el *excipiens* continúa obligado al cumplimiento, lo que hay que ponderar es la proporción entre la inejecución del demandante y la negativa del *excipiens* de ejecutar *ahora* su obligación[67]. De ahí que sea posible alegar la *exceptio* y permitir al demandado suspender su prestación, aunque el incumplimiento del demandante no sea de la gravedad suficiente para determinar la resolución del contrato[68].

Ya la jurisprudencia francesa con anterioridad a la reforma del Código Civil venía exigiendo que el incumplimiento que fundamente el ejercicio de la *exceptio* fuera de gravedad suficiente *para justificar la oposición de la excepción*[69]. Dicho en otras palabras, para la procedencia de la *exceptio*, los jueces de mérito deben apreciar no tanto la gravedad del incumplimiento como la debida proporcionalidad existente

---

65 Olivier Deshayes, «Exception d'inexécution», en *Repertoire de droit civil (Encyclopédie)*, Dalloz, París, 2011, N° 74.

66 Respecto de la gravedad del incumplimiento requerida para la resolución de los contratos en el Derecho civil francés, véase: Christophe Jamin, "Les conditions de la résolution du contrat: vers un modèle unique? Rapport français", en *Les Sanctions de l'Inexécution des Obligations Contractuelles, Études de Droit Comparé* sous la direction de Marcel Fontaine y Geneviève Viney, Bruylant/L.G.D.J., Bruselas-París, 2001, pp. 464-469.

67 Jean-François Pillebout, ob. cit., pp. 207 y ss.

68 Al respecto, véase las consideraciones que hago en mi libro *Régimen Jurídico de la Exceptio non Adimpleti Contractus*, Caracas, Academia de Ciencias Políticas y Sociales, Caracas, 2013, pp. 108-112.

69 Gaël Chantepie y Mathias Latina, ob. cit., p. 543.

entre el incumplimiento del demandante y la respuesta provocada por la *exceptio*[70].

No es necesario pues que el incumplimiento de una de las partes tenga carácter esencial para que la otra tenga derecho a suspender el cumplimiento de su propia prestación. En determinados casos puede pues ser legítima la oposición de la excepción, no obstante no revestir el incumplimiento del demandante la gravedad requerida para la resolución, tomando en consideración todas las circunstancias que rodeen el caso concreto[71].

Ciertamente, cuando el incumplimiento de la prestación debida es insignificante, la *exceptio non adimpleti contractus* no es admisible por ser contraria a las exigencias de la buena fe. De ahí que no basta un incumplimiento venial, anodino o de muy reducido alcance[72]. Pero de ello no se deduce que el incumplimiento que autorice el ejercicio de la *exceptio* tenga que revestir la misma gravedad que se exige para pedir la resolución del contrato.

En definitiva, la gravedad del incumplimiento que justifica la *exceptio* es una cuestión de hecho que queda reservada al poder soberano del juez y que escapa a la censura de casación[73]. Si la *exceptio* se ha invocado extrajudicialmente, corresponderá al juez determinar si estaba justificada la denegación de la propia prestación por parte de quien la alegó, atendiendo fundamentalmente a la proporcionalidad o

---

70 Jacques Ghestin, *L'exception d'inexécution...*, cit., p. 43, especialmente, la nota 170 y la jurisprudencia de los tribunales franceses ahí citada; Catherine Malecki, ob. cit., pp. 293 y ss. Como afirma Pillebout: "se requiere, según le jurisprudencia, que la defensa sea proporcional al ataque" (Jean-François Pillebout, ob. cit., p. 207).

71 Olivier Deshayes, Thomas Genicon e Yves Marie Laithier, ob. cit., p. 480. Conviene tener en cuenta que por tratarse de una materia en la cual no está interesado el orden público, la doctrina francesa admite que las partes pueden regular convencionalmente la aptitud del incumplimiento susceptible de provocar el ejercicio de la *exceptio*, así como las obligaciones cuyo incumplimiento sea de tal gravedad que justifique oponer este medio de defensa. Pueden igualmente –si así lo desean– renunciar a la *exceptio non adimpleti contractus*. La cláusula de renuncia anticipada presenta un interés especial cuando las partes o alguna de ellas teman las consecuencias particularmente gravosas que puedan derivarse de la suspensión de los efectos del contrato. Al respecto, véase: Olivier Deshayes, ob. cit., Nº 23.

72 Olivier Deshayes, Thomas Genicon e Yves Marie Laithier, ob. cit., p. 480; Philippe Malaurie, Laurent Aynès y Philippe Stoffel-Munck, ob. cit., p. 497; François Terré, Philippe Simler e Yves Lequette, ob. cit., p. 629, especialmente, la nota 2 y la jurisprudencia de los tribunales franceses ahí citada.

73 Nicolas Dissaux y Chistophe Jamin, ob. cit., p. 128; Catherine Malecki, ob. cit., pp. 282-287.

no de la medida y a las consecuencias que esta ha tenido para la otra parte contratante.

Desde luego, aunque no lo diga el artículo 1.119, de acuerdo con las exigencias de la buena fe que debe presidir la ejecución de los contratos (art. 1.104), no cabe invocar la *exceptio* cuando el excepcionante haya provocado el incumplimiento del demandante[74].

Por último, de acuerdo con el principio de la ejecución simultánea de las obligaciones sinalagmáticas, la excepción de incumplimiento supone que quien la invoque todavía no haya ejecutado su obligación y que no deba ejecutarla antes que el otro contratante ejecute la suya[75].

Los requisitos antes examinados son los únicos que deben cumplirse para la procedencia de la excepción de inejecución comprobada. Así, a diferencia de otras disposiciones relativas a las sanciones o remedios al incumplimiento contractual, no se requiere que el oponente haya constituido en mora a su contraparte contractual puesto que aquí no se trata de exigir el cumplimiento, sino de paralizar la acción del demandante[76]. Tampoco es necesaria la intervención judicial. El deudor puede oponer la *exceptio* extrajudicialmente y al ser demandado por cumplimiento le corresponderá a la autoridad judicial determinar si se han cumplido o no los requisitos de procedencia antes examinados[77].

2. Efectos

La *exceptio non adimpleti contractus*, ya lo hemos dicho, suspende los efectos del contrato y no los extingue. El excepcionante debe reanudar el cumplimiento tan pronto la parte que motivó la oposición de la *exceptio* cumpla su obligación.

74 Philippe Malaurie, Laurent Aynès y Philippe Stoffel-Munck, ob. cit., p. 497, especialmente, la nota 23 y la jurisprudencia de la Casación francesa ahí citada; François Terré, Philippe Simler e Yves Lequette, ob. cit., p. 629, especialmente, la nota 1 y la jurisprudencia de la Casación francesa ahí citada.

75 Olivier Deshayes, Thomas Genicon e Yves Marie Laithier, ob. cit., p. 481; Jacques Ghestin, *L'exception d'inexécution...*, cit., pp. 39-40, especialmente, la nota 155 y la jurisprudencia de la Casación francesa ahí citada; Henri Mazeaud, Léon Mazeaud, Jean Mazeaud y François Chabas, ob. cit., Tome II, Premier volume, pp. 1170-1171.

76 Olivier Deshayes, Thomas Genicon e Yves Marie Laithier, ob. cit., p. 481; Catherine Malecki, ob. cit., p. 263; François Terré, Philippe Simler e Yves Lequette, ob. cit., p. 629, especialmente, la nota 6 y la jurisprudencia de la Casación francesa ahí citada.

77 Jacques Ghestin, *L'exception d'inexécution...*, cit., p. 47.

Desde luego, si la *exceptio* no surte el efecto esperado de inducir al otro contratante al cumplimiento, el acreedor puede recurrir a las otras sanciones (judiciales o extrajudiciales) previstas en el nuevo texto legal para hacer frente al incumplimiento contractual, siempre y cuando se cumplan los requisitos respectivos para su procedencia.

VI. LA *EXCEPTIO NON ADIMPLETI CONTRACTUS* POR INEJECUCION ANTICIPADA

1. Noción

Con anterioridad a la reforma del Código Civil francés, *la exceptio non adimpleti contractus* presuponía un incumplimiento efectivo del demandante para el momento de su oposición. Ello excluía aquellas situaciones en las cuales el incumplimiento todavía no se hubiera producido sino que fuera simplemente anticipado o temido[78].

El artículo 1.653 del *Code* que le permite al comprador suspender el pago del precio en caso de *riesgo* de evicción constituía una excepción a esa regla.

El nuevo artículo 1.220 constituye, sin duda, una innovación importante puesto que consagra como regla general en el Derecho común de los contratos la excepción de incumplimiento contractual por inejecución anticipada o previsible (*exceptio timoris*), al facultar al contratante a suspender el cumplimiento de su obligación cuando "sea manifiesto que su cocontratante no cumplirá al vencimiento"[79].

2. Función

La *exceptio timoris* cumple una importante *función de garantía*. Al tener la facultad de retener su propia prestación desde que sea manifiesto que su contraparte no podrá cumplir con la suya al vencimiento, el

---

[78] Cabe hacer notar, sin embargo, que invocando el artículo 809(1) del Código de Procedimiento Civil francés, el acreedor podía, en tales casos, solicitar de la autoridad judicial ser dispensado del cumplimiento de su propia obligación.

[79] Algunos ordenamientos consagran expresamente, con mayor o menor amplitud, la excepción de incumplimiento por inejecución anticipada o previsible. Es el caso del Código Civil alemán (B.G.B.) (§ 321) y de los Códigos Civiles italiano (art. 1.461), suizo de las Obligaciones (art. 83), griego (art. 367), neerlandés (B.W.) (arts. 6:80 y 6:233), peruano (art. 1.463) y del Código Civil y Comercial argentino (art. 1.032).

excipiens disminuye el peligro de ver empeorada su situación. En efecto, si en tal caso continuara ejecutando su prestación, se vería expuesto al doble riesgo de no obtener la contraprestación que se le adeude y de no poder recuperar lo que hubiere pagado[80]. Su cocontratante pudiera, por ejemplo, encontrarse en una situación financiera tal que le impida la restitución de lo que se le hubiere cumplido o entregado. Al permitírsele al contratante denegar el cumplimiento aunque la obligación de su contraparte no sea todavía exigible, se refuerza la función de garantía de la *exceptio*.

3. Requisitos

Algunas condiciones para hacer valer la *exceptio* por incumplimiento temido o anticipado son similares a las requeridas para la *exceptio* por incumplimiento efectivo. Así, las obligaciones deben ser recíprocas e interdependientes (*supra,* N° IV,4,4.1). Asimismo, según el artículo 1.220, "las consecuencias" de la inejecución temida deben ser "suficientemente graves". Por consiguiente, lo determinante no es el carácter principal o accesorio de la obligación incumplida sino, de modo más pragmático, la gravedad de las consecuencias derivadas de su inejecución.

De resto, los requisitos antes examinados para la procedencia de la *exceptio* por una inejecución consumada o efectiva del contrato son trasladables a la *exceptio timoris*. De ahí que no basta un incumplimiento anticipado insignificante, anodino o de muy reducido alcance. Por más inevitable que sea, una inejecución venial no legitima el ejercicio de la *exceptio* por inejecución anticipada.

Sin embargo, contrariamente a lo que se exige para la *exceptio non adimpleti contractus* por inejecución efectiva, no se requiere que la obligación que fundamente el ejercicio de la excepción por incumplimiento anticipado sea *exigible*. Por lo cual, aunque dicha obligación esté sometida, por ejemplo, a un término inicial no vencido, ello no excluye la posibilidad de oponer la *exceptio timoris*.

Desde luego, un simple riesgo de inejecución no es suficiente puesto que el texto legal exige que la inejecución futura sea *manifiesta*, esto

[80] Gaël Chantepie y Mathias Latina, ob. cit., pp. 544-545; Olivier Deshayes, Thomas Genicon e Yves Marie Laithier, ob. cit., p. 482.

es, se requiere que resulte claro que la parte a quien se le oponga la *exceptio timoris* dejará de cumplir su obligación llegado el vencimiento[81]. Por lo cual, el simple hecho de que exista la perspectiva de que uno de los contratantes en el futuro va a incumplir su obligación, no justifica la oposición de la *exceptio*. No puede el *excipiens* utilizar este remedio defensivo de carácter preventivo para precaverse de una inejecución meramente eventual o hipotética[82]. Pero si resulta claro que la otra parte dejará de cumplir su obligación llegado el vencimiento de la misma y que las consecuencias de dicha inejecución serán particularmente graves para la parte que debe cumplir en primer lugar, esta tiene el derecho de diferir su prestación. Por ejemplo, si la salud financiera de una de las partes se encuentra seriamente comprometida y muy cercana a una situación de atraso, podría su cocontratante rehusar el pago del precio cuando resulte evidente que no se producirá la ejecución de la contraprestación adeudada, no obstante no ser dicha contraprestación aún exigible. El contratante se protege conservando los fondos y podrá emplearlos, una vez que el contrato haya sido terminado, en una operación de reemplazo con un tercero[83].

El texto legal procura un justo equilibrio entre los intereses de las partes. Por un lado, se preservan los intereses del acreedor que debe cumplir primero o de manera simultánea, lo que constituye el objetivo fundamental del nuevo texto legal. Pero, por el otro, el carácter "manifiesto" de la inejecución anticipada o temida impide al *excipiens* actuar ligeramente, con lo cual se salvaguardan los intereses del deudor[84].

La *exceptio timoris*, ya lo hemos dicho, faculta al *excipiens* a retener su prestación aun cuando la contraprestación no sea todavía exigible, desde que se ponga claramente de manifiesto que el deudor no podrá cumplir su obligación al vencimiento y que dicha inejecución pueda acarrearle graves consecuencias a aquel. Como quiera que de lo que se trata es de oponer la *exceptio* a título preventivo, es comprensible que solo proceda su ejercicio en la eventualidad de que las

---

81 Nicolas Dissaux y Chistophe Jamin, ob. cit., p. 128.

82 Christian Larroumet y Sarah Bros, ob. cit., p. 793; Philippe Malaurie, Laurent Aynès y Philippe Stoffel-Munck, ob. cit., p. 497.

83 Gaël Chantepie y Mathias Latina, ob. cit., pp. 544-545.

84 Olivier Deshayes, Thomas Genicon e Yves Marie Laithier, ob. cit., p. 482.

consecuencias derivadas de la inejecución sean particularmente graves para el acreedor[85].

Conviene tener en cuenta que, contrariamente a lo que dispone el nuevo texto legal para la procedencia de la *exceptio non adimpleti contractus* por inejecución efectiva, no se exige para la *exceptio timoris* que el incumplimiento temido sea particularmente grave[86], sino que lo sean las *consecuencias de dicho incumplimiento*. Por consiguiente, es posible que una inejecución suficientemente grave como para producir la resolución del contrato no lo sea para fundamentar la oposición de la *exceptio timoris*, si las consecuencias derivadas de dicha inejecución anticipada no son particularmente gravosas para el *excipiens*.

Desde luego, el contratante deberá actuar con la debida prudencia al momento de oponer la *exceptio timoris*, sobre todo si se tiene en cuenta que en caso de que su cocontratante se oponga a su ejercicio le tocará al *excipiens* acreditar el cumplimiento de los requisitos antes examinados, correspondiéndole en definitiva a los tribunales controlar si se han cumplido o no dichos requisitos. De no haberse satisfecho los extremos legales para la procedencia de la *exceptio timoris*, el *excipiens* responderá de los daños y perjuicios causados por haber suspendido injustificadamente el cumplimiento de sus obligaciones[87].

Desde luego, al no requerirse que la obligación cuya inejecución es previsible sea exigible, no es necesario constituir en mora al cocontratante. Pero a diferencia de la *exceptio* por incumplimiento efectivo, el *excipiens* debe "notificar la suspensión a su cocontratante a la mayor brevedad", lo que impone un cierto nivel de diligencia.

Contrariamente a lo que exige el nuevo texto legal para el ejercicio de la resolución unilateral (art. 1.226) o para la reducción del precio en

---

85 Los Principios del Derecho Contractual Europeo, en cambio, no condicionan la excepción de incumplimiento por inejecución anticipada o temida a la circunstancia de que las consecuencias de dicha inejecución sean particularmente graves para el *excipiens*. Para que una parte pueda suspender el cumplimiento de sus obligaciones basta que resulte claro que la otra parte no cumplirá con su obligación recíproca, llegado el vencimiento de la misma (art. 9:201) (2).

86 Los Principios de *Unidroit*, en cambio, exigen para la procedencia de la *exceptio* por inejecución anticipada que una de las partes "crea razonablemente que habrá un *incumplimiento esencial* de la otra parte" (art. 7.3.4).

87 Alain Bénabent, ob. cit., p. 367.

caso de ejecución defectuosa (art. 1.223), no se requiere para la *exceptio non adimpleti contractus* por incumplimiento anticipado o previsible que el contratante motive o explique a su contraparte las razones de su decisión, lo que ha sido criticado por los comentaristas de la reforma[88].

El nuevo texto legal no aclara si la notificación de la suspensión es recepticia o no. De serlo, el efecto suspensivo de la *exceptio timoris* solo se producirá a partir del momento en que el cocontratante reciba dicha notificación. En caso contrario, la notificación solo tendrá por objeto informar a dicho cocontratante acerca de la suspensión la cual precede a la notificación. Corresponde a la jurisprudencia de los tribunales franceses dictaminar sobre el carácter de la notificación y sus efectos.

Tampoco indica el texto legal si el cocontratante del *excipiens* puede enervar los efectos de la excepción prestando una garantía adecuada del cumplimiento de su obligación[89]. Sin embargo, si el cocontratante del *excipiens* al recibir la notificación de suspensión del contrato, le otorga al acreedor seguridades suficientes de que el cumplimiento será realizado, es obvio que desaparece o disminuye el riesgo de inejecución que constituye el primer requisito para la procedencia de la *exceptio timoris*, debiendo por consiguiente en esa eventualidad el *excipiens* reanudar el cumplimiento de sus obligaciones.

4. Efectos

Como toda excepción de incumplimiento contractual, la *exceptio timoris* suspende la ejecución del contrato, pero no lo extingue. El *excipiens* no queda pues liberado[90].

---

88 Gaël Chantepie y Mathias Latina, ob. cit., pp. 545-546; Olivier Deshayes, Thomas Genicon e Yves Marie Laithier, ob. cit., p. 1.220.

89 En cambio, el artículo 1.469 del Código Civil italiano no le permite al *excipiens* suspender el cumplimiento de sus obligaciones si su cocontratante presta garantía suficiente de que cumplirá con las suyas al vencimiento. El artículo 83 del Código suizo de las Obligaciones, por su parte, establece que la parte amenazada por el incumplimiento de su cocontratante puede rehusarse a ejecutar la obligación a su cargo hasta que la obligación contraída a su favor sea garantizada. Ella puede apartarse del contrato si esta garantía no le es proporcionada, a su solicitud, dentro de un plazo conveniente. Asimismo, de acuerdo con el artículo 7.3.4 de los Principios de *Unidroit*, el derecho de suspender el cumplimiento depende de las garantías adecuadas de cumplimiento que ofrezca el otro contratante. De no otorgarse la garantía adecuada de cumplimiento solicitada se puede resolver el contrato.

90 Nicolas Dissaux y Chistophe Jamin, ob. cit., p. 128.

En la eventualidad de que la excepción de inejecución no produzca el efecto conminatorio esperado, lo que puede ocurrir porque el cocontratante notificado de la suspensión haya manifestado claramente su intención de no cumplir con sus propias obligaciones o que ciertamente no estará en condiciones de poder hacerlo al vencimiento, el *excipiens* podrá optar por la aplicación de las demás sanciones o remedios previstos en el Código Civil para hacer frente al incumplimiento del contrato, siempre y cuando se cumplan los requisitos legales respectivos para su procedencia. Para ello, se requiere, ya lo hemos dicho, que la excepción por inejecución anticipada o temida no haya producido el efecto de inducir al otro contratante al cumplimiento.

Conviene tener en cuenta que según el artículo 1.217 del nuevo texto legal, las sanciones o remedios al incumplimiento del contrato podrán ser acumuladas, siempre y cuando sean *compatibles* entre sí. De ahí que si, por ejemplo, no existe la certidumbre de que el cocontratante no ejecutará sus obligaciones, el *excipiens* no puede ser autorizado para hacer ejecutar él mismo la obligación a costa del deudor o efectuar una operación de sustitución con un tercero (*faculté de remplacement*) conforme a lo previsto en el artículo 1.222 del Código Civil francés[91].

En la eventualidad de que, por el contrario, el cocontratante excepcionado ejecute sus obligaciones al vencimiento, hay que distinguir según que la *exceptio* haya sido opuesta habiéndose cumplido los extremos legales para la procedencia de la misma o si, por el contrario, se opuso sin haberse satisfecho dichos extremos legales. En el primer caso, nada podrá reprochársele al *excipiens* por el retardo incurrido en la ejecución de su propia prestación. En el segundo caso, en cambio, el *excipiens* responderá por los daños y perjuicios causados por haber suspendido culposa o injustificadamente el cumplimiento de sus obligaciones[92].

---

91 Olivier Deshayes, Thomas Genicon e Yves Marie Laithier, ob. cit., p. 1220.

92 *Ídem.*

www.ingramcontent.com/pod-product-compliance
Lightning Source LLC
LaVergne TN
LVHW090208051026
849517LV00001B/2
9789804160660